행정법의
이론과 판례

조만형

pnc
publishing and culture
피앤씨미디어

머리말

본서는 행정법의 기본판례와 아울러 최신판례를 같이 정리한 판례기본서입니다.

현실에 나타나는 다양한 행정현실과 이에 대응해 진화하는 행정법의 법리를 파악하기 위해서는 행정법 판례의 학습이 필수적입니다. 아울러 각종 국가시험에서 실제 판례사안을 문제화하고 있는 점을 감안하면 판례학습의 중요성은 더욱더 강조될 수밖에 없습니다.

그에 따라서 충분한 양의 판례를 소개해야 하는 동시에 기본 판례를 위주로 간결한 정리를 하는 것이 필수적입니다. 일면 서로 상충하는 두 요구를 모두 충족시키는 것은 쉽지 않으나 그에 대한 해결방법으로 본서는 기본 교과서를 학습의 중점에 두고 그에 대한 보완책으로 사용할 수 있는 판례교과서를 제시하고자 합니다.

교과서를 옆에 두고 행정법을 공부할 수 있도록 교과서 목차 순서에 따라 판례를 소개하고 그 내용을 숙지할 수 있도록 하였습니다. 저자의 기본서인 "행정법의 이해"와 편제 면에서 동일하게 구성하여 판례를 용이하게 찾아볼 수 있게 하였고, 기본서와의 유기적 학습을 가능하게 하여서 학습효율면에 있어서도 독립된 편제의 판례집보다 우월할 것으로 생각합니다. 또한 판례 위주로 학습할 독자들을 위하여 필수적 이론과 판례에 대한 해설을 배치하여 독립적 학습도구로 활용하는 것도 가능하게 하였습니다.

교재의 분량은 외형상으로는 1,000p가 넘어 양이 다소 많은 듯 보이나 이는 독자의 입장에서 독서의 편의를 고려하여 행간과 편집을 여유 있게 한 결과로 실제 읽어보면 큰 부담 없이 페이지가 넘어가는 것을 느낄 수 있을 것입니다.

본서 역시 저자보다 앞서서 보석 같은 귀한 교과서와 논문을 쓰신 선·후배·동료학자 분들의 존귀한 업적이 없었다면 나올 수가 없었을 것입니다. 다시 한 번 이 책을 쓰는 데 기본이 되었던 행정법의 저자 분들께 고개 숙여 감사드리며, 이 책이 초판인 점을 감안하여 앞으로 독자 여러분의 조언과 비판을 토대로 부족한 부분을 더욱더 다듬고 보완하여 행정법의 판례 기본서로 거듭날 수 있도록 미력하나마 혼신의 노력을 다할 생각입니다.

이 책의 출간이 있기까지 도움을 주신 분들께 감사를 드려야겠습니다. 오늘에 이르기까지 저자를 이끌어주신 대학원 은사님이신 김춘환 교수님, 학부 은사님이신 이경운 교수님께 진심으로 감사드리고, 행정법의 이론적인 면에서 조언을 주신 한승훈 교수님, 수험생 입장에서 내용 교정 및 판례 확인 작업 등을 도와준 황태진 선생, 신회섭 조교에게도 고마움을 표하고자 합니다. 아울러 늘 저자의 곁에서 헌신적인 노력을 해온 사랑하는 아내 정송란과 밝고 건강하게 자라고 있는 성용, 윤빈, 성훈이에게 미안함과 감사의 마음을 전하며 앞으로는 자상한 남편과 가정에도 충실한 아빠가 되겠다는 약속을 하고자 합니다. 끝으로 이 책을 출간해주신 피앤씨미디어의 박노일 대표님, 김중용 부사장님, 심성보 편집이사님, 편집과 교정에 많이 애써준 피앤씨미디어 관계자 여러분에게 깊이 감사드립니다.

2015년 2월

저 자

차 례

제 1 편 행정법서론

제 2 편 행정작용법

제 1 장 행정입법

제 2 장 행정계획

제 4 편 행정구제법

제 1 장 행정상 손해전보

제 2 장 행정쟁송

제 5 편 행정조직법

제 1 장 행정기관

제 2 장 행정관청의 권한

제 2 장 공무원관계의 발생·변경·소멸

제 3 장 공무원의 권리·의무·책임

제 8 편 경찰행정법

제 1 장 경찰권의 근거

제 2 장 경찰권의 한계

제 9 편 공물법

제 11 편 토지행정법

제 1 장 서 설

제 2 장 국토의 계획

제 1 편

행정법서론

제 1 장 행 정

제 1 절 통치행위

Ⅰ. 의 의

입헌적 법치주의국가의 기본원칙은 어떠한 국가행위나 국가작용도 헌법과 법률에 근거하여 그 테두리 안에서 합헌적·합법적으로 행하여질 것을 요구하고, 이러한 합헌성과 합법성의 판단은 본질적으로 사법의 권능에 속하는 것이다. 다만 고도의 정치성을 띤 국가행위에 대하여는 이른바 통치행위라 하여 법원 스스로 사법심사권의 행사를 억제하여 그 심사대상에서 제외하는 영역이 있을 수 있다. 그러나 이와 같이 통치행위의 개념을 인정한다고 하더라도 과도한 사법심사의 자제가 기본권을 보장하고 법치주의 이념을 구현하여야 할 법원의 책무를 태만히 하거나 포기하는 것이 되지 않도록 그 인정을 지극히 신중하게 하여야 한다(대판 2004. 3. 26. 2003도7878; 대판 2010. 12. 16. 2010도5986 전원합의체 등).

Ⅱ. 근 거

일반적으로 통치행위개념을 인정하고 사법자제설 내지는 권력분립설을 그 이론적 근거로 들고 있다.

1. 사법자제설

일반사병 이라크파병 위헌확인사건

이 사건 파견결정은 그 성격상 국방 및 외교에 관련된 고도의 정치적 결단을 요하는 문제로서, 헌법과 법률이 정한 절차를 지켜 이루어진 것임이 명백하므로, 대통령과 국회의 판단은 존중되어야 하고 헌법재판소가 사법적 기준만으로 이를 심판하는 것은 자제되어야 한다. 이에 대하여는 설혹 사법적 심사의 회피로 자의적 결정이 방치될 수도 있다는 우려가 있을 수 있으나 그러한 대통령과 국회의 판단은 궁극적으로는 선거를 통해 국민에 의한 평가와 심판을 받게 될 것이다(헌재결 2004. 4. 29. 2003헌마814).

2. 권력분립설(내재적 한계설)

대통령의 비상계엄선포

대통령(권한대행)이 제반의 객관적 상황에 비추어서 그 재량으로 비상계엄을 선포함이 상당하다는 판단 밑에 이를 선포하였을 경우, 그 행위는 고도의 정치적, 군사적 성격을 띠는 행위라고 할 것이어서, 그 선포의 당, 부당을 판단할 권한과 같은 것은 헌법상 계엄의 해제 요구권이 있는 국회만이 가지고 있다고 할 것이고, 그 선포가 당연 무효의 경우라면 모르되, 사법기관인 법원이 계엄선포의 요건의 구비 여부나 선포의 당, 부당을 심사하는 것은, 사법권의 내재적인 본질적 한계를 넘어서는 것이 되어, 적절한 바가 못 된다(대판 1979. 12. 7. 79초70; 대판 1981. 9. 22. 81도1833).

Ⅲ. 대법원

대법원은 누적된 판례를 통해 통치행위의 관념을 인정하고 있고, 그 인정근거를 권력분립 내지 사법부의 내재적 한계에서 찾고 있다.

1. 통치행위 인정사례

유신헌법 긴급조치 위반사건

[1] 입헌적 법치주의국가의 기본원칙은 어떠한 국가행위나 국가작용도 헌법과 법률에

근거하여 그 테두리 안에서 합헌적·합법적으로 행하여질 것을 요구하고, 이러한 합헌성과 합법성의 판단은 본질적으로 사법의 권능에 속하는 것이다. 다만 고도의 정치성을 띤 국가행위에 대하여는 이른바 통치행위라 하여 법원 스스로 사법심사권의 행사를 억제하여 그 심사대상에서 제외하는 영역이 있을 수 있다. 그러나 이와 같이 통치행위의 개념을 인정한다고 하더라도 과도한 사법심사의 자제가 기본권을 보장하고 법치주의 이념을 구현하여야 할 법원의 책무를 태만히 하거나 포기하는 것이 되지 않도록 그 인정을 지극히 신중하게 하여야 한다(대판 2004. 3. 26. 2003도7878 판결 등 참조). 이러한 법리를 바탕으로 하여 볼 때, 평상시의 헌법질서에 따른 권력행사방법으로는 대처할 수 없는 중대한 위기상황이 발생한 경우 이를 수습함으로써 국가의 존립을 보장하기 위하여 행사되는 국가긴급권에 관한 대통령의 결단은 가급적 존중되어야 한다. 그러나 앞에서 살펴본 바와 같은 법치주의의 원칙상 통치행위라 하더라도 헌법과 법률에 근거하여야 하고 그에 위배되어서는 아니된다. 더욱이 유신헌법 제53조에 근거한 긴급조치 제1호는 국민의 기본권에 대한 제한과 관련된 조치로서 형벌법규와 국가형벌권의 행사에 관한 규정을 포함하고 있다. 그러므로 기본권 보장의 최후 보루인 법원으로서는 마땅히 긴급조치 제1호에 규정된 형벌법규에 대하여 사법심사권을 행사함으로써, 대통령의 긴급조치권 행사로 인하여 국민의 기본권이 침해되고 나아가 우리나라 헌법의 근본이념인 자유민주적 기본질서가 부정되는 사태가 발생하지 않도록 그 책무를 다하여야 할 것이다.

[2] 그런데 유신헌법 제53조 제4항이 "제1항과 제2항의 긴급조치는 사법적 심사의 대상이 되지 아니한다"고 규정하고 있어, 대법원은 유신헌법 아래서, 긴급조치는 유신헌법에 근거한 것으로서 사법적 심사의 대상이 되지 아니하므로 그 위헌 여부를 다툴 수 없다는 취지의 판시를 한 바 있다(대판 1977. 3. 22. 74도3510 전원합의체; 대결 1977. 5. 13. 77모19 전원합의체 등 참조). 그러나 재심소송에서 적용될 절차에 관한 법령은 재심판결 당시의 법령이므로, 사법적 심사의 대상이 되는지 여부는 현재 시행 중인 대한민국헌법에 기하여 판단하여야 한다. 현행 헌법 제76조는 대통령의 긴급명령·긴급재정경제명령 등 국가긴급권의 행사에 대하여 사법심사배제 규정을 두고 있지 아니하다. 더욱이 유신헌법 자체에 의하더라도 그 제8조가 "모든 국민은 인간으로서의 존엄과 가치를 가지며, 이를 위하여 국가는 국민의 기본적 인권을 최대한으로 보장할 의무를 진다"고 규정하고 제9조 내지 제32조에서 개별 기본

권 보장 규정을 두고 있었으므로, 유신헌법 제53조 제4항이 사법심사를 배제할 것을 규정하고 있다고 하더라도 이는 사법심사권을 절차적으로 제한하는 것일 뿐 이러한 기본권 보장 규정과 충돌되는 긴급조치의 합헌성 내지 정당성까지 담보한다고 할 수 없다. 따라서 이 사건 재심절차를 진행함에 있어, 모든 국민은 유신헌법에 따른 절차적 제한을 받음이 없이 법이 정한 절차에 의해서 긴급조치의 위헌성 유무를 따지는 것이 가능하므로, 이와 달리 유신헌법 제53조 제4항에 근거하여 이루어진 긴급조치에 대한 사법심사가 불가능하다는 취지의 위 대법원 판결 등은 더 이상 유지될 수 없다(대판 2010. 12. 16. 2010도5986 전원합의체).

대통령의 비상계엄선포

대통령(권한대행)이 제반의 객관적 상황에 비추어서 그 재량으로 비상계엄을 선포함이 상당하다는 판단 밑에 이를 선포하였을 경우, 그 행위는 고도의 정치적, 군사적 성격을 띠는 행위라고 할 것이어서, 그 선포의 당, 부당을 판단할 권한과 같은 것은 헌법상 계엄의 해제 요구권이 있는 국회만이 가지고 있다고 할 것이고, 그 선포가 당연 무효의 경우라면 모르되, 사법기관인 법원이 계엄선포의 요건의 구비 여부나 선포의 당, 부당을 심사하는 것은, 사법권의 내재적인 본질적 한계를 넘어서는 것이 되어, 적절한 바가 못 된다(대판 1979. 12. 7. 79초70; 대판 1981. 9. 22. 81도1833).

군사시설보호구역의 설정, 변경 또는 해제

「군사시설보호법」에 의한 군사시설보호구역의 설정, 변경 또는 해제와 같은 행위는 행정청에 의한 공법행위라는 점에서는 넓은 의미의 행정행위라고 할 것이나 이는 행정입법행위 또는 통치행위라는 점에서 협의의 행정행위와 구별되며 따라서 이와 같은 행위는 그 종류에 따라 관보에 게재하여 공포하거나 또는 대외적인 공고, 고시 등에 의하여 유효하게 성립되고 개별적 통지를 요하지 아니한다(대판 1983. 6. 14. 83누43; 대판 1985. 1. 22. 83누279).

남북정상회담의 개최

남북정상회담의 개최는 고도의 정치적 성격을 지니고 있는 행위라 할 것이므로 특별한 사정이 없는 한 그 당부를 심판하는 것은 사법권의 내재적·본질적 한계를 넘어서는 것이 되어 적절하지 못하다(대판 2004. 3. 26. 2003도7878).

2. 통치행위 부정사례

남북정상회담의 개최과정에서의 대북송금행위[1]

남북정상회담의 개최과정에서 재정경제부장관에게 신고하지 아니하거나 통일부장관의 협력사업 승인을 얻지 아니한 채 북한 측에 사업권의 대가 명목으로 송금한 행위 자체는 헌법상 법치국가의 원리와 법 앞에 평등원칙 등에 비추어 볼 때 사법심사의 대상이 된다(대판 2004. 3. 26. 2003도7878).

12.12 군사반란 및 5.18 내란행위

우리나라의 헌법질서 아래에서는 헌법에 정한 민주적 절차에 의하지 아니하고 폭력에 의하여 헌법기관의 권능행사를 불가능하게 하거나 정권을 장악하는 행위는 어떠한 경우에도 용인될 수 없다. 따라서 그 군사반란과 내란행위는 처벌의 대상이 된다(대판 1997. 4. 17. 96도3376 전원합의체).

비상계엄의 선포나 확대가 국헌문란의 목적을 달성하기 위하여 행하여진 경우

비상계엄의 선포나 확대가 국헌문란의 목적을 달성하기 위하여 행하여진 경우에는 법원은 그 자체가 범죄행위에 해당하는지의 여부에 관하여 심사할 수 있다(대판 1997. 4. 17. 96도3376 전원합의체).

3. 통치행위의 심판기관

통치행위 여부에 대한 판단권은 원칙적으로 사법부의 권한이다

유신헌법 제53조 제3항은 대통령이 긴급조치를 한 때에는 지체 없이 국회에 통고하여야 한다고 규정하고 있을 뿐, 사전적으로는 물론이거니와 사후적으로도 긴급조치가 그 효력을 발생 또는 유지하는 데 국회의 동의 내지 승인 등을 얻도록 하는 규정을 두고 있지 아니하고, 실제로 국회에서 긴급조치를 승인하는 등의 조치가 취하여진 바도 없다. 따라서 유신헌법에 근거한 긴급조치는 국회의 입법권 행사라는 실질을 전혀 가지지 못한 것으로서, 헌법재판소의 위헌심판대상이 되는 '법률'에 해당한다고 할 수 없고, 긴급조치의 위헌 여부에 대한 심사권은 최종적으로 대법원에 속한다(대판 2010. 12. 16. 2010도5986 전원합의체).

---

1 남북정상회담의 개최행위는 통치행위라고 보면서 남북정상회담의 개최과정에서의 대북송금행위는 통치행위가 아니라고 본 사례

Ⅳ. 헌법재판소

헌법재판소는 통치행위의 개념 자체는 인정하면서도, 헌법결단에 의하여 행해지는 국가작용이라 할지라도 국민의 기본권침해와 직접 관련되는 경우에는 당연히 헌법재판소의 심판대상이 된다고 판시하고 있다.

대통령의 긴급재정경제명령

대통령의 긴급재정경제명령은 국가긴급권의 일종으로서 고도의 정치적 결단에 의해 발동되는 행위이고 그 결단을 존중하여야 할 필요성이 있는 행위라는 의미에서 이른바 통치행위에 속한다고 할 수 있으나, 통치행위를 포함하여 모든 국가작용은 국민의 기본권적 가치를 실현하기 위한 수단이라는 한계를 반드시 지켜야 하는 것이고, 헌법재판소는 헌법의 수호와 국민의 기본권 보장을 사명으로 하는 국가기관이므로 비록 고도의 정치적 결단에 의하여 행해지는 국가작용이라고 할지라도 그것이 국민의 기본권 침해와 관련되는 것인 때에는 당연히 헌법재판소의 심판대상이 된다(헌재결 1996. 2. 29. 93헌마186).

사 면

사면은 형의 선고의 효력 또는 공소권을 상실시키거나, 형의 집행을 면제시키는 국가원수의 고유의 권한을 의미하며, 사법부의 판단을 변경하는 제도로서 권력분립의 예외가 된다(헌재결 2000. 6. 1. 97헌바74).

대통령의 특별사면행위

잔여형기를 면제하는 등의 대통령의 사면권은 고도의 정치적 결단에 의해 발동되는 행위이고 그 결단을 존중하여야 할 필요성이 있는 행위라는 의미에서 이른바 통치행위라고 볼 수 있고, 이러한 대통령의 사면권 행사는 사법심사의 대상이 되지 않는다(서울행정법원 2000. 2. 2. 99구24405).

일반사병 이라크파병 위헌확인사건

이 사건 파견결정은 그 성격상 국방 및 외교에 관련된 고도의 정치적 결단을 요하는 문제로서, 헌법과 법률이 정한 절차를 지켜 이루어진 것임이 명백하므로, 대통령과 국회의 판단은 존중되어야 하고 헌법재판소가 사법적 기준만으로 이를 심판하는 것은 자제되어야 한다. 이에 대하여는 설혹 사법적 심사의 회피로 자의적 결정이 방치될 수도 있다는 우려가 있을 수 있으나 그러한 대통령과 국회의 판단은 궁극적으로는 선거를 통해 국민에 의한 평가와 심판을 받게 될 것이다(헌재결 2004. 4. 29. 2003헌마814).

대통령의 한미연합 군사훈련의 일종인 2007년 전시증원연습을 하기로 한 결정
한미연합 군사훈련은 1978. 한미연합사령부의 창설 및 1979. 2. 15. 한미연합연습 양해각서의 체결 이후 연례적으로 실시되어 왔고, 특히 이 사건 연습은 대표적인 한미연합 군사훈련으로서, 피청구인이 2007. 3. 경에 한 이 사건 연습결정이 새삼 국방에 관련되는 고도의 정치적 결단에 해당하여 사법심사를 자제하여야 하는 통치행위에 해당된다고 보기 어렵다(헌재결 2009. 5. 28. 2007헌마369).

V. 한 계

헌법재판소는 국민의 기본권에 중대한 영향을 미치는 상대적 통치행위는 사법권의 심사대상이 된다고 보고 있다.

신행정수도를 건설하는 문제 또는 수도를 이전하는 문제가 고도의 정치적 행위이어서 사법심사의 대상이 되지 않는 것인지 여부
신행정수도를 건설하는 문제 또는 수도를 이전하는 문제는 고도의 정치적인 문제로서 이에 관한 대통령이나 국회의 결정은 사법심사의 대상이 되지 않는다는 이유로 이 사건 헌법소원심판청구가 부적법한 것인지 여부에 관하여 본다.
국가긴급권의 발동, 국군의 해외파견 등과 같이 대통령이나 국회에 의한 고도의 정치적 결단이 요구되고, 이러한 결단은 가급적 존중되어야 한다는 요청에서 사법심사를 자제할 필요가 있는 국가작용이 우리 헌법상 존재하는 것은 이를 인정할 수 있다. 그러나 우리 헌법의 기본원리인 법치주의의 원리상 대통령, 국회 기타 어떠한 공권력도 법의 지배를 받아야 하고, 모든 국가작용은 국민의 기본권적 가치를 실현하기 위한 수단이라는 데에서 나오는 한계를 반드시 지켜야 하는 것이며, 헌법재판소는 헌법의 수호와 국민의 기본권보장을 사명으로 하는 국가기관이므로, 비록 고도의 정치적 결단에 의하여 행해지는 국가작용이라고 할지라도 그것이 국민의 기본권침해와 직접 관련되는 경우에는 당연히 헌법재판소의 심판대상이 될 수 있다(헌재결 1996. 2. 29. 93헌마186 참조).

신행정수도건설이나 수도이전의 문제가 정치적 성격을 가지고 있는 것은 인정할 수 있지만, 그 자체로 고도의 정치적 결단을 요하여 사법심사의 대상으로 하기에는 부적절한 문제라고까지는 할 수 없다. 더구나 이 사건 심판의 대상은 이 사건 법률의 위헌 여부이고 대통령의 행위의 위헌 여부가 아닌바, 법률의 위헌 여부가 헌법재판의 대상으로 된 경우 당해법률이 정치적인 문제를 포함한다는 이유만으로 사법심사의 대상에서 제외된다고 할 수는 없다.

다만, 이 사건 법률의 위헌 여부를 판단하기 위한 선결문제로서 신행정수도건설이나 수도이전의 문제를 국민투표에 부칠지 여부에 관한 대통령의 의사결정이 사법심사의 대상이 될 경우 위 의사결정은 고도의 정치적 결단을 요하는 문제여서 사법심사를 자제함이 바람직하다고는 할 수 있고, 이에 따라 그 의사결정에 관련된 흠을 들어 위헌성이 주장되는 법률에 대한 사법심사 또한 자제함이 바람직하다고는 할 수 있다. 그러나 대통령의 위 의사결정이 국민의 기본권침해와 직접 관련되는 경우에는 헌법재판소의 심판대상이 될 수 있고, 이에 따라 위 의사결정과 관련된 법률도 헌법재판소의 심판대상이 될 수 있다(헌재결 2004. 10. 21. 2004헌마554, 556 병합).

제 2 장 행정법

제 1 절 행정법의 의의

Ⅰ. 공법과 사법의 구별(공법관계와 사법관계)

공법과 사법의 구별은 법 본질적인 것이 아니라 역사적·상대적인 것으로 실정제도상의 경험적·구체적 구분이다. 공·사법에는 본질적 차이가 없으므로 이를 구별할 필요가 없다고 하는 순수법학자의 입장이나 행정법을 사법의 특별법으로 이해하는 견해 또는 영미법계의 법일원론적 입장에서는 공법과 사법의 구별을 부정하지만, 오늘날 통설적인 입장은 상대적이지만 구별을 인정하고 있다.

행정소송의 대상인가 민사소송의 대상이 되는가의 구별의 표준
행정청의 행위가 행정소송의 대상인가 민사소송의 대상이 되는가의 구별의 표준은 그 행위의 내용과 방법 및 분쟁이 일어났을 때에 그 해결에 관한 특별규정이 있느냐 없느냐 하는 점 등을 고려하여 결정한다(대판 1961. 10. 5. 4292행상125).

Ⅱ. 공법관계와 사법관계의 구별기준

주체설, 이익설, 권력설, 귀속설 등 공법관계와 사법관계에 관하여 모두 중요한 구별기준을 제시하고 있지만, 어느 학설도 완벽한 기준이 되지는 못한다. 따라서 학설들을 종합적으로 고려하여 공법관계인지 사법관계인지를 가려내야 한다. 이를 복수기준설이라고 하는데, 우리나라의 통설이다. 복수기준설은 일관성 있는 법이론이 되지 못하는 문제점을 갖고 있지만 공법관계와 사법관계의 구별에 관한 이론 중 가장 현실적인 이론이다. 판례도 공법과 사법의 구별을 종합적으로 판단하고 있다.

Ⅲ. 공법관계로 본 판례

① 국가나 지방자치단체에 근무하는 청원경찰의 근무관계

국가나 지방자치단체에 근무하는 청원경찰은 국가공무원이나 지방공무원법상의 공무원은 아니지만, 다른 청원경찰과는 달리 그 임용권자가 행정기관의 장이고, 국가나 지방자치단체로부터 보수를 받으며, 「산업재해보상보험법」이나 「근로기준법」이 아닌 「공무원연금법」에 따른 재해보상과 퇴직급여를 지급받고, 직무상의 불법행위에 대하여도 「민법」이 아닌 「국가배상법」이 적용되는 등의 특질이 있으며, 그 외 임용자격, 직무, 복무의무내용 등을 종합하여 볼 때, 그 근무관계를 사법상의 고용계약관계로 보기는 어려우므로 그에 대한 징계처분의 시정을 구하는 소는 행정소송의 대상이지 민사소송의 대상이 아니다(대판 1993. 7. 13. 92다47564).

② 수도료의 부과징수와 수도료의 납부관계

「수도법」에 의하여 지방자치단체인 수도사업자가 그 수돗물의 공급을 받은 자에 대하여 하는 수도료의 부과징수와 이에 다른 수도료의 납부관계는 공법상의 권리의무관계라 할 것이므로 이에 관한 소송은 행정소송절차에 의하여야 하고, 민사소송절차에 의할 수 없다(대판 1977. 2. 22. 76다2517).

③ 구 도시재개발법에 의한 재개발조합의 조합원에 대한 법률관계

구 「도시재개발법」에 의한 재개발조합은 조합원에 대한 법률관계에서 적어도 특수한 존립목적을 부여받은 특수한 행정주체로서 국가의 감독하에 그 존립목적인 특정한 공공사무를 행하고 있다고 볼 수 있는 범위 내에서는 공법상의 권리의무관계에 서 있다. 따라서 조합을 상대로 한 쟁송에 있어서 강제가입제를 특색으로 한 조합원의 자격 인정 여부에 관하여 다툼이 있는 경우에는 공법상의 당사자소송에 의하여 그 조합원 자격의 확인을 구할 수 있고, 한편 분양신청 후에 정하여진 관리처분계획의 내용에 관하여 다툼이 있는 경우에는 항고소송에 의하여 관리처분계획 또는 그 내용인 분양거부처분 등의 취소를 구할 수 있다(대판 1996. 2. 15. 94다31235 전원합의체).

④ **공유재산의 관리청이 행하는 행정재산의 사용·수익에 대한 허가**

공유재산의 관리청이 행하는 행정재산의 사용·수익에 대한 허가는 순전히 사경제주체로서 행하는 사법상의 행위가 아니라 관리청이 공권력을 가진 우월적 지위에서 행하는 행정처분으로서 특정인에게 행정재산을 사용할 수 있는 권리를 설정해 주는 강학상의 특허에 해당된다(대판 1998. 2. 27. 97누1105).

⑤ **국유재산의 관리청이 행정재산의 사용·수익을 허가한 다음 사용료를 부과하는 행위**

국유재산의 관리청이 행정재산의 사용·수익을 허가한 다음 그 사용·수익하는 자에 대하여 사용료를 부과하는 행위는 항고소송의 대상이 되는 행정처분이다(대판 1996. 2. 13. 95누11023).

⑥ **국공유재산의 관리청이 그 사용·수익하는 자에 대하여 하는 사용·수익허가의 취소**

국공유재산의 관리청이 행정재산의 사용·수익을 허가한 다음 그 사용·수익하는 자에 대하여 하는 사용·수익허가취소는 순전히 사경제주체로서 행하는 사법상의 행위라 할 수 없고, 이는 관리청이 공권력을 가진 우월적 지위에서 행한 것으로서 항고소송의 대상이 되는 행정처분이다(대판 1997. 4. 11. 96누17325).

⑦ **국유재산의 관리청이 무단점유자에 대하여 하는 변상금부과처분**

「국유재산법」 제51조 제1항은 국유재산의 무단점유자에 대하여는 대부 또는 사용, 수익허가 등을 받은 경우에 납부하여야 할 대부료 또는 사용료 상당액 외에도 그 징벌적 의미에서 국가 측이 일방적으로 그 2할 상당액을 추가하여 변상금을 징수토록 하고 있으며, 동조 제2항은 변상금의 체납시 국세징수법에 의하여 강제징수토록 하고 있는 점 등에 비추어 보면, 국유재산의 관리청이 그 무단점유자에 대하여 하는 변상금부과처분은 순전히 사경제주체로서 행하는 사법상의 법률행위라 할 수 없고 이는 관리청이 공권력을 가진 우월적 지위에서 행한 것으로서 행정소송의 대상이 되는 행정처분이라고 보아야 한다(대판 1988. 2. 23. 87누1046).

⑧ **제외지보상에 관한 손실보상청구권의 확인을 구하는 소송**[1]

「하천법」 부칙 제2조와 「법률 제3782호 하천법 중 개정법률 부칙 제2조의 규정에 의한 보상청구권의 소멸시효가 만료된 하천구역 편입토지 보상에 관한 특별조치법」 제2조, 제6조의 각 규정들을 종합하면, 위 규정들에 의한 손실보상청구권은 1984. 12.

1 제외지보상에 관한 관할을 민사소송에서 당사자소송으로 변경한 전원합의체 판결

31. 전에 토지가 하천구역으로 된 경우에는 당연히 발생되는 것이지, 관리청의 보상금지급결정에 의하여 비로소 발생하는 것은 아니므로, 위 규정들에 의한 손실보상금의 지급을 구하거나 손실보상청구권의 확인을 구하는 소송은 「행정소송법」 제3조 제2호 소정의 당사자소송에 의하여야 한다(대판 2006. 5. 18. 2004다6207 전원합의체).

Ⅳ. 사법관계로 본 판례

① **전화가입계약**

전화가입계약은 전화가입희망자의 가입청약과 이에 대한 전화관서의 승낙에 의하여 성립하는 영조물 이용의 계약관계로서 그 성질은 사법상의 계약관계에 불과하다고 할 것이므로, 항고소송의 대상이 되는 행정처분으로 볼 수 없다(대판 1982. 12. 28. 82누441).

② **입찰보증금의 국고귀속조치**

「예산회계법(현, 국가재정법)」에 따라 체결되는 계약은 사법상의 계약이라고 할 것이고, 동법 제70조의5의 입찰보증금은 낙찰자의 계약체결의무 이행의 확보를 목적으로 하여 그 불이행시에 이를 국고에 귀속시켜 국가의 손해를 전보하는 사법상의 손해배상 예정으로서의 성질을 갖는 것이라고 할 것이므로 입찰보증금의 국고귀속조치는 국가가 사법상의 재산권의 주체로서 행위하는 것이지 공권력을 행사하는 것이거나 공권력작용과 일체성을 가진 것이 아니라 할 것이므로, 이에 관한 분쟁은 행정소송이 아닌 민사소송의 대상이 될 수밖에 없다고 할 것이다(대판 1983. 12. 27. 81누366).

③ **한국전력공사 사장이 한국전력공사의 회계규정에 의거하여 입찰참가자격을 제한한 부정당업자 제재처분**

한국전력공사 사장이 한국전력공사의 회계규정에 의거하여 입찰참가자격을 제한한 부정당업자 제재처분은 행정청이나 그 소속 기관 또는 그 위임을 받은 공공단체의 공법상의 행위가 아니라 단지 그 대상자를 위 공사에서 시행하는 입찰에 참가시키지 않겠다는 뜻의 사법상의 효력만을 가지는 통지행위에 불과하다 할 것이고, 이를 행정소송의 대상이 되는 행정처분이라 할 수 없다(대판 1985. 8. 20. 85누371).

④ **잡종재산인 국유림을 대부하는 행위와 대부료의 납입고지**

잡종재산인 국유림을 대부하는 행위는 국가가 사경제주체로서 상대방과 대등한 위치에서 행하는 사법상의 법률행위라 할 것이고, 행정청이 공권력의 주체로서 행하는 공법상의 행위라 할 수 없으며, 잡종재산인 국유림에 관한 대부료의 납입고지 역시 사법상의 이행청구에 해당한다고 할 것이어서 행정소송의 대상으로 되지 아니한다(대판 1993. 12. 21. 93누13735).

⑤ 조세부과처분이 당연무효임을 전제로 하여 이미 납부한 세금의 반환 청구[2]

조세부과처분이 당연무효임을 전제로 하여 이미 납부한 세금의 반환을 청구하는 것은 민사상의 부당이득반환청구로서 민사소송절차에 따라야 한다(대판 1995. 4. 28. 94다55019).

⑥ 환매권

「징발재산정리에 관한 특별조치법」 제20조 소정의 환매권은 일종의 형성권으로서 그 존속기간은 제척기간으로 보아야 할 것이며, 위 환매권은 재판상이든 재판외이든 그 기간 내에 행사하면 이로써 매매의 효력이 생기고, 위 매매는 같은 조 제1항에 적힌 환매권자와 국가 간의 사법상의 매매라 할 것이다(대판 1992. 4. 24. 92다4673).

⑦ 국가계약법상 관급공사계약

「지방재정법」에 의하여 준용되는 「국가계약법」에 따라 지방자치단체가 당사자가 되는 이른바 공공계약은 사경제의 주체로서 상대방과 대등한 위치에서 체결하는 사법상의 계약으로서 그 본질적인 내용은 사인 간의 계약과 다를 바가 없으므로, 그에 관한 법령에 특별한 정함이 있는 경우를 제외하고는 사적자치와 계약자유의 원칙 등 사법의 원리가 그대로 적용된다 할 것이다(대판 2001. 12. 11. 2001다33604).

⑧ 국가배상법상 손해배상책임[3]

공무원의 직무상 불법행위로 손해를 받은 국민이 국가 또는 공공단체에 배상을 청구하는 경우 국가 또는 공공단체에 대하여 그의 불법행위를 이유로 손해배상을 구함은 국가배상법이 정한 바에 따른다 하여도 이 역시 민사상의 손해배상 책임을 특별법인 「국가배상법」이 정한데 불과하다(대판 1972. 10. 10. 69다701).

⑨ 종합유선방송위원회 직원의 근무관계

구 「종합유선방송법」상의 종합유선방송위원회는 그 설치의 법적 근거, 법에 의하여 부여된 직무, 위원의 임명절차 등을 종합하여 볼 때 국가기관이고, 그 사무국 직원들의 근로관계는 사법상의 계약관계이므로, 사무국 직원들은 국가를 상대로 민사소송으로 그 계약에 따른 임금과 퇴직금의 지급을 청구할 수 있다(대판 2001. 12. 24.

2 학설은 공법상 당사자소송에 의하여야 한다고 본다.
3 학설은 공법상 당사자소송에 의하여야 한다고 본다.

2001다54038).

⑩ **행정상 사법관계의 적용영역**

행정주체가 경제적 활동의 주체로서 활동할 때에는 공공의 복지와 밀접한 관계가 있는 공적인 행위로서가 아니라 다시 말하면 사사로운 국민 상호간의 경제적 활동과 조금도 차이가 없는 경우, 예컨대 행정주체가 물품의 매매계약을 하거나 건축청부계약을 체결하고 국유재산을 매각하는 것 등의 경우에는 그 성질상 사법이 전면적으로 그대로 적용되어야 할 것이다(대판 1961. 10. 5. 4292행상6).

⑪ **공기업이용관계[4]를 사법관계로 본 사례**

국가의 철도운행사업은 국가가 공권력의 행사로서 하는 것이 아니고 사경제적 작용이라 할 것이므로, 이로 인한 사고에 공무원이 간여하였다고 하더라도 「국가배상법」을 적용할 것이 아니고 일반 「민법」의 규정에 따라야 하므로, 「국가배상법」상의 배상전치절차를 거칠 필요가 없으나, 공공의 영조물인 철도시설물의 설치 또는 관리의 하자로 인한 불법행위를 원인으로 하여 국가에 대하여 손해배상청구를 하는 경우에는 「국가배상법」이 적용되므로 배상전치절차를 거쳐야 한다(대판 1999. 6. 22. 99다7008).

⑫ **수도권매립지관리공사의 입찰참가자격 제한**

수도권매립지관리공사가 갑에게 입찰참가자격을 제한하는 내용의 부정당업자제재처분을 하자, 갑이 제재처분의 무효확인 또는 취소를 구하는 행정소송을 제기하면서 제재처분의 효력정지신청을 한 사안에서, 수도권매립지관리공사는 제재처분의 권한을 위임받은 공공기관에 해당하지 아니하므로, 이 사건 제재처분은, 행정소송의 대상이 되는 행정처분이 아니라 단지 신청인을 재항고인이 시행하는 입찰에 참가시키지 않겠다는 뜻의 사법상의 효력을 가지는 통지행위에 불과하다(대결 2010. 11. 26. 2010무137).

⑬ **공유재산인 잡종재산 대부행위의 법적 성질(사법상 계약)**

구 「공유재산 및 물품관리법」 제14조 제1항, 제28조 제1항 등의 규정에 의하여 특별시장·광역시장 또는 도지사로부터 공유재산 관리의 권한을 위임받은 시장·군수 또는 구청장이 공유재산인 잡종재산을 대부하는 행위는 지방자치단체가 사경제 주체로서 상대방과 대등한 위치에서 행하는 사법상의 계약이다(대판 2010. 11. 11. 2010다59646; 대판 2000. 2. 11. 99다61675).

4 관리관계에 해당한다.

제2절 법치행정의 원칙

Ⅰ. 의 의

법치주의의 의의

법치주의는 정의의 실현과 아울러 법적 안정성 내지 신뢰보호를 목표로 삼지 않으면 안 된다. 국민이 행위시의 법률을 신뢰하고 자신의 행동을 결정하였다면 그러한 신뢰가 보호가치가 있는 한 입법자가 이를 함부로 박탈할 수 없는 것은 당연하다. 법의 본질은 요구 내지 금지규범으로서 수범자의 행위를 향도하고 지시하는 데 있다고 할 것인데, 수범자가 실정법(물론 위헌·무효이거나 내용이 불분명하거나, 반공익적이라거나, 조만간 개정될 것이 예상되는 법률이 아닐 것이 전제된다)을 믿고 구체적 행위로 나아간 것이 보호되지 않는다면 법의 본질 내지 법치주의의 목표가 심각히 훼손되는 결과가 되고 국민들에게는 법의 불신을 초래하게 된다. 따라서 입법자로서의 국가 역시 그 자신이 유효하게 정립한 법규범에 원칙적으로 구속되는 것이라고 할 것이다(헌재결 1995. 10. 26. 94헌바12).

Ⅱ. 법치주의의 발전

오늘날 법치주의라 하면 실질적 법치주의를 의미하는바, 실질적 법치주의란, 의회가 제정한 법률이 절차와 형식에 적합하여야 함은 물론 그 내용도 국민의 권익보호를 위한 타당성이 있어야 한다는 것을 말한다.

실질적 법치주의

「국민건강보험법」 제6조 제2항 단서 제4호가 "기타 사업장의 특성, 고용형태 및 사업의 종류 등을 고려하여 대통령령으로 정하는 사업장의 근로자 및 사용자와 공무원 및 교직원"을 규정함으로써 사업장의 근로자·사용자·공무원·교직원 중 건강보험의 직장가입자에서 제외되는 자를 일부 대통령령에서 정할 수 있도록 위임하고 있지만, 현대사회에서 사업장의 특성, 고용형태 및 사업 종류 등이 매우 복잡하고 다양하여 직장가입자의 범위를 법률로 구체적으로 정하기 곤란하다는 입법기술상 한계가 인정될 뿐 아니라 여러 가지 사회경제적 상황에 따라 수시로 변화할 수 있어 위임입법의 필요성이 크므로 위임의 구체성·명확성 요건은 결과적으로 완화된다고 볼 수 있고, 법 제6조 제2항의 입법 목적과 규정 형식 등에 비추어 볼 때 대통령령에서 정하여질 직장가입자에서 제외되는 자의 범위에 대하여 대강의 예측도 가능하다. 따라서 법 제6조 제2항 단서 제4호가 직장가입자에서 제외되는 자를 일부 대통령령에서 정할 수 있도록 위임하고 있다 하여 그것이 권리의 본질적 내용의 침해 금지를 규정한 헌법 제37조 제2항이나 실질적 법치주의 등을 위반하였다고 할 수 없다(대판 2011. 11. 24. 2011두15534).

Ⅲ. 법치행정의 원칙의 내용

법치행정의 원칙의 내용은 O. Mayer가 체계화한 내용에 따라 일반적으로 법률의 법규창조력, 법률우위의 원칙, 법률유보의 원칙 등 3가지 측면에서 검토된다.

1. 법률우위의 원칙

법률우위의 원칙에 위반되는 행정행위는 하자의 중대성과 명백성에 따라 무효 또는 취소할 수 있는 행정행위가 되고, 행정입법은 달리 정함이 없으면 무효이다.

시행령의 규정이 모법위반으로 무효인지 여부의 판단 기준

어느 시행령의 규정이 모법에 저촉되는지의 여부가 명백하지 아니하는 경우에는 모법과 시행령의 다른 규정들과 그 입법 취지, 연혁 등을 종합적으로 살펴 모법에 합치된다는 해석도 가능한 경우라면 그 규정을 모법위반으로 무효라고 선언하여서는 안 된다. 이러한 법리는, 국가의 법체계는 그 자체 통일체를 이루고 있는 것이므로 상·하규범 사이의 충돌은 최대한 배제되어야 한다는 원칙과 더불어, 민주법치국가에서의 규범은 일반적으로 상위규범에 합치할 것이라는 추정원칙에 근거하고 있을 뿐만 아니라, 실제적으로도 하위규범이 상위규범에 저촉되어 무효라고 선언되는 경우에는 그로 인한 법적 혼란과 법적 불안정은 물론, 그에 대체되는 새로운 규범이 제정될 때까지의 법적 공백과 법적 방황은 상당히 심각할 것이므로 이러한 폐해를 회피하기 위해서도 필요하다(대판 2001. 8. 24. 2000두2716).

2. 법률유보의 원칙

(1) 의 의

법률유보의 원칙의 의미(의회유보원칙)

오늘날 법률유보원칙은 단순히 행정작용이 법률에 근거를 두기만 하면 충분한 것이 아니라, 국가공동체와 그 구성원에게 기본적이고도 중요한 의미를 갖는 영역, 특히 국민의 기본권 실현에 관련된 영역에 있어서는 행정에 맡길 것이 아니라 국민의 대표자인 입법자 스스로 그 본질적 사항에 대하여 결정하여야 한다는 요구, 즉 의회유보 원칙까지 내포하는 것으로 이해되고 있다. 이 때 입법자가 형식적 법률로 스스로 규율하여야 하는 사항이 어떤 것인가는 일률적으로 획정할 수 없고 구체적인 사례에서 관련된 이익 내지 가치의 중요성, 규제 내지 침해의 정도와 방법 등을 고려하여 개별적으로 결정할 수 있을 뿐이나, 적어도 헌법상 보장된 국민의 자유나 권리를 제한하는 때에는 그 제한의 본질적인 사항에 관한 한 입법자가 법률로써 스스로 규율하여야 할 것이다(헌재결 2013. 7. 25. 2012헌바54; 헌재결 2008. 2. 28. 2006헌바70; 헌재결 1999. 5. 27. 98헌바70).

법률유보원칙은 법률에 근거한 규율을 요청하는 것

기본권 제한에 관한 법률유보원칙은 '법률에 근거한 규율'을 요청하는 것이므로, 그 형식이 반드시 법률일 필요는 없다 하더라도 법률상의 근거는 있어야 한다 할 것이다(헌재결 2006. 5. 25. 2003헌마715; 헌재결 2011. 2. 24. 2009헌마209).

(2) 적용범위

오늘날 행정영역의 광범성, 전문성으로 법률유보의 범위의 문제를 어느 한 학설에 의하여 규율할 수는 없을 것이다. 침해유보설, 전부유보설, 중요사항유보설, 신침해유보설, 급부행정유보설, 권력행정유보설 중 어느 한 견해를 취하기보다는 개별 행정작용 유형별로 법률유보원칙의 적용 여부를 단계적, 개별적으로 판단하여야 한다는 것이 일반적 견해이다.

헌법재판소는 기준시가사건과 텔레비전방송수신료사건 등에서, 대법원은 조합의 사업시행인가사건과 병(兵)의 복무기간사건 등에서 중요사항유보설을 취한 바 있다.

중요사항유보설에 입각한 헌법재판소 결정례

① 구 토지초과이득세법상의 기준시가는 국민의 납세의무의 성부 및 범위와 직접적인 관계를 가지고 있는 중요한 사항이다

구 「토지초과이득세법」상의 기준시가는 국민의 납세의무의 성부 및 범위와 직접적인 관계를 가지고 있는 중요한 사항이므로 이를 하위법규에 백지위임하지 아니하고 그 대강이라도 토초세법 자체에서 직접 규정해 두어야만 함에도 불구하고, 토초세법 제11조 제2항이 그 기준시가를 전적으로 대통령령에 맡겨 두고 있는 것은 헌법상의 조세법률주의 혹은 위임입법의 범위를 구체적으로 정하도록 한 헌법 제75조의 취지에 위반된다(헌재결 1994. 7. 29. 92헌바49).

② 텔레비전방송수신료 금액의 결정은 수신료에 관한 본질적인 중요한 사항이므로 국회가 스스로 하여야 하는 사항에 속한다

㉠ 제1차 KBS수신료사건: 텔레비전방송수신료는 대다수 국민의 재산권 보장의 측면이나 한국방송공사에 보장된 방송자유의 측면에서 국민의 기본권 실현에 관련된 영역에 속하고, 수신료금액의 결정은 납부의무자의 범위 등과 함께 수신료에 관한 본질적인 중요한 사항이므로 국회가 스스로 행하여야 하는 사항에 속하는 것임에도 불구하고 「한국방송공사법」 제36조 제1항에서 국회의 결정이나 관여를 배제한 채 한국방송공사로 하여금 수신료금액을 결정해서 문화관광부장관의 승인을 얻도록 한 것은 법률유보원칙에 위반된다(헌재결 1999. 5. 27. 98헌바70).

㉡ 제2차 KBS수신료사건: 현행 「방송법」은 첫째, 수신료의 금액은 한국방송공사의 이사회에서 심의·의결한 후 방송위원회를 거쳐 국회의 승인을 얻도록 규정하고 있으며(제65조), 둘째, 수신료 납부의무자의 범위를 '텔레비전방송을 수신하기 위하여 수상기를 소지한 자'로 규정하고(제64조 제1항), 셋째, 징수절차와 관련하여 가산금 상한 및 추징금의 금액, 수신료의 체납 시 국세체납처분의 예에 의하여 징수할 수 있음을 규정하고 있다(제66조). 따라서 수신료의 부과·징수에 관한 본질적인 요소들은 방송법에 모두 규정되어 있다고 할 것이다. 한편, 수신료 징수업무를 한국방송공사가 직접 수행할 것인지 제3자에게 위탁할 것인지, 위탁한다면 누구에게 위탁하도록 할 것인지, 위탁받은 자가 자신의 고유업무와 결합하여 징수업무를 할 수 있는지는 징수업무 처리의 효율성 등을 감안하여 결정할 수 있는 사항으로서 국민의 기본권제한에 관한 본질적인 사항이 아니라 할 것이다. 따라서 「방송법」 제64조 및 제67조 제2항은 법률유보의 원칙에 위반되지 아

니한다(헌재결 2008. 2. 28. 2006헌바70).

③ 사업시행인가 신청에 필요한 동의정족수를 규약에 정하도록 한 것은 법률유보원칙에 위반된다

토지 등 소유자가 도시환경정비사업을 시행하는 경우 사업시행인가 신청시 필요한 토지 등 소유자의 동의는 개발사업의 주체 및 정비구역 내 토지 등 소유자를 상대로 수용권을 행사하고 각종 행정처분을 발할 수 있는 행정주체로서의 지위를 가지는 사업시행자를 지정하는 문제로서 그 동의요건을 정하는 것은 국민의 권리와 의무의 형성에 관한 기본적이고 본질적인 사항이므로 국회가 스스로 행하여야 하는 사항에 속하는 것임에도 불구하고 사업시행인가 신청에 필요한 동의정족수를 토지 등 소유자가 자치적으로 정하여 운영하는 규약에 정하도록 한 것은 법률유보원칙에 위반된다(헌재결 2011. 8. 30. 2009헌마128·148 병합).

중요사항유보설에 입각한 대법원 판례

① 조합의 사업시행인가 신청시의 토지 등 소유자의 동의요건은 토지 등 소유자의 재산상 권리·의무에 관한 기본적이고 본질적인 사항이라고 볼 수 없다

조합의 사업시행인가 신청시의 토지 등 소유자의 동의요건이 비록 토지 등 소유자의 재산상 권리·의무에 영향을 미치는 사업시행계획에 관한 것이라고 하더라도, 그 동의요건은 사업시행인가 신청에 대한 토지 등 소유자의 사전 통제를 위한 절차적 요건에 불과하고 토지 등 소유자의 재산상 권리·의무에 관한 기본적이고 본질적인 사항이라고 볼 수 없으므로 법률유보 내지 의회유보의 원칙이 반드시 지켜져야 하는 영역이라고 할 수 없고, 따라서 개정된 「도시 및 주거환경정비법」 제28조 제4항 본문이 법률유보 내지 의회유보의 원칙에 위배된다고 할 수 없다(대판 2007. 10. 12. 2006두14476).

② 병(兵)의 복무기간은 반드시 법률로 정하여야 할 입법사항에 속한다

병(兵)의 복무기간은 국방의무의 본질적 내용에 관한 것이어서 이는 반드시 법률로 정하여야 할 입법사항에 속한다고 풀이할 것인바, 육군본부방위병소집복무해제규정 제23조가 「병역법」 제25조 제3항이 규정하지 아니한 구속 등의 사유를 복무기간에 산입하지 않도록 규정한 것은 「병역법」에 위반하여 무효라고 할 것이다(대판 1985. 2. 28. 85초13).

③ 지방의회의원에 대하여 유급보좌인력을 두는 것은 국회의 법률로써 규정하여야 할 입법사항이다

지방의회의원에 대하여 유급보좌인력을 두는 것은 지방의회의원의 신분·지위 및 그 처우에 관한 현행 법령상의 제도에 중대한 변경을 초래하는 것으로서, 이는 개별 지방의회의 조례로써 규정할 사항이 아니라 국회의 법률로써 규정하여야 할 입법사항이다(국회의원의 입법활동을 지원하기 위한 보좌직원으로서의 보좌관도 「국회의원수당 등에 관한 법률」 제9조에서 규정하고 있다)(대판 2013. 1. 16. 2012추84).

제3절 행정법의 법원

Ⅰ. 성문법원

1. 법원 상호 간에 충돌

법원 상호 간에 충돌이 있는 경우에는 상위법우선의 원칙에 의해 해결된다. 동위의 법원 간의 충돌은 특별법우선의 원칙 및 신법우선의 원칙에 의해 해결된다. 특별법우선의 원칙과 신법 우선의 원칙 사이에서는 특별법우선의 원칙이 우선한다(대판 1969. 7. 22. 69두33).

특별법우선의 법칙

① 농업협동조합이나 농업협동조합중앙회의 업무 및 재산에 대하여 면제를 규정한 구 「농업협동조합법」 제8조는 농지보전부담금 부과에 관한 구 「농지법」 제38조 제1항의 특별법이다(대판 2012. 5. 24. 2010두16714).

② 구 「국토의 계획 및 이용에 관한 법률」 제38조 제1항, 제2항, 제80조, 제43조 제2항, 구 「개발제한구역의 지정 및 관리에 관한 특별조치법」 제1조, 제12조 등의 체계와 내용, 위 법률들의 입법 취지와 목적 등을 종합하여 보면, 개발제한구역에서의 행위 제한에 관하여는 구 개발제한구역법이 구 국토계획법에 대하여 특별법의 관계에 있다(대판 2014. 5. 16. 2013두4590).

신법우선의 원칙

비록 구 「농업협동조합법」 제8조에서도 조합과 중앙회의 업무 및 재산에 대하여는 국가 및 지방자치단체의 부과금을 면제하도록 규정하고 있었다고 하더라도, 농업협동조합중앙회·축산업협동조합중앙회 및 인삼협동조합중앙회로 분산되어 있는 중앙조직을 농업협동조합중앙회로 통합하여 일원화하는 방향 등으로 「농업협동조합법」이 새로이 제정되어 2000. 7. 1.부터 시행되고 있는 이상, 신법 우선의 원칙에 따라 신법인 구 「농업협동조합법」 제8조의 규정이 구 「개발이익환수에 관한 법률」 제7조 및 같은 법 시행령 제5조의 규정보다 우선 적용된다고 해석하여야 한다(대판 2008. 4. 24. 2006두13473).

2. 헌 법

행정법은 헌법을 실현하기 위한 구체화

무릇 행정법 등의 법률은 헌법을 실현하기 위한 구체화이고, 제 법률에 보장되어 있는 국민의 권리는 바로 헌법상 보장된 기본권의 구체화라는 것을 상기하여야 한다(헌재결 1995. 7. 21. 94헌마136).

3. 조약 및 국제법규

조약과 국제법규상의 국내행정에 관한 사항은 행정법의 법원이 된다

국제항공운송에 관한 법률관계에 대하여는 일반법인 「민법」에 대한 특별법으로서 우리정부도 가입한 1955년 헤이그에서 개정된 바르샤바협약이 우선 적용되어야 한다(대판 1986. 7. 22. 82다카1372).

지방자치단체가 제정한 조례가 '1994년 관세 및 무역에 관한 일반협정'(General Agreement on Tariffs and Trade 1994)이나 '정부조달에 관한 협정'(Agreement on Government Procurement)에 위반되는 경우, 그 조례의 효력

'1994년 관세 및 무역에 관한 일반협정'(General Agreement on Tariffs and Trade 1994, 이하 GATT라 한다)은 1994. 12. 16. 국회의 동의를 얻어 같은 달 23. 대통령의 비준을 거쳐 같은 달 30. 공포되고 1995. 1. 1. 시행된 조약인 '세계무역기구(WTO) 설립을 위한 마라케쉬협정'(Agreement Establishing the WTO)(조약 1265호)의 부속 협정(다자간 무역협정)이고, '정부조달에 관한 협정'(Agreement on Government Procurement, 이하 AGP라 한다)은 1994. 12. 16. 국회의 동의를 얻어 1997. 1. 3. 공포시행된 조약(조약 1363호, 복수국가간 무역협정)으로서 각 「헌법」 제6조 제1항에 의하여 국내법령과 동일한 효력을 가지므로 지방자치단체가 제정한 조례가 GATT나 AGP에 위반되는 경우에는 그 효력이 없다(대결 2005. 9. 9. 2004추10).

반덤핑부과처분이 WTO 협정위반이라는 이유만으로 사인이 직접 국내 법원에 회원국 정부를 상대로 그 처분의 취소를 구하는 소를 제기할 수는 없다

'1994년 관세 및 무역에 관한 일반협정(General Agreement on Tariffs and Trade, GATT 1994) 제6조의 이행에 관한 협정'은 국가와 국가 사이의 권리·의무관계를 설정하는 국제협정으로, 그 내용 및 성질에 비추어 이와 관련한 법적 분쟁은 WTO 분쟁해결기구에서 해결하는 것이 원칙이고, 사인에 대하여는 위 협정의 직접 효력이 미치지 아니한다고 보아야 할 것이므로, 위 협정에 따른 회원국 정부의 반덤핑부과처분이 WTO 협정위반이라는 이유만으로 사인이 직접 국내 법원에 회원국 정부를 상대로 그 처분의 취소를 구하는 소를 제기하거나 위 협정위반을 처분의 독립된 취소사유로 주장할 수는 없다(대판 2009. 1. 30. 2008두17936).

Ⅱ. 불문법원

1. 관습법

(1) 의 의

관습법은 국민의 법적 확신에 의해 법적 규범으로 승인되기에 이르는 것

관습법이란 사회의 거듭된 관행으로 생성한 사회생활규범이 사회의 법적 확신과 인식에 의하여 법적 규범으로 승인·강행되기에 이르는 것을 말하고, 사실인 관습은 사회의 관행에 의하여 발생한 사회생활 규범인 점에서 관습법과 같으나 사회의 법적 확신이나 인식에 의하여 법적 규범으로서 승인된 정도에 이르지 않은 것을 말하는 바, 관습법은 바로 법원으로서 법령과 같은 효력을 갖는 관습으로서 법령에 저촉되지 않는 한 법칙으로서의 효력이 있는 것이며, 이에 반하여 사실인 관습은 법령으로서의 효력이 없는 단순한 관행이다(대판 1983. 6. 14. 80다3231).

(2) 성립요건

'사회의 거듭된 관행으로 생성한 사회생활규범'이 법적 규범으로 승인되기에 이르렀다고 하기 위한 요건

사회의 거듭된 관행으로 생성한 어떤 사회생활규범이 법적 규범으로 승인되기에 이르렀다고 하기 위하여는 그 사회생활규범은 헌법을 최상위 규범으로 하는 전체 법질서에 반하지 아니하는 것으로서 정당성과 합리성이 있다고 인정될 수 있는 것이어야 하고, 그렇지 아니한 사회생활규범은 비록 그것이 사회의 거듭된 관행으로 생성된 것이라고 할지라도 이를 법적 규범으로 삼아 관습법으로서의 효력을 인정할 수 없다(대판 2003. 7. 24. 2001다48781 전원합의체).

(3) 효 력

행정관습법의 효력에 관하여는 성문법이 없는 경우 보충적 효력만을 인정하는 견해(보충적 효력설)와 성문법이 존재하는 경우에도 성립될 수 있고, 기존의 성문법을 개폐하는 효력까지도 인정하는 견해(개폐적 효력설)의 대립이 있다. 보충적 효력설이 다수설과 판례의 태도이다. 물론 헌법에 반하는 관습법은 그 효력을 인정할 수 없다. 대법원도 전원합의체 판결을 통해 이를 확인하고 있다.

보충적 효력설에 입각한 판례

가족의례준칙 제13조의 규정과 배치되는 관습법의 효력을 인정하는 것은 관습법의 제정법에 대한 열후적, 보충적 성격에 비추어 「민법」 제1조의 취지에 어긋나는 것이고, 이를 사실인 관습의 효력을 인정하려면 그와 같은 관습을 인정할 수 있는 당사자의 주장과 입증이 있어야 할 뿐만 아니라 이 관습이 사적 자치가 인정되는 임의규정에 관한 것인지 여부를 심리판단하여야 한다(대판 1983. 6. 14. 80다3231).

관행의 법적 구속력에 대하여 확신을 갖지 않게 되었다거나, 헌법을 최상위 규범으로 하는 전체 법질서에 부합하지 않게 되었다면 그러한 관습법은 그 효력을 인정할 수 없다

사회의 거듭된 관행으로 생성된 사회생활규범이 관습법으로 승인되었다고 하더라도 사회 구성원들이 그러한 관행의 법적 구속력에 대하여 확신을 갖지 않게 되었다거나, 사회를 지배하는 기본적 이념이나 사회질서의 변화로 인하여 그러한 관습법을 적용하여야 할 시점에 있어서의 전체 법질서에 부합하지 않게 되었다면 그러한 관습법은 법적 규범으로서의 효력이 부정될 수밖에 없다(대판 2005. 7. 21. 2002다1178 전원합의체).

(4) 종 류

① 행정선례법

행정선례의 의의

행정법의 법원은 헌법·법률·명령 등의 성문법 외에 불문법으로는 재판례, 행정선례, 관습법, 조리 등을 들 수 있는데 그중 행정선례라 함은 행정기관에 있어서 실제로 처리한 사건이 선례로서 존중되어 법규로서의 효력을 가지게 된 것으로 재판례의 경우와 동일하게 처리되는 것이 통설이다(대판 1954. 6. 19. 4285행상20).

비과세 관행을 행정선례법으로 인정한 판례

㉠ 비과세의 사실상태가 장기간에 걸쳐 계속된 경우에 그것이 그 사항에 대하여 과세의 대상으로 삼지 아니하는 뜻의 과세관청의 묵시적인 의향표시로 볼 수 있는 경우에는 이를 국세행정의 관행이라고 인정할 수 있다(대판 1987. 2. 24. 86누571).

㉡ 보세운송면허세의 부과근거규정이던 지방세법 시행령이 1973. 10. 1에 제정되어 폐지될 때까지 근 4년간 위 면허세가 단 한건도 부과된 적이 없고, 그 주무관청인 관세청장도 수출확대라는 공익상의 필요 등에서 관계법조문의 삭제를 건의하였었다면 그로써 위 면허세의 비과세의 관행이 이루어졌다고 보아야 하고, 과세근거법규가 폐지된 지 1년 3개월이나 지난 뒤에 행한 4년간의 위 면허세의 부과처분은 신의성실의 원칙과 위의 관행을 무시한 위법한 처분이다(대판 1982. 6. 8. 81누38).

일단 성립한 비과세관행이 더 이상 유효하지 아니하다고 하기 위해서는 종전의 비과세관행을 시정하여 앞으로 당해 과세물건에 대하여 과세하겠다는 과세관청의 확정적인 의사가 표시되어야 한다

수입업체들이 전자제품의 전원공급·제어 기능을 수행하는 트랜지스터 모듈을 수입하면서 양허관세율 0%가 적용되는 관세율표상 품목번호로 수입신고를 하여 왔고 과세관청들은 이러한 수입신고를 아무런 이의 없이 수령하여 왔는데, 일부 세관장이 위 물품이 기본관세율 8%가 적용되는 품목번호로 분류되어야 한다는 점을 검토사항으로 제시하며 수입업체들에게 자료제출 요구를 하였고, 이후 관세청 관세품목분류위원회가 같은 취지의 결정을 한 뒤 과세관청들이 위 물품에 대하여 기본관세율 8%를 적용한 관세 등을 부과한 사안에서, 위 물품에 대하여 성립된 비과세관행의 소멸시점은 일부 세관장의 자료제출 요구일이 아니라 관세청 관세품목분류위원회가 위 물품을 기본관세율 8%가 적용되는 품목번호로 분류하기로 결정함으로써 향후 그에 대하여 과세하겠다는 확정적인 의사표시를 한 날로 보아야 한다(대판 2011. 5. 13. 2008두18250).

종전의 행정선례에 따라 업무를 처리한 공무원에 대한 징계처분은 위법하다

종전의 행정선례가 잘못된 것이라는 상급관청의 해석이나 시정조치가 있었다면 모르되 그렇지 않는 한은 공무원이 적극적으로 상급기관의 유권해석이나 지휘를 받음이 없이 종전의 행정선례에 따라 업무처리를 하였다고 하여 이를 「지방공무원법」 제69조 제1항 제2호에 규정된 직무상의 의무에 위반하거나 직무를 태만히 한 경우에 해당한다고 할 수는 없다(대판 1985. 11. 26. 85누676; 대판 1986. 2. 11. 85누849; 대판 1986. 8. 19. 86누359).

② 민중적 관습법

관행에 의한 입어권(관행어업권)을 인정한 판례

구 「수산업법」 제40조 소정 관행에 의한 입어가 타 도의 입어나 조합지구 이외의 어민에게만 인정되는 것이라고 해석하여야 할 법적 근거가 있음을 발견할 수 없고 종전부터 관행에 의한 입어권행사가 인정되는 어장에서의 공동어업이 어업조합에 면허되고 관행에 의한 입어권 행사가 인정되는 어장에서의 공동어업이 어업조합에 면허되고 관행에 의한 입어자가 그 조합원이 되었다하여 동인의 입어권 행사권이 소멸된다고 볼 수 없다(대판 1963. 2. 28. 62다882).

개정 수산업법 시행 이후 종래 관행어업권의 소멸을 인정한 판례

개정 「수산업법」이 시행된 후 공유수면매립면허 및 고시가 이루어진 경우 개정 「수산업법」 시행 이전부터 공유수면에서 계속적으로 수산동식물을 포획·채취하여 왔더라도 개정 「수산업법」 시행일로부터 2년의 유예기간 이내에 어업권원부에 등록을 마치지 않았다면 종래의 관행어업권은 소멸한다(대판 2003. 3. 11. 2002다33588).

하천용수에 관한 관습을 민중적 관습법으로 인정한 판례
공유하천으로부터 용수를 함에 있어서 하천법에 의하여 하천관리청으로부터 허가를 얻어야 한다고 하더라도 그 허가를 필요로 하는 법규시행 이전부터 원고가 위 보에 의하여 용수할 수 있는 권리를 관습에 의하여 취득하였음이 뚜렷하므로 원고는 「하천법」에 관한 법규에 불구하고 그 기득권이 있는 것이다(대판 1972. 3. 31. 72다78).

2. 판례(법)

판례, 특히 대법원판례의 법원성을 부정하는 견해(부정설)와 판례의 법원성을 긍정하는 견해(긍정설)가 있으나, 법원성 긍정설이 다수의 견해이다.

헌법재판소의 위헌결정은 법원으로서의 성격을 갖는다. 헌법재판소에 의해 위헌으로 결정된 법률 또는 법률조항은 효력을 상실하고 헌법재판소의 위헌결정은 법원 기타 국가기관이나 지방자치단체를 기속하기 때문이다.

판례(특히, 대법원판례)의 법원성
대법원의 판례가 법률해석의 일반적인 기준을 제시한 경우에 유사한 사건을 재판하는 하급심법원의 법관은 판례의 견해를 존중하여 재판하여야 하는 것이나, 판례가 사안이 서로 다른 사건을 재판하는 하급심법원을 직접 기속하는 효력이 있는 것은 아니다(대판 1996. 10. 25. 96다31307).

헌법재판소 결정례의 법원성
① 택지소유상한에 관한 법률 폐지법률 부칙 제3항이 "이 법 시행 당시 부담금의 부과기준일이 1997. 12. 31. 이전인 부담금으로서 종전의 규정에 의하여 부과하였거나 부과할 부담금의 부과, 징수 등에 관하여는 종전의 규정에 의한다"고 규정하고 있으나, 이 부칙규정은 구 택지소유상한에 관한 법률이 합헌임을 전제로 한 규정으로서 위 폐지법률이 제정된 뒤 구 택지소유상한에 관한 법률 전부에 대한 위헌결정이 있었으므로 이 부칙규정은 더 이상 적용될 수 없다(대판 2002. 8. 27. 2002두2383).
② 헌법재판소의 위헌결정의 효력은 위헌제청을 한 당해 사건, 위헌결정이 있기 전에 이와 동종의 위헌 여부에 관하여 헌법재판소에 위헌여부심판제청을 하였거나 법원에 위헌여부심판제청신청을 한 경우의 당해 사건과 따로 위헌제청신청은 아니하였

지만 당해 법률 또는 법률의 조항이 재판의 전제가 되어 법원에 계속중인 사건뿐만 아니라 위헌결정 이후에 위와 같은 이유로 제소된 일반사건에도 미친다(대판 1993. 1. 15. 92다12377; 대판 1993. 1. 15. 91누5747; 대판 2003. 7. 24. 2001다48781 전원합의체).

③ 구체적 분쟁사건의 재판에 즈음하여 법률 또는 법률조항의 의미·내용과 적용 범위가 어떠한 것인지를 정하는 권한, 곧 법령의 해석·적용 권한은 사법권의 본질적 내용을 이루는 것이고, 법률이 헌법규범과 조화되도록 해석하는 것은 법령의 해석·적용상 대원칙이다. 따라서 합헌적 법률해석을 포함하는 법령의 해석·적용 권한은 대법원을 최고법원으로 하는 법원에 전속하는 것이며, 헌법재판소가 법률의 위헌 여부를 판단하기 위하여 불가피하게 법원의 최종적인 법률해석에 앞서 법령을 해석하거나 그 적용 범위를 판단하더라도 헌법재판소의 법률해석에 대법원이나 각급 법원이 구속되는 것은 아니다(대판 2008. 10. 23. 2006다66272; 대판 2009. 2. 12. 2004두10289).

제4절 행정법의 일반원칙

행정법의 일반원칙의 내용으로는 일반적으로 평등의 원칙과 행정의 자기구속의 법리, 비례의 원칙, 신뢰보호의 원칙, 부당결부금지의 원칙 등을 들 수 있다.

Ⅰ. 서 설

판례도 행정법의 일반원칙이라는 표현을 사용한다
당구장영업허가를 받아 그 영업을 함에 있어 동 영업행위가 강행법규인 「사행행위단속법」에 위반하는 것이어서 법질서 유지상 그에 대한 허가를 존속시킬 수 없게 된 이상 허가관청은 행정법의 일반원칙에 의하여 그 허가를 철회할 수 있다(대판 1964. 5. 5. 63누96).

Ⅱ. 행정의 자기구속의 원칙

1. 의 의

행정의 자기구속의 원칙이란 재량행위에 있어서 행정청은 동종의 사안에서 제3자에게 행하였던 결정과 동일한 결정을 상대방에게도 하도록 스스로 구속되는 원칙을 말한다.

2. 인정근거

(1) 대법원

① **종래 대법원은 자기구속의 원칙을 명시적으로 표명하지 않고, 특정한 개인에게만 과도하게 초과한 행정처분을 한 경우 재량권 한계를 일탈한 것으로 보았다**

식품위생법 시행규칙 제53조에 따른 별표 15의 행정처분기준은 행정기관 내부의 사무처리준칙을 규정한 것에 불과하기는 하지만, 위 규칙 제53조 단서의 식품 등의 수급정책 및 국민보건에 중대한 영향을 미치는 특별한 사유가 없는 한 행정청은 당해 위반사항에 대하여 위 처분기준에 따라 행정처분을 함이 보통이라 할 것이므로, 만일 행정청이 이러한 처분기준을 따르지 아니하고 특정한 개인에 대하여만 위 처분기준을 과도하게 초과하는 처분을 한 경우에는 일응 재량권의 한계를 일탈하였다고 볼 만한 여지가 충분하다(대판 1993. 6. 29. 93누5635).

② **최근 판결에서는 자기구속의 법리를 인정하고 그 근거로 평등의 원칙과 신뢰보호의 원칙을 언급하였다**

㉠ 상급행정기관이 하급행정기관에 대하여 업무처리지침이나 법령의 해석적용에 관한 기준을 정하여 발하는 이른바 '행정규칙이나 내부지침'은 일반적으로 행정조직 내부에서만 효력을 가질 뿐 대외적인 구속력을 갖는 것은 아니므로 행정처분이 그에 위반하였다고 하여 그러한 사정만으로 곧바로 위법하게 되는 것은 아니다. 다만, 재량권 행사의 준칙인 행정규칙이 그 정한 바에 따라 되풀이 시행되어 행정관행이 이루어지게 되면 평등의 원칙이나 신뢰보호의 원칙에 따라 행정기관은 그 상대방에 대한 관계에서 그 규칙에 따라야 할 자기구속을 받게 되므로, 이러한 경우에는 특별한 사정이 없는 한 그를 위반하는 처분은 평등의 원칙이나 신뢰보호의 원칙에 위배되어 재량권을 일탈·남용한 위법한 처분이 된다(대판 2009. 12. 24. 2009두7967).

㉡ 구 '부당한 공동행위 자진신고자 등에 대한 시정조치 등 감면제도 운영고시' 제16조 제1항, 제2항은 그 형식 및 내용에 비추어 재량권 행사의 기준으로 마련된 행정청 내부의 사무처리준칙, 즉 재량준칙이라 할 것이고, 구 독점규제 및 공정거래에 관한 법률 시행령 제35조 제1항 제4호에 의한 추가감면 신청 시 그에 필요한 기준을 정하는 것은 행정청의 재량에 속하므로 그 기준이 객관적으로

보아 합리적이 아니라든가 타당하지 아니하여 재량권을 남용한 것이라고 인정되지 않는 이상 행정청의 의사는 가능한 한 존중되어야 한다. 이러한 재량준칙은 일반적으로 행정조직 내부에서만 효력을 가질 뿐 대외적인 구속력을 갖는 것은 아니므로 행정처분이 이를 위반하였다고 하여 그러한 사정만으로 곧바로 위법하게 되는 것은 아니고, 다만 그 재량준칙이 정한 바에 따라 되풀이 시행되어 행정관행이 이루어지게 되면 평등의 원칙이나 신뢰보호의 원칙에 따라 행정기관은 상대방에 대한 관계에서 그 규칙에 따라야 할 자기구속을 받게 되므로, 이러한 경우에는 특별한 사정이 없는 한 그에 반하는 처분은 평등의 원칙이나 신뢰보호의 원칙에 어긋나 재량권을 일탈·남용한 위법한 처분이 된다(대판 2013. 11. 14. 2011두28783).

(2) 헌법재판소

헌법재판소는 전라남도 교육위원회 인사관리원칙과 관련한 헌법소원 사건에서 자기구속의 법리를 명시적으로 표명하고 그 근거로 평등의 원칙과 신뢰보호의 원칙을 들고 있다.

재량권 행사의 준칙인 규칙이 그 정한 바에 따라 되풀이 시행되어 행정관행이 이룩되면, 평등의 원칙이나 신뢰보호의 원칙에 따라 행정기관은 그 상대방에 대한 관계에서 그 규칙에 따라야 할 자기구속을 당하게 되고, 그러한 경우에는 대외적인 구속력을 가지게 된다 할 것이다(헌재결 1990. 9. 3. 90헌마13).

3. 한 계

불법에서의 평등대우

위법한 행정처분이 수차례에 걸쳐 반복적으로 행하여졌다 하더라도 그러한 처분이 위법한 것인 때에는 행정청에 대하여 자기구속력을 갖게 된다고 할 수 없다(대판 2009. 6. 25. 2008두13132).

Ⅲ. 비례의 원칙

1. 의 의

비례의 원칙(과잉금지의 원칙)이란 어떤 행정목적을 달성하기 위한 수단은 그 목적달성에 유효·적절하고 또한 가능한 한 최소침해를 가져오는 것이어야 하며 아울러 그 수단의 도입으로 인한 침해가 의도하는 공익을 능가하여서는 아니된다는 헌법상의 원칙을 말하는 것이다(대판 1997. 9. 26. 96누10096).

2. 법적 근거

헌법 제37조 제2항

법정형의 설정이 입법정책에 속한 사항이라 하더라도 어느 범죄에 대한 법정형이 죄질의 경중 등에 비추어 지나치게 가혹한 것이어서 전체 형벌체계상 현저히 균형을 잃음으로써 「헌법」 제37조 제2항의 비례의 원칙 내지 과잉입법금지원칙에 반하는 등 입법재량권이 헌법규정이나 헌법상의 제 원리에 반하여 자의적으로 행사된 것으로 평가되는 경우에는 이와 같은 법정형을 규정한 법률조항은 입법재량권을 남용하였거나 그 한계를 일탈한 것으로서 헌법에 반한다고 보아야 한다(헌재결 1997. 9. 25. 96헌가16; 헌재결 1995. 11. 30. 94헌가3).

3. 내 용

일반적으로 비례의 원칙의 내용으로 적합성의 원칙, 필요성의 원칙(최소침해의 원칙), 상당성의 원칙(협의의 비례원칙)의 3가지를 들고 있는데, 헌법재판소는 목적의 정당성, 방법의 적절성, 피해의 최소성, 법익의 균형성이라는 4단계의 공식에 따라 비례의 원칙에 위반되는지를 심사하고 있다.

비례의 원칙의 내용

과잉금지의 원칙이라는 것은 국가가 국민의 기본권을 제한하는 내용의 입법활동을 함에 있어서, 준수하여야 할 기본원칙 내지 입법활동의 한계를 의미하는 것으로서 국민의 기본권을 제한하려는 입법의 목적이 헌법 및 법률의 체계상 그 정당성이 인정되어야 하고(목적의 정당성), 그 목적의 달성을 위하여 그 방법이 효과적이고 적절하여야 하며(방법의 적절성), 입법권자가 선택한 기본권 제한의 조치가 입법목적달성을 위하여 설사 적절하다 할지라도 보다 완화된 형태나 방법을 모색함으로써 기본권의 제한은 필요한 최소한도에 그치도록 하여야 하며(피해의 최소성), 그 입법에 의하여 보호하려는 공익과 침해되는 사익을 비교형량할 때 보호되는 공익이 더 커야 한다(법익의 균형성)는 헌법상의 원칙이다(헌재결 1990. 9. 3. 89헌가95).

(1) 적합성의 원칙

사교육의 영역에 관한 한, 우리 사회가 불행하게도 이미 자정능력이나 자기조절능력을 현저히 상실했고, 이로 말미암아 국가가 부득이 개입하지 않을 수 없는 실정이므로, 위와 같이 사회가 자율성을 상실한 예외적인 상황에서는 고액과외교습을 방지하여 사교육에서의 과열경쟁으로 인한 학부모의 경제적 부담을 덜어주고 나아가 국민이 되도록 균등한 정도의 사교육을 받도록 하려는 법 제3조의 입법목적은 입법자가 '잠정적으로' 추구할 수 있는 정당한 공익이라고 하겠다. 수단의 적합성의 관점에서 보더라도 법 제3조가 학원·교습소·대학(원)생에 의한 과외교습을 허용하면서 그 밖에 고액과외교습의 가능성이 있는 개인적인 과외교습을 광범위하게 금지하는 규제수단을 택하였고, 이러한 수단이 위 입법목적의 달성에 어느 정도 기여한다는 점은 의문의 여지가 없다. 따라서 수단으로서의 적합성도 인정된다 하겠다(헌재결 2000. 4. 27. 98헌가16).

(2) 필요성의 원칙(최소침해의 원칙)

공용수용은 공익사업을 위하여 타인의 특정한 재산권을 법률의 힘에 의하여 강제적으로 취득하는 것이므로 수용할 목적물의 범위는 원칙적으로 사업을 위하여 필요한 최소한도에 그쳐야 한다(대판 1987. 9. 8. 87누395).

(3) 상당성의 원칙(협의의 비례원칙)

제재적 행정처분이 재량권의 범위를 일탈하였거나 남용하였는지 여부는 처분사유로 된 위반행위의 내용과 그 위반의 정도, 당해 처분에 의하여 달성하려는 공익상의 필요와 개인이 입게 될 불이익 및 이에 따르는 제반 사정 등을 객관적으로 심리하여 공익

침해의 정도와 그 처분으로 인하여 개인이 입게 될 불이익을 비교교량하여 판단하여야 한다(대판 2006. 4. 14. 2004두3854).

4. 적용영역

경찰작용과 비례의 원칙

이 사건 통행제지행위는 서울광장에서 개최될 여지가 있는 일체의 집회를 금지하고 일반시민들의 통행조차 금지하는 전면적이고 광범위하며 극단적인 조치이므로 집회의 조건부 허용이나 개별적 집회의 금지나 해산으로는 방지할 수 없는 급박하고 명백하며 중대한 위험이 있는 경우에 한하여 비로소 취할 수 있는 거의 마지막 수단에 해당한다. 서울광장 주변에 노무현 전 대통령을 추모하는 사람들이 많이 모여 있었다거나 일부 시민들이 서울광장 인근에서 불법적인 폭력행위를 저지른 바 있다고 하더라도 그것만으로 폭력행위일로부터 4일 후까지 이러한 조치를 그대로 유지해야 할 급박하고 명백한 불법·폭력 집회나 시위의 위험성이 있었다고 할 수 없으므로 이 사건 통행제지행위는 당시 상황에 비추어 필요최소한의 조치였다고 보기 어렵고, 가사 전면적이고 광범위한 집회방지조치를 취할 필요성이 있었다고 하더라도, 서울광장에의 출입을 완전히 통제하는 경우 일반시민들의 통행이나 여가·문화 활동 등의 이용까지 제한되므로 서울광장의 몇 군데라도 통로를 개설하여 통제 하에 출입하게 하거나 대규모의 불법·폭력 집회가 행해질 가능성이 적은 시간대라든지 서울광장 인근 건물에의 출근이나 왕래가 많은 오전 시간대에는 일부 통제를 푸는 등 시민들의 통행이나 여가·문화활동에 과도한 제한을 초래하지 않으면서도 목적을 상당 부분 달성할 수 있는 수단이나 방법을 고려하였어야 함에도 불구하고 모든 시민의 통행을 전면적으로 제지한 것은 침해의 최소성을 충족한다고 할 수 없다. 또한 대규모의 불법·폭력 집회나 시위를 막아 시민들의 생명·신체와 재산을 보호한다는 공익은 중요한 것이지만, 당시의 상황에 비추어 볼 때 이러한 공익의 존재 여부나 그 실현 효과는 다소 가상적이고 추상적인 것이라고 볼 여지도 있고, 비교적 덜 제한적인 수단에 의하여도 상당 부분 달성될 수 있었던 것으로 보여 일반 시민들이 입은 실질적이고 현존하는 불이익에 비하여 결코 크다고 단정하기 어려우므로 법익의 균형성 요건도 충족하였다고 할 수 없다. 따라서 이 사건 통행제지행위는 과잉금지원칙을 위반하여 청구인들의 일반적 행동자유권을 침해한 것이다(헌재결 2011. 6. 30. 2009헌마406).

공무원법상의 징계처분

공무원인 피징계자에게 징계사유가 있어서 징계처분을 하는 경우 어떠한 처분을 할 것인가는 징계권자의 재량에 맡겨진 것이고, 다만 징계권자가 재량권의 행사로서 한 징계처분이 사회통념상 현저하게 타당성을 잃어 징계권자에게 맡겨진 재량권을 남용한 것이라고 인정되는 경우에 한하여 그 처분을 위법하다고 할 수 있고, 공무원에 대한 징계처분이 사회통념상 현저하게 타당성을 잃었다고 하려면 구체적인 사례에 따라 징계의 원인이 된 비위사실의 내용과 성질, 징계에 의하여 달성하려고 하는 행정목적, 징계양정의 기준 등 여러 요소를 종합하여 판단할 때에 그 징계 내용이 객관적으로 명백히 부당하다고 인정할 수 있는 경우라야 한다(대판 1998. 11. 10. 98두12017).

수익적 행정행위의 취소

수익적 행정처분을 취소하거나 중지시키는 경우에는 이미 부여된 그 국민의 기득권을 침해하는 것이 되므로, 비록 취소 등의 사유가 있다고 하더라도 그 취소권 등의 행사는 기득권의 침해를 정당화할 만한 중대한 공익상의 필요 또는 제3자의 이익보호의 필요가 있는 때에 한하여 상대방이 받는 불이익과 비교교량하여 결정하여야 하고, 그 처분으로 인하여 공익상의 필요보다 상대방이 받게 되는 불이익 등이 막대한 경우에는 재량권의 한계를 일탈한 것으로서 그 자체가 위법하다(대판 1991. 5. 14. 90누9780).

침익적 행정처분

제재적 행정처분인 「청소년보호법」상의 과징금부과처분이 사회통념상 재량권의 범위를 일탈하거나 남용한 경우에는 위법하고, 재량권의 일탈·남용 여부는 처분사유로 된 위반행위의 내용과 당해 처분행위에 의하여 달성하려는 공익목적 및 이에 따르는 모든 사정을 객관적으로 심리하여 공익침해의 정도와 그 처분으로 인하여 개인이 입게 될 불이익을 비교 교량하여 판단하여야 한다(대판 2001. 7. 27. 99두9490).

Ⅳ. 신뢰보호의 원칙

1. 의 의

신뢰보호의 원칙이란 행정기관의 일정한 언동의 정당성 또는 존속성에 대한 사인의 보호가치 있는 신뢰는 보호해 주어야 한다는 원칙을 말한다.

2. 이론적 근거

사법상의 신의성실원칙에서 신뢰보호원칙의 근거를 구하는 신의칙설, 헌법상의 법치국가원리의 요소에는 법률적합성과 법적 안정성이 있는바, 신뢰보호의 원칙은 이 중 법적 안정성에서 도출된다고 보는 법적 안정성설, 헌법상의 사회국가원리에서 신뢰보호원칙의 근거를 구하는 사회국가원리설, 기본권설, 독자성설 등이 있다. 신의칙설에 대해서는 신의성실의 원칙은 당사자 간에 구체적인 계약관계가 있는 경우에 적용되는 것이므로, 그러한 구체적 관계의 존재를 전제하지 않는 행정작용에는 적용하기 어렵다는 비판이 있다. 행정상의 신뢰보호원칙은 법적 안정성이라는 헌법상의 법치주의의 내용 중에서 근거를 구하는 법적 안정성설이 통설과 판례의 태도이다.

대법원은 법적 안정성에서 신뢰보호원칙의 근거를 찾고 있다

법령의 개정에서 신뢰보호원칙이 적용되어야 하는 이유는, 어떤 법령이 장래에도 그대로 존속할 것이라는 합리적이고 정당한 신뢰를 바탕으로 국민이 그 법령에 상응하는 구체적 행위로 나아가 일정한 법적 지위나 생활관계를 형성하여 왔음에도 국가가 이를 전혀 보호하지 않는다면 법질서에 대한 국민의 신뢰는 무너지고 현재의 행위에 대한 장래의 법적 효과를 예견할 수 없게 되어 법적 안정성이 크게 저해되기 때문이고, 이러한 신뢰보호는 절대적이거나 어느 생활영역에서나 균일한 것은 아니고 개개의 사안마다 관련된 자유나 권리, 이익 등에 따라 보호의 정도와 방법이 다를 수 있으며, 새로운 법령을 통하여 실현하고자 하는 공익적 목적이 우월한 때에는 이를 고려하여 제한될 수 있으므로, 이 경우 신뢰보호원칙의 위배 여부를 판단하기 위해서는 한편으로는 침해된 이익의 보호가치, 침해의 중한 정도, 신뢰가 손상된 정도, 신뢰침해의 방법 등과 다른 한편으로는 새 법령을 통해 실현하고자 하는 공익적 목적을 종합적으로 비교·형량하여야 한다(대판 2007. 10. 29. 2005두4649 전원합의체).

헌법재판소 또한 법적 안정성에서 신뢰보호원칙의 근거를 찾고 있다

신뢰보호원칙은 헌법상의 법치국가원칙으로부터 파생되는 것으로서, 법률의 제정이나 개정시 구법질서에 대한 당사자의 신뢰가 합리적이고도 정당하며 법률의 제정이나 개정으로 야기되는 당사자의 손해가 극심하여 새로운 입법으로 달성하고자 하는 공익적 목적이 그러한 당사자의 신뢰의 파괴를 정당화할 수 없다면 그러한 새 입법은 신뢰보호원칙상 허용될 수 없다(헌재결 2010. 10. 28. 2009헌바67 참조). 신뢰보호원칙의 위배 여부를 판단하기 위해서는 침해받은 이익의 보호가치, 침해의 중한 정도, 신뢰가 손상된 정도, 신뢰침해의 방법 등과 새 입법을 통해 실현하고자 하는 공익적 목적을 종합적으로 비교·형량하여야 한다(헌재결 1995. 10. 26. 94헌바12; 헌재결 2012. 8. 23. 2010헌바28 참조; 헌재결 2013. 10. 24. 2012헌마906).

3. 요 건

신뢰보호원칙의 성립요건

일반적으로 행정상의 법률관계에 있어서 행정청의 행위에 대하여 신뢰보호의 원칙이 적용되기 위해서는, 첫째 행정청이 개인에 대하여 신뢰의 대상이 되는 공적인 견해표명을 하여야 하고, 둘째 행정청의 견해표명이 정당하다고 신뢰한 데에 대하여 그 개인에게 귀책사유가 없어야 하며, 셋째 그 개인이 그 견해표명을 신뢰하고 이에 상응하는 어떠한 행위를 하였어야 하고, 넷째 행정청이 위 견해표명에 반하는 처분을 함으로써 그 견해표명을 신뢰한 개인의 이익이 침해되는 결과가 초래되어야 하며, 마지막으로 위 견해표명에 따른 행정처분을 할 경우 이로 인하여 공익 또는 제3자의 정당한 이익을 현저히 해할 우려가 있는 경우가 아니어야 한다(대판 2006. 6. 9. 2004두46 등 다수).

(1) 행정청의 선행조치

판례는 '행정청의 선행조치'를 '행정기관의 공적 견해표명이 있을 것'이라고 표현한다. 판례가 말하는 '공적 견해표명'은 선행조치보다는 범위가 좁은 것으로 이해된다.

① 행정청

행정청의 공적 견해표명이 있었는지의 여부를 판단하는 데 있어 반드시 행정조직상의 형식적인 권한분장에 구애될 것은 아니고 담당자의 조직상의 지위와 임무, 당해 언동을 하게 된 구체적인 경위 및 그에 대한 상대방의 신뢰가능성에 비추어 실질에 의하여 판단하여야 한다(대판 1997. 9. 12. 96누18380).

② 선행조치

판례는 선행조치를 지나치게 엄격하게 본다.

공적 견해표명은 명시적 또는 묵시적인 경우도 가능하다

일반적으로 조세법률관계에서 과세관청의 행위에 대하여 신의성실의 원칙이 적용되기 위하여는 과세관청이 납세자에게 신뢰의 대상이 되는 공적인 견해를 표명해야 하고, 또한 「국세기본법」 제18조 제3항에서 말하는 비과세관행이 성립하려면 상당한 기간에 걸쳐 과세를 하지 아니한 객관적 사실이 존재할 뿐만 아니라 과세관청 자신이 그 사항에 관하여 과세할 수 있음을 알면서도 어떤 특별한 사정 때문에 과세하지 않는다는 의사가 있어야 하며, 한편 위와 같은 공적 견해나 의사는 묵시적으로도 표시될 수 있지만, 묵시적 표시가 있다고 하기 위하여는 단순한 과세누락과는 달리 과세관청이 상당기간의 비과세상태에 대하여 과세하지 않겠다는 의사표시를 한 것으로 볼 수 있는 사정이 있어야 할 것이다(대판 1990. 10. 10. 89누3816; 대판 1993. 2. 23. 92누12919; 대판 1995. 2. 3. 94누11750; 대판 2000. 1. 21. 97누11065; 대판 2001. 4. 24. 2000두5203).

추상적 질의에 대한 일반적 견해표명은 공적 견해의 표명으로 볼 수 없다

「국세기본법」 제15조, 제18조 제3항의 규정이 정하는 신의칙 내지 비과세관행이 성립되었다고 하려면 장기간에 걸쳐 어떤 사항에 대하여 과세하지 아니하였다는 객관적 사실이 존재할 뿐만 아니라 과세관청 자신이 그 사항에 대하여 과세할 수 있음을 알면서도 어떤 특별한 사정에 의하여 과세하지 않는다는 의사가 있고 이와 같은 의사가 대외적으로 명시적 또는 묵시적으로 표시될 것임을 요한다고 해석되며, 특히 그 의사표시가 납세자의 추상적인 질의에 대한 일반론적인 견해표명에 불과한 경우에는 위 원칙의 적용을 부정하여야 한다(대판 1985. 5. 14. 84누59; 대판 1993. 7. 27. 90누10384; 대판 1995. 11. 4. 95누10181; 대판 2001. 4. 24. 2000두5203).

③ 공적 견해표명의 존재를 인정한 판례

㉠ 폐기물처리업에 대하여 사전에 관할 관청으로부터 받은 적정통보

폐기물처리업에 대하여 사전에 관할 관청으로부터 적정통보를 받고 막대한 비용을 들여 허가요건을 갖춘 다음 허가신청을 하였음에도 다수 청소업자의 난립으로 안정적이고 효율적인 청소업무의 수행에 지장이 있다는 이유로 한 불허가처분이 신뢰보호의 원칙 및 비례의 원칙에 반하는 것으로서 재량권을 남용한 위법한 처분이다(대판 1998. 5. 8. 98두4061).

㉡ 보건사회부(현, 보건복지부)장관이 "의료취약지 병원설립운영자 신청공고"를 하면서 국세 및 지방세를 비과세하겠다고 발표한 행위

보건사회부(현, 보건복지부)장관이 "의료취약지 병원설립운영자 신청공고"를 하면서 국세 및 지방세를 비과세하겠다고 발표하였고, 그 후 내무부장관이나 시·도지사가 도 또는 시·군에 대하여 지방세 감면조례제정을 지시하여 그 조례에 대한 승인의 의사를 미리 표명하였다면, 보건사회부장관에 의하여 이루어진 위 비과세의 견해표명은 당해 과세관청의 그것과 마찬가지로 볼 여지가 충분하다고 할 것이고, 또한 납세자로서는 위와 같은 정부의 일정한 절차를 거친 공고에 대하여서는 보다 고도의 신뢰를 갖는 것이 일반적이다(대판 1996. 1. 23. 95누13746).

④ 공적 견해표명의 존재를 부인한 판례

㉠ 폐기물처리업 사업계획에 대하여 적정통보를 한 것만으로 그 사업부지 토지에 대한 국토이용계획변경신청을 승인하여 주겠다는 취지의 공적인 견해표명을 한 것으로 볼 수 없다

폐기물관리법령에 의한 폐기물처리업 사업계획에 대한 적정통보와 국토이용관리법령에 의한 국토이용계획변경은 각기 그 제도적 취지와 결정단계에서 고려해야 할 사항들이 다르므로, 피고가 위와 같이 폐기물처리업 사업계획에 대하여 적정통보를 한 것만으로 그 사업부지 토지에 대한 국토이용계획변경신청을 승인하여 주겠다는 취지의 공적인 견해표명을 한 것으로 볼 수 없고, 그럼에도 불구하고 원고가 그 승인을 받을 것으로 신뢰하였다면 원고에게 귀책사유가 있다 할 것이므로, 이 사건 처분이 신뢰보호의 원칙에 위배된다고 할 수 없다(대판 2005. 4. 28. 2004두8828).

㉡ 과세관청의 단순한 과세누락은 불과세의 의사표시가 아니다

신뢰보호원칙이 적용되기 위한 요건으로서의 공적인 견해표명은 명시적 또는 묵시적으로 표시되어야 하지만 묵시적 표시가 있다고 하기 위하여는 단순한 과세누락과는 달리, 과세관청이 상당기간의 불과세 상태에 대하여 과세하지 않겠다는 의사표시를 한 것으로 볼 수 있는 사정이 있어야 한다(대판 1995. 2. 3. 94누11750).

㉢ 단순히 법령의 해석에 관한 질의에 대한 회신

「개발이익환수에 관한 법률」에 정한 개발사업을 시행하기 전에, 행정청이 토지 지상에 예식장 등을 건축하는 것이 관계 법령상 가능한지 여부를 질의하는 민원예비심사에 대하여 관련 부서 의견으로 개발이익환수에 관한 법률에 '저촉사항 없음'이라고 기재하였다고 하더라도, 이후의 개발부담금부과처분에 관하여 신뢰보호의 원칙을 적용하기 위한 요건인, 개인에 대하여 신뢰의 대상이 되는 공적인 견해표명을 한 것이라고는 보기 어렵다(대판 2006. 6. 9. 2004두46).

㉣ **폐기물처리업 사업계획에 대한 적정통보는 당해 토지에 대한 형질변경허가신청을 허가하는 취지의 공적 견해표명으로 볼 수 없다**

도시계획구역 안에서의 폐기물처리시설의 결정기준 및 설치기준 등을 규정하고 있는 「도시계획법」 제2조 제1항 제1호 (나)목, 제16조, 도시계획시설기준에 관한 규칙 제126조 내지 제128조 및 폐기물관리법령은 도시계획구역 안에서의 토지형질변경의 허가기준을 규정하고 있는 「도시계획법」 제4조 제1항, 도시계획법 시행령 제5조의2 및 토지의 형질변경등 행위허가기준등에 관한 규칙 제4조 제1항과 각기 규정대상 및 입법취지를 달리하고 있으므로, 일반적으로 폐기물처리업 사업계획에 대한 적정통보에 당해 토지에 대한 형질변경허가신청을 허가하는 취지의 공적 견해표명이 있는 것으로는 볼 수 없다고 할 것이고, 더구나 토지의 지목변경 등을 조건으로 그 토지상의 폐기물처리업 사업계획에 대한 적정통보를 한 경우에는 위 조건부적정통보에 토지에 대한 형질변경허가의 공적 견해표명이 포함되어 있었다고 볼 수 없다(대판 1998. 9. 25. 98두6494).

(2) 보호가치 있는 신뢰

① 대법원은 이 요건을 '귀책사유가 없을 것'이라고 표현한다.

'귀책사유'라 함은 행정청의 견해표명의 하자가 상대방 등 관계자의 사실은폐나 기타 사위의 방법에 의한 신청행위 등 부정행위에 기인한 것이거나 그러한 부정행위가 없다고 하더라도 하자가 있음을 알았거나 중대한 과실로 알지 못한 경우 등을 의미한다고 해석함이 상당하고, 귀책사유의 유무는 상대방과 그로부터 신청행위를 위임받은 수임인 등 관계자 모두를 기준으로 판단하여야 한다(대판 2002. 11. 8. 2001두1512).

② 헌법재판소는 '국가에 의하여 일정방향으로 유인된 신뢰'라는 표현으로 보호가치 있는 신뢰를 설명한다.

개인의 신뢰이익에 대한 보호가치는 ㉠ 법령에 따른 개인의 행위가 국가에 의하여 일정방향으로 유인된 신뢰의 행사인지, ㉡ 아니면 단지 법률이 부여한 기회를 활용한 것으로서 원칙적으로 사적 위험부담의 범위에 속하는 것인지 여부에 따라 달라진다. 만일 법률에 따른 개인의 행위가 단지 법률이 반사적으로 부여하는 기회의 활용을 넘어서 국가에 의하여 일정 방향으로 유인된 것이라면 특별히 보호가치가 있는 신뢰이익이 인정될 수 있고, 원칙적으로 개인의 신뢰보호가 국가의 법률개정이익에 우선된다고 볼 여지가 있다(헌재결 2002. 11. 28. 2002헌바45).

③ 관계인이 당해 처분을 신청서의 허위기재·뇌물제공·사기 및 강박 등에 의하여 받은 경우에는 보호할 수 없다.

㉠ 상대방의 신뢰를 보호하기 위하여 수익적 처분의 취소에는 일정한 제한이 따르는 것이나, 수익적 처분이 상대방의 허위 기타 부정한 방법으로 인하여 행하여졌다면 상대방은 그 처분이 그와 같은 사유로 인하여 취소될 것임을 예상할 수 없었다고 할 수 없으므로, 이러한 경우에까지 상대방의 신뢰를 보호하여야 하는 것은 아니라고 할 것이다(대판 1995. 1. 20. 94누6529).

㉡ 행정처분에 하자가 있음을 이유로 처분청이 이를 취소하는 경우에도 그 처분이 국민에게 권리나 이익을 부여하는 수익적 처분인 때에는 그 처분을 취소하여야 할 공익상의 필요와 그 취소로 인하여 당사자가 입게 될 불이익을 비교교량한 후 공익상의 필요가 당사자가 입을 불이익을 정당화할 만큼 강한 경우에 한하여 취소할 수 있는 것이지만, 그 처분의 하자가 당사자의 사실은폐나 기타 사위의 방법에 의한 신청행위에 기인한 것이라면 당사자는 그 처분에 의한 이익이 위법하게 취득되었음을 알아 그 취소가능성도 예상하고 있었다고 할 것이므로, 그 자신이 위 처분에 관한 신뢰이익을 원용할 수 없음은 물론 행정청이 이를 고려하지 아니하였다고 하여도 재량권의 남용이 되지 아니한다(대판 1996. 10. 25. 95누14190).

㉢ 충전소설치예정지로부터 100m 내에 있는 건물주의 동의를 모두 얻지 아니하였음에도 불구하고 이를 갖춘 양 허가신청을 하여 그 허가를 받아낸 것으로서, 처분의 하자가 당사자의 사실은폐 내지 사위의 방법에 의한 신청행위에 기인한 것이라 할 것이어서 그 처분에 의한 이익이 위법하게 취득되었음을 알아 그 취소가능성도 능히 예상하고 있었다고 보아야 할 것이므로 수익적 행정행위인 액화석유가스충전사업 허가처분의 취소에 위법이 없다(대판 1992. 5. 8. 91누13274).

(3) 선행조치에 반하는 후행 행정작용의 존재

삼청교육대 사건
대통령이 담화를 발표하고 이에 따라 국방부장관이 삼청교육 관련 피해자들에게 그 피해를 보상하겠다고 공고하고 피해신고까지 받은 것은, 대통령이 정부의 수반인 지위에서 피해자들인 국민에 대하여 향후 입법조치 등을 통하여 그 피해를 보상해 주겠다고 구체적 사안에 관하여 종국적으로 약속한 것으로서 그 상대방은 약속이 이행될 것에 대한 강한 신뢰를 가지게 되고, 이러한 신뢰는 단순한 사실상의 기대를 넘어 법적으로 보호받아야 할 이익이라고 보아야 하므로, 국가로서는 정당한 이유 없이 이 신뢰를 깨뜨려서는 아니되는바, 국가가 그 약속을 어기고 후속조치를 취하지 아니함으로써 위 담화 및 피해신고 공고에 따라 피해신고를 마친 피해자의 신뢰를 깨뜨린 경우, 그 신뢰의 상실에 따르는 손해를 배상할 의무가 있다(대판 2001. 7. 10. 98다38364).

4. 신뢰보호의 한계

(1) 신뢰보호원칙과 법률적합성 원칙의 충돌

이 충돌을 해결하는 것과 관련하여 법률적합성 우위설도 있으나, 법률적합성의 원칙과 법적 안정성의 원칙을 헌법상 동위적·동가치적인 것이라고 보면서 개별 사안에서 공익과 사익을 구체적으로 비교·형량하여 결정할 것이라는 이익형량설(또는 양자동위설에 기초한 이익형량설)이 통설과 판례의 태도이다. 최근 대법원은 행정의 법률적합성 원칙을 희생하면서까지 관계인의 신뢰를 보호해야 할 특별한 사정을 요구하고 있다.

신뢰보호원칙과 법률적합성 원칙
일반 행정법률관계에서 관청의 행위에 대하여 신의칙이 적용되기 위해서는 합법성의 원칙을 희생하여서라도 처분의 상대방의 신뢰를 보호함이 정의의 관념에 부합하는 것으로 인정되는 특별한 사정이 있을 경우에 한하여 예외적으로 적용된다(대판 2004. 7. 22. 2002두11233).

신뢰보호원칙과 법률적합성 원칙의 충돌시 이익형량의 원칙
레미콘공장 설립을 하면 환경에 현저한 위해를 가할 우려가 있고 그러한 사정이 있음에도 불구하고 공장설립을 허가하는 것이 같은 법 제8조와 이 규정에 따른 통상산업부 고시에 위반된다면, 설사 관할 지방자치단체가 토지거래허가시에 이러한 사정을 간과하고 토지거래허가를 하였다고 하더라도 쾌적한 환경에서 생활할 주민들의 권리라는 한 차원 높은 가치를 보호하기 위한 조정명령을 신뢰보호의 원칙을 들어 위법하다고 할 수도 없다(대판 1996. 7. 12. 95누11665).

최근 대법원은 이익형량을 신뢰보호원칙의 소극적 요건으로서 요구하고 있다
어떠한 행정처분이 신뢰보호원칙의 요건을 충족할 때에는, 공익 또는 제3자의 정당한 이익을 현저히 해할 우려가 있는 경우가 아닌 한, 신뢰보호의 원칙에 반하는 행위로서 위법하게 된다(대판 1997. 9. 12. 96누18380; 대판 1998. 5. 8. 98두4061; 대판 2001. 9. 28. 2000두8684).

(2) 신뢰보호원칙과 공익의 충돌

폐기물처리업에서의 적정통보
폐기물처리업에 대하여 사전에 관할 관청으로부터 적정통보를 받고 막대한 비용을 들여 허가요건을 갖춘 다음, 허가신청을 하였음에도 다수 청소업자의 난립으로 안정적이고 효율적인 청소업무의 수행에 지장이 있다는 이유로 한 불허가처분은 신뢰보호의 원칙 및 비례의 원칙에 반하는 것으로서 재량권을 남용한 위법한 처분이다(대판 1998. 5. 8. 98두4061).

대순진리회 토지형질 변경 불허사건
종교법인이 도시계획구역 내 생산녹지로 답인 토지에 대하여 종교회관 건립을 이용목적으로 하는 토지거래계약의 허가를 받으면서 담당공무원이 관련 법규상 허용된다 하여 이를 신뢰하고 건축준비를 하였으나 그 후 당해 지방자치단체장이 다른 사유를 들어 토지형질변경허가신청을 불허가한 것은 신뢰보호원칙에 반한다. 지방자치단체장이 당해 토지에 대한 형질변경을 불허하고 이를 우량농지로 보전하려는 공익보다 형질변경이 가능하리라고 믿은 종교법인이 입게 될 불이익이 더 큰 것이라면 당해 처분은 비례의 원칙을 위반한 것으로 재량권을 남용한 위법한 처분이다(대판 1997. 9. 12. 96누18380).

한려해상국립공원지구 인근의 자연녹지지역에서의 토석채취허가사건
한려해상국립공원지구 인근의 자연녹지지역에서의 토석채취허가가 법적으로 가능할

> 것이라는 행정청의 언동을 신뢰한 개인이 많은 비용과 노력을 투자하였다가 불허가처분으로 상당한 불이익을 입게 된 경우, 위 불허가처분에 의하여 행정청이 달성하려는 주변의 환경·풍치·미관 등의 공익이 그로 인하여 개인이 입게 되는 불이익을 정당화할 만큼 강하므로 위 불허가처분이 재량권의 남용 또는 신뢰보호의 원칙에 반하여 위법하다고 할 수 없다(대판 1998. 11. 13. 98두7343).

(3) 사정변경

> 행정청이 상대방에게 장차 어떤 처분을 하겠다고 확약 또는 공적인 의사표명을 하였다고 하더라도, 그 자체에서 상대방으로 하여금 언제까지 처분의 발령을 신청하도록 유효기간을 두었는데도 그 기간 내에 상대방의 신청이 없었다거나 확약 또는 공적인 의사표명이 있은 후에 사실적·법률적 상태가 변경되었다면, 그와 같은 확약 또는 공적인 의사표명은 행정청의 별다른 의사표시를 기다리지 않고 실효된다(대판 1996. 8. 20. 95누10877).

5. 신뢰보호원칙의 적용영역

(1) 실권의 법리

① 의 의

> 실권 또는 실효의 법리는 법의 일반원리인 신의성실의 원칙에 바탕을 둔 파생원칙인 것이므로 공법관계 가운데 관리관계는 물론이고 권력관계에도 적용되는 것이나, 그것은 본래 권리행사의 기회가 있음에도 불구하고 권리자가 장기간에 걸쳐 그의 권리를 행사하지 아니하였기 때문에 의무자인 상대방은 이미 그의 권리를 행사하지 아니할 것으로 믿을 만한 정당한 사유가 있게 되거나 행사하지 아니할 것으로 추인케 할 경우에 새삼스럽게 그 권리를 행사하는 것이 신의성실의 원칙에 반하는 결과가 될 때 그 권리행사를 허용하지 않는 것을 의미하는 것이다(대판 1988. 4. 27. 87누915).

② 근 거

실권의 법리는 신뢰보호원칙의 파생원칙에 해당한다. 그러나 대법원은 실권의 법리를 신의성실의 원칙의 파생원칙으로 보고 있다.

일반적으로 권리의 행사는 신의에 좇아 성실히 하여야 하고 권리는 남용하지 못하는 것이므로 권리자가 실제로 권리를 행사할 수 있는 기회가 있었음에도 불구하고 상당한 기간이 경과하도록 권리를 행사하지 아니하여 의무자인 상대방으로서도 이제는 권리자가 권리를 행사하지 아니할 것으로 신뢰할 만한 정당한 기대를 가지게 된 다음에 새삼스럽게 그 권리를 행사하는 것이 법질서 전체를 지배하는 신의성실의 원칙에 위반하는 것으로 인정되는 결과가 될 때에는 이른바 실효의 원칙에 따라 그 권리의 행사가 허용되지 않는다고 보아야 할 것이고, 또한 실효의 원칙이 적용되기 위하여 필요한 요건으로서의 실효기간(권리를 행사하지 아니한 기간)의 길이와 의무자인 상대방이 권리가 행사되지 아니하리라고 신뢰할 만한 정당한 사유가 있었는지의 여부는 일률적으로 판단할 수 있는 것이 아니라 구체적인 경우마다 권리를 행사하지 아니한 기간의 장단과 함께 권리자측과 상대방측 쌍방의 사정 및 객관적으로 존재한 사정 등을 모두 고려하여 사회통념에 따라 합리적으로 판단하여야 할 것이다(대판 2005. 10. 28. 2005다45827).

③ 구체적 적용

㉠ 취소사유가 있은 지 20년 후에 행한 취소라 하더라도 취소사유의 존재를 취소 직전에 알았다면 취소권은 실권되는 것이 아니다

이 사건의 원고가 허가(행정서사업 자격을 갖추지 아니한 자에 대하여 행해진 허가임)받은 때로부터 20년이 다되어 피고가 그 허가를 취소한 것이기는 하나 피고가 취소사유를 알고서도 그렇게 장기간 취소권을 행사하지 않은 것이 아니고 취소처분을 행하기 직전에 취소사유를 알았다면 상대방인 원고에게 취소권을 행사하지 않을 것이란 신뢰를 심어준 것으로 여겨지지 않으니 피고의 처분이 실권의 법리에 저촉된 것이라고 볼 수 없다(대판 1988. 4. 27. 87누915).

㉡ 사고로부터 1년 10개월 후 사고택시에 대하여 한 운송사업면허의 취소는 재량권일탈에 해당하지 않는다

교통사고가 일어난 지 1년 10개월이 지난 뒤 그 교통사고를 일으킨 택시에 대하여 운송사업면허를 취소하였더라도 처분관할관청이 위반행위를 적발한 날로부터 10일 이내에 처분을 하여야 한다는 규정을 강행규정으로 볼 수 없을 뿐만 아니라 택시운송사업자로서는 자동차운수사업법의 내용을 잘 알고 있어 교통사고를 낸 택시에 대하여 운송사업면허가 취소될 가능성을 예상할 수도 있었을 터이니, 자신이 별다른 행정조치가 없을 것으로 믿고 있었다 하여 바로 신뢰의 이익을 주장할 수는 없으므로 그 교통사고가 자동차운수사업법 제31조 제1항 제5호 소정의 '중대한 교통사고로 인하여 많은 사상자를 발생하게 한 때'에 해당한다면 그 운송사업면허의 취소가 행정에 대한 국민의 신뢰를 저버리고 국민의 법 생활의 안정을 해치는 것이어서 재량권의 범위를 일탈한 것이라고 보기는 어렵다(대판 1989. 6. 27. 88누6283).

ⓒ **3년 전의 위반행위를 이유로 운전면허취소처분을 한 것은 위법하다**

택시운전사가 운전면허정지기간 중의 운전행위를 하다가 적발되어 형사처벌을 받았으나 행정청으로부터 아무런 행정조치가 없어 안심하고 계속 운전업무에 종사하고 있던 중 행정청이 위 위반행위가 있은 이후에 장기간에 걸쳐 아무런 행정조치를 취하지 않은 채 방치하고 있다가 3년여가 지난 후에 이를 이유로 행정제재를 하면서 가장 무거운 운전면허를 취소하는 행정처분을 하였다면 이는 행정청이 그간 별다른 행정조치가 없을 것이라고 믿은 신뢰의 이익과 그 법적 안정성을 빼앗는 것이 되어 매우 가혹할 뿐만 아니라 비록 그 위반행위가 운전면허취소사유에 해당한다 할지라도 그와 같은 공익상의 목적만으로는 위 운전사가 입게 될 불이익에 견줄 바 못 된다 할 것이다(대판 1987. 9. 8. 87누373).

(2) 행정계획의 변경

도시계획결정과 도시계획 변경결정 사이에 신뢰보호원칙이 적용되지 않는다

당초 정구장 시설을 설치한다는 도시계획결정을 하였다가 정구장 대신 청소년 수련시설을 설치한다는 도시계획 변경결정 및 지적승인을 한 경우, 당초의 도시계획결정만으로는 도시계획사업의 시행자 지정을 받게 된다는 공적인 견해를 표명하였다고 할 수 없다는 이유로 그 후의 도시계획 변경결정 및 지적승인이 도시계획사업의 시행자로 지정받을 것을 예상하고 정구장 설계 비용 등을 지출한 자의 신뢰이익을 침해한 것으로 볼 수 없다(대판 2000. 11. 10. 2000두727).

용도지역을 자연녹지지역으로 결정하였다가 보전녹지지역으로 결정하는 내용으로 도시계획을 변경한 경우 신뢰보호원칙이 적용되지 않는다

행정청이 용도지역을 자연녹지지역으로 지정결정하였다가 그보다 규제가 엄한 보전녹지지역으로 지정결정하는 내용으로 도시계획을 변경한 경우, 행정청이 용도지역을 자연녹지지역으로 결정한 것만으로는 그 결정 후 그 토지의 소유권을 취득한 자에게 용도지역을 종래와 같이 자연녹지지역으로 유지하거나 보전녹지지역으로 변경하지 않겠다는 취지의 공적인 견해표명을 한 것이라고 볼 수 없고, 토지소유자가 당해 토지 지상에 물류창고를 건축하기 위한 준비행위를 하였더라도 그와 같은 사정만으로는 용도지역을 자연녹지지역에서 보전녹지지역으로 변경하는 내용의 도시계획변경결정이 행정청의 공적인 견해표명에 반하는 처분을 함으로써 그 견해표명을 신뢰한 개인의 이익이 침해되는 결과가 초래된 것이라고도 볼 수 없다는 등의 이유로, 신뢰보호의 원칙이 적용되지 않는다(대판 2005. 3. 10. 2002두5474).

폐기물관리법령에 의한 폐기물처리업 사업계획에 대한 적정통보와 국토이용관리법령에 의한 국토이용계획변경 간에는 신뢰보호원칙이 적용되지 않는다

폐기물관리법령에 의한 폐기물처리업 사업계획에 대한 적정통보와 국토이용관리법령에 의한 국토이용계획변경은 각기 그 제도적 취지와 결정단계에서 고려해야 할 사항들이 다르다는 이유로, 폐기물처리업 사업계획에 대하여 적정통보를 한 것만으로 그 사업부지 토지에 대한 국토이용계획변경신청을 승인하여 주겠다는 취지의 공적인 견해표명을 한 것으로 볼 수 없다(대판 2005. 4. 28. 2004두8828).

(3) 법령의 소급효금지(진정소급금지)

법령의 개정과 신뢰보호의 원칙

① 법령의 개정에 있어서 구 법령의 존속에 대한 당사자의 신뢰가 합리적이고도 정당하며, 법령의 개정으로 야기되는 당사자의 손해가 극심하여 새로운 법령으로 달성하고자 하는 공익적 목적이 그러한 신뢰의 파괴를 정당화할 수 없다면, 입법자는 경과규정을 두는 등 당사자의 신뢰를 보호할 적절한 조치를 하여야 하며, 이와 같은 적절한 조치 없이 새 법령을 그대로 시행하거나 적용하는 것은 허용될 수 없는바, 이는 헌법의 기본원리인 법치주의 원리에서 도출되는 신뢰보호의 원칙에 위배되기 때문이다(대판 2007. 10. 12. 2006두14476; 대판 2006. 11. 16. 2003두12899 전원합의체).

② 법령의 개정에서 신뢰보호원칙이 적용되어야 하는 이유는, 어떤 법령이 장래에도 그대로 존속할 것이라는 합리적이고 정당한 신뢰를 바탕으로 국민이 그 법령에 상응하는 구체적 행위로 나아가 일정한 법적 지위나 생활관계를 형성하여 왔음에도 국가가 이를 전혀 보호하지 않는다면 법질서에 대한 국민의 신뢰는 무너지고 현재의 행위에 대한 장래의 법적 효과를 예견할 수 없게 되어 법적 안정성이 크게 저해

되기 때문이고, 이러한 신뢰보호는 절대적이거나 어느 생활영역에서나 균일한 것은 아니고 개개의 사안마다 관련된 자유나 권리, 이익 등에 따라 보호의 정도와 방법이 다를 수 있으며, 새로운 법령을 통하여 실현하고자 하는 공익적 목적이 우월한 때에는 이를 고려하여 제한될 수 있으므로, 이 경우 신뢰보호원칙의 위배 여부를 판단하기 위해서는 한편으로는 침해된 이익의 보호가치, 침해의 중한 정도, 신뢰가 손상된 정도, 신뢰침해의 방법 등과 다른 한편으로는 새 법령을 통해 실현하고자 하는 공익적 목적을 종합적으로 비교·형량하여야 한다(대판 2007. 10. 29. 2005두4649 전원합의체).

③ 의무사관후보생의 병적에서 제적된 자가 몇 세부터 징병검사·현역병입영 등의 의무를 면제받는가 하는 점에 관한 관계 법령의 규정이 개정되어 온 경우, 새로이 개정된 법령의 경과규정에서 달리 정함이 없는 한 위 병적에서 제적될 당시에 시행되는 개정 법령과 그에서 정한 기준에 의하는 것이 원칙이고, 그러한 개정 법령의 적용과 관련하여서는 개정 전 법령의 존속에 대한 국민의 신뢰가 개정 법령의 적용에 관한 공익상의 요구보다 더 보호가치가 있다고 인정되는 경우에 그러한 국민의 신뢰보호를 보호하기 위하여 그 적용이 제한될 수 있는 여지가 있을 따름이다(대판 2002. 6. 25. 2001두5125).

④ 개정 법령이 기존의 사실 또는 법률관계를 적용대상으로 하면서 국민의 재산권과 관련하여 종전보다 불리한 법률효과를 규정하고 있는 경우에도 그러한 사실 또는 법률관계가 개정 법률이 시행되기 이전에 이미 완성 또는 종결된 것이 아니라면 이를 헌법상 금지되는 소급입법에 의한 재산권 침해라고 할 수는 없으며, 그러한 개정 법률의 적용과 관련하여서는 개정 전 법령의 존속에 대한 국민의 신뢰가 개정 법령의 적용에 관한 공익상의 요구보다 더 보호가치가 있다고 인정되는 경우에 그러한 국민의 신뢰보호를 보호하기 위하여 그 적용이 제한될 수 있는 여지가 있을 따름이다(대판 2009. 4. 23. 2008두8918; 대판 2000. 3. 10. 97누13818).

⑤ 국민이 어떤 법률이나 제도가 장래에도 그대로 존속될 것이라는 합리적인 신뢰를 바탕으로 하여 일정한 법적 지위를 형성한 경우, 국가는 그와 같은 법적 지위와 관련된 법규나 제도의 개폐에 있어서 법치국가의 원칙에 따라 국민의 신뢰를 최대한 보호하여 법적 안정성을 도모하여야 한다. 법률의 제정이나 개정시 구법질서에 대한 당사자의 신뢰가 합리적이고 정당하며, 법률의 제정이나 개정으로 야기되는 당사자의 손해가 극심하여 새로운 입법으로 달성하고자 하는 공익적 목적이 그러한

당사자의 신뢰의 파괴를 정당화할 수 없다면, 그러한 새로운 입법은 신뢰보호의 원칙을 위배한다(헌재결 2004. 12. 16. 2003헌마226).

법령의 변경이 있는 경우 신뢰보호의 원칙상 개정된 시행령의 적용이 제한될 수 있다
항만시설 무상사용권의 내용은 그 권리의 발생시점인 항만시설의 준공시에 시행되는 법령을 기준으로 정하는 것이 원칙이지만, 항만공사 시행허가를 받은 이후 항만법 시행령이 비관리청에 불리하게 개정된 경우, 개정 전의 시행령이 적용될 것으로 믿은 비관리청의 신뢰가 개정된 시행령의 적용에 관한 공익상의 요구보다 더 보호가치가 있다고 인정된다면 그러한 비관리청의 신뢰를 보호하기 위하여 개정된 시행령의 적용이 제한될 수 있다(대판 2001. 8. 21. 2000두8745).

진정소급입법과 부진정소급입법의 구별
소급입법은 새로운 입법으로 이미 종료된 사실관계 또는 법률관계에 작용케 하는 진정소급입법과 현재 진행 중인 사실관계 또는 법률관계에 작용케 하는 부진정소급입법으로 나눌 수 있는바, 부진정소급입법은 원칙적으로 허용되지만 소급효를 요구하는 공익상의 사유와 신뢰보호의 요청 사이의 교량과정에서 신뢰보호의 관점이 입법자의 형성권에 제한을 가하게 되는 데 반하여, 기존의 법에 의하여 형성되어 이미 굳어진 개인의 법적 지위를 사후입법을 통하여 박탈하는 것 등을 내용으로 하는 진정소급입법은 개인의 신뢰보호와 법적 안정성을 내용으로 하는 법치국가원리에 의하여 특단의 사정이 없는 한 헌법적으로 허용되지 아니하는 것이 원칙이다(헌재결 1999. 7. 22. 97헌바76).

현재 진행 중인 사실관계 또는 법률관계에 작용하는 부진정소급은 가능하다
소급과세금지의 원칙은 조세법령의 제정 또는 개정이나 과세관청의 법령에 대한 해석 또는 처리지침 등의 변경이 있은 경우, 그 효력발생 전에 종결한 과세요건사실에 대하여 당해 법령 등을 적용할 수 없다는 것이지, 이전부터 계속되어 오던 사실이나 그 이후에 발생한 과세요건사실에 대하여 새로운 법령 등을 적용하는 것을 제한하는 것은 아니다(대판 1997. 9. 5. 97누7493).

예외적으로 진정소급효가 인정되는 요건
① 일반적으로 국민이 소급입법을 예상할 수 있었거나 ② 법적 상태가 불확실하고 혼란스러워 보호할 만한 신뢰이익이 적은 경우와 ③ 소급입법에 의한 당사자의 손실이

없거나 아주 경미한 경우 그리고 ④ 신뢰보호의 요청에 우선하는 심히 중대한 공익상의 사유가 소급입법을 정당화하는 경우 등에는 예외적으로 진정소급입법이 허용된다 (헌재결 1999. 7. 22. 97헌바76).

5. 신뢰보호원칙 위반의 효과

신뢰보호의 원칙은 헌법적 차원의 효력인가 법률적 차원의 효력인가에 대하여 대법원 전원합의체 판결의 다수의견은 부진정소급의 원칙을 처리하는 기준으로서의 신뢰보호의 원칙을 헌법적 차원의 효력으로 보고 이익형량을 하지 않고 경과규정조차 두지 않은 변리사법 시행령 부칙을 위헌으로 보아 무효라고 판단하였고, 반대의견과 그 보충의견은 법률적 차원의 효력에 불과하다는 전제에 있다. 신뢰보호의 원칙을 성문법을 개폐시키는 헌법적 차원의 효력으로 접근하는 대법원의 다수의견은 헌법의 구체화법이라는 행정법의 특성을 잘 반영하는 것이고, 국민의 신뢰보호를 바탕으로 한 법적 안정성의 추구의 면으로 볼 때에도, 헌법적 차원의 효력으로 보는 접근은 바람직하고 타당하다.

변리사 제1차 시험을 절대평가제에서 상대평가제로 환원하는 내용의 변리사법 시행령 개정조항을 즉시 시행하도록 정한 부칙 부분은 헌법에 위반되어 무효이다

합리적이고 정당한 신뢰에 기하여 절대평가제가 요구하는 합격기준에 맞추어 시험준비를 한 수험생들은 제1차 시험 실시를 불과 2개월밖에 남겨놓지 않은 시점에서 개정 시행령의 즉시 시행으로 합격기준이 변경됨으로 인하여 시험준비에 막대한 차질을 입게 되어 위 신뢰가 크게 손상되었고, 특히 절대평가제에 의한 합격기준인 매 과목 40점 및 전과목 평균 60점 이상을 득점하고도 불합격처분을 받은 수험생들의 신뢰이익은 그 침해된 정도가 극심하며, 그 반면 개정 시행령에 의하여 상대평가제를 도입함으로써 거둘 수 있는 공익적 목적은 개정 시행령을 즉시 시행하여 바로 임박해 있는 2002년의 변리사 제1차 시험에 적용하면서까지 이를 실현하여야 할 합리적인 이유가 있다고 보기 어려우므로, 결국 개정 시행령의 즉시 시행으로 인한 수험생들의 신뢰이익 침해는 개정 시행령의 즉시 시행에 의하여 달성하려는 공익적 목적을 고려하더라도 정당화될 수 없을 정도로 과도하다. 나아가 개정 시행령에 따른 시험준비 방법과 기간의 조정이 2002년의 변리사 제1차 시험에 응한 수험생들에게 일률적으로 적용되었다는 이유로 위와 같은 수험생들의 신뢰이익의 침해를 정당화할 수 없으며, 또한 수험생들이 개정 시행령의 내용에 따라 공고된 2002년의 제1차 시험에 응하였다고 하더라도 사회통념상 그것만으로는 개정 전 시행령의 존속에 대한 일체의 신뢰이익을 포기한 것이라고 볼 수도 없다. 따라서 변리사 제1차 시험의 상대평가제를 규정한 개정 시행령 제4조 제1항을 2002년의 제1차 시험에 시행하는 것은 헌법상 신뢰보호의 원칙에 비추어 허용될 수 없으므로, 개정 시행령 부칙 중 제4조 제1항을 즉시 2002년의 변리사 제1차 시험에 대하여 시행하도록 그 시행시기를 정한 부분은 헌법에 위반되어 무효이다(대판 2006. 11. 16. 2003두12899 전원합의체).

V. 신의성실의 원칙

1. 의 의

신의성실의 원칙은 법률관계의 당사자는 상대방의 이익을 배려하여 형평에 어긋나거나 신뢰를 저버리는 내용 또는 방법으로 권리를 행사하거나 의무를 이행하여서는 아니된다는 추상적 규범을 말하는 것으로서, 신의성실의 원칙에 위배된다는 이유로 그 권리의 행사를 부정하기 위하여는 상대방에게 신의를 주었다거나 객관적으로 보아 상대방이 그러한 신의를 가짐이 정당한 상태에 이르러야 하고, 이와 같은 상대방의 신의에 반하여 권리를 행사하는 것이 정의 관념에 비추어 용인될 수 없는 정도의 상태에 이르러야 하고, 일반 행정법률관계에서 관청의 행위에 대하여 신의칙이 적용되기 위해서는 합법성의 원칙을 희생하여서라도 처분의 상대방의 신뢰를 보호함이 정의의 관념에 부합하는 것으로 인정되는 특별한 사정이 있을 경우에 한하여 예외적으로 적용된다(대판 2004. 7. 22. 2002두11233).

2. 신의성실의 원칙과 신뢰보호

판례는 신의성실의 원칙을 신뢰보호의 원칙과 동일시하기도 한다.

조세법률관계에 있어서 신의성실의 원칙

① 신의성실의 원칙 내지 금반언의 원칙은 합법성을 희생하여서라도 납세자의 신뢰를 보호함이 정의, 형평에 부합하는 것으로 인정되는 특별한 사정이 있는 경우에 적용

되는 것으로서 납세자의 신뢰보호라는 점에 그 법리의 핵심적 요소가 있는 것이다(대판 1996. 1. 23. 95누13746).

② 일반적으로 조세법률관계에 있어서 과세관청의 행위에 대하여 신의성실의 원칙을 적용하기 위해서는, 과세관청이 납세자에게 신뢰의 대상이 되는 공적인 견해표명을 하여야 하고, 과세관청의 견해표명이 정당하다고 신뢰한 데 대하여 납세자에게 귀책사유가 없어야 하며, 납세자가 그 견해표명을 신뢰하고 이에 따라 무엇인가 행위를 하여야 하고, 과세관청이 위 견해표명에 반하는 처분을 함으로써 납세자의 이익이 침해되는 결과가 초래되어야 한다(대판 2009. 10. 29. 2007두7741).

지방공무원법상 정년 산정의 기준일과 신의성실의 원칙

지방공무원 인사기록 및 인사사무 처리규칙 제6조 제4항이 공무원의 임용권자에 대한 인사기록변경신청기간을 제한하지 않고 있는 점, 위 규칙 [별표 3]이 지방공무원의 정년퇴직시 구비서류로 가족관계기록사항에 관한 증명서 중 기본증명서 1통을 요구하고 있는 점 등을 고려하면, 원심이 들고 있는 사정만으로 원고가 임용권자에게 임용신청 당시 호적상 출생연월일을 기준으로 정년을 산정하기로 하는 신의를 공여하였다거나, 객관적으로 보아 임용권자가 위와 같은 신의를 가짐이 정당한 상태에 있다거나, 이러한 임용권자의 신의에 반하여 권리를 행사하는 것이 정의관념에 비추어 용인될 수 없는 정도의 상태에 이르렀다고 볼 수 없다(대판 2009. 3. 26. 2008두21300).[5]

Ⅵ. 부당결부금지의 원칙

1. 의 의

부당결부금지의 원칙이란 행정주체가 행정작용을 함에 있어서 상대방에게 이와 실질적인 관련이 없는 의무를 부과하거나 그 이행을 강제하여서는 아니 된다는 원칙을 말한다(대판 2009. 2. 12. 2005다65500).

5 지방공무원 임용신청 당시 잘못 기재된 호적상 출생연월일을 생년월일로 기재하고, 이에 근거한 공무원인사기록카드의 생년월일 기재에 대하여 처음 임용된 때부터 약 36년 동안 전혀 이의를 제기하지 않다가, 정년을 1년 3개월 앞두고 호적상 출생연월일을 정정한 후 그 출생연월일을 기준으로 정년의 연장을 요구하는 것이 신의성실의 원칙에 반하지 않는다고 본 사례.

2. 요 건

(1) 원인적 관련성

고속국도 관리청이 고속도로 부지와 접도구역에 송유관 매설을 허가하면서 상대방과 체결한 협약에 따라 송유관 시설을 이전하게 될 경우 그 비용을 상대방에게 부담하도록 하였고, 그 후 도로법 시행규칙이 개정되어 접도구역에는 관리청의 허가 없이도 송유관을 매설할 수 있게 된 사안에서, 위 협약이 효력을 상실하지 않을 뿐만 아니라 위 협약에 포함된 부관이 부당결부금지의 원칙에도 반하지 않는다(대판 2009. 2. 12. 2005다65500).

(2) 목적적 관련성

공무원이 인·허가 등 수익적 행정처분을 하면서 상대방에게 그 처분과 관련하여 이른바 부관으로서 부담을 붙일 수 있다 하더라도, 그러한 부담은 법치주의와 사유재산 존중, 조세법률주의 등 헌법의 기본원리에 비추어 비례의 원칙이나 부당결부의 원칙에 위반되지 않아야만 적법한 것인바, 행정처분과 부관 사이에 실제적 관련성이 있다고 볼 수 없는 경우 공무원이 위와 같은 공법상의 제한을 회피할 목적으로 행정처분의 상대방과 사이에 사법상 계약을 체결하는 형식을 취하였다면 이는 법치행정의 원리에 반하는 것으로서 위법하다(대판 2009. 12. 10. 2007다63966).

3. 적용영역

부담으로서의 기부채납의무

수익적 행정행위에 있어서는 법령에 특별한 근거규정이 없다고 하더라도 그 부관으로서 부담을 붙일 수 있으나, 그러한 부담은 비례의 원칙, 부당결부금지의 원칙에 위반되지 않아야만 적법하다. 지방자치단체장이 사업자에게 주택사업계획승인을 하면서 그 주택사업과는 아무런 관련이 없는 토지를 기부채납하도록 하는 부관을 주택사업계획승인에 붙인 경우, 그 부관은 부당결부금지의 원칙에 위반되어 위법하지만, 지방자치단체장이 승인한 사업자의 주택사업계획은 상당히 큰 규모의 사업임에 반하여, 사업자가 기부채납한 토지 가액은 그 100분의 1 상당의 금액에 불과한 데다가, 사업자가 그 동안 그 부관에 대하여 아무런 이의를 제기하지 아니하다가 지방자치단체장이 업무착오로 기부채납한 토지에 대하여 보상협조요청서를 보내자 그 때서야 비로소 부관의 하자를 들고 나온 사정에 비추어 볼 때 부관의 하자가 중대하고 명백하여 당연무효라고는 볼 수 없다(대판 1997. 3. 11. 96다49650).

자동차운전면허의 취소·정지

이륜자동차로서 제2종 소형면허를 가진 사람만이 운전할 수 있는 오토바이는 제1종 대형면허나 보통면허를 가지고서도 이를 운전할 수 없는 것이어서 이와 같은 이륜자동차의 운전은 제1종 대형면허나 보통면허와는 아무런 관련이 없는 것이므로 이륜자동차를 음주운전한 사유만 가지고서는 제1종 대형면허나 보통면허의 취소나 정지를 할 수 없다(대판 1992. 9. 22. 91누8289).

4. 위반의 효과

부관이 부당결부금지의 원칙에 위반하여 위법하지만 그 하자가 중대하고 명백하여 당연무효라고 볼 수는 없다

지방자치단체장이 사업자에게 주택사업계획승인을 하면서 그 주택사업과는 아무런 관련이 없는 토지를 기부채납하도록 하는 부관을 주택사업계획승인에 붙인 경우, 그 부관은 부당결부금지의 원칙에 위반되어 위법하지만, 지방자치단체장이 승인한 사업자의 주택사업계획은 상당히 큰 규모의 사업임에 반하여, 사업자가 기부채납한 토지 가액은 그 100분의 1 상당의 금액에 불과한 데다가, 사업자가 그동안 그 부관에 대하여 아무런 이의를 제기하지 아니하다가 지방자치단체장이 업무착오로 기부채납한 토지에 대하여 보상협조요청서를 보내자 그 때서야 비로소 부관의 하자를 들고 나온 사정에 비추어 볼 때 부관의 하자가 중대하고 명백하여 당연무효라고는 볼 수 없다(대판 1997. 3. 11. 96다49650).

기부채납의무를 이행하지 않았음을 이유로 한 건축물 준공거부처분은 위법하다

건축물에 인접한 도로의 개설을 위한 도시계획사업시행허가처분은 건축물에 대한 건축허가처분과는 별개의 행정처분이므로, 사업시행허가를 함에 있어 조건으로 내세운 기부채납의무를 이행하지 않았음을 이유로 한 건축물에 대한 준공거부처분은 건축법에 근거 없이 이루어진 것으로서 위법하다(대판 1992. 11. 27. 92누10364).

제5절 행정법의 효력

Ⅰ. 시간적 효력

1. 공포일

「법령 등 공포에 관한 법률」 제12조에 따라 법령 등의 공포일은 그 법령 등을 게재한 관보 또는 신문이 발행된 날을 의미하는바, 여기서 어떤 시점을 '발행된 날'로 볼 것인가에 관해 관보일자시설, 인쇄완료시설, 발송절차완료시설, 지방분포완료시설, 최초구독가능시설 등이 있으나, 도달주의에 입각하여 관보가 인쇄된 뒤 전국의 각 관보보급소에 발송·배포되어 이를 일반인이 열람 또는 구독할 수 있는 상태에 놓이게 된 최초의 시기인 최초구독가능시설이 통설과 판례의 태도이다.

관보게재일은 일반인이 열람 또는 구독할 수 있는 상태에 놓이게 된 최초의 시기이다
구 광업법 시행령 제3조에 이른바 관보 게재일이라 함은 관보에 인쇄된 발행일자를 뜻하는 것이 아니고 관보가 전국의 각 관보보급소에 발송 배포되어 이를 일반인이 열람 또는 구독할 수 있는 상태에 놓이게 된 최초의 시기를 뜻한다(대판 1969. 11. 25. 69누129).

공포한 날부터 시행하기로 한 법령 등의 시행일은 그 법령이 수록된 관보의 발행일자가 아니다
공포한 날부터 시행하기로 한 법령 등의 시행일은 그 법령이 수록된 관보의 발행일자가 아니고 그 관보가 정부간행물 판매센터에 배치되거나 관보취급소에 발송된 날이다(대판 1970. 7. 21. 70누76).

공포일과 시행일이 일치하지 않는 경우 관보발행일은 관보의 실제인쇄·발행일을 의미한다
구 「국가배상법」이 1967. 3. 3.자 관보에 게재는 되어 있으나, 실제로는 위 관보가 같은 달 9일에야 인쇄·발행되었다면, 위 법이 공포된 날짜를 1967. 3. 9.이라고 보아 같은 법 부칙 제1항의 정한 바('이 법은 공포 후 30일이 경과한 날로부터 시행한다')에 따라 같은 해 4. 9.부터 시행된다고 보아야 한다(대판 1968. 12. 6. 68다1753).

2. 소급금지의 원칙

부진정소급입법은 원칙적으로 허용되지만 진정소급입법은 특단의 사정이 없는 한 헌법적으로 허용되지 아니하는 것이 원칙이다

소급입법은 새로운 입법으로 이미 종료된 사실관계 또는 법률관계에 작용케 하는 진정소급입법과 현재 진행 중인 사실관계 또는 법률관계에 작용케 하는 부진정소급입법으로 나눌 수 있는바, 부진정소급입법은 원칙적으로 허용되지만 진정소급입법은 개인의 신뢰보호와 법적 안정성을 내용으로 하는 법치국가원리에 의하여 특단의 사정이 없는 한 헌법적으로 허용되지 아니하는 것이 원칙이고, 다만 일반적으로 국민이 소급입법을 예상할 수 있었거나 법적 상태가 불확실하고 혼란스러워 보호할 만한 신뢰이익이 적은 경우와 소급입법에 의한 당사자의 손실이 없거나 아주 경미한 경우 그리고 신뢰보호의 요청에 우선하는 심히 중대한 공익상의 사유가 소급입법을 정당화하는 경우 등에는 예외적으로 진정소급입법이 허용된다(헌재결 1999. 7. 22. 97헌바76, 98헌바50·51·52).

부진정소급입법의 원칙적 허용

행정처분은 그 근거 법령이 개정된 경우에도 경과 규정에서 달리 정함이 없는 한 처분 당시 시행되는 개정 법령과 그에서 정한 기준에 의하는 것이 원칙이고, 그 개정법령이 기존의 사실 또는 법률관계를 적용대상으로 하면서 국민의 재산권과 관련하여 종전보다 불리한 법률효과를 규정하고 있는 경우에도 그러한 사실 또는 법률관계가 개정 법률이 시행되기 이전에 이미 완성 또는 종결된 것이 아니라면 이를 헌법상 금지되는 소급입법에 의한 재산권 침해라고 할 수는 없으며, 그러한 개정 법률의 적용과 관련하여서는 개정 전 법령의 존속에 대한 국민의 신뢰가 개정 법령의 적용에 관한 공익상의 요구보다 더 보호가치가 있다고 인정되는 경우에 그러한 국민의 신뢰보호를 보호하기 위하여 그 적용이 제한될 수 있는 여지가 있을 따름이다(대판 2000. 3. 10. 97누13818).

친일재산은 취득·증여 등 원인행위시에 국가의 소유로 한다고 정한 규정은 소급입법 금지 원칙에 반하지 않는다

① 구「친일반민족행위자 재산의 국가귀속에 관한 특별법」 제3조 제1항 본문(귀속조항)은 진정소급입법에 해당하지만 진정소급입법이라 하더라도 예외적으로 국민이 소급입법을 예상할 수 있었거나 신뢰보호의 요청에 우선하는 심히 중대한 공익상의 사유가 소급입법을 정당화하는 경우 등에는 허용될 수 있다 할 것인데, 친일재산의

소급적 박탈은 일반적으로 소급입법을 예상할 수 있었던 예외적인 사안이고, 진정소급입법을 통해 침해되는 법적 신뢰는 심각하다고 볼 수 없는 데 반해 이를 통해 달성되는 공익적 중대성은 압도적이라고 할 수 있으므로 진정소급입법이 허용되는 경우에 해당한다. 따라서 귀속조항이 진정소급입법이라는 이유만으로「헌법」제13조 제2항에 위배된다고 할 수 없다. 또한 귀속조항은 일본제국주의에 저항한 3·1운동의 헌법이념을 구현하기 위한 것으로 그 입법목적이 정당하고, 민법 등 기존 재산법 조항의 해석 및 적용에 의존하는 방법만으로는 친일재산의 처리가 어려운 점에 비추어 적절한 수단이며, 사안이 중대하고 범위가 명백한 네 가지 친일반민족행위를 한 자의 친일재산으로 그 귀속대상을 한정하고 있을 뿐만 아니라 친일반민족행위 후에 독립운동에 적극 참여한 자 등으로 친일반민족행위자재산조사위원회가 결정한 자에 대하여는 다시 예외를 인정하여 귀속대상에서 제외하고 있으며, 친일반민족행위자측은 그 재산이 친일행위의 대가로 취득한 것이 아니라는 점을 증명하여 국가귀속을 막을 수 있고 선의의 제3자에 대한 보호 규정도 마련되어 있어 피해의 최소성 원칙에 반하지 않고, 법익의 균형성도 충족하므로「헌법」제37조 제2항이 정한 과잉금지의 원칙에 반하거나 헌법 제23조가 정한 재산권보장의 원칙을 침해하지 아니한다(대판 2012. 2. 23. 2010두17557).

② 나아가 친일재산 보유를 보장하는 것 자체가 정의에 반하므로 위 귀속조항이 평등의 원칙에 반한다고 볼 수 없고, 친일반민족행위자의 후손 자신의 경제적 활동으로 취득하게 된 재산이나 친일재산 이외의 상속재산 등을 국가에 귀속시키는 것은 아니므로 연좌제 금지 원칙에 반한다고 할 수도 없다(대판 2011. 5. 13. 2009다26831, 26848, 26855, 26862).

Ⅱ. 대인적 효력

북한주민도 대한민국 국민이다

북한국적을 취득하여 중국 주재 북한대사관으로부터 북한의 해외공민증을 발급받은 자라 하더라도 북한지역 역시 대한민국의 영토에 속하는 한반도의 일부를 이루는 것이어서 대한민국의 주권이 미칠 뿐이고, 대한민국의 주권과 부딪치는 어떠한 국가단체나 주권을 법리상 인정할 수 없는 점에 비추어 볼 때, 그러한 사정은 그가 대한민국 국적을 취득하고 이를 유지함에 있어 아무런 영향을 끼칠 수 없다(대판 1996. 11. 12. 96누1221).

영주권을 취득한 재일교포도 대한민국 국민이다

대한민국 국민이 일본국에서 영주권을 취득하였다 하여 우리 국적을 상실하지 아니하며, 영주권을 가진 재일교포를 준외국인으로 보아 외국인토지법을 준용하여야 하는 것도 아니다(대판 1981. 10. 13. 80다2435).

제6절 행정법의 해석과 흠결의 보충

Ⅰ. 공법규정의 유추적용

어업의 폐지에 따른 손실의 평가를 규정한 구 공공용지의 취득 및 손실보상에 관한 특례법 시행규칙 조항을 토지수용으로 인한 낙농업 폐지에 대한 손실평가에 유추적용할 수 있다

구 공공용지의 취득 및 손실보상에 관한 특례법 시행규칙 제24조는 영업폐지에 대한 손실평가에 관하여 규정하는 외에 낙농업과 같은 경우에 대하여는 따로 규정된 것이 없는데 그 성격상, 어업의 폐지에 따른 손실의 평가를 규정한 위 시행규칙 제25조의2 제1항을 토지수용으로 인한 낙농업의 폐지에 대한 손실평가의 경우에 유추적용할 수 있다(대판 1992. 5. 22. 91누12356).

수산업법상 손실보상규정을 유추적용하여 손해배상을 인정한 사례

사업시행자가 손실보상의무를 이행하지 아니한 채 공유수면에서 허가어업을 영위하던 어민들에게 피해를 입힐 수 있는 공유수면매립공사를 시행함으로써 어민들이 더 이상 허가어업을 영위하지 못하는 손해를 입게 된 경우에는, 어업허가가 취소 또는 정지되는 등의 처분을 받았을 때 손실을 입은 자에 대하여 보상의무를 규정하고 있는 「수산업법」 제81조 제1항을 유추적용하여 그 손해를 배상하여야 할 것이고, 이 경우 그 손해액은 공유수면매립사업의 시행일을 기준으로 삼아 산정하여야 한다(대판 2004. 12. 23. 2002다73821).

Ⅱ. 사법규정의 적용

광업법 제16조에 정한 출원제한기간을 계산할 때 민법의 규정이 적용된다

「광업법」 제16조는 "제12조에 따른 광업권의 존속기간이 끝나서 광업권이 소멸하였거나 제35조에 따라 광업권이 취소된 구역의 경우 그 광업권이 소멸한 후 6개월 이내에는 소멸한 광구의 등록광물과 같은 광상에 묻혀 있는 다른 광물을 목적으로 하는 광업권설정의 출원을 할 수 없다"고 규정하고 있으나, 「광업법」에는 기간의 계산에 관하여 특별한 규정을 두고 있지 아니하므로, 「광업법」 제16조에 정한 출원제한기간을 계산할 때에도 기간계산에 관한 「민법」의 규정은 그대로 적용된다(대판 2009. 11. 26. 2009두12907).[6]

구 공유수면매립법상 간척사업의 시행으로 인하여 관행어업권이 상실되었음을 이유로 한 손실보상청구권에 민법에서 정하는 소멸시효규정이 유추적용될 수 있다

구 「공유수면매립법」상 간척사업의 시행으로 인하여 관행어업권이 상실되었음을 이유로 한 손실보상청구권에도 그 소멸시효에 관하여 달리 정함이 없으면 「민법」에서 정하는 소멸시효규정이 유추적용될 수 있고, 이 경우 관행어업권자가 그 매립면허를 받은 자 또는 사업시행자에 대하여 가지는 손실보상청구권은 금전의 지급을 구하는 채권적 권리이므로 그 소멸시효기간은 「민법」 제162조 제1항에 따라 10년이다. 또한 그 소멸시효의 기산일은 손실보상청구권이 객관적으로 발생하여 그 권리를 행사할 수 있는 때, 곧 특별한 사정이 없는 한 이 사건 간척사업으로 인하여 관행어업권자가 자연산 패류 및 해초류 어장으로서의 어장을 상실하는 등 실질적이고 현실적인 손실이 발생한 때부터라고 보는 것이 타당하다(대판 2010. 12. 9. 2007두6571).

6 광업권설정 출원제한기간의 기산일인 2007. 7. 28.로부터 6개월의 기간이 경과하는 마지막 날인 2008. 1. 27.이 일요일인 경우, 그 출원제한기간은 「민법」 제161조의 규정에 따라 그 다음날인 2008. 1. 28. 만료된다고 본 사례.

제 3 장

행정법관계

제 1 절 행정법관계의 당사자

Ⅰ. 행정주체

1. 공공조합

주택재건축정비사업조합

구「도시 및 주거환경정비법」에 따른 주택재건축정비사업조합은 관할 행정청의 감독 아래 위 법상 주택재건축사업을 시행하는 공법인으로서, 그 목적 범위 내에서 법령이 정하는 바에 따라 일정한 행정작용을 행하는 행정주체의 지위를 가진다(대판 2009. 9. 17. 2007다2428 전원합의체; 대판 2009. 11. 2. 2009마596).

2. 영조물법인

서울대학교는 영조물[1]이다

서울대학교가 국가가 설립·경영하는 학교임은 공지의 사실이고, 학교는 법인도 아니고 대표자 있는 법인격 없는 사단 또는 재단도 아닌 교육시설의 명칭에 불과하여 민사

1 영조물법인은 행정주체가 될 수 있지만, 영조물(법인격 없는 영조물)은 행정주체가 될 수 없다. 일반적으

소송에 있어 당사자능력을 인정할 수 없다(대판 2001. 6. 29. 2001다21991).

3. 공무수탁사인

공무수탁사인에 대해서 다수의 견해(행정주체설)는 공무수탁사인은 자기의 이름으로 독자적으로 공권력을 행사할 수 있으므로 그 한도 내에서 행정주체의 지위를 인정하나, 소수의 견해(행정기관설)는 공무수탁사인은 일정한 범위의 권한을 부여받은 행정기관에 불과하고 행정주체는 공권을 부여한 국가 또는 공공단체 자신이라고 본다.

(1) 소득세법상의 원천징수의무자

소득세법상의 원천징수의무자에 대해서 행정주체라는 것이 다수설이나, 대법원은 원천징수의무자는 행정기관을 보조하는 기관으로서 행정주체성을 인정하지 않는다.

원천징수의무자는 「소득세법」 제142조 및 제143조의 규정에 의하여 자동적으로 확정되는 세액을 수급자로부터 징수하여 과세관청에 납부하여야 할 의무를 부담하고 있으므로, 원천징수의무자가 비록 과세관청과 같은 행정청이더라도 원천징수의무자의 원천징수행위는 법령에서 규정된 징수 및 납부의무를 이행하기 위한 것에 불과한 것이지, 공권력의 행사로서의 행정처분을 한 경우에 해당되지 아니한다(대판 1990. 3. 23. 89누4789).

(2) 법령에 의해 대집행권한을 위탁받은 한국토지공사

한국토지공사는 구 「한국토지공사법」 제2조, 제4조에 의하여 정부가 자본금의 전액을 출자하여 설립한 법인이고, 같은 법 제9조 제4호에 규정된 한국토지공사의 사업에 관하여는 「공익사업을 위한 토지 등의 취득 및 보상에 관한 법률」 제89조 제1항, 위 「한국토지공사법」 제22조 제6호 및 같은 법 시행령 제40조의3 제1항의 규정에 의하여 본래 시·도지사나 시장·군수 또는 구청장의 업무에 속하는 대집행권한을 한국토지공사에게 위탁하도록 되어 있는바, 한국토지공사는 이러한 법령의 위탁에 의하여 대집행을 수권받은 자로서 공무인 대집행을 실시함에 따르는 권리·의무 및 책임이 귀속되는 행

로 영조물이란 법인격이 없는 영조물을 말하고, 법인격이 있는 영조물은 영조물법인이라고 한다. 현재, 서울대학교는 국립대학법인으로서 영조물법인이다.

정주체의 지위에 있다고 볼 것이지 지방자치단체 등의 기관으로서 「국가배상법」 제2조 소정의 공무원에 해당한다고 볼 것은 아니다(대판 2010. 1. 28. 2007다82950, 82967).

⑶ 방송위원회로부터 위탁을 받은 한국광고자율심의기구

한국광고자율심의기구는 행정주체인 방송위원회로부터 위탁을 받아 방송광고의 사전심의라는 공무를 수행하고 있으므로 행정법상 공무수탁사인에 해당한다. 공무수탁사인은 자신의 책임하에 자신의 명의로 권한을 행사하고, 그 법적 효과의 귀속 주체가 되지만, 국가는 공무수탁사인에 대하여 위임사무 처리에 대하여 지휘·감독권을 가지고 있다. 방송위원회와 자율심의기구 사이에 체결된 업무위탁계약서 제7조에 따르더라도 방송위원회는 위탁업무에 대해 심의기구를 지휘, 감독하고, 필요한 경우 위탁업무와 관련된 지시 및 조치를 할 수 있으며, 위탁업무 처리가 위법 또는 부당한 경우 그 처분을 취소하거나 정지시킬 수 있다. 이러한 경우 행정주체는 사인이 아니라 바로 그에게 공권을 수여한 국가 또는 공공단체 자신이라 할 것이며, 공무수탁사인의 공권력 행사는 국가가 행하는 것과 법적 효과 측면에서 전혀 다르지 않다. '방송광고심의에 관한 규정' 제53조 제1항이 "위원회는 법 제103조 제2항 및 동법 시행령 제68조 제3항의 규정에 의하여 방송광고물의 사전심의와 관련된 업무를 민간기구·단체(수탁기관)에 위탁한다. 이 경우 수탁기관은 신청인과의 관계에 있어 이 규정에서 정하고 있는 위원회로 본다"고 규정하고 있는 것을 보더라도 그러하다. 결국 자율심의기구가 그 방송광고 사전심의에 관한 위탁 업무를 처리함에 있어 방송위원회로부터 관리, 감독을 받고 있는 이상, 이 기구의 성격을 방송위원회와 달리 취급할 이유는 없어 보인다. 나아가 방송위원회는 방송법상 방송광고의 심의 기준이 되는 방송광고 심의규정을 제정, 개정할 권한을 가지고 있으므로(구 방송법 제33조) 방송위원회는 방송광고 심의규정을 개정함으로써 언제든지 자신이 원하는 대로 자율심의기구의 심의 내용을 원격 조정할 수 있다. 즉, 국가는 방송광고 심의규정을 통해 자신이 선호하는 내용의 방송광고만을 내보낼 수 있게 될 것이며, 이것은 소비자 또는 시청자를 보호한다는 명분으로 방송광고에서 국가의 의견을 관철시키는 결과를 낳을 것이다. 그러므로 방송광고의 사전심의를 방송위원회가 아닌 이 사건 자율심의기구가 행한다고 하더라도 그 실질은 방송위원회가 행하는 것과 달리 볼 바 아니다. 마지막으로 방송위원회와 자율심의기구 사이의 업무위탁계약서 제8조에 의하면, 방송위원회는 위탁업무의 원활한 수행을 위하여 위탁계약기간 동안에 필요한 비용의 전부 또는 일부를 심의기구에 지원할 수 있다고 규정하고 있고, 실제 자율심의기구의 운영비나 사무실 유지비, 인건비 등은 방송위원회가 비용을 지급하고 있다. 이와 같이 자율심의기구의 운영비용을 방송위원회에 의존하고 있는 상황에서는 그 영향력에서 완전히 벗어나 독립적이고 자율적으로 사전심의를 하고 있다고 보기 어렵고, 결국 이 사건 방송광고 사전심의에 있어서는 자율심의기구의 행정기관성을 부인하기는 어려울 것이다(헌재결 2008. 6. 26. 2005헌마506).[2]

⑷ 도시재개발법에 의한 재개발조합

「도시재개발법」에 의한 재개발조합은 조합원에 대한 법률관계에서 적어도 특수한 존립목적을 부여받은 특수한 행정주체로서 국가의 감독하에 그 존립 목적인 특정한 공공사무를 행하고 있다고 볼 수 있는 범위 내에서는 공법상의 권리의무 관계에 서 있는 것이므로 분양신청 후에 정하여진 관리처분계획의 내용에 관하여 다툼이 있는 경우에는 그 관리처분계획은 토지 등의 소유자에게 구체적이고 결정적인 영향을 미치는 것으로서 조합이 행한 처분에 해당하므로 항고소송의 방법으로 그 무효확인이나 취소를 구할 수 있다(대판 2002. 12. 10. 2001두6333).

⑸ 토지 등 소유자들이 직접 도시환경정비사업을 시행하고자 하는 경우

토지 등 소유자들이 그 사업을 위한 조합을 따로 설립하지 아니하고 직접 도시환경정비사업을 시행하고자 하는 경우에는 사업시행계획서에 정관 등과 그 밖에 국토해양부령이 정하는 서류를 첨부하여 시장·군수에게 제출하고 사업시행인가를 받아야 하고, 이러한 절차를 거쳐 사업시행인가를 받은 토지 등 소유자들은 관할 행정청의 감독 아래 정비구역 안에서 구 「도시정비법」상의 도시환경정비사업을 시행하는 목적 범위 내에서 법령이 정하는 바에 따라 일정한 행정작용을 행하는 행정주체로서의 지위를 가진다. 그렇다면 토지 등 소유자들이 직접 시행하는 도시환경정비사업에서 토지 등 소유자에 대한 사업시행인가처분은 단순히 사업시행계획에 대한 보충행위로서의 성질을 가지는 것이 아니라 구 「도시정비법」상 정비사업을 시행할 수 있는 권한을 가지는 행

2 방송위원회로부터 위탁을 받은 한국광고자율심의기구로 하여금 텔레비전 방송광고의 사전심의를 담당하도록 한 것은 방송광고 사전심의를 자율심의기구가 담당하고 있지만 그 실질은 방송위원회가 위탁이라는 방법으로 그 업무의 범위를 확장하고 있는 것에 지나지 않는다 할 것이고, 따라서 자율심의기구가 행하는 이 사건 방송광고 사전심의는 행정기관에 의한 사전검열로서 헌법이 금지하는 사전검열에 해당하여 청구인의 표현의 자유를 침해한다고 한 헌법재판소 결정례.

정주체로서의 지위를 부여하는 일종의 설권적 처분의 성격을 가진다(대판 2013. 6. 13. 2011두19994).

제2절 행정법관계의 내용

Ⅰ. 공권의 의의와 종류

일반적으로 공권이란 공법관계에서 권리주체가 직접 자기를 위하여 일정한 이익을 주장할 수 있는 법적인 힘으로서, 법의 보호를 받는 이익을 말한다. 공권은 권리주체에 따라 국가적 공권과 개인적 공권으로 나뉜다. 오늘날에는 국민 개개인의 권익구제의 중심이 되는 개인적 공권이 중요하게 논의된다.

Ⅱ. 개인적 공권

1. 공권과 반사적 이익의 구별

(1) 구별기준

행정작용의 직접적인 근거법규뿐만 아니라 관련법규도 포함하는 근거법규의 목적이 공권과 반사적 이익의 구별기준이 된다.

(2) 구별실익

공권과 반사적 이익의 주된 구별실익은 소송법적 측면에서 이익이 침해된 경우에 행정쟁송을 통하여 구제를 받을 수 있는 이익인지 여부에 있다. 우리 「행정심판법」과 「행정소송법」은 '법률상 이익이 있는 자'에게 항고쟁송의 원고적격을 인정하는데 반사적 이익은 여기의 '법률상 이익'에 포함되지 않는다는 것이 통설과 판례의 태도이다.

행정처분의 취소를 구할 법률상의 이익이 있는 경우에는 원고적격이 인정된다

행정처분의 직접 상대방이 아닌 제3자라도 당해 행정처분의 취소를 구할 법률상의 이익이 있는 경우에는 원고적격이 인정되는데, 여기서 말하는 법률상의 이익은 당해 처분의 근거 법률에 의하여 보호되는 직접적이고 구체적인 이익이 있는 경우를 말하고, 다만 공익보호의 결과로 국민 일반이 공통적으로 가지는 추상적·평균적·일반적인 이익과 같이 간접적이나 사실적·경제적 이해관계를 가지는데 불과한 경우는 여기에 포함되지 않는다(대판 2000. 4. 25. 98두7923; 대판 2000. 2. 8. 97누13337; 대판 1996. 6. 28. 96누3630; 대판 1995. 9. 26. 94누14544).

2. 개인적 공권의 성립

뷜러(O. Bühler)는 법률 또는 법규명령에 의하여 개인적 공권이 성립하기 위해서는 강행법규에 의한 작위의무의 존재, 사익보호성, 소구가능성의 존재 등의 3요소가 필요하다고 보았다(뷜러의 3요소설).

(1) 강행법규에 의한 작위의무의 존재

개인적 공권이 성립하기 위해서는 강행법규가 행정청으로 하여금 특정인에게 일정한 행위를 하여야 할 의무를 규정하여야 한다.

(2) 사익보호성

개인적 공권이 성립하기 위해서는 행정주체에 행위의무를 부과한 행정법규가 공익뿐만 아니라 부수적으로라도 특정 개인의 이익을 직접적으로 보호하고 있는 경우를 말한다.

① 행정처분에 있어서 불이익처분의 상대방은 직접 개인적 이익의 침해를 받은 자로서 원고적격이 인정되지만 수익처분의 상대방은 그의 권리나 법률상 보호되는 이익이 침해되었다고 볼 수 없으므로 달리 특별한 사정이 없는 한 취소를 구할 이익이 없다(대판 1995. 8. 22. 94누8129).

② 행정처분의 상대방이 아닌 제3자라도 당해 행정처분의 취소를 구할 법률상의 이익이 있는 경우에는 그 처분의 취소를 구할 수 있으나, 이 경우 법률상의 이익이란 당해 처분의 근거 법률에 의하여 직접 보호되는 구체적인 이익을 말하므로 제3자가 단지 간접적인 사실상 경제적인 이해관계를 가지는 경우에는 그 처분의 취소를 구할 원고적격이 없다(대판 2002. 8. 23. 2002추61).

(3) 소구가능성의 존재

개인적 공권이 성립하기 위해서는 법에 의하여 보호되고 있는 특정인의 이익을 행정주체에 대해 소송을 통하여 관철할 수 있는 법적인 힘이 있어야 하는데, 이를 소구가능성이라 부른다.

오늘날 공권의 성립에서 소구가능성의 존재는 일반적으로 의미가 약화됐다. 헌법상 재판청구권의 보장, 행정소송제도와 개괄주의의 채택 등으로 이제는 불필요한 것으로 인식하려는 경향이 있다(Maurer의 2요소론).

3. 공권의 확대화 경향

주로 행정처분에 대하여 이해관계 있는 제3자의 이익이 반사적 이익에서 법적 이익으로 발전됨에 따라 반사적 이익의 보호이익화가 이루어지고 있다. 종래 행정처분의 상대방이 아닌 제3자가 갖는 이익은 반사적 이익에 불과하다고 보는 경우가 많았으나 오늘날에는 법적 이익으로 보는 경향이 있다.

사익보호성의 확대(반사적 이익의 보호이익화)

주거지역 안에서는 「도시계획법」 제19조 제1항과 개정 전 「건축법」 제32조 제1항에 의하여 공익상 부득이 하다고 인정될 경우를 제외하고는 거주의 안녕과 건전한 생활환경의 보호를 해치는 모든 건축이 금지되고 있을 뿐 아니라 주거지역 내에 거주하는 사람이 받는 위와 같은 보호이익은 법률에 의하여 보호되는 이익이라고 할 것이므로 주거지역 내에 위 법조 소정 제한면적을 초과한 연탄공장 건축허가처분으로 불이익을 받고 있는 제3거주자는 비록 당해 행정처분의 상대자가 아니라 하더라도 그 행정처분으로 말미암아 위와 같은 법률에 의하여 보호되는 이익을 침해받고 있다면 당해 행정처분의 취소를 소구하여 그 당부의 판단을 받을 법률상의 자격이 있다(대판 1975. 5. 13. 73누96, 97).[3]

---

3 그 밖에 대판 1974. 4. 9. 73누173; 대판 1983. 7. 12. 83누59; 대판 1998. 4. 24. 97누3286; 대판 1998. 9. 22. 97누19571; 대판 2001. 7. 27. 99두2970 등도 같은 취지이다.

4. 공권과 기본권

(1) 헌법규정 자체로 구체성을 갖는 개인적 공권

① 헌법상 기본권인 경쟁의 자유에 근거한 사익보호성(병마개제조업자사건)

「행정소송법」 제12조는 "취소소송은 처분 등의 취소를 구할 법률상 이익이 있는 자가 제기할 수 있다"고 규정하고 있는데, 대법원판례와 학계의 다수설이 취하는 '법률상 보호이익설'에 의하면 여기서의 '법률상의 이익'이란 법에 의하여 보호되는 이익, 즉, 실정법을 근거로 하여 성립하는 공권을 뜻하므로, 비록 행정처분의 직접 상대방이 아닌 제3자라도 당해처분의 취소를 구할 법률상 이익이 있는 경우에는 행정소송을 제기할 수 있다고 하겠다. 위와 같이 '법률상 보호이익설'은 행정처분의 직접 상대방이 아닌 제3자의 원고적격을 판단함에 있어서 주관적 공권의 성립 여부를 그 기준으로 삼고 있는데, 여기서 공권이란 행정청의 특정 의무를 규정하는 객관적인 법규범이 존재하고 그 법규범이 공익뿐만 아니라 사익의 보호도 의도하고 있는 경우에 비로소 인정된다 하겠다. 이 사건에서 보건대, 설사 국세청장의 지정행위의 근거규범인 이 사건 조항들이 단지 공익만을 추구할 뿐 청구인 개인의 이익을 보호하려는 것이 아니라는 이유로 청구인에게 취소소송을 제기할 법률상 이익을 부정한다고 하더라도, 국세청장의 지정행위는 행정청이 병마개 제조업자들 사이에 특혜에 따른 차별을 통하여 사경제 주체 간의 경쟁조건에 영향을 미치고 이로써 기업의 경쟁의 자유를 제한하는 것임이 명백한 경우에는 국세청장의 지정행위로 말미암아 기업의 경쟁의 자유를 제한받게 된 자들은 적어도 보충적으로 기본권에 의한 보호가 필요하다. 따라서 일반법규에서 경쟁자를 보호하는 규정을 별도로 두고 있지 않은 경우에도 기본권인 경쟁의 자유가 바로 행정청의 지정행위의 취소를 구할 법률상의 이익이 된다 할 것이다(헌재결 1998. 4. 30. 97 헌마141).

② 알 권리의 구체적 기본권성

㉠ 헌법재판소는 알 권리를 표현의 자유(헌법 제21조)에서 직접 도출되는 구체적인 권리라고 판단하였다.

부동산 소유권의 회복을 위한 입증자료로 사용하고자 청구인이 문서의 열람·복사 신청을 하였으나 행정청이 이에 불응하였다 하더라도 그 불응한 행위로 인하여 청구인의 재산권이 침해당하였다고는 보기 어려우나, 청구인의 정당한 이해관계가 있는 정부

보유의 정보의 개시에 대하여 행정청이 아무런 검토 없이 불응한 부작위는 헌법 제21조에 규정된 표현의 자유와 자유민주주의적 기본질서를 천명하고 있는 헌법 전문, 제1조, 제4조의 해석상 국민의 정부에 대한 일반적 정보 공개를 구할 권리(청구권적 기본권)로서 인정되는 "알" 권리를 침해한 것이고 위 열람·복사 민원의 처리는 법률의 제정이 없더라도 불가능한 것이 아니다(헌재결 1989. 9. 4. 88헌마22).

㉡ 대법원도 「공공기관의 정보공개에 관한 법률」 시행 이전 수사기록에 대한 정보공개청구권은 표현의 자유(헌법 제21조)에서 직접 도출되는 구체적인 권리라고 판시하였다.

국민의 알 권리, 특히 국가 정보에의 접근의 권리는 우리 헌법상 기본적으로 표현의 자유와 관련하여 인정되는 것으로, 그 권리의 내용에는 자신의 권익보호와 직접 관련이 있는 정보의 공개를 청구할 수 있는 이른바 개별적 정보공개청구권이 포함되고, 이러한 개별적 정보공개청구권에 대하여는 「공공기관의 정보공개에 관한 법률」이 1998. 1. 1. 시행될 때까지 그 제한에 관한 일반 법규가 없었던 것이나, 그렇다고 하더라도 특히 수사기록에 대한 정보공개청구권의 행사는 때에 따라 국가의 안전보장, 질서유지 및 공공복리라는 국가·사회적 법익뿐만 아니라 당해 형사사건에 직접·간접으로 관계를 가지고 있는 피의자나 참고인 등의 명예와 인격, 사생활의 비밀 또는 생명·신체의 안전과 평온 등의 기본권의 보장과 충돌되는 경우가 있을 수 있으므로, 그 행사는 이러한 국가·사회적 법익이나 타인의 기본권과 상호 조화될 수 있는 범위 내에서 정당성을 가지나, 구체적인 경우에 수사기록에 대한 정보공개청구권의 행사가 위와 같은 범위를 벗어난 것이라고 하여 그 공개를 거부하기 위하여는 그 대상이 된 수사기록의 내용을 구체적으로 확인·검토하여 그 어느 부분이 어떠한 법익 또는 기본권과 충돌되는지를 주장·입증하여야만 할 것이고, 그에 이르지 아니한 채 수사기록 전부에 대하여 개괄적인 사유만을 들어 그 공개를 거부하는 것은 허용되지 아니한다(대판 1999. 9. 21. 98두3426).[4]

③ 구속된 피고인 또는 피의자의 타인과의 접견권의 기본권성

대법원은 구속된 피고인 또는 피의자의 타인과의 접견권을 인간으로서의 존엄과 가치 및 행복추구권(헌법 제10조)에서 직접 도출되는 구체적인 권리라고 판단하였다.

---

4 종결된 수사기록에 대한 고소인의 열람·등사 청구에 대하여 그 내용을 이루는 각각의 수사기록에 대한 거부의 구체적 사유를 밝히지 아니한 채 고소인이 제출한 서류 이외의 내용에 대한 열람·등사를 거부한 것이 고소인의 알 권리를 침해하였다고 본 사례.

만나고 싶은 사람을 만날 수 있다는 것은 인간이 가지는 가장 기본적인 자유 중 하나로서, 이는 「헌법」 제10조가 보장하고 있는 인간으로서의 존엄과 가치 및 행복추구권 가운데 포함되는 「헌법」상의 기본권이라고 할 것인바, 구속된 피고인이나 피의자도 이러한 기본권의 주체가 됨은 물론이며 오히려 구속에 의하여 외부와 격리된 피고인이나 피의자의 경우에는 다른 사람과 만남으로써 외부와의 접촉을 유지할 수 있다는 것이 더욱 큰 의미를 가지게 되는 것이고, 또한 무죄추정의 원칙을 규정한 「헌법」 제27조 제4항의 규정도 구속된 피고인이나 피의자가 위와 같은 「헌법」상의 기본권을 가진다는 것을 뒷받침하는 규정이라 할 수 있으므로 「형사소송법」 제89조 및 제213조의2가 규정하고 있는 구속된 피고인 또는 피의자의 타인과의 접견권은 위와 같은 「헌법」상의 기본권을 확인하는 것일 뿐 「형사소송법」의 규정에 의하여 비로소 피고인 또는 피의자의 접견권이 창설되는 것으로는 볼 수 없다(대판 1992. 5. 8. 91부8).

⑵ 헌법규정 자체로는 구체적 권리를 도출하기 어렵고 법률이 제정되어야 구체화될 수 있는 개인적 공권

① 헌법 제35조 제1항에서 정하고 있는 환경권에 관한 규정만으로는 사익보호성을 인정할 수 없다.

「헌법」 제35조 제1항에서 정하고 있는 환경권에 관한 규정만으로는 그 권리의 주체·대상·내용·행사방법 등이 구체적으로 정립되어 있다고 볼 수 없고, 「환경정책기본법」 제6조도 그 규정 내용 등에 비추어 국민에게 구체적인 권리를 부여한 것으로 볼 수 없다는 이유로, 환경영향평가 대상지역 밖에 거주하는 주민에게 「헌법」상의 환경권 또는 「환경정책기본법」에 근거하여 공유수면매립면허처분과 농지개량사업 시행인가처분의 무효확인을 구할 원고적격이 없다(대판 2006. 3. 16. 2006두330 전원합의체).

② 사회보장수급권

㉠ 건강보험수급권

건강보험제도는 피보험자인 국민이 납부하는 기여금 형태의 보험료와 국고부담을 재원으로 하여, 국민의 질병·부상에 대한 예방·진단·치료·재활과 출산·사망 및 건강증진에 보험급여를 실시함으로써 국민보건을 향상시키고 사회보장을 증진하기 위한 제

도로서(국민건강보험법 제1조) 국민에게 발생하는 사회적 위험을 보험의 방식으로 대처하는 일종의 사회보험제도이다. 그러므로 이 제도에 따른 건강보험수급권은 이른바 사회보장수급권의 하나에 속한다(사회보장기본법 제3조 제2호, 제9조). 헌법의 규정에 의거하여 국민에게 주어지게 되는 사회보장에 따른 국민의 수급권은 국가에게 적극적으로 급부를 요구할 수 있는 권리를 주된 내용으로 하기 때문에, 국가가 국민에게 인간다운 생활을 할 권리를 보장하기 위하여 한정된 가용자원을 분배하는 사회보장수급권에 관한 입법을 할 경우에는 국가의 재정부담 능력, 전체적인 사회보장수준과 국민감정 등 사회정책적인 고려, 상충하는 국민 각 계층의 갖가지 이해관계 등 복잡 다양한 요소를 함께 고려해야 하는 것이어서, 이 부분은 입법부 또는 입법에 의하여 다시 위임을 받은 행정부 등 해당기관의 광범위한 입법재량에 맡겨져 있다고 보아야 한다. 그러므로 국가가 인간다운 생활을 보장하기 위한 헌법적 의무를 다하였는지 여부가 사법적 심사의 대상이 된 경우에는, 국가가 최저생활보장에 관한 입법을 전혀 하지 아니하였다든가 그 내용이 현저히 불합리하여 「헌법」상 용인될 수 있는 재량의 범위를 명백히 벗어난 경우에 한하여 「헌법」에 위반된다고 할 수 있다(헌재결 2013. 9. 26. 2010헌마204 등).

㉡ 공무원연금 수급권

공무원연금 수급권과 같은 사회보장수급권은 "모든 국민은 인간다운 생활을 할 권리를 가지고, 국가는 사회보장·사회복지의 증진에 노력할 의무를 진다"고 규정한 「헌법」 제34조 제1항 및 제2항으로부터 도출되는 사회적 기본권 중의 하나로서, 이는 국가에 대하여 적극적으로 급부를 요구하는 것이므로 헌법규정만으로는 이를 실현할 수 없어 법률에 의한 형성이 필요하고, 그 구체적인 내용 즉 수급요건, 수급권자의 범위 및 급여금액 등은 법률에 의하여 비로소 확정된다(헌재결 2013. 9. 26. 2011헌바272).

5. 새로운 개인적 공권

구체적으로는 무하자재량행사청구권, 행정행위발급청구권, 행정개입청구권 등이 새로운 공권으로 나타나고 있다.

(1) 무하자재량행사청구권

① 의 의

무하자재량행사청구권이란 재량권 행사의 상대방 기타 이해관계인은 행정청에 대하여 특정한 행위를 청구할 수는 없지만 하자 없는 재량권을 행사하여 줄 것을 청구할 수 있는 권리를 말한다.

② 독자성 인정 여부

형식적 권리이면서 적극적 공권의 성격을 가진 무하자재량행사청구권은 이를 인정하면 남소의 폐단이 있을 뿐 아니라 원고적격을 부당하게 넓혀 민중소송화의 우려가 있다는 부정설도 있지만, 무하자재량행사청구권을 독자적인 권리로 인정하는 것이 다수의 견해이다.

검사임용거부처분사건

검사의 임용에 있어서 임용권자가 임용 여부에 관하여 어떠한 내용의 응답을 할 것인지는 임용권자의 자유재량에 속하므로 일단 임용거부라는 응답을 한 이상 설사 그 응답내용이 부당하다고 하여도 사법심사의 대상으로 삼을 수 없는 것이 원칙이나, 다만 자유재량에 속하는 행위일지라도 재량권의 한계를 넘거나 남용이 있을 때에는 위법한 처분으로 항고소송의 대상이 되는 것이므로(행정소송법 제27조) 적어도 이러한 재량권의 한계 일탈이나 남용이 없는 위법하지 않은 응답을 할 의무가 임용권자에게 있고 이에 대응하여 원고로서도 재량권의 한계 일탈이나 남용이 없는 적법한 응답을 요구할 권리가 있다고 할 것이고, 원고는 이러한 응답신청권에 기하여 재량권 남용의 위법한 거부처분에 대하여는 항고소송으로서 그 취소를 구할 수 있다고 보아야 한다(대판 1991. 2. 12. 90누5825).

대법원은 "재량권의 한계 일탈이나 남용이 없는 위법하지 않은 응답을 할 의무가 임용권자에게 있고 이에 대응하여 임용신청자로서도 재량권의 한계 일탈이나 남용이 없는 적법한 응답을 요구할 권리가 있다"고 판시하였는데, 이를 조리상·법령상 신청권의 형태로 무하자재량행사청구권을 인정하였거나 재량영역에서 무하자재량행사청구권의 법리를 받아들인 사례로 평가한다. 본 판례가 인정한 응답을 받을 권리는 헌법상의 기본권에 근거한 실질적 권리이지 무하자재량행사청구권에 기한 원고적격을 인정한 것은 아니라고 하면서 이에 반대하는 견해가 있다(홍정선). 이 견해는 무하자재량행사청구권은 원고적격이 아니라 본안에서 재량의 하자여부와 관련하여 문제되기 때문에 본 판례가 무하자재량행사청구권을 인정한 것이라고 볼 수 없다고 주장한다.

(2) 행정개입청구권

① 의 의

행정개입청구권이란 행정청의 부작위로 인하여 권익을 침해당한 자가 행정청에 대하여 자기를 위하여 제3자에 대해 행정권을 발동할 것을 청구하는 공권을 말한다(협의의 행정개입청구권).

② 행정개입청구권을 인정한 사례

대법원은 이전에 항고소송과 관련하여 직접 행정개입청구권을 인정한 적은 아직 없지만, 1. 21 무장공비사건(일명, 김신조 사건)의 국가배상사건에서는 경찰권을 발동하지 않은 데 대해 국가의 개입의무를 인정하고 부작위에 의한 국가의 배상책임을 인정한 이래, 널리 부작위에 의한 국가배상책임을 인정하고 있는바, 행정개입청구권의 법리를 받아들인 것으로 보인다.

청주시 연탄공장사건

주거지역안에서는「도시계획법」제19조 제1항과 개정전「건축법」제32조 제1항에 의하여 공익상 부득이 하다고 인정될 경우를 제외하고는 거주의 안녕과 건전한 생활환경의 보호를 해치는 모든 건축이 금지되고 있을 뿐 아니라 주거지역 내에 거주하는 사람이 받는 위와 같은 보호이익은 법률에 의하여 보호되는 이익이라고 할 것이므로 주거지역 내에 위 법조 소정 제한면적을 초과한 연탄공장 건축허가처분으로 불이익을 받고 있는 제3거주자는 비록 당해 행정처분의 상대자가 아니라 하더라도 그 행정처분으로 말미암아 위와 같은 법률에 의하여 보호되는 이익을 침해받고 있다면 당해 행정처분의 취소를 소구하여 그 당부의 판단을 받을 법률상의 자격이 있다(대판 1975. 5. 13. 73누96, 97).[5]

1. 21 무장공비사건(일명, 김신조 사건)

1. 21 사태시에 무장공비가 출현하여 그 공비와 격투 중에 있는 가족 구성원인 청년이 위협받고 있던 경우에, 다른 가족 구성원이 경찰에 세 차례나 출동을 요청하였음에도 불구하고 즉시 출동하지 않아 사살된 사건에서 행정청의 부작위로 인한 손해에 대하여 국가의 손해배상책임을 긍정하였다(대판 1971. 4. 6. 71다124).

---

5 대법원은 본 판례에서 행정개입청구권을 명시적으로 설시하지 않았으나 제3자의 법률상 이익이 표현되는 점에 비추어 행정개입청구권을 실질적으로 인정했다고 평가되는 사례이다.

포천시 공사중지명령처분 취소사건

국민의 신청에 대하여 한 행정청의 거부행위가 취소소송의 대상이 되기 위하여는 국민이 그 신청에 따른 행정행위를 하여 줄 것을 요구할 수 있는 법규상 또는 조리상의 권리가 있어야 하는 것인데, 지방자치단체장이 공장시설을 신축하는 회사에 대하여 사업승인 내지 건축허가 당시 부가하였던 조건에 따른 이행을 하고 이를 증명하는 서류를 제출할 때까지 신축공사를 중지하라는 공사중지명령에 있어서는 그 명령의 내용 자체로 또는 그 성질상으로 명령 이후에 그 원인사유가 해소되는 경우에는 잠정적으로 내린 당해 공사중지명령의 해제를 요구할 수 있는 권리를 위 명령의 상대방에게 인정하고 있다고 할 것이므로, 위 회사에게는 조리상으로 그 해제를 요구할 수 있는 권리가 인정된다고 할 것이다(대판 2007. 5. 11. 2007두1811; 대판 1997. 12. 26. 96누17745).

경찰의 개입의무를 인정하고 부작위에 의한 국가의 배상책임을 인정한 사례

「경찰관직무집행법」 제5조는 경찰관은 인명 또는 신체에 위해를 미치거나 재산에 중대한 손해를 끼칠 우려가 있는 위험한 사태가 있을 때에는 그 각 호의 조치를 취할 수 있다고 규정하여 형식상 경찰관에게 재량에 의한 직무수행권한을 부여한 것처럼 되어 있으나, 경찰관에게 그러한 권한을 부여한 취지와 목적에 비추어 볼 때 구체적인 사정에 따라 경찰관이 그 권한을 행사하여 필요한 조치를 취하지 아니하는 것이 현저하게 불합리하다고 인정되는 경우에는 그러한 권한의 불행사는 직무상의 의무를 위반한 것이 되어 위법하게 된다(대판 1998. 8. 25. 98다16890).[6]

③ 행정개입청구권을 부정한 사례

건축허가 및 준공검사취소 등에 대한 거부처분 취소사건

구 「건축법」 및 기타 관계 법령에 국민이 행정청에 대하여 제3자에 대한 건축허가의 취소나 준공검사의 취소 또는 제3자 소유의 건축물에 대한 철거 등의 조치를 요구할 수 있다는 취지의 규정이 없고, 같은 법 제69조 제1항 및 제70조 제1항은 각 조항 소정의 사유가 있는 경우에 시장·군수·구청장에게 건축허가 등을 취소하거나 건축물의 철거 등 필요한 조치를 명할 수 있는 권한 내지 권능을 부여한 것에 불과할 뿐, 시

6 경찰관이 농민들의 시위를 진압하고 시위과정에 도로 상에 방치된 트랙터 1대에 대하여 이를 도로 밖으로 옮기거나 후방에 안전표지판을 설치하는 것과 같은 위험발생방지조치를 취하지 아니한 채 그대로 방치하고 철수하여 버린 결과, 야간에 그 도로를 진행하던 운전자가 위 방치된 트랙터를 피하려다가 다른 트랙터에 부딪혀 상해를 입은 사안에서 국가배상책임을 인정한 사례.

장·군수·구청장에게 그러한 의무가 있음을 규정한 것은 아니므로 위 조항들도 그 근거 규정이 될 수 없으며, 그 밖에 조리상 이러한 권리가 인정된다고 볼 수도 없다(대판 1999. 12. 7. 97누17568).

시정명령불행사 위헌확인

「건축법」 제79조는 시정명령에 대하여 규정하고 있으나, 동법이나 동법 시행령 어디에서도 일반국민에게 그러한 시정명령을 신청할 권리를 부여하고 있지 않을 뿐만 아니라, 피청구인에게 건축법 위반이라고 인정되는 건축물의 건축주 등에 대하여 시정명령을 할 것인지와, 구체적인 시정명령의 내용을 무엇으로 할 것인지에 대하여 결정할 재량권을 주고 있으며, 달리 이 사건에서 시정명령을 해야 할 법적 의무가 인정된다고 볼 수 없다(헌재결 2010. 4. 20. 2010헌마189).

Ⅲ. 공권·공의무의 승계

1. 공의무가 승계된다고 본 사례

무단형질변경에 따른 구 산림법상 복구의무의 승계

[1] 구 「산림법」 제90조의2 제1항, 구 산림법 시행규칙 제95조의2는 채석허가를 받은 자(이하 '수허가자'라 한다)의 지위를 승계한 자는 단독으로 관할 행정청에의 명의변경신고를 통하여 수허가자의 명의를 변경할 수 있는 것으로 규정하고, 같은 법 제4조는 법에 의하여 행한 처분 등은 토지소유자 및 점유자의 승계인에 대하여도 그 효력을 미치도록 규정하고 있는 점, 채석허가는 수허가자에 대하여 일반적·상대적 금지를 해제하여 줌으로써 채석행위를 자유롭게 할 수 있는 자유를 회복시켜 주는 것일 뿐 권리를 설정하는 것이 아니라 하더라도, 대물적 허가의 성질을 아울러 가지고 있는 점 등을 감안하여 보면, 수허가자가 사망한 경우 특별한 사정이 없는 한 수허가자의 상속인이 수허가자로서의 지위를 승계한다고 봄이 상당하다.

[2] 구 「산림법」 제90조 제11항, 제12항이 산림의 형질변경허가를 받지 아니하거나 신고를 하지 아니하고 산림을 형질변경한 자에 대하여 원상회복에 필요한 조치를 명할 수 있고, 원상회복명령을 받은 자가 이를 이행하지 아니한 때에는 행정대집행법을 준용하여 원상회복을 할 수 있도록 규정하고 있는 점에 비추어, 원상회복명령에 따른 복구의무는 타인이 대신하여 행할 수 있는 의무로서 일신전속적인 성질을 가

진 것으로 보기 어려운 점, 같은 법 제4조가 법에 의하여 행한 처분·신청·신고 기타의 행위는 토지소유자 및 점유자의 승계인 등에 대하여도 그 효력이 있다고 규정하고 있는 것은 산림의 보호·육성을 통하여 국토의 보전 등을 도모하려는 법의 목적을 감안하여 법에 의한 처분 등으로 인한 권리와 아울러 그 의무까지 승계시키려는 취지인 점 등에 비추어 보면, 산림을 무단형질변경한 자가 사망한 경우 당해 토지의 소유권 또는 점유권을 승계한 상속인은 그 복구의무를 부담한다고 봄이 상당하고, 따라서 관할 행정청은 그 상속인에 대하여 복구명령을 할 수 있다고 보아야 한다(대판 2005. 8. 19. 2003두9817, 9824).

공중위생영업에 있어 그 영업을 정지할 위법사유가 있는 경우, 그 영업이 양도·양수되었다 하더라도 양수인에 대하여 영업정지처분을 할 수 있다

구「공중위생관리법」제11조 제5항에서, 영업소폐쇄명령을 받은 후 6월이 지나지 아니한 경우에는 동일한 장소에서는 그 폐쇄명령을 받은 영업과 같은 종류의 영업을 할 수 없다고 규정하고 있고, 같은 법 시행규칙 제19조 [별표 7] 행정처분기준 Ⅱ. 개별기준 3. 이용업에서 업주의 위반사항에 대하여 3차 또는 4차 위반시(다만, 영업정지처분을 받고 그 영업정지기간 중 영업을 한 경우는 1차 위반시)에는 영업장폐쇄명령을 하고, 그보다 위반횟수가 적을 경우에는 영업정지, 개선명령 등을 하게 되며, 일정한 경우 하나의 위반행위에 대하여 영업소에 대한 영업정지 또는 영업장폐쇄명령을, 이용사(업주)에 대한 업무정지 또는 면허취소 처분을 동시에 할 수 있다고 규정하고 있는 점 등을 고려하여 볼 때 영업정지나 영업장폐쇄명령 모두 대물적 처분으로 보아야 할 이치이고, 아울러 구「공중위생관리법」제3조 제1항에서 보건복지부장관은 공중위생영업자로 하여금 일정한 시설 및 설비를 갖추고 이를 유지·관리하게 할 수 있으며, 제2항에서 공중위생영업자가 영업소를 개설한 후 시장 등에게 영업소개설사실을 통보하도록 규정하는 외에 공중위생영업에 대한 어떠한 제한규정도 두고 있지 아니한 것은 공중위생영업의 양도가 가능함을 전제로 한 것이라 할 것이므로, 양수인이 그 양수 후 행정청에 새로운 영업소개설통보를 하였다 하더라도, 그로 인하여 영업양도·양수로 영업소에 관한 권리의무가 양수인에게 이전하는 법률효과까지 부정되는 것은 아니라 할 것인바, 만일 어떠한 공중위생영업에 대하여 그 영업을 정지할 위법사유가 있다면, 관할 행정청은 그 영업이 양도·양수되었다 하더라도 그 업소의 양수인에 대하여 영업정지처분을 할 수 있다고 봄이 상당하다(대판 2001. 6. 29. 2001두1611).

회사의 흡수합병과 권리·의무의 승계

회사합병이 있는 경우에는 피합병회사의 권리·의무는 사법상의 관계나 공법상의 관계를 불문하고 그의 성질상 이전을 허용하지 않는 것을 제외하고는 모두 합병으로 인하여 존속한 회사에게 승계되는 것으로 보아야 할 것이고, 「공인회계사법」에 의하여 설립된 회계법인 간의 흡수합병이라고 하여 이와 달리 볼 것은 아니다(대판 2004. 7. 8. 2002두1946).

2. 공의무가 승계되지 않는다고 본 사례

구 건축법상 이행강제금을 부과받은 사람이 이행강제금사건의 계속 중 사망한 경우

구 「건축법」상의 이행강제금은 구 「건축법」의 위반행위에 대하여 시정명령을 받은 후 시정기간 내에 당해 시정명령을 이행하지 아니한 건축주 등에 대하여 부과되는 간접강제의 일종으로서 그 이행강제금 납부의무는 상속인 기타의 사람에게 승계될 수 없는 일신전속적인 성질의 것이므로 이미 사망한 사람에게 이행강제금을 부과하는 내용의 처분이나 결정은 당연무효이고, 이행강제금을 부과받은 사람의 이의에 의하여 비송사건절차법에 의한 재판절차가 개시된 후에 그 이의한 사람이 사망한 때에는 사건 자체가 목적을 잃고 절차가 종료한다(대결 2006. 12. 8. 2006마470).

건물 구소유자의 체납수도요금납부의무가 당연히 신소유자에게 승계되지 않는다

「수도법」 제17조의 규정에 의하여 제정된 서울특별시급수조례 제5조는 "급수장치는 그 설치된 건물 또는 토지의 처분에 부수하며 취득자는 이 조례에 의하여 그 취득 전에 발생된 의무에 대하여도 이를 승계한다"고 규정하고 있는바, 위 규정은 급수장치에 관한 권리의무의 승계에 관한 것으로서 건물에 대한 소유권을 취득하였다는 것만으로 건물의 구소유자의 체납수도료금납부의무까지 신소유자에게 승계된다고 할 수 없다(대판 1993. 5. 11. 92누17211).

제 3 절 특별행정법관계(특별권력관계)

Ⅰ. 의 의

특별행정법관계란 일반권력관계에 대응되는 개념으로써 공법상 특별한 목적에 필요한 한도 내에서 특별한 법적 원인 또는 동의에 의하여 특별권력주체가 상대방(예 공무원, 군인, 죄수, 국·공립학교 학생 등)을 포괄적으로 지배할 수 있는 행정법관계를 말한다.

Ⅱ. 특별행정법관계와 법치주의

1. 법률유보

실질적 법치주의와 기본권 존중사상이 확립된 오늘날, 법률의 근거 없이 기본권을 제한할 수 있는 특별권력관계란 인정될 수 없고. 법치주의는 원칙적으로 특별행정법관계에도 적용되어야 한다. 즉, 특별행정법관계에서도 그 구성원의 권리·의무에 관한 명령·강제는 법률의 근거가 있어야 한다.

2. 기본권의 제한

오늘날에는 특별행정법관계에서도 그 구성원의 기본권을 제한하기 위해서는 원칙적으로 법률에 근거가 있어야 한다. 법률에 근거하여 제한하는 경우라 하더라도 필요한 최소한에 그쳐야 하며, 종교의 자유, 양심의 자유, 학문과 예술의 자유 등과 같은 기본권은 그 성질상 제한될 수 없다. 더 이상 법률의 수권 없이 구성원의 기본권을 제한할 수 있다는 전통적인 특별권력관계이론은 유지될 수 없다.

수형자에 대한 기본권 제한의 한계

① 수형자의 기본권 제한에 대한 구체적인 한계는 「헌법」 제37조 제2항에 따라 법률에 의하여, 구체적인 자유·권리의 내용과 성질, 그 제한의 태양과 정도 등을 교량하여 설정하게 되며, 수용 시설 내의 안전과 질서를 유지하기 위하여 이들 기본권의 일부 제한이 불가피하다 하더라도 그 본질적인 내용을 침해하거나, 목적의 정당성, 방법의 적정성, 피해의 최소성 및 법익의 균형성 등을 의미하는 과잉금지의 원

칙에 위배되어서는 안 된다(헌재결 2004. 12. 16. 2002헌마478).

② 「행형법」상 징벌의 일종인 금치처분을 받은 자에 대하여 집필을 금지한 행형법 시행령 제145조 제2항 본문 부분은 법률의 근거나 위임 없이 수형자의 집필권을 제한한 것으로서 법률유보원칙에 위반된다(헌재결 2005. 2. 24. 2003헌마289).

③ 금치처분을 받은 수형자에 대한 절대적인 운동의 금지는 징벌의 목적을 고려하더라도 그 수단과 방법에 있어서 필요한 최소한도의 범위를 벗어난 것으로서, 수형자의 「헌법」 제10조의 인간의 존엄과 가치 및 신체의 안전성이 훼손당하지 아니할 자유를 포함하는 제12조의 신체의 자유를 침해하는 정도에 이르렀다고 판단된다(헌재결 2004. 12. 16. 2002헌마478).

④ 현행법령과 제도하에서 수형자가 수발하는 서신에 대한 검열로 인하여 수형자의 통신의 비밀이 일부 제한되는 것은 국가목적을 위하여 부득이할 뿐만 아니라 유효적절한 방법에 의한 최소한의 제한이며, 통신의 자유의 본질적 내용을 침해하는 것이 아니다(헌재결 1998. 8. 27. 96헌마398).

⑤ 재소자가 영치품 중 긴 소매 티셔츠에 대한 사용을 신청한 것에 대하여 교도소장이 검신·위생상의 문제점 및 위 의류가 도주시 겉옷으로 사용될 우려가 있는 점 등 수용질서 유지상의 문제점이 있다는 사유로 그 신청을 불허한 사안에서, 위 불허처분은 일응 수용질서의 유지라는 목적이 정당하고 방법이 적정하며 그 조치에 의하여 보호하려는 공익과 침해하는 사익을 비교 형량할 때 공익이 더 크지만, 보다 완화된 형태나 방법을 모색함으로써 기본권의 제한은 필요한 최소한도에 그치도록 하여야 한다는 요청은 충족하지 못하고 있으므로 비례원칙에 위반되고 행복추구권을 침해하여 부당하다(대판 2007. 6. 1. 2007누191).

3. 사법심사의 제한

오늘날에는 소(訴)의 이익이 인정되는 한 특별행정법관계 내의 사항도 사법심사의 대상이 된다고 본다. 특별행정법관계 내의 사항은 원칙적으로 사법심사의 대상이 되지 않는다는 전통적인 특별권력관계이론은 유지될 수 없다. 우리 판례도 내부행위와 외부행위의 구별 없이 특별행정법관계에서의 사항에 대해서도 사법심사를 긍정한다.

특별행정법관계와 사법심사

특별권력관계에 있어서도 위법한 특별권력의 발동으로 말미암아 권리를 침해당한 자는 행정소송법 제1조의 규정에 따라 그 위법한 처분의 취소를 구할 수 있다(대판 1982. 7. 27. 80누86).

동장과 구청장과의 관계

동장과 구청장과의 관계는 이른바 행정상의 특별권력관계에 해당되며 이러한 특별권력관계에 있어서도 위법한 특별권력의 발동으로 말미암아 권리를 침해당한 자는 행정소송법 제1조의 규정에 따라 그 위법한 처분의 취소를 구할 수 있다(대판 1982. 7. 27. 80누86).

농지개량조합과 그 직원과의 관계

농지개량조합과 그 직원과의 관계는 사법상의 근로계약관계가 아닌 공법상의 특별권력관계이고, 그 조합의 직원에 대한 징계처분의 취소를 구하는 소송은 행정소송사항에 속한다(대판 1995. 6. 9. 94누10870).

국립교육대학 학생에 대한 퇴학처분사건

국립교육대학 학생에 대한 퇴학처분은 국가가 설립·경영하는 교육기관인 동 대학의 교무를 통할하고 학생을 지도하는 지위에 있는 학장이 교육목적의 실현과 학교의 내부질서유지를 위해 학칙 위반자인 재학생에 대한 구체적 법집행으로서 국가공권력의 하나인 징계권을 발동하여 학생으로서의 신분을 일방적으로 박탈하는 국가의 교육행정에 관한 의사를 외부에 표시한 것이므로, 행정처분임이 명백하다(대판 1991. 11. 22. 91누2144).

제 4 장

Precedent Administrative Law

행정법상의 법률요건과 법률사실

제1절 행정법상의 사건

Ⅰ. 시간의 경과

1. 기 간

광업법 제16조에 정한 출원제한기간을 계산할 때 민법 규정이 적용된다

「광업법」에는 기간의 계산에 관하여 특별한 규정을 두고 있지 아니하므로, 「광업법」 제16조에 정한 출원제한기간을 계산할 때에도 기간계산에 관한 「민법」의 규정은 그대로 적용된다(대판 2009. 11. 26. 2009두12907).[1]

병역법에서 정한 '소집기일부터 3일'이라는 기간을 계산할 때에도 기간 계산에 관한 민법 규정이 적용된다

「민법」 제155조는 "기간의 계산은 법령, 재판상의 처분 또는 법률행위에 다른 정한 바가 없으면 본장의 규정에 의한다"고 규정하고 있으므로, 기간 계산에 있어서는 당해 법령 등에 특별한 정함이 없는 한 「민법」의 규정에 따라야 한다. 한편 「병역법」 제88조

1 광업권설정 출원제한기간의 기산일인 2007. 7. 28.로부터 6개월의 기간이 경과하는 마지막 날인 2008. 1. 27.이 일요일인 경우, 그 출원제한기간은 민법 제161조의 규정에 따라 그 다음날인 2008. 1. 28. 만료된다고 본 사례.

제1항 제2호는 "공익근무요원 소집통지서를 받은 사람이 정당한 사유 없이 소집기일부터 3일이 지나도 소집에 응하지 아니한 경우에는 3년 이하의 징역에 처한다"고 규정하고 있으나, 병역법은 기간 계산에 관하여 특별한 규정을 두고 있지 아니하다. 따라서 「병역법」 제88조 제1항 제2호에서 정한 '소집기일부터 3일'이라는 기간을 계산할 때에도 기간 계산에 관한 민법의 규정이 적용되므로, 「민법」 제157조에 따라 기간의 초일은 산입하지 아니하고, 「민법」 제161조에 따라 기간의 말일이 토요일 또는 공휴일에 해당하는 때에는 기간은 그 익일로 만료한다고 보아야 한다(대판 2012. 12. 26. 2012도13215).

국세기본법상 이의신청결정기간의 말일이 공휴일인 경우 그 기간의 만료일

「국세기본법」 제4조는 "이 법 또는 세법이 규정하는 기간의 계산은 이 법 또는 세법에 특별한 규정이 있는 것을 제외하고는 민법에 의한다"고 규정되어 있고 「국세기본법」 또는 다른 세법에 이의신청에 대한 결정기간의 말일에 관한 규정이 없으므로 그에 관하여는 「민법」 제161조의 규정에 따라 기간의 말일이 공휴일에 해당한 때에는 기간은 그 익일로 만료한다(대판 1987. 10. 13. 87누53).

기간의 초일이 공휴일인 때

기간의 초일이 공휴일이라 하더라도 기간은 초일부터 기산한다(대판 1982. 2. 23. 81누204).

정년이 53세라 함은 만 53세에 도달하는 날을 의미

정년이 53세라 함은 만 53세에 도달하는 날을 말하는 것이지 만 53세가 만료되는 날을 의미하는 것이 아니다(대판 1973. 6. 12. 71다2669).

2. 시 효

(1) 행정법상 금전채권의 소멸시효

① 행정법상 금전채권의 소멸시효기간

사법상 금전채권의 소멸시효기간은 원칙적으로 10년이지만, 국가와 지방자치단체를 당사자로 하는 행정법상 금전채권의 소멸시효기간은 다른 법률에 특별한 규정이 없는 한 원칙적으로 5년이다(국가재정법 제96조, 지방재정법 제82조).

헌법재판소는 행정법관계에서의 원칙적 시효기간인 5년의 단기소멸시효를 합헌이라고 결정하였다

지방자치단체에 대한 금전채권 중 사법상 원인에 기한 채권에 대하여 5년의 소멸시효를 정한 것이 합리적인 이유가 있고, 5년의 단기시효기간이 채권자의 재산권을 본질적으로 침해할 정도로 지나치게 짧고 불합리하다고 할 수 없다(헌재결 2004. 4. 29. 2002헌바58).

지방재정법의 취지

「지방재정법」 제69조(현, 제82조)의 취지는 금전급부의 발생원인이 공법상의 것이든 사법상의 것이든 가리지 아니하고 지방자치단체의 권리나 지방자치단체에 대한 권리는 다른 법률에 이보다 짧은 기간의 소멸시효의 규정이 있는 경우 외에는 모두 소멸시효기간을 5년으로 한다는 것이다(대판 1995. 2. 28. 94다42020).

국가재정법 제96조의 '다른 법률의 규정'의 의미

「예산회계법(현, 국가재정법)」 제96조에서 '다른 법률의 규정'이라 함은 다른 법률에 예산회계법 제96조에서 규정한 5년의 소멸시효기간보다 짧은 기간의 소멸시효의 규정이 있는 경우를 가리키는 것이고, 이보다 긴 10년의 소멸시효를 규정한 「민법」 제766조 제2항은 「예산회계법」 제96조에서 말하는 '다른 법률의 규정'에 해당하지 아니한다(대판 2001. 4. 24. 2000다57856).

② 소멸시효의 중단·정지

법령에 특별한 규정을 두고 있지 않는 한, 「민법」규정이 적용된다.

소멸시효의 중단

소멸시효는 객관적으로 권리가 발생하여 그 권리를 행사할 수 있는 때로부터 진행하고 그 권리를 행사할 수 없는 동안만은 진행하지 아니하는데, 여기서 권리를 행사할 수 없는 경우라 함은 그 권리행사에 법률상의 장애사유가 있는 경우를 말하는데, 변상금 부과처분에 대한 취소소송이 진행 중이라도 그 부과권자로서는 위법한 처분을 스스로 취소하고 그 하자를 보완하여 다시 적법한 부과처분을 할 수도 있는 것이어서 그 권리행사에 법률상의 장애사유가 있는 경우에 해당한다고 할 수 없으므로, 그 처분에 대한 취소소송이 진행되는 동안에도 그 부과권의 소멸시효가 진행된다(대판 2006. 2. 10. 2003두5686).

③ 소멸시효 완성의 효과

소멸시효 완성의 효과는 기산일에 소급하는데, 소멸시효 완성의 효과에 대하여 소멸시효기간 경과 후 권리가 당연히 소멸한다는 절대적 소멸설과 시효이익을 받을 자가 소멸시효를 원용하여 권리의 소멸을 주장하여야 권리가 소멸한다는 상대적 소멸설이 대립한다. 대법원은 소멸시효기간이 경과하면 권리는 당연히 소멸한다는 절대적 소멸설을 취하면서도 당사자의 원용(항변권의 행사)이 필요하다고 판시하였다.

소멸시효 완성의 효과

소멸시효에 있어서 그 시효기간이 만료되면 권리는 당연히 소멸하지만 그 시효의 이익을 받는 자가 소송에서 소멸시효의 주장을 하지 아니하면 그 의사에 반하여 재판할 수 없다(대판 1991. 7. 26. 91다5631).

소멸시효 완성 후에 한 조세부과처분의 효력(=당연무효)

조세에 관한 소멸시효가 완성되면 국가의 조세부과권과 납세의무자의 납세의무는 당연히 소멸한다 할 것이므로 소멸시효완성후에 부과된 부과처분은 납세의무 없는 자에 대하여 부과처분을 한 것으로서 그와 같은 하자는 중대하고 명백하여 그 처분의 효력은 당연무효이다(대판 1985. 5. 14. 83누655).

④ 국가의 소멸시효 완성 주장이 권리남용에 해당하는 경우

근로복지공단으로부터 요양불승인처분을 받은 다음 그 취소를 구하는 행정소송을 제기하여 승소확정판결을 받은 근로자가 요양으로 인하여 취업하지 못한 기간의 휴업급여를 청구한 사안

근로자가 입은 부상이나 질병이 업무상 재해에 해당하는지 여부에 따라 요양급여 신청의 승인, 휴업급여청구권의 발생 여부가 차례로 결정되고, 따라서 근로복지공단의 요양불승인처분의 적법 여부는 사실상 근로자의 휴업급여청구권 발생의 전제가 된다고 볼 수 있는 점 등에 비추어, 근로자가 요양불승인에 대한 취소소송의 판결확정시까지 근로복지공단에 휴업급여를 청구하지 않았던 것은 이를 행사할 수 없는 사실상의 장애사유가 있었기 때문이라고 보아야 하므로, 근로복지공단의 소멸시효 항변은 신의성실의 원칙에 반하여 허용될 수 없다(대판 2008. 9. 18. 2007두2173 전원합의체).

신병훈련을 마치고 부대에 배치된 군인이 선임병들에게서 온갖 구타와 가혹행위 및 끊임없는 욕설과 폭언에 시달리다가 전입한 지 채 열흘도 지나지 않은 1991. 2. 3. 부대 철조망 인근 소나무에 목을 매어 자살을 하였는데, 유족들이 망인이 사망한 날로부터 5년의 소멸시효 기간이 훨씬 경과한 2009. 12. 10.에야 국가를 상대로 손해배상을 구하는 소를 제기하자 국가가 소멸시효 완성의 항변을 한 사안

군의 특성상 군 외부에 있는 민간인이 군 내부에서 이루어진 불법행위에 관하여 그 존재 사실을 인식하는 것은 원칙적으로 불가능에 가까운 데다가, 위 사고 직후 부대 지휘관들이 부대원들에게 일상적으로 자행되고 있던 구타 및 가혹행위에 대하여 함구명령을 내린 사실, 사고 직후 사건을 조사한 헌병수사관들조차 위 사고를 망인의 복무부적응으로 인한 비관에 의한 자살로 결론을 내리고 사건을 종결한 사실 등에 비추어 보면, 비록 군 당국이 유족들의 국가배상청구권 행사를 직접적으로 방해하는 행위를 한 적은 없다고 하더라도, 유족들은 위 자살사고가 선임병들의 심한 폭행·가혹행위 및 이에 대하여 적절한 조치를 취하지 않은 부대관계자들의 관리·감독 소홀 등의 불법행위로 인하여 발생한 것이라는 점을 군의문사진상규명위원회의 2009. 3. 16.자 진상규명결정이 내려짐으로써 비로소 알았거나 알 수 있었다고 할 것이므로, 2009. 3. 16. 전까지의 기간 동안에는 유족들이 국가를 상대로 손해배상청구를 할 수 없는 객관적 장애가 있었다고 보아야 하고, 또한 병영문화의 선진화에 힘써야 할 책임을 지고 있는 국가가 후진적 형태의 군대 내 사고의 발생을 막지 못하고서도 망인이나 유족에 대하여 아무런 보상도 하지 않은 채 자신의 책임으로 빚어진 권리행사의 장애 상태 때문에 소멸시효 기간이 경과하였다는 점을 이유로 들어 망인이나 유족에 대한 손해배상책임을 면하는 결과를 인정한다면 이는 현저히 정의와 공평의 관념에 반하는 것이므로, 국가의 소멸시효 완성 항변은 신의성실의 원칙에 반하는 권리남용으로서 허용될 수 없다(대판 2011. 10. 13. 2011다36091).

1980년 10월부터 11월 사이에 일어난 이른바 '10·27 법난' 당시 정부 소속 합동수사본부 내 합동수사단 수사관들에 의해 불법구금이 되어 고문과 폭행 등을 당한 피해자가 불법구금 상태에서 벗어난 1980. 11. 26.부터 5년이 훨씬 경과한 2009. 6. 5.에야 국가를 상대로 손해배상을 구하는 소를 제기하자 국가가 소멸시효 완성을 주장한 사안

위 손해배상청구권의 소멸시효는 피해자가 불법구금 상태에서 벗어난 때로부터 기산되고, 국무총리의 대국민 사과성명 발표, 국방부 과거사진상규명위원회의 '10·27 법난에 대한 조사결과보고서' 발표, 국회의 「10·27 법난 피해자의 명예회복 등에 관한 법률」 제정 등으로 국가가 소멸시효 이익을 포기한 것으로 볼 수 없으며, 나아가 국가의 소멸시효 완성으로 인한 채권 소멸의 주장이 신의성실의 원칙에 반하여 권리남용에 해당한다고 할 수 없다(대판 2011. 10. 27. 2011다54709).

'진실·화해를 위한 과거사정리위원회'가 피해자 등의 진실규명신청에 따라 진실규명신청 대상자를 희생자로 확인 또는 추정하는 진실규명결정을 하고 피해자 등이 그 결정에 기초하여 상당한 기간 내에 권리행사를 한 경우, 국가가 소멸시효 완성을 주장하는 것은 허용되지 않는다

국가가 「진실·화해를 위한 과거사정리 기본법」의 적용 대상인 피해자의 진실규명신청을 받아 국가 산하 '진실·화해를 위한 과거사정리위원회'에서 희생자로 확인 또는 추정하는 진실규명결정을 하였다면, 그 결정에 기초하여 피해자나 그 유족이 상당한 기간 내에 권리를 행사할 경우에, 국가가 적어도 소멸시효의 완성을 들어 권리소멸을 주장하지 않을 것이라는 데 대한 신뢰를 가질 만한 특별한 사정이 있다고 봄이 타당하고, 이에 불구하고 국가가 피해자 등에 대하여 소멸시효의 완성을 주장하는 것은 신의성실 원칙에 반하는 권리남용에 해당하여 허용될 수 없다. 그리고 비록 피해자 등으로부터 진실규명신청이 없었더라도 정리위원회가 "역사적으로 중요한 사건으로서 진실규명사건에 해당한다고 인정할 만한 상당한 근거가 있고 진실규명이 중대하다고 판단되는 때에는 이를 직권으로 조사할 수 있다"는 「과거사정리법」 제22조 제3항에 따라 직권으로 조사를 개시하여 희생자로 확인 또는 추정하는 진실규명결정을 한 경우에는, 과거사정리법의 입법 목적 및 위 조항의 내용에 비추어 볼 때 당해 사건의 중대성을 감안하여 그 희생자의 피해 및 명예회복이 반드시 이루어져야 하며 이를 수용하겠다는 과거사정리법에 의한 국가의 의사가 담긴 것으로 보아야 하고, 피해자 등에 대한 신뢰부여라는 측면에서 진실규명신청에 의하여 진실규명결정이 이루어진 경우와 달리 취급할 이유가 없으므로, 그 희생자나 유족의 권리행사에 대하여 국가가 소멸시효를 주장하는 것은 마찬가지로 권리남용에 해당한다(대판 2013. 7. 25. 2013다16602).

(2) 행정법상 공물의 취득시효

공적 목적에 제공되어 있는 공물이 시효취득의 대상이 될 수 있는지 문제된다. 대법원은 "공물은 공용폐지가 없는 한, 사법상 거래의 대상이 될 수 없으므로 취득시효의 대상이 되지 않는다"고 하여 부정설을 취한다. 헌법재판소는 「국유재산법」 제5조 제2항에 대한 위헌심사에서 공물에 대한 취득시효를 배제하는 것은 긍정되나, 사물과 같은 국유의 잡종재산에 대해서도 취득시효를 배제하는 것은 국가와 사인을 차별하는 것으로서 평등의 원칙에 위반된다는 이유로 위헌결정을 내린 바 있다. 결정 이후 「국유재산법」 제5조에서는 국공유 공물의 시효취득을 부정하면서 잡종재산에 대한 시효취득을 인정하는 규정을 두고 있다.

공물에 해당하는 행정재산은 공용폐지가 없는 한, 취득시효의 대상이 되지 않는다

행정재산(행정재산은 공물에 해당)은 공용이 폐지되지 않는 한, 사법상 거래의 대상이 될 수 없으므로 취득시효의 대상이 되지 않는다. 공용폐지의 의사표시는 명시적이든 묵시적이든 상관이 없으나 적법한 의사표시가 있어야 하고, 행정재산이 사실상 본래의 용도에 사용되지 않고 있다는 사실만으로 용도폐지의 의사표시가 있었다고 볼 수는 없다(대판 1994. 3. 22. 93다56220).

국유잡종재산은 공물이 아니므로 취득시효의 대상이 된다

① 국유잡종재산·공유잡종재산에 대한 시효취득을 부인하는 구 「국유재산법」 제5조 제2항과 구 「지방재정법」 제74조 제2항은 합리적 근거 없이 국가만을 우대하는 불평등한 규정으로서 헌법상의 평등원칙과 사유재산권 보장의 이념 및 과잉금지의 원칙에 반한다(헌재결 1991. 5. 13. 89헌가97).

② 구 「지방재정법」 제74조 제2항은 "공유재산은 민법 제245조의 규정에 불구하고 시효취득의 대상이 되지 아니한다. 다만, 잡종재산의 경우에는 그러하지 아니하다"라고 규정하고 있으므로, 구 「지방재정법」상 공유재산에 대한 취득시효가 완성되기 위하여는 그 공유재산이 취득시효기간 동안 계속하여 시효취득의 대상이 될 수 있는 잡종재산이어야 하고, 이러한 점에 대한 증명책임은 시효취득을 주장하는 자에게 있다(대판 2009. 12. 10. 2006다19177).

3. 실권의 법리

실권 또는 실효의 법리는 법의 일반원리인 신의성실의 원칙에 바탕을 둔 파생원칙인 것이므로 공법관계 가운데 관리관계는 물론이고 권력관계에도 적용되어야 함을 배제할 수는 없다 하겠으나 그것은 본래 권리행사의 기회가 있음에도 불구하고 권리자가 장기간에 걸쳐 그의 권리를 행사하지 아니하였기 때문에 의무자인 상대방은 이미 그의 권리를 행사하지 아니할 것으로 믿을 만한 정당한 사유가 있게 되거나 행사하지 아니할 것으로 추인케 할 경우에 새삼스럽게 그 권리를 행사하는 것이 신의성실의 원칙에 반하는 결과가 될 때 그 권리행사를 허용하지 않는 것을 의미한다(대판 1988. 4. 27. 87누915).

Ⅱ. 공법상 부당이득

1. 의 의

공법분야에서 '법률상 원인 없이 타인의 재산 또는 노무로 인하여 이득을 얻고, 이로 인하여 타인에게 손해를 끼치는 것'을 공법상 부당이득이라 한다.

2. 공법상 부당이득반환청구권의 성질

공법상 부당이득반환청구권이 공권의 성질을 가지는지, 아니면 사권의 성질을 가지는지에 대하여, 공법상 부당이득은 공법상 원인에 의하여 발생한 결과를 조정하기 위한 제도이므로 이 청구권은 공권이며, 이에 관한 소송은 행정소송 중 당사자소송에 의한다는 공권설과 부당이득제도는 경제적 견지에서 인정되는 이해조정제도이므로 이 청구권은 사권이며 이에 관한 소송은 민사소송에 의한다는 사권설이 대립한다. 공권설이 다수설의 태도이다. 판례는 공법상 부당이득반환청구권을 사권으로 본다.

대법원은 공법상 부당이득반환청구권을 사권으로 본다

① 조세부과처분이 당연무효임을 전제로 하여 이미 납부한 세금의 반환을 청구하는 것은 민사상의 부당이득반환청구로서 민사소송절차에 따라야 한다(대판 1995. 4. 28. 94다55019).

② 개발부담금 부과처분이 취소된 이상 그 후의 부당이득으로서의 과오납금 반환에 관한 법률관계는 단순한 민사관계에 불과한 것이고, 행정소송절차에 따라야 하는 관계로 볼 수 없다(대판 1995. 12. 22. 94다51253).

③ 「헌법」 제31조 제2항, 제3항, 제4항, 제6항, 「지방자치법」 제9조 제2항 제5호 (가)목, 「초·중등교육법」 제12조 제1항, 제2항, 구 「지방교육자치에 관한 법률」 제39조

제1항, 제40조, 제41조 제1항, 「교육기본법」 제5조 제1항, 제7조 제1항 및 「지방교육재정교부금법」의 관련 규정들의 취지를 종합하여 보면, 지방자치단체가 설립·경영하는 학교의 부지 확보, 부지의 사용료 지급 등의 사무는 특별한 사정이 없는 한 지방교육자치의 주체인 지방자치단체의 고유사무인 자치사무이고, 국가는 법률과 예산의 범위 안에서 지방교육자치를 실현하고 있는 지방자치단체에 재정을 지원할 의무가 있으며, 이러한 국가의 지원범위를 벗어나 지방자치단체가 법률상 원인 없이 국유재산을 학교부지로 임의 사용하는 경우에는 민법상 부당이득이 성립될 수 있다(대판 2014. 12. 24. 2010다69704).

3. 국유재산법상 변상금부과징수권과 부당이득반환청구의 관계

최근 대법원은 전원합의체 판결을 통해 「국유재산법」상 무단점유자에게 발하는 변상금부과처분과 무단점유자에 대한 국가 등의 부당이득반환청구는 법적 성질과 법률요건이 다르기 때문에 변상금부과처분을 발령할 수 있는 경우에도 국가 등은 부당이득반환청구소송을 제기할 수 있다고 판결하였다.

국유재산의 무단점유자에 대하여 변상금 부과·징수권의 행사와 별도로 민사상 부당이득반환청구의 소를 제기할 수 있는지 여부(적극)

[다수의견] 국유재산의 무단점유자에 대한 변상금 부과는 공권력을 가진 우월적 지위에서 행하는 행정처분이고, 그 부과처분에 의한 변상금 징수권은 공법상의 권리인 반면, 민사상 부당이득반환청구권은 국유재산의 소유자로서 가지는 사법상의 채권이다. 또한 변상금은 부당이득 산정의 기초가 되는 대부료나 사용료의 120%에 상당하는 금액으로서 부당이득금과 액수가 다르고, 이와 같이 할증된 금액의 변상금을 부과·징수하는 목적은 국유재산의 사용·수익으로 인한 이익의 환수를 넘어 국유재산의 효율적인 보존·관리라는 공익을 실현하는 데 있다. 그리고 대부 또는 사용·수익허가 없이 국유재산을 점유하거나 사용·수익하였지만 변상금 부과처분은 할 수 없는 때에도 민사상 부당이득반환청구권은 성립하는 경우가 있으므로, 변상금 부과·징수의 요건과 민사상 부당이득반환청구권의 성립 요건이 일치하는 것도 아니다. 이처럼 구 「국유재산법」 제51조 제1항, 제4항, 제5항에 의한 변상금 부과·징수권은 민사상 부당이득반환청구권과 법적 성질을 달리하므로, 국가는 무단점유자를 상대로 변상금 부과·징수권의 행사와

별도로 국유재산의 소유자로서 민사상 부당이득반환청구의 소를 제기할 수 있다. 그리고 이러한 법리는 구「국유재산법」제32조 제3항, 구 국유재산법 시행령 제33조 제2항에 의하여 국유재산 중 잡종재산(현행 국유재산법상의 일반재산에 해당한다)의 관리·처분에 관한 사무를 위탁받은 한국자산관리공사의 경우에도 마찬가지로 적용된다.

[대법관 민일영, 대법관 이인복, 대법관 박보영, 대법관 김신, 대법관 김소영의 반대의견] 행정주체가 효율적으로 권리를 행사·확보할 수 있도록 관련 법령에서 간이하고 경제적인 권리구제절차를 특별히 마련해 놓고 있는 경우에는, 행정주체로서는 그러한 절차에 의해서만 권리를 실현할 수 있고 그와 별도로 민사소송의 방법으로 권리를 행사하거나 권리의 만족을 구하는 것은 허용될 수 없다고 보아야 한다. 특히 국유재산 중 잡종재산에 관한 법률관계는 사경제주체로서 국가를 거래 당사자로 하는 것이어서 사법의 적용을 받음이 원칙임에도, 구「국유재산법」제51조는 잡종재산의 무단점유자에 대해서까지 대부료의 120%에 상당하는 중한 변상금을 부과하고,「국세징수법」의 체납처분에 관한 규정을 준용하여 이를 강제징수할 수 있도록 함으로써 특별한 공법적 규율을 하고 있다. 나아가 구「국유재산법」제51조 제1항에 의하여 국유재산의 무단점유자에게 변상금을 부과하는 것은 행정주체의 재량이 허용되지 않는 기속행위로서, 행정주체의 선택에 의하여 부과 여부가 결정될 수 있는 성질의 것도 아니다. 따라서 국유재산의 무단점유와 관련하여 구「국유재산법」제51조에 의한 변상금 부과·징수가 가능한 경우에는 변상금 부과·징수의 방법에 의해서만 국유재산의 무단점유·사용으로 인한 이익을 환수할 수 있으며, 그와 별도로 민사소송의 방법으로 부당이득반환청구를 하는 것을 허용하여서는 아니 된다(대판 2014. 7. 16. 2011다76402 전원합의체).

제 2 절 사인(私人)의 공법행위

Ⅰ. 의의와 종류

1. 의 의

사인의 공법행위란, 공법관계에서 사인이 행하는 행위로서, 공법적인 효과의 발생을 목적으로 사인이 국가 또는 지방자치단체 등 행정주체에 대하여 하는 일체의 행위를 말한다.

2. 종 류

사인의 공법행위는 법적 효과의 완성 여부에 따라 자체완성적 공법행위(자족적 공법행위)와 행정요건적 공법행위로 나뉜다.

Ⅱ. 사인의 공법행위에 대한 적용법규

1. 하자 있는 의사표시

사인의 공법행위상의 의사의 흠결과 관련하여 특별한 규정이 없으면, 민법의 규정이 준용되므로, 사기·강박·착오에 의한 행위는 원칙적으로 취소할 수 있는 것으로 본다. 다만, 대법원은 민법상의 진의 아닌 의사표시는 무효라는 법리는 그 성질상 사인의 공법행위에 적용되지 않는다고 판시하였다.

전역지원의 의사표시가 진의 아닌 의사표시라 하더라도 여군하사관 전역처분은 정당하다

전역지원의 의사표시가 진의 아닌 의사표시라 하더라도 그 무효에 관한 법리를 선언한 「민법」 제107조 제1항 단서의 규정은 그 성질상 사인의 공법행위에는 적용되지 않는다 할 것이므로 그 표시된 대로 유효한 것으로 보아야 한다(대판 1994. 1. 11. 93누10057).

일괄사표의 제출과 선별수리의 형식으로 이루어진 공무원에 대한 의원면직처분의 효력은 유효하다

전두환 등에 의해 1980년 공직자숙정계획의 일환으로 일괄사표의 제출과 선별수리의 형식으로 공무원에 대한 의원면직처분이 이루어졌다 하더라도 사직원 제출행위가 강압에 의하여 의사결정의 자유를 박탈당한 상태에서 이루어진 것이라고 할 수는 없고, 공무원들이 임용권자 앞으로 일괄 사직원을 제출한 경우 그 사직원의 제출은 제출 당시 임용권자에 의하여 수리 또는 반려 중 어느 하나의 방법으로 처리되리라는 예측이 가능한 상태에서 이루어진 것으로서, 그 사직원에 따른 의원면직은 그 의사에 반하지 아니하고, 비록 사직원 제출자의 내심의 의사가 사직할 뜻이 아니었다 하더라도 그 의사가 외부에 객관적으로 표시된 이상 그 의사는 표시된 대로 효력을 발하는 것이며, 「민법」 제107조 제1항 단서의 비진의 의사표시의 무효에 관한 규정은 그 성질상 사인의 공법행위에 적용되지 아니하므로 사직원을 받아들여 의원면직처분한 것을 당연무효라고 할 수 없다(대판 2001. 8. 24. 99두9971).

공무원의 사직서 제출이 강박에 의한 경우, 강박의 정도에 따라 무효 또는 민법 제110조의 취소사유로 보아야 한다는 사례

[1] 공무원이 사직의 의사표시를 하여 의원면직처분을 하는 경우 그 사직의 의사표시는 그 법률관계의 특수성에 비추어 외부적·객관적으로 표시된 바를 존중하여야 할 것이므로, 비록 사직원제출자의 내심의 의사가 사직할 뜻이 아니었다고 하더라도 진의 아닌 의사표시에 관한 「민법」 제107조는 그 성질상 사직의 의사표시와 같은 사인의 공법행위에는 준용되지 아니하므로 그 의사가 외부에 표시된 이상 그 의사는 표시된 대로 효력을 발한다.

[2] 사직서의 제출이 감사기관이나 상급관청 등의 강박에 의한 경우에는 그 정도가 의사결정의 자유를 박탈할 정도에 이른 것이라면 그 의사표시가 무효로 될 것이고 그렇지 않고 의사결정의 자유를 제한하는 정도에 그친 경우라면 그 성질에 반하지 아니하는 한 의사표시에 관한 「민법」 제110조의 규정을 준용하여 그 효력을 따져보아야 할 것이나, 감사담당 직원이 당해 공무원에 대한 비리를 조사하는 과정에서 사직하지 아니하면 징계파면이 될 것이고 또한 그렇게 되면 퇴직금 지급상의 불이익을 당하게 될 것이라는 등의 강경한 태도를 취하였다고 할지라도 그 취지가 단지 비리에 따른 객관적 상황을 고지하면서 사직을 권고·종용한 것에 지나지 않고 위 공무원이 그 비리로 인하여 징계파면이 될 경우 퇴직금 지급상의 불이익을 당하게 될 것 등 여러 사정을 고려하여 사직서를 제출한 경우라면 그 의사결정이 의원면직처분의 효력에 영향을 미칠 하자가 있었다고는 볼 수 없다(대판 1997. 12. 12. 97누13962).

2. 철회 및 보정

사인의 공법행위에 대한 철회 및 보정의 시기

사인의 공법상 행위는 명문으로 금지되거나 성질상 불가능한 경우가 아닌 한 그에 의거한 행정행위가 행하여질 때까지는 자유로이 철회나 보정이 가능하다(대판 2001. 6. 15. 99두5566).

Ⅲ. 사인의 공법행위로서 신고

1. 신고의 의의

신고란 사인이 행정청에 대하여 일정한 사실 또는 관념을 통고에 의하여 공법적 효과를 발생하는 행위를 말한다.

2. 신고의 종류

사인의 공법행위로서의 신고는 다시 신고의 효력발생에 행정청의 수리를 요하는지에 따라 수리를 요하지 않는 신고와 수리를 요하는 신고로 나눌 수 있다.

(1) 수리를 요하지 않는 신고

① 체육시설의 설치·이용에 관한 법률에 의한 변경신고

「체육시설의 설치·이용에 관한 법률」 제18조에 의한 변경신고[체육시설(골프장)의 이용요금변경신고]는 그 신고 자체가 위법하거나 그 신고에 무효사유가 없는 한 이것이 도지사에게 제출하여 접수된 때에 신고가 있었다고 볼 것이고, 도지사의 수리행위가 있어야만 신고가 있었다고 볼 것은 아니다(대판 1993. 7. 6. 93마635).

② 체육시설의 설치·이용에 관한 법률상의 신고체육시설업에 있어서 신고

「체육시설의 설치·이용에 관한 법률」 및 같은 법 시행규칙의 각 규정에 의하면, 체육시설업은 등록체육시설업과 신고체육시설업으로 나누어지고, 당구장업과 같은 신고체육시설업을 하고자 하는 자는 체육시설업의 종류별로 같은 법 시행규칙이 정하는 해당 시설을 갖추어 소정의 양식에 따라 신고서를 제출하는 방식으로 시·도지사(현재는 시·군·구청장)에게 신고하도록 규정하고 있으므로, 소정의 시설을 갖추지 못한 체육시설업의 신고는 부적법한 것으로 그 수리가 거부될 수밖에 없고 그러한 상태에서 신고체육시설업의 영업행위를 계속하는 것은 무신고영업행위에 해당할 것이지만, 이에 반하여 적법한 요건을 갖춘 신고의 경우에는 행정청의 수리처분 등 별단의 조처를 기다릴 필요 없이 그 접수시에 신고로서의 효력이 발생하는 것이므로 그 수리가 거부되었다고 하여 무신고영업이 되는 것은 아니다(대판 1998. 4. 24. 97도3121).

③ 차고증축신고

차고의 증축은 구 「건축법」 제9조 제1항에 규정된 신고사항에 해당하여 건축주인 참가인이 건축법에 의한 신고를 한 이상 참가인은 피고의 수리 여부에 관계없이 이 사건 토지상에 차고를 증축할 수 있으므로, 피고가 참가인의 증축신고를 수리한 행위가 참가인은 물론, 제3자인 원고 등의 구체적인 권리·의무에 직접 변동을 초래하는 행정처분이라고 할 수 없다. 구 「건축법」 제9조 제1항에 의하여 신고를 함으로써 건축허가를 받은 것으로 간주되는 경우에는 적법한 요건을 갖춘 신고만 하면 행정청의 수리행위 등 별다른 조치를 기다릴 필요 없이 건축을 할 수 있는 것이다(대판 1999. 10. 22. 98두18435).

④ **신고대상인 건축행위를 하고자 할 경우, 적법한 요건을 갖춘 신고를 받은 행정청이 관계 법령상의 사유 이외의 사유를 들어 수리를 거부할 수 없다**

「주택건설촉진법」 제38조 제2항 단서, 공동주택관리령 제6조 제1항 및 제2항, 공동주택관리규칙 제4조 및 제4조의2의 각 규정들에 의하면, 공동주택 및 부대시설·복리시설의 소유자·입주자·사용자 및 관리주체가 건설부령이 정하는 경미한 사항으로서 신고대상인 건축물의 건축행위를 하고자 할 경우에는 그 관계 법령에 정해진 적법한 요건을 갖춘 신고만을 하면 그와 같은 건축행위를 할 수 있고, 행정청의 수리처분 등 별단의 조처를 기다릴 필요가 없다고 할 것이며, 또한 이와 같은 신고를 받은 행정청으로서는 그 신고가 같은 법 및 그 시행령 등 관계 법령에 신고만으로 건축할 수 있는 경우에 해당하는 여부 및 그 구비서류 등이 갖추어져 있는지 여부 등을 심사하여 그것이 법 규정에 부합하는 이상 이를 수리하여야 하고, 같은 법 규정에 정하지 아니한 사유를 심사하여 이를 이유로 신고수리를 거부할 수는 없다(대판 1999. 4. 27. 97누6780).

⑤ **원격평생교육신고**

구 「평생교육법」 제22조 제1항, 제2항, 제3항, 구 평생교육법 시행령 제27조 제1항, 제2항, 제3항에 의하면, 정보통신매체를 이용하여 학습비를 받지 아니하고 원격평생교육을 실시하고자 하는 경우에는 누구든지 아무런 신고 없이 자유롭게 이를 할 수 있고, 다만 위와 같은 교육을 불특정 다수인에게 학습비를 받고 실시하는 경우에는 이를 신고하여야 하나, 법 제22조가 신고를 요하는 제2항과 신고를 요하지 않는 제1항에서 '학습비' 수수 외에 교육 대상이나 방법 등 다른 요건을 달리 규정하고 있지 않을 뿐 아니라 제2항에서도 학습비 금액이나 수령 등에 관하여 아무런 제한을 하고 있지 않은 점에 비추어 볼 때, 행정청으로서는 신고서 기재사항에 흠결이 없고 정해진 서류가 구비된 때에는 이를 수리하여야 하고, 이러한 형식적 요건을 모두 갖추었음에도 신고대상이 된 교육이나 학습이 공익적 기준에 적합하지 않는다는 등 실체적 사유를 들어 신고 수리를 거부할 수는 없다(대판 2011. 7. 28. 2005두11784).[2]

⑥ 수리를 요하지 않는 신고의 효력발생시기는 신고서 제출시이다

행정관청에 대한 신고는 일정한 법률사실 또는 법률관계에 관하여 관계 행정관청에 일방적인 통고를 하는 것을 뜻하는 것으로 법령에 별도의 규정이 있거나 다른 특별한 사정이 없는 한 행정관청에 대한 통고로써 그치는 것이고, 그에 대한 행정관청의 반사적 결정을 기다릴 필요가 없는 것인바, 구 「수산업법」, 구 수산업법 시행령, 구 수산제조업의 허가등에 관한 규칙의 각 규정에도 수산제조업의 신고를 하고자 하는 자는 그 규칙에서 정한 양식에 따른 수산제조업 신고서에 주요 기기의 명칭·수량 및 능력에 관한 서류, 제조공정에 관한 서류를 첨부하여 시장·군수·구청장에게 제출하면 되고, 시장·군수·구청장에게 수산제조업 신고에 대한 실질적인 검토를 허용하고 있다고 볼 만한 규정을 두고 있지 아니하고 있으므로, 수산제조업의 신고를 하고자 하는 자가 그 신고서를 구비서류까지 첨부하여 제출한 경우 시장·군수·구청장으로서는 형식적 요건에 하자가 없는 한 수리하여야 할 것이고, 나아가 관할 관청에 신고업의 신고서가 제출되었다면 담당공무원이 법령에 규정되지 아니한 다른 사유를 들어 그 신고를 수리하지 아니하고 반려하였다고 하더라도, 그 신고서가 제출된 때에 신고가 있었다고 볼 것이다(대판 1999. 12. 24. 98다57419, 57426).

(2) 수리를 요하는 신고

① 어업신고

「수산업법」 제44조 소정의 어업의 신고는 행정청의 수리에 의하여 비로소 그 효과가 발생하는 이른바 '수리를 요하는 신고'라고 할 것이다(대판 2000. 5. 26. 99다37382).

② 액화석유가스의 안전 및 사업관리법 제7조 제2항에 의한 사업양수에 의한 지위승계신고

「액화석유가스의 안전 및 사업관리법」 제7조 제2항에 의한 사업양수에 의한 지위승계신고를 수리하는 허가관청의 행위는 단순히 양도자와 양수자 사이에 발생한 사법상의 사업양도의 법률효과에 의하여 양수자가 사업을 승계하였다는 사실의 신

2 대법원은 수리를 요하지 않는 신고에 대한 반려의 처분성을 인정하고, 형식적 요건이 아닌 실질적 사유를 들어 거부한 것은 위법하다고 판시하였다.

고를 접수하는 행위에 그치는 것이 아니라, 실질에 있어서 양도자의 사업허가를 취소함과 아울러 양수자에게 적법히 사업을 할 수 있는 법규상 권리를 설정하여 주는 행위로서 사업허가자의 변경이라는 법률효과를 발생시키는 행위이므로 허가관청이 법 제7조 제2항에 의한 사업양수에 의한 지위승계신고를 수리하는 행위는 행정처분에 해당한다(대판 1993. 6. 8. 91누11544).

③ **식품위생법 제25조 제3항에 의한 영업양도에 따른 지위승계신고**

「식품위생법」 제25조 제3항에 의한 영업양도에 따른 지위승계신고를 수리하는 허가관청의 행위는 단순히 영업을 승계하였다는 사실의 신고를 접수하는 행위에 그치는 것이 아니라, 영업허가자의 변경이라는 법률효과를 발생시키는 행위라고 할 것이다(대판 1995. 2. 24. 94누9146).

④ **건축주명의변경신고 수리거부행위는 취소소송의 대상이 되는 처분이다**

허가대상 건축물의 양수인이 위 규칙에 규정되어 있는 형식적 요건을 갖추어 시장·군수에게 적법하게 건축주의 명의변경을 신고한 때에는 시장·군수는 그 신고를 수리하여야지 실체적인 이유를 내세워 그 신고의 수리를 거부할 수는 없다. 건축주명의변경신고 수리거부행위는 양수인의 권리·의무에 직접 영향을 미치는 것으로서 취소소송의 대상이 되는 처분이라고 하지 않을 수 없다(대판 1992. 3. 31. 91누4911).

⑤ **사회단체등록은 수리를 요하는 신고에 해당한다는 전원합의체 판결의 보충의견**

구 「사회단체등록에 관한 법률」에 의한 등록신청의 법적 성질은 사인의 공법행위로서의 신고이고 등록은 당해 신고를 수리하는 것을 의미하는 준법률행위적 행정행위라 할 것이나 법 제4조 제1항의 형식요건의 불비가 없는데도 불구하고 등록의 거부처분을 당한 신고인은 우선 법 제10조 소정의 행정벌의 제재를 벗어나기 위하여 또한 법의 정당한 적용을 청구하는 의미에서도 위와 같은 거부처분에 대한 취소청구를 할 이익이 있는 것이다(대판 1989. 12. 26. 87누308 전원합의체).

⑥ **유료노인복지주택의 설치신고를 받은 행정관청은 그 수리 여부를 결정할 수 있다**

구 「노인복지법」의 목적과 노인주거복지시설의 설치에 관한 법령의 각 규정들 및 노인복지시설에 대하여 각종 보조와 혜택이 주어지는 점 등을 종합하여 보면, 노인복지시설을 건축한다는 이유로 건축부지 취득에 관한 조세를 감면받고 일반 공동주택에 비하여 완화된 부대시설 설치기준을 적용받아 건축허가를 받은 자로서는 당연히 그 노인복지시설에 관한 설치신고 당시에도 당해 시설이 노인복지시설로 운영될 수 있도록 조치하여야 할 의무가 있고, 따라서 같은 법 제33조 제2항에 의한 유료노인복지주택의 설치신고를 받은 행정관청으로서는 그 유료노인복지주택의 시설 및 운영기준이 위 법령에 부합하는지와 아울러 그 유료노인복지주택이 적법한 입소대상자에게 분양되었는지와 설치신고 당시 부적격자들이 입소하고 있지는 않은지 여부까지 심사하여 그 신고의 수리 여부를 결정할 수 있다(대판 2007. 1. 11. 2006두14537).

⑦ **주민등록전입신고**

주민등록은 단순히 주민의 거주관계를 파악하고 인구의 동태를 명확히 하는 것 외에도 주민등록에 따라 공법관계상의 여러 가지 법률상 효과가 나타나게 되는 것으로서, 주민등록의 신고는 행정청에 도달하기만 하면 신고로서의 효력이 발생하는 것이 아니라 행정청이 수리한 경우에 비로소 신고의 효력이 발생한다. 따라서 주민등록 신고서를 행정청에 제출하였다가 행정청이 이를 수리하기 전에 신고서의 내용을 수정하여 위와 같이 수정된 전입신고서가 수리되었다면 수정된 사항에 따라서 주민등록 신고가 이루어진 것으로 보는 것이 타당하다(대판 2009. 1. 30. 2006다17850).

⑧ **납골당설치 신고**

구 「장사 등에 관한 법률」 제14조 제1항, 구 장사 등에 관한 법률 시행규칙 제7조 제1항 [별지 제7호 서식]을 종합하면, 납골당설치 신고는 이른바 '수리를 요하는 신고'라 할 것이므로, 납골당설치 신고가 구 장사법 관련 규정의 모든 요건에 맞는 신고라 하더라도 신고인은 곧바로 납골당을 설치할 수는 없고, 이에 대한 행정청의 수리처분이 있어야만 신고한 대로 납골당을 설치할 수 있다. 한편 수리란 신고를 유효한 것으로 판단하고 법령에 의하여 처리할 의사로 이를 수령하는 수동적 행위이므로 수리행위에 신고필증 교부 등 행위가 꼭 필요한 것은 아니다(대판 2011. 9. 8. 2009두6766).

(3) 건축신고거부의 처분성

① 건축신고는 수리를 요하지 않는 신고에 해당하므로 신고의 거부는 항고소송의 대상인 처분이 아니다. 종래 판례는 사인의 공법행위로서 신고를 수리를 요하는 신고와 수리를 요하지 않는 신고로 나누고 전자에서 수리는 항고소송의 대상인 처분이지만, 수리를 요하지 않는 신고에서 신고의 거부는 항고소송의 대상인 처분이 아니라고 보았다. 즉, 건축신고는 수리를 요하지 않는 신고로 보았다.

② 최근 건축신고거부 및 착공신고거부를 항고소송의 대상인 처분으로 보았다. 다만, 건축신고거부 및 착공신고거부의 처분성만을 긍정하였을 뿐 건축신고 및 착공신고가 수리를 요하는 신고인지 여부에 대해서는 명시적으로 판단하지 않았다.

자기완결적 신고의 성격을 갖는 건축신고의 반려행위에 대하여 처분성을 긍정한 전원합의체 판결[3]

구 「건축법」 관련 규정의 내용 및 취지에 의하면, 행정청은 건축신고로써 건축허가가 의제되는 건축물의 경우에도 그 신고 없이 건축이 개시될 경우 건축주 등에 대하여 공사 중지·철거·사용금지 등의 시정명령을 할 수 있고(제69조 제1항), 그 시정명령을 받고 이행하지 않은 건축물에 대하여는 당해 건축물을 사용하여 행할 다른 법령에 의한 영업 기타 행위의 허가를 하지 않도록 요청할 수 있으며(제69조 제2항), 그 요청을 받은 자는 특별한 이유가 없는 한 이에 응하여야 하고(제69조 제3항), 나아가 행정청은 그 시정명령의 이행을 하지 아니한 건축주 등에 대하여는 이행강제금을 부과할 수 있으며(제69조의2 제1항 제1호), 또한 건축신고를 하지 않은 자는 200만원 이하의 벌금에 처해질 수 있다(제80조 제1호, 제9조). 이와 같이 건축주 등은 신고제하에서도 건축신고가 반려될 경우 당해 건축물의 건축을 개시하면 시정명령, 이행강제금, 벌금의 대상이 되거나 당해 건축물을 사용하여 행할 행위의 허가가 거부될 우려가 있어 불안정한 지위에 놓이게 된다. 따라서 건축신고 반려행위가 이루어진 단계에서 당사자로 하여금 반려행위의 적법성을 다투어 그 법적 불안을 해소한 다음 건축행위에 나아가도록 함으로써 장차 있을지도 모르는 위험에서 미리 벗어날 수 있도록 길을 열어 주고, 위법한 건축물의 양산과 그 철거를 둘러싼 분쟁을 조기에 근본적으로 해결할 수 있게 하는 것이 법치행정의 원리에 부합한다. 그러므로 건축신고 반려행위는 항고소송의 대상이 된다고 보는 것이 옳다(대판 2010. 11. 18. 2008두167 전원합의체).

건축신고는 수리를 요하지 않는 자기완결적 신고이고, 이에 대한 수리는 처분이 아니라는 점은 변함이 없지만, 본 판결에서 건축신고에 대한 반려행위(수리거부)에 대하여만은 행정청에서 의도적으로 접수를 거부하거나 반려하는 경우에는 일정한 경우에 당사자의 법적 지위를 불안정하게 하고 당사자의 권익침해가 발생하는 경우가 있을 수 있어, 당사자의 권익구제차원에서 수리(접수)거부의 처분성을 인정하는 것이 필요하다(김용섭, 대법원 1998.

3 본 판결에 대해 "코페르니쿠스적 전환"으로 평하기도 한다(김중권, 법률신문 2010. 12. 6. 참조).

4. 24.선고, 97도3121 판결평석)는 학계의 주장을 받아들인 것으로 보인다.

행정청의 착공신고 반려행위도 항고소송의 대상이 된다
건축주 등으로서는 착공신고가 반려될 경우, 당해 건축물의 착공을 개시하면 시정명령, 이행강제금, 벌금의 대상이 되거나 당해 건축물을 사용하여 행할 행위의 허가가 거부될 우려가 있어 불안정한 지위에 놓이게 된다. 따라서 착공신고 반려행위가 이루어진 단계에서 당사자로 하여금 반려행위의 적법성을 다투어 법적 불안을 해소한 다음 건축행위에 나아가도록 함으로써 장차 있을지도 모르는 위험에서 미리 벗어날 수 있도록 길을 열어 주고, 위법한 건축물의 양산과 철거를 둘러싼 분쟁을 조기에 근본적으로 해결할 수 있게 하는 것이 법치행정의 원리에 부합한다. 그러므로 행정청의 착공신고 반려행위는 항고소송의 대상이 된다고 보는 것이 옳다(대판 2011. 6. 10. 2010두7321).

③ 인·허가의제 효과를 수반하는 건축신고에 대해 수리를 요하는 신고로 보았다.

인·허가의제 효과를 수반하는 건축신고는 행정청이 그 실체적 요건에 관한 심사를 한 후 수리하여야 하는 이른바 수리를 요하는 신고이다
「건축법」에서 인·허가의제 제도를 둔 취지는, 인·허가의제사항과 관련하여 건축허가 또는 건축신고의 관할 행정청으로 그 창구를 단일화하고 절차를 간소화하며 비용과 시간을 절감함으로써 국민의 권익을 보호하려는 것이지, 인·허가의제사항 관련 법률에 따른 각각의 인·허가 요건에 관한 일체의 심사를 배제하려는 것으로 보기는 어렵다. 왜냐하면, 「건축법」과 인·허가의제사항 관련 법률은 각기 고유한 목적이 있고, 건축신고와 인·허가의제사항도 각각 별개의 제도적 취지가 있으며 그 요건 또한 달리하기 때문이다. 나아가 인·허가의제사항 관련 법률에 규정된 요건 중 상당수는 공익에 관한 것으로서 행정청의 전문적이고 종합적인 심사가 요구되는데, 만약 건축신고만으로 인·허가의제사항에 관한 일체의 요건 심사가 배제된다고 한다면, 중대한 공익상의 침해나 이해관계인의 피해를 야기하고 관련 법률에서 인·허가 제도를 통하여 사인의 행위를 사전에 감독하고자 하는 규율체계 전반을 무너뜨릴 우려가 있다. 또한 무엇보다도 건축신고를 하려는 자는 인·허가의제사항 관련 법령에서 제출하도록 의무화하고 있는 신청서와 구비서류를 제출하여야 하는데, 이는 건축신고를 수리하는 행정청으로 하여금 인·허가의제사항 관련 법률에 규정된 요건에 관하여도 심사를 하도록 하기 위한 것으로 볼 수밖에 없다. 따라서 인·허가의제 효과를 수반하는 건축신고는 일반적인 건축신고와는 달리, 특별한 사정이 없는 한 행정청이 그 실체적 요건에 관한 심사를 한 후 수리하여야 하는 이른바 '수리를 요하는 신고'로 보는 것이 옳다(대판 2011. 1. 20. 2010두14954 전원합의체).

본 전원합의체판결에 대한 비판으로, 근본적인 원인이 인·허가의 제조항에 형질변경허가를 포함시킨 입법권자의 무책임에 있는 것인데, 대법원 판례가 자칫 수리를 요하는 신고를 포함한 사인의 공법행위로서 신고의 법리에 대한 심층적인 뒷받침 없이 과도하게 일반화되어 신고라는 법형식을 무늬만 규제간소화일 뿐 사실상 허가와 다름 없는 규제개입을 가능케 해주는 수단으로 전락시킬 위험성이 있음을 경고하는 견해도 있다.

3. 신고필증

신고필증은 사인이 일정한 사실을 행정기관에 알렸다는 사실의 확인행위에 지나지 않는다

의료법 시행규칙 제22조 제3항에 의하면 의원개설신고서를 수리한 행정관청이 소정의 신고필증을 교부하도록 되어 있다 하여도 이는 신고사실의 확인행위로서 신고필증을 교부하도록 규정한 것에 불과하고 그와 같은 신고필증의 교부가 없다 하여 개설신고의 효력을 부정할 수 없다(대판 1985. 4. 23. 84도2953).

제 2 편

행정작용법

제 1 장 행정입법

<행정입법의 체계>

- 행정입법
  - 법규명령
    - 법률대위명령 (대통령의 긴급명령, 긴급재정·경제명령)
    - 법률종속명령
      - 위임명령 (위임 요, 새로운 사항 규율 ○)
      - 집행명령 (위임 요, 새로운 사항 규율 ×)
  - 행정규칙 — 훈령, 지시, 예규, 일일명령

제 1 절 법규명령

Ⅰ. 법규명령의 의의 및 성질

1. 법규명령의 의의

법규명령이란 법령상 수권에 근거하여 행정권이 정립하는 일반적·추상적 규범으로서 법규의 성질을 가지는 것을 말한다.

2. 법규명령의 법적 성질

시외버스운송사업의 사업계획변경 기준 등에 관한 구 여객자동차 운수사업법 시행규칙 제31조 제2항 제1호, 제2호, 제6호의 법적 성질(법규명령)
구 여객자동차 운수사업법 시행규칙 제31조 제2항 제1호, 제2호, 제6호는 구 「여객자동차 운수사업법」 제11조 제4항의 위임에 따라 시외버스운송사업의 사업계획변경에 관한 절차, 인가기준 등을 구체적으로 규정한 것으로서, 대외적인 구속력이 있는 법규명령이라고 할 것이고, 그것을 행정청 내부의 사무처리준칙을 규정한 행정규칙에 불과하다고 할 수는 없다(대판 2006. 6. 27. 2003두4355).

Ⅱ. 법규명령의 종류

법령의 위임이 없음에도 법령에 규정된 처분 요건에 해당하는 사항을 부령에서 변경하여 규정한 경우
법령에서 행정처분의 요건 중 일부 사항을 부령으로 정할 것을 위임한 데 따라 시행규칙 등 부령에서 이를 정한 경우에 그 부령의 규정은 국민에 대해서도 구속력이 있는 법규명령에 해당한다고 할 것이지만, 법령의 위임이 없음에도 법령에 규정된 처분 요건에 해당하는 사항을 부령에서 변경하여 규정한 경우에는 그 부령의 규정은 행정청 내부의 사무처리 기준 등을 정한 것으로서 행정조직 내에서 적용되는 행정명령의 성격을 지닐 뿐 국민에 대한 대외적 구속력은 없다고 보아야 한다(대판 2013. 9. 12. 2011두10584).

대통령령으로 규정할 사항을 부령으로 규정하면 그 부령은 무효이다
행정각부 장관은 그 담임한 직무에 관하여 직권 또는 특별한 위임에 의하여 부령을 발할 수 있다고 규정하고 있으므로 행정각부 장관이 부령으로 제정할 수 있는 범위는 법률 또는 대통령령이 위임한 사항이나 또는 법률 또는 대통령령을 실시하기 위하여 필요한 사항에 한정되므로 법률 또는 대통령령으로 규정할 사항은 부령으로 규정하였다고 하면 그 부령은 무효임을 면치 못한다(대판 1962. 1. 25. 4294민상9).

헌법이 인정하고 있는 법규명령 형식은 제한적인 것이 아니고 예시적인 것이다
오늘날 의회의 입법독점주의에서 입법중심주의로 전환하여 일정한 범위 내에서 행정입법을 허용하게 된 동기가 사회적 변화에 대응한 입법수요의 급증과 종래의 형식적 권력분립주의로는 현대사회에 대응할 수 없다는 기능적 권력분립론에 있다는 점 등을 감안하여 「헌법」 제40조와 「헌법」 제75조, 제95조의 의미를 살펴보면, 국회입법에 의한 수권이 입법기관이 아닌 행정기관에게 법률 등으로 구체적인 범위를 정하여 위임한 사항에 관하여는 당해 행정기관에게 법정립의 권한을 갖게 되고, 입법자가 규율의 형식도 선택할 수도 있다(헌재결 2004. 10. 28. 99헌바91).[1]

Ⅲ. 법규명령의 근거

1. 위임명령

위임입법에서 구체적이며 명확한 법률의 위임을 요하는 것은 국민의 기본권보장을 위한 것이다
위임입법이란 법률 또는 상위명령에서 구체적으로 범위를 정하여 위임받은 사항에 관하여 법규로서의 성질을 가지는 일반적·추상적 규범을 정립하는 것을 의미하는 것으로서 형식적 의미의 법률(국회입법)에는 속하지 않지만 실질적으로는 행정에 의한 입법으로서 법률과 같은 성질을 갖는 법규의 정립이기 때문에 권력분립주의 내지 법치주의 원리에 비추어 그 요건이 엄격할 수밖에 없으니 법규적 효력을 가지는 행정입법의 제정에는 반드시 구체적이며 명확한 법률의 위임을 요하는 것이다. 위임입법을 엄격한 헌법적 한계 내에 두는 이유는 무엇보다도 권력분립의 원칙에 따라 국민의 자유와 권리에 관계되는 사항은 국민의 대표기관인 의회가 정하는 것이 원칙이라는 법리에 기인한 것이다. 즉, 행정부에 의한 법규사항의 제정은 입법부의 권한 내지 의무를 침해하고 자의적인 시행령 제정으로 국민들의 자유와 권리를 침해할 수 있기 때문에, 엄격한 헌법적 기속을 받게 하는 것이다(헌재결 2001. 4. 26. 2000헌마122).

---

1 이러한 헌법재판소 결정에 의하면, 감사원규칙과 공정거래위원회규칙, 금융감독위원회규칙, 금융통화위원회규정, 방송통신위원회규칙, 중앙노동위원회규칙 등의 경우 위임입법의 한 형식으로서 법규명령의 성격을 갖는다(정하중).

법령의 위임관계는 이를 구체적으로 명시하고 있어야만 하는 것은 아니다

법령의 위임관계는 반드시 하위 법령의 개별 조항에서 위임의 근거가 되는 상위 법령의 해당 조항을 구체적으로 명시하고 있어야만 하는 것은 아니라고 할 것이다(대판 1999. 12. 24. 99두5658).

대법원은 예시적 위임을 인정한 바 있다

「토지수용법」 제51조, 「공공용지의 취득 및 손실보상에 관한 특례법」 제4조 제5항 등의 규정취지에 비추어 볼 때, 「토지수용법」 제57조의2에 의하여 준용되는 위 「특례법」 제4조 제5항에 열거하여, 건설부령으로 평가방법 보상액 산정방법 및 기준 등을 정할 수 있도록 위임한 항목들은 제한적 한정적인 것이 아니라 예시적인 것에 불과하여 거기에 열거되지 아니한 손실에 대하여도 보상액 산정방법과 기준 등을 상위법규에 위반되지 아니한 이상 건설부령으로 정할 수 있다(대판 1994. 1. 28. 93누17218).

2. 집행명령

구 사법시험령

구 사법시험령은 「법원조직법」, 「검찰청법」, 「변호사법」 등에서 정한 바에 따라 판사, 검사로 임용되거나 변호사 자격을 부여하기 위한 전제로써 사법연수원에 입소할 자를 선발하기 위한 사법시험의 시행에 대한 구체적인 방법과 절차에 대하여 규정하고 있을 뿐이다. 결국, 변호사의 자격과 판사, 검사 등의 임용의 전제가 되는 '사법시험의 합격'이라는 직업선택의 자유와 공무담임권의 기본적인 제한요건은 국회에서 제정한 법률인 「변호사법」, 「법원조직법」, 「검찰청법」 등에서 규정되어 있는 것이고, 사법시험령은 단지 위 법률들이 규정한 사법시험의 시행과 절차 등에 관한 세부사항을 구체화하고 국가공무원법상 사법연수생이라는 별정직 공무원의 임용절차를 집행하기 위한 집행명령의 일종이라고 할 것이다(대판 2007. 1. 11. 2004두10432).

집행명령의 무효 여부 판단

지방공무원 징계 및 소청규정 제14조, 제1조의3 제1항 제1호는 「지방공무원법」 제62조 제2항 본문의 의견을 듣는 절차에 관하여 임용권자가 시·군·구의 5급 이상 공무원을 직권면직시킬 경우 시·도인사위원회의 의견을 듣도록 규정하고 있는바, 같은 법이 직권면직절차에 관하여 위임에 관한 아무런 규정을 두지 아니하였다고 하더라도 대통령령은 직권면직에 관한 같은 법의 규정을 집행하기 위하여 필요한 사항에 관하여 규정할 수 있고, 지방공무원 징계 및 소청규정이 위와 같이 시·군·구의 5급 이상의 공무원에 대한 직권면직에 관하여 시·도인사위원회의 의견을 듣도록 함으로써 그 대상자인 공무원에게 유리하게 엄격한 절차를 규정하고 있는 것은 직권면직처분의 객관성과 공정성을 확보함으로써 공무원의 정치적 중립성의 보장과 신분보장이라는 헌법상의 이념을 구현하려는 데 그 입법 취지가 있는 것이며, 시·도인사위원회의 의견이 임용권자인 기초자치단체장에 대하여 기속력이 있는 것이 아니라는 점에서 그 인사권을 침해하지도 않으므로 위 지방공무원 징계 및 소청규정을 무효라고 할 수 없다(대판 2006. 10. 27. 2004두12261).

Ⅳ. 법규명령의 한계

1. 일반적·포괄적 위임의 금지

(1) 의 의

「헌법」 제75조는 "대통령은 법률에서 구체적으로 범위를 정하여 위임받은 사항에 관하여 대통령령을 발할 수 있다"고 규정하여 위임입법의 헌법상 근거를 마련함과 동시에 위임은 구체적으로 범위를 정하여 하도록 하여 그 한계를 제시하고 있다. 이는 행정부에 입법을 위임하는 수권법률의 명확성원칙에 관한 것으로서 법률의 명확성원칙이 행정입법에 관하여 구체화된 특별규정이다(헌재결 2007. 4. 26. 2004헌가29; 대판 2007. 10. 26. 2007두9884).

(2) 헌법 제75조의 '구체적으로 범위를 정하여'의 의미

① 「헌법」은 제75조에서 "대통령은 법률에서 구체적으로 범위를 정하여 위임받은 사항 …에 관하여 대통령령을 발할 수 있다"고 규정함으로써 위임입법의 근거를 마련함과 동시에, 입법상 위임은 '구체적으로 범위를 정하여' 하도록 함으로써 그 한계를 제시하고 있다. 즉, 「헌법」 제75조는 법률이 대통령령에 입법사항의 규정을 위임할 경우에는 법률에 미리 대통령령으로 규정될 내용 및 범위의 기본사항을 구체적으로 규정하여 둠으로써 행정권에 의한 자의적인 법률의 해석과 집행을 방지하고 의회입법과 법치주의의 원칙을 달성하고자 하는 것이다(헌재결 2013. 10. 24. 2012헌바368).

② 「헌법」 제75조의 규정상 대통령령으로 정할 사항에 관한 법률의 위임은 구체적으로 범위를 정하여 이루어져야 하고, 이때 구체적으로 범위를 정한다고 함은 위임의 목적·내용·범위와 그 위임에 따른 행정입법에서 준수하여야 할 목표·기준 등의 요소가 미리 규정되어 있는 것을 가리킨다(대판 2000. 10. 19. 98두6265 전원합의체).

③ 여기서 구체적이라는 것은 일반적·추상적이어서는 안 된다는 것을, 범위를 정한다는 것은 포괄적·전면적이어서는 아니 된다는 것을 각각 의미한다(대판 1995. 12. 8. 95카기16).

④ 법률의 위임은 반드시 구체적이고 개별적으로 한정된 사항에 대하여 행해져야 한다. 일반적이고 포괄적인 위임을 한다면 이는 사실상 입법권을 백지위임하는 것이나 다름없어 의회입법의 원칙이나 법치주의를 부인하는 것이 되고, 행정권의 부당한 자의와 기본권 행사에 대한 무제한적 침해를 초래할 위험이 있기 때문이다(헌재결 2013. 6. 27. 2012헌마386; 헌재결 1991. 7. 8. 91헌가4).

⑤ 위임명령은 법률이나 상위 명령에서 구체적으로 범위를 정한 개별적인 위임이 있을 때에 가능하고, 여기에서 구체적인 위임의 범위는 규제하고자 하는 대상의 종류와 성격에 따라 달라지는 것이어서 일률적 기준을 정할 수는 없지만, 적어도 위임명령에 규정될 내용 및 범위의 기본사항이 구체적으로 규정되어 있어서 누구라도 당해 법률로부터 위임명령에 규정될 내용의 대강을 예측할 수 있어야 하나, 이 경우 그 예측가능성의 유무는 당해 위임조항 하나만을 가지고 판단할 것이 아니라 그 위임조항이 속한 법률의 전반적인 체계와 취지·목적, 당해 위임조항의 규정형식과 내용 및 관련 법규를 유기적·체계적으로 종합 판단하여야 하며, 나아가 각 규제 대상의 성질에 따라 구체적·개별적으로 검토함을 요한다(대판 2004. 7. 22. 2003두7606; 대판 2006. 2. 24. 2005두2322).

(3) 위임이 있는지 여부의 판단

① 이러한 위임이 있는지 여부를 판단함에 있어서는 직접적인 위임규정의 형식과 내용 외에 당해 법률의 전반적인 체계와 취지·목적 등도 아울러 고려하여야 하고, 규율 대상의 종류와 성격에 따라서는 요구되는 구체성의 정도 또한 달라질 수 있다(대판 2000. 10. 19. 98두6265 전원합의체).

② 위임 여부를 판단함에 있어서는 당해 위임의 근거조항만을 고려할 것이 아니라 위

임명령에 규정될 내용 범위 등 기본사항이 구체적으로 규정되어 있어서 누구라도 당해 법률로부터 위임명령에 규정될 내용의 대강을 예측할 수 있어야 한다(헌재결 2002. 6. 27. 2000헌가10).

③ 위임조항에서 위임의 구체적 범위를 명확히 규정하고 있지 않다고 하더라도 당해 법률의 전반적 체계와 관련규정에 비추어 위임조항의 내재적인 위임의 범위나 한계를 객관적으로 분명히 확정할 수 있다면 이를 일반적이고 포괄적인 백지위임에 해당하는 것으로 볼 수 없다(헌재결 1997. 12. 24. 95헌마390).

(4) 포괄적 위임인지의 여부

① 조세법률주의의 원칙상 과세요건은 엄격히 해석되어야 하고 일반적·포괄적인 위임입법은 금지되나, 법률규정 자체에 위임의 구체적 범위를 명확히 규정하고 있지 아니하여 외형상으로는 일반적·포괄적으로 위임한 것처럼 보이더라도, 그 법률의 전반적인 체계와 취지, 목적, 당해 조항의 규정 형식과 내용 및 관련 법규를 살펴 이에 대한 해석을 통하여 그 내재적인 위임의 범위나 한계를 객관적으로 분명히 확정될 수 있는 것이라면 이를 일반적·포괄적인 위임에 해당하는 것으로 볼 수는 없다(대판 1996. 3. 21. 95누3640).

② 구 지방세법 시행규칙 제40조의5가 참작의 대상이 되는 건물의 특수부대설비를 구체적으로 구분하여 규정하고 있지 않고, 또 가감산율의 크기나 참작의 정도에 관하여도 아무런 규정을 두고 있지 않다고 하더라도, 이는 재산의 가액에 영향을 미치는 특수부대설비의 다양한 요소를 법령에 일의적으로 구분하여 규정하는 것이 입법기술상으로 바람직하지 않기 때문에 이를 포괄적으로 행정청의 재량에 맡기고 있는 것이라고 할 것이고, 일반적, 추상적, 개괄적인 규정이라 할지라도 법보충 작용으로서의 해석을 통하여 그 의미가 구체화·명확화될 수 있다면 그 규정이 명확성을 결여하여 과세요건명확주의에 반하는 것으로 볼 수는 없다(대판 2001. 4. 27. 2000두9076).

③ 업무정지기간은 국민의 직업의 자유와 관련된 중요한 사항으로서 업무정지의 사유 못지않게 업무정지처분의 핵심적·본질적 요소라 할 것이고, 비록 입법부가 복잡·다기한 행정영역에서 발생하는 상황의 변화에 따른 적절한 대처에 필요한 기술적·전문적 능력에 한계가 있어서 그 구체적 기준을 하위법령에 위임할 수밖에 없다 하

더라도 최소한 그 상한만은 법률의 형식으로 이를 명확하게 규정하여야 할 것인데, 이 사건 법률조항은 업무정지기간의 범위에 관하여 아무런 규정을 두고 있지 아니하고, 나아가 의료기기법의 다른 규정이나 다른 관련 법률을 유기적·체계적으로 종합하여 보더라도 보건복지가족부령에 규정될 업무정지기간의 범위, 특히 상한이 어떠할지를 예측할 수 없으므로 「헌법」 제75조의 포괄위임금지원칙에 위배된다(헌재결 2011. 9. 29. 2010헌가93).

④ 직장보육지원을 하여야 하는 사업장의 규모를 결정하기 위하여는 업계의 현황, 직장보육 수요 등 사회경제적 상황 등을 면밀히 조사·분석하고 수시로 변화하는 상황에 응하여 대처할 필요가 있다 할 것이므로 위임의 필요성이 인정되며, 여기서 '일정규모'는 근로자 수, 자산규모, 총임금, 제조수량이나 면적, 매출액 등을 고려하여 직장보육지원을 감당할 수 있는 재정적 능력이 있으며, 어느 정도 보육수요가 있고 중소기업을 넘어서는 규모의 사업장으로 파악할 수 있다고 할 것이므로 이 사건 직장보육지원 조항은 포괄위임금지원칙에 위반되지 아니한다(헌재결 2011. 11. 24. 2010헌바373).

(5) 위임의 구체성·명확성의 요구 정도

① 규율대상의 종류와 성격에 따라서는 요구되는 구체성의 정도 또한 달라질 수 있으나, 국민의 기본권을 제한하거나 침해할 소지가 있는 사항에 관한 위임에 있어서는 위와 같은 구체성 내지 명확성이 보다 엄격하게 요구된다(대판 2000. 10. 19. 98두6265 전원합의체).

② 위임입법의 구체성·명확성의 요구 정도는 그 규율대상의 종류와 성격에 따라 달라질 것이지만, 특히 처벌법규나 조세법규 등 국민의 기본권을 직접적으로 제한하거나 침해할 소지가 있는 법규에서는 구체성·명확성의 요구가 강화되어 그 위임의 요건과 범위가 일반적인 급부행정법규의 경우보다 더 엄격하게 제한적으로 규정되어야 하는 반면에, 규율대상이 지극히 다양하거나 수시로 변화하는 성질의 것일 때에는 위임의 구체성·명확성의 요건이 완화되어야 할 것이다(헌재결 1997. 9. 25. 96헌바18; 헌재결 2002. 8. 29. 2000헌바50, 2002헌바56 병합; 헌재결 2003. 7. 24. 2002헌바8; 헌재결 2013. 6. 27. 2012헌마386).

③ 보건위생 등 급부행정영역에서 기본권 침해영역보다 구체성의 요구가 다소 약화되어도 무방하다고 해석된다(대판 1995. 12. 8. 95카기16).

(6) 특정 사안과 관련하여 법률에서 하위 법령에 위임을 한 경우 하위 법령이 위임의 한계를 준수하고 있는지 여부의 판단 기준

① 특정 사안과 관련하여 법률에서 하위 법령에 위임을 한 경우 하위 법령이 위임의 한계를 준수하고 있는지 여부를 판단할 때는 당해 법률 규정의 입법 목적과 규정 내용, 규정의 체계, 다른 규정과의 관계 등을 종합적으로 살펴야 하는바, 위임 규정 자체에서 그 의미 내용을 정확하게 알 수 있는 용어를 사용하여 위임의 한계를 분명히 하고 있는데도 그 문언적 의미의 한계를 벗어났는지 여부나, 수권 규정에서 사용하고 있는 용어의 의미를 넘어 그 범위를 확장하거나 축소하여서 위임 내용을 구체화하는 단계를 벗어나 새로운 입법을 하였는지 여부 등도 고려되어야 한다(대판 2010. 4. 29. 2009두17797).

② 법률이 특정 사안과 관련하여 시행령에 위임을 한 경우 시행령이 위임의 한계를 준수하고 있는지를 판단할 때는 당해 법률 규정의 입법 목적과 규정 내용, 규정의 체계, 다른 규정과의 관계 등을 종합적으로 살펴야 한다. 법률의 위임 규정 자체가 그 의미 내용을 정확하게 알 수 있는 용어를 사용하여 위임의 한계를 분명히 하고 있는데도 시행령이 그 문언적 의미의 한계를 벗어났다든지, 위임 규정에서 사용하고 있는 용어의 의미를 넘어 그 범위를 확장하거나 축소함으로써 위임 내용을 구체화하는 단계를 벗어나 새로운 입법을 한 것으로 평가할 수 있다면, 이는 위임의 한계를 일탈한 것으로서 허용되지 않는다(대판 2012. 12. 20. 2011두30878 전원합의체).

(7) 조례의 포괄적 위임

조례의 경우에는 포괄적 위임도 가능하다는 것이 대법원 및 헌법재판소의 태도이다.

조례에 대한 포괄적 위임을 허용한 헌법재판소 결정례

조례의 제정권자인 지방의회는 선거를 통해서 그 지역적인 민주적 정당성을 지니고 있는 주민의 대표기관이고 헌법이 지방자치단체에 포괄적인 자치권을 보장하고 있는 취지로 볼 때, 조례에 대한 법률의 위임은 법규명령에 대한 법률의 위임과 같이 반드시 구체적으로 범위를 정하여 할 필요가 없으며 포괄적인 것으로 족하다(헌재결 1995. 4. 20. 92헌마264, 279).

조례에 대한 포괄적 위임을 허용한 대법원 판례

법률이 주민의 권리의무에 관한 사항에 관하여 구체적으로 아무런 범위도 정하지 아니한 채 조례로 정하도록 포괄적으로 위임하였다고 하더라도, 행정관청의 명령과는 달라, 조례도 주민의 대표기관인 지방의회의 의결로 제정되는 지방자치단체의 자주법인 만큼, 지방자치단체가 법령에 위반되지 않는 범위 내에서 주민의 권리의무에 관한 사항을 조례로 제정할 수 있는 것이다(대판 1991. 8. 27. 90누6613).

지방자치단체가 제정한 조례가 법령에 위배되는 경우의 효력 및 조례가 법령에 위배되는지 여부의 판단 기준

「지방자치법」 제22조 본문은 '지방자치단체는 법령의 범위 안에서 그 사무에 관하여 조례를 제정할 수 있다'고 규정하고 있으므로 지방자치단체가 제정한 조례가 법령에 위배되는 경우에는 효력이 없는 것이고, 조례가 법령에 위배되는지 여부는 법령과 조례의 각각의 규정 취지, 규정의 목적과 내용 및 효과 등을 비교하여 둘 사이에 모순·저촉이 있는지의 여부에 따라서 개별적·구체적으로 결정하여야 할 것이다. 원주 혁신도시 및 기업도시 편입지역 주민지원 조례안 제6조 제3호 규정이 정하고 있는 혁신·기업도시 주민고용센터 설립사업 등은 지방자치단체의 사무로서, 주민의 권리·의무와 직접 관련되는 사무로는 볼 수 없고, 그 위탁에 있어서도 주민생계회사가 법령에서 정하는 자격요건을 충족할 경우에 한하여 재량으로서 할 수 있도록 하고 있으므로, 위 조례안 규정에서 이를 주민생계회사에 위탁할 수 있다고 규정한다 하여 「지방자치법」 제104조에 의한 위임의 한계를 벗어난 것이라고 할 수 없다(대판 2009. 10. 15. 2008추32).

2. 국회전속적 입법사항(헌법상의 입법사항)의 위임금지

「헌법」에서 법률로 정하도록 규정된 사항을 흔히 국회전속사항(헌법상의 입법사항)이라 한다. 우리 「헌법」에서는 국적취득의 요건(제2조 제1항), 죄형법정주의(제12조), 재산권의 내용과 한계(제23조 제1항), 재산권의 수용·사용·제한 및 보상(제23조 제3항), 조세의 종목과 세율(조세법률주의, 제59조), 국군의 조직과 편성(제74조 제2항), 행정각부의 설치(제96조), 지방자치단체의 종류(제117조 제2항) 및 지자체의 조직·권한·의원선거, 지자체장의 선임방법 기타 지자체의 조직과 운영(제117·118조) 등을 법률로 정하도록 규정하고 있다.

헌법 제40조의 의미

「헌법」 제40조는 "입법권은 국회에 속한다"라고 규정하면서, 아울러 제75조는 "대통령은 법률에서 구체적으로 범위를 정하여 위임받은 사항과 법률을 집행하기 하기 위하여 필요한 사항에 관하여 대통령령을 발할 수 있다"고 규정하고, 제95조는 "국무총리 또는 행정각부의 장은 소관사무에 관하여 법률이나 대통령령의 위임 또는 직권으로 총리령 또는 부령을 발할 수 있다"고 각 규정함으로써 행정기관으로의 위임입법을 인정하고 있는데, 우리 「헌법」 제40조의 의미는 적어도 국민의 권리와 의무의 형성에 관한 사항을 비롯하여 국가의 통치조직과 작용에 관한 기본적이고 본질적인 사항은 반드시 국회가 정하여야 한다는 것이다(헌재결 2001. 4. 26. 2000헌마122; 헌재결 1998. 5. 28. 96헌가1).

입법사항을 총리령이나 부령에 위임할 수 있다

「헌법」 제75조는 대통령에 대한 입법권한의 위임에 관한 규정이지만, 국무총리나 행정각부의 장으로 하여금 법률의 위임에 따라 총리령 또는 부령을 발할 수 있도록 하고 있는 「헌법」 제95조의 취지에 비추어 볼 때, 입법자는 법률에서 구체적으로 범위를 정하기만 한다면 대통령령뿐만 아니라 부령에 입법사항을 위임할 수도 있다(헌재결 1998. 2. 27. 97헌마64).

병의 복무기간은 국방의무의 본질적 내용에 관한 것이어서 이는 반드시 법률로 정하여야 할 입법사항이다

병의 복무기간은 국방의무의 본질적 내용에 관한 것이어서 이는 반드시 법률로 정하여야 할 입법사항에 속한다고 풀이할 것인바, 육군본부방위병소집복무해제규정 제23조가 질병휴가, 청원휴가, 각종사고, 1일 24시간 이상 지각·조퇴한 날, 전속 및 보직변경에 따른 출발일자부터 일보변경 전일까지의 기간 등을 복무에서 제외한다고 규정하여 「병역법」 제25조 제3항이 규정하지 아니한 구속 등의 사유를 복무기간에 산입하지 않도록 규정한 것은 병역법에 위반하여 무효라고 할 것이다(대판 1985. 2. 28. 85초13).

법률이 공법적 단체 등의 정관에 자치법적 사항을 위임한 경우 포괄위임입법금지 원칙이 적용되지 않는다

법률이 공법적 단체 등의 정관에 자치법적 사항을 위임한 경우에는 「헌법」 제75조가 정하는 포괄적인 위임입법의 금지는 원칙적으로 적용되지 않는다고 봄이 상당하고, 그렇다 하더라도 그 사항이 국민의 권리·의무에 관련되는 것일 경우에는 적어도 국민의 권리·의무에 관한 기본적이고 본질적인 사항은 국회가 정하여야 한다(대판 2007. 10. 12. 2006두14476).

3. 재위임

재위임의 기준

법률에서 위임받은 사항을 전혀 규정하지 않고 재위임하는 것은 복위임금지의 법리에 반할 뿐 아니라 수권법의 내용변경을 초래하는 것이 되고, 부령의 제정·개정절차가 대통령령에 비하여 보다 용이한 점을 고려할 때 재위임에 의한 부령의 경우에도 위임에 의한 대통령령에 가해지는 헌법상의 제한이 당연히 적용되어야 할 것이므로 법률에서 위임받은 사항을 전혀 규정하지 아니하고 그대로 재위임하는 것은 허용되지 않으며 위임받은 사항에 관하여 대강을 정하고 그중의 특정사항을 범위를 정하여 하위 법령에 다시 위임하는 경우에만 재위임이 허용된다(헌재결 2002. 10. 31. 2001헌라1; 헌재결 1996. 2. 29. 94헌마213).

4. 처벌규정의 위임

보충적인 경우에 한하여, 범죄의 구성요건은 모법에서 구체적 기준을 정한 경우, 형벌은 그 종류와 최고한도를 정한 경우에 처벌법규의 위임이 가능하다(통설·판례).

처벌규정의 위임의 기준

① 위임입법에 관한 「헌법」 제75조는 처벌법규에도 적용되는 것이지만 처벌법규의 위임은 특히 긴급한 필요가 있거나 미리 법률로써 자세히 정할 수 없는 부득이한 사정이 있는 경우에 한정되어야 하고 이 경우에도 법률에서 범죄의 구성요건은 처벌대상이 행위가 어떠한 것일 것이라고 이를 예측할 수 있을 정도로 구체적으로 정하고, 형벌의 종류 및 그 상한과 폭을 명백히 규정하여야 한다(헌재결 1991. 7. 8. 91헌가4).

② 특히 긴급한 필요가 있거나 미리 법률로써 자세히 정할 수 없는 부득이한 사정이 있는 경우에 한하여 수권법률이 구성요건의 점에서는 처벌대상인 행위가 어떠한

것인지 이를 예측할 수 있을 정도로 구체적으로 정하고, 형벌의 점에서는 형벌의 종류 및 그 상한과 폭을 명확히 규정하는 것을 전제로 위임입법이 허용된다(대판 2000. 10. 27. 2000도1007).

③ 위임입법이 필요한 분야라고 하더라도 입법권의 위임은 법치주의의 원칙과 의회민주주의의 원칙, 권력분립의 원칙에 비추어 구체적으로 범위를 정하여 하는 경우만 허용된다. 더구나 처벌규정의 위임은 처벌대상인 행위가 어떠한 것일 것이라고 이를 예측할 수 있을 정도로 구체적으로 정하고 형벌의 종류 및 그 상한과 폭을 명백히 규정하여야 한다(헌재결 2004. 9. 23. 2002헌가26).

④ 형사법은 원칙적으로 형식적인 의미의 법률의 형태로 제정되어야 하고 다만 부득이 예외적으로 행정부에서 법규명령의 형태로 제정하는 경우라 하더라도 그 법규명령에는 반드시 구체적이고 명확한 법률상의 위임근거규정이 있어야 비로소 가능한 것이라 할 것이다. 즉 형벌법규라고 하더라도 일정사항의 위임이 불가능하지는 않지만 죄형법정주의의 원칙에 비추어 보건대 최소한도 범죄의 구성요건의 윤곽만큼은 수권규정 자체에서 예측될 수 있어야 한다는 것이다(헌재결 1993. 5. 13. 92헌마80).

죄형법정주의와 처벌규정 위임의 한계

「식품위생법」 제11조 제2항이 과대광고 등의 범위 및 기타 필요한 사항을 보건복지부령에 위임하고 있는 것은 과대광고 등으로 인한 형사처벌에 관련된 법규의 내용을 빠짐없이 형식적 의미의 법률에 의하여 규정한다는 것은 사실상 불가능하다는 고려에서 비롯된 것이고, 또한 같은 법 시행규칙 제6조 제1항은 처벌대상인 행위가 어떠한 것인지 예측할 수 있도록 구체적으로 규정되어 있다고 할 것이므로 「식품위생법」 제11조 및 같은 법 시행규칙 제6조 제1항의 규정이 위임입법의 한계나 죄형법정주의에 위반된 것이라고 볼 수는 없다(대판 2002. 11. 26. 2002도2998).

법률보충규칙인 고시와 처벌규정의 위임

행정규칙인 고시가 법령의 수권에 의하여 법령을 보충하는 사항을 정하는 경우에는 그 근거 법령규정과 결합하여 대외적으로 구속력이 있는 법규명령으로서의 성질과 효력을 가진다 할 것인데, 비상표제품을 판매하는 주유소임에도 그러한 표시 없이 이를 판매하는 행위는 구 「석유사업법」 제35조 제8호, 제29조 제1항 제7호, 구 석유사업법 시행령 제32조 제1항 제5호에 의하여 처벌하도록 하되 다만, 위 시행령 제32조 제3항에서 같은 조 제1항 제5호 소정의 표시의무의 세부 내용이 됨과 아울러 그 이행 여부의 판단 기준이 되는 구체적 표시기준과 표시방법을 산업자원부장관의 고시로 규정하도록 함으로써 위 시행령 제32조 제1항 제5호, 제3항 및 위 관련 고시가 결합하여 구 「석유사업법」 제35조 제8호, 제29조 제1항 제7호 위반죄의 실질적 구성요건을 이루는 보충규범으로서 작용한다고 해석하여야 할 것이다(대판 2006. 4. 27. 2004도1078).

V. 법규명령의 요건·하자·소멸

1. 법규명령의 요건

법규명령은 유효한 수권의 범위 내에서 발해져야 한다

일반적으로 법률의 위임에 의하여 효력을 갖는 법규명령의 경우, 구법에 위임의 근거가 없어 무효였더라도 사후에 법개정으로 위임의 근거가 부여되면 그 때부터는 유효한 법규명령이 된다(대판 1995. 6. 30. 93추83).

2. 법규명령의 하자

하자있는 법규명령은 하자 있는 행정행위와는 달리 공정력이 인정되지 않으며, 「행정소송법」은 법규명령에 대한 취소소송을 인정하지 않으므로, 하자 있는 법규명령의 효과는 취소가 아니고 무효가 된다. 위법한 법규명령에 근거한 행정행위는 원칙상 취소할 수 있는 것과 구별된다.

하자있는 법규명령의 효력(무효)

토지의 과세시가표준액에 관하여 「지방세법」 제111조, 같은 법 시행령 제80조 제1항 제1호는 매년 1회 조례로 정하는 날 현재 제80조의2의 규정에 의하여 결정된 토지등급가액으로 하되 등급이 없는 토지 또는 그 정황이 현저하게 달라진 토지는 새로이 설정 또는 수정된 토지등급가격으로 하도록 규정하고 있을 뿐이고, 현재 토지등급이 없는 토지에 대하여 지목, 품위 및 정황이 유사한 다른 토지의 등급을 준용하여 과세시가표준액을 정할 수 있도록 한 규정을 찾아볼 수 없으므로 구 소득세법 시행규칙 제82조 제2항이 규정하는 토지등급이 없는 토지에 대한 유사토지의 등급을 적용하여 계산한 과세시가표준액은 지방세법상의 과세시가표준액이라고 할 수 없음이 명백한바, 「소득세법」 제60조 및 구 소득세법 시행령 제115조 제1항 제1호는 지방세법상의 과세시가표준액을 기준으로 하여 기준시가를 결정하도록 규정하였을 뿐이고, 토지등급이 설정되어 있지 않은 토지에 대하여 유사토지의 등급을 적용하여 기준시가를 결정하는 방법은 전혀 규정하지 않았을 뿐 아니라 하위법규인 시행규칙에 위임한 바도 없으므로, 결국 구 소득세법 시행규칙 제82조 제2항은 소득세법이나 그로부터 위임받은 소득세법 시행령에 아무런 위임근거도 없이 과세요건에 관한 사항을 규정한 것이어서 조세법률주의의 원칙에 위반되어 무효이다(대판 1993. 1. 19. 92누6983 전원합의체).

시행규칙이 시행령 규정이 예정하고 있는 범위 내에서 산정방법을 구체화·명확화한 것에 불과한 경우 상위법령에 위배되어 무효라고 볼 수 없다

구 소득세법 시행규칙 제77조 제1항 단서 규정에서 취득가액을 '환지예정면적×취득당시의 단위당 기준시가'의 산식에 의하여 산정하도록 규정한 것은 그 산정방법이 합리적일 뿐만 아니라 구 소득세법 시행령 제167조 제1항 제1호의 해석상 가능한 산정방법 즉, 종전 토지의 면적을 기준으로 하는 방법과 환지예정면적을 기준으로 하는 방법 가운데 환지예정면적을 기준으로 하도록 한 것이므로, 위 시행령 규정이 예정하고 있는 범위 내에서 산정방법을 구체화·명확화한 것에 불과하여 상위 법령에 위임의 근거가 없다거나 상위법령에 위배되어 무효라고 볼 수 없다(대판 2003. 12. 26. 2002두4075).

법규명령이 모법위반으로 무효인지 여부의 판단 기준

① 행정 각부의 장 등이 「헌법」 제95조에 따라 제정한 부령 등 법규명령이 모법의 위임범위를 벗어났는지 여부는 직접적인 위임 법률조항의 형식과 내용뿐만 아니라 그 밖에 모법의 전반적인 체계와 취지, 목적 등도 아울러 고려하여 모법의 위임의 범위나 한계를 객관적으로 확정한 다음 그 법규명령의 내용과 비교하여 판단하여야 하는 것이므로, 그 법규명령의 내용이 위와 같이 확정된 모법의 위임 내용, 범위에 있다고 인정되거나 모법이 예정하고 있는 바를 구체화, 명확화한 것으로 인정되면 그 법규명령은 무효로 되지 아니한다(대판 2005. 1. 28. 2002도6931; 대판 2000. 11. 24. 98두6289; 대판 2000. 10. 19. 98두6265 전원합의체; 대판 1997. 9. 12. 97누8625 등).

② 어느 시행령의 규정이 모법에 저촉되는지의 여부가 명백하지 아니하는 경우에는 모법과 시행령의 다른 규정들과 그 입법 취지, 연혁 등을 종합적으로 살펴 모법에

합치된다는 해석도 가능한 경우라면 그 규정을 모법위반으로 무효라고 선언하여서는 안 된다. 이러한 법리는, 국가의 법체계는 그 자체 통일체를 이루고 있는 것이므로 상·하규범 사이의 충돌은 최대한 배제되어야 한다는 원칙과 더불어, 민주법치국가에서의 규범은 일반적으로 상위규범에 합치할 것이라는 추정원칙에 근거하고 있을 뿐만 아니라, 실제적으로도 하위규범이 상위규범에 저촉되어 무효라고 선언되는 경우에는 그로 인한 법적 혼란과 법적 불안정은 물론, 그에 대체되는 새로운 규범이 제정될 때까지의 법적 공백과 법적 방황은 상당히 심각할 것이므로 이러한 폐해를 회피하기 위해서도 필요하다(대판 2001. 8. 24. 2000두2716).

3. 법규명령의 소멸

수권법률에 대한 위헌결정에 따라 그 시행령의 효력이 상실된다

법규명령의 위임근거가 되는 법률에 대하여 위헌결정이 선고되면 그 위임에 근거하여 제정된 법규명령도 원칙적으로 효력을 상실한다(대판 2001. 6. 12. 2000다18547).

근거법령이 소멸된 경우에는 당해 법규명령도 소멸된다

일반적으로 법률의 위임에 의하여 효력을 갖는 법규명령의 경우, 구법의 위임에 의한 유효한 법규명령이 법개정으로 위임의 근거가 없어지게 되면 그 때부터 무효인 법규명령이 되므로, 어떤 법령의 위임 근거 유무에 따른 유효 여부를 심사하려면 법개정의 전·후에 걸쳐 모두 심사하여야만 그 법규명령의 시기에 따른 유효·무효를 판단할 수 있다(대판 1995. 6. 30. 93추83).

상위 법령이 개정됨에 그친 집행명령의 경우 모순되지 않는 한 그 효력을 유지한다

상위 법령의 시행에 필요한 세부적 사항을 정하기 위하여 행정관청이 일반적 직권에 의하여 제정하는 이른바 집행명령은 근거법령인 상위 법령이 폐지되면 특별한 규정이 없는 이상 실효되는 것이나, 상위 법령이 개정됨에 그친 경우에는 개정 법령과 성질상 모순·저촉되지 아니하고 개정된 상위 법령의 시행에 필요한 사항을 규정하고 있는 이상 그 집행명령은 상위 법령의 개정에도 불구하고 당연히 실효되지 아니하고 개정 법령의 시행을 위한 집행명령이 제정·발효될 때까지는 여전히 그 효력을 유지한다(대판 1989. 9. 12. 88누6962).

Ⅵ. 법규명령의 통제

1. 법원에 의한 통제

(1) 구체적 규범통제

① 구체적 규범통제의 의의

법규명령은 사법심사의 대상이 된다. 우리나라에서는 추상적 규범통제는 인정되지 않고 구체적 규범통제만 인정한다. 이는 특정한 법규명령의 위헌·위법 여부가 재판의 전제가 되는 경우에 한하여 간접적으로 심사할 수 있다는 것이다.

② 구체적 규범통제의 주체

행정입법이 구체적인 사건에 대하여 재판의 전제가 된 경우 이에 대한 위법성 여부에 대한 판단은 각급 법원이 한다.

③ 구체적 규범통제의 대상

규범통제의 대상은 법규명령인 명령·규칙이다. 법규명령으로서 명령이란 대통령·총리령·부령을 말하고, 규칙은 국회규칙·대법원규칙·헌법재판소규칙·중앙선거관리위원회규칙을 말한다. 자치법규인 조례와 규칙은 구체적 규범통제의 대상이 되지만, 내부적 효력만을 갖는 행정규칙은 구체적 규범통제의 대상이 아니다.

구체적 규범통제의 대상

명령 또는 규칙이 법률에 위반한 경우에는 대법관 전원의 2/3 이상의 합의체에서 심판하도록 규정한 「법원조직법」 제7조 제1항 제2호에서 말하는 명령 또는 규칙이라 함은 국가와 국민에 대하여 일반적 구속력을 가지는 이른바 법규로서의 성질을 가지는 명령 또는 규칙을 의미한다 할 것인바, 수산업에 관한 어업면허사무취급규정(수산청훈령 제434호)은 행정기관 내부의 행정사무처리기준을 정한 것에 불과하고 이른바 법규로서의 성질을 가지는 명령 또는 규칙이라 볼 수 없으므로 위 규정을 무효라고 판단한 이 사건 재심대상판결이 대법원 전원합의체에서 이루어진 것이 아니라 하더라도 법률에 의하여 구성되지 아니한 판결이라고 할 수 없다(대판 1990. 2. 27. 88재누55).

행정입법 자체의 합법성의 심사를 목적으로 하는 소송은 부적합하다

「헌법」 제107조 제2항의 규정에 따르면 행정입법의 심사는 일반적인 재판절차에 의하여 구체적 규범통제의 방법에 의하도록 명시하고 있으므로, 당사자는 구체적 사건의 심판을 위한 선결문제로서 행정입법의 위법성을 주장하여 법원에 대하여 당해 사건에 대한 적용 여부의 판단을 구할 수 있을 뿐, 행정입법 자체의 합법성의 심사를 목적으로 하는 독립한 신청을 제기할 수는 없다(대판 1994. 4. 26. 93부32).

④ 구체적 규범통제의 효과

위헌·위법의 판단을 받은 법규명령은 일반적으로 효력을 상실하는 것이 아니라 당해 사건에 적용을 거부하는 개별적 효력이 인정된다. 그러나 위헌·위법판단을 받은 명령·규칙은 실제로는 다른 사건에서도 그 적용이 배제될 것으로 보인다. 즉, 「행정소송법」 제6조에 의해 우리의 구체적 규범통제는 대세효를 확보하여 실질적으로 추상적 규범통제제도에 접근되어 있는 것으로 볼 수 있다.

(2) 행정소송을 통한 직접적 통제

① 법규명령 자체에 대해 행정소송을 제기하여 법규명령의 효력을 독립하여 직접 다투는 것은 원칙적으로 허용되지 않는다.

일반적·추상적 법령은 행정소송의 대상이 될 수 없다

행정소송의 대상이 될 수 있는 것은 구체적인 권리·의무에 관한 분쟁이어야 하고 일반적·추상적인 법령 그 자체로서 국민의 구체적인 권리의무에 직접적인 변동을 초래하는 것이 아닌 것은 그 대상이 될 수 없으므로 구체적인 권리의무에 관한 분쟁을 떠나서 재무부령 자체의 무효확인을 구하는 청구는 행정소송의 대상이 아닌 사항에 대한 것으로서 부적법하다(대판 1987. 3. 24. 86누656).

② 법규명령이 구체적인 집행행위를 기다릴 필요 없이 직접적으로 국민의 권리·의무에 영향을 미치는 처분적 입법인 경우에는 예외적으로 항고소송의 대상이 된다.

처분적 법규명령은 예외적으로 행정소송의 대상으로 삼아 직접 법규명령의 효력을 다툴 수 있다

법령의 효력을 가진 명령이라도 그 효력이 다른 행정행위를 기다릴 것 없이 직접적으로 또 현실히 그 자체로서 국민의 권리훼손 기타 이익침해의 효과를 발생케 하는 성질의 것이라면 행정소송법상 처분이라고 보아야 할 것이다(대판 1953. 8. 19. 53누37).

처분적 조례의 경우 항고소송의 대상이 되는 행정처분에 해당한다
조례가 집행행위의 개입 없이 직접 국민의 구체적인 권리·의무나 법적 이익에 영향을 미치는 등의 법률상 효과를 발생하는 경우 그 조례는 항고소송의 대상이 되는 행정처분에 해당한다(대판 1996. 9. 20. 95누8003).

처분적 고시의 경우 항고소송의 대상이 되는 행정처분에 해당한다
어떠한 고시가 일반적·추상적 성격을 가질 때에는 법규명령 또는 행정규칙에 해당할 것이지만, 다른 집행행위의 매개 없이 그 자체로서 직접 국민의 구체적인 권리의무나 법률관계를 규율하는 성격을 가질 때에는 행정처분에 해당한다(대판 2006. 9. 22. 2005두2506).

2. 헌법재판소의 통제

(1) 법무사법 시행규칙에 대한 헌법소원사건

「헌법」 제107조 제2항(명령·규칙 또는 처분이 헌법이나 법률에 위반되는 여부가 재판의 전제가 된 경우에는 대법원은 이를 최종적으로 심사할 권한을 가진다)의 규정상 헌법재판소는 명령·규칙에 대한 심사권을 가질 수 없다는 견해(소극설)도 있으나, 법원의 명령·규칙심사권은 재판의 전제가 된 경우에만 부여하고 있으므로 헌법재판소도 명령·규칙심사권을 가진다는 것(적극설)이 다수설이다. 대법원은 명령·규칙의 심사권은 「헌법」 제107조 제2항의 규정상 법원에 전속한다는 입장을 표명하였다. 그러나 헌법재판소는 다음 결정에서 명령·규칙의 심사권은 법원뿐만 아니라 헌법재판소에도 있다고 하면서 법규명령의 일종인 법무사법 시행규칙(대법원규칙) 제3조 제1항을 위헌결정하였다.

별도의 집행행위를 기다리지 않고 직접 기본권을 침해하는 법규명령(법무사법 시행규칙)은 헌법소원심판의 대상이 된다
「헌법」 제107조 제2항이 규정한 명령·규칙에 대한 대법원의 최종심사권이란 구체적인 소송사건에서 명령·규칙의 위헌 여부가 재판의 전제가 되었을 경우 법률의 경우와는 달리 헌법재판소에 제청할 것 없이 대법원이 최종적으로 심사할 수 있다는 의미이며, 명령·규칙 그 자체에 의하여 직접 기본권이 침해되었음을 이유로 하여 헌법소원심판을 청구하는 것은 위 헌법규정과는 아무런 상관이 없는 문제이다. 따라서 입법부·행정부·사법부에서 제정한 규칙이 별도의 집행행위를 기다리지 않고 직접 기본권을 침해하는 것일 때에는 모두 헌법소원심판의 대상이 될 수 있는 것이다. 이 사건 법무사법 시행규칙 제3조 제1항은 법원행정처장이 법무사를 보충할 필요가 없다고 인정하면 법무사시험을 실시하지 아니해도 된다는 것으로서, 상위법인 「법무사법」 제4조 제1항에 의하여 모든 국민에게 부여된 법무사 자격취득의 기회를 하위법인 시행규칙으로 박탈한 것이어서 평등권과 직업선택의 자유를 침해한 것이다(헌재결 1990. 10. 15. 89헌마178).

(2) 명령·규칙의 헌법소원의 대상성

명령·규칙 그 자체에 의하여 직접 기본권이 침해되었을 경우에는 그것을 대상으로 하여 헌법소원심판을 청구할 수 있고, 그 경우 제소요건으로서 당해 법령이 구체적 집행행위를 매개로 하지 아니하고 직접적으로 그리고 현재적으로 국민의 기본권을 침해하고 있어야 한다. 당구장 경영자인 청구인에게 당구장 출입문에 18세 미만자에 대한 출입금지 표시를 하게 하는 이 사건 심판대상규정은 법령이 직접적으로 청구인에게 그러한 표시를 하여야 할 법적 의무를 부과하는 사례에 해당하는 경우로서, 그 표시에 의하여 18세 미만자에 대한 당구장 출입을 저지하는 사실상의 규제력을 가지게 되는 것이므로 이는 결국 그 게시의무규정으로 인하여 당구장 이용고객의 일정범위를 당구장 영업대상에서 제외시키는 결과가 된다고 할 것이고 따라서 청구인을 포함한 모든 당구장 경영자의 직업종사(직업수행)의 자유가 제한되어 헌법상 보장되고 있는 직업선택의 자유가 침해된다(헌재결 1993. 5. 13. 92헌마80).

(3) 법령보충규칙

헌법재판소는 법령보충규칙에 대하여 법규명령의 성격을 인정하면서 헌법소원을 인정하고 있다.

제정형식이 고시, 훈령, 예규 등과 같은 행정규칙이 법규명령으로서 기능하게 되어 헌법소원심판청구의 대상이 되는 경우

법령의 직접적인 위임에 따라 위임행정기관이 그 법령을 시행하는 데 필요한 구체적 사항을 정한 것이면, 그 제정형식은 비록 법규명령이 아닌 고시, 훈령, 예규 등과 같은 행정규칙이더라도 그것이 상위법령의 위임한계를 벗어나지 아니하는 한, 상위법령과 결합하여 대외적인 구속력을 갖는 법규명령으로서 기능하게 된다고 보아야 할 것인바, 청구인이 법령과 예규의 관계규정으로 말미암아 직접 기본권침해를 받았다면 이에 대하여 바로 헌법소원심판을 청구할 수 있다(헌재결 1992. 2. 26. 91헌마25).

3. 행정입법부작위[2]에 대한 통제

① 대법원은 행정입법부작위에 대하여 성질상 부작위위법확인소송의 대상이 되지 않는다고 본다.

행정입법부작위는 부작위위법확인소송의 대상이 되지 않는다
행정소송은 구체적 사건에 대한 법률상 분쟁을 법에 의하여 해결함으로써 법적 안정을 기하자는 것이므로 부작위위법확인소송의 대상이 될 수 있는 것은 구체적 권리의무에 관한 분쟁이어야 하고 추상적인 법령에 관하여 제정의 여부 등은 그 자체로서 국민의 구체적인 권리의무에 직접적 변동을 초래하는 것이 아니어서 부작위위법확인소송의 대상이 될 수 없는바, 대통령이 대통령령을 제정하지 아니한 행정입법부작위의 위법확인을 구하는 이 사건 소는 부적법하다(대판 1992. 5. 8. 91누11261).

② 헌법재판소는 행정권의 시행령 제정의무를 헌법적 의무로 보고 있다.

행정입법의무의 성격과 행정입법부작위가 위헌이 되기 위한 요건
우리 「헌법」은 국가권력의 남용으로부터 국민의 자유와 권리를 보호하려는 법치국가의 실현을 기본이념으로 하고 있고, 자유민주주의 헌법의 원리에 따라 국가의 기능을 입법·행정·사법으로 분립하여 견제와 균형을 이루게 하는 권력분립제도를 채택하고 있어, 행정과 사법은 법률에 기속되므로, 국회가 특정한 사항에 대하여 행정부에 위임하였음에도 불구하고 행정부가 정당한 이유 없이 이를 이행하지 않는다면 권력분립의 원칙과 법치국가의 원칙에 위배되는 것이다. 행정부가 위임 입법에 따른 시행명령을 제정하지 않거나 개정하지 않은 것에 정당한 이유가 있었다면 그런 경우에는 헌법재판소가 위헌확인을 할 수는 없다. 그러한 정당한 이유가 인정되기 위해서는 그 위임입법 자체가 헌법에 위반된다는 것이 명백하거나, 행정입법의무의 이행이 오히려 헌법질서를 파괴하는 결과를 가져옴이 명백할 정도는 되어야 할 것이다(헌재결 2004. 2. 26. 2001헌마718).

2 행정입법을 제정해야 할 법적 의무가 있음에도 불구하고, 행정기관이 행정입법을 제정하지 않는 것을 행정입법부작위라고 한다.

③ 헌법재판소는 행정입법부작위가 항고소송의 대상이 되지 않는 것이 대법원의 태도이므로 보충성의 예외로서 행정입법부작위에 대한 헌법소원을 제기할 수 있다고 결정하였다(치과전문의자격시험 불실시 사건).

행정입법부작위는 청구인들의 기본권을 침해한 것으로서 헌법에 위반된다

삼권분립의 원칙, 법치행정의 원칙을 당연한 전제로 하고 있는 우리 헌법하에서 행정권의 행정입법 등 법집행의무는 헌법적 의무라고 보아야 한다. 왜냐하면 행정입법이나 처분의 개입 없이도 법률이 집행될 수 있거나 법률의 시행 여부나 시행시기까지 행정권에 위임된 경우는 별론으로 하고, 이 사건과 같이 치과전문의제도의 실시를 법률 및 대통령령이 규정하고 있고 그 실시를 위하여 시행규칙의 개정 등이 행해져야 함에도 불구하고 행정권이 법률의 시행에 필요한 행정입법을 하지 아니하는 경우에는 행정권에 의하여 입법권이 침해되는 결과가 되기 때문이다. 따라서 보건복지부장관에게는 헌법에서 유래하는 행정입법의 작위의무가 있다. 보건복지부장관이 「의료법」과 대통령령의 위임에 따라 치과전문의자격시험제도를 실시할 수 있도록 시행규칙을 개정하거나 필요한 조항을 신설하는 등 제도적 조치를 마련하지 아니하는 부작위는 청구인들의 기본권을 침해한 것으로서 헌법에 위반된다(헌재결 1998. 7. 16. 96헌마246).

군법무관의 보수의 구체적 내용을 시행령에 위임했음에도 불구하고 대통령이 정당한 이유 없이 시행령을 제정하지 않은 것은 헌법에 위반된다

법률이 군법무관의 보수를 판사, 검사의 예에 의하도록 규정하면서 그 구체적 내용을 시행령에 위임하고 있다면, 이는 군법무관의 보수의 내용을 법률로써 일차적으로 형성한 것이고, 따라서 상당한 수준의 보수청구권이 인정되는 것이라 해석함이 상당하다. 그러므로 이 사건에서 대통령이 법률의 명시적 위임에도 불구하고 지금까지 해당 시행령을 제정하지 않아 그러한 보수청구권이 보장되지 않고 있다면 그러한 입법부작위는 정당한 이유 없이 청구인들의 재산권을 침해하는 것으로써 헌법에 위반된다(헌재결 2004. 2. 26. 2001헌마718).

④ 최근 대법원은 법률에서 시행령으로 그 기준을 정하도록 위임하고 있음에도 불구하고 이를 제정하지 않아 손해가 발생한 사건에서 국가배상책임을 인정한 경우가 있다.

군법무관의 보수의 구체적 내용을 시행령에 위임했음에도 불구하고 행정부가 정당한 이유 없이 시행령을 제정하지 않은 것이 불법행위에 해당한다

구 「군법무관임용법」 제5조 제3항과 「군법무관임용 등에 관한 법률」 제6조가 군법무관의 보수를 법관 및 검사의 예에 준하도록 규정하면서 그 구체적 내용을 시행령에 위임하고 있는 이상, 위 법률의 규정들은 군법무관의 보수의 내용을 법률로써 일차적으로 형성한 것이고, 위 법률들에 의해 상당한 수준의 보수청구권이 인정되는 것이므로, 위 보수청구권은 단순한 기대이익을 넘어서는 것으로서 법률의 규정에 의해 인정된 재산권의 한 내용이 되는 것으로 봄이 상당하고, 따라서 행정부가 정당한 이유 없이 시행령을 제정하지 않은 것은 위 보수청구권을 침해하는 불법행위에 해당한다(대판 2007. 11. 29. 2006다3561).

제2절 행정규칙

Ⅰ. 행정규칙의 의의

행정규칙이란, 행정기관이 법률의 수권 없이 그 독립적 권한으로 정립하는 일반적·추상적 명령으로서 법규성이 없는 것을 말한다(전통적 견해).

부령의 형식이지만 법률상의 위임근거가 없는 규정은 행정기관 내부의 사무처리준칙으로서 행정규칙에 불과하다.

검찰보존사무규칙 제22조의 법적 성질(행정기관 내부의 사무처리준칙)

검찰보존사무규칙이 「검찰청법」 제11조에 기하여 제정된 법무부령이기는 하지만, 그 사실만으로 같은 규칙 내의 모든 규정이 법규적 효력을 가지는 것은 아니다. 기록의 열람·등사의 제한을 정하고 있는 같은 규칙 제22조는 법률상의 위임근거가 없어 행정기관 내부의 사무처리준칙으로서 행정규칙에 불과하다(대판 2006. 5. 25. 2006두3049).

2006년 교육공무원 보수업무 등 편람은 법규명령의 성질을 가진 것이라고 볼 수 없다

「교육공무원법」 제34조 제2항, 구 공무원보수규정 제8조 관련 [별표 15] 공무원의 초임호봉표, [별표 22] 교육공무원 등의 경력환산율표에서는, 교육공무원을 신규채용하는 경우에 위 [별표 15]에 의하여 초임호봉을 획정하도록 규정하고 있고, 위 [별표 15]에서는 초·중등학교 교육공무원의 경우 경력환산율표에서 정하는 경력이 있는 때에는 그 경력기간을 일정한 환산율로 환산한 경력연수를 호봉에 합산하도록 규정하고 있으며, 경력환산율표에서는 교육법에 의한 교육회 이외의 교육문화단체에서 근무한 경력은 제5류로서 5할, 법령에 의하여 설립된 법인이나 위 교육문화단체를 제외한 각종 회사에서 근무한 경력(외교인, 점원은 제외)은 제6류로서 4할, 기타 직업에 종사한 경력은 제7류로서 3할의 환산율을 각 적용하도록 규정하고 있을 뿐이고, 초임호봉 획정과 관련하여 교육인적자원부(현재는 교육과학기술부)장관에게 법령내용의 구체적 사항을 정할 수 있는 권한을 부여하는 규정을 두고 있지 않다. 그렇다면 2006년 교육공무원 보수업무 등 편람은 교육인적자원부에서 관련 행정기관 및 그 직원을 위한 업무처리지침 내지 참고사항을 정리해 둔 것에 불과하고 법규명령의 성질을 가진 것이라고는 볼 수 없다(대판 2010. 12. 9. 2010두16349).

Ⅱ. 행정규칙의 종류

1. 내용에 의한 분류

(1) 조직규칙

전결과 같은 행정권한의 내부위임(조직규칙)은 행정규칙에 불과하므로 이에 위반하여 행하여진 처분을 무효라고 할 수 없다

전결과 같은 행정권한의 내부위임은 법령상 처분권자인 행정관청이 내부적인 사무처리의 편의를 도모하기 위하여 그의 보조기관 또는 하급 행정관청으로 하여금 그의 권한을 사실상 행사하게 하는 것으로서 법률이 위임을 허용하지 않는 경우에도 인정되는 것이므로, 설사 행정관청 내부의 사무처리규정에 불과한 전결규정에 위반하여 원래의 전결권자 아닌 보조기관 불과처분권자인 행정관청의 이름으로 행정처분을 하였다고 하더라도 그 처분이 권한 없는 자에 의하여 행하여진 무효의 처분이라고는 할 수 없다(대판 1998. 2. 27. 97누1105).

(2) 재량준칙

재량준칙은 상급관청이 하급관청에게 재량권을 남용하거나 일탈하지 않도록 재량권행사에 관한 기준을 정하여 주는 행정규칙을 말한다. 재량준칙의 법적 성질에 대하여는 준법규설과 법규설이 대립하나 준법규설이 다수의 견해이다.

헌법재판소는 재량준칙인 행정규칙이 그 정한 바에 따라 되풀이 시행되어 행정관행이 성립되면 행정의 자기구속의 법리에 의거 대외적인 구속력을 가지게 된다고 결정하였다.

재량준칙의 법적 성질

① 행정규칙이 법령의 규정에 의하여 행정관청에 법령의 구체적 내용을 보충할 권한을 부여한 경우, 또는 재량권행사의 준칙인 규칙이 그 정한 바에 따라 되풀이 시행되어 행정관행이 이룩되게 되면, 평등의 원칙이나 신뢰보호의 원칙에 따라 행정기관은 그 상대방에 대한 관계에서 그 규칙에 따라야 할 자기구속을 당하게 되고, 그러한 경우에는 대외적인 구속력을 가지게 된다 할 것이다(헌재결 1990. 9. 3. 90헌마13).

② 행정규칙은 일반적으로 행정조직 내부에서만 효력을 가지는 것이나, 행정규칙이 법령의 규정에 의하여 행정관청에 법령의 구체적 내용을 보충할 권한을 부여한 경우나 재량권 행사의 준칙인 규칙이 그 정한 바에 따라 되풀이 시행되어 행정관행이 이룩되면, 평등의 원칙이나 신뢰보호의 원칙에 따라 행정기관은 그 상대방에 대한 관계에서 그 규칙에 따라야 할 자기구속을 당하게 되는 경우에는 대외적인 구속력을 가지게 되는바, 이러한 경우에는 헌법소원의 대상이 될 수도 있다(헌재결 2001. 5. 31. 99헌마413).

(3) 규범구체화 행정규칙

규범구체화 행정규칙이란 기술적인 안전법이나 원자력, 환경과 같이 고도의 전문성·기술성을 요구하는 영역에서 법률이 내용을 구체화하지 못하고, 사실상 행정기관에 그 구체적 내용을 보충할 권한을 맡긴 경우에 행정기관이 법률의 명시적인 위임 없이 법률의 시행을 위하여 법률의 내용을 구체화하는 행정규칙을 말한다.

대법원은 소득세법 시행령 제170조 제4항 제2호에 의하여 투기거래를 규정한 국세청 훈령인 재산제세사무처리규정과 국무총리 훈령인 개별토지가격합동조사지침에 대해 법규적 효력을 인정한 바 있다.

대법원이 재산제세사무처리규정 등을 규범구체화 행정규칙으로 보고 법규성을 인정한 것인가에 대해서는 견해대립이 있는데, 대법원이 재산제세사무처리규정 등을 규범구체화 행정규칙으로 본 것이라고 평가할 수는 없다는 것이 다수의 견해이다. 다수의 견해는 법률보충규칙에 관한 판례일 뿐이라고 한다. 그러나 규범구체화 행정규칙을 법률보충규칙의 일종으로 파악할 수도 있을 것이다(홍정선).

소득세법 시행령 제170조 제4항 제2호에 의하여 투기거래를 규정한 국세청 훈령인 재산제세사무처리규정은 그 근거가 되는 법령과 결합하여 법규명령의 효력을 가진다

「소득세법」 제23조 제4항, 제45조 제1항 제1호에서 양도소득세의 양도차익을 계산함에 있어 실지거래가액이 적용될 경우를 대통령령에 위임함으로써 동법 시행령 제170조 제4항 제2호가 위 위임규정에 따라 양도소득세의 실지거래가액이 적용될 경우의 하나로서 국세청장으로 하여금 양도소득세의 실지거래가액이 적용될 부동산투기억제를 위하여 필요하다고 인정되는 거래를 지정하게 하면서 그 지정의 절차나 방법에 관하여 아무런 제한을 두고 있지 아니하고 있어 이에 따라 국세청장이 재산제세사무처리규정 제72조 제3항에서 양도소득세의 실지거래가액이 적용될 부동산투기억제를 위하여 필요하다고 인정되는 거래의 유형을 열거하고 있으므로, 이는 비록 위 재산제세사무처리규정이 국세청장의 훈령형식으로 되어 있다 하더라도 이에 의한 거래지정은 소득세법시행령의 위임에 따라 그 규정의 내용을 보충하는 기능을 가지면서 그와 결합하여 대외적 효력을 발생하게 된다 할 것이므로 그 보충규정의 내용이 위 법령의 위임한계를 벗어났다는 등 특별한 사정이 없는 한 양도소득세의 실지거래가액에 의한 과세의 법령상의 근거가 된다(대판 1987. 9. 29. 86누484).

국세청 훈령인 주세사무처리규정은 그 근거가 되는 법령의 취지에 따라 구체화한 것이므로 법규명령의 효력을 가진다

국세청 훈령 제1264호 주세사무처리규정은 주세의 세수증대를 목적으로 하여 주세업무처리에 관한 일반지침과 준거기준을 정한 내부규정이라 할 것이나, 국세청은 법령에 위반되지 않는 한 주세업무 전반에 관하여 그 처리지침과 기준을 정할 수 있다고 할 것이고, 위 주세사무처리규정 제14조는 구 「주세법」 제10조 제10호의 '판매의 조정상 면허를 하기에 부적당하다고 인정한 때'라는 재량의 여지를 남겨두고 있는 규정을 그 취지에 따라 주세사무해당지역의 인구수와 주류소비량을 고려하여 구체화한 것이므로 위 주세사무처리규정 제14조가 모법의 위임이 없어 무효라고 할 수 없다(대판 2001. 7. 27. 2000두3849).

국무총리 훈령인 개별토지가격합동조사지침은 그 근거가 되는 법령과 결합하여 법규명령의 효력을 가진다

개별토지가격합동조사지침 제6조는 개별토지가격결정절차를 규정하고 있으면서 그중 제3호에서 산정된 지가의 공개열람 및 토지소유자 또는 이해관계인의 의견접수를 절차의 하나로 규정하고 있는바, 위 지침은 「지가공시 및 토지 등의 평가에 관한 법률」 제10조의 시행을 위한 집행명령으로서 법률보충적인 구실을 하는 법규적 성질을 가지고 있는 것으로 보아야 할 것이므로 위 지침에 규정된 절차에 위배하여 이루어진 지가결정은 위법하다(대판 1994. 2. 8. 93누111).

보건사회부(현, 보건복지부)장관이 발한 식품제조영업허가기준은 그 근거가 되는 법령과 결합하여 법규명령의 효력을 가진다

식품제조영업허가기준이라는 고시는 공익상의 이유로 허가를 할 수 없는 영업의 종류를 지정할 권한을 부여한 구 「식품위생법」 제23조의3 제4호에 따라 보건사회부(현, 보건복지부)장관이 발한 것으로서, 실질적으로 법의 규정내용을 보충하는 기능을 지니면서 그것과 결합하여 대외적으로 구속력이 있는 법규명령의 성질을 가진 것이다(대판 1994. 3. 8. 92누1728).

보건사회부(현, 보건복지부)장관이 정한 1994년도 노인복지사업지침은 그 근거가 되는 법령과 결합하여 법규명령의 효력을 가진다

보건사회부(현, 보건복지부)장관이 정한 1994년도 노인복지사업지침은 노령수당의 지급대상자의 선정기준 및 지급수준 등에 관한 권한을 부여한 「노인복지법」 제13조 제2항, 같은 법 시행령 제17조, 제20조 제1항에 따라 보건사회부장관이 발한 것으로서 실질적으로 법령의 규정내용을 보충하는 기능을 지니면서 그것과 결합하여 대외적으로 구속력이 있는 법규명령의 성질을 가지는 것으로 보인다(대판 1996. 4. 12. 95누7727).

2. 형식에 의한 분류

행정규칙은 그 형식에 따라 대통령령·총리령·부령 형식의 행정규칙과 훈령·고시 형식의 행정규칙으로 구분될 수 있는데, 훈령·고시 형식의 행정규칙이 일반적이다.

(1) 훈령의 형식

훈령의 법적 성질

훈령이란 행정조직내부에 있어서 그 권한의 행사를 지휘감독하기 위하여 발하는 행정명령으로서 훈령, 예규, 통첩, 지시, 고시, 각서 등 그 사용명칭 여하에 불구하고 공법상의 법률관계내부에서 준거할 준칙 등을 정하는데 그치고 대외적으로는 아무런 구속력도 가지는 것이 아니다(대판 1983. 6. 14. 83누54).

(2) 고시의 형식

고시의 법적 성질

고시 또는 공고의 법적 성질은 일률적으로 판단될 것이 아니라 고시에 담겨진 내용에 따라 구체적인 경우마다 달리 결정된다고 보아야 한다. 즉, 고시가 일반·추상적 성격을 가질 때는 법규명령 또는 행정규칙에 해당하지만, 고시가 구체적인 규율의 성격을 갖는다면 행정처분에 해당한다. 이 사건 국세청고시는 특정 사업자를 납세병마개 제조자로 지정하였다는 행정처분의 내용을 모든 병마개 제조자에게 알리는 통지수단에 불과하므로, 청구인의 이 사건 국세청고시에 대한 헌법소원심판청구는 고시 그 자체가 아니라 고시의 실질적 내용을 이루는 국세청장의 위 납세병마개 제조자 지정처분에 대한 것으로 해석함이 타당하다(헌재결 1998. 4. 30. 97헌마141).

보건사회부(현, 보건복지부)장관의 고시인 식품제조영업허가기준의 성질

식품제조영업허가기준이라는 고시는 공익상의 이유로 허가를 할 수 없는 영업의 종류를 지정할 권한을 부여한 구 「식품위생법」 제23조의3 제4호에 따라 보건사회부(현, 보건복지부)장관이 발한 것으로서, 실질적으로 법의 규정내용을 보충하는 기능을 지니면서 그것과 결합하여 대외적으로 구속력이 있는 법규명령의 성질을 가진 것이다(대판 1994. 3. 8. 92누1728).

공정거래위원회 고시의 법적 성질(법률보충적 행정규칙으로서의 법규명령)

'시장지배적 지위남용행위의 유형 및 기준' Ⅲ. 2. 나. (1)호와 (2)호는 '생산량 또는 판매량 감소'와 '재고량 증가'가 각 '최근의 추세에 비추어 현저할 것'을 각 그 요건으로 하고 있는바, '최근의 추세'와 대비할 '상당한 기간'을 획정함에 있어서는, 기본적으로 '생산량 또는 판매량의 감소' 내지 '재고량의 증가'가 평상시에 비하여 현저한 기간을 기준으로 삼아야 할 것이지만, 위 고시 (1)호와 (2)호에 해당하는 행위가 있으면 공정거래위원회가 따로 그 '부당성'을 입증하지 아니하여도 구 「독점규제 및 공정거래에 관한 법률」 제3조의2 제1항 제2호에서 규정하는 '부당하게 조절하는 행위'로 평가된다는 점에 유념하면(위 고시 규정들은 같은 법 제3조의2 제2항의 위임에 따라, 같은 법 제3조의2 제1항 제2호의 내용을 보충하는 이른바 법률보충적 행정규칙으로서 법규명령으로서의 효력을 가지기 때문이다), '상당한 기간'은 위 기준만에 의할 것이 아니라, 그 외 당해 제품의 유통기한, 수요의 변동요인, 공급에 필요한 비용의 변동요인 등 정상적인 수급상황에 영향을 미치는 제반 요인을 함께 살펴, 그 기간 동안의 '생산량 또는 판매량의 감소' 내지 '재고량의 증가'가 시장의 수요에 현저하게 역행하는 것으로서 그것이 당해 사업자의 시장지배적 지위에 기해서만 설명이 가능한 것인지 여부도 아울러 감안하여 획정할 것이 요구된다(공정거래위원회 내부의 심사기준인 공정거래위원회 고시 제2000-6호에도 그 취지의 규정이 있다)(대판 2001. 12. 24. 99두11141).

고시가 항고소송의 대상이 되는 행정처분에 해당하기 위한 요건

어떠한 고시가 일반적·추상적 성격을 가질 때에는 법규명령 또는 행정규칙에 해당할 것이지만, 다른 집행행위의 매개 없이 그 자체로서 직접 국민의 구체적인 권리의무나 법률관계를 규율하는 성격을 가질 때에는 행정처분에 해당한다(대판 2006. 9. 22. 2005두2506).

구 청소년보호법에 따른 청소년유해매체물 결정·고시의 법적 성격

구 「청소년보호법」에 따른 청소년유해매체물 결정 및 고시처분은 당해 유해매체물의 소유자 등 특정인만을 대상으로 한 행정처분이 아니라 일반 불특정 다수인을 상대방으로 하여 일률적으로 표시의무, 포장의무, 청소년에 대한 판매·대여 등의 금지의무 등 각종 의무를 발생시키는 행정처분이다(대판 2007. 6. 14. 2004두619).

Ⅲ. 행정규칙의 법적 성질

행정규칙의 법규성 인정 여부에 대하여 비법규설, 법규설, 준법규설의 견해가 대립한다. 최근 행정규칙에는 다양한 유형이 있고 그 다양한 유형에 따라 법적 성질이 다를 수 있는바, 행정규칙 전체에 대해 포괄적으로 법적 성질을 검토할 것이 아니라 유형화·개별화하여 행정규칙에 법규성을 인정할 것인지를 결정하여야 한다는 견해(유형설)가 점차 유력해지고 있다.

행정규칙은 행정청 내무의 사무처리준칙에 불과하지만, 이에 따라 행정처분을 함이 보통이다

① **행정처분기준을 따르지 아니하고 특정인에 대하여만 그 기준을 초과하는 처분을 한 경우 그 행정처분의 효력**

식품위생법 시행규칙 제53조에 따른 [별표 15]의 행정처분기준은 행정기관 내부의 사무처리준칙을 규정한 것에 불과하기는 하지만 규칙 제53조 단서의 식품 등의 수급정책 및 국민보건에 중대한 영향을 미치는 특별한 사유가 없는 한 행정청은 당해 위반사항에 대하여 위 처분기준에 따라 행정처분을 함이 보통이라 할 것이므로, 행정청이 이러한 처분기준을 따르지 아니하고 특정한 개인에 대하여만 위 처분기준을 과도하게 초과하는 처분을 한 경우에는 재량권의 한계를 일탈하였다고 볼 만한 여지가 충분하다(대판 1993. 6. 29. 93누5635).[3]

② **서울특별시 토지의 형질변경등 행위허가사무취급요령의 법적 성질**(사무처리준칙)

서울특별시 토지의 형질변경등 행위허가사무취급요령 제12조는 "행정청이 아닌 자가 도시계획법 제4조의 규정에 의한 토지의 형질변경을 하고자 할 때에는 다음 각 호의 기준에 따라 공공시설을 확보하여 그 시설을 관리할 주체에 따라 행정청에 무상으로 귀속시켜야 한다"라고 규정하면서 그 제2호로 "신청토지 내 또는 인근 주변의 도로(통행로·진입로 등)를 정비할 필요성이 있을 경우 신청자 부담에 의한 공사를 시행하여 확보토록 할 수 있다"고 규정하고 있고, 이러한 예규는 법규로서의 효력이 없는 행정청 내부의 사무처리준칙에 불과하지만, 그 내용이 도로를 설치할 구체적이고 객관적인 필요에 관한 기준을 제시한 것으로서 합리적이고 타당한 규정으로 여겨지므로, 행정청이 이에 근거하여 토지형질변경허가처분을 함에 있어서 도로를 설치하여 그 시설 및 토지를 기부하도록 부관을 붙였다고 한다면, 그 내용이 이행가능하고 비례의 원칙 및 평등의 원칙에 적합함과 아울러 그 행정처분의 본질적 효력을 해하지 않는 한 적법한 행정처분이라고 할 것이고, 만일 토지형질변경의 허가를 신청한 당사자가 행정청이 제시한 도로의 기부채납에 관한 적법한 부관에 관하여 거부의 의사를 미리 명백히 밝힌 경우라면 그를 이유로 행정청이 부관부 허가처분에 나아가지 않고 곧바로 토지형질변경불허가처분을 하였다고 하더라도 그 처분은 적법하다(대판 1999. 2. 23. 98두17845).

3 영업허가 이전 1개월 이상 무허가 영업을 하였고 영업시간위반이 2시간 이상이라 하더라도 위 행정처분기

판례는 원칙적으로 행정규칙의 대외적 구속력을 인정하지 않는다. 행정규칙은 행정조직의 외부에 대하여 아무런 법적 효과를 갖는 것이 아니므로 행정청이 국민에 대하여 행정규칙에 반한 처분을 행하여도 그 처분은 행정규칙위반으로서 직접 위법이 되는 것은 아니라는 것이 판례의 일반적 입장이다.

행정규칙의 법규성을 부정한 판례

① 구 서울특별시 하천점용규칙 제6조 제1항에 하천점용허가 기간을 최장 10년으로 규정하고 있다 하더라도 상위 법규인 「하천법」이나 하천법 시행령 또는 서울특별시 조례에 점용기간에 관한 아무런 제한적 규정도 없고 이를 자치법규인 위 서울특별시 하천점용규칙에 위임하고 있는 규정도 없는 이상 이는 행정청 내부에 있어서 그 권한행사의 방법을 정한 지침에 불과하여 국민에 대한 법규적 성질을 가진 것은 아니라고 해석되므로 그 규정된 점용기간을 넘어서 점용허가를 하였다 하더라도 그 효력을 부정할 수는 없다(대판 1985. 12. 24. 84누343).

② 비상장주식의 양도가 현저히 유리한 조건의 거래로서 부당지원행위에 해당하는지 여부에 관하여 판단함에 있어서 공정거래위원회의 부당한 지원행위의 심사지침은 공정거래위원회 내부의 사무처리준칙에 불과하므로 공정거래위원회가 위 심사지침에서 원용하고 있는 구 상속세 및 증여세법 시행령 제56조 제1항 제2호에서 추정이익을 산출할 수 있도록 한 평가기관에 의뢰하지 않고 스스로 위 규정에 따른 방법으로 주식을 평가하였다고 하더라도 그것만으로는 그 평가가 부적절한 것이라고 할 수는 없고(다만, 위 평가기관에 의뢰하여 평가함으로써 그 평가에 대한 신뢰도를 높일 수 있을 것이다), 따라서 그 평가방법이 주식의 객관적인 가치를 반영할 수 있는 적절한 것인지, 그 방법에 의한 가격산정에 다른 잘못은 없는지 여부 등에 관하여 나아가 살펴보아야 할 것인바, 급속히 발전할 것으로 전망되는 정보통신 관련 사업을 영위하면서 장래에도 계속 성장할 것으로 예상되는 기업의 주식가격은 기준시점 당시 당해 기업의 순자산가치 또는 과거의 순손익가치를 기준으로 하여 산정하는 방법보다는 당해 기업의 미래의 추정이익을 기준으로 하여 산정하는 방법이 그 주식의 객관적인 가치를 반영할 수 있는 보다 적절한 방법이라고 할 것이고, 또한 당해 기업의 미래의 추정이익을 기준으로 주식가격을 산정하고자 할 경우 미래의 추

준에 의하면 1월의 영업정지사유에 해당하는데도 2월 15일의 영업정지처분을 한 것은 재량권일탈 또는 남용에 해당한다고 한 사례.

정이익은 그 기준시점 당시 당해 기업이 영위하는 산업의 현황 및 전망, 거시경제 전망, 당해 기업의 내부 경영상황, 사업계획 또는 경영계획 등을 종합적으로 고려하여 산정하여야 한다(대판 2005. 6. 9. 2004두7153).

③ 구 여객자동차운수사업법 시행규칙 제17조에 근거한 지방자치단체의 개인택시운송사업면허 관련 규정은 재량권 행사의 기준으로 마련된 행정청 내부의 사무처리준칙에 불과하고, 그 규정에서 정하고 있는 서류 이외에 이에 준하는 객관적이고 합리적인 증거자료에 의하여 개인택시운송사업면허를 받고자 하는 사람의 운전경력을 인정할 수 있다(대판 2005. 7. 22. 2005두999).

④ 훈령이란 행정조직내부에 있어서 그 권한의 행사를 지휘감독하기 위하여 발하는 행정명령으로서 훈령, 예규, 통첩, 지시, 고시, 각서 등 그 사용명칭 여하에 불구하고 공법상의 법률관계내부에서 준거할 준칙 등을 정하는 데 그치고 대외적으로는 아무런 구속력도 가지는 것이 아니다(대판 1983. 6. 14. 83누54; 대판 1983. 2. 22. 82누324).

판례는 원칙적으로 행정규칙의 대외적 구속력을 인정하지 않지만, 예외적으로 법규성을 인정한 경우도 많이 있다(행정규칙 형식의 법규명령).

행정규칙의 법규성을 인정한 판례

① 상급행정기관이 하급행정기관에 대하여 업무처리지침이나 법령의 해석적용에 관한 기준을 정하여서 발하는 이른바 행정규칙은 일반적으로 행정조직 내부에서만 효력을 가질 뿐 대외적인 구속력을 갖는 것은 아니지만, 법령의 규정이 특정 행정기관에 그 법령내용의 구체적 사항을 정할 수 있는 권한을 부여하면서 그 권한 행사의 절차나 방법을 특정하고 있지 아니한 관계로 수임행정기관이 행정규칙의 형식으로 그 법령의 내용이 될 사항을 구체적으로 정하고 있다면 그와 같은 행정규칙, 규정은 행정규칙이 갖는 일반적 효력으로서가 아니라 행정기관에 법령의 구체적 내용을 보충할 권한을 부여한 법령규정의 효력에 의하여 그 내용을 보충하는 기능을 갖게 된다 할 것이므로 이와 같은 행정규칙, 규정은 당해 법령의 위임한계를 벗어나지 아니하는 한 그것들과 결합하여 대외적인 구속력이 있는 법규명령으로서의 효력을 갖게 된다(대판 1987. 9. 29. 86누484).

② 식품제조영업허가기준이라는 고시는 공익상의 이유로 허가를 할 수 없는 영업의 종류를 지정할 권한을 부여한 구 「식품위생법」 제23조의3 제4호에 따라 보건사회

부장관이 발한 것으로서, 실질적으로 법의 규정내용을 보충하는 기능을 지니면서 그것과 결합하여 대외적으로 구속력이 있는 법규명령의 성질을 가진 것이다(대판 1994. 3. 8. 92누1728).

③ 개별토지가격합동조사지침 제6조는 개별토지가격결정절차를 규정하고 있으면서 그 중 제3호에서 산정된 지가의 공개열람 및 토지소유자 또는 이해관계인의 의견접수를 절차의 하나로 규정하고 있는바, 위 지침은 지가공시 및 토지 등의 평가에 관한 법률 제10조의 시행을 위한 집행명령으로서 법률보충적인 구실을 하는 법규적 성질을 가지고 있는 것으로 보아야 할 것이므로 위 지침에 규정된 절차에 위배하여 이루어진 지가결정은 위법하다(대판 1994. 2. 8. 93누111).

Ⅳ. 입법형식과 규율내용의 불일치

1. 법규명령형식의 행정규칙

(1) 의 의

법규명령의 형식으로 되어 있지만 그 내용이 행정사무처리준칙과 같이 행정규칙적 사항인 경우를 법규명령형식의 행정규칙이라고 한다. 법규명령형식의 행정규칙은 보통 법률이 행정권에 재량을 부여한 경우에 행정권이 재량권 행사의 기준(재량준칙, 주로 제재적 처분의 기준)을 대통령령이나 부령으로 정립한 경우이다.

(2) 학 설

법규명령형식의 행정규칙이 법규명령인가 행정규칙인가 문제된다.

① 법규명령설(형식설)

법규명령형식의 행정규칙을 법규로 보아 외부적 효력을 인정한다. 중요하고 엄숙한 형식인 법규형식으로 제정된 이상 형식을 존중하여 국민의 자유와 재산에 관계없는 사항이라도 국민을 구속하는 법규성이 인정된다고 한다. 다수의 견해이다.

② 행정규칙설(실질설)

법규명령의 형식으로 정립되었다 해서 행정규칙으로서의 성질이 변하는 것은 아니어서 국민이나 법원을 구속할 수는 없다는 견해이다. 실질적인 내용이 행정기관 내부에서만 효력이 있으므로 법규성을 부정하는 것이다.

③ 수권여부기준설

법령의 수권에 근거한 대통령령·총리령·부령은 법규명령이고, 법률의 수권이 없이 제정된 경우에는 행정규칙이라고 한다.

(3) 판 례

대법원은 총리령, 부령형식인 경우에는 법규성을 부정하지만, 대통령령 형식인 경우에는 법규성을 인정한 바 있다.

① 부령(시행규칙)형식인 경우

대법원은 부령의 형식으로 제정되었으나 그 내용이 행정 내부의 사무처리준칙을 정한 것에 불과한 경우에는 행정규칙의 성질을 갖는다고 본다. 식품위생법 시행규칙, 건축사법 시행규칙, 구 공중위생법 시행규칙, 도로교통법 시행규칙상의 제재적 행정처분의 기준, 구 자동차운수사업법 제31조 등의 규정에 의한 사업면허의 취소 등의 처분에 관한 규칙(교통부령) 등을 행정규칙에 지나지 않는 것으로 본 바 있다.

도로교통법 시행규칙으로 정한 운전면허행정처분기준

도로교통법 시행규칙 제53조 제1항이 정한 [별표 16]의 운전면허행정처분기준은 부령의 형식으로 되어 있으나, 그 규정의 성질과 내용이 운전면허의 취소처분 등에 관한 사무처리기준과 처분절차 등 행정청 내부의 사무처리준칙을 규정한 것에 지나지 아니하므로 대외적으로 국민이나 법원을 기속하는 효력이 없으므로, 자동차운전면허취소처분의 적법 여부는 그 운전면허행정처분기준만에 의하여 판단할 것이 아니라 도로교통법의 규정 내용과 취지에 따라 판단되어야 한다(대판 1997. 5. 30. 96누5773).

구 자동차운수사업법 제31조 제2항의 규정에 따라 제정된 자동차운수사업법 제31조 등의 규정에 의한 사업면허의 취소 등의 처분에 관한 규칙

구 「자동차운수사업법」 제31조 제2항의 규정에 따라 제정된 자동차운수사업법 제31조 등의 규정에 의한 사업면허의 취소 등의 처분에 관한 규칙은 형식은 부령으로 되어 있으나 그 규정의 성질과 내용은 자동차운수사업면허의 취소·처분 등에 관한 사무처리기준과 처분절차 등 행정청 내의 사무처리준칙을 규정한 것에 불과하여 행정조직 내부에 있어서의 행정명령의 성질을 가지는 것이어서 행정조직 내부에서 관계 행정기관이나 직원을 구속함에 그치고 대외적으로 국민이나 법원을 구속하는 것은 아니므로, 자동차운송사업면허취소 등의 처분이 이 규칙에서 정한 기준에 따른 것이라 하여 당연히 적법한 처분이 된다 할 수 없고, 그 처분의 적법 여부는 「자동차운수사업법」의 규정 및 그 취지에 적법한 것인가의 여부에 따라서 판단하여야 한다(대판 1991. 11. 8. 91누4973).

식품위생법 시행규칙 제53조 [별표 15] '행정처분기준'

식품위생법 시행규칙 제53조에서 [별표 15]로 같은 법 제58조에 따른 행정처분의 기준을 정하였다 하더라도, 이는 형식은 부령으로 되어 있으나 성질은 행정기관 내부의 사무처리준칙을 규정한 것에 불과한 것으로서 보건사회부장관이 관계 행정기관 및 직원에 대하여 직무권한행사의 지침을 정하여 주기 위하여 발한 행정명령의 성질을 가지는 것이지 같은 법 제58조 제1항의 규정에 의하여 보장된 재량권을 기속하는 것이라고 할 수 없고, 대외적으로 국민이나 법원을 기속하는 힘이 있는 것은 아니다(대판 1993. 6. 29. 93누5635).

구 공중위생법 시행규칙 제41조 [별표 7]

「공중위생법」 제23조 제1항은 처분권자에게 영업자가 법에 위반하는 종류와 정도의 경중에 따라 제반사정을 참작하여 위 법에 규정된 것 중 적절한 종류를 선택하여 합리적인 범위내의 행정처분을 할 수 있는 재량권을 부여한 것이고, 이를 시행하기 위하여 동 제4항에 의하여 마련된 공중위생법 시행규칙 제41조 [별표 7]에서 위 행정처분의 기준을 정하고 있더라도 위 시행규칙은 형식은 부령으로 되어 있으나 그 성질은 행정기관 내부의 사무처리준칙을 규정한 것에 불과한 것으로서 보건사회부장관이 관계 행정기관 및 직원에 대하여 그 직무권한 행사의 지침을 정하여 주기 위하여 발한 행정명령의 성질을 가지는 것이지, 위 법 제23조 제1항에 의하여 보장된 재량권을 기속하거나 대외적으로 국민을 기속하는 것은 아니다(대판 1991. 3. 8. 90누6545).

제재적 행정처분의 기준이 부령의 형식으로 규정되어 있는 경우

제재적 행정처분의 기준이 부령의 형식으로 규정되어 있더라도 그것은 행정청 내부의 사무처리준칙을 정한 것에 지나지 아니하여 대외적으로 국민이나 법원을 기속하는 효력이 없고, 당해 처분의 적법 여부는 위 처분기준만이 아니라 관계 법령의 규정 내용과 취지에 따라 판단되어야 하므로, 위 처분기준에 적합하다 하여 곧바로 당해 처분이 적법한 것이라고 할 수는 없지만, 위 처분기준이 그 자체로 헌법 또는 법률에 합치되지 아니하거나 위 처분기준에 따른 제재적 행정처분이 그 처분사유가 된 위반행위의 내용 및 관계 법령의 규정 내용과 취지에 비추어 현저히 부당하다고 인정할 만한 합리적인 이유가 없는 한 섣불리 그 처분이 재량권의 범위를 일탈하였거나 재량권을 남용한 것이라고 판단해서는 안 된다(대판 2007. 9. 20. 2007두6946).

대법원은 부령의 형식으로 재량권 행사의 기준을 정한 경우 이를 법규명령으로 보아, 부령형식으로 정한 재량권행사의 기준에 대해서 대외적 구속력을 긍정한 판시를 한 바 있다.

구 여객자동차 운수사업법 시행규칙의 법적 성격(법규명령)

구 여객자동차 운수사업법 시행규칙 제31조 제2항 제1호, 제2호, 제6호는 구 「여객자동차 운수사업법」 제11조 제4항의 위임에 따라 시외버스운송사업의 사업계획변경에 관한 절차, 인가기준 등을 구체적으로 규정한 것으로서, 대외적인 구속력이 있는 법규명령이라고 할 것이고, 그것을 행정청 내부의 사무처리준칙을 규정한 행정규칙에 불과하다고 할 수는 없다(대판 2006. 6. 27. 2003두4355).

최근 전원합의체 판결 별개의견은 부령의 형식으로 재량권 행사의 기준을 정한 경우 이를 법규명령으로 보았다

[별개의견] 다수의견은, 제재적 행정처분의 기준을 정한 부령인 시행규칙의 법적 성질에 대하여는 구체적인 논급을 하지 않은 채, 시행규칙에서 선행처분을 받은 것을 가중사유나 전제요건으로 하여 장래 후행처분을 하도록 규정하고 있는 경우, 선행처분의 상대방이 그 처분의 존재로 인하여 장래에 받을 불이익은 구체적이고 현실적이라는 이유로, 선행처분에서 정한 제재기간이 경과한 후에도 그 처분의 취소를 구할 법률상 이익이 있다고 보고 있는바, 다수의견이 위와 같은 경우 선행처분의 취소를 구할 법률상 이익을 긍정하는 결론에는 찬성하지만, 그 이유에 있어서는 부령인 제재적 처분기준의 법규성을 인정하는 이론적 기초 위에서 그 법률상 이익을 긍정하는 것이 법리적으로는 더욱 합당하다고 생각한다. 상위법령의 위임에 따라 제재적 처분기준을 정한 부령인 시행규칙은 「헌법」 제95조에서 규정하고 있는 위임명령에 해당하고, 그 내용도 실질적으로 국민의 권리의무에 직접 영향을 미치는 사항에 관한 것이므로, 단순히 행정기관 내부의 사무처리준칙에 지나지 않는 것이 아니라 대외적으로 국민이나 법원을 구속하는 법규명령에 해당한다고 보아야 한다(대판 2006. 6. 22. 2003두1684 전원합의체).

② 대통령령(시행령) 형식인 경우

대법원은 부령과는 달리 '대통령령'으로 정한 행정처분의 기준은 법규명령으로 보아 법규성을 인정하고 있다. 학설은 판례가 특별한 논거를 밝히지 않은 채 행정처분의 기준을 대통령령으로 정하는 경우와 부령으로 정하는 경우를 나누어 법규성 유무를 다르게 보는 태도에 대해 일관성이 결여되어 있으며 타당하지 못하는 비판을 하고 있다.

구 주택건설촉진법(현, 주택법) 시행령 사건

구 주택건설촉진법 시행령 제10조의3 제1항 [별표 1]은 「주택건설촉진법」 제7조 제2항의 위임규정에 터 잡은 규정형식상 대통령령이므로 그 성질이 부령인 시행규칙이나 또는 지방자치단체의 규칙과 같이 통상적으로 행정조직 내부에 있어서의 행정명령에 지나지 않는 것이 아니라 대외적으로 국민이나 법원을 구속하는 힘이 있는 법규명령에 해당한다(대판 1997. 12. 26. 97누15418).

구 청소년보호법 제49조에 따른 시행령(대통령령) 제40조 [별표 6]의 위반행위의 종별에 따른 과징금처분기준은 법규명령으로 보면서도 기준에 명시된 액수는 정액이 아니라 최고한도액으로 보았다

구 「청소년보호법」 제49조 제1항, 제2항에 따른 같은 법 시행령 제40조 [별표 6]의 위반행위의 종별에 따른 과징금처분기준은 법규명령이기는 하나 모법의 위임규정의 내용과 취지 및 헌법상의 과잉금지의 원칙과 평등의 원칙 등에 비추어 같은 유형의 위반행위라 하더라도 그 규모나 기간·사회적 비난 정도·위반행위로 인하여 다른 법률에 의하여 처벌받은 다른 사정·행위자의 개인적 사정 및 위반행위로 얻은 불법이익의 규모 등 여러 요소를 종합적으로 고려하여 사안에 따라 적정한 과징금의 액수를 정하여야 할 것이므로 그 수액은 정액이 아니라 최고한도액이라고 할 것이다. 위 [별표 6]의 기준 금액이 상한액이고, 위반행위가 유흥업소에 청소년 2명을 고용한 것은 결코 가벼운 위반행위는 아니나 그 고용기간이 7일로 비교적 짧고 그로 인하여 얻은 이익이 실제 많지 아니하며, 원고는 동일한 위반행위로 인하여 식품위생법에 따른 15일간의 영업정지처분을 받은 점 등 제반 사정에 비추어 보면 상한액의 2배인 16,000,000원의 과징금을 부과한 이 사건 처분이 재량권의 한계를 일탈한 것으로 위법하다(대판 2001. 3. 9. 99두5207).

2. 행정규칙형식의 법규명령(법령보충적 행정규칙)

(1) 의 의

행정규칙형식의 법규명령이란 형식적으로는 훈령·고시 등의 행정규칙형식으로 제정되었으나 내용적으로는 법률의 보충적 성질을 가지는 경우를 말한다.

(2) 학 설

이는 실질적으로 법규의 내용을 갖는 행정규칙의 법규성 인정 여부에 관한 견해대립이다.

① 법규명령설

법령의 내용을 보충할 수 있는 권한을 부여하고 있는 근거 법령의 수수 또는 위임에 기하여 발하여진 것이므로 그 실질적 내용에 따라 법규명령으로 보고 외부적 효력을 인정하여야 한다는 견해이다. 다수의 견해이다.

② 행정규칙설

헌법이 규정하는 법규명령 내용은 대통령령·총리령·부령 등 한정적으로 열거하고 있으므로 그 외의 고시·훈령·예규 등은 실질적 내용이 법규명령이라 하더라도 용을에 의하여 행정규칙으로 보아야 한다는 견해이다.

③ 규범구체화행정규칙설

이 견해는 행정규칙형식의 법규명령을 규범구체화행정규칙으로 보아 외부적 효력을 인정한다.

④ 위헌·무효설

행정규칙형식의 법규명령은 국회입법원칙에 대한 예외로서 우리 헌법상 인정되지 않는 것으로 위헌·무효라고 한다.

(3) 판 례

① 대법원

법규명령으로서의 내용을 가지지만 행정규칙의 형식으로 규정되어 있는 경우에는 위임명령과 결합하여 법규명령으로서의 효력을 인정하는 것이 대법원의 입장이다. 대법원은 재산제세사무처리규정(국세청장 훈령)의 법적 성질에 대해 "위임한 법령의 위임한계를 벗어나지 않는 한, 위임한 법령과 결합하여 대외적인 구속력이 있는 법규명령으로서의 효력을 갖게 된다(대판 1987. 9. 29. 86누484)"라고 판시한 이래, 그 태도를 계속 유지해 오고 있다.

보건사회부(현, 보건복지부)장관이 정한 1994년도 노인복지사업지침

[1] 보건사회부(현, 보건복지부)장관이 정한 1994년도 노인복지사업지침은 노령수당의 지급대상자의 선정기준 및 지급수준 등에 관한 권한을 부여한 「노인복지법」 제13조 제2항, 같은 법 시행령 제17조, 제20조 제1항에 따라 보건사회부장관이 발한 것으로서 실질적으로 법령의 규정내용을 보충하는 기능을 지니면서 그것과 결합하여 대외적으로 구속력이 있는 법규명령의 성질을 가지는 것으로 보인다.

[2] 법령보충적인 행정규칙, 규정은 당해 법령의 위임한계를 벗어나지 아니하는 범위 내에서만 그것들과 결합하여 법규적 효력을 가지고, 「노인복지법」 제13조 제2항의 규정에 따른 노인복지법 시행령 제17조, 제20조 제1항은 노령수당의 지급대상자의 연령범위에 관하여 위 법 조항과 동일하게 '65세 이상의 자'로 반복하여 규정한 다음 소득수준 등을 참작한 일정소득 이하의 자라고 하는 지급대상자의 선정기준과 그 지급대상자에 대한 구체적인 지급수준(지급액) 등의 결정을 보건사회부장관에게 위임하고 있으므로, 보건사회부(현, 보건복지부)장관이 노령수당의 지급대상자에 관하여 정할 수 있는 것은 65세 이상의 노령자 중에서 그 선정기준이 될 소득수준 등을 참작한 일정소득 이하의 자인 지급대상자의 범위와 그 지급대상자에 대하여 매년 예산확보상황 등을 고려한 구체적인 지급수준과 지급시기, 지급방법 등일 뿐이지, 나아가 지급대상자의 최저연령을 법령상의 규정보다 높게 정하는 등 노령수당의 지급대상자의 범위를 법령의 규정보다 축소·조정하여 정할 수는 없다고 할 것임에도, 보건사회부(현, 보건복지부)장관이 정한 1994년도 노인복지사업지침은 노령수당의 지급대상자를 '70세 이상'의 생활보호대상자로 규정함으로써 당초 법령이 예정한 노령수당의 지급대상자를 부당하게 축소·조정하였고, 따라서 위 지침 가운데 노령수당의 지급대상자를 '70세 이상'으로 규정한 부분은 법령의 위임한계를 벗어난 것이어서 그 효력이 없다(대판 1996. 4. 12. 95누7727).

소득세법 시행령 제170조 제4항 제2호에 의하여 투기거래를 규정한 국세청 훈령인 재산제세사무처리규정은 그 근거가 되는 법령과 결합하여 법규명령의 효력을 가진다

상급행정기관이 하급행정기관에 대하여 업무처리지침이나 법령의 해석적용에 관한 기준을 정하여서 발하는 이른바 행정규칙은 일반적으로 행정조직 내부에서만 효력을 가질 뿐 대외적인 구속력을 갖는 것은 아니지만, 법령의 규정이 특정 행정기관에 그 법령내용의 구체적 사항을 정할 수 있는 권한을 부여하면서 그 권한행사의 절차나 방법을 특정하고 있지 아니한 관계로 수임행정기관이 행정규칙의 형식으로 그 법령의 내용이 될 사항을 구체적으로 정하고 있다면 그와 같은 행정규칙·규정은 행정규칙이 갖는 일반적 효력으로서가 아니라, 행정기관에 법령의 구체적 내용을 보충할 권한을 부여한 법령규정의 효력에 의하여 그 내용을 보충하는 기능을 갖게 된다 할 것이므로 이와 같은 행정규칙·규정은 당해 법령의 위임한계를 벗어나지 아니하는 한 그것들과 결합하여 대외적인 구속력이 있는 법규명령으로서의 효력을 갖게 된다. 위 재산제세사무처리규정이 국세청장의 훈령형식으로 되어 있다 하더라도 이에 의한 거래지정은 소득세법 시행령의 위임에 따라 그 규정의 내용을 보충하는 기능을 가지면서 그와 결합하여 대외적 효력을 발생하게 된다 할 것이므로 그 보충규정의 내용이 위 법령의 위임한계를 벗어났다는 등 특별한 사정이 없는 한 양도소득세의 실지거래가액에 의한 과세의 법령상의 근거가 된다(대판 1987. 9. 29. 86누484).

국무총리 훈령인 개별토지가격합동조사지침은 그 근거가 되는 법령과 결합하여 법규명령의 효력을 가진다

개별토지가격합동조사지침 제6조는 개별토지가격결정절차를 규정하고 있으면서 그중 제3호에서 산정된 지가의 공개열람 및 토지소유자 또는 이해관계인의 의견접수를 절차의 하나로 규정하고 있는바, 위 지침은 지가공시 및 토지 등의 평가에 관한 법률 제10조의 시행을 위한 집행명령으로서 법률보충적인 구실을 하는 법규적 성질을 가지고 있는 것으로 보아야 할 것이므로 위 지침에 규정된 절차에 위배하여 이루어진 지가결정은 위법하다(대판 1994. 2. 8. 93누111).

산업자원부(현, 산업통상자원부)장관이 공업배치 및 공장설립에 관한 법률 제8조의 규정에 따라 공장입지의 기준을 구체적으로 정한 고시는 법규명령으로서 효력을 가진다

법령의 규정이 특정 행정기관에 그 법령내용의 구체적 사항을 정할 수 있는 권한을 부여하면서 그 권한 행사의 절차나 방법을 특정하고 있지 않은 관계로 수임 행정기관이 행정규칙의 형식으로 그 법령의 내용이 될 사항을 구체적으로 정하고 있는 경우에는, 그 행정규칙이 당해 법령의 위임한계를 벗어나지 않는 한, 그와 결합하여 대외적으로 구속력이 있는 법규명령으로서 효력을 가지는 것이므로, 산업자원부(현, 산업통상자원부)장관이 「공업배치 및 공장설립에 관한 법률」 제8조의 규정에 따라 공장입지의 기준을 구체적으로 정한 고시는 법규명령으로서 효력을 가진다(대판 2003. 9. 26. 2003두2274).

지식경제부(현, 산업통상자원부) 고시 공장입지기준은 법규명령으로서 효력을 가진다

지식경제부(현, 산업통상자원부) 고시 공장입지기준 제5조는 지식경제부(현, 산업통상자원부)장관이 「공업배치 및 공장설립에 관한 법률」 제8조의 위임에 따라 공장입지의 기준을 구체적으로 정한 것으로서 법규명령으로서 효력을 가진다 할 것이고, 김포시 고시 공장입지제한처리기준 제5조 제1항은 김포시장이 위 지식경제부(현, 산업통상자원부) 고시 공장입지기준 제5조 제2호의 위임에 따라 공장입지의 보다 세부적인 기준을 정한 것으로서 상위명령의 범위를 벗어나지 아니하므로 그와 결합하여 대외적으로 구속력이 있는 법규명령으로서 효력을 가진다(대판 2004. 5. 28. 2002두4716).

구 택지개발촉진법과 시행령에 따라 건설교통부(현, 국토교통부)장관이 정한 '택지개발업무처리지침'은 법규명령으로서의 효력을 가진다

[1] 상급행정기관이 하급행정기관에 대하여 업무처리지침이나 법령의 해석적용에 관한 기준을 정하여 발하는 이른바 행정규칙은 일반적으로 행정조직 내부에서만 효력을 가질 뿐 대외적인 구속력을 갖지 않지만, 법령의 규정이 특정 행정기관에게 그 법령 내용의 구체적 사항을 정할 수 있는 권한을 부여하면서 그 권한 행사의 절차나 방법을 특정하고 있지 않아 수임행정기관이 행정규칙의 형식으로 그 법령의 내용이 될 사항을 구체적으로 정하고 있다면, 그와 같은 행정규칙은 위에서 본 행정규칙이 갖는 일반적 효력으로서가 아니라 행정기관에 법령의 구체적 내용을 보충할 권한을 부여한 법령 규정의 효력에 의하여 그 내용을 보충하는 기능을 갖게 되고, 따라서 이와 같은 행정규칙은 당해 법령의 위임 한계를 벗어나지 않는 한 그것들과 결합하여 대외적인 구속력이 있는 법규명령으로서의 효력을 가진다.

[2] 관계 법령의 내용, 형식 및 취지 등을 종합하여 볼 때, 구 「택지개발촉진법」 제3조 제4항, 제31조, 같은 법 시행령 제7조 제1항 및 제5항에 따라 건설교통부(현, 국토교통부)장관이 정한 '택지개발업무처리지침' 제11조가 비록 건설교통부(현, 국토교통부)장관의 지침 형식으로 되어 있다 하더라도, 이에 의한 토지이용에 관한 계획은 택지개발촉진법령의 위임에 따라 그 규정의 내용을 보충하면서 그와 결합하여 대외적인 구속력이 있는 법규명령으로서의 효력을 가진다(대판 2008. 3. 27. 2006두3742, 3759).

산지관리법과 시행령에 따라 산림청장이 정한 '산지전용허가기준의 세부검토기준에 관한 규정' 제2조 [별표 3] 규정이 법규명령으로서 효력을 가진다

「산지관리법」 제18조 제1항, 제4항, 같은 법 시행령 제20조 제4항에 따라 산림청장이 정한 '산지전용허가기준의 세부검토기준에 관한 규정' 제2조 [별표 3] (바)목 가.의 규정은 법령의 내용이 될 사항을 구체적으로 정한 것으로서 당해 법령의 위임 한계를 벗어나지 않으므로, 그와 결합하여 대외적으로 구속력이 있는 법규명령으로서 효력을 가진다(대판 2008. 4. 10. 2007두4841).

산업입지의 개발에 관한 통합지침은 법규명령의 효력을 가진다

「산업입지 및 개발에 관한 법률」 제40조 제1항, 제3항, 산업입지 및 개발에 관한 법률 시행령 제45조 제1항의 위임에 따라 제정된 '산업입지의 개발에 관한 통합지침'의 내용, 형식 및 취지 등을 종합하면, '산업입지의 개발에 관한 통합지침'은 위 법령이 위임한 것에 따라 법령의 내용이 될 사항을 구체적으로 정한 것으로서 법령의 위임 한계를 벗어나지 않으므로, 그와 결합하여 대외적으로 구속력이 있는 법규명령의 효력을 가진다(대판 2011. 9. 8. 2009두23822).

② 헌법재판소

헌법재판소는 명시적으로 행정규칙 형식의 법규명령을 인정하고, 이를 행정규칙으로 보며, 그 자체로 직접적 대외적 구속력을 갖는 것이 아니라 상위 법령과 결합하여 상위 법령의 일부가 됨으로써 대외적 구속력을 가진다고 한다.

'청소년유해매체물의 표시방법'에 관한 정보통신부(현, 여성가족부) 고시는 상위 법령과 결합하여 대외적 구속력을 갖는 법규명령으로 기능하고 있다

'청소년유해매체물의 표시방법'에 관한 정보통신부(현, 여성가족부) 고시는 청소년유해매체물을 제공하려는 자가 하여야 할 전자적 표시의 내용을 정하고 있는데, 이는 「정보통신망이용촉진 및 정보보호 등에 관한 법률」 제42조 및 동법 시행령 제21조 제2항, 제3항의 위임규정에 의하여 제정된 것으로서 국민의 기본권을 제한하는 것인바, 상위 법령과 결합하여 대외적 구속력을 갖는 법규명령으로 기능하고 있는 것이므로 헌법소원의 대상이 된다(헌재결 2004. 1. 29. 2001헌마894).

행정규칙 형식의 법규명령의 입법형식은 제한적으로 인정될 수 있다

국회입법에 의한 수권이 입법기관이 아닌 행정기관에 법률 등으로 구체적인 범위를 정하여 위임한 사항에 관하여는 당해 행정기관에 법정립의 권한을 갖게 되고, 입법자가 규율의 형식도 선택할 수도 있다 할 것이므로, 헌법이 인정하고 있는 위임입법의 형식은 예시적인 것으로 보아야 할 것이고, 그것은 법률이 행정규칙에 위임하더라도 그 행정규칙은 위임된 사항만을 규율할 수 있으므로, 국회입법의 원칙과 상치되지도 않는다. 다만, 형식의 선택에 있어서 규율의 밀도와 규율영역의 특성이 개별적으로 고찰되어야 할 것이고, 그에 따라 입법자에게 상세한 규율이 불가능한 것으로 보이는 영역이라면 행정부에 필요한 보충을 할 책임이 인정되고 극히 전문적인 식견에 좌우되는 영역에서는 행정기관에 의한 구체화의 우위가 불가피하게 있을 수 있다. 그러한 영역에서 행정규칙에 대한 위임입법이 제한적으로 인정될 수 있다(헌재결 2006. 12. 28. 2005헌바59; 헌재결 2004. 10. 28. 99헌바91).

(4) 한 계

행정규칙 형식의 법규명령의 한계

① 고시와 같은 형식으로 입법위임을 할 때에는 행정규제기본법 제4조 제2항 단서에 따라 업무의 성질상 위임이 불가피한 사항에 한정된다 할 것이고, 포괄위임금지의 원칙상 법률의 위임은 반드시 구체적·개별적으로 한정된 사항에 대하여 행하여져야 한다

행정규칙은 법규명령과 같은 엄격한 제정 및 개정절차를 요하지 아니하므로, 재산권 등과 같은 기본권을 제한하는 작용을 하는 법률이 입법위임을 할 때에는 '대통령령', '총리령', '부령' 등 법규명령에 위임함이 바람직하고, 금융감독위원회의 고시와 같은 형식으로 입법위임을 할 때에는 적어도 「행정규제기본법」 제4조 제2항 단서에서 정한 바와 같이 법령이 전문적·기술적 사항이나 경미한 사항으로서 업무의 성질상 위임이 불가피한 사항에 한정된다 할 것이고, 그러한 사항이라 하더라도 포괄위임금지의 원칙상 법률의 위임은 반드시 구체적·개별적으로 한정된 사항에 대하여 행하여져야 한다(헌재결 2006. 12. 28. 2005헌바59; 헌재결 2004. 10. 28. 99헌바91).

② 행정규칙 형식의 법규명령이 법령의 위임을 벗어나면 법규명령으로서의 대외적 구속력이 인정되지 않는다

일반적으로 행정 각부의 장이 정하는 고시라 하더라도 그것이 특히 법령의 규정에서 특정 행정기관에게 법령 내용의 구체적 사항을 정할 수 있는 권한을 부여함으로써 그 법령 내용을 보충하는 기능을 가질 경우에는 그 형식과 상관없이 근거 법령 규정과 결합하여 대외적으로 구속력이 있는 법규명령으로서의 효력을 가지는 것이나 이는 어디까지나 법령의 위임에 따라 그 법령 규정을 보충하는 기능을 가지는 점에 근거하여 예외적으로 인정되는 효력이므로 특정 고시가 비록 법령에 근거를 둔 것이라고 하더라도 그 규정 내용이 법령의 위임 범위를 벗어난 것일 경우에는 위와 같은 법규명령으로서의 대외적 구속력을 인정할 여지는 없다(대판 2006. 4. 28. 2003마715; 대판 1999. 11. 26. 97누13474).

③ **1994년도 노인복지사업지침이 노령수당의 지급대상자를 '70세 이상'의 생활보호대상자로 규정한 것은 법령의 위임한계를 벗어난 것이어서 그 효력이 없다**

법령보충적인 행정규칙·규정은 당해 법령의 위임한계를 벗어나지 아니하는 범위 내에서만 그것들과 결합하여 법규적 효력을 가지고, 「노인복지법」 제13조 제2항의 규정에 따른 노인복지법 시행령 제17조, 제20조 제1항은 노령수당의 지급대상자의 연령범위에 관하여 위 법 조항과 동일하게 '65세 이상의 자'로 반복하여 규정하고 있는데, 보건사회부장관이 정한 1994년도 노인복지사업지침은 노령수당의 지급대상자를 '70세 이상'의 생활보호대상자로 규정함으로써 당초 법령이 예정한 노령수당의 지급대상자를 부당하게 축소·조정하였고, 따라서 위 지침 가운데 노령수당의 지급대상자를 '70세 이상'으로 규정한 부분은 법령의 위임한계를 벗어난 것이어서 그 효력이 없다(대판 1996. 4. 12. 95누7727).

V. 행정규칙의 한계

행정규칙은 법률 및 법규명령 또는 상위행정규칙에 저촉하지 않아야 하며, 행정목적을 달성하는 데 필요한 한도 내에서만 제정되어야 한다.

행정규칙의 한계

① 개인택시운송사업면허는 특정인에게 권리나 이익을 부여하는 행정행위로서 법령에 특별한 규정이 없는 한 재량행위이고, 그 면허에 필요한 기준을 정하는 것 역시 행정청의 재량에 속하는 것이므로 그 기준이 객관적으로 보아 합리적이 아니라든가

타당하지 아니하여 재량권을 남용한 것이라고 인정되지 아니하는 이상 행정청의 의사는 가능한 한 존중되어야 한다. 해당 지역에서 일정기간 거주하여야 한다는 요건 이외에 해당 지역 운수업체에서 일정기간 근무한 경력이 있는 경우에만 개인택시운송사업면허신청 자격을 부여한다는 개인택시운송사업면허업무규정은, 개인택시 면허제도의 성격, 운송사업의 공익성, 지역에서의 장기간 근속을 장려할 필요성, 기준의 명확성 요청 등의 제반 사정에 비추어 합리적인 제한이다(대판 2005. 4. 28. 2004두8910).

② 동해시가 개인택시 면허발급의 우선순위를 정하면서 버스나 다른 사업용 자동차의 운전경력보다 택시 운전경력을 우대하고 나아가 같은 순위 내 경합이 있으면 다시 택시 운전경력자를 우선하도록 하는 내용의 '동해시 개인택시운송사업면허 사무처리규정'에 따라 면허발급대상 인원보다 후순위인 사람에게 개인택시운송사업면허 제외처분을 한 사안에서, 면허의 대상이 개인택시운송사업이어서 거기에 종사하게 될 자를 정할 때 버스나 다른 사업용 자동차의 운전경력에 비해 업무의 유사성이 높은 택시운전경력이 더욱 유용하다는 판단 등이 고려된 위 규정의 취지 등에 비추어, 개인택시면허 신규발급의 우선순위에 관한 위 규정 제4조 제2항은 합목적적인 행정의 수단 내지 기준으로서 나름대로 합리적이고 타당한 것이므로 그에 따른 위 제외처분 역시 적법하다(대판 2009. 7. 9. 2008두11099).

Ⅵ. 행정규칙의 요건

구 청소년보호법에 따른 청소년유해매체물 결정·고시의 법적 성격 및 그 효력발생의 요건과 시기

구 「청소년보호법」에 따른 청소년유해매체물 결정 및 고시처분은 당해 유해매체물의 소유자 등 특정인만을 대상으로 한 행정처분이 아니라 일반 불특정 다수인을 상대방으로 하여 일률적으로 표시의무, 포장의무, 청소년에 대한 판매·대여 등의 금지의무 등 각종 의무를 발생시키는 행정처분으로서, 정보통신윤리위원회가 특정 인터넷 웹사이트를 청소년유해매체물로 결정하고 청소년보호위원회가 효력발생시기를 명시하여 고시함으로써 그 명시된 시점에 효력이 발생하였다고 봄이 상당하고, 정보통신윤리위원회와 청소년보호위원회가 위 처분이 있었음을 위 웹사이트 운영자에게 제대로 통지하지 아니하였다고 하여 그 효력 자체가 발생하지 아니한 것으로 볼 수는 없다(대판 2007. 6. 14. 2004두619).

서울시가 정한 개인택시운송사업면허지침은 사무처리준칙으로써 외부에 고지되어야만 효력이 발생하는 것은 아니다

서울특별시가 정한 개인택시운송사업면허지침은 재량권 행사의 기준으로 설정된 행정청의 내부의 사무처리준칙에 불과하므로, 대외적으로 국민을 기속하는 법규명령의 경우와는 달리 외부에 고지되어야만 효력이 발생하는 것은 아니다(대판 1997. 1. 21. 95누12941).

Ⅶ. 행정규칙의 효력

1. 내부적 효력

어떠한 처분의 근거나 법적인 효과가 행정규칙에 규정되어 있는 경우, 그 처분이 항고소송의 대상이 되는 행정처분에 해당하기 위한 요건

항고소송의 대상이 되는 행정처분이라 함은 원칙적으로 행정청의 공법상 행위로서 특정 사항에 대하여 법규에 의한 권리의 설정 또는 의무의 부담을 명하거나 기타 법률상 효과를 발생하게 하는 등으로 일반 국민의 권리 의무에 직접 영향을 미치는 행위를 가리키는 것이지만, 어떠한 처분의 근거나 법적인 효과가 행정규칙에 규정되어 있다고 하더라도, 그 처분이 행정규칙의 내부적 구속력에 의하여 상대방에게 권리의 설정 또는 의무의 부담을 명하거나 기타 법적인 효과를 발생하게 하는 등으로 그 상대방의 권리 의무에 직접 영향을 미치는 행위라면, 이 경우에도 항고소송의 대상이 되는 행정처분에 해당한다(대판 2002. 7. 26. 2001두3532).

2. 외부적 효력

대외적인 구속력을 가지는 행정규칙은 헌법소원의 대상이 될 수 있다

행정규칙은 일반적으로 행정조직 내부에서만 효력을 가지는 것이나, 행정규칙이 법령의 규정에 의하여 행정관청에 법령의 구체적 내용을 보충할 권한을 부여한 경우나 재량권 행사의 준칙인 규칙이 그 정한 바에 따라 되풀이 시행되어 행정관행이 이룩되면,

평등의 원칙이나 신뢰보호의 원칙에 따라 행정기관은 그 상대방에 대한 관계에서 그 규칙에 따라야 할 자기구속을 당하게 되는 경우에는 대외적인 구속력을 가지게 되는 바, 이러한 경우에는 헌법소원의 대상이 될 수도 있다(헌재결 2001. 5. 31. 99헌마413).

공익사업을 위한 토지 등의 취득 및 보상에 관한 법률 시행규칙 제22조는 대외적인 구속력을 가진다

「공익사업을 위한 토지 등의 취득 및 보상에 관한 법률」 제68조 제3항의 위임에 따라 협의취득의 보상액 산정에 관한 구체적 기준을 정하고 있는 공익사업을 위한 토지 등의 취득 및 보상에 관한 법률 시행규칙 제22조는 대외적인 구속력을 가진다(대판 2012. 3. 29. 2011다104253).

Ⅷ. 행정규칙의 통제

1. 법원에 의한 통제

(1) 위법한 행정처분

원칙적으로 행정규칙 자체는 「행정소송법」상 처분이 되지 않는다.

대학입시기본계획 내의 내신성적산정지침은 항고소송의 대상이 되는 행정처분으로 볼 수 없다

교육부장관이 내신성적 산정기준의 통일을 기하기 위해 대학입시기본계획의 내용에서 내신성적 산정기준에 관한 시행지침을 마련하여 시·도 교육감에서 통보한 것은 행정조직 내부에서 내신성적 평가에 관한 내부적 심사기준을 시달한 것에 불과하며, 각 고등학교에서 위 지침에 일률적으로 기속되어 내신성적을 산정할 수밖에 없고 또 대학에서도 이를 그대로 내신성적으로 인정하여 입학생을 선발할 수밖에 없는 관계로 장차 일부 수험생들이 위 지침으로 인해 어떤 불이익을 입을 개연성이 없지는 아니하나, 그러한 사정만으로서 위 지침에 의하여 곧바로 개별적이고 구체적인 권리의 침해를 받은 것으로는 도저히 인정할 수 없으므로, 그것만으로는 현실적으로 특정인의 구체적인 권리의무에 직접적으로 변동을 초래케 하는 것은 아니라 할 것이어서 내신성적 산정지침을 항고소송의 대상이 되는 행정처분으로 볼 수 없다(대판 1994. 9. 10. 94두33).

개인택시면허 우선순위에 관한 교통부(현, 국토교통부)장관의 시달은 행정소송의 대상이 되는 행정처분이라고 할 수 없다
개인택시면허 우선순위에 관한 교통부(현, 국토교통부)장관의 시달은 단순히 개인택시 면허처분을 위하여 그 면허순위에 관한 내부적 심사기준을 시달한 예규나 통첩에 불과하여 현실적으로 특정인의 권리를 침해하는 것이 아니므로 이를 행정소송의 대상이 되는 행정처분이라고 할 수 없다(대판 1985. 11. 26. 85누394).

예외적으로 행정규칙이 국민의 권리·의무에 직접 관계되는 경우에는 행정규칙 자체의 처분성이 인정될 수 있고 따라서 위법한 행정규칙에 대하여 항고소송 등으로 통제할 수 있다.

행정규칙이 항고소송의 대상이 되는 행정처분에 해당하기 위한 요건
어떠한 고시가 일반적·추상적 성격을 가질 때에는 법규명령 또는 행정규칙에 해당할 것이지만, 다른 집행행위의 매개없이 그 자체로서 직접 국민의 구체적인 권리의무나 법률관계를 규율하는 성격을 가질 때에는 항고소송의 대상이 되는 행정처분에 해당한다(대판 2003. 10. 9. 2003부23).

위헌의 행정입법의 효과: 플라스틱제품의 수입업자가 부담하는 폐기물부담금의 산출기준을 아무런 제한 없이 그 수입가만을 기준으로 한 것은, 합성수지 투입량을 기준으로 한 제조업자에 비하여 과도하게 차등을 둔 것으로서 합리적 이유 없는 차별에 해당하므로, 무효이다
구 자원의 절약과 재활용촉진에 관한 법률 시행령 제11조 [별표 2] 제7호에서 플라스틱제품의 수입업자가 부담하는 폐기물부담금의 산출기준을 제조업자와는 달리 아무런 제한 없이 그 수입가만을 기준으로 한 것은 수입업자를 제조업자에 비하여 과도하게 차등을 둔 것으로서 합리적 이유 없는 차별에 해당한다. 따라서 이 사건 조항 중 '수입의 경우 수입가의 0.7%' 부분은 헌법상 평등원칙을 위반한 입법으로서 무효이고, 그러한 이상 이에 근거하여 산출된 폐기물부담금을 부과한 피고의 이 사건 처분도 위법하다(대판 2008. 11. 20. 2007두8287 전원합의체).

2. 헌법재판소에 의한 통제

헌법재판소는 행정규칙에 의해 직접적으로 기본권침해를 받은 경우(행정규칙이 외부적 효력을 가지는 경우)에는 예외적으로 행정규칙에 대해서도 헌법소원이 되는 것으로 보고 있다.

행정규칙이 법규명령으로서 기능하게 되면 헌법소원심판청구의 대상이 된다

법령의 직접적인 위임에 따라 위임행정기관이 그 법령을 시행하는데 필요한 구체적 사항을 정한 것이면, 그 제정형식은 비록 법규명령이 아닌 고시, 훈령, 예규 등과 같은 행정규칙이더라도 그것이 상위법령의 위임한계를 벗어나지 아니하는 한, 상위법령과 결합하여 대외적인 구속력을 갖는 법규명령으로서 기능하게 된다고 보아야 할 것인바, 청구인이 법령과 예규의 관계규정으로 말미암아 직접 기본권침해를 받았다면 이에 대하여 바로 헌법소원심판을 청구할 수 있다(헌재결 1992. 6. 26. 91헌마25).

제 2 장 행정계획

제 1 절 서 설

Ⅰ. 행정계획의 의의

행정계획이라 함은 행정에 관한 전문적·기술적 판단을 기초로 하여 도시의 건설·정비·개량 등과 같은 특정한 행정목표를 달성하기 위하여 서로 관련되는 행정수단을 종합·조정함으로써 장래의 일정한 시점에 있어서 일정한 질서를 실현하기 위한 활동기준으로 설정된 것이다(대판 2007. 4. 12. 2005두1893; 대판 2006. 9. 8. 2003두5426; 대판 1996. 11. 29. 96누8567).

Ⅱ. 행정계획의 법적 성질

1. 학 설

행정계획의 법적 성질에 대하여 주로 도시계획을 중심으로 견해의 대립이 있다.

(1) 입법행위설

행정계획은 국민의 권리·자유에 관계되는 일반적·추상적 규율을 정립하는 행위로서 일반적 구속력이 있는 법규명령의 성질을 가진다는 입장이다. 따라서 행정계획은 항고소송의 대상이 되는 처분개념에는 해당하지 않는다고 본다.

(2) 행정행위설

행정계획 중에는 법관계의 변동이라는 고유한 구체적 효과를 가지는 행정행위로서의 구속력을 가지는 것이 있다는 입장이다.

(3) 독자성설

행정계획은 행정상 입법도 행정행위도 아닌 독자것이 성질을 가진 것이라는 입장이다.

(4) 개별검토설(복수성질설)

행정계획 중에는 훈령적·입법적 일반처분 또는 행정지도적 성격을 갖는 것이 있으므로 행정계획의 법적 성질을 계획마다 개별적으로 결정하여 항고소송의 대상 여부를 정하는 수밖에 없다는 견해로서, 다수의 입장이다.

2. 판 례

대법원은 구 「도시계획법」 제12조 소정의 도시계획결정은 행정처분이라고 본 바 있다. 한편 구 「도시계획법」 제10조의2 소정의 도시기본계획은 도시계획입안의 지침이 되는 것에 불과하여 국민에 대한 직접적인 구속력이 없다고 판시하기도 하였다.

구 도시계획법 제12조 소정의 도시계획결정은 행정처분이다

구 「도시계획법」 제12조 소정의 도시계획결정이 고시되면 도시계획구역 안의 토지나 건물 소유자의 토지형질변경, 건축물의 신축, 개축 또는 증축 등 권리행사가 일정한 제한을 받게 되는바 이런 점에서 볼 때 고시된 도시계획결정은 특정 개인의 권리 내지 법률상의 이익을 개별적이고 구체적으로 규제하는 효과를 가져오게 하는 행정청의 처분이라 할 것이고, 이는 행정소송의 대상이 되는 것이라 할 것이다(대판 1982. 3. 9. 80누105).

구 도시계획법 제10조의2 소정의 도시기본계획은 일반지침에 불과하여 국민에 대한 직접적인 구속력이 없다

구 「도시계획법」 제10조의2, 제16조의2, 같은 법 시행령 제7조, 제14조의2의 각 규정을 종합하면, 도시기본계획은 도시의 기본적인 공간구조와 장기발전방향을 제시하는 종합계획으로서 그 계획에는 토지이용계획, 환경계획, 공원녹지계획 등 장래의 도시개발의 일반적인 방향이 제시되지만, 그 계획은 도시계획입안의 지침이 되는 것에 불과하여 일반 국민에 대한 직접적인 구속력은 없는 것이다(대판 2002. 10. 11. 2000두8226).

구 도시계획법 제19조 제1항 및 지방자치단체의 도시계획조례에서 말하는 도시기본계획은 행정청에 대한 직접적 구속력이 없다

구 「도시계획법」 제19조 제1항 및 도시계획시설결정 당시의 지방자치단체의 도시계획조례에서는, 도시계획이 도시기본계획에 부합되어야 한다고 규정하고 있으나, 도시기본계획은 도시의 장기적 개발방향과 미래상을 제시하는 도시계획 입안의 지침이 되는 장기적·종합적인 개발계획으로서 행정청에 대한 직접적인 구속력은 없다(대판 2007. 4. 12. 2005두1893).

개발제한구역 내에 묘지공원과 화장장 시설을 설치하는 내용의 도시계획시설결정이 개발제한구역의 지정목적에 어긋나 위법하다고 할 수 없다

개발제한구역은 도시의 무질서한 확산을 방지하고 도시 주변의 자연환경을 보전하여 도시민의 건전한 생활환경을 확보하기 위하여 도시의 개발을 제한할 필요에 의하여 지정되는 것이어서 원칙적으로 개발제한구역에서의 개발행위는 제한되는 것이기는 하지만 위와 같은 개발제한구역의 지정목적에 위배되지 않는다면 허용될 수 있는 것인바, 도시계획시설인 묘지공원과 화장장 시설의 설치가 위와 같은 개발제한구역의 지정목적에 위배된다고 보이지 않으므로, 시장이 이미 개발제한구역으로 지정되어 있는 부지에 묘지공원과 화장장 시설들을 설치하기로 하는 내용의 도시계획시설결정을 하였다 하더라도 이를 두고 위법하다고 할 수 없다(대판 2007. 4. 12. 2005두1893).

환지계획[1]은 항고소송의 대상이 되는 행정처분이 아니다

「토지구획정리사업법」 제57조, 제62조 등의 규정상 환지예정지 지정이나 환지처분은 그에 의하여 직접 토지소유자 등의 권리의무가 변동되므로 이를 항고소송의 대상이 되는 처분이라고 볼 수 있으나, 환지계획은 위와 같은 환지예정지 지정이나 환지처분의 근거가 될 뿐 그 자체가 직접 토지소유자 등의 법률상의 지위를 변동시키거나 또는 환지예정지 지정이나 환지처분과는 다른 고유한 법률효과를 수반하는 것이 아니어서 이를 항고소송의 대상이 되는 처분에 해당한다고 할 수가 없다(대판 1999. 8. 20. 97누6889).

1 환지계획은 물적 행정처분으로써 항고소송의 대상이 되는 행정처분으로 보아야 한다는 견해가 있다.

구 농어촌도로정비법 제6조 소정의 농어촌도로기본계획은 항고소송의 대상이 되는 행정처분이 아니다

구 「농어촌도로정비법」 제6조에 의한 농어촌도로기본계획은 군수가 시도·군도 이상의 도로를 기간으로 관할구역 안의 도로에 대한 장기개발방향의 지침을 정하기 위하여 내무부장관의 승인을 받아 고시하는 계획으로서 그에 후속되는 농어촌도로정비계획의 근거가 되는 것일 뿐 그 자체로 국민의 권리의무를 개별적 구체적으로 규제하는 효과를 가지는 것은 아니므로 이는 항고소송의 대상이 되는 행정처분에 해당한다고 할 수 없다(대판 2000. 9. 5. 99두974).

학교교육 정상화를 위한 2008학년도 이후 대학입학제도 개선안은 비구속적 행정계획안에 불과할 뿐, 예외적으로 헌법소원의 대상이 되는 공권력 행사로 볼 수 없다

이 사건 개선안은 현행 대학입학제도의 문제점 및 개선방향 혹은 추진 방향 및 추진을 위한 보완수단 등에 관한 일반적인 내용이 담겨 있을 뿐이므로, 그 자체로서는 법적 구속력이나 외부효과가 발생하지 않는 행정청의 지침 내지 의견진술 정도의 의미를 가지는 데 지나지 않는다. 장기적인 대학입학제도 개선을 위하여 마련된 이 사건 개선안이 피청구인이 대학입학전형기본계획을 마련함에 있어 행정지침을 제공하는 것은 사실이나, 피청구인이 반드시 이에 구속되는 것으로 보기는 어려우며, 실제로 2008학년도 이후의 대학입학전형기본계획을 살펴보더라도 이 사건 개선안이 그대로 반영되었다고 보기 어렵다. 그렇다면 이 사건 개선안은 비구속적 행정계획안에 불과할 뿐 아니라, 법령의 뒷받침에 의하여 장래 실시될 것이 확실시되는 경우로 볼 수도 없어, 예외적으로 헌법소원의 대상이 되는 공권력 행사로 볼 여지가 없다(헌재결 2008. 9. 25. 2007헌마376).

제 2 절 행정계획의 법적 근거와 절차

Ⅰ. 행정계획과 법치행정

1. 법률에 의한 행정계획

계획에 의한 행정은 법률에 의한 행정, 즉 법치행정의 공동화를 초래할 위험이 있다. 행정계획이 상세한 법률의 규정에 의해 수립된다 해도 현실적으로 계획의 구체적 내용에 관해서는 행정기관에 폭넓은 재량의 여지를 부여할 수밖에 없기 때문이다.

2. 행정계획과 법률유보

행정계획은 여타 행정작용보다 그 영향력의 범위가 크고, 비구속적 행정계획이라도 국민을 유도하거나 구속하는 결과를 가져오기 때문에 법률에 근거가 있어야 한다.

행정계획을 수립하기 위해서는 조직규범이 있어야 가능하다. 구속적 행정계획은 작용법적 근거를 요한다 할 것이지만, 원칙적으로 비구속적 행정계획은 작용법적 근거까지는 요하지 않는다.

Ⅱ. 행정계획의 절차

1. 행정계획의 절차적 통제

행정계획절차에 관한 사항을 규정하는 개별법은 많이 있지만, 행정계획의 절차적 통제에 대한 일반법은 없다. 사법적 통제가 어려운 행정계획의 특성상 절차적 통제가 중요하다.

2. 행정계획의 일반적 절차

보통 행정계획은 심의회의 조사·심의, 관계기관 간의 조정, 국민 또는 주민·이해관계인의 참여, 지방자치단체의 참가, 공고·고시·공람 등의 순으로 수립된다. 「행정절차법」에서는 원칙적으로 행정계획절차를 규율하고 있지 않지만, 다만 국민생활에 매우 큰 영향을 주는 사항이나 많은 국민의 이해가 상충되는 사항 등에 대한 행정계획은 예고하도록 하고, 국민의 의견을 수렴하도록 하고 있다.

3. 행정계획의 절차하자의 효과

행정계획을 확정하는 절차에 하자가 있다면, 하자의 일반이론에 따라 무효 또는 취소사유가 될 것이다. 판례는 절차의 하자를 독립된 취소사유로 본 경우도 있고(대판 1990. 6. 12. 90누2178), 절차의 하자 있는 도시계획결정을 위법하다고 판시한 경우도 있다(대판 2000. 3. 23. 98두2768).

도시계획안의 내용의 공고 및 공람 절차에 하자가 있는 도시계획결정
「도시계획법」 제16조의2 제2항과 같은 법 시행령 제14조의2 제6항 내지 제8항의 규정을 종합하여 보면 도시계획의 입안에 있어 해당 도시계획안의 내용을 공고 및 공람하게 한 것은 다수 이해관계자의 이익을 합리적으로 조정하여 국민의 권리자유에 대한 부당한 침해를 방지하고 행정의 민주화와 신뢰를 확보하기 위하여 국민의 의사를 그 과정에 반영시키는 데 있는 것이므로 이러한 공고 및 공람 절차에 하자가 있는 도시계획결정은 위법하다(대판 2000. 3. 23. 98두2768).

도시계획입안절차에 하자가 있는 행정처분의 효력 및 공람공고절차를 위배한 도시계획변경결정처분의 효력
「도시계획법」 제16조의2 제2항 및 동 시행령 제14조의2 제6항, 제7항, 제8항의 규정을 종합하여 보면 공람공고절차를 위배한 도시계획변경결정신청은 위법하다고 아니할 수 없고 행정처분에 위와 같은 법률이 보장한 절차의 흠결이 있는 위법사유가 존재하는 이상 그 내용에 있어 재량권의 범위 내이고 변경될 가능성이 없다 하더라도 그 행정처분은 위법하다(대판 1988. 5. 24. 87누388).

폐기물처리시설의 입지선정위원회가 주민의 의견이 반영된 전문연구기관의 재조사결과에 관하여 새로이 공람·공고 절차를 거치지 않고 입지를 선정한 경우, 그 입지선정이 위법하다고 볼 수 없다
구 「폐기물처리시설 설치촉진 및 주변지역지원등에 관한 법률」 제9조 제2항 내지 제4항, 같은 법 시행령 제7조 제3항, 제4항 등 폐기물처리시설 설치에 관한 관련 법령이 입지선정위원회의 입지선정에 앞서 입지타당성조사결과의 공람·공고 절차나 지역주민의 의견제출 절차를 거치도록 규정하고 있는 것은, 폐기물처리시설 설치계획의 기초가 되는 입지선정에 있어서 지역주민 등 다수 이해관계인의 의사를 반영하고 그들 상호간의 이익을 합리적으로 조정함으로써 국민의 권리에 대한 부당한 침해를 방지하고 행정의 민주화와 신뢰를 확보하는 데 그 취지가 있음은 물론이나, 위 관련 법령이 전문연구기관의 입지타당성조사결과를 공람·공고토록 하고 주민의 의견이 있을 경우 이를 제출할 수 있다고 규정하고 있을 뿐 주민의 의견제출이 있다 하여 반드시 전문연구기관에 재조사를 의뢰하여야 한다거나 그 재조사결과에 대하여 다시 공람·공고 절차를 거쳐야 하는 것으로는 규정하고 있지 아니하고, 전문연구기관의 당초의 입지타당성조사결과나 재조사결과 모두가 특정 지역에 쓰레기매립장을 설치하는 것이 타당하다는 결론에 있어서 차이가 없어 재조사결과에 관하여 지역주민들 사이에 새로운 이해관계가 발생하지도 않았는바, 이러한 경우에 입지선정위원회가 재조사결과에 대하여 다시 공람·공고 절차를 거치지 않았다 하여 입지선정에 있어서 요구되는 지역주민들의 절차적 권리가 침해된 것이라고 보기 어려운 점 등에 비추어 보면, 입지선정위원회가 주민의 의견이 반영된 전문연구기관의 재조사결과에 관하여 새로이 공람·공고 절차를 거치지 않고 입지를 선정하였다 하여 그 입지선정이 위법하다고 볼 수 없다(대판 2002. 5. 28. 2001두8469).

기초조사 절차를 적법하게 거치지 아니한 절차상의 하자는 도시계획결정의 취소사유가 된다

도시계획결정을 함에 있어서 구「도시계획법」제15조 제1항 소정의 기초조사 절차를 적법하게 거치지 아니한 하자가 있었더라도 그러한 절차상의 하자는 그 도시계획결정의 취소사유는 될지언정 당연무효의 사유는 아니다(대판 1990. 6. 12. 90누2178).

공청회와 이주대책이 없는 도시계획수립행위의 위법과 수용재결처분의 취소

도시계획의 수립에 있어서「도시계획법」제16조의2 소정의 공청회를 열지 아니하고「공공용지의 취득 및 손실보상에 관한 특례법」제8조 소정의 이주대책을 수립하지 아니하였더라도 이는 절차상의 위법으로서 취소사유에 불과하고 그 하자가 도시계획결정 또는 도시계획사업시행인가를 무효라고 할 수 있을 정도로 중대하고 명백하다고는 할 수 없으므로 이러한 위법을 선행처분인 도시계획결정이나 사업시행인가 단계에서 다투지 아니하였다면 그 쟁소기간이 이미 도과한 후인 수용재결단계에 있어서는 도시계획수립 행위의 위와 같은 위법을 들어 재결처분의 취소를 구할 수는 없다고 할 것이다(대판 1990. 1. 23. 87누947).

제3절 행정계획의 효과

Ⅰ. 행정계획의 효력발생요건

관보에 게재하여 고시하지 아니한 도시계획결정 등 처분의 효력
구「도시계획법」제7조가 도시계획결정 등 처분의 고시를 도시계획구역, 도시계획결정 등의 효력발생요건으로 규정하였다고 볼 것이어서 건설부장관 또는 그의 권한의 일부를 위임받은 서울특별시장, 도지사 등 지방장관이 기안, 결재 등의 과정을 거쳐 정당하게 도시계획결정 등의 처분을 하였다고 하더라도 이를 관보에 게재하여 고시하지 아니한 이상 대외적으로는 아무런 효력도 발생하지 아니한다(대판 1985. 12. 10. 85누186).

Ⅱ. 행정계획의 법적 효과

1. 일반적 효과－구속효

명령적 계획이 구속효를 가지며, 계획보장청구권과 관련하여 문제된다.

2. 특수한 효과－집중효

(1) 의 의

집중효란 행정계획의 확정이 다른 법령에 의해 받게 되어 있는 승인 또는 허가 등을 받은 것으로 대체하는 효력을 말한다. 대체효라고도 한다. 행정계획결정의 집중효에 의해 당해 사업에 있어 본래 필요했던 다른 행정청에 의한 인·허가를 받은 것으로 의제되는데, 인·허가를 받은 것으로 의제되는 범위에 대해서는 견해가 대립한다.

건설교통부(현, 국토교통부)장관이 관계기관의 장과의 협의를 거쳐 주택건설사업계획승인을 한 경우 별도로 도시계획법상의 절차를 거칠 필요가 없다
건설교통부(현, 국토교통부)장관이 구「주택건설촉진법」제33조에 따라 관계기관의 장과의 협의를 거쳐 사업계획승인을 한 이상 같은 조 제4항의 허가·인가·결정·승인 등이 있는 것으로 볼 것이고, 그 절차와 별도로 구「도시계획법」제12조 등 소정의 중앙

도시계획위원회의 의결이나 주민의 의견청취 등 절차를 거칠 필요는 없다(대판 1992. 11. 10. 92누1162).

(2) 인 허가의제제도와의 구별

인·허가의제제도는 규제완화 및 행정절차의 간소화라는 측면에서 특히 대규모사업승인절차에서 주로 인정되고 있고, 행정계획의 집중효제도는 주로 인·허가의제제도에서 활용되고 있는 실정이다. 행정계획의 집중효제도와 서로 유사하지만, 인·허가의제제도는 행정계획뿐만 아니라 인·허가 등의 행정행위에 의해서도 인정될 수 있다는 점에서 구별된다. 또한 집중효제도는 이해관계인의 집중적인 참여하여 이루어지는 결정에 대한 효력이고, 인·허가의제제도는 이해관계인의 집중적인 참여가 없다는 점에서 구별된다.

제4절 계획재량과 형량명령

Ⅰ. 계획재량의 의의

행정계획의 근거규범은 통상적으로 행정계획에 의해 달성하고자 하는 목표만을 규정하고 개별적·구체적 수단에 대해서는 행정기관에 광범한 형성의 자유를 인정하고 있는바, 이러한 형성의 자유를 계획재량이라고 한다.

Ⅱ. 계획재량과 사법심사

1. 계획재량과 형량명령

행정계획을 수립함에 있어 관계되는 제반이익을 정당하게 고려하여 형량하여야 할 것이 요청되는바, 이를 형량명령이라 한다.

2. 형량의 하자

계획재량의 경우 형량명령에 위반하면 형량의 하자가 있는 것이 되고, 형량하자가 있으면 위법한 행정계획이 된다. 형량하자의 경우로는 ① 형량의 해태(형량을 전혀 행하지 않은 경우), ② 형량의 흠결(일정한 사실 또는 이익에 대하여 형량을 하였지만, 형량에서 반드시 고려되어야 할 특정이익이 고려되지 않은 경우), ③ 오형량(관계 이익 간의 형량을 행하기는 하였으나 그 형량이 객관성·비례성을 결한 경우) 등을 들 수 있다.

대법원도 계획주체의 계획재량권행사에 있어서 정당한 형량의 원칙은 명문규정이 없는 경우에도 당연히 요구된다고 판시하여 형량의 하자법리를 인정하고 있다.

행정주체의 행정계획결정에 관한 재량의 한계

행정계획이라 함은 행정에 관한 전문적·기술적 판단을 기초로 하여 도시의 건설·정비·개량 등과 같은 특정한 행정목표를 달성하기 위하여 서로 관련되는 행정수단을 종합·조정함으로써 장래의 일정한 시점에 있어서 일정한 질서를 실현하기 위한 활동기준으로 설정된 것으로서, 관계 법령에는 추상적인 행정목표와 절차만이 규정되어 있을 뿐 행정계획의 내용에 관하여는 별다른 규정을 두고 있지 아니하므로 행정주체는 구체적인 행정계획을 입안·결정함에 있어서 비교적 광범위한 형성의 자유를 가지는 것이지만, 행정주체가 가지는 이와 같은 형성의 자유는 무제한적인 것이 아니라 그 행정계획에 관련되는 자들의 이익을 공익과 사익 사이에서는 물론이고 공익 상호간과 사익 상호간에도 정당하게 비교교량하여야 한다는 제한이 있으므로, 행정주체가 행정계획을 입안·결정함에 있어서 이익형량을 전혀 행하지 아니하거나 이익형량의 고려 대상에 마땅히 포함시켜야 할 사항을 누락한 경우 또는 이익형량을 하였으나 정당성과 객관성이 결여된 경우에는 그 행정계획결정은 형량에 하자가 있어 위법하게 된다(대판 2007. 4. 12. 2005두1893; 대판 2006. 9. 8. 2003두5426; 대판 1996. 11. 29. 96누8567).

행정계획을 입안·결정하면서 이익형량을 전혀 하지 않았거나 이익형량의 정당성·객관성이 결여된 경우에 해당한다고 본 사례

갑 등이 자신들의 토지를 도시계획시설인 완충녹지에서 해제하여 달라는 신청을 하였으나 관할 구청장이 이를 거부하는 처분을 한 사안에서, 위 토지를 완충녹지로 유지해야 할 공익상 필요성이 소멸되었다고 볼 수 있다는 이유로, 위 처분은 갑 등의 재산권 행사를 과도하게 제한한 것으로서 행정계획을 입안·결정하면서 이익형량을 전혀 하지 않았거나 이익형량의 정당성·객관성이 결여된 경우에 해당한다(대판 2012. 1. 12. 2010두5806).

청계산 도시자연공원 인근에 휴게광장을 조성하기 위한 구청장의 도시계획결정이 공익과 사익에 관한 이익형량을 그르쳐 위법하다고 한 사례

청계산 도시자연공원을 찾는 등산객이 주로 이용하는 원터골 진입로 주변이 무단 주차장화되어 청계산의 경관과 이미지를 저해하고 있어 휴게광장을 조성하여 이용객들에게 만남의 장소를 제공하고 도시경관을 향상시키고자 하는 목적에서 입안된 이 사건 도시계획사업은 그 필요성이 있고, 피고로서는 이러한 행정목적을 달성하기 위하여 이 사건 도시계획사업을 입안·결정함에 있어서 비교적 광범위한 형성의 자유를 가지고 있다고 할 것이지만, 도시계획을 입안함에 있어서는 미리 인구·교통·환경·토지이용 등에 대한 기초조사를 거쳐 추가적인 도시계획시설의 필요성 및 수요를 파악하여 시설의 규모와 편입대상 토지의 범위 등에 대한 검토가 이루어져야 함에도, 피고는 이러한 기초조사도 하지 않은 상태에서 도시계획결정을 입안하여 도시계획위원회의 심의까지 마친 점, 그 후 보완한 기초조사의 결과에 의하더라도 구체적인 조사자료나 근거 없이 주말 등에 원터골을 통하여 청계산 도시자연공원을 찾는 등산객의 수를 2~3만 명으로 추산하고 있을 뿐, 이 사건 토지 부근의 청계산 원터골에 등산객 등을 위한 어떠한 도시계획시설이 있는지에 대한 조사나 추가적인 만남의 장소 또는 휴게장소의 필요성과 그 수요에 대한 조사 등도 없었던 것으로 보이는 점, 이 사건 도시계획사업의 공람공고와 관련하여 서울특별시 도시계획상임기획단은 이 사건 토지와 그 주변의 산림이 양호하고 지반이 낮은 골짜기 형태의 급경사지와 개울을 이루고 있어서 광장 조성시에 대량의 성토 및 절토가 예상되므로 이를 최소화할 수 있도록 도로변을 중심으로 축소 조정하는 것이 바람직하다는 의견을 제출하였고, 피고가 미리 작성한 이 사건 도시계획사업의 설계도면에 의하더라도 이 사건 토지 전부를 광장으로 조성하지 아니함에도, 피고는 합리적인 근거 없이 위와 같은 의견을 반영하지 아니한 채 이 사건 토지 전부를 위 도시계획사업의 편입대상으로 결정한 점 등을 종합하여 보면, 피고가 이 사건 도시계획사업에 관한 행정계획을 입안·결정함에 있어서 이 사건 토지 전부를 사업부지로 편입한 것은 공익과 사익에 관한 이익형량의 고려 대상에 마땅히 포함시켜야 할 사항을 누락하였거나 정당성 내지 객관성이 결여된 상태에서 이익형량을 하였다고 할 것이므로 이 사건 도시계획결정은 형량에 하자가 있어 위법하고, 이 사건 도시계획사업에 대한 인가처분 및 변경인가처분은 위법한 이 사건 도시계획결정을 기초로 한 후속처분으로서 역시 위법하다(대판 2007. 1. 25. 2004두12063).

제5절 행정계획과 권리구제

Ⅰ. 사전적 권리구제

행정계획에 있어서는 특히, 사전적 구제가 중요한 의미를 갖는다. 사전적 구제수단으로는 행정계획안에 대한 공람, 의견제출, 청문, 공청회 등이 있다.

Ⅱ. 사후적 권리구제

1. 행정쟁송

처분성이 인정되는 처분적 계획이 위법·부당한 경우에는 취소쟁송이 가능하다. 행정계획의 수립에 형량하자가 있으면 행정계획은 당연히 위법하고 사법적 통제가 가능하다.

도시계획결정의 처분성
고시된 도시계획결정은 특정 개인의 권리 내지 법률상의 이익을 개별적이고 구체적으로 규제하는 효과를 가져오게 하는 행정청의 처분이라 할 것이고, 이는 행정소송의 대상이 된다(대판 1982. 3. 9. 80누105).

건설부(현, 국토교통부)장관의 개발제한구역의 지정·고시에 대하여는 행정쟁송절차로써 다툴 수 있다
건설부(현, 국토교통부)장관의 개발제한구역 지정·고시행위(고시된 도시계획 결정)에 대하여는 행정쟁송절차로써 다툴 수 있다(헌재결 1991. 7. 22. 89헌마174; 대판 1987. 12. 26. 78누281; 대판 1982. 3. 9. 80누105).

2. 행정상 손해배상

위법한 행정계획으로 손해를 입은 자는 국가배상청구를 할 수 있다. 다만, 행정계획과 관련해서는 국가배상책임이 인정되기 위한 고의나 과실 또는 위법성과 같은 요건이 충족되기 어려운 점이 많다.

3. 행정상 손실보상

구 도시계획법 제21조의 규정의 개발제한구역 지정으로 인한 재산권제한에 대해 손실보상을 부정하였다

「도시계획법」 제21조의 규정에 의하여 개발제한구역 안에 있는 토지의 소유자는 재산상의 권리 행사에 많은 제한을 받게 되고 그 한도 내에서 일반 토지소유자에 비하여 불이익을 받게 됨은 명백하지만, '도시의 무질서한 확산을 방지하고 도시주변의 자연환경을 보전하여 도시민의 건전한 생활환경을 확보하기 위하여 또는 국방부장관의 요청이 있어 보안상 도시의 개발을 제한할 필요가 있다고 인정되는 때'(도시계획법 제21조 제1항)에 한하여 가하여지는 그와 같은 제한으로 인한 토지소유자의 불이익은 공공의 복리를 위하여 감수하지 아니하면 안 될 정도의 것이라고 인정되므로, 그에 대하여 손실보상의 규정을 두지 아니하였다 하여 「도시계획법」 제21조의 규정을 「헌법」 제23조 제3항, 제11조 제1항 및 제37조 제2항에 위배되는 것으로 볼 수 없다(대판 1996. 6. 28. 94다54511).

개발제한구역제도 자체는 원칙적으로 합헌이지만, 예외적으로 사회적 제약의 범위를 넘는 가혹한 부담이 발생하는 경우 보상규정을 두지 않은 것은 위헌이다

「도시계획법」 제21조에 의한 재산권의 제한은 개발제한구역으로 지정된 토지를 원칙적으로 지정 당시의 지목과 토지현황에 의한 이용방법에 따라 사용할 수 있는 한, 재산권에 내재하는 사회적 제약을 비례의 원칙에 합치하게 합헌적으로 구체화한 것이라고 할 것이나, 종래의 지목과 토지현황에 의한 이용방법에 따른 토지의 사용도 할 수 없거나 실질적으로 사용·수익을 전혀 할 수 없는 예외적인 경우에도 아무런 보상 없이 이를 감수하도록 하고 있는 한, 비례의 원칙에 위반되어 당해 토지소유자의 재산권을 과도하게 침해하는 것으로서 헌법에 위반된다(헌재결 1998. 12. 24. 89헌마214, 90헌바16, 97헌바78 병합).

도시계획시설의 지정으로 재산적 손실이 발생하는 경우 이를 보상해야 한다

도시계획시설의 지정으로 말미암아 당해 토지의 이용가능성이 배제되거나 또는 토지소유자가 토지를 종래 허용된 용도대로도 사용할 수 없기 때문에 이로 말미암아 현저한 재산적 손실이 발생하는 경우에는, 원칙적으로 사회적 제약의 범위를 넘는 수용적 효과를 인정하여 국가나 지방자치단체는 이에 대한 보상을 해야 한다(헌재결 1999. 10. 21. 97헌바26).

4. 헌법소원

비구속적 행정계획안이나 행정지침이 예외적으로 헌법소원의 대상이 되는 공권력행사에 해당될 수 있는 요건

비구속적 행정계획안이나 행정지침이라도 국민의 기본권에 직접적으로 영향을 끼치고, 앞으로 법령의 뒷받침에 의하여 그대로 실시될 것이 틀림없을 것으로 예상될 수 있을 때에는, 공권력행위로서 예외적으로 헌법소원의 대상이 될 수 있다(헌재결 2000. 6. 1. 99헌마538, 543, 544, 545, 546, 549 병합).

국가 예산을 재원으로 한 사회복지사업 시행에 관한 정책결정이 담긴 지침이 헌법소원의 대상인 공권력행사에 해당될 수 있는 요건

행정 각부의 장관이 국가 예산을 재원으로 사회복지사업을 시행함에 있어 예산 확보 방법과 그 집행 대상 등에 관하여 정책결정을 내리고 이를 미리 일선 공무원들에게 지침 등의 형태로 고지하는 일련의 행위는 장래의 예산 확보 및 집행에 대비한 일종의 준비행위로서 헌법소원의 대상이 될 수 없지만, 위와 같은 정책결정을 구체화시킨 지침의 내용이 국민의 기본권에 직접적으로 영향을 끼치고, 앞으로 법령의 뒷받침에 의하여 그대로 실시될 것이 틀림없을 것으로 예상될 수 있을 때에는 예외적으로 헌법소원의 대상이 될 수도 있다(헌재결 2007. 10. 25. 2006헌마1236).

비구속적 행정계획안인 개발제한구역제도개선방안은 예외적으로 헌법소원의 대상이 되는 공권력의 행사에 해당되지 아니한다

1999. 7. 22. 발표한 개발제한구역제도개선방안은 건설교통부장관이 개발제한구역의 해제 내지 조정을 위한 일반적인 기준을 제시하고, 개발제한구역의 운용에 대한 국가의 기본방침을 천명하는 정책계획안으로서 비구속적 행정계획안에 불과하므로 공권력행위가 될 수 없으며, 이 사건 개선방안을 발표한 행위도 대내외적 효력이 없는 단순한 사실행위에 불과하므로 공권력의 행사라고 할 수 없다(헌재결 2000. 6. 1. 99헌마538, 543, 544, 545, 546, 549 병합).

보건복지부장관이 장애인차량 엘피지 보조금 지원사업과 관련하여 4~6급 장애인에 대한 지원을 중단하기로 하는 정책결정을 내리고 이에 따라 일선 공무원들에 대한 지침을 변경한 것은 헌법소원의 대상인 공권력행사에 해당하지 않는다

보건복지부장관은 장애인차량 엘피지 보조금 지원사업과 관련하여 2007. 1. 1.부터 4~6급 장애인에 대한 지원을 중단하기로 하는 등의 정책결정을 내리고 이에 따라 일선 공무원들에 대한 지침을 변경하였으나, 위 정책결정은 최종적인 것이 아니며 정부 부처 내 협의를 통한 장애인복지 예산안 편성 과정, 국회의 예산 심의·확정 과정에서 변경될 수 있다. 그렇다면 이 사건 지침변경은 대외적 효력이 없는 것으로서 행정기관 내부의 업무처리지침 내지 업무편람 변경에 불과하여, 직접적·확정적으로 청구인의 법적 지위를 변동시킨다고 할 수 없을 뿐만 아니라, 장차 법령의 뒷받침을 통하여 그대로 실시될 것이 틀림없다고 예상되는 경우도 아니다. 따라서 이 사건 지침변경은 헌법소원의 대상이 될 수 없으므로 이에 대한 헌법소원심판청구는 부적법하다(헌재결 2007. 10. 25. 2006헌마1236).

Ⅲ. 행정계획과 신뢰보호(계획보장청구권)

1. 계획보장청구권의 의의

우리나라에서는 계획보장청구권을 계획존속청구권, 계획준수청구권, 경과조치청구권뿐만 아니라 손실보상청구권 등도 포함되는 광의의 의미로 사용하는 것이 일반적이다. 협의로는 책정되어 시행 중인 구체적 계획을 폐지하거나 변경한 경우 개인이 계획주체에 대해 그 손실의 보상을 청구할 수 있는 권리를 계획보장청구권이라고 부른다.

도시계획시설결정의 취소나 해제를 요구할 권리는 이해관계인에게 인정되지 않는다

도시계획시설결정은 광범위한 지역과 상당한 기간에 걸쳐 다수의 이해관계인에게 다양한 법률적, 경제적 영향을 미치는 것이 되어 일단 도시계획시설사업의 시행에 착수한 뒤에는, 시행의 지연에 따른 손해나 손실의 배상 또는 보상을 함은 별론으로 하고, 그 결정 자체의 취소나 해제를 요구할 권리를 일부의 이해관계인에게 줄 수는 없는 것이다(헌재결 2002. 5. 30. 2000헌바58, 2001헌바3 병합).

2. 계획변경청구권

계획변경청구권을 부정한 원칙적 판례

행정청이 국민으로부터 신청을 받고서 한 거부행위가 행정처분이 되기 위하여는 국민이 행정청에 대하여 신청에 따른 행정행위를 해 줄 것을 요구할 수 있는 법규상 또는 조리상 권리가 있어야 하는 것이며, 이러한 근거 없이 한 국민의 신청을 행정청이 받아들이지 아니하고 거부한 경우에는 이로 인하여 신청인의 권리나 법적 이익에 어떤 영향을 주는 것이 아니므로 이를 행정처분이라 할 수 없다. 구 도시계획법상 주민이 행정청에 대하여 도시계획 및 그 변경에 대하여 어떤 신청을 할 수 있다는 규정이 없고, 도시계획과 같이 장기성, 종합성이 요구되는 행정계획에 있어서 그 계획이 일단 확정된 후 어떤 사정의 변동이 있다 하여 지역주민에게 일일이 그 계획의 변경을 청구할 권리를 인정해 줄 수도 없는 것이므로 그 변경 거부행위를 항고소송의 대상이 되는 행정처분에 해당한다고 볼 수 없다(대판 1995. 4. 28. 95누627; 대판 1994. 12. 9. 94누8433; 대판 1994. 1. 28. 93누22029; 대판 1984. 10. 23. 84누227).

제소기간이 도과하여 불가쟁력이 생긴 행정처분에 대하여 국민에게 그 변경을 구할 신청권이 없다

행정청이 국민의 신청에 대하여 한 거부행위가 항고소송의 대상이 되는 행정처분으로 되려면, 행정청의 행위를 요구할 법규상 또는 조리상의 신청권이 국민에게 있어야 하고, 이러한 신청권의 근거 없이 한 국민의 신청을 행정청이 받아들이지 아니한 경우에는 그 거부로 인하여 신청인의 권리나 법적 이익에 어떤 영향을 주는 것이 아니므로 이를 항고소송의 대상이 되는 행정처분이라 할 수 없다. 그리고 제소기간이 이미 도과하여 불가쟁력이 생긴 행정처분에 대하여는 개별 법규에서 그 변경을 요구할 신청권을 규정하고 있거나 관계 법령의 해석상 그러한 신청권이 인정될 수 있는 등 특별한 사정이 없는 한 국민에게 그 행정처분의 변경을 구할 신청권이 있다 할 수 없다(대판 2007. 4. 26. 2005두11104).

계획변경청구권을 인정한 예외적 판례

국민의 적극적 신청행위에 대하여 행정청이 그 신청에 따른 행위를 하지 않겠다고 거부한 행위가 항고소송의 대상이 되는 행정처분에 해당하는 것이라고 하려면, 그 신청한 행위가 공권력의 행사 또는 이에 준하는 행정작용이어야 하고, 그 거부행위가 신청인의 법률관계에 어떤 변동을 일으키는 것이어야 하며, 그 국민에게 그 행위발동을 요구할 법규상 또는 조리상의 신청권이 있어야만 한다. 구 「국토이용관리법」상 주민이 국토이용계획의 변경에 대하여 신청을 할 수 있다는 규정이 없을 뿐만 아니라, 국토건설종합계획의 효율적인 추진과 국토이용질서를 확립하기 위한 국토이용계획은 장기성, 종합성이 요구되는 행정계획이어서 원칙적으로는 그 계획이 일단 확정된 후에 어떤 사정의 변동이 있다고 하여 그러한 사유만으로는 지역주민이나 일반 이해관계인에게 일일이 그 계획의 변경을 신청할 권리를 인정하여 줄 수는 없을 것이지만, 장래 일정한 기간 내에 관계 법령이 규정하는 시설 등을 갖추어 일정한 행정처분을 구하는 신청을 할 수 있는 법률상 지위에 있는 자의 국토이용계획변경신청을 거부하는 것이 실질적으로 당해 행정처분 자체를 거부하는 결과가 되는 경우에는 예외적으로 그 신청인에게 국토이용계획변경을 신청할 권리가 인정된다고 봄이 상당하므로, 이러한 신청에 대한 거부행위는 항고소송의 대상이 되는 행정처분에 해당한다(대판 2003. 9. 23. 2001두10936).

제 3 장 행정행위

제 1 절 행정행위의 의의

Ⅰ. 행정행위의 개념

1. 행정행위의 개념

행정행위란 '행정청이 구체적 사실에 관한 법집행으로서 행하는 권력적 단독행위인 공법행위(최협의설)'를 말한다. 종래 행정행위의 개념으로 최광의설·광의설·협의설·최협의설이 주장되어 왔지만, 현재는 최협의설이 통설과 판례의 태도이다.

2. 행정행위의 개념요소

(1) 행정청의 행위

여기서 행정청이란 학문상 개념으로서 행정행위를 발할 수 있는 실질적이며 기능적 의미의 행정청을 말한다.

행정행위는 '행정청'의 행위이므로, 원칙적으로 법원·국회·지방의회의 사법·입법행위는 행정행위에 포함되지 않으나, 소속 공무원의 임명, 의장에 대한 지방의회의 불신임의결 등 행정적 기능을 수행하는 범위 내에서는 해당된다.

지방의회 의장에 대한 불신임의결은 행정처분의 일종으로 항고소송의 대상이 된다
지방의회를 대표하고 의사를 정리하며 회의장 내의 질서를 유지하고 의회의 사무를 감독하며 위원회에 출석하여 발언할 수 있는 등의 직무권한을 가지는 지방의회 의장에 대한 불신임의결은 의장으로서의 권한을 박탈하는 행정처분의 일종으로서 항고소송의 대상이 된다(대결 1994. 10. 11. 94두23).

지방의회의 의원징계의결은 행정처분의 일종으로 항고소송의 대상이 된다
「지방자치법」 제78조 내지 제81조의 규정에 의거한 지방의회의 의원징계의결은 그로 인해 의원의 권리에 직접 법률효과를 미치는 행정처분의 일종으로서 행정소송의 대상이 되고, 그와 같은 의원징계의결의 당부를 다투는 소송의 관할법원에 관하여는 동법에 특별한 규정이 없으므로 일반법인 「행정소송법」의 규정에 따라 지방의회의 소재지를 관할하는 고등법원이 그 소송의 제1심 관할법원이 된다(대판 1993. 11. 26. 93누7341).

⑵ 공법행위

행정청의 법적 행위라도 물품구입계약, 국유재산매각 등과 같은 사법행위 등은 행정행위가 아니다.

⑶ 외부에 대한 법적 행위

행정행위는 외부에 대한 법적 효과를 발생시키는 행위이므로, 행정조지 내부이 행위, 직접적으로 법적 효과를 발생시키지 않는 사실행위는 행정행위가 아니다.

공정거래위원회의 고발조치·의결은 항고소송의 대상이 되는 행정처분이 아니다
이른바 고발은 수사의 단서에 불과할 뿐 그 자체 국민의 권리의무에 어떤 영향을 미치는 것이 아니고, 특히 「독점규제 및 공정거래에 관한 법률」 제71조는 공정거래위원회의 고발을 위 법률위반죄의 소추요건으로 규정하고 있어 공정거래위원회의 고발조치는 사직 당국에 대하여 형벌권 행사를 요구하는 행정기관 상호간의 행위에 불과하여 항고소송의 대상이 되는 행정처분이라 할 수 없으며, 더욱이 공정거래위원회의 고발의결은 행정청 내부의 의사결정에 불과할 뿐 최종적인 처분은 아닌 것이므로 이 역시 항고소송의 대상이 되는 행정처분이 되지 못한다(대판 1995. 5. 12. 94누13794).

(4) 구체적 사실에 관한 규율행위

개별적·구체적 규율을 내용으로 하는 것이 행정행위의 가장 전형적인 모습이다.

일반적, 추상적인 법령 또는 내부적 내규이거나 내부적 사업계획 등은 행정행위가 아니다

행정소송의 대상이 될 수 있는 것은 구체적인 권리의무에 관한 분쟁이어야 하고 일반적, 추상적인 법령 또는 내부적 내규이거나 내부적 사업계획 등 그 자체로서 국민의 구체적인 권리의무에 직접적인 변동을 초래케 하는 것이 아닌 것은 그 대상이 될 수 없는 것이다(대판 1983. 4. 26. 82누528).

(5) 권력적 단독행위

행정행위는 공권력의 행사로서 행정청에 의한 우월적·고권적 지위에서의 일방적 행위이다.

Ⅱ. 행정행위와 행정쟁송법상의 처분개념

행정행위(실체법상의 처분)와 행정쟁송법상의 처분의 관계에 대하여 행정쟁송법상 처분을 학문상 개념인 행정행위와 동일시하는 일원설(실체법적 개념설)과 행정쟁송법상의 처분에 행정행위는 물론 그 외에 행정지도, 사회보장적 급부의 결정 등과 같이 국민의 권익에 사실상의 지배력을 미치는 비권력적 행정작용 등을 포함시키는 이원설(쟁송법적 개념설)이 있다. 이원설이 다수설이다.

행정소송의 목적이 되는 행정소송법 제1조의 행정처분

행정소송의 목적이 되는「행정소송법」제1조의 행정처분이라고 함은 행정청이 공권력의 발동으로 하는 행위로서 국민의 권리의무에 직접 관계있는 것을 말하며 그 사항이 행정청의 일반적 권한에 속하고 그 권한에 관하여 법령에 명시된 경우에는 당해 행정행위가 국민의 권리의무에 직접 관계되는 이상 권리설정행위, 권리변경행위, 권리박탈행위는 물론 보충행위라도「행정소송법」제1조의 행정처분에 속한다고 해석된다(대판 1980. 10. 27. 80누204).[1]

1 일원설로 평가되는 판례

항고소송의 대상이 되는 행정처분의 의미
항고소송의 대상이 되는 행정처분이라 함은 행정청의 공법상의 행위로서 특정사항에 대하여 법규에 의한 권리의 설정 또는 의무의 부담을 명하거나 기타 법률상 효과를 발생하게 하는 등 국민의 구체적인 권리의무에 직접적 변동을 초래하는 행위를 말하는 것이고, 행정권 내부에서의 행위나 알선, 권유, 사실상의 통지 등과 같이 상대방 또는 기타 관계자들의 법률상 지위에 직접적인 법률적 변동을 일으키지 아니하는 행위 등은 항고소송의 대상이 될 수 없다(대판 1996. 3. 22. 96누433; 대판 1995. 11. 21. 95누9099).

행정청의 행위가 행정처분인지 여부의 판단기준
행정청의 어떤 행위를 행정처분으로 볼 것이냐의 문제는 추상적·일반적으로 결정할 수 없고, 구체적인 경우 행정처분은 행정청이 공권력의 주체로서 행하는 구체적 사실에 관한 법집행으로서 국민의 권리의무에 직접 영향을 미치는 행위라는 점을 고려하고 행정처분이 그 주체, 내용, 절차, 형식에 있어서 어느 정도 성립 내지 효력요건을 충족하느냐에 따라 개별적으로 결정하여야 하며, 행정청의 어떤 행위가 법적 근거도 없이 객관적으로 국민에게 불이익을 주는 행정처분과 같은 외형을 갖추고 있고, 그 행위의 상대방이 이를 행정처분으로 인식할 정도라면 그로 인하여 파생되는 국민의 불이익 내지 불안감을 제거시켜 주기 위한 구제수단이 필요한 점에 비추어 볼 때 행정청의 행위로 인하여 그 상대방이 입는 불이익 내지 불안이 있는지 여부도 그 당시에 있어서의 법치행정의 정도와 국민의 권리의식 수준 등은 물론 행위에 관련한 당해 행정청의 태도 등도 고려하여 판단하여야 한다(대판 1993. 12. 10. 93누12619).

제2절 행정행위의 종류

I. 불확정개념, 기속행위와 재량행위

1. 불확정개념과 판단여지

(1) 불확정개념의 의의

불확정개념이란, 예컨대 공공복리·당분간·야간·치안상의 위해 등과 같이 법률의 요건규정에서 규정된 개념 중 행정청의 선택의 여지가 인정되는 추상적·다의적 개념을 말한다.

(2) 재량과 판단여지의 관계

재량과 판단여지를 서로 구별할 필요가 있는가에 대하여 구별긍정설·구별부인설의 견해가 대립한다. 판례는 구별부인설의 태도이다.

(3) 판　례

대법원은 일반적으로 판단여지개념을 사용하지 않고 재량개념을 사용한다. 학설에 의해 판단여지와 관련된 사건으로 평가되는 교과서검인정사건, 감정평가사시험사건 등에서 대법원은 재량이라는 용어를 사용하였다.

교과서검인정사건

① 교과서검정이 고도의 학술상·교육상의 전문적인 판단을 요한다는 특성에 비추어 보면, 교과용 도서를 검정함에 있어서 법령과 심사기준에 따라서 심사위원회의 심사를 거치고, 또 검정상 판단이 사실적 기초가 없다거나 사회통념상 현저히 부당하다는 등 현저히 재량권의 범위를 일탈한 것이 아닌 이상, 그 검정을 위법하다고 할 수 없다(대판 1992. 4. 24. 91누6634).

② 법원이 중·고등학교 교과서검정에 관한 처분의 위법 여부를 심사함에 있어서는 문교부장관과 동일한 입장에 서서 어떠한 처분을 하여야 할 것인가를 판단하고 그것과 동 처분과를 비교하여 당부를 논하는 것은 불가하고, 문교부장관이 관계법령과 심사기준에 따라서 처분을 한 것이라면 그 처분은 유효한 것이고 그 처분이 현저히 부당하다거나 또는 재량권의 남용에 해당된다고 볼 수밖에 없는 특별한 사정이 있는 때가 아니면 동 처분을 취소할 수 없다(대판 1988. 11. 8. 86누618).

감정평가사시험사건

감정평가사시험의 합격기준으로 절대평가제 방식을 원칙으로 하되, 행정청이 감정평가사의 수급상 필요하다고 인정할 때에는 상대평가제 방식으로 할 수 있다고 규정하고 있으므로, 감정평가사시험을 실시함에 있어 어떠한 합격기준을 선택할 것인가는 시험실시기관인 행정청의 고유한 정책적인 판단에 맡겨진 것으로서 자유재량에 속한다(대판 1996. 9. 20. 96누6882).

공무원 임용을 위한 면접전형에 있어서 면접위원의 판단

공무원 임용을 위한 면접전형에서 임용신청자의 능력이나 적격성 등에 관한 판단은 면접위원의 고도의 교양과 학식, 경험에 기초한 자율적 판단에 의존하는 것으로서 오로지 면접위원의 자유재량에 속하고, 그와 같은 판단이 현저하게 재량권을 일탈·남용하지 않은 한 이를 위법하다고 할 수 없다(대판 2008. 12. 24. 2008두8970).

행정행위로서의 시험의 출제업무

행정행위로서의 시험의 출제업무에 있어서 출제 담당위원은 법령규정의 허용범위 내에서 어떠한 내용의 문제를 출제할 것인가, 그 문제의 문항과 답항을 어떤 용어나 문장형식을 써서 구성할 것인가를 자유롭게 정할 수 있다는 의미에서 재량권을 가지고, 반면에 그 재량권에는 그 시험의 목적에 맞추어 수험생들의 능력을 평가할 수 있도록 출제의 내용과 구성에서 적정하게 행사되어야 할 한계가 내재되는 것이어서 그 재량권의 행사가 그 한계를 넘을 때에는 그 출제행위는 위법하게 된다(대판 2006. 12. 22. 2006두12883).

시험출제업무에 있어서 문제출제행위

행정행위로서의 시험출제업무에 있어서 문제출제행위는 재량행위이다. 전문분야 시험의 출제에 있어서 다의적 용어의 사용으로써 생긴 모든 출제상의 잘못이 재량권의 일탈·남용에 해당하는 것은 아니다. 사법시험 객관식 문제에 조금 미흡하거나 정확하지 못한 표현이 사용되었다 하더라도 평균적인 수험생으로 하여금 문제의 의미 파악과 정답항의 선택을 그르치게 할 정도는 아니어서 그 출제행위에 재량권을 일탈하거나 남용한 위법이 없다(대판 2001. 4. 10. 99다33960).

고도의 전문적 영역인 유적발굴행위

구 「문화재보호법」 제44조 제1항 단서 제3호의 규정에 의하여 문화체육부장관 또는 그 권한을 위임받은 문화재관리국장 등이 건설공사를 계속하기 위한 발굴허가신청에 대하여 그 공사를 계속하기 위하여 부득이 발굴할 필요가 있는지의 여부를 결정하여 발굴을 허가하거나 이를 허가하지 아니함으로써 원형 그대로 매장되어 있는 상태를 유지하는 조치는 허가권자의 재량행위에 속하는 것이므로, 행정청은 발굴허가가 신청된 고분 등의 역사적 의의와 현상, 주변의 문화적 상황 등을 고려하여 역사적으로 보존되어 온 매장문화재의 현상이 파괴되어 다시는 회복할 수 없게 되거나 관련된 역사문화자료가 멸실되는 것을 방지하고 그 원형을 보존하기 위한 공익상의 필요에 기하여 그로 인한 개인의 재산권 침해 등 불이익이 훨씬 크다고 여겨지는 경우가 아닌 한 발굴을 허가하지 아니할 수 있다 할 것이고, 행정청이 매장문화재의 원형보존이라는 목표를 추구하기 위하여 「문화재보호법」 등 관계 법령이 정하는 바에 따라 내린 전문적·기술적 판단은 특별히 다른 사정이 없는 한 이를 최대한 존중하여야 한다(대판 2000. 10. 27. 99두264).[2]

예방접종으로 인한 질병, 장애 또는 사망의 인정 여부에 관한 결정

특정인에게 권리나 이익을 부여하는 이른바 수익적 행정처분은 법령에 특별한 규정이 없는 한 재량행위이고, 구 「전염병예방법」 제54조의2 제2항에 의하여 보건복지가족부장관에게 예방접종으로 인한 질병, 장애 또는 사망의 인정 권한을 부여한 것은, 예방접종과 장애 등 사이에 인과관계가 있는지를 판단하는 것은 고도의 전문적 의학 지식이나 기술이 필요한 점과 전국적으로 일관되고 통일적인 해석이 필요한 점을 감안한 것으로 역시 보건복지가족부장관의 재량에 속하는 것이므로, 인정에 관한 보건복지가족부장관의 결정은 가능한 한 존중되어야 한다. 다만 인정 여부의 결정이 재량권의 행사에 해당하더라도 재량권을 일탈하거나 남용해서는 안 되고, 특히 구 「전염병예방법」에 의한 피해보상제도가 수익적 행정처분의 형식을 취하고는 있지만, 구 「전염병예방법」의 취지와 입법 경위 등을 고려하면 실질은 피해자의 특별한 희생에 대한 보상에 가까우므로, 보건복지가족부장관은 위와 같은 사정 등을 두루 고려하여 객관적으로 합리적인 재량권의 범위 내에서 타당한 결정을 해야 하고, 그렇지 않을 경우 인정 여부의 결정은 주어진 재량권을 남용한 것으로서 위법하게 된다(대판 2014. 5. 16. 2014두274).

2. 기속행위와 재량행위의 의의

(1) 기속행위

기속행위란 어떤 요건 아래서 어떤 행위를 할 것인가에 관하여, 행정법규가 일의적·확정적으로 규정함으로써 행정청에게 독자적 판단권이 인정되지 않고, 단순히 법률을 기계적으로 집행함에 그치는 행정행위를 말한다.

2 신라시대의 주요한 역사·문화적 유적이 다수 소재한 선도산에 위치한 고분에 대한 발굴불허가처분이 재량권의 일탈 또는 남용이 아니라고 한 사례.

기속행위

「도로교통법」 제78조 제1항 단서 제8호의 규정에 의하면, 술에 취한 상태에 있다고 인정할 만한 상당한 이유가 있음에도 불구하고 경찰공무원의 측정에 응하지 아니한 때에는 필요적으로 운전면허를 취소하도록 되어 있어 처분청이 그 취소 여부를 선택할 수 있는 재량의 여지가 없음이 그 법문상 명백하므로, 위 법조의 요건에 해당하였음을 이유로 한 운전면허취소처분에 있어서 재량권의 일탈 또는 남용의 문제는 생길 수 없다(대판 2004. 11. 12. 2003두12042).

(2) 재량행위

재량행위란 행정법규가 행정청에게 행정행위의 요건의 판단 또는 효과의 결정에 있어서 복수의 행위 간에 선택의 자유가 인정되는 경우의 행정행위를 말한다.

재량행위

자유재량에 있어서도 그 범위의 넓고 좁은 차이는 있더라도 법령의 규정뿐만 아니라 관습법 또는 일반적 조리에 의한 일정한 한계가 있는 것으로서 위 한계를 벗어난 재량권의 행사는 위법하다고 하지 않을 수 없으므로, 대학교 총장인 피고가 해외근무자들의 자녀를 대상으로 한 교육법 시행령 제71조의2 제4항 소정의 특별전형에서 외교관, 공무원의 자녀에 대하여만 획일적으로 과목별 실제 취득점수에 20%의 가산점을 부여하여 합격사정을 함으로써 실제 취득점수에 의하면 충분히 합격할 수 있는 원고들에 대하여 불합격처분을 하였다면 위법하다(대판 1990. 8. 28. 89누8255).

3. 기속행위와 재량행위의 구별실익

기속행위와 재량행위에 대한 사법심사 방식

행정행위를 기속행위와 재량행위로 구분하는 경우 양자에 대한 사법심사는, 전자의 경우 그 법규에 대한 원칙적인 기속성으로 인하여 법원이 사실인정과 관련 법규의 해석·적용을 통하여 일정한 결론을 도출한 후 그 결론에 비추어 행정청이 한 판단의 적법 여부를 독자의 입장에서 판정하는 방식에 의하게 되나, 후자의 경우 행정청의 재량에 기한 공익판단의 여지를 감안하여 법원은 독자의 결론을 도출함이 없이 당해 행위에 재량권의 일탈·남용이 있는지 여부만을 심사하게 되고, 이러한 재량권의 일탈·남용 여부에 대한 심사는 사실오인, 비례·평등의 원칙 위배 등을 그 판단 대상으로 한다(대판 2013. 11. 14. 2011두28783; 대판 2005. 7. 14. 2004두6181; 대판 2001. 2. 9. 98두17593).

4. 기속행위와 재량행위의 구별기준

전통적으로 요건재량설과 효과재량설이 대립하여 왔다. 오늘날에는 요건재량설이나 효과재량설의 어느 한 견해에 따라 기속행위인지 재량행위인지를 구별할 것이 아니라 기속행위인지 재량행위인지의 여부의 구별은 법령의 규정형식·문언을 제1차적 기준으로 하되, 입법목적이나 입법취지 및 당해 행위의 성질, 헌법상 기본권과의 관련성 등을 종합적으로 고려하여 구체적으로 판단하여야 한다고 본다(통설·판례).

기속행위와 재량행위의 구별기준

① 행정행위가 그 재량성의 유무 및 범위와 관련하여 이른바 기속행위 내지 기속재량행위와 재량행위 내지 자유재량행위로 구분된다고 할 때, 그 구분은 당해 행위의 근거가 된 법규의 체재·형식과 그 문언, 당해 행위가 속하는 행정 분야의 주된 목적과 특성, 당해 행위 자체의 개별적 성질과 유형 등을 모두 고려하여 판단하여야 한다(대판 2001. 2. 9. 98두17593).

② 어느 행정행위가 기속행위인지 재량행위인지 나아가 재량행위라고 할지라도 기속재량행위인지 또는 자유재량에 속하는 것인지의 여부는 이를 일률적으로 규정지을 수는 없는 것이고, 당해 처분의 근거가 된 규정의 형식이나 체제 또는 문언에 따라 개별적으로 판단하여야 한다(대판 1997. 12. 26. 97누15418).

5. 재량권의 한계(재량하자)

(1) 재량하자

행정소송법은 재량권의 행사가 위법한 경우인 재량하자를 일탈과 남용의 두 유형을 규정하고 있다.

(2) 재량권의 일탈·남용

재량권의 일탈 또는 유월이란 재량권의 외적 한계, 즉 법규상 한계를 넘는 경우를 말한다.

재량권의 남용이란 재량권의 내적 한계, 즉 조리상 한계를 넘는 경우를 말한다.

이러한 재량권의 일탈·남용 여부에 대한 심사는 사실오인, 비례·평등의 원칙 위배, 당해 행위의 목적 위반이나 동기의 부정 유무 등을 그 판단 대상으로 한다(대판 2001. 2. 9. 98두17593).

재량권의 일탈·남용의 유형

① 사실오인

㉠ 낙도(비안도) 근무자인 원고가 임지에서 군산으로 항해 도중 풍랑을 만나 현기증·전신쇠약증·뇌신경쇠약 등의 병이 발생하여 입원치료하였고 이로 인하여 수로여행이 불가능하여 임지에 들어가지 못하였다면 구 「교육공무원법」 제56조 제2호에서 말하는 "정당한 사유 없이 그 직무상의 의무에 위반하거나, 직무를 태만히 한 때"에 해당한다고 말할 수 없는바, 징계사유가 있다고 할 수 없다(대판 1969. 7. 22. 69누38).

㉡ 자연공원사업의 시행은 국토 및 자연의 유지와 환경의 보전에 영향을 미치는 행위로서 그 공원시설기본설계 및 변경설계의 승인 여부는 사업장소의 현상과 위치 및 주위의 상황, 사업시행의 시기 및 주체의 적정성, 사업계획에 나타난 사업의 내용, 규모, 방법과 그것이 자연 및 환경에 미치는 영향 등을 종합적으로 고려하여 결정하여야 하는 일종의 재량행위에 속한다고 할 것이고, 위와 같은 재량행위에 대한 법원의 사법심사는 당해 행위가 사실오인, 비례·평등의 원칙 위배, 당해 행위의 목적 위반이나 부정한 동기 등에 근거하여 이루어짐으로써 재량권을 일탈·남용한 위법이 있는지 여부만을 심사하게 되는 것이나, 법원의 심사결과 행정청의 재량행위가 사실오인 등에 근거한 것이라고 인정된다면 이는 재량권을 일탈·남용한 것으로서 위법하여 그 취소를 면치 못한다(대판 2001. 7. 27. 99두2970).

② 목적위반·동기의 부정

학위수여규정에 의한 2종의 외국어 시험에 합격하고 교육법 시행령의 규정에 의한 박사학위논문심사 통과자에게 정당한 이유 없이 학위수여를 부결한 행정처분은 재량권의 한계를 벗어난 위법이 있다(대판 1976. 6. 8. 76누63).

③ 평등원칙 위반

당직근무 대기 중 심심풀이로 돈을 걸지 않고 점수따기 화투놀이를 한 사실이 징계사유에 해당한다 할지라도 징계처분으로 파면을 택한 것은 함께 화투놀이를 한 3명을 견책에 처하기로 한 사실을 고려하면 공평의 원칙상 그 재량의 범위를 벗어난 위법한 것이다(대판 1972. 12. 26. 72누195).

④ **비례원칙위반**

유흥장소에 미성년자를 출입시켜 주류를 제공하였다는 단 1회의 「식품위생법」 위반사실을 이유로 가장 중한 영업취소로 응징한 처분은 책임에 대한 응보의 균형을 잃은 것으로서 재량권을 심히 넘은 위법한 처분이다(대판 1977. 9. 13. 77누15).

재량권의 일탈·남용의 판단기준

① **재량권의 범위를 유탈한 것인지 여부의 판단기준**

제재적 행정처분이 사회통념상 재량권의 범위를 일탈하였거나 남용하였는지 여부는 처분사유로 된 위반행위의 내용과 당해 처분행위에 의하여 달성하려는 공익목적 및 이에 따른 제반 사정 등을 객관적으로 심리하여 공익침해의 정도와 그 처분으로 인하여 개인이 입게 될 불이익을 비교·교량하여 판단하여야 한다(대판 2002. 9. 24. 99두1519; 대판 1989. 4. 25. 88누3079).

② **징계처분의 재량권 남용에 대한 사법심사 방식 및 그 판단기준**

징계사유에 해당하는 행위가 있더라도, 징계권자가 그에 대하여 징계처분을 할 것인지, 징계처분을 하면 어떠한 종류의 징계를 할 것인지는 징계권자의 재량에 맡겨져 있다고 할 것이나, 그 재량권의 행사가 징계권을 부여한 목적에 반하거나, 징계사유로 삼은 비행의 정도에 비하여 균형을 잃은 과중한 징계처분을 선택함으로써 비례의 원칙에 위반하거나 또는 합리적인 사유 없이 같은 정도의 비행에 대하여 일반적으로 적용하여 온 기준과 어긋나게 공평을 잃은 징계처분을 선택함으로써 평등의 원칙에 위반한 경우에는, 그 징계처분은 재량권의 한계를 벗어난 것으로서 위법하고, 징계처분에 있어 재량권의 행사가 비례의 원칙을 위반하였는지 여부는, 징계사유로 인정된 비행의 내용과 정도, 그 경위 내지 동기, 그 비행이 당해 행정조직 및 국민에게 끼치는 영향의 정도, 행위자의 직위 및 수행직무의 내용, 평소의 소행과 직무성적, 징계처분으로 인한 불이익의 정도 등 여러 사정을 건전한 사회통념에 따라 종합적으로 판단하여 결정하여야 한다(대판 2001. 8. 24. 2000두7704).[3]

3 이른바 '심재륜 사건'에서의 면직처분이, 징계면직된 검사가 그 징계사유인 비행에 이르게 된 동기와 경위,

공무원에 대한 징계처분에 있어서 재량권의 한계
공무원인 피징계자에게 징계사유가 있어서 징계처분을 하는 경우 어떠한 처분을 할 것인가는 징계권자의 재량에 맡겨진 것이고, 다만 징계권자가 재량권의 행사로서 한 징계처분이 사회통념상 현저하게 타당성을 잃어[4] 징계권자에게 맡겨진 재량권을 남용한 것이라고 인정되는 경우에 한하여 그 처분을 위법하다고 할 수 있다(대판 1997. 11. 25. 97누14637).[5]

(3) 재량권의 불행사(흠결 또는 태만)
재량권의 불행사나 재량의 해태도 재량하자의 원인이 된다.

6. 재량행위에 대한 통제

기속행위의 경우에는 재량권의 범위를 일탈한 것이라고 할 여지가 없다
구 「총포·도검·화약류 등 단속법」에 의하면, 면허관청은 화약류관리보안책임자면허를 받은 사람이 결격사유에 해당하게 된 경우에는 그 면허를 취소하여야 한다고 되어 있는바, 이러한 경우에는 면관청이 그 취소 여부를 선택할 수 있는 재량의 여지가 없음이 그 법문상 명백하므로 위 법조에 위반하였음을 이유로 한 화약류 관리보안책임자 면허취소처분이 재량권의 범위를 일탈한 것이라고 할 여지가 없다(대판 1996. 8. 23. 96누1665).

그 비행의 내용과 그로 인한 검찰조직과 국민에게 끼친 영향의 정도, 그 검사의 직위와 그동안의 행적 및 근무성적, 징계처분으로 인한 불이익의 정도 등 제반 사정에 비추어, 비례의 원칙에 위반된 재량권 남용으로서 위법하다고 본 사례.

4 공무원에 대한 징계처분이 사회통념상 현저하게 타당성을 잃었다고 하려면 구체적인 사례에 따라 징계의 원인이 된 비위사실의 내용과 성질, 징계에 의하여 달성하려고 하는 행정목적, 징계 양정의 기준 등 여러 요소를 종합하여 판단할 때에 그 징계 내용이 객관적으로 명백히 부당하다고 인정할 수 있는 경우라야 한다(대판 1997. 11. 25. 97누14637).

5 휴게근무시간 중 인근 식당에서 음주하고 혈중 알콜농도 0.10%의 음주상태에서 자기 소유 승용차를 운전하고 가다가 교차로에서 택시와 충돌하여 여러 명을 사상케 한 경찰관에 대한 징계 해임처분이 재량권의 범위를 일탈·남용하였다고 본 원심을 파기한 사례.

7. 판 례

(1) 판례가 기속행위로 인정한 예

① **학교법인이사취임승인처분**

이사취임승인은 학교법인의 임원선임행위를 보충하여 법률상의 효력을 완성시키는 보충적 행정행위로서 기속행위에 속한다(대판 1992. 9. 22. 92누5461).

② **국유재산의 무단점유 등에 대한 변상금의 징수**

국유재산의 무단점유 등에 대한 변상금징수의 요건은 국유재산법 제51조 제1항에 명백히 규정되어 있으므로 변상금을 징수할 것인가는 처분청의 재량을 허용하지 않는 기속행위이다(대판 2000. 1. 28. 97누4098).

③ **기부금품모집규제법상의 기부형 모집행위에 대한 허가**

「기부금품모집규제법」상의 기부금품모집허가는 공익목적을 위하여 일반적·상대적으로 제한된 기본권적 자유를 다시 회복시켜 주는 강학상의 허가에 해당하는 만큼 그에 대한 허가절차는 기부금품을 자유로이 모집할 수 있는 권리(이는 헌법상의 행복추구권에서 파생되는 일반적 행동자유권에 속한다) 자체를 제거해서는 아니되고, 허가절차에 규정된 법률요건을 충족하는 경우에는 국민에게 기본권 행사의 형식적 제한을 다시 해제할 것을 요구할 수 있는 법적 권리를 부여하여야 하므로, 같은 법이 비록 기부금품의 모집허가 대상사업을 같은 법 제4조 제2항 각 호에 규정된 사업에 국한시킴으로써 위 규정에 열거한 사항에 해당하지 아니한 경우에는 허가할 수 없다는 것을 소극적으로 규정하고 있다 하더라도 기부금품모집허가의 법적 성질이 강학상의 허가라는 점을 고려하면, 기부금품 모집행위가 같은 법 제4조 제2항의 각 호의 사업에 해당하는 경우에는 특별한 사정이 없는 한 그 모집행위를 허가하여야 하는 것으로 풀이하여야 한다(대판 1999. 7. 23. 99두3690).

④ **주유소설치허가**

주유소 설치허가권자는 주유소 설치허가신청이 관계 법령에서 정하는 제한에 배치되지 않는 경우에는 특별한 사정이 없는 한 이를 허가하여야 하고, 관계 법규에서 정하는 제한사유 이외의 사유를 들어 허가를 거부할 수는 없는 것이다(대판 1999. 4. 23. 97누14378).

⑤ **식품위생법상 일반음식점 영업허가**

「식품위생법」상 대중음식점영업허가는 성질상 일반적 금지에 대한 해제에 불과하므로 허가권자는 허가신청이 법에서 정한 요건을 구비한 때에는 허가하여야 하고 관계법규에서 정하는 제한사유 이외의 사유를 들어 허가신청을 거부할 수 없다(대판 1993. 5. 27. 93누2216).

⑥ **채광계획인가**

채광계획이 중대한 공익에 배치된다고 할 때에는 인가를 거부할 수 있고, 채광계획을 불인가하는 경우에는 정당한 사유가 제시되어야 하며 자의적으로 불인가를 하여서는 아니 될 것이므로 채광계획인가는 기속재량행위에 속하는 것으로 보아야 할 것이다(대판 2002. 10. 11. 2001두151).

⑦ **총포·도검·화약류판매업허가**

「총포·도검·화약류 등 단속법」상 화약류 판매업 및 저장소 설치 허가는 성질상 일반적 금지에 대한 해제에 불과하므로 허가권자는 허가신청이 법에서 정한 요건을 구비한 때에는 허가하여야 하고 관계 법규에서 정하는 제한사유 이외의 사유를 들어 허가신청을 거부할 수 없다(대판 1996. 6. 28. 96누3036).

⑧ **매장 및 묘지 등에 관한 법률에 따른 사설묘지 등의 설치허가**

「매장 및 묘지 등에 관한 법률」 제8조의 사설묘지 등의 설치허가행위는 같은 법 시행령 제5조 제2항 등에 정해진 기준에 의한 기속재량행위라고 보아야 할 것이므로, 행정청으로서는 법령이 정한 기준에 해당하면 사설묘지 등을 설치하는 것을 허가하지 아니하면 아니되고, 군의회에서 의결된 '묘지 등 설치허가시 주민의견청취에 관한 조례안' 제3조는 위 법률이 정한 사설묘지 등의 허가요건에 대하여 위 법률과 동일 또는 유사한 목적에서 법령의 근거 없이 영향권 내 주민 3분의 2 이상의 찬성이라는 새로운 허가요건을 가중하는 것이 되므로 법령의 요건에만 해당하면 사설묘지 등의 설치허가를 하여야 하도록 규정한 매장 및 묘지 등에 관한 법률 및 같은 법 시행령에 위반되는 위법한 것이다(대판 1995. 12. 22. 95추32).

⑨ **해양경찰공무원시험 합격결정취소 및 응시자격제한처분**

경찰공무원임용령 제46조 제1항의 수권형식과 내용에 비추어 이는 행정청 내부의 사무처리기준을 규정한 재량준칙이 아니라 일반 국민이나 법원을 구속하는 법규명령에 해당하고 따라서 위 규정에 의한 처분은 재량행위가 아닌 기속행위라 할 것이므로, 위 규정이 재량준칙임을 전제로 한 원고의 이 사건 응시자격제한처분의 재량권 일탈·남용 주장을 배척한 원심의 판단은 옳은 것으로 수긍이 가고 거기에 재량권 일탈·남용에 대한 법리오해의 위법이 없다(대판 2008. 5. 29. 2007두18321).

(2) 판례가 재량행위로 인정한 예

① 한약조제시험 실시기관인 국립보건원장의 평가방법 및 채점기준 설정행위

당해 한약조제시험은 약사법이 위와 같이 개정되면서 의약분업의 시행을 위한 근거가 마련되고 한약조제를 담당할 한약사제도가 신설됨에 따라 위 개정법 시행 당시에 있어 약사면허 소지자와 약학을 전공하는 대학을 졸업하고 약사면허를 받지 아니한 자들의 기득권을 보호하는 차원에서 한시적으로 시행하는 자격시험으로서, 그 시험과목, 공고절차 및 합격기준을 대통령령으로 정하고 있는바, 위 시험에 있어서 평가방법 및 채점기준의 설정은 국립보건원장이 시험실시기관으로서 시험의 목적 및 내용 등을 고려하여 관계 법령이 정하는 범위 내에서 자유로이 정할 수 있는 재량행위라 할 수 있고, 그러한 기준 등에 의한 합격·불합격 처분은 그것이 재량권을 남용 내지 일탈하여 현저하게 불합리한 것이 아니라면 이를 위법하다고 할 수 없다(대판 1998. 7. 10. 97누13771).

② 감정평가사시험의 합격기준 선택

지가공시 및 토지 등의 평가에 관한 법률 시행령 제18조 제1항, 제2항은 감정평가사시험의 합격기준으로 절대평가제 방식을 원칙으로 하되, 행정청이 감정평가사의 수급상 필요하다고 인정할 때에는 상대평가제 방식으로 할 수 있다고 규정하고 있으므로, 감정평가사시험을 실시함에 있어 어떠한 합격기준을 선택할 것인가는 시험실시기관인 행정청의 고유한 정책적인 판단에 맡겨진 것으로서 자유재량에 속한다(대판 1996. 9. 20. 96누6882).

③ 공정거래위원회의 독점규제 및 공정거래에 관한 법률 위반행위자에 대한 과징금 부과처분

구 「독점규제 및 공정거래에 관한 법률」 제6조, 제17조, 제22조, 제24조의2, 제28조, 제31조의2, 제34조의2 등 각 규정을 종합하여 보면, 공정거래위원회는 법 위반행위에 대하여 과징금을 부과할 것인지 여부와 만일 과징금을 부과할 경우 법과 시행령이 정하고 있는 일정한 범위 안에서 과징금의 액수를 구체적으로 얼마로 정할 것인지에 관하여 재량을 가지고 있다고 할 것이므로, 공정거래위원회의 법 위반행위자에 대한 과징금 부과처분은 재량행위라 할 것이고, 다만 이러한 재량을 행사함에 있어 과징금 부과의 기초가 되는 사실을 오인하였거나, 비례·평등의 원칙에 위배하는 등의 사유가 있다면 이는 재량권의 일탈·남용으로서 위법하다(대판 2010. 3. 11. 2008두15176; 대판 2002. 9. 24. 2000두1713).

④ **공유수면 매립면허**

공유수면매립면허는 설권행위인 특허의 성질을 갖는 것이므로 원칙적으로 행정청의 자유재량에 속하며, 일단 실효된 공유수면매립면허의 효력을 회복시키는 행위도 특단의 사정이 없는 한 새로운 면허부여와 같이 면허관청의 자유재량에 속한다고 할 것이므로 공유수면매립법 부칙 제4항의 규정에 의하여 위 법시행 전에 같은 법 제25조 제1항의 규정에 의하여 효력이 상실된 매립면허의 효력을 회복시키는 처분도 특단의 사정이 없는 한 면허관청의 자유재량에 속하는 행위라고 봄이 타당하다(대판 1989. 9. 12. 88누9206).

⑤ **개인택시 운송사업 면허**

㉠ 「자동차운수사업법」에 의한 개인택시운송사업면허는 특정인에게 권리나 이익을 부여하는 행정행위로서 법령에 특별한 규정이 없으면 행정청의 재량에 속하는 것이고, 그 면허를 위하여 정하여진 순위 내에서의 운전경력인정방법에 관한 기준설정 역시 행정청의 재량이므로, 그 설정된 기준이 객관적으로 합리적이 아니라거나 타당하지 않다고 보이지 않는 이상 이에 기하여 운전경력을 산정한 것을 위법하다고 할 수 없다(대판 1995. 4. 14. 93누16253).

㉡ 개인택시운송사업면허는 특정인에게 권리나 이익을 부여하는 행정행위로서 법령에 특별한 규정이 없는 한 재량행위이고 그 면허에 필요한 기준을 정하는 것 역시 법령에 규정이 없는 한 행정청의 재량에 속하나, 이 경우에도 이는 객관적으로 타당하여야 하며 그 설정된 우선순위 결정방법이나 기준이 객관적으로 합리성을 잃은 것이라면 이에 따라 면허 여부를 결정하는 것은 재량권의 한계를 일탈한 것이 되어 위법하다(대판 2007. 2. 8. 2006두13886).

㉢ 「여객자동차운수사업법」에 의한 개인택시운송사업면허는 특정인에게 권리나 이익을 부여하는 행정행위, 즉 수익적 행정행위로서 법령에 특별한 규정이 없으면 행정청의 재량에 속하는 것이고, 그 면허를 위하여 정하여진 순위 내에서의 운전경력 인정방법에 관한 기준 설정 및 그 설정된 기준의 변경 역시 행정청의 재량이므로, 그 기준의 설정이나 변경이 객관적으로 합리적이 아니라거나 타당하지 않다고 보이지 아니하는 이상 행정청의 의사는 가능한 한 존중되어야 한다(대판 2005. 7. 22. 2005두999; 대판 2005. 4. 28. 2004두8910).

㉣ 「여객자동차운수사업법」에 의한 개인택시운송사업면허는 특정인에게 권리나 이익을 부여하는 행정행위로서 법령에 특별한 규정이 없는 한 재량행위이고,

그 면허를 위하여 정하여진 순위 내에서의 운전경력인정방법의 기준설정 역시 행정청의 재량에 속한다 할 것이지만, 행정청이 면허발급 여부를 심사함에 있어서 이미 설정된 면허기준의 해석상 당해 신청이 면허발급의 우선순위에 해당함이 명백함에도 이를 제외시켜 면허거부처분을 하였다면 특별한 사정이 없는 한 그 거부처분은 재량권을 남용한 위법한 처분이 된다(대판 2010. 1. 28. 2009두19137).

⑥ **자동차운송사업면허취소**

「자동차운수사업법」 제31조에 의한 자동차운송사업면허의 취소처분이 재량권의 한계를 벗어났는지를 판단함에 있어서는 위 법조에 의하여 달성하려고 하는 공익의 목적과 면허취소처분으로 인하여 상대방이 입게 될 불이익을 비교교량하여 그 처분으로 인하여 공익상의 필요보다 상대방이 받게 될 불이익 등이 막대한 경우에는 재량권의 한계를 일탈하였다고 보아야 한다(대판 1991. 11. 8. 91누4973).

⑦ **마을버스운송사업면허**

마을버스운송사업면허의 허용 여부는 사업구역의 교통수요, 노선결정, 운송업체의 수송능력, 공급능력 등에 관하여 기술적·전문적인 판단을 요하는 분야로서 이에 관한 행정처분은 운수행정을 통한 공익실현과 아울러 합목적성을 추구하기 위하여 보다 구체적 타당성에 적합한 기준에 의하여야 할 것이므로 그 범위 내에서는 법령이 특별히 규정한 바가 없으면 행정청의 재량에 속하는 것이라고 보아야 할 것이고, 마을버스 한정면허시 확정되는 마을버스 노선을 정함에 있어서도 기존 일반노선버스의 노선과의 중복 허용 정도에 대한 판단도 행정청의 재량에 속한다고 할 것이며, 노선의 중복 정도는 마을버스 노선과 각 일반버스노선을 개별적으로 대비하여 판단하여야 한다(대판 2002. 6. 28. 2001두10028).

⑧ **산림형질변경허가**

「산림법」 부칙 제9조 제1항, 제2항에 의한 형질변경허가 등 산림의 용도변경에 필요한 처분은 기속행위가 아닌 기속재량행위이다(대판 1998. 9. 25. 97누19564).

⑨ **임목의 벌채·굴채 허가**

산림자원의 증식과 임업에 관한 기본적 사항을 정하여 산림의 보호·육성, 임업생산력의 향상 및 산림의 공익기능의 증진을 도모함으로써 국토의 보전과 국민경제의 건전한 발전에 기여하고자 하는 산림법의 입법목적, 시장·군수가 입목의 벌채나 굴채허가신청을 받은 때에는 벌채 대상목이나 잔존시킬 입목 선정의 적정 여부 등을 조사하거나 굴취 또는 채취 대상의 적정 여부를 조사·확인하여 허가함이 타당하다고 인정될 때에는 허가증을 교부하여야 한다고 규정하고 있는 「산림법」 제90조 제1항, 같은 법 시행규칙 제85조 제2항, 제93조 제2항의 각 규정 내용, 산림 내에서의 입목벌채는 국토 및 자연의 유지와 환경의 보전에 직접적으로 영향을 미치는 행위가 된다는 점 등을 종합하여 보면, 허가관청은 입목굴채 허가신청 대상 토지의 현상과 위치 및 주위의 상황 등을 고려하여 국토 및 자연의 유지와 환경의 보전 등 중대한 공익상 필요가 있다고 인정될 때에는 허가를 거부할 수 있다(대판 2001. 11. 30. 2001두5866).

⑩ 비영리법인설립허가

「민법」은 제31조에서 "법인은 법률의 규정에 의함이 아니면 성립하지 못한다"고 규정하여 법인의 자유 설립을 부정하고 있고, 제32조에서 "학술, 종교, 자선, 기예, 사교 기타 영리 아닌 사업을 목적으로 하는 사단 또는 재단은 주무 관청의 허가를 얻어 이를 법인으로 할 수 있다"고 규정하여 비영리법인의 설립에 관하여 허가주의를 채용하고 있으며, 현행 법령상 비영리법인의 설립허가에 관한 구체적인 기준이 정하여져 있지 아니하므로, 비영리법인의 설립허가를 할 것인지 여부는 주무관청의 정책적 판단에 따른 재량에 맡겨져 있다(대판 1996. 9. 10. 95누18437).

⑪ 행정재산의 사용허가의 취소

지방자치단체장으로부터 행정재산인 농수산물도매시장의 관리권한을 위임받은 관리청이 사용료 납부 지체만을 이유로 그 농수산물도매시장 내 점포에 대한 사용허가를 취소한 것은 그 위반행위의 내용이나 정도에 비추어 상대방에게 주는 불이익이 너무 커 그 재량권을 벗어난 위법한 행정처분이다(대판 1997. 4. 11. 96누17325).

⑫ 구 자연공원법상 자연공원사업시행허가

자연공원사업의 시행은 국토 및 자연의 유지와 환경의 보전에 영향을 미치는 행위로서 그 공원사업시행허가 여부는 사업장소의 현상과 위치 및 주위의 상황, 사업시행의 시기 및 주체의 적정성, 사업계획에 나타난 사업의 내용, 규모, 방법과 그것이 자연 및 환경에 미치는 영향 등을 종합적으로 고려하여 결정하여야 하는 일종의 재량행위에 속한다 할 것인바, 행정청이 공원사업시행을 허가하는 처분을 하였다 하더라도, 행정심판청구의 재결청으로서는 위와 같은 제반 사정을 종합적으로 고려하여 국토 및 자연의 유지와 환경의 보전 등 중대한 공익의 필요에 비추어 볼 때, 그 허가가 위법하거나 부당하다고 인정될 때에는 그 허가처분을 취소할 수 있음은 물론이다(대판 2001. 7. 27. 99두5092).

⑬ **공유수면 점용허가**

구 「광업법」 제47조의2 제5호에 의하여 채광계획인가를 받으면 공유수면 점용허가를 받은 것으로 의제되고, 이 공유수면 점용허가는 공유수면 관리청이 공공 위해의 예방 경감과 공공복리의 증진에 기여함에 적당하다고 인정하는 경우에 그 자유재량에 의하여 허가의 여부를 결정하여야 할 것이다(대판 2002. 10. 11. 2001두151).

⑭ **구 도시계획법상 개발제한구역 내에서의 건축허가**

구 「도시계획법」 제21조와 같은 법 시행령 제20조 및 같은 법 시행규칙 제7조, 제8조 등의 규정을 종합해 보면, 개발제한구역 내에서는 구역지정의 목적상 건축물의 건축 및 공작물의 설치 등 개발행위가 원칙적으로 금지되고, 다만 구체적인 경우에 이러한 구역지정의 목적에 위배되지 아니할 경우 예외적으로 허가에 의하여 그러한 행위를 할 수 있게 되어 있음이 그 규정의 체제와 문언상 분명하고, 이러한 예외적인 개발행위의 허가는 상대방에게 수익적인 것이 틀림이 없으므로 그 법률적 성질은 재량행위 내지 자유재량행위에 속하는 것이고, 이러한 재량행위에 있어서는 관계 법령에 명시적인 금지규정이 없는 한 행정목적을 달성하기 위하여 조건이나 기한, 부담 등의 부관을 붙일 수 있고, 그 부관의 내용이 이행 가능하고 비례의 원칙 및 평등의 원칙에 적합하며 행정처분의 본질적 효력을 저해하지 아니하는 이상 위법하다고 할 수 없다(대판 2004. 3. 25. 2003두12837).

⑮ **비관리청 항만공사 시행허가**

비관리청 항만공사 시행허가는 특정인에게 권리를 설정하는 행위로서 구 「항만법」과 그 시행령에 허가 기준에 관한 규정이 없으므로 허가 여부는 행정청의 재량행위에 속하고, 그 허가를 위한 심사 기준을 정하여 놓은 업무처리요령은 재량권행사의 기준인 행정청 내부의 사무처리준칙에 불과하여 허가처분의 적법 여부는 결국 재량권의 남용 여부의 판단에 달려 있다(대판 2011. 1. 27. 2010두20508; 대판 1998. 9. 8. 98두6272).

⑯ **공무원에 대한 징계처분**

㉠ 공무원에 대한 징계의 정도가 지나치게 무거워 재량권의 범위를 벗어난 위법한 처분이라고 할 수 있으려면 징계의 사유가 된 비위사실의 내용 및 성질과 징계에 의하여 달성하려는 행정목적 등에 비추어보아 그 징계내용이 객관적으로 명백히 부당하다고 인정할 수 있는 경우이어야 한다(대판 1991. 11. 22. 91누4102).

㉡ 공무원인 피징계자에게 징계사유가 있어서 징계처분을 하는 경우 어떠한 처분을 할 것인가는 징계권자의 재량에 맡겨진 것이므로, 그 징계처분이 위법하다고 하기 위해서는 징계권자가 재량권의 행사로서 한 징계처분이 사회통념상 현저하게 타당성을 잃어 징계권자에게 맡겨진 재량권을 남용한 것이라고 인정되는 경우에 한한다. 그리고 공무원에 대한 징계처분이 사회통념상 현저하게 타당성을 잃었는지 여부는 구체적인 사례에 따라 직무의 특성, 징계의 원인이 된 비위사실의 내용과 성질, 징계에 의하여 달성하려고 하는 행정목적, 징계 양정의 기준 등 여러 요소를 종합하여 판단하여야 하고, 특히 금품수수의 경우는 수수액수, 수수경위, 수수시기, 수수 이후 직무에 영향을 미쳤는지 여부 등이 고려되어야 한다(대판 2008. 10. 9. 2008두11853, 11860; 대판 2006. 12. 21. 2006두16274; 대판 1991. 7. 23. 90누8954 등).

⑰ 국립대학생에 대한 징계처분

국립교육대학 학생에 대한 징계권의 발동이나 징계의 양정이 징계권자의 교육적 재량에 맡겨져 있다 할지라도 법원이 심리한 결과 그 징계처분에 위법사유가 있다고 판단되는 경우에는 이를 취소할 수 있는 것이고, 징계처분이 교육적 재량행위라는 이유만으로 사법심사의 대상에서 당연히 제외되는 것은 아니다(대판 1991. 11. 22. 91누2144).

⑱ 학교환경위생정화구역안의 금지행위 및 시설 해제, 해제거부하는 조치

「학교보건법」 제6조 제1항 단서의 규정에 의하여 시·도교육위원회 교육감 또는 교육감이 지정하는 자가 학교환경위생정화구역 안에서의 금지행위 및 시설의 해제신청에 대하여 그 행위 및 시설이 학습과 학교보건에 나쁜 영향을 주지 않는 것인지의 여부를 결정하여 그 금지행위 및 시설을 해제하거나 계속하여 금지(해제거부)하는 조치는 시·도교육위원회 교육감 또는 교육감이 지정하는 자의 재량행위에 속하는 것으로서, 그것이 재량권을 일탈·남용하여 위법하다고 하기 위하여는 그 행위 및 시설의 종류나 규모, 학교에서의 거리와 위치는 물론이고, 학교의 종류와 학생 수, 학교주변의 환경, 그리고 위 행위 및 시설이 주변의 다른 행위나 시설 등과 합하여 학습과 학교보건위생 등에 미칠 영향 등의 사정과 그 행위나 시설이 금지됨으로 인하여 상대방이 입게 될 재산권 침해를 비롯한 불이익 등의 사정 등 여러 가지 사항들을 합리적으로 비교·교량하여 신중하게 판단하여야 한다(대판 2010. 3. 11. 2009두17643; 대판 1996. 10. 29. 96누8253).

⑲ **지방자치단체의 장이 청원주인 경우에 청원경찰의 면직처분**

「청원경찰법」 제5조 제1항, 제3항, 제11조, 구 청원경찰법 시행령 제16조 제1항 등의 규정을 종합하면, 청원주는 청원경찰이 인원의 감축으로 과원이 되었을 때에는 직권으로 면직시킬 수 있는바, 지방자치단체의 장이 청원주인 경우 그 면직처분은 재량행위라 할 것이므로, 지방자치단체의 장이 합리적이고 공정한 기준에 의하여 면직대상자를 선정하고 그에 따라 면직처분을 하였다면 일응 적법한 재량행사라 할 것이나, 그 기준이 평등의 원칙에 위배되는 등 비합리적이고 불공정하다면 그에 따른 면직처분은 재량권의 일탈·남용으로서 위법하다(대판 2002. 2. 8. 2000두4057).

⑳ **야생동·식물보호법에 의한 용도변경승인행위 및 용도변경의 불가피성 판단에 필요한 기준을 정하는 행위**

「야생동·식물보호법」 제16조 제3항과 같은 법 시행규칙 제22조 제1항의 체제 또는 문언을 살펴보면 원칙적으로 국제적 멸종위기종 및 그 가공품의 수입 또는 반입 목적 외의 용도로의 사용을 금지하면서 용도변경이 불가피한 경우로서 환경부장관의 용도변경승인을 받은 경우에 한하여 용도변경을 허용하도록 하고 있으므로, 위 법 제16조 제3항에 의한 용도변경승인은 특정인에게만 용도 외의 사용을 허용해주는 권리나 이익을 부여하는 이른바 수익적 행정행위로서 법령에 특별한 규정이 없는 한 재량행위이고, 위 법 제16조 제3항이 용도변경이 불가피한 경우에만 용도변경을 할 수 있도록 제한하는 규정을 두면서도 시행규칙 제22조에서 용도변경 신청을 할 수 있는 경우에 대하여만 확정적 규정을 두고 있을 뿐 용도변경이 불가피한 경우에 대하여는 아무런 규정을 두지 아니하여 용도변경 승인을 할 수 있는 용도변경의 불가피성에 대한 판단에 있어 재량의 여지를 남겨 두고 있는 이상, 용도변경을 승인하기 위한 요건으로서의 용도변경의 불가피성에 관한 판단에 필요한 기준을 정하는 것도 역시 행정청의 재량에 속하는 것이므로, 그 설정된 기준이 객관적으로 합리적이 아니라거나 타당하지 않다고 볼 만한 다른 특별한 사정이 없는 이상 행정청의 의사는 가능한 한 존중되어야 한다(대판 2011. 1. 27. 2010두23033).

Ⅱ. 복효적 행정행위

1. 의 의

복효적 행정행위라 함은 당해 처분의 직접 상대방에게 이익 혹은 불이익이 되는 처분이 제3자에게는 반대로 불이익 또는 이익이 되는 처분을 말한다.

2. 원고적격

'법률상 이익이 있는 자'가 원고적격을 가지므로 행정청에 당해 처분의무를 부과한 관계법령의 해석에 의해 제3자의 사익보호성이 인정되는 한, 제3자에게도 원고적격이 인정된다.

행정처분의 직접 상대방이 아닌 제3자가 행정처분의 취소 등을 구할 법률상 이익의 범위
행정처분의 직접 상대방이 아닌 제3자라 하더라도 당해 행정처분으로 인하여 법률상 보호되는 이익을 침해당한 경우에는 취소소송을 제기하여 그 당부의 판단을 받을 자격이 있는 것이지만, 여기에서 말하는 법률상 보호되는 이익이란 당해 행정처분의 근거 법률에 의하여 보호되는 직접적이고 구체적인 이익을 말하고, 제3자가 당해 행정처분과 관련하여 간접적이거나 사실적·경제적인 이해관계를 가지는 데 불과한 경우는 여기에 포함되지 아니한다(대판 1999. 10. 12. 99두6026).

3. 행정쟁송 제기기간

제3자가 행정쟁송을 제기하는 경우에도 제기기간의 제한을 받는다. 즉, 제3자가 행정쟁송을 제기하는 경우에도 원칙적으로 처분이 있음을 인 날로부터 90일 이내, 처분이 있은 날로부터 1년 이내(행정심판의 경우는 180일 이내)에 제기하여야 한다. 그러나 통상적으로 제3자는 처분이 있는 것을 바로 알 수 없는 처지에 있으므로, 처분이 있은 날로부터 180일 이내가 기준이 될 것이다.

행정처분의 상대방이 아닌 제3자가 그 행정처분이 있음을 알았거나 쉽게 알 수 있는 경우, 행정심판의 청구기간
행정처분의 상대방이 아닌 제3자는 일반적으로 처분이 있는 것을 바로 알 수 없는 처지에 있으므로 처분이 있은 날로부터 180일이 경과하더라도 특별한 사유가 없는 한 구 「행정심판법」 제18조 제3항 단서 소정의 정당한 사유가 있는 것으로 보아 심판청구가 가능하나, 그 제3자가 어떤 경위로든 행정처분이 있음을 알았거나 쉽게 알 수 있는 등 「행정심판법」 제18조 제1항 소정의 심판청구기간 내에 심판청구가 가능하였다는 사정이 있는 경우에는 그 때로부터 60일 이내에 행정심판을 청구하여야 한다(대판 1996. 9. 6. 95누16233).

행정처분의 상대방이 아닌 제3자라도 처분이 있은 날로부터 180일을 경과하면 행정심판청구를 제기하지 못하는 것이 원칙이지만, 180일이 경과한 뒤에도 그 기간 내에 심판청구가 가능하였다는 특별한 사정이 없는 한, 「행정심판법」 제18조 제3항 단서의 '정당한 사유'가 있는 경우에 해당하여 180일이 경과한 후에도 행정심판을 제기할 수 있다. 이때 정당한 사유의 인정 여부는 복효적 행정행위에서의 제3자 보호에 중요한 의미가 있다.

행정처분의 상대방이 아닌 제3자가 행정심판법 제18조 제3항 소정의 심판청구기간을 경과하고서도 행정심판을 청구할 수 있는 같은 법조항 단서 소정의 "정당한 사유"

① 「행정심판법」 제18조 제3항에 의하면 행정처분의 상대방이 아닌 제3자라도 처분이 있은 날로부터 180일을 경과하면 행정심판청구를 제기하지 못하는 것이 원칙이지만, 다만 정당한 사유가 있는 경우에는 그러하지 아니하도록 규정되어 있는바, 행정처분의 직접 상대방이 아닌 제3자는 일반적으로 처분이 있는 것을 바로 알 수 없는 처지에 있으므로, 위와 같은 심판청구기간 내에 심판청구를 제기하지 아니하였다고 하더라도, 그 기간 내에 처분이 있은 것을 알았거나 쉽게 알 수 있었기 때문에 심판청구를 제기할 수 있었다고 볼 만한 특별한 사정이 없는 한, 위 법조항 본문의 적용을 배제할 "정당한 사유"가 있는 경우에 해당한다고 보아 위와 같은 심판청구기간이 경과한 뒤에도 심판청구를 제기할 수 있다(대판 1992. 7. 28. 91누12844).

② 행정처분의 직접 상대방이 아닌 제3자는 행정처분이 있음을 곧 알 수 없는 처지이므로 「행정심판법」 제18조 제3항 소정의 심판청구의 제척기간 내에 처분이 있음을 알았다는 특별한 사정이 없는 한 그 제척기간의 적용을 배제할 같은 조항 단서 소정의 정당한 사유가 있는 때에 해당한다(대판 1989. 5. 9. 88누5150).

4. 인용재결에 대한 취소소송

제3자에게 수익적 내용을 갖는 처분이 행정심판의 인용재결에 의해 취소된 경우, 그 인용재결에 의해 새로이 권익을 침해받은 제3자는 원처분이 아닌 재결을 취소소송의 대상으로 할 수 있다.

제3자효 행정행위에 대한 행정심판청구에 있어서 그 청구를 인용하는 내용의 재결로 인하여 권리이익을 침해받게 되는 자는 그 인용재결에 대하여 항고소송을 제기할 수 있다
이른바 복효적 행정행위, 특히 제3자효를 수반하는 행정행위에 대한 행정심판청구에 있어서 그 청구를 인용하는 내용의 재결로 인하여 비로소 권리이익을 침해받게 되는 자(예컨대, 제3자가 행정심판청구인인 경우의 행정처분 상대방 또는 행정처분 상대방이 행정심판청구인인 경우의 제3자)는 재결의 당사자가 아니라고 하더라도 그 인용재결의 취소를 구하는 소를 제기할 수 있으나, 그 인용재결로 인하여 새로이 어떠한 권리이익도 침해받지 아니하는 자인 경우에는 그 재결의 취소를 구할 소의 이익이 없다(대판 1995. 6. 13. 94누15592).

Ⅲ. 일반처분

일반처분이란 구체적 사실과 관련하여 불특정다수인을 대상으로 하여 발하여지는 행정행위를 말한다. 일반처분은 불특정다수인에게 구체적으로 적용되는 일반적·구체적 규율의 성격을 가지는 것이어서 법규범과 행정행위의 중간영역으로 평가되지만, 처분으로 보는 것이 다수의 견해이고 판례의 태도이다.

불특정다수인에 대한 구체적 규율인 일반처분은 행정행위에 해당한다
「도로교통법」 제10조 제1항은 지방경찰청은 도로를 횡단하는 보행자의 안전을 위하여 행정자치부령이 정하는 기준에 의하여 횡단보도를 설치할 수 있다고 규정하고, 제10조 제2항은 보행자는 지하도·육교 그 밖의 횡단시설이나 횡단보도가 설치되어 있는 도로에서는 그 곳으로 횡단하여야 한다고 규정하며, 제24조 제1항은 모든 차의 운전자는 보행자가 횡단보도를 통행하고 있는 때에는 그 횡단보도 앞에서 일시 정지하여 보행자의 횡단을 방해하거나 위험을 주어서는 아니된다고 규정하는 「도로교통법」의 취지에 비추어 볼 때, 지방경찰청장이 횡단보도를 설치하여 보행자의 통행방법 등을 규제하는 것은, 행정청이 특정사항에 대하여 의무의 부담을 명하는 행위이고 이는 국민의 권리의무에 직접 관계가 있는 행위로서 행정처분이라고 보아야 할 것이다(대판 2000. 10. 27. 98두8964).

토지초과이득세 등의 산정기준이 되는 개별토지가격결정은 항고소송 대상이 되는 행정처분이다

시장·군수 또는 구청장의 개별토지가격결정은 관계법령에 의한 토지초과이득세, 택지초과소유부담금 또는 개발부담금 산정의 기준이 되어 국민의 권리나 의무 또는 법률상 이익에 직접적으로 관계되는 것으로서 「행정소송법」 제2조 제1항 제1호 소정의 행정청이 행하는 구체적 사실에 관한 법집행으로서의 공권력행사이므로 항고소송의 대상이 되는 행정처분에 해당한다(대판 1994. 2. 8. 93누111).[6]

Ⅳ. 가행정행위, 예비결정, 부분허가

1. 예비결정(사전결정)

폐기물처리업의 허가에 앞서 받은 사업계획서에 대한 부적정통보는 행정처분에 해당한다

「폐기물관리법」 관계 법령의 규정에 의하면 폐기물처리업의 허가를 받기 위하여는 먼저 사업계획서를 제출하여 허가권자로부터 사업계획에 대한 적정통보를 받아야 하고, 그 적정통보를 받은 자만이 일정기간 내에 시설, 장비, 기술능력, 자본금을 갖추어 허가신청을 할 수 있으므로, 결국 부적정통보는 허가신청 자체를 제한하는 등 개인의 권리 내지 법률상의 이익을 개별적이고 구체적으로 규제하고 있어 행정처분에 해당한다(대판 1998. 4. 28. 97누21086).

폐기물처리업에 대한 적정통보 후의 불허가처분은 위법하다

폐기물처리업에 대하여 사전에 관할 관청으로부터 적정통보를 받고 막대한 비용을 들여 허가요건을 갖춘 다음 허가신청을 하였음에도 다수 청소업자의 난립으로 안정적이고 효율적인 청소업무의 수행에 지장이 있다는 이유로 한 불허가처분은 신뢰보호의 원칙 및 비례의 원칙에 반하는 것으로서 재량권을 남용한 위법한 처분이다(대판 1998. 5. 8. 98두4061).

6 개별토지가격결정은 인(人)을 대상으로 하는 것이 아니고 개별토지의 성질이나 상태에 대한 가격의 평가를 규율대상으로 하는 것으로 물적 관련 일반처분으로 보는 견해(류지태)가 있고, 대법원도 개별공시지가 결정의 처분성을 인정하는 판시를 하였다. 이에 대해 개별공시지가의 결정·고시 그 자체는 사인의 권리·의무를 직접 발생시키는 것이 아니므로 처분으로 보기 어렵다는 주장도 있다(홍정선).

주택건설사업계획 사전결정이 있는 경우에도 주택건설사업계획 승인처분의 재량행위성은 변함이 없다

구「주택건설촉진법」제33조 제1항의 규정에 의한 주택건설사업계획의 승인은 상대방에게 권리나 이익을 부여하는 효과를 수반하는 이른바 수익적 행정처분으로서 행정처분의 요건에 관하여 일의적으로 규정되어 있지 아니한 이상 행정청의 재량행위에 속하고, 그 전 단계인 같은 법 제32조의4 제1항의 규정에 의한 주택건설사업계획의 사전결정이 있다 하여 달리 볼 것은 아니다(대판 1999. 5. 25. 99두1052).

2. 부분허가(부분인허)

건설허가처분이 있은 후에는 원자로 및 관계시설의 부지사전승인처분에 대한 행정쟁송이 불가하다

원자로 및 관계시설의 부지사전승인처분은 그 자체로서 건설부지를 확정하고 사전공사를 허용하는 법률효과를 지닌 독립한 행정처분이기는 하지만, 건설허가 전에 신청자의 편의를 위하여 미리 그 건설허가의 일부요건을 심사하여 행하는 사전적 부분건설허가처분의 성격을 갖고 있는 것이어서 나중에 건설허가처분이 있게 되면 그 건설허가처분에 흡수되어 독립된 존재가치를 상실함으로써 그 건설허가처분만이 쟁송의 대상이 되는 것이므로, 부지사전승인처분의 취소를 구하는 소는 소의 이익을 잃게 되고, 따라서 부지사전승인처분의 위법성은 나중에 내려진 건설허가처분의 취소를 구하는 소송에서 다투면 된다(대판 1998. 9. 4. 97누19588).[7]

7 대법원은 원자로 및 관계시설의 부지사전승인처분은 사전적 부분건설허가처분의 성격을 갖고 있는 것으로 예비결정과 부분승인의 성격을 동시에 갖는 것이어서 나중에 건설허가처분이 있게 되면 그 건설허가처분에 흡수되어 독립된 존재가치를 상실함으로써 그 건설허가처분만이 쟁송의 대상이 되는 것이므로, 부지사전승인처분의 위법성은 나중에 내려진 건설허가처분의 취소를 구하는 소송에서 다투면 된다고 판시하였다. 그러나 이러한 판례의 입장은 단계화된 행정결정절차의 취지에도 어긋나며, "나중에 건설허가처분이 있게 되면 부지사전승인처분은 소의 이익을 잃는다"고 판시한 부분도 소의 이익과 관련하여 만일 부지사전승인처분의 위법성이 조기에 결정된다면 사업자측은 더 이상 투자하지 않을 것이고 원고측 또한 헛된 노력이나 비용을 들이지 않아도 되는 만큼 다툼 수 있는 기회를 일찍 주는 것이 양쪽 다 이로운 것이므로 권리보호필요성이 있다고 보아야 한다는 비판이 있다.

제 3 절 행정행위의 내용

Ⅰ. 법률행위적 행정행위

법률행위적 행정행위는 명령적 행위와 형성적 행위로 구분된다.

1. 명령적 행정행위

명령적 행정행위는 상대방에 대하여 일정한 의무를 부과하여 자유를 제한하는 하명과 이미 부과된 의무를 해제하여 자유를 회복하는 허가·면제로 나뉜다.

(1) 하 명

하명에 위반한 행위는 수명자의 의무의 위반에 대해서는 행정상 강제, 행정벌 등이 부과될 수 있다. 하명에 위반한 행위의 사법상 법률행위의 효력이 부인되는 것은 아니다.

외국환관리법 제21조, 제23조 위반행위의 사법상 효력

거주자와 비거주자 사이의 채권의 발생, 변제, 거주자의 비거주자에 대한 지급을 제한 또는 금지하는 「외국환관리법」 제21조, 제23조 등은 단속 법규에 불과하므로 이에 저촉되는 행위의 사법상의 효력에는 아무런 영향이 없다(대판 1983. 3. 22. 83다51; 대판 1995. 5. 9. 94다48738).

구 경마법 위반행위의 사법상 효력

구 「경마법」이 승마투표권의 이동을 금지한 법의는 단지 경마로 인한 사행성을 단속하는 데 있을 뿐이고 그 이동으로 인한 사법상의 법률적 효력의 발생까지를 방해하기 위한 규정이 아니다(대판 1954. 3. 30. 4282민상80).

(2) 허 가

① 허가의 의의

허가란 법령에 의한 일반적·상대적 금지를 특정한 경우에 해제하여 적법하게 일정한 행위를 할 수 있게 하여 주는 행정행위를 말한다.

② 허가의 법적 성질

㉠ 명령적 행위인지 형성적 행위인지 여부

허가는 상대방에게 금지를 해제하여 자유를 회복시켜 주는 행위로서, 일정한 배타적·독점적 권리를 설정하여 주는 것이 아니므로 특허 등의 형성적 행위와는 구별되는 명령적 행정행위라는 것이 통설과 판례의 태도이다.

거리제한규정을 두고 있는 허가처분의 법적 성질

현행 「헌법」 제15조와 제28조에 의하여 영업의 자유는 헌법상 국민에게 보장된 자유의 범위에 포함된다 할 것이며 예외적으로 질서유지와 공공복리를 위하여 필요한 경우에 한하여 법률로서 이 영업의 자유를 제한할 수 있을 뿐이라 할 것인바, 법률 제808호 「공중목욕장업법」은 공중목욕장업에 허가제를 실시하고 있으나 그 허가는 사업경영의 권리를 설정하는 형성적 행위가 아니고 경찰금지의 해제에 불과하며 그 허가의 효과는 영업자유의 회복을 가져올 뿐이라 할 것으로서 위 「공중목욕장업법」에 의하면 공중위생의 견지에서 환경과 설비의 합리적 제한을 두어 목욕장의 설치 장소 시설 또는 구조의 적절만이 목욕장 경영의 허가기준으로 규정되어 있을 뿐이고 거리제한과 같은 분포의 적정에 관하여는 같은 법에 아무런 규정이 없고 가사 분포의 적정이 공공의 복리를 위하여 필요한 것이라 할지라도 같은 법이 환경과 설비에 관하여서만 규정하고 분포의 적정에 관하여 규정을 두지 않은 이상 분포의 적정이라는 이유로 헌법상 보장된 영업의 자유가 제한될 수 없다 할 것이다. 다만 공중목욕장업법 시행세칙 제4조에 분포의 적정에 관하여 규정된 바 있으나 이 분포의 이 적정은 공중목욕장의 환경과 설비에 관한 공중목욕장업법의 법조문 요건에도 해당되지 아니하므로 분포의 적정을 허가요건으로 하는 같은 법 시행세칙 제4조의 규정은 같은 모법에 위반되는 무효의 것이라 할 것이다(대판 1963. 8. 31. 63누101).

유기장영업허가의 법적 성질(명령적 행위)

유기장영업허가는 유기장영업권을 설정하는 설권행위가 아니고 일반적 금지를 해제하는 영업자유의 회복이라 할 것이므로 그 영업상의 이익은 반사적 이익에 불과하고 행정행위의 본질상 금지의 해제나 그 해제를 다시 철회하는 것은 공익성과 합목적성에 따른 당해 행정청의 재량행위라 할 것이다(대판 1985. 2. 8. 84누369).

㉡ 기속행위성 여부

허가요건이 충족되었다면 행정청은 허가를 해야 할 기속을 받게 되므로, 관계법에서 정하는 제한사유 이외의 사유를 들어 허가신청을 거부할 수 없음이 원칙이다

① 식품위생법상 일반음식점영업허가

「식품위생법」상 일반음식점영업허가는 성질상 일반적 금지의 해제에 불과하므로 허가권자는 허가신청이 법에서 정한 요건을 구비한 때에는 허가하여야 하고 관계 법령에서 정하는 제한사유 외에 공공복리 등의 사유를 들어 허가신청을 거부할 수는 없고, 이러한 법리는 일반음식점 허가사항의 변경허가에 관하여도 마찬가지이다(대판 2000. 3. 24. 97누12532).

② 식품위생법상 대중음식점영업허가

「식품위생법」상 대중음식점영업허가는 성질상 일반적 금지에 대한 해제에 불과하므로 허가권자는 허가신청이 법에서 정한 요건을 구비한 때에는 허가하여야 하고 관계법규에서 정하는 제한사유 이외의 사유를 들어 허가신청을 거부할 수 없다(대판 1993. 5. 27. 93누2216).

③ 건축허가

ⓐ 건축허가권자는 건축허가신청이 「건축법」 등 관계 법규에서 정하는 어떠한 제한에 배치되지 않는 이상 당연히 같은 법조에서 정하는 건축허가를 하여야 하고, 중대한 공익상의 필요가 없음에도 불구하고, 요건을 갖춘 자에 대한 허가를 관계 법령에서 정하는 제한사유 이외의 사유를 들어 거부할 수는 없다(대판 2012. 11. 22. 2010두19270 전원합의체; 대판 2009. 9. 24. 2009두8946; 대판 2006. 11. 9. 2006두1227; 대판 1992. 12. 11. 92누3038).

ⓑ 건축허가신청이 「건축법」, 「도시계획법」 등 관계 법규에서 정하는 건축허가 제한 사유에 해당하지 않는 이상 행정청이 자연경관 훼손 및 주변환경의 오염과 농촌지역의 주변정서에 부정적인 영향을 끼치고 농촌지역에 퇴폐분위기를 조성할 우려가 있다는 등의 사유를 들어 숙박시설 건축을 불허할 수는 없다(대판 1995. 12. 12. 95누9051).

④ 장례식장 건축허가

건축허가권자는 건축허가신청이 「건축법」, 「도시계획법」 등 관계법규에서 정하는 어떠한 제한에 배치되지 않는 이상 당연히 건축허가를 하여야 하고, 위 관계법규에서 정하는 제한사유 이외의 사유를 들어 거부할 수는 없는바, 원고의 건축허가신청이 「건축법」, 「도시계획법」 등 관계법규에서 정한 어떠한 제한에 배치된다고 볼 자료가 없어서 장례식장에 대한 부정적인 정서와 그로 인한 공공시설의 이용 기피 등과 같은 막연한 우려나 가능성만으로 이 사건 건물의 신축이 현저히 공공복리에 반한다고 볼 수도 없으므로 이 사건 건축허가신청을 반려한 처분은 위법하다(대판 2004. 6. 24. 2002두3263).

예외적으로 관계법령상의 제한 이외의 '중대한 공익상의 필요'를 이유로 허가를 거부할 수 있다

① 주유소설치 허가

주유소설치 허가권자는 주유소 설치허가신청이 관계 법령에서 정하는 제한에 배치되지 않는 경우에는 특별한 사정이 없는 한 이를 허가하여야 하고, 관계 법규에서 정하는 제한사유 이외의 사유를 들어 허가를 거부할 수는 없는 것이나, 심사결과 관계 법령상의 제한 이외의 중대한 공익상의 필요가 있는 경우에는 그 허가를 거부할 수 있다(대판 1999. 4. 23. 97누14378).[8]

② 자연공원법이 적용되는 지역 내에서의 단란주점영업허가

「자연공원법」과 같은 법 시행령의 관련규정의 취지를 종합하면, 「자연공원법」이 적용되는 지역 내에서 「식품위생법」상 식품접객업의 하나인 단란주점영업허가의 신청이 있는 경우에, 「식품위생법」 관련규정상 시설요건 등을 갖추었다고 하여 반드시 허가하여야 하는 것이 아니라 그 단란주점영업이 자연공원법의 목적인 국민의 보건 및 여가와 정서생활의 함양, 건전한 탐방질서의 유지 등에 배치되는 등 공익상 필요가 있을 때는 불허가할 수 있다(대판 2001. 1. 30. 99두3577).

③ 산림훼손허가

대법원은 산림형질변경허가를 재량행위로 보고, 효과선택에 있어 재량행사의 기준으로 공익을 내세우고 있다. 이는 허가는 언제나 기속행위라고 단정할 수 없으며 산림형질변경허가와 같이 복합목적을 지닌 허가는 재량행위일 수 있다는 견해(홍정선)와 같은 입장으로 보인다.

8 행정청이 공익상의 이유로 허가신청에 대하여 거부처분을 하는 것을 인정하고 있는 본 판례를 비롯한 다수의 판례를 법치행정에 반하는 것으로 보는 견해가 다수설이다. 공익관련규정이 없는 데에도 행정청이 공익을 이유로 허가신청에 대해 거부처분을 하는 것은 법령에 존재하지 않는 또 하나의 허가요건을 임의로 설정하는 것으로 보는 것이다.

ⓐ 산림훼손은 국토 및 자연의 유지와 수질 등 환경의 보전에 직접적으로 영향을 미치는 행위이므로, 법령이 규정하는 산림훼손 금지 또는 제한 지역에 해당하는 경우는 물론 금지 또는 제한 지역에 해당하지 않더라도 허가관청은 산림훼손허가신청 대상토지의 현상과 위치 및 주위의 상황 등을 고려하여 국토 및 자연의 유지와 환경의 보전 등 중대한 공익상 필요가 있다고 인정될 때에는 허가를 거부할 수 있고, 그 경우 법규에 명문의 근거가 없더라도 거부처분을 할 수 있다(대판 2002. 10. 25. 2002두6651; 대판 1997. 9. 12. 97누1228).

ⓑ 이는 산림훼손기간을 연장하는 경우에도 마찬가지이다(대판 1997. 8. 29. 96누15213).

④ **'러브호텔' 건축허가**

구「건축법」 제8조 제1항, 제3항, 구「국토이용관리법」 제15조 제1항 제4호, 같은 법 시행령 제14조 제1항의 각 규정에 의하면, 준농림지역 안으로서 지방자치단체의 조례가 정하는 지역에서「식품위생법」 소정의 식품접객업,「공중위생법」 소정의 숙박업 등을 영위하기 위한 시설 중 지방자치단체의 조례가 정하는 시설의 건축을 제한할 수 있는바, 이러한 관계 법령의 규정을 종합하여 보면, 지방자체단체의 조례의 의하여 준농림지역 내의 건축제한지역이라는 구체적인 취지의 지정·고시가 행하여지지 아니하였다 하더라도, 조례에서 정하는 기준에 맞는 지역에 해당하는 경우에는 숙박시설의 건축을 제한할 수 있다고 할 것이고, 그러한 기준에 해당함에도 불구하고 무조건 숙박시설 등의 건축허가를 하여야 하는 것은 아니라고 할 것이며, 조례에서 정한 요건에 저촉되지 아니하는 경우에 비로소 건축허가를 할 수 있는 것으로 보아야 할 것이다. 부연하면, 그러한 구체적인 지역의 지정·고시 여부는 숙박시설 등 건축허가 여부를 결정하는 요건이 된다고 볼 수 없다고 할 것이다(대판 1999. 8. 19. 98두1857 전원합의체).

⑤ **도시지역 안에서 토지의 형질변경행위를 수반하는 건축허가**

「국토의 계획 및 이용에 관한 법률」 제56조 제1항 제2호의 규정에 의한 토지의 형질변경허가는 그 금지요건이 불확정개념으로 규정되어 있어 그 금지요건에 해당하는지 여부를 판단함에 있어서 행정청에게 재량권이 부여되어 있다고 할 것이므로, 같은 법에 의하여 지정된 도시지역 안에서 토지의 형질변경행위를 수반하는 건축허가는 결국 재량행위에 속한다(대판 2005. 7. 14. 2004두6181).

⑥ **사설묘지 설치허가**

사설묘지 설치허가 신청 대상지가 관련 법령에 명시적으로 설치제한지역으로 규정되어 있지 않더라도 관할 관청이 그 신청지의 현상과 위치 및 주위의 상황 등 제반 사정을 고려하여 사설묘지의 설치를 억제함으로써 환경오염 내지 지역주민들의 보건위생상의 위해 등을 예방하거나 묘지의 증가로 인한 국토의 훼손을 방지하고 국토의 효율적 이용 및 공공복리의 증진을 도모하는 등 중대한 공익상 필요가 있다고 인정할 때에는 그 허가를 거부할 수 있다고 봄이 상당하다(대판 2008. 4. 10. 2007두6106).

⑦ 대기환경보전법상 배출시설 설치허가

구「대기환경보전법」제2조 제9호, 제23조 제1항, 제5항, 제6항, 같은 법 시행령 제11조 제1항 제1호, 제12조, 같은 법 시행규칙 제4조, [별표 2]와 같은 배출시설 설치허가와 설치제한에 관한 규정들의 문언과 그 체제·형식에 따르면 환경부장관은 배출시설 설치허가 신청이 구「대기환경보전법」제23조 제5항에서 정한 허가 기준에 부합하고 구「대기환경보전법」제23조 제6항, 같은 법 시행령 제12조에서 정한 허가제한사유에 해당하지 아니하는 한 원칙적으로 허가를 하여야 한다. 다만 배출시설의 설치는 국민건강이나 환경의 보전에 직접적으로 영향을 미치는 행위라는 점과 대기오염으로 인한 국민건강이나 환경에 관한 위해를 예방하고 대기환경을 적정하고 지속가능하게 관리·보전하여 모든 국민이 건강하고 쾌적한 환경에서 생활할 수 있게 하려는 구「대기환경보전법」의 목적(제1조) 등을 고려하면, 환경부장관은 같은 법 시행령 제12조 각 호에서 정한 사유에 준하는 사유로서 환경 기준의 유지가 곤란하거나 주민의 건강·재산, 동식물의 생육에 심각한 위해를 끼칠 우려가 있다고 인정되는 등 중대한 공익상의 필요가 있을 때에는 허가를 거부할 수 있다고 보는 것이 타당하다(대판 2013. 5. 9. 2012두22799).

③ 허가의 출원(신청)

허가는 원칙적으로 상대방의 출원(신청)에 따라 행해지는 쌍방적 행정행위이다. 그러나 예외적으로 특정인에 대한 출원이 없는 허가나 상대방의 출원과 다른 내용의 수정허가도 가능하다.

신청과 다른 내용의 허가가 당연무효인 것은 아니다

개축허가신청에 대하여 행정청이 착오로 대수선 및 용도변경허가를 하였다 하더라도 취소 등 적법한 조치없이 그 효력을 부인할 수 없음은 물론, 더구나 이를 다른 처분(즉, 개축허가처분)으로 볼 근거도 없다(대판 1985. 11. 26. 85누382).

행정행위는 처분당시에 시행 중인 법령과 허가기준에 의하여 하는 것이 원칙이다. 허가신청이 있은 후 그에 대한 결정이 있기 전에 허가기준을 정한 법령이 개정된 경우에는 처분청은 원칙적으로 개정된 법령을 적용하여야 한다는 것이 판례의 입장이다.

허가신청 후 법령개정시 원칙적으로 개정된 기준을 적용한다

행정행위는 처분 당시에 시행중인 법령 및 허가기준에 의하여 하는 것이 원칙이고, 인, 허가신청 후 처분 전에 관계 법령이 개정 시행된 경우 신법령 부칙에서 신법령 시행 전에 이미 허가신청이 있는 때에는 종전의 규정에 의한다는 취지의 경과규정을 두지 아니한 이상 당연히 허가신청 당시의 법령에 의하여 허가 여부를 판단하여야 하는 것은 아니며, 소관 행정청이 허가신청을 수리하고도 정당한 이유 없이 처리를 늦추어 그 사이에 법령 및 허가기준이 변경된 것이 아닌 한 새로운 법령 및 허가기준에 따라서 한 불허가처분이 위법하다고 할 수 없다(대판 1992. 12. 8. 92누13813; 대판 1996. 8. 20. 95누1087; 대판 2005. 7. 29. 2003두3550).

④ 허가의 효과

㉠ 반사적 이익

허가는 일반적·상대적 금지의 해제에 의한 본래의 자유회복에 불과하므로, 허가와 관련한 상대방의 이익은 원칙적으로 권리가 아니고 사실상 독점적 이익에 불과한 반사적 이익이라는 것이 전통적 통설이다. 오늘날에는 허가와 관련한 당사자의 이익을 보다 구체적으로 검토하여 법률상 이익을 인정하는 경우도 있다.

반사적 이익

ⓐ **목욕장영업허가**

기존 목욕탕영업장 부근에 신설영업장을 허가함으로 인하여 기존 영업장의 수입이 사실상 감소되었을지라도 그 수입의 감소는 단순한 반사적 이익의 침해에 불과하므로 신설허가처분의 취소를 청구할 만한 소의 이익이 없다(대판 1963. 8. 22. 63누97).

ⓑ **양곡가공업허가**

양곡가공업허가의 효과는 영업자유의 회복을 가져올 뿐이고, 법률이 직접 양곡가공업의 피허가자에게 독점적 재산권을 취득하게 하는 것이 아니라, 그 영업자유의 제한이 해제된 피허가자에게 간접적으로 사실상의 이익을 부여하게 됨에 불과하다

할 것으로 법률상 이익이 없다(대판 1990. 11. 13. 89누756).

ⓒ **장의자동차운송사업면허**

과징금부과처분의 근거가 된 「자동차운수사업법」 제4조 제2항, 같은 법 시행규칙 제7조 제4항이 자동차운송사업면허를 함에 있어서 사업구역을 정하도록 하고, 그 운송사업자로 하여금 면허받은 사업구역 외에 상주하여 영업할 수 없다고 규정한 것은 각 지역 국민의 편익을 위한 것이고, 사업구역 위반으로 인한 과징금부과처분에 의하여 다른 사업구역의 동종업자의 영업이 보호되는 결과가 되더라도 그것은 면허의 조건으로 부가되는 사업구역제도의 반사적 이익에 불과하며, 이 사건 재결은 원고들의 권익을 보호하기 위한 절차가 아니라 위 과징금부과처분으로 인한 피고보조참가인의 권익침해를 구제하기 위한 절차로서 그 내용도 증거불충분 등을 이유로위 과징금부과처분을 취소하는 것일 뿐, 피고 보조참가인으로 하여금 원고들의 사업구역에 상주하면서 영업하여도 좋다는 것이 아니어서, 이로써 원고들에게 직접적으로 어떤 불이익을 주는 것이 아님은 물론, 이 사건 재결을 취소한다고 하여 원고들에게 직접적으로 어떤 이익이 생기는 것도 아니라는 이유로, 원고들에게 이 사건 재결의 취소를 구할 법률상의 이익이 없다(대판 1992. 12. 8. 91누13700).

ⓓ **한의사 면허**

한의사 면허는 경찰금지를 해제하는 명령적 행위(강학상 허가)에 해당하고, 한약조제시험을 통하여 약사에게 한약조제권을 인정함으로써 한의사들의 영업상 이익이 감소되었다고 하더라도 이러한 이익은 사실상의 이익에 불과하고 약사법이나 의료법 등의 법률에 의하여 보호되는 이익이라고는 볼 수 없으므로, 한의사들이 한약조제시험을 통하여 한약조제권을 인정받은 약사들에 대한 합격처분의 무효확인을 구하는 당해 소는 원고적격이 없는 자들이 제기한 소로서 부적법하다(대판 1998. 3. 10. 97누4289).

ⓔ **공중목욕장영업허가**

원고에 대한 공중목욕장업 경영허가는 경찰금지의 해제로 인한 영업자유의 회복이라고 볼 것이므로 이 영업의 자유는 법률이 직접 공중목욕장업 피허가자의 이익을 보호함을 목적으로 한 경우에 해당되는 것이 아니고 법률이 공중위생이라는 공공의 복리를 보호하는 결과로서 영업의 자유가 제한되므로 인하여 간접적으로 관계자인 영업자유의 제한이 해제된 피허가자에게 이익을 부여하게 되는 경우에 해당되는 것이고 거리의 제한과 같은 위의 시행세칙이나 도지사의 지시가 모두 무효인 이상 원고가 이 사건 허가처분에 의하여 목욕장업에 의한 이익이 사실상 감소된다 하여도 이 불이익은 본건 허가처분의 단순한 사실상의 반사적 결과에 불과하고 이로 말미암아 원고의 권리를 침해하는 것이라고는 할 수 없음으로 원고는 피고의 피고 보조참가인에 대한 이 사건 목욕장업 허가처분에 대하여 그 취소를 소구할 수 있는 법률상 이익이 없다(대판 1963. 8. 31. 63누101).

법률상 이익

ⓐ 주류제조면허

주류제조면허는 국가의 수입확보를 위하여 설정된 재정허가의 일종이지만 일단 이 면허를 얻은 자의 이득은 단순한 사실상의 반사적 이득에만 그치는 것이 아니라 주세법의 규정에 따라 보호되는 이득이다(대판 1989. 12. 22. 89누46).

ⓑ 약종상 영업허가

甲이 적법한 약종상 허가를 받아 허가지역 내에서 약종상 영업을 경영하고 있음에도 불구하고 행정관청이 구 약사법시행규칙을 위배하여 같은 약종상인 乙에게 乙의 영업허가지역이 아닌 甲의 영업허가지역 내로 영업소를 이전하도록 허가하였다면 甲으로서는 이로 인하여 기존업자로서의 법률상 이익을 침해받았음이 분명하므로 甲에게는 행정관청의 영업소이전허가처분의 취소를 구할 법률상 이익이 있다(대판 1988. 6. 14. 87누873).

ⓒ 분뇨 등 수집·운반업 및 정화조청소업 허가

구 「오수·분뇨 및 축산폐수의 처리에 관한 법률」과 시행령의 관계 규정이 당해 지방자치단체 내의 분뇨 등의 발생량에 비하여 기존 업체의 시설이 과다한 경우 일정한 범위 내에서 분뇨 등 수집·운반업 및 정화조청소업에 대한 허가를 제한할 수 있도록 하고 있는 것은 분뇨 등을 적정하게 처리하여 자연환경과 생활환경을 청결히 하고 수질오염을 감소시킴으로써 국민보건의 향상과 환경보전에 이바지한다는 공익목적을 달성하고자 함과 동시에 업자 간의 과당경쟁으로 인한 경영의 불합리를 미리 방지하자는 데 그 목적이 있는 점 등 제반 사정에 비추어 보면, 업종을 분뇨 등 수집·운반업 및 정화조청소업으로 하여 분뇨 등 관련 영업허가를 받아 영업을 하고 있는 기존업자의 이익은 단순한 사실상의 반사적 이익이 아니고 법률상 보호되는 이익이라고 해석된다(대판 2006. 7. 28. 2004두6716).

㉡ 타법상 제한

허가의 상대적 효과에 의하여 그 근거가 된 법령상의 금지를 해제할 뿐이고 타법에 의한 금지까지 해제하는 것은 아니다.

허가의 상대적 효과

「도로법」과 「건축법」에서 각 규정하고 있는 건축허가는 그 허가권자의 허가를 받도록 한 목적, 허가의 기준, 허가 후의 감독에 있어서 같지 아니하므로 「도로법」 제50조 제1항에 의하여 접도구역으로 지정된 지역 안에 있는 건물에 관하여 같은 법조 제4, 5항에 의하여 도로관리청인 도지사로부터 개축허가를 받았다고 하더라도 「건축법」 제5조 제1항에 의하여 시장 또는 군수의 허가를 다시 받아야 한다(대판 1991. 4. 12. 91도218).

구 자연공원법의 행위에 대한 허가는 각 행위에 대하여 별도의 허가를 받아야 한다

구 「자연공원법」 제23조 제1항 각 호의 행위에 대한 허가는 특별한 사정이 없는 한 각 행위에 대하여 별도의 허가를 받아야 하고, 「건축법」상 허가를 요하지 아니하는 건축행위라 하더라도 자연공원구역에서의 건축행위는 자연공원의 특수성을 살려 자연생태계와 자연 및 문화경관 등을 보존하고 지속가능한 이용을 도모하고자 하는 「자연공원법」의 입법목적에 비추어 같은 법 제23조 제1항 단서에서 규정하는 경미한 사항에 해당하지 아니하는 한 같은 조 제1항 제1호 소정의 공원관리청의 허가를 받아야 하는 사항이라고 보아야 한다(대판 2005. 3. 10. 2004도8311).

건축허가서의 사법상 효력 및 건축허가가 타인명의로 된 경우 건물 소유권의 취득관계

건축허가는 행정관청이 건축행정상 목적을 수행하기 위하여 수허가자에게 일반적으로 행정관청의 허가 없이는 건축행위를 하여서는 안된다는 상대적 금지를 관계 법규에 적합한 일정한 경우에 해제하여 줌으로써 일정한 건축행위를 하여도 좋다는 자유를 회복시켜 주는 행정처분일 뿐 수허가자에게 어떤 새로운 권리나 능력을 부여하는 것이 아니고, 건축허가서는 허가된 건물에 관한 실체적 권리의 득실변경의 공시방법이 아니며 추정력도 없으므로 건축허가서에 건축주로 기재된 자가 건물의 소유권을 취득하는 것은 아니므로, 자기 비용과 노력으로 건물을 신축한 자는 그 건축허가가 타인의 명의로 된 여부에 관계없이 그 소유권을 원시취득한다(대판 2002. 4. 26. 2000다16350).

㉢ 허가효과의 이전성

허가는 원칙적으로는 그 허가를 받은 사람에게만 효력이 있다. 일신전속적이 아닌 대물적 허가의 경우에는 원칙적으로 이전이 허용된다.

학원의 수인가자 지위의 양도는 가능하다

「학원의 설립·운영에 관한 법률」 제5조 제2항에 의한 학원의 설립인가는 강학상의 이른바 허가에 해당하는 것으로서 그 인가를 받은 자에게 특별한 권리를 부여하는 것은 아니고 일반적인 금지를 특정한 경우에 해제하여 학원을 설립할 수 있는 자유를 회복시켜 주는 것에 불과한 것이기는 하지만 위 법률 제5조 제2항 후단의 규정에 근거한 같은 법 시행령 제10조 제1항은 설립자의 변경을 변경인가사항으로 규정하고 있어 학원의 수인가자의 지위(이른바 인가권)의 양도는 허용된다(대판 1992. 4. 14. 91다39986).

다방영업 허가는 양도가 가능하다

다방영업 허가는 행정처분이고 그 성질은 새로운 권리의 설정이 아니고 일반적 금지에 대한 해제이므로 그 허가를 받은 자는 그 금지의 해제에 따른 반사적 이익을 받게 된다. 다방영업 허가는 수적으로 제한되어 있어 새로운 허가를 받는 것은 어려운 실정이고 다만 기존 영업허가 명의자로부터 이를 양수한 자가 당사자 간의 양도 양수 계약서를 첨부하여 허가명의 변경신청을 하면 관할 허가관청은 이를 받아들여 양수인 명의로 영업허가명의를 변경에 주고 있으며 이와 같은 방법으로 다방영업 허가를 사실상 양도하는 사례가 허다하여 다방영업 허가는 거래의 대상으로서 재산적 가치가 있음이 인정된다(대판 1981. 8. 20. 80도1176).

공중목욕장의 영업허가권은 양도가 불가하다

공중목욕장의 영업허가를 받은 자가 그 허가를 타인에게 양도하는 경우에는 영업의 시설이나 영업상의 이익 등만이 이전될 뿐 허가권 자체가 이전되는 것은 아니므로 양수인은 공중목욕장업법에 의한 영업허가를 새로이 받아야 하는 것이고 그 절차에는 양도인의 동의를 필요로 하는 것이 아님에도 불구하고 원심이 양도인에게 공중목욕탕 영업허가권에 관하여 양수인 명의로 명의변경등록절차의 이행을 명하였음은 위법이다(대판 1981. 1. 13. 80다1126).

사업이 양도된 경우에 양도인에게 발생된 행정제재처분의 사유가 양수인에게 이전되어 이를 이유로 양수인에게 제재를 할 수 있느냐가 문제된다. 판례는 제재적 처분사유의 승계를 인정하고 있다.

양도인의 귀책사유로 양수인의 개인택시운송사업면허를 취소할 수 있다

개인택시 운송사업을 양수한 사람은 양도인의 운송사업자로서의 지위를 승계하는 것이므로, 관할관청은 개인택시 운송사업의 양도·양수에 대한 인가를 한 후에도 그 양도·양수 이전에 있었던 양도인에 대한 운송사업면허 취소사유를 들어 양수인의 사업면허를 취소할 수 있는 것이고, 가사 양도·양수 당시에는 양도인에 대한 운송사업면허 취소사유가 현실적으로 발생하지 않은 경우라도 그 원인되는 사실이 이미 존재하였다면, 관할관청으로서는 그 후 발생한 운송사업면허 취소사유에 기하여 양수인의 사업면허를 취소할 수 있는 것이다. 또한, 개인택시 운송사업면허와 같은 수익적 행정처분을 취소 또는 철회하거나 중지하는 경우에는 이미 부여된 그 국민의 기득권을 침해하는 것이 되므로, 비록 취소 등의 사유가 있다고 하더라도 그 취소권 등의 행사는 기득권의 침해를 정당화할 만한 중대한 공익상의 필요 또는 제3자의 이익보호의 필요가 있는 때에 한하여 상대방이 받는 불이익과 비교·교량하여 결정하여야 하고, 그 처분으로 인하여 공익상의 필요보다 상대방이 받게 되는 불이익 등이 막대한 경우에는 재량권의 한계를 일탈한 것으로서 그 자체가 위법하게 된다(대판 2010. 4. 8. 2009두17018; 대판 2004. 7. 22. 2003두7606; 대판 1997. 8. 22. 97누218 등).

석유판매업(주유소)이 양도된 경우, 양도인의 귀책사유는 양수인에게 그 효력이 미친다

석유판매업(주유소)허가는 소위 대물적 허가의 성질을 갖는 것이어서 그 사업의 양도도 가능하고 이 경우 양수인은 양도인의 지위를 승계하게 됨에 따라 양도인의 위 허가에 따른 권리의무가 양수인에게 이전되는 것이므로 만약 양도인에게 그 허가를 취소할 위법사유가 있다면 허가관청은 이를 이유로 양수인에게 응분의 제재조치를 취할 수 있다 할 것이고, 양수인이 그 양수 후 허가관청으로부터 석유판매업허가를 다시 받았다 하더라도 이는 석유판매업의 양수·양도를 전제로 한 것이어서 이로써 양도인의 지위승계가 부정되는 것은 아니므로 양도인의 귀책사유는 양수인에게 그 효력이 미친다(대판 1996. 7. 22. 86누203).

공중위생영업이 양도·양수되었다 하더라도 양수인에 대하여 영업정지처분을 할 수 있다
구 「공중위생관리법」 및 같은 법 시행규칙의 규정은 공중위생영업의 양도가 가능함을 전제로 한 것이라 할 것이므로, 양수인이 그 양수 후 행정청에 새로운 영업소개설통보를 하였다 하더라도, 그로 인하여 영업양도·양수로 영업소에 관한 권리·의무가 양수인에게 이전하는 법률효과까지 부정되는 것은 아니라 할 것인바, 만일 어떠한 공중위생영업에 대하여 그 영업을 정지할 위법사유가 있다면, 관할 행정청은 그 영업이 양도·양수되었다 하더라도 그 업소의 양수인에 대하여 영업정지처분을 할 수 있다고 봄이 상당하다(대판 2001. 6. 29. 2001두1611).

사실상 영업이 양도·양수되었지만 아직 승계신고 및 수리처분이 있기 이전의 경우, 행정제재처분사유 유무는 양도인을 기준으로 판단한다
「식품위생법」 제25조 제3항에 의한 영업양도에 따른 지위승계신고를 수리하는 허가관청의 행위는 단순히 양도·양수인 사이에 이미 발생한 사법상의 사업양도의 법률효과에 의하여 양수인이 그 영업을 승계하였다는 사실의 신고를 접수하는 행위에 그치는 것이 아니라, 영업허가자의 변경이라는 법률효과를 발생시키는 행위라고 할 것이다. 사실상 영업이 양도·양수되었지만 아직 승계신고 및 그 수리처분이 있기 이전에는 여전히 종전의 영업자인 양도인이 영업허가자이고, 양수인은 영업허가자가 되지 못한다 할 것이어서 행정제재처분의 사유가 있는지 여부 및 그 사유가 있다고 하여 행하는 행정제재처분은 영업허가자인 양도인을 기준으로 판단하여 그 양도인에 대하여 행하여야 할 것이고, 한편 양도인이 그의 의사에 따라 양수인에게 영업을 양도하면서 양수인으로 하여금 영업을 하도록 허락하였다면 그 양수인의 영업 중 발생한 위반행위에 대한 행정적인 책임은 영업허가자인 양도인에게 귀속된다고 보아야 할 것이다(대판 1995. 2. 24. 94누9146).

⑤ 허가의 갱신

허가의 기간에 제한이 있는 경우에는 그 허가의 효력을 지속시키기 위하여 허가의 갱신이 이루어진다. 이 때 갱신된 허가는 기존의 허가와 별개의 효력을 갖는 것이 아니라 종전 허가의 동일성을 유지하면서 허가의 효력을 그대로 지속시키는 것이다. 따라서 허가의 갱신이 있은 후에도 행정청은 갱신 전의 법령위반 사실을 이유로 허가를 취소할 수 있다.

허가의 갱신이 갱신전의 위법사유가 치유되는 것은 아니다

건설업면허의 갱신이 있으면 기존 면허의 효력은 동일성을 유지하면서 장래에 향하여 지속한다 할 것이고 갱신에 의하여 갱신 전의 면허는 실효되고 새로운 면허가 부여된 것이라고 볼 수는 없으므로 면허갱신에 의하여 갱신 전의 건설업자의 모든 위법사유가 치유된다고 볼 수 없다(대판 1984. 9. 11. 83누658).

허가의 갱신신청은 종전 허가의 기간 내에 행해져야 한다. 종전 허가의 기간이 종료된 후에 기간연장신청을 하는 것은, 종전의 허가처분과는 별도의 새로운 허가의 신청이다.

종전 허가의 유효기간이 지난 후에 한 기간연장 신청은 새로운 허가의 신청에 해당한다

종전의 허가가 기한의 도래로 실효한 이상 원고가 종전 허가의 유효기간이 지나서 신청한 이 사건 기간연장신청은 그에 대한 종전의 허가처분을 전제로 하여 단순히 그 유효기간을 연장하여 주는 행정처분을 구하는 것이라기보다는 종전의 허가처분과는 별도의 새로운 허가를 내용으로 하는 행정처분을 구하는 것이라고 보아야 할 것이어서, 이러한 경우 허가권자는 이를 새로운 허가신청으로 보아 법의 관계 규정에 의하여 허가요건의 적합 여부를 새로이 판단하여 그 허가 여부를 결정하여야 할 것이다(대판 1995. 11. 10. 94누11866).

허가에 붙은 기한이 그 허가된 사업의 성질상 부당하게 짧아 그 기한을 허가조건의 존속기간으로 볼 수 있는 경우

일반적으로 행정처분에 효력기간이 정하여져 있는 경우에는 그 기간의 경과로 그 행정처분의 효력은 상실되고, 다만 허가에 붙은 기한이 그 허가된 사업의 성질상 부당하게 짧은 경우에는 이를 그 허가 자체의 존속기간이 아니라 그 허가조건의 존속기간으로 보아 그 기한이 도래함으로써 그 조건의 개정을 고려한다는 뜻으로 해석할 수는 있지만, 그와 같은 경우라 하더라도 그 허가기간이 연장되기 위하여는 그 종기가 도래하기 전에 그 허가기간의 연장에 관한 신청이 있어야 하며, 만일 그러한 연장신청이 없는 상태에서 허가기간이 만료하였다면 그 허가의 효력은 상실된다(대판 2007. 10. 11. 2005두12404).

허가에 붙은 당초의 기한이 상당기간 연장되어 허가된 사업의 성질상 부당하게 짧은 경우에 해당하지 아니하게 된 경우

일반적으로 행정처분에 효력기간이 정하여져 있는 경우에는 그 기간의 경과로 그 행정처분의 효력은 상실되며, 다만 허가에 붙은 기한이 그 허가된 사업의 성질상 부당하게 짧은 경우에는 이를 그 허가 자체의 존속기간이 아니라 그 허가조건의 존속기간으로 보아 그 기한이 도래함으로써 그 조건의 개정을 고려한다는 뜻으로 해석할 수 있지만, 이와 같이 당초에 붙은 기한을 허가 자체의 존속기간이 아니라 허가조건의 존속기간으로 보더라도 그 후 당초의 기한이 상당기간 연장되어 연장된 기간을 포함한 존속기간 전체를 기준으로 볼 경우 더 이상 허가된 사업의 성질상 부당하게 짧은 경우에 해당하지 않게 된 때에는 관계 법령의 규정에 따라 허가 여부의 재량권을 가진 행정청으로서는 그 때에도 허가조건의 개정만을 고려하여야 하는 것은 아니고 재량권의 행사로서 더 이상의 기간연장을 불허가할 수도 있는 것이며, 이로써 허가의 효력은 상실된다(대판 2004. 3. 25. 2003두12837).

⑥ 예외적 승인

예외적 승인 또는 예외적 허가란 사회적으로 유해하여 법령상 원칙적으로 금지되어 일반적으로 허용될 수 없는 행위를, 특정한 경우에 예외적으로 금지를 해제하여 당해 행위를 적법하게 할 수 있게 하여 주는 행위를 말한다.

기부금품모집규제법상 기부금품모집허가

「기부금품모집규제법」상의 기부금품모집허가는 공익목적을 위하여 일반적·상대적으로 제한된 기본권적 자유를 다시 회복시켜 주는 강학상의 허가에 해당한다(대판 1999. 7. 23. 99두3690).[9]

학교보건법상 학교환경위생정화구역 안에서의 금지행위 해제 거부조치(재량행위)

학교환경위생정화구역 안에서의 금지행위 및 시설의 해제신청에 대하여 그 행위 및 시설이 학습과 학교보건에 나쁜 영향을 주지 않는 것인지의 여부를 결정하여 그 금지

9 본 판례에 관하여 학설 중에는 동법상의 허가는 어디까지나 억제적 금지에 대한 예외적 승인에 해당하므로 허가관청의 재량권행사의 여지는 인정될 수 있고, 허가를 일원적으로만 구성하려는 판례의 태도에는 문제가 있다는 비판이 있다(김남진).

행위 및 시설을 해제하거나 계속하여 금지(해제거부)하는 조치는 시·도교육위원회교육감 또는 교육감이 지정하는 자의 재량행위에 속하는 것으로서, 그것이 재량권을 일탈·남용하여 위법하다고 하기 위하여는 그 행위 및 시설의 종류나 규모, 학교에서의 거리와 위치는 물론이고, 학교의 종류와 학생수, 학교주변의 환경, 그리고 위 행위 및 시설이 주변의 다른 행위나 시설 등과 합하여 학습과 학교보건위생 등에 미칠 영향 등의 사정과 그 행위나 시설이 금지됨으로 인하여 상대방이 입게 될 재산권 침해를 비롯한 불이익 등의 사정 등 여러 가지 사항들을 합리적으로 비교·교량하여 신중하게 판단하여야 한다(대판 2010. 3. 11. 2009두17643; 대판 1996. 10. 29. 96누8253).

판례는 예외적 승인이라는 용어 대신 예외적 허가라는 표현을 사용한다. 허가는 원칙적으로 기속행위의 성격을 갖지만, 예외적 승인(예외적 허가)은 원칙적으로 재량행위의 성격을 갖는다. 예외적 승인(예외적 허가)은 공익목적이 강하기 때문이다.

구 도시계획법상의 개발제한구역 내의 건축물의 용도변경허가(재량행위)
구「도시계획법」등의 관련규정을 살펴보면, 도시의 무질서한 확산을 방지하고 도시주변의 자연환경을 보전하여 도시민의 건전한 생활환경을 확보하기 위하여 지정되는 개발제한구역 내에서는 구역 지정의 목적상 건축물의 건축이나 그 용도변경은 원칙적으로 금지되고, 다만 구체적인 경우에 위와 같은 구역 지정의 목적에 위배되지 아니할 경우 예외적으로 허가에 의하여 그러한 행위를 할 수 있게 되어 있음이 위와 같은 관련 규정의 체재와 문언상 분명한 한편, 이러한 건축물의 용도변경에 대한 예외적인 허가는 그 상대방에게 수익적인 것에 틀림이 없으므로, 이는 그 법률적 성질이 재량행위 내지 자유재량행위에 속하는 것이라고 할 것이고, 따라서 그 위법 여부에 대한 심사는 재량권 일탈·남용의 유무를 그 대상으로 한다(대판 2001. 2. 9. 98두17593; 대판 2003. 3. 28. 2002두11905).

개발제한구역 내에서의 건축물의 건축 등에 대한 예외적 허가의 법적 성질(재량행위)
구「도시계획법」제21조, 구 도시계획법 시행령 제20조 제1항, 제2항 등의 각 규정을 종합하면, 개발제한구역 내에서는 구역 지정의 목적상 건축물의 건축, 공작물의 설치, 토지의 형질변경 등의 행위는 원칙적으로 금지되고, 다만 구체적인 경우에 위와 같은 구역 지정의 목적에 위배되지 아니할 경우 예외적으로 허가에 의하여 그러한 행위를 할 수 있게 되며, 한편 개발제한구역 내에서의 건축물의 건축 등에 대한 예외적 허가는 그 상대방에게 수익적인 것으로서 재량행위에 속하는 것이라고 할 것이므로 그에 관한 행정청의 판단이 사실오인, 비례·평등의 원칙 위배, 목적위반 등에 해당하지 아니하는 이상 재량권의 일탈·남용에 해당한다고 할 수 없다(대판 2004. 7. 22. 2003두7606).

<허가와 예외적 승인의 구별>

구 별	허 가	예외적 승인
목 적	자연적 자유의 회복	권리의 범위를 확대
대 상	• 원칙적으로 허용되는 행위 • 일반적으로 허용될 수 있는 행위 • 위험방지(통제목적)를 대상	• 원칙적으로 금지되는 행위 • 일반적으로 허용될 수 없는 행위 • 사회적으로 유해한 행위를 대상
금지의 성격	• 사전적·잠정적·예방적 금지 • 해제가 예정되어 있는 금지 • 해제에 친한 금지	• 억제적·제재적·사후적 금지 • 예외적으로만 해제될 수 있는 금지 • 해제에 친하지 않은 금지
법적 성질	일반적으로 기속행위	일반적으로 재량행위
대표적 예	주거지역 내의 건축허가	개발제한구역 내의 건축허가

2. 형성적 행정행위

형성적 행정행위는 직접 상대방을 위한 행위(특허)와 타자를 위한 행위(인가, 대리)로 나눌 수 있다.

(1) 설권행위(광의의 특허)

① 의 의

설권행위란 직접 상대방을 위해 새로운 법률상 힘을 설정하는 행정행위, 즉 광의의 특허를 말한다.

재건축조합설립인가처분

재건축조합설립인가신청에 대한 행정청의 조합설립인가처분은 법령상 일정한 요건을 갖출 경우 주택재건축사업의 추진위원회에게 행정주체로서의 지위를 부여하는 일종의 설권적 처분의 성격을 가지고 있다(대판 2012. 10. 25. 2010두25107).

귀화허가

국적은 국민의 자격을 결정짓는 것이고, 이를 취득한 사람은 국가의 주권자가 되는 동시에 국가의 속인적 통치권의 대상이 되므로, 귀화허가는 외국인에게 대한민국 국적을 부여함으로써 국민으로서의 법적 지위를 포괄적으로 설정하는 행위에 해당한다(대판 2010. 10. 28. 2010두6496).

② 법적 성질

특허는 형성적 행정행위로서 수익적·쌍방적 행정행위이다. 그리고 특허를 할 것인가의 여부는 일반적으로 행정청의 재량행위이다. 그러나 법령이 일정한 요건을 갖춘 경우 특허를 하도록 규정하고 있는 경우에는 물론 기속행위의 성질을 갖는다. 판례도 특허로 본 사례들에서 재량행위라고 판시하였다.

특허로서 재량행위로 인정한 사례

㉠ 공유수면매립면허

공유수면매립면허는 설권행위인 특허의 성질을 갖는 것이므로 원칙적으로 행정청의 자유재량에 속하며, 일단 실효된 공유수면매립면허의 효력을 회복시키는 행위도 특단의 사정이 없는 한 새로운 면허부여와 같이 면허관청의 자유재량에 속한다고 할 것이므로 「공유수면매립법」 부칙 제4항의 규정에 의하여 위 법 시행 전에 같은 법 제25조 제1항의 규정에 의하여 효력이 상실된 매립면허의 효력을 회복시키는 처분도 특단의 사정이 없는 한 면허관청의 자유재량에 속하는 행위라고 봄이 타당하다(대판 1989. 9. 12. 88누9206).

㉡ 구 공유수면관리법상 공유수면의 점·사용허가

구 「공유수면관리법」에 따른 공유수면의 점·사용허가는 특정인에게 공유수면 이용권이라는 독점적 권리를 설정하여 주는 처분으로서 그 처분의 여부 및 내용의 결정은 원칙적으로 행정청의 재량에 속한다고 할 것이고, 이와 같은 재량처분에 있어서는 그 재량권 행사의 기초가 되는 사실인정에 오류가 있거나 그에 대한 법령적용에 잘못이 없는 한 그 처분이 위법하다고 할 수 없다(대판 2004. 5. 28. 2002두5016).

㉢ 보세구역 설영특허

「관세법」 제78조 소정의 보세구역의 설영특허는 보세구역의 설치, 경영에 관한 권리를 설정하는 이른바 공기업의 특허로서 그 특허의 부여 여부는 행정청의 자유재량에 속하며, 특허기간이 만료된 때에 특허는 당연히 실효되는 것이어서 특허기간의 갱신은 실질적으로 권리의 설정과 같으므로 그 갱신 여부도 특허관청의 자유재량에 속한다(대판 1989. 5. 9. 88누4188).

㉣ 개인택시운송사업면허

「자동차운수사업법」에 의한 개인택시운송사업면허는 특정인에게 권리나 이익을 부여하는 행정행위로서 법령에 특별한 규정이 없는 한 재량행위이고, 그 면허를 위하여 필요한 기준을 정하는 것도 역시 행정청의 재량에 속하는 것이므로, 그 설정된 기준이 객관적으로 합리적이 아니라거나 타당하지 않다고 볼 만한 다른 특별한 사정이 없는 이상 행정청의 의사는 가능한 한 존중되어야 한다(대판 1996. 10. 11. 96누6172).

㉤ 개인택시운송사업 면허기준 설정행위

개인택시운송사업면허는 특정인에게 권리나 이익을 부여하는 행정행위로서 법령에 특별한 규정이 없는 한 재량행위이고 그 면허에 필요한 기준을 정하는 것 역시 법령에 규정이 없는 한 행정청의 재량에 속하나, 이 경우에도 이는 객관적으로 타당하여야 하며 그 설정된 우선순위 결정방법이나 기준이 객관적으로 합리성을 잃은 것이라면 이에 따라 면허 여부를 결정하는 것은 재량권의 한계를 일탈한 것이 되어 위법하다(대판 2007. 2. 8. 2006두13886).

㉥ 마을버스운송사업면허

마을버스운송사업면허의 허용 여부는 사업구역의 교통수요, 노선결정, 운송업체의 수송능력, 공급능력 등에 관하여 기술적·전문적인 판단을 요하는 분야로서 이에 관한 행정처분은 운수행정을 통한 공익실현과 아울러 합목적성을 추구하기 위하여 보다 구체적 타당성에 적합한 기준에 의하여야 할 것이므로 그 범위 내에서는 법령이 특별히 규정한 바가 없으면 행정청의 재량에 속하는 것이라고 보아야 할 것이고, 마을버스 한정면허시 확정되는 마을버스 노선을 정함에 있어서도 기존 일반노선버스의 노선과의 중복 허용 정도에 대한 판단도 행정청의 재량에 속한다고 할 것이며, 노선의 중복 정도는 마을버스 노선과 각 일반버스노선을 개별적으로 대비하여 판단하여야 한다(대판 2002. 6. 28. 2001두10028).

ⓢ **법무부장관이 법률에 정한 귀화요건을 갖춘 귀화신청인에 대한 귀화의 허가**

귀화허가의 근거 규정의 형식과 문언, 귀화허가의 내용과 특성 등을 고려하여 보면, 법무부장관은 귀화신청인이 법률이 정하는 귀화요건을 갖추었다고 하더라도 귀화를 허가할 것인지 여부에 관하여 재량권을 가진다(대판 2010. 7. 15. 2009두19069).

ⓞ **도로점용허가**

구 「도로법」 제40조 제1항에 의한 도로점용은 일반 공중의 교통에 사용되는 도로에 대하여 이러한 일반사용과는 별도로 도로의 특정부분을 유형적·고정적으로 특정한 목적을 위하여 사용하는 이른바 특별사용을 뜻하는 것이고, 이러한 도로점용의 허가는 특정인에게 일정한 내용의 공물사용권을 설정하는 설권행위로서 공물관리자가 신청인의 적격성, 사용목적 및 공익상 영향 등을 참작하여 허가 여부를 결정하는 재량행위라 할 것이다(대판 2008. 11 .27. 2008두4985).

ⓙ **행정재산의 사용·수익에 대한 허가**

국유재산 등의 관리청이 하는 행정재산의 사용·수익에 대한 허가는 순전히 사경제주체로서 행하는 사법상의 행위가 아니라 관리청이 공권력을 가진 우월적 지위에서 행하는 행정처분으로서 특정인에게 행정재산을 사용할 수 있는 권리를 설정하여 주는 강학상 특허에 해당한다(대판 2006. 3. 9. 2004다31074).

특허인 자동차운수사업면허는 자동차운수사업을 합법적으로 영위할 수 있는 자격에 불과하고, 환가가 가능한 재산권이 아니다

「자동차운수사업법」의 관계 규정에 따르면, 인가를 받아 자동차운수사업의 양도가 적법하게 이루어지면 그 면허는 당연히 양수인에게 이전되는 것일 뿐, 자동차운수사업을 떠난 면허 자체는 자동차운수사업을 합법적으로 영위할 수 있는 자격에 불과하므로, 자동차운수사업자의 자동차운수사업면허는 법원이 강제집행의 방법으로 이를 압류하여 환가하기에 적합하지 않은 것이다(대결 1996. 9. 12. 96마1088, 1089).

③ 특허의 효과

양립할 수 없는 중복의 특허가 있는 경우, 후에 행해진 특허는 무효가 된다.

광업권의 존속 중 그 광업권이 설정된 광물과 동일광상에 부존하는 다른 광물에 대한 광업권설정 가부

「광업법」상 이미 광업권이 설정된 동일한 구역에 대하여 동일한 광물에 대한 광업권을 중복설정할 수 없고, 이종광물이라고 할지라도 광업권이 설정된 광물과 동일광상 중에 부존하는 이종광물은 광업권설정에 있어서 동일광물로 보게 되므로 이러한 이종광물에 대하여는 기존광업권이 적법히 취소되거나 그 존속기간이 만료되지 않는 한 별도로 광업권을 설정할 수 없다. 광업권이 설정된 광물의 함유량이 경제적 가치의 기준치에 훨씬 미달하여 채굴할 만한 경제적 가치가 없음이 매장량조사결과 밝혀졌다고 하여도 이러한 광업권설정의 하자는 객관적으로 명백하다고 볼 수 없어 위 광업권설정허가를 당연무효의 처분이라고 할 수는 없다(대판 1986. 2. 25. 85누712).

(2) 인가(보충행위)

① 의 의

인가는 타인(제3자)의 법률행위에 동의를 부여하여 그 행위의 효력을 보충함으로써 법률상의 효력을 완성시키는 행위를 말한다.

재단법인의 정관변경허가의 법적 성질은 인가이다

「민법」 제45조와 제46조에서 말하는 재단법인의 정관변경 '허가'는 법률상의 표현이 허가로 되어 있기는 하나, 그 성질에 있어 법률행위의 효력을 보충해 주는 것이지 일반적 금지를 해제하는 것이 아니므로, 그 법적 성격은 인가라고 보아야 한다(대판 1995. 5. 16. 95누4810 전원합의체).

어업협동조합의 임원선출에 관한 행정청의 인가는 강학상 인가에 해당한다

어업협동조합의 임원선출에 관한 행정청의 인가는 어업협동조합의 임원선출행위를 보충하여 그 법률상 효력을 완성시키는 보충행위이다(대판 1969. 11. 11. 66누146).

국토의 계획 및 이용에 관한 법률상의 토지거래허가는 인가에 해당한다

구 「국토이용관리법(현, 국토의 계획 및 이용에 관한 법률)」상의 토지거래허가는 허가 전의 유동적 무효상태에 있는 법률행위의 효력을 완성시켜 주는 인가적 성질을 띤 것이라고 보는 것이 타당하다(대판 1991. 12. 24. 90다12243).

② 법적 성질

인가는 수익적 행정행위이고, 상대방의 신청을 요하는 쌍방적 행정행위이며, 재량행위이다.

재단법인의 임원취임에 대한 주무관청의 승인(인가)행위의 성질

재단법인의 임원취임이 사법인인 재단법인의 정관에 근거한다 할지라도 이에 대한 행정청의 승인(인가)행위는 법인에 대한 주무관청의 감독권에 연유하는 이상 그 인가행위 또는 인가거부행위는 공법상의 행정처분으로서, 그 임원취임을 인가 또는 거부할 것인지 여부는 주무관청의 권한에 속하는 사항이라고 할 것이고, 재단법인의 임원취임 승인 신청에 대하여 주무관청이 이에 기속되어 이를 당연히 승인(인가)하여야 하는 것은 아니다(대판 2000. 1. 28. 98두16996).

관할청의 임원취임승인행위의 법적 성격

구 「사립학교법」 제20조 제1항, 제2항은 학교법인의 이사장·이사·감사 등의 임원은 이사회의 선임을 거쳐 관할청의 승인을 받아 취임하도록 규정하고 있는바, 관할청의 임원취임승인행위는 학교법인의 임원선임행위의 법률상 효력을 완성케 하는 보충적 법률행위이다. 따라서 관할청이 학교법인의 임원취임승인신청에 대하여 이를 반려하거나 거부하는 경우 학교법인에 의하여 임원으로 선임된 사람은 학교법인의 임원으로 취임할 수 없게 되는 불이익을 입게 되는바, 이와 같은 불이익은 간접적이거나 사실상의 불이익이 아니라 직접적이고도 구체적인 법률상의 불이익이라 할 것이므로 학교법인에 의하여 임원으로 선임된 사람에게는 관할청의 임원취임승인신청 반려처분을 다툴 수 있는 원고적격이 있다(대판 2007. 12. 27. 2005두9651).

여객자동차 운송사업에서 운송할 여객 등에 관한 업무의 범위나 기간을 한정하는 면허의 사업계획변경에 대한 인가처분의 법적 성격

구 「여객자동차 운수사업법」 제4조 제1항, 제3항, 제5조, 제10조, 구 여객자동차 운수사업법 시행규칙 제17조, 제32조 등 관계 법령의 규정 내용 및 체계에 의하면, 여객자동차 운송사업에서 운송할 여객 등에 관한 업무의 범위나 기간을 한정하는 면허의 사업계획변경에 대한 인가 여부는 교통수요, 운송업체의 수송능력, 공급능력 등에 관하여 기술적·전문적인 판단을 요하는 분야로서 이에 관한 행정처분은 운수행정을 통한 공익실현과 아울러 합목적성을 추구하기 위하여 구체적 타당성에 적합한 기준에 의하여야 하므로 그 범위 내에서는 법령이 특별히 규정한 바가 없으면 행정청의 재량에 속한다. 구 법 제10조 제3항은 "국토해양부장관 또는 시·도지사는 운송사업자가 운송 개시의 기일이나 기간 안에 운송을 시작하지 아니한 경우, 개선명령을 받고 이행하지 아니한 경우 등에는 사업계획의 변경을 제한할 수 있다"는 규정을 두고 있지만, 이는 그와 같은 제한사유에 해당하는 경우 국토해양부장관 또는 시·도지사에게 사업계획의 변경을 제한할 수 있는 권한이나 재량을 부여한 것으로 보일 뿐, 그와 같은 사유에 해당하지 아니한 사업계획의 변경이라고 하여 반드시 인가하여야 한다는 의미로 볼 수는 없으므로, 구 법 제10조 제3항을 들어 한정면허의 사업계획변경에 대한 인가의 성질을 달리 볼 것은 아니다(대판 2014. 4. 30. 2011두14685).

③ 인가의 신청

인가는 항상 신청을 전제로 하므로, 신청을 한 특정인에 대해서만 인가가 이루어지며 불특정다수인에 대한 인가는 허용되지 않는다.

설립인가를 신청한 주택조합의 사업내용이 법령의 규정에 위배되거나 사회질서를 해칠 우려가 있음이 명백한 경우

구 「주택건설촉진법」 제44조 및 같은 법 시행령 제42조의 규정에 따라 설립인가를 신청한 주택조합의 사업내용이 같은 법 등 관계 법령의 규정에 위배되거나 사회질서를 해칠 우려가 있음이 명백한 때에는 인가를 거부할 수 있다고 보아야 하고 그 경우에 법규에 명문의 근거가 없더라도 거부처분을 할 수 있다(대판 1995. 12. 12. 94누12302).

④ 효 과

인가의 효과는 행정객체가 제3자와의 사이에서 하는 법률적 행위의 효력을 유효하게 발생시키는 것이다.

상호신용금고의 정관변경의 효력발생시기

「상호신용금고법」 제10조 제1호가 정관의 변경에 재무부장관의 인가를 얻어야 하도록 규정하고 있음에 비추어 변경된 정관상에 그 시행일에 관하여 아무런 규정을 두고 있지 않다면 정관변경의 효력은 특단의 사정이 없는 한 재무부장관의 인가가 있는 날로부터 발생한다(대판 1985. 3. 26. 84누181).

⑤ 무인가행위의 효과

무인가행위는 원칙적으로 무효(유동적 무효)가 된다.

면허관청의 인가를 받지 않은 공유수면매립면허로 인한 권리의무양도 약정은 무효이다

「공유수면매립법」 제20조 제1항 및 같은 법 시행령 제29조 제1항 등 관계법령의 규정 내용과 공유수면매립의 성질 등에 비추어 볼 때, 공유수면매립의 면허로 인한 권리의무의 양도·양수에 있어서의 면허관청의 인가는 효력요건으로서, 위 각 규정은 강행규정이라고 할 것인바, 위 면허의 공동명의자 사이의 면허로 인한 권리의무양도약정은 면허관청의 인가를 받지 않은 이상 법률상 아무런 효력도 발생할 수 없다(대판 1991. 6. 25. 90누5184).

대법원은 토지거래허가구역 내의 토지에 대한 거래행위에 대해 시·군·구청장의 허가를 받지 아니한 토지거래계약은 원칙적으로 유동적 무효라고 판시하였다.

국토의 계획 및 이용에 관한 법률상의 허가구역 내의 토지에 대한 계약은 허가를 받기까지는 유동적 무효의 상태에 있다

구 「국토이용관리법(현 국토의 계획 및 이용에 관한 법률)」상의 규제구역 내의 토지 등의 거래계약허가에 관한 관계규정의 내용과 그 입법취지에 비추어 볼 때 허가받을 것을 전제로 한 거래계약(허가를 배제하거나 잠탈하는 내용의 계약이 아닌 계약은 여기에 해당하는 것으로 봄)일 경우에는 허가를 받을 때까지는 법률상 미완성의 법률행위로서 소유권 등 권리의 이전 또는 설정에 관한 거래의 효력이 전혀 발생하지 않음은 위의 확정적 무효의 경우와 다를 바 없지만, 일단 허가를 받으면 그 계약은 소급하여 유효한 계약이 되고 이와 달리 불허가가 된 때에는 무효로 확정되므로 허가를 받기까지는 유동적 무효의 상태에 있다고 보는 것이 타당하다(대판 1991. 12. 24. 90다12243).

⑥ 기본적 법률행위와 인가와의 관계

기본적 법률행위와 인가와의 관계

㉠ 「도시재개발법」 제34조에 의한 행정청의 인가는 주택개량재개발조합의 관리처분계획에 대한 법률상의 효력을 완성시키는 보충행위로서 그 기본 되는 관리처분계획

에 하자가 있을 때에는 그에 대한 인가가 있었다 하여도 기본행위인 관리처분계획이 유효한 것으로 될 수 없으며, 다만 그 기본행위가 적법·유효하고 보충행위인 인가처분 자체에만 하자가 있다면 그 인가처분의 무효나 취소를 주장할 수 있다고 할 것이지만, 인가처분에 하자가 없다면 기본행위에 하자가 있다 하더라도 따로 그 기본행위의 하자를 다투는 것은 별론으로 하고 기본행위의 무효를 내세워 바로 그에 대한 행정청의 인가처분의 취소 또는 무효확인을 소구할 법률상의 이익이 있다고 할 수 없다(대판 2001. 12. 11. 2001두7541).

㉡ 「주택건설촉진법」에서 규정한 바에 따른 관할시장 등의 재건축조합설립인가는 불량·노후한 주택의 소유자들이 재건축을 위하여 한 재건축조합설립행위를 보충하여 그 법률상 효력을 완성시키는 보충행위일 뿐이므로 그 기본되는 조합설립행위에 하자가 있을 때에는 그에 대한 인가가 있다 하더라도 기본행위인 조합설립이 유효한 것으로 될 수 없고, 따라서 그 기본행위는 적법유효하나 보충행위인 인가처분에만 하자가 있는 경우에는 그 인가처분의 취소나 무효확인을 구할 수 있을 것이지만 기본행위인 조합설립에 하자가 있는 경우에는 민사쟁송으로써 따로 그 기본행위의 취소 또는 무효확인 등을 구하는 것은 별론으로 하고 기본행위의 불성립 또는 무효를 내세워 바로 그에 대한 감독청의 인가처분의 취소 또는 무효확인을 소구할 법률상 이익이 있다고 할 수 없다(대판 2000. 9. 5. 99두1854).

㉢ 구 「도시 및 주거환경정비법」 제16조 제2항의 가중된 의결 정족수에 의한 찬성결의로 결정된 재건축결의사항은 대통령령이 정하는 경미한 사항의 변경에 해당하지 않는 한 위 법 제16조 제2항의 가중된 의결 정족수에 의한 찬성결의에 의하지 아니하고는 변경될 수 없고, 따라서 조합의 사업시행계획도 원칙적으로 재건축결의에서 결정된 내용에 따라 작성되어야 하지만, 조합이 사업시행계획을 재건축결의에서 결정된 내용과 달리 작성한 경우 이러한 하자는 기본행위인 사업시행계획 작성행위의 하자이고, 이에 대한 보충행위인 행정청의 인가처분이 그 근거 조항인 위 법 제28조의 적법요건을 갖추고 있는 이상은 그 인가처분 자체에 하자가 있는 것이라 할 수 없다(대판 2008. 1. 10. 2007두16691).

인가는 적법하지만 기본적 법률행위가 불성립·무효인 경우 기본적 법률행위와 인가 모두가 무효이다

㉠ 원래 인가는 다른 사람의 법률적 행위의 효력을 보충하여 이를 완성시키는 보충적

행정행위에 지나지 않으므로 기본적 행위인 학교법인 이사회의 해산결의가 성립하지 않거나 무효인 때에는 문교부장관의 인가를 받았더라도 그 해산결의가 유효하게 되는 것은 아니며 인가도 무효로 된다(대판 1989. 5. 9. 87다카2407).

㉡ 「사립학교법」 제20조 제2항에 의한 학교법인의 임원에 대한 감독청의 취임승인은 학교법인의 임원선임행위를 보충하여 그 법률상의 효력을 완성케 하는 보충적 행정행위로서 성질상 기본행위를 떠나 승인처분 그 자체만으로는 법률상 아무런 효력도 발생할 수 없으므로 기본행위인 학교법인의 임원선임행위가 불성립 또는 무효인 경우에는 비록 그에 대한 감독청의 취임승인이 있었다 하여도 이로써 무효인 그 선임행위가 유효한 것으로 될 수는 없다(대판 1987. 8. 18. 86누152).

기본적 법률행위가 유효라도 인가에 하자가 있는 경우 그 인가의 취소 또는 무효확인을 구할 수 있다

기본행위인 이사선임결의가 적법·유효하고 보충행위인 승인처분 자체에만 하자가 있다면 그 승인처분의 무효확인이나 그 취소를 주장할 수 있다(대판 2002. 5. 24. 2000두3641).

성립 당시에는 유효인 인가라도 기본적 법률행위가 취소, 실효되면 인가도 실효된다

「외자도입법」 제19조에 따른 기술도입계약에 대한 인가는 기본행위인 기술도입계약을 보충하여 그 법률상 효력을 완성시키는 보충적 행정행위에 지나지 아니하므로 기본행위인 기술도입계약이 해지로 인하여 소멸되었다면 위 인가처분은 무효선언이나 그 취소처분이 없어도 당연히 실효된다(대판 1983. 12. 27. 82누491).

⑦ 기본적 법률행위의 하자와 행정쟁송

인가처분에 하자가 없다면 기본적 법률행위에 하자가 있다 하더라도 기본적 법률행위의 하자를 이유로 인가처분의 취소소송 또는 무효확인소송을 제기할 수는 없다.

재단법인의 정관변경 결의의 하자를 이유로 정관변경 인가처분의 취소·무효 확인을 소구할 수 없다

인가는 기본행위인 재단법인의 정관변경에 대한 법률상의 효력을 완성시키는 보충행위로서, 그 기본이 되는 정관변경 결의에 하자가 있을 때에는 그에 대한 인가가 있었다 하여도 기본행위인 정관변경 결의가 유효한 것으로 될 수 없으므로 기본행위인 정관변경 결의가 적법 유효하고 보충행위인 인가처분 자체에만 하자가 있다면 그 인가처분의 무효나 취소를 주장할 수 있지만, 인가처분에 하자가 없다면 기본행위에 하자가 있다 하더라도 따로 그 기본행위의 하자를 다투는 것은 별론으로 하고 기본행위의 무효를 내세워 바로 그에 대한 행정청의 인가처분의 취소 또는 무효확인을 소구할 법률상의 이익이 없다(대판 1996. 5. 16. 95누4810 전원합의체).

조합설립인가처분이 있은 후에 조합설립결의의 하자를 이유로 그 결의 부분만을 따로 떼어내어 무효 등 확인의 소를 제기하는 것은 허용되지 않는다

조합설립결의는 조합설립인가처분이라는 행정처분을 하는 데 필요한 요건 중 하나에 불과한 것이어서, 조합설립결의에 하자가 있다면 그 하자를 이유로 직접 항고소송의 방법으로 조합설립인가처분의 취소 또는 무효확인을 구하여야 하고, 이와는 별도로 조합설립결의 부분만을 따로 떼어내어 그 효력 유무를 다투는 확인의 소를 제기하는 것은 원고의 권리 또는 법률상의 지위에 현존하는 불안·위험을 제거하는 데 가장 유효·적절한 수단이라 할 수 없어 특별한 사정이 없는 한 확인의 이익은 인정되지 아니한다(대판 2009. 9. 24. 2008다60568).

인가처분에 하자가 없고 기본행위인 조합장 명의변경에 하자가 있는 경우, 기본행위의 하자를 내세워 바로 그에 대한 행정청의 인가처분의 취소를 구할 수 없다

재건축주택조합의 조합장 명의변경에 대한 시장, 군수 또는 자치구 구청장의 인가처분은 종전의 조합장이 그 지위에서 물러나고 새로운 조합장이 그 지위에 취임함을 내용으로 하는 재건축주택조합의 조합장 명의변경 행위를 보충하여 그 법률상의 효력을 완성시키는 보충적 행정행위로서, 그 기본행위인 조합장 명의변경에 하자가 있을 때에는 그에 대한 인가가 있다 하더라도 조합장 명의변경이 유효한 것으로 될 수 없는 것이므로, 기본행위인 조합장 명의변경이 적법·유효하고 보충행위인 인가처분 자체에만 하자가 있다면 그 인가처분의 취소를 구할 수 있는 것이지만, 기본행위에 하자가 있다고 하더라도 인가처분 자체에 하자가 없다면 따로 그 기본행위의 하자를 다투는 것은 별론으로 하고 기본행위의 하자를 내세워 바로 그에 대한 행정청의 인가처분의 취소를 구할 수는 없다(대판 2005. 10. 14. 2005두1046).

Ⅱ. 준법률행위적 행정행위

1. 확 인

친일반민족행위자재산조사위원회의 국가귀속결정

「친일반민족행위자 재산의 국가귀속에 관한 특별법」 제3조 제1항 본문, 제9조 규정들의 취지와 내용에 비추어 보면, 같은 법 제2조 제2호에 정한 친일재산은 친일반민족행위자재산조사위원회가 국가귀속결정을 하여야 비로소 국가의 소유로 되는 것이 아니라 특별법의 시행에 따라 그 취득·증여 등 원인행위시에 소급하여 당연히 국가의 소유로 되고, 위 위원회의 국가귀속결정은 당해 재산이 친일재산에 해당한다는 사실을 확인하는 이른바 준법률행위적 행정행위의 성격을 가진다(대판 2008. 11. 13. 2008두13491).

준공검사처분의 법적 성질

준공검사처분은 건축허가를 받아 건축한 건물이 건축허가사항대로 건축행정목적에 적합한가의 여부를 확인하고, 준공검사필증을 교부하여 줌으로써 허가받은 자로 하여금 건축한 건물을 사용, 수익할 수 있게 하는 법률효과를 발생시키는 것이다(대판 1992. 4. 10. 91누5358).

2. 공 증

(1) 법적 성질

의료유사업자 자격증 갱신발급행위의 성질

「의료법」 부칙 제7조, 제59조, 동법 시행규칙 제59조 및 1973.11.9자 보건사회부 공고 58호에 의거한 서울특별시장 또는 도지사의 의료유사업자 자격증 갱신발급행위는 유사의료업자의 자격을 부여 내지 확인하는 것이 아니라 특정한 사실 또는 법률관계의 존부를 공적으로 증명하는 소위 공증행위에 속하는 행정행위라 할 것이다(대판 1977. 5. 24. 76누295).

(2) 공증행위의 처분성을 부정한 사례

대법원은 공증행위의 처분성을 일반적으로 부정하나, 인정하는 경우도 있다. 대법원은 지적도·임야도 등 지적공부, 가옥대장(건물관리대장), 임야대장, 하천대장, 자동차운전면허대장, 운전면허행정처분대장 등에의 등재행위에 대하여 모두 처분성을 부인하였다.

① 자동차운전면허대장상 일정한 사항의 등재행위

자동차운전면허대장상 일정한 사항의 등재행위는 운전면허행정사무집행의 편의와 사실증명의 자료로 삼기 위한 것일 뿐 그 등재행위로 인하여 당해 운전면허 취득자에게 새로이 어떠한 권리가 부여되거나 변동 또는 상실되는 효력이 발생하는 것은 아니므로 이는 행정소송의 대상이 되는 독립한 행정처분으로 볼 수 없고, 운전경력증명서상의 기재행위 역시 당해 운전면허 취득자에 대한 자동차운전면허대장상의 기재사항을 옮겨 적는 것에 불과할 뿐이므로 운전경력증명서에 한 등재의 말소를 구하는 소는 부적법하다 할 것이다(대판 1991. 9. 24. 91누1400).

② 하천대장의 기재

㉠ 하천대장은 하천관리청이 하천에 관한 행정사무집행의 원활을 기하기 위하여 그 현황과 관리사항을 기재, 작성하는 것일 뿐, 어떤 특정 토지를 하천대장에 기재하였다 하여 그 토지에 관한 권리변동의 효력이 발생케 하는 것이 아니므로 이러한 하천대장에 등재하는 행위는 하천구역의 지정처분이라 할 수 없다(대판 1991. 11. 26. 91누5150).

㉡ 「하천법」상 하천구역은 하천과 일체를 이루고 있는 자연적인 토지의 형태에 따라 결정되는 것이 원칙이고, 하천대장은 하천관리청이 하천에 관한 행정사무집행의 원활을 기하기 위하여 그 현황 및 관리사항을 기재하는 것으로서 이 하천대장에 어떤 특정 토지를 기재한다 하여 그 토지에 관한 권리의 창설이나 설정·취득·변경 및 소멸의 효력이 발생하는 것이 아니므로 설사 하천관리청이 특정 토지를 하천대장에 등재한 행위에 절차상의 하자가 있다 하더라도 그 토지가 하천구역으로 되는지의 여부에 어떠한 영향을 미치는 것은 아니다(대판 1991. 10. 22. 90누9896).

③ 가옥대장상에 등재하는 행위

행정청에 대하여 행정상의 처분의 급부를 구하는 청구는 특별한 규정이 없는 한 행정소송의 대상이 될 수 없고 가옥대장에 일정한 사항을 등재하는 행위는 행정사무집행의 편의와 사실증명의 자료로 삼기 위한 것일 뿐 그 등재행위로 인하여 당해 가옥에 관한 실체상의 권리관계에 어떠한 변동을 가져오는 것은 아니라 할 것이므로 가옥대장의 등재행위는 행정처분이라 할 수 없으니 구청에 비치된 가옥대장에 한 등재의 말소를 구하는 소는 부적법하다(대판 1982. 10. 26. 82누411).

④ **무허가건물관리대장에서 삭제하는 행위**

무허가건물관리대장은, 행정관청이 지방자치단체의 조례 등에 근거하여 무허가건물 정비에 관한 행정상 사무처리의 편의와 사실증명의 자료로 삼기 위하여 작성·비치하는 대장으로서 무허가건물을 무허가건물관리대장에 등재하거나 등재된 내용을 변경 또는 삭제하는 행위로 인하여 당해 무허가 건물에 대한 실체상의 권리관계에 변동을 가져오는 것이 아니고, 무허가건물의 건축시기, 용도, 면적 등이 무허가건물관리대장의 기재에 의해서만 증명되는 것도 아니므로, 관할관청이 무허가건물의 무허가건물관리대장 등재 요건에 관한 오류를 바로잡으면서 당해 무허가건물을 무허가건물관리대장에서 삭제하는 행위는 다른 특별한 사정이 없는 한 항고소송의 대상이 되는 행정처분이 아니다(대판 2009. 3. 12. 2008두11525).

⑤ **인감증명행위**

인감증명행위는 인감증명청이 적법한 신청이 있는 경우에 인감대장에 이미 신고된 인감을 기준으로 출원자의 현재 사용하는 인감을 증명하는 것으로서 구체적인 사실을 증명하는 것일 뿐, 나아가 출원자에게 어떠한 권리가 부여되거나 변동 또는 상실되는 효력을 발생하는 것이 아니고, 인감증명의 무효확인을 받아들인다 하더라도 이로써 이미 침해된 당사자의 권리가 회복되거나 또는 곧바로 이와 관련된 새로운 권리가 발생하는 것도 아니므로 무효확인을 구할 법률상 이익이 없어 부적법하다(대판 2001. 7. 10. 2000두2136).

⑥ **토지대장의 소유자명의변경신청을 거부한 행위**

토지대장에 기재된 일정한 사항을 변경하는 행위는, 그것이 지목의 변경이나 정정 등과 같이 토지소유권 행사의 전제요건으로서 토지소유자의 실체적 권리관계에 영향을 미치는 사항에 관한 것이 아닌 한 행정사무집행의 편의와 사실증명의 자료로 삼기 위한 것일 뿐이어서, 그 소유자 명의가 변경된다고 하여도 이로 인하여 당해 토지에 대한 실체상의 권리관계에 변동을 가져올 수 없고 토지 소유권이 지적공부의 기재만에 의하여 증명되는 것도 아니다. 따라서 소관청이 토지대장상의 소유자명의변경신청을 거부한 행위는 이를 항고소송의 대상이 되는 행정처분이라고 할 수 없다(대판 2012. 1. 12. 2010두12354).

(3) 공증행위의 처분성을 인정한 사례

① **사회단체 등록**

사회단체등록신청에 형식상의 요건불비가 없는데 등록청이 이미 설립목적 및 사업내용을 같이하는 선등록단체가 있다 하여 그 단체와 제휴하거나 또는 등록없이 자체적으로 설립목적을 달성하는 것이 바람직하다는 이유로 원고의 등록신청을 반려하였다면 그 반려처분은 「사회단체등록에 관한 법률」 제4조에 위반된 것이 명백하고, 국가기관이 공식으로 등록을 하여 준 단체와 등록을 받지 못한 단체 사이에는 유형·무형의 차이가 있음을 부인할 수 없으며 특히 선등록한 단체와 경쟁관계에 서게 되는 경우 등록을 받지 못한 단체가 열세에 놓이게 되는 것은 피할 수 없으므로 이건 등록신청의 반려는 원고의 자유로운 단체활동을 저해한다는 점에서 헌법이 보장한 결사의 자유에 역행하는 것이며 선등록한 단체의 등록은 수리하고 원고의 등록신청을 반려했다는 점에서는 헌법이 규정한 평등의 원칙에도 위반된다고 할 것이고, 행정소송에서 소의 이익이란 개념은 국가의 행정재판제도를 국민이 이용할 수 있는 한계를 구획하기 위하여 생겨난 것으로서 그 인정을 인색하게 하면 실질적으로는 재판의 거부와 같은 부작용을 낳게 될 것이므로 이 사건의 경우는 소의 이익이 있다고 보아야 할 것이다(대판 1989. 12. 26. 87누308).

② **특허청장의 실용신안권 회복신청의 거부**

실용신안권이 불법 또는 착오로 소멸등록되었다 하더라도 실용신안권자의 실체상의 권리관계에는 직접 영향이 있다고 할 수 없고, 따라서 실용신안등록원부 소관청인 특허청장이 소멸등록된 실용신안권의 회복신청을 거부하는 경우 그 거부로 인하여 실용신안권자의 실용신안권 자체에는 아무런 실체적 권리관계의 변동을 초래하지 아니한다고 할 것이나, 실용신안권이 소멸등록된 상태에서는 실용신안권자로서는 자신의 권리를 실용신안등록원부에 표창하지 못하고, 나아가 실용신안권을 처분하거나 담보로 제공하는 등 등록을 필요로 하는 일체의 행위를 할 수 없게 되어 권리행사에 중대한 지장을 받게 되므로, 실용신안권의 소멸등록의 회복은 실용신안권자의 권리관계에 직접 변동을 일으키는 행위라고 할 것이어서 실용신안권자는 이해상대방을 상대로 그의 신청에 의하여 불법 또는 착오로 말소된 실용신안권 등록의 회복을 청구할 수 있는 외에, 실용신안권이 특허청장의 직권에 의하여 불법 또는 착오로 소멸등록된 경우에 특허청장에 대하여 그 소멸등록된 실용신안권의 회복등록을 신청할 권리가 있다고 보아야 한다(대판 2002. 11. 22. 2000두9229).

③ **지적법상의 토지분할신청의 거부**

㉠ 「지적법」 제17조 제1항, 같은 법 시행규칙 제20조 제1항 제1호의 규정에 의하여 1필지의 일부가 소유자가 다르게 되거나 토지소유자가 필요로 하는 때 토지의 분할을 신청할 수 있도록 되어 있음에도 지적공부 소관청이 이에 기한 토지분할신청을 거부하는 경우에, 분할거부로 인하여 토지소유자의 당해 토지의 소유권에는 아무런 변동을 초래하지 아니한다 하더라도, 부동산등기법 제15조, 지적법 제3조 내지 제6조 등의 관계규정에 의하여 토지의 개수는 같은 법에 의한 지적공부상의 토지의 필수를 표준으로 결정되는 것으로 1필지의 토지를 수필로 분할하여 등기하려면 반드시 같은 법이 정하는 바에 따라 분할의 절차를 밟아 지적공부에 각 필지마다 등록되어야 하고, 이러한 절차를 거치지 아니하는 한 1개의 토지로서 등기의 목적이 될 수 없는 것이니 토지의 소유자는 자기소유 토지의 일부에 대한 소유권의 양도나 저당권의 설정 등 필요한 처분행위를 할 수 없게 되고, 특히 1필지의 일부가 소유자가 다르게 된 때에도 그 소유권을 등기부에 표창하지 못하고 나아가 처분도 할 수 없게 되어 권리행사에 지장을 초래하게 되는 점 등을 고려한다면, 지적 소관청의 이러한 토지분할신청의 거부행위는 국민의 권리관계에 영향을 미치는 것으로서 항고소송의 대상이 되는 처분으로 보아야 할 것이다(대판 1992. 12. 8. 92누7542).

㉡ 토지소유자가 「지적법」 제17조 제1항, 같은 법 시행규칙 제20조 제1항 제1호의 규정에 의하여 1필지의 일부가 소유자가 다르게 되었음을 이유로 토지분할을 신청하는 경우, 1필지의 토지를 수필로 분할하여 등기하려면 반드시 같은 법이 정하는 바에 따라 분할절차를 밟아 지적공부에 각 필지마다 등록되어야 하고 이러한 절차를 거치지 아니하는 한 1개의 토지로서 등기의 목적이 될 수 없기 때문에 만약 이러한 토지분할신청을 거부한다면 토지소유자는 자기소유 부분을 등기부에 표창할 수 없고 처분도 할 수 없게 된다는 점을 고려할때, 지적 소관청의 위와 같은 토지분할신청에 대한 거부행위는 국민의 권리관계에 영향을 미친다고 할 것이므로 항고소송의 대상이 되는 처분으로 보아야 한다(대판 1993. 3. 23. 91누8968).

④ **건축물대장**

㉠ 건축물대장의 용도변경신청 거부행위

건축물대장의 용도는 건축물의 소유권을 제대로 행사하기 위한 전제요건으로서 건축물 소유자의 실체적 권리관계에 밀접하게 관련되어 있으므로, 건축물대장 소관청의 용도변경신청 거부행위는 국민의 권리관계에 영향을 미치는 것으로서 항고소송의 대상이 되는 행정처분에 해당한다(대판 2009. 1. 30. 2007두7277).

㉡ 건축물대장의 작성신청 거부행위

건축물대장의 작성은 건축물의 소유권을 제대로 행사하기 위한 전제요건으로서 건축물 소유자의 실체적 권리관계에 밀접하게 관련되어 있으므로 건축물대장 소관청의 작성신청 반려행위는 국민의 권리관계에 영향을 미치는 것으로서 항고소송의 대상이 되는 행정처분에 해당한다(대판 2009. 2. 12. 2007두17359).

㉢ 건축물대장을 직권말소한 행위

건축물대장은 건축물에 대한 공법상의 규제, 지방세의 과세대상, 손실보상가액의 산정 등 건축행정의 기초자료로서 공법상의 법률관계에 영향을 미칠 뿐만 아니라, 건축물에 관한 소유권보존등기 또는 소유권이전등기를 신청하려면 이를 등기소에 제출하여야 하는 점 등을 종합해 보면, 건축물대장은 건축물의 소유권을 제대로 행사하기 위한 전제요건으로서 건축물 소유자의 실체적 권리관계에 밀접하게 관련되어 있으므로, 이러한 건축물대장을 직권말소한 행위는 국민의 권리관계에 영향을 미치는 것으로서 항고소송의 대상이 되는 행정처분에 해당한다(대판 2010. 5. 27. 2008두22655).

(4) 지적공부상 지목변경신청 반려행위

'지목정정(변경)신청에 대한 반려행위'에 대하여 헌법재판소는 지적공부상 '지목정정신청에 대한 반려처분'은 헌법소원의 대상이 되는 공권력의 행사에 해당한다고 보았다. 대법원은 종래 처분성을 부인하였었는데 최근 판례를 변경하여, 지목은 토지소유권을 제대로 행사하기 위한 전제요건으로서 토지소유자의 실체적 권리관계에 밀접하게 관련되어 있고 국민의 권리관계에 영향을 미치는 것으로서 항고소송의 대상이 되는 행정처분에 해당한다고 판시하였다.

① 헌법재판소 결정례

㉠ 지목정정신청에 대한 반려처분은 헌법소원심판청구의 대상이 된다고 본 헌법재판소 결정례

「지적법」 제38조 제2항에 따른 지목정정신청에 대한 반려처분은 실질적 실체적으로 토지 소유자의 재산권을 침해할 가능성이 있는 공권력의 행사로 보아야 할 것이므로 「헌법재판소법」 제68조 제1항에 의한 헌법소원심판청구의 대상이 된다(헌재결 2001. 1. 18. 99헌마703).

㉡ **지적등록사항 정정신청을 반려한 행위가 헌법소원의 대상인 공권력의 행사에 해당한다고 본 헌법재판소 결정례**

「지적법」 제38조 제2항에 의하면 토지소유자에게는 지적공부의 등록사항에 대한 정정신청의 권리가 부여되어 있고, 이에 대응하여 소관청은 소유자의 정정신청이 있으면 등록사항에 오류가 있는지를 조사한 다음 오류가 있을 경우에는 등록사항을 정정하여야 할 의무가 있는바, 피청구인의 반려행위는 지적관리업무를 담당하고 있는 행정청의 지위에서 청구인의 등록사항 정정신청을 확정적으로 거부하는 의사를 밝힌 것으로서 공권력의 행사인 거부처분이라 할 것이므로 「헌법재판소법」 제68조 제1항 소정의 "공권력의 행사"에 해당한다(헌재결 1999. 6. 24. 97헌마315).

② **대법원 판례**

㉠ **항고소송의 대상이 아니라는 종래의 대법원 판례를 변경하여 지적공부상 지목변경신청 반려행위가 항고소송의 대상이 되는 행정처분에 해당한다는 판례**

구 「지적법」 제20조, 제38조 제2항의 규정은 토지소유자에게 지목변경신청권과 지목정정신청권을 부여한 것이고, 한편 지목은 토지에 대한 공법상의 규제, 개발부담금의 부과대상, 지방세의 과세대상, 공시지가의 산정, 손실보상가액의 산정 등 토지행정의 기초로서 공법상의 법률관계에 영향을 미치고, 토지소유자는 지목을 토대로 토지의 사용·수익·처분에 일정한 제한을 받게 되는 점 등을 고려하면, 지목은 토지소유권을 제대로 행사하기 위한 전제요건으로서 토지소유자의 실체적 권리관계에 밀접하게 관련되어 있으므로 지적공부 소관청의 지목변경신청 반려행위는 국민의 권리관계에 영향을 미치는 것으로서 항고소송의 대상이 되는 행정처분에 해당한다. 그럼에도 불구하고, 이와는 달리 지목변경(정정이나 등록전환 등 포함)신청에 대한 반려(거부)행위를 항고소송의 대상이 되는 행정처분에 해당한다고 할 수 없다고 판시한 80누456, 94누4295 등과 지적공부 소관청이 직권으로 지목변경한 것에 대한 변경(정정)신청 반려(거부)행위를 항고소송의 대상이 되는 행정처분에 해당한다고 할 수 없다고 판시한 71누103, 85누25 등을 비롯한 같은 취지의 판결들은 이 판결의 견해에 배치되는 범위 내에서 이를 모두 변경하기로 한다(대판 2004. 4. 22. 2003두9015 전원합의체).

ⓛ **처분성을 부인한 종래의 대법원 판례**

멸실된 지적공부를 복구하거나 지적공부에 기재된 일정한 사항을 변경하는 행위는 행정사무집행의 편의와 사실증명의 자료로 삼기 위한 것으로 이로 인하여 당해 토지에 대한 실체상의 권리관계에 어떤 변동을 가져오는 것이 아니고, 특단의 사정이 없는 한 토지의 소재, 지번, 지목 및 경계가 지적공부의 기재에 의하여 확정된다 하여 토지 소유권의 범위가 지적공부의 기재만에 의하여 증명되는 것도 아니므로, 소관청이 지적공부의 복구신청을 거부하거나 그 등재사항에 대한 변경신청을 거부한 것을 가리켜 항고소송의 대상이 되는 행정처분이라고 할 수 없다(대판 1991. 12. 24. 91누8357).

(5) 기 타

지적공부 등록사항인 토지면적등록 정정신청의 반려

평택~시흥 간 고속도로 건설공사 사업시행자인 한국도로공사가 구 「지적법」 제24조 제1항, 제28조 제1호에 따라 고속도로 건설공사에 편입되는 토지소유자들을 대위하여 토지면적등록 정정신청을 하였으나 화성시장이 이를 반려한 사안에서, 반려처분은 항고소송 대상이 되는 행정처분에 해당한다(대판 2011. 8. 25. 2011두3371).

지적공부 소관청이 토지대장을 직권으로 말소한 행위가 항고소송의 대상이 되는 행정처분에 해당하는지 여부(적극)

토지대장은 토지에 대한 공법상의 규제, 개발부담금의 부과대상, 지방세의 과세대상, 공시지가의 산정, 손실보상가액의 산정 등 토지행정의 기초자료로서 공법상의 법률관계에 영향을 미칠 뿐만 아니라, 토지에 관한 소유권보존등기 또는 소유권이전등기를 신청하려면 이를 등기소에 제출해야 하는 점 등을 종합해 보면, 토지대장은 토지의 소유권을 제대로 행사하기 위한 전제요건으로서 토지 소유자의 실체적 권리관계에 밀접하게 관련되어 있으므로, 이러한 토지대장을 직권으로 말소한 행위는 국민의 권리관계에 영향을 미치는 것으로서 항고소송의 대상이 되는 행정처분에 해당한다(대판 2013. 10. 24. 2011두13286).

3. 통 지

공무원임용기간만료통지

기간제로 임용되어 임용기간이 만료된 국·공립대학의 조교수는 교원으로서의 능력과 자질에 관하여 합리적인 기준에 의한 공정한 심사를 받아 위 기준에 부합되면 특별한 사정이 없는 한 재임용되리라는 기대를 가지고 재임용 여부에 관하여 합리적인 기준에 의한 공정한 심사를 요구할 법규상 또는 조리상 신청권을 가진다고 할 것이니, 임용권자가 임용기간이 만료된 조교수에 대하여 재임용을 거부하는 취지로 한 임용기간만료의 통지는 위와 같은 대학교원의 법률관계에 영향을 주는 것으로서 행정소송의 대상이 되는 처분에 해당한다(대판 2004. 4. 22. 2000두7735 전원합의체).

교육공무원법상 임용기간이 만료된 대학교원에 대한 임용권자의 재임용제외결정 및 통지가 행정소송의 대상인 행정처분이 아니라는 종전의 대법원 판례

「교육공무원법」 제11조 제3항, 교육공무원임용령 제5조의2 제2항에 의하면 대학에 근무하는 조교수는 4년 이내의 기간을 정하여 임용하도록 규정하고 있을 뿐, 위 법률의 어디에도 임용권자에게 임용기간이 만료된 자를 재임용할 의무를 지우거나 재임용절차 및 요건 등에 관하여 아무런 근거규정을 둔 바 없으므로, 기간을 정하여 임용된 대학교원은 그 임용기간의 만료로 대학교원으로서의 신분관계는 당연히 종료되는 것이고, 그 임용기간의 만료에 따른 재임용의 기대권을 가진다고 할 수 없으며, 이와 같이 기간을 정하여 임용된 대학교원이 그 기간이 만료된 때에 만약 재임용계약을 체결하지 못하면 재임용거부결정 등 특별한 절차를 거치지 않아도 당연퇴직되는 것이므로 임용권자가 인사위원회의 심의결정에 따라 교원을 재임용하지 않기로 하는 결정을 하고서 이를 통지하였다고 하더라도 이는 교원에 대하여 임기만료로 당연퇴직됨을 확인하고 알려주는 데 지나지 아니하고, 이로 인하여 어떠한 법률효과가 발생하는 것은 아니므로 이를 행정소송의 대상이 되는 행정처분이라고 할 수 없다(대판 1997. 6. 27. 96누4305).

학교법인이 교원에게 계약기간의 만료로 교원의 신분이 상실되었음을 통보한 행위는 재임용거부처분에 해당하여 소청심사청구의 대상이 된다

「헌법」 제31조 제4항, 제6항, 구 「고등교육법」 제14조 제2항, 제15조 제2항, 제17조, 「사립학교법」 제53조의2 제3항 규정의 내용과 체계를 헌법이 천명하고 있는 대학의 자율성 보장 및 교원지위법정주의 원칙에 비추어 살펴보면, 구「고등교육법」제15조 제2항 및 제17조의 의미는 그 문언대로 대학은 이른바 전임교원으로서 학생을 교육·지도하고 학문을 연구하는 교원 외에 학문연구만을 전담하는 교원을 둘 수 있고 또한 비전임교원으로서 겸임교원 등을 둘 수 있다는 것에 불과할 뿐 대학에 강의만을 전담하는 이른바 '강의전담교원'을 둘 수 없다는 의미는 아니라고 해석함이 상당하다. 학교법인이 교원에게 계약기간의 만료로 교원의 신분이 상실되었음을 통보한 사안에서, 학교법인과 교원 사이에 계약 내용에 관한 의사의 불일치로 재임용계약의 체결이 무산되었다고 하더라도 교원이 재임용을 원하고 있었던 이상 재임용계약의 무산은 결과적으로 재임용거부행위로 볼 여지가 있는 점 등에 비추어, 위 통보행위가 재임용거부처분에 해당하여「교원지위향상을 위한 특별법」제9조 제1항에 정한 소청심사청구의 대상이 된다(대판 2009. 10. 29. 2008두12092).

문화재보호법 제13조 제2항 소정의 중요문화재 가지정의 효력발생요건인 통지의 정도

「문화재보호법」제13조 제2항 소정의 중요문화재 가지정의 효력발생요건인 통지는 행정처분을 상대방에게 표시하는 것으로서 상대방이 인식할 수 있는 상태에 둠으로써 족하고, 객관적으로 보아서 행정처분으로 인식할 수 있도록 고지하면 되는 것이다(대판 2003. 7. 22. 2003두513).

대집행 계고의 법적 성질

대집행의 계고는 다른 수단으로써 이행을 확보하기 곤란하고, 또한 그 불이행을 방치함이 심히 공익을 해하는 것으로 인정되는 경우에 행정청이 그의 우월적인 입장에서 의무자에게 대하여 상당한 이행기한을 정하고 그 기한 내에 이행을 하지 않을 경우에는 대집행을 한다는 의사를 통지하는 준 법률적 행정행위라 할 것이며, 대집행의 일련의 절차의 불가결의 일부분으로 정하여진 대집행 영장교부 및 대집행실행을 적법하게 하는 필요한 전제절차로서 그것이 실제적으로 명령에 의한 기존의 의무이상으로 새로운 의무를 부담시키는 것은 아니지만, 계고가 있으므로 인하여 대집행이 실행되어 상대방의 권리의무에 변동을 가져오는 것이라 할 것이므로, 상대방은 계고 절차의 단계에서 이의 취소를 소구할 법률상 이익이 있다할 것이고 계고는 행정소송법 소정처분에 포함된다고 보아 계고처분 자체에 위법이 있는 경우에 한하여 항고소송의 대상이 될 수 있다(대판 1966. 10. 31. 66누25).

국가공무원법상 당연퇴직의 인사발령

① 「국가공무원법」 제69조에 의하면 공무원이 제33조 각 호의 1에 해당할 때에는 당연히 퇴직한다고 규정하고 있으므로, 국가공무원법상 당연퇴직은 결격사유가 있을 때 법률상 당연히 퇴직하는 것이지, 공무원관계를 소멸시키기 위한 별도의 행정처분을 요하는 것이 아니며, 당연퇴직의 인사발령은 법률상 당연히 발생하는 퇴직사유를 공적으로 확인하여 알려주는 이른바 관념의 통지에 불과하고 공무원의 신분을 상실시키는 새로운 형성적 행위가 아니므로 행정소송의 대상이 되는 독립한 행정처분이라고 할 수 없다(대판 1995. 11. 14. 95누2036).

② 「국가공무원법」 제74조에 의하면 공무원이 소정의 정년에 달하면 그 사실에 대한 효과로서 공무담임권이 소멸되어 당연히 퇴직되고 따로 그에 대한 행정처분이 행하여져야 비로소 퇴직되는 것은 아니라 할 것이며 피고(영주지방철도청장)의 원고에 대한 정년퇴직 발령은 정년퇴직 사실을 알리는 이른바 관념의 통지에 불과하므로 행정소송의 대상이 되지 아니한다(대판 1983. 2. 8. 81누263).

과세관청의 소득처분에 따른 소득금액변동통지는 항고소송의 대상이 되는 처분이다

과세관청의 소득처분과 그에 따른 소득금액변동통지가 있는 경우 원천징수의무자인 법인은 소득금액변동통지서를 받은 날에 그 통지서에 기재된 소득의 귀속자에게 당해 소득금액을 지급한 것으로 의제되어 그 때 원천징수하는 소득세의 납세의무가 성립함과 동시에 확정되고, 원천징수의무자인 법인으로서는 소득금액변동통지서에 기재된 소득처분의 내용에 따라 원천징수세액을 그 다음달 10일까지 관할 세무서장 등에게 납부하여야 할 의무를 부담하며, 만일 이를 이행하지 아니하는 경우에는 가산세의 제재를 받게 됨은 물론이고 형사처벌까지 받도록 규정되어 있는 점에 비추어 보면, 소득금액변동통지는 원천징수의무자인 법인의 납세의무에 직접 영향을 미치는 과세관청의 행위로서, 항고소송의 대상이 되는 조세행정처분이라고 봄이 상당하다(대판 2006. 4. 20. 2002두1878 전원합의체).

4. 수 리

유선장의 경영신고와 그 변경신고의 법적 성질

「유선 및 도선업법」 제3조 제1항, 제5항, 같은 법 시행령 제3조 제2항에 의하면 유선

장의 경영신고와 그 신고사항의 변경신고는 모두가 강학상 이른바 사인의 공법행위로서의 신고에 해당하고 그 신고를 받은 행정청은 위 법과 그 시행령 소정의 형식적(절차적) 요건에 하자가 없는 한 이를 수리해야 할 입장에 있다(대판 1988. 8. 9. 86누889).

사설강습소 설립에 관한 등록조항의 위헌 여부 및 그 등록을 사실상 수리하지 않고 있다하여 등록 없이 사설강습소를 운영한 행위의 적부

사설강습소를 설립함에 있어서 주무관청에 등록토록 한 법률조항이 자유와 권리의 본질적 내용을 침해하는 것이 아닌 이상 이를 직업선택의 자유를 규정한 「헌법」에 위반되어 효력이 없다 할 수는 없고, 주무관청이 무도교습소에 관해 사실상 그 설립을 위한 등록을 수리하지 않고 있다 하더라도 이에 대하여 행정쟁송으로 다툼은 별론으로 하고 그 등록을 하지 아니하고 위와 같은 시설을 설립·운영한 이상 위 법률에 위반된다 할 것이다(대판 1990. 8. 10. 90도1062).

건축주 명의변경신고에 관한 건축법 시행규칙 제3조의2의 규정의 법적 성질 및 규정 취지와 행정관청의 수리의무

건축주 명의변경신고에 관한 건축법 시행규칙 제3조의2의 규정은 단순히 행정관청의 사무집행의 편의를 위한 것에 지나지 않는 것이 아니라, 허가대상건축물의 양수인에게 건축주의 명의변경을 신고할 수 있는 공법상의 권리를 인정함과 아울러 행정관청에게는 그 신고를 수리할 의무를 지게 한 것으로 봄이 상당하므로, 허가대상건축물의 양수인이 위 규칙에 규정되어 있는 형식적 요건을 갖추어 시장, 군수에게 적법하게 건축주의 명의변경을 신고한 때에는 시장, 군수는 그 신고를 수리하여야지 실체적인 이유를 내세워 그 신고의 수리를 거부할 수는 없다(대판 1992. 3. 31. 91누4911).

제 4 절 행정행위의 부관

Ⅰ. 부관의 의의

행정행위의 부관은 일반적으로 행정행위의 효과를 제한 또는 요건을 보충하기 위하여 주된 행정행위에 부가된 종된 규율을 말한다.

법정부관에 대하여는 행정행위에 부관을 붙일 수 있는 한계에 관한 일반적인 원칙이 적용되지 않는다

이른바 법정부관은 행정청의 의사에 기하여 붙여지는 본래의 의미에서의 행정행위의 부관은 아니므로, 이와 같은 법정부관에 대하여는 행정행위에 부관을 붙일 수 있는 한계에 관한 일반적인 원칙이 적용되지는 않지만, 「헌법」에 위반될 때에는 위 고시는 효력이 없는 것으로 볼 수밖에 없다(대판 1994. 3. 8. 92누1728).

건축허가시 보차혼용통로를 조성·제공하도록 한 것은 행정행위의 부관이 아니다

건축허가시 보차혼용통로를 조성·제공하도록 한 것은 "도시설계지구 안에서는 도시의 기능 및 미관의 증진을 위하여 건축물을 도시설계에 적합하게 건축하여야 한다"고 규정한 구 「건축법」 제61조 제1항의 규정에 따른 것일 뿐이지 수익적 행정행위인 건축허가에 부과된 부관으로서 부담이라고 할 수는 없으므로, 보차혼용통로를 조성·제공하도록 한 것이 기속행위나 기속재량행위에 붙은 부관이어서 무효라고 볼 것은 아니다(대판 2012. 10. 11. 2011두8277).

Ⅱ. 부관의 종류

1. 기 한

행정행위인 허가에 붙은 기한이 그 허가된 사업의 성질상 부당하게 짧은 경우, 이를 그 허가 자체의 존속기간이 아니라 그 허가조건의 존속기간으로 볼 수 있다

일반적으로 행정처분에 효력기간이 정하여져 있는 경우에는 그 기간의 경과로 그 행정처분의 효력은 상실되지만, 허가에 붙은 기한이 그 허가된 사업의 성질상 부당하게 짧은 경우에는 이를 그 허가 자체의 존속기간이 아니라 그 허가조건의 존속기간으로 보아 그 기한이 도래함으로써 그 조건의 개정을 고려한다는 뜻으로 해석할 수 있다(대판 2005. 11. 10. 2004다7873).

행정행위인 허가 또는 특허에 종료의 기한이 있는 경우의 효력

허가 또는 특허에 종료의 기한을 정하거나 취소권을 유보한 경우 그 기한이 그 허가 또는 특허된 그 사업의 성질상 부당하게 짧게 정하여졌다면 그 기한은 허가 또는 특허의 존속기한을 정한 것이며 그 기한도래시 그 조건의 개정을 고려한다는 뜻으로 해석할 것이다(대판 1962. 2. 22. 4293행상42).

허가 또는 특허에 붙인 부당하게 짧은 기한은 그 허가 또는 특허의 조건의 존속기간이다
행정행위인 허가 또는 특허에 붙인 조항으로서 종기인 기한에 관하여는 일률적으로 기한이 왔다고 하여 당연히 그 행정행위의 효력이 상실된다고 할 것이 아니고, 그 기한이 그 허가 또는 특허된 사업의 성질상 부당하게 짧은 기한을 정한 경우에 있어서는 그 기한은 그 허가 또는 특허의 조건의 존속기간을 정한 것이며 그 기한이 도래함으로써 그 조건의 개정을 고려한다는 뜻으로 해석하여야 할 것이다(대판 1995. 11. 10. 94누11866).

허가의 유효기간이 지난 후에 한 기간연장 신청은 새로운 허가의 신청에 해당한다
종전의 허가가 기한의 도래로 실효한 이상 원고가 종전 허가의 유효기간이 지나서 신청한 이 사건 기간연장신청은, 그에 대한 종전의 허가처분을 전제로 하여 단순히 그 유효기간을 연장하여 주는 행정처분을 구하는 것이라기보다는, 종전의 허가처분과는 별도의 새로운 허가를 내용으로 하는 행정처분을 구하는 것이라고 보아야 할 것이어서, 이러한 경우 허가권자는 이를 새로운 허가신청으로 보아 법의 관계 규정에 의하여 허가요건의 적합 여부를 새로이 판단하여 그 허가 여부를 결정하여야 할 것이다(대판 1995. 11. 10. 94누11866).

허가에 붙은 기한이 그 허가된 사업의 성질상 부당하게 짧아 그 기한을 허가조건의 존속기간으로 볼 수 있는 경우에 허가기간이 연장되기 위하여는 그 종기 도래 이전에 연장에 관한 신청이 있어야 한다
일반적으로 행정처분에 효력기간이 정하여져 있는 경우에는 그 기간의 경과로 그 행정처분의 효력은 상실되고, 다만 허가에 붙은 기한이 그 허가된 사업의 성질상 부당하게 짧은 경우에는 이를 그 허가 자체의 존속기간이 아니라 그 허가조건의 존속기간으로 보아 그 기한이 도래함으로써 그 조건의 개정을 고려한다는 뜻으로 해석할 수는 있지만, 그와 같은 경우라 하더라도 그 허가기간이 연장되기 위하여는 그 종기가 도래하기 전에 그 허가기간의 연장에 관한 신청이 있어야 하며, 만일 그러한 연장신청이 없는 상태에서 허가기간이 만료하였다면 그 허가의 효력은 상실된다(대판 2007. 10. 11. 2005두12404).

2. 부 담

부관으로서의 부담

행정청이 도시환경정비사업 시행자에게 '무상양도되지 않는 구역 내 국유지를 착공신고 전까지 매입'하도록 한 부관을 붙여 사업시행인가를 하였으나 시행자가 국유지를 매수하지 않고 점용한 사안에서, 그 부관은 국유지에 관해 사업시행인가의 효력을 저지하는 조건이 아니라 작위의무를 부과하는 부담이므로, 사업시행인가를 받은 때에 국유지에 대해 「국유재산법」 제24조의 규정에 의한 사용·수익 허가를 받은 것이어서 같은 법 제51조에 따른 변상금 부과처분은 위법하다(대판 2008. 11. 27. 2007두24289).

부담과 조건의 구별이 명확하지 않은 경우

「건축법」 제1조, 제3조 등에 의하면 「건축법」에 의한 건축물은 특별히 예외적인 규정이 없는 한 원칙적으로 건축법규의 관련 규정을 준수하여야 하고 건축법 시행령 제9조 제1항, 건축법 시행규칙 제6조 제1항은 건축허가 신청시 첨부서류로 건축할 대지의 범위와 그 대지의 소유 또는 사용에 관한 권리를 증명하는 서류를 제출하도록 규정하고 있고, 건축허가를 받아 그 허가받은 내용대로 건축한 경우에는 특별한 사정이 없는 한 사용승인까지 하여 주어야 하는 점 등에 비추어 보면 위 담장 철거 부관이 건축허가와는 별개의 독립한 이행의무를 부과하는 이른바 부담이라고 단정하기 어려운 면도 엿보이고, 또 기록에 의하면 피고가 위 부관 부가시 그 불이행의 경우에는 건축허가를 취소할 수 있다는 의사표시를 한 것으로 볼 수 있는 여지도 있어서 위 부관의 필요성, 부관 부가시 행정청인 피고의 의사나 위와 같은 내용의 부관 불이행시 행정청이 취하여 온 행정관행 등이 어떠한 것인지 등을 더 심리하여 보기 전에는 위 부관의 법적 성격이 단순한 부담인지, 해제조건이나 철회권의 유보인지도 분명치 아니할 뿐더러 만일 부담이라고 본다면 건축행위의 성격과 관련하여 그 근거는 무엇인지를 밝혀 그 당부를 가려내야 할 것이다(대판 2000. 2. 11. 98누7527).

부담부 행정처분의 상대방이 그 부담을 이행하지 않음을 이유로 한 처분의 취소

부담부 행정처분에 있어서 처분의 상대방이 부담(의무)을 이행하지 아니한 경우에 처분행정청으로서는 이를 들어 당해 처분을 취소(철회)할 수 있는 것이다(대판 1989. 10. 24. 89누2431).

산림법상 개간허가시에 부과한 부담을 상대방이 불이행하자 개간준공인가를 거부한 것은 적법하다
부관부 행정처분에 있어서 그 부관의 내용은 적법하여야 하고 그 이행이 가능하여야 하며 위법하거나 그 이행이 불가능하여 그 하자가 명백하고 중대한 때에는 그 부관은 무효라고 할 것이나 임야에 대한 개간허가처분과 같은 수익적 처분을 함에 있어서 원고의 노력과 비용으로 개간지역 내에 있는 사설분묘와 건축물을 이해관계인과 원만히 협의하여 관계법규에 의한 절차에 따라 이를 이장 내지 철거하도록 부관을 부과한 것은 설사 위 분묘와 건축물이 적법하게 매장 내지 건축된 것이라 하더라도 그 철거 내지 이장이 불가능하다거나 개인의 사유재산권을 침해하는 위법한 것이라고 볼 수 없어 위 부관이 무효라고 할 수는 없다. 상대방이 이 부담을 불이행하자 개간준공인가를 거부한 것은 적법하다(대판 1985. 2. 8. 83누625).

3. 철회권의 유보

행정행위인 허가 또는 특허에 취소권의 유보에 관한 조항이 있는 경우의 효력
허가 또는 특허에 종료의 기한을 정하거나 취소권을 유보한 경우 무조건으로 취소권을 행사할 수 있는 것이 아니고 취소를 필요로 할 만한 공익상의 필요가 있는 때에 한하여 취소권을 행사할 수 있는 것이다(대판 1962. 2. 22. 4293행상42).

4. 법률효과의 일부배제

공유수면매립준공인가처분 중 매립지 일부에 대하여 한 국가 및 지방자치단체에의 귀속처분만이 독립하여 행정소송 대상이 될 수 없다
행정행위의 부관은 부담의 경우를 제외하고는 독립하여 행정소송의 대상이 될 수 없는 것이다. 기록에 의하면, 원심은 피고가 1989. 6. 30. 원고에 대하여 한 공유수면매립준공인가 중 판시 토지를 국가 또는 인천직할시 소유로 귀속하는 처분에 대하여 이를 위법하다는 이유로 위 준공인가처분 중 판시 토지에 대한 귀속처분만의 취소를 구하는 원고의 이 사건 소를 각하하였는바, 피고가 그 토지에 대하여 한 국가 또는 인천직할시 귀속처분은 매립준공인가를 함에 있어서 매립의 면허를 받은 자의 매립지에 대한 소유권취득을 규정한 「공유수면매립법」 제14조의 효과 일부를 배제하는 부관을 붙인 것으로 볼 것이고, 이러한 행정행위의 부관에 대하여는 위 법리와 같이 독립하여 행정소송의 대상으로 삼을 수 없는 것이다(대판 1993. 10. 8. 93누2032).

공유수면매립준공인가 중 매립지 일부에 대하여 한 국가귀속처분에 대하여 독립하여 행정소송의 대상으로 삼을 수 없다

행정행위의 부관은 부담의 경우를 제외하고는 독립하여 행정소송의 대상이 될 수 없는 것인바, 행정청이 한 공유수면매립준공인가 중 매립지 일부에 대하여 한 국가귀속처분은 매립준공인가를 함에 있어서 매립의 면허를 받은 자의 매립지에 대한 소유권 취득을 규정한 「공유수면매립법」 제14조의 효과 일부를 배제하는 부관을 붙인 것이므로 이러한 행정행위의 부관에 대하여는 독립하여 행정소송의 대상으로 삼을 수 없다(대판 1991. 12. 13. 90누8503).

한약업사의 영업을 일정지역에 한정하여 허가하는 약사법 규정은 법률에서 직접 그 효과를 한정하고 있으므로 행정행위의 부관으로서 법률효과를 일부배제에 해당하지 않는다

한약업사의 자격은 처음부터 영업허가예정지역을 정하여 치루어진 자격시험에 합격한 자에게 주어지고, 종합병원, 병원, 의원, 한방병원, 한의원, 약국 또는 보건지소가 없는 면에 한하여 1인의 한약업사를 허가할 수 있으며, 한약업사의 영업소는 그 수급조절 기타 공익상 필요하다고 인정되는 경우에 도지사의 허가를 얻어 당초 허가된 영업소의 소재지를 관할하는 도지사의 관할구역 내에 있는 다른 면으로만 이전이 가능하고 그 관할구역을 벗어나 다른 도지사나 서울특별시장 등의 관할구역으로 이전하는 것은 허용되지 않는다. 한약업사의 영업을 일정지역에 한정하여 허가하는 것은 결국 국민건강의 유지, 향상이라는 공익상의 목적달성을 위하여 불가변하고, 한약업사의 시험은 처음부터 영업허가예정지역을 정하여 치루어지고 그 응시자도 이와 같은 사정을 잘 알고 있었을 터이므로 「약사법」 제37조 제2항의 규정이 「헌법」 제11조의 평등의 원칙에 위반되는 것이라고 할 수 없다(대판 1989. 9. 12. 89누1452).

Ⅲ. 부관의 한계

1. 행정행위의 종류와 부관의 가능성

사회복지법인의 정관변경허가를 함에 있어 부관의 허용 여부(적극)
주무관청이 정관변경허가를 함에 있어서는 비례의 원칙 및 평등의 원칙에 적합하고 행정처분의 본질적 효력을 해하지 않는 한도 내에서 부관을 붙일 수 있다(대판 2002. 9. 24. 2000두5661).

수익적 행정행위에 부관으로서 적법하게 부담을 붙일 수 있는 한계
수익적 행정행위에 있어서는 법령에 특별한 근거규정이 없다고 하더라도 그 부관으로서 부담을 붙일 수 있으나, 그러한 부담은 비례의 원칙, 부당결부금지의 원칙에 위반되지 않아야만 적법하다(대판 1997. 3. 11. 96다49650).

(1) 법률행위적 행정행위와 준법률행위적 행정행위

판례의 태도는 법률행위적 행정행위에 대해서만 부관이 가능하다는 것으로 평가된다.

법률행위적 행정행위에 대해서만 부관이 가능하다
매립준공인가는 매립면허에 대한 단순한 확인행위가 아니며, 인가는 당사자의 법률적 행위를 보충하여 그 법률적 효력을 완성시키는 행정주체의 보충적 의사표시로서의 법률행위적 행정행위인 이상 매립면허의 양도허가시 및 준공인가시 부관을 붙일 수 있다(대판 1975. 8. 29. 75누23).

(2) 기속행위와 재량행위

판례는 재량행위에 대해서만 부관의 부가가 가능하다는 태도를 취하는 것으로 보인다. 기속행위에 붙인 부관은 무효라고 판시하였다.

기속행위에 법령상 근거 없이 부관을 붙인 경우 그 효력
기속행위에 대하여는 법령상 특별한 근거가 없는 한 부관을 붙일 수 없고 가사 부관을 붙였다 하더라도 이는 무효이다(대판 1993. 7. 27. 92누13998).

기속행위나 기속적 재량행위에 붙인 부관의 효력

일반적으로 기속행위나 기속적 재량행위에는 부관을 붙일 수 없고 가사 부관을 붙였다 하더라도 무효이다. 건축허가를 하면서 일정 토지를 기부채납하도록 하는 내용의 허가조건은 부관을 붙일 수 없는 기속행위 내지 기속적 재량행위인 건축허가에 붙인 부담이거나 또는 법령상 아무런 근거가 없는 부관이어서 무효이다(대판 1995. 6. 13. 94다56883).

재량행위 내지 자유재량행위와 부관의 허용 여부 및 그 내용적 한계

① 재량행위에 있어서는 관계 법령에 명시적인 금지규정이 없는 한 행정목적을 달성하기 위하여 조건이나 기한, 부담 등의 부관을 붙일 수 있고, 그 부관의 내용이 이행 가능하고 비례의 원칙 및 평등의 원칙에 적합하며 행정처분의 본질적 효력을 저해하지 아니하는 이상 위법하다고 할 수 없다(대판 2009. 10. 29. 2008두9829; 대판 2004. 3. 25. 2003두12837).

② 구 「주택건설촉진법」 제33조에 따라 원고에게 주택건설사업계획의 승인을 하면서 "경전철 분담금 부과시 이를 사용검사 전까지 납부할 것"이라는 승인조건을 부가하였고, 이후 이 승인조건에 근거하여 이 사건 분담금을 부과하였다는 것인바, 위 법 규정에 의한 주택건설사업계획의 승인은 행정청의 재량행위에 속하므로 법령상의 근거 없이도 부관을 붙일 수 있는 것이다(대판 2007. 12. 28. 2005다72300).

주택재건축사업시행 인가(재량행위)에 대하여 법령상의 제한에 근거하지 않은 조건(부담)을 부과할 수 있다

주택재건축사업시행의 인가는 상대방에게 권리나 이익을 부여하는 효과를 가진 이른바 수익적 행정처분으로서 법령에 행정처분의 요건에 관하여 일의적으로 규정되어 있지 아니한 이상 행정청의 재량행위에 속하므로, 처분청으로서는 법령상의 제한에 근거한 것이 아니라 하더라도 공익상 필요 등에 의하여 필요한 범위 내에서 여러 조건(부담)을 부과할 수 있다(대판 2007. 7. 12. 2007두6663).

2. 부관의 내용상 한계

부관부 행정처분에 있어서의 부관의 적법요건

부관부 행정처분에 있어서 그 부관의 내용은 적법하여야 하고 이행가능하여야 하며 비례의 원칙 및 평등의 원칙에 적합하고 행정처분의 본질적 효력을 해하지 않는 한도의 것이어야 한다(대판 1992. 4. 28. 91누4300; 대판 1997. 3. 14. 96누16698).

행정청이 수익적 행정처분을 하면서 부관으로 부담을 붙이는 방법

① 수익적 행정행위에 있어서는 법령에 특별한 근거규정이 없다고 하더라도 그 부관으로서 부담을 붙일 수 있으나, 그러한 부담은 비례의 원칙, 부당결부금지의 원칙에 위반되지 않아야만 적법하다(대판 1997. 3. 11. 96다49650).

② 수익적 행정처분에 있어서는 법령에 특별한 근거규정이 없다고 하더라도 그 부관으로서 부담을 붙일 수 있고, 그와 같은 부담은 행정청이 행정처분을 하면서 일방적으로 부가할 수도 있지만 부담을 부가하기 이전에 상대방과 협의하여 부담의 내용을 협약의 형식으로 미리 정한 다음 행정처분을 하면서 이를 부가할 수도 있다(대판 2009. 2. 12. 2005다65500).

부담의 전제가 된 주된 행정처분의 근거 법령이 개정되어 부관을 붙일 수 없게 된 경우

행정청이 수익적 행정처분을 하면서 부가한 부담의 위법 여부는 처분 당시 법령을 기준으로 판단하여야 하고, 부담이 처분 당시 법령을 기준으로 적법하다면 처분 후 부담의 전제가 된 주된 행정처분의 근거 법령이 개정됨으로써 행정청이 더 이상 부관을 붙일 수 없게 되었다 하더라도 곧바로 위법하게 되거나 그 효력이 소멸하게 되는 것은 아니다. 따라서 행정처분의 상대방이 수익적 행정처분을 얻기 위하여 행정청과 사이에 행정처분에 부가할 부담에 관한 협약을 체결하고 행정청이 수익적 행정처분을 하면서 협약상의 의무를 부담으로 부가하였으나 부담의 전제가 된 주된 행정처분의 근거 법령이 개정됨으로써 행정청이 더 이상 부관을 붙일 수 없게 된 경우에도 곧바로 협약의 효력이 소멸하는 것은 아니다(대판 2009. 2. 12. 2005다65500).

수익적 행정행위에 부관으로서 적법하게 부담을 붙일 수 있는 한계

수익적 행정행위에 있어서는 법령에 특별한 근거규정이 없다고 하더라도 그 부관으로서 부담을 붙일 수 있으나, 그러한 부담은 비례의 원칙, 부당결부금지의 원칙에 위반되지 않아야만 적법하다. 지방자치단체장이 사업자에게 주택사업계획승인을 하면서 그 주택사업과는 아무런 관련이 없는 토지를 기부채납하도록 하는 부관을 주택사업계획승인에 붙인 경우, 그 부관은 부당결부금지의 원칙에 위반되어 위법하지만, 지방자치단체장이 승인한 사업자의 주택사업계획은 상당히 큰 규모의 사업임에 반하여, 사업자가 기부채납한 토지 가액은 그 100분의 1 상당의 금액에 불과한 데다가, 사업자가 그 동안 그 부관에 대하여 아무런 이의를 제기하지 아니하다가 지방자치단체장이 업무착오로 기부채납한 토지에 대하여 보상협조요청서를 보내자 그 때서야 비로소 부관의 하자를 들고 나온 사정에 비추어 볼 때 부관의 하자가 중대하고 명백하여 당연무효라고는 볼 수 없다(대판 1997. 3. 11. 96다49650).

행정처분과 실제적 관련성이 없어 부관으로 붙일 수 없는 부담을 사법상 계약의 형식으로 행정처분의 상대방에게 부과할 수 없다

공무원이 인·허가 등 수익적 행정처분을 하면서 상대방에게 그 처분과 관련하여 이른바 부관으로서 부담을 붙일 수 있다 하더라도, 그러한 부담은 법치주의와 사유재산 존중, 조세법률주의 등 헌법의 기본원리에 비추어 비례의 원칙이나 부당결부의 원칙에 위반되지 않아야만 적법한 것인바, 행정처분과 부관 사이에 실제적 관련성이 있다고 볼 수 없는 경우 공무원이 위와 같은 공법상의 제한을 회피할 목적으로 행정처분의 상대방과 사이에 사법상 계약을 체결하는 형식을 취하였다면 이는 법치행정의 원리에 반하는 것으로서 위법하다(대판 2009. 12. 10. 2007다63966).

기선선망어업의 허가를 하면서 부속선을 사용하수 없도록 제한한 부관은 위법하다

「수산업법」 제15조에 의하여 어업의 면허 또는 허가에 붙이는 부관은 그 성질상 허가된 어업의 본질적 효력을 해하지 않는 한도의 것이어야 하고 허가된 어업의 내용 또는 효력 등에 대하여는 행정청이 임의로 제한 또는 조건을 붙일 수 없다고 보아야 할 것이며 수산업법 시행령 제14조의4 제3항의 규정내용은 기선선망어업에는 그 어선규모의 대소를 가리지 않고 등선과 운반선을 갖출 수 있고, 또 갖추어야 하는 것이라고 해석되므로 기선선망어업의 허가를 하면서 운반선, 등선 등 부속선을 사용할 수 없도록 제한한 부관은 그 어업허가의 목적달성을 사실상 어렵게 하여 그 본질적 효력을 해하는 것일 뿐만 아니라 위 시행령의 규정에도 어긋나는 것이며, 더욱이 어업조정이나 기타 공익상 필요하다고 인정되는 사정이 없는 이상 위법한 것이다(대판 1990. 4. 27. 89누6808).

3. 부관의 시간적 한계(사후부관의 가능성 및 부관의 사후변경의 가능성)

행정행위가 행하여진 후에 부관만 따로 붙이거나 이미 부가된 부관의 내용을 보충·변경하는 것이 가능한가에 대하여 견해의 대립이 있다. ① 부관은 주된 행정행위에 부수된 종된 것이므로 그의 독자적 존재를 인정할 수 없고 따라서 행정행위를 발령한 후에 부관만 따로 붙일 수 없다는 견해, ② 부담은 독립된 처분이므로 부담의 경우에만 사후부관이 가능하다는 견해, ③ 원칙적으로 사후부관은 인정될 수 없고, 예외적으로 법령이 사후부관의 가능성을 규정하고 있는 경우, 행정행위 당시에 사후부관이 유보되어 있는 경우, 상대방의 동의가 있는 경우에는 사후부관을 인정하는 견해 등이 그것이다. ③의 견해가 다수설이다. 판례는 기본적으로 ③의 견해와 같은 태도이다. 다만, 제한적 긍정설에서 말하는 사유 외에 사정변경의 경우에도 사후부관을 인정한다.

부관의 사후변경이 허용되는 범위

행정처분에 이미 부담이 부가되어 있는 상태에서 그 의무의 범위 또는 내용 등을 변경하는 부관의 사후변경은, 법률에 명문의 규정이 있거나 그 변경이 미리 유보되어 있는 경우 또는 상대방의 동의가 있는 경우에 한하여 허용되는 것이 원칙이지만, 사정변경으로 인하여 당초에 부담을 부가한 목적을 달성할 수 없게 된 경우에도 그 목적달성에 필요한 범위 내에서 예외적으로 허용된다(대판 1997. 5. 30. 97누2627).

부관의 사후변경이 허용되는 경우

행정처분이 발하여진 후 새로운 부담을 부가하거나 이미 부가되어 있는 부담의 범위 또는 내용 등을 변경하는 이른바 사후부담은, 법률에 명문의 규정이 있거나 그것이 미리 유보되어 있는 경우 또는 상대방의 동의가 있는 경우에 허용되는 것이 원칙이다(대판 2009. 11. 12. 2008다98006).

Ⅳ. 하자 있는 부관과 행정행위의 효력

하자 있는 부관 자체의 효력

부관부 행정처분에 있어서 그 부관의 내용은 적법하여야 하고 그 이행이 가능하여야 하며 위법하거나 그 이행이 불가능하여 그 하자가 명백하고 중대한 때에는 그 부관은 무효라고 할 것이나 임야에 대한 개간허가처분과 같은 수익적 처분을 함에 있어서 원고의 노력과 비용으로 개간지역 내에 있는 사설분묘와 건축물을 이해관계인과 원만히 협의하여 관계법규에 의한 절차에 따라 이를 이장 내지 철거하도록 부관을 부과한 것은 설사 위 분묘와 건축물이 적법하게 매장 내지 건축된 것이라 하더라도 그 철거내지 이장이 불가능하다거나 개인의 사유재산권을 침해하는 위법한 것이라고 볼 수 없어 위 부관이 무효라고 할 수는 없다(대판 1985. 2. 8. 83누625).

부관이 무효인 경우에는 원칙적으로 부관만이 무효로 되지만, 당해 부관이 행정행위의 본질적 요소인 경우에는 행정행위 자체도 무효가 된다고 보는 견해(절충설)가 다수설과 대법원의 태도이다.

도로점용허가의 점용기간은 행정행위의 본질적인 요소에 해당하므로 기부자가 제시한 조건을 이의없이 수락하면서 시설물을 기부채납 받은 행정청이 위 시설물이용을 위한 도로점용 허가를 함에 있어 위 조건에 반하여 점용기간을 단축한 경우 도로점용허가처분 전부가 위법하다

도로점용허가의 점용기간은 행정행위의 본질적인 요소에 해당한다고 볼 것이어서 부관인 점용기간을 정함에 있어서 위법사유가 있다면 이로써 도로점용허가 처분 전부가 위법하게 된다고 할 것인데, 원고가 이 사건 상가 등 시설물을 기부채납함에 있어 그 무상사용을 위한 도로점용기간은 원고의 총공사비와 피고시의 징수조례에 의한 점용료가 같아지는 때까지로 정하여 줄 것을 전제조건으로 하였고 원고의 위 조건에 대하여 피고는 아무런 이의없이 이를 수락하고 이 사건 지하상가의 건물을 기부채납받아 그 소유권을 취득한 이상 피고가 원고에 대하여 이 사건 지하상가의 사용을 위한 도로점용허가를 함에 있어서는 그 점용기간을 수락한 조건대로 원고의 총공사비와 피고시의 징수조례에 의한 도로점용료가 같아지는 33, 34년까지로 하여야 할 것임에도 불구하고, 합리적인 근거도 없이 그 점용기간을 20년으로 정하여 이 사건 도로점용허가를 한 것은 위법한 처분이다(대판 1985. 7. 9. 84누604).

행정처분에 붙인 부담인 부관이 무효가 되면 그 부담의 이행으로 한 사법상 법률행위도 당연히 무효가 되는 것은 아니다

행정처분에 부담인 부관을 붙인 경우 부관의 무효화에 의하여 본체인 행정처분 자체의 효력에도 영향이 있게 될 수는 있지만, 그 처분을 받은 사람이 부담의 이행으로 사법상 매매 등의 법률행위를 한 경우에는 그 부관은 특별한 사정이 없는 한 법률행위를 하게 된 동기 내지 연유로 작용하였을 뿐이므로 이는 법률행위의 취소사유가 될 수 있음은 별론으로 하고 그 법률행위 자체를 당연히 무효화하는 것은 아니다. 또한, 행정처분에 붙은 부담인 부관이 제소기간의 도과로 확정되어 이미 불가쟁력이 생겼다면 그 하자가 중대하고 명백하여 당연 무효로 보아야 할 경우 외에는 누구나 그 효력을 부인할 수 없을 것이지만, 부담의 이행으로서 하게 된 사법상 매매 등의 법률행위는 부담을 붙인 행정처분과는 어디까지나 별개의 법률행위이므로 그 부담의 불가쟁력의 문제와는 별도로 법률행위가 사회질서 위반이나 강행규정에 위반되는지 여부 등을 따져보아 그 법률행위의 유효 여부를 판단하여야 한다(대판 2009. 6. 25. 2006다18174).

V. 위법한 부관에 대한 행정쟁송

1. 부관의 독립쟁송가능성

부관은 그 자체가 독립적인 쟁송의 대상이 될 수 없음이 원칙이지만, 부관 중 부담은 그 자체로서 하나의 독립된 행정행위(하명)이므로 주된 행정행위와 독립하여 쟁송의 대상이 될 수 있고, 기타의 부관은 부관만을 분리하여 쟁송의 대상이 될 수 없다는 견해가 다수설과 대법원의 태도이다.

부담인 경우에는 부담 그 자체로서 행정쟁송의 대상이 될 수 있다

① 행정행위의 부관은 행정행위의 일반적인 효력이나 효과를 제한하기 위하여 의사표시의 주된 내용에 부가되는 종된 의사표시이지 그 자체로서 직접 법적 효과를 발생하는 독립된 처분이 아니므로 현행 행정쟁송제도 아래서는 부관 그 자체만을 독립된 쟁송의 대상으로 할 수 없는 것이 원칙이나, 행정행위의 부관 중에서도 부담의 경우에는 다른 부관과는 달리 행정행위의 불가분적인 요소가 아니고 그 존속이 본

체인 행정행위의 존재를 전제로 하는 것일 뿐이므로 부담 그 자체로서 행정쟁송의 대상이 될 수 있다(대판 1992. 2. 21. 91누1264).

② 수익적 행정처분에 있어서는 법령에 특별한 근거규정이 없다고 하더라도 그 부관으로서 부담을 붙일 수 있고, 그와 같은 부담은 행정청이 행정처분을 하면서 일방적으로 부가할 수도 있지만 부담을 부가하기 이전에 상대방과 협의하여 부담의 내용을 협약의 형식으로 미리 정한 다음 행정처분을 하면서 이를 부가할 수도 있다. 행정청이 재량행위인 수익적 행정처분을 하면서 처분의 상대방에게 일정한 의무를 부과하는 부담을 부가하였다면 이때 부담은 독립하여 행정소송의 대상이 되는 행정처분이 된다(대판 2009. 2. 12. 2008다56262).

기한은 독립쟁송의 대상이 아니다

행정행위의 부관은 부담인 경우를 제외하고는 독립하여 행정소송의 대상이 될 수 없는바, 기부채납받은 행정재산에 대한 사용·수익허가에서 공유재산의 관리청이 정한 사용·수익허가의 기간은 그 허가의 효력을 제한하기 위한 행정행위의 부관으로서 이러한 사용·수익허가의 기간에 대해서는 독립하여 행정소송을 제기할 수 없다(대판 2001. 6. 15. 99두509).

유효기간을 1년으로 정한 어업면허처분에 대하여 그 유효기간만의 취소를 구하는 청구는 허용될 수 없다

어업면허처분을 함에 있어 그 면허의 유효기간을 1년으로 정한 경우, 위 면허의 유효기간은 행정행위의 부관이라 할 것이고 이러한 행정행위의 부관은 독립하여 행정소송의 대상이 될 수 없는 것이므로 위 어업면허처분 중 그 면허유효기간만의 취소를 구하는 청구는 허용될 수 없다(대판 1986. 8. 19. 86누202).

법률효과의 일부배제는 독립하여 행정소송 대상이 될 수 없다

① 행정행위의 부관은 부담의 경우를 제외하고는 독립하여 행정소송의 대상이 될 수 없는 것인바, 지방국토관리청장이 일부 공유수면매립지에 대하여 한 국가 또는 직할시 귀속처분은 매립준공인가를 함에 있어서 매립의 면허를 받은 자의 매립지에 대한 소유권 취득을 규정한 공유수면매립법 제14조의 효과 일부를 배제하는 부관을 붙인 것이고, 이러한 행정행위의 부관은 위 법리와 같이 독립하여 행정소송 대

상이 될 수 없다(대판 1993. 10. 8. 93누2032).

② 행정행위의 부관은 부담의 경우를 제외하고는 독립하여 행정소송의 대상이 될 수 없는 것인바, 행정청이 한 공유수면매립준공인가 중 매립지 일부에 대하여 한 국가귀속처분은 매립준공인가를 함에 있어서 매립의 면허를 받은 자의 매립지에 대한 소유권취득을 규정한 「공유수면매립법」 제14조의 효과 일부를 배제하는 부관을 붙인 것이므로 이러한 행정행위의 부관에 대하여는 독립하여 행정소송의 대상으로 삼을 수 없다(대판 1991. 12. 13. 90누8503).

2. 쟁송형태

부관 중 부담은 독립성이 인정되므로 부담만을 쟁송의 대상으로 당해 부담의 취소를 구하는 소송, 즉 진정일부취소소송으로 다툴 수 있다. 부담을 제외한 기타의 부관은 처분성이 없으므로 부관부행정행위 전체를 취소소송의 대상으로 하여 그중에서 부관만의 취소를 구하는 소송, 즉 부진정일부취소소송에 의하여 다툴 수 있다. 대법원은 그동안 기한만의 취소를 구하는 소송에 대해 각하해온 것으로 보아 통설이 말하는 부진정일부취소소송의 형태를 인정하지 않는 것으로 평가된다.

기부자가 제시한 조건을 이의없이 수락하면서 시설물을 기부채납 받은 행정청이 위 시설물이용을 위한 도로점용 허가를 함에 있어 위 조건에 반하여 점용기간을 단축한 경우, 도로점용 허가처분 전체의 취소를 구해야 한다

원고가 신축한 상가등 시설물을 부산직할시에 기부채납함에 있어 그 무상사용을 위한 도로점용기간은 원고의 총공사비와 시 징수조례에 의한 점용료가 같아지는 때까지로 정하여 줄 것을 전제조건으로 하고 원고의 위 조건에 대하여 시는 아무런 이의없이 수락하고 위 상가등 건물을 기부채납받아 그 소유권을 취득하였다면 시가 원고에 대하여 위 상가 등의 사용을 위한 도로점용허가를 함에 있어서는 그 점용기간을 수락한 조건대로 해야 할 것임에도 합리적인 근거없이 단축한 것은 위법한 처분이라 할 것이며 가사 원고가 위 상가를 타에 임대하여 보증금 및 임료수입을 얻는다 하여 위 무상점용기간을 단축할 사유가 될 수 없다(대판 1985. 7. 9. 84누604).

3. 부관의 독립취소가능성

부관이 주된 행정행위의 본질적인 요소인 때에는 부관만의 취소는 허용되지 않는다.

> **공유수면매립준공인가 중 매립지 일부에 대하여 한 국가귀속처분에 대하여 독립하여 행정소송의 대상으로 삼을 수 없다**
>
> 행정행위의 부관은 부담의 경우를 제외하고는 독립하여 행정소송의 대상이 될 수 없는 것인바, 행정청이 한 공유수면매립준공인가 중 매립지 일부에 대하여 한 국가귀속처분은 매립준공인가를 함에 있어서 매립의 면허를 받은 자의 매립지에 대한 소유권 취득을 규정한 「공유수면매립법」 제14조의 효과 일부를 배제하는 부관을 붙인 것이므로 이러한 행정행위의 부관에 대하여는 독립하여 행정소송의 대상으로 삼을 수 없다 (대판 1991. 12. 13. 90누8503).

제5절 행정행위의 성립요건과 효력요건

> **행정처분의 성립요건과 효력발생요건**
>
> 행정처분은 정당한 권한 있는 자가 그 권한 내에서 실현가능한 사항에 관하여 정상적인 의사에 기하여 법정의 일련의 절차와 소정의 형식을 갖추어 행해져야 하고 또 외부에 표시되어야만 유효하게 성립하고 동시에 효력을 발생하지만 상대방에게 고지를 요하는 행정행위는 객관적으로 보아서 상대방이 양지(인식)할 수 있는 상태하에 두는 방법으로 고지함으로써 비로소 그 효력이 발생한다(대판 1976. 6. 8. 75누63).

Ⅰ. 행정행위의 성립요건

행정행위의 성립요건이란 행정행위로서 성립하여 존재하기 위한 요건을 말한다. 성립요건을 결여하면 행정행위의 부존재가 된다.

1. 내부적 성립요건

(1) 주체에 관한 요건

입지선정위원회의 구성방법과 절차가 주민대표나 주민대표 추천에 의한 전문가의 참여 없이 이루어지는 등 위법한 경우, 그 의결에 터잡아 이루어진 폐기물처리시설 입지결정처분은 위법하다
구「폐기물처리시설 설치촉진 및 주변지역지원 등에 관한 법률」제9조 제3항, 같은 법 시행령 제7조 [별표 1], 제11조 제2항 각 규정들에 의하면, 입지선정위원회는 폐기물처리시설의 입지를 선정하는 의결기관이고, 입지선정위원회의 구성방법에 관하여 일정수 이상의 주민대표 등을 참여시키도록 한 것은 폐기물처리시설 입지선정 절차에 있어 주민의 참여를 보장함으로써 주민들의 이익과 의사를 대변하도록 하여 주민의 권리에 대한 부당한 침해를 방지하고 행정의 민주화와 신뢰를 확보하는 데 그 취지가 있는 것이므로, 주민대표나 주민대표 추천에 의한 전문가의 참여 없이 의결이 이루어지는 등 입지선정위원회의 구성방법이나 절차가 위법한 경우에는 그 하자 있는 입지선정위원회의 의결에 터잡아 이루어진 폐기물처리시설 입지결정처분도 위법하게 된다(대판 2007. 4. 12. 2006두20150).

개인택시면허처분을 함에 앞서 공무원 아닌 자가 포함된 개인택시면허 심사회의를 구성하여 그 심사회의로 하여금 면허신청자의 자격 등을 심사하게 한 경우 동 면허처분의 효력
행정청은 일반적으로 어떤 행정처분을 함에 앞서 법령 또는 재량에 의하여 그 사전심사를 위한 심의기구를 구성하여 이를 위임할 수 있는 것이므로 피고가 개인택시를 면허함에 있어서 개인택시면허심사회의를 구성하여 그 심사회의로 하여금 면허신청자의 자격 등을 심사하도록 하고 그 심사위원 중에 공무원 아닌 사람이 포함되어 있다고 하여 심사절차나 그 심사위원에 관하여 특별규정이 없는 이상 이를 무효라고 할 이유가 없다(대판 1985. 11. 26. 85누394).

행정처분의 권한을 내부적으로 위임받은 수임기관의 권한 행사방법
행정처분의 권한을 내부적으로 위임받은 수임기관이 그 권한을 행사함에 있어서는 행정처분의 내부적 성립과정은 스스로 결정하여 행하고 그 외부적 성립요건인 상대방에의 표시만 위임기관의 명의로 하면 된다(대판 1984. 12. 11. 80누344).

(2) 내용에 관한 요건

납세자 아닌 제3자의 재산을 대상으로 한 체납압류처분의 효력은 무효이다
과세관청이 납세자에 대한 체납처분으로서 제3자의 소유 물건을 압류하고 공매하더라도 그 처분으로 인하여 제3자가 소유권을 상실하는 것이 아니고, 체납처분으로서 압류의 요건을 규정하는 「국세징수법」 제24조 각 항의 규정을 보면 어느 경우에나 압류의 대상을 납세자의 재산에 국한하고 있으므로, 납세자가 아닌 제3자의 재산을 대상으로 한 압류처분은 그 처분의 내용이 법률상 실현될 수 없는 것이어서 당연무효이다(대판 2006. 4. 13. 2005두15151).

불공정거래행위의 행위유형으로 들고 있는 '이익제공강요' 및 '불이익제공'의 내용이 구체적으로 명확하게 특정되지 아니한 상태에서 이루어진 시정명령 등 행정처분이 위법하다
구 「독점규제 및 공정거래에 관한 법률」 제23조 제1항은 불공정거래행위의 하나로 그 제4호에서 '자기의 거래상의 지위를 부당하게 이용하여 상대방과 거래하는 행위'를 들고, 법 제23조 제2항에 따른 법 시행령 제36조 제1항 [별표 1] 제6호는 법 제23조 제1항 제4호에 해당하는 행위유형으로서, (나)목에서 '이익제공강요'를 들면서 '거래상대방에게 자기를 위하여 금전·물품·용역 기타의 경제상 이익을 제공하도록 강요하는 행위'를, (라)목에서 '불이익제공'을 들면서 이를 '(가)목 내지 (다)목에 해당하는 행위 외의 방법으로 거래상대방에게 불이익이 되도록 거래조건을 설정 또는 변경하거나 그 이행과정에서 불이익을 주는 행위'라고 규정하고 있는바, 법 제2조 제1호 소정의 사업자가 법 제23조 제1항 제4호, 제2항, 법 시행령 제36조 제1항 [별표 1] 제6호 (나)목 및 (라)목 소정의 행위를 하였음을 이유로 공정거래위원회가 법 제24조 소정의 시정명령 등 행정처분을 하기 위해서는 그 대상이 되는 '이익제공강요' 및 '불이익제공'의 내용이 구체적으로 명확하게 특정되어야 하고, 그러하지 아니한 상태에서 이루어진 그 시정명령 등 행정처분은 위법하다(대판 2007. 1. 12. 2004두7146).

건물일부의 철거를 명하면서 그 부분을 특정하지 않은 계고처분은 위법하다
대집행을 하려면 상당한 기간을 정하여 의무자가 스스로 그 이행할 것을 명하고 그 이행기한까지 이를 이행하지 않을 때에는 대집행을 한다는 뜻을 미리 계고하여야 하므로 그 이행의무의 내용을 확정할 수 있도록 특정하여 이를 계고하여야 할 것이니 건물일부의 철거를 명하면서 어느 부위를 철거할 것인지가 명확하지 아니하여 대집행의 내용이 특정되지 아니한 계고처분은 위법하다 할 것이다(대결 1984. 8. 28. 84프11).

(3) 형식에 관한 요건

서면주의

① 「행정절차법」 제24조 제1항이 행정청이 처분을 하는 때에는 다른 법령 등에 특별한 규정이 있는 경우를 제외하고는 문서로 하도록 규정한 것은 처분내용의 명확성을 확보하고 처분의 존부에 관한 다툼을 방지하기 위한 것이라 할 것인바, 그와 같은 「행정절차법」의 규정 취지를 감안하여 보면, 행정청이 문서에 의하여 처분을 한 경우 그 처분서의 문언이 불분명하다는 등의 특별한 사정이 없는 한, 그 문언에 따라 어떤 처분을 하였는지 여부를 확정하여야 할 것이고, 처분서의 문언만으로도 행정청이 어떤 처분을 하였는지가 분명함에도 불구하고 처분경위나 처분 이후의 상대방의 태도 등 다른 사정을 고려하여 처분서의 문언과는 달리 다른 처분까지 포함되어 있는 것으로 확대해석하여서는 아니 된다(대판 2005. 7. 28. 2003두469).

② 「행정절차법」 제24조 제1항에서 행정청이 처분을 하는 때에는 다른 법령 등에 특별한 규정이 있는 경우를 제외하고는 문서로 하도록 규정한 것은 처분 내용의 명확성을 확보하고 처분의 존부나 내용에 관한 다툼을 방지하기 위한 것인바, 이와 같은 행정절차법의 규정 취지를 감안해 보면, 행정청이 문서에 의하여 처분을 한 경우 원칙적으로 그 처분서의 문언에 따라 어떤 처분을 하였는지 확정하여야 하나, 그 처분서의 문언만으로는 행정청이 어떤 처분을 하였는지 불분명하다는 등 특별한 사정이 있는 때에는 처분 경위나 처분 이후의 상대방의 태도 등 다른 사정을 고려하여 처분서의 문언과 달리 그 처분의 내용을 해석할 수도 있다(대판 2010. 2. 11. 2009두18035).

행정청의 처분의 방식을 규정한 행정절차법 제24조를 위반하여 행해진 행정청의 처분은 무효

「행정절차법」 제24조는, 행정청이 처분을 하는 때에는 다른 법령 등에 특별한 규정이 있는 경우를 제외하고는 문서로 하여야 하고 전자문서로 하는 경우에는 당사자 등의 동의가 있어야 하며, 다만 신속을 요하거나 사안이 경미한 경우에는 구술 기타 방법으로 할 수 있다고 규정하고 있는데, 이는 행정의 공정성·투명성 및 신뢰성을 확보하고 국민의 권익을 보호하기 위한 것이므로 위 규정을 위반하여 행하여진 행정청의 처분은 하자가 중대하고 명백하여 원칙적으로 무효이다(대판 2011. 11. 10. 2011도11109).

(4) 절차에 관한 요건

이유제시

「행정절차법」 제23조 제1항은 '행정청은 처분을 하는 때에는 당사자에게 그 근거와 이유를 제시하여야 한다'고 규정하고 있는바, 일반적으로 당사자가 근거규정 등을 명시하여 신청하는 인·허가 등을 거부하는 처분을 함에 있어 당사자가 그 근거를 알 수 있을 정도로 상당한 이유를 제시한 경우에는 당해 처분의 근거 및 이유를 구체적 조항 및 내용까지 명시하지 않았더라도 그로 말미암아 그 처분이 위법한 것이 된다고 할 수 없다(대판 2007. 5. 10. 2005두13315; 대판 2002. 5. 17. 2000두8912).

공청회와 이주대책이 없는 도시계획수립행위의 위법과 수용재결처분의 취소

도시계획의 수립에 있어서 「도시계획법」 제16조의2 소정의 공청회를 열지 아니하고 「공공용지의 취득 및 손실보상에 관한 특례법」 제8조 소정의 이주대책을 수립하지 아니하였더라도 이는 절차상의 위법으로서 취소사유에 불과하고 그 하자가 도시계획결정 또는 도시계획사업시행인가를 무효라고 할 수 있을 정도로 중대하고 명백하다고는 할 수 없으므로 이러한 위법을 선행처분인 도시계획결정이나 사업시행인가 단계에서 다투지 아니하였다면 그 쟁소기간이 이미 도과한 후인 수용재결단계에 있어서는 도시계획수립 행위의 위와 같은 위법을 들어 재결처분의 취소를 구할 수는 없다고 할 것이다(대판 1990. 1. 23. 87누947).

국방·군사시설 사업에 관한 법률 및 구 산림법에서 보전임지를 다른 용도로 이용하기 위한 사업에 대하여 승인 등 처분을 하기 전에 미리 산림청장과 협의를 하라고 규정한 의미

「국방·군사시설 사업에 관한 법률」 및 구 「산림법」에서 보전임지를 다른 용도로 이용하기 위한 사업에 대하여 승인 등 처분을 하기 전에 미리 산림청장과 협의를 하라고 규정한 의미는 그의 자문을 구하라는 것이지 그 의견을 따라 처분을 하라는 의미는 아니라 할 것이므로, 이러한 협의를 거치지 아니하였다고 하더라도 이는 당해 승인처분을 취소할 수 있는 원인이 되는 하자 정도에 불과하고 그 승인처분이 당연무효가 되는 하자에 해당하는 것은 아니라고 봄이 상당하다(대판 2006. 6. 30. 2005두14363).

환경영향평가법령에서 정한 환경영향평가 절차를 거쳤으나 그 환경영향평가의 내용이 부실한 경우

환경영향평가법령에서 정한 환경영향평가를 거쳐야 할 대상사업에 대하여 그러한 환경영향평가를 거치지 아니하였음에도 승인 등 처분을 하였다면 그 처분은 위법하다 할 것이나, 그러한 절차를 거쳤다면, 비록 그 환경영향평가의 내용이 다소 부실하다 하더라도, 그 부실의 정도가 환경영향평가제도를 둔 입법 취지를 달성할 수 없을 정도이어서 환경영향평가를 하지 아니한 것과 다를 바 없는 정도의 것이 아닌 이상, 그 부실은 당해 승인 등 처분에 재량권 일탈·남용의 위법이 있는지 여부를 판단하는 하나의 요소로 됨에 그칠 뿐, 그 부실로 인하여 당연히 당해 승인 등 처분이 위법하게 되는 것이 아니다(대판 2006. 3. 16. 2006두330 전원합의체).

건축불허가처분을 하면서 건축불허가 사유뿐만 아니라 구 소방법 제8조 제1항에 따른 소방서장의 건축부동의 사유를 들고 있는 경우

건축허가권자가 건축불허가처분을 하면서 그 처분사유로 건축불허가 사유뿐만 아니라 구 「소방법」 제8조 제1항에 따른 소방서장의 건축부동의 사유를 들고 있다고 하여 그 건축불허가처분 외에 별개로 건축부동의처분이 존재하는 것이 아니므로, 그 건축불허가처분을 받은 사람은 그 건축불허가처분에 관한 쟁송에서 「건축법」상의 건축불허가 사유뿐만 아니라 소방서장의 부동의 사유에 관하여도 다툴 수 있다(대판 2004. 10. 15. 2003두6573).

2. 외부적 성립요건

행정행위가 성립하기 위해서는 내부적 성립요건 이외에 외부에 표시가 되어야 한다.

Ⅱ. 행정행위의 효력발생요건

행정행위의 효력발생요건이란 행정행위가 효력을 발생하기 위하여 요구되는 요건을 말한다. 행정행위는 성립과 동시에 효력을 발생하는 것이 원칙이다.

수감중인 자에 대한 행정처분의 통지서가 그의 처에게 전달된 경우와 행정처분의 효력발생

행정처분의 효력발생요건으로서의 도달이란 상대방이 그 내용을 현실적으로 양지할 필요까지는 없고 다만 양지할 수 있는 상태에 놓여짐으로써 충분하다고 할 것인데, 갑의 처가 갑의 주소지에서 갑에 대한 정부인사발령통지를 수령하였다면 비록 그때 갑이 구치소에 수감중이었고 처분청 역시 그와 같은 사실을 알고 있었다거나 갑의 처가 위 통지서를 갑에게 전달하지 아니하고 폐기해 버렸더라도 갑의 처가 위 통지서를 수령한 때에 그 내용을 양지할 수 있는 상태에 있었다고 볼 것이다(대판 1989. 9. 26. 89누4963).

송달은 적법하여야 행정행위의 효과가 발생한다

자동차운전면허관청이 피고인이 정기적성검사 기간만료일까지 정기적성검사를 받지 아니하였다는 사유를 들어 자동차운전면허를 취소하고, 그 통지서를 피고인의 주소로 발송하였다가 반송되어 왔다는 이유로 위 주소지의 관할경찰서 게시판에 10일간 위 취소사실을 공고하였지만 피고인은 위 주소지에 계속 거주하여 왔다면, 피고인의 주소변경이 없었으니 위 공고는 도로교통법 시행령 제53조 제2항 소정의 절차를 거치지 아니한 것이 되어 부적법하므로 면허관청의 위 운전면허 취소처분은 아직 그 효력이 발생하지 아니한 것이다(대판 1991. 3. 22. 91도223).

보통우편에 의해 발송한 경우 도달사실을 추정할 수 없다

내용증명우편이나 등기우편과는 달리, 보통우편의 방법으로 발송되었다는 사실만으로는 그 우편물이 상당기간 내에 도달하였다고 추정할 수 없고 송달의 효력을 주장하는 측에서 증거에 의하여 도달사실을 입증하여야 한다(대판 2002. 7. 26. 2000다25002).

등기취급의 방법으로 발송한 경우 도달되었다고 보아야 한다

우편물이 등기취급의 방법으로 발송된 경우 반송되는 등의 특별한 사정이 없는 한, 그 무렵 수취인에게 배달되었다고 보아야 한다(대판 1992. 3. 27. 91누3819).

납세의무자가 다른 사람에게 우편물의 수령권한을 명시적 또는 묵시적으로 위임한 경우, 그 수임자가 해당 서류를 수령하면 위임인에게 적법하게 송달된 것으로 보아야 한다

과세처분의 상대방인 납세의무자 등 서류의 송달을 받을 자가 다른 사람에게 우편물 기타 서류의 수령권한을 명시적 또는 묵시적으로 위임한 경우에는 그 수임자가 해당 서류를 수령함으로써 그 송달받을 자 본인에게 해당 서류가 적법하게 송달된 것으로 보아야 하고, 그러한 수령권한을 위임받은 자는 반드시 위임인의 종업원이거나 동거인일 필요가 없다(대판 2000. 7. 4. 2000두1164).

납세자가 과세처분의 내용을 이미 알고 있는 경우에도 납세고지서 송달이 필요한지 여부

납세고지서의 교부송달 및 우편송달에 있어서는 반드시 납세의무자 또는 그와 일정한 관계에 있는 사람의 현실적인 수령행위를 전제로 하고 있다고 보아야 하며, 납세자가 과세처분의 내용을 이미 알고 있는 경우에도 납세고지서의 송달이 불필요하다고 할 수는 없다(대판 2004. 4. 9. 2003두13908).

고시 또는 공고에 의하여 행정처분을 하는 경우, 행정처분이 있음을 안 날(고시 또는 공고의 효력발생일)

통상 고시 또는 공고에 의하여 행정처분을 하는 경우에는 그 처분의 상대방이 불특정 다수인이고 그 처분의 효력이 불특정 다수인에게 일률적으로 적용되는 것이므로, 행정처분에 이해관계를 갖는 자가 고시 또는 공고가 있었다는 사실을 현실적으로 알았는지 여부에 관계없이 고시가 효력을 발생하는 날에 행정처분이 있음을 알았다고 보아야 한다(대판 2007. 6. 14. 2004두619; 대판 2001. 7. 27. 99두9490).

고시에 의한 행정처분에 대한 효력발생일

고시·공고 등 행정기관이 일정한 사항을 일반에 알리기 위한 공고문서의 경우에는 그 문서에 특별한 규정이 있는 경우를 제외하고는 그 고시 또는 공고가 있은 후 5일이 경과한 날부터 효력을 발생한다(대판 2013. 3. 14. 2010두2623; 대판 2013. 3. 28. 2012다57231).

우편집배원이 상고기록접수통지서를 송달하기 위해 주소지에 갔으나 동거하는 만 8세 1개월 남짓의 딸에게 이를 교부하고 을의 서명을 받은 경우 상고기록접수통지서의 보충송달이 적법하지 않다

근로복지공단을 상대로 유족급여 및 장의비 부지급 처분 취소 청구소송을 제기한 갑에 대하여 우편집배원이 상고기록접수통지서를 송달하기 위해 갑의 주소지에 갔으나 갑을 만나지 못하자 갑과 동거하는 만 8세 1개월 남짓의 딸 을에게 이를 교부하고 을의 서명을 받은 사안에서, 을의 연령, 교육 정도, 상고기록접수통지서가 가지는 소송법적 의미와 중요성 등에 비추어 볼 때, 소송서류를 송달하는 우편집배원이 을에게 송달하는 서류의 중요성을 주지시키고 갑에게 이를 교부할 것을 당부하는 등 필요한 조치를 취하였다는 등의 특별한 사정이 없는 한, 그 정도 연령의 어린이 대부분이 이를 송달받을 사람에게 교부할 것으로 기대할 수는 없다고 보이므로 상고기록접수통지서 등을 수령한 을에게 소송서류의 영수와 관련한 사리를 분별할 지능이 있다고 보기 어려우므로, 상고기록접수통지서의 보충송달이 적법하지 않다(대판 2011. 11. 10. 2011재두148).

제6절 행정행위의 효력

Ⅰ. 공정력(예선적 효력)

1. 의 의

공정력이란 비록 행정행위의 성립에 하자가 있을지라도, 그 하자가 중대하고 명백하여 당연무효인 경우를 제외하고는, 권한 있는 기관(처분청·법원)에 의해서 취소될 때까지 상대방과 이해관계인에게 그 행정행위가 유효한 것으로 통용되는 힘, 즉 잠정적 통용력을 말한다(새로운 견해). 상대방이나 이해관계인에 대한 효력을 공정력이라 하고, 취소권을 가진 행정청과 취소소송이 제기된 법원을 제외한 기타 국가기관에 대한 효력을 구성요건적 효력이라고 구별한다.

행정행위의 공정력의 의의

행정처분이 아무리 위법하다고 하여도 그 하자가 중대하고 명백하여 당연무효라고 보아야 할 사유가 있는 경우를 제외하고는 아무도 그 하자를 이유로 무단히 그 효과를 부정하지 못하는 것으로, 이러한 행정행위의 공정력은 판결의 기판력과 같은 효력은 아니지만 그 공정력의 객관적 범위에 속하는 행정행위의 하자가 취소사유에 불과한 때에는 그 처분이 취소되지 않는 한 처분의 효력을 부정하여 그로 인한 이득을 법률상 원인 없는 이득이라고 말할 수 없는 것이다(대판 2013. 4. 26. 2010다79923; 대판 2007. 3. 16. 2006다83802; 대판 1994. 11. 11. 94다28000 등).[10]

대법원은 공정력과 구성요건적 효력을 구별하지 않는 입장을 취한다.

공정력의 범위

재개발사업 시행자가 분양신청을 하지 아니한 토지의 소유자에 대하여 대지 및 건축시설을 분양하지도 아니하고 청산금도 지급하지 아니하기로 하는 분양처분고시는 행정처분의 성질을 지닌 것이므로 그것이 적법한 행정소송의 절차에 의하여 취소되지 아니하는 한 법원도 그 처분에 기속된다(대판 2007. 6. 29. 2006다60441).

현역병입영대상자로의 병역처분에 흠이 있는 경우, 현역병입영자가 군형법의 적용 대상이 되는지 여부(한정 적극)

「군형법」 제1조 제1항, 제2항에 의하면, 「군형법」은 같은 법에 규정된 죄를 범한 대한민국 군인에게 적용되고 여기에서 군인이라 함은 현역에 복무하는 병 등을 말한다고 규정되어 있으며, 「병역법」 제5조 제1항 제1호에 의하면, 현역은 징집 등에 의하여 입영한 병 등을 말하는 것으로, 같은 법 제2조 제1항 제1호, 제3호에 의하면, 징집이라 함은 국가가 병역의무자에 대하여 현역에 복무할 의무를 부과하는 것, 입영이라 함은 병역의무자가 징집 등에 의하여 군부대에 들어가는 것을 말하는 것으로 각 규정되어 있는바, 병역의무자가 소정의 절차에 따라 현역병입영대상자로 병역처분을 받고 징집되어 군부대에 들어갔다면, 설령 그 병역처분에 흠이 있다고 하더라도 그 흠이 당연무효에 해당하는 것이 아닌 이상, 그 사람은 입영한 때부터 현역의 군인으로서 군형법의 적용대상이 되는 것으로 보아야 한다(대판 2002. 4. 26. 2002도740).[11]

---

10 처분에 흠이 있어도 유효하다는 결과는 공정력을 인정함에 따른 것이다.

11 대법원이 본 판결에서 공정력이라는 용어를 명시적으로 사용하지는 않았지만, 내용상 공정력을 인정한

하자 있는 행정행위의 공정력과 불가쟁력

행정행위는 공정력과 불가쟁력의 효력이 있어 설혹 행정행위에 하자가 있는 경우에도 그 하자가 중대하고 명백하여 당연 무효로 보아야 할 사유가 있는 경우 이외에는 그 행정행위가 행정소송이나 다른 행정행위에 의하여 적법히 취소될 때까지는 단순히 취소할 수 있는 사유가 있는 것만으로는 누구나 그 효력을 부인할 수는 없고 법령에 의한 불복기간이 경과한 경우에는 당사자는 그 행정처분의 효력을 다툴 수 없다(대판 1991. 4. 23. 90누8756).

2. 공정력과 입증책임

입증책임분야에서도 공정력이 인정되는가에 대하여, ① 행정행위는 공정력으로 인해 적법성이 추정되므로, 입증책임분야에서도 공정력이 인정되어 원고가 행정행위의 위법성을 입증하여야 한다는 원고입증책임설, ② 법치행정의 원리에 입각하여 법률효과의 유효를 주장하는 측에서 이를 입증하여야 하므로 피고인 행정청이 위법성을 입증하여야 한다는 피고입증책임설이 있지만, ③ 공정력이 입증책임의 소재에까지 영향을 미치지는 않는다는 것, 즉 공정력과 입증책임은 서로 아무런 관련이 없다는 입증책임무관계설이 현재의 통설·판례의 입장이다. 행정행위의 공정력은 행정행위의 적법성을 의미하는 것이 아니라 취소쟁송제도의 반사적 효과에 따른 것으로 보아야 하기 때문이다. 입증책임분야에서는 공정력이 적용되지 않으므로 행정소송의 경우에도 민사소송상의 입증책임분배이론(법률요건분류설)이 적용되어야 한다고 한다.

행정처분의 공정력과 입증책임

행정처분의 위법을 주장하여 그 처분의 취소를 구하는 소위 항고소송에 있어서는 그 처분이 적법하였다고 주장하는 피고에게 그가 주장하는 적법사유에 대한 입증책임이 있다(대판 1966. 10. 18. 66누134).

항고소송에 있어서 행정처분의 적법성에 관한 입증책임

「민사소송법」의 규정이 준용되는 행정소송에 있어서 입증책임은 원칙적으로 민사소송의 일반원칙에 따라 당사자간에 분배되고 항고소송의 경우에는 그 특성에 따라 당해

것은 분명하다(홍정선).

처분의 적법을 주장하는 피고에게 그 적법사유에 대한 입증책임이 있다 할 것인바, 피고가 주장하는 당해 처분의 적법성이 합리적으로 수긍할 수 있는 일응의 입증이 있는 경우에는 그 처분은 정당하다 할 것이며 이와 상반되는 주장과 입증은 그 상대방인 원고에게 그 책임이 돌아간다고 할 것이다(대판 1984. 7. 24. 84누124).

Ⅱ. 구성요건적 효력

1. 의 의

행정행위의 구성요건적 효력이란 유효한 행정행위가 존재하는 이상 비록 하자가 있는 행위일지라도 국가기관(단, 취소권을 가진 처분청·감독청·재결청 및 취소소송의 수소법원은 제외)은 그 행위의 유효한 존속을 스스로의 판단의 기초 내지는 구성요건으로 삼아야 하는 구속력을 말한다.

구성요건적 효력과 선결문제에 관한 논의는 항고소송의 수소법원이 아닌 민사사건과 형사사건의 수소법원이 이들 선결문제를 스스로 심리·판단하는 것은 구성요건적 효력에 반하는 것으로 허용될 수 없는 것이 아닌가에 대한 것이다.

2. 민사법원과 선결문제

(1) 행정행위의 효력(무효) 여부가 선결문제로 되는 경우(부당이득반환청구소송의 경우)

대법원은 학설과 일치하여 행정행위가 당연 무효인 경우에는 부당이득반환청구의 소를 제기받은 민사법원은 선결문제로서 당해 처분이 무효임을 스스로 판단하고 부당이득반환판결을 할 수 있다고 판시하였다.

국세부과처분의 하자가 당연무효인 경우와 단순한 취소사유인 경우의 선결문제

국세 등의 부과 및 징수처분과 같은 행정처분이 당연무효임을 전제로 하여 민사소송을 제기한 때에는 그 행정처분이 당연무효인지의 여부가 선결문제이므로 법원은 이를 심사하여 그 행정처분의 하자가 중대하고도 명백하여 당연무효라고 인정될 경우에는 이를 전제로 하여 판단할 수 있으나, 그 하자가 단순한 취소사유에 그칠 때에는 법원은 그 효력을 부인할 수 없다(대판 1973. 7. 10. 70다1439).

선결문제가 취소사유에 불과하면 민사법원은 그 효력을 부인할 수 없다
조세의 과오납이 부당이득이 되기 위하여는 납세 또는 조세의 징수가 실체법적으로나 절차법적으로 전혀 법률상의 근거가 없거나 과세처분의 하자가 중대하고 명백하여 당연무효이어야 하고, 과세처분의 하자가 단지 취소할 수 있는 정도에 불과할 때에는 과세관청이 이를 스스로 취소하거나 항고소송절차에 의하여 취소되지 않는 한 그로 인한 조세의 납부가 부당이득이 된다고 할 수 없다(대판 1994. 11. 11. 94다28000).

과세처분에 단지 취소할 수 있는 위법사유가 있는 경우, 민사소송절차에서 그 과세처분의 효력을 부인할 수 없다
과세처분이 당연무효라고 볼 수 없는 한 과세처분에 취소할 수 있는 위법사유가 있다 하더라도 그 과세처분은 행정행위의 공정력 또는 집행력에 의하여 그것이 적법하게 취소되기 전까지는 유효하다 할 것이므로, 민사소송절차에서 그 과세처분의 효력을 부인할 수 없다(대판 1999. 8. 20. 99다20179).

민사소송에서 어느 행정처분의 당연무효 여부가 선결문제로 된 경우 반드시 행정소송 등의 절차에 의해 그 취소나 무효 확인을 받아야 하는지 여부(소극)
민사소송에 있어서 어느 행정처분의 당연무효 여부가 선결문제로 되는 때에는 이를 판단하여 당연무효임을 전제로 판결할 수 있고 반드시 행정소송 등의 절차에 의하여 그 취소나 무효확인을 받아야 하는 것은 아니며, 한편, 원고 조합의 조합설립결의나 관리처분계획에 대한 결의가 당연무효라는 위 피고들의 주장 속에는 조합설립 인가처분이나 관리처분계획에 당연무효사유가 있다는 주장도 포함되어 있다고 봄이 상당하다고 할 것이므로, 원심으로서는 더 나아가 위 조합설립 인가처분이나 관리처분계획에 당연무효사유가 있는지를 심리하여 위 피고들 주장의 당부를 판단하였어야 할 것임에도, 원심이 그에 대해서는 필요한 심리를 다하지 아니하고 판단을 유탈하여 판결에 영향을 미친 위법이 있다(대판 2010. 4. 8. 2009다90092).

(2) 행정행위의 위법(적법) 여부가 선결문제로 되는 경우(국가배상청구소송의 경우)

행정행위의 위법성 여부가 민사법원의 선결문제가 된 경우, 민사법원은 선결문제로서 처분의 위법 여부를 심사할 수 있는지에 대하여, 견해의 대립이 있다.

① 소극설: 행정행위가 당연무효가 아닌 한 민사사건에 있어서 수소법원은 그 위법성

을 심리·판단할 수 없다고 한다. 행정행위에는 구성요건적 효력이 있고, 현행법상 취소소송의 배타적 관할제도에 따르면 민사법원은 행정행위에 대한 취소권이 없다는 것을 논거로 한다.

② 적극설: 국가배상청구소송에서의 수소법원은 선결문제로서 그 위법성을 심리·판단할 수 있다고 한다. 구성요건적 효력은 유효성의 추정에 불과하고 민사법원에서는 처분의 효력 자체를 부인하는 것은 아니어서 구성요건적 효력과 저촉되지는 아니한다는 것을 논거로 한다. 다수설의 태도이다.

대법원은 공정력, 구성요건적 효력 등의 이론을 매개로 하지 않으나 결론적으로 민사법원은 선결문제로서 행정행위의 위법성 여부의 심사를 할 수 있다고 판시하였다.

처분의 취소판결이 있어야만 국가배상을 청구할 수 있는 것은 아니다

위법한 행정대집행이 완료되면 그 처분의 무효확인 또는 취소를 구할 소의 이익은 없다 하더라도, 미리 그 행정처분의 취소판결이 있어야만, 그 행정처분의 위법임을 이유로 한 손해배상 청구를 할 수 있는 것은 아니다(대판 1972. 4. 28. 72다337).

대지 및 건축시설도 분양하지 아니하고 청산금도 지급하지 아니한 채 분양처분고시를 하여 재개발구역 내에 다른 사람이 소유하고 있던 토지의 소유권을 상실킨 재개발사업 시행자는 그 토지의 소유자에 대하여 불법행위의 책임을 진다

재개발사업 시행자가 분양신청을 하지 아니한 토지의 소유자에 대하여 대지 및 건축시설을 분양하지도 아니하고 청산금도 지급하지 아니하기로 하는 분양처분고시는 행정처분의 성질을 지닌 것이므로 그것이 적법한 행정소송의 절차에 의하여 취소되지 아니하는 한 법원도 그 처분에 기속되어 그 행정처분의 내용과 달리 청산금을 지급하라고 명할 수는 없지만, 그와 같이 대지 및 건축시설도 분양하지 아니하고 청산금도 지급하지 아니한 채 분양처분고시를 하여 재개발구역 내에 다른 사람이 소유하고 있던 토지의 소유권을 상실시켰다면 재개발사업 시행자는 그 한도에서 재개발사업을 위법하게 시행하였으므로 그 토지의 소유자에 대하여 불법행위의 책임을 지게 되는 터이다(대판 1975. 4. 22. 74다1548; 대판 1975. 5. 27. 74다347; 대판 2002. 10. 11. 2002다33502).

세무담당공무원이 직무상 과실로 과세대상을 오인한 과세처분을 행한 경우와 국가의 손해배상 책임의 유무

물품세 과세대상이 아닌 것을 세무공무원이 직무상 과실로 과세대상으로 오인하여 과세처분을 행함으로 인하여 손해가 발생된 경우에는, 동 과세처분이 취소되지 아니하였다 하더라도, 국가는 이로 인한 손해를 배상할 책임이 있다(대판 1979. 4. 10. 79다262).

세무서장이 한국감정원의 상속재산 가액감정결과가 잘못된 것임을 알았거나 알 수 있었음에도 불구하고 부실 감정에 기초한 상속재산 평가액에 따라 상속세 납세고지처분을 하여 상속세를 납부한 경우 불법행위의 성부

세무서장이 한국감정원의 상속재산 가액감정결과가 잘못된 것임을 알았거나 알 수 있었다면 세무서장 등 담당공무원들이 그 직무를 집행함에 당하여 고의 또는 과실로 부실 감정에 기초한 상속재산 평가액에 따라 상속세납세고지처분을 함으로써 손해를 가한 것이 되므로 정당한 감정결과를 기초로 계산되는 세금을 초과하는 차액 상당의 금액을 배상하여야 한다(대판 1991. 1. 25. 87다카2569).

2. 형사법원과 선결문제

(1) 행정행위의 효력(무효) 여부가 선결문제로 되는 경우(무허가영업죄·무면허운전죄 등의 경우)

행정행위의 효력유무가 쟁점인 경우 행정행위가 무효라면 형사법원이 판단할 수 있지만, 단순위법의 경우에는 형사법원은 행정행위의 효력을 부인할 수 없다는 것이 학설과 판례의 일치된 입장이다.

도로교통법 제57조 제1호에 위반하여 교부된 운전면허의 효력

연령미달의 결격자인 피고인이 소외인의 이름으로 운전면허시험에 응시, 합격하여 교부받은 운전면허는 당연무효가 아니고 「도로교통법」 제65조 제3호의 사유에 해당함에 불과하여 취소되지 않는 한 유효하므로 피고인의 운전행위는 무면허운전에 해당하지 아니한다(대판 1982. 6. 8. 80도2646).

일단 수입면허를 받고 물품을 통관한 경우와 관세법상 무면허수입죄의 성립 여부
물품을 수입하고자 하는 자가 일단 세관장에게 수입신고를 하여 그 면허를 받고 물품을 통관한 경우에는, 세관장의 수입면허가 중대하고도 명백한 하자가 있는 행정행위이어서 당연무효가 아닌 한 「관세법」 제181조 소정의 무면허수입죄가 성립될 수 없다(대판 1989. 3. 28. 89도149).

과세대상과 납세의무자 확정의 잘못으로 과세처분이 당연무효인 경우와 체납범의 성립
과세대상과 납세의무자 확정이 잘못되어 당연무효한 과세에 대하여는 체납이 문제될 여지가 없으므로 체납범이 성립하지 않는다(대판 1971. 5. 31. 71도742).

'서울광장'에서, 행정대집행법이 정한 계고 및 대집행영장에 의한 통지절차를 거치지 아니한 채 철거대집행을 행하는 공무원들에 대항하여 피고인들이 폭행·협박을 가하였더라도, 특수공무집행방해죄는 성립하지 않는다
도심광장으로서 '서울특별시 서울광장의 사용 및 관리에 관한 조례'에 의하여 관리되고 있는 '서울광장'에서, 서울시청 및 중구청 공무원들이 「행정대집행법」이 정한 계고 및 대집행영장에 의한 통지절차를 거치지 아니한 채 위 광장에 무단설치된 천막의 철거대집행에 착수하였고, 이에 피고인들을 비롯한 '광우병위험 미국산 쇠고기 전면 수입을 반대하는 국민대책회의' 소속 단체 회원들이 몸싸움을 하거나 천막을 붙잡고 이를 방해한 사안에서, 위 서울광장은 비록 공부상 지목이 도로로 되어 있으나 「도로법」 제65조 제1항 소정의 행정대집행의 특례규정이 적용되는 「도로법」상 도로라고 할 수 없으므로 위 철거대집행은 구체적 직무집행에 관한 법률상 요건과 방식을 갖추지 못한 것으로서 적법성이 결여되었고 따라서 피고인들이 위 공무원들에 대항하여 폭행·협박을 가하였더라도 특수공무집행방해죄는 성립되지 않는다(대판 2010. 11. 11. 2009도11523).

⑵ 행정행위의 위법(적법) 여부가 선결문제로 되는 경우(적법한 행정행위에의 위반이 범죄구성요건인 경우)

민사법원과 선결문제에서와 같이 소극설과 적극설의 대립이 있으나, 행정행위의 위법여부가 선결문제가 된 경우에 형사법원에서는 처분의 효력 자체를 부인하는 것은 아니므로 위법여부는 심사할 수 있다는 적극설이 다수설과 판례의 태도이다.

명령을 구술로 고지한 것은 당연 무효이므로 명령 위반을 이유로 행정형벌을 부과할 수 없는데도, 위 명령이 유효함을 전제로 유죄를 인정한 것은 위법이 있다

집합건물 중 일부 구분건물의 소유자인 피고인이 관할 소방서장으로부터 소방시설 불량사항에 관한 시정보완명령을 받고도 따르지 아니하였다는 내용으로 기소된 사안에서, 담당 소방공무원이 행정처분인 위 명령을 구술로 고지한 것은 「행정절차법」 제24조를 위반한 것으로 하자가 중대하고 명백하여 당연 무효이고, 무효인 명령에 따른 의무위반이 생기지 아니하는 이상 피고인에게 명령 위반을 이유로 「소방시설 설치유지 및 안전관리에 관한 법률」 제48조의2 제1호에 따른 행정형벌을 부과할 수 없는데도, 이와 달리 위 명령이 유효함을 전제로 유죄를 인정한 원심판결에는 행정처분의 무효와 행정형벌의 부과에 관한 법리오해의 위법이 있다(대판 2011. 11. 10. 2011도11109).

처분이나 조치명령을 받은 자가 이에 위반한 경우, 같은 법에서 정한 처벌을 하기 위하여는 그 처분이나 조치명령이 적법할 것을 요하는지 여부

① 구 「도시계획법」 제78조에 정한 처분이나 조치명령을 받은 자가 이에 위반한 경우 이로 인하여 같은 법 제92조에 정한 처벌을 하기 위하여는 그 처분이나 조치명령이 적법한 것이라야 하고, 그 처분이 당연무효가 아니라 하더라도 그것이 위법한 처분으로 인정되는 한 같은 법 제92조 위반죄가 성립될 수 없다(대판 2004. 5. 14. 2001도2841).

② 구 「도시 및 주거환경정비법」 제77조 제1항의 규정에 따른 처분의 취소·변경 또는 정지, 그 공사의 중지 및 변경에 관한 명령을 받은 사업시행자 및 정비사업 전문관리업자가 이를 위반한 경우, 그로 인하여 법 제85조 제12호에 정한 처벌을 하기 위하여는 그 명령이 적법한 것이어야 하고, 그 처분이 당연무효가 아니라 하더라도 그것이 위법한 처분으로 인정되는 한 같은 법 제85조 제12호 위반죄가 성립할 수 없다(대판 2008. 2. 29. 2006도7689).

계량기가 달린 양수기를 설치사용하라는 시설개선명령에 위반한 소위가 온천법 제26조 제1호에 해당하는지 여부

온천수를 사용하는 여관 또는 목욕탕에서 계량기가 달린 양수기를 설치 사용하라는 시설개선명령은 온천수의 효율적인 수급으로 온천의 적절한 보호를 도모하기 위한 조치로서 「온천법」 제15조가 정하는 온천의 이용증진을 위하여 특히 필요한 명령이라 할 것이므로 이에 위반한 소위는 「온천법」 제26조 제1호, 제15조의 구성요건을 충족한다(대판 1986. 1. 28. 85도2489).

Ⅲ. 확정력(존속력)

불가쟁력과 불가변력을 합하여 확정력(존속력)이라고 부른다.

1. 불가쟁력(형식적 확정력)

행정처분이나 행정심판재결이 불복기간의 경과로 인하여 확정된 경우, 그 확정력의 의미
일반적으로 행정처분이나 행정심판재결이 불복기간의 경과로 인하여 확정될 경우, 그 확정력은 그 처분으로 인하여 법률상 이익을 침해받은 자가 당해 처분이나 재결의 효력을 더 이상 다툴 수 없다는 의미일 뿐, 더 나아가 판결에 있어서와 같은 기판력이 인정되는 것은 아니어서 그 처분의 기초가 된 사실관계나 법률적 판단이 확정되고 당사자들이나 법원이 이에 기속되어 모순되는 주장이나 판단을 할 수 없게 되는 것은 아니다(대판 2008. 7. 24. 2006두20808; 대판 2004. 7. 8. 2002두11288; 대판 2000. 4. 25. 2000다2023; 대판 1993. 4. 13. 92누17181).

과세처분의 취소소송과 국가배상책임
물품세 과세대상이 아닌 것을 세무공무원이 직무상 과실로 과세대상으로 오인하여 과세처분을 행함으로 인하여 손해가 발생된 경우에는, 동 과세처분이 취소되지 아니하였다 하더라도, 국가는 이로 인한 손해를 배상할 책임이 있다(대판 1979. 4. 10. 79다262).

2. 불가변력(실질적 확정력)

대상을 달리하는 동종의 행정행위의 불가변력이 인정되는지 여부
국민의 권리와 이익을 옹호하고 법적 안정을 도모하기 위하여 특정한 행위에 대하여는 행정청이라 하여도 이것을 자유로이 취소, 변경 및 철회할 수 없다는 행정행위의 불가변력은 당해 행정행위에 대하여서만 인정되는 것이고, 동종의 행정행위라 하더라도 그 대상을 달리할 때에는 이를 인정할 수 없다(대판 1974. 12. 10. 73누129).

준사법적 행정행위인 소청심의회 결정에는 불가변력이 발생한다

귀속재산에 관한 지방관재기관의 귀속재산처리에 대한 소청심의회 결정이 원래 행정처분의 성격을 가진 것이라 할 것이나 실질적인 면에서 본다면 본질상 쟁송의 절차를 통한 준 재판이라 할 것인 만큼 이러한 성질을 가진 소청 재결청의 판정은 일반 행정처분과는 달리 재심 기타 특별한 규정이 없는 한 재결청인 소청심의회 자신이 취소변경할 수는 없고 그 재결의 구속을 받는 지방관재기관의 처분 또한 행정소송에 의한 취소변경은 몰라도 위 재결의 적법한 취소변경 없이 그 지방관재기관 자신에 의하여 취소 변경될 수는 없다고 해석함이 귀속재산 처리에 관한 소청이 본질적으로 쟁송의 성격을 가진 것이며 그 재결의 구속력을 가지고 있으면서도 독립하여 행정소송의 대상이 될 수 없다(대판 1965. 4. 22. 63누200 전원합의체).

당초 과세처분과의 차액만을 추가 고지한 증액경정처분이 있는 경우에도 당초처분은 증액경정처분에 흡수·소멸되는지 여부 및 증액경정처분에 대한 소송절차에서 당초처분의 과세표준과 세액을 다툴 수 있는지 여부

과세표준과 세액을 증액하는 경정처분이 있은 경우 그 경정처분은 당초처분을 그대로 둔 채 당초처분에서의 과세표준과 세액을 초과하는 부분만을 추가 확정하려는 처분이 아니고, 재조사에 의하여 판명된 결과에 따라서 당초처분에서의 과세표준과 세액을 포함시켜 전체로서의 과세표준과 세액을 결정하는 것이므로, 증액경정처분이 되면 먼저 된 당초처분은 증액경정처분에 흡수되어 당연히 소멸하고 오직 경정처분만이 쟁송의 대상이 되는 것이고, 이는 증액경정시에 당초 결정분과의 차액만을 추가로 고지한 경우에도 동일하다 할 것이며, 당초처분이 불복기간의 경과나 전심절차의 종결로 확정되었다 하여도 증액경정처분에 대한 소송절차에서 납세자는 증액경정처분으로 증액된 과세표준과 세액에 관한 부분만이 아니라 당초처분에 의하여 결정된 과세표준과 세액에 대하여도 그 위법 여부를 다툴 수 있으며 법원은 이를 심리·판단하여 위법한 때에는 취소를 할 수 있다(대판 1999. 5. 28. 97누16329).

제7절 행정행위의 하자

Ⅰ. 서 설

1. 행정행위 하자의 의의

행정행위가 갖추어야 될 성립·효력발생요건을 충족하지 못한 경우를 하자 있는 행정행위라고 한다.

2. 행정행위의 하자의 판단시점

행정처분의 위법 여부 판단의 기준시점(처분시)

① 행정소송에서 행정처분의 위법 여부는 행정처분이 있을 때의 법령과 사실상태를 기준으로 하여 판단하여야 하고, 처분 후 법령의 개폐나 사실상태의 변동에 의하여 영향을 받지는 않는다고 할 것이다(대판 2002. 7. 9. 2001두10684).

② 행정소송에서 행정처분의 위법 여부는 행정처분이 행하여졌을 때의 법령과 사실상태를 기준으로 하여 판단하여야 하고, 처분 후 법령의 개폐나 사실상태의 변동에 의하여 영향을 받지는 않으므로, 난민 인정 거부처분의 취소를 구하는 취소소송에서도 그 거부처분을 한 후 국적국의 정치적 상황이 변화하였다고 하여 처분의 적법 여부가 달라지는 것은 아니다(대판 2008. 7. 24. 2007두3930).

처분 전에 관계법령이 개정·시행된 경우 새로운 법령 및 허가기준에 따라서 한 처분은 적법하다

행정행위는 처분 당시에 시행 중인 법령 및 허가기준에 의하여 하는 것이 원칙이고, 인·허가신청 후 처분 전에 관계 법령이 개정·시행된 경우 신법령 부칙에서 신법령 시행 전에 이미 허가신청이 있는 때에는 종전의 규정에 의한다는 취지의 경과규정을 두지 아니한 이상 당연히 허가신청 당시의 법령에 의하여 허가 여부를 판단하여야 하는 것은 아니며, 소관 행정청이 허가신청을 수리하고도 정당한 이유없이 처리를 늦추어 그 사이에 법령 및 허가기준이 변경된 것이 아닌 한 새로운 법령 및 허가기준에 따라서 한 불허가처분이 위법하다고 할 수 없다. 「사행행위 등 규제법」으로부터 투전기업소허가에 관한 구체적인 기준을 정하도록 위임받은 시행령이 개정 시행되기를 기다리며 신청에 대한 처리를 보류하고 있다가 새로운 시행령이 시행되자 그에 의하여 한 불허가처분이 신청을 수리하고도 정당한 이유없이 처리를 지체한 것이라고 볼 수 없으므로 적법하다(대판 1992. 12. 8. 92누13813).

Ⅱ. 행정행위의 하자의 효과(무효와 취소의 구별)

무효인 행정행위와 취소할 수 있는 행정행위로 구분하는 것이 일반적이다. 원칙적으로 취소중심적인 구조를 취하고 있다.

1. 무효와 취소의 구별실익

당연무효를 선언하는 의미에서의 취소청구소송과 취소소송의 제소요건 구비요부
행정처분의 당연무효를 선언하는 의미에서 그 취소를 구하는 행정소송을 제기하는 경우에는 전치절차와 그 제소기간의 준수 등 취소소송의 제소요건을 갖추어야 한다(대판 1987. 6. 9. 87누219).

2. 무효와 취소의 구별기준

대법원의 원칙적인 태도는 중대명백설을 따르고 있다. 최근 '중대명백설'을 따르면서도 특별한 사정이 있는 경우에는 예외적으로 명백성을 요구하지 않는다는 취지의 대법원의 판결이 나와 눈여겨 볼만하다. 이 판결은 '명백성보충요건설'을 정면으로 채택한 것으로 보기는 어려우나, 특별한 사정이 있는 경우에는 명백성을 요구하지 않는다는 절충적 입장을 나타낸 것으로, 그래도 '중대명백설'에 대해 진일보한 판결로 평가할 수 있겠다.

한편, 헌법재판소는 원칙적으로 대법원과 같이 중대명백설의 입장이나, 예외적으로 법적 안정성을 해치지 않는 반면에 권리구제의 필요성이 큰 경우에 무효를 인정하고 있다.

하자 있는 행정처분이 당연무효인지를 판별하는 기준
[다수의견] 하자 있는 행정처분이 당연무효가 되기 위하여는 그 하자가 법규의 중요한 부분을 위반한 중대한 것으로서 객관적으로 명백한 것이어야 하며 하자가 중대하고

명백한 것인지 여부를 판별함에 있어서는 그 법규의 목적, 의미, 기능 등을 목적론적으로 고찰함과 동시에 구체적 사안 자체의 특수성에 관하여도 합리적으로 고찰함을 요한다.

[반대의견] 행정행위의 무효사유를 판단하는 기준으로서의 명백성은 행정처분의 법적 안정성 확보를 통하여 행정의 원활한 수행을 도모하는 한편 그 행정처분을 유효한 것으로 믿은 제3자나 공공의 신뢰를 보호하여야 할 필요가 있는 경우에 보충적으로 요구되는 것으로서, 그와 같은 필요가 없거나 하자가 워낙 중대하여 그와 같은 필요에 비하여 처분 상대방의 권익을 구제하고 위법한 결과를 시정할 필요가 훨씬 더 큰 경우라면 그 하자가 명백하지 않더라도 그와 같이 중대한 하자를 가진 행정처분은 당연무효라고 보아야 한다(대판 1995. 7. 11. 94누4615 전원합의체).

신고납부방식의 조세인 취득세 납세의무자의 신고행위의 하자가 중대하지만 명백하지는 않은 때 예외적으로 당연무효라고 할 수 있는 경우

취득세 신고행위는 납세의무자와 과세관청 사이에 이루어지는 것으로서 취득세 신고행위의 존재를 신뢰하는 제3자의 보호가 특별히 문제되지 않아 그 신고행위를 당연무효로 보더라도 법적 안정성이 크게 저해되지 않는 반면, 과세요건 등에 관한 중대한 하자가 있고 그 법적 구제수단이 국세에 비하여 상대적으로 미비함에도 위법한 결과를 시정하지 않고 납세의무자에게 그 신고행위로 인한 불이익을 감수시키는 것이 과세행정의 안정과 그 원활한 운영의 요청을 참작하더라도 납세의무자의 권익구제 등의 측면에서 현저하게 부당하다고 볼 만한 특별한 사정이 있는 때에는 예외적으로 이와 같은 하자 있는 신고행위가 당연무효라고 함이 타당하다(대판 2009. 2. 12. 2008두11716).[12]

행정처분의 무효판단기준에 관한 헌법재판소 결정례

판례나 통설은 행정처분이 당연무효인가의 여부는 그 행정처분의 하자가 중대하고 명백한가의 여부에 따라 결정된다고 보고 있지만 행정처분의 근거가 되는 법규범이 상위법 규범에 위반되어 무효인가 하는 점은 그것이 헌법재판소 또는 대법원에 의하여 유권적으로 확정되기 전에는 어느 누구에게도 명백한 것이라고 할 수 없기 때문에 원칙적으로 당연무효사유에는 해당할 수 없게 되는 것이다. 그러나 행정처분 자체의 효력이 쟁송기간 경과 후에도 존속 중인 경우, 특히 그 처분이 위헌법률에 근거하여 내

12 특별한 사정이 있는 경우에는 예외적으로 명백성을 요구하지 않는다는 취지의 대법원의 첫 판결이다.

려진 것이고 그 행정처분의 목적달성을 위하여서는 후행 행정처분이 필요한데 후행행정처분은 아직 이루어지지 않은 경우, 그 행정처분을 무효로 하더라도 법적 안정성을 크게 해치지 않는 반면에 그 하자가 중대하여 그 구제가 필요한 경우에 대하여서는 그 예외를 인정하여 이를 당연무효사유로 보아서 쟁송기간 경과 후에라도 무효확인을 구할 수 있는 것이라고 봐야 할 것이다. 학설상으로도 중대명백설 외에 중대한 하자가 있기만 하면 그것이 명백하지 않더라도 무효라고 하는 중대설도 주장되고 있고, 대법원의 판례로도 반드시 하자가 중대명백한 경우에만 행정처분의 무효가 인정된다고는 속단할 수 없기 때문이다(헌재결 1994. 6. 30. 92헌바23).

하자 있는 행정처분이 당연무효로 되기 위한 요건과 그 판단 기준

행정처분이 당연무효라고 하기 위하여는 처분에 위법사유가 있다는 것만으로는 부족하고 하자가 법규의 중요한 부분을 위반한 중대한 것으로서 객관적으로 명백한 것이어야 하며, 하자의 중대·명백 여부를 판별함에 있어서는 법규의 목적, 의미, 기능 등을 목적론적으로 고찰함과 동시에 구체적 사안 자체의 특수성에 관하여도 합리적으로 고찰함을 요한다(대판 2007. 3. 16. 2006다83802; 대판 2004. 11. 26. 2003두2403).

행정처분에 사실관계를 오인한 중대한 하자가 있는 경우 그 하자가 명백하다고 하기 위한 판단기준

① 행정처분에 사실관계를 오인한 하자가 있는 경우 그 하자가 중대하다고 하더라도 객관적으로 명백하지 않다면 그 처분을 당연무효라고 할 수 없는바, 하자가 명백하다고 하기 위하여는 그 사실관계 오인의 근거가 된 자료가 외형상 상태성을 결여하거나 또는 객관적으로 그 성립이나 내용의 진정을 인정할 수 없는 것임이 명백한 경우라야 할 것이고 사실관계의 자료를 정확히 조사하여야 비로소 그 하자 유무가 밝혀질 수 있는 경우라면 이러한 하자는 외관상 명백하다고 할 수는 없을 것이다 (대판 1992. 4. 28. 91누6863).

② 행정청이 어느 법률관계나 사실관계에 대하여 어느 법률의 규정을 적용하여 행정처분을 한 경우에 그 법률관계나 사실관계에 대하여는 그 법률의 규정을 적용할 수 없다는 법리가 명백히 밝혀져 그 해석에 다툼의 여지가 없음에도 불구하고 행정청이 위 규정을 적용하여 처분을 한 때에는 그 하자가 중대하고도 명백하다고 할 것이나, 그 법률관계나 사실관계에 대하여 그 법률의 규정을 적용할 수 없다는 법리

가 명백히 밝혀지지 아니하여 그 해석에 다툼의 여지가 있는 때에는 행정관청이 이를 잘못 해석하여 행정처분을 하였더라도 이는 그 처분 요건사실을 오인한 것에 불과하여 그 하자가 명백하다고 할 수 없는 것이고, 행정처분의 대상이 되지 아니하는 어떤 법률관계나 사실관계에 대하여 이를 처분의 대상이 되는 것으로 오인할 만한 객관적인 사정이 있는 경우로서 그것이 처분대상이 되는지의 여부가 그 사실관계를 정확히 조사하여야 비로소 밝혀질 수 있는 때에는 비록 이를 오인한 하자가 중대하다고 할지라도 외관상 명백하다고 할 수 없는 것이다(대판 2012. 8. 23. 2010두13463; 대판 2007. 3. 16. 2006다83802; 대판 2006. 10. 26. 2005다31439; 대판 2004. 10. 15. 2002다68485 등).

3. 위헌법률(법령)에 근거한 행정처분의 효력

행정처분의 근거가 된 법률(법령)이 헌법재판소에 의해 위헌으로 결정되면, 그 행정처분은 하자 있는 행정행위인 것은 분명한데, 무효사유로 보는 견해와 법적 안정성을 강조하여 취소사유로 보는 견해가 있다.

(1) 위헌결정과 소급효 인정범위

헌법재판소의 위헌결정의 소급효가 제한되는 경우(대법원 판례)
헌법재판소의 위헌결정의 효력은 ① 위헌제청을 한 당해사건, ② 위헌결정이 있기 전에 이와 동종의 위헌 여부에 관하여 헌법재판소에 위헌여부심판제청을 하였거나 법원에 위헌여부심판제청신청을 한 동종사건과 ③ 따로 위헌제청신청은 아니하였지만 당해 법률 또는 법률 조항이 재판의 전제가 되어 법원에 계속 중인 병행사건뿐만 아니라, ④ 위헌결정 이후에 위와 같은 이유로 제소된 일반사건에도 미친다고 할 것이나, 위헌결정의 효력은 그 미치는 범위가 무한정일 수는 없고 다른 법리에 의하여 그 소급효를 제한하는 것까지 부정되는 것은 아니라 할 것이며, 법적 안정성의 유지나 당사자의 신뢰보호를 위하여 불가피한 경우에 위헌결정의 소급효를 제한하는 것은 오히려 법치주의의 원칙상 요청되는 바라 할 것이다(대판 2005. 11. 10. 2005두5628).

헌법재판소법 제47조 제2항의 위헌 여부(헌법재판소 결정례)
효력이 다양할 수밖에 없는 위헌결정의 특수성 때문에 예외적으로 부분적인 소급효의 인정을 부인해서는 안 될 것이다. 첫째, 구체적 규범통제의 실효성의 보장의 견지에서 ① 법원의 제청·헌법소원 청구 등을 통하여 헌법재판소에 법률의 위헌결정을 위한 계기를 부여한 당해 사건, ② 위헌결정이 있기 전에 이와 동종의 위헌여부에 관하여 헌법재판소에 위헌제청을 하였거나 법원에 위헌제청신청을 한 경우의 당해 사건, 그리고 ③ 따로 위헌제청신청을 아니하였지만 당해 법률 또는 법률의 조항이 재판의 전제가 되어 법원에 계속 중인 사건에 대하여는 소급효를 인정하여야 할 것이다. 둘째, ④ 당사자의 권리구제를 위한 구체적 타당성의 요청이 현저한 반면에 소급효를 인정하여도 법적 안정성을 침해할 우려가 없고 나아가 구 법에 의하여 형성된 기득권자의 이득이 해쳐질 사안이 아닌 경우로서 소급효의 부인이 오히려 정의와 평등 등 헌법적 이념에 심히 배치되는 때에도 소급효를 인정할 수 있다. 어떤 사안이 후자와 같은 테두리에 들어가는가에 관하여는 본래적으로 규범통제를 담당하는 헌법재판소가 위헌선언을 하면서 직접 그 결정주문에서 밝혀야 할 것이나, 직접 밝힌 바 없으면 그와 같은 경우에 해당하는가의 여부는 일반법원이 구체적 사건에서 해당 법률의 연혁·성질·보호법익 등을 검토하고 제반이익을 형량해서 합리적·합목적적으로 정하여 대처할 수밖에 없을 것으로 본다(헌재결 2013. 6. 27. 2010헌마535; 헌재결 1993. 5. 13. 92헌가10, 91헌바7, 92헌바24·50 병합).

제소기간이 도과한 행정처분에 위헌결정의 소급효가 미치는지 여부(소극)

위헌인 법률에 근거한 행정처분이 당연무효인지의 여부는 위헌결정의 소급효와는 별개의 문제로서, 위헌결정의 소급효가 인정된다고 하여 위헌인 법률에 근거한 행정처분이 당연무효가 된다고는 할 수 없고, 오히려 이미 취소소송의 제기기간을 경과하여 확정력이 발생한 행정처분에는 위헌결정의 소급효가 미치지 않는다고 보아야 한다(대판 1994. 10. 28. 92누9463).

(2) 위헌법률(법령)에 근거한 행정처분의 효력

① 대법원의 태도

위헌법률에 근거하여 발하여진 행정처분의 효력

법률에 근거하여 행정처분이 발하여진 후에 헌법재판소가 그 행정처분의 근거가 된 법률을 위헌으로 결정하였다면 결과적으로 행정처분은 법률의 근거가 없이 행하여진 것과 마찬가지가 되어 하자가 있는 것이 되나, 하자 있는 행정처분이 당연무효가 되기 위하여는 그 하자가 중대할 뿐만 아니라 명백한 것이어야 하는데, 일반적으로 법률이 헌법에 위반된다는 사정이 헌법재판소의 위헌결정이 있기 전에는 객관적으로 명백한 것이라고 할 수는 없으므로 헌법재판소의 위헌결정 전에 행정처분의 근거되는 당해 법률이 헌법에 위반된다는 사유는 특별한 사정이 없는 한 그 행정처분의 취소소송의 전제가 될 수 있을 뿐 당연무효사유는 아니라고 봄이 상당하다(대판 2013. 6. 13. 2011두19994; 대판 2000. 6. 9. 2000다16329; 대판 1994. 10. 28. 92누9463).

위헌·위법한 시행령에 근거한 행정처분이 당연무효가 되기 위한 요건

하자 있는 행정처분이 당연무효로 되려면 그 하자가 법규의 중요한 부분을 위반한 중대한 것이어야 할 뿐 아니라 객관적으로 명백한 것이어야 하고, 행정청이 위헌이거나 위법하여 무효인 시행령을 적용하여 한 행정처분이 당연무효로 되려면 그 규정이 행정처분의 중요한 부분에 관한 것이어서 결과적으로 그에 따른 행정처분의 중요한 부분에 하자가 있는 것으로 귀착되고, 또한 그 규정의 위헌성 또는 위법성이 객관적으로 명백하여 그에 따른 행정처분의 하자가 객관적으로 명백한 것으로 귀착되어야 하는바, 일반적으로 시행령이 헌법이나 법률에 위반된다는 사정은 그 시행령의 규정을 위헌 또는 위법하여 무효라고 선언한 대법원의 판결이 선고되지 아니한 상태에서는 그 시행령 규정의 위헌 내지 위법 여부가 해석상 다툼의 여지가 없을 정도로 명백하였다고 인정되지 아니하는 이상 객관적으로 명백한 것이라 할 수 없으므로, 이러한 시행령에 근거한 행정처분의 하자는 취소사유에 해당할 뿐 무효사유가 되지 아니한다(대판 2007. 6. 14. 2004두619).

과세처분 이후 조세부과의 근거가 되었던 법률규정에 대하여 위헌결정이 내려진 경우, 그 조세채권의 집행을 위한 체납처분은 당연무효이다

[다수의견] 구 「헌법재판소법」 제47조 제1항은 "법률의 위헌결정은 법원 기타 국가기관 및 지방자치단체를 기속한다"고 규정하고 있는데, 이러한 위헌결정의 기속력과 헌법을 최고규범으로 하는 법질서의 체계적 요청에 비추어 국가기관 및 지방자치단체는 위헌으로 선언된 법률규정에 근거하여 새로운 행정처분을 할 수 없음은 물론이고, 위헌결정 전에 이미 형성된 법률관계에 기한 후속처분이라도 그것이 새로운 위헌적 법률관계를 생성·확대하는 경우라면 이를 허용할 수 없다. 따라서 조세부과의 근거가 되

었던 법률규정이 위헌으로 선언된 경우, 비록 그에 기한 과세처분이 위헌결정 전에 이루어졌고, 과세처분에 대한 제소기간이 이미 경과하여 조세채권이 확정되었으며, 조세채권의 집행을 위한 체납처분의 근거규정 자체에 대하여는 따로 위헌결정이 내려진 바 없다고 하더라도, 위와 같은 위헌결정 이후에 조세채권의 집행을 위한 새로운 체납처분에 착수하거나 이를 속행하는 것은 더 이상 허용되지 않고, 나아가 이러한 위헌결정의 효력에 위배하여 이루어진 체납처분은 그 사유만으로 하자가 중대하고 객관적으로 명백하여 당연무효라고 보아야 한다(대판 2012. 2. 16. 2010두10907 전원합의체).[13]

② 헌법재판소의 태도

취소사유에 해당한다고 본 경우

국회에서 헌법과 법률이 정한 절차에 의하여 제정·공포된 법률이 헌법에 위반된다는 사정은 헌법재판소의 위헌결정이 있기 전에는 객관적으로 명백한 것이라고 할 수 없으므로 특별한 사정이 없는 한 이러한 하자는 행정처분의 취소사유에 해당할 뿐 당연무효사유는 아니라 할 것이다(헌재결 2005. 3. 31. 2003헌바113).

당연무효로 볼 수 있는 경우

행정처분의 집행이 이미 종료되었고 그것이 번복될 경우 법적 안정성을 크게 해치게 되는 경우에는 후에 행정처분의 근거가 된 법규가 헌법재판소에서 위헌으로 선고된다고 하더라도 그 행정처분이 당연무효가 되지는 않음이 원칙이라고 할 것이나, 행정처분 자체의 효력이 쟁송기간 경과 후에도 존속중인 경우, 특히 그 처분이 위헌법률에 근거하여 내려진 것이고 그 행정처분의 목적달성을 위하여서는 후행 행정처분이 필요한데 후행 행정처분은 아직 이루어지지 않은 경우와 같이 그 행정처분을 무효로 하더라도 법적 안정성을 크게 해치지 않는 반면에 그 하자가 중대하여 그 구제가 필요한 경우에 대하여서는 그 예외를 인정하여 이를 당연무효사유로 보아서 쟁송기간 경과 후에라도 무효확인을 구할 수 있는 것이라고 봐야 할 것이다(헌재결 1994. 6. 30. 92헌바23).[14]

---

13 선행처분에 해당하는 과세처분에 당연무효사유가 없고, 과세처분에 따른 체납처분의 근거규정이 유효하게 존속하며, 외국의 일부 입법례와 같이 위헌법률의 집행력을 배제하는 명문의 규정이 없는 이상, 과세처분의 근거규정에 대한 헌법재판소의 위헌결정이 있었다는 이유만으로 체납처분이 위법하다고 보는 다수의 견에는 찬성할 수 없다는 반대의견이 있었다.

14 본 결정에 따를 때, 성실납세의무자와 위헌결정이 내려질 때까지 세금을 미납한 자 사이에 법적 불균형이 발생하게 된다. 즉, 성실납세자의 경우 이후에 근거법률에 대한 위헌결정이 내려져도 위헌결정의 소급효

⑶ 위헌법률(법령)에 근거한 행정처분의 집행력

구 택지소유상한에 관한 법률 전부에 대한 위헌결정 이전에 택지초과소유부담금 부과처분과 압류처분 및 이에 기한 압류등기가 이루어지고 위의 각 처분이 확정된 경우
구 「택지소유상한에 관한 법률」 제30조는 "부담금의 납부의무자가 독촉장을 받고 지정된 기한까지 부담금 및 가산금 등을 완납하지 아니한 때에는 건설교통부장관은 국세체납처분의 예에 의하여 이를 징수할 수 있다"고 규정함으로써 「국세징수법」 제3장의 체납처분규정에 의하여 체납 택지초과소유부담금을 강제징수할 수 있었으나, 1999. 4. 29. 같은 법 전부에 대한 위헌결정으로 위 제30조 규정 역시 그 날로부터 효력을 상실하게 되었고, 나아가 위헌법률에 기한 행정처분의 집행이나 집행력을 유지하기 위한 행위는 위헌결정의 기속력에 위반되어 허용되지 않는다고 보아야 할 것인데, 그 규정 이외에는 체납부담금을 강제로 징수할 수 있는 다른 법률적 근거가 없으므로, 그 위헌결정 이전에 이미 부담금 부과처분과 압류처분 및 이에 기한 압류등기가 이루어지고 위의 각 처분이 확정되었다고 하여도, 위헌결정 이후에는 별도의 행정처분인 매각처분, 분배처분 등 후속 체납처분절차를 진행할 수 없는 것은 물론이고, 특별한 사정이 없는 한 기존의 압류등기나 교부청구만으로는 다른 사람에 의하여 개시된 경매절차에서 배당을 받을 수도 없다(대판 2002. 8. 23. 2001두2959).

구 택지소유상한에 관한 법률 전부에 대한 위헌결정 이전에 확정된 택지초과소유부담금 부과처분에 의하여 그 위헌결정 이후에 별도의 행정처분으로서 이루어진 택지초과소유부담금 체납처분의 효력(당연무효)
택지초과소유부담금 부과처분, 체납처분절차인 압류처분, 다른 재산에 대한 압류처분, 징수처분 등은 각각 독립된 별개의 행정처분이므로, 택지초과소유부담금 부과처분이나 그에 기한 어느 재산에 대한 압류처분에 확정력이 생겼다 하더라도, 다른 재산에 대한 압류처분, 징수처분 등 체납처분절차를 진행하기 위하여는 당해 처분 당시 유효한 법률상 근거가 존재하여야 하는바, 1999. 4. 29. 구 「택지소유상한에 관한 법률」 전부에 대한 위헌결정 이전에 이미 택지초과소유부담금 부과처분과 압류처분 및 이에

가 제한되어 구제를 받지 못하지만, 과세처분에 불복하여 위헌결정이 내려질 때까지 세금을 미납한 자는 구제를 받을 수 있게 된다. 이에 대하여 다음과 같은 해결방안들이 논의되고 있다. ① 예외적으로 원행정처분에 대한 헌법소원을 인정하자는 견해, ② 국가배상책임을 인정하여 손해배상을 해 주자는 견해, ③ 독일의 창설적 보호효모델처럼 행정청의 재심사와 직권취소를 인정하자는 견해 등이 시정방안으로 제시되고 있다.

기한 압류등기가 이루어지고 위 각 처분이 확정되었다고 하여도, 위헌결정 이후에 별도의 행정처분으로서 다른 재산에 대한 압류처분, 징수처분 등 체납처분절차를 진행하였다면 이는 근거되는 법률이 없는 것이어서 그 하자가 중대하고 명백하여 당연무효라고 하지 않을 수 없다(대판 2002. 6. 28. 2001다60873).

Ⅲ. 행정행위의 하자의 승계

1. 의 의

하자의 승계란 선행 행정행위의 하자가 후행 행정행위에 승계되는지의 여부에 관한 것으로, 둘 이상의 행정행위가 서로 연속하여 행하여지는 경우에 선행 행정행위에 하자가 있으면 후행 행정행위 자체에 하자가 없더라도 선행 행정행위의 하자를 이유로 후행 행정행위의 위법을 주장할 수 있는가 하는 문제가 바로 하자의 승계 문제이다.

후행행위의 하자를 이유로 선행행위를 다툴 수 있느냐의 문제는 하자의 승계문제가 아니고, 인정될 수도 없다.

대집행에 위법이 있다는 사유로 그 선행절차인 계고처분이 부적법한 것으로 되는지 여부
계고처분의 후속절차인 대집행에 위법이 있다고 하더라도, 그와 같은 후속절차에 위법성이 있다는 점을 들어 선행절차인 계고처분이 부적법하다는 사유로 삼을 수는 없다(대판 1997. 2. 14. 96누15428).

2. 전제조건

선행처분이 무효인 경우 후행처분도 무효이다
후행행위 자체에는 하자가 없지만 선행행위에는 취소사유인 하자가 있고 선행행위에 불가쟁력이 발생한 경우에 하자의 승계 여부를 논할 필요성이 있다. 선행행위가 무효인 경우에는 선행행위의 하자는 언제나 후행행위에 승계되므로 하자의 승계 여부를 특별히 논의할 필요가 없다. 선행행위가 무효인 경우에는 불가쟁력이 발생하지 않으므로 언제나 선행행위 자체의 무효를 주장할 수 있기 때문이다.

① 원상복구명령이 무효인 경우, 계고처분 역시 무효로 된다

선행행위가 부존재하거나 무효인 경우에는 그 하자는 당연히 후행행위에 승계되어 후행행위도 무효로 된다. 행정청의 원고에 대한 원상복구명령은 권한 없는 자의 처분으로 무효라 할 것이고, 위 원상복구명령이 당연무효인 이상 후행처분인 계고처분의 효력에 당연히 영향을 미쳐 그 계고처분 역시 무효로 된다 할 것이다(대판 1996. 6. 28. 96누4374).

② 조세부과처분이 무효인 경우, 체납처분(압류) 역시 무효로 된다

조세의 부과처분과 압류 등의 체납처분은 별개의 행정처분으로서 독립성을 가지므로 부과처분에 하자가 있더라도 그 부과처분이 취소되지 아니하는 한 그 부과처분에 의한 체납처분은 위법이라고 할 수는 없지만, 체납처분은 부과처분의 집행을 위한 절차에 불과하므로 그 부과처분에 중대하고도 명백한 하자가 있어 무효인 경우에는 그 부과처분의 집행을 위한 체납처분도 무효라 할 것이다(대판 1988. 6. 28. 87누1009).

③ 적법한 건축물에 대한 철거명령의 효력(당연무효) 및 그 후행행위인 대집행계고처분의 효력(당연무효)

적법한 건축물에 대한 철거명령은 그 하자가 중대하고 명백하여 당연무효라고 할 것이고, 그 후행행위인 건축물철거 대집행계고처분 역시 당연무효라고 할 것이다(대판 1999. 4. 27. 97누6780).

3. 하자의 승계의 해결

대법원은 하자의 승계 여부를 원칙적으로 전통적 통설과 같이 선행행위와 후행행위가 동일한 법적 효과의 발생을 목적으로 하는지를 기준으로 판단한다.

전통적 통설은 선행행위와 후행행위가 동일한 법적 효과의 발생을 목적으로 하는지를 기준으로 하자의 승계 여부를 판단한다.

① 선행행위와 후행행위가 결합하여 하나의 법적 효과를 완성하는 경우: 하자의 승계를 인정한다. 즉, 조세체납처분에 있어서 독촉·압류·매각·충당의 각 행위 사이 및 행정대집행에 있어서 계고·대집행영장에 의한 통지·대집행의 실행·비용징수의 각 행위 사이 등에서 인정된다.

② 일련의 행정행위가 독립하여 별개의 법적 효과를 발생하는 경우: 하자의 승계를 인

정하지 않는다. 하자의 승계가 부정되는 예로 과세처분과 체납처분 상호 간, 건물철거명령과 대집행행위 상호 간 등을 든다.

최근에 대법원은 개별공시지가결정의 위법을 이유로 양도소득세부과처분의 취소를 구한 본 사건에서, 개별공시지가결정과 양도세부과처분은 상호 독립하여 별개의 효과를 목적으로 하는 경우지만, 수인한도론과 예측가능성이론을 적용하여 선행행위의 하자가 후행행위에 승계된다고 판시하고 있다. 이에 대해 대법원이 구속력론을 받아들인 것이라고 평가하는 견해가 있는가 하면 대법원이 구속력이론을 받아들인 것은 아니고, 행정법의 일반원리의 하나인 수인한도·예측가능성의 법리를 적용한 것이라고 평가하는 견해가 있다.

개별공시지가결정과 후행과세처분

[1] 선행처분과 후행처분이 서로 독립하여 별개의 효과를 목적으로 하는 경우에도 선행처분의 하자를 이유로 후행처분의 효력을 다툴 수 있는 경우

두 개 이상의 행정처분이 연속적으로 행하여지는 경우 선행처분과 후행처분이 서로 결합하여 1개의 법률효과를 완성하는 때에는 선행처분에 하자가 있으면 그 하자는 후행처분에 승계되므로 선행처분에 불가쟁력이 생겨 그 효력을 다툴 수 없게 된 경우에도 선행처분의 하자를 이유로 후행처분의 효력을 다툴 수 있는 반면 선행처분과 후행처분이 서로 독립하여 별개의 법률효과를 목적으로 하는 때에는 선행처분에 불가쟁력이 생겨 그 효력을 다툴 수 없게 된 경우에는 선행처분의 하자가 중대하고 명백하여 당연무효인 경우를 제외하고는 선행처분의 하자를 이유로 후행처분의 효력을 다툴 수 없는 것이 원칙이나 선행처분과 후행처분이 서로 독립하여 별개의 효과를 목적으로 하는 경우에도 선행처분의 불가쟁력이나 구속력이 그로 인하여 불이익을 입게 되는 자에게 수인한도를 넘는 가혹함을 가져오며, 그 결과가 당사자에게 예측가능한 것이 아닌 경우에는 국민의 재판받을 권리를 보장하고 있는 헌법의 이념에 비추어 선행처분의 후행처분에 대한 구속력은 인정될 수 없다.

[2] 과세처분 등 행정처분의 취소를 구하는 행정소송에서 선행처분인 개별공시지가결정의 위법을 독립된 위법사유로 주장할 수 있는지 여부

개별공시지가결정은 이를 기초로 한 과세처분 등과는 별개의 독립된 처분으로서 서로 독립하여 별개의 법률효과를 목적으로 하는 것이나, 개별공시지가는 이를 토지소유자나 이해관계인에게 개별적으로 고지하도록 되어 있는 것이 아니어서 토지

소유자 등이 개별공시지가결정 내용을 알고 있었다고 전제하기도 곤란할 뿐만 아니라 결정된 개별공시지가가 자신에게 유리하게 작용될 것인지 또는 불이익하게 작용될 것인지 여부를 쉽사리 예견할 수 있는 것도 아니며, 더욱이 장차 어떠한 과세처분 등 구체적인 불이익이 현실적으로 나타나게 되었을 경우에 비로소 권리구제의 길을 찾는 것이 우리 국민의 권리의식임을 감안하여 볼 때 토지소유자 등으로 하여금 결정된 개별공시지가를 기초로 하여 장차 과세처분 등이 이루어질 것에 대비하여 항상 토지의 가격을 주시하고 개별공시지가결정이 잘못된 경우 정해진 시정절차를 통하여 이를 시정하도록 요구하는 것은 부당하게 높은 주의의무를 지우는 것이라고 아니할 수 없고, 위법한 개별공시지가결정에 대하여 그 정해진 시정절차를 통하여 시정하도록 요구하지 아니하였다는 이유로 위법한 개별공시지가를 기초로 한 과세처분 등 후행 행정처분에서 개별공시지가결정의 위법을 주장할 수 없도록 하는 것은 수인한도를 넘는 불이익을 강요하는 것으로서 국민의 재산권과 재판받을 권리를 보장한 헌법의 이념에도 부합하는 것이 아니라고 할 것이므로, 개별공시지가결정에 위법이 있는 경우에는 그 자체를 행정소송의 대상이 되는 행정처분으로 보아 그 위법 여부를 다툴 수 있음은 물론 이를 기초로 한 과세처분 등 행정처분의 취소를 구하는 행정소송에서도 선행처분인 개별공시지가결정의 위법을 독립된 위법사유로 주장할 수 있다고 해석함이 타당하다(대판 1994. 11. 25. 93누8542).

수인한도를 넘고 예측가능성이 없는 경우가 아니므로 개별공시지가 결정의 위법을 과세처분의 위법사유로 주장할 수 없다고 본 사례

원고가 이 사건 토지에 관한 1993년도 개별공시지가 결정에 대하여 재조사청구를 하자, 부산광역시 사하구청장은 이를 감액 조정하여 1993. 9. 18. 원고에게 통지하고 같은 달 23. 공고하였는데 원고는 이에 대하여 더 이상 불복하지 아니하였고 한편, 원고는 위 재조사청구에 따른 조정결정이 있기 전인 같은 해 8. 19. 부산광역시 사하구에 이 사건 토지를 협의매도한 후 1994. 5. 31. 피고(서부산 세무서장)에게 양도가액을 위 조정된 개별공시지가로 하여 산출한 양도소득세를 확정신고 하였는데, 이와 같이 원고가 이 사건 토지를 매도한 이후에 그 양도소득세 산정의 기초가 되는 1993년도 개별공시지가 결정에 대하여 한 재조사청구에 따른 조정결정을 통지받고서도 더 이상 다투지 아니한 경우까지 선행처분인 개별공시지가 결정의 불가쟁력이나 구속력이 수인한

도를 넘는 가혹한 것이거나 예측불가능하다고 볼 수는 없는바, 위 개별공시지가 결정의 위법을 이 사건 과세처분의 위법사유로 주장할 수 없다(대판 1998. 3. 13. 96누6059).

선행처분과 후행처분이 서로 결합하여 하나의 법률효과를 발생시키는 경우, 선행처분이 당연무효도 아니고 또 불가쟁력이 생긴 후에도 선행처분의 하자를 이유로 후행처분의 취소를 구할 수 있다

동일한 행정목적을 달성하기 위하여 단계적인 일련의 절차로 연속하여 행하여지는 선행처분과 후행처분이 서로 결합하여 하나의 법률효과를 발생시키는 경우, 선행처분이 하자가 있는 위법한 처분이라면, 비록 하자가 중대하고도 명백한 것이 아니어서 선행처분을 당연무효의 처분이라고 볼 수 없고 행정쟁송으로 효력이 다투어지지도 아니하여 이미 불가쟁력이 생겼으며 후행처분 자체에는 아무런 하자가 없다고 하더라도, 선행처분을 전제로 하여 행하여진 후행처분도 선행처분과 같은 하자가 있는 위법한 처분으로 보아 항고소송으로 취소를 청구할 수 있다(대판 1993. 2. 9. 92누4567).

수용보상금의 증액을 구하는 소송에서 선행처분으로서 그 수용대상 토지 가격 산정의 기초가 된 비교표준지공시지가결정의 위법을 독립한 사유로 주장할 수 있다

표준지공시지가결정은 이를 기초로 한 수용재결 등과는 별개의 독립된 처분으로서 서로 독립하여 별개의 법률효과를 목적으로 하지만, 표준지공시지가는 이를 인근 토지의 소유자나 기타 이해관계인에게 개별적으로 고지하도록 되어 있는 것이 아니어서 인근 토지의 소유자 등이 표준지공시지가결정 내용을 알고 있었다고 전제하기가 곤란할 뿐만 아니라, 결정된 표준지공시지가가 공시될 당시 보상금 산정의 기준이 되는 표준지의 인근 토지를 함께 공시하는 것이 아니어서 인근 토지 소유자는 보상금 산정의 기준이 되는 표준지가 어느 토지인지를 알 수 없으므로, 인근 토지 소유자가 표준지의 공시지가가 확정되기 전에 이를 다투는 것은 불가능하다. 더욱이 장차 어떠한 수용재결 등 구체적인 불이익이 현실적으로 나타나게 되었을 경우에 비로소 권리구제의 길을 찾는 것이 우리 국민의 권리의식임을 감안하여 볼 때, 인근 토지소유자 등으로 하여금 결정된 표준지공시지가를 기초로 하여 장차 토지보상 등이 이루어질 것에 대비하여 항상 토지의 가격을 주시하고 표준지공시지가결정이 잘못된 경우 정해진 시정절차를 통하여 이를 시정하도록 요구하는 것은 부당하게 높은 주의의무를 지우는 것이고, 위법한 표준지공시지가결정에 대하여 그 정해진 시정절차를 통하여 시정하도록 요구하지 않았다는 이유로 위법한 표준지공시지가를 기초로 한 수용재결 등 후행 행정처분에서 표준지공시지가결정의 위법을 주장할 수 없도록 하는 것은 수인한도를 넘는 불이익을 강요하는 것으로서 국민의 재산권과 재판받을 권리를 보장한 헌법의 이념에도 부합하는 것이 아니다. 따라서 표준지공시지가결정이 위법한 경우에는 그 자체를 행정소송의 대상이 되는 행정처분으로 보아 그 위법 여부를 다툴 수 있음은 물론, 수용보상금의 증액을 구하는 소송에서도 선행처분으로서 그 수용대상 토지 가격 산정의 기초가 된 비교표준지공시지가결정의 위법을 독립한 사유로 주장할 수 있다(대판 2008. 8. 21. 2007두13845).

선행처분과 후행처분이 서로 독립하여 별개의 법률효과를 목적으로 하고 선행처분에 불가쟁력이 생겨 그 효력을 다툴 수 없는 경우에도 선행처분의 하자를 이유로 후행처분의 효력을 다툴 수 있는 경우

연속적으로 행하여진 선행처분과 후행처분이 서로 독립하여 별개의 법률효과를 목적으로 하고 선행처분에 불가쟁력이 생겨 그 효력을 다툴 수 없게 된 경우에는 선행처분의 하자가 중대하고 명백하여 당연무효인 경우에만 선행처분의 하자를 이유로 후행처분의 효력을 다툴 수 있다(대판 2009. 4. 23. 2007두13159).

선행처분의 후행처분에 대한 구속력을 인정할 수 없어 선행처분의 위법을 이유로 후행처분의 효력을 다툴 수 있다고 한 사례

갑을 친일반민족행위자로 결정한 친일반민족행위진상규명위원회의 최종발표(선행처분)에 따라 지방보훈지청장이 독립유공자 예우에 관한 법률 적용 대상자로 보상금 등의 예우를 받던 갑의 유가족 을 등에 대하여 독립유공자법 적용배제자 결정(후행처분)을 한 사안에서, 진상규명위원회가 갑의 친일반민족행위자 결정 사실을 통지하지 않아 을은 후행처분이 있기 전까지 선행처분의 사실을 알지 못하였고, 후행처분인 지방보훈지청장의 독립유공자법 적용배제결정이 자신의 법률상 지위에 직접적인 영향을 미치는 행정처분이라고 생각했을 뿐, 통지를 받지도 않은 진상규명위원회의 친일반민족행위자 결정처분이 자신의 법률상 지위에 영향을 주는 독립된 행정처분이라고 생각하기는 쉽지 않았을 것으로 보여, 을이 선행처분에 대하여 일제강점하 반민족행위 진상규명에 관한 특별법에 의한 이의신청절차를 밟거나 후행처분에 대한 것과 별개로 행정심판이나 행정소송을 제기하지 않았다고 하여 선행처분의 하자를 이유로 후행처분의 효력을 다툴 수 없게 하는 것은 을에게 수인한도를 넘는 불이익을 주고 그 결과가 을에게 예측가능한 것이라고 할 수 없어 선행처분의 후행처분에 대한 구속력을 인정할 수 없으므로 선행처분의 위법을 이유로 후행처분의 효력을 다툴 수 있음에도, 이와 달리 본 원심판결에 법리를 오해한 위법이 있다(대판 2013. 3. 14. 2012두6964).

4. 하자의 승계를 인정한 판례

① **대집행계고와 대집행영장통지**

대집행의 계고, 대집행영장에 의한 통지, 대집행의 실행, 대집행에 요한 비용의 납부명령 등은 타인이 대신하여 행할 수 있는 행정의무의 이행을 의무자의 비용부담하에 확보하고자 하는, 동일한 행정목적을 달성하기 위하여 단계적인 일련의 절차로 연속하여 행하여지는 것으로서, 서로 결합하여 하나의 법률효과를 발생시키는 것이므로, 선행처분인 계고처분이 하자가 있는 위법한 처분이라면, 비록 그 하자가 중대하고도 명백한 것이 아니어서 당연무효의 처분이라고 볼 수 없고 행정소송으로 효력이 다투어지지도 아니하여 이미 불가쟁력이 생겼으며, 후행처분인 대집행영장발부통보처분 자체에는 아무런 하자가 없다고 하더라도, 후행처분인 대집행영장발부통보처분의 취소를 청구하는 소송에서 청구원인으로 선행처분인 계고처분이 위법한 것이기 때문에 그 계고처분을 전제로 행하여진 대집행영장발부통보처분도 위법한 것이라는 주장을 할 수 있다(대판 1996. 2. 9. 95누12507).

② **대집행계고와 대집행비용납부명령**

대집행의 계고·대집행영장에 의한 통지·대집행의·실행·대집행에 요한 비용의 납부명령 등은, 타인이 대신하여 행할 수 있는 행정의무의 이행을 의무자의 비용부담하에 확보하고자 하는, 동일한 행정목적을 달성하기 위하여 단계적인 일련의 절차로 연속하여 행하여지는 것으로서, 서로 결합하여 하나의 법률효과를 발생시키는 것이므로, 선행처분인 계고처분이 하자가 있는 위법한 처분이라면, 비록 하자가 중대하고도 명백한 것이 아니어서 당연무효의 처분이라고 볼 수 없고 대집행의 실행이 이미 사실행위로서 완료되어 계고처분의 취소를 구할 법률상 이익이 없게 되었으며, 또 대집행비용납부명령 자체에는 아무런 하자가 없다 하더라도, 후행처분인 대집행비용납부명령의 취소를 청구하는 소송에서 청구원인으로 선행처분인 계고처분이 위법한 것이기 때문에 그 계고처분을 전제로 행하여진 대집행비용납부명령도 위법한 것이라는 주장을 할 수 있다(대판 1993. 11. 9. 93누14271).

③ **개별토지가격결정과 과세처분**

개별공시지가결정에 위법이 있는 경우에는 그 자체를 행정소송의 대상이 되는 행정처분으로 보아 그 위법 여부를 다툴 수 있음은 물론, 이를 기초로 한 과세처분 등 행정처분의 취소를 구하는 행정소송에서도 선행처분인 개별공시지가결정의 위법을 독립된 위법사유로 주장할 수 있다고 해석함이 타당하다(대판 1994. 11. 25. 93누8542).

④ **귀속재산의 임대처분과 매각처분**

「귀속재산처리법」 제29조는 같은 법 제15조를 귀속재산의 임대차 또는 관리에 적용한다 규정하였으므로 귀속재산의 임대차에 관하여 같은 법 제15조가 규정한 우선권자가 있음에도 불구하고 타인에게 임대차한 경우에는 그 임대에는 하자가 있는 경우에 해당하며 그 임대를 취소할 수 있을 뿐만 아니라 그 임대자의 존재를 전제로 한 불하처분도 취소할 수 있는 것이다(대판 1963. 2. 7. 62누215).

⑤ **한지의사시험자격인정과 한지의사면허처분**

한지의사 자격시험에 응시하기 위한 응시자격인정의 결정을 사위의 방법으로 받은 이상 이에 터잡아 취득한 한지의사면허처분도 면허를 취득할 수 없는 사람이 취득한 하자 있는 처분이 된다 할 것이므로 보건사회부(현, 보건복지부)장관이 그와 같은 하자 있는 처분임을 이유로 원고가 취득한 한지의사 면허를 취소하는 처분을 하였음은 적법하다(대판 1975. 12. 9. 75누123).

⑥ **안경사시험의 합격취소처분과 안경사면허취소처분**

「의료기사법」 제6조, 제7조 제2항, 제13조의3과 같은 법 시행령 제4조, 제7조 등 관계법령의 규정에 의하면, 안경사가 되고자 하는 자는 보건사회부의 소속기관인 국립보건원장이 시행하는 안경사 국가시험에 합격한 후 보건사회부(현, 보건복지부)장관의 면허를 받아야 하고 보건사회부장관은 안경사 국가시험에 합격한 자에게 안경사면허를 주도록 규정하고 있으므로, 국립보건원장이 같은 법 제7조 제2항에 의하여 안경사 국가시험의 합격을 무효로 하는 처분을 함에 따라 보건사회부장관이 안경사면허를 취소하는 처분을 한 경우 합격무효처분과 면허취소처분은 동일한 행정목적을 달성하기 위하여 단계적인 일련의 절차로 연속하여 행하여지는 행정처분으로서, 안경사 국가시험에 합격한 자에게 주었던 안경사면허를 박탈한다는 하나의 법률효과를 발생시키기 위하여 서로 결합된 선행처분과 후행처분의 관계에 있다(대판 1993. 2. 9. 92누4567).

⑦ **독촉과 가산금·중가산금 징수처분**

「국세징수법」 제21조, 제22조 소정의 가산금, 중가산금은 국세체납이 있는 경우에 위 법조에 따라 당연히 발생하고, 그 액수도 확정되는 것이기는 하나, 그에 관한 징수절차를 개시하려면 독촉장에 의하여 그 납부를 독촉함으로써 가능한 것이고 위 가산금 및 중가산금의 납부독촉이 부당하거나 그 절차에 하자가 있는 경우에는 그 징수처분에 대하여도 취소소송에 의한 불복이 가능하다(대판 1986. 10. 28. 86누147).

5. 하자의 승계를 부정한 판례

① **건물철거명령과 대집행계고**

건물철거명령이 당연무효가 아닌 이상 행정심판이나 소송을 제기하여 그 위법함을 소구하는 절차를 거치지 아니하였다면 위 선행행위인 건물철거명령은 적법한 것으로 확정되었다고 할 것이므로 후행행위인 대집행계고처분에서는 그 건물이 무허가건물이 아닌 적법한 건축물이라는 주장이나 그러한 사실인정을 하지 못한다(대판 1998. 9. 8. 97누20502).

② **과세처분과 체납처분**

조세의 부과처분과 압류 등의 체납처분은 별개의 행정처분으로서 독립성을 가지므로 부과처분에 하자가 있더라도 그 부과처분이 취소되지 아니하는 한 그 부과처분에 의한 체납처분은 위법이라고 할 수는 없지만, 체납처분은 부과처분의 집행을 위한 절차에 불과하므로 그 부과처분에 중대하고도 명백한 하자가 있어 무효인 경우에는 그 부과처분의 집행을 위한 체납처분도 무효라 할 것이나, 그 부과처분의 무효확인청구를 기각하는 판결이 확정된 경우에는 사실심변론종결 이전의 사유를 들어 그 부과처분의 무효를 주장하고 이로써 압류처분의 무효를 다툴 수는 없다(대판 1988. 6. 28. 87누1009).

③ **변상판정과 변상명령**

감사원의 변상판정의 위법과는 별개로 소속장관 등의 변상명령 자체에 위법사유가 있을 수 있어 변상명령을 별도로 행정소송 대상으로 인정할 필요성도 있고, 변상명령은 감사원의 변상판정에 의해 성립한 기존의 의무 이상으로 새로운 의무를 부담시키는 것은 아닐지라도 변상책임자의 권리의무에 아무런 영향을 미치지 않는 단순한 변상판정의 한 단계로서의 표시행위에 불과한 것으로 볼 수는 없을 것이고 그 자체 독립한 행정행위의 하나로 보아야 할 것이다(대판 1994. 12. 2. 93누623).

④ **공무원의 직위해제와 면직처분**

구「경찰공무원법」 제50조 제1항에 의한 직위해제처분과 같은 제3항에 의한 면직처분은 후자가 전자의 처분을 전제로 한 것이기는 하나 각각 단계적으로 별개의 법률효과를 발생하는 행정처분이어서 선행직위 해제처분의 위법사유가 면직처분에는 승계되지 아니한다 할 것이므로 선행된 직위해제 처분의 위법사유를 들어 면직처분의 효력을 다툴 수는 없다(대판 1984. 9. 11. 84누191).

⑤ **보충역편입처분과 공익근무요원 소집처분**

보충역편입처분 등의 병역처분은 구체적인 병역의무부과를 위한 전제로서 징병검사 결과 신체등위와 학력·연령 등 자질을 감안하여 역종을 부과하는 처분임에 반하여, 공익근무요원소집처분은 보충역편입처분을 받은 공익근무요원소집대상자에게 기초적 군사훈련과 구체적인 복무기관 및 복무분야를 정한 공익근무요원으로서의 복무를 명하는 구체적인 행정처분이므로, 위 두 처분은 후자의 처분이 전자의 처분을 전제로 하는 것이기는 하나 각각 단계적으로 별개의 법률효과를 발생하는 독립된 행정처분이라고 할 것이므로, 따라서 보충역편입처분의 기초가 되는 신체등위 판정에 잘못이 있다는 이유로 이를 다투기 위하여는 신체등위 판정을 기초로 한 보충역편입처분에 대하여 쟁송을 제기하여야 할 것이며, 그 처분을 다투지 아니하여 이미 불가쟁력이 생겨 그 효력을 다툴 수 없게 된 경우에는, 병역처분변경신청에 의하는 경우는 별론으로 하고, 보충역편입처분에 하자가 있다고 할지라도 그것이 당연무효라고 볼만한 특단의 사정이 없는 한 그 위법을 이유로 공익근무요원소집처분의 효력을 다툴 수 없다(대판 2002. 12. 10. 2001두5422).

⑥ **액화석유가스판매사업허가처분과 사업개시신고반려처분**

허가관청이 액화석유가스판매사업허가를 하면서 붙인 사업소 소재지 반경 25미터 이내 가옥주의 동의를 받아 사업개시 전에 그 동의서를 제출하도록 한 조건이「액화석유가스의 안전 및 사업관리법」 제3조 제2항, 제4항 및 같은 법 시행령 제3조 제1항에 위배되어 액화석유가스판매사업허가처분에 하자가 있다고 하더라도 위 하자는 그 처분 자체를 무효라고 볼 정도로 중대하고 명백한 하자라고 볼 수 없으므로 그와 같은 하자가 취소사유가 되는 위법한 것이라도 그 처분이 취소될 때까지는 누구도 그 효력을 부인할 수 없을 뿐 아니라, 이는 선행처분인 액화석유가스판매사업허가 단계에서 다투었어야 할 것이고 그 쟁송기간이 이미 경과된 후인 사업개시신고 단계에 있어서는 그 효력을 다툴 수 없고, 또 선행처분인 사업허가처분에 위와 같은 하자가 있다고 하여 후행처분인 사업개시신고반려처분도 당연히 위법한 것은 아니다(대판 1991. 4. 23. 90누8756).

⑦ **도시계획시설변경 및 지적승인고시처분과 사업계획승인처분**

선행행위와 후행행위의 관계에 있다고 하더라도 선행행위와 후행행위가 서로 독립하여 각각 별개의 법률효과를 목적으로 하는 때에는 선행행위의 하자가 중대하고 명백하여 당연무효인 경우를 제외하고는 선행행위의 하자를 이유로 후행행위의 효력을 다툴 수 없다고 할 것인바, 위 사업계획승인처분과 이 사건 처분은 각각 별개의 법률효과를 목적으로 하고 있고, 위 사업계획승인처분의 하자가 중대하고 명백하여 당연무효라고 볼 수 없으므로 어느 모로 보나 위 사업계획승인처분의 하자를 이유로 이 사건 처분의 위법을 다툴 수 없다(대판 2000. 9. 5. 99두9889).

⑧ **도시계획결정과 수용재결**

도시계획의 수립에 있어서 「도시계획법」 제16조의2 소정의 공청회를 열지 아니하고 「공공용지의 취득 및 손실보상에 관한 특례법」 제8조 소정의 이주대책을 수립하지 아니하였더라도 이는 절차상의 위법으로서 취소사유에 불과하고 그 하자가 도시계획결정 또는 도시계획사업시행인가를 무효라고 할 수 있을 정도로 중대하고 명백하다고는 할 수 없으므로 이러한 위법을 선행처분인 도시계획결정이나 사업시행인가 단계에서 다투지 아니하였다면 그 쟁소기간이 이미 도과한 후인 수용재결 단계에 있어서는 도시계획수립 행위의 위와 같은 위법을 들어 재결처분의 취소를 구할 수는 없다고 할 것이다(대판 1990. 1. 23. 87누947).

⑨ **사업인정과 수용재결**

㉠ 구 「택지개발촉진법」에 의하면, 택지개발은 택지개발예정지구의 지정(제3조), 택지개발계획의 승인(제8조), 이에 기한 수용재결 등의 순서로 이루어지는바, 위 각 행위는 각각 단계적으로 별개의 법률효과가 발생되는 독립한 행정처분이어서 선행처분에 불가쟁력이 생겨 그 효력을 다툴 수 없게 된 경우에는 선행처분에 위법사유가 있다고 할지라도 그것이 당연무효의 사유가 아닌 한 선행처분의 하자가 후행처분에 승계되는 것은 아니라고 할 것인데, 같은 법 제3조에서 건설부장관이 택지개발예정지구를 지정함에 있어 미리 관계중앙행정기관의 장과 협

의를 하라고 규정한 의미는 그의 자문을 구하라는 것이지 그 의견을 따라 처분을 하라는 의미는 아니라 할 것이므로 이러한 협의를 거치지 아니하였다고 하더라도 이는 위 지정처분을 취소할 수 있는 원인이 되는 하자 정도에 불과하고 위 지정처분이 당연무효가 되는 하자에 해당하는 것은 아니다(대판 2000. 10. 13. 99두653).

㉡ 구 「토지수용법」 제16조 제1항에서는 건설부장관이 사업인정을 하는 때에는 지체 없이 그 뜻을 기업자·토지소유자·관계인 및 관계도지사에게 통보하고 기업자의 성명 또는 명칭, 사업의 종류, 기업지 및 수용 또는 사용할 토지의 세목을 관보에 공시하여야 한다고 규정하고 있는바, 가령 건설부장관이 위와 같은 절차를 누락한 경우 이는 절차상의 위법으로서 수용재결 단계 전의 사업인정 단계에서 다툴 수 있는 취소사유에 해당하기는 하나, 더 나아가 그 사업인정 자체를 무효로 할 중대하고 명백한 하자라고 보기는 어렵고, 따라서 이러한 위법을 들어 수용재결처분의 취소를 구하거나 무효확인을 구할 수는 없다(대판 2000. 10. 13. 2000두5142).

⑩ 표준공시지가결정과 개별토지가격결정

표준지로 선정된 토지의 공시지가에 대하여 불복하기 위하여는 구 「지가공시 및 토지 등의 평가에 관한 법률」 제8조 제1항 소정의 이의절차를 거쳐 처분청을 상대로 그 공시지가결정의 취소를 구하는 행정소송을 제기하여야 하고, 그러한 절차를 밟지 아니한 채 개별토지가격결정의 효력을 다투는 소송에서 그 개별토지가격 산정의 기초가 된 표준지 공시지가의 위법성을 다툴 수는 없다(대판 1996. 9. 20. 95누11931).

⑪ 수강거부처분과 수료처분

수강거부처분과 수료처분 사이에 「행정소송법」 제18조 제3항 제2호 소정의 "서로 내용상 관련되는 처분 또는 같은 목적을 위하여 단계적으로 진행되는 처분"의 관계에 있는 것이 아니므로, 수강거부처분에 대하여 행정심판을 거쳤다 하여 수료처분의 취소를 구함에 있어서 행정심판을 거치지 아니하여도 되는 것은 아니라고 할 것이다(대판 1994. 12. 23. 94누477).

⑫ 과세관청의 소득처분과 그에 따른 소득금액변동통지가 있는 경우, 후행처분인 징수처분 간의 하자의 승계

과세관청의 소득처분과 그에 따른 소득금액변동통지가 있는 경우 원천징수의무자인 법인은 소득금액변동통지서를 받은 날에 그 통지서에 기재된 소득의 귀속자에게 당해 소득금액을 지급한 것으로 의제되어 그때 원천징수하는 소득세의 납세의무가 성립함과 동시에 확정되므로 소득금액변동통지는 원천징수의무자인 법인의 납세의무에 직접 영향을 미치는 과세관청의 행위로서 항고소송의 대상이 된다. 그리고 원천징수의무자인 법인이 원천징수하는 소득세의 납세의무를 이행하지 아니함에 따라 과세관청이 하는 납세고지는 확정된 세액의 납부를 명하는 징수처분에 해당하므로 선행처분인 소득금액변동통지에 하자가 존재하더라도 당연무효 사유에 해당하지 않는 한 후행처분인 징수처분에 그대로 승계되지 아니한다. 따라서 과세관청의 소득처분과 그에 따른 소득금액변동통지가 있는 경우 원천징수하는 소득세의 납세의무에 관하여는 이를 확정하는 소득금액변동통지에 대한 항고소송에서 다투어야 하고, 소득금액변동통지가 당연무효가 아닌 한 징수처분에 대한 항고소송에서 이를 다툴 수는 없다(대판 2012. 1. 26. 2009두14439).

Ⅳ. 하자 있는 행정행위의 치유와 전환

1. 하자 있는 행정행위의 치유와 전환의 법리

일정한 상황하에서 하자있는 행정행위의 효력을 유지시키는 법리가 있는데, 이것이 바로 하자 있는 행정행위의 치유와 전환이다. 하자 있는 행정행위를 일률적으로 무효 또는 취소하게 되면 이해관계인에게 지나친 희생을 강요되는 결과를 초래할 수 있기 때문이다.

행정행위의 하자의 치유 및 전환범위

하자있는 행정행위의 치유나 전환은 행정행위의 성질이나 법치주의의 관점에서 볼 때 원칙적으로 허용될 수 없는 것이지만, 행정행위의 무용한 반복을 피하고 당사자의 법적 안정성을 위해 이를 허용하는 때에도 국민의 권리와 이익을 침해하지 않는 범위에서 구체적 사정에 따라 합목적적으로 인정해야 할 것이다(대판 1983. 7. 26. 82누420).

하자 있는 행정행위의 치유가 허용되기 위한 요건

하자 있는 행정행위의 치유는 행정행위의 성질이나 법치주의의 관점에서 볼 때 원칙적으로 허용될 수 없는 것이고, 예외적으로 행정행위의 무용한 반복을 피하고 당사자의 법적 안정성을 위해 이를 허용하는 때에도 국민의 권리나 이익을 침해하지 않는 범위에서 구체적 사정에 따라 합목적적으로 인정하여야 한다(대판 2010. 8. 16. 2010두2579; 대판 2002. 7. 9. 2001두10684).

2. 하자의 치유

(1) 치유의 사유

형식과 절차의 하자 이외에 내용상의 하자도 사후보완의 대상이 되는지 문제되는데, 대법원은 이를 부정한다. 내용상의 하자를 포함하게 되면 법률적합성과의 조화를 깨뜨리게 되는 것이므로 판례의 태도가 타당하다.

행정행위의 하자의 치유범위

행정행위의 성질이나 법치주의의 관점에서 볼 때 하자 있는 행정행위의 치유는 원칙적으로 허용될 수 없을 뿐만 아니라 이를 허용하는 경우에도 국민의 권리와 이익을 침해하지 않는 범위에서 구체적 사정에 따라 합목적적으로 가려야 할 것인바, 이 사건 처분에 관한 하자가 행정처분의 내용에 관한 것이고 새로운 노선면허가 이 사건 소 제기 이후에 이루어진 사정 등에 비추어 하자의 치유를 인정치 않은 원심의 판단은 정당하고, 거기에 소론이 지적하는 바와 같은 법리오해의 위법이 있다 할 수 없다. 반대의 견해에서 원심판결을 비난하는 논지는 받아들일 수 없다(대판 1991. 5. 28. 90누1359).

청문서 도달기간을 준수하지 아니한 하자의 치유가 인정된다

행정청이 「식품위생법」상의 청문절차를 이행함에 있어 소정의 청문서 도달기간을 지키지 아니하였다면 이는 청문의 절차적 요건을 준수하지 아니한 것이므로 이를 바탕으로 한 행정처분은 일단 위법하다고 보아야 할 것이지만 이러한 청문제도의 취지는 처분으로 말미암아 받게 될 영업자에게 미리 변명과 유리한 자료를 제출할 기회를 부여함으로써 부당한 권리침해를 예방하려는 데에 있는 것임을 고려하여 볼 때, 가령 행정청이 청문서 도달기간을 다소 어겼다 하더라도 영업자가 이에 대하여 이의하지 아니한 채 스스로 청문일에 출석하여 그 의견을 진술하고 변명하는 등 방어의 기회를 충분히 가졌다면 청문서 도달기간을 준수하지 아니한 하자는 치유되었다고 봄이 상당하다(대판 1992. 10. 23. 92누2844).

납세고지서의 기재사항 일부 등이 누락된 경우라도 앞서 보낸 과세예고통지서 등에 필요적 기재사항이 제대로 기재된 경우, 그 하자는 치유될 수 있다

「국세징수법」 제9조, 구 「상속세법」 제34조의7, 제25조, 제25조의2, 구 상속세법 시행령 제42조 제1항, 제19조 제1항의 각 규정에 의하여 증여세의 납세고지서에 과세표준과 세액의 계산명세가 기재되어 있지 아니하거나 그 계산명세서를 첨부하지 아니하였다면 그 납세고지는 위법하다고 할 것이나, 한편 과세관청이 과세처분에 앞서 납세의무자에게 보낸 과세예고통지서 등에 납세고지서의 필요적 기재사항이 제대로 기재되어 있어 납세의무자가 그 처분에 대한 불복 여부의 결정 및 불복신청에 전혀 지장을 받지 않았음이 명백하다면, 이로써 납세고지서의 하자가 보완되거나 치유될 수 있다(대판 2001. 3. 27. 99두8039).

취소처분의 이유부기를 결한 하자의 치유는 부정된다

주류도매업면허의 취소처분에는 그 근거가 되는 법령이나 취소권 유보의 부관 등을 명시하여야 함은 물론, 처분을 받은 자가 어떠한 위반사실에 대하여 당해 처분이 있었는지를 알 수 있을 정도로 사실을 적시할 것을 요하며, 이와 같은 취소처분의 근거와 위반사실의 적시를 빠뜨린 하자는 피처분자가 처분 당시 그 취지를 알고 있었다거나 그 후 알게 되었다 하여도 치유될 수 없다(대판 1990. 9. 11. 90누1786).

납세고지서에 세액산출근거 등의 기재사항이 누락되었거나 과세표준과 세액의 계산명세서가 첨부되지 않은 납세고지의 하자는 납세의무자가 그 나름대로 산출근거를 알고 있다거나 사실상 이를 알고서 쟁송에 이른 경우 치유되는지 여부

납세고지서에 과세연도, 세목, 세액 및 그 산출근거, 납부기한과 납부장소 등의 명시를 요구한 「국세징수법」 제9조나 과세표준과 세액계산명세서의 첨부를 명한 구 「법인세법」 제37조, 제59조의5, 구 법인세법 시행령 제99조 등의 규정이 단순한 세무행정상의 편의를 위한 훈시규정이 아니라, 「헌법」과 「국세기본법」에 규정된 조세법률주의의 원칙에 따라 과세관청의 자의를 배제하고 신중하고도 합리적인 과세처분을 하게 함으로써 조세행정의 공정을 기함과 아울러 납세의무자에게 부과처분의 내용을 자세히 알려 주어 이에 대한 불복 여부의 결정과 불복신청의 편의를 주려는 데 그 근본취지가 있으므로, 이 규정들은 강행규정으로 보아야 하고, 따라서 납세고지서에 세액산출근거 등의 기재사항이 누락되었거나 과세표준과 세액의 계산명세서가 첨부되지 않았다면 적법한 납세의 고지라고 볼 수 없으며, 위와 같은 납세고지의 하자는 납세의무자가 그 나름대로 산출근거를 알고 있다거나 사실상 이를 알고서 쟁송에 이르렀다 하더라도 치유되지 않는다(대판 2002. 11. 13. 2001두1543).

선행처분인 개별공시지가결정이 위법하여 그에 기초한 개발부담금 부과처분도 위법하게 된 경우, 그 후 적법한 절차를 거쳐 공시된 개별공시지가결정이 종전의 위법한 공시지가결정과 그 내용이 동일하다는 사정만으로 그 개발부담금 부과처분의 하자가 치유되어 적법하게 되는지 여부

선행처분인 개별공시지가결정이 위법하여 그에 기초한 개발부담금 부과처분도 위법하게 된 경우 그 하자의 치유를 인정하면 개발부담금 납부의무자로서는 위법한 처분에 대한 가산금 납부의무를 부담하게 되는 등 불이익이 있을 수 있으므로, 그 후 적법한 절차를 거쳐 공시된 개별공시지가결정이 종전의 위법한 공시지가결정과 그 내용이 동일하다는 사정만으로는 위법한 개별공시지가결정에 기초한 개발부담금 부과처분이 적법하게 된다고 볼 수 없다(대판 2001. 6. 26. 99두11592).

(2) 치유의 한계

① 실체적 한계

하자 있는 행정행위에 있어서 하자의 치유의 허용 여부

㉠ 하자 있는 행정행위에 있어서 하자의 치유는 행정행위의 성질이나 법치주의의 관점에서 원칙적으로 허용될 수 없고, 행정행위의 무용한 반복을 피하고 당사자의 법적 안정성을 보호하기 위하여 국민의 권익을 침해하지 아니하는 범위 내에서 예외적으로만 허용된다(대판 2001. 6. 26. 99두11592; 대판 1992. 5. 8. 91누13274).

㉡ 참가인들이 허가신청한 충전소설치예정지로부터 100미터 이내에 상수도시설 및 농협창고가 위치하고 있어 위 고시의 규정에 따라 그 건물주의 동의를 받아야 하는 것임에도 그 동의가 없으니 그 신청은 허가요건을 갖추지 아니한 것으로써 이를 받

아들인 이 사건 처분은 위법하다고 한 다음, 이 사건 처분 후 위 각 건물주로부터 동의를 받았으니 이 사건 처분의 하자는 치유되었다는 주장에 대하여는, 하자 있는 행정행위의 치유는 행정행위의 성질이나 법치주의의 관점에서 볼 때 원칙적으로 허용될 수 없는 것이고 예외적으로 행정행위의 무용한 반복을 피하고 당사자의 법적 안정성을 위해 이를 허용하는 때에도 국민의 권리나 이익을 침해하지 않는 범위에서 구체적 사정에 따라 합목적적으로 인정하여야 할 것인데 이 사건에 있어서는 원고의 적법한 허가신청이 참가인들의 신청과 경합되어 있어 이 사건 처분의 치유를 허용한다면 원고에게 불이익하게 되므로 이를 허용할 수 없다(대판 1992. 5. 8. 91누13274).15

② 시간적 한계

세액산출근거가 누락된 납세고지서에 의한 하자있는 과세처분의 치유요건

㉠ 세액산출근거가 누락된 납세고지서에 의한 과세처분의 하자의 치유를 허용하려면 늦어도 과세처분에 대한 불복 여부의 결정 및 불복신청에 편의를 줄 수 있는 상당한 기간 내에 하여야 한다고 할 것이므로 위 과세처분에 대한 전심절차가 모두 끝나고 상고심의 계류중에 세액산출근거의 통지가 있었다고 하여 이로써 위 과세처분의 하자가 치유되었다고는 볼 수 없다(대판 1984. 4. 10. 83누393).

㉡ 과세처분시 납세고지서에 과세표준, 세율, 세액의 산출근거 등이 누락된 경우에는 늦어도 과세처분에 대한 불복 여부의 결정 및 불복신청에 편의를 줄 수 있는 상당한 기간 내에 보정행위를 하여야 그 하자가 치유된다 할 것이므로, 과세처분이 있은 지 4년이 지나서 그 취소소송이 제기된 때에 보정된 납세고지서를 송달하였다는 사실이나 오랜 기간(4년)의 경과로써 과세처분의 하자가 치유되었다고 볼 수는 없다(대판 1983. 7. 26. 82누420).

징계절차상의 하자가 재심과정에서 보완된 경우 하자가 치유되는지 여부

㉠ 징계처분에 대한 재심절차는 원래의 징계절차와 함께 전부가 하나의 징계처분절차를 이루는 것으로서 그 절차의 정당성도 징계과정 전부에 관하여 판단되어야 할 것이므로 원래의 징계과정에 절차위반의 하자가 있더라도 재심과정에서 보완되었다

15 대법원은 경원자관계의 경우 위법한 수익적 행정행위의 하자의 치유를 인정한다면 타방 당사자의 이익을 침해할 수 있다는 이유로 그 가능성을 소극적으로 보고 있다(정하중).

면 그 절차위반의 하자는 치유된다(대판 1993. 10. 26. 93다29358).

ⓛ 단체협약에 조합원을 징계할 경우 징계위원회 개최일로부터 소정일 이전에 피징계자에게 징계회부 통보를 하도록 규정되어 있는데도 사용자가 단체협약에 규정된 여유기간을 두지 아니하고 피징계자에게 징계회부되었음을 통보하는 것은 잘못이나, 피징계자가 징계위원회에 출석하여 통지절차에 대한 이의를 제기하지 아니하고 충분한 소명을 한 경우에는 그와 같은 절차상의 하자는 치유된다. 징계처분에 대한 재심절차는 원래의 징계절차와 함께 전부가 하나의 징계처분 절차를 이루는 것으로서 그 절차의 정당성도 징계 과정 전부에 관하여 판단되어야 할 것이므로, 원래의 징계 과정에 절차 위반의 하자가 있더라도 재심 과정에서 보완되었다면 그 절차 위반의 하자는 치유된다(대판 1999. 3. 26. 98두4672).

(3) 무효인 행정행위의 치유가능성

당연무효인 국가공무원 임용행위의 치유 여부

원고가 국가공무원으로 인용된 뒤 명예퇴직하였으나 인용 전에 당시 국가공무원법상의 임용결격사유가 있었으면 국가가 과실에 의하여 이를 밝혀내지 못하였다고 하더라도 그 임용행위는 당연무효이고 그 하자가 치유되는 것은 아니어서 퇴직급여청구신청을 반려하는 처분은 적법하다(대판 1996. 4. 12. 95누18857).

당연무효인 징계처분의 하자가 징계처분을 받은 자가 이를 용인하였다 하여 치유되는지 여부

징계처분이 중대하고 명백한 흠 때문에 당연무효의 것이라면 징계처분을 받은 자가 이를 용인하였다 하여 그 흠이 치료(치유)되는 것은 아니다(대판 1989. 12. 12. 88누8869).

3. 무효인 행정행위의 전환

하자 있는 행정행위의 전환이란 하자 있는 행정행위를 하자 없는 다른 행정행위로서 효력을 발생케 하는 것을 말한다. 다수설은 무효인 행위에 대해서만 전환이 가능하다고 본다.

전환은 그 자체가 하나의 행정행위로서의 성질을 갖는다. 전환으로 인해 생긴 새로운 행정행위는 종전의 행정행위의 발령 당시로 소급하여 효력이 발생한다.

사망한 귀속재산 수불하자에 대하여 한 그 불하처분의 취소처분을 그 상속인에게 송달한 효력

귀속재산을 불하받은 자가 사망한 후에 그 수불하자 대하여 한 그 불하처분은 사망자에 대한 행정처분이므로 무효이지만 그 취소처분을 수불하자의 상속인에게 송달한 때에는 그 송달시에 그 상속인에 대하여 다시 그 불하처분을 취소한다는 새로운 행정처분을 한 것이라고 할 것이다(대판 1969. 1. 21. 68누190).

채권압류 및 전부명령의 제3채무자 표시를 사망자에서 그 상속인으로 경정하는 경정결정의 효력발생 시기

채권집행 절차에 있어서 제3채무자는 집행당사자가 아니라 이해관계인에 불과하여 그 압류 및 전부명령을 신청하기 이전에 제3채무자가 사망하였다는 사정만으로는 채무자에 대한 강제집행요건이 구비되지 아니하였다고 볼 수 없어, 이미 사망한 자를 제3채무자로 표시한 압류 및 전부명령이 있었다고 하더라도 이러한 오류는 위와 같은 경정결정에 의하여 시정될 수 있다고 할 것이므로, 채권압류 및 전부명령의 제3채무자의 표시를 사망자에서 그 상속인으로 경정하는 결정이 있고 그 경정결정이 확정되는 경우에는 당초의 압류 및 전부명령 정본이 제3채무자에게 송달된 때에 소급하여 제3채무자가 사망자의 상속인으로 경정된 내용의 압류 및 전부명령의 효력이 발생한다(대판 1998. 2. 13. 95다15667).

V. 행정행위의 무효

1. 의 의

행정행위의 무효라 함은 행정행위로서의 외형은 존재하지만 그 하자가 중대하고 명백하여 처음부터 당연히 그 법률적 효과를 발생하지 않는 행정행위를 말한다.

2. 행정행위의 무효원인

(1) 주체에 관한 하자

구성에 하자가 있는 합의제 행정기관의 행위는 원칙적으로 무효이다

구 「폐기물처리시설 설치촉진 및 주변지역 지원 등에 관한 법률」에 정한 입지선정위원회가 그 구성방법 및 절차에 관한 같은 법 시행령의 규정에 위배하여 군수와 주민대표가 선정·추천한 전문가를 포함시키지 않은 채 임의로 구성되어 의결을 한 경우, 그에 터잡아 이루어진 폐기물처리시설 입지결정처분의 하자는 중대한 것이고 객관적으로도 명백하므로 무효사유에 해당한다(대판 2007. 4. 12. 2006두20150).

한계를 벗어난 행정기관의 권한행사는 권한 외의 행위, 즉 무권한의 행위로서 원칙적으로 무효이다

행정기관의 권한에는 사무의 성질 및 내용에 따르는 제약이 있고, 지역적·대인적으로 한계가 있으므로 이러한 권한의 범위를 넘어서는 무권한의 행위는 원칙적으로 무효이다(대판 1996. 6. 28. 96누4374).

동장의 유기장영업허가는 무효이다

유기장 영업허가는 시장이 하게 되어 있으므로 영업허가 권한이 없는 동장이 한 영업허가는 당연무효이다(대판 1976. 2. 24. 76누1).

부동산을 양도한 사실이 없음에도 행한 양도소득세 부과처분의 효력(당연무효)

부동산을 양도한 사실이 없음에도 세무당국이 부동산을 양도한 것으로 오인하여 양도소득세를 부과하였다면 그 부과처분은 착오에 의한 행정처분으로서 그 표시된 내용에 중대하고 명백한 하자가 있어 당연 무효이다(대판 1983. 8. 23. 83누179).

용도폐지되지 않은 행정자산 매각처분의 효력

행정재산은 공유물로서 이른바 사법상의 거래의 대상이 되지 아니하는 불융통물이므로 이러한 행정재산을 관재당국이 모르고 매각처분하였다 할지라도 그 매각처분은 무효이다(대판 1967. 6. 27. 67다806).

권한없는 행정기관이 한 당연무효인 행정처분의 취소권자

권한없는 행정기관이 한 당연무효인 행정처분을 취소할 수 있는 권한은 당해 행정처분을 한 처분청에게 속하고, 당해 행정처분을 할 수 있는 적법한 권한을 가지는 행정청에게 그 취소권이 귀속되는 것이 아니다(대판 1984. 10. 10. 84누463).

(2) 내용에 관한 하자

과세대상과 납세의무자 확정의 잘못으로 과세처분이 당연 무효인 경우

과세대상과 납세의무자 확정이 잘못되어 당연무효한 과세에 대하여는 체납이 문제될 여지가 없으므로 체납범이 성립하지 않는다(대판 1971. 5. 31. 71도742).

사망한 귀속재산 수불하자에 대하여 한 그 불하처분의 취소처분을 그 상속인에게 송달한 효력

사망자에게 대한 행정처분은 무효이고 그 무효의 행정처분이 그 상속인에게 송달되었다 하여서 그 무효의 행정처분이 유효화될 리 없다. 귀속재산을 불하받은 자가 사망한 후에 그 수불하자 대하여 한 그 불하처분은 사망자에 대한 행정처분이므로 무효이지만 그 취소처분을 수불하자의 상속인에게 송달한 때에는 그 송달시에 그 상속인에 대하여 다시 그 불하처분을 취소한다는 새로운 행정처분을 한 것이라고 할 것이다(대판 1969. 1. 21. 68누190).

목적물의 불특정과 임대처분의 효력

행정처분은 행정청의 일방적 의사표시로서 상대방에게 일정한 권리를 설정하고 또는 의무를 명하는 공법상의 법률행위이며 특히 귀속재산에 대한 임대처분은 상대방으로 하여금 목적물을 직접 점유사용케 하는 준물권적 행정처분이라 할 수 있으므로 목적물의 특정은 행정처분의 요소라 할 것이요 그 특정이 없는 행정처분은 목적물 불특정에 의한 무효라 아니할 수 없다(대판 1961. 3. 13. 4292행상92).

(3) 절차에 관한 하자

환경영향평가를 실시하여야 할 사업에 대하여 환경영향평가를 거치지 아니하였음에도 승인 등 처분을 한 경우, 당연무효이다

환경영향평가를 거쳐야 할 대상사업에 대하여 환경영향평가를 거치지 아니하였음에도 불구하고 승인 등 처분이 이루어진다면, 사전에 환경영향평가를 함에 있어 평가대상지역 주민들의 의견을 수렴하고 그 결과를 토대로 하여 환경부장관과의 협의내용을 사업계획에 미리 반영시키는 것 자체가 원천적으로 봉쇄되는바, 이렇게 되면 환경파괴를 미연에 방지하고 쾌적한 환경을 유지·조성하기 위하여 환경영향평가제도를 둔 입법 취지를 달성할 수 없게 되는 결과를 초래할 뿐만 아니라 환경영향평가대상지역 안의 주민들의 직접적이고 개별적인 이익을 근본적으로 침해하게 되므로, 이러한 행정처분의 하자는 법규의 중요한 부분을 위반한 중대한 것이고 객관적으로도 명백한 것이라고 하지 않을 수 없어, 이와 같은 행정처분은 당연무효이다(대판 2006. 6. 30. 2005두14363).

국세 체납으로 인한 공매처분을 함에 있어 목적 부동산상의 가등기 권리자에게 공매통지를 아니한 경우 공매처분의 효력
체납자의 소유부동산에 관한 공배처분에 있어 그 부동산에 대한 가등기권리자에게 공매기일, 공매장소를 통지하지 아니한 하자는 공매절차상 중대하고 명백한 하자라고 할 수 없다(대판 1965. 3. 9. 64누141).

분배신청을 한 바 없고 분배받은 사실조차 알지 못하고 있는 자에 대한 농지분배
분배신청을 한 바 없고 분배받은 사실조차 알지 못하고 있는 자에 대한 농지분배는 허무인에게 분배한 것이나 다름이 없는 당연무효의 처분이라고 할 것이다(대판 1970. 10. 23. 70다1750).

3. 행정행위의 무효의 주장방법

무효확인을 구하는 의미의 취소소송
행정처분이 무효인 경우 민사상의 구제방법으로 충분하다 하여 행정처분의 무효확인을 구하는 의미에서 그 취소를 구할 소의 이익이 없다고는 할 수 없다(대판 1966. 9. 6. 66누81).

당연무효를 선언하는 의미에서의 취소청구소송과 취소소송의 제소요건 구비요부
행정처분의 당연무효를 선언하는 의미에서 그 취소를 구하는 행정소송을 제기하는 경우에는 전치절차와 그 제소기간의 준수 등 취소소송의 제소요건을 갖추어야 한다(대판 1987. 6. 9. 87누219).

행정처분의 취소의 소를 무효확인의 소로 변경한 경우에 취소를 구하는 취지도 포함된 것으로 볼 것인지 여부

일반적으로 행정처분의 무효확인을 구하는 소에는 원고가 그 처분의 취소는 구하지 아니 한다고 밝히고 있지 아니하는 이상 그 처분이 만약 당연무효가 아니라면 그 취소를 구하는 취지도 포함되어 있는 것으로 볼 것이나 행정심판절차를 거치지 아니한 까닭에 행정처분 취소의 소를 무효확인의 소로 변경한 경우에는 무효확인을 구하는 취지 속에 그 처분이 당연무효가 아니라면 그 취소를 구하는 취지까지 포함된 것으로 볼 여지가 전혀 없다고 할 것이므로 법원으로서는 그 처분이 당연무효인가 여부만 심리판단하면 족하다고 할 것이다(대판 1987. 4. 28. 86누887).

Ⅵ. 행정행위의 취소

1. 취소의 의의와 구별개념

행정행위의 취소사유와 철회사유의 구별 기준
행정행위의 취소는 일단 유효하게 성립한 행정행위를 그 행위에 위법 또는 부당한 하자가 있음을 이유로 소급하여 그 효력을 소멸시키는 별도의 행정처분이고, 행정행위의 철회는 적법요건을 구비하여 완전히 효력을 발하고 있는 행정행위를 사후적으로 그 행위의 효력의 전부 또는 일부를 장래에 향해 소멸시키는 행정처분이므로, 행정행위의 취소사유는 행정행위의 성립 당시에 존재하였던 하자를 말하고, 철회사유는 행정행위가 성립된 이후에 새로이 발생한 것으로서 행정행위의 효력을 존속시킬 수 없는 사유를 말한다(대판 2006. 5. 11. 2003다37969).

2. 취소권자

(1) 쟁송취소

행정심판의 경우에는 행정심판위원회, 행정소송의 경우에는 법원(행정법원·고등법원·대법원)이 쟁송취소권자가 된다.

(2) 직권취소

직권취소권자는 원칙적으로 처분청이다. 실정법상 명문으로 감독청의 취소권을 규정하고 있는 경우가 있다. 실정법상 감독청에게 취소권을 인정하는 규정이 없는 경우 감독청도 취소권자가 될 수 있는지에 대해서는 견해의 대립이 있다.

수익적 행정행위를 취소할 수 있는 경우

행정행위를 한 처분청은 그 행위에 하자가 있는 경우에 별도의 법적 근거가 없더라도 스스로 이를 취소할 수 있는 것이며, 다만 그 행위가 국민에게 권리나 이익을 부여하는 이른바 수익적 행정행위인 때에는 그 행위를 취소하여야 할 공익상 필요와 그 취소로 인하여 당사자가 입을 기득권과 신뢰보호 및 법률생활 안정의 침해 등 불이익을 비교교량한 후 공익상 필요가 당사자의 기득권침해 등 불이익을 정당화할 수 있을 만큼 강한 경우에 한하여 취소할 수 있다(대판 1986. 2. 25. 85누664).

지방병무청장은 군의관의 신체등위판정이 금품수수에 따라 위법 또는 부당하게 이루어졌다고 인정하는 경우, 자신이 한 병역처분을 직권으로 취소할 수 있다

행정처분을 한 처분청은 그 처분의 성립에 하자가 있는 경우 이를 취소할 별도의 법적 근거가 없다고 하더라도 직권으로 이를 취소할 수 있는바, 병역의무가 국가수호를 위하여 전 국민에게 과하여진 헌법상의 의무로서 그를 수행하기 위한 전제로서의 신체등위판정이나 병역처분 등은 공정성과 형평성을 유지하여야 함은 물론 그 면탈을 방지하여야 할 공익적 필요성이 매우 큰 점에 비추어 볼 때, 지방병무청장은 군의관의 신체등위판정이 금품수수에 따라 위법 또는 부당하게 이루어졌다고 인정하는 경우에는 그 위법 또는 부당한 신체등위판정을 기초로 자신이 한 병역처분을 직권으로 취소할 수 있다(대판 2002. 5. 28. 2001두9653).

3. 취소권의 법적 근거

(1) 쟁송취소

쟁송취소는 「행정심판법」, 「행정소송법」 등 법률의 규정에 의한다.

(2) 직권취소

행정행위를 직권으로 취소하기 위해서 별도의 법적 근거가 필요한가에 관하여 법적 근거 불요설, 법적 근거 필요설, 부담적 행정행위를 대상으로 하는 쟁송취소의 경우에는 법적 근거가 필요 없지만, 수익적 행정행위를 주로 대상으로 하는 직권취소에 있어서는 법적 근거가 필요하다는 2분설 등의 견해가 있다. 대법원은 별도의 법적 근거를 요하지 않는다고 한다.

법령에 취소사유를 규정하고 있지 아니한 경우 하자 있는 행정처분의 취소가부
행정처분에 하자가 있는 경우에는 법령에 특별히 취소사유를 규정하고 있지 아니하여도 행정청은 그가 행한 위법한 행정처분을 취소할 수 있다(대판 1982. 7. 27. 81누271).

행정행위의 직권취소의 근거
행정행위를 한 처분청은 그 행위에 하자가 있는 경우에는 별도의 법적 근거가 없더라도 스스로 이를 취소할 수 있고, 다만 수익적 행정처분을 취소할 때에는 이를 취소하여야 할 공익상의 필요와 그 취소로 인하여 당사자가 입게 될 기득권과 신뢰보호 및 법률생활 안정의 침해 등 불이익을 비교·교량한 후 공익상의 필요가 당사자가 입을 불이익을 정당화할 만큼 강한 경우에 한하여 취소할 수 있다(대판 2008. 11. 13. 2008두8628).

수익적 행정행위를 취소할 수 있는 경우
수익적 행정처분의 하자가 당사자의 사실은폐나 기타 사위의 방법에 의한 신청행위에 기인한 것이라면 당사자는 처분에 의한 이익이 위법하게 취득되었음을 알아 취소가능성도 예상하고 있었다 할 것이므로, 그 자신이 처분에 관한 신뢰이익을 원용할 수 없음은 물론 행정청이 이를 고려하지 아니하였다고 하여도 재량권의 남용이 되지 않는다(대판 2006. 5. 25. 2003두4669).

비교표준지 선정의 잘못으로 인하여 개별토지가격의 산정이 명백히 잘못된 경우, 개별토지의 가격결정에 대한 직권취소가 가능한지 여부
개별토지에 대한 가격결정도 행정처분에 해당하며, 원래 행정처분을 한 처분청은 그 행위에 하자가 있는 경우에는 원칙적으로 별도의 법적 근거가 없더라도 스스로 이를 직권으로 취소할 수 있는 것이고, 행정처분에 대한 법정의 불복기간이 지나면 직권으로도 취소할 수 없게 되는 것은 아니므로, 처분청은 토지에 대한 개별토지가격의 산정에 명백한 잘못이 있다면 이를 직권으로 취소할 수 있으며, 개별토지가격합동조사지침 제12조의3에서 토지특성조사의 착오 또는 위산·오기 등 지가산정에 명백한 잘못이 있는 경우에 경정결정이 가능한 것으로 예시하고 있는 것처럼, 비교표준지 선정의 잘못으로 인하여 개별토지가격의 산정이 명백히 잘못된 경우도 개별토지가격합동조사지침 제12조의3의 규정에 의하여 개별토지의 가격결정에 대한 직권취소가 가능하다(대판 1995. 9. 15. 95누6311).

변상금 부과처분에 대한 취소소송의 진행 중에 직권취소가 가능하다
변상금 부과처분에 대한 취소소송이 진행 중이라도 그 부과권자로서는 위법한 처분을 스스로 취소하고 그 하자를 보완하여 다시 적법한 부과처분을 할 수도 있는 것이다(대판 2006. 2. 10. 2003두5686).

직권취소의 가능성과 취소청구권의 존부
원래 행정처분을 한 처분청은 그 처분에 하자가 있는 경우에는 원칙적으로 별도의 법적 근거가 없더라도 스스로 이를 직권으로 취소할 수 있지만, 그와 같이 직권취소를 할 수 있다는 사정만으로 이해관계인에게 처분청에 대하여 그 취소를 요구할 신청권이 부여된 것으로 볼 수는 없다(대판 2006. 6. 30. 2004두701).

4. 취소의 사유

(1) 주체에 관한 하자

수익적 행정행위의 하자가 당사자의 사실은폐나 기타 사위의 방법에 의한 신청행위에 기인한 경우 그 취소에 있어 당사자에 의한 신뢰이익 원용의 가부
행정처분에 하자가 있음을 이유로 처분청이 이를 취소하는 경우에도 그 처분이 국민에게 권리나 이익을 부여하는 이른바 수익적 행정행위인 때에는 그 처분을 취소하여야 할 공익상 필요와 그 취소로 인하여 당사자가 입게 될 기득권과 신뢰보호 및 법률생활안정의 침해 등 불이익을 비교 교량한 후 공익상 필요가 당사자가 입을 불이익을 정당화 할 만큼 강한 경우에 한하여 취소할 수 있으나, 그 처분의 하자가 당사자의 사실은폐나 기타 사위의 방법에 의한 신청행위에 기인한 것이라면 당사자는 그 처분에 의한 이익이 위법하게 취득되었음을 알아 그 취소가능성도 예상하고 있었다고 할 것이므로 그 자신이 위 처분에 관한 신뢰의 이익을 원용할 수 없음은 물론 행정청이 이를 고려하지 아니하였다고 하여도 재량권의 남용이 되지 않는다(대판 1991. 4. 12. 90누9520).

행정처분의 성립과정에서 뇌물이 수수되었다는 사유로 이를 직권취소하는 경우, 직권취소의 예외가 인정되기 위한 요건
행정처분의 성립과정에서 그 처분을 받아내기 위한 뇌물이 수수되었다면 특별한 사정이 없는 한 그 행정처분에는 직권취소사유가 있는 것으로 보아야 할 것이고, 이러한 이유로 직권취소하는 경우에는 처분 상대방측에 귀책사유가 있기 때문에 신뢰보호의 원칙도 적용될 여지가 없다 할 것이며, 다만 행정처분의 성립과정에서 뇌물이 수수되었다고 하더라도 그 행정처분이 기속적 행정행위이고 그 처분의 요건이 충족되었음이 객관적으로 명백하여 다른 선택의 여지가 없었던 경우에는 직권취소의 예외가 될 수 있을 것이지만, 그 경우 이에 대한 입증책임은 이를 주장하는 측에게 있다(대판 2003. 7. 22. 2002두11066).

세무서장의 오인에 의한 상속세 및 소득세 부과 처분의 효력
본건 상속세 부가처분과 소득세 부과처분이 상속사실의 오인 또는 과세의 대상이 되는 법률관계나 일정한 사실을 오인한 것이었더라도 위와 같은 세무서장의 오인만으로서는 세금부과의 행정처분이 당연무효라고 볼 수 없다(대판 1962. 9. 27. 62누29).

사위의 방법으로 응시자격인정 결정을 받고 취득한 한지의사면허처분취소의 적부
한지의사 자격시험에 응시하기 위한 응시자격인정의 결정을 사위의 방법으로 받은 이상 이에 터잡아 취득한 한지의사면허처분도 면허를 취득할 수 없는 사람이 취득한 하자있는 처분이 된다 할 것이므로 보건사회부장관이 그와 같은 하자 있는 처분임을 이유로 원고가 취득한 한지의사 면허를 취소하는 처분을 하였음은 적법하다(대판 1975. 12. 9. 75누123).

(2) 내용에 관한 하자

위헌법률에 근거한 처분의 효력은 취소사유에 해당한다
법률에 근거하여 행정처분이 발하여진 후에 헌법재판소가 그 행정처분의 근거가 된 법률을 위헌으로 결정하였다면 결과적으로 행정처분은 법률의 근거가 없이 행하여진 것과 마찬가지가 되어 하자가 있는 것이 되나, 하자 있는 행정처분이 당연무효가 되기 위하여는 그 하자가 중대할 뿐만 아니라 명백한 것이어야 하는데, 일반적으로 법률이 헌법에 위반된다는 사정이 헌법재판소의 위헌결정이 있기 전에는 객관적으로 명백한 것이라고 할 수는 없으므로 헌법재판소의 위헌결정 전에 행정처분의 근거되는 당해 법률이 헌법에 위반된다는 사유는 특별한 사정이 없는 한 그 행정처분의 취소소송의 전제가 될 수 있을 뿐 당연무효사유는 아니라고 봄이 상당하다(대판 2000. 6. 9. 2000다16329).

무효인 조례에 근거한 처분의 효력은 취소사유에 해당한다

무효인 서울특별시행정권한위임조례의 규정에 근거하여 구청장이 건설업영업정지처분을 한 경우 그 하자가 중대하나, 객관적으로 명백한 것이라고 할 수 없으므로 결국 당연무효사유는 아니라고 봄이 상당하다(대판 1995. 7. 11. 94누4615 전원합의체).

무효인 지방자치단체장의 규칙에 근거한 처분의 효력은 취소사유에 해당한다

대전직할시 교육감 소관행정권한의 위임에 관한 규칙은 조례로 정하여야 할 사항을 규칙으로 정한 것이어서 무효인데, 이러한 무효인 규칙에 근거하여 행해진 교육장의 임원취임의 승인취소처분은 그 하자가 중대하다 할 것이나, 객관적으로 명백하다고 할 수는 없으므로 당연무효사유는 아니다(대판 1997. 6. 19. 95누8669).

(3) 절차에 관한 하자

독촉절차없이 한 압류처분의 효력

납세의무자가 세금을 납부기한까지 납부하지 아니하자 과세청이 그 징수를 위하여 압류처분에 이른 것이라면 비록 독촉절차없이 압류처분을 하였다 하더라도 이러한 사유만으로는 압류처분을 무효로 되게 하는 중대하고도 명백한 하자로는 되지 않는다(대판 1987. 9. 22. 87누383).

재외국민의 주민등록신고요건 및 거주용 여권 무효확인서를 첨부하지 아니하였음을 이유로 최고, 공고의 절차를 거치지 않고 한 주민등록말소처분

재외국민이 관할행정청에게 여행증명서의 무효확인서를 제출, 주민등록신고를 하여 주민등록이 되었는데, 관할행정청이 주민등록신고시 거주용 여권의 무효확인서를 첨부하지 아니하고 여행용 여권의 무효확인서를 첨부하는 위법이 있었다고 하여 주민등록을 말소하는 처분을 한 경우 이 처분이 「주민등록법」 제17조의2에 규정한 최고, 공고의 절차를 거치지 아니하였다 하더라도 그러한 하자는 중대하고 명백한 것이라고 할 수 없어 처분의 당연무효사유에 해당하는 것이라고는 할 수 없고, 한편 위 재외국민의 주민등록신고가 위법한 것이었고 관할행정청의 처분이 적법한 것이었는지 여부는 재외국민에게 국내거주의 목적이 있었는지 여부에 따라 판가름 나는 것이고 거주용 여권의 무효확인서를 제출하지 아니한 사정은 단지 국내거주의 목적이 있었는지의 여부를 판단함에 있어 하나의 자료가 되는 데에 불과한 것이어서 거주용 여권의 무효 확인서를 제출하지 아니하였다 하더라도 국내거주의 목적이 있었다면 그의 주민등록 신고는 적법하고 관할행정청의 처분은 위법한 것이 될 것이나, 그러한 하자는 중대하고 명백한 것으로는 보여지지 아니하므로 관할행정청의 처분을 당연무효케 하는 것이라고는 할 수 없다(대판 1994. 8. 26. 94누3223).

청문을 거치지 않은 영업허가취소

행정청이 영업허가취소 등의 처분을 하려면 반드시 사전에 청문절차를 거쳐야 하고 설사 「식품위생법」 제26조 제1항 소정의 사유가 분명히 존재하는 경우라 할지라도 당해 영업자가 청문을 포기한 경우가 아닌 한, 청문절차를 거치지 않고 한 영업소 폐쇄명령은 위법하여 취소사유에 해당된다(대판 1983. 6. 14. 83누14).[16]

공청회를 거치지 않은 도시계획

도시계획의 수립에 있어서 구 「도시계획법」 제16조의2 소정의 공청회를 열지 아니하고 구 「공공용지의 취득 및 손실보상에 관한 특례법」 제8조 소정의 이주대책을 수립하지 아니하였더라도 이는 절차상의 위법으로서 취소사유에 불과하고 그 하자가 도시계획결정 또는 도시계획사업시행인가를 무효라고 할 수 있을 정도로 중대하고 명백하다고는 할 수 없다(대판 1990. 1. 23. 87누947).

행정처분의 상대방에 대한 청문통지서가 반송되었다거나, 행정처분의 상대방이 청문일시에 불출석하였다는 이유로 청문을 실시하지 아니하고 한 행정처분은 위법하다

「행정절차법」 제21조 제4항 제3호는 침해적 행정처분을 할 경우 청문을 실시하지 않을 수 있는 사유로서 '당해 처분의 성질상 의견청취가 현저히 곤란하거나 명백히 불필요하다고 인정될 만한 상당한 이유가 있는 경우'를 규정하고 있으나, 여기에서 말하는 '의견청취가 현저히 곤란하거나 명백히 불필요하다고 인정될 만한 상당한 이유가 있는지 여부'는 당해 행정처분의 성질에 비추어 판단하여야 하는 것이지, 청문통지서의 반송 여부, 청문통지의 방법 등에 의하여 판단할 것은 아니며, 또한 행정처분의 상대방이 통지된 청문일시에 불출석하였다는 이유만으로 행정청이 관계 법령상 그 실시가 요구

16 대법원은 청문(공청회 포함)을 결한 경우를 과거에 무효로 본 적이 있었으나 최근의 주류적 태도는 청문절차를 거치지 않고 행한 행정행위는 일반적으로 취소사유에 해당한다고 본다.

되는 청문을 실시하지 아니한 채 침해적 행정처분을 할 행정처분을 것이므로, 행정처분의 상대방에 대한 청문통지서가 반송되었다거나, 행정처분의 상대방이 청문일시에 불출석하였다는 이유로 청문을 실시하지 아니하고 한 침해적 행정처분은 위법하다(대판 2001. 4. 13. 2000두3337).

청문절차를 거치지 않고 한 양약종상허가 취소처분의 효력

양약종상허가취소처분을 하기에 앞서 「약사법」 제69조의2 규정에 따른 청문의 기회를 부여하지 아니한 것은 위법이나 그러한 흠 때문에 동 허가취소처분이 당연무효가 되는 것은 아니다(대판 1986. 8. 19. 86누115).

학교환경위생정화구역에서의 금지행위 및 시설의 해제 여부에 관한 행정처분을 함에 있어 학교환경위생정화위원회의 심의절차를 누락한 행정처분

금지행위 및 시설의 해제 여부에 관한 행정처분을 하면서 절차상 위와 같은 심의를 누락한 흠이 있다면 그와 같은 흠을 가리켜 위 행정처분의 효력에 아무런 영향을 주지 않는다거나 경미한 정도에 불과하다고 볼 수는 없으므로, 특별한 사정이 없는 한 이는 행정처분을 위법하게 하는 취소사유가 된다(대판 2007. 3. 15. 2006두15806).

건설부(현, 국토교통부)장관이 관계 중앙행정기관의 장과 협의를 거치지 아니하고 택지개발예정지구를 지정한 경우

건설부(현, 국토교통부)장관이 택지개발예정지구를 지정함에 있어 미리 관계중앙행정기관의 장과 협의를 하라고 규정한 의미는 그의 자문을 구하라는 것이지 그 의견을 따라 처분을 하라는 의미는 아니라 할 것이므로 이러한 협의를 거치지 아니하였다고 하더라도 이는 위 지정처분을 취소할 수 있는 원인이 되는 하자 정도에 불과하고 위 지정처분이 당연무효가 되는 하자에 해당하는 것은 아니다(대판 2000. 10. 13. 99두653).

2 이상의 시·도에 걸친 노선업종에 있어서의 노선신설이나 변경 또는 노선과 관련되는 사업계획변경인가처분이 미리 관계 도지사와 협의를 거치지 아니하고 행해진 경우

자동차운송사업계획변경(기점연장)인가처분과 자동차운송사업계획변경(노선 및 운행시간)인가처분을 함에 있어서 그 내용이 2 이상의 시·도에 걸치는 노선업종에 있어서의 노선신설이나 변경 또는 노선과 관련되는 사업계획변경의 인가 등에 관한 사항이므로 미리 관계 도지사와 협의하여야 함에도 불구하고 이를 하지 아니한 하자가 있으나, 그와 같은 사정만으로는 자동차운송사업계획변경(기점연장)인가처분과 자동차운송사업계획변경(노선 및 운행시간)인가처분이 모두 당연무효의 처분이라고 할 수 없다(대판 1995. 11. 7. 95누9730).

(4) 형식에 관한 하자

세액의 산출근거가 기재되지 아니한 납세고지서에 의한 부과처분은 취소의 대상이 된다
「국세징수법」 제9조 제1항은 단순히 세무행정상의 편의를 위한 훈시규정이 아니라 조세행정에 있어 자의를 배제하고 신중하고 합리적인 처분을 행하게 함으로써 공정을 기함과 동시에 납세의무자에게 부과처분의 내용을 상세히 알려 불복 여부의 결정과 불복신청에 편의를 제공하려는 데서 나온 강행규정이므로 세액의 산출근거가 기재되지 아니한 물품세 납세고지서에 의한 부과처분은 위법한 것으로서 취소의 대상이 된다(대판 1984. 5. 9. 84누116).

5. 취소권의 제한

(1) 쟁송취소

쟁송취소의 경우 부담적 행정행위가 그 대상이 되는 것이므로 취소사유가 있으면 원칙적으로 취소할 수 있다. 쟁송취소의 경우 예외적인 경우를 제외하고는 일반적으로 취소권 제한의 문제는 생기지 않는다.

(2) 직권취소

취소권의 제한은 주로 수익적 행정행위를 대상으로 하는 직권취소의 경우에서 논의된다.

① 취소제한의 원칙

직권취소에 의하여 달성하려는 공익상의 목적과 상대방의 신뢰보호 등을 비교형량하여 행정행위를 취소함으로써 얻는 이익(공익)이 취소하지 않음으로써 보호되는 이익(사익)보다 큰 경우에 한하여 취소할 수 있다고 본다. 결국 취소권의 행사 여부는 공익과 사익을 비교형량하는 비례의 원칙이 적용되어야 한다.

국민에게 일정한 이득과 권리를 취득하게 한 종전 행정처분을 취소할 수 있는 경우 및 취소해야 할 필요성에 대한 증명책임의 소재(=행정청)
일정한 행정처분으로 국민이 일정한 이익과 권리를 취득하였을 경우에 종전 행정처분을 취소하는 행정처분은 이미 취득한 국민의 기존 이익과 권리를 박탈하는 별개의 행정처분으로 취소될 행정처분에 하자 또는 취소해야 할 공공의 필요가 있어야 하고, 나아가 행정처분에 하자 등이 있다고 하더라도 취소해야 할 공익상 필요와 취소로 당사자가 입게 될 기득권과 신뢰보호 및 법률생활안정의 침해 등 불이익을 비교·교량한 후 공익상 필요가 당사자가 입을 불이익을 정당화할 만큼 강한 경우에 한하여 취소할 수 있는 것이며, 하자나 취소해야 할 필요성에 관한 증명책임은 기존 이익과 권리를 침해하는 처분을 한 행정청에 있다(대판 2012. 3. 29. 2011두23375).

수익적 행정처분을 취소할 수 있는 경우
행정처분에 하자가 있음을 이유로 처분청이 이를 취소하는 경우에도 그 처분이 국민에게 권리나 이익을 부여하는 이른바 수익적 행정행위인 때에는 취소하여야 할 공익상 필요와 취소로 인하여 당사자가 입게 될 기득권과 신뢰보호 및 법률생활안정의 침해 등 불이익을 비교 교량한 후 공익상 필요가 당사자가 입을 불이익을 정당화할 만큼 강한 경우에 한하여 취소할 수 있다(대판 1993. 8. 24. 92누17723; 대판 2006. 5. 25. 2003두4669).

심계원의 변상책임 판정에 위법이라는 이유로 변상명령의 취소를 구할 수는 없다
심계원의 판정이 행정처분임은 물론이나 당해 회계관계 직원과 관계 행정청을 구속하는 준사법적 성격을 띤 확정력을 가지는 것으로써 판정은 판정을 한 기관조차 일반행정처분과는 달리 위의 제32조 소정 재심에 의한 경우를 제외하고는 취소·변경할 수 없으며 어떠한 행정청도 이의 취소·변경을 할 수 없다(대판 1963. 7. 25. 63누65).

② 직권취소가 허용되는 경우

㉠ 상대방에 귀책사유가 있는 경우

수익적 행정행위의 하자가 당사자의 사실은폐나 기타 사위의 방법에 의한 신청행위에 기인한 경우
행정처분에 하자가 있음을 이유로 처분청이 이를 취소하는 경우에도 그 처분이 국민에게 권리나 이익을 부여하는 이른바 수익적 행정행위인 때에는 그 처분을 취소하여야 할 공익상 필요와 그 취소로 인하여 당사자가 입게 될 기득권과 신뢰보호 및 법률생활안정의 침해 등 불이익을 비교 교량한 후 공익상 필요가 당사자가 입을 불이익을 정당화할 만큼 강한 경우에 한하여 취소할 수 있으나, 그 처분의 하자가 당사자의 사실은폐나 기타 사위의 방법에 의한 신청행위에 기인한 것이라면 당사자는 그 처분에 의한 이익이 위법하게 취득되었음을 알아 그 취소가능성도 예상하고 있었다고 할 것이므로 그 자신이 위 처분에 관한 신뢰의 이익을 원용할 수 없음은 물론 행정청이 이를 고려하지 아니하였다고 하여도 재량권의 남용이 되지 않는다(대판 1991. 4. 12. 90누9520).

수익적 행정처분의 하자가 당사자의 사실은폐 기타 사위의 방법에 의한 신청행위에 기인한 경우 당사자의 신뢰이익을 고려하지 않았다 하여도 재량권의 남용이 되지 않는다
수익적 행정처분의 하자가 당사자의 사실은폐나 기타 사위의 방법에 의한 신청행위에 기인한 것이라면, 당사자는 처분에 의한 이익을 위법하게 취득하였음을 알아 취소가능성도 예상하고 있었을 것이므로, 그 자신이 처분에 관한 신뢰이익을 원용할 수 없음은 물론, 행정청이 이를 고려하지 않았다 하여도 재량권의 남용이 되지 않고, 이 경우 당사자의 사실은폐나 기타 사위의 방법에 의한 신청행위가 제3자를 통하여 소극적으로 이루어졌다고 하여 달리 볼 것이 아니다(대판 2008. 11. 13. 2008두8628).

허위의 고등학교 졸업증명서를 제출한 자에 대한 임용취소처분은 적법하다
허위의 고등학교 졸업증명서를 제출하는 사위의 방법에 의한 하사관 지원의 하자를 이유로 하사관 임용일로부터 33년이 경과한 후에 행정청이 행한 하사관 및 준사관 임용취소처분이 적법하다(대판 2002. 2. 5. 2001두5286).

㉡ 위험방지 등 중대한 공익상의 필요가 있는 경우

건축허가 내용대로 상당한 정도로 공사가 진행된 상태에서 건축법이나 도시계획법에 위반되는 하자가 발견되었다는 이유로 건축물의 일부분의 철거를 명할 수 있는 경우
건축주가 건축허가 내용대로 공사를 상당한 정도로 진행하였는데, 나중에 「건축법」이나 「도시계획법」에 위반되는 하자가 발견되었다는 이유로 그 일부분의 철거를 명할 수 있기 위하여는 그 건축허가를 기초로 하여 형성된 사실관계 및 법률관계를 고려하여 건축주가 입게 될 불이익과 건축행정이나 도시계획행정상의 공익, 제3자의 이익, 건축법이나 도시계획법 위반의 정도를 비교·교량하여 건축주의 이익을 희생시켜도 부득이하다고 인정되는 경우라야 한다(대판 2002. 11. 8. 2001두1512).

6. 취소의 절차

식품위생법상 청문서 도달기간 등의 청문절차를 준수하지 않고서 한 영업정지처분

관계행정청이 「식품위생법」에 의한 영업정지처분을 하려면 반드시 사전에 청문절차를 거쳐야 함은 물론 청문서 도달기간 등을 엄격하게 지켜 영업자로 하여금 의견진술과 변명의 기회를 보장하여야 할 것이고 가령 「식품위생법」 제58조 소정의 사유가 분명히 존재하는 경우라 하더라도 위와 같은 청문절차를 제대로 준수하지 아니하고 한 영업정지처분은 위법임을 면치 못할 것이다(대판 1990. 11. 9. 90누4129).

7. 취소의 효과

직권취소의 소급효

행정처분 취소의 효과는 행정처분이 있었던 때에 소급하는 것이나 취소되기까지의 기득권을 침해할 수 없는 것이다(대판 1962. 3. 8. 4294민상1263).

당초 과세처분에 취소사유인 하자가 있는 경우, 하자가 있는 부분의 세액을 감액하는 경정처분에 의하여 당초 과세처분의 하자를 시정할 수 있는지 여부

감액경정처분은 당초처분의 일부 취소로서의 성질을 가지고 있으므로, 당초처분에 취소사유인 하자가 있는 경우 그것이 처분 전체에 영향을 미치는 절차상 사유에 해당하는 등의 사정이 없는 한 당초처분 자체를 취소하고 새로운 과세처분을 하는 대신 하자가 있는 해당부분 세액을 감액하는 경정처분에 의해 당초처분의 하자를 시정할 수 있다(대판 2006. 3. 9. 2003두2861).

8. 취소의 취소

취소의 취소문제는 행정행위를 직권으로 취소한 후에 취소행위에 존재하는 하자를 이유로 취소행위를 다시 취소하여 원행정행위를 소생시킬 수 있는가의 문제이다. 쟁소취소의 경우에는 취소의 취소는 일반적으로 인정되지 않는다.

(1) 취소에 무효사유가 있는 경우

취소처분에 무효사유가 있는 경우, 취소의 효과가 발생하지 않는다. 따라서 이때에는 통상 취소의 취소 문제는 발생하지 않는다.

(2) 취소에 취소사유가 있는 경우

① 소극설: 명문의 규정이 없는 한 취소처분으로 소멸된 행정행위의 효력을 다시 소생시킬 수는 없고 원행정행위와 같은 내용의 행정행위를 다시 할 수밖에 없다는 견해이다. 판례는 취소의 취소를 부정한 바 있다.

② 적극설: 취소처분 역시 행정행위이므로 하자가 있다면 행정행위의 취소에 대한 일반원칙에 따라 얼마든지 취소할 수 있다는 견해이다. 통설의 태도이다.

행정행위의 취소처분의 취소가 가능한지 여부

행정행위(과세처분)의 취소처분의 위법이 중대하고 명백하여 당연무효이거나, 그 취소처분에 대하여 소원 또는 행정소송으로 다툴 수 있는 명문규정이 있는 경우는 별론, 행정행위의 취소처분의 취소에 의하여 이미 효력을 상실한 행정행위를 소생시킬 수 없고, 그러기 위하여는 원 행정행위와 동일내용의 행정행위를 다시 행할 수밖에 없다(대판 1979. 5. 8. 77누61).

과세관청이 부과의 취소를 다시 취소함으로써 원부과처분을 소생시킬 수 있는지 여부

「국세기본법」 제26조 제1호는 부과의 취소를 국세납부의무 소멸사유의 하나로 들고 있으나, 그 부과의 취소에 하자가 있는 경우의 부과의 취소의 취소에 대하여는 법률이 명문으로 그 취소요건이나 그에 대한 불복절차에 대하여 따로 규정을 둔 바도 없으므로, 설사 부과의 취소에 위법사유가 있다고 하더라도 당연무효가 아닌 한 일단 유효하게 성립하여 부과처분을 확정적으로 상실시키는 것이므로, 과세관청은 부과의 취소를 다시 취소함으로써 원부과처분을 소생시킬 수는 없고 납세의무자에게 종전의 과세대상에 대한 납부의무를 지우려면 다시 법률에서 정한 부과절차에 좇아 동일한 내용의 새로운 처분을 하는 수밖에 없다(대판 1995. 3. 10. 94누7027).

행정청이 의료법인의 이사에 대한 이사취임승인취소처분을 직권으로 취소한 경우, 법원에 의하여 선임된 임시이사는 법원의 해임결정이 없더라도 당연히 그 지위가 소멸된다

행정처분이 취소되면 그 소급효에 의하여 처음부터 그 처분이 없었던 것과 같은 효과를 발생하게 되는바, 행정청이 의료법인의 이사에 대한 이사취임승인취소처분(제1처분)을 직권으로 취소(제2처분)한 경우에는 그로 인하여 이사가 소급하여 이사로서의 지위를 회복하게 되고, 그 결과 위 제1처분과 제2처분 사이에 법원에 의하여 선임결정된 임시이사들의 지위는 법원의 해임결정이 없더라도 당연히 소멸된다(대판 1997. 1. 21. 96누3401).

광업권 취소처분 후 광업권 설정의 선출원이 있는 경우의 위 취소처분 취소의 효력
피고가 본건 광업권자가 1년 내에 사업에 착수하지 못한 이유가 광구소재지 출입허가를 얻지 못한 때문이라는 점, 또는 위 정리요강에 의한 사전서면 통고를 하지 아니하였다는 점을 참작하여 피고가 광업권취소처분을 하지 아니하였다던가, 또는 일단취소처분을 한 후에 새로운 이해관계인이 생기기 전에 취소처분을 취소하여 그 광업권의 회복을 시켰다면 모르되 피고가 본건취소처분을 한 후에 원고가 1966. 1. 19에 본건 광구에 대하여 선출원을 적법히 함으로써 이해관계인이 생긴 이 사건에 있어서, 피고가 1966. 8. 24자로 1965. 12. 30자의 취소처분을 취소하여, 소외인 명의의 광업권을 복구시키는 조처는, 원고의 선출원 권리를 침해하는 위법한 처분이라고 하지 않을 수 없을 것이다(대판 1967. 10. 23. 67누126).

제8절 행정행위의 철회와 실효

Ⅰ. 행정행위의 철회

1. 철회의 의의

행정행위의 철회라 함은 행정행위가 하자 없이 완전·유효하게 성립하였으나 후에 공익상 그 효력을 더 이상 존속시킬 수 없는 새로운 사정을 이유로, 행정청이 장래에 향하여 직권으로 그 효력의 전부 또는 일부를 소멸시키는 행위를 말한다.

2. 철회권의 법적 근거

철회사유가 존재하면 행정청은 당해 행정행위의 수권규정과는 별도의 법적 근거가 없어도 곧 철회권을 행사할 수 있는가에 관하여 법적 근거불요설과 법적 근거필요설 등 견해가 나뉘고 있다. 판례는 법적 근거불요설의 입장이다.

수익적 행정처분에 대한 취소권 등의 행사의 요건

행정행위를 한 처분청은 비록 그 처분 당시에 별다른 하자가 없었고, 또 그 처분 후에 이를 철회할 별도의 법적 근거가 없다 하더라도 원래의 처분을 존속시킬 필요가 없게 된 사정변경이 생겼거나 또는 중대한 공익상의 필요가 발생한 경우에는 그 효력을 상실케 하는 별개의 행정행위로 이를 철회할 수 있다고 할 것이다(대판 2004. 11. 26. 2003두10251, 10268; 대판 1992. 1. 17. 91누3130).

3. 철회사유

개인택시운송사업자에게 운전면허 취소사유가 있으나 그에 따른 운전면허 취소처분이 이루어지지는 않은 경우, 관할관청이 개인택시운송사업면허를 취소할 수 없다

구 「여객자동차운수사업법」 제76조 제1항 제15호, 같은 법 시행령 제29조에는 관할관청은 개인택시운송사업자의 운전면허가 취소된 때에 그의 개인택시운송사업면허를 취소할 수 있도록 규정되어 있을 뿐 그에게 운전면허 취소사유가 있다는 사유만으로 개인택시운송사업면허를 취소할 수 있도록 하는 규정은 없으므로, 관할관청으로서는 비록 개인택시운송사업자에게 운전면허 취소사유가 있다 하더라도 그로 인하여 운전면허 취소처분이 이루어지지 않은 이상 개인택시운송사업면허를 취소할 수는 없다(대판 2008. 5. 15. 2007두26001).

행정행위의 부관으로 취소권을 유보한 경우, 그 취소사유

행정행위의 부관으로 취소권이 유보되어 있는 경우, 당해 행정행위를 한 행정청은 그 취소사유가 법령에 규정되어 있는 경우뿐만 아니라 의무위반이 있는 경우, 사정변경이 있는 경우, 좁은 의미의 취소권이 유보된 경우, 또는 중대한 공익상의 필요가 발생한 경우 등에도 그 행정처분을 취소할 수 있는 것이다(대판 1984. 11. 13. 84누269).

행정청의 취소권이 유보된 경우

행정처분을 함에 있어서 행정청의 취소권이 유보된 경우에 행정청은 그 유보된 취소권을 행사할 수 있으나 그 취소는 무제한으로 허용될 것이 아니라 공익상 기타 정당한 사유가 없을 때에는 그 취소가 적법한 것이라고 볼 수 없다(대판 1964. 6. 9. 63누407).

특례보충역편입처분 후 국외여행허가를 받아 출국하였다가 귀국을 지연한 경우
국비유학생으로 선발되어 지방병무청장에 의해 학술특기자로 특례보충역에 편입된 후 유학사유로 국외여행허가를 받아 출국한 후 그 여행허가기간이 만료되어 국외체재기간연장신청을 하였으나 그 신청이 불허되었음에도 귀국치 아니하다 2차에 걸친 귀국최고 및 기한연장 후에서야 귀국한 경우, 이와 같은 귀국지연이라는 사유는 구 「병역법」상 특례보충역편입제한사유로만 규정되어 있지만 이는 그 성질상 단순히 특례보충역편입시 갖추어야 할 요건에 그치는 것이 아니라 특례보충역에 편입된 후에도 병역의무를 마칠 때까지 계속해서 갖추어야 할 소극적 요건이라고 봄이 상당하므로, 특례보충역편입처분 후 그와 같은 귀국지연이라는 사유가 발생한 경우에는 이러한 사정은 그 편입처분을 취소할 수 있는 사정변경 또는 중대한 공익상의 필요가 발생한 것으로 볼 수 있어 처분청으로서는 그 취소에 관한 별도의 법적 근거가 없이도 이를 취소할 수 있다고 하여야 한다(대판 1995. 2. 28. 94누7713).

부담부 행정처분의 상대방이 그 부담을 이행하지 않음을 이유로 한 처분의 취소
부담부 행정처분에 있어서 처분의 상대방이 부담(의무)을 이행하지 아니한 경우에 처분행정청으로서는 이를 들어 당해 처분을 취소(철회)할 수 있는 것이다(대판 1989. 10. 24. 89누2431).

4. 철회권의 제한

철회권 행사의 제한은 신뢰보호의 원칙에 따라 철회의 결과 국민에게 불이익을 초래하는 수익적 행정행위의 철회의 경우에 논의되는 것이다.

행정청이 행정처분을 한 후 자의로 그 행정처분을 취소할 수 없다
행정청이 일단 행정처분을 한 경우에는 행정처분을 한 행정청이라도 법령에 규정이 있는 때, 행정처분에 하자가 있는 때, 행정처분의 존속이 공익에 위반되는 때, 또는 상대방의 동의가 있는 때 등의 특별한 사유가 있는 경우를 제외하고는 행정처분을 자의로 취소(철회의 의미를 포함한다)할 수 없다(대판 2000. 2. 25. 99두10520).

수익적 행정처분에 대한 취소권 등의 행사의 한계

수익적 행정처분을 취소 또는 철회하는 경우에는 이미 부여된 그 국민의 기득권을 침해하는 것이 되므로, 비록 취소 등의 사유가 있다고 하더라도 그 취소권 등의 행사는 기득권의 침해를 정당화할 만한 중대한 공익상의 필요 또는 제3자의 이익보호의 필요가 있는 때에 한하여 상대방이 받는 불이익과 비교·교량하여 결정하여야 하고, 그 처분으로 인하여 공익상의 필요보다 상대방이 받게 되는 불이익 등이 막대한 경우에는 재량권의 한계를 일탈한 것으로서 그 자체가 위법하다(대판 2004. 11. 26. 2003두10251, 10268).

자동차운수사업법 제31조 제1항 제5호 소정의 "중대한 교통사고"를 이유로 사고로부터 1년 10개월 후 사고택시에 대하여 한 운송사업면허의 취소는 재량권유탈이 아니다

교통사고가 일어난 지 1년 10개월이 지난 뒤 그 교통사고를 일으킨 택시에 대하여 운송사업면허를 취소하였더라도 처분관할관청이 위반행위를 적발한 날로부터 10일 이내에 처분을 하여야 한다는 교통부령인 자동차운수사업법 제31조 등의 규정에 의한 사업면허의 취소 등의 처분에 관한 규칙 제4조 제2항 본문을 강행규정으로 볼 수 없을 뿐만 아니라 택시운송사업자로서는 「자동차운수사업법」의 내용을 잘 알고 있어 교통사고를 낸 택시에 대하여 운송사업면허가 취소될 가능성을 예상할 수도 있었을 터이니, 자신이 별다른 행정조치가 없을 것으로 믿고 있었다 하여 바로 신뢰의 이익을 주장할 수는 없으므로 그 교통사고가 「자동차운수사업법」 제31조 제1항 제5호 소정의 "중대한 교통사고로 인하여 많은 사상자를 발생하게 한 때"에 해당한다면 그 운송사업면허의 취소가 행정에 대한 국민의 신뢰를 저버리고 국민의 법생활의 안정을 해치는 것이어서 재량권의 범위를 일탈한 것이라고 보기는 어렵다(대판 1989. 6. 27. 88누6283).

3년 전의 위반행위를 이유로 한 운전면허취소처분의 당부

택시운전사가 1983. 4. 5 운전면허 정지기간 중의 운전행위를 하다가 적발되어 형사처벌을 받았으나 행정청으로부터 아무런 행정조치가 없어 안심하고 계속 운전업무에 종사하고 있던 중 행정청이 위 위반행위가 있은 이후에 장기간에 걸쳐 아무런 행정조치를 취하지 않은 채 방치하고 있다가 3년여가 지난 1986. 7. 7에 와서 이를 이유로 행정제재를 하면서 가장 무거운 운전면허를 취소하는 행정처분을 하였다면 이는 행정청이 그간 별다른 행정조치가 없을 것이라고 믿은 신뢰의 이익과 그 법적 안정성을 빼앗는 것이 되어 매우 가혹할 뿐만 아니라 비록 그 위반행위가 운전면허취소사유에 해당한다 할지라도 그와 같은 공익상의 목적만으로는 위 운전사가 입게 될 불이익에 견줄 바 못된다 할 것이다(대판 1987. 9. 8. 87누373).

공익상의 필요와 당사자가 입을 불이익 등의 형량이 잘못된 면허취소처분의 적부
면허청이 상대방에게 면허권을 주는 행정처분을 하였을 때에는 비록 법규상의 취소권 발동사유가 발생하더라도 수익자에게 실제로 취소권을 발동시키는 데는 취소하여야 할 공익상의 필요와 취소로 인하여 당사자가 입을 불이익 등을 형량하여 취소 여부를 결정하여야 하고 이것이 잘못되었을 경우에는 기속재량권의 남용이나 그 범위의 일탈에 해당하여 당해 취소처분이 위법함을 면할 수 없다(대판 1990. 6. 26. 89누5713).

새만금간척종합개발사업을 위한 공유수면매립면허 및 사업시행인가처분의 취소신청에 대하여 처분청이 구 공유수면매립법 제32조 제3호에 의한 취소권의 행사를 거부한 경우, 그 사업목적상의 사정변경, 농지의 필요성에 대한 사정변경, 경제적 타당성에 대한 사정변경, 수질관리상의 사정변경, 해양환경상의 사정변경이 위 개발사업을 중단하여야 할 정도로 중대한 사정변경이나 공익상 필요가 있다고 인정하기에 부족하다
농업기반공사나 전라북도가 복합산업단지 개발을 검토하고 대통령이 공단과 국제항 조성에 관한 종합개발계획 추진안에 관한 발언을 하였다는 사정들만으로는 현재 농지 조성과 농업용수 개발을 주목적으로 한 새만금간척종합개발사업의 토지이용계획이 복합산업단지개발로 변경되었다고 볼 수 없다. 또한 향후 사업목적의 변경 가능성이 있다고 하여 현재의 사업목적 달성이 불가능하다거나 법률적으로 또는 실질적으로 사업목적이 변경되었다고 볼 수 없다. 쌀 공급과잉 현상으로 쌀 재배면적을 감소시킬 필요성이 있다고 하더라도 일정수준의 식량자급을 유지하기 위한 우량농지의 확보의 필요성이 줄어든 것은 아니므로, 필요 이상의 과다한 우량농지가 전용되고 있다는 사정만으로 농지의 필요성이 줄어들었다고 단정할 수 없다. 갯벌 내지는 환경 보전의 중요성을 참작한다고 하더라도 새만금간척종합개발사업을 통하여 이루려고 하는 국가의 발전이라는 실질적인 목적을 달성할 수 없을 정도로 과다한 비용과 희생이 요구되어 경제성 내지는 사업성이 없다고 인정하기에 부족하므로, 결국 새만금간척종합개발사업의 경제적 타당성에 있어서 공유수면매립면허처분 등을 취소하여야 할 만큼 예상하지 못한 사정변경이 있다고 할 수 없다. 장차 형성될 새만금 담수호에서 농업용수로서의 수질을 유지하는 것이 사회통념상 불가능하다고 할 수 없으므로, 농림부장관의 수질개선대책 수립의 실현가능성이 불확실하다거나 그 수질개선대책을 시행하더라도 목표수질을 달성할 수 없는 사정변경이 생겼다고 할 수는 없다. 또한 농림부장관이 환경부의 수질관리에 관한 환경영향평가 협의내용을 지키지 아니하고 결과적으로 방조제를 우선 완공함으로써 협의내용을 위반하였다는 사유만으로는 수질관리에 예상하지 못한 사정변경이 발생하였다거나 그 사정변경이 공유수면매립면허처분 등을 취소할 정도로 중대하다고 할 수도 없다. 방조제 축조로 인하여 생길 수 있는 자연적인 해안선의 변화나 물질순환의 차단, 퇴적환경이 달라지는 등의 해양환경상의 영향은 새만금사업시행계획 당시부터 예상하였던 것으로서 이를 들어 예상하지 못한 사정변경이라고 할 수 없다. 해류 순환의 변화는 당초 환경영향평가에서도 고려된 사정으로 보일 뿐 아니라, 그로 인하여 수질에 미치는 악영향을 새만금사업시행계획 당시 충분히 예상하지 못하였던 사정변경 사유로 본다고 하더라도, 그로 인해 발생할 수 있는 피해가 어느 정도인가에 관하여는 한국해양연구원의 조사연구 결과로도 명확하지 않고 달리 그 피해 정도를 인정할 만한 증거도 없다. 따라서 새만금간척종합개발사업을 중단하여야 할 정도로 중대한 사정변경이나 공익상 필요가 있다고 인정하기에 부족하다(대판 2006. 3. 16. 2006두330 전원합의체).

5. 일부철회

외형상 하나의 행정처분이라 하더라도 가분성이 있거나 처분대상의 일부가 특정될 수 있는 경우, 일부만의 철회도 가능하고 일부의 철회는 당해 철회부분에 관하여 효력이 발생한다.

(1) 일부철회를 긍정한 사례

운전면허의 일부철회

① 한 사람이 여러 종류의 자동차 운전면허를 취득한 경우, 이를 취소·정지함에 있어서 서로 별개의 것으로 취급하여야 하는지 여부

한 사람이 여러 종류의 자동차 운전면허를 취득하는 경우뿐 아니라 이를 취소 또는 정지함에 있어서도 서로 별개의 것으로 취급하는 것이 원칙이고, 한 사람이 여러 종류의 자동차 운전면허를 취득하는 경우 1개의 운전면허증을 발급하고 그 운전면허증의 면허번호는 최초로 부여한 면허번호로 하여 이를 통합관리하고 있다고 하더라도, 이는 자동차 운전면허증 및 그 면허번호 관리상의 편의를 위한 것에 불과할 뿐 그렇다고 하여 여러 종류의 면허를 서로 별개의 것으로 취급할 수 없다거나 각 면허의 개별적인 취소 또는 정지를 분리하여 집행할 수 없는 것은 아니다(대판 1995. 11. 26. 95누8850 전원합의체).

② **외형상 하나의 행정처분이라 하더라도 가분성이 있거나 그 처분대상의 일부가 특정될 수 있는 경우, 일부 취소의 가능성**

외형상 하나의 행정처분이라 하더라도 가분성이 있거나 그 처분대상의 일부가 특정될 수 있다면 그 일부만의 취소도 가능하고 그 일부의 취소는 당해 취소부분에 관하여 효력이 생긴다고 할 것인바, 이는 한 사람이 여러 종류의 자동차 운전면허를 취득한 경우 그 각 운전면허를 취소하거나 그 운전면허의 효력을 정지함에 있어서도 마찬가지이다(대판 1995. 11. 26. 95누8850 전원합의체).

제1종 대형면허·보통면허와 제2종 소형면허를 소지하고 있는 자가 250cc 오토바이를 음주운전한 경우, 오토바이는 제2종 소형면허로만 운전할 수 있으므로 제2종 소형면허만을 취소할 수 있다

이륜자동차로서 제2종 소형면허를 가진 사람만이 운전할 수 있는 오토바이는 제1종 대형면허나 보통면허를 가지고서도 이를 운전할 수 없는 것이어서 이와 같은 이륜자동차의 운전은 제1종 대형면허나 보통면허와는 아무런 관련이 없는 것이므로 이륜자동차를 음주운전한 사유만 가지고서는 제1종 대형면허나 보통면허의 취소나 정지를 할 수 없다(대판 1992. 9. 22. 91누8289).[17]

제1종 특수·대형·보통면허를 가진 자가 제1종 특수면허만으로 운전할 수 있는 차량을 운전하다 운전면허취소사유가 발생한 경우, 제1종 대형·보통면허도 취소할 수 없다

1995. 7. 1. 도로교통법 시행규칙 제26조 [별표 14]가 개정되어 제1종 특수면허로 트레일러, 레커 외에 제2종 보통면허로 운전할 수 있는 차량을 운전할 수 있게 되었다고 하더라도 트레일러는 제1종 특수면허로는 운전이 가능하나 제1종 보통면허나 대형면허로

17 원고는 소외 여객자동차주식회사 소속의 여객버스 운전사인데, 1990. 11. 12. 그 업무를 마치고 동료운전사들 2인과 소주 2병을 나누어 마신 후 혈중 알콜 농도 0.15%의 주취상태에서 자기 소유의 250cc 오토바이를 운전하고 귀가하던 중 소외의 봉고버스를 들이받는 교통사고를 일으켜, 피고(제주도지사)는 원고에 대한 자동차운전면허(1종 대형)를 취소하는 처분을 하였다.

는 여전히 운전할 수 없는 것이어서 제1종 특수·대형·보통면허를 가진 자가 트레일러를 운전한 것은 자신이 가지고 있는 면허 중 특수면허만으써 운전한 것이 되고, 제1종 보통면허나 대형면허는 트레일러 운전과는 아무런 관련이 없는 것이므로, 제1종 특수·대형·보통면허를 가진 자가 트레일러를 운전하다가 운전면허취소사유가 발생한 경우에는 그 운전자가 가지고 있는 면허 중 특수면허에 대한 취소사유가 될 수 있을 뿐 제1종 보통면허나 대형면허에 대한 취소사유는 되지 아니한다(대판 1997. 5. 16. 97누1310).

보조사업자가 보조금 등으로 건축한 직장보육시설을 처분제한한 조건에 위반하여 제3자에게 처분한 경우, 보조금교부결정의 취소 범위

「보조금의 예산 및 관리에 관한 법률」 제35조, 같은 법 시행령 제16조 제2호의 규정에 의하면 보조금에 의하여 건축한 보육시설은 처분제한기간을 경과한 경우에는 그 처분에 아무런 제한을 받지 않는다는 점에 비추어 볼 때, 보조사업자가 보조금으로 건립한 보육시설, 기타 부대시설을 그 준공일로부터 일정기간 동안은 노동부장관의 승인 없이 국고보조금 교부목적에 위배되는 용도에 사용하거나 양도, 교환, 대여 또는 담보에 제공할 수 없다고 규정하고 있는 직장보육시설설립운영지침을 준수할 것을 조건으로 보조금을 교부받아, 여기에 자기 부담금을 보태서 보육시설을 건축하여 일정기간 보육시설을 운영하다가 임의로 이를 제3자에게 매도한 경우, 처분제한기간 중 스스로 보육시설을 운영한 기간에 상응한 부분은 직장보육시설 보조금이 그 목적대로 집행된 것이라고 볼 여지가 있으므로, 보육시설을 타에 메매함으로써 처분제한 조건을 위반하였다는 사유로 같은 법 제30조 제1항에 의하여 보조금교부결정을 취소함에 있어서는 매매에 이른 경위 등 다른 사정들과 함께 보조금이 일부 그 목적대로 집행된 사정을 감안하여 취소의 범위를 결정하여야 한다(대판 2003. 5. 16. 2003두1288).

(2) 일부철회를 부정한 사례

제1종 보통면허로 운전할 수 있는 차량을 음주운전한 경우에 제1종 대형면허와 원동기장치자전거면허(125cc 이하 오토바이운전)까지 취소할 수 있다

자동차운전면허는 그 성질이 대인적 면허일 뿐만 아니라 도로교통법 시행규칙 제26조 [별표 14]에 의하면, 제1종 대형면허 소지자는 제1종 보통면허로 운전할 수 있는 자동차와 원동기장치자전거를, 제1종 보통면허 소지자는 원동기장치자전거까지 운전할 수 있도록 규정하고 있어서 제1종 보통면허로 운전할 수 있는 차량은 당해 운전면허뿐만 아니라 제1종 대형면허로도 가능하고, 또한 제1종 대형면허나 제1종 보통면허의 취소에는 당연히 원동기장치자전거의 운전까지 금지하는 취지가 포함된 것이어서 이들 세 종류의 운전면허는 서로 관련된 것이라고 할 것이므로 제1종 보통면허로 운전할 수 있는 차량을 음주운전한 경우에 이와 관련된 면허인 제1종 대형면허와 원동기장치자전거면허까지 취소할 수 있는 것으로 보아야 한다(대판 1994. 11. 25. 94누9672).

제1종 특수면허와 보통면허를 소지하고 있는 자가 승용차(택시)를 음주운전한 경우, 위 두 가지 면허를 모두 취소할 수 있다

도로교통법 시행규칙 제26조 [별표 14]에 제1종 특수면허로 운전할 수 있는 차량의 한 종류로 규정된 '제2종 보통면허로 운전할 수 있는 차량'이라 함은 같은 별표에 제2종 보통면허로 운전할 수 있는 차량으로 규정된 '승용자동차, 승차정원 9인 이하 승합자동차, 적재중량 4톤 이하 화물자동차, 원동기장치자전거' 등을 의미하는 것일 뿐 비사업용자동차를 의미하는 것은 아니라 할 것이고, 특수면허가 제1종 운전면허의 하나인 이상 특수면허 소지자는 승용자동차로서 「자동차운수사업법」, 같은 법 시행령, 사업용자동차구조 등의 기준에 관한 규칙 등에 규정된 사업용자동차인 택시를 운전할 수 있다. 따라서 택시의 운전은 제1종 보통면허 및 특수면허 모두로 운전한 것이 되므로 택시의 음주운전을 이유로 위 두 가지 운전면허 모두를 취소할 수 있다(대판 1996. 6. 28. 96누4992).

제1종 대형면허로 운전할 수 있는 차량을 음주운전하거나 그 제재를 위한 음주측정의 요구를 거부한 경우에는 제1종 보통면허까지 취소할 수 있다

한 사람이 여러 종류의 자동차운전면허를 취득하는 경우뿐 아니라 이를 취소 또는 정지하는 경우에 있어서도 서로 별개의 것으로 취급하는 것이 원칙이고, 제1종 대형면허를 가진 사람만이 운전할 수 있는 대형승합자동차는 제1종 보통면허를 가지고 운전할 수 없는 것이기는 하지만, 자동차운전면허는 그 성질이 대인적 면허일 뿐만 아니라 도로교통법 시행규칙 제26조 [별표 14]에 의하면, 제1종 대형면허 소지자는 제1종 보통면허 소지자가 운전할 수 있는 차량을 모두 운전할 수 있는 것으로 규정하고 있어, 제1종 대형면허의 취소에는 당연히 제1종 보통면허 소지자가 운전할 수 있는 차량의 운전까지 금지하는 취지가 포함된 것이어서 이들 차량의 운전면허는 서로 관련된 것이라고 할 것이므로, 제1종 대형면허로 운전할 수 있는 차량을 음주운전하거나 그 제재를 위한 음주측정의 요구를 거부한 경우에는 그와 관련된 제1종 보통면허까지 취소할 수 있다(대판 1997. 2. 28. 96누17578).

제1종 대형면허로 운전할 수 있는 차량을 운전면허정지기간 중에 운전한 경우, 이와 관련된 제1종 보통면허까지 취소할 수 있다

제1종 대형면허의 취소에는 당연히 제1종 보통면허소지자가 운전할 수 있는 차량의 운전까지 금지하는 취지가 포함된 것이어서 이들 차량의 운전면허는 서로 관련된 것이라고 할 것이므로, 제1종 대형면허로 운전할 수 있는 차량을 운전면허정지기간 중에 운전한 경우에는 이와 관련된 제1종 보통면허까지 취소할 수 있다(대판 2005. 3. 11. 2004두12452).

제1종 보통면허로 운전할 수 있는 차량을 운전면허정지기간 중에 운전한 경우에는 원동기장치자전거면허까지 취소할 수 있다

제1종 보통면허의 취소에는 원동기장치자전거의 운전까지 금지하는 취지가 포함된 것이어서 이들 차량의 운전면허는 서로 관련된 것이라고 할 것이므로, 제1종 보통면허로 운전할 수 있는 차량을 운전면허정지기간 중에 운전한 경우에는 이와 관련된 원동기장치자전거면허까지 취소할 수 있다(대판 1997. 5. 16. 97누2313).

Ⅱ. 행정행위의 실효

행정행위의 실효는 아무런 하자 없이 유효하게 성립한 행정행위가 일정한 사유의 발생으로 장래에 향해 당연히 소멸되는 것을 말한다.

예식장 영업을 자진폐업한 경우, 예식장 영업허가는 실효된다

종전의 결혼예식장 영업을 자진폐업한 이상 위 예식장 영업허가는 자동적으로 소멸하고 위 건물 중 일부에 대하여 다시 예식장 영업허가 신청을 하였다 하더라도 이는 전혀 새로운 영업허가의 신청임이 명백하므로 일단 소멸한 종전의 영업허가권이 당연히 되살아난다고 할 수는 없다(대판 1985. 7. 9. 83누412).

유기시설이 모두 철거된 경우에는 유기장 영업허가는 실효된다
구 「유기장법」상 유기장의 영업허가는 대물적 허가로서 영업장소의 소재지와 유기시설 등이 영업허가의 요소를 이루는 것이므로, 영업장소에 설치되어 있던 유기시설이 모두 철거되어 허가를 받은 영업상의 기능을 더 이상 수행할 수 없게 된 경우에는, 영업허가는 허가의 대상이 멸실된 경우와 마찬가지로 그 효력이 당연히 소멸되는 것이다(대판 1990. 7. 13. 90누2284).

신청에 의한 영업허가처분에 있어서 그 영업을 폐업하면, 그 허가처분은 당연 실효된다
청량음료 제조업허가는 신청에 의한 처분이고, 이와 같이 신청에 의한 허가처분을 받은 원고가 그 영업을 폐업한 경우에는 그 영업허가는 당연 실효되고, 이런 경우 허가행정청의 허가취소처분은 허가의 실효됨을 확인하는 것에 불과하므로 원고는 그 허가취소처분의 취소를 구할 소의 이익이 없다고 할 것이다(대판 1981. 7. 14. 80누593).

제9절 행정상 확약

Ⅰ. 확약의 의의

확약이라 함은 행정청이 자기구속을 할 의도로써 장래에 향하여 행정행위의 발급 또는 불발급을 약속하는 의사표시를 말한다.

Ⅱ. 확약의 법적 성질

확약은 종국적 규율성이 결여되어서 일반적인 행정행위와 구별되기 때문에, 확약을 행정행위로 볼 수 있는가에 대하여 견해의 대립이 있다.

① 행정행위설: 확약은 그 자체로서 행정청에게 확약된 내용대로 장래에 일정한 행정행위를 하거나 하지 않을 의무를 지우는 법적 규율성이 있다. 따라서 행정행위의 특징인 법적 규율성은 인정되므로 확약은 행정행위에 해당한다고 본다. 확약은 재량행위에 해당한다고 본다. 다수설의 태도이다.

② 독자성설: 일정 사안에 대해 종국적으로 규율하는 행정행위와는 달리 확약은 특정 행정행위에 대한 사전적 약속에 지나지 않는 것으로 종국적 규율성이 없으므로, 행정행위가 아니고 독자적인 행정작용에 불과하다고 한다.

판례는 확약은 행정행위가 아니라고 보고 확약의 처분성을 부인한 바 있다.

어업권면허처분에 선행하는 우선순위결정의 성질

어업권면허에 선행하는 우선순위결정은 행정청이 우선권자로 결정된 자의 신청이 있으면 어업권면허처분을 하겠다는 것을 약속하는 행위로서 강학상 확약에 불과하고 행정처분은 아니므로, 우선순위결정에 공정력이나 불가쟁력과 같은 효력은 인정되지 아니하며, 따라서 우선순위결정이 잘못되었다는 이유로 종전의 어업권면허처분이 취소되면 행정청은 종전의 우선순위결정을 무시하고 다시 우선순위를 결정한 다음 새로운 우선순위결정에 기하여 새로운 어업권면허를 할 수 있다(대판 1995. 1. 20. 94누6529).

Ⅲ. 확약의 효력

1. 확약의 취소·철회

행정청이 확약에 반하는 행정행위를 한 경우, 확약은 취소 내지 철회된 것으로 본다

피고(마포세무서장)는 원고의 취득재산 가액이 20,345,504원뿐인 것으로 알고 비과세로 처리하였다가 그 뒤 증여가액이 55,208,100원이 된다고 조사 결정하여 증여세를 부과한 것이니, 피고의 내부규정(재산제세조사사무취급규정)에 의한 비과세통지는 이 사건 과세처분(증여세부과처분)에 의하여 철회 내지 취소된 것이라고 볼 것이고, 비과세결정 내지 그 통지가 있었다는 사실만으로 위 과세처분이 당연무효로 되는 것은 아니다(대판 1982. 10. 26. 81누69).

2. 확약과 사정변경

행정청의 확약 또는 공적인 의사표명이 그 자체에서 정한 유효기간을 경과한 이후에는 당연 실효된다

행정청이 상대방에게 장차 어떤 처분을 하겠다고 확약 또는 공적인 의사표명을 하였다고 하더라도, 그 자체에서 상대방으로 하여금 언제까지 처분의 발령을 신청을 하도록 유효기간을 두었는데도 그 기간 내에 상대방의 신청이 없었다거나 확약 또는 공적인 의사표명이 있은 후에 사실적·법률적 상태가 변경되었다면, 그와 같은 확약 또는 공적인 의사표명은 행정청의 별다른 의사표시를 기다리지 않고 실효된다(대판 1996. 8. 20. 95누10877).

공법상 계약

제1절 의의 및 종류

Ⅰ. 공법상 계약의 의의

공법상 계약이란 공법적 효과의 발생을 목적으로 복수의 대등한 당사자의 반대방향의 의사의 합치에 의해 성립하는 비권력적 공법행위를 말한다.

Ⅱ. 공법상 계약의 종류

1. 행정주체와 사인 간의 공법상 계약

① **서울대공전술연구소 연구위원 채용계약**

현행 실정법이 지방전문직공무원 채용계약 해지의 의사표시를 일반공무원에 대한 징계처분과는 달리 항고소송의 대상이 되는 처분 등의 성격을 가진 것으로 인정하지 아니하고, 지방전문직공무원규정 제7조 각호의 1에 해당하는 사유가 있을 때 지방자치단체가 채용계약관계의 한쪽 당사자로서 대등한 지위에서 행하는 의사표시로 취급하고 있는 것으로 이해되므로, 지방전문직공무원 채용계약 해지의 의사표시에 대하여는 대등한 당사자 간의 소송형식인 공법상 당사자소송으로 그 의사표시의 무효확인을 청구할 수 있다(대판 1993. 9. 14. 92누4611).

② **서울특별시립무용단 단원의 위촉**

서울특별시립무용단 단원의 위촉은 공법상의 계약이라고 할 것이고, 따라서 그 단원의 해촉에 대하여는 공법상의 당사자소송으로 그 무효확인을 청구할 수 있다(대판 1995. 12. 22. 95누4636).

③ **공중보건의사의 채용계약**

공중보건의사 채용계약 해지의 의사표시에 대하여는 대등한 당사자 간의 소송형식인 공법상의 당사자소송으로 그 의사표시의 무효확인을 청구할 수 있는 것이지, 이를 항고소송의 대상이 되는 행정처분이라는 전제하에서 그 취소를 구하는 항고소송을 제기할 수는 없다(대판 1996. 5. 31. 95누10617).

④ **광주광역시 문화예술회 관장의 단원위촉**

광주광역시 문화예술회 관장의 단원 위촉은 광주광역시 문화예술회 관장이 행정청으로서 공권력을 행사하여 행하는 행정처분이 아니라 공법상의 근무관계의 설정을 목적으로 하여 광주광역시와 단원이 되고자 하는 자 사이에 대등한 지위에서 의사가 합치되어 성립하는 규정을 근로계약에 해당한다고 보아야 할 것이므로, 광주광역시립합창단원으로서 위촉기간이 만료되는 자들의 재위촉 신청에 대하여 광주광역시 문화예술회 관장이 실기와 근무성적에 대한 평정을 실시하여 재위촉을 하지 아니한 것을 항고소송의 대상이 되는 불합격처분이라고 할 수는 없다(대판 2001. 12. 11. 2001두7794).

2. 사인 상호간의 공법상 계약

통설은 토지수용에 있어서의 사인인 사업시행자와 토지소유자 간의 협의를 사인 상호간의 공법상 계약의 예로 들고 있지만,[1] 대법원은 토지수용절차에 있어서, 시행자와 토지소유자 등과의 토지수용협의에 대하여 사법상 계약이라 보고 있다.

1 이 경우의 사업시행자는 공무수탁사인이라는 점에서, 사업시행자와 토지소유자 간의 협의를 순수한 사인 상호간의 공법상 계약으로 보는 것은 타당하지 않다고 보고, 사인 상호간의 공법상 계약의 예는 없다는 견해도 있다.

공공사업시행자의 협의매수에 의한 토지취득은 사법상 계약에 의한 취득이다

공공사업의 시행자가 구 토지수용법에 의하여 그 사업에 필요한 토지를 취득하는 경우 그것이 협의에 의한 취득이고 구 「토지수용법」 제25조의2의 규정에 의한 협의 성립의 확인이 없는 이상, 그 취득행위는 어디까지나 사경제주체로서 행하는 사법상의 취득이다(대판 1996. 2. 13. 95다3510).

제 2 절 공법상 계약과 법치행정

지방전문직공무원의 채용계약에서 정한 채용기간의 성격

「지방공무원법」과 지방전문직공무원규정 등 관계법령의 규정내용에 비추어 보면, 지방전문직공무원 채용계약에서 정한 채용기간이 만료한 경우 채용계약을 갱신하거나 채용기간을 연장할 것인지 여부는 지방자치단체장의 재량에 맡겨져 있는 것으로 보아야 할 것이므로 지방전문직공무원 채용계약에서 정한 기간이 형식적인 것에 불과하고 그 채용계약은 기간의 약정이 없는 것이라고 볼 수 없다(대판 1993. 9. 14. 92누4611).

계약직공무원에 대한 채용계약해지의 의사표시의 유효 여부의 판단

계약직공무원 채용계약해지의 의사표시는 일반공무원에 대한 징계처분과는 달라서 항고소송의 대상이 되는 처분 등의 성격을 가진 것으로 인정되지 아니하고, 일정한 사유가 있을 때에 국가 또는 지방자치단체가 채용계약 관계의 한쪽 당사자로서 대등한 지위에서 행하는 의사표시로 취급되는 것으로 이해되므로, 이를 징계해고 등에서와 같이 그 징계사유에 한하여 효력 유무를 판단하여야 하거나, 행정처분과 같이 「행정절차법」에 의하여 근거와 이유를 제시하여야 하는 것은 아니다(대판 2002. 11. 26. 2002두5948).

지방계약직공무원에 대하여 지방공무원법 등에 정한 징계절차에 의하지 않고 보수를 삭감할 수 없다

'서울특별시 지방계약직공무원 인사관리규칙' 제8조 제3항은 근무실적 평가 결과 근무실적이 불량한 사람에 대하여 봉급을 삭감할 수 있도록 규정하고 있는바, 보수의 삭감은 이를 당하는 공무원의 입장에서는 징계처분의 일종인 감봉과 다를 바 없음에도 징계처분에 있어서와 같이 자기에게 이익이 되는 사실을 진술하거나 증거를 제출할 수 있는 등(지방공무원징계 및 소청규정 제5조)의 절차적 권리가 보장되지 않고 소청(지방공무원징계 및 소청규정 제16조) 등의 구제수단도 인정되지 아니한 채 이를 감수하도록 하는 위 규정은, 그 자체 부당할 뿐만 아니라 「지방공무원법」이나 지방계약직공무원규정에 아무런 위임의 근거도 없는 것이거나 위임의 범위를 벗어난 것으로서 무효이다(대판 2008. 6. 12. 2006두16328).

제3절 공법상 계약의 특수성

Ⅰ. 실체법적 특수성

계속적 계약의 해지사유

계속적 계약은 당사자 상호간의 신뢰관계를 그 기초로 하는 것이므로, 당해 계약의 존속 중에 당사자의 일방이 그 계약상의 의무를 위반함으로써 그로 인하여 계약의 기초가 되는 신뢰관계가 파괴되어 계약관계를 그대로 유지하기 어려운 정도에 이르게 된 경우에는 상대방은 그 계약관계를 막바로 해지함으로써 그 효력을 장래에 향하여 소멸시킬 수 있다고 봄이 타당하다(대판 2002. 11. 26. 2002두5948).

Ⅱ. 절차법적 특수성

공법상 계약에 관한 쟁송은 행정소송 중 당사자소송에 의한다는 것이 다수설이다. 대법원은 종래에 공법상 계약에 관한 분쟁을 주로 민사소송으로 다루었으나, 최근에는 공법상 계약에 관한 분쟁을 점차 공법상 당사자소송에 의하고 있다.

① **지방전문직공무원 채용계약 해지**

현행 실정법이 지방전문직공무원 채용계약 해지의 의사표시를 일반공무원에 대한 징계처분과는 달리 항고소송의 대상이 되는 처분 등의 성격을 가진 것으로 인정하지 아니하므로, 지방전문직공무원 채용계약 해지의 의사표시에 대하여는 대등한 당사자 간의 소송형식인 공법상 당사자소송으로 그 의사표시에 무효확인을 청구할 수 있다(대판 1993. 9. 14. 92누4611).

② 서울특별시립무용단 단원의 해촉

서울특별시립무용단 단원의 위촉은 공법상의 계약이라고 할 것이고, 따라서 그 단원의 해촉에 대하여는 공법상의 당사자소송으로 그 무효확인을 청구할 수 있다(대판 1995. 12. 22. 95누4636).

③ 공중보건의사 채용계약 해지

공중보건의사 채용계약 해지의 의사표시에 대하여는 대등한 당사자 간의 소송형식인 공법상의 당사자소송으로 그 의사표시의 무효확인을 청구할 수 있다(대판 1996. 5. 31. 95누10617).

④ 광주광역시 문화예술회 관장의 단원 재위촉 거부

광주광역시 문화예술회 관장의 단원 위촉은 광주광역시 문화예술회 관장이 행정청으로서 공권력을 행사하는 행정처분이 아니라 공법상의 근무관계의 설정을 목적으로 하는 공법상 근로계약에 해당하므로, 광주광역시립합창단원의 재위촉 신청에 대하여 광주광역시 문화예술회 관장이 재위촉을 하지 아니한 것을 항고소송의 대상이 되는 처분이라고 할 수 없다(대판 2001. 12. 11. 2001두7794).

제 5 장 행정상 사실행위

제1절 행정상 사실행위의 의의

행정상 사실행위란 직접적으로는 일정한 사실상의 결과발생만을 목적으로 하는 일체의 행위형식을 말한다.

제2절 행정상 사실행위와 권리구제

Ⅰ. 행정쟁송(항고쟁송)

1. 권력적 사실행위

권력적 사실행위는 행정쟁송법상의 처분에 해당하므로 항고쟁송의 대상이 된다는 것이 통설이다. 대법원은 명시적으로 권력적 사실행위를 처분이라고 판시한 바는 없지만, 권력적 사실행위로 보이는 단수조치, 교도소재소자의 이송조치의 처분성을 인정한 바 있다.

단수조치

위와 같이 당초 허가받은 건축물의 용도를 변경하여 그 허가받은 용도 이외의 다른 용도로 사용하는 것이 「건축법」 제48조에서 말하는 건축물의 건축에 해당하는 이상 이는 같은 법 제42조 제1항 제1호에서 정한 이 법 또는 이 법에 의하여 발하는 명령이나 처분에 위반하여 건축물의 건축을 한 경우에 해당된다 할 것이고, 한편 같은 법 제42조 제3항의 규정에 의하면 제1항 제1호에 해당하는 건축물에 대하여는 수도를 설치하거나 공급하여서는 아니 되므로, 위와 같은 요건에 해당하는 이상, 피고가 한 이 사건 단수처분은 적법하다 할 것이고, 용도변경 면적이 건물의 일부에 불과하고 토산품을 취급하지 아니하면 근린생활시설에 해당되는 사정이 있다 한들 그러한 사정을 가지고서는 피고의 단수처분이 재량권을 남용한 것이라고도 할 수 없다(대판 1985. 12. 24. 84누598).

교도소재소자의 이송조치

미결수용 중 다른 교도소로 이송된 피고인이 그 이송처분의 취소를 구하는 행정소송을 제기하고 아울러 그 효력정지를 구하는 신청을 제기한 데 대하여 법원에서 위 이송처분의 효력정지신청을 인용하는 결정을 하였고 이에 따라 신청인이 다시 이송되어 현재 위 이송처분이 있기 전과 같은 교도소에 수용 중이라 하여도 이는 법원의 효력정지결정에 의한 것이어서 그로 인하여 효력정지신청이 그 신청의 이익이 없는 부적법한 것으로 되는 것은 아니다. 행정처분의 집행정지나 효력정지결정을 하기 위하여는 「행정소송법」 제23조 제2항에 따라 회복하기 어려운 손해를 예방하기 위하여 긴급한 필요가 있어야 하고, 여기서 말하는 "회복하기 어려운 손해"라 함은 특별한 사정이 없는 한 금전으로 보상할 수 없는 손해라 할 것이며 이는 금전보상이 불능한 경우뿐만 아니라 금전보상으로는 사회관념상 행정처분을 받은 당사자가 참고 견딜 수 없거나 또는 참고 견디기가 현저히 곤란한 경우의 유형, 무형의 손해를 일컫는다(대결 1992. 8. 7. 92두30).

2. 비권력적 사실행위

비권력적 사실행위는 원칙적으로 처분성을 인정하기 어렵기 때문에 항고쟁송의 대상이 될 수 없다. 대법원도 비권력적 사실행위인 행정지도에 대해서 처분성을 부인하였다.

법률상 지위에 직접적인 법률적 변동을 일으키지 아니하는 행위는 항고소송의 대상이 될 수 없다

항고소송의 대상이 되는 행정처분이라 함은 행정청의 공법상 행위로서 특정사항에 대하여 법규에 의한 권리의 설정 또는 의무의 부담을 명하며 기타 법률상 효과를 발생케 하는 등 국민의 구체적 권리의무에 직접적 변동을 초래하는 행위를 말하고 행정권 내부에서의 행위나 알선, 권유, 사실상의 통지 등과 같이 상대방 또는 기타 관계자들의 법률상 지위에 직접적인 법률적 변동을 일으키지 아니하는 행위는 항고소송의 대상이 될 수 없다(대판 1993. 10. 26. 93누6331).

택지개발촉진법상 택지개발사업 시행자의 택지공급방법결정행위는 행정처분이 아니다

「택지개발촉진법」 제18조, 제20조의 규정에 따라 택지개발사업 시행자가 건설부장관으로부터 승인을 받아 택지의 공급방법을 결정하였더라도 그 공급방법의 결정은 내부적인 행정계획에 불과하여 그것만으로 택지공급희망자의 권리나 법률상 이익에 개별적이고 구체적인 영향을 미치는 것은 아니므로, 택지개발사업시행자가 그 공급방법을 결정하여 통보한 것은 분양계약을 위한 사전 준비절차로서의 사실행위에 불과하고 항고소송의 대상이 되는 행정처분으로 볼 수 없다(대판 1993. 7. 13. 93누36).

수도사업자의 급수공사 신청자에 대한 급수공사비 납부통지는 행정처분이 아니다

수도사업자가 급수공사 신청자에 대하여 급수공사비 내역과 이를 지정기일 내에 선납하라는 취지로 한 납부통지는 수도사업자가 급수공사를 승인하면서 급수공사비를 계산하여 급수공사 신청자에게 이를 알려 주고 위 신청자가 이에 따라 공사비를 납부하면 급수공사를 하여 주겠다는 취지의 강제성이 없는 의사 또는 사실상의 통지행위라고 풀이함이 상당하고, 이를 가리켜 항고소송의 대상이 되는 행정처분이라고 볼 수 없다(대판 1993. 10. 26. 93누6331).

Ⅱ. 헌법소원

헌법소원은 위법한 행정상 사실행위에 대한 중요한 권리구제수단이다.

서울대학교가 "94학년도 대학입학고사 주요요강"을 제정하여 발표한 것에 대하여 제기된 헌법소원심판청구의 적법 여부

국립대학인 서울대학교의 "94학년도 대학입학고사 주요요강"은 사실상의 준비행위 내지 사전안내로서 행정쟁송의 대상이 될 수 있는 행정처분이나 공권력의 행사는 될 수 없지만 그 내용이 국민의 기본권에 직접 영향을 끼치는 내용이고 앞으로 법령의 뒷받침에 의하여 그대로 실시될 것이 틀림없을 것으로 예상되어 그로 인하여 직접적으로 기본권 침해를 받게 되는 사람에게는 사실상의 규범작용으로 인한 위험성이 이미 현실적으로 발생하였다고 보아야 할 것이므로 이는 헌법소원의 대상이 되는 「헌법재판소법」 제68조 제1항 소정의 공권력의 행사에 해당된다고 할 것이며, 이 경우 헌법소원 외에 달리 구제방법이 없다(헌재결 1992. 10. 1. 92헌마68, 76 병합).

행정소송의 대상이 되지 않는 권력적 사실행위에 대하여 사전구제절차를 거치지 않고 제기한 헌법소원이 보충성 원칙의 예외에 해당하여 적법한 것인지 여부

행정청이 우월적 지위에서 일방적으로 강제하는 권력적 사실행위는 헌법소원의 대상이 되는 공권력의 행사에 해당한다는 것이 우리 재판소의 판례이다. 이 사건 감사는 피청구인이 「폐기물관리법」 제43조 제1항에 따라 폐기물의 적정 처리 여부 등을 확인하기 위한 목적으로 청구인들의 의사에 상관없이 일방적으로 행하는 사실적 업무행위이고, 청구인들이 이를 거부·방해하거나 기피하는 경우에는 과태료에 처해지는 점으로 볼 때 청구인들도 이를 수인해야 할 법적 의무가 있다. 그렇다면 이 사건 감사는 피청구인이 우월적 지위에서 일방적으로 강제하는 권력적 사실행위라 할 것이고 이는 헌법소원의 대상이 되는 「헌법재판소법」 제68조 제1항의 '공권력의 행사'에 해당된다. 권력적 사실행위가 행정처분의 준비단계로서 행하여지거나 행정처분과 결합된 경우(합성적 행정행위)에는 행정처분에 흡수·통합되어 불가분의 관계에 있다 할 것이므로 행정처분만이 취소소송의 대상이 되고, 처분과 분리하여 따로 권력적 사실행위를 다툴 실익은 없다. 그러나 권력적 사실행위가 항상 행정처분의 준비행위로 행하여지거나 행정처분과 결합되는 것은 아니므로 그러한 사실행위에 대하여는 다툴 실익이 있다 할 것임에도 법원의 판례에 따르면 일반쟁송 절차로는 다툴 수 없음이 분명하다. 이 사건 감사는 행정처분의 준비단계로서 행하여지거나 처분과 결합된 바 없다. 그렇다면, 이 사건 감사는 행정소송의 대상이 되는 행정행위로 볼 수 없어 법원에 의한 권리구제절차를 밟을 것을 기대하는 것이 곤란하므로 보충성의 원칙의 예외로서 소원의 제기가 가능하다(헌재결 2003. 12. 18. 2001헌마754).

제 6 장 행정지도

제1절 의 의

행정지도라 함은 행정기관이 그 소관사무의 범위 안에서 일정한 행정목적을 실현하기 위하여 특정인에게 일정한 행위를 하거나 하지 아니하도록 지도·권고·조언 등을 하는 행정작용을 말한다(행정절차법 제2조 제3호). 즉, 행정지도란 행정기관이 일정한 행정목적의 실현을 위하여 상대방의 임의적 협력을 기대하여 이를 일정한 방향으로 유도하는 비권력적 사실행위이다.

제2절 한 계

행정지도의 행정법의 일반원칙에 따른 한계

이른바 행정지도라 함은 행정주체가 일정한 행정목적을 실현하기 위하여 권고 등과 같은 비강제적인 수단을 사용하여 상대방의 자발적 협력 내지 동의를 얻어내어 행정상 바람직한 결과를 이끌어내는 행정활동으로 이해되고, 따라서 적법한 행정지도로 인정되기 위하여는 우선 그 목적이 적법한 것으로 인정될 수 있어야 할 것이므로, 주식매각의 종용이 정당한 법률적 근거 없이 자의적으로 주주에게 제재를 가하는 것이라면 이 점에서 벌써 행정지도의 영역을 벗어난 것이라고 보아야 할 것이고 만일 이러한 행위도 행정지도에 해당된다고 한다면 이는 행정지도라는 미명하에 법치주의의 원칙을 파괴하는 것이라고 하지 않을 수 없으며, 더구나 그 주주가 주식매각의 종용을 거부한다는 의사를 명백하게 표시하였음에도 불구하고, 집요하게 위협적인 언동을 함으로써 그 매각을 강요하였다면 이는 위법한 강박행위에 해당한다고 하지 않을 수 없다(대판 1994. 12. 13. 93다49482).

제3절 권리구제

Ⅰ. 위법한 행정지도와 위법성조각의 문제

위법한 행정지도에 따른 행위라 하더라도 위법성이 조각되는 것은 아니다

토지의 매매대금을 허위로 신고하고 계약을 체결하였다면, 행정관청이 구 국토이용관리법 소정의 토지거래계약신고에 관하여 공시된 기준시가를 기준으로 매매가격을 신고하도록 행정지도를 하여 그에 따라 허위신고를 한 것이라 하더라도, 이와 같은 행정지도는 법에 어긋나는 것으로서 그와 같은 행정지도나 관행에 따라 허위신고행위에 이르렀다고 하여도 이것만 가지고서는 그 범법행위가 정당화될 수 없다(대판 1994. 6. 14. 93도3247).

Ⅱ. 행정쟁송

행정지도는 상대방의 임의적 협력을 전제로 한 비권력적 사실행위로서 처분성이 부정되므로, 행정쟁송의 대상이 되는 처분성이 인정되지 않는다(다수설·판례). 따라서 위법·부당한 행정지도로 인하여 상대방의 권익이 침해당하여도 행정쟁송이 인정되지 않는다.

행정지도의 처분성을 부정한 판례

① **세무당국이 소외 회사에 대하여 원고와의 주류 거래를 일정기간 중지하여 줄 것을 요청한 행위**

항고소송의 대상이 되는 행정처분은 행정청의 공법상의 행위로서 상대방 또는 기타 관계자들의 법률상 지위에 직접적으로 법률적인 변동을 일으키는 행위를 말하는 것이므로 세무당국이 소외 회사에 대하여 원고와의 주류거래를 일정기간 중지하여 줄 것을 요청한 행위는 권고 내지 협조를 요청하는 권고적 성격의 행위로서 소외 회사나 원고의 법률상의 지위에 직접적인 법률상의 변동을 가져오는 행정처분이라고 볼 수 없는 것이므로 항고소송의 대상이 될 수 없다(대판 1980. 10. 27. 80누395).

② **자진철거요청촉구**

구청장이 도시재개발구역 내의 건물소유자 갑에게 건물의 자진철거를 요청하는 내용의 공문을 보냈다고 하더라도 그 공문의 제목이 지장물철거촉구로 되어 있어서 철거명령이 아님이 분명하고, 행위의 주체면에서 구청장은 재개발구역내 지장물의 철거를 요구할 아무런 법적 근거가 없으며, 공문의 내용도 갑에게 재개발사업에의 협조를 요청함과 아울러 자발적으로 협조하지 아니하여 법에 따른 강제집행이 행하여짐으로써 갑이 입을지도 모를 불이익에 대한 안내로 되어 있고 구청장이 위 공문을 발송한 후 갑으로부터 취소요청을 받고 위 공문이 「도시재개발법」 제36조의 지장물이전요구나 동 제35조 제2항에 따른 행정대집행법상의 강제철거지시가 아니고 자진철거의 협조를 요청한 것이라고 회신한 바 있다면 이러한 회신내용과 법치행정의 현실 및 일반적인 법의식수준에 비추어 볼 때 외형상 행정처분으로 오인될 염려가 있는 행정청의 행위가 존재함으로써 상대방이 입게 될 불이익 내지 법적 불안도 존재하지 않는다고 볼 것이므로 이를 행정소송의 대상이 되는 처분이라고 볼 수 없다(대판 1989. 9. 12. 88누8883).

③ **한국전력공사가 전기공급의 적법 여부를 조회한 데 대한 관할 구청장의 회신**

무단 용도변경을 이유로 단전조치된 건물의 소유자로부터 새로이 전기공급신청을 받은 한국전력공사가 관할 구청장에게 전기공급의 적법 여부를 조회한 데 대하여, 관할 구청장이 한국전력공사에 대하여 「건축법」 제69조 제2항, 제3항의 규정에 의하여 위 건물에 대한 전기공급이 불가하다는 내용의 회신을 하였다면, 그 회신은 권고적 성격의 행위에 불과한 것으로서 한국전력공사나 특정인의 법률상 지위에 직접적인 변동을 가져오는 것은 아니므로 항고소송의 대상이 되는 행정처분이라고 볼 수 없다(대판 1995. 11. 21. 95누9099).

행정지도의 처분성을 긍정한 판례
국가인권위원회의 성희롱결정 및 시정조치권고는 행정소송의 대상이 되는 행정처분에 해당한다
구 「남녀차별금지 및 구제에 관한 법률」 제28조에 의하면, 국가인권위원회의 성희롱결정과 이에 따른 시정조치의 권고는 불가분의 일체로 행하여지는 것인데 국가인권위원회의 이러한 결정과 시정조치의 권고는 성희롱 행위자로 결정된 자의 인격권에 영향을 미침과 동시에 공공기관의 장 또는 사용자에게 일정한 법률상의 의무를 부담시키는 것이므로 국가인권위원회의 성희롱결정 및 시정조치권고는 행정소송의 대상이 되는 행정처분에 해당한다고 보지 않을 수 없다(대판 2005. 7. 8. 2005두487).[1]

Ⅲ. 손해전보

행정지도의 일환으로 행해진 공탁으로 야기된 손해에 대해 서울시에 배상책임을 인정한 판례
「국가배상법」이 정한 배상청구의 요건인 '공무원의 직무'에는 권력적 작용만이 아니라 행정지도와 같은 비권력적 작용도 포함되며 단지, 행정주체가 사경제주체로서 하는 활동만 제외되는 것이고 기록에 의하여 살펴보면, 피고 및 그 산하의 강남구청은 이 사건 도시계획사업의 주무관청으로서 그 사업을 적극적으로 대행·지원하여 왔고 이 사건 공탁도 행정지도의 일환으로 직무수행으로서 행하였다고 할 것이므로, 비권력적 작용인 공탁으로 인한 피고의 손해배상책임은 성립할 수 없다는 상고이유의 주장은 이유가 없다(대판 1998. 7. 10. 96다38971).

재무부(현, 기획재정부)장관이 금융기관의 부실채권 정리에 관한 행정지도를 함에 있어 그 행정지도가 통상의 방법에 의하지 아니하고 사실상 지시하는 방법으로 행하여진 경우
국가의 공권력이 헌법과 법률에 근거하지 아니하고 통상의 행정지도의 한계를 넘어 부실기업의 정리라는 명목하에 사기업의 매각을 지시하거나 그 해체에 개입하는 것은

1 대법원이 국가인권위원회의 시정조치권고를 행정처분에 해당한다고 판시한 것은 권고대상자에게 특별한 사유가 있음을 소명하지 않는 한 국가인권위원회의 시정조치권고에 응하여야 할 법적 의무를 부담하고 있기 때문이다.

허용되지 아니하나, 원래 재무부(현, 기획재정부)장관은 금융기관의 불건전채권 정리에 관한 행정지도를 할 권한과 책임이 있고, 이를 위하여 중요한 사항은 대통령에게 보고하고 지시를 받을 수도 있으므로, 기업의 도산과 같이 국민경제에 심대한 영향을 미치는 중요한 사안에 대하여 재무부장관이 부실채권의 정리에 관하여 금융기관에 대하여 행정지도를 함에 있어 사전에 대통령에게 보고하여 지시를 받는다고 하여 위법하다고 할 수는 없으며, 다만 재무부(현, 기획재정부)장관이 대통령의 지시에 따라 정해진 정부의 방침을 행정지도라는 방법으로 금융기관에 전달함에 있어 실제에 있어서는 통상의 행정지도의 방법과는 달리 사실상 지시하는 방법으로 행한 경우에 그것이 헌법상의 법치주의 원리, 시장경제의 원리에 반하게 되는 것일 뿐이다(대판 1999. 7. 23. 96다21706).

한계를 일탈하지 않은 행정지도로 인하여 상대방에게 손해가 발생한 경우, 행정기관이 손해배상책임을 지지 않는다

행정지도가 강제성을 띠지 않은 비권력적 작용으로서 행정지도의 한계를 일탈하지 아니하였다면, 그로 인하여 상대방에게 어떤 손해가 발생하였다 하더라도 행정기관은 그에 대한 손해배상책임이 없다. 행정기관의 위법한 행정지도로 일정기간 어업권을 행사하지 못하는 손해를 입은 자가 그 어업권을 타인에게 매도하여 매매대금 상당의 이득을 얻었더라도 그 이득은 손해배상책임의 원인이 되는 행위인 위법한 행정지도와 상당인과관계에 있다고 볼 수 없고, 행정기관이 배상하여야 할 손해는 위법한 행정지도로 피해자가 일정기간 어업권을 행사하지 못한 데 대한 것임에 반해 피해자가 얻은 이득은 어업권 자체의 매각대금이므로 위 이득이 위 손해의 범위에 대응하는 것이라고 볼 수도 없어, 피해자가 얻은 매매대금 상당의 이득을 행정기관이 배상하여야 할 손해액에서 공제할 수 없다(대판 2008. 9. 25. 2006다18228).

Ⅳ. 헌법소원

교육인적자원부(현, 교육부)장관의 국·공립대학총장들에 대한 학칙시정요구는 헌법소원의 대상이 되는 공권력행사에 해당한다

교육인적자원부(현, 교육부)장관의 대학총장들에 대한 이 사건 학칙시정요구는 「고등교육법」 제6조 제2항, 동법 시행령 제4조 제3항에 따른 것으로서 그 법적 성격은 대학총장의 임의적인 협력을 통하여 사실상의 효과를 발생시키는 행정지도의 일종이지만, 그에 따르지 않을 경우 일정한 불이익조치를 예정하고 있어 사실상 상대방에게 그에 따를 의무를 부과하는 것과 다를 바 없으므로 단순한 행정지도로서의 한계를 넘어 규제적·구속적 성격을 상당히 강하게 갖는 것으로서 헌법소원의 대상이 되는 공권력의 행사라고 볼 수 있다(헌재결 2003. 6. 26. 2002헌마337, 2003헌마7·8 병합).

제 7 장 행정사법

제 1 절 의 의

행정사법이란 행정주체가 행정작용 수행의 법적 형식에 대한 선택가능성이 있는 경우 즉, 주로 급부행정·유도행정영역에서 사법형식에 의하여 직접적인 행정목적을 수행하는 행정활동으로서 일정한 공법적 규율을 받는 것을 말한다.

제 2 절 행정사법에 대한 공법적 규율

행정사법에 대한 공법적 규율의 구체적 내용은 기본권 등에 의한 제한과 사법상 계약원리의 수정 등을 들 수 있다. 행정사법에 있어서 행정주체가 공법적 규율을 위반한 경우에 무효의 문제가 발생한다. 행정사법의 분쟁은 민사소송에 의한다.

전화가입계약의 해지는 사법상의 계약의 해지와 성질상 다른 바가 없다

전화가입계약은 전화가입희망자의 가입청약과 이에 대한 전화관서의 승낙에 의하여 성립하는 영조물 이용의 계약관계로서 비록 그것이 공중통신역무의 제공이라는 이용관계의 특수성 때문에 그 이용조건 및 방법, 이용의 제한, 이용관계의 종료원인 등에 관하여 여러 가지 법적 규제가 있기는 하나 그 성질은 사법상의 계약관계에 불과하다고 할 것이므로, 피고(서울용산전화국장)가 전기통신법 시행령 제59조에 의하여 전화가입계약을 해지하였다 하여도 이는 사법상의 계약의 해지와 성질상 다른 바가 없다 할 것이고 이를 항고소송의 대상이 되는 행정처분으로 볼 수 없다(대판 1982. 12. 28. 82누441).

국가의 철도운행사업과 관련하여 발생한 사고로 인한 손해배상청구에 관하여 적용될 법규

국가 또는 지방자치단체라 할지라도 공권력의 행사가 아니고 단순한 사경제의 주체로 활동하였을 경우에는 그 손해배상책임에 「국가배상법」이 적용될 수 없고 「민법」상의 사용자책임 등이 인정되는 것이고 국가의 철도운행사업은 국가가 공권력의 행사로서 하는 것이 아니고 사경제적 작용이라 할 것이므로, 이로 인한 사고에 공무원이 간여하였다고 하더라도 「국가배상법」을 적용할 것이 아니고 일반 「민법」의 규정에 따라야 하므로, 국가배상법상의 배상전치절차를 거칠 필요가 없으나, 공공의 영조물인 철도시설물의 설치 또는 관리의 하자로 인한 불법행위를 원인으로 하여 국가에 대하여 손해배상청구를 하는 경우에는 「국가배상법」이 적용되므로 배상전치절차를 거쳐야 한다(대판 1999. 6. 22. 99다7008).

제 8 장 행정절차

제1절 서 설

Ⅰ. 행정절차의 의의

행정절차는 일반적으로 협의의 의미로 사용된다. 행정절차란 좁은 의미로는 행정기관의 제1차적 행정절차로서 행정의사의 결정에 관한 대외적 사전절차, 즉 행정입법·행정계획·행정처분·행정계약·행정지도 등에 관하여 요구되는 외부와의 일련의 교섭과정을 의미한다.

Ⅱ. 행정절차의 법적 근거

행정절차의 헌법적 근거로는 「헌법」 제12조 제1항을 들 수 있다. 「헌법」 제12조 제1항의 '적법절차' 규정은 직접적으로는 형사사법절차에 관한 규정이지만, 적법절차의 취지는 행정절차에도 유추적용된다. 행정절차에 관한 일반법으로서 「행정절차법」이 있다.

행정절차의 법적 근거로서 적법절차의 원리

① 「헌법」 제12조 제3항 본문은 동조 제1항과 함께 적법절차원리의 일반조항에 해당하는 것으로서, 형사절차상의 영역에 한정되지 않고 입법, 행정 등 국가의 모든 공

권력의 작용에는 절차상의 적법성뿐만 아니라 법률의 구체적 내용도 합리성과 정당성을 갖춘 실체적인 적법성이 있어야 한다는 적법절차의 원칙을 헌법의 기본원리로 명시하고 있는 것이다(헌재결 1992. 12. 24. 92헌가8).

② 「헌법」상 적법절차의 원칙은 형사소송절차뿐만 아니라 국민에게 부담을 주는 행정작용에서도 준수되어야 하므로, 그 기본 정신은 과세처분에 대해서도 그대로 관철되어야 한다. 행정처분에 처분의 이유를 제시하도록 한 행정절차법이 과세처분에 직접 적용되지는 않지만(행정절차법 제3조 제2항 제9호, 행정절차법 시행령 제2조 제5호), 그 기본 원리가 과세처분의 장면이라고 하여 본질적으로 달라져서는 안 되는 것이고 이를 완화하여 적용할 하등의 이유도 없다(대판 2012. 10. 18. 2010두12347 전원합의체).

제2절 우리나라 행정절차법의 내용

Ⅰ. 우리나라 행정절차법의 구성 및 특징

「행정절차법」은 제1장 총칙, 제2장 처분, 제3장 신고, 제4장 행정상 입법예고, 제5장 행정예고, 제6장 행정지도, 제7장 국민참여의 확대, 제8장 보칙의 총 8개장 56개조로 구성되어 있다.

Ⅱ. 적용범위

공무원 인사관계 법령에 의한 처분에 관한 사항에 대하여 행정절차법의 적용이 배제되는 범위

① 행정과정에 대한 국민의 참여와 행정의 공정성, 투명성 및 신뢰성을 확보하고 국민의 권익을 보호함을 목적으로 하는 「행정절차법」의 입법목적과 「행정절차법」 제3조 제2항 제9호의 규정 내용 등에 비추어 보면, 공무원 인사관계 법령에 의한 처분에 관한 사항 전부에 대하여 행정절차법의 적용이 배제되는 것이 아니라 성질상 행정절차를 거치기 곤란하거나 불필요하다고 인정되는 처분이나 행정절차에 준하는

절차를 거치도록 하고 있는 처분의 경우에만 행정절차법의 적용이 배제된다(대판 2007. 9. 21. 2006두20631).

② 구 「행정절차법」 제3조 제2항 제9호, 구 행정절차법 시행령 제2조 제3호의 내용을 행정의 공정성, 투명성 및 신뢰성을 확보하고 국민의 권익을 보호함을 목적으로 하는 행정절차법의 입법 목적에 비추어 보면, 공무원 인사관계 법령에 의한 처분에 관한 사항이라 하더라도 전부에 대하여 「행정절차법」의 적용이 배제되는 것이 아니라, 성질상 행정절차를 거치기 곤란하거나 불필요하다고 인정되는 처분이나 행정절차에 준하는 절차를 거치도록 하고 있는 처분의 경우에만 「행정절차법」의 적용이 배제되는 것으로 보아야 하고, 이러한 법리는 '공무원 인사관계 법령에 의한 처분'에 해당하는 별정직 공무원에 대한 직권면직 처분의 경우에도 마찬가지로 적용된다(대판 2013. 1. 16. 2011두30687).

국가공무원법상 직위해제처분에 처분의 사전통지 및 의견청취 등에 관한 행정절차법 규정이 적용되는지 여부(소극)

「국가공무원법」상 직위해제처분은 구 「행정절차법」 제3조 제2항 제9호, 구 행정절차법 시행령 제2조 제3호에 의하여 당해 행정작용의 성질상 행정절차를 거치기 곤란하거나 불필요하다고 인정되는 사항 또는 행정절차에 준하는 절차를 거친 사항에 해당하므로, 처분의 사전통지 및 의견청취 등에 관한 「행정절차법」의 규정이 별도로 적용되지 않는다(대판 2014. 5. 16. 2012두26180).

공정거래위원회의 시정조치 및 과징금납부명령에 행정절차법 소정의 의견청취절차 생략사유가 존재하는 경우, 공정거래위원회가 행정절차법을 적용하여 의견청취절차를 생략할 수 없다

「행정절차법」 제3조 제2항, 같은 법 시행령 제2조 제6호에 의하면 공정거래위원회의 의결·결정을 거쳐 행하는 사항에는 「행정절차법」의 적용이 제외되게 되어 있으므로, 설사 공정거래위원회의 시정조치 및 과징금납부명령에 「행정절차법」 소정의 의견청취절차 생략사유가 존재한다고 하더라도, 공정거래위원회는 「행정절차법」을 적용하여 의견청취절차를 생략할 수는 없다(대판 2001. 5. 8. 2000두10212).

정규공무원으로 임용된 사람에게 시보임용처분 당시 지방공무원법 제31조 제4호에 정한 공무원임용 결격사유가 있어 시보임용처분을 취소하고 그에 따라 정규임용처분을 취소한 사안에서, 정규임용처분을 취소하는 처분을 하면서 사전통지를 하거나 의견제출의 기회를 부여하지 않은 것은 위법하다

정규임용처분을 취소하는 처분은 원고의 이익을 침해하는 처분이라 할 것이고, 한편 「지방공무원법」 및 그 시행령에는 이 사건 처분과 같이 정규임용처분을 취소하는 처분을 함에 있어 행정절차에 준하는 절차를 거치도록 하는 규정이 없을 뿐만 아니라 위 처분이 성질상 행정절차를 거치기 곤란하거나 불필요하다고 인정되는 처분이라고 보기도 어렵다고 할 것이어서 이 사건 처분이 「행정절차법」의 적용이 제외되는 경우에 해당한다고 할 수 없으며, 나아가 이 사건 처분은, 「지방공무원법」 제31조 제4호 소정의 공무원임용 결격사유가 있어 당연무효인 이 사건 시보임용처분과는 달리, 위 시보임용처분의 무효로 인하여 시보공무원으로서의 경력을 갖추지 못하였다는 이유만으로, 위 결격사유가 해소된 후에 한 별도의 정규임용처분을 취소하는 처분이어서 「행정절차법」 제21조 제4항 및 제22조 제4항에 따라 원고에게 사전통지를 하지 않거나 의견제출의 기회를 주지 아니하여도 되는 예외적인 경우에 해당한다고 할 수도 없다. 그렇다면 피고가 이 사건 처분을 함에 있어 원고에게 처분의 사전통지를 하거나 의견제출의 기회를 부여하지 아니한 이상, 이 사건 처분은 절차상 하자가 있어 위법하다고 할 것이다(대판 2009. 1. 30. 2008두16155).

Ⅲ. 처 분

1. 처분의 신청

행정청에 대한 신청의 의사표시의 방법

구 「행정절차법」 제17조 제3항 본문은 "행정청은 신청이 있는 때에는 다른 법령 등에 특별한 규정이 있는 경우를 제외하고는 그 접수를 보류 또는 거부하거나 부당하게 되돌려 보내서는 아니 되며, 신청을 접수한 경우에는 신청인에게 접수증을 교부하여야 한다"고 규정하고 있는바, 여기에서의 신청인의 행정청에 대한 신청의 의사표시는 명시적이고 확정적인 것이어야 한다고 할 것이므로 신청인이 신청에 앞서 행정청의 허가업무 담당자에게 신청서의 내용에 대한 검토를 요청한 것만으로는 다른 특별한 사정이 없는 한 명시적이고 확정적인 신청의 의사표시가 있었다고 하기 어렵다(대판 2004. 9. 24. 2003두13236).

행정청의 처분의 방식을 규정한 행정절차법 제24조를 위반하여 행해진 행정청의 처분이 무효인지 여부(원칙적 적극)

「행정절차법」 제24조는, 행정청이 처분을 하는 때에는 다른 법령 등에 특별한 규정이 있는 경우를 제외하고는 문서로 하여야 하고 전자문서로 하는 경우에는 당사자 등의 동의가 있어야 하며, 다만 신속을 요하거나 사안이 경미한 경우에는 구술 기타 방법으로 할 수 있다고 규정하고 있는데, 이는 행정의 공정성·투명성 및 신뢰성을 확보하고 국민의 권익을 보호하기 위한 것이므로 위 규정을 위반하여 행하여진 행정청의 처분은 하자가 중대하고 명백하여 원칙적으로 무효이다(대판 2011. 11. 10. 2011도11109).

2. 불이익처분의 사전통지

특별한 사정이 없는 한, 신청에 대한 거부처분이 행정절차법 제21조 제1항 소정의 처분의 사전통지대상이 되지 않는다

「행정절차법」 제21조 제1항은 행정청은 당사자에게 의무를 과하거나 권익을 제한하는 처분을 하는 경우에는 미리 처분의 제목, 당사자의 성명 또는 명칭과 주소, 처분하고자 하는 원인이 되는 사실과 처분의 내용 및 법적 근거, 그에 대하여 의견을 제출할 수 있다는 뜻과 의견을 제출하지 아니하는 경우의 처리방법, 의견제출기관의 명칭과 주소, 의견제출기한 등을 당사자 등에게 통지하도록 하고 있는바, 신청에 따른 처분이 이루어지지 아니한 경우에는 아직 당사자에게 권익이 부과되지 아니하였으므로 특별한 사정이 없는 한 신청에 대한 거부처분이라고 하더라도 직접 당사자의 권익을 제한하는 것은 아니어서 신청에 대한 거부처분을 여기에서 말하는 '당사자의 권익을 제한하는 처분'에 해당한다고 할 수 없는 것이어서 처분의 사전통지대상이 된다고 할 수 없다(대판 2003. 11. 28. 2003두674).

행정청이 당사자에게 의무를 과하거나 권익을 제한하는 처분을 함에 있어서 당사자에게 행정절차법상의 사전통지를 하거나 의견제출의 기회를 주지 아니한 경우

행정청이 침해적 행정처분을 함에 있어서 당사자에게 위와 같은 사전통지를 하거나 의견제출의 기회를 주지 아니하였다면 사전통지를 하지 않거나 의견제출의 기회를 주지 아니하여도 되는 예외적인 경우에 해당하지 아니하는 한 그 처분은 위법하여 취소를 면할 수 없다(대판 2004. 5. 28. 2004두1254).

행정청이 구 식품위생법상의 영업자지위승계신고 수리처분을 하는 경우

행정청이 구「식품위생법」규정에 의하여 영업자지위승계신고를 수리하는 처분은 종전의 영업자의 권익을 제한하는 처분이라 할 것이고 따라서 종전의 영업자는 그 처분에 대하여 직접 그 상대가 되는 자에 해당한다고 봄이 상당하므로, 행정청으로서는 위 신고를 수리하는 처분을 함에 있어서「행정절차법」규정 소정의 당사자에 해당하는 종전의 영업자에 대하여 위 규정 소정의 행정절차를 실시하고 처분을 하여야 한다(대판 2003. 2. 14. 2001두7015).

도로구역변경결정이 행정절차법 제21조 제1항의 사전통지나 제22조 제3항의 의견청취의 대상이 되는 처분이 아니다

「행정절차법」제2조 제4호가「행정절차법」의 당사자를 행정청의 처분에 대하여 직접 그 상대가 되는 당사자로 규정하고,「도로법」제25조 제3항이 도로구역을 결정하거나 변경할 경우 이를 고시에 의하도록 하면서, 그 도면을 일반인이 열람할 수 있도록 한 점 등을 종합하여 보면, 도로구역을 변경한 이 사건 처분은「행정절차법」제21조 제1항의 사전통지나 제22조 제3항의 의견청취의 대상이 되는 처분은 아니라고 할 것이다(대판 2008. 6. 12. 2007두1767).

3. 의견청취

(1) 의 의

의견제출은 불이익처분의 당사자에게 청문이나 공청회의 기회가 주어지지 않는 경우에 보충적으로 인정되는 의견청취 방법이다.「행정절차법」은 의견청취의 방법으로 청문, 공청회, 의견제출을 규정하고, 행정청이 당사자에게 의무를 과하거나 권익을 제한하는 처분을 함에 있어서 청문과 공청회를 개최하는 경우 외에는 당사자 등에게 의견제출의 기회를 주도록 하고 있다(제22조 제3항).

퇴직연금의 환수결정시 당사자에게 의견진술의 기회를 주지 아니한 경우, 행정절차법 제22조 제3항이나 신의칙에 위반되는지 여부

퇴직연금의 환수결정은 당사자에게 의무를 과하는 처분이기는 하나, 관련 법령에 따라 당연히 환수금액이 정하여지는 것이므로, 퇴직연금의 환수결정에 앞서 당사자에게 의견진술의 기회를 주지 아니하여도 「행정절차법」 제22조 제3항이나 신의칙에 어긋나지 아니한다(대판 2000. 11. 28. 99두5443).

⑵ 의견청취방법

① 청 문

청문은 행정절차의 핵심이다. 「행정절차법」은 청문을 '행정청이 어떠한 처분을 하기에 앞서 당사자 등의 의견을 직접 듣고 증거를 조사하는 절차'로 규정하고 있다(제2조 제5호).

행정절차법 제22조 제1항 제1호에 정한 청문제도의 취지

「행정절차법」 제22조 제1항 제1호에 정한 청문제도는 행정처분의 사유에 대하여 당사자에게 변명과 유리한 자료를 제출할 기회를 부여함으로써 위법사유의 시정가능성을 고려하고 처분의 신중과 적정을 기하려는 데 그 취지가 있다(대판 2007. 11. 16. 2005두15700).

침해적 행정처분을 할 경우 청문을 실시하지 않을 수 있는 사유인 행정절차법 제21조 제4항 제3호 소정의 '의견청취가 현저히 곤란하거나 명백히 불필요하다고 인정될 만한 상당한 이유가 있는지 여부'의 판단 기준

「행정절차법」 제21조 제4항 제3호는 침해적 행정처분을 할 경우 청문을 실시하지 않을 수 있는 사유로서 "당해 처분의 성질상 의견청취가 현저히 곤란하거나 명백히 불필요하다고 인정될 만한 상당한 이유가 있는 경우"를 규정하고 있으나, 여기에서 말하는 '의견청취가 현저히 곤란하거나 명백히 불필요하다고 인정될 만한 상당한 이유가 있는지 여부'는 당해 행정처분의 성질에 비추어 판단하여야 하는 것이지, 청문통지서의 반송 여부, 청문통지의 방법 등에 의하여 판단할 것은 아니고, 행정처분의 상대방이 통지된 청문일시에 불출석하였다는 이유만으로 행정청이 관계 법령상 그 실시가 요구되는 청문을 실시하지 아니한 채 침해적 행정처분을 할 수는 없을 것이므로, 행정처분의 상대방에 대한 청문통지서가 반송되었다거나, 행정처분의 상대방이 청문일시에 불출석하였다는 이유로 청문을 실시하지 아니하고 한 침해적 행정처분은 위법하다(대판 2001. 4. 13. 2000두3337).

행정청이 당사자와 사이에 도시계획사업의 시행과 관련한 협약을 체결하면서 관계 법령 및 행정절차법에 규정된 청문의 실시 등 의견청취절차를 배제하는 조항을 둔 경우
행정청이 당사자와 사이에 도시계획사업의 시행과 관련한 협약을 체결하면서 관계 법령 및 「행정절차법」에 규정된 청문의 실시 등 의견청취절차를 배제하는 조항을 두었다고 하더라도, 국민의 행정참여를 도모함으로써 행정의 공정성·투명성 및 신뢰성을 확보하고 국민의 권익을 보호한다는 「행정절차법」의 목적 및 청문제도의 취지 등에 비추어 볼 때, 위와 같은 협약의 체결로 청문의 실시에 관한 규정의 적용을 배제할 수 있다고 볼 만한 법령상의 규정이 없는 한, 이러한 협약이 체결되었다고 하여 청문의 실시에 관한 규정의 적용이 배제된다거나 청문을 실시하지 않아도 되는 예외적인 경우에 해당한다고 할 수 없다(대판 2004. 7. 8. 2002두8350).

행정청은 청문에서 제시된 사인의 의견에 기속되지 않는다
「광업법」 제88조 제2항에서 처분청이 광업용 토지수용을 위한 사업인정을 하고자 할 때에 토지소유자와 토지에 관한 권리를 가진 자의 의견을 들어야 한다고 한 것은, 그 사업인정 여부를 결정함에 있어서 소유자나 기타 권리자가 의견을 반영할 기회를 주어 이를 참작하도록 하고자 하는 데 있을 뿐, 처분청이 그 의견에 기속되는 것은 아니다(대판 1995. 12. 22. 95누30).

② 공청회

「행정절차법」은 공청회를 '행정청이 공개적인 토론을 통하여 어떠한 행정작용에 대하여 당사자 등, 전문지식과 경험을 가진 자 기타 일반인으로부터 의견을 널리 수렴하는 절차'로 규정하고 있다(제2조 제6호).

묘지공원과 화장장의 후보지를 선정하는 과정에서 추모공원건립추진협의회가 후보지 주민들의 의견을 청취하기 위하여 그 명의로 개최한 공청회
묘지공원과 화장장의 후보지를 선정하는 과정에서 서울특별시, 비영리법인, 일반 기업 등이 공동발족한 협의체인 추모공원건립추진협의회가 후보지 주민들의 의견을 청취하기 위하여 그 명의로 개최한 공청회는 행정청이 도시계획시설결정을 하면서 개최한 공청회가 아니므로, 위 공청회의 개최에 관하여 행정절차법에서 정한 절차를 준수하여야 하는 것은 아니다(대판 2007. 4. 12. 2005두1893).

③ 의견제출

「행정절차법」은 의견제출을 '행정청이 어떠한 행정작용을 하기에 앞서 당사자 등이 의견을 제시하는 절차로서 청문이나 공청회에 해당하지 아니하는 절차'로 규정하고 있다(제2조 제7호).

행정청이 유원시설업자 또는 체육시설업자 지위승계신고를 수리하는 처분을 하는 경우, 종전 유원시설업자 또는 체육시설업자에 대하여 행정절차법 제21조 제1항 등에서 정한 처분의 사전통지 등 절차를 거쳐야 하는지 여부(적극)

「행정절차법」 제21조 제1항, 제22조 제3항 및 제2조 제4호의 각 규정에 의하면, 행정청이 당사자에게 의무를 과하거나 권익을 제한하는 처분을 할 때에는 당사자 등에게 처분의 사전통지를 하고 의견제출의 기회를 주어야 하며, 여기서 당사자란 행정청의 처분에 대하여 직접 그 상대가 되는 자를 의미한다. 한편 구 「관광진흥법」 제8조 제2항, 제4항, 구 「체육시설의 설치·이용에 관한 법률」 제27조 제2항, 제20조의 각 규정에 의하면, 공매 등의 절차에 따라 문화체육관광부령으로 정하는 주요한 유원시설업 시설의 전부 또는 체육시설업의 시설 기준에 따른 필수시설을 인수함으로써 유원시설업자 또는 체육시설업자의 지위를 승계한 자가 관계 행정청에 이를 신고하여 행정청이 수리하는 경우에는 종전 유원시설업자에 대한 허가는 효력을 잃고, 종전 체육시설업자는 적법한 신고를 마친 체육시설업자의 지위를 부인당할 불안정한 상태에 놓이게 된다. 따라서 행정청이 구 「관광진흥법」 또는 구 「체육시설법」의 규정에 의하여 유원시설업자 또는 체육시설업자 지위승계신고를 수리하는 처분은 종전 유원시설업자 또는 체육시설업자의 권익을 제한하는 처분이고, 종전 유원시설업자 또는 체육시설업자는 그 처분에 대하여 직접 그 상대가 되는 자에 해당한다고 보는 것이 타당하므로, 행정청이 그 신고를 수리하는 처분을 할 때에는 행정절차법 규정에서 정한 당사자에 해당하는 종전 유원시설업자 또는 체육시설업자에 대하여 위 규정에서 정한 행정절차를 실시하고 처분을 하여야 한다(대판 2012. 12. 13. 2011두29144).

행정청이 의무를 부과하거나 권익을 제한하는 처분을 할 때 구 행정절차법 제22조 제3항에 따라 의견제출의 기회를 주어야 하는 '당사자'의 의미 및 '고시'의 방법으로 불특정 다수인을 상대로 의무를 부과하거나 권익을 제한하는 처분에서도 위 조항에 따라 상대방에게 의견제출의 기회를 주어야 하는지 여부(소극)

구 「행정절차법」 제22조 제3항에 따라 행정청이 의무를 부과하거나 권익을 제한하는 처분을 할 때 의견제출의 기회를 주어야 하는 '당사자'는 '행정청의 처분에 대하여 직접 그 상대가 되는 당사자'(구 행정절차법 제2조 제4호)를 의미한다. 그런데 '고시'의 방법으로 불특정 다수인을 상대로 의무를 부과하거나 권익을 제한하는 처분은 성질상 의견제출의 기회를 주어야 하는 상대방을 특정할 수 없으므로, 이와 같은 처분에 있어서까지 구 「행정절차법」 제22조 제3항에 의하여 그 상대방에게 의견제출의 기회를 주어야 한다고 해석할 것은 아니다(대판 2014. 10. 27. 2012두7745).

4. 처분의 이유제시(이유부기)

처분의 이유제시(이유부기)는 행정청이 처분시에 당해 처분의 근거가 되는 법적 근거와 사실적 이유를 구체적으로 명시하여 행정의 신중성·공정성을 확보하는 제도이다. 이유부기는 「행정절차법」이 제정되기 이전부터 판례가 불문법원리로 인정한 것이다.

행정처분의 근거 및 이유제시의 정도

「행정절차법」 제23조 제1항은 행정청은 처분을 하는 때에는 당사자에게 그 근거와 이유를 제시하여야 한다고 규정하고 있는바, 일반적으로 당사자가 근거규정 등을 명시하여 신청하는 인·허가 등을 거부하는 처분을 함에 있어 당사자가 그 근거를 알 수 있을 정도로 상당한 이유를 제시한 경우에는 당해 처분의 근거 및 이유를 구체적 조항 및 내용까지 명시하지 않았더라도 그로 말미암아 그 처분이 위법한 것이 된다고 할 수 없다(대판 2002. 5. 17. 2000두8912).

허가취소처분에 있어 그 법적 근거와 위반사실의 적시요부

허가의 취소처분에는 그 근거가 되는 법령이나 취소권유보의 부관 등을 명시하여야 함은 물론 처분을 받은 자가 어떠한 위반사실에 대하여 당해 처분이 있었는지를 알 수 있을 정도의 사실의 적시를 요한다고 할 것이므로 이와 같은 취소처분의 근거와 위반사실의 적시를 빠뜨린 하자는 피처분자가 처분당시 그 취지를 알고 있었다거나 그 후 알게 되었다고 하여도 이로써 치유될 수는 없다(대판 1987. 5. 26. 86누788).

주류도매업면허의 취소처분에 그 대상이 된 위반사실을 특정하지 아니한 것은 위법하다

면허의 취소처분에는 그 근거가 되는 법령이나 취소권 유보의 부관 등을 명시하여야 함은 물론 처분을 받은 자가 어떠한 위반사실에 대하여 당해 처분이 있었는지를 알 수 있을 정도로 사실을 적시할 것을 요하며, 이와 같은 취소처분의 근거와 위반사실의 적시를 빠뜨린 하자는 피처분자가 처분 당시 그 취지를 알고 있었다거나 그 후 알게 되었다 하여도 치유될 수 없다고 할 것인바, 세무서장인 피고가 주류도매업자인 원고에 대하여 한 이 사건 일반주류도매업면허취소통지에 "상기 주류도매장은 무면허 주류판매업자에게 주류를 판매하여 「주세법」 제11조 및 국세법사무처리규정 제26조에 의거 지정조건위반으로 주류판매면허를 취소합니다"라고만 되어 있어서 원고의 영업기간과 거래상대방 등에 비추어 원고가 어떠한 거래행위로 인하여 이 사건 처분을 받았는지 알 수 없게 되어 있다면 이 사건 면허취소처분은 위법하다(대판 1990. 9. 11. 90누1786).

세액산출근거 등의 통지에 관한 규정의 성질 및 규정위반의 효력

과세표준과 세율, 세액, 세액산출근거 등의 필요한 사항을 납세자에게 서면으로 통지하도록 한 세법상의 제 규정들은 단순히 세무행정의 편의를 위한 훈시규정이 아니라 조세행정에 있어 자의를 배제하고 신중하고 합리적인 처분을 행하게 함으로써 공정을 기함과 동시에 납세의무자에게 부과처분의 내용을 상세히 알려서 불복 여부의 결정과 불복신청에 편의를 제공하려는 데서 나온 강행규정으로서 납세고지서에 그와 같은 기재가 누락되면 그 과세처분 자체가 위법한 처분이 되어 취소의 대상이 된다(대판 1985. 5. 28. 84누289).

납세고지서 작성과 관련한 하자는 과세처분의 취소사유이다

「지방세법」 제1조 제1항 제5호, 제25조 제1항, 지방세법 시행령 제8조 등 납세고지서에 관한 법령 규정들은 강행규정으로서 이들 법령이 요구하는 기재사항 중 일부를 누락시킨 하자가 있는 경우 이로써 그 부과처분은 위법하게 되지만, 이러한 납세고지서 작성과 관련한 하자는 그 고지서가 납세의무자에게 송달된 이상 과세처분의 본질적 요소를 이루는 것은 아니어서 과세처분의 취소사유가 됨은 별론으로 하고 당연무효의 사유로는 되지 아니한다(대판 1998. 6. 26. 96누12634).

제3절 절차상 하자의 효과와 치유

Ⅰ. 절차상 하자의 효과

절차상의 하자가 독립된 위법사유가 될 수 있는가 문제된다. 일반적인 규정을 두고 있지 아니하므로 학설·판례상 논의되고 있다.

절차상 하자의 효과에 관한 명문규정이 없으면 재량행위의 경우는 당연히 절차상 하자가 독자적인 무효 또는 취소사유가 된다(통설). 절차상 하자 있는 기속행위의 효과에 대해서는 절차상 하자의 독자적 위법성을 부정하는 소극설과 위법성을 인정하는 적극설의 견해대립이 있다. 신청에 따른 처분이 절차의 위법을 이유로 취소되는 경우에도 행정청에게 재처분의무를 부과하고 있는 우리 「행정소송법」은 적극설의 입장을 취하고 있다고 볼 수 있다.

재량행위·기속행위 불문하고 행정행위의 절차상 하자를 독자적 위법사유로 보는 적극설이 통설이며, 타당하다.

행정청이 침해적 행정처분을 하면서 당사자에게 행정절차법상의 사전통지를 하거나 의견제출의 기회를 주지 아니한 경우

행정청이 침해적 행정처분을 하면서 당사자에게 「행정절차법」상의 사전통지를 하거나 의견제출의 기회를 주지 아니하였다면 사전통지를 하지 않거나 의견제출의 기회를 주지 아니하여도 되는 예외적인 경우에 해당하지 아니하는 한 그 처분은 위법하여 취소를 면할 수 없다(대판 2007. 9. 21. 2006두20631).

행정절차법상 사전통지 내지 의견제출의 기회를 결한 하자

「행정절차법」 제21조 제1항·제4항, 제22조 제1항 내지 제4항에 의하면, 행정청이 당사자에게 의무를 과하거나 권익을 제한하는 처분을 하는 경우에는 미리 처분하고자 하는 원인이 되는 사실과 처분의 내용 및 법적 근거, 이에 대하여 의견을 제출할 수 있다는 뜻과 의견을 제출하지 아니하는 경우의 처리방법 등의 사항을 당사자 등에게 통지하여야 하고, 다른 법령 등에서 필요적으로 청문을 실시하거나 공청회를 개최하도록 규정하고 있지 아니한 경우에도 당사자 등에게 의견제출의 기회를 주어야 하되, 당해 처분의 성질상 의견청취가 현저히 곤란하거나 명백히 불필요하다고 인정될 만한 상당한 이유가 있는 경우 등에는 처분의 사전통지나 의견청취를 하지 아니할 수 있도록 규정하고 있으므로, 행정청이 침해적 행정처분을 함에 있어서 당사자에게 위와 같은 사전통지를 하거나 의견제출의 기회를 주지 아니하였다면 사전통지를 하지 않거나 의견제출의 기회를 주지 아니하여도 되는 예외적인 경우에 해당하지 아니하는 한 그 처분은 위법하여 취소를 면할 수 없다(대판 2004. 5. 28. 2004두1254; 대판 2000. 11. 14. 99두5870).

법령상 요구되는 청문절차의 결여

① 「행정절차법」 제22조 제1항 제1호에 정한 청문제도는 행정처분의 사유에 대하여 당사자에게 변명과 유리한 자료를 제출할 기회를 부여함으로써 위법사유의 시정가능성을 고려하고 처분의 신중과 적정을 기하려는 데 그 취지가 있으므로, 행정청이 특히 침해적 행정처분을 할 때 그 처분의 근거 법령 등에서 청문을 실시하도록 규정하고 있다면, 「행정절차법」 등 관련 법령상 청문을 실시하지 않아도 되는 예외적인 경우에 해당하지 않는 한 반드시 청문을 실시하여야 하며, 그러한 절차를 결여한 처분은 위법한 처분으로서 취소사유에 해당한다(대판 2007. 11. 16. 2005두15700).

② 행정처분의 상대방에 대한 청문통지서가 반송되었다거나, 행정처분의 상대방이 청문일시에 불출석하였다는 이유로 청문을 실시하지 아니하고 한 침해적 행정처분은 위법하다(대판 2001. 4. 13. 2000두3337).

③ 「식품위생법」 제64조, 같은 법 시행령 제37조 제1항 소정의 청문절차를 전혀 거치지 아니하거나 거쳤다고 하여도 그 절차적 요건을 제대로 준수하지 아니한 경우에는 영업정지사유 등 위 법 제58조 등 소정 사유가 인정된다고 하더라도 그 처분은 위법하여 취소를 면할 수 없다(대판 1991. 7. 9. 91누971).

법령상 청문절차에 관한 규정이 없는 경우 청문절차의 결여

청문절차 없이 어떤 행정처분을 한 경우에도 관계법령에서 청문절차를 시행하도록 규정하지 않고 있는 경우에는 그 행정처분이 위법하게 되는 것이 아니라고 할 것인바, 구 「주택건설촉진법」 및 같은 법 시행령에 의하면 주택조합설립인가처분의 취소처분을 하고자 하는 경우에 청문절차를 거치도록 규정하고 있지 아니하므로 청문절차를 거치지 아니한 것이 위법하지 아니하다(대판 1994. 3. 22. 93누18969).

훈령상 요구되는 청문절차의 결여

① 건축사사무소의 등록취소 및 폐쇄처분에 관한 규정(건설부훈령) 제9조는 건축사 사무소의 등록을 취소하고자 할 때에는 미리 당해 건축사에 대하여 청문을 하거나 필요한 경우에 참고인의 의견을 들어야 한다고 규정하고 있는바, 이와 같이 관계행정청이 건축사 사무소의 등록취소처분을 함에 있어 당해 건축사들을 사전에 청문하도록 한 법제도의 취지는 위 행정처분으로 인하여 건축사 사무소의 기존권리가 부당하게 침해받지 아니하도록 등록취소사유에 대하여 당해 건축사에게 변명과 유리한 자료를 제출할 기회를 부여하여 위법사유의 시정가능성을 감안하고 처분의 신중성과 적정성을 기하려함에 있다 할 것이므로 관계행정청이 위와 같은 처분을 하려면 반드시 사전에 청문절차를 거쳐야 하고 당해 건축사가 정당한 이유 없이 청문에 응하지 아니하는 경우가 아닌 한 청문절차를 거치지 아니하고 한 건축사사무소 등록취소처분은 청문절차를 거치지 아니한 위법한 처분으로 취소를 면할 수 없다(대판 1984. 9. 11. 82누166).

② 국민의 권익보호를 위한 행정절차에 관한 훈령은 상급행정기관이 하급행정기관에 대하여 발하는 일반적인 행정명령으로서 행정기관 내부에서만 구속력이 있을 뿐 대외적인 구속력을 가지는 것이 아니다. 청문을 포함한 당사자의 의견청취절차 없이 어떤 행정처분을 한 경우에도 관계법령에서 당사자의 의견청취절차를 시행하도록 규정하지 않고 있는 경우에는 그 행정처분이 위법하게 되는 것은 아니라 할 것인바, 「문화재보호법」과 대구직할시 문화재보호 조례에 의하면 시지정문화재는 시장이 문화재위원회의 자문을 받아 지정한다고만 규정되어 있을 뿐 그 지정에 있어서 문화재의 소유자나 기타 이해관계인의 신청이 필요하다는 규정이나 소유자 기타 이해관계인의 의견을 들어야 한다는 행정절차의 규정은 없고, 비록 국민의 권익보호를 위한 행정절차에 관한 훈령에 따라 1990. 3. 1.부터 시행된 행정절차운영지침에 의하면 행정청이 공권력을 행사하여 국민의 구체적인 권리 또는 의무에 직접적인 변동을 초래하게 하는 행정처분을 하고자 할 때에는 미리 당사자에게 행정처분을 하고자 하는 원인이 되는 사실을 통지하여 그에 대한 의견을 청취한 다음 이유를 명시하여 행정처분을 하여야 한다고 규정되어 있으나 이는 대외적 구속력을 가지는 것이 아니므로, 시장이 건조물 소유자의 신청이 없는 상태에서 소유자의 의견을 듣지 아니하고 건조물을 문화재로 지정하였다고 하여 위법한 것이라고 할 수 없다(대판 1994. 8. 9. 94누3414).

헌법재판소는 청문의 불문법 원리성을 인정하고 있다

법무부장관의 일방적 명령에 의하여 변호사 업무를 정지시키는 것은 당해 변호사가 자기에게 유리한 사실을 진술하거나 필요한 증거를 제출할 수 있는 청문의 기회가 보장되지 아니하여 적법절차를 존중하지 아니한 것이 된다(헌재결 1990. 11. 19. 90헌가48).

구 도시계획법 제23조 제5항의 규정에 의한 사업시행자 지정처분을 취소함에 있어서 청문을 실시하지 아니한 경우, 그 절차를 결여한 지정처분의 취소처분이 위법한 처분인지 여부

행정청이 구 「도시계획법」 제23조 제5항의 규정에 의한 사업시행자 지정처분을 취소하기 위해서는 청문을 실시하여야 하고, 다만 「행정절차법」 제22조 제4항, 제21조 제4항에서 정한 예외사유에 해당하는 경우에 한하여 청문을 실시하지 아니할 수 있으며, 이러한 청문제도는 행정처분의 사유에 대하여 당사자에게 변명과 유리한 자료를 제출할 기회를 부여함으로써 위법사유의 시정가능성을 고려하고 처분의 신중과 적정을 기하려는 데 그 취지가 있음에 비추어 볼 때, 행정청이 침해적 행정처분을 함에 즈음하여 청문을 실시하지 않아도 되는 예외적인 경우에 해당하지 않는 한 반드시 청문을 실시하여야 하고, 그 절차를 결여한 처분은 위법한 처분으로서 취소사유에 해당한다(대판 2004. 7. 8. 2002두8350).

구 학교보건법상 학교환경위생정화구역에서의 금지행위 및 시설의 해제 여부에 관한 행정처분을 함에 있어 학교환경위생정화위원회의 심의를 거치도록 한 취지 및 그 심의절차를 누락한 행정처분이 위법한지 여부

행정청이 구 「학교보건법」 소정의 학교환경위생정화구역 내에서 금지행위 및 시설의 해제 여부에 관한 행정처분을 함에 있어 학교환경위생정화위원회의 심의를 거치도록 한 취지는 그에 관한 전문가 내지 이해관계인의 의견과 주민의 의사를 행정청의 의사결정에 반영함으로써 공익에 가장 부합하는 민주적 의사를 도출하고 행정처분의 공정성과 투명성을 확보하려는 데 있고, 나아가 그 심의의 요구가 법률에 근거하고 있을 뿐 아니라 심의에 따른 의결내용도 단순히 절차의 형식에 관련된 사항에 그치지 않고 금지행위 및 시설의 해제 여부에 관한 행정처분에 영향을 미칠 수 있는 사항에 관한 것임을 종합해 보면, 금지행위 및 시설의 해제 여부에 관한 행정처분을 하면서 절차상 위와 같은 심의를 누락한 흠이 있다면 그와 같은 흠을 가리켜 위 행정처분의 효력에 아무런 영향을 주지 않는다거나 경미한 정도에 불과하다고 볼 수는 없으므로, 특별한 사정이 없는 한 이는 행정처분을 위법하게 하는 취소사유가 된다(대판 2007. 3. 15. 2006두15806).

기속행위인 과세처분에서 이유부기를 결한 하자

과세표준과 세율, 세액, 세액산출근거 등의 필요한 사항을 납세자에게 서면으로 통지하도록 한 세법상의 제 규정들은 단순히 세무행정의 편의를 위한 훈시규정이 아니라 조세행정에 있어 자의를 배제하고 신중하고 합리적인 처분을 행하게 함으로써 공정을 기함과 동시에 납세의무자에게 부과처분의 내용을 상세히 알려서 불복 여부의 결정과 불복신청에 편의를 제공하려는 데서 나온 강행규정으로서 납세고지서에 그와 같은 기재가 누락되면 그 과세처분 자체가 위법한 처분이 되어 취소의 대상이 된다(대판 1985. 5. 28. 84누289).

납세고지서에 세액산출근거 등의 기재사항이 누락되었거나 과세표준과 세액의 계산명세서가 첨부되지 않은 납세 고지

납세고지서에 과세연도, 세목, 세액 및 그 산출근거, 납부기한과 납부장소 등의 명시를 요구한 국세징수법 제9조나 과세표준과 세액계산명세서의 첨부를 명한 구 「법인세법」 제37조, 제59조의5, 구 법인세법 시행령 제99조 등의 규정이 단순한 세무행정상의 편의를 위한 훈시규정이 아니라, 「헌법」과 「국세기본법」에 규정된 조세법률주의의 원칙에 따라 과세관청의 자의를 배제하고 신중하고도 합리적인 과세처분을 하게 함으로써 조세행정의 공정을 기함과 아울러 납세의무자에게 부과처분의 내용을 자세히 알려주어 이에 대한 불복 여부의 결정과 불복신청의 편의를 주려는 데 그 근본취지가 있으므로, 이 규정들은 강행규정으로 보아야 하고, 따라서 납세고지서에 세액산출근거 등의 기재사항이 누락되었거나 과세표준과 세액의 계산명세서가 첨부되지 않았다면 적법한 납세의 고지라고 볼 수 없다(대판 2002. 11. 13. 2001두1543).

폐기물처리업 허가와 관련된 사업계획 적정 여부에 관한 구체적이고 합리적인 이유의 제시 없이 사업계획의 부적정 통보를 하거나 사업계획서를 반려하는 경우

폐기물처리업 허가와 관련된 법령들의 체제 또는 문언을 살펴보면 이들 규정들은 폐기물처리업 허가를 받기 위한 최소한도의 요건을 규정해 두고는 있으나, 사업계획 적정 여부에 대하여는 일률적으로 확정하여 규정하는 형식을 취하지 아니하여 그 사업의 적정 여부에 대하여 재량의 여지를 남겨 두고 있다 할 것이고, 이러한 경우 사업계획 적정 여부 통보를 위하여 필요한 기준을 정하는 것도 역시 행정청의 재량에 속하는 것이므로, 그 설정된 기준이 객관적으로 합리적이 아니라거나 타당하지 않다고 볼 만한 다른 특별한 사정이 없는 이상 행정청의 의사는 가능한 한 존중되어야 할 것이나, 그 설정된 기준이 객관적으로 합리적이 아니라거나 타당하지 않다고 보이는 경우 또는 그러한 기준을 설정하지 않은 채 구체적이고 합리적인 이유의 제시 없이 사업계획의 부적정 통보를 하거나 사업계획서를 반려하는 경우에까지 단지 행정청의 재량에 속하는 사항이라는 이유만으로 그 행정청의 의사를 존중하여야 하는 것은 아니고, 이러한 경우의 처분은 재량권을 남용하거나 그 범위를 일탈한 조치로서 위법하다(대판 2004. 5. 28. 2004두961).

Ⅱ. 절차상 하자의 치유

1. 의 의

행정행위의 하자의 치유란 행정기관이 법령에 의하여 요구되는 절차를 이행하지 않은 경우, 행정행위에 취소사유인 하자가 있다 할지라도, 그 하자가 사후에 그 절차를 이행하게 되어 보완되면 당해 행정행위를 적법한 행위로 취급하는 것을 말한다. 하자치유의 효과는 소급적이어서 처음부터 적법한 것으로 된다.

2. 인정 여부

(1) 학 설

① 부정설: 행정절차는 신중하고 공정한 결정을 보장하기 위한 것인데, 절차상 하자의 치유를 인정하게 되면 행정절차가 가지는 독자적인 의의가 상실될 우려가 있다는 견해이다.

② 긍정설: 행정행위의 하자에 대한 치유를 인정하면 절차상 하자의 경우에도 동일하게 치유를 인정할 수 있다는 견해이다.

③ 제한적 긍정설: 국민의 권익보호와 행정의 능률적 수행을 동시에 고려하여, 하자의 보완행위로 인해 상대방이 불이익을 받지 않는다는 한계 내에서 치유를 긍정하는 견해이다. 통설의 태도이며, 타당하다.

(2) 판 례

판례는 하자의 치유를 원칙적으로는 인정하지 않으나 예외적으로 당사자의 권익구제에 영향을 주지 않는 한도 내에서만 치유를 인정하고 있다. 대체로 제한적 긍정설과 유사한 태도라고 볼 수 있다.

행정행위의 하자의 치유 및 전환범위

하자있는 행정행위의 치유나 전환은 행정행위의 성질이나 법치주의의 관점에서 볼 때 원칙적으로 허용될 수 없는 것이지만, 행정행위의 무용한 반복을 피하고 당사자의 법적 안정성을 위해 이를 허용하는 때에도 국민의 권리와 이익을 침해하지 않는 범위에서 구체적 사정에 따라 합목적적으로 인정해야 할 것이다(대판 1983. 7. 26. 82누420).

절차상 하자의 치유를 인정한 판례

① **청문서 도달기간을 다소 어겼더라도 영업자가 방어의 기회를 충분히 가진 경우**
행정청이 청문서 도달기간을 다소 어겼다 하더라도 영업자가 이에 대하여 이의하지 아니한 채 스스로 청문일에 출석하여 그 의견을 진술하고 변명하는 등 방어의 기회를 충분히 가졌다면 청문서 도달기간을 준수하지 아니한 하자는 치유되었다고 봄이 상당하다(대판 1992. 10. 23. 92누2844).

② **납부고지서에 기재사항의 일부가 누락되었더라도 부과처분 전 부담금예정통지서에 필요적 기재사항이 기재되어 있는 경우**
택지초과소유부담금의 납부고지서에 납부금액 및 산출근거, 납부기한과 납부장소 등의 필요적 기재사항의 일부가 누락되었다면 그 부과처분은 위법하다고 할 것이나, 부과관청이 부과처분에 앞서 택지소유상한에 관한 법률 시행령 제31조 제1항에 따라 납부의무자에게 교부한 부담금예정통지서에 납부고지서의 필요적 기재사항이 제대로 기재되어 있었다면 납부의무자로서는 부과처분에 대한 불복 여부의 결정 및 불복신청에 전혀 지장을 받지 않았음이 명백하므로, 이로써 납부고지서의 흠결이 보완되거나 하자가 치유될 수 있는 것이다(대판 1997. 12. 26. 97누9390).

절차상 하자의 치유를 부정한 판례

① **세액산출근거가 누락된 납세고지서에 의한 하자 있는 과세처분**
과세처분시 납세고지서에 과세표준, 세율, 세액의 산출근거 등이 누락된 경우에는 늦어도 과세처분에 대한 불복 여부의 결정 및 불복신청에 편의를 줄 수 있는 상당한 기간 내에 보정행위를 하여야 그 하자가 치유된다 할 것이므로, 과세처분이 있은 지 4년이 지나서 그 취소소송이 제기된 때에 보정된 납세고지서를 송달하였다는 사실이나 오랜 기간(4년)의 경과로써 과세처분의 하자가 치유되었다고 볼 수는 없다(대판 1983. 7. 26. 82누420).

② **취소처분의 근거와 위반사실의 적시를 빠뜨린 하자**

주류도매업면허의 취소처분에는 그 근거가 되는 법령이나 취소권 유보의 부관 등을 명시하여야 함은 물론, 처분을 받은 자가 어떠한 위반사실에 대하여 당해 처분이 있었는지를 알 수 있을 정도로 사실을 적시할 것을 요하며, 이와 같은 취소처분의 근거와 위반사실의 적시를 빠뜨린 하자는 피처분자가 처분 당시 그 취지를 알고 있었다거나 그 후 알게 되었다 하여도 치유될 수 없다(대판 1990. 9. 11. 90누1786).

③ **납세의무자가 그 나름대로 산출근거를 알고 있다거나 사실상 이를 알고서 쟁송에 이른 경우**

납세고지서에 과세연도, 세목, 세액 및 그 산출근거, 납부기한과 납부장소 등의 명시를 요구한 국세징수법 제9조나 과세표준과 세액계산명세서의 첨부를 명한 구 「법인세법」 제37조, 제59조의5, 구 법인세법 시행령 제99조 등의 규정들은 강행규정으로 보아야 하고, 따라서 납세고지서에 세액산출근거 등의 기재사항이 누락되었거나 과세표준과 세액의 계산명세서가 첨부되지 않았다면 적법한 납세의 고지라고 볼 수 없으며, 위와 같은 납세고지의 하자는 납세의무자가 그 나름대로 산출근거를 알고 있다거나 사실상 이를 알고서 쟁송에 이르렀다 하더라도 치유되지 않는다(대판 2002. 11. 13. 2001두1543).

④ **행정청이 식품위생법 시행령 제37조 제1항 소정의 7일을 준수하지 아니한 채 5일 전에야 청문서를 발송하고 취한 청문절차 및 그 청문절차를 거쳐 내린 영업정지처분**

「식품위생법」 제64조, 같은 법 시행령 제37조 제1항의 규정에 의한 청문제도의 취지에 비추어 볼 때 행정청이 영업정지처분을 하려면 반드시 사전에 청문절차를 거쳐야 함은 물론 청문서 도달기간 등을 엄격히 지켜 영업자로 하여금 의견진술과 변명의 기회를 보장하여야 하는 것이고 가령 같은 법 제58조의 사유가 분명히 존재하는 경우라도 위와 같은 청문절차를 제대로 준수하지 아니하고 한 영업정지처분은 위법하다. 행정청이 영업정지처분을 함에 있어 식품위생법 시행령 제37조 제1항 소정의 청문서 도달기간인 7일을 준수하지 아니한 채 청문서를 청문일로부터 5일 전에야 발송하였다면 처분을 함에 있어서 취한 위 청문절차는 위법하며, 위법한 청문절차를 거쳐 내린 위 영업정지처분 역시 위법하다(대판 1992. 2. 11. 91누11575).

3. 절차상 하자의 치유시기

(1) 학 설

① 행정쟁송제기 이전까지 가능하다는 견해: 하자의 치유를 인정한다 하더라도 행정심판이나 행정소송 제기 이전까지만 하자의 치유가 가능하다는 견해이다.

② 행정소송제기 이전까지 가능하다는 견해: 행정심판은 본질적으로 행정 내부의 자율적 통제수단에 불과하므로 행정심판의 종결시까지 그리고, 행정심판을 제기하지 않는 경우에는 행정소송제기 이전까지 가능하다는 견해이다.

③ 행정소송절차 종결시까지 가능하다는 견해: 이는 독일연방행정절차법에 따르는 견해이다.

(2) 판 례

세액산출근거가 누락된 납세고지서에 의한 과세처분 하자의 치유시기
세액산출근거가 누락된 납세고지서에 의한 과세처분의 하자의 치유를 허용하려면 늦어도 과세처분에 대한 불복 여부의 결정 및 불복신청에 편의를 줄 수 있는 상당한 기간 내에 하여야 한다고 할 것이므로 위 과세처분에 대한 전심절차가 모두 끝나고 상고심의 계류 중에 세액산출근거의 통지가 있었다고 하여 이로써 위 과세처분의 하자가 치유되었다고는 볼 수 없다(대판 1984. 4. 10. 83누393).

납부고지서에 기재사항의 일부가 누락되었더라도 부과처분 전 부담금예정통지서에 필요적 기재사항이 기재되어 있는 경우 납부의무자로서는 부과처분에 대한 불복 여부의 결정 및 불복신청에 전혀 지장을 받지 않았음이 명백하다
택지초과소유부담금의 납부고지서에 납부금액 및 산출근거, 납부기한과 납부장소 등의 필요적 기재사항의 일부가 누락되었다면 그 부과처분은 위법하다고 할 것이나, 부과관청이 부과처분에 앞서 택지소유상한에 관한 법률 시행령 제31조 제1항에 따라 납부의무자에게 교부한 부담금예정통지서에 납부고지서의 필요적 기재사항이 제대로 기재되어 있었다면 납부의무자로서는 부과처분에 대한 불복 여부의 결정 및 불복신청에 전혀 지장을 받지 않았음이 명백하므로, 이로써 납부고지서의 흠결이 보완되거나 하자가 치유될 수 있는 것이다(대판 1997. 12. 26. 97누9390).

제 9 장 행정정보의 공개와 개인정보의 보호

제1절 행정정보의 공개

Ⅰ. 정보공개의 의의

행정정보의 공개란 행정기관이 관리하고 있는 정보나 정책결정과정을 국민의 청구에 의하여 공개하는 것을 말한다.

Ⅱ. 정보공개청구권의 의의

정보공개청구권이란 사인이 공공기관에 정보를 제공해 줄 것을 요구할 수 있는 개인적 공권을 말한다.

정보공개청구권에는 개별적 정보공개청구권뿐만 아니라 일반적 정보공개청구권도 포함된다

국민의 알 권리, 특히 국가정보에의 접근의 권리는 우리 「헌법」상 기본적으로 표현의 자유와 관련하여 인정되는 것으로 그 권리의 내용에는 일반 국민 누구나 국가에 대하여 보유·관리하고 있는 정보의 공개를 청구할 수 있는 이른바 일반적인 정보공개청구권이 포함된다(대판 1999. 9. 21. 97누5114).

Ⅲ. 정보공개청구권의 법적 근거

1. 정보공개청구권의 헌법적 근거

헌법상의 "알 권리"

① 부동산 소유권의 회복을 위한 입증자료로 사용하고자 청구인이 문서의 열람·복사 신청을 하였으나 행정청이 이에 불응하였다 하더라도 그 불응한 행위로 인하여 청구인의 재산권이 침해당하였다고는 보기 어려우나, 청구인의 정당한 이해관계가 있는 정부보유의 정보의 개시에 대하여 행정청이 아무런 검토 없이 불응한 부작위는 「헌법」 제21조에 규정된 표현의 자유와 자유민주주의적 기본질서를 천명하고 있는 「헌법」 전문, 제1조, 제4조의 해석상 국민의 정부에 대한 일반적 정보공개를 구할 권리(청구권적 기본권)로서 인정되는 '알' 권리를 침해한 것이고 위 열람·복사 민원의 처리는 법률의 제정이 없더라도 불가능한 것이 아니다(헌재결 1989. 9. 4. 88헌마22).

② 「헌법」 제21조는 언론·출판의 자유, 즉 표현의 자유를 규정하고 있는데 이 자유는 전통적으로 사상 또는 의견의 자유로운 표명(발표의 자유)과 그것을 전파할 자유(전달의 자유)를 의미하는 것으로서 사상 또는 의견의 자유로운 표명은 자유로운 의사의 형성을 전제로 한다. 자유로운 의사의 형성은 정보에의 접근이 충분히 보장됨으로써 비로소 가능한 것이며, 그러한 의미에서 정보에의 접근·수집·처리의 자유, 즉 "알 권리"는 표현의 자유와 표리일체의 관계에 있으며 자유권적 성질과 청구권적 성질을 공유하는 것이다. 자유권적 성질은 일반적으로 정보에 접근하고 수집·처리함에 있어서 국가권력의 방해를 받지 아니한다는 것을 말하며, 청구권적 성질을 의사형성이나 여론 형성에 필요한 정보를 적극적으로 수집하고 수집을 방해하는 방해제거를 청구할 수 있다는 것을 의미하는바, 이는 정보수집권 또는 정보공개청구권으로 나타난다. 나아가 현대 사회가 고도의 정보화사회로 이행해감에 따라 "알 권리"는 한편으로 생활권적 성질까지도 획득해 나가고 있다. 이러한 "알 권리"는 표현의 자유에 당연히 포함되는 것으로 보아야 하며 인권에 관한 세계선언 제19조도 "알 권리"를 명시적으로 보장하고 있다(헌재결 1991. 5. 13. 90헌마133).

2. 정보공개청구권의 법률상 근거

대법원은 정보공개조례를 적법한 것으로 판시하였다.

> 지방자치단체는 그 내용이 주민의 권리의 제한 또는 의무의 부과에 관한 사항이거나 벌칙에 관한 사항이 아닌 한 법률의 위임이 없더라도 조례를 제정할 수 있다 할 것인데 청주시의회에서 의결한 청주시 행정정보공개조례안은 행정에 대한 주민의 알 권리의 실현을 그 근본내용으로 하면서도 이로 인한 개인의 권익침해 가능성을 배제하고 있으므로 이를 들어 주민의 권리를 제한하거나 의무를 부과하는 조례라고는 단정할 수 없고 따라서 그 제정에 있어서 반드시 법률의 개별적 위임이 따로 필요한 것은 아니다(대판 1992. 6. 23. 92추17).

대법원과 헌법재판소는 대통령령인 사무관리규정도 정보공개청구권의 법적 근거로 보고 있다.

> ① **대법원**
>
> ㉠ 일반적으로 국민은 국가기관에 대하여 기밀에 관한 사항 등 특별한 경우 이외에는 보관하고 있는 문서의 열람 및 복사를 청구할 수 있고, 정부공문서규정 제36조 제2항의 규정도 행정기관으로 하여금 일반국민의 문서열람 및 복사신청에 대하여 기밀 등의 특별한 사유가 없는 한 이에 응하도록 하고 있으므로 그 신청을 거부한 것은 위법하다(대판 1989. 10. 24. 88누9312).
>
> ㉡ 국민의 알 권리, 특히 국가정보에의 접근의 권리는 우리 헌법상 기본적으로 표현의 자유와 관련하여 인정되는 것으로 그 권리의 내용에는 일반 국민 누구나 국가에 대하여 보유·관리하고 있는 정보의 공개를 청구할 수 있는 이른바 일반적인 정보공개청구권이 포함되고, 이 청구권은 「공공기관의 정보공개에 관한 법률」이 1998. 1. 1. 시행되기 전에는 구 사무관리규정 제33조 제2항과 행정정보공개운영지침에서 구체화되어 있었다(대판 1999. 9. 21. 97누5114).
>
> ② **헌법재판소**
>
> 비록 공문서 공개의 원칙보다는 공문서의 관리통제에 중점을 두고 만들어진 규정이기는 하지만, 정부공문서규정 제36조 제2항을 근거로 국민의 알 권리를 곧바로 실현시키는 것은 가능하다(헌재결 1989. 9. 4. 88헌마22).

Ⅳ. 공공기관의 정보공개에 관한 법률의 주요내용

1. 정보공개의 원칙과 비공개대상정보

(1) 정보공개의 원칙

공개대상정보

「공공기관의 정보공개에 관한 법률」에서 말하는 공개대상정보는 정보 그 자체가 아닌 정보공개법 제2조 제1호에서 예시하고 있는 매체 등에 기록된 사항을 의미한다(대판 2013. 1. 24. 2010두18918).

일정한 시기부터 한국의 민간기업이 자유롭게 수입할 수 있다고 한 중국과의 마늘교역에 관한 합의 내용을 공개할 정부의 의무가 인정되는지

알 권리에서 파생되는 정부의 공개의무는 특별한 사정이 없는 한 국민의 적극적인 정보수집행위, 특히 특정의 정보에 대한 공개청구가 있는 경우에야 비로소 존재하므로, 정보공개청구가 없었던 경우 대한민국과 중화인민공화국이 2000. 7. 31. 체결한 양국간 마늘교역에 관한 합의서 및 그 부속서 중 '2003. 1. 1.부터 한국의 민간기업이 자유롭게 마늘을 수입할 수 있다'는 부분을 사전에 마늘재배농가들에게 공개할 정부의 의무는 인정되지 아니한다. 또한 공포의무가 인정되는 일정범위의 조약의 경우에는 공개청구가 없더라도 알 권리에 상응하는 공개의무가 예외적으로 인정되는 것으로 생각해 볼 수도 있으나 위 부속서의 경우 그 내용이 이미 연도의 의미를 명확히 하고 한국이 이미 행한 3년간의 중국산 마늘에 대한 긴급수입제한 조치를 그 이후에는 다시 연장하지 않겠다는 방침을 선언한 것으로 집행적인 성격이 강하고, 특히 긴급수입제한조치의 연장은 중국과의 합의로 그 연장 여부가 최종적으로 결정된 것으로 볼 수 없는 점에 비추어 헌법적으로 정부가 반드시 공포하여 국내법과 같은 효력을 부여해야 한다고 단정할 수 없다(헌재결 2004. 12. 16. 2002헌마579).

정보공개청구의 목적에 특별한 제한이 없다

「공공기관의 정보공개에 관한 법률」 제5조 제1항은 "모든 국민은 정보의 공개를 청구할 권리를 가진다"고 규정하고 있고, 한편 정보공개법의 목적, 규정 내용 및 취지에 비추어 보면, 정보공개청구의 목적에 특별한 제한이 없으므로, 오로지 상대방을 괴롭힐 목적으로 정보공개를 구하고 있다는 등의 특별한 사정이 없는 한 정보공개의 청구가

신의칙에 반하거나 권리남용에 해당한다고 볼 수 없다(대판 2008. 9. 25. 2008두8680; 대판 2006. 8. 24. 2004두2783; 대판 2004. 9. 23. 2003두1370 등).

공개청구의 대상이 되는 정보에 해당하는 문서가 원본이어야 하는지 여부

공공기관의 정보공개에 관한 법률상 공개청구의 대상이 되는 정보란 공공기관이 직무상 작성 또는 취득하여 현재 보유·관리하고 있는 문서에 한정되는 것이기는 하나, 그 문서가 반드시 원본일 필요는 없다(대판 2006. 5. 25. 2006두3049).

공개청구의 대상이 되는 정보가 이미 다른 사람에게 공개되어 널리 알려져 있다거나 인터넷 등을 통하여 공개되어 인터넷검색 등을 통하여 쉽게 알 수 있는 경우

국민의 정보공개청구권은 법률상 보호되는 구체적인 권리이므로, 공공기관에 대하여 정보의 공개를 청구하였다가 공개거부처분을 받은 청구인은 행정소송을 통하여 그 공개거부처분의 취소를 구할 법률상의 이익이 있고, 공개청구의 대상이 되는 정보가 이미 다른 사람에게 공개되어 널리 알려져 있다거나 인터넷 등을 통하여 공개되어 인터넷검색 등을 통하여 쉽게 알 수 있다는 사정만으로는 소의 이익이 없다거나 비공개결정이 정당화될 수 없다(대판 2010. 12. 23. 2008두13101).

(2) 비공개대상정보

공공기관이 보유·관리하는 정보는 원칙적으로 공개하여야 하지만, 「공공기관의 정보공개에 관한 법률」은 비공개대상정보를 규정하고 있다(제9조 제1항).

정보공개를 요구받은 공공기관이 비공개사유에 해당하는지를 주장·입증하지 아니한 채 개괄적인 사유만을 들어 그 공개를 거부할 수 없다

「공공기관의 정보공개에 관한 법률」 제1조, 제3조, 제6조는 국민의 알 권리를 보장하고 국정에 대한 국민의 참여와 국정운영의 투명성을 확보하기 위하여 공공기관이 보유·관리하는 정보를 모든 국민에게 원칙적으로 공개하도록 하고 있으므로, 국민으로부터 보유·관리하는 정보에 대한 공개를 요구받은 공공기관으로서는 같은 법 제7조 제1항 각 호에서 정하고 있는 비공개사유에 해당하지 않는 한 이를 공개하여야 할 것이고, 만일 이를 거부하는 경우라 할지라도 대상이 된 정보의 내용을 구체적으로 확인·검토하여 어느 부분이 어떠한 법익 또는 기본권과 충돌되어 같은 법 제7조 제1항

몇 호에서 정하고 있는 비공개사유에 해당하는지를 주장·입증하여야만 할 것이며, 그에 이르지 아니한 채 개괄적인 사유만을 들어 공개를 거부하는 것은 허용되지 아니한다(대판 2003. 12. 11. 2001두8827).

공공기관이 보유·관리하고 있는 정보가 제3자와 관련이 있는 경우, 제3자가 비공개를 요청하였다고 하여 공공기관의 정보공개에 관한 법률상 정보의 비공개사유에 해당하지 않는다

「정보공개법」 제11조 제3항이 "공공기관은 공개청구된 공개대상정보의 전부 또는 일부가 제3자와 관련이 있다고 인정되는 때에는 그 사실을 제3자에게 지체없이 통지하여야 하며, 필요한 경우에는 그의 의견을 청취할 수 있다", 제21조 제1항이 "제11조 제3항의 규정에 의하여 공개청구된 사실을 통지받은 제3자는 통지받은 날부터 3일 이내에 당해 공공기관에 대하여 자신과 관련된 정보를 공개하지 아니할 것을 요청할 수 있다"고 규정하고 있다고 하더라도, 이는 공공기관이 보유·관리하고 있는 정보가 제3자와 관련이 있는 경우 그 정보공개 여부를 결정함에 있어 공공기관이 제3자와의 관계에서 거쳐야 할 절차를 규정한 것에 불과할 뿐, 제3자의 비공개요청이 있다는 사유만으로 정보공개법상 정보의 비공개사유에 해당한다고 볼 수 없다(대판 2008. 9. 25. 2008두8680).

① 다른 법률 또는 법률이 위임한 명령(국회규칙·대법원규칙·헌법재판소규칙·중앙선거관리위원회규칙·대통령령 및 조례에 한한다)에 의하여 비밀 또는 비공개 사항으로 규정된 정보

공공기관의 정보공개에 관한 법률 제9조 제1항 제1호 소정의 '법률에 의한 명령'의 의미

㉠ 「공공기관의 정보공개에 관한 법률」 제1조, 제3조, 헌법 제37조의 각 취지와 행정입법으로는 법률이 구체적으로 범위를 정하여 위임한 범위 안에서만 국민의 자유와 권리에 관련된 규율을 정할 수 있는 점 등을 고려할 때, 공공기관의 정보공개에 관한 법률 제7조 제1항 제1호 소정의 '법률에 의한 명령'은 법률의 위임규정에 의하여 제정된 대통령령, 총리령, 부령 전부를 의미한다기보다는 정보의 공개에 관하여 법률의 구체적인 위임 아래 제정된 법규명령(위임명령)을 의미한다(대판 2003. 12. 11. 2003두8395).

㉡ 「공공기관의 정보공개에 관한 법률」 제9조 제1항 본문은 "공공기관이 보유관리하는 정보는 공개대상이 된다"고 규정하면서 그 단서 제1호에서는 "다른 법률 또는 법률이 위임한 명령(국회규칙·대법원규칙·중앙선거관리위원회규칙·대통령령 및 조례에

한한다)에 의하여 비밀 또는 비공개 사항으로 규정된 정보"는 이를 공개하지 아니할 수 있다고 규정하고 있는바, 그 입법 취지는 비밀 또는 비공개사항으로 다른 법률 등에 규정되어 있는 경우는 이를 존중함으로써 법률 간의 마찰을 피하기 위한 것이고, 여기에서 '법률에 의한 명령'은 정보의 공개에 관하여 법률의 구체적인 위임 아래 제정된 법규명령(위임명령)을 의미한다(대판 2010. 6. 10. 2010두2913; 대판 2006. 10. 26. 2006두11910).

공공기관의 정보공개에 관한 법률 제9조 제1항 제1호에 의하여 공개하지 아니할 수 있다

국방부의 한국형 다목적 헬기(KMH) 도입사업에 대한 감사원장의 감사결과보고서가 군사2급비밀에 해당하는 이상 「공공기관의 정보공개에 관한 법률」 제9조 제1항 제1호에 의하여 공개하지 아니할 수 있다(대판 2006. 11. 10. 2006두9351).

검찰보존사무규칙 제22조의 법적 성질(행정기관 내부의 사무처리준칙) 및 같은 규칙상의 열람·등사의 제한이 공공기관의 정보공개에 관한 법률 제9조 제1항 제1호의 '다른 법률 또는 법률에 의한 명령에 의하여 비공개사항으로 규정된 경우'에 해당하는지

검찰보존사무규칙이 「검찰청법」 제11조에 기하여 제정된 법무부령이기는 하지만, 그 사실만으로 같은 규칙 내의 모든 규정이 법규적 효력을 가지는 것은 아니다. 기록의 열람·등사의 제한을 정하고 있는 같은 규칙 제22조는 법률상의 위임근거가 없어 행정기관 내부의 사무처리준칙으로서 행정규칙에 불과하므로, 위 규칙상의 열람·등사의 제한을 「공공기관의 정보공개에 관한 법률」 제9조 제1항 제1호의 '다른 법률 또는 법률에 의한 명령에 의하여 비공개사항으로 규정된 경우'에 해당한다고 볼 수 없다(대판 2006. 5. 25. 2006두3049).

형사소송법 제47조의 공개금지가 공공기관의 정보공개에 관한 법률 제9조 제1항 제1호의 '다른 법률 또는 법률에 의한 명령에 의하여 비공개사항으로 규정된 경우'에 해당하는지

"소송에 관한 서류는 공판의 개정 전에는 공익상 필요 기타 상당한 이유가 없으면 공개하지 못한다"고 정하고 있는 「형사소송법」 제47조의 취지는, 일반에게 공표되는 것을 금지하여 소송관계인의 명예를 훼손하거나 공서양속을 해하거나 재판에 대한 부당한 영향을 야기하는 것을 방지하려는 취지이지, 당해 사건의 고소인에게 그 고소에 따른 공소제기내용을 알려주는 것을 금지하려는 취지는 아니므로, 이와 같은 「형사소송법」 제47조의 공개금지를 「공공기관의 정보공개에 관한 법률」 제9조 제1항 제1호의 '다른 법률 또는 법률에 의한 명령에 의하여 비공개사항으로 규정된 경우'에 해당한다고 볼 수 없다(대판 2006. 5. 25. 2006두3049).

공직자윤리법상의 등록의무자가 구 공직자윤리법 시행규칙 제12조 관련 [별지 14호 서식]에 따라 제출한, '자신의 재산등록사항의 고지를 거부한 직계존비속의 본인과의 관계, 성명, 고지거부사유, 서명(날인)'이 기재되어 있는 문서는 구 공공기관의 정보공개에 관한 법률 제7조 제1항 제1호에 정한 법령비정보에 해당하지 않는다

구 「공공기관의 정보공개에 관한 법률」과 구 「공직자윤리법」의 관련 규정들을 종합하여 보면, 구 「공직자윤리법」에 의한 '등록사항' 중 같은 법 제10조 제1항 및 제2항에 의하여 공개하여야 할 등록사항을 제외한 나머지 등록사항은 같은 법 제10조 제3항 또는 제14조의 규정에 의한 법령비정보에 해당한다. 그런데 위 규정들의 내용 및 「공직자윤리법」의 목적, 입법 취지 등을 종합하여 보면, 등록의무자 본인 및 그 배우자와 직계존비속이 소유하는 재산의 종류와 가액 및 고지거부사실(직계존비속이 자신의 재산등록사항의 고지를 거부하는 경우 그 고지거부사실 자체는 등록할 재산에 대응하는 것이므로 등록사항으로 보아야 한다)은 구 「공직자윤리법」에 의한 등록사항에 해당하나, 그 밖에 등록의무자의 배우자 및 직계존비속의 존부와 그 인적사항 및 고지거부자의 고지거부사유는 그 등록사항에 해당하지 않는다. 따라서 「공직자윤리법」상의 등록의무자가 제출한 '자신의 재산등록사항의 고지를 거부한 직계존비속의 본인과의 관계, 성명, 고지거부사유, 서명(날인)'이 기재되어 있는 구 「공직자윤리법」 시행규칙 제12조 관련 [별지 14호 서식]의 문서는 구 「공직자윤리법」에 의한 등록사항이 아니므로, 같은 법 제10조 제3항 및 제14조의 각 규정에 의하여 열람복사가 금지되거나 누설이 금지된 정보가 아니고, 나아가 구 「공공기관의 정보공개에 관한 법률」 제7조 제1항 제1호에 정한 법령비정보에도 해당하지 않는다(대판 2007. 12. 13. 2005두13117).

국가정보원이 직원에게 지급하는 현금급여 및 월초수당에 관한 정보는 공공기관의 정보공개에 관한 법률 제9조 제1항 제1호의 비공개대상정보인 '다른 법률에 의하여 비공개 사항으로 규정된 정보'에 해당한다

국가정보원이 그 직원에게 지급하는 현금급여 및 월초수당에 관한 정보는 국가정보원 예산집행내역의 일부를 구성하는 것이므로, 위 현금급여 및 월초수당에 관한 정보는 국가정보원법 제12조에 의하여 비공개 사항으로 규정된 정보로서 「공공기관의 정보공개에 관한 법률」 제9조 제1항 제1호의 비공개대상정보인 '다른 법률에 의하여 비공개 사항으로 규정된 정보'에 해당한다고 보아야 하고, 위 현금급여 및 월초수당이 근로의 대가로서의 성격을 가진다거나 정보공개청구인이 해당 직원의 배우자라고 하여 달리 볼 것은 아니다(대판 2010. 12. 23. 2010두14800).

② 국가안전보장·국방·통일·외교관계 등에 관한 사항으로서 공개될 경우 국가의 중대한 이익을 현저히 해할 우려가 있다고 인정되는 정보

정보공개청구권의 인정 근거

국민의 알 권리에 기한 일반적 정보공개청구권도 일정한 한계를 갖는 것으로서 그 제한에서 오는 이익과 그 침해에 의한 해악과의 비교·형량에 의하여 일정한 범위 내에서 제한될 수 있으나, 이 사건 문서의 성격과 내용, 피고가 이를 미국 정부로부터 제공받게 된 경위 및 그 당시 미국 정부가 이 사건 문서의 공개와 관련하여 피고에게 요청한 내용에 관한 피고의 주장 요지 등 이 사건 변론에 나타난 바를 종합하여 보면, 이 사건 문서의 공개에 의하여 초래될 외교관계상의 국익 침해에 대한 피고의 구체적 주장·입증이 없어 그에 대한 원고의 이 사건 공개신청이 국민의 알 권리에 기한 정보공개청구권의 한계를 벗어난 것이라고 단정할 수 없다(대판 1999. 9. 21. 97누5114).

③ 공개될 경우 국민의 생명·신체 및 재산의 보호에 현저한 지장을 초래할 우려가 있다고 인정되는 정보

보안관찰법 소정의 보안관찰 관련 통계자료가 비공개대상정보에 해당하는지 여부

보안관찰처분을 규정한 「보안관찰법」에 대하여 헌법재판소도 이미 그 합헌성을 인정한 바 있고, 보안관찰법 소정의 보안관찰 관련 통계자료는 우리나라 53개 지방검찰청 및 지청관할지역에서 매월 보고된 보안관찰처분에 관한 각종 자료로서, 보안관찰처분대상자 또는 피보안관찰자들의 매월별 규모, 그 처분시기, 지역별 분포에 대한 전국적 현황과 추이를 한눈에 파악할 수 있는 구체적이고 광범위한 자료에 해당하므로 '통계자료'라고 하여도 그 함의를 통하여 나타내는 의미가 있음이 분명하여 가치중립적일 수는 없고, 그 통계자료의 분석에 의하여 대남공작활동이 유리한 지역으로 보안관찰처분대상자가 많은 지역을 선택하는 등으로 위 정보가 북한정보기관에 의한 간첩의 파견, 포섭, 선전선동을 위한 교두보의 확보 등 북한의 대남전략에 있어 매우 유용한 자

료로 악용될 우려가 없다고 할 수 없으므로, 위 정보는 「공공기관의 정보공개에 관한 법률」 제7조 제1항 제2호 소정의 공개될 경우 국가안전보장·국방·통일·외교관계 등 국가의 중대한 이익을 해할 우려가 있는 정보, 또는 제3호 소정의 공개될 경우 국민의 생명·신체 및 재산의 보호 기타 공공의 안전과 이익을 현저히 해할 우려가 있다고 인정되는 정보에 해당한다(대판 2004. 3. 18. 2001두8254 전원합의체).

④ 진행 중인 재판에 관련된 정보와 범죄의 예방, 수사, 공소의 제기 및 유지, 형의 집행, 교정, 보안처분에 관한 사항으로서 공개될 경우 그 직무수행을 현저히 곤란하게 하거나 형사피고인의 공정한 재판을 받을 권리를 침해한다고 인정할 만한 상당한 이유가 있는 정보

비공개대상정보로 정하고 있는 '진행 중인 재판에 관련된 정보'의 범위
「공공기관의 정보공개에 관한 법률」의 입법 목적, 정보공개의 원칙, 비공개대상정보의 규정 형식과 취지 등을 고려하면, 법원 이외의 공공기관이 「정보공개법」 제9조 제1항 제4호에서 정한 '진행 중인 재판에 관련된 정보'에 해당한다는 사유로 정보공개를 거부하기 위하여는 반드시 그 정보가 진행 중인 재판의 소송기록 자체에 포함된 내용일 필요는 없다. 그러나 재판에 관련된 일체의 정보가 그에 해당하는 것은 아니고 진행 중인 재판의 심리 또는 재판결과에 구체적으로 영향을 미칠 위험이 있는 정보에 한정된다고 보는 것이 타당하다(대판 2011. 11. 24. 2009두19021).

비공개대상으로 규정한 '형의 집행, 교정에 관한 사항으로서 공개될 경우 그 직무수행을 현저히 곤란하게 하는 정보'의 의미 및 이에 해당하는지 여부에 관한 판단기준
구 「공공기관의 정보공개에 관한 법률」 제7조 제1항 제4호에서 비공개대상으로 규정한 '형의 집행, 교정에 관한 사항으로서 공개될 경우 그 직무수행을 현저히 곤란하게 하는 정보'라 함은 당해 정보가 공개될 경우 재소자들의 관리 및 질서유지, 수용시설의 안전, 재소자들에 대한 적정한 처우 및 교정·교화에 관한 직무의 공정하고 효율적인 수행에 직접적이고 구체적으로 장애를 줄 고도의 개연성이 있고, 그 정도가 현저한 경우를 의미한다고 할 것이며, 여기에 해당하는지 여부는 비공개에 의하여 보호되는 업무수행의 공정성 등의 이익과 공개에 의하여 보호되는 국민의 이익과의 보장과 국정에 대한 국민의 참여 및 국정운영의 투명성 확보 등의 이익을 비교·교량하여 구체적인 사안에 따라 개별적으로 판단되어야 한다(대판 2004. 12. 9. 2003두12707).

비공개대상으로 규정한 '형의 집행, 교정에 관한 사항으로서 공개될 경우 그 직무수행을 현저히 곤란하게 하는 정보'의 의미

「공공기관의 정보공개에 관한 법률」 제9조 제1항 제4호에서 비공개대상으로 규정한 '형의 집행, 교정에 관한 사항으로서 공개될 경우 그 직무수행을 현저히 곤란하게 하는 정보'란 당해 정보가 공개될 경우 재소자들의 관리 및 질서유지, 수용시설의 안전, 재소자들에 대한 적정한 처우 및 교정·교화에 관한 직무의 공정하고 효율적인 수행에 직접적이고 구체적으로 장애를 줄 고도의 개연성이 있고, 그 정도가 현저한 경우를 의미한다(대판 2009. 12. 10. 2009두12785).[1]

⑤ 감사·감독·검사·시험·규제·입찰계약·기술개발·인사관리·의사결정과정 또는 내부검토과정에 있는 사항 등으로서 공개될 경우 업무의 공정한 수행이나 연구·개발에 현저한 지장을 초래한다고 인정할 만한 상당한 이유가 있는 정보

'공개될 경우 업무의 공정한 수행에 현저한 지장을 초래한다고 인정할 만한 상당한 이유가 있는 경우'의 의미

[1] 「공공기관의 정보공개에 관한 법률」 제9조 제1항 제5호는 시험에 관한 사항으로서 공개될 경우 업무의 공정한 수행에 현저한 지장을 초래한다고 인정할 만한 상당한 이유가 있는 정보는 공개하지 아니한다고 규정하고 있는바, 여기에서 규정하고 있는 '공개될 경우 업무의 공정한 수행에 현저한 지장을 초래한다고 인정할 만한 상당한 이유가 있는 경우'란 공개될 경우 업무의 공정한 수행이 객관적으로 현저하게 지장을 받을 것이라는 고도의 개연성이 존재하는 경우를 의미한다.

[2] 알 권리와 학생의 학습권, 부모의 자녀교육권의 성격 등에 비추어 볼 때, 학교교육에서의 시험에 관한 정보로서 공개될 경우 업무의 공정한 수행에 현저한 지장을 초래하는지 여부는 공공기관의 정보공개에 관한 법률의 목적 및 시험정보를 공개하지 아니할 수 있도록 하고 있는 입법 취지, 당해 시험 및 그에 대한 평가행위의 성격과 내용, 공개의 내용과 공개로 인한 업무의 증가, 공개로 인한 파급효과 등을 종합하여, 비공개에 의하여 보호되는 업무수행의 공정성 등의 이익과 공개에 의하

1 재소자가 교도관의 가혹행위를 이유로 형사고소 및 민사소송을 제기하면서 그 증명자료 확보를 위해 '근무보고서'와 '징벌위원회 회의록' 등의 정보공개를 요청하였으나 교도소장이 이를 거부한 사안에서, 근무보고서는 비공개대상정보에 해당한다고 볼 수 없고, 징벌위원회 회의록 중 비공개 심사·의결 부분은 비공개사유에 해당하지만 징벌절차 진행 부분은 비공개사유에 해당하지 않는다고 보아 분리 공개가 허용된다고 한 사례.

여 보호되는 국민의 알 권리와 학생의 학습권 및 부모의 자녀교육권의 보장, 학교교육에 대한 국민의 참여 및 교육행정의 투명성 확보 등의 이익을 비교·교량하여 구체적인 사안에 따라 신중하게 판단하여야 한다(대판 2010. 2. 25. 2007두9877).

'감사·감독·검사·시험·규제·입찰계약·기술개발·인사관리·의사결정과정 또는 내부검토과정에 있는 사항 등으로서 공개될 경우 업무의 공정한 수행에 현저한 지장을 초래한다고 인정할 만한 상당한 이유가 있는 정보'의 의미

「공공기관의 정보공개에 관한 법률」 제9조 제1항 제5호에서 비공개대상정보로 규정하고 있는 '감사·감독·검사·시험·규제·입찰계약·기술개발·인사관리·의사결정과정 또는 내부검토과정에 있는 사항 등으로서 공개될 경우 업무의 공정한 수행에 현저한 지장을 초래한다고 인정할 만한 상당한 이유가 있는 정보'란 「정보공개법」 제1조의 정보공개제도의 목적 및 「정보공개법」 제9조 제1항 제5호에 따른 비공개대상정보의 입법 취지에 비추어 볼 때, 공개될 경우 업무의 공정한 수행이 객관적으로 현저하게 지장을 받을 것이라는 고도의 개연성이 존재하는 경우를 말하고, 이에 해당하는지는 비공개함으로써 보호되는 업무수행의 공정성 등 이익과 공개로 보호되는 국민의 알 권리 보장과 국정에 대한 국민의 참여 및 국정운영의 투명성 확보 등 이익을 비교·교량하여 구체적인 사안에 따라 신중하게 판단할 것이다. 그리고 그 판단을 할 때에는 공개청구의 대상이 된 당해 정보의 내용뿐 아니라 그것을 공개함으로써 장래 동종 업무의 공정한 수행에 현저한 지장을 가져올지도 아울러 고려해야 한다(대판 2012. 10. 11. 2010누18758).

시험에 관한 사항으로서 공개될 경우 업무의 공정한 수행이나 연구·개발에 현저한 지장을 초래한다고 인정할 만한 상당한 이유가 있는 정보는 공개하지 아니할 수 있도록 규정하고 있는 '공공기관의 정보공개에 관한 법률' 제9조 제1항 제5호 중 '시험'에 관한 부분이 청구인의 알 권리를 침해하는지 여부(소극)

시험의 관리에 있어서 가장 중요한 것은 정확성과 공정성이므로, 이를 위하여 시험문제와 정답, 채점기준 등 시험의 정확성과 공정성에 영향을 줄 수 있는 모든 정보는 사전에 엄격하게 비밀로 유지되어야 할 뿐만 아니라, 공공기관에서 시행하는 대부분의 시험들은 평가대상이 되는 지식의 범위가 한정되어 있고 그 시행도 주기적으로 반복되므로 이미 시행된 시험에 관한 정보라 할지라도 이를 제한없이 공개할 경우에는 중요한 영역의 출제가 어려워지는 등 시험의 공정한 관리 및 시행에 영향을 줄 수밖에 없다고 할 것이므로, 이 사건 법률조항이 시험문제와 정답을 공개하지 아니할 수 있도록 한 것이 과잉금지원칙에 위반하여 알권리를 침해한다고 볼 수 없다(헌재결 2011. 3. 31. 2010헌바291).

사법시험 2차 시험 답안지는 비공개대상정보에 해당하지 않는다

사법시험 2차 시험 답안지는 응시자의 시험문제에 대한 답안이 기재되어 있을 뿐 평가자의 평가기준이나 평가결과가 반영되어 있는 것은 아니므로 답안지를 열람한다고 하더라도 평가업무를 수행함에 있어서 지장을 초래할 가능성이 적은 점 등을 종합적으로 고려하면, 답안지의 열람으로 인하여 시험업무의 수행에 현저한 지장을 초래한다고 볼 수 없다(대판 2003. 3. 14. 2000두6114).

문제은행 출제방식을 채택하고 있는 치과의사 국가시험의 문제지와 정답지는 공공기관의 정보공개에 관한 법률상 비공개대상정보에 해당한다

치과의사 국가시험에서 채택하고 있는 문제은행 출제방식이 출제의 시간·비용을 줄이면서도 양질의 문항을 확보할 수 있는 등 많은 장점을 가지고 있는 점, 그 시험문제를 공개할 경우 발생하게 될 결과와 시험업무에 초래될 부작용 등을 감안하면, 위 시험의 문제지와 그 정답지를 공개하는 것은 시험업무의 공정한 수행이나 연구·개발에 현저한 지장을 초래한다고 인정할 만한 상당한 이유가 있는 경우에 해당하므로, 「공공기관의 정보공개에 관한 법률」 제9조 제1항 제5호에 따라 이를 공개하지 않을 수 있다(대판 2007. 6. 15. 2006두15936).

의사결정과정에 제공된 회의관련자료나 의사결정과정이 기록된 회의록 등은 공공기관의 정보공개에 관한 법률 제7조 제1항 제5호 소정의 '의사결정과정에 있는 사항'에 준하는 사항으로서 비공개대상정보에 해당된다

「공공기관의 정보공개에 관한 법률」상 비공개대상정보의 입법 취지에 비추어 살펴보면, 같은 법 제7조 제1항 제5호에서의 '감사·감독·검사·시험·규제·입찰계약·기술개발·인사관리·의사결정과정 또는 내부검토과정에 있는 사항'은 비공개대상정보를 예시적으로 열거한 것이라고 할 것이므로 의사결정과정에 제공된 회의관련자료나 의사결정과정이 기록된 회의록 등은 의사가 결정되거나 의사가 집행된 경우에는 더 이상 의사결정과정에 있는 사항 그 자체라고는 할 수 없으나, 의사결정과정에 있는 사항에 준하는 사항으로서 비공개대상정보에 포함될 수 있다(대판 2003. 8. 22. 2002두12946).[2]

2 학교환경위생구역 내 금지행위(숙박시설) 해제결정에 관한 학교환경위생정화위원회의 회의록에 기재된 발

지방자치단체의 도시공원위원회의 회의관련자료 및 회의록을 공개시기 등에 관한 아무런 제한 규정 없이 공개하여야 한다는 취지의 지방자치단체의 조례안은 공공기관의 정보공개에 관한 법률 제7조 제1항 제5호에 위반된다

지방자치단체의 도시공원에 관한 조례에서 규정된 도시공원위원회의 심의사항에 관하여 위 위원회의 심의를 거친 후 시장이나 구청장이 위 사항들에 대한 결정을 대외적으로 공표하기 전에 위 위원회의 회의관련자료 및 회의록이 공개된다면 업무의 공정한 수행에 현저한 지장을 초래한다고 할 것이므로, 위 위원회의 심의 후 그 심의사항들에 대한 시장 등의 결정의 대외적 공표행위가 있기 전까지는 위 위원회의 회의관련자료 및 회의록은 「공공기관의 정보공개에 관한 법률」 제7조 제1항 제5호에서 규정하는 비공개대상정보에 해당한다고 할 것이고, 다만 시장 등의 결정의 대외적 공표행위가 있은 후에는 이를 의사결정과정이나 내부검토과정에 있는 사항이라고 할 수 없고 위 위원회의 회의관련자료 및 회의록을 공개하더라도 업무의 공정한 수행에 지장을 초래할 염려가 없으므로, 시장 등의 결정의 대외적 공표행위가 있은 후에는 위 위원회의 회의관련자료 및 회의록은 같은 법 제7조 제2항에 의하여 공개대상이 된다고 할 것인바, 지방자치단체의 도시공원에 관한 조례안에서 공개시기 등에 관한 아무런 제한 규정 없이 위 위원회의 회의관련자료 및 회의록은 공개하여야 한다고 규정하였다면 이는 같은 법 제7조 제1항 제5호에 위반된다고 할 것이다(대판 2000. 5. 30. 99추85).

'공개될 경우 업무의 공정한 수행에 현저한 지장을 초래한다고 인정할 만한 상당한 이유가 있는 경우'의 의미

「공공기관의 정보공개에 관한 법률」 제9조 제1항 제5호에서 규정하고 있는 '공개될 경우 업무의 공정한 수행에 현저한 지장을 초래한다고 인정할 만한 상당한 이유가 있는 경우'란 같은 법 제1조의 정보공개제도의 목적 및 같은 법 제9조 제1항 제5호의 규정에 의한 비공개대상정보의 입법 취지에 비추어 볼 때 공개될 경우 업무의 공정한 수행이 객관적으로 현저하게 지장을 받을 것이라는 고도의 개연성이 존재하는 경우를 의미한다. 여기에 해당하는지 여부는 비공개에 의하여 보호되는 업무수행의 공정성 등의 이익과 공개에 의하여 보호되는 국민의 알 권리의 보장과 국정에 대한 국민의 참여 및 국정운영의 투명성 확보 등의 이익을 비교·교량하여 구체적인 사안에 따라 신중하게

언내용에 대한 해당 발언자의 인적사항 부분에 관한 정보는 공공기관의 정보공개에 관한 법률 제7조 제1항 제5호 소정의 비공개대상에 해당한다고 한 사례.

판단되어야 한다.
갑이 친족인 망 을 등에 대한 독립유공자 포상신청을 하였다가 독립유공자서훈 공적심사위원회의 심사를 거쳐 포상에 포함되지 못하였다는 내용의 공적심사 결과를 통지받자 국가보훈처장에게 '망인들에 대한 공적심사위원회의 심의·의결 과정 및 그 내용을 기재한 회의록' 등의 공개를 청구하였는데, 국가보훈처장이 위 회의록은 「공공기관의 정보공개에 관한 법률」 제9조 제1항 제5호에 따라 공개할 수 없다는 통보를 한 사안에서, 독립유공자 등록에 관한 신청당사자의 알 권리 보장에는 불가피한 제한이 따를 수밖에 없고 관계 법령에서 제한을 다소나마 해소하기 위해 조치를 마련하고 있는 점, 공적심사위원회의 심사에는 심사위원들의 전문적·주관적 판단이 상당 부분 개입될 수밖에 없는 심사의 본질에 비추어 공개를 염두에 두지 않은 상태에서의 심사가 그렇지 않은 경우보다 더 자유롭고 활발한 토의를 거쳐 객관적이고 공정한 심사 결과에 이를 개연성이 큰 점 등 위 회의록 공개에 의하여 보호되는 알 권리의 보장과 비공개에 의하여 보호되는 업무수행의 공정성 등의 이익 등을 비교·교량해 볼 때, 위 회의록은 「정보공개법」 제9조 제1항 제5호에서 정한 '공개될 경우 업무의 공정한 수행에 현저한 지장을 초래한다고 인정할 만한 상당한 이유가 있는 정보'에 해당한다(대판 2014. 7. 24. 2013두20301).

⑥ 당해 정보에 포함되어 있는 이름·주민등록번호 등 개인에 관한 사항으로서 공개될 경우 개인의 사생활의 비밀 또는 자유를 침해할 우려가 있다고 인정되는 정보

공공기관의 정보공개에 관한 법률 제7조 제1항 제6호의 '개인식별정보'
「공공기관의 정보공개에 관한 법률」 제7조 제1항 제6호는 비공개대상정보의 하나로 '당해 정보에 포함되어 있는 이름·주민등록번호 등에 의하여 특정인을 식별할 수 있는 개인에 관한 정보'를 규정하면서, 같은 호 단서 (다)목으로 '공공기관이 작성하거나 취득한 정보로서 공개하는 것이 공익 또는 개인의 권리구제를 위하여 필요하다고 인정되는 정보'는 제외된다고 규정하고 있는데, 여기에서 '공개하는 것이 개인의 권리구제를 위하여 필요하다고 인정되는 정보'에 해당하는지 여부는 비공개에 의하여 보호되는 개인의 사생활의 비밀 등의 이익과 공개에 의하여 보호되는 개인의 권리구제 등의 이익을 비교·교량하여 구체적 사안에 따라 개별적으로 판단하여야 할 것인바, 이 사건 정보와 같은 수사기록에 들어 있는 특정인을 식별할 있는 개인에 관한 정보로는 통상 관련자들의 이름, 주민등록번호, 주소(주거 또는 근무처 등)·연락처(전화번호 등), 그 외

직업·나이 등이 있을 것인데, 그중 관련자들의 이름은 수사기록의 공개를 구하는 필요성이나 유용성, 즉 개인의 권리구제라는 관점에서 특별한 사정이 없는 한 원칙적으로 공개되어야 할 것이고, 관련자들의 주민등록번호는 동명이인의 경우와 같이 동일성이 문제되는 등의 특별한 사정이 있는 경우를 제외하고는 개인의 권리구제를 위하여 필요하다고 볼 수는 없으므로 원칙적으로 비공개하여야 할 것이며, 관련자들의 주소·연락처는 공개될 경우 악용될 가능성이나 사생활이 침해될 가능성이 높은 반면, 증거의 확보 등 개인의 권리구제라는 관점에서는 그 공개가 필요하다고 볼 수 있는 경우도 있을 것이므로 개인식별정보는 비공개라는 원칙을 염두에 두고서 구체적 사안에 따라 개인의 권리구제의 필요성과 비교·교량하여 개별적으로 공개 여부를 판단하여야 할 것이고, 그 외 직업, 나이 등의 인적사항은 특별한 경우를 제외하고는 개인의 권리구제를 위하여 필요하다고 볼 수는 없다고 할 것이다(대판 2003. 12. 26. 2002두1342).

공공기관의 정보공개에 관한 법률 제7조 제1항 제6호 단서 (다)목 소정의 '공개하는 것이 공익을 위하여 필요하다고 인정되는 정보'에 해당하는지 여부의 판단기준

㉠ 「공공기관의 정보공개에 관한 법률」 제7조 제1항 제6호 단서 (다)목 소정의 '공개하는 것이 공익을 위하여 필요하다고 인정되는 정보'에 해당하는지 여부는 비공개에 의하여 보호되는 개인의 사생활 보호 등의 이익과 공개에 의하여 보호되는 국정운영의 투명성 확보 등의 공익을 비교·교량하여 구체적 사안에 따라 신중히 판단하여야 한다(대판 2003. 3. 11. 2001두6425).

㉡ 구 「공공기관의 정보공개에 관한 법률」 제7조 제1항 제6호는 비공개대상정보의 하나로 '당해 정보에 포함되어 있는 이름·주민등록번호 등에 의하여 특정인을 식별할 수 있는 개인에 관한 정보'를 규정하면서, 같은 호 단서 (다)목으로 '공공기관이 작성하거나 취득한 정보로서 공개하는 것이 공익 또는 개인의 권리구제를 위하여 필요하다고 인정되는 정보'는 제외된다고 규정하고 있는데, 여기에서 '공개하는 것이 공익을 위하여 필요하다고 인정되는 정보'에 해당하는지 여부는 비공개에 의하여 보호되는 개인의 사생활 보호 등의 이익과 공개에 의하여 보호되는 국정운영의 투명성 확보 등의 공익을 비교·교량하여 구체적 사안에 따라 신중히 판단하여야 한다(대판 2007. 12. 13. 2005두13117).

공직자윤리법상의 등록의무자가 구 공직자윤리법 시행규칙 제12조 관련 [별지 14호 서식]에 따라 정부공직자윤리위원회에 제출한 문서에 포함되어 있는 고지거부자의 인적사항은, 구 공공기관의 정보공개에 관한 법률 제7조 제1항 제6호 단서 (다)목에 정한 '공개하는 것이 공익을 위하여 필요하다고 인정되는 정보'에 해당하지 않는다

「공직자윤리법」상의 등록의무자가 정부공직자윤리위원회에 제출한 구 공직자윤리법 시행규칙 제12조 관련 [별지 14호 서식]의 문서에 포함되어 있는 고지거부자의 인적사항{고지거부자의 성명, 서명(날인)}은 개인식별정보에 해당하는데, 위 문서의 정보는 구 「공직자윤리법」에 의한 등록사항이 아니고 공직자윤리위원회가 고지거부자에게 같은 법 제12조 제4항에서 정한 고지거부사유가 존재하는지를 심사하기 위하여 취득한 정보에 불과한 점, 고지거부자의 인적사항의 공개와 「공직자윤리법」의 입법목적인 공직자의 청렴성과 직무수행의 공정성 확보는 서로 관련성이 없거나 있다 하더라도 간접적인 것에 불과한 반면, 고지거부자의 인적사항을 공개할 경우 그 고지거부자의 인격권 내지 사생활 등이 심각하게 침해될 우려가 있는 점 및 고지거부자의 지위, 고지거부제도의 취지 등에 비추어, 고지거부자의 인적사항의 비공개에 의하여 보호되는 이익보다 공개에 의하여 보호되는 이익이 우월하다고 단정할 수 없으므로, 결국 고지거부자의 인적사항은 공개하는 것이 공익을 위하여 필요하다고 인정되는 정보에 해당하지 않는다(대판 2007. 12. 13. 2005두13117).

개인의 사생활의 비밀과 자유를 침해할 우려가 있다는 등의 이유로 재개발사업에 관한 정보공개청구를 배척한 사례

재개발사업에 관한 이해관계인이 공개를 청구한 자료 중 일부는 개인의 인적사항, 재산에 관한 내용이 포함되어 있어서 공개될 경우에는 타인의 사생활의 비밀과 자유를 침해할 우려가 있으며, 그 자료의 분량이 합계 9,029매에 달하기 때문에 이를 공개하기 위하여는 행정업무에 상당한 지장을 초래할 가능성이 있고, 그 자료의 공개로 공익이 실현된다고 볼 수도 없다는 이유로, 재개발사업에 관한 정보공개청구를 배척하였다(대판 1997. 5. 23. 96누2439).

사면대상자들의 사면실시건의서와 그와 관련된 국무회의 안건자료에 관한 정보는 그 공개로 얻는 이익이 그로 인하여 침해되는 당사자들의 사생활의 비밀에 관한 이익보다 더욱 크므로 구 공공기관의 정보공개에 관한 법률에서 정한 비공개사유에 해당하지 않는다

원고가 공개를 청구한 사면대상자들의 사면실시건의서와 그와 관련된 국무회의 안건 자료를 공개할 경우 비록 당사자들의 사생활의 비밀 등이 침해될 염려가 있다고 하더라도, 사면실시 당시 법무부가 발표한 사면발표문 및 보도자료에 이미 이 사건 정보의 당사자들 상당수의 명단이 포함되어 있는 점, 대통령이 행하는 사면권 행사가 고도의 정치적 행위라고 하더라도, 위 정보의 공개가 정치적 행위로서의 사면권 자체를 부정하려는 것이 아니라 오히려 사면권 행사의 실체적 요건이 설정되어 있지 아니하여 생길 수 있는 사면권의 남용을 견제할 국민의 자유로운 정치적 의사 등이 형성되도록 위 정보에의 접근을 허용할 필요성이 있는 점, 이 사건 정보의 당사자들이 저지른 범죄의 중대성과 반사회성에 비추어 볼 때 이 사건 정보를 공개하는 것은 사면권 행사의 형평성이나 자의적 행사 등을 지적하고 있는 일부 비판적 여론과 관련하여 향후 특별사면 행위가 보다 더 국가이익과 국민화합에 기여하는 방향으로 이루어질 수 있게 하는 계기가 될 수 있다는 점 등에 견주어 보면, 이 사건 정보의 공개로 얻는 이익이 이로 인하여 침해되는 당사자들의 사생활의 비밀에 관한 이익보다 더욱 크다고 할 것이므로 정보공개법 제7조 제1항 제6호 소정의 비공개사유에 해당되지 않는다(대판 2006. 12. 7. 2005두241).

공무원이 직무와 관련 없이 개인적인 자격으로 간담회·연찬회 등 행사에 참석하고 금품을 수령한 정보는 공공기관의 정보공개에 관한 법률 소정의 '공개하는 것이 공익을 위하여 필요하다고 인정되는 정보'에 해당하지 않는다

이 사건 정보 가운데 피고가 주최한 간담회·연찬회 등 각종 행사 관련 지출 증빙에 포함된 행사참석자를 식별할 수 있는 개인에 관한 정보 중 그 개인이 공무원인 경우의 정보는, '공개하는 것이 공익을 위하여 필요하다고 인정되는 정보'에 해당하고, 따라서 피고가 위 정보의 공개를 거부한 것은 위법하다. 행사참석자정보 중 그 공무원이 직무와 관련하여 행사에 참석한 경우의 정보는 '공개하는 것이 공익을 위하여 필요하다고 인정되는 정보'에 해당한다고 인정된다 하더라도, 그 공무원이 직무와 관련 없이 개인적인 자격 등으로 행사에 참석한 경우의 정보는 그 공무원의 사생활 보호라는 관점에서 보더라도 위와 같은 정보가 공개되는 것은 바람직하지 않으며 위 정보의 비공개에 의하여 보호되는 이익보다 공개에 의하여 보호되는 이익이 우월하다고 할 수도 없으므로 이는 '공개하는 것이 공익을 위하여 필요하다고 인정되는 정보'에 해당하지 않는다고 봄이 상당하다. 금품수령자정보 중 그 공무원이 직무와 관련하여 금품을 수령한 정보는 '공개하는 것이 공익을 위하여 필요하다고 인정되는 정보'에 해당한다고 인정된다 하더라도, 그 공무원이 직무와 관련 없이 개인적인 자격 등으로 금품을 수령한 경우의 정보는 그 공무원의 사생활 보호라는 관점에서 보더라도 그 정보가 공개되는 것은 바람직하지 않으며 위 정보의 비공개에 의하여 보호되는 이익보다 공개에 의하여 보호되는 이익이 우월하다고 할 수도 없으므로 이는 '공개하는 것이 공익을 위하여 필요하다고 인정되는 정보'에 해당하지 않는다고 봄이 상당하다(대판 2003. 12. 12. 2003두8050).

기관이 아닌 개인이 타인에 관한 정보의 공개를 청구하는 경우

기관이 아닌 개인이 타인에 관한 정보의 공개를 청구하는 경우에는 구 「공공기관의 개인정보보호에 관한 법률」에 의할 것이 아니라, 「공공기관의 정보공개에 관한 법률」 제9조 제1항 제6호에 따라 개인에 관한 정보의 공개 여부를 판단하여야 한다(대판 2010. 2. 25. 2007두9877).

공공기관의 정보공개에 관한 법률 제9조 제1항 제6호 본문의 규정에 따라 비공개대상이 되는 정보에는 '개인식별정보'뿐만 아니라 '개인에 관한 사항의 공개로 개인의 내밀한 내용의 비밀 등이 알려지게 되고, 그 결과 인격적·정신적 내면생활에 지장을 초래하거나 자유로운 사생활을 영위할 수 없게 될 위험성이 있는 정보'도 포함된다

「공공기관의 정보공개에 관한 법률」 제9조 제1항 제6호 본문의 규정에 따라 비공개대상이 되는 정보에는 이름·주민등록번호 등 정보 형식이나 유형을 기준으로 비공개대상정보에 해당하는지를 판단하는 '개인식별정보'뿐만 아니라 그 외에 정보의 내용을 구체적으로 살펴 '개인에 관한 사항의 공개로 개인의 내밀한 내용의 비밀 등이 알려지게 되고, 그 결과 인격적·정신적 내면생활에 지장을 초래하거나 자유로운 사생활을 영위할 수 없게 될 위험성이 있는 정보'도 포함된다고 새겨야 한다. 따라서 불기소처분 기록 중 피의자신문조서 등에 기재된 피의자 등의 인적 사항 이외의 진술 내용 역시 개인의 사생활의 비밀 또는 자유를 침해할 우려가 인정되는 경우 법 제9조 제1항 제6호 본문 소정의 비공개대상에 해당한다(대판 2012. 6. 18. 2011두2361 전원합의체).[3]

3 이러한 다수의견에 대하여 '개인식별정보'에 한정된다고 새겨야 한다는 별개의견이 있었다.

⑦ 법인·단체 또는 개인의 경영·영업상 비밀에 관한 사항으로서 공개될 경우 법인 등의 정당한 이익을 현저히 해할 우려가 있다고 인정되는 정보

법인·단체 및 영업소를 경영하는 개인의 정보

㉠ 「공공기관의 정보공개에 관한 법률」 제7조 제1항 제7호 본문에 의하면, 법인·단체 또는 영업소를 경영하는 개인이 금품을 수령한 정보는 '법인·단체 또는 개인의 영업상 비밀에 관한 사항'으로서 공개될 경우 법인 등의 정당한 이익을 현저히 해할 우려가 있다고 인정되는 경우에 한하여 비공개대상정보에 해당한다고 할 것이다. 법인·단체 또는 영업소를 경영하는 개인이 금품을 수령한 정보는 '법인·단체 또는 개인의 영업상 비밀에 관한 사항'에 해당하지만 위 정보가 공개될 경우 법인 등의 정당한 이익을 현저히 해할 우려가 있음을 인정할 증거가 없다는 이유로, 피고가 위 정보를 공개하지 아니한 것은 위법하다(대판 2003. 12. 12. 2003두8050).

㉡ 「공공기관의 정보공개에 관한 법률」 제7조 제1항 제7호의 입법 취지와 내용에 비추어 볼 때, 법인 등의 상호, 단체명, 영업소명, 사업자등록번호 등에 관한 정보는 법인 등의 영업상 비밀에 관한 사항으로서 공개될 경우 법인 등의 정당한 이익을 현저히 해할 우려가 있다고 인정되는 정보에 해당하지 아니하지만, 법인 등이 거래하는 금융기관의 계좌번호에 관한 정보는 법인 등의 영업상 비밀에 관한 사항으로서 법인 등의 이름과 결합하여 공개될 경우 당해 법인 등의 영업상 지위가 위협받을 우려가 있다고 할 것이므로 위 정보는 법인 등의 영업상 비밀에 관한 사항으로서 공개될 경우 법인 등의 정당한 이익을 현저히 해할 우려가 있다고 인정되는 정보에 해당한다고 할 것이다(대판 2004. 8. 20. 2003두8302; 대판 2003. 4. 22. 2002두9391).

㉢ 「공공기관의 정보공개에 관한 법률」 제9조 제1항 제7호에서 정한 '법인 등의 경영·영업상 비밀'은 '타인에게 알려지지 아니함이 유리한 사업활동에 관한 일체의 정보' 또는 '사업활동에 관한 일체의 비밀사항'을 의미하는 것이고 공개 여부는 공개를 거부할 만한 정당한 이익이 있는지에 따라 결정되어야 하는데, 그러한 정당한 이익이 있는지는 정보공개법의 입법 취지에 비추어 엄격하게 판단해야 한다(대판 2011. 11. 24. 2009두19021).

공공기관의 정보공개에 관한 법률 제9조 제1항 제7호에서 정한 '법인 등의 경영·영업상 비밀'의 의미 및 공개를 거부할 만한 '정당한 이익'이 있는지 여부의 판단 방법

「공공기관의 정보공개에 관한 법률」은 공공기관이 보유·관리하는 정보에 대한 국민의

공개청구 및 공공기관의 공개의무에 관하여 필요한 사항을 정함으로써 국민의 알 권리를 보장하고 국정에 대한 국민의 참여와 국정운영의 투명성을 확보함을 목적으로 공공기관이 보유·관리하는 모든 정보를 원칙적 공개대상으로 하면서, 사업체인 법인 등의 사업활동에 관한 비밀의 유출을 방지하여 정당한 이익을 보호하고자 하는 취지에서, 위 법 제9조 제1항 제7호로 "법인·단체 또는 개인의 경영·영업상 비밀로서 공개될 경우 법인 등의 정당한 이익을 현저히 해할 우려가 있다고 인정되는 정보"를 비공개대상정보로 규정하고 있다. 이와 같은 「공공기관의 정보공개에 관한 법률」의 입법 목적 등을 고려하여 보면, 제9조 제1항 제7호에서 정한 '법인 등의 경영·영업상 비밀'은 '타인에게 알려지지 아니함이 유리한 사업활동에 관한 일체의 정보' 또는 '사업활동에 관한 일체의 비밀사항'을 의미하는 것이고, 그 공개 여부는 공개를 거부할 만한 정당한 이익이 있는지 여부에 따라 결정되어야 하는바, 그 정당한 이익이 있는지 여부는 앞서 본 「공공기관의 정보공개에 관한 법률」의 입법 취지에 비추어 이를 엄격하게 판단하여야 할 뿐만 아니라, 국민에 의한 감시의 필요성이 크고 이를 감수하여야 하는 면이 강한 공익법인에 대하여는 보다 소극적으로 판단하여야 한다(대판 2010. 12. 23. 2008두13101).

아파트재건축주택조합의 조합원들에게 제공될 무상보상평수의 사업수익성 등을 검토한 자료

원고들이 공개를 구한 '무상보상평수 산출내역'(이에 대하여 피고가 그 문서명을 구체적으로 밝히지는 않았지만 피고의 주장내용 등을 감안하면 피고가 이 사건 재건축사업에 참여하기 전에 내부적으로 확정한 '포항환호재건축사업후보지 선정 및 사업계획안'을 가리키는 것으로 봄이 상당하다. 이하 '이 사건 제2정보'라 한다)은 소외 조합의 조합원들에게 제공될 무상보상평수를 '종전 분양면적+지하주차장 2평'으로 정할 경우의 사업수익성 등을 검토한 자료인데, 피고는 이 사건 제2정보에 대한 공개거부처분 이전인 2001. 7. 27. 소외 조합과 사이에 위와 같은 무상보상평수 제공 내용이 포함된 재건축사업계약을 체결한 사실을 알 수 있으므로, 이 사건 제2정보는 구 「공공기관의 정보공개에 관한 법률」 제7조 제1항 제5호 소정의 '의사결정과정 또는 내부검토과정에 있는 사항 등으로 공개될 경우 업무의 공정한 수행에 현저한 지장을 초래한다고 인정할 만한 상당한 이유가 있는 정보'에 해당한다고 할 수 없고, 이 사건 재건축사업의 경과, 피고의 사업참여 경위, 피고와 소외 조합과의 재건축사업계약의 내용 등에 비추어 보더라도 이 사건 제2정보가 공개될 경우 피고가 이 사건 재건축아파트의 분양 등 업무를 추진하는 것이 곤란해진다고 보기 어려울 뿐만 아니라, 이 사건 제2정보가 공개되면 피고와 소외 조합 사이의 재건축사업계약에 의하여 조합원들에게 제공될 무상보상평수의 산출근거를 알 수 있게 되어 조합원들의 알 권리를 충족시키고 이 사건 재건축사업의 투명성을 확보할 수 있게 되는 점 등 여러 사정들을 감안하여 보면, 이 사건 제2정보가 법 제7조 제1항 제7호 소정의 '법인 등의 영업상 비밀에 관한 사항으로서 공개될 경우 법인 등의 정당한 이익을 현저히 해할 우려가 있다고 인정되는 정보'에 해당한다고 보기도 어렵다(대판 2006. 1. 13. 2003두9459).

대한주택공사의 아파트 분양원가 산출내역에 관한 정보는 비공개대상정보가 아니다
대한주택공사의 아파트 분양원가 산출내역에 관한 정보는, 그 공개로 위 공사의 정당한 이익을 현저히 해할 우려가 있다고 볼 수 없어 구 「공공기관의 정보공개에 관한 법률」 제7조 제1항 제7호에서 정한 비공개대상정보에 해당하지 않는다(대판 2007. 6. 1. 2006두20587).

방송사의 취재활동을 통하여 확보한 결과물이나 그 과정에 관한 정보 또는 방송프로그램의 기획·편성·제작 등에 관한 정보는 공공기관의 정보공개에 관한 법률 제9조 제1항 제7호에서 정한 '법인 등의 경영·영업상 비밀에 관한 사항'에 해당한다
방송사의 취재활동을 통하여 확보한 결과물이나 그 과정에 관한 정보 또는 방송프로그램의 기획·편성·제작 등에 관한 정보는 경쟁관계에 있는 다른 방송사와의 관계나 시청자와의 관계, 방송프로그램의 객관성·형평성·중립성이 보호되어야 한다는 당위성 측면에서 볼 때 '타인에게 알려지지 아니함이 유리한 사업활동에 관한 일체의 정보'에 해당한다고 볼 수 있는바, 개인 또는 집단의 가치관이나 이해관계에 따라 방송프로그램에 대한 평가가 크게 다를 수밖에 없는 상황에서, 「공공기관의 정보공개에 관한 법률」에 의한 정보공개청구의 방법으로 방송사가 가지고 있는 방송프로그램의 기획·편성·제작 등에 관한 정보 등을 제한 없이 모두 공개하도록 강제하는 것은 방송사로 하여금 정보공개의 결과로서 야기될 수 있는 각종 비난이나 공격에 노출되게 하여 결과적으로 방송프로그램 기획 등 방송활동을 위축시킴으로써 방송사의 경영·영업상의 이익을 해하고 나아가 방송의 자유와 독립을 훼손할 우려가 있다. 따라서 방송프로그램의 기획·편성·제작 등에 관한 정보로서 방송사가 공개하지 아니한 것은, 사업활동에 의하여 발생하는 위해로부터 사람의 생명·신체 또는 건강을 보호하기 위하여 공개할 필요가 있는 정보나 위법·부당한 사업활동으로부터 국민의 재산 또는 생활을 보호하기 위하여 공개할 필요가 있는 정보를 제외하고는, 「공공기관의 정보공개에 관한 법률」 제9조 제1항 제7호에 정한 '법인 등의 경영·영업상 비밀에 관한 사항'에 해당할 뿐만 아니라 그 공개를 거부할 만한 정당한 이익도 있다고 보아야 한다(대판 2010. 12. 23. 2008두13101).[4]

(3) 부분공개

청구취지의 변경이 없더라도 정보공개거부처분의 일부취소를 명할 수 있는 경우 및 '공개청구의 취지에 어긋나지 아니하는 범위 안에서 비공개대상정보에 해당하는 부분과 공개가 가능한 부분을 분리할 수 있다'는 요건의 의미

① 법원이 행정기관의 정보공개거부처분의 위법 여부를 심리한 결과 공개를 거부한 정보에 비공개대상 정보에 해당하는 부분과 공개가 가능한 부분이 혼합되어 있고 공개청구의 취지에 어긋나지 아니하는 범위 안에서 두 부분을 분리할 수 있음을 인정할 수 있을 때에는 청구취지의 변경이 없더라도 공개가 가능한 정보에 관한 부분만의 일부취소를 명할 수 있다 할 것이고, 공개청구의 취지에 어긋나지 아니하는 범위 안에서 비공개대상정보에 해당하는 부분과 공개가 가능한 부분을 분리할 수 있다고 함은, 이 두 부분이 물리적으로 분리가능한 경우를 의미하는 것이 아니고 당해 정보의 공개방법 및 절차에 비추어 당해 정보에서 비공개대상정보에 관련된 기술 등을 제외 내지 삭제하고 그 나머지 정보만을 공개하는 것이 가능하고 나머지 부분의 정보만으로도 공개의 가치가 있는 경우를 의미한다고 해석하여야 한다(대판 2004. 12. 9. 2003두12707; 대판 2003. 10. 10. 2003두7767; 대판 2003. 3. 11. 2001두6425).

② 법원이 행정기관의 정보공개거부처분의 위법 여부를 심리한 결과 공개를 거부한 정보에 비공개사유에 해당하는 부분과 그렇지 않은 부분이 혼합되어 있고, 공개청구의 취지에 어긋나지 않는 범위 안에서 두 부분을 분리할 수 있음을 인정할 수 있을 때에는 공개가 가능한 정보에 국한하여 일부취소를 명할 수 있다. 이러한 정보

4 한국방송공사(KBS)가 제작한 '추적 60분' 가제 "새튼은 특허를 노렸나"인 방송용 편집원본 테이프 1개에 대하여 정보공개청구를 하였으나 한국방송공사가 정보공개청구접수를 받은 날로부터 20일 이내에 공개여부결정을 하지 않아 비공개결정을 한 것으로 간주된 사안에서, 위 정보가 공공기관의 정보공개에 관한 법률 제9조 제1항 제7호에서 정한 비공개대상정보에 해당함에도 이와 달리 판단한 원심판결에 법리를 오해한 위법이 있다고 한 사례.

의 부분공개가 허용되는 경우란 그 정보의 공개방법 및 절차에 비추어 당해 정보에서 비공개대상정보에 관련된 기술 등을 제외 혹은 삭제하고 나머지 정보만을 공개하는 것이 가능하고 나머지 부분의 정보만으로도 공개의 가치가 있는 경우를 의미한다(대판 2009. 12. 10. 2009두12785).[5]

2. 적용범위

구 공공기관의 정보공개에 관한 법률 제4조 제1항에서 정한 '정보공개에 관하여 다른 법률에 특별한 규정이 있는 경우'에 해당하여 위 법률의 적용을 배제하기 위한 요건

구「공공기관의 정보공개에 관한 법률」제4조 제1항은 "정보의 공개에 관하여는 다른 법률에 특별한 규정이 있는 경우를 제외하고는 이 법이 정하는 바에 의한다"라고 규정하고 있다. 여기서 '정보공개에 관하여 다른 법률에 특별한 규정이 있는 경우'에 해당한다고 하여 정보공개법의 적용을 배제하기 위해서는, 특별한 규정이 '법률'이어야 하고, 내용이 정보공개의 대상 및 범위, 정보공개의 절차, 비공개대상정보 등에 관하여 정보공개법과 달리 규정하고 있는 것이어야 한다(대판 2014. 4. 10. 2012두17384).

3. 정보공개청구권자

모든 국민은 정보의 공개를 청구할 권리를 가진다(제5조 제1항).

정보공개청구권의 주체

「공공기관의 정보공개에 관한 법률」제6조 제1항은 "모든 국민은 정보의 공개를 청구할 권리를 가진다"고 규정하고 있는데, 여기에서 말하는 국민에는 자연인은 물론 법인, 권리능력 없는 사단·재단도 포함되고, 법인, 권리능력 없는 사단·재단 등의 경우에는 설립목적을 불문한다(대판 2003. 12. 12. 2003두8050).

5 재소자가 교도관의 가혹행위를 이유로 형사고소 및 민사소송을 제기하면서 그 증명자료 확보를 위해 '근무보고서'와 '징벌위원회 회의록' 등의 정보공개를 요청하였으나 교도소장이 이를 거부한 사안에서, 근무보고서는 비공개대상정보에 해당한다고 볼 수 없고, 징벌위원회 회의록 중 비공개 심사·의결 부분은 비공개사유에 해당하지만 징벌절차 진행 부분은 비공개사유에 해당하지 않는다고 보아 분리 공개가 허용된다고 한 사례.

지방자치단체는 정보공개청구권자인 '국민'에 포함되지 않는다

알권리는 기본적으로 정신적 자유 영역인 표현의 자유 내지는 인간의 존엄성, 행복추구권 등에서 도출된 권리인 점, 정보공개청구제도는 국민이 국가·지방자치단체 등이 보유한 정보에 접근하여 그 정보의 공개를 청구할 수 있는 권리로서 이로 인하여 국정에 대한 국민의 참여를 보장하기 위한 제도인 점, 지방자치단체에게 이러한 정보공개청구권이 인정되지 아니한다고 하더라도 「헌법」상 보장되는 행정자치권 등이 침해된다고 보기는 어려운 점, 오히려 지방자치단체는 공권력기관으로서 이러한 국민의 알 권리를 보호할 위치에 있다고 보아야 하는 점 등에 비추어 보면, 지방자치단체에게는 알 권리로서의 정보공개청구권이 인정된다고 보기는 어렵고, 나아가 「공공기관의 정보공개에 관한 법률」 제4조, 제5조, 제6조의 각 규정의 취지를 종합하면, 「공공기관의 정보공개에 관한 법률」은 국민을 정보공개청구권자로, 지방자치단체를 국민에 대응하는 정보공개의무자로 상정하고 있다고 할 것이므로, 지방자치단체는 「공공기관의 정보공개에 관한 법률」 제5조에서 정한 정보공개청구권자인 '국민'에 해당되지 아니한다(서울행정법원 2005. 10. 12. 2005구합10484).

4. 정보공개 절차

공개를 구하는 정보를 공공기관이 보유·관리하고 있을 상당한 개연성이 있다는 점에 대한 증명책임의 소재(공개청구자) 및 그 정보를 더 이상 보유·관리하고 있지 아니하다는 점에 대한 증명책임의 소재(공공기관)

정보공개제도는 공공기관이 보유·관리하는 정보를 그 상태대로 공개하는 제도로서 공개를 구하는 정보를 공공기관이 보유·관리하고 있을 상당한 개연성이 있다는 점에 대하여 원칙적으로 공개청구자에게 증명책임이 있다고 할 것이지만, 공개를 구하는 정보를 공공기관이 한 때 보유·관리하였으나 후에 그 정보가 담긴 문서 등이 폐기되어 존재하지 않게 된 것이라면 그 정보를 더 이상 보유·관리하고 있지 아니하다는 점에 대한 증명책임은 공공기관에게 있다(대판 2004. 12. 9. 2003두12707).

공공기관의 정보공개에 관한 법률에 따른 정보공개청구시 요구되는 대상정보 특정의 정도

「공공기관의 정보공개에 관한 법률」 제10조 제1항 제2호는 정보의 공개를 청구하는 자는 정보공개청구서에 '공개를 청구하는 정보의 내용' 등을 기재할 것을 규정하고 있는바, 청구대상정보를 기재함에 있어서는 사회일반인의 관점에서 청구대상정보의 내용과 범위를 확정할 수 있을 정도로 특정함을 요한다(대판 2007. 6. 1. 2007두2555).

공공기관으로서는 정보공개방법의 선택재량권이 없다

「공공기관의 정보공개에 관한 법률」에 의한 정보공개를 청구하는 자가 공공기관에 대해 정보의 사본 또는 출력물의 교부의 방법으로 공개방법을 선택하여 정보공개청구를 한 경우에 공개청구를 받은 공공기관으로서는 구 「공공기관의 정보공개에 관한 법률」 제8조 제2항에서 규정한 정보의 사본 또는 복제물의 교부를 제한할 수 있는 사유에 해당하지 아니하는 한, 정보공개청구자가 선택한 공개방법에 따라 정보를 공개하여야 하므로 그 공개방법을 선택할 재량권이 없다(대판 2004. 6. 25. 2004두1506; 대판 2003. 12. 12. 2003두8050; 대판 2003. 3. 11. 2002두2918).

공공기관의 정보공개에 관한 법률에 의한 정보공개청구를 군사기밀보호법에 의한 군사기밀 공개요청과 동일한 것으로 보거나 그 공개요청이 포함되어 있는 것으로 볼 수 없다

「공공기관의 정보공개에 관한 법률」에 의한 정보공개의 청구와 「군사기밀보호법」에 의한 군사기밀의 공개요청은 그 상대방, 처리절차 및 공개의 사유 등이 전혀 다르므로, 「공공기관의 정보공개에 관한 법률」에 의한 정보공개청구를 「군사기밀보호법」에 의한 군사기밀 공개요청과 동일한 것으로 보거나 그 공개요청이 포함되어 있는 것으로 볼 수는 없다(대판 2006. 11. 10. 2006두9351).

공공기관의 정보공개에 관한 법률 제2조 제3호 등에 따라 정보를 공개할 의무가 있는 '특별법에 의하여 설립된 특수법인'에 해당하는지 여부의 판단 기준

어느 법인이 「공공기관의 정보공개에 관한 법률」 제2조 제3호 등에 따라 정보를 공개할 의무가 있는 '특별법에 의하여 설립된 특수법인'에 해당하는가는, 국민의 알권리를 보장하고 국정에 대한 국민의 참여와 국정운영의 투명성을 확보하고자 하는 위 법의 입법 목적을 염두에 두고, 당해 법인에게 부여된 업무가 국가행정업무이거나, 이에 해당하지 않더라도 그 업무 수행으로써 추구하는 이익이 당해 법인 내부의 이익에 그치지 않고 공동체 전체의 이익에 해당하는 공익적 성격을 갖는지 여부를 중심으로 개별적으로 판단하되, 당해 법인의 설립근거가 되는 법률이 법인의 조직구성과 활동에 대한 행정적 관리·감독 등에서 민법이나 상법 등에 의하여 설립된 일반 법인과 달리 규율한 취지, 국가나 지방자치단체의 당해 법인에 대한 재정적 지원·보조의 유무와 그 정도, 당해 법인의 공공적 업무와 관련하여 국가기관·지방자치단체 등 다른 공공기관에 대한 정보공개청구와는 별도로 당해 법인에 대하여 직접 정보공개청구를 구할 필요성이 있는지 여부 등을 종합적으로 고려하여야 한다(대판 2010. 4. 29. 2008두5643).[6]

5. 정보공개 여부에 대한 불복

정보공개거부처분을 받은 청구인은 그 거부처분의 취소를 구할 법률상의 이익이 있다
「공공기관의 정보공개에 관한 법률」의 목적, 규정 내용 및 취지 등에 비추어 보면, 국민의 정보공개청구권은 법률상 보호되는 구체적인 권리라 할 것이므로, 공공기관에 대하여 정보의 공개를 청구하였다가 공개거부처분을 받은 청구인은 행정소송을 통하여 그 공개거부처분의 취소를 구할 법률상의 이익이 있다(대판 2003. 12. 11. 2003두8395).

정보공개의 거부 자체가 법률상 이익 침해에 해당한다
정보공개청구권은 법률상 보호되는 구체적인 권리이므로 청구인이 공공기관에 대하여 정보공개를 청구하였다가 거부처분을 받은 것 자체가 법률상 이익의 침해에 해당한다고 할 것이고, 거부처분을 받은 것 이외에 추가로 어떤 법률상의 이익을 가질 것을 요구하는 것은 아니다(대판 2004. 9. 23. 2003두1370).

공공기관이 공개를 구하는 정보를 보유·관리하고 있지 아니한 경우, 정보공개거부처분의 취소를 구할 법률상의 이익이 없다
정보공개제도는 공공기관이 보유·관리하는 정보를 그 상태대로 공개하는 제도라는 점 등에 비추어 보면, 정보공개를 구하는 자가 공개를 구하는 정보를 행정기관이 보유·관리하고 있을 상당한 개연성이 있다는 점을 입증함으로써 족하다 할 것이지만, 공공기

6 '한국증권업협회'는 증권회사 상호간의 업무질서를 유지하고 유가증권의 공정한 매매거래 및 투자자보호를 위하여 일정 규모 이상인 증권회사 등으로 구성된 회원조직으로서, 증권거래법 또는 그 법에 의한 명령에 대하여 특별한 규정이 있는 것을 제외하고는 민법 중 사단법인에 관한 규정을 준용 받는 점, 그 업무가 국가기관 등에 준할 정도로 공동체 전체의 이익에 중요한 역할이나 기능에 해당하는 공공성을 갖는다고 볼 수 없는 점 등에 비추어, 공공기관의 정보공개에 관한 법률 시행령 제2조 제4호의 '특별법에 의하여 설립된 특수법인'에 해당한다고 보기 어렵다고 한 사례.

관이 그 정보를 보유·관리하고 있지 아니한 경우에는 특별한 사정이 없는 한 정보공개거부처분의 취소를 구할 법률상의 이익이 없다(대판 2006. 1. 13. 2003두9459).

경찰서장의 수사기록사본교부거부처분에 대하여 행정소송절차를 거치지 아니하고 곧바로 헌법소원심판을 청구할 수 없다

「공공기관의 정보공개에 관한 법률」 제6조, 제9조, 제18조에 의하여 국민에게 불기소사건기록의 열람, 등사를 청구할 권리 내지 법에 정하여진 절차에 따라 그 허가 여부의 처분을 행할 것을 요구할 수 있는 법규상의 지위가 부여되었으므로 경찰서장의 수사기록사본교부거부처분은 행정소송의 대상이 된다 할 것이므로 직접 헌법소원심판의 대상으로 삼을 수 없다(헌재결 2001. 2. 22. 2000헌마620).

수사기관의 피의사실 공표행위가 허용되기 위한 요건 및 그 판단기준

일반 국민들은 사회에서 발생하는 제반 범죄에 관한 알 권리를 가지고 있고 수사기관이 피의사실에 관하여 발표를 하는 것은 국민들의 이러한 권리를 충족하기 위한 방법의 일환이라 할 것이나, 한편 「헌법」 제27조 제4항은 형사피고인에 대한 무죄추정의 원칙을 천명하고 있고, 「형법」 제126조는 검찰, 경찰 기타 범죄수사에 관한 직무를 행하는 자 또는 이를 감독하거나 보조하는 자가 그 직무를 행함에 당하여 지득한 피의사실을 공판청구 전에 공표하는 행위를 범죄로 규정하고 있으며, 「형사소송법」 제198조는 검사, 사법경찰관리 기타 직무상 수사에 관계있는 자는 비밀을 엄수하며 피의자 또는 다른 사람의 인권을 존중하여야 한다고 규정하고 있는바, 수사기관의 피의사실 공표행위는 공권력에 의한 수사결과를 바탕으로 한 것으로 국민들에게 그 내용이 진실이라는 강한 신뢰를 부여함은 물론 그로 인하여 피의자나 피해자 나아가 그 주변 인물들에 대하여 치명적인 피해를 가할 수도 있다는 점을 고려할 때, 수사기관의 발표는 원칙적으로 일반 국민들의 정당한 관심의 대상이 되는 사항에 관하여 객관적이고도 충분한 증거나 자료를 바탕으로 한 사실 발표에 한정되어야 하고, 이를 발표함에 있어서도 정당한 목적하에 수사결과를 발표할 수 있는 권한을 가진 자에 의하여 공식의 절차에 따라 행하여져야 하며, 무죄추정의 원칙에 반하여 유죄를 속단하게 할 우려가 있는 표현이나 추측 또는 예단을 불러일으킬 우려가 있는 표현을 피하는 등 그 내용이나 표현 방법에 대하여도 유념하지 아니하면 아니 될 것이므로, 수사기관의 피의사실 공표행위가 위법성을 조각하는지의 여부를 판단함에 있어서는 공표 목적의 공익성과 공표 내용의 공공성, 공표의 필요성, 공표된 피의사실의 객관성 및 정확성, 공표의 절차와 형식, 그 표현 방법, 피의사실의 공표로 인하여 생기는 피침해이익의 성질, 내용 등을 종합적으로 참작하여야 한다(대판 2001. 11. 30. 2000다68474).

국가기관이 일반 국민의 알 권리와는 무관하게 평소의 동향을 감시할 목적으로 개인의 정보를 비밀리에 수집한 경우, 그 대상자가 공적 인물이라는 이유만으로 면책될 수 없다

[1] 구 국군보안사령부가 군과 관련된 첩보 수집, 특정한 군사법원 관할 범죄의 수사 등 법령에 규정된 직무범위를 벗어나 민간인들을 대상으로 평소의 동향을 감시·파악할 목적으로 지속적으로 개인의 집회·결사에 관한 활동이나 사생활에 관한 정보를 미행, 망원 활용, 탐문채집 등의 방법으로 비밀리에 수집·관리한 경우, 이는 헌법에 의하여 보장된 기본권을 침해한 것으로서 불법행위를 구성한다.

[2] 공적 인물에 대하여는 사생활의 비밀과 자유가 일정한 범위 내에서 제한되어 그 사생활의 공개가 면책되는 경우도 있을 수 있으나, 이는 공적 인물은 통상인에 비하여 일반 국민의 알 권리의 대상이 되고 그 공개가 공공의 이익이 된다는 데 근거한 것이므로, 일반 국민의 알 권리와는 무관하게 국가기관이 평소의 동향을 감시할 목적으로 개인의 정보를 비밀리에 수집한 경우에는 그 대상자가 공적 인물이라는 이유만으로 면책될 수 없다(대판 1998. 7. 24. 96다42789).

국민의 정보공개청구가 권리의 남용에 해당하는 것이 명백한 경우, 정보공개청구권의 행사를 허용해야 하는지(소극)

일반적인 정보공개청구권의 의미와 성질, 구 「공공기관의 정보공개에 관한 법률」 제3조, 제5조 제1항, 제6조의 규정 내용과 입법 목적, 정보공개법이 정보공개청구권의 행사와 관련하여 정보의 사용 목적이나 정보에 접근하려는 이유에 관한 어떠한 제한을 두고 있지 아니한 점 등을 고려하면, 국민의 정보공개청구는 「정보공개법」 제9조에 정한 비공개대상정보에 해당하지 아니하는 한 원칙적으로 폭넓게 허용되어야 하지만, 실제로는 해당 정보를 취득 또는 활용할 의사가 전혀 없이 정보공개 제도를 이용하여 사회통념상 용인될 수 없는 부당한 이득을 얻으려 하거나, 오로지 공공기관의 담당공무원을 괴롭힐 목적으로 정보공개청구를 하는 경우처럼 권리의 남용에 해당하는 것이 명백한 경우에는 정보공개청구권의 행사를 허용하지 아니하는 것이 옳다.

교도소에 복역 중인 갑이 지방검찰청 검사장에게 자신에 대한 불기소사건 수사기록

중 타인의 개인정보를 제외한 부분의 공개를 청구하였으나 검사장이 구 「공공기관의 정보공개에 관한 법률」 제9조 제1항 등에 규정된 비공개대상정보에 해당한다는 이유로 비공개결정을 한 사안에서, 갑은 위 정보에 접근하는 것을 목적으로 정보공개를 청구한 것이 아니라, 청구가 거부되면 거부처분의 취소를 구하는 소송에서 승소한 뒤 소송비용 확정절차를 통해 자신이 그 소송에서 실제 지출한 소송비용보다 다액을 소송비용으로 지급받아 금전적 이득을 취하거나, 수감 중 변론기일에 출정하여 강제노역을 회피하는 것 등을 목적으로 정보공개를 청구하였다고 볼 여지가 큰 점 등에 비추어 갑의 정보공개청구는 권리를 남용하는 행위로서 허용되지 않는다(대판 2014. 12. 24. 2014두9349).

제2절 개인정보의 보호

Ⅰ. 서 설

개인정보자기결정권의 의의

개인정보자기결정권은 자신에 관한 정보가 언제 누구에게 어느 범위까지 알려지고 또 이용되도록 할 것인지를 그 정보주체가 스스로 결정할 수 있는 권리이다. 즉 정보주체가 개인정보의 공개와 이용에 관하여 스스로 결정할 권리를 말한다. 개인정보자기결정권의 보호대상이 되는 개인정보는 개인의 신체, 신념, 사회적 지위, 신분 등과 같이 개인의 인격주체성을 특징짓는 사항으로서 그 개인의 동일성을 식별할 수 있게 하는 일체의 정보라고 할 수 있고, 반드시 개인의 내밀한 영역이나 사사의 영역에 속하는 정보에 국한되지 않고 공적 생활에서 형성되었거나 이미 공개된 개인정보까지 포함한다. 또한 그러한 개인정보를 대상으로 한 조사·수집·보관·처리·이용 등의 행위는 모두 원칙적으로 개인정보자기결정권에 대한 제한에 해당한다(헌재결 2005. 5. 26. 99헌마513, 2004헌마190 병합).

Ⅱ. 개인정보의 보호에 관한 법적 근거

1. 헌법적 근거

헌법 제10조 및 제17조

① 헌법재판소

생각건대 공판정에서 진술을 하는 피고인·증인 등도 인간으로서의 존엄과 가치를 가지며(헌법 제10조), 사생활의 비밀과 자유를 침해받지 아니할 권리를 가지고 있으므로(헌법 제17조), 본인이 비밀로 하고자 하는 사적인 사항이 일반에 공개되지 아니하고 자신의 인격적 징표가 타인에 의하여 일방적으로 이용당하지 아니할 권리가 있다. 따라서 모든 진술인은 원칙적으로 자기의 말을 누가 녹음할 것인지와 녹음된 자기의 음성이 재생될 것인지 여부 및 누가 재생할 것인지 여부에 관하여 스스로 결정한 권리가 있다. 왜냐하면 사람의 말과 음성이 녹음되어 진술인의 동의없이 임의로 처리된다면 사람들은 자연스럽게 의사를 표현할 수 없게 될 것이며 언제나 자신의 무의식적인 발언이나 잠정적인 의견, 순간적인 감정상태에서의 언급 등이 언제나 재생가능한 상태로 보관되고 다른 기회에 자기 자신의 의사와는 무관하게 재생될 수도 있다는 점에서 진술인의 인격이 현저히 침해될 수 있는 위험이 따르기 때문이다(헌재결 1995. 12. 28. 91헌마114).

② 대법원

「헌법」 제10조는 "모든 국민은 인간으로서의 존엄과 가치를 가지며, 행복을 추구할 권리를 가진다. 국가는 개인이 가지는 불가침의 기본적 인권을 확인하고 이를 보장할 의무를 진다"고 규정하고, 「헌법」 제17조는 "모든 국민은 사생활의 비밀과 자유를 침해받지 아니한다"라고 규정하고 있는바, 이들 헌법 규정은 개인의 사생활 활동이 타인으로부터 침해되거나 사생활이 함부로 공개되지 아니할 소극적인 권리는 물론, 오늘날 고도로 정보화된 현대사회에서 자신에 대한 정보를 자율적으로 통제할 수 있는 적극적인 권리까지도 보장하려는 데에 그 취지가 있는 것으로 해석된다(대판 1998. 7. 24. 96다42789).

헌법상 명시되지 않은 독자적 기본권

개인정보자기결정권의 헌법상 근거로는 「헌법」 제17조의 사생활의 비밀과 자유, 「헌법」 제10조 제1문의 인간의 존엄과 가치 및 행복추구권에 근거를 둔 일반적 인격권 또는 위 조문들과 동시에 우리 헌법의 자유민주적 기본질서 규정 또는 국민주권원리와 민주주의원리 등을 고려할 수 있으나, 개인정보자기결정권으로 보호하려는 내용을 위 각 기본권들 및 헌법원리들 중 일부에 완전히 포섭시키는 것은 불가능하다고 할 것이므로, 그 헌법적 근거를 굳이 어느 한두 개에 국한시키는 것은 바람직하지 않은 것으로 보이고, 오히려 개인정보자기결정권은 이들을 이념적 기초로 하는 독자적 기본권으로서 헌법에 명시되지 아니한 기본권이라고 보아야 할 것이다(헌재결 2005. 5. 26. 99헌마513, 2004헌마190 병합).

2. 법률적 근거

일반법으로서 「개인정보보호법」이 있다.

Ⅲ. 개인정보보호법의 주요내용

개인정보자기결정권의 보호대상이 되는 개인정보

개인정보자기결정권의 보호대상이 되는 개인정보는 개인의 신체, 신념, 사회적 지위, 신분 등과 같이 개인의 인격주체성을 특징짓는 사항으로서 그 개인의 동일성을 식별할 수 있게 하는 일체의 정보라고 할 수 있고, 반드시 개인의 내밀한 영역이나 사사의 영역에 속하는 정보에 국한되지 않고 공적 생활에서 형성되었거나 이미 공개된 개인정보까지 포함한다. 또한 그러한 개인정보를 대상으로 한 조사·수집·보관·처리·이용 등의 행위는 모두 원칙적으로 개인정보자기결정권에 대한 제한에 해당한다(헌재결 2005. 7. 21. 2003헌마282, 425 병합; 헌재결 2005. 5. 26. 99헌마513).

개인의 지문정보, 수집, 보관, 전산화 및 범죄수사 목적 이용과 개인정보자기결정권

개인정보자기결정권은 자신에 관한 정보가 언제 누구에게 어느 범위까지 알려지고 또 이용되도록 할 것인지를 그 정보주체가 스스로 결정할 수 있는 권리, 즉 정보주체가 개인정보의 공개와 이용에 관하여 스스로 결정할 권리를 말하는바, 개인의 고유성, 동일성을 나타내는 지문은 그 정보주체를 타인으로부터 식별가능하게 하는 개인정보이므로, 시장·군수 또는 구청장이 개인의 지문정보를 수집하고, 경찰청장이 이를 보관·전산화하여 범죄수사목적에 이용하는 것은 모두 개인정보자기결정권을 제한하는 것이다(헌재결 2005. 5. 26. 99헌마513, 2004헌마190 병합).

제 3 편
행정의 실효성 확보수단

제 1 장 개 설

행정목적의 달성을 위해 의무의 이행을 강제적으로 확보할 필요에 의해 마련된 수단이 행정의 실효성 확보수단이다. 전통적으로 행정의 실효성을 확보하는 방법으로 장래에 의무이행을 확보하기 위한 수단인 행정강제와 과거의 의무위반에 대한 제재를 위한 수단인 행정벌을 인정하여 왔다. 행정작용이 확대되고 다양화되면서 전통적 의무이행의 확보수단만으로는 행정의 실효성 확보가 충분하지 못하거나 약화되어, 최근 들어서는 새로운 수단이 등장하고 있는데, 새로운 수단으로는 금전적 제재수단(과징금, 가산금, 가산세, 부당이득세 등), 공급거부, 명단의 공표, 각종 인·허가의 제한, 수익적 행위의의 취소·철회, 관허사업의 제한 등이 인정되고 있다.

제 2 장 행정강제

제 1 절 의의 및 종류

행정강제란 법령 또는 이에 의거한 행정처분에 의하여 과하여진 행정법상의 의무를 이행하지 않을 경우에 행정청이 행정목적을 달성하기 위하여 개인의 신체 또는 재산에 실력을 가하여 행정상 요구되는 상태를 실현시키려는 권력적 사실행위를 말한다. 행정강제에는 행정상 강제집행과 행정상 즉시강제가 있다. 행정상 강제집행이 원칙적인 형태이다.

제 2 절 행정상 강제집행

Ⅰ. 개 설

1. 의 의

행정상 강제집행은 행정상의 의무불이행에 대하여 행정권이 실력을 가하여 그 의무를 이행시키거나 또는 이행된 것과 같은 상태를 실현하는 작용을 말한다(대판 1968. 3. 19. 63누172).

2. 다른 개념과의 구별

행정상 강제집행과 민사상 강제집행의 구별

① 행정상 강제집행은 사법상의 의무의 강제가 법원의 힘을 빌려야 하는 것과 다르다(대판 1968. 3. 19. 63누172).

② 행정대집행의 절차가 인정되는 경우에는 따로 민사소송의 방법으로 공작물의 철거·수거 등을 구할 수는 없다(대판 2000. 5. 12. 99다18909).

3. 종 류

행정상 강제집행의 종류로는 대집행, 이행강제금(집행벌), 직접강제 및 행정상의 강제징수가 있다.

Ⅱ. 대집행

1. 의 의

대집행이란 대체적 작위의무의 불이행이 있는 경우에, 당해 행정청이 의무자가 행할 행위를 스스로 행하거나 제3자로 하여금 이를 행하게 하고 그 비용을 의무자로부터 징수하는 강제집행을 말한다.

2. 대집행권자(대집행의 주체)

대집행의 주체 즉, 대집행을 할 수 있는 권한을 갖는 자는 당해 행정청이다(행정대집행법 제2조). 당해 행정청이란 대집행의 대상이 되는 의무를 명하는 처분을 한 행정청을 말한다. 당해 행정청의 위임이 있으면 수임청도 대집행의 주체가 된다.

당해 행정청의 위임이 있으면 수임청도 대집행의 주체가 된다

대한주택공사(이 사건 원고인 한국토지주택공사에게 권리·의무가 포괄승계되었다)는 구 「대한주택공사법」 제2조, 제5조에 의하여 정부가 자본금의 전액을 출자하여 설립한 법인이고, 대한주택공사가 「택지개발촉진법」에 따른 택지개발사업을 수행하는 경우 이러한 사업에 관하여는 법 제9조 제1항 제2호, 제9조 제2항 제7호, 구 대한주택공사법 시행령 제10조 제1항 제2호, 「공익사업을 위한 토지 등의 취득 및 보상에 관한 법률」 제89조 제2항에 따라 시·도지사나 시장·군수 또는 구청장의 업무에 속하는 대집행권한을 대한주택공사에 위탁하도록 되어 있다. 따라서 대한주택공사는 위 사업을 수행함에 있어 법령에 의하여 대집행권한을 위탁받은 자로서 공무인 대집행을 실시함에 따르는 권리·의무 및 책임이 귀속되는 행정주체의 지위에 있다고 볼 것이다(대판 2011. 9. 8. 2010다48240).

3. 요 건

(1) 공법상 대체적 작위의무의 불이행이 있을 것

① 공법상 의무의 불이행

대집행의 대상은 공법상 의무의 불이행이며, 사법상 의무의 불이행은 대집행의 대상이 아니다

㉠ 「행정대집행법」상 대집행의 대상이 되는 대체적 작위의무는 공법상 의무이어야 할 것인데, 구 「공공용지의 취득 및 손실보상에 관한 특례법」에 따른 토지 등의 협의취득은 공공사업에 필요한 토지 등을 그 소유자와의 협의에 의하여 취득하는 것으로서 공공기관이 사경제주체로서 행하는 사법상 매매 내지 사법상 계약의 실질을 가지는 것이므로, 그 협의취득시 건물소유자가 매매대상 건물에 대한 철거의무를 부담하겠다는 취지의 약정을 하였다고 하더라도 이러한 철거의무는 공법상의 의무가 될 수 없고, 이 경우에도 「행정대집행법」을 준용하여 대집행을 허용하는 별도의 규정이 없는 한 위와 같은 철거의무는 「행정대집행법」에 의한 대집행의 대상이 되지 않는다(대판 2006. 10. 13. 2006두7096).

㉡ 국유재산에 대한 임대차계약관계는 국가가 사경제주체로서 법률행위를 하는 데 불과하므로 임차인에게 공법상의 행위의무가 발생하는 것이 아니므로 그 지상건물의 철거는 민사소송의 방법으로 구함은 모르되, 「행정대집행법」에 의한 철거계고처분을 한 조치는 법에 근거 없는 처분으로서 그 하자가 중대하고 명백한 것이어서 당연무효이다(대판 1975. 4. 22. 73누215).

② 대체적 작위의무

대집행의 대상이 되는 의무는 타인이 대신 행할 수 있는 행위, 즉 대체적 작위의무이다.

구 공유재산 및 물품관리법 제83조가 '대체적 작위의무'가 아닌 의무에 대하여도 대집행을 허용하는 취지는 아니다

구 「공유재산 및 물품관리법」 제83조는 "정당한 사유 없이 공유재산을 점유하거나 이에 시설물을 설치한 때에는 「행정대집행법」 제3조 내지 제6조의 규정을 준용하여 철거 그 밖의 필요한 조치를 할 수 있다"라고 정하고 있는데, 위 규정은 대집행에 관한 개별적인 근거 규정을 마련함과 동시에 「행정대집행법」상의 대집행 요건 및 절차에 관한 일부 규정만을 준용한다는 취지에 그치는 것이고, 대체적 작위의무에 속하지 아니하여 원칙적으로 대집행의 대상이 될 수 없는 다른 종류의 의무에 대하여서까지 강제집행을 허용하는 취지는 아니다(대판 2011. 4. 28. 2007도7514).

③ 토지·건물의 인도(명도)의무

토지·건물상의 존치물의 반출은 대집행의 대상이 되지만, 토지·건물의 인도(명도)의무는 대집행의 대상이 되지 않는다. 토지·건물을 점유하고 있는 사람의 퇴거는 대체적 작위의무라고 볼 수 없기 때문이다.

도시공원시설 점유자의 퇴거 및 시설의 명도의무는 대집행의 대상이 아니다

도시공원시설인 매점의 관리청이 그 점유자에 대하여 소정의 기간 내에 위 매점으로부터 퇴거하고 이에 부수하여 그 판매 시설물 및 상품을 반출하지 아니할 때에는 이를 대집행하겠다는 내용의 계고처분은 그 주된 목적이 매점의 원형을 보존하기 위하여 점유자가 설치한 불법시설물을 철거하고자 하는 것이 아니라, 매점에 대한 점유자의 점유를 배제하고 그 점유이전을 받는 데 있다고 할 것인데, 이러한 의무는 그것을 강제적으로 실현함에 있어 직접적인 실력행사가 필요한 것이지 대체적 작위의무에 해당하는 것은 아니어서 직접강제의 방법에 의하는 것은 별론으로 하고 「행정대집행법」에 의한 대집행의 대상이 되는 것은 아니다(대판 1998. 10. 23. 97누157).

구 토지수용법상 피수용자 등이 기업자에 대하여 부담하는 수용대상 토지의 인도의무는 행정대집행법에 의한 대집행의 대상이 될 수 없다

피수용자 등이 기업자에 대하여 부담하는 수용대상 토지의 인도의무에 관한 구 「토지수용법」 제63조, 제64조, 제77조 규정에서의 '인도'에는 명도도 포함되는 것으로 보아야 하고, 이러한 명도의무는 그것을 강제적으로 실현하면서 직접적인 실력행사가 필요한 것이지 대체적 작위의무라고 볼 수 없으므로 특별한 사정이 없는 한 「행정대집행법」에 의한 대집행의 대상이 될 수 있는 것이 아니다(대판 2005. 8. 19. 2004다2809).

④ 부작위의무의 불이행

불법공작물의 설치와 같은 부작위의무의 불이행시 바로 대집행을 할 수 있는 것은 아니다. 먼저 철거명령 등을 부과하여 대체적 작위의무로 전환한 다음 그 대체적 작위의무를 불이행했을 때 비로소 대집행이 가능하다. 즉, 작위의무로 전환시킬 수 있는 전환규범이 없으면 법률유보의 원칙에 의하여 대집행을 할 수 없다.

부작위의무에 대한 대집행계고처분은 위법하다

하천유수인용허가신청이 불허되었음을 이유로 하천유수인용행위를 중단할 것과 이를 불이행할 경우 「행정대집행법」에 의하여 대집행하겠다는 내용의 계고처분은 대집행의 대상이 될 수 없는 부작위의무에 대한 것으로서 그 자체로 위법함이 명백한바, 이러한 경우 법원으로서는 마땅히 석명권을 행사하여 원고로 하여금 위 계고처분의 위법사유를 밝히게 하고, 나아가 위와 같은 법리에 따라 그 취소 여부를 가려 보아야 한다(대판 1998. 10. 2. 96누5445).

부작위의무 위반으로부터 당연히 작위의무가 도출되지 않는다

단순한 부작위의무의 위반, 즉 관계법령에 정하고 있는 절대적 금지나 허가를 유보한 상대적 금지를 위반한 경우에는 당해 법령에서 그 위반자에 대하여 위반에 의하여 생긴 유형적 결과의 시정을 명하는 행정처분의 권한을 인정하는 규정(예컨대, 건축법 제69조, 도로법 제74조, 하천법 제67조, 도시공원법 제20조, 옥외광고물 등 관리법 제10조 등)을 두고 있지 아니한 이상, 법치주의의 원리에 비추어 볼 때 위와 같은 부작위의무로부터 그 의무를 위반함으로써 생긴 결과를 시정하기 위한 작위의무를 당연히 끌어낼 수는 없으며, 또 위 금지규정(특히 허가를 유보한 상대적 금지규정)으로부터 작위의무, 즉 위반결과의 시정을 명하는 권한이 당연히 추론되는 것도 아니다(대판 1996. 6. 28. 96누4374).

(2) 다른 수단으로는 그 이행을 확보하기 곤란할 것(대집행의 보충성)

다른 수단을 통하여 의무이행의 확보가 곤란한 경우에 대집행을 할 수 있다. 의무이행의 확보를 위한 침익성이 적은 다른 수단이 있는 경우에는 그 다른 수단에 의하여야 하고, 대집행은 그러한 수단이 없는 경우에 한하여 보충적으로 허용된다.

대집행하기 위한 계고처분을 하려면 다른 방법으로는 그 이행의 확보가 어려워야 한다
「건축법」에 위반하여 증·개축함으로써 철거의무가 있더라도 행정대집행법 제2조에 의하여 그 철거의무를 대집행하기 위한 계고처분을 하려면 다른 방법으로는 그 이행의 확보가 어렵고, 그 불이행을 방치함이 심히 공익을 해하는 것으로 인정되는 경우에 한한다(대판 1989. 7. 11. 88누11193).

(3) 의무불이행을 방치함이 심히 공익을 해치는 것일 것

대체적 작위의무의 불이행이 있다 하더라도 공익상의 요청과 사익을 비교형량하여 그 불이행을 방치함이 심히 공익을 해치는 경우에는 대집행을 할 수 있다. '심히'라는 불확정개념(다의적 개념)이 쓰였기 때문에 이 요건의 충족 여부에 대한 행정청의 판단에 대하여 판단여지가 인정될 수 있다.

① 심히 공익을 해친다고 본 판례

㉠ 무허가로 불법 건축되어 철거할 의무가 있는 건축물을 도시미관, 주거환경, 교통소통에 지장이 없다는 등의 사유만을 들어 그대로 방치한다면 불법 건축물을 단속하는 당국의 권능을 무력화하여 건축행정의 원활한 수행을 위태롭게 하고 건축허가 및 준공검사시에 소방시설·주차시설 기타 건축법 소정의 제한규정을 회피하는 것을 사전 예방한다는 더 큰 공익을 해칠 우려가 있다(대판 1989. 3. 28. 87누930).

㉡ 허가 없이 무단증평된 부분이 상당히 큰 데다가 도로쪽 전면으로 돌출되어 있어 쉽게 발견되고, 기존에 설정된 도시계획선을 침범하고 있으며, 그 도시계획선의 설정이 불합리하다고도 보이지 아니하여 위법건축물인 위 증축부분을 그대로 방치하여야만 한다면 불법건축물을 단속하는 당국의 권능은 무력화되어 건축행정의 원활한 수행을 위태롭게 하고, 「건축법」 소정의 제한규정이나 도시계획구역 안에서의 토지의 경제적이고 효율적인 이용을 회피하는 것을 사전에 예방하지 못하게 되어 더 큰 공익을 해하는 것이 된다 할 것이므로 이에 대한 철거대집행계고처분은 적법하다

(대판 1992. 8. 14. 92누3885).

㉢ 골프연습장시설이 「도시계획법」 및 「건축법」을 위반하여 무허가로 용도변경하여 설치되었으며, 개발제한구역 내에 위치하고 있어 합법화될 가능성도 없는 경우, 이러한 불법 골프연습장시설을 그대로 방치한다면 불법건축물을 단속하는 당국의 권능을 무력화하여 건축행정의 원활한 수행을 위태롭게 하고 「도시계획법」이나 「건축법」 등이 정하고 있는 여러 제한규정을 회피하려는 것을 사전에 예방하지 못하게 하여 공익을 심히 해친다고 보아야 한다(대판 1995. 6. 29. 94누11354, 94누11361 병합).

㉣ 무허가증축부분으로 인하여 건물의 미관이 나아지고 위 증축부분을 철거하는 데 비용이 많이 소요된다고 하더라도 위 무허가증축부분을 그대로 방치한다면 이를 단속하는 당국의 권능이 무력화되어 건축행정의 원활한 수행이 위태롭게 되며 「건축법」 소정의 제한규정을 회피하는 것을 사전예방하고 또한 도시계획구역 안에서 토지의 경제적이고 효율적인 이용을 도모한다는 더 큰 공익을 심히 해할 우려가 있다고 보아 건물철거대집행계고처분을 할 요건에 해당된다(대판 1992. 3. 10. 91누4140).

㉤ 위법건축 부분은 그 면적이 지나치게 클 뿐 아니라 무단증축함으로써 결국 2층 공장건물을 그 구조 및 용도가 전혀 다른 4층 일반건물로 변경한 결과가 되었으므로 합법화될 가능성도 없어서 위법건축 부분을 그대로 방치하여야 한다면 불법건축물을 단속하는 당국의 권능을 무력화하여 건축행정의 원활한 수행을 위태롭게 하고, 「건축법」이 정하고 있는 여러 제한규정을 회피하는 것을 사전에 예방하지 못하게 되어 이는 더 큰 공익을 해하는 것이 된다는 이유로 이에 대한 철거계고처분이 적법하다(대판 1995. 12. 26. 95누14114).

㉥ 개발제한구역 및 도시공원에 속하는 임야상에 신축된 위법건축물인 대형 교회건물의 합법화가 불가능한 경우, 교회건물의 건축으로 공원미관조성이나 공원관리 측면에서 유리하고 철거될 경우 막대한 금전적 손해를 입게 되며 신자들이 예배할 장소를 잃게 된다는 사정을 고려하더라도 위 교회건물의 철거의무의 불이행을 방치함은 심히 공익을 해한다고 보아야 한다(대판 2000. 6. 23. 98두3112).

② 심히 공익을 해치지 않는다고 본 판례

㉠ 「건축법」 위반 건물이 주위의 미관을 해칠 우려가 없을 뿐 아니라 이를 대집행으로 철거할 경우 많은 비용이 드는 반면에 공익에는 별 도움이 되지 아니하고, 도로교통, 방화, 보안, 위생, 도시미관 및 공해예방 등의 공익을 크게 해친다고도 볼 수 없

어 이에 대한 철거대집행 계고처분이 그 요건을 갖추지 못한 것으로서 위법하다(대판 1991. 3. 12. 90누10070).

㉡ 「건축법」에 위반하여 건물을 증·개축하였다고 하더라도 「행정대집행법」 제2조에 따른 철거대집행을 위한 계고처분은 그 철거불이행을 방치하는 것이 심히 공익을 해하는 것으로 인정되는 경우에 한하여 허용되는 것인바, 원고 소유의 주택건물 중 신고 없이 무단 축조한 건물후면부분은 단열재를 보강하여 외벽을 다시 쌓음으로써 벽체의 두께가 40센티미터 정도 늘어난 부분으로서 바닥면적이 3.3평방미터에 불과한 사실, 이 사건 건물부분은 인접한 주택과 담장을 사이에 두고 직선거리로 130센티미터 떨어져 있었는데 위 증축으로 인하여 위 인접주택에 40센티미터 근접한 사실, 원고 주택은 1층 건물이고 위 증축된 벽면에는 창문이 부착되어 있으나 위 인접한 지상 주택은 2층 건물이면서 원고주택을 향한 벽면에는 창문이 없어 원고주택의 위 창문을 통하여 위 인접주택의 실내를 들여다 볼 수는 없고 다만 정원 등 마당부분을 들여다 볼 수 있어 위 건물부분의 증축으로 인근주민의 사생활의 평온을 침해할 우려가 있게 되었다고 볼 수 있으나 그 정도로는 종전의 상태에 비하여 그 침해의 정도가 크게 증대되었다고는 볼 수 없고, 위 건물부분은 기존주택의 추녀 범위 내에서 벽체를 약간 돌출시킨 것에 불과하여 주위 미관상으로도 문제점이 없으며 그 외에 도로교통, 방화, 위생, 공해예방 등의 공익에 영향을 주지 아니하는 사실 등을 인정한 다음, 비록 원고가 이 사건 건물부분에 대한 철거의무를 불이행하고 있다고 하여도 그 불이행을 방치함이 심히 공익을 해한다고 볼 수 없다(대판 1991. 8. 27. 91누5136).

㉢ 이 사건 건물은 대지 82평방미터의 지상에 1,2,3층 각 44.72평방미터, 옥탑 5.31평방미터, 지층 46.80평방미터의 근린생활시설 및 주택으로서 그중 1,2층과 지층은 각각 다른 사람들에게 세를 주고 원고는 3층만을 사용하고 있는데, 애당초 설계상 잘못으로 1층에는 화장실과 부엌이 따로 없어 1층에 세든 입주자들이 2층으로 올라와 그곳 거실에 있는 화장실을 사용하도록 되어 있을 뿐 아니라 아궁이도 건물바깥으로 나 있어 비가 올 때는 부엌일을 할 수 없는 등 심한 불편을 겪게 되자, 부득이 허가없이 1층 출입문 옆에 화장실 2.86평방미터와 아궁이가 있는 건물벽면과 담장 사이에 지붕을 씌워 창고(부엌) 9.02평방미터를 설치하였으며, 또한 원고는 가족들이 많아서 3층에 있는 방들만으로는 부족하게 되자 기왕에 허가받아 건축한 옥탑 5.31평방미터에 덧붙여 13.11평방미터를 증축하여 주거용 방실을 1개 설치한 사

실, 그러나 위 각 증축부분은 외관상 당초 허가된 건물의 외부로 돌출하지 아니하였거나 돌출되었더라도 크게 눈에 띄지 아니하며 위 옥탑부분 역시 3층건물의 옥상에 있어 지면에서는 잘 보이지 않는 등 이 사건 건물이나 주위의 미관상으로도 별다른 이상이 없는 사실, 피고가 계고처분을 한 위 위법 건물부분을 대집행으로 철거할 경우 많은 비용이 소요되는 반면에 철거를 한다 하더라도 위법 건물을 철거하였다는 점 이외에는 위 건물 1, 2층에 새든 입주자들의 생활에는 막대한 불편을 초래하여 오히려 쓰임새가 줄어든 건물을 만들게 되는 사실을 인정하고 위 증축으로 인하여 위반결과가 현존하여 있고, 원고가 그 철거의무를 불이행하고 있으나 이를 방치함이 도시계획이나 도로교통상 또는 방화, 보안, 위생, 도시미관 및 공해예방 등의 공익을 심히 해하는 때에 해당한다고 할 수 없으니 이 사건 계고처분은 위법하다(대판 1989. 7. 11. 88누11193).

㉣ 관할관청의 허가를 받지 아니하고 기존건물의 4층 옥상 뒷편에 세멘벽돌조 스라브지붕 주택 55.4평방미터를 증축하였더라도 그 증축부분이 외부에 돌출되지 않고 지면에서 잘 보이지 아니하여 주위의 미관을 해칠 우려가 없을 뿐만 아니라 이를 대집행으로 철거할 경우 많은 비용이 소요되는 반면에 공익에 아무런 도움이 되지 아니하고 도로교통, 방화, 보안, 위생, 도시미관 및 공해예방 등의 공익을 심히 해한다고도 볼 수 없다면 그 증축부분의 철거대집행을 위한 이 사건 계고처분은 위법하다(대판 1990. 1. 23. 89누6969).

㉤ 건물이 위치한 지역에 대하여 서울특별시장의 환경정비지구지정고시가 해제됨에 따라 원고가 불법증축한 건물에 관하여 「특정건축물정리에 관한 특별조치법」 제4조의 절차에 따라 위 건물을 동법 제3조 소정의 대상건축물로 신고하여 서울특별시장이 위 건물을 동법소정의 대상건물로 판단하여 특정건축물정리심의위원회에 심의를 상정한 상태라면 위 불법증축부분에 대하여서는 위 특별조치법 소정의 절차에 따라 합법화될 가능성이 있게 되었다 할 것이어서 위 부분 철거의무를 방치하는 것이 심히 공익을 해하는 것이라고 볼 수 없다(대판 1986. 11. 11. 86누173).

4. 대집행의 절차

대집행은 계고 ⇨ 대집행영장에 의한 통지 ⇨ 대집행의 실행 ⇨ 비용징수의 4단계로 이루어진다.

(1) 계 고

① 의 의

대집행을 함에 있어서 상당한 이행기간을 정하여 그 기한까지 이행하지 않을 때에는 대집행을 한다는 뜻을 미리 문서로 알리는 행위를 '계고'라고 한다.

② 법적 성질

통설에 의하면, 계고는 의사의 통지로서 준법률행위적 행정행위 중 통지행위에 해당하고, 대법원도 계고처분 자체의 행정소송의 대상성을 인정하였다.

계고의 법적 성질

「행정대집행법」 제3조 제1항의 계고처분은 그 계고처분 자체만으로서는 행정적 법률효과를 발생하는 것은 아니나 같은 법 제3조 제2항의 대집행명령장을 발급하고 대집행을 하는 데 전제가 되는 것이므로 행정처분이라 할 수 있고 따라서 행정소송의 대상이 될 수 있다(대판 1962. 10. 18. 62누117).

③ 요 건

대집행을 함에 있어서는 계고시에 의무의 내용이 특정되어야 한다. 즉, 대집행의 요건은 계고를 할 때에 이미 충족되어 있어야 하고 계고를 할 때는 이미 의무불이행의 상태가 있어야 하므로 원칙적으로 의무를 과하는 행정행위와 계고를 결합시킬 수 없다고 본다. 다만, 의무를 부과하는 처분을 할 때에 대집행요건이 충족될 것이 확실하고 또한, 대집행의 급속한 실시가 필요할 때에는 예외적으로 양자의 결합이 허용될 수 있다고 본다(통설). 그러나 대법원은 의무부과와 계고의 결합을 인정한다.

계고처분을 함에 있어 대집행할 행위의 내용 및 범위가 반드시 대집행계고서에 의하여만 특정되어야 하는 것은 아니다

행정청이 대집행계고를 함에 있어서는 의무자가 스스로 이행하지 아니하는 경우에 대집행할 행위의 내용 및 범위가 구체적으로 특정되어야 하지만, 그 행위의 내용 및 범위는 반드시 대집행계고서에 의하여서만 특정되어야 하는 것이 아니고 계고처분 전후에 송달된 문서나 기타 사정을 종합하여 행위의 내용이 특정되면 족하다(대판 1997. 2. 14. 96누15428).

의무부과와 계고의 결합을 인정한 사례

계고서라는 명칭의 1장의 문서로서 일정기간 내에 위법건축물의 자진철거를 명함과 동시에 그 소정기한 내에 자진철거를 하지 아니할 때에는 대집행할 뜻을 미리 계고한 경우라도 「건축법」에 의한 철거명령과 「행정대집행법」에 의한 계고처분은 독립하여 있는 것으로서 각 그 요건이 충족되었다고 볼 것이고, 이 경우 철거명령에서 주어진 일정기간이 자진철거에 필요한 상당한 기간이라면 그 기간 속에는 계고시에 필요한 '상당한 이행기간'도 포함되어 있다고 보아야 할 것이다(대판 1992. 6. 12. 91누13564).

대집행계고처분은 상당한 이행기한을 정하여야 한다

「행정대집행법」 제3조 제1항은 행정청이 의무자에게 대집행영장으로써 대집행할 시기 등을 통지하기 위하여는 그 전제로서 대집행계고처분을 함에 있어서 의무이행을 할 수 있는 상당한 기간을 부여할 것을 요구하고 있으므로, 행정청인 피고가 의무이행기한이 1988. 5. 24.까지로 된 이 사건 대집행계고서를 5. 19. 원고에게 발송하여 원고가 그 이행종기인 5. 24. 이를 수령하였다면, 설사 피고가 대집행영장으로써 대집행의 시기를 1988. 5. 27. 15:00로 늦추었더라도 위 대집행계고처분은 상당한 이행기한을 정하여 한 것이 아니어서 대집행의 적법절차에 위배한 것으로 위법한 처분이라고 할 것이다(대판 1990. 9. 14. 90누2048).

④ 반복된 계고처분

대법원은 반복된 계고의 경우 즉, 제1차 계고 이후 상대방이 자진철거를 하지 않으므로 제2차, 제3차 계고서를 발송한 경우에, 제1차 계고는 처분성이 있어 소송의 대상이 되나, 제2차, 제3차 계고는 항고소송의 대상이 될 수 없다고 판시하였다.

제2차, 제3차 계고는 행정처분이 아니어서 항고소송의 대상이 될 수 없다

건물의 소유자에게 위법건축물을 일정기간까지 철거할 것을 명함과 아울러 불이행할 때에는 대집행한다는 내용의 철거대집행 계고처분을 고지한 후 이에 불응하자 다시 제2차, 제3차 계고서를 발송하여 일정기간까지의 자진철거를 촉구하고 불이행하면 대집행을 한다는 뜻을 고지하였다면 「행정대집행법」상의 건물철거의무는 제1차 철거명령 및 계고처분으로서 발생하였고 제2차, 제3차의 계고처분은 새로운 철거의무를 부과한 것이 아니고 다만 대집행기간의 연기통지에 불과하므로 행정처분이 아니다(대판 1994. 10. 28. 94누5144).

(2) 비용징수

대집행을 실시하기 위하여 지출한 비용을 행정대집행법 절차에 따라 국세징수법의 예에 의하여 징수할 수 있다

[1] 대한주택공사가 구 「대한주택공사법」 및 구 대한주택공사법 시행령에 의하여 대집행권한을 위탁받아 공무인 대집행을 실시하기 위하여 지출한 비용은 「행정대집행법」 절차에 따라 국세징수법의 예에 의하여 징수할 수 있다.

[2] 대한주택공사가 대집행권한을 위탁받아 공무인 대집행을 실시하기 위하여 지출한 비용을 「행정대집행법」 절차에 따라 국세징수법의 예에 의하여 징수할 수 있음에도 민사소송절차에 의하여 그 비용의 상환을 청구한 사안에서, 「행정대집행법」이 대집행비용의 징수에 관하여 민사소송절차에 의한 소송이 아닌 간이하고 경제적인 특별구제절차를 마련해 놓고 있으므로, 위 청구는 소의 이익이 없어 부적법하다(대판 2011. 9. 8. 2010다48240).

5. 권리구제

(1) 행정심판

대집행에 대하여는 행정심판을 제기할 수 있다(행정대집행법 제7조).

(2) 행정소송

① 권리보호의의 이익(소의 이익)

대집행이 실행되어 종료된 경우 대집행계고처분의 취소를 구할 법률상 이익은 없다

대집행계고처분 취소소송의 변론종결 전에 대집행영장에 의한 통지절차를 거쳐 사실행위로서 대집행의 실행이 완료된 경우에는 행위가 위법한 것이라는 이유로 손해배상이나 원상회복 등을 청구하는 것은 별론으로 하고 처분의 취소를 구할 법률상 이익은 없다(대판 1993. 6. 8. 93누6164).

② 입증책임

대집행의 요건이 충족되었는지 여부에 대한 입증책임은 행정청에 있다

「건축법」에 위반하여 건축한 것이어서 철거의무가 있는 건물이라 하더라도 그 철거의무를 대집행하기 위한 계고처분을 하려면 다른 방법으로는 이행의 확보가 어렵고 불이행을 방치함이 심히 공익을 해하는 것으로 인정될 때에 한하여 허용되고 이러한 요건의 주장·입증책임은 처분 행정청에 있다(대판 1996. 10. 11. 96누8086).

③ 하자의 승계

건물철거명령의 하자는 대집행계고처분에 승계되지 않는다

㉠ 피고인 서대문구청장은 1979. 11. 9.자로 원고에 대하여 서울시 소유 지상에 무허가로 건축된 본건 건물을 1979. 12. 5.까지 자진철거하도록 지시함으로써 이 사건 대집행계고처분에 선행되는 철거명령을 하고 있음을 알 수 있다. 그렇다면 만일 위 철거명령이 원고에 대한 것이며 이 철거명령에 대한 소원이나 소송을 제기하여 그 위법함을 소구하는 절차를 거치지 아니하였다면 위 선행행위인 건물철거명령은 적법한 것으로 확정되었다고 할 것이니 후행행위인 이 사건 대집행계고처분에서는 이 사건 건물이 무허가 건물이 아닌 적법한 건축물이라는 주장이나 그러한 사실인정을 하지 못한다고 할 것이다(대판 1982. 7. 27. 81누293).

㉡ 건물철거명령이 당연무효가 아닌 이상 행정심판이나 소송을 제기하여 그 위법함을 소구하는 절차를 거치지 아니하였다면 위 선행행위인 건물철거명령은 적법한 것으로 확정되었다고 할 것이므로 후행행위인 대집행계고처분에서는 그 건물이 무허가 건물이 아닌 적법한 건축물이라는 주장이나 그러한 사실인정을 하지 못한다(대판 1998. 9. 8. 97누20502).

대집행의 절차 사이에서는 하자가 승계된다

대집행의 계고, 대집행영장에 의한 통지, 대집행의 실행, 대집행에 요한 비용의 납부명령 등은, 타인이 대신하여 행할 수 있는 행정의무의 이행을 의무자의 비용부담하에 확보하고자 하는, 동일한 행정목적을 달성하기 위하여 단계적인 일련의 절차로 연속하여 행하여지는 것으로서, 서로 결합하여 하나의 법률효과를 발생시키는 것이므로, 선행처분인 계고처분이 하자가 있는 위법한 처분이라면, 비록 하자가 중대하고도 명백한 것이 아니어서 당연무효의 처분이라고 볼 수 없고 대집행의 실행이 이미 사실행위로서 완료되어 계고처분의 취소를 구할 법률상 이익이 없게 되었으며, 또 대집행비용납부명령 자체에는 아무런 하자가 없다 하더라도, 후행처분인 대집행비용납부명령의 취소를 청구하는 소송에서 청구원인으로 선행처분인 계고처분이 위법한 것이기 때문에 그 계고처분을 전제로 행하여진 대집행비용납부명령도 위법한 것이라는 주장을 할 수 있다 (대판 1993. 11. 9. 93누14271; 대판 1996. 2. 9. 95누12507).

Ⅲ. 이행강제금(집행벌)

1. 의 의

이행강제금이란 작위의무, 부작위의무, 수인의무를 불이행한 경우에 금전의 부과가 있을 것을 미리 계고함으로써 의무자에게 심리적 압박을 가하여 그 의무의 이행을 간접적으로 강제하기 위한 수단으로서 부과하는 과태료 또는 강제금 형태의 금전적 부담을 말한다.

2. 대 상

이행강제금은 대체적 작위의무의 위반에 대하여도 부과될 수 있다

전통적으로 행정대집행은 대체적 작위의무에 대한 강제집행수단으로, 이행강제금은 부작위의무나 비대체적 작위의무에 대한 강제집행수단으로 이해되어 왔으나, 이는 이행강제금제도의 본질에서 오는 제약은 아니며, 이행강제금은 대체적 작위의무의 위반에 대하여도 부과될 수 있다. 현행 건축법상 위법건축물에 대한 이행강제수단으로 대집행과 이행강제금이 인정되고 있는데, 양 제도는 각각의 장·단점이 있으므로 행정청은 개별사건에 있어서 위반내용, 위반자의 시정의지 등을 감안하여 대집행과 이행강제금을 선택적으로 활용할 수 있으며, 이처럼 그 합리적인 재량에 의해 선택하여 활용하는 이상 중첩적인 제재에 해당한다고 볼 수 없다. 개발제한구역 내의 건축물에 대하여 허가를 받지 않고 한 용도변경행위에 대한 형사처벌과 「건축법」 제83조 제1항에 의한 시정명령 위반에 대한 이행강제금의 부과는 그 처벌 내지 제재대상이 되는 기본적 사실관계로서의 행위를 달리하며, 또한 그 보호법익과 목적에서도 차이가 있으므로 이중처벌에 해당한다고 할 수 없다(헌재결 2004. 2. 26. 2001헌바80·84·102·103, 2002헌바26 병합).

행정청이 구 건축법 시행 이전의 건축물에 대하여 전부 개정된 현행 건축법 시행 이후 시정명령을 하고, 건축물의 소유자 등이 시정명령에 응하지 않은 경우, 현행 건축법에 따라 이행강제금을 부과할 수 있다

이행강제금 제도는 「건축법」이나 「건축법」에 따른 명령이나 처분을 위반한 건축물의 방치를 막고자 행정청이 시정조치를 명하였음에도 건축주 등이 이를 이행하지 아니한 경우에 행정명령의 실효성을 확보하기 위하여 시정명령 이행 시까지 지속해서 부과함으로써 건축물의 안전과 기능, 미관을 높여 공공복리의 증진을 도모하는 데 입법 취지가 있고, 위반 건축물의 소유자 등이 위반행위자가 아니더라도 행정청은 그에 대하여 시정명령을 할 수 있는 점, 건축법의 전부 개정으로 개정 「건축법」 부칙 제6조가 실효되더라도 시정명령을 위반한 때의 건축법령에 따른 처분을 할 수 있으므로 법률상 공백상태가 발생한다고 볼 수도 없는 점 등 제반 사정을 종합적으로 고려하면, 기존의 위반 건축물에 관한 경과규정인 개정 「건축법」 부칙 제6조가 실효되지 않고 계속 적용된다고 보아야 할 특별한 사정이 없어 그 경과규정은 건축법 전부 개정으로 실효되었다. 따라서 위반 건축물이 개정 「건축법」 시행 이전에 건축된 것일지라도 행정청이 2008. 3. 21. 법률 제8941호로 전부 개정된 「건축법」 시행 이후에 시정명령을 하고, 건축물의 소유자 등이 시정명령에 응하지 않은 경우에는 행정청은 현행 「건축법」에 따라 이행강제금을 부과할 수 있다(대판 2012. 3. 29. 2011두27919).

3. 법적 성질

이행강제금의 부과에는 일사부재리의 원칙이 적용되지 않는다. 따라서 이행강제금은 과태료나 형벌과 병과가 가능하다.

이행강제금은 (행정)형벌 또는 과태료와 병과할 수 있다

개발제한구역 내의 건축물에 대하여 허가를 받지 않고 한 용도변경행위에 대한 형사처벌과 「건축법」 제83조 제1항에 의한 시정명령 위반에 대한 이행강제금의 부과는 그 처벌 내지 제재대상이 되는 기본적 사실관계로서의 행위를 달리하며, 또한 그 보호법익과 목적에서도 차이가 있으므로 이중처벌에 해당한다고 할 수 없고, 이행강제금은 위법건축물의 원상회복을 궁극적인 목적으로 하고, 그 궁극적인 목적을 달성하기 위해서는 위법건축물이 존재하는 한 계속하여 부과할 수밖에 없으며, 만약 통산부과횟수나 통산부과상한액의 제한을 두면 위법건축물의 소유자 등에게 위법건축물의 현상을 고착할 수 있는 길을 열어주게 됨으로써 이행강제금의 본래의 취지를 달성할 수 없게 될 수 있으므로, 「건축법」 제83조 제4항이 “허가권자는 최초의 시정명령이 있은 날을 기준으로 하여 1년에 2회의 범위 안에서 당해 시정명령이 이행될 때까지 반복하여 이행강제금을 부과·징수할 수 있다"고 규정하였다고 하여 과잉금지원칙에 반한다고 할 수도 없다(대결 2005. 8. 19. 2005마30).

이행강제금과 형사처벌의 병과

「건축법」상 이행강제금은 일정한 기한까지 의무를 이행하지 않을 때에는 일정한 금전적 부담을 과할 뜻을 미리 계고함으로써 의무자에게 심리적 압박을 주어 장래에 그 의무를 이행하게 하려는 행정상 간접적인 강제집행 수단의 하나로서 과거의 일정한 법률위반 행위에 대한 제재로서의 형벌이 아니라 장래의 의무이행의 확보를 위한 강제수단일 뿐이어서 범죄에 대하여 국가가 형벌권을 실행한다고 하는 과벌에 해당하지 아니하므로 「헌법」 제13조 제1항이 금지하는 이중처벌금지의 원칙이 적용될 여지가 없을 뿐 아니라, 「건축법」 제108조, 제110조에 의한 형사처벌의 대상이 되는 행위와 이 사건 법률조항에 따라 이행강제금이 부과되는 행위는 기초적 사실관계가 동일한 행위가 아니라 할 것이므로 이런 점에서도 이 사건 법률조항이 「헌법」 제13조 제1항의 이중처벌금지의 원칙에 위반되지 아니한다(헌재결 2011. 10. 25. 2009헌바140).

4. 권리구제

구 「건축법」상 이행강제금 부과처분에 불복에 관하여 과태료의 징수 및 이의제기절차를 준용하고 있었는데, 이에 근거하여 대법원은 이행강제금 부과처분은 행정소송의 대상이 되는 행정처분이라고 볼 수 없다고 판시하였지만, 2005년 「건축법」 개정으로 근거조문이 삭제됨에 따라 이제는 이행강제금의 부과처분은 행정소송의 대상이 되는 행정처분에 해당한다.

이행강제금 부과처분은 행정소송의 대상이 되는 처분으로 볼 수 없다

「건축법」 제82조 제3항·제4항, 제83조 제6항에 의하면, 같은 법 제83조 소정의 이행강제금 부과처분에 불복하는 자는 그 처분의 고지를 받은 날로부터 30일 이내에 당해 부과권자에게 이의를 제기할 수 있고, 이의를 받은 부과권자는 지체없이 관할법원에 그 사실을 통보하여야 하며, 그 통보를 받은 관할법원은 「비송사건절차법」에 의한 재판을 하도록 규정되어 있는바, 위 법규정에 의하면 「건축법」 제83조의 규정에 의하여 부과된 이행강제금 부과처분의 당부는 최종적으로 「비송사건절차법」에 의한 절차에 의하여만 판단되어야 한다고 보아야 할 것이므로 위와 같은 이행강제금 부과처분은 행정소송의 대상이 되는 행정처분이라고 볼 수 없다(대판 2000. 9. 22. 2000두5722).

Ⅳ. 직접강제

1. 의 의

직접강제란 행정상 의무불이행이 있는 경우에 직접적으로 의무자의 신체·재산에 대하여 실력을 가하여 의무가 이행된 것과 같은 상태를 실현시키는 작용이다.

2. 한 계

학원의 설립·운영에 관한 법률상 무등록 학원의 설립·운영자에 대하여 관할 행정청이 그 폐쇄를 명할 수 없다

「학원의 설립·운영에 관한 법률」 제2조 제1호와 제6조 및 제19조 등의 관련 규정에 의하면, 같은 법상의 학원을 설립·운영하고자 하는 자는 소정의 시설과 설비를 갖추어 등록을 하여야 하고, 그와 같은 등록절차를 거치지 아니한 경우에는 관할 행정청이 직접 그 무등록 학원의 폐쇄를 위하여 출입제한 시설물의 설치와 같은 조치를 취할 수 있게 되어 있으나, 달리 무등록 학원의 설립·운영자에 대하여 그 폐쇄를 명할 수 있는 것으로는 규정하고 있지 아니하고, 위와 같은 폐쇄조치에 관한 규정이 그와 같은 폐쇄명령의 근거 규정이 된다고 할 수도 없다(대판 2001. 2. 23. 99두6002).

Ⅴ. 행정상 강제징수

1. 의 의

행정상 강제징수란 행정법상 금전급부의무의 불이행이 있는 경우에 행정청이 의무자의 재산에 실력을 가하여 의무가 이행된 것과 동일한 상태를 실현하는 행정상 강제집행을 말한다.

2. 절 차

「국세징수법」상의 강제징수절차는 독촉과 체납처분으로 나누어지고, 체납처분은 다시 재산의 압류, 압류재산의 매각, 청산의 단계로 나누어진다.

(1) 독 촉

독촉절차는 생략될 수 없다. 따라서 독촉절차가 생략된 체납처분은 절차상 하자로서 무효가 된다. 다만, 판례는 비록 독촉절차 없이 압류처분을 한 경우에도 중대하고 명백한 하자로 인정하지 않는다고 하여 무효로 보지 않는다고 판시한 바 있다.

독촉절차의 생략
납세의무자가 세금을 납부기한까지 납부하지 아니하자 과세청이 그 징수를 위하여 압류처분에 이른 것이라면 비록 독촉절차 없이 압류처분을 하였다 하더라도 이러한 사유만으로는 압류처분을 무효로 되게 하는 중대하고도 명백한 하자로는 되지 않는다(대판 1987. 9. 22. 87누383; 대판 1988. 6. 28. 87누1009).

(2) 체납처분

일반적으로 조세법상 '체납처분'이라 함은 국가 또는 지방자치단체가 스스로 납세자의 재산을 압류하여 거기에서 조세채권의 만족을 얻는 것을 목적으로 하는 일련의 행정절차로서 재산의 압류, 압류재산의 매각, 매각대금의 충당 및 분배의 총합체를 의미한다(대판 2008. 10. 23. 2008다47732).

① 압 류

독촉장 발부없이 한 압류처분의 효력
「국세징수법」 제24조 제1항 제1호의 규정에 의한 독촉장 발부도 한 바 없이 과세처분과 동시에 이에 대한 체납처분으로 부동산을 압류하였다면 그 압류처분은 위법하다(대판 1984. 9. 25. 84누107).

체납자가 아닌 제3자의 재산에 대한 압류처분은 당연무효
체납처분으로서 압류의 요건을 규정하는 「국세징수법」 제24조 각 항의 규정을 보면, 어느 경우에나 압류의 대상을 납세자의 재산에 국한하고 있으므로, 납세자가 아닌 제3

자의 재산을 대상으로 한 압류처분은 그 처분의 내용이 법률상 실현될 수 없는 것이어서 당연무효이다(대판 2001. 2. 23. 2000다68924).

② 매 각

과세관청의 공매는 우월한 공권력의 행사로서 행정소송의 대상이 되는 공법상의 행정처분이다

과세관청이 체납처분으로서 행하는 공매는 우월한 공권력의 행사로서 행정소송의 대상이 되는 공법상의 행정처분이며 공매에 의하여 재산을 매수한 자는 그 공매처분이 취소된 경우에 그 취소처분의 위법을 주장하여 행정소송을 제기할 법률상 이익이 있다(대판 1984. 9. 25. 84누201).

공매결정, 공매공고, 공매통지 등은 항고소송의 대상이 되는 처분이 아니라는 것이 종래 판례의 입장이었으나, 최근 전원합의체 판결에서 체납자 등에 대한 공매통지를 공매의 절차적 요건으로 보아야 한다고 판시한 바 있다. 그러나 대법원은 공매통지 자체를 항고소송의 대상으로 삼아 그 취소 등을 구할 수도 없다는 입장을 계속 유지하고 있다.

체납자 등에 대한 공매통지가 공매의 절차적 요건으로 보아야 하고, 체납자 등에게 공매통지를 하지 않았거나 적법하지 않은 공매통지를 한 경우 그 공매처분이 위법하다

[1] 체납자는 「국세징수법」 제66조에 의하여 직접이든 간접이든 압류재산을 매수하지 못함에도, 「국세징수법」이 압류재산을 공매할 때 공고와 별도로 체납자 등에게 공매통지를 하도록 한 이유는, 체납자 등에게 공매절차가 유효한 조세부과처분 및 압류처분에 근거하여 적법하게 이루어지는지 여부를 확인하고 이를 다툴 수 있는 기회를 주는 한편, 「국세징수법」이 정한 바에 따라 체납세액을 납부하고 공매절차를 중지 또는 취소시켜 소유권 또는 기타의 권리를 보존할 수 있는 기회를 갖도록 함으로써, 체납자 등이 감수하여야 하는 강제적인 재산권 상실에 대응한 절차적인 적법성을 확보하기 위한 것이다. 따라서 체납자 등에 대한 공매통지는 국가의 강제력에 의하여 진행되는 공매에서 체납자 등의 권리 내지 재산상의 이익을 보호하기 위하여 법률로 규정한 절차적 요건이라고 보아야 하며, 공매처분을 하면서 체납자 등에게 공매통지를 하지 않았거나 공매통지를 하였더라도 그것이 적법하지

아니한 경우에는 절차상의 흠이 있어 그 공매처분은 위법하다. 다만, 공매통지의 목적이나 취지 등에 비추어 보면, 체납자 등은 자신에 대한 공매통지의 하자만을 공매처분의 위법사유로 주장할 수 있을 뿐 다른 권리자에 대한 공매통지의 하자를 들어 공매처분의 위법사유로 주장하는 것은 허용되지 않는다.

[2] [다수의견] 공매통지는 공매의 요건이 아니라 공매사실 자체를 체납자 등에게 알려주는 데 불과한 것이라는 취지로 판시한 대법원 1971. 2. 23. 선고 70누161 판결, 대법원 1996. 9. 6. 선고 95누12026 판결 등을 비롯한 같은 취지의 판결들은 이 판결의 견해에 배치되는 범위 내에서 이를 모두 변경하기로 한다(대판 2008. 11. 20. 2007두18154 전원합의체).[1]

공매통지 자체가 항고소송의 대상이 되지 않는다

체납자 등에 대한 공매통지는 국가의 강제력에 의하여 진행되는 공매에서 체납자 등의 권리 내지 재산상의 이익을 보호하기 위하여 법률로 규정한 절차적 요건이라고 보아야 하며, 공매처분을 하면서 체납자 등에게 공매통지를 하지 않았거나 공매통지를 하였더라도 그것이 적법하지 아니한 경우에는 절차상의 흠이 있어 그 공매처분이 위법하게 되는 것이지만, 공매통지 자체가 그 상대방인 체납자 등의 법적 지위나 권리·의무에 직접적인 영향을 주는 행정처분에 해당한다고 할 것은 아니므로 다른 특별한 사정이 없는 한 체납자 등은 공매통지의 결여나 위법을 들어 공매처분의 취소 등을 구할 수 있는 것이지 공매통지 자체를 항고소송의 대상으로 삼아 그 취소 등을 구할 수는 없다(대판 2011. 3. 24. 2010두25527).

③ 청산(배분·충당)

국세와 다른 채권 간의 우선순위의 확정시기

「국세징수법」상의 체납처분절차를 통하여 압류재산을 매각한 후 그 매각대금을 배분함에 있어서 국세와 다른 채권 간의 우선순위는 압류재산의 매각대금을 배분하기 위하여 국세징수법상의 배분계산서를 작성한 때에 비로소 확정된다(대판 1996. 4. 23. 95누6052).

---

1 [대법관 양창수의 별개의견] 대법원이 전에 이 사건 판결의 판시에 배치되는 '법률의 해석 적용에 관한 의견'을 낸 일이 없고, 오히려 공매통지 없는 공매처분은 위법하되 단지 그러한 하자가 있다고 해도 그로 인하여 그 공매처분이 당연무효가 되는 것은 아니라는 태도를 줄곧 취하여 왔다고 본다. 따라서 이 사건 판결에서 법원조직법 제7조 제1항 단서 제3호에서 정하는 바의 '종전에 대법원에서 판시한 법률의 해석적용에 관한 의견을 변경할 필요'는 없다(대판 2008. 11. 20. 2007두18154 전원합의체).

3. 권리구제

납세의무자가 전심절차를 거치지 않고 과세처분취소청구소송을 제기할 수 있는 경우에 해당한다고 한 사례
과세관청이 당초의 과세처분의 취소를 구하는 소송의 계속중에 종전의 처분을 취소하고 최종적인 과세처분을 함에 따라 납세의무자가 그 최종처분의 취소를 구하는 것으로 소를 변경한 경우, 당초처분과 최종처분에 있어서 납세의무자가 주장하는 위법사유가 공통되고 납세의무자가 당초처분에 대하여 최종처분과 같은 위법사유를 들어 전심절차를 적법하게 거쳐 이미 국세청장과 국세심판소로 하여금 기본적 사실관계와 법률문제에 대하여 다시 판단할 수 있는 기회가 부여된 바가 있었다는 사정 등에 비추어 납세의무자로 하여금 또 전심절차를 거치게 하는 것은 가혹하므로 최종처분에 대하여 전심절차를 거치지 않고 그 취소를 구할 수 있다(대판 2000. 9. 26. 99두1557).

제 3 절 행정상 즉시강제

Ⅰ. 의 의

1. 행정상 즉시강제의 의의

행정상 즉시강제란 행정강제의 일종으로서 목전의 급박한 행정상 장해를 제거할 필요가 있는 경우에, 미리 의무를 명할 시간적 여유가 없을 때 또는 그 성질상 의무를 명하여 가지고는 목적달성이 곤란할 때에, 직접 국민의 신체 또는 재산에 실력을 가하여 행정상 필요한 상태를 실현하는 작용이다(헌재결 2002. 10. 31. 2000헌가12).

2. 구별개념

행정상 강제집행과의 구별
행정상 즉시강제란 행정강제의 일종으로서 법령 또는 행정처분에 의한 선행의 구체적

의무의 존재와 그 불이행을 전제로 하는 행정상 강제집행과 구별된다. 행정강제는 행정상 강제집행을 원칙으로 하며, 법치국가적 요청인 예측가능성과 법적 안정성에 반하고, 기본권 침해의 소지가 큰 권력작용인 행정상 즉시강제는 어디까지나 예외적인 강제수단이라고 할 것이다(헌재결 2002. 10. 31. 2000헌가12).

Ⅱ. 법적 근거

법령 또는 행정청의 명령에 의한 구체적 의무가 존재하지 않고 의무의 불이행을 전제하지 않아 예측가능성과 법적 안정성에 반할 뿐만 아니라, 그 과정에서 국민의 기본권이 침해될 소지가 많으므로 행정청이 행정상 즉시강제를 하기 위해서는 엄격한 실정법상 근거가 필요하다(대판 2008. 12. 11. 2008도2814).

Ⅲ. 한 계

1. 실체법적 한계

행정상 즉시강제의 한계
행정상 즉시강제는 엄격한 실정법상의 근거를 필요로 할 뿐만 아니라, 그 발동에 있어서는 법규의 범위 안에서도 다시 행정상의 장해가 목전에 급박하고, 다른 수단으로는 행정목적을 달성할 수 없는 경우이어야 하며, 이러한 경우에도 그 행사는 필요 최소한도에 그쳐야 함을 내용으로 하는 조리상의 한계에 기속된다(헌재결 2002. 10. 31. 2000헌가12).

2. 절차법적 한계(영장주의와의 관계)

헌법상 영장주의가 형사사법작용이 아닌 행정상 즉시강제에도 적용될 수 있을 것인가에 대하여 영장불요설, 영장필요설, 절충설 등의 견해가 대립한다.

① 영장불요설: 헌법의 영장주의에 관한 규정은 형사사법권의 남용방지를 목적으로 하는 규정들이므로 행정목적 수행을 위한 행정상의 즉시강제에는 영장주의의 적용이 없다고 한다.

② 영장필요설: 영장제도가 형사작용에만 적용된다는 명문규정이 없고, 또한 형사작용과 행정상의 즉시강제는 직접목적은 다르지만 신체·재산에 대한 실력의 행사란 점에서 다 같이 국민의 기본권을 침해하는 작용이므로 행정상의 즉시강제에도 헌법상의 영장주의가 적용된다고 한다.

③ 절충설: 영장주의가 원칙적으로 사법권뿐만 아니라 행정상 즉시강제의 발동에도 적용되어야 하고 행정목적의 달성을 위하여 불가피한 경우에 영장주의의 예외를 인정해야 한다고 한다. 절충설이 통설과 판례의 태도이다.

행정상 즉시강제와 영장주의와의 관계

① 대법원은 행정상 즉시강제에 영장주의 적용 여부에 관하여 절충설의 입장이다

사전영장주의는 인신보호를 위한 헌법상의 기속원리이기 때문에 인신의 자유를 제한하는 모든 국가작용의 영역에서 존중되어야 하지만, 「헌법」 제12조 제3항 단서도 사전영장주의의 예외를 인정하고 있는 것처럼 사전영장주의를 고수하다가는 도저히 행정목적을 달성할 수 없는 지극히 예외적인 경우에는 형사절차에서와 같은 예외가 인정된다(대판 1997. 6. 13. 96다56115).

② 헌법재판소도 행정목적의 달성을 위하여 불가피한 경우에 영장주의의 예외를 인정해야 한다는 절충설의 입장이다

영장주의가 행정상 즉시강제에도 적용되는지에 관하여는 논란이 있으나, 행정상 즉시강제는 상대방의 임의이행을 기다릴 시간적 여유가 없을 때 하명 없이 바로 실력을 행사하는 것으로서, 그 본질상 급박성을 요건으로 하고 있어 법관의 영장을 기다려서는 그 목적을 달성할 수 없다고 할 것이므로, 원칙적으로 영장주의가 적용되지 않는다고 보아야 할 것이다. 만일 어떤 법률조항이 영장주의를 배제할 만한 합리적인 이유가 없을 정도로 급박성이 인정되지 아니함에도 행정상 즉시강제를 인정하고 있다면, 이러한 법률조항은 이미 그 자체로 과잉금지의 원칙에 위반되는 것으로서 위헌이라고 할 것이다(헌재결 2002. 10. 31. 2000헌가12).

Ⅳ. 권리구제

행정상 즉시강제는 보통 단기간에 종료되므로 행정쟁송의 제기는 그리 실효성 있는 수단이라 할 수 없고, 손해배상청구가 즉시강제와 관련해서 직접적이고 가장 실효성 있는 권리구제수단이라 할 수 있다.

위법한 즉시강제로 인해 피해를 입은 자에게는 행정상 손해배상청구권이 있다
타인의 집대문 앞에 은신하고 있다가 경찰관의 명령에 따라 순순히 손을 들고 나오면서 그대로 도주하는 범인을 경찰관이 뒤따라 추격하면서 등 부위에 권총을 발사하여 사망케 한 경우, 위와 같은 총기사용은 현재의 부당한 침해를 방지하거나 현재의 위난을 피하기 위한 상당성있는 행위라고 볼 수 없는 것으로서 범인의 체포를 위하여 필요한 한도를 넘어 무기를 사용한 것이어서 국가의 손해배상책임이 인정된다(대판 1991. 5. 28. 91다10084).

제4절 행정조사

Ⅰ. 의 의

행정조사란 행정기관이 정책을 결정하거나 직무를 수행하는 데 필요한 정보나 자료를 수집하기 위하여 현장조사·문서열람·시료채취 등을 하거나 조사대상자에게 보고요구·자료제출요구 및 출석·진술요구를 행하는 활동을 말한다(행정조사기본법 제2조 제1호).

Ⅱ. 법적 성질

세무조사결정의 법적 성질
부과처분을 위한 과세관청의 질문조사권이 행해지는 세무조사결정이 있는 경우 납세의무자는 세무공무원의 과세자료 수집을 위한 질문에 대답하고 검사를 수인하여야 할 법적 의무를 부담하게 되는 점, 세무조사는 기본적으로 적정하고 공평한 과세의 실현을 위하여 필요한 최소한의 범위 안에서 행하여져야 하고, 더욱이 동일한 세목 및 과세기간에 대한 재조사는 납세자의 영업의 자유 등 권익을 심각하게 침해할 뿐만 아니라 과세관청에 의한 자의적인 세무조사의 위험마저 있으므로 조세공평의 원칙에 현저히 반하는 예외적인 경우를 제외하고는 금지될 필요가 있는 점, 납세의무자로 하여금 개개의 과태료 처분에 대하여 불복하거나 조사 종료 후의 과세처분에 대하여만 다툴 수 있도록 하는 것보다는 그에 앞서 세무조사결정에 대하여 다툼으로써 분쟁을 조기에 근본적으로 해결할 수 있는 점 등을 종합하면, 세무조사결정은 납세의무자의 권리·의무에 직접 영향을 미치는 공권력의 행사에 따른 행정작용으로서 항고소송의 대상이 된다(대판 2011. 3. 10. 2009두23617).

Ⅲ. 한 계

1. 실체법적 한계

재조사 금지의 필요성
세무조사는 기본적으로 적정하고 공평한 과세의 실현을 위하여 필요한 최소한의 범위 안에서 행하여져야 하고, 더욱이 동일한 세목 및 과세기간에 대한 재조사는 납세자의 영업의 자유 등 권익을 심각하게 침해할 뿐만 아니라 과세관청에 의한 자의적인 세무조사의 위험마저 있으므로 조세공평의 원칙에 현저히 반하는 예외적인 경우를 제외하고는 금지될 필요가 있다(대판 2010. 12. 23. 2008두10461).

행정조사는 조사목적에 필요한 범위 내에서만 가능하므로, 위법한 목적을 위한 조사는 불법행위를 구성한다
구 국군보안사령부가 군과 관련된 첩보 수집, 특정한 군사법원 관할 범죄의 수사 등 법령에 규정된 직무범위를 벗어나 민간인들을 대상으로 평소의 동향을 감시·파악할 목적으로 지속적으로 개인의 집회·결사에 관한 활동이나 사생활에 관한 정보를 미행, 망원 활용, 탐문채집 등의 방법으로 비밀리에 수집·관리한 경우, 이는 헌법에 의하여 보장된 기본권을 침해한 것으로서 불법행위를 구성한다. 공적 인물에 대하여는 사생활의 비밀과 자유가 일정한 범위 내에서 제한되어 그 사생활의 공개가 면책되는 경우도 있을 수 있으나, 이는 공적 인물은 통상인에 비하여 일반 국민의 알 권리의 대상이 되고 그 공개가 공공의 이익이 된다는 데 근거한 것이므로, 일반 국민의 알 권리와는 무관하게 국가기관이 평소의 동향을 감시할 목적으로 개인의 정보를 비밀리에 수집한 경우에는 그 대상자가 공적 인물이라는 이유만으로 면책될 수 없다(대판 1998. 7. 24. 96다42789).

권력적 조사를 하는 경우 근거된 법규의 범위 내에서만 가능하다
「노동조합법」 제30조, 같은 법 시행령 제9조의2에 의하면 행정관청은 당해 노동조합에 대하여 진정 등이 있는 경우와 분규가 야기된 경우뿐만 아니라 노동조합의 회계, 경리상태나 기타 운영에 대하여 지도할 필요가 있는 경우에도 노동조합의 경리상황 기타 관계서류를 제출하게 하여 조사할 수 있도록 규정되어 있으므로 행정기관이 그와 같은 업무지도의 필요성이 있다고 판단되면 관계서류 등의 제출을 요구하여 조사할 수 있다고 하여야 할 것이고, 설사 노동조합의 회계, 경리상태나 기타 운영에 대하여 지도할 필요가 있는 경우에 해당되지 않는다고 하더라도 행정관청이 그와 같이 판단하여 조사하기로 한 이상 노동조합은 이에 응할 의무가 있다고 할 것이다(대판 1992. 4. 10. 91도3044).

2. 절차법적 한계

행정조사를 위한 질문·검사·가택출입 등의 경우에도 헌법상의 영장주의가 적용되는지에 대하여 행정상 즉시강제에서와 같이 영장불요설, 영장필요설, 절충설의 견해대립이 있는데, 절충설이 지배적 견해이고, 판례의 태도이다.

행정조사와 영장주의와의 관계
세관공무원이 밀수품을 싣고 왔다는 정보에 의하여 정박중인 선박에 대하여 수색을 하려면 선박의 소유자 또는 점유자의 승낙을 얻거나 법관의 압수 수색영장을 발부 받거나 또는 「관세법」 제212조 제1항 후단에 의하여 긴급을 요하는 경우에 한하여 수색압수를 하고 사후에 영장의 교부를 받아야 한다(대판 1976. 11. 9. 76도2703).

Ⅳ. 위법한 행정조사와 행정행위의 위법성

위법한 세무조사에 기초하여 이루어진 과세처분은 위법하다
구 「국세기본법」 제81조의5가 정한 세무조사대상 선정사유가 없음에도 세무조사대상으로 선정하여 과세자료를 수집하고 그에 기하여 과세처분을 하는 것은 적법절차의 원칙을 어기고 구 「국세기본법」 제81조의5와 제81조의3 제1항을 위반한 것으로서 특별한 사정이 없는 한 과세처분은 위법하다(대판 2014. 6. 26. 2012두911).

제3장 행정벌

제1절 일반론

Ⅰ. 행정벌의 의의

행정벌이란 행정법상 의무위반에 대하여 일반통치권에 의거하여 과하는 제재로서의 처벌이다.

Ⅱ. 행정벌의 종류

행정벌에는 행정형벌과 행정질서벌이 있다.

1. 행정형벌과 행정질서벌의 구별

전통적인 견해는 직접적 또는 간접적 행정목적의 침해 여부에 의해 행정형벌과 행정질서벌을 구별한다.

대법원은 「질서위반행위규제법」 시행 이전에는 행정질서벌인 과태료는 다른 특별한 규정이 없는 한 고의·과실을 필요로 하지 않는다고 판시하였다. 「질서위반행위규제법」은 제7조에서 고의 또는 과실이 없는 질서위반행위는 과태료를 부과하지 아니한다고 규정하고 있다.

행정형벌과 행정질서벌의 구별

「무역거래법」 제30조 규정에 의하여 과하여지는 과태료는 통상적인 행정질서법 중의 하나로서 행정형벌과는 다르다 할 것이다. 즉, 행정질서벌과 행정형벌은 다같이 행정법령에 위반하는데 대한 제재라는 점에서는 같다 하더라도 행정형벌은 그 행정법규 위반이 직접적으로 행정목적과 사회공익을 침해하는 경우에 과하여지는 것이므로 행정형벌을 과하는데 있어서 고의 과실을 필요로 할 것이냐의 여부의 점은 별문제로 하더라도 행정질서벌인 과태료는 직접적으로 행정목적이나 사회공익을 침해하는 데까지는 이르지 않고 다만 간접적으로 행정상의 질서에 장해를 줄 위험성이 있는 정도의 단순한 의무태만에 대한 제재로서 과하여지는 데 불과하므로 다른 특별한 규정이 없는 한 원칙적으로 고의·과실을 필요로 하지 아니한다고 해석하여야 할 것이다(대결 1969. 7. 29. 69마400).

헌법재판소는 행정형벌과 행정질서벌의 구별을 입법재량에 속하는 문제로 본다

어떤 행정법규 위반의 행위에 대하여 이를 단지 간접적으로 행정상의 질서에 장애를 줄 위험성이 있음에 불과한 경우로 보아 행정질서벌인 과태료를 과할 것인지 아니면 직접적으로 행정목적과 공익을 침해한 행위로 보아 행정형벌을 과할 것인지는 기본적으로 입법권자가 제반사정을 고려하여 결정할 입법재량에 속하는 문제이다(헌재결 1998. 5. 28. 96헌바83).

2. 행정형벌과 행정질서벌의 병과

헌법재판소는 행정형벌과 행정질서벌의 병과는 불가하다는 취지의 결정을 한 바 있다

행정법규에 있어서 행정질서의 유지를 위하여 행정벌을 과하는 경우, 입법자는 그 입법목적의 달성을 위하여 행정형벌이나 행정질서벌을 선택하여 과할 수 있고, 그 입법목적이나 입법 당시의 실정 등을 종합적으로 고려하여 어느 하나를 결정하는 것이다(헌재결 1997. 4. 24. 95헌마90).

대법원은 행정질서벌인 과태료의 부과처분과 형사처벌의 병과를 인정하고 있다

행정법상의 질서벌인 과태료의 부과처분과 형사처벌은 그 성질이나 목적을 달리하는 별개의 것이므로 행정법상의 질서벌인 과태료를 납부한 후에 형사처벌을 한다고 하여 이를 일사부재리의 원칙에 반하는 것이라고 할 수는 없으며, 만일 자동차의 임시운행허가기간을 넘어 운행한 자가 등록된 차량에 관하여 그러한 행위를 한 경우라면 과태료의 제재만을 받게 되겠지만, 무등록차량에 관하여 그러한 행위를 한 경우라면 과태료와 별도로 형사처벌의 대상이 된다(대판 1996. 4. 12. 96도158).

제2절 행정형벌

Ⅰ. 의 의

행정형벌이란 행정법상의 의무위반에 대한 제재로서 형법총칙상의 형벌(사형, 징역, 금고, 자격정지, 자격상실, 벌금, 구류, 과료, 몰수)을 과하는 행정벌을 말한다.

Ⅱ. 법적 근거

지방자치단체 소속 공무원이 지정항만순찰 등의 업무를 위해 관할관청의 승인 없이 개조한 승합차를 운행함으로써 구 자동차관리법을 위반한 사안에서, 해당 지방자치단체는 양벌규정에 따른 처벌대상이 될 수 없다

국가가 본래 그의 사무의 일부를 지방자치단체의 장에게 위임하여 처리하게 하는 기관위임사무의 경우 지방자치단체는 국가기관의 일부로 볼 수 있고, 지방자치단체가 그 고유의 자치사무를 처리하는 경우 지방자치단체는 국가기관의 일부가 아니라 국가기관과는 별도의 독립한 공법인으로서 양벌규정에 의한 처벌대상이 되는 법인에 해당한다(대판 2009. 6. 11. 2008도6530).

지방자치단체가 행정형벌의 부과대상이 된 경우

「헌법」 제117조, 「지방자치법」 제3조 제1항, 제9조, 제93조, 「도로법」 제54조, 제83조, 제86조의 각 규정을 종합하여 보면, 국가가 본래 그의 사무의 일부를 지방자치단체의 장에게 위임하여 그 사무를 처리하게 하는 기관위임사무의 경우에는 지방자치단체는 국가기관의 일부로 볼 수 있는 것이지만, 지방자치단체가 그 고유의 자치사무를 처리하는 경우에는 지방자치단체는 국가기관의 일부가 아니라 국가기관과는 별도의 독립한 공법인이므로, 지방자치단체 소속 공무원이 지방자치단체 고유의 자치사무를 수행하던 중 「도로법」 제81조 내지 제85조의 규정에 의한 위반행위를 한 경우에는 지방자치단체는 「도로법」 제86조의 양벌규정에 따라 처벌대상이 되는 법인에 해당한다(대판 2005. 11. 10. 2004도2657).

Ⅲ. 행정형벌의 실체법적 특수성

1. 고의·과실

행정형벌도 명문의 규정이 없는 한 원칙적으로 고의범에게만 적용된다
행정법상의 단속을 주안으로 하는 법규라 하더라도 명문규정이 있거나 해석상 과실범도 벌할 뜻이 명확한 경우를 제외하고는 형법의 원칙에 따라 고의가 있어야 벌할 수 있다(대판 2010. 2. 11. 2009도9807; 대판 1986. 7. 22. 85도108).

관계법규의 해석상 과실범도 벌할 뜻이 명확할 경우에는 명문의 규정이 없더라도 과실범의 처벌을 인정한다
구 「대기환경보전법」의 입법목적이나 제반 관계규정의 취지 등을 고려하면, 법정의 배출허용기준을 초과하는 배출가스를 배출하면서 자동차를 운행하는 행위를 처벌하는 위 법 제57조 제6호의 규정은 자동차의 운행자가 그 자동차에서 배출되는 배출가스가 소정의 운행 자동차 배출허용기준을 초과한다는 점을 실제로 인식하면서 운행한 고의범의 경우는 물론 과실로 인하여 그러한 내용을 인식하지 못한 과실범의 경우도 함께 처벌하는 규정이다(대판 1993. 9. 10. 92도1136).

2. 양벌규정

(1) 타인의 비행에 대한 책임

타인의 비행에 대해 지는 책임은 타인을 대신하여 책임을 지는 대위책임이 아니라, 자기의 선임·감독의무의 불충분에 대한 자기책임이며, 과실책임이다.

타인의 비행에 대해 지는 책임은 자기의 선임·감독상의 과실책임이다
피고인들은 공동으로 약주제조 면허를 받고 공동으로 용건 양조장을 경영중 그 공동업무집행자로 둔 공소외인이 부정한 방법으로 292,014원의 주세를 포탈하였다는 것이므로 피고인들이 그것을 전연 몰랐다 하여도 사업주로서 공소외인의 탈세행위를 막는데 필요한 주의를 다하지 못한 선임·감독상의 과실책임을 면하지 못한다(대판 1969. 8. 26. 69도1151).

(2) 법인의 책임

행정법규에는 법인에게 재산형을 과할 것을 규정한 양벌규정을 두는 경우가 많다. 즉, 법인의 대표자 또는 대리인, 사용인 기타 종업원이 그 법인의 업무에 대한 행정범을 범한 경우에 행위자뿐만 아니라 법인도 아울러 처벌할 수 있도록 규정하는 경우가 많은데, 이러한 경우에 법인 또는 영업주의 책임은 자기책임·과실책임의 성질을 갖는 것으로 보았다. 이에 대하여 헌법재판소는 최근 형벌에 관한 책임주의에 반하므로 헌법에 위반된다는 이유로 위헌결정을 내리고 있다.

사행행위 등 규제 및 처벌특례법 제31조 중 "법인의 대리인·사용인 기타 종업원이 그 법인의 업무에 관하여 제30조 제2항 제1호의 위반행위(무허가 사행행위영업)를 한 때에는 그 법인에 대하여도 동조의 벌금형을 과한다"는 부분은 책임주의에 반하여 헌법에 위반된다
이 사건 법률조항은 법인이 고용한 종업원 등이 업무에 관하여 같은 법 제30조 제2항 제1호를 위반한 범죄행위를 저지른 사실이 인정되면, 법인이 그와 같은 종업원 등의 범죄에 대해 어떠한 잘못이 있는지를 전혀 묻지 않고 곧바로 그 종업원 등을 고용한 법인에게도 종업원 등에 대한 처벌조항에 규정된 벌금형을 과하도록 규정하고 있는바, 오늘날 법인의 반사회적 법익침해활동에 대하여 법인 자체에 직접적인 제재를 가할 필요성이 강하다 하더라도, 입법자가 일단 "형벌"을 선택한 이상, 형벌에 관한 헌법상 원칙, 즉 법치주의와 죄형법정주의로부터 도출되는 책임주의원칙이 준수되어야 한다. 그런데 이 사건 법률조항에 의할 경우 법인이 종업원 등의 위반행위와 관련하여 선임·감독상의 주의의무를 다하여 아무런 잘못이 없는 경우까지도 법인에게 형벌을 부과될 수밖에 없게 되어 법치국가의 원리 및 죄형법정주의로부터 도출되는 책임주의원칙에 반하므로 헌법에 위반된다(헌재결 2009. 7. 30. 2008헌가14).[1]

1 同旨: 「청소년보호법」 제54조(헌재결 2009. 7. 30. 2008헌가10), 「의료법」 제91조 제1항(헌재결 2009. 7. 30.

한편 지방자치단체가 행정형벌의 부과대상자가 된 판례도 있다.

지방자치단체가 그 고유의 자치사무를 처리하는 경우에는 양벌규정에 따라 처벌대상이 되는 법인에 해당한다

「헌법」 제117조, 「지방자치법」 제3조 제1항, 제9조, 제93조, 「도로법」 제54조, 제83조, 제86조의 각 규정을 종합하여 보면, 국가가 본래 그의 사무의 일부를 지방자치단체의 장에게 위임하여 그 사무를 처리하게 하는 기관위임사무의 경우에는 지방자치단체는 국가기관의 일부로 볼 수 있는 것이지만, 지방자치단체가 그 고유의 자치사무를 처리하는 경우에는 지방자치단체는 국가기관의 일부가 아니라 국가기관과는 별도의 독립한 공법인이므로, 지방자치단체 소속 공무원이 지방자치단체 고유의 자치사무를 수행하던 중 「도로법」 제81조 내지 제85조의 규정에 의한 위반행위를 한 경우에는 지방자치단체는 「도로법」 제86조의 양벌규정에 따라 처벌대상이 되는 법인에 해당한다(대판 2005. 11. 10. 2004도2657).[2]

행정범에 있어서는 미성년자·금치산자의 행위에 대한 법정대리인의 처벌, 공동업무집행자의 행위에 대한 처벌, 행위자 외에 사업주도 처벌(양벌규정)하는 경우와 같이 행위자 이외의 자를 처벌하는 경우가 있는데, 이러한 경우에도 명문의 규정이 없는 이상, 행정형벌을 부담하지 않는다.

명문의 규정이 없는 이상 법인이 행정형벌을 부담하지 않는다는 사례

법인도 처벌한다는 특별규정이 없는 「수출진흥법(폐)」하에서는 법인에게 위 법을 적용하지 못한다(대판 1968. 2. 20. 67도1683).

2008헌가16), 구 「도로법」 제86조(헌재결 2009. 7. 30. 2008헌가17), 구 「건설산업기본법」 제98조 제2항(헌재결 2009. 7. 30. 2008헌가18), 「의료기사 등에 관한 법률」 제32조(헌재결 2009. 7. 30. 2008헌가24), 「의료법」 제91조 제2항(헌재결 2009. 10. 29. 2009헌가6) 등.

2 지방자치단체 소속 공무원이 압축트럭 청소차를 운전하여 고속도로를 운행하던 중 제한축중을 초과 적재 운행함으로써 도로관리청의 차량운행제한을 위반한 사안에서, 해당 지방자치단체가 「도로법」 제86조의 양벌규정에 따른 처벌대상이 된다고 한 사례.

Ⅳ. 행정형벌의 과벌절차

1. 통고처분

(1) 의 의

통고처분이란 행정청이 정식재판에 갈음하여 절차의 간이·신속을 목적으로 일정한 벌금 또는 과료에 상당하는 금액의 납부를 명하는 행위를 말한다.

통고처분의 의의

「도로교통법」상의 통고처분은 처분을 받은 당사자의 임의의 승복을 발효요건으로 하고 있으며, 행정공무원에 의하여 발하여지는 것이지만, 통고처분에 따르지 않고자 하는 당사자에게는 정식재판의 절차가 보장되어 있다. 통고처분 제도는 경미한 교통법규 위반자로 하여금 형사처벌절차에 수반되는 심리적 불안, 시간과 비용의 소모, 명예와 신용의 훼손 등의 여러 불이익을 당하지 않고 범칙금 납부로써 위반행위에 대한 제재를 신속·간편하게 종결할 수 있게 하여주며, 교통법규 위반행위가 홍수를 이루고 있는 현실에서 행정공무원에 의한 전문적이고 신속한 사건처리를 가능하게 하고, 검찰 및 법원의 과중한 업무 부담을 덜어 준다. 또한 통고처분제도는 형벌의 비범죄화 정신에 접근하는 제도이다. 이러한 점들을 종합할 때, 통고처분 제도의 근거규정인 「도로교통법」 제118조 본문이 적법절차원칙이나 사법권을 법원에 둔 권력분립원칙에 위배된다거나, 재판청구권을 침해하는 것이라 할 수 없다(헌재결 2003. 10. 30. 2002헌마275).

통고처분을 할 것인지 여부는 행정청의 재량이다

「관세법」 제284조 제1항, 제311조, 제312조, 제318조의 규정에 의하면, 관세청장 또는 세관장은 관세범에 대하여 통고처분을 할 수 있고, 범죄의 정상이 징역형에 처하여질 것으로 인정되는 때에는 즉시 고발하여야 하며, 관세범인이 통고를 이행할 수 있는 자금능력이 없다고 인정되거나 주소 및 거소의 불명 기타의 사유로 인하여 통고를 하기 곤란하다고 인정되는 때에도 즉시 고발하여야 하는바, 이들 규정을 종합하여 보면, 통고처분을 할 것인지의 여부는 관세청장 또는 세관장의 재량에 맡겨져 있고, 따라서 관세청장 또는 세관장이 관세범에 대하여 통고처분을 하지 아니한 채 고발하였다는 것만으로는 그 고발 및 이에 기한 공소의 제기가 부적법하게 되는 것은 아니다(대판 2007. 5. 11. 2006도1993).

(2) 합헌성

「도로교통법」상의 통고처분은 처분을 받은 당사자의 임의의 승복을 발효요건으로 하고 있으며, 행정공무원에 의하여 발하여지는 것이지만, 통고처분에 따르지 않고자 하는 당사자에게는 정식재판의 절차가 보장되어 있다. 통고처분 제도는 경미한 교통법규 위반자로 하여금 형사처벌절차에 수반되는 심리적 불안, 시간과 비용의 소모, 명예와 신용의 훼손 등의 여러 불이익을 당하지 않고 범칙금 납부로써 위반행위에 대한 제재를 신속·간편하게 종결할 수 있게 하여 주며, 교통법규 위반행위가 홍수를 이루고 있는 현실에서 행정공무원에 의한 전문적이고 신속한 사건처리를 가능하게 하고, 검찰 및 법원의 과중한 업무 부담을 덜어 준다. 또한 통고처분제도는 형벌의 비범죄화 정신에 접근하는 제도이다. 이러한 점들을 종합할 때, 통고처분 제도의 근거규정인 「도로교통법」 제118조 본문이 적법절차원칙이나 사법권을 법원에 둔 권력분립원칙에 위배된다거나, 재판청구권을 침해하는 것이라 할 수 없다(헌재결 2003. 10. 30. 2002헌마275).

(3) 법적 성질 및 불복절차

통고처분은 준사법적 행정행위로서 일종의 행정처분이지만 이의가 있어도 행정쟁송을 제기할 수 없다. 왜냐하면 통고처분을 받은 자가 일정한 기간 내에 이를 이행하지 않으면 통고처분은 그 효력을 상실하게 되고 당해 행정청은 불이행자를 고발함으로써 형사소송절차로 이행하게 되는 특별한 구제절차가 규정되어 있기 때문이다.

통고처분은 항고소송의 대상이 되는 행정처분이 아니다

① 「도로교통법」 제118조에서 규정하는 경찰서장의 통고처분은 행정소송의 대상이 되는 행정처분이 아니므로 그 처분의 취소를 구하는 소송은 부적법하고, 「도로교통법」상의 통고처분을 받은 자가 그 처분에 대하여 이의가 있는 경우에는 통고처분에 따른 범칙금의 납부를 이행하지 아니함으로써 경찰서장의 즉결심판청구에 의하여 법원의 심판을 받을 수 있게 될 뿐이다(대판 1995. 6. 29. 95누4674).

② 통고처분은 상대방의 임의의 승복을 그 발효요건으로 하기 때문에 그 자체만으로는 통고이행을 강제하거나 상대방에게 아무런 권리의무를 형성하지 않으므로 행정심판이나 행정소송의 대상으로서의 처분성을 부여할 수 없고, 통고처분에 대하여 이의가 있으면 통고내용을 이행하지 않음으로써 고발되어 형사재판절차에서 통고

처분의 위법·부당함을 얼마든지 다툴 수 있기 때문에 「관세법」 제38조 제3항 제2호가 법관에 의한 재판받을 권리를 침해한다든가 적법절차의 원칙에 저촉된다고 볼 수 없다(헌재결 1998. 5. 28. 96헌바4).

2. 즉결심판절차

즉결심판은 형사범에도 적용되므로 행정형벌의 특유한 과벌절차로 보기는 어렵다.

제3절 행정질서벌

Ⅰ. 의 의

행정질서벌이란 행정법상의 의무위반에 대한 제재로서 과태료가 과해지는 행정벌을 말한다.

Ⅱ. 법적 근거

헌법재판소는 행정질서벌에 대해서는 죄형법정주의의 규율대상에 해당되지 않는다고 판시한 바 있다

죄형법정주의는 무엇이 범죄이며 그에 대한 형벌이 어떠한 것인가는 국민의 대표로 구성된 입법부가 제정한 법률로써 정하여야 한다는 원칙인데, 「부동산등기특별조치법」 제11조 제1항 본문 중 제2조 제1항에 관한 부분이 정하고 있는 과태료는 행정상의 질서유지를 위한 행정질서벌에 해당할 뿐 형벌이라고 할 수 없어 죄형법정주의의 규율대상에 해당하지 아니한다(헌재결 1998. 5. 28. 96헌바83).

Ⅲ. 행정질서벌의 특수성

1. 질서위반행위규제법

(1) 고의·과실

과태료 부과시 고의 또는 과실의 요부
「질서위반행위규제법」은 과태료의 부과대상인 질서위반행위에 대하여도 책임주의 원칙을 채택하여 제7조에서 "고의 또는 과실이 없는 질서위반행위는 과태료를 부과하지 아니한다"고 규정하고 있으므로, 질서위반행위를 한 자가 자신의 책임 없는 사유로 위반행위에 이르렀다고 주장하는 경우 법원으로서는 그 내용을 살펴 행위자에게 고의나 과실이 있는지를 따져보아야 한다(대결 2011. 7. 14. 2011마364).

「질서위반행위규제법」 시행 이전 대법원은 행정질서벌인 과태료의 부과에는 법률에 특별한 규정이 없는 한 고의, 과실을 요하지 아니하나, 위반자에게 의무를 탓할 수 없는 정당한 사유가 있는 경우에는 과태료를 부과할 수 없다고 하였다. 그러나 「질서위반행위규제법」은 제7조에서 고의 또는 과실이 없는 질서위반행위는 과태료를 부과하지 아니한다고 규정하고 있다.

행정질서벌을 부과시 원칙적으로 위반자의 고의·과실을 요하지 아니한다
① 과태료와 같은 행정질서벌은 행정질서유지를 위한 의무의 위반이라는 객관적 사실에 대하여 과하는 제재이므로 반드시 현실적인 행위자가 아니라도 법령상 책임자로 규정된 자에게 부과되고 원칙적으로 위반자의 고의·과실을 요하지 아니하나, 위반자가 그 의무를 알지 못하는 것이 무리가 아니었다고 할 수 있어 그것을 정당시할 수 있는 사정이 있을 때 또는 그 의무의 이행을 그 당사자에게 기대하는 것이 무리라고 하는 사정이 있을 때 등 그 의무 해태를 탓할 수 없는 정당한 사유가 있는 때에는 이를 부과할 수 없다(대판 2000. 5. 26. 98두5972).
② 행정법규 위반에 대하여 가하여지는 제재조치는 행정목적의 달성을 위하여 행정법규 위반이라는 객관적 사실에 착안하여 가하는 제재이므로, 위반자가 그 의무를 알지 못하는 것이 무리가 아니었다고 할 수 있어 그것을 정당시할 수 있는 사정이 있는 때 또는 의무의 이행을 당사자에게 기대하는 것이 무리라고 하는 사정이 있을

때 등의 특별한 사정이 없는 한 위반자에게 고의나 과실이 없다고 하더라도 부과할 수 있다(대판 2012. 6. 28. 2010두24371).

(2) 시 효

행정질서벌의 시효는 없다
과태료의 제재는 범죄에 대한 형벌이 아니므로 그 성질상 처음부터 공소시효나 형의 시효에 상당하는 것을 있을 수 없고, 이에 상당하는 규정도 없으므로 일단 한 번 과태료에 처해질 위반행위를 한 자는 그 처벌을 면할 수 없는 것이다(대판 2000. 8. 24. 2000마1350).

판례는 또한 과태료의 처벌권에는 금전채권의 소멸시효가 적용되지 아니한다고 하였다. 그러나 「질서위반행위규제법」 제15조 제1항에서 과태료는 행정청의 과태료 부과처분이나 법원의 과태료 재판이 확정된 후 5년간 징수하지 아니하거나 집행하지 아니하면 시효로 인하여 소멸한다고 규정하고 있다.

2. 행정형벌과 행정질서벌의 병과

행성형벌과 행정질서벌의 병과가 불가하다고 본 헌법재판소 결정례
행정법규에 있어서 행정질서의 유지를 위하여 행정벌을 과하는 경우 입법자는 그 입법목적의 달성을 위하여 행정형벌이나 행정질서벌을 선택하여 과할 수 있고, 그 입법목적이나 입법당시의 실정 등을 종합 고려하여 어느 하나를 결정하는 것이다(헌재결 1997. 4. 24. 95헌마90).

행정형벌과 행정질서벌의 병과가 가능하다고 본 대법원 판례
피고인이 거주지를 이전한 후 퇴거신고와 전입신고를 하지 아니하였다는 이유로 과태료처분을 받고 이를 납부한 일이 있다 하더라도 그 후에 형사처벌을 한다고 해서 일사부재리의 원칙에 어긋나는 것이라고 할 수 없다. 일사부재리의 효력은 확정재판이 있을 때에 발생하는 것이고 위의 과태료는 행정법상의 질서벌에 지나지 아니하기 때문이다(대판 1989. 6. 13. 88도1983).

제 4 장 새로운 실효성 확보수단

제 1 절 금전적 제재

Ⅰ. 과징금

1. 의 의

과징금은 원칙적으로 행정법상의 의무를 위반한 자에 대하여 당해 위반행위로 얻게 된 경제적 이익을 박탈하기 위한 목적으로 부과하는 금전적인 제재이므로, 법이 규정한 범위 내에서 그 부과처분 당시까지 부과관청이 확인한 사실을 기초로 일의적으로 확정되어야 할 것이지, 추후에 부과금 산정기준이 되는 새로운 자료가 나왔다고 하여 새로운 부과처분을 할 수 있는 것은 아니다(대판 2002. 5. 28. 2000두6121).

2. 과징금의 법적 성질

과징금의 부과의 법적 성질은 그 자체로 독립적인 침익적 행정행위이다.

과징금의 성격

① 행정권에는 행정목적 실현을 위하여 행정법규 위반자에 대한 제재의 권한도 포함되어 있으므로, '제재를 통한 억지'는 행정규제의 본원적 기능이라 볼 수 있는 것이

고, 따라서 어떤 행정제재의 기능이 오로지 제재(및 이에 결부된 억지)에 있다고 하여 이를 「헌법」 제13조 제1항에서 말하는 국가형벌권의 행사로서의 '처벌'에 해당한다고 할 수 없는바, 구 「독점규제 및 공정거래에 관한 법률」 제24조의2에 의한 부당내부거래에 대한 과징금은 그 취지와 기능, 부과의 주체와 절차 등을 종합할 때 부당내부거래 억지라는 행정목적을 실현하기 위하여 그 위반행위에 대하여 제재를 가하는 행정상의 제재금으로서의 기본적 성격에 부당이득환수적 요소도 부가되어 있는 것이라 할 것이고, 이를 두고 「헌법」 제13조 제1항에서 금지하는 국가형벌권 행사로서의 '처벌'에 해당한다고는 할 수 없으므로, 공정거래법에서 형사처벌과 아울러 과징금의 병과를 예정하고 있더라도 이중처벌금지원칙에 위반된다고 볼 수 없으며, 이 과징금 부과처분에 대하여 공정력과 집행력을 인정한다고 하여 이를 확정판결 전의 형벌집행과 같은 것으로 보아 무죄추정의 원칙에 위반된다고도 할 수 없다(헌재결 2003. 7. 24. 2001헌가25).

② 부당지원행위에 대한 과징금은 부당지원행위 억지라는 행정목적을 실현하기 위한 행정상 제재금으로서의 기본적 성격에 부당이득환수적 요소도 부가되어 있는 것으로서, 이중처벌금지원칙에 위반된다거나 무죄추정의 원칙에 위반된다고 할 수 없다(대판 2004. 3. 12. 2001두7220).

③ 입찰담합에 의한 부당한 공동행위에 대하여 「독점규제 및 공정거래에 관한 법률」에 따라 부과되는 과징금은 담합행위의 억지라는 행정목적을 실현하기 위한 제재적 성격과 불법적인 경제적 이익을 박탈하기 위한 성격을 함께 갖는 것으로서 피해자에 대한 손해 전보를 목적으로 하는 불법행위로 인한 손해배상책임과는 성격이 전혀 다르므로, 국가가 입찰담합에 의한 불법행위 피해자인 경우 가해자에게 입찰담합에 의한 부당한 공동행위에 과징금을 부과하여 이를 가해자에게서 납부받은 사정이 있다 하더라도 이를 가리켜 손익상계 대상이 되는 이익을 취득하였다고 할 수 없다(대판 2011. 7. 28. 2010다18850).

원칙적으로 과징금을 부과할 것인지 영업정지처분을 할 것인지는 행정청의 재량에 속하는 영역이다. 과징금의 부과 여부가 기속행위로 규정된 경우도 있다.

과징금 부과처분은 재량행위

공정거래위원회는 공정거래법 위반행위에 대하여 과징금을 부과할 것인지 여부와 만일 과징금을 부과할 경우 공정거래법과 같은 법 시행령이 정하고 있는 일정한 범위 안에서 과징금의 액수를 구체적으로 얼마로 정할 것인지에 관하여 재량을 가지고 있다고 할 것이므로, 공정거래위원회의 공정거래법 위반행위자에 대한 과징금 부과처분은 재량행위라 할 것이고, 다만 이러한 재량을 행사함에 있어 과징금 부과의 기초가 되는 사실을 오인하였거나, 비례·평등의 원칙에 위배되는 등의 사유가 있다면 이는 재량권의 일탈·남용으로서 위법하다고 할 것이다(대판 2011. 6. 30. 2009두12631).

부동산 실권리자명의 등기에 관한 법률상 과징금부과처분의 법적 성질(=기속행위)
「부동산 실권리자명의 등기에 관한 법률」 제3조 제1항, 제5조 제1항, 같은 법 시행령 제3조 제1항의 규정을 종합하면, 명의신탁자에 대하여 과징금을 부과할 것인지 여부는 기속행위에 해당하므로, 명의신탁이 조세를 포탈하거나 법령에 의한 제한을 회피할 목적이 아닌 경우에 한하여 그 과징금을 일정한 범위 내에서 감경할 수 있을 뿐이지 그에 대하여 과징금 부과처분을 하지 않거나 과징금을 전액 감면할 수 있는 것은 아니다(대판 2007. 7. 12. 2005두17287).

형사처벌과 아울러 과징금의 병과를 규정하고 있더라도 이중처벌이 아니다.

과징금과 형사처벌의 이중부과가 가능하다

① 구 「독점규제 및 공정거래에 관한 법률」 제23조 제1항 제7호, 같은 법 제24조의2 소정의 부당지원행위를 한 지원주체에 대한 과징금은 그 취지와 기능, 부과의 주체와 절차 등을 종합할 때 부당지원행위의 억지라는 행정목적을 실현하기 위한 입법자의 정책적 판단에 기하여 그 위반행위에 대하여 제재를 가하는 행정상의 제재금으로서의 기본적 성격에 부당이득환수적 요소도 부가되어 있는 것이라고 할 것이어서 그것이 「헌법」 제13조 제1항에서 금지하는 국가형벌권 행사로서의 처벌에 해당한다고 할 수 없으므로 구 「독점규제 및 공정거래에 관한 법률」에서 형사처벌과 아울러 과징금의 부과처분을 할 수 있도록 규정하고 있다 하더라도 이중처벌금지원칙이나 무죄추정원칙에 위반된다거나 사법권이나 재판청구권을 침해한다고 볼 수 없고, 또한 같은 법 제55조의3 제1항에 정한 각 사유를 참작하여 부당지원행위의 불법의 정도에 비례하여 상당한 금액의 범위 내에서만 과징금을 부과할 수 있도

록 하고 있음에 비추어 비례원칙에 반한다고 할 수도 없다(대판 2004. 4. 9. 2001두6197).

② 구 「부동산 실권리자명의 등기에 관한 법률」 제5조에 규정된 과징금은 그 취지와 기능, 부과의 주체와 절차 등에 비추어 행정청이 명의신탁행위로 인한 불법적인 이익을 박탈하거나 위 법률에 따른 실명등기의무의 이행을 강제하기 위하여 의무자에게 부과·징수하는 것일 뿐 그것이 「헌법」 제13조 제1항에서 금지하는 국가형벌권 행사로서의 처벌에 해당한다고 할 수 없으므로 위 법률에서 형사처벌과 아울러 과징금의 부과처분을 할 수 있도록 규정하고 있다 하더라도 이중처벌금지 원칙에 위반한다고 볼 수 없다(대판 2007. 7. 12. 2006두4554).

③ 이 사건 과징금 부과조항에 따른 과징금은 양도담보를 명의신탁과 구별하여 명의신탁 규제의 실효성을 도모한다는 목적에서, 양도담보 채권자로 하여금 채권관계 서면을 제출하도록 강제하기 위하여 위반자에게 부과·징수하는 금전이라 할 수 있고, 이는 과거의 일정한 법률위반 행위에 대하여 제재를 과함을 목적으로 하는 행정벌과 구별되는 것이다. 따라서 이 사건 과징금 부과조항에 따른 과징금의 부과는 범죄에 대하여 국가가 형벌권을 실행하는 과벌에 해당하지 아니하므로, 「헌법」 제13조 제1항이 금지하는 이중처벌금지원칙에 위배되지 아니한다(헌재결 2012. 4. 24. 2011헌바62).

3. 과징금에 대한 불복

과징금을 부과 받은 자가 사망한 경우 그 상속인에게 포괄승계된다

「부동산 실권리자 명의등기에 관한 법률」 제5조에 의하여 부과된 과징금 채무는 대체적 급부가 가능한 의무이므로 위 과징금을 부과 받은 자가 사망한 경우 그 상속인에게 포괄승계된다(대판 1999. 5. 14. 99두35).

과징금 부과처분이 법정 최고한도액을 초과하여 위법한 경우, 법원은 초과한 부분만을 취소할 수 없다

자동차 운수사업 면허조건 등을 위반한 사업자에 대하여 행정청이 행정제재수단으로 사업정지를 명할 것인지, 과징금을 부과할 것인지, 과징금을 부과키로 한다면 그 금액은 얼마로 할 것인지에 관하여 재량권이 부여되었다 할 것이므로 과징금 부과처분이 법이 정한 한도액을 초과하여 위법할 경우 법원으로서는 그 전부를 취소할 수밖에 없고, 그 한도액을 초과한 부분이나 법원이 적정하다고 인정되는 부분을 초과한 부분만을 취소할 수 없다(대판 1998. 4. 10. 98두2270).[1]

행정청이 과징금 부과처분을 하였다가 감액처분을 한 것에 대하여 그 감액처분으로도 아직 취소되지 않고 남아 있는 부분이 위법하다고 하여 다투는 경우 항고소송의 대상은 처음의 부과처분 중 감액처분에 의하여 취소되지 않고 남은 부분이다

과징금 부과처분에서 행정청이 납부의무자에 대하여 부과처분을 한 후 그 부과처분의 하자를 이유로 과징금의 액수를 감액하는 경우에 그 감액처분은 감액된 과징금 부분에 관하여만 법적 효과가 미치는 것으로서 처음의 부과처분과 별개 독립의 과징금 부과처분이 아니라 그 실질은 당초 부과처분의 변경이고, 그에 의하여 과징금의 일부취소라는 납부의무자에게 유리한 결과를 가져오는 처분이므로 처음의 부과처분이 전부 실효되는 것은 아니며, 그 감액처분으로도 아직 취소되지 않고 남아 있는 부분이 위법하다고 하여 다투는 경우 항고소송의 대상은 처음의 부과처분 중 감액처분에 의하여 취소되지 않고 남은 부분이고 감액처분이 항고소송의 대상이 되는 것은 아니다(대판 2008. 2. 15. 2006두3957).

Ⅱ. 가산금

국세징수법상의 가산금과 중가산금

국유재산 등의 관리청이 하는 행정재산의 사용·수익 허가에 따른 사용료에 대하여는 「국유재산법」 제25조 제3항의 규정에 의하여 「국세징수법」 제21조, 제22조가 규정한 가산금과 중가산금을 징수할 수 있다 할 것이고, 위 가산금과 중가산금은 위 사용료가 납부기한까지 납부되지 않은 경우 미납분에 관한 지연이자의 의미로 부과되는 부대세의 일종이다(대판 2006. 3. 9. 2004다31074).

1 1,000,000원의 과징금을 부과한 처분 중 100,000원을 초과하는 부분은 재량권의 일탈·남용으로 위법하다며 그 일부분만을 취소한 원심판결을 파기한 사례.

Ⅲ. 가산세

가산세의 의의

세법상 가산세는 과세권의 행사 및 조세채권의 실현을 용이하게 하기 위하여 납세자가 정당한 이유 없이 법에 규정된 신고, 납세 등 각종 의무를 위반한 경우에 법이 정하는 바에 따라 부과하는 행정상 제재로서 납세자의 고의·과실은 고려되지 아니하고 법령의 부지 등은 그 의무위반을 탓할 수 없는 정당한 사유에 해당하지 아니한다(대판 2004. 2. 26. 2002두10643).

법인세법상 가산세의 성질 및 납세의무자에게 의무해태를 탓할 수 없는 정당한 사유가 있는 경우 가산세를 과할 수 없다

「법인세법」상 가산세는 과세의 적정을 기하기 위하여 납세의무자인 법인으로 하여금 성실한 과세표준의 신고 및 세액의 납부의 의무를 부과하면서 그 확보책으로 그 의무이행을 게을리하였을 경우에 가해지는 일종의 행정상의 제재라고 할 것이다. 이와 같은 제재는 단순한 법률의 부지나 오해의 범위를 넘어 세법의 해석상 의의로 인한 견해의 대립이 있는 등으로 말미암아 납세의무자가 그 의무를 알지 못하는 것이 무리가 아니라고 할 수 있어서 그를 정당시할 수 있는 사정이 있을 때 또는 그 의무의 이행을 도저히 당사자에게 기대할 수 없다고 평가되는 사정이 있을 때와 같이 그 의무를 게을리한 점을 탓할 수 없는 정당한 사유가 있는 경우에는 이를 과할 수 없다(대판 2011. 2. 10. 2008두2330).

제2절 공 표

Ⅰ. 의 의

공표란 행정법상의 의무위반이 있는 경우에 그 위반사실을 일반에게 공표함으로써 그에 따르는 사회적 비난이라는 간접적·심리적 강제에 의해 의무이행을 확보하려는 제도이다.

Ⅱ. 법적 근거

독점규제 및 공정거래에 관한 법률 제24조가 시정조치의 하나로 규정하고 있는 시정명령을 받은 사실의 공표
「독점규제 및 공정거래에 관한 법률」 제24조가 시정조치의 하나로서 시정명령을 받은 사실의 공표를 규정하고 있는 목적은 일반 공중이나 관련 사업자들이 법위반 여부에 대한 정보와 인식의 부족으로 피고의 시정조치에도 불구하고, 위법사실의 효과가 지속되고 피해가 계속되는 사례가 발생할 수 있으므로 조속히 법위반에 관한 중요 정보를 공개하는 등의 방법으로 일반 공중이나 관련 사업자들에게 널리 경고함으로써 계속되는 공공의 손해를 종식시키고 위법행위가 재발하는 것을 방지하고자 함에 있는바, 이러한 제도목적과 기록에 나타난 여러 사정에 비추어 보면, 원고에 대하여 피고로부터 시정명령을 받은 사실을 공표하도록 한, 피고의 공표명령이 비례원칙상의 한계를 벗어났다거나 재량권을 일탈·남용하였다고 볼 수 없다(대판 2006. 5. 12. 2004두12315).

법위반을 이유로 공정거래위원회로부터 시정명령을 받은 사실의 공표명령의 근거
공정거래위원회는 구 「독점규제 및 공정거래에 관한 법률」 제24조 소정의 '법위반사실의 공표' 부분이 위헌결정으로 효력을 상실하였다 하더라도 '기타 시정을 위하여 필요한 조치'로서 '법위반을 이유로 공정거래위원회로부터 시정명령을 받은 사실의 공표' 명령을 할 수 있다(대판 2003. 2. 28. 2002두6170).

Ⅲ. 한 계

개인의 명예의 보호와 표현의 자유의 보장이 충돌할 때 그 조정 방법
민주주의 국가에서는 여론의 자유로운 형성과 전달에 의하여 다수의견을 집약시켜 민주적 정치질서를 생성·유지시켜 나가는 것이므로 표현의 자유, 특히 공익사항에 대한 표현의 자유는 중요한 헌법상의 권리로서 최대한 보장을 받아야 하지만, 그에 못지않게 개인의 명예나 사생활의 자유와 비밀 등 사적 법익도 보호되어야 할 것이므로, 인격권으로서의 개인의 명예의 보호와 표현의 자유의 보장이라는 두 법익이 충돌하였을 때 그 조정을 어떻게 할 것인지는 구체적인 경우에 사회적인 여러 가지 이익을 비교하여 표현의 자유로 얻어지는 이익, 가치와 인격권의 보호에 의하여 달성되는 가치를 형량하여 그 규제의 폭과 방법을 정하여야 한다(대판 1998. 7. 14. 96다17257).

행정상 공표의 방법으로 실명을 공개함으로써 타인의 명예를 훼손한 경우, 그 공표 내용이 진실이라고 믿을 만한 상당한 이유가 있는지 여부의 판단 기준
일정한 행정목적 달성을 위하여 언론에 보도자료를 제공하는 등 이른바 행정상의 공표의 방법으로 실명을 공개함으로써 타인의 명예를 훼손한 경우, 그 대상자에 관하여 적시된 사실의 내용이 진실이라는 증명이 없더라도 그 공표의 주체가 공표 당시 이를 진실이라고 믿었고 또 그렇게 믿을 만한 상당한 이유가 있다면 위법성이 없는 것이고, 이 점은 언론을 포함한 사인에 의한 명예훼손의 경우와 다를 바가 없다 하겠으나, 그러한 상당한 이유가 있는지 여부의 판단에 있어서는 실명공표 자체가 매우 신중하게 이루어져야 한다는 요청에서 비롯되는 무거운 주의의무와 공권력을 행사하는 공표 주체의 광범한 사실조사 능력, 그리고 공표된 사실이 진실하리라는 점에 대한 국민의 강한 기대와 신뢰 등에 비추어 볼 때 사인의 행위에 의한 경우보다는 훨씬 더 엄격한 기준이 요구되므로, 그 공표사실이 의심의 여지 없이 확실히 진실이라고 믿을 만한 객관적이고도 타당한 확증과 근거가 있는 경우가 아니라면 그러한 상당한 이유가 있다고 할 수 없다(대판 1998. 5. 22. 97다57689).[2]

Ⅳ. 권리구제

공표에 대해 국가배상책임을 인정한 사례
수사담당 경찰관이 경찰출입 기자들을 상대로 피의사실을 공표하고 그에 관한 보도를 적극적으로 요청함과 동시에 취재 편의를 제공하였고, 피의사실을 관계자들의 실명 또는 초상과 함께 신문에 게재하거나 방송됨으로써 결국 허위사실에 의하여 피의자의 명예를 훼손하였으므로, 국가의 손해배상책임이 있다(대판 1996. 2. 27. 95다4946).

---

2 한국소비자보호원이 제품의 유통경로에 대한 조사 없이 제조자의 직접 공급지역 외에서 일반적인 거래가격보다 저렴한 가격으로 단지 외관만을 보고 구입한 시료를 바탕으로 '이동쌀막걸리'에서 유해물질이 검출되었다는 검사 결과를 언론에 공표한 사안에서, 공표의 기초가 된 시료가 원고 제품이라는 점에 대한 객관적이고도 타당한 확증과 근거가 있다고 볼 수 없으므로 공표 내용의 진실성을 오신한 데 상당한 이유가 없다고 한 사례.

공표의 위법성 판단기준으로서의 상당한 이유

국가기관이 행정목적달성을 위하여 언론에 보도자료를 제공하는 등 이른바 행정상 공표의 방법으로 실명을 공개함으로써 타인의 명예를 훼손한 경우, 그 공표된 사람에 관하여 적시된 사실의 내용이 진실이라는 증명이 없더라도 국가기관이 공표 당시 이를 진실이라고 믿었고 또 그렇게 믿을 만한 상당한 이유가 있다면 위법성이 없는 것이고, 이 점은 언론을 포함한 사인에 의한 명예훼손의 경우에서와 마찬가지이다. 상당한 이유의 존부의 판단에 있어서는, 실명공표 자체가 매우 신중하게 이루어져야 한다는 요청에서 비롯되는 무거운 주의의무와 공권력의 광범한 사실조사능력, 공표된 사실이 진실하리라는 점에 대한 국민의 강한 기대와 신뢰, 공무원의 비밀엄수의무와 법령준수의무 등에 비추어, 사인의 행위에 의한 경우보다는 훨씬 더 엄격한 기준이 요구된다 할 것이므로, 그 사실이 의심의 여지 없이 확실히 진실이라고 믿을 만한 객관적이고도 타당한 확증과 근거가 있는 경우가 아니라면 그러한 상당한 이유가 있다고 할 수 없다 (대판 1993. 11. 26. 93다18389).

V. 헌법재판소 결정례

독점규제 및 공정거래에 관한 법률 제27조의 '법위반사실 공표명령'에 대한 위헌결정

「공정거래법」 위반행위의 내용 및 형태에 따라서는 일반공중이나 관련 사업자들이 그 위반 여부에 대한 정보와 인식의 부족으로 말미암아 공정거래위원회의 시정조치에도 불구하고 위법사실의 효과가 지속되는 사례가 발생할 수 있고, 이러한 경우 조속히 법위반에 관한 중요 정보를 공개하는 등의 방법으로 일반공중이나 관련 사업자들에게 널리 경고함으로써 계속되는 공공의 손해를 종식시키고 위법행위가 재발하는 것을 방지하는 조치를 할 필요가 있다. 그러기 위해서는 일반공중이나 관련 사업자들의 의사결정에 중요하거나, 그 권리를 보호하기 위하여 실질적으로 필요하고 적절하다고 인정될 수 있는 구체적 정보내용을 알려주는 것이 보다 효과적일 것이다. 그런데 소비자보호를 위한 이러한 보호적·경고적·예방적 형태의 공표조치를 넘어서 형사재판이 개시되기도 전에 공정거래위원회의 행정처분에 의하여 무조건적으로 법위반을 단정, 그 피의사실을 널리 공표토록 한다면 이는 지나치게 광범위한 조치로서 앞서 본 입법목적에 반드시 부합하는 적합한 수단이라고 하기 어렵다. 나아가 '법위반으로 인한 시정명령을 받은 사실의 공표'에 의할 경우, 입법목적을 달성하면서도 행위자에 대한 기본권 침해의 정도를 현저히 감소시키고 재판 후 발생가능한 무죄로 인한 혼란과 같은 부정적 효과를 최소화할 수 있는 것이므로, 법위반사실을 인정케 하고 이를 공표시키는 이 사건과 같은 명령형태는 기본권을 과도하게 제한하는 것이 된다. 공정거래위원회의 고발조치 등으로 장차 형사절차 내에서 진술을 해야 할 행위자에게 사전에 이와 같은 법위반사실의 공표를 하게 하는 것은 형사절차 내에서 법위반사실을 부인하고자 하는 행위자의 입장을 모순에 빠뜨려 소송수행을 심리적으로 위축시키거나, 법원으로 하여금 공정거래위원회 조사결과의 신뢰성 여부에 대한 불합리한 예단을 촉발할 소지가 있고 이는 장차 진행될 형사절차에도 영향을 미칠 수 있다. 결국 법위반사실의 공표명령은 공소제기조차 되지 아니하고 단지 고발만 이루어진 수사의 초기단계에서 아직 법원의 유무죄에 대한 판단이 가려지지 아니하였는데도 관련 행위자를 유죄로 추정하는 불이익한 처분이 된다(헌재결 2002. 1. 31. 2001헌바43).

신상공개제도에 대한 합헌결정

신상공개제도는 범죄자 본인을 처벌하려는 것이 아니라, 현존하는 성폭력위험으로부터 사회 공동체를 지키려는 인식을 제고함과 동시에 일반인들이 청소년 성매수 등 범죄의 충동으로부터 자신을 제어하도록 하기 위하여 도입된 것으로서, 이를 통하여 달성하고자 하는 '청소년의 성보호'라는 목적은 우리 사회에 있어서 가장 중요한 공익의 하나라고 할 것이다. 이에 비하여 청소년 성매수자의 일반적 인격권과 사생활의 비밀의 자유가 제한되는 정도를 살펴보면, 법 제20조 제2항은 "성명, 연령, 직업 등의 신상과 범죄사실의 요지"를 공개하도록 규정하고 있는바, 이는 이미 공개된 형사재판에서 유죄가 확정된 형사판결이라는 공적 기록의 내용 중 일부를 국가가 공익 목적으로 공개하는 것으로 공개된 형사재판에서 밝혀진 범죄인들의 신상과 전과를 일반인이 알게 된다고 하여 그들의 인격권 내지 사생활의 비밀을 침해하는 것이라고 단정하기는 어렵다. 또한, 청소년 성매수자의 일반적 인격권과 사생활의 비밀의 자유가 제한되는 정도가 청소년 성보호라는 공익적 요청에 비해 크다고 할 수 없으므로 결국 법 제20조 제2항 제1호의 신상공개는 해당 범죄인들의 일반적 인격권, 사생활의 비밀의 자유를 과잉금지의 원칙에 위배하여 침해한 것이라 할 수 없다. 신상공개가 되는 청소년 대상 성범죄를 규정한 법률조항의 의미와 목적은 성인이 대가관계를 이용하여 청소년의 성을 매수하는 등의 행위로 인하여 야기되는 피해로부터 청소년을 보호하려는 데 있는 것이고, 이에 비추어 볼 때 청소년 대상 성범죄와 그 밖의 일반 범죄는 서로 비교집단을 이루는 '본질적으로 동일한 것'이라고 단언하기는 어려우며, 나아가 그러한 구분기준이 특별히 자의적이라고 볼 만한 사정이 없다. 또한 청소년 대상 성범죄자 중 일부 범죄자의 신상이 공개되지 않는다 하더라도 그러한 차별입법이 자의적인 것이라거나 합리성이 없는 것이라고 단정하기 어렵다. 신상공개제도로 인하여 기본권 제한상의 차별을 초래하나, 그 입법목적과 이를 달성하려는 수단간에 비례성을 벗어난 차별이라고 보기 어렵고, 달리 평등권을 침해한 것이라고 볼 수 없다(헌재결 2003. 6. 26. 2002헌가14).

제 3 절 공급거부

Ⅰ. 의 의

공급거부는 행정법상 의무위반자에 대해 위반되는 의무와 직접적 관련이 없는 일정한 행정상의 역무나 재화의 공급을 거부함으로써 간접적으로 의무이행을 확보하려는 수단이다.

Ⅱ. 권리구제

판례는 단수처분을 항고소송의 대상이 되는 행정처분에 해당한다고 보았으나, 단전 및 전화통화 단절조치 등의 요청행위는 항고소송의 대상이 되는 처분성을 부정하였다.

단수처분을 항고소송의 대상이 되는 행정처분에 해당한다

단수처분은 항고소송의 대상이 되는 행정처분에 해당한다. 행정처분의 당연무효를 선언하는 의미에서 그 처분의 취소청구를 구하는 경우에 있어서도 「행정소송법」에 규정한 전심절차를 밟아야 한다(대판 1979. 12. 28. 79누218).

위법건축물에 대한 단전 및 전화통화 단절조치 요청행위는 행정처분이 아니다

「건축법」 제69조 제2항·제3항의 규정에 비추어 보면, 행정청이 위법건축물에 대한 시정명령을 하고 나서 위반자가 이를 이행하지 아니하여 전기·전화의 공급자에게 그 위법건축물에 대한 전기·전화공급을 하지 말아 줄 것을 요청한 행위는 권고적 성격의 행위에 불과한 것으로서 전기·전화공급자나 특정인의 법률상 지위에 직접적인 변동을 가져오는 것은 아니므로 이를 항고소송의 대상이 되는 행정처분이라고 볼 수 없다(대판 1996. 3. 22. 96누433).

한국전력공사가 전기공급의 적법 여부를 조회한 데 대한 관할 구청장의 회신은 행정처분이 아니다

무단 용도변경을 이유로 단전 조치된 건물의 소유자로부터 새로이 전기공급신청을 받은 한국전력공사가 관할 구청장에게 전기공급의 적법 여부를 조회한 데 대하여, 관할 구청장이 한국전력공사에 대하여 「건축법」 제69조 제2항·제3항의 규정에 의하여 위 건물에 대한 전기공급이 불가하다는 내용의 회신을 하였다면, 그 회신은 권고적 성격의 행위에 불과한 것으로서 한국전력공사나 특정인의 법률상 지위에 직접적인 변동을 가져오는 것은 아니므로 항고소송의 대상이 되는 행정처분이라고 볼 수 없다(대판 1995. 11. 21. 95누9099).

제 4 편

행정구제법

제 1 장 행정상 손해전보

제 1 절 행정상 손해배상

I. 서 설

1. 의 의

행정상 손해배상제도는 행정기관의 위법한 행정작용으로 인해 개인에게 발생한 손해에 대해 국가 등 행정주체가 배상해 주는 제도로서 법치국가 원리를 최종적으로 담보하는 수단으로서의 의미를 갖는다.

2. 우리나라의 행정상 손해배상제도

(1) 헌법적 근거

「헌법」은 제29조에서 국가배상청구권을 국민의 청구권적 기본권의 하나로 보장한다.

(2) 국가배상법

① 국가배상법의 지위

「국가배상법」은 국가 또는 지방자치단체의 손해배상책임에 관한 일반법이므로, 국가배상에 관하여 특별법이 있으면 그 법률이 먼저 적용되고, 특별법이 없는 경우에는 「국가배상법」이 적용되며, 「국가배상법」에 규정이 없는 사항에 대하여는 「민법」이 적용된다.

우편법은 국가배상법에 우선 적용되는 특별법이다

「우편법」 제38조는 「민법」상의 채무불이행이나 불법행위로 인한 손해배상 및 「국가배상법」상의 손해배상규정에 대한 특별규정이라 할 것이므로 우편물취급에 수반하여 발생한 손해는 「우편법」의 규정에 의하여 배상청구할 수 있을 뿐 「민법」 또는 「국가배상법」에 의한 배상청구는 허용되지 않는다(대판 1977. 2. 8. 75다1059).

② 국가배상법의 법적 성격

「국가배상법」이 공법인가 사법인가에 대하여 견해가 대립한다. 대법원은 사법설의 태도이다.

국가배상법의 법적 성격

공무원의 직무상 불법행위로 손해를 받은 국민이 국가 또는 공공단체에 배상을 청구하는 경우 국가 또는 공공단체에 대하여 그의 불법행위를 이유로 손해배상을 구함은 「국가배상법」이 정한 바에 따른다 하여도 이 역시 민사상의 손해배상책임을 특별법인 「국가배상법」이 정한 데 불과하다(대판 1972. 10. 10. 69다701).

③ 국가배상책임의 유형

「국가배상법」은 공무원의 직무상 불법행위로 인한 배상책임(제2조)과 영조물의 설치·관리의 하자로 인한 배상책임(제5조)을 규정하고 있다. 「헌법」은 공무원의 직무상 불법행위로 인한 국가배상만 규정하고 있을 뿐이고 영조물의 설치·관리의 하자로 인한 국가배상에 대해서는 규정하고 있지 않다.

국가배상책임의 유형

국가 또는 지방자치단체라 할지라도 공권력의 행사가 아니고 단순한 사경제의 주체로 활동하였을 경우에는 그 손해배상책임에 「국가배상법」이 적용될 수 없고 「민법」상의 사용자책임 등이 인정되는 것이고 국가의 철도운행사업은 국가가 공권력의 행사로서 하는 것이 아니고 사경제적 작용이라 할 것이므로, 이로 인한 사고에 공무원이 간여하였다고 하더라도 「국가배상법」을 적용할 것이 아니고 일반 「민법」의 규정에 따라야 한다(대판 1999. 6. 22. 99다7008).

국가배상법과 외국인

㉠ 상호주의

중화민국 민법 제188조 제192조 제197조에 외국인도 중화민국을 상대로 피용인의 직무집행시의 불법행위에 인한 재산상 및 정신상 손해를 배상하도록 규정되어 있으므로 중화민국과 우리나라 사이에 「국가배상법」 본조에 이른바 외국인이 피해자인 경우에 상호의 보증이 있는 때에 해당한다(대판 1968. 12. 3. 68다1929).

㉡ 한·미행정협정 제23조 제5항

대한민국과 아메리카합중국 간의 상호방위조약 제4조에 의한 시설과 구역 및 대한민국에서의 합중국군대의 지위에 관한 협정(한미행정협정) 제23조 제5항은 공무집행중인 미합중국 군대의 구성원이나 고용원의 작위나 부작위 또는 미합중국 군대가 법률상 책임을 지는 기타의 작위나 부작위 또는 사고로써 대한민국 안에서 대한민국 정부 이외의 제3자에게 손해를 가한 것으로부터 발생하는 청구권은 대한민국이 이를 처리하도록 규정하고 있으므로 위 청구권의 실현을 위한 소송은 대한민국을 상대로 제기하는 것이 원칙이다(대판 1997. 12. 12. 95다29895).

Ⅱ. 공무원의 위법한 직무집행행위로 인한 배상책임

1. 국가배상책임의 요건

「국가배상법」 제2조에 의한 배상책임이 성립하기 위해서는 ① 공무원의 행위일 것, ② 공무원의 직무집행행위일 것, ③ 공무원에게 고의·과실이 있을 것, ④ 공무원의 직무행위가 법령에 위반하였을 것, ⑤ 타인에게 손해가 발생하였을 것, ⑥ 손해와 공무원의 직무행위 사이에 상당인과관계가 있을 것의 요건이 충족되어야 한다.

(1) 공무원

① 공무원

「국가배상법」 제2조의 공무원은 넓은 의미의 공무원을 말한다. 「국가공무원법」이나 「지방공무원법」에 의해 공무원의 신분을 가진 자뿐만 아니라 공무원의 신분을 갖지 않더라도 널리 공무를 위탁받아 종사하는 자가 모두 공무원의 범위에 포함된다는 것이 통설과 판례의 입장이다.

국회의원, 검사, 법관, 그리고 헌법재판소 재판관도 「국가배상법」상 공무원에 포함된다.

국회의원(의 입법행위)
국회의원의 입법행위는 그 입법 내용이 「헌법」의 문언에 명백히 위반됨에도 불구하고 국회가 굳이 당해 입법을 한 것과 같은 특수한 경우가 아닌 한 「국가배상법」 제2조 제1항 소정의 위법행위에 해당된다고 볼 수 없다(대판 1997. 6. 13. 96다56115).

검사(의 직무상 행위)
검사는 피의자가 유죄판결을 받을 가능성이 있는 정도의 혐의를 가지게 된 데에 합리적인 이유가 있다고 판단될 때에는 피의자에 대하여 공소를 제기할 수 있으므로 그 후 형사재판 과정에서 범죄사실의 존재를 증명함에 충분한 증거가 없다는 이유로 무죄판결이 확정되었다고 하더라도 그러한 사정만으로 바로 검사의 구속 및 공소제기가 위법하다고 할 수 없고, 그 구속 및 공소제기에 관한 검사의 판단이 그 당시의 자료에 비추어 경험칙이나 논리칙상 도저히 합리성을 긍정할 수 없는 정도에 이른 경우에만 그 위법성을 인정할 수 있다(대판 2002. 2. 22. 2001다23447).

법관(의 재판)
㉠ 법관의 재판에 법령의 규정을 따르지 아니한 잘못이 있다 하더라도 이로써 바로 그 재판상 직무행위가 「국가배상법」 제2조 제1항에서 말하는 위법한 행위로 되어 국가의 손해배상책임이 발생하는 것은 아니고, 당해 법관이 위법 또는 부당한 목적을 가지고 재판을 하는 등 법관이 그에게 부여된 권한의 취지에 명백히 어긋나게 이를 행사하였다고 인정할 만한 특별한 사정이 있어야 위법한 행위가 되어 국가배상책임이 인정된다고 할 것인바, 압수수색할 물건의 기재가 누락된 압수수색영장을 발부한 법관이 위법·부당한 목적을 가지고 있었다거나 법이 직무수행상 준수할 것을 요구하고 있는 기준을 현저히 위반하였다는 등의 자료를 찾아볼 수 없다면 그와 같은 압수수색영장의 발부행위는 불법행위를 구성하지 않는다(대판 2001. 10. 12. 2001다47290).

㉡ 재판에 대하여 따로 불복절차 또는 시정절차가 마련되어 있는 경우에는 재판의 결과로 불이익 내지 손해를 입었다고 여기는 사람은 그 절차에 따라 자신의 권리 내지 이익을 회복하도록 함이 법이 예정하는 바이므로, 불복에 의한 시정을 구할 수 없었던 것 자체가 법관이나 다른 공무원의 귀책사유로 인한 것이라거나 그와 같은 시정을 구할 수 없었던 부득이한 사정이 있었다는 등의 특별한 사정이 없는 한, 스

스로 그와 같은 시정을 구하지 아니한 결과 권리 내지 이익을 회복하지 못한 사람은 원칙적으로 국가배상에 의한 권리구제를 받을 수 없다고 봄이 상당하다고 하겠으나, 재판에 대하여 불복절차 내지 시정절차 자체가 없는 경우에는 부당한 재판으로 인하여 불이익 내지 손해를 입은 사람은 국가배상 이외의 방법으로는 자신의 권리 내지 이익을 회복할 방법이 없으므로, 이와 같은 경우에는 배상책임의 요건이 충족되는 한 국가배상책임을 인정하지 않을 수 없다(대판 2003. 7. 11. 99다24218).

헌법재판소 재판관

헌법소원심판을 청구한 자로서는 헌법재판소 재판관이 일자 계산을 정확하게 하여 본안판단을 할 것으로 기대하는 것이 당연하고, 따라서 헌법재판소 재판관의 위법한 직무집행의 결과 잘못된 각하결정을 함으로써 청구인으로 하여금 본안판단을 받을 기회를 상실하게 한 이상, 설령 본안판단을 하였더라도 어차피 청구가 기각되었을 것이라는 사정이 있다고 하더라도 잘못된 판단으로 인하여 헌법소원심판 청구인의 위와 같은 합리적인 기대를 침해한 것이고 이러한 기대는 인격적 이익으로서 보호할 가치가 있다고 할 것이므로 그 침해로 인한 정신상 고통에 대하여는 위자료를 지급할 의무가 있다(대판 2003. 7. 11. 99다24218).[1]

② 공무를 위탁받은 사인

2009년에 개정된 「국가배상법」은 '공무를 위탁받은 사인'을 「국가배상법」 제2조의 공무원에 추가하여 규정하고 있다.[2] 여기서의 공무를 위탁받은 사인은 강학상 공무수탁사인을 의미하기보다는 종래의 판례가 말하던 행정주체성이 없는 단순한 공무수탁자 내지 공무대행자, 행정보조인 등 기능론적 공무원에 개념에 포함하였던 자들을 의미한다.

1 헌법재판소 재판관이 청구기간 내에 제기된 헌법소원심판청구 사건에서 청구기간을 오인하여 각하결정을 한 경우, 이에 대한 불복절차 내지 시정절차가 없는 때에는 국가배상책임(위법성)을 인정할 수 있다고 한 사례.

2 「국가배상법」의 개정이 이를 명문화한 것으로 보는 견해도 있지만, 문언상으로는 일응 강학상 공무수탁사인을 의미하는 것으로 보는 견해도 있다. 공무수탁사인을 「국가배상법」의 공무원와 같은 지위로 보게 된다면, 국가나 지방자치단체에 대한 구상책임에서나 피해자에 대한 관계에서 경과실 책임이 면제되는 판례에 입장에서 이러한 국가배상법 개정은 그동안 행정주체로서 강학상 독자적으로 자기책임과 이름으로 공무를 수행한다는 의미로 확고한 개념으로 자리잡은 공무수탁사인의 지위와 일치하지 않는 결과가 발생하게 된다. 따라서 개정 「국가배상법」 제2조의 공무를 수탁받은 사인을 종래의 판례가 말하던 행정주체성이 없는 단순한 공무수탁자 내지 공무대행자 행정보조인 등으로 해석하고, 강학상 공무수탁사인에 대하여는 기존의 논의에 따라 행정주체성을 인정하여 그 책임은 국가배상법을 유추적용하는 것으로 해석하는 것이 타당하다.

㉠ 판례가 국가배상법 제2조의 공무원으로 본 경우

대법원은 소집 중인 향토예비군, 집행관, 시청소차운전사, 미군부대카투사, 철도차장, 소방원, 검사, 전입신고서에 확인인을 찍은 통장, 조세원천징수의무자, 교통할아버지 등은 공무원이라고 보았다.

교통할아버지

지방자치단체가 '교통할아버지 봉사활동 계획'을 수립한 후 관할 동장으로 하여금 '교통할아버지'를 선정하게 하여 어린이 보호, 교통안내, 거리질서 확립 등의 공무를 위탁하여 집행하게 하던 중 '교통할아버지'로 선정된 노인이 위탁받은 업무 범위를 넘어 교차로 중앙에서 교통정리를 하다가 교통사고를 발생시킨 경우, 지방자치단체는 「국가배상법」 제2조 소정의 배상책임을 부담한다(대판 2001. 1. 5. 98다39060).

소집 중인 향토예비군

향토예비군도 그 동원기간 중에는 「국가배상법」 제2조 소정의 공무원 중에 포함된다고 보는 것이 상당하다(대판 1970. 5. 26. 70다471).

전투경찰대원

국가 소속 전투경찰들이 합리적이고 상당하다고 인정되는 정도를 넘어 지나치게 과도한 방법으로 시위진압을 한 잘못으로 시위참가자로 하여금 사망에 이르게 하였다는 이유로 국가의 손해배상책임을 인정한다(대판 1995. 11. 10. 95다23897).

집행관

집달리(현, 집행관)로서 집행력있는 판결정본에 의하여 금전채권 집행을 위하여 원고소유의 본건 철주를 압류함에 있어 집달리로서의 직무상 주의의무를 위배함으로써 원고 소유의 재산에 손해를 입힌 사실을 적법히 확정한 이상, 피고의 강제집행 기관이요, 실질적 국가공무원인 집달리가 그 직무를 행함에 당하여 고의 또는 과실에 의하여 원고에게 손해를 가한 것으로서 국가가 피해자에게 손해배상 의무를 부담할 것임은 「헌법」 제26조, 「국가배상법」 제2조의 법의에 비추어 명백하다(대판 1966. 7. 26. 66다854).

청원경찰

국가나 지방자치단체에 근무하는 청원경찰은 「국가공무원법」이나 「지방공무원법」상의 공무원은 아니지만, 다른 청원경찰과는 달리 그 임용권자가 행정기관의 장이고, 국가나 지방자치단체로부터 보수를 받으며, 「산업재해보상보험법」이나 「근로기준법」이 아닌 「공무원연금법」에 따른 재해보상과 퇴직급여를 지급받고, 직무상의 불법행위에 대하여도 「민법」이 아닌 「국가배상법」이 적용되는 등의 특질이 있다(대판 1993. 7. 13. 92다47564).

전입신고서에 확인인을 찍은 통장

통장이 전입신고서에 확인인을 찍는 행위는 공무를 위탁받아 실질적으로 공무를 수행하는 것이라고 보아야 하므로, 통장은 그 업무범위 내에서는 「국가배상법」 제2조 소정의 공무원에 해당한다(대판 1991. 7. 9. 91다5570).

구청소속의 청소차량 운전수

서울시 산하 구청소속의 청소차량 운전원이 지방잡급직원규정에 의하여 단순노무제공만을 행하는 기능직 잡급직원이라면 이는 「지방공무원법」 제2조 제2항 제7호 소정의 단순한 노무에 종사하는 별정직 공무원이다(대판 1980. 9. 24. 80다1051).

ⓛ 판례가 국가배상법 제2조의 공무원으로 보지 아니한 경우

대법원은 시영버스운전사, 의용소방대원, 공익근무요원, 현역병으로 입영하여 경비교도로 전임 임용된 자, 공무에 대한 자진하여 협력하는 자, 단순노무자 등은 공무원이 아니라고 보았다.

의용소방대원

의용소방대는 국가기관이 아니고 지방자치단체의 예속기관도 아니며 다만 경우에 따라 그 자체를 법인 아닌 사단으로 볼 여지만 있을 뿐이므로 그 대원의 직무대행과정의 불법행위에 대하여 국가는 배상책임이 없다(대판 1966. 6. 28. 66다808).

공익근무요원

소집되어 군에 복무하지 않는 한 군인이라고 말할 수 없으므로, 비록 「병역법」 제75조 제2항이 공익근무요원으로 복무 중 순직한 사람의 유족에 대하여 「국가유공자 등 예

우 및 지원에 관한 법률」에 따른 보상을 하도록 규정하고 있다고 하여도, 공익근무요원이 「국가배상법」 제2조 제1항 단서의 규정에 의하여 「국가배상법」상 손해배상청구가 제한되는 군인·군무원·경찰공무원 또는 향토예비군대원에 해당한다고 할 수 없다(대판 1997. 3. 28. 97다4036).

현역병으로 입영하여 경비교도로 전임 임용된 자

현역병으로 입영하여 소정의 군사교육을 마치고 「병역법」 제25조의 규정에 의하여 전임되어 구 「교정시설경비교도대설치법」 제3조에 의하여 경비교도로 임용된 자는, 군인의 신분을 상실하고 군인과는 다른 경비교도로서의 신분을 취득하게 되었다고 할 것이어서 「국가배상법」 제2조 제1항 단서가 정하는 군인 등에 해당하지 아니한다(대판 1998. 2. 10. 97다45914).

③ 행정기관이 국가배상법 제2조의 공무원에 해당하는지

㉠ 긍정설

합의제기관(각급 선거관리위원회, 공정거래위원회), 합의체로서의 국회도 「국가배상법」상의 공무원에 포함된다.

㉡ 부정설

실제로 공무를 수행하는 자만을 공무원으로 보고, 행정기관을 제외하는 견해이다.

㉢ 판 례

대법원은 최근에 한국토지공사에 관하여 한 판시를 보면, 부정설의 입장인 것으로 보인다.

지방자치단체로부터 대집행을 위탁받은 한국토지공사: 공무수탁사인

한국토지공사는 법령의 위탁에 의하여 시·도지사나 시장·군수 또는 구청장의 업무에 속하는 대집행을 수권받은 자로서 공무인 대집행을 실시함에 따르는 권리·의무 및 책임이 귀속되는 행정주체의 지위에 있다고 볼 것이지 지방자치단체 등의 기관으로서 「국가배상법」 제2조 소정의 공무원에 해당한다고 볼 것은 아니다(대판 2010. 1. 28. 2007다82950, 82967).[3]

3 본 판결은 민사책임에 관한 것으로써, 대법원이 공무수탁사인에게 독자적 배상책임을 인정하였다.

(2) 직 무

① 직무행위의 범위

직무행위의 범위에 관하여는, 권력작용만을 의미한다는 협의설(권력작용설)과 권력작용은 물론 관리작용(비권력작용)도 포함된다는 광의설, 그리고 권력작용과 관리작용뿐만 아니라 사경제작용도 포함된다는 최광의설의 견해의 대립이 있으나 광의설이 통설의 태도이다.

대법원은 종래 최광의설의 입장을 취한 적이 있으나, 최근에는 광의설이 주류적인 입장이다.

직무행위의 범위에 관하여 최광의설을 따른 판례

공무원의 직무행위라 함은 모든 직무행위를 범칭하는 것이므로 그 행위가 국가 또는 공공단체의 경제적 작용에 기인한 경우는 물론 권력적 작용에 기인한 경우도 이를 포함하는 것이다(대판 1957. 6. 15. 4290민상118).

직무행위의 범위에 관한 광의설을 지지한 최근의 주류적 판례

㉠ 국가배상청구의 요건인 '공무원의 직무'에는 권력적 작용만이 아니라 비권력적 작용도 포함되며 단지 행정주체가 사경제주체로서 하는 활동만 제외된다(대판 2001. 1. 5. 98다39060).

㉡ 서울특별시장의 대행자인 도봉구청장이 원고와 사이에 체결한 이 사건 매매계약은 공공기관이 사경제주체로서 행한 사법상 매매이므로, 설령 서울특별시장이나 그 대행자인 도봉구청장에게 원고를 위하여 양도소득세 감면신청을 할 법률상의 의무가 인정되고 이러한 의무를 위반하여 원고에게 손해를 가한 행위가 불법행위를 구성하는 것으로 본다 하더라도, 이에 대하여는 「국가배상법」을 적용하기는 어렵고 일반 「민법」의 규정을 적용할 수 있을 뿐이라 할 것이다(대판 1999. 11. 26. 98다47245).

공무원의 사경제작용으로 인한 손해배상책임

국가 또는 지방자치단체라 할지라도 공권력의 행사가 아니고 단순한 사경제의 주체로 활동하였을 경우에는 그 손해배상책임에 「국가배상법」이 적용될 수 없고 「민법」상의 사용자책임 등이 인정되는 것이고 국가의 철도운행사업은 국가가 공권력의 행사로서 하는 것이 아니고 사경제적 작용이라 할 것이므로, 이로 인한 사고에 공무원이 간여하였다고 하더라도 「국가배상법」을 적용할 것이 아니고 일반 「민법」의 규정에 따라야 한다(대판 1999. 6. 22. 99다7008).

② 직무행위의 내용

㉠ 입법작용

국회의원의 입법행위는 국가배상법 제2조 제1항 소정의 위법행위에 해당하지 않는다

국회의원의 입법행위는 그 입법 내용이 헌법의 문언에 명백히 위반됨에도 불구하고 국회가 굳이 당해 입법을 한 것과 같은 특수한 경우가 아닌 한, 「국가배상법」 제2조 제1항 소정의 위법행위에 해당된다고 볼 수 없다(대판 1997. 6. 13. 96다56115).

국회의 입법행위 또는 입법부작위가 국가배상법 제2조 제1항의 위법행위에 해당하는 경우

[1] 국가가 일정한 사항에 관하여 헌법에 의하여 부과되는 구체적인 입법의무를 부담하고 있음에도 불구하고 그 입법에 필요한 상당한 기간이 경과하도록 고의 또는 과실로 이러한 입법의무를 이행하지 아니하는 등 극히 예외적인 사정이 인정되는 사안에 한정하여 「국가배상법」 소정의 배상책임이 인정될 수 있으며, 위와 같은 구체적인 입법의무 자체가 인정되지 않는 경우에는 애당초 부작위로 인한 불법행위가 성립할 여지가 없다.

[2] 「헌법」 제53조에 따라서 국회가 의결한 법률안을 대통령이 공포하는 등의 절차를 거쳐서 법률이 확정되면 그 규정 내용에 따라서 국민의 권리·의무에 관한 새로운 법규가 형성될 수 있지만, 이와 같이 법률이 확정되기 전에는 기존 법규를 수정·변경하는 법적 효과가 발생할 수 없고, 다원적 의견이나 갖가지 이익을 반영시킨 토론과정을 거쳐 다수결의 원리에 따라 통일적인 국가의사를 형성하는 국회에서 일정한 법률안을 심의하거나 의결한 적이 있다고 하더라도, 그것이 법률로 확정되지 아니한 이상 국가가 이해관계자들에게 위 법률안에 관련된 사항을 약속하였다고 볼 수 없으며, 이러한 사정만으로 어떠한 신뢰를 부여하였다고 볼 수도 없다(대판 2008. 5. 29. 2004다33469).

㉡ 사법작용[4]

법관의 재판에 대한 국가배상책임의 인정요건

법관의 재판에 법령의 규정을 따르지 아니한 잘못이 있다 하더라도 이로써 바로 그 재

4 사법작용, 즉 법관의 재판행위도 「국가배상법」 제2조의 직무행위에 해당되므로 위법한 재판으로 인한 손해에 대해서 국가배상책임이 인정할 것인가 문제된다. 이는 판결의 위법성을 인정할 수 있느냐의 문제이다. 확정판결의 기판력제도, 심급제도, 법관의 직무상 독립성 등을 고려하면 위법성 인정이 용이하지 않을 것이라는 것이 학계의 일반적 견해이다.

판상 직무행위가 「국가배상법」 제2조 제1항에서 말하는 위법한 행위로 되어 국가의 손해배상책임이 발생하는 것은 아니고, 그 국가배상책임이 인정되려면 당해 법관이 위법 또는 부당한 목적을 가지고 재판을 하는 등 법관이 그에게 부여된 권한의 취지에 명백히 어긋나게 이를 행사하였다고 인정할 만한 특별한 사정이 있어야 한다고 해석함이 상당하다(대판 2001. 4. 24. 2000다16114).

법관의 재판에 대한 국가배상청구소송의 보충성과 그 예외

재판에 대하여 따로 불복절차 또는 시정절차가 마련되어 있는 경우에는 재판의 결과로 불이익 내지 손해를 입었다고 여기는 사람은 그 절차에 따라 자신의 권리 내지 이익을 회복하도록 함이 법이 예정하는 바이므로, 불복에 의한 시정을 구할 수 없었던 것 자체가 법관이나 다른 공무원의 귀책사유로 인한 것이라거나 그와 같은 시정을 구할 수 없었던 부득이한 사정이 있었다는 등의 특별한 사정이 없는 한, 스스로 그와 같은 시정을 구하지 아니한 결과 권리 내지 이익을 회복하지 못한 사람은 원칙적으로 국가배상에 의한 권리구제를 받을 수 없다고 봄이 상당하다고 하겠으나, 재판에 대하여 불복절차 내지 시정절차 자체가 없는 경우에는 부당한 재판으로 인하여 불이익 내지 손해를 입은 사람은 국가배상 이외의 방법으로는 자신의 권리 내지 이익을 회복할 방법이 없으므로, 이와 같은 경우에는 배상책임의 요건이 충족되는 한 국가배상책임을 인정하지 않을 수 없다(대판 2003. 7. 11. 99다24218).

㉢ 검사의 공소권행사

검사 등의 수사기관이 피의자를 구속하여 수사한 후 공소를 제기하였으나 법원에서 무죄판결이 선고되어 확정된 경우, 국가배상법 제2조에 의한 손해배상책임이 인정되기 위한 요건

검사가 공소를 제기한 후 형사재판 과정에서 범죄사실의 존재를 증명함에 충분한 증거가 없다는 이유로 무죄판결이 확정되었다고 하더라도 그러한 사정만으로 바로 검사의 구속 및 공소제기가 위법하다고 할 수 없고, 그 구속 및 공소제기에 관한 검사의 판단이 그 당시의 자료에 비추어 경험칙이나 논리칙상 도저히 합리성을 긍정할 수 없는 정도에 이른 경우에만 그 위법성을 인정할 수 있다(대판 2002. 2. 22. 2001다23447).

㉣ 행정청의 부작위

부작위와 관련하여서 종래에는 국가배상책임이 인정될 수 있는지 여부가 의문시되었으나 오늘날에는 행정청의 부작위도 직무행위에 해당하여 국가배상책임이 인정될 수 있다는 것이 통설·판례의 입장이다.

공무원의 부작위로 인한 국가배상책임의 요건

ⓐ 공무원의 부작위로 인한 국가배상책임을 인정할 것인지 여부가 문제되는 경우에 관련 공무원에 대하여 작위의무를 명하는 법령의 규정이 없다면 공무원의 부작위로 인하여 침해된 국민의 법익 또는 국민에게 발생한 손해가 어느 정도 심각하고 절박한 것인지, 관련 공무원이 그와 같은 결과를 예견하여 그 결과를 회피하기 위한 조치를 취할 수 있는 가능성이 있는지 등을 종합적으로 고려하여 판단하여야 할 것이다(대판 1998. 10. 13. 98다18520).

ⓑ 공무원의 부작위로 인한 국가배상책임을 인정하기 위하여는 공무원의 작위로 인한 국가배상책임을 인정하는 경우와 마찬가지로 '공무원이 그 직무를 집행함에 당하여 고의 또는 과실로 법령에 위반하여 타인에게 손해를 가한 때'라고 하는 「국가배상법」 제2조 제1항의 요건이 충족되어야 할 것이다. 여기서 '법령에 위반하여'라고 함은 엄격하게 형식적 의미의 법령에 명시적으로 공무원의 작위의무가 정하여져 있음에도 이를 위반하는 경우만을 의미하는 것은 아니고, 인권존중·권력남용금지·신의성실과 같이 공무원으로서 마땅히 지켜야 할 준칙이나 규범을 지키지 아니하고 위반한 경우를 포함하여 널리 그 행위가 객관적인 정당성을 결여하고 있는 경우도 포함한다. 따라서 국민의 생명·신체·재산 등에 대하여 절박하고 중대한 위험상태가 발생하였거나 발생할 상당한 우려가 있어서 국민의 생명 등을 보호하는 것을 본래적 사명으로 하는 국가가 초법규적·일차적으로 그 위험의 배제에 나서지 아니하면 국민의 생명 등을 보호할 수 없는 경우에는 형식적 의미의 법령에 근거가 없더라도 국가나 관련 공무원에 대하여 그러한 위험을 배제할 작위의무를 인정할 수 있을 것이다. 그러나 그와 같은 절박하고 중대한 위험상태가 발생하였거나 발생할 상당한 우려가 있는 경우가 아닌 한, 원칙적으로 공무원이 관련법령에서 정하여진 대로 직무를 수행하였다면 그와 같은 공무원의 부작위를 가지고 '고의 또는 과실로 법령에 위반'하였다고 할 수는 없다. 따라서 공무원의 부작위로 인한 국가배상책임을 인정할 것인지 여부가 문제되는 경우에 관련 공무원에 대하여 작위의무를 명하

는 법령의 규정이 없는 때라면 공무원의 부작위로 인하여 침해되는 국민의 법익 또는 국민에게 발생하는 손해가 어느 정도 심각하고 절박한 것인지, 관련 공무원이 그와 같은 결과를 예견하여 그 결과를 회피하기 위한 조치를 취할 수 있는 가능성이 있는지 등을 종합적으로 고려하여 판단하여야 한다(대판 2012. 7. 26. 2010다95666; 대판 2005. 6. 10. 2002다53995 등).

경찰관이 구체적 상황하에서 업무상 판단에 따라 범죄의 진압 및 수사에 관한 직무를 수행한 경우, 그와 다른 조치를 취하지 아니한 부작위를 이유로 국가배상책임을 인정하기 위한 기준

범죄의 예방·진압 및 수사는 경찰관의 직무에 해당하며 그 직무행위의 구체적 내용이나 방법 등이 경찰관의 전문적 판단에 기한 합리적인 재량에 위임되어 있으므로, 경찰관이 구체적 상황하에서 그 인적·물적 능력의 범위 내에서의 적절한 조치라는 판단에 따라 범죄의 진압 및 수사에 관한 직무를 수행한 경우, 경찰관에게 그와 같은 권한을 부여한 취지와 목적, 경찰관이 다른 조치를 취하지 아니함으로 인하여 침해된 국민의 법익 또는 국민에게 발생한 손해의 심각성 내지 그 절박한 정도, 경찰관이 그와 같은 결과를 예견하여 그 결과를 회피하기 위한 조치를 취할 수 있는 가능성이 있는지 여부 등을 종합적으로 고려하여 볼 때, 그것이 객관적 정당성을 상실하여 현저하게 불합리하다고 인정되지 않는다면 그와 다른 조치를 취하지 아니한 부작위를 내세워 국가배상책임의 요건인 법령 위반에 해당한다고 할 수 없다(대판 2008. 4. 24. 2006다32132).[5]

경찰서 감방 내의 폭력행위를 방지하기 위한 경찰관의 주의의무

경찰서 대용감방에 배치된 경찰관 등으로서는 감방 내의 상황을 잘 살펴 수감자들 사이에서 폭력행위 등이 일어나지 않도록 예방하고 나아가 폭력행위 등이 일어난 경우에는 이를 제지하여야 할 의무가 있음에도 불구하고 이러한 주의의무를 게을리 하였다면 국가는 감방 내의 폭력행위로 인한 손해를 배상할 책임이 있다(대판 1993. 9. 28. 93다17546).

5 경찰관이 음주운전 단속시 운전자의 요구에 따라 곧바로 채혈을 실시하지 않은 채 호흡측정기에 의한 음주측정을 하고 1시간 12분이 경과한 후에야 채혈을 하였다는 사정만으로는 위 행위가 법령에 위배된다거나 객관적 정당성을 상실하여 운전자가 음주운전 단속과정에서 받을 수 있는 권익이 현저하게 침해되었다고 단정하기 어렵다고 본 사례.

교도소 의무관이 수용자에 대한 의료행위를 하는 경우 요구되는 주의의무의 내용
교도소의 의무관은 교도소 수용자에 대한 진찰·치료 등의 의료행위를 하는 경우 수용자의 생명·신체·건강을 관리하는 업무의 성질에 비추어 환자의 구체적인 증상이나 상황에 따라 위험을 방지하기 위하여 요구되는 최선의 조치를 행하여야 할 주의의무가 있다(대판 2005. 3. 10. 2004다65121).

무장공비출현신고에 대한 불출동(김신조 사건)
무장공비색출체포를 위한 대간첩작전을 수행하기 위하여 파출소 소장, 순경 및 육군장교 수명이 파출소에서 합동대기하고 있던 중 그로부터 불과 60~70미터 거리에서 약 15분간에 걸쳐 주민들이 무장간첩과 격투하던 주민 중 1인이 무장간첩의 발사 권총탄에 맞아 사상하였다면 위 군경공무원들의 직무유기행위와 위 망인의 사망과의 사이에 인과관계가 있다고 봄이 상당하다(대판 1971. 4. 6. 71다124).

⑶ **직무를 집행함에 당하여**(직무관련성)**: 외형설**

직무관련성 여부에 대한 판단기준에 대해서 통설과 판례는 외형설을 취하고 있다. 따라서 직무관련성은 공무원이 주관적으로 직무집행의사를 가지고 있었는지 불문하고 행위자체의 자체 외관을 기준으로 판단한다.

'직무를 집행함에 당하여'의 판단기준
국가 또는 지방자치단체가 소속 공무원의 고의·과실에 의한 불법행위에 기하여 손해배상책임을 부담하기 위하여는 공무원의 불법행위가 직무를 집행함에 당하여 행하여진 것이어야 하고, 공무원의 행위가 본래의 직무와는 관련이 없는 행위로서 외형상으로도 직무범위 내에 속하는 행위라고 볼 수 없을 때에는 공무원의 행위에 의한 손해에 대하여 「국가배상법」에 의한 국가 또는 지방자치단체의 책임을 인정할 수 없다(대판 1993. 1. 15. 92다8514).

'직무를 집행함에 당하여'에 있어서 직무집행의 의사
"직무를 집행함에 당하여"라 함은 직접 공무원의 직무집행행위이거나 그와 밀접한 관계에 있는 행위를 포함하고, 이를 판단함에 있어서는 행위 자체의 외관을 객관적으로 관찰하여 공무원의 직무행위로 보여질 때에는 비록 그것이 실질적으로 직무행위가 아니거나 또는 행위자로서는 주관적으로 공무집행의 의사가 없었다고 하더라도 그 행위는 공무원이 "직무를 집행함에 당하여" 한 것으로 보아야 한다(대판 1995. 4. 21. 93다14240).

직무집행행위가 아님을 피해자가 안 경우에도 직무관련성이 인정된다
실질적으로 공무집행행위가 아니라는 사정을 피해자가 알았다 하더라도 그것을 '직무를 행함에 당하여'라고 단정하는 데 아무런 영향을 미치는 것이 아니다(대판 1966. 6. 28. 66다781).

① 직무관련성을 인정한 판례

공무원이 자신의 소유인 승용차를 운전하여 공무를 수행하고 돌아오던 중 동승한 다른 공무원을 사망하게 하는 교통사고를 발생시킨 경우 국가배상책임이 인정된다
공무원이 자신의 소유인 승용차를 운전하여 공무를 수행하고 돌아오던 중 동승한 다른 공무원을 사망하게 하는 교통사고를 발생시킨 경우, 이는 외형상 객관적으로 직무와 밀접한 관련이 있는 행위이고, 따라서 국가배상법에 의한 손해배상책임이 인정된다(대판 1998. 11. 19. 97다36873).

헌병대 영창에서 탈주한 군인들이 민가에 침입하여 저지른 범죄행위에 대한 국가의 손해배상책임이 있다
경계 감호를 위하여 관련 공무원에게 각종 직무상의 의무를 부과하고 있는 것은, 일차적으로는 그 수용자들을 격리보호하고 교정교화함으로써 공공 일반의 이익을 도모하고 교도소 등의 내부 질서를 유지하기 위한 것이라 할 것이지만, 부수적으로는 그 수용자들이 탈주한 경우에 그 도주과정에서 일어날 수 있는 2차적 범죄행위로부터 일반 국민의 인명과 재화를 보호하고자 하는 목적도 있다고 할 것이므로, 국가공무원들이 위와 같은 직무상의 의무를 위반한 결과 수용자들이 탈주함으로써 일반 국민에게 손해를 입히는 사건이 발생하였다면, 국가는 그로 인하여 피해자들이 입은 손해를 배상할 책임이 있다(대판 2003. 2. 14. 2002다62678).

탈영병의 총기난사로 인한 피해에 대하여 국가의 손해배상책임을 인정하였다
탈영병이 문제사병임을 알고 있었음에도 지휘관으로서 선도와 사고방지에 노력하는 등의 병력관리에 소홀하였고, 또 당직사령이 위병근무자에 대한 순찰감독과 확인, 점검을 하지 아니하였으며, 위병근무자들 역시 근무시 실탄을 삽탄하여 근무하여야 하고 타인에게 함부로 줄 수 없는 데도 위 탈영병에게 선뜻 인도해 주었을 뿐 아니라 위 사병이 위병소를 이탈한 뒤 이를 상부에 보고하지도 않는 등의 과실이 인정된다면, 엠16소총 및 실탄은 인명살상용으로서 이를 가지고 탈영하는 것은 사고발생의 위험성이 있을 것으로 예견할 수 있는 점에 비추어 위 탈영병의 총기난사행위로 인한 피해는 위 지휘관의 병력관리소홀과 지휘관 및 위병소 근무자들의 군무집행을 함에 있어서 법령에 규정된 의무를 다하지 아니한 과실로 인한 것으로 인정할 수 있다(대판 1985. 7. 9. 84다카1115).

인사업무담당 공무원이 다른 공무원의 공무원증 등을 위조한 행위는 실질적으로는 직무행위에 속하지 아니한다 할지라도 외관상으로 국가배상법 제2조 제1항의 직무집행 관련성이 인정된다
울산세관의 통관지원과에서 인사업무를 담당하면서 울산세관 공무원들의 공무원증 및 재직증명서 발급업무를 하는 공무원이 울산세관의 다른 공무원의 공무원증 등을 위조하는 행위는 비록 그것이 실질적으로는 직무행위에 속하지 아니한다 할지라도 적어도 외관상으로는 공무원증과 재직증명서를 발급하는 행위로서 직무집행으로 보여지므로 결국 소외인의 공무원증 등 위조행위는 「국가배상법」 제2조 제1항 소정의 공무원이 직무를 집행함에 당하여 한 행위로 인정되고, 소외인이 실제로는 공무원증 및 재직증명서의 발급권자인 울산세관장의 직무를 보조하는 데 불과한 지위에 있다거나, 신청자의 발급신청 없이 정상의 발급절차를 거치지 아니하고 이를 발급하였으며, 위 공무원증 등 위조행위가 원고로부터 대출을 받기 위한 목적으로 행하여졌다 하더라도 이를 달리 볼 수 없다(대판 2005. 1. 14. 2004다26805).

육군중사가 훈련에 대비하여 개인 소유의 오토바이를 운전하여 사전정찰차 훈련지역 일대를 돌아보고 귀대하다가 교통사고를 일으킨 경우, 오토바이의 운전행위가 국가배상법 제2조 소정의 직무집행행위에 해당한다
육군중사가 자신의 개인소유 오토바이 뒷좌석에 같은 부대 소속 군인을 태우고 다음 날부터 실시예정인 훈련에 대비하여 사전정찰차 훈련지역 일대를 살피고 귀대하던 중 교통사고가 일어났다면, 그가 비록 개인소유의 오토바이를 운전한 경우라 하더라도 실질적, 객관적으로 위 운전행위는 그에게 부여된 훈련지역의 사전정찰임무를 수행하기 위한 직무와 밀접한 관련이 있다고 보아야 한다(대판 1994. 5. 27. 94다6741).

② 직무관련성을 인정하지 않은 판례

공무원이 통상적으로 근무하는 근무지로 출근하기 위하여 자기 소유의 자동차를 운행하다가 자신의 과실로 교통사고를 일으킨 경우 국가배상책임을 부담하지 않는다
공무원이 통상적으로 근무하는 근무지로 출근하기 위하여 자기 소유의 자동차를 운행하다가 자신의 과실로 교통사고를 일으킨 경우에는 특별한 사정이 없는 한 「국가배상법」 제2조 제1항 소정의 공무원이 '직무를 집행함에 당하여' 타인에게 불법행위를 한 것이라고 할 수 없으므로 그 공무원이 소속된 국가나 지방공공단체가 국가배상법상의 손해배상책임을 부담하지 않는다(대판 1996. 5. 31. 94다15271).

탈영병의 강도살인행위로 인한 피해자에 대한 국가배상책임을 부정하였다
군병원에 입원 중이던 사병들이 탈영하여 강도살인행위를 한 경우에 있어 위 병원의 일직사령과 당직 군의관이 위 사병들의 탈영을 방지하지 못한 당직의무를 해태한 과실이 있을지라도 이는 위 탈영병들의 강도살인행위와 상당인과관계가 있다고까지는 볼 수 없으므로 위 일직사령 등의 과실을 원인으로 하여 국가에게 배상책임을 인정하기 위하여는 위 사병들이 강도의 모의를 하고 탈영하여 강도 또는 강도살인행위를 할 것이라는 특별한 사정을 알았거나 알 수 있었다는 사실이 인정되어야 한다(대판 1988. 12. 27. 87다카2293).

(4) 고의·과실

「국가배상법」 제2조의 고의·과실의 유무는 당해 공무원을 기준으로 판단한다.

공무원의 직무집행상의 과실의 의의
공무원의 직무집행상의 과실이라 함은 공무원이 그 직무를 수행함에 있어 당해직무를 담당하는 평균인이 보통(통상) 갖추어야 할 주의의무를 게을리한 것을 말한다(대판 1987. 9. 22. 87다카1164).

국가배상책임에서 고의·과실의 판단기준

어떠한 행정처분이 후에 항고소송에서 취소되었다고 할지라도 그 기판력에 의하여 당해 행정처분이 곧바로 공무원의 고의 또는 과실로 인한 것으로서 불법행위를 구성한다고 단정할 수는 없는 것이고, 그 행정처분의 담당공무원이 보통 일반의 공무원을 표준으로 하여 볼 때 객관적 주의의무를 결하여 그 행정처분이 객관적 정당성을 상실하였다고 인정될 정도에 이른 경우에 비로소 국가배상법 제2조 소정의 국가배상책임의 요건을 충족하였다고 봄이 상당할 것이며, 이 때에 객관적 정당성을 상실하였는지 여부는 피침해이익의 종류 및 성질, 침해행위가 되는 행정처분의 태양 및 그 원인, 행정처분의 발동에 대한 피해자측의 관여의 유무, 정도 및 손해의 정도 등 제반 사정을 종합하여 손해의 전보책임을 국가 또는 지방자치단체에게 부담시켜야 할 실질적인 이유가 있는지 여부에 의하여 판단하여야 한다(대판 2003. 11. 27. 2001다33789, 33796, 33802, 33819; 대판 2000. 5. 12. 99다70600).

공무원의 법령해석과 과실의 인정 여부

① **원칙: 일반적으로 공무원이 관계법규를 알지 못하거나 필요한 지식을 갖추지 못하고 법규의 해석을 그르쳐 행정처분을 하였다면 공무원의 과실이 인정된다**

법령에 대한 해석이 복잡·미묘하여 워낙 어렵고, 이에 대한 학설·판례조차 귀일되어 있지 않는 등의 특별한 사정이 없는 한 일반적으로 공무원이 관계법규를 알지 못하거나 필요한 지식을 갖추지 못하고 법규의 해석을 그르쳐 행정처분을 하였다면 그가 법률전문가가 아닌 행정직 공무원이라고 하여 과실이 없다고는 할 수 없다(대판 2001. 2. 9. 98다52988).

② **예외: 관계법령에 대한 해석이 확립되기 전 어느 한 설을 취하여 업무를 처리한 행정처분이 후에 항고소송으로 취소된 경우, 그 자체만으로 그 행정처분이 공무원의 고의 또는 과실이 인정되지 않는다**

㉠ 행정청이 관계법령의 해석이 확립되기 전에 어느 한 설을 취하여 업무를 처리한 것이 결과적으로 위법하게 되어 그 법령의 부당집행이라는 결과를 빚었다고 하더라도 처분 당시 그와 같은 처리방법 이상의 것을 성실한 평균적 공무원에게 기대하기 어려웠던 경우라면 특별한 사정이 없는 한 이를 두고 공무원의 과실로 인한 것이라고는 볼 수 없다(대판 2001. 3. 13. 2000다20731).

㉡ 어떠한 행정처분이 위법하다고 할지라도 그 자체만으로 곧바로 그 행정처분이

공무원의 고의 또는 과실로 인한 불법행위를 구성한다고 단정할 수는 없고, 공무원의 고의 또는 과실의 유무에 대하여는 별도의 판단을 요한다고 할 것인바, 그 이유는 행정청이 관계 법령의 해석이 확립되기 전에 어느 한 설을 취하여 업무를 처리한 것이 결과적으로 위법하게 되어 그 법령의 부당집행이라는 결과를 빚었다고 하더라도 처분 당시 그와 같은 처리방법 이상의 것을 성실한 평균적 공무원에게 기대하기 어려웠던 경우라면 특별한 사정이 없는 한 이를 두고 공무원의 과실로 인한 것이라고 볼 수는 없기 때문이다(대판 2004. 6. 11. 2002다31018).

행정입법에 관여한 공무원이 나름대로 합리적 근거를 찾아 어느 하나의 견해에 따라 경과규정을 두는 등의 조치 없이 새 법령을 그대로 시행 또는 적용하였으나 그 판단이 나중에 대법원이 내린 판단과 달라 결과적으로 신뢰보호 원칙 등을 위반하게 된 경우, 국가배상책임의 성립요건인 공무원의 과실이 있다고 볼 수 있는지 여부(소극)
행정입법에 관여한 공무원이 입법 당시의 상황에서 다양한 요소를 고려하여 나름대로 합리적인 근거를 찾아 어느 하나의 견해에 따라 경과규정을 두는 등의 조치 없이 새 법령을 그대로 시행하거나 적용하였다면, 그와 같은 공무원의 판단이 나중에 대법원이 내린 판단과 같지 아니하여 결과적으로 시행령 등이 신뢰보호의 원칙 등에 위배되는 결과가 되었다고 하더라도, 이러한 경우에까지 국가배상법 제2조 제1항에서 정한 국가배상책임의 성립요건인 공무원의 과실이 있다고 할 수는 없다(대판 2013. 4. 26. 2011다14428).[6]

영업허가취소처분이 나중에 행정심판에 의하여 재량권을 일탈한 위법한 처분임이 판명되어 취소되었다고 하더라도 공무원에게 직무집행상의 과실이 있다고 할 수는 없다
영업허가취소처분이 나중에 행정심판에 의하여 재량권을 일탈한 위법한 처분임이 판명되어 취소되었다고 하더라도 그 처분이 당시 시행되던 공중위생법 시행규칙에 정하여진 행정처분의 기준에 따른 것인 이상 그 영업허가취소처분을 한 행정청 공무원에게 그와 같은 위법한 처분을 한 데 있어 어떤 직무집행상의 과실이 있다고 할 수는 없다(대판 1994. 11. 8. 94다26141).

6 2002. 3. 25. 개정된 변리사법 시행령 제4조 제1항이 변리사 제1차 시험을 '절대평가제'에서 '상대평가제'로 변경함에 따라 2002. 5. 26. 실시된 시험에서 불합격처분을 받았다가 그 후 위 조항을 즉시 시행한 부분이

행정처분이 후에 항고소송에서 위법한 것으로서 취소된 경우 국가배상책임의 성립요건과 그 판단 기준

어떠한 행정처분이 후에 항고소송에서 위법한 것으로서 취소되었다고 하더라도 그로써 곧 당해 행정처분이 공무원의 고의 또는 과실에 의한 불법행위를 구성한다고 단정할 수는 없지만, 그 행정처분의 담당공무원이 보통 일반의 공무원을 표준으로 하여 볼 때 객관적 주의의무를 결하여 그 행정처분이 객관적 정당성을 상실하였다고 인정될 정도에 이른 경우에는 「국가배상법」 제2조 소정의 국가배상책임의 요건을 충족하였다고 보아야 한다. 이때 객관적 정당성을 상실하였는지 여부는 침해행위가 되는 행정처분의 태양과 그 목적, 피해자의 관여 여부 및 관여의 정도, 침해된 이익의 종류와 손해의 정도 등 여러 사정을 종합하여 결정하되 손해의 전보책임을 국가 또는 지방자치단체에게 부담시킬 만한 실질적인 이유가 있는지도 살펴서 판단하여야 하며, 이는 행정청이 재결의 형식으로 처분을 한 경우에도 마찬가지이다(대판 2011. 1. 27. 2008다30703).

법원이 형사소송법 등 관련 법령에 근거하여 검사에게 어떠한 조치를 이행할 것을 명하였고, 관련 법령의 해석상 법원의 결정에 따르는 것이 당연하고 그와 달리 해석될 여지가 없는데도 검사가 관련 법령의 해석에 관하여 대법원판례 등의 선례가 없다는 이유 등으로 법원의 결정에 어긋나는 행위를 한 경우

검사는 공익의 대표자로서 실체적 진실에 입각한 국가 형벌권의 실현을 위하여 공소제기와 유지를 할 의무뿐만 아니라 그 과정에서 피고인의 정당한 이익을 옹호하여야 할 의무가 있다. 그리고 법원이 형사소송절차에서 피고인의 권리를 실질적으로 보장하기 위하여 마련되어 있는 「형사소송법」 등 관련 법령에 근거하여 검사에게 어떠한 조치를 이행할 것을 명하였고, 관련 법령의 해석상 그러한 법원의 결정에 따르는 것이 당연하고 그와 달리 해석될 여지가 없는 경우라면, 법에 기속되는 검사로서는 법원의 결정에 따라야 할 직무상 의무도 있다. 그런데도 그와 같은 상황에서 검사가 관련 법령의 해석에 관하여 대법원판례 등의 선례가 없다는 이유 등으로 법원의 결정에 어긋나는 행위를 하였다면 특별한 사정이 없는 한 당해 검사에게 직무상 의무를 위반한 과실이 있다고 보아야 한다(대판 2012. 11. 15. 2011다48452).

「헌법」에 위배되어 무효라는 대법원판결이 내려져 추가합격처분을 받은 갑 등이 국가배상책임을 물은 사안에서, 국가배상책임을 인정한 원심판결에 법리오해 등 위법이 있다고 한 사례.

(5) 법령에 위반하여(위법성)

① 법령위반의 의의

법령위반이란 위법성을 말한다. 법령위반이란 엄격한 의미의 법령에 위반하는 것만을 의미하는 것이 아니라, 성문법은 물론이고 불문법뿐만 아니라 인권존중, 권리남용금지, 신의성실의 원칙, 공서양속 등을 포함하고, 널리 행위가 객관적으로 정당성을 결여하고 있는 것을 의미한다는 견해(광의설)가 통설·판례이다.

법령위반의 의의

'법령에 위반하여'라고 함은 엄격하게 형식적 의미의 법령에 명시적으로 공무원의 작위의무가 정하여져 있음에도 이를 위반하는 경우만을 의미하는 것은 아니고, 인권존중·권력남용금지·신의성실과 같이 공무원으로서 마땅히 지켜야 할 준칙이나 규범을 지키지 아니하고 위반한 경우를 포함하여 널리 그 행위가 객관적인 정당성을 결여하고 있는 경우도 포함한다(대판 2012. 7. 26. 2010다95666).

공무원의 부작위로 인한 국가배상책임의 인정요건 및 위법성의 판단 기준

공무원의 부작위로 인한 국가배상책임을 인정하기 위하여는 공무원의 작위로 인한 국가배상책임을 인정하는 경우와 마찬가지로 '공무원이 그 직무를 집행함에 당하여 고의 또는 과실로 법령에 위반하여 타인에게 손해를 가한 때'라고 하는 「국가배상법」 제2조 제1항의 요건이 충족되어야 할 것인바, 여기서 '법령에 위반하여'라고 하는 것이 엄격하게 형식적 의미의 법령에 명시적으로 공무원의 작위의무가 규정되어 있는데도 이를 위반하는 경우만을 의미하는 것은 아니고, 국민의 생명, 신체, 재산 등에 대하여 절박하고 중대한 위험상태가 발생하였거나 발생할 우려가 있어서 국민의 생명, 신체, 재산 등을 보호하는 것을 본래적 사명으로 하는 국가가 초법규적, 일차적으로 그 위험 배제에 나서지 아니하면 국민의 생명, 신체, 재산 등을 보호할 수 없는 경우에는 형식적 의미의 법령에 근거가 없더라도 국가나 관련 공무원에 대하여 그러한 위험을 배제할 작위의무를 인정할 수 있을 것이지만, 그와 같은 절박하고 중대한 위험상태가 발생하였거나 발생할 우려가 있는 경우가 아니라면 원칙적으로 공무원이 관련 법령을 준수하여 직무를 수행하였다면 그와 같은 공무원의 부작위를 가지고 '고의 또는 과실로 법령에 위반'하였다고 할 수는 없을 것이므로, 공무원의 부작위로 인한 국가배상책임을 인정할 것인지 여부가 문제되는 경우에 관련 공무원에 대하여 작위의무를 명하는 법령의 규정이 없다면 공무원의 부작위로 인하여 침해된 국민의 법익 또는 국민에게 발생한 손해가 어느 정도 심각하고 절박한 것인지, 관련 공무원이 그와 같은 결과를 예견하여 그 결과를 회피하기 위한 조치를 취할 수 있는 가능성이 있는지 등을 종합적으로 고려하여 판단하여야 할 것이다(대판 1998. 10. 13. 98다18520).

군산시 윤락가 화재사건

구 「소방법」은 화재를 예방·경계·진압하고 재난·재해 및 그 밖의 위급한 상황에서의 구조·구급활동을 통하여 국민의 생명·신체 및 재산을 보호함으로써 공공의 안녕질서의 유지와 복리증진에 이바지함을 목적으로 하여 제정된 법으로서, 「소방법」의 규정들은 단순히 전체로서의 공공 일반의 안전을 도모하기 위한 것에서 더 나아가 국민 개개인의 인명과 재화의 안전보장을 목적으로 하여 둔 것이므로, 소방공무원이 「소방법」 규정에서 정하여진 직무상의 의무를 게을리한 경우 그 의무 위반이 직무에 충실한 보통 일반의 공무원을 표준으로 할 때 객관적 정당성을 상실하였다고 인정될 정도에 이른 경우에는 「국가배상법」 제2조에서 말하는 위법의 요건을 충족하게 된다. 그리고 소방공무원의 행정권한 행사가 관계 법률의 규정 형식상 소방공무원의 재량에 맡겨져 있다고 하더라도 소방공무원에게 그러한 권한을 부여한 취지와 목적에 비추어 볼 때 구체적인 상황 아래에서 소방공무원이 그 권한을 행사하지 않은 것이 현저하게 합리성을 잃어 사회적 타당성이 없는 경우에는 소방공무원의 직무상 의무를 위반한 것으로서 위법하게 된다(대판 2008. 4. 10. 2005다48994).

② 법령위반의 본질

㉠ 결과불법설

「국가배상법」상의 위법은 가해행위의 결과인 손해가 불법한 것을 의미한다고 보는 견해이다. 이 견해에 의하면 가해행위 자체의 위법성 여부는 문제되지 않는다.

㉡ 행위위법설

「국가배상법」상의 위법은 행위가 법규범에 위반한 것을 의미한다고 보는 견해이다. 이 견해에 의하면 「국가배상법」상의 위법성은 항고소송에서의 위법성과 마찬가지로 행위 자체가 법에 위반한 것이다.

㉢ 상대적 위법성설

「국가배상법」상의 위법은 행위 자체의 적법·위법뿐만 아니라 피침해이익의 성격과 침해의 정도 및 가해행위의 태양 등을 종합적으로 고려하여 판단하는 견해이다.

㉣ **직무의무위반설**

「국가배상법」상의 위법은 공무원의 직무의무의 위반을 의미한다고 보는 견해이다. 이 견해에 의하면 항고소송에서의 위법성은 행정작용의 측면에서만 위법 여부를 판단하지만, 「국가배상법」상의 위법성은 행정작용과 행정작용을 한 자와의 유기적 관련성 속에서 위법성을 판단한다.

결과불법설을 명시적으로 배제한 판례

ⓐ 국가배상책임은 공무원의 직무집행이 법령에 위반한 것임을 요건으로 하는 것으로서, 공무원의 직무집행이 법령이 정한 요건과 절차에 따라 이루어진 것이라면 특별한 사정이 없는 한 이는 법령에 적합한 것이고 그 과정에서 개인의 권리가 침해되는 일이 생긴다고 하여 그 법령 적합성이 곧바로 부정되는 것은 아니라고 할 것인바, 불법시위를 진압하는 경찰관들의 직무집행이 법령에 위반한 것이라고 하기 위하여는 그 시위진압이 불필요하거나 또는 불법시위의 태양 및 시위 장소의 상황 등에서 예측되는 피해 발생의 구체적 위험성의 내용에 비추어 시위진압의 계속 수행 내지 그 방법 등이 현저히 합리성을 결하여 이를 위법하다고 평가할 수 있는 경우이어야 한다(대판 1997. 7. 25. 94다2480).

ⓑ 경찰관이 교통법규 등을 위반하고 도주하는 차량을 순찰차로 추적하는 직무를 집행하는 중에 그 도주차량의 주행에 의하여 제3자가 손해를 입었다고 하더라도 그 추적이 당해 직무목적을 수행하는 데에 불필요하다거나 또는 도주차량의 도주의 태양 및 도로교통상황 등으로부터 예측되는 피해발생의 구체적 위험성의 유무 및 내용에 비추어 추적의 개시·계속 혹은 추적의 방법이 상당하지 않다는 등의 특별한 사정이 없는 한 그 추적행위를 위법하다고 할 수는 없다(대판 2000. 11. 10. 2000다26807, 26814).

상대적 위법성설을 따른 듯한 판례

행정처분의 담당공무원이 보통 일반의 공무원을 표준으로 하여 볼 때 객관적 주의의무를 결하여 그 행정처분이 객관적 정당성을 상실하였다고 인정될 정도에 이른 경우에 「국가배상법」 제2조 소정의 국가배상책임의 요건을 충족하였다고 봄이 상당할 것이며, 이 때에 객관적 정당성을 상실하였는지 여부는 피침해이익의 종류 및 성질, 침해

행위가 되는 행정처분의 태양 및 그 원인, 행정처분의 발동에 대한 피해자측의 관여의 유무, 정도 및 손해의 정도 등 제반 사정을 종합하여 손해의 전보책임을 국가 또는 지방자치단체에게 부담시켜야 할 실질적인 이유가 있는지 여부에 의하여 판단하여야 한다(대판 2003. 12. 11. 2001다65236).

③ 부작위와 위법

경찰관에게 부여된 권한의 불행사가 직무상의 의무를 위반하여 위법하게 되는 경우
구체적인 직무를 수행하는 경찰관으로서는 제반 상황에 대응하여 자신에게 부여된 여러 가지 권한을 적절하게 행사하여 필요한 조치를 취할 수 있는 것이고, 그러한 권한은 일반적으로 경찰관의 전문적 판단에 기한 합리적인 재량에 위임되어 있는 것이나, 경찰관에게 권한을 부여한 취지와 목적에 비추어 볼 때 구체적인 사정에 따라 경찰관이 그 권한을 행사하여 필요한 조치를 취하지 아니하는 것이 현저하게 불합리하다고 인정되는 경우에는 그러한 권한의 불행사는 직무상의 의무를 위반한 것이 되어 위법하게 된다(대판 2004. 9. 23. 2003다49009; 대판 1998. 8. 25. 98다16890).

부랑인 선도시설 및 정신질환자 요양시설에 대한 지도·감독권한을 기관위임받은 지방자치단체장과 그 지도·감독업무를 담당하는 공무원의 직무상 의무 위반이 위법한 것으로 인정되기 위한 요건
부랑인 선도시설 및 정신질환자 요양시설에 대한 지도·감독 업무를 담당하는 공무원이 지도·감독의무를 다하지 아니한 경우 그 의무 위반이 직무에 충실한 보통 일반의 공무원을 표준으로 할 때 객관적 정당성을 상실하였다고 인정될 정도에 이른 경우에는 「국가배상법」 제2조에서 말하는 위법의 요건을 충족한다고 봄이 상당하고, 또한 시장·군수·구청장이 부랑인 선도시설 및 정신질환자 요양시설의 업무에 관하여 지도·감독을 하고, 필요한 경우 그 시설에 대하여 그 업무의 내용에 관하여 보고하게 하거나 관계 서류의 제출을 명하거나 소속공무원으로 하여금 시설에 출입하여 검사 또는 질문하게 할 수 있는 등 형식상 시장·군수·구청장에게 재량에 의한 직무수행권한을 부여한 것처럼 되어 있더라도 시장·군수·구청장에게 그러한 권한을 부여한 취지와 목적에 비추어 볼 때 구체적인 사정에 따라 시장·군수·구청장이 그 권한을 행사하여 필요한 조치를 취하지 아니하는 것이 현저하게 불합리하다고 인정되는 경우에는 그러한 권한의 불행사는 직무상의 의무를 위반하는 것이 되어 위법하게 된다(대판 2006. 7. 28. 2004다759).

집중호우로 인한 인명피해와 지방자치단체의 손해배상책임

공무원들에게는 「자연재해대책법」 제36조, 제39조, 제42조의 규정에 따라 폭우로 인하여 차도 또는 하수도가 침수되어 인근 건물 내의 인명 또는 재산 피해가 예상되는 경우 침수의 방지, 통제, 퇴거 등의 조치를 취하고, 재해비상발령이 내려진 상황에서 신속하게 서울시 재해대책본부로부터 지시받은 조치를 시행하거나 방재책임자 등에게 이를 알리는 등 재해방지에 필요한 적절한 조치를 신속히 취하여야 할 의무가 있고, 그 의무 위반행위는 「국가배상법」 제2조 제1항 소정의 '법령 위반'에 해당한다(대판 2004. 6. 25. 2003다69652).

행정입법부작위에 대한 국가배상책임을 인정한 사례

구 「군법무관임용법」 제5조 제3항과 「군법무관임용 등에 관한 법률」 제6조가 군법무관의 보수를 법관 및 검사의 예에 준하도록 규정하면서 그 구체적 내용을 시행령에 위임하고 있는 이상, 위 법률의 규정들은 군법무관의 보수의 내용을 법률로써 일차적으로 형성한 것이고, 위 법률들에 의해 상당한 수준의 보수청구권이 인정되는 것이므로, 위 보수청구권은 단순한 기대이익을 넘어서는 것으로서 법률의 규정에 의해 인정된 재산권의 한 내용이 되는 것으로 봄이 상당하고, 따라서 행정부가 정당한 이유 없이 시행령을 제정하지 않은 것은 위 보수청구권을 침해하는 불법행위에 해당한다(대판 2007. 11. 29. 2006다3561).

④ 선결문제로서의 위법성 판단

국가배상사건에서 행정행위의 위법성 여부가 선결문제가 될 때 그 배상사건이 계속되고 있는 법원(수소법원)이 스스로 이를 심리·판단할 수 있는지에 관하여 행정행위가 무효가 아닌 한 수소법원은 행정행위의 위법성을 심사할 수 없다는 소극설과 행정행위의 공정력은 실체법상의 적법성의 추정력이 아니므로 행정행위의 취소판결이나 무효확인판결을 받지 않고도, 행정행위로 인한 손해의 배상을 구하는 국가배상청구소송이 가능하다는 적극설의 견해대립이 있다. 적극설이 통설·판례의 입장이다.

국가배상청구소송의 관할인 민사법원에서는 행정행위의 위법성을 선결문제로서 심사할 수 있다

위법한 행정대집행이 완료되면 그 처분의 무효확인 또는 취소를 구할 소의 이익은 없다 하더라도, 미리 그 행정처분의 취소판결이 있어야만, 그 행정처분의 위법임을 이유로 한 손해배상 청구를 할 수 있는 것은 아니다(대판 1972. 4. 28. 72다337).

미성년자인 남녀를 혼숙케 한 행위를 이유로 구청장이 숙박업영업 허가를 취소한 경우 서울특별시의 손해배상책임

「숙박업법」 제5조 제2호는 숙박업자에 대하여 미성년자인 남녀의 혼숙을 금지하는 규정이라 볼 수 없고, 보건사회부훈령 제211호는 「숙박업법」에 따른 명령 또는 처분이라고 볼 수 없을 뿐만 아니라 이 건 혼숙행위 후에 제정된 훈령이므로 위 법 규정이나 위 훈령을 적용하여 한 영업허가처분 취소 처분은 위법하다. 법령에 대한 해석이 복잡, 미묘하여 워낙어렵고, 이에 대한 학설, 판례조차 귀일되어 있지 않는 등의 특별한 사정이 없는 한 일반적으로 공무원이 관계법규를 알지 못하거나 필요한 지식을 갖추지 못하고 법규의 해석을 그르쳐 행정처분을 하였다면 그가 법률전문가 아닌 행정직 공무원이라고 하여 과실이 없다고는 할 수 없는바, 서울특별시 중구청장이 미성년자인 남녀의 혼숙행위를 이유로 숙박업 영업허가를 취소하였다면 서울특별시는 「국가배상법」 상의 손해배상책임이 있다(대판 1981. 8. 25. 80다1598).

⑹ 타인에게 손해가 발생하였을 것

손해란 피해자가 입은 모든 손해를 말하며 적극적·소극적 손해, 재산적 손해뿐만 아니라 생명·신체에 대한 손해, 정신적 손해 등 비재산적 손해도 모두 포함된다.

손 해

윤락녀들이 윤락업소에 감금된 채로 윤락을 강요받으면서 생활하고 있음을 쉽게 알 수 있는 상황이었음에도, 경찰관이 이러한 감금 및 윤락강요행위를 제지하거나 윤락업주들을 체포·수사하는 등 필요한 조치를 취하지 아니하고 오히려 업주들로부터 뇌물을 수수하며 그와 같은 행위를 방치한 것은 경찰관의 직무상 의무에 위반하여 위법하므로 국가는 이로 인한 정신적 고통에 대하여 위자료를 지급할 의무가 있다(대판 2004. 9. 23. 2003다49009).

인과관계

① **공무원의 직무상 의무 위반행위와 국민의 손해 사이의 상당인과관계**

㉠ 공무원의 직무상 의무 위반행위와 국민의 손해 사이의 상당인과관계의 유무를 판단함에 있어서는 일반적인 결과 발생의 개연성은 물론이고, 더 나아가 직무상 의무를 부과하는 법령 기타 행동규범의 목적이나 가해행위의 태양 및 피해의 정도 등 구체적인 사정을 종합적으로 고려하여야 한다(대판 2006. 4. 14. 2003다41746 등).

㉡ 공무원이 고의 또는 과실로 그에게 부과된 직무상 의무를 위반하였을 경우라고 하더라도 국가는 그러한 직무상의 의무 위반과 피해자가 입은 손해 사이에 상당인과관계가 인정되는 범위 내에서만 배상책임을 지는 것이고, 이 경우 상당인과관계가 인정되기 위하여는 공무원에게 부과된 직무상 의무의 내용이 단순히 공공 일반의 이익을 위한 것이거나 행정기관 내부의 질서를 규율하기 위한 것이 아니고 전적으로 또는 부수적으로 사회구성원 개인의 안전과 이익을 보호하기 위하여 설정된 것이어야 한다(대판 2011. 9. 8. 2011다34521).

② **극동호 화재사건**

「선박안전법」이나 「유선 및 도선업법」의 각 규정은 공공의 안전 외에 일반인의 인명과 재화의 안전보장도 그 목적으로 하는 것이라고 할 것이므로, 국가소속 선박검사관이나 市소속 공무원들이 직무상 의무를 위반하여 시설이 불량한 선박에 대하여 선박중간검사에 합격하였다 하여 선박검사증서를 발급하고, 해당 법규에 규정된 조치를 취함이 없이 계속 운항하게 함으로써 화재사고가 발생한 것이라면, 화재사고와 공무원들의 직무상 의무위반행위와의 사이에는 상당인과관계가 있다(대판 1993. 12. 12. 91다43466).

③ **오동도 태풍사건**

공무원에게 부과된 직무상 의무의 내용이 단순히 공공일반의 이익을 위한 것이거나 행정기관 내부의 질서를 규율하기 위한 것이 아니고, 전적으로 또는 부수적으로 사회구성원 개인의 안전과 이익을 보호하기 위하여 설정된 것이라면 공무원이 그와 같은 직무상 의무를 위반함으로 인하여 피해자가 입은 손해에 대하여는 상당인과관계가 인정되는 범위 내에서 국가 또는 지방자치단체가 배상책임을 지는 것이고, 이 때 상당인과관계의 유무를 판단함에 있어서는 일반적인 결과 발생의 개연성은 물론 직무상의 의무를 부과하는 법령 기타 행동규범의 목적이나 가해행위의 태양 및 피해의 정도 등을 종합적으로 고려하여야 한다(대판 1997. 9. 9. 97다12907).

④ **우편집배원의 부적법한 송달 사건**

우편집배원이 압류 및 전부명령 결정 정본을 특별송달하는 과정에서 민사소송법을 위반하여 부적법한 송달을 하고도 적법한 송달을 한 것처럼 우편송달보고서를 작성하여 압류 및 전부의 효력이 발생한 것과 같은 외관을 형성시켰으나, 실제로는 압류 및 전부의 효력이 발생하지 아니하여 집행채권자로 하여금 피압류채권을 전부받지 못하게 함으로써 손해를 입게 한 경우에는, 우편집배원의 위와 같은 직무상 의무위반과 집행채권자의 손해 사이에는 상당인과관계가 있다고 봄이 상당하고, 국가는 국가배상법에 의하여 그 손해에 대하여 배상할 책임이 있다(대판 2009. 7. 23. 2006다87798).

⑤ **공해소송에 있어서 인과관계의 입증책임**

공해소송에 있어서 피해자에게 사실적인 인과관계의 존재에 관하여 과학적으로 엄밀한 증명을 요구한다는 것은 공해로 인한 사법적 구제를 사실상 거부하는 결과가 될 우려가 있는 반면에 가해기업은 기술적, 경제적으로 피해자보다 훨씬 원인조사가 용이한 경우가 많을 뿐만 아니라 그 원인을 은폐할 염려가 있고 가해기업이 어떠한 유해한 원인물질을 배출하고 그것이 피해물건에 도달하여 손해가 발생하였다면 가해자 측에서 그것이 무해하다는 것을 입증하지 못하는 한 책임을 면할 수 없다고 보는 것이 사회형평의 관념에 적합하다고 할 것이다(대판 1997. 6. 27. 95다2692).

(7) 사익보호성의 문제

항고소송에서의 사익보호성이 국가배상책임에도 적용되는지 문제되는데, 이를 위법성(부작위로 인한 국가배상책임)에서 다루기도 하고, 손해의 문제, 인과관계의 문제 또는 직무의 문제로 보기도 한다. 항고소송에서 요구되는 사익보호성은 원고적격의 문제이므로 국가배상책임에서는 적용되지 않는다는 견해도 있지만, 판례는 국가배상책임에서도 사익보호성이 필요하다고 본다.

① 대법원은 국가배상책임에서 사익보호성이 필요하다고 본다.

㉠ 일반적으로 국가 또는 지방자치단체가 권한을 행사할 때에는 국민에 대한 손해를 방지하여야 하고, 국민의 안전을 배려하여야 하며, 소속 공무원이 전적으로 또는 부수적으로라도 국민 개개인의 안전과 이익을 보호하기 위하여 법령에서 정한 직무상의 의무에 위반하여 국민에게 손해를 가하면 상당인과관계가 인정되는 범위

안에서 국가 또는 지방자치단체가 배상책임을 부담하는 것이지만, 공무원이 직무를 수행하면서 그 근거되는 법령의 규정에 따라 구체적으로 의무를 부여받았어도 그 것이 국민의 이익과는 관계없이 순전히 행정기관 내부의 질서를 유지하기 위한 것이거나, 또는 국민의 이익과 관련된 것이라도 직접 국민 개개인의 이익을 위한 것이 아니라 전체적으로 공공 일반의 이익을 도모하기 위한 것이라면 그 의무에 위반하여 국민에게 손해를 가하여도 국가 또는 지방자치단체는 배상책임을 부담하지 아니한다(대판 2001. 10. 23. 99다36280).

ⓛ 일반적으로 공무원이 그 권한을 행사함에 있어서는 국민에 대하여 손해를 방지하여야 할 의무 내지 국민의 안전을 배려하여야 할 직무상의 의무를 부담하고, 공무원이 직무를 수행함에 있어 그 근거되는 법령의 규정에 의하여 구체적으로 공무원에게 부과된 의무 가운데 국민의 이익과는 관계없이 순전히 행정기관 내부의 질서를 유지하기 위한 것이거나 또는 그 직무상 의무가 국민의 이익을 위한 것이라도 개개의 국민을 염두에 둔 것이 아니라 오로지 공공 일반의 전체적인 이익을 조장하기 위한 경우에 불과할 때에는 공무원이 그 직무상의 의무에 위반하여 국민에게 손해를 가하였다고 하더라도 이에 관하여 그 공무원이 소속된 국가나 지방자치단체의 손해배상책임이 인정되지 않는 반면에, 그 직무상 의무의 내용이 전적으로 또는 부수적으로라도 사회구성원 개인의 안전과 이익을 보호하기 위하여 설정된 것이라면 공무원이 그와 같은 직무상 의무를 위반함으로써 피해자가 입은 손해에 대하여는 상당인과관계가 인정되는 범위 내에서 국가나 지방자치단체가 배상책임을 지는 것이고, 이 때 상당인과관계의 유무를 판단함에 있어서는 일반적인 결과 발생의 개연성은 물론이고 더 나아가 직무상 의무를 부과하는 법령 기타 행동규범의 목적이나 가해행위의 태양 및 피해의 정도 등 구체적인 사정을 종합적으로 고려하여야 한다(대판 1998. 5. 8. 97다36613).

② 사익보호성을 긍정한 사례

㉠ 「선박안전법」이나 「유선 및 도선업법」의 각 규정은 공공의 안전 외에 일반인의 인명과 재화의 안전보장도 그 목적으로 하는 것이라고 할 것이므로, 국가소속 선박검사관이나 市소속 공무원들이 직무상 의무를 위반하여 시설이 불량한 선박에 대하여 선박중간검사에 합격하였다 하여 선박검사증서를 발급하고, 해당 법규에 규정된 조치를 취함이 없이 계속 운항하게 함으로써 화재사고가 발생한 것이라면, 화재

사고와 공무원들의 직무상 의무위반행위와의 사이에는 상당인과관계가 있다(대판 1993. 12. 12. 91다43466).

㉡ 「하천법」의 관련 규정에 비추어 볼 때, 하천의 유지·관리 및 점용허가 관련 업무를 맡고 있는 지방자치단체 담당공무원의 직무상 의무는 부수적으로라도 사회구성원 개개인의 안전과 이익을 보호하기 위하여 설정된 것이다(대판 2006. 4. 14. 2003다41746).

㉢ 주민등록사무를 담당하는 공무원으로서는 만일 개명과 같은 사유로 주민등록상의 성명을 정정한 경우에는 법령의 규정에 따라 반드시 본적지의 관할관청에 대하여 그 변경사항을 통보하여 본적지의 호적관서로 하여금 그 정정사항의 진위를 재확인할 수 있도록 할 직무상의 의무가 있다고 할 것이고, 이러한 직무상 의무는 단순히 공공 일반의 이익을 위한 것이거나 행정기관 내부의 질서를 규율하기 위한 것이 아니고 전적으로 또는 부수적으로 사회구성원 개인의 안전과 이익을 보호하기 위하여 설정된 것이다(대판 2003. 4. 25. 2001다59842).[7]

㉣ 구 「건축법」에 규정된 업무를 담당하는 공무원은 원칙적으로 공공 일반의 이익을 위한 직무상의 의무를 수행하는 것이나, 다만 건축법령에 위반된 행위가 건축물의 붕괴 기타 안전사고 등 국민 개인의 안전과 이익을 침해하는 경우가 있을 수 있고, 건축법령에서 정한 각종 제한·규제 또는 기준, 특히 건축허가, 준공검사, 토지의 굴착, 구조내력, 건축재료 등에 관한 것 등은 공공의 이익과 질서 유지라는 측면 이외에 개인의 안전과 이익을 도모하기 위한 측면도 있다고 하겠다(대판 1999. 12. 21. 98다29797).[8]

㉤ 구 「식품위생법」은 제1조에서 "이 법은 식품으로 인한 위생상의 위해를 방지하고 식품영양의 질적 향상을 도모함으로써 국민보건의 증진에 이바지함을 목적으로 한다"고 규정하고 있고, 같은 법 제7조, 제9조, 제10조, 제16조 등에서는 식품의약품안전청장 등으로 하여금 식품 또는 식품첨가물의 제조 등의 방법과 성분, 용기와 포장의 제조 방법과 그 원재료, 표시 등에 대하여 일정한 기준 및 규격 등을 마련하도록 하고, 그와 같은 기준 및 규격 등을 준수하는지 여부를 확인할 필요가 있거

7 주민등록사무를 담당하는 공무원이 개명으로 인한 주민등록상 성명정정을 본적지 관할관청에 통보하지 아니한 직무상 의무위배행위와 갑과 같은 이름으로 개명허가를 받은 듯이 호적등본을 위조하여 주민등록상 성명을 위법하게 정정한 을이 갑의 부동산에 관하여 불법적으로 근저당권설정등기를 경료함으로써 갑이 입은 손해 사이에는 상당인과관계가 있다고 한 사례.

8 삼풍백화점 붕괴사고 사건: 공무원들의 직무의무 위반행위와 이 사건 붕괴사고 사이에 상당인과관계가 없다.

나 위생상 위해가 발생할 우려나 국민보건상의 필요가 있을 경우 수입신고시 식품 등을 검사하도록 규정하고 있다. 위와 같은 구 식품위생법의 관련 규정을 종합하여 보면, 같은 법 제7조, 제9조, 제10조, 제16조는 단순히 국민 전체의 보건을 증진한다고 하는 공공 일반의 이익만을 위한 것이 아니라, 그와 함께 사회구성원 개개인의 건강상의 위해를 방지하는 등의 개별적인 안전과 이익도 도모하기 위하여 설정된 것이라고 할 수 있다(대판 2010. 9. 9. 2008다77795).[9]

③ 사익보호성을 부정한 사례

㉠ 구 「풍속영업의 규제에 관한 법률」에서 요구되는 풍속영업의 신고 및 이에 대한 수리행위는 오로지 공공 일반의 이익을 위한 것으로 볼 것이고, 부수적으로라도 사회구성원의 개인의 안전과 이익 특히 사적인 거래의 안전을 보호하기 위한 것이라고 볼 수는 없다(대판 2001. 4. 13. 2000다34891).

㉡ 상수원수의 수질을 환경기준에 따라 유지하도록 규정하고 있는 관련 법령의 취지·목적·내용과 그 법령에 따라 국가 또는 지방자치단체가 부담하는 의무의 성질 등을 고려할 때, 국가 등에게 일정한 기준에 따라 상수원수의 수질을 유지하여야 할 의무를 부과하고 있는 법령의 규정은 국민에게 양질의 수돗물이 공급되게 함으로써 국민 일반의 건강을 보호하여 공공 일반의 전체적인 이익을 도모하기 위한 것이지, 국민 개개인의 안전과 이익을 직접적으로 보호하기 위한 규정이 아니다(대판 2001. 10. 23. 99다36280).

2. 국가배상책임의 성질

대위책임설, 자기책임설, 중간설, 절충설의 대립이 있다. 대위책임설이 전통적으로 행정법학계의 다수설이며, 자기책임설이 헌법학계의 다수설이다. 최근 행정법학계의 추세가 점차 자기책임설쪽으로 이동하고 있다.

대법원은 다음 전원합의체 판결에서 피해자의 선택적 청구권과 관련하여 절충설을 취하는 것으로 보인다. 즉, 공무원의 고의·중과실에 의한 손해에 대한 배상책임의 경우는 원칙적으로는 공무원 스스로가 책임을 져야 하지만 경과실인 경우에는 손해배상책임을 부정한다.

9 미니컵 젤리사건: 대법원은 구 「식품위생법」에 따른 직무의 사익보호성은 인정하였으나, 위법성이나 과실이 없는 것으로 보아 국가배상책임을 부정하였다.

전원합의체 판결: 국가배상법 제2조 제1항 본문 및 제2항의 입법 취지

「국가배상법」 제2조 제1항 본문 및 제2항의 입법 취지는 공무원의 직무상 위법행위로 타인에게 손해를 끼친 경우에는 변제자력이 충분한 국가 등에게 선임감독상 과실 여부에 불구하고 손해배상책임을 부담시켜 국민의 재산권을 보장하되, 공무원이 직무를 수행함에 있어 경과실로 타인에게 손해를 입힌 경우에는 그 직무수행상 통상 예기할 수 있는 흠이 있는 것에 불과하므로, 이러한 공무원의 행위는 여전히 국가 등의 기관의 행위로 보아 그로 인하여 발생한 손해에 대한 배상책임도 전적으로 국가 등에만 귀속시키고 공무원 개인에게는 그로 인한 책임을 부담시키지 아니하여 공무원의 공무집행의 안정성을 확보하고, 반면에 공무원의 위법행위가 고의·중과실에 기한 경우에는 비록 그 행위가 그의 직무와 관련된 것이라고 하더라도 그와 같은 행위는 그 본질에 있어서 기관행위로서의 품격을 상실하여 국가 등에게 그 책임을 귀속시킬 수 없으므로 공무원 개인에게 불법행위로 인한 손해배상책임을 부담시키되, 다만 이러한 경우에도 그 행위의 외관을 객관적으로 관찰하여 공무원의 직무집행으로 보여질 때에는 피해자인 국민을 두텁게 보호하기 위하여 국가 등이 공무원 개인과 중첩적으로 배상책임을 부담하되 국가 등이 배상책임을 지는 경우에는 공무원 개인에게 구상할 수 있도록 함으로써 궁극적으로 그 책임이 공무원 개인에게 귀속되도록 하려는 것이라고 봄이 합당하다(대판 1996. 2. 15. 95다38677 전원합의체).

3. 배상책임의 내용

(1) 배상책임자

① 국가 또는 지방자치단체

지방자치단체장 간의 기관위임의 경우, 위임사무처리상의 불법행위에 대한 사무귀속 주체로서의 손해배상책임 주체(상위 지방자치단체)

지방자치단체장 간의 기관위임의 경우에 위임받은 하위 지방자치단체장은 상위 지방자치단체 산하 행정기관의 지위에서 그 사무를 처리하는 것이므로 사무귀속의 주체가 달라진다고 할 수 없고, 따라서 하위 지방자치단체장을 보조하는 하위 지방자치단체 소속 공무원이 위임사무처리에 있어 고의 또는 과실로 타인에게 손해를 가하였더라도 상위 지방자치단체는 여전히 그 사무귀속 주체로서 손해배상책임을 진다(대판 1996. 11. 8. 96다21331).

서울특별시장이 국가로부터 기관위임받아 업무를 집행하는 자동차운전면허시험장의 설치 및 보존의 하자로 인한 손해배상책임의 주체(국가)
자동차운전면허시험 관리업무는 국가행정사무이고 지방자치단체의 장인 서울특별시장은 국가로부터 그 관리업무를 기관위임받아 국가행정기관의 지위에서 그 업무를 집행하므로, 국가는 면허시험장의 설치 및 보존의 하자로 인한 손해배상책임을 부담한다(대판 1991. 12. 24. 91다34097).

② 공무원의 선임·감독자와 비용부담자가 다른 경우

기관위임사무에 있어 선임·감독자와 비용부담자가 다른 경우의 손해배상책임자는 누구인지 문제되는데, 기관위임사무는 원칙적으로 위임자의 비용과 책임에 의한 것이므로 위임자가 배상책임을 지는 것이 원칙이다. 다만, 수임자가 담당공무원의 봉급 등 비용을 부담하는 경우에는 수임자인 지방자치단체에 대하여도 선택적으로 배상청구를 할 수 있다.

기관위임사무에 있어 선임·감독자와 비용부담자가 다른 경우
국가사무로 규정되어 있는 개간허가와 개간허가의 취소사무는 도지사에게 위임되고, 도지사로부터 하위 지방자치단체장인 군수에게 재위임되었으므로 이른바 기관위임사무라 할 것이고, 이러한 경우 군수는 그 사무의 귀속 주체인 국가 산하 행정기관의 지위에서 그 사무를 처리하는 것에 불과하므로, 군수 또는 군수를 보조하는 공무원이 위임사무처리에 있어 고의 또는 과실로 타인에게 손해를 가하였다 하더라도 원칙적으로 군에는 국가배상책임이 없고 그 사무의 귀속 주체인 국가가 손해배상책임을 지는 것이며, 다만 「국가배상법」 제6조에 의하여 군이 비용을 부담한다고 볼 수 있는 경우에 한하여 국가와 함께 손해배상책임을 부담한다(대판 2000. 5. 12. 99다70600).

(2) 손해배상의 범위

「국가배상법」 제3조는 생명·신체의 침해 또는 물건의 멸실·훼손에 대한 배상액결정기준을 규정하고 있는데, 이 기준의 성격에 대하여 기준액설과 한정액설의 대립이 있다. 단지 하나의 기준을 정한 것에 불과한 것으로 구체적인 사안에 따라 배상액을 증감할 수 있다고 보는 기준액설이 다수설·판례이다.

국가배상법 제3조의 배상액결정기준

구「국가배상법」제3조 제1항과 제3항의 손해배상의 기준은 배상심의회의 배상금지급기준을 정함에 있어서의 하나의 기준을 정한 것에 지나지 아니하는 것이고 이로써 배상액의 상한을 제한한 것으로 볼 수 없다 할 것이며 따라서 법원이「국가배상법」에 의한 손해배상액을 산정함에 있어서 그 기준에 구애되는 것이 아니라 할 것이니 이 규정은 국가 또는 공공단체에 대한 손해배상청구권을 규정한 구「헌법」제26조에 위반된다고 볼 수 없다(대판 1970. 1. 29. 69다1203 전원합의체).

「국가배상법」제3조 제5항은 생명·신체의 침해로 인한 경우의 위자료배상에 관해서만 규정을 두고 재산권침해로 인한 위자료배상에 관해서는 명시적 규정을 두지 않고 있는데, 대법원은「국가배상법」제3조 제4항에 의해 재산권침해로 인한 위자료도 청구할 수 있다고 판시하였다.

명시한 규정을 두지 아니하였으나 재산권침해로 인한 위자료도 청구할 수 있다

「국가배상법」제3조 제5항에 생명·신체에 대한 침해로 인한 위자료의 지급을 규정하였을 뿐이고 재산권 침해에 대한 위자료의 지급에 관하여 명시한 규정을 두지 아니하였으나 같은 법조 제4항의 규정이 재산권 침해로 인한 위자료의 지급의무를 배제하는 것이라고 볼 수는 없다(대판 1990. 12. 21. 90다6033, 6040, 6057).

(3) 국가배상청구권의 제한(이중배상금지의 원칙)

① 헌법 제29조 제2항과 국가배상법 제2조 제1항 단서

헌법 제29조 제2항 및 국가배상법 제2조 제1항 단서 규정의 입법 취지

㉠「헌법」제29조 제2항 및 이를 근거로 한「국가배상법」제2조 제1항 단서 규정의 입법 취지는, 국가 또는 공공단체가 위험한 직무를 집행하는 군인·군무원·경찰공무원 또는 향토예비군대원에 대한 피해보상제도를 운영하여, 직무집행과 관련하여 피해를 입은 군인 등이 간편한 보상절차에 의하여 자신의 과실 유무나 그 정도와 관계없이 무자력의 위험부담이 없는 확실하고 통일된 피해보상을 받을 수 있도록 보장하는 대신에, 피해 군인 등이 국가 등에 대하여 공무원의 직무상 불법행위로 인한 손해배상을 청구할 수 없게 함으로써, 군인 등의 동일한 피해에 대하여 국가 등

의 보상과 배상이 모두 이루어짐으로 인하여 발생할 수 있는 과다한 재정지출과 피해 군인 등 사이의 불균형을 방지하고, 또한 가해자인 군인 등과 피해자인 군인 등의 직무상 잘못을 따지는 쟁송이 가져올 폐해를 예방하려는 데에 있고, 또 군인, 군무원 등 이 법률 규정에 열거된 자가 전투, 훈련 기타 직무집행과 관련하는 등으로 공상을 입은 데 대하여 재해보상금, 유족연금, 상이연금 등 별도의 보상제도가 마련되어 있는 경우에는 이중배상의 금지를 위하여 이들의 국가에 대한 국가배상법 또는 민법상의 손해배상청구권 자체를 절대적으로 배제하는 규정이므로, 이들은 국가에 대하여 손해배상청구권을 행사할 수 없는 것인바, 따라서 「국가배상법」 제2조 제1항 단서 규정은 다른 법령에 보상제도가 규정되어 있고, 그 법령에 규정된 상이등급 또는 장애등급 등의 요건에 해당되어 그 권리가 발생한 이상, 실제로 그 권리를 행사하였는지 또는 그 권리를 행사하고 있는지 여부에 관계없이 적용된다고 보아야 하고, 그 각 법률에 의한 보상금청구권이 시효로 소멸되었다 하여 적용되지 않는다고 할 수는 없다(대판 2002. 5. 10. 2000다39735).

ⓛ 공무원의 국가배상청구를 제한한 「헌법」 제29조 제2항은 그 입법취지가 위험성이 높은 직무에 종사하는 자에 대하여는 사회보장적 위험부담으로서의 국가보상제도를 별도로 마련함으로써 그것과 경합되는 국가배상청구를 배제하려는 것이다(대판 1995. 3. 24. 94다25414).

국가배상법 제2조 제1항 단서의 면책범위의 확대

경찰공무원이 낙석사고 현장 주변 교통정리를 위하여 사고현장 부근으로 이동하던 중 대형 낙석이 순찰차를 덮쳐 사망하자, 도로를 관리하는 지방자치단체가 「국가배상법」 제2조 제1항 단서에 따른 면책을 주장한 사안에서, 경찰공무원 등이 '전투·훈련 등 직무집행과 관련하여' 순직 등을 한 경우 같은 법 및 「민법」에 의한 손해배상책임을 청구할 수 없다고 정한 「국가배상법」 제2조 제1항 단서의 면책조항은 구 「국가배상법」 제2조 제1항 단서의 면책조항과 마찬가지로 전투·훈련 또는 이에 준하는 직무집행뿐만 아니라 '일반 직무집행'에 관하여도 국가나 지방자치단체의 배상책임을 제한하는 것이라고 해석하여, 위 면책 주장을 받아들인 원심판단은 정당하다(대판 2011. 3. 10. 2010다85942).[10]

10 대법원은 「국가배상법」 제2조 제1항 단서의 면책조항은 전투·훈련 또는 이에 준하는 직무집행뿐만 아니라 '일반 직무집행'에 관하여도 국가나 지방자치단체의 배상책임을 제한하는 것이라고 해석하여 국가 등의 면책범위를 확대하였는바, 이는 「국가배상법」의 개정취지를 몰각시키는 측면이 있다.

헌법재판소는 「헌법」 제29조 제2항에 대해서는 개별 「헌법」규정 자체는 위헌소원의 대상이 되지 않는다 하여 각하결정을 하였고, 「국가배상법」 제2조 제1항 단서는 「헌법」 제29조 제2항에 직접 근거하고, 실질적으로 그 내용을 같이하는 것이므로 「헌법」에 위반되지 아니한다고 결정하였다.

헌법 제29조 제2항이 헌법에 위반되는지 여부
「헌법」 및 헌법재판소의 규정상 위헌심사의 대상이 되는 법률은 국회의 의결을 거친 이른바 형식적 의미의 법률을 의미하는 것이므로 「헌법」의 개별규정 자체는 헌법소원에 의한 위헌심사의 대상이 아니다. 한편, 이념적·논리적으로는 헌법규범 상호간의 우열을 인정할 수 있다 하더라도 그러한 규범 상호간의 우열이 「헌법」의 어느 특정규정이 다른 규정의 효력을 전면적으로 부인할 수 있을 정도의 개별적 「헌법」규정 상호간에 효력상의 차등을 의미하는 것이라고 볼 수 없으므로, 「헌법」의 개별규정에 대한 위헌심사는 허용될 수 없다(헌재결 2001. 2. 22. 2000헌바38).

국가배상법 제2조 제1항 단서가 헌법에 위반되는지 여부(소극)
「국가배상법」 제2조 제1항 단서는 「헌법」 제29조 제1항에 의하여 보장되는 국가배상청구권을 헌법 내재적으로 제한하는 「헌법」 제29조 제2항에 직접 근거하고, 실질적으로 그 내용을 같이하는 것이므로 「헌법」에 위반되지 아니한다(헌재결 2001. 2. 22. 2000헌바38; 헌재결 1995. 12. 28. 95헌바3).

② 적용대상자

㉠ 헌법재판소

국가배상법 제2조 제1항 단서에 향토예비군대원이 포함된 것은 합헌
「국가배상법」 제2조 제1항 단서가 향토예비군대원에 대하여 다른 법령의 규정에 의한 사회보장적 보상제도를 전제로 이중보상으로 인한 일반인들과의 불균형을 제거하고 국가재정의 지출을 절감하기 위하여 임무수행 중 상해를 입거나 사망한 개별 향토예비군대원의 국가배상청구권을 금지하고 있는 데에는 그 목적의 정당성, 수단의 상당성 및 침해의 최소성, 법익의 균형성이 인정되어 기본권제한규정으로서 헌법상 요청되는 과잉금지의 원칙에 반한다고 할 수 없고, 나아가 그 자체로서 평등의 원리에 반한다거나 향토예비군대원의 재산권의 본질적인 내용을 침해하는 위헌규정이라고 할 수 없다(헌재결 1996. 6. 13. 94헌바20).

전투경찰순경은 헌법 제29조 및 국가배상법 제2조 제1항 단서 중의 '경찰공무원'에 해당한다
「국가배상법」 제2조 제1항 단서 중의 '경찰공무원'은 「경찰공무원법」상의 경찰공무원만을 의미한다고 단정하기 어렵고, 널리 경찰업무에 내재된 고도의 위험성을 고려하여 '경찰조직의 구성원을 이루는 공무원'을 특별취급하려는 취지로 파악함이 상당하므로 전투경찰순경은 「헌법」 제29조 제2항 및 「국가배상법」 제2조 제1항 단서 중의 '경찰공무원'에 해당한다고 보아야 한 것이다(헌재결 1996. 6. 13. 94헌마118, 93헌바39 병합).

㉡ 대법원

전투경찰은 국가배상법 제2조 제1항 단서의 공무원에 해당한다
「국가배상법」 제2조 제1항 단서 소정의 "경찰공무원"은 위 헌법규정을 그대로 이어받은 규정이며, 「국가배상법」 제2조 제1항 단서 소정의 "경찰공무원"이 「경찰공무원법」상 경찰공무원에 한정된다고 단정하기 어렵고, 오히려 경찰업무의 위험성을 고려하여 "경찰조직의 구성원을 이루는 공무원"을 특별취급하려는 것으로 보아야 할 것이므로 전투경찰순경은 「국가배상법」 제2조 제1항 단서 소정의"경찰공무원"에 해당한다고 보아야 한다(대판 1995. 3. 24. 94다25414).

소집 중인 향토예비군도 그 동원기간 중에는 국가배상법 제2조 소정의 공무원 중에 포함된다
향토예비군도 그 동원기간 중에는 「국가배상법」 제2조 소정의 공무원 중에 포함된다고 보는 것이 상당하다(대판 1970. 5. 26. 70다471).

공익근무요원은 국가배상법 제2조 제1항 단서가 정하는 공무원에 해당하지 아니한다
공익근무요원이 「국가배상법」 제2조 제1항 단서의 규정에 의하여 「국가배상법」상 손해배상청구가 제한되는 군인·군무원·경찰공무원 또는 향토예비군대원에 해당한다고 할 수 없다(대판 1997. 3. 28. 97다4036).

현역병으로 입영 후 전임되어 경비교도로 임용된 자는 국가배상법 제2조 제1항 단서가 정하는 공무원에 해당하지 아니한다
현역병으로 입영하여 소정의 군사교육을 마치고 「병역법」 제25조의 규정에 의하여 전임되어 구 「교정시설경비교도대설치법」 제3조에 의하여 경비교도로 임용된 자는, 군인의 신분을 상실하고 군인과는 다른 경비교도로서의 신분을 취득하게 되었다고 할 것이어서 「국가배상법」 제2조 제1항 단서가 정하는 군인 등에 해당하지 아니한다(대판 1998. 2. 10. 97다45914).

③ 적용대상

경찰서지서의 숙직실은 국가배상법 제2조 제1항 단서에서 말하는 전투·훈련에 관련된 시설이 아니다

경찰서지서의 숙직실은 「국가배상법」 제2조 제1항 단서에서 말하는 전투·훈련에 관련된 시설이라고 볼 수 없으므로 위 숙직실에서 순직한 경찰공무원의 유족들은 「국가배상법」 제2조 제1항 본문에 의하여 「국가배상법」 및 「민법」의 규정에 의한 손해배상을 청구할 권리가 있다(대판 1979. 1. 30. 77다2389 전원합의체).

공상을 입은 군인·군무원·경찰공무원 또는 향토예비군대원이 별도의 국가보상을 받을 수 없는 경우에는 국가배상청구가 가능하다

㉠ 군인 등 「국가배상법」 제2조 제1항 단서에 열거된 자가 전투·훈련 기타 직무집행과 관련하는 등으로 공상을 입은 경우라고 하더라도 「군인연금법」 또는 「국가유공자예우 등에 관한 법률」에 의하여 재해보상금, 유족연금, 상이연금 등 별도의 보상을 받을 수 없는 경우에는 「국가배상법」 제2조 제1항 단서의 적용대상에서 제외된다(대판 1996. 12. 20. 96다42178).

㉡ 군인 또는 경찰공무원으로서 교육훈련 또는 직무수행 중 상이(공무상의 질병 포함)를 입고 전역 또는 퇴직한 자라고 하더라도 「국가유공자예우 등에 관한 법률」에 의하여 국가보훈처장이 실시하는 신체검사에서 대통령령이 정하는 상이등급에 해당하는 신체의 장애를 입지 않은 것으로 판명되고 또한 「군인연금법」상의 재해보상 등을 받을 수 있는 장애등급에도 해당하지 않는 것으로 판명된 자는 위 각 법에 의한 적용 대상에서 제외되고, 따라서 그러한 자는 「국가배상법」 제2조 제1항 단서의 적용을 받지 않아 국가배상을 청구할 수 있다(대판 1997. 2. 14. 96다28066).

(5) 국가배상청구권의 소멸시효

국가배상청구권에도 소멸시효 적용은 합헌이다

「국가배상법」 제8조가 국가배상청구권에도 소멸시효제도를 적용하도록 한 것은 「헌법」에 위반되지 아니한다(헌재결 1997. 2. 20. 96헌바24).

국가배상청구권과 소멸시효의 적용

[1] 국가배상법에 의한 손해배상청구에 적용되는 단기소멸시효의 기산점인 민법 제766조 제1항에 정한 '손해 및 가해자를 안 날'의 의미와 그 판단 방법

「국가배상법」 제2조 제1항 본문 전단 규정에 따른 배상책임을 묻는 사건에 대하여는 같은 법 제8조의 규정에 의하여 「민법」 제766조 제1항 소정의 단기소멸시효제도가 적용되는 것인바, 여기서 가해자를 안다는 것은 피해자나 그 법정대리인이 가해 공무원이 국가 또는 지방자치단체와 공법상 근무관계가 있다는 사실을 알고, 또한 일반인이 당해 공무원의 불법행위가 국가 또는 지방자치단체의 직무를 집행함에 있어서 행해진 것이라고 판단하기에 족한 사실까지 인식하는 것을 의미한다. 한편, 「민법」 제766조 제1항 소정의 '손해 및 가해자를 안 날'이라 함은 손해의 발생, 위법한 가해행위의 존재, 가해행위와 손해의 발생 사이에 상당인과관계가 있다는 사실 등 불법행위의 요건사실에 대하여 현실적이고도 구체적으로 인식하였을 때를 의미하고, 피해자 등이 언제 불법행위의 요건사실을 현실적이고도 구체적으로 인식한 것으로 볼 것인지는 개별적 사건에 있어서의 여러 객관적 사정을 참작하고 손해배상청구가 사실상 가능하게 된 상황을 고려하여 합리적으로 인정하여야 한다.

[2] 국가의 소멸시효 완성 주장이 신의칙에 반하여 권리남용에 해당하는지 여부에 관한 판단 기준

국가에게 국민을 보호할 의무가 있다는 사유만으로 국가가 소멸시효의 완성을 주장하는 것 자체가 신의성실의 원칙에 반하여 권리남용에 해당한다고 할 수는 없으므로, 국가의 소멸시효 완성 주장이 신의칙에 반하고 권리남용에 해당한다고 하려면 앞서 본 바와 같은 특별한 사정이 인정되어야 하고, 또한 위와 같은 일반적 원칙을 적용하여 법이 두고 있는 구체적인 제도의 운용을 배제하는 것은 법해석에 있어 또 하나의 대원칙인 법적 안정성을 해할 위험이 있으므로 그 적용에는 신중을 기하여야 한다.

[3] 국가배상법 제2조 제1항에 따른 배상청구권을 5년간 행사하지 아니한 경우, 구 예

산회계법 제96조에 의하여 시효소멸한다

「국가배상법」 제2조 제1항 본문 전단 규정에 따른 배상청구권은 금전의 급부를 목적으로 하는 국가에 대한 권리로서 구 「예산회계법」 제96조 제2항, 제1항이 적용되므로 이를 5년간 행사하지 아니할 때에는 시효로 인하여 소멸한다(대판 2008. 5. 29. 2004다33469).[11]

국가배상책임의 단기소멸시효의 적용에 있어서 기산점인 가해자를 안 때의 의미

「국가배상법」 제2조 제1항 본문 전단 규정에 따른 배상책임을 묻는 사건에 대하여는 동법 제8조의 규정에 의하여 「민법」 제766조 소정의 단기소멸시효제도가 적용되는 것인 바, 여기서 가해자를 안다는 것은 피해자가 가해 공무원이 국가 또는 지방자치단체와의 간에 공법상 근무관계가 있다는 사실을 알고, 또한 일반인이 당해 공무원의 불법행위가 국가 또는 지방자치단체의 직무를 집행함에 있어서 행해진 것이라고 판단하기에 족한 사실까지도 인식하는 것을 의미한다(대판 1989. 11. 14. 88다카32500).

공무원의 직무수행 중 불법행위로 납북된 피해자의 국가배상청구권에 관한 소멸시효는 납북상태가 지속되는 동안에는 진행하지 않는다

국가배상청구권에 관한 3년의 단기시효기간을 기산하는 경우에도 「민법」 제766조 제1항 외에 소멸시효의 기산점에 관한 일반규정인 「민법」 제166조 제1항이 적용되므로, 3년의 단기시효기간은 '손해 및 가해자를 안 날'에 더하여 '권리를 행사할 수 있는 때'가 도래하여야 비로소 시효가 진행한다. 그런데 공무원의 직무수행 중 불법행위에 의하여 납북된 것을 원인으로 하는 국가배상청구권 행사의 경우, 남북교류의 현실과 거주·이전 및 통신의 자유가 제한된 북한 사회의 비민주성이나 폐쇄성 등을 고려하여 볼 때, 다른 특별한 사정이 없는 한 북한에 납북된 사람이 국가를 상대로 대한민국 법원에 소장을 제출하는 등으로 권리를 행사하는 것은 객관적으로도 불가능하므로, 납북상태가 지속되는 동안은 소멸시효가 진행하지 않는다(다만 납북자에 대한 실종선고심판이 확정되게 되면 상속인들에 의한 상속채권의 행사가 가능해질 뿐이다)(대판 2012. 4. 13. 2009다33754).

11 1951년 공비토벌 등을 이유로 국군병력이 작전수행을 하던 중에 거창군 일대의 지역주민이 희생된 이른바 '거창사건'으로 인한 희생자와 그 유족들이 국가를 상대로 제기한 손해배상청구소송에서, 국가가 소멸시효 완성의 항변을 하는 것이 신의칙에 반하지 않는다고 한 사례.

삼청교육관련 피해를 보상하겠다는 대통령의 담화와 국방부장관의 피해보상공고에 따라 피해신고를 한 자들은 그 후속조치가 없음에 따라 손해배상청구권을 가진다

대통령이 담화를 발표하고 이에 따라 국방부장관이 삼청교육관련 피해자들에게 그 피해를 보상하겠다고 공고하고 피해신고까지 받음으로써, 상대방은 그 약속이 이행될 것에 대한 강한 신뢰를 가지게 되고, 이러한 신뢰는 단순한 사실상의 기대를 넘어 법적으로 보호받아야 할 이익이라고 보아야 할 것이나, 삼청교육으로 인한 피해와 관련하여 노태우 대통령이 1988.11.26. 발표한 담화는 그 발표 경위와 취지 및 내용 등에 비추어 보면 그것은 그 담화를 발표한 대통령의 시정방침에 지나지 아니하고, 후임 대통령이 전임 대통령의 시정방침을 그대로 승계하여야 할 법적인 의무가 있다고 볼 수는 없으므로 노태우 대통령이 위 담화에 따른 아무런 후속조치를 취하지 아니하여 보상관련 정부법률안을 국회에 제출하지도 않은 채 방치하다가 1993.2.24. 퇴임한 이상, 그때 삼청교육 피해자들의 신뢰는 상실되어 손해배상청구권이 발생하였다고 할 것이다(대판 2003. 11. 28. 2002다72156).[12]

소멸시효 완성을 주장하는 것이 신의성실원칙에 반하여 권리남용으로 허용될 수 없는 경우

① 1949년 공비소탕작전을 수행하던 군인들이 전투능력은 물론 공비 협력 활동을 할 가능성이 거의 없는 어린이, 노약자, 부녀자들을 포함한 문경군 석달마을 주민들을 무차별 사살한 이른바 '문경학살 사건' 희생자들의 유족들이 국가를 상대로 손해배상을 구한 사안에서, 과거사정리위원회의 진실규명결정이 있었던 때까지는 객관적으로 유족들이 권리를 행사할 수 없는 장애사유가 있었다고 보아야 하고, 여기에 어떠한 경우에도 적법한 절차 없이 국가가 보호의무를 지는 국민의 생명을 박탈할 수는 없다는 점을 더하여 보면, 진실을 은폐하고 진상규명을 위한 노력조차 게을리한 국가가 이제 와서 뒤늦게 문경학살 사건의 유족들이 위 과거사정리위원회의 진실규명결정에 따라 진실을 알게 된 다음 제기한 손해배상청구의 소에 대하여 미리 소를 제기하지 못한 것을 탓하는 취지로 소멸시효완성의 항변을 하여 채무이행을 거절하는 것은 현저히 부당하여 신의칙에 반하는 것으로서 허용될 수 없다(대판 2011. 9. 8. 2009다66969).

② 경찰 수사관들이 갑을 불법구금 상태에서 고문하여 간첩혐의에 대한 허위자백을

12 노태우 대통령의 임기가 만료된 다음 날인 1993년 2월 25일부터 5년이 경과한 2001년 9월에 제기된 이 사건의 손해배상청구권은 시효로 인하여 소멸하였다고 본 사례.

받아내는 등의 방법으로 증거를 조작함으로써 갑이 구속 기소되어 유죄판결을 받고 그 형집행을 당하도록 하였으므로, 그 소속 공무원들의 불법행위로 인하여 갑과 그 가족이 입은 일체의 비재산적 손해에 대하여 「국가배상법」에 따른 위자료배상책임을 인정하면서, 갑이 국가를 상대로 위자료지급청구를 할 수 없는 객관적인 장애사유가 있었고, 피해자인 갑을 보호할 필요성은 심대한 반면 국가의 이행거절을 인정하는 것은 현저히 부당하고 불공평하므로 국가의 소멸시효 완성 항변은 신의성실의 원칙에 반하는 권리남용으로서 허용될 수 없다(대판 2011. 1. 13. 2009다103950).

4. 가해공무원의 책임

국가의 피해자에 대한 책임		가해공무원에게 고의·과실이 있는 경우(국가배상법 제2조 제1항)
공무원의 책임	피해자에 대한 책임	가해공무원에게 고의·중과실이 있는 경우(판례) ※ 공무원에게 고의·중과실이 있는 경우에는 피해자는 선택적 청구권을 가진다.
	국가에 대한 내부적 구상책임	가해공무원에게 고의·중과실이 있는 경우(국가배상법 제2조 제2항)

(1) 선택적 청구

① **선택적 청구 부정설**: 공무원의 대외적 책임을 인정하지 않고 피해자는 국가 등에 대해서만 배상을 청구할 수 있다는 견해이다. 반대의 견해도 있지만 대위책임설을 취하는 행정법학자의 대부분은 국가가 가해공무원의 책임을 인수한 이상, 가해공무원의 피해자에 대한 배상책임은 인정될 수 없다고 본다.

② **선택적 청구 긍정설**: 피해자는 국가 등 또는 공무원에 대해서 선택적으로 배상을 청구할 수 있다는 견해이다. 반대의 견해도 있지만 자기책임설을 취하는 행정법학자의 대부분은 가해행위는 국가의 행위인 동시에 공무원 자신의 행위로서의 성질을 가지므로 가해공무원도 피해자에 대해 책임을 진다고 본다.

③ **절충설**: 가해공무원에게 고의 또는 중과실이 있는 경우에는 피해자는 가해공무원 또는 국가에 선택적으로 손해배상을 청구할 수 있지만, 가해공무원이 경과실인 경우에는 국가에 대해서만 손해배상을 청구할 수 있고 가해공무원의 피해자에 대한 배상책임을 인정하지 않는 견해이다. 판례의 입장이다.

그동안 대법원은 피해자에 대한 가해공무원 개인의 배상책임에 관해 이를 인정하기도 하고 부정하기도 하는 등 일관적이지 못하여 학계의 비난을 받아왔었다. 이후 전원합의체 판결로 그동안의 혼선을 불식시키고 절충적 입장에서 고의·중과실의 경우에는 공무원 개인의 책임이 인정되고 경과실의 경우에는 공무원 개인의 책임이 부정된다는 입장을 취하였다.

전원합의체 판결

「국가배상법」 제2조 제1항 본문 및 제2항의 입법 취지는 공무원이 직무를 수행함에 있어 경과실로 타인에게 손해를 입힌 경우에는 공무원의 행위는 국가 등의 기관의 행위로 보아 그로 인하여 발생한 손해에 대한 배상책임도 전적으로 국가 등에만 귀속시키고 공무원 개인에게는 그로 인한 책임을 부담시키지 아니하고, 반면에 공무원의 위법행위가 고의·중과실에 기한 경우에는 그 행위는 기관행위로서의 품격을 상실하여 국가 등에게 그 책임을 귀속시킬 수 없으므로 공무원 개인에게 불법행위로 인한 손해배상책임을 부담시키되, 다만 이러한 경우에도 피해자인 국민을 두텁게 보호하기 위하여 국가 등이 공무원 개인과 중첩적으로 배상책임을 부담하되 국가 등이 배상책임을 지는 경우에는 공무원 개인에게 구상할 수 있도록 함으로써 궁극적으로 그 책임이 공무원 개인에게 귀속되도록 하려는 것이다(대판 1996. 2. 15. 95다38677 전원합의체).

종래 대법원의 태도[13]

① 공무원의 직무상 불법행위로 손해를 받은 국민은 공무원 자신에 대하여도 직접 그의 불법행위를 이유로 손해배상을 청구할 수 있는바, 이를 인정치 않음은 구 「헌법(72. 12. 27. 개정헌법)」 제26조 단서의 규정은 오해한 위법이 있다(대판 1972. 10. 10. 69다701).

② 공무원의 직무상 불법행위로 인하여 손해를 받은 사람은 국가 또는 공공단체를 상대로 손해배상을 청구할 수 있고, 이 경우에 공무원에게 고의 또는 중대한 과실이 있는 때에는 국가 또는 공공단체는 그 공무원에게 구상할 수 있을 뿐, 피해자가 공무원 개인을 상대로 손해배상을 청구할 수 없다(대판 1994. 4. 12. 93다11807).

공무원 개인의 책임이 인정되는 '중과실'의 의미

공무원의 중과실이란 공무원에게 통상 요구되는 정도의 상당한 주의를 하지 않더라도

13 종래 대법원은 공무원 개인의 대외적 민사책임을 인정해 오다가(대판 1972. 10. 10. 69다701). 이를 다시 부정한 바 있다(대판 1994. 4. 12. 93다11807). 이후 다시 95다38677 전원합의체 판결에서 절충설의 입장으로 변경된 것이다.

약간의 주의를 한다면 손쉽게 위법·유해한 결과를 예견할 수 있는 경우임에도 만연히 이를 간과함과 같은 거의 고의에 가까운 현저한 주의를 결여한 상태를 의미한다(대판 2011. 9. 8. 2011다34521).

(2) 가해공무원의 구상책임

종래 대법원은 「국가배상법」 제2조 제1항 단서의 입법취지는 국가와 공동불법행위의 책임이 있는 자가 그 배상채무를 이행하였음을 이유로 국가에 대해 구상권을 행사하는 것도 허용하지 않는 것이라 하여 민간인의 구상권을 부정하였다. 이후 전원합의체 판결에서 공동불법행위자로 된 민간인은 공동불법행위법의 예외로서 자신의 귀책부분에 대해서만 배상채무를 진다고 판시하고 있다.

헌법재판소는 「국가배상법」 제2조 제1항 단서 규정의 입법목적은 군인의 국가에 대한 손해배상청구권을 상대적으로 소멸시킴으로써 군인에 대한 이중배상을 금지하여 국가의 재정적 부담을 줄인다고 하는 의미로 제한적으로 이해하면서 일반국민이 공동불법행위자인 군인의 부담부분에 관하여 국가에 대하여 구상권을 행사하는 것을 허용하지 않는다고 해석하면 위헌이라는 한정위헌결정을 하였다.

공동불법행위자인 민간인은 궁극적으로는 자신의 귀책부분에 대해서만 책임을 진다는 점에서는 헌법재판소와 대법원의 태도가 같다. 하지만, 공동불법행위자인 민간인의 국가에 대한 구상권 행사가능성과 관련하여 헌법재판소와 대법원의 태도는 외견상 서로 다르다. 헌법재판소는 공동불법행위법의 일반이론에 따라 손해 전부를 배상한 공동불법행위자인 민간인은 국가에 대해 구상권을 행사할 수 있다고 결정하였다.

민간인의 구상권을 부정한 종래 대법원 판례

① 군인, 군무원 등이 직무집행과 관련하는 행위 등으로 인하여 전사·순직 또는 공상을 입은 경우에 다른 법령의 규정에 의하여 재해보상금, 유족연금, 상이연금 등의 보상을 지급받을 수 있을 때에는 「국가배상법」 또는 「민법」의 규정에 의한 손해배상청구를 할 수 없도록 규정하고 있으므로 이들이 직접 국가에 대하여 손해배상청구권을 행사할 수 없음은 물론 국가와 공동불법행위의 책임이 있는 자가 그 배상채무를 이행하였음을 이유로 국가에 대하여 구상권을 행사하는 것도 허용되지 않는다(대판 1993. 10. 8. 93다14691).

② 「헌법」 제28조 제2항(현, 제29조 제2항)에 근거를 둔 「국가배상법」 제2조 제1항 단서

의 규정은 군인, 군무원 등 위 규정에 열거된 자에 대하여 재해보상금, 유족연금, 상여연금 등 별도의 보상제도가 마련되어 있는 경우에는 2중배상금지를 위하여 이들의 국가에 대한 「국가배상법」상 또는 「민법」상의 손해배상청구권을 배제한 규정이므로, 국가와 공동불법행위책임이 있는 자가 피해자에게 그 배상채무를 변제하였음을 이유로 국가에 대하여 구상권을 행사하는 것도 허용되지 않는다(대판 1983. 6. 28. 83다카500).

이후 전원합의체 판결 : 공동불법행위자인 민간인의 배상책임의 범위

[다수의견] 「헌법」 제29조 제2항, 「국가배상법」 제2조 제1항 단서의 입법 취지를 관철하기 위하여는, 「국가배상법」 제2조 제1항 단서가 적용되는 공무원의 직무상 불법행위로 인하여 직무집행과 관련하여 피해를 입은 군인 등에 대하여 위 불법행위에 관련된 일반국민(법인을 포함한다. 이하 '민간인'이라 한다)이 공동불법행위책임, 사용자책임, 자동차운행자책임 등에 의하여 그 손해를 자신의 귀책부분을 넘어서 배상한 경우에도, 국가 등은 피해 군인 등에 대한 국가배상책임을 면할 뿐만 아니라, 나아가 민간인에 대한 국가의 귀책비율에 따른 구상의무도 부담하지 않는다고 하여야 할 것이다. 그러나 위와 같은 경우, 민간인은 여전히 공동불법행위자 등이라는 이유로 피해 군인 등의 손해 전부를 배상할 책임을 부담하도록 하면서 국가 등에 대하여는 귀책비율에 따른 구상을 청구할 수 없도록 한다면, 공무원의 직무활동으로 빚어지는 이익의 귀속주체인 국가 등과 민간인과의 관계에서 원래는 국가 등이 부담하여야 할 손해까지 민간인이 부담하는 부당한 결과가 될 것이고(가해 공무원에게 경과실이 있는 경우에는 그 공무원은 손해배상책임을 부담하지 아니하므로 민간인으로서는 자신이 손해발생에 기여한 귀책부분을 넘는 손해까지 종국적으로 부담하는 불이익을 받게 될 것이고, 가해 공무원에게 고의 또는 중과실이 있는 경우에도 그 무자력 위험을 사용관계에 있는 국가 등이 부담하는 것이 아니라 오히려 민간인이 감수하게 되는 결과가 된다), 이는 위 「헌법」과 「국가배상법」의 규정에 의하여도 정당화될 수 없다고 할 것이다. 이러한 부당한 결과를 방지하면서 위 「헌법」 및 「국가배상법」 규정의 입법 취지를 관철하기 위하여는, 피해 군인 등은 위 「헌법」 및 「국가배상법」 규정에 의하여 국가 등에 대한 배상청구권을 상실한 대신에 자신의 과실 유무나 그 정도와 관계 없이 무자력의 위험부담이 없는 확실한 국가보상의 혜택을 받을 수 있는 지위에 있게 되는 특별한 이익을 누리고 있음에 반하여 민간인으로서는 손해 전부를 배상할 의무를 부담하면서도 국가 등에 대한 구상권을 행사할 수 없다고 한다면 부당하게 권리침해를 당하게 되는 결과가 되는 것과 같은 각 당사자의 이해관

계의 실질을 고려하여, 위와 같은 경우에는 공동불법행위자 등이 부진정연대채무자로서 각자 피해자의 손해 전부를 배상할 의무를 부담하는 공동불법행위의 일반적인 경우와 달리 예외적으로 민간인은 피해 군인 등에 대하여 그 손해 중 국가 등이 민간인에 대한 구상의무를 부담한다면 그 내부적인 관계에서 부담하여야 할 부분을 제외한 나머지 자신의 부담부분에 한하여 손해배상의무를 부담하고, 한편 국가 등에 대하여는 그 귀책부분의 구상을 청구할 수 없다고 해석함이 상당하다 할 것이고, 이러한 해석이 손해의 공평·타당한 부담을 그 지도원리로 하는 손해배상제도의 이상에도 맞는다 할 것이다.

[반대의견] 불법행위법은 피해자의 구제와 손해의 공평·타당한 부담·분배를 그 목적으로 하는바, 이러한 목적에 입각한 불법행위법의 일반원칙에 따르면 직접 불법행위를 한 자뿐만 아니라 그 사용자, 자동차운행자 등 손해의 발생에 대하여 일정한 책임이 있는 자들로 하여금 각자 피해자의 손해 전부를 배상할 의무를 부담하게 함으로써 피해자를 두텁게 보호하고, 한편 불법행위로 인한 손해발생에 관한 복수의 책임주체 중 일방이 피해자에게 그 손해를 자신의 귀책부분을 넘어서 배상한 때에는 다른 책임주체에 대하여 그들 사이에서 손해발생에 기여한 정도 등 실질관계에 따라 정하여지는 부담부분을 구상할 수 있도록 함으로써 손해의 공평·타당한 부담·분배를 도모하게 되는 것이다. 이러한 불법행위법의 목적과 일반원칙에 비추어 볼 때, 가해 공무원의 사용자로서의 지위에서 피해 군인 등의 손해발생에 책임이 있는 국가 등의 손해배상의무가 위 「헌법」 및 「국가배상법」의 규정에 의하여 배제 또는 면제되었다고 하더라도, 피해자를 보호하기 위해서는 그 손해발생의 다른 책임주체인 민간인의 손해배상의무까지 감축된다고 할 수 없고 그 민간인은 여전히 피해 군인 등의 손해 전부를 배상할 의무가 있는 것이다. 한편, 손해의 공평·타당한 부담·배분을 위해서는 군인 등의 손해를 배상한 민간인이 국가 등에 대하여 구상권을 행사할 수 있다고 해석하여야 한다. 만약 국가 등이 군인 등의 손해 전부를 배상한 민간인에 대한 구상의무까지 부담하지 않는다면, 국가 등은 공무원의 직무행위로 빚어지는 이익의 귀속주체로서 그 손해의 발생에 책임이 있는 경우에도 그 손해 중 민간인과의 관계에서 원래는 자신이 부담함이 마땅한 부분을 민간인에게 전가시킴으로써 재산상 불이익을 주게 될 것인데, 이러한 결과는 공평과 재산권 보장의 정신에 반하고, 그것은 다수의견도 지적하는 바와 같이 위 헌법 및 국가배상법의 규정에 의하여 정당화될 수는 없기 때문이다(대판 2001. 2. 15. 96다42420 전원합의체).

민간인의 구상권 제한규정에 대한 헌법재판소의 한정위헌결정

「국가배상법」 제2조 제1항 단서 중 군인에 관련되는 부분을, 일반국민이 직무집행 중인 군인과의 공동불법행위로 직무집행 중인 다른 군인에게 공상을 입혀 그 피해자에게 공동의 불법행위로 인한 손해를 배상한 다음 공동불법행위자인 군인의 부담부분에 관하여 국가에 대하여 구상권을 행사하는 것을 허용하지 않는다고 해석한다면, 이는 위 단서 규정의 헌법상 근거규정인 「헌법」 제29조가 구상권의 행사를 배제하지 아니하는데도 이를 배제하는 것으로 해석하는 것으로서 합리적인 이유 없이 일반국민을 국가에 대하여 지나치게 차별하는 경우에 해당하므로 「헌법」 제11조, 제29조에 위반되며, 또한 국가에 대한 구상권은 「헌법」 제23조 제1항에 의하여 보장되는 재산권이고 위와 같은 해석은 그러한 재산권의 제한에 해당하며 재산권의 제한은 「헌법」 제37조 제2항에 의한 기본권제한의 한계 내에서만 가능한데, 위와 같은 해석은 「헌법」 제37조 제2항에 의하여 기본권을 제한할 때 요구되는 비례의 원칙에 위배하여 일반국민의 재산권을 과잉제한하는 경우에 해당하여 「헌법」 제23조 제1항 및 제37조 제2항에도 위반된다(헌재결 1994. 12. 29. 93헌바21).

피해자에게 손해를 직접 배상한 경과실이 있는 공무원이 국가에 대하여 구상권을 취득하는지 여부(원칙적 적극)

공무원이 직무수행 중 불법행위로 타인에게 손해를 입힌 경우에 국가 등이 국가배상책임을 부담하는 외에 공무원 개인도 고의 또는 중과실이 있는 경우에는 불법행위로 인한 손해배상책임을 지고, 공무원에게 경과실이 있을 뿐인 경우에는 공무원 개인은 손해배상책임을 부담하지 아니한다. 이처럼 경과실이 있는 공무원이 피해자에 대하여 손해배상책임을 부담하지 아니함에도 피해자에게 손해를 배상하였다면 그것은 채무자 아닌 사람이 타인의 채무를 변제한 경우에 해당하고, 이는 「민법」 제469조의 '제3자의 변제' 또는 「민법」 제744조의 '도의관념에 적합한 비채변제'에 해당하여 피해자는 공무원에 대하여 이를 반환할 의무가 없고, 그에 따라 피해자의 국가에 대한 손해배상청구권이 소멸하여 국가는 자신의 출연 없이 채무를 면하게 되므로, 피해자에게 손해를 직접 배상한 경과실이 있는 공무원은 특별한 사정이 없는 한 국가에 대하여 국가의 피해자에 대한 손해배상책임의 범위 내에서 공무원이 변제한 금액에 관하여 구상권을 취득한다고 봄이 타당하다(대판 2014. 8. 20. 2012다54478).[14]

---

14 공중보건의인 갑에게 치료를 받던 을이 사망하자 을의 유족들이 갑 등을 상대로 손해배상청구의 소를 제

5. 국가배상법과 자동차손해배상보장법과의 관계

(1) 국가배상법 규정

「국가배상법」 제2조 제1항 본문 후단에서 "국가 또는 지방자체단체가 「자동차손해배상보장법」에 따라 손해배상의 책임이 있을 때에는 이 법에 따라 그 손해를 배상하여야 한다"고 규정하고 있다. 즉, 「자동차손해배상보장법」이 정하는 요건에 따라 책임이 성립하고, 배상절차나 손해배상액은 「국가배상법」에 정하는 바에 따라야 한다.

(2) 자동차손해배상보장법에 따른 책임의 성립

① 책임성립요건

「자동차손해배상보장법」상의 책임이 성립하려면, ㉠ 국가 또는 지방자치단체에게 운행지배와 운행이익이 있어야 하고, ㉡ 인적 손해가 발생하여야 하고, ㉢ 이는 운행으로 인한 손해이어야 하며, ㉣ 면책사유가 없어야 한다.

② 운행자성의 판단

운행자성은 운행지배와 운행이익을 요건으로 한다.

㉠ 공무원이 직무집행을 위하여 공용차를 운행하는 경우

국가 또는 지방자치단체가 「자동차손해배상보장법」상의 배상책임을 진다.

공무원이 직무집행을 위하여 공용차를 운행하는 경우, 그 공무원이 자동차손해배상보장법 제3조 소정의 '자기를 위하여 자동차를 운행하는 자'에 해당하지 않는다

「자동차손해배상보장법」 제3조 소정의 '자기를 위하여 자동차를 운행하는 자'라고 함은 자동차에 대한 운행을 지배하여 그 이익을 향수하는 책임주체로서의 지위에 있는 자를 뜻하는 것인바, 공무원이 그 직무를 집행하기 위하여 국가 또는 지방자치단체 소유의 공용차를 운행하는 경우, 그 자동차에 대한 운행지배나 운행이익은 그 공무원이 소속한 국가 또는 지방자치단체에 귀속된다고 할 것이고 그 공무원 자신이 개인적으로 그 자동차에 대한 운행지배나 운행이익을 가지는 것이라고는 볼 수 없으므로, 그 공무원이 자기를 위하여 공용차를 운행하는 자로서 같은 법조 소정의 손해배상책임의 주체가 될 수는 없다(대판 1994. 12. 27. 94다31860).

기하였고, 갑의 의료과실이 인정된다는 이유로 갑 등의 손해배상책임을 인정한 판결이 확정되어 갑이 을의 유족들에게 판결금 채무를 지급한 사안에서, 직무 수행 중 경과실로 타인에게 손해를 입힌 갑은 국가에 대하여 구상권을 취득한다고 한 사례.

㉡ 공무원이 공용차를 사적 용무로 무단운행하는 경우

무단운전에도 불구하고 운행자성을 인정할 만한 사정이 있는 경우에는 국가 또는 지방자치단체가 「자동차손해배상보장법」상의 배상책임을 지지만, 운행자성을 상실하였다고 인정할 경우에는 국가 또는 지방자치단체에게 「자동차손해배상보장법」상의 배상책임이 성립하지 않는다.

공무원의 국가 소유의 오토바이의 무단운전행위에 대한 국가의 운행보유자성을 인정한 사례

국가소속 공무원이 관리권자의 허락을 받지 아니한 채 국가소유의 오토바이를 무단으로 사용하다가 교통사고가 발생한 경우에 있어 국가가 그 오토바이와 시동열쇠를 무단운전이 가능한 상태로 잘못 보관하였고 위 공무원으로서도 국가와의 고용관계에 비추어 위 오토바이를 잠시 운전하다가 본래의 위치에 갖다 놓았을 것이 예상되는 한편 피해자들로 위 무단운전의 점을 알지 못하고 또한 알 수도 없었던 일반 제3자인 점에 비추어 보면 국가가 위 공무원의 무단운전에도 불구하고 위 오토바이에 대한 객관적, 외형적인 운행지배 및 운행이익을 계속 가지고 있었다고 봄이 상당하다(대판 1988. 1. 19. 87다카2202).

군 소속 차량의 운전수가 일과시간 후에 무단으로 차를 운행하다가 사고가 일어난 경우에 군의 자동차손해배상보장법상의 책임을 부정한 사례

군 소속 차량의 운전수가 일과시간 후에 피해자의 적극적인 요청에 따라 동인의 개인적인 용무를 위하여 상사의 허락없이 무단으로 위 차를 운행하다가 사고가 일어났다면 군은 「자동차손해배상보장법」 제3조 소정의 자기를 위하여 자동차를 운행하는 자에 해당되지도 아니하며 위 사고가 위 운전수의 직무집행중의 과실에 기인된 것도 아니므로 군에 대하여 「국가배상법」상의 책임도 물을 수 없다(대판 1981. 2. 10. 80다2720).

㉢ 공무원이 자기 소유 차량으로 공무수행 중 사고를 일으킨 경우

판례는 국가 또는 지방공공단체의 운행자성을 부인하는 태도이다.

공무원이 자기 소유 차량으로 공무수행 중 사고를 일으킨 경우, 공무원이 자동차손해배상보장법상의 손해배상책임을 진다

[1] 공무원이 통상적으로 근무하는 근무지로 출근하기 위하여 자기 소유의 자동차를

운행하다가 자신의 과실로 교통사고를 일으킨 경우에는 특별한 사정이 없는 한 「국가배상법」 제2조 제1항 소정의 공무원이 '직무를 집행함에 당하여' 타인에게 불법행위를 한 것이라고 할 수 없으므로 그 공무원이 소속된 국가나 지방공공단체가 국가배상법상의 손해배상책임을 부담하지 않는다.

[2] 「헌법」 제29조 제1항과 「국가배상법」 제2조의 해석상 일반적으로 공무원이 공무수행 중 불법행위를 한 경우에, 고의·중과실에 의한 경우에는 공무원 개인이 손해배상책임을 부담하고 경과실의 경우에는 개인책임은 면책되며, 한편 공무원이 자기 소유의 자동차로 공무수행 중 사고를 일으킨 경우에는 그 손해배상책임은 「자동차손해배상보장법」이 정한 바에 의하게 되어, 그 사고가 자동차를 운전한 공무원의 경과실에 의한 것인지 중과실 또는 고의에 의한 것인지를 가리지 않고 그 공무원이 「자동차손해배상보장법」 제3조 소정의 '자기를 위하여 자동차를 운행하는 자'에 해당하는 한 손해배상책임을 부담한다(대판 1996. 5. 31. 94다15271).

Ⅲ. 영조물의 설치·관리의 하자로 인한 배상책임

1. 배상책임의 요건

(1) 공공의 영조물

「국가배상법」 제5조는 '영조물'이라 규정하고 있지만, 이것은 강학상의 영조물이 아니라 강학상의 공물을 의미한다. 「국가배상법」상의 영조물은 인공공물뿐만 아니라 자연공물도 포함하고 부동산은 물론 동산(자동차, 경찰견 등)도, 공공용물은 물론 공용물도, 자유공물은 물론 타유공물도 포함한다.

국가배상법 제5조 제1항 소정의 '공공의 영조물'의 의미

「국가배상법」 제5조 제1항 소정의 "공공의 영조물"이라 함은 국가 또는 지방자치단체에 의하여 특정 공공의 목적에 공여된 유체물 내지 물적 설비를 지칭하며, 특정 공공의 목적에 공여된 물이라 함은 일반공중의 자유로운 사용에 직접적으로 제공되는 공공용물에 한하지 아니하고, 행정주체 자신의 사용에 제공되는 공용물도 포함하며 국가 또는 지방자치단체가 소유권, 임차권 그 밖의 권한에 기하여 관리하고 있는 경우뿐만 아니라 사실상의 관리를 하고 있는 경우도 포함한다(대판 1995. 1. 24. 94다45302; 대판 1998. 10. 23. 98다17381; 대판 1981. 7. 7. 80다2478).

국가의 철도운행사업과 관련하여 발생한 사고로 인한 손해배상청구는 민법의 규정에 따라야 한다

국가 또는 지방자치단체라 할지라도 공권력의 행사가 아니고 단순한 사경제의 주체로 활동하였을 경우에는 그 손해배상책임에 「국가배상법」이 적용될 수 없고 「민법」상의 사용자책임 등이 인정되는 것이고 국가의 철도운행사업은 국가가 공권력의 행사로서 하는 것이 아니고 사경제적 작용이라 할 것이므로, 이로 인한 사고에 공무원이 간여하였다고 하더라도 「국가배상법」을 적용할 것이 아니고 일반 「민법」의 규정에 따라야 한다. 그러나 공공의 영조물인 철도시설물의 설치 또는 관리의 하자로 인한 불법행위를 원인으로 하여 국가에 대하여 손해배상청구를 하는 경우에는 「국가배상법」이 적용된다(대판 1999. 6. 22. 99다7008).

⑵ 설치 또는 관리의 하자

① 의 의

설치 또는 관리상 하자란 사회통념상 일반적으로 갖추어야 할 안정성을 갖추지 못한 상태를 의미한다.

② 학 설

하자 여부를 판단함에 있어서, 관리자의 안전확보의무위반 내지 관리의무위반이라는 관리자의 주관적 귀책사유도 고려되는지가 문제된다.

㉠ **객관설**: 하자의 유무는 관리자의 관리의무위반 내지 과실유무와는 관계없이 통상 갖추어야 할 물적 안정성이 결여된 경우 하자가 있다고 보는 견해이다. 즉, 하자의 유무는 당해 공물의 구조·용법·장소적 환경 등에 의하여 객관적으로 판단된다. 전통적 통설이다. 이 견해에 의하면 공물이 통상적으로 갖추어야 할 물적 안전성을 결하고 있으면, 공물관리자의 과실유무와는 관계없이 배상책임을 인정한다. 즉, 「국가배상법」 제5조에 의한 책임은 무과실책임이다.

㉡ **주관설**: 「국가배상법」 제5조는 '설치·관리의' 하자라고 규정하고 있으므로 설치 또는 관리상 하자를 관리자의 관리의무위반으로 보는 견해이다. 이 견해에 의하면 「국가배상법」 제5조에 의한 책임은 과실책임이다.

㉢ **절충설**: 영조물 자체의 객관적 하자뿐만 아니라 관리자의 관리의무위반까지 하자로 인정하는 견해이다. 이 견해에 의하면 공물과 관련하여 손해가 발생한 경우에는 그것이 공물 자체의 물적 결함에 기인한 것이든, 관리행위의 과오에 기인한 것이든 모두 「국가배상

법」 제5조에 의한 배상책임이 성립할 수 있게 된다.

③ 판 례

설치 또는 관리상 하자 여부에 대한 객관설을 따른 대법원 판례

㉠ 도로결빙사건

「국가배상법」 제5조 소정의 영조물의 설치·관리상의 하자라 함은 영조물의 설치 및 관리에 불완전한 점이 있어 이 때문에 영조물 자체가 통상 갖추어야 할 안전성을 갖추지 못한 상태에 있는 것을 말하는 것이다. 지방자치단체가 관리하는 도로 지하에 매설되어 있는 상수도관에 균열이 생겨 그 틈으로 새어 나온 물이 도로 위까지 유출되어 노면이 결빙되었다면 도로로서의 안전성에 결함이 있는 상태로서 설치·관리상의 하자가 있다(대판 1994. 11. 22. 94다32924).

㉡ 흙사태사건

영조물 설치의 '하자'라 함은 영조물의 축조에 불완전한 점이 있어 이 때문에 영조물 자체가 통상 갖추어야 할 완전성을 갖추지 못한 상태에 있음을 말한다고 할 것인바 그 '하자' 유무는 객관적 견지에서 본 안전성의 문제이고 그 설치자의 재정사정이나 영조물의 사용목적에 의한 사정은 안전성을 요구하는 데 대한 정도 문제로서 참작사유에는 해당할지언정 안전성을 결정지을 절대적 요건에는 해당하지 아니한다 할 것이다(대판 1967. 2. 21. 66다1723).

㉢ 제방도로와 우수토실 사건

갑이 함께 술을 마신 을과 멱살을 잡고 시비하다가 국가가 설치·관리하는 제방도로에서 아래로 추락하여 지방자치단체가 설치·관리하는 우수토실에 빠져 익사한 사안에서, 이 사건 제방도로와 우수토실을 설치·관리하는 피고들로서는 이 사건 제방도로에서의 정상적인 이용방법이 아닌 술에 취하여 싸우다가 도로 밑으로 추락하는 이례적인 사고가 있을 것까지 예상하여 방호울타리나 추락방지표지판 등을 설치할 의무는 없다고 할 것이다(나아가 추락방지표지판을 설치했다고 해도 이 사건과 같은 사고를 방지할 수는 없었다고 보인다)(대판 2013. 4. 11. 2012다203133).

주관설 또는 절충설을 따른 대법원 판례

㉠ 가변차로의 신호등 오작동 사건

「국가배상법」 제5조 제1항에 정해진 영조물의 설치 또는 관리의 하자라 함은 영조물이 그 용도에 따라 통상 갖추어야 할 안전성을 갖추지 못한 상태에 있음을 말하는 것이며, 다만 영조물이 완전무결한 상태에 있지 아니하고 그 기능상 어떠한 결함이 있다는 것만으로 영조물의 설치 또는 관리에 하자가 있다고 할 수 없는 것이고, 위와 같은 안전성의 구비 여부를 판단함에 있어서는 당해 영조물의 용도, 그 설치장소의 현황 및 이용 상황 등 제반 사정을 종합적으로 고려하여 설치·관리자가 그 영조물의 위험성에 비례하여 사회통념상 일반적으로 요구되는 정도의 방호조치 의무를 다하였는지 여부를 그 기준으로 삼아야 하며, 만일 객관적으로 보아 시간적·장소적으로 영조물의 기능상 결함으로 인한 손해발생의 예견가능성과 회피가능성이 없는 경우, 즉 그 영조물의 결함이 영조물의 설치·관리자의 관리행위가 미칠 수 없는 상황 아래에 있는 경우임이 입증되는 경우라면 영조물의 설치·관리상의 하자를 인정할 수 없다(대판 2001. 7. 27. 2000다56822).[15]

㉡ **횡단보도 교통신호등 단선사건**

교차로의 진행방향 신호기의 정지신호가 단선으로 소등되어 있는 상태에서 그대로 진행하다가 다른 방향의 진행신호에 따라 교차로에 진입한 차량과 충돌하여 발생한 사고와 관련하여 피고가 관할하는 서울특별시 전역에는 약 13만여 개의 신호등 전구가 설치되어 있고 그중 약 300여 개가 하루에 소등되고, 신호등 전구의 수명은 전력변동률이 높아 예측하기 곤란하며, 신호등 전구가 단선되더라도 현장에 나가보지 않고는 이를 파악할 수 없어 평소 교통근무자 또는 도로이용자의 신고에 의하여 단선된 신호기를 교체하여 왔으나, 이 사건 신호기의 신호등 고장신고가 이 사건 사고발생 전까지 접수되지 아니한 사실 등에 비추어 신호기의 적색신호가 소등된 기능상 결함이 있었다는 사정만으로 신호기의 설치 또는 관리상의 하자를 인정할 수 없다(대판 2000. 2. 25. 99다54004).

㉢ **여의도광장사건**

여의도광장의 관리는 광장의 관리에 관한 별도의 법령이나 규정이 없으므로 서울특별시는 여의도광장을 「도로법」 제2조 제2항 소정의 "도로와 일체가 되어 그 효용을 다하게 하는 시설"로 보고 같은 법의 규정을 적용하여 관리하고 있으며, 그 관리사무 중 일부를 영등포구청장에게 권한위임하고 있어, 여의도광장의 관리청이 본래 서울특별시장이라 하더라도 그 관리사무의 일부가 영등포구청장에게 위임되었다면, 그 위임된 관리사무에 관한 한 여의도광장의 관리청은 영등포구청장이 되고, 같은 법 제56조에 의하면 도로에 관한 비용은 건설부장관이 관리하는 도로 이외의

15 가변차로에 설치된 두 개의 신호등에서 서로 모순되는 신호가 들어오는 오작동이 발생하였고 그 고장이 현재의 기술수준상 부득이한 것이라고 가정하더라도 그와 같은 사정만으로 손해발생의 예견가능성이나 회피가능성이 없어 영조물의 하자를 인정할 수 없는 경우라고 단정할 수 없다고 한 사례.

도로에 관한 것은 관리청이 속하는 지방자치단체의 부담으로 하도록 되어 있어 여의도광장의 관리비용부담자는 그 위임된 관리사무에 관한 한 관리를 위임받은 영등포구청장이 속한 영등포구가 되므로, 영등포구는 여의도광장에서 차량진입으로 일어난 인신사고에 관하여 「국가배상법」 제6조 소정의 비용부담자로서의 손해배상 책임이 있다(대판 1995. 2. 24. 94다57671).[16]

㉣ 김포공항 소음 사건

'영조물 설치 또는 하자'에 관한 제3자의 수인한도의 기준을 결정함에 있어서는 일반적으로 침해되는 권리나 이익의 성질과 침해의 정도뿐만 아니라 침해행위가 갖는 공공성의 내용과 정도, 그 지역환경의 특수성, 공법적인 규제에 의하여 확보하려는 환경기준, 침해를 방지 또는 경감시키거나 손해를 회피할 방안의 유무 및 그 난이 정도 등 여러 사정을 종합적으로 고려하여 구체적 사건에 따라 개별적으로 결정하여야 한다(대판 2005. 1. 27. 2003다49566).[17]

④ 설치 또는 관리 하자의 판단기준

㉠ 자연공물

하천제방의 계획고수량

ⓐ 관리청이 「하천법」 등 관련 규정에 의해 책정한 하천정비기본계획 등에 따라 개수를 완료한 하천 또는 아직 개수 중이라 하더라도 개수를 완료한 부분에 있어서는, 위 하천정비기본계획 등에서 정한 계획홍수량 및 계획홍수위를 충족하여 하천이 관리되고 있다면 당초부터 계획홍수량 및 계획홍수위를 잘못 책정하였다거나 그 후 이를 시급히 변경해야 할 사정이 생겼음에도 불구하고 이를 해태하였다는 등의 특별한 사정이 없는 한, 그 하천은 용도에 따라 통상 갖추어야 할 안전성을 갖추고 있다고 봄이 상당하다(대판 2007. 9. 21. 2005다65678).

16 차량진입으로 인한 인신사고 당시에는 차도와의 경계선 일부에만 이동식 쇠기둥이 설치되어 있고 나머지 부분에는 별다른 차단시설물이 없었으며 경비원도 없었던 것은, 평소 시민의 휴식공간으로 이용되는 여의도광장이 통상 요구되는 안전성을 결여하고 있었다 할 것이고, 만약 사고 후에 설치된 차단시설물이 이미 설치되어 있었고 경비원이 배치되어 있었더라면 가해자가 승용차를 운전하여 광장 내로 진입하는 것을 막을 수 있었거나, 설사 차량진입을 완전히 막지는 못하더라도 최소한 진입시에 차단시설물을 충격하면서 발생하는 소리나 경비원의 경고를 듣고 많은 사람들이 대피할 수 있었다고 보이므로, 차량진입으로 인한 사고와 여의도광장의 관리상의 하자 사이에는 상당인과관계가 있다고 한 사례.

17 김포공항에서 발생하는 소음 등으로 인근 주민들이 입은 피해는 사회통념상 수인한도를 넘는 것으로서 김포공항의 설치·관리에 하자가 있다고 본 사례.

ⓑ 자연영조물로서의 하천은 원래 이를 설치할 것인지 여부에 대한 선택의 여지가 없고, 위험을 내포한 상태에서 자연적으로 존재하고 있으며, 간단한 방법으로 위험상태를 제거할 수 없는 경우가 많고, 유수라고 하는 자연현상을 대상으로 하면서도 그 유수의 원천인 강우의 규모, 범위, 발생시기 등의 예측이나 홍수의 발생 작용 등의 예측이 곤란하고, 실제로 홍수가 어떤 작용을 하는지는 실험에 의한 파악이 거의 불가능하고 실제 홍수에 의하여 파악할 수밖에 없어 결국 과거의 홍수 경험을 토대로 하천관리를 할 수밖에 없는 특질이 있고, 또 국가나 하천관리청이 목표로 하는 하천의 개수작업을 완성함에 있어서는 막대한 예산을 필요로 하고, 대규모 공사가 되어 이를 완공하는 데 장기간이 소요되며, 치수의 수단은 강우의 특성과 하천 유역의 특성에 의하여 정해지는 것이므로 그 특성에 맞는 방법을 찾아내는 것은 오랜 경험이 필요하고 또 기상의 변화에 따라 최신의 과학기술에 의한 방법이 효용이 없을 수도 있는 등 그 관리상의 특수성도 있으므로 이와 같은 관리상의 특질과 특수성을 감안한다면, 하천의 관리청이 관계 규정에 따라 설정한 계획홍수위를 변경시켜야 할 사정이 생기는 등 특별한 사정이 없는 한, 이미 존재하는 하천의 제방이 계획홍수위를 넘고 있다면 그 하천은 용도에 따라 통상 갖추어야 할 안전성을 갖추고 있다고 보아야 하고, 그와 같은 하천이 그 후 새로운 하천시설을 설치할 때 기준으로 삼기 위하여 제정한 '하천시설기준'이 정한 여유고를 확보하지 못하고 있다는 사정만으로 바로 안전성이 결여된 하자가 있다고 볼 수는 없다(대판 2003. 10. 23. 2001다48057).18

ⓛ 인공공물

도로의 설치 후 제3자의 행위에 의해 도로의 통행상 안전에 결함이 생긴 경우, 도로보존상의 하자에 대한 판단기준

ⓐ 불법주차 방치 사건

도로의 설치 또는 관리·보존상의 하자는 도로의 위치 등 장소적인 조건, 도로의 구조, 교통량, 사고시에 있어서의 교통 사정 등 도로의 이용 상황과 그 본래의 이용 목적 등 제반 사정과 물적 결함의 위치, 형상 등을 종합적으로 고려하여 사회통념

18 100년 발생빈도의 강우량을 기준으로 책정된 계획홍수위를 초과하여 600년 또는 1,000년 발생빈도의 강우량에 의한 하천의 범람은 예측가능성 및 회피가능성이 없는 불가항력적인 재해로서 그 영조물의 관리청에게 책임을 물을 수 없다고 본 사례.

에 따라 구체적으로 판단하여야 하는바, 도로의 설치 후 제3자의 행위에 의하여 그 본래의 목적인 통행상의 안전에 결함이 발생한 경우에는 도로에 그와 같은 결함이 있다는 것만으로 성급하게 도로의 보존상 하자를 인정하여서는 안되고, 당해 도로의 구조, 장소적 환경과 이용 상황 등 제반 사정을 종합하여 그와 같은 결함을 제거하여 원상으로 복구할 수 있는 데도 이를 방치한 것인지 여부를 개별적·구체적으로 심리하여 하자의 유무를 판단하여야 한다(대판 2002. 9. 27. 2002다15917).[19]

ⓑ **쇠파이프사건**

승용차 운전자가 편도 2차선의 국도를 진행하다가 반대차선 진행차량의 바퀴에 튕기어 승용차 앞유리창을 뚫고 들어온 쇠파이프에 맞아 사망한 사안에서 그와 같은 쇠파이프가 위 도로에 떨어져 있었다면 일단 도로의 관리에 하자가 있는 것으로 볼 수 있으나, 사고 발생 33분 내지 22분 전에 피고 운영의 과적차량 검문소 근무자 교대차량이 사고장소를 통과하였으나 위 쇠파이프를 발견하지 못하였었다면 피고가 관리하는 넓은 국도상을 더 짧은 간격으로 일일이 순찰하면서 낙하물을 제거하는 것은 현실적으로 불가능하므로 국가배상법 제5조 제1항이 정하는 국가의 손해배상책임이 부정된다(대판 1997. 4. 22. 97다3194).

(3) 타인에게 손해가 발생할 것

다른 자연직 사실이나 제3자의 행위 또는 피해자의 행위와 경합하여 발생한 손해

영조물의 설치 또는 관리상의 하자로 인한 사고라 함은 영조물의 설치 또는 관리상의 하자만이 손해발생의 원인이 되는 경우만을 말하는 것이 아니고, 하더라도 영조물의 설치 또는 관리상의 하자가 공동원인의 하나가 되는 이상 그 손해는 영조물의 설치 또는 관리상의 하자에 의하여 발생한 것이라고 해석함이 상당하다(대판 1994. 11. 22. 94다32924).

(4) 면책사유

면책사유를 부정하여 국가배상책임을 부정한 판례

① **308.5mm 집중호우 사건**

도로를 신설할 때는 비가 많이 올 때 등에 대비하여 깎아내린 산비탈부분이 무너지

19 편도 1차선으로 도로교통법상 주차금지구역인 도로의 75% 정도를 차지한 채 불법주차되어 있던 차량을 5일간이나 방치한 경우 도로 관리상의 하자가 있다고 한 사례.

지 않도록 배수로를 제대로 설치하고 격자블록 등의 견고한 보호시설을 갖추어야 됨에도 불구하고, 이를 게을리한 잘못으로 산비탈부분이 1991. 7. 25. 내린 약 308.5mm의 집중호우에 견디지 못하고 도로(편도 1차선의 46번 국도) 위로 무너져 내려 차량의 통행을 방해함으로써 발생한 사고라면 이 사고는 피고(대한민국)의 도로의 설치 또는 관리상의 하자로 인하여 일어난 것이라고 보아야 하고, 매년 비가 많이 오는 장마철을 겪고 있는 우리나라와 같은 기후여건하에서 위와 같은 집중호우가 내렸다고 하여 전혀 예측할 수 없는 천재지변이라고 보기는 어렵다(대판 1993. 6. 8. 93다11678).

② 50년 빈도의 집중호우

집중호우로 제방도로가 유실되면서 그 곳을 걸어가던 보행자가 강물에 휩쓸려 익사한 경우, 사고 당일의 집중호우가 50년 빈도의 최대강우량에 해당한다는 사실만으로 불가항력에 기인한 것으로 볼 수 없다는 이유로 제방도로의 설치·관리상의 하자를 인정하였다(대판 2000. 5. 26. 99다53247).

③ 재정사정

영조물 설치의 하자라 함은 영조물의 축조에 불완전한 점이 있어 이 때문에 영조물 자체가 통상 갖추어야 할 완전성을 갖추지 못한 상태에 있음을 말한다고 할 것인바, 그 하자 유무는 객관적 견지에서 본 안전성의 문제이고 그 설치자의 재정사정이나 영조물의 사용목적에 의한 사정은 안전성을 요구하는 데 대한 정도 문제로서 참작사유에는 해당할지언정 안전성을 결정지을 절대적 요건에는 해당하지 아니한다(대판 1967. 2. 21. 66다1723).

면책사유를 긍정하여 국가배상책임을 부정한 판례

① 중랑천 범람

이미 존재하는 하천의 제방이 계획홍수위를 넘고 있다면 그 하천은 용도에 따라 통상 갖추어야 할 안전성을 갖추고 있다고 보아야 하고, 그와 같은 하천이 그 후 새로운 하천시설을 설치할 때 기준으로 삼기 위하여 제정한 '하천시설기준'이 정한 여유고를 확보하지 못하고 있다는 사정만으로 바로 안전성이 결여된 하자가 있다고 볼 수는 없다(대판 2003. 10. 23. 2001다48057).[20]

20 100년 발생빈도의 강우량을 기준으로 책정된 계획홍수위를 초과하여 600년 또는 1,000년 발생빈도의 강우량에 의한 하천의 범람은 예측가능성 및 회피가능성이 없는 불가항력적인 재해로서 그 영조물의 관리청에게 책임을 물을 수 없다고 본 사례.

② **강설빙판사건**

적설지대에 속하는 지역의 도로라든가 최저속도의 제한이 있는 고속도로 등 특수목적을 갖고 있는 도로가 아닌 일반 보통의 도로까지도 도로관리자에게 완전한 인적, 물적 설비를 갖추고 제설작업을 하여 도로통행상의 위험을 즉시 배제하여 그 안전성을 확보하도록 하는 관리의무를 부과하는 것은 도로의 안전성의 성질에 비추어 적당하지 않고, 오히려 그러한 경우의 도로통행의 안전성은 그와 같은 위험에 대면하여 도로를 이용하는 통행자 개개인의 책임으로 확보하여야 한다(대판 2000. 4. 25. 99다54998).

③ **도로의 경우 이용하는 자의 상식적이고 질서 있는 이용방법을 기대한 상대적인 안전성을 요구한다**

고속도로가 사고지점에 이르러 다소 굽어져 있으나, 사고 지점의 차선 밖에 폭 3m의 갓길이 있을 뿐 아니라, 사고 지점 도로변에 야간에 도로의 형태를 식별할 수 있게 하는 시설물들이 기준에 따라 설치되어 있는 경우 도로의 관리자로서는 야간에 차량의 운전자가 사고 지점의 도로에 이르러 차선을 따라 회전하지 못하고 차선을 벗어난 후 갓길마저 지나쳐 도로변에 설치되어 있는 방음벽을 들이받은 사고를 일으킨다고 하는 것은 통상 예측하기 어려우므로 도로의 관리자가 그러한 사고에 대비하여 도로변에 야간에 도로의 형태를 식별할 수 있는 시설물들을 더 많이 설치하지 않고, 방음벽에 충격방지시설을 갖추지 아니하였다고 하여 사고 지점 도로의 설치 또는 관리에 하자가 있다고 볼 수 없다(대판 2002. 8. 23. 2002다9158).

위험에의 접근이론

소음 등을 포함한 공해 등의 위험지역으로 이주하여 들어가서 거주하는 경우와 같이 위험의 존재를 인식하면서 그로 인한 피해를 용인하며 접근한 것으로 볼 수 있는 경우에, 그 피해가 직접 생명이나 신체에 관련된 것이 아니라 정신적 고통이나 생활방해의 정도에 그치고 그 침해행위에 고도의 공공성이 인정되는 때에는, 위험에 접근한 후 실제로 입은 피해 정도가 위험에 접근할 당시에 인식하고 있었던 위험의 정도를 초과하는 것이거나 위험에 접근한 후에 그 위험이 특별히 증대하였다는 등의 특별한 사정이 없는 한 가해자의 면책을 인정하여야 하는 경우도 있을 수 있다(대판 2004. 3. 12. 2002다14242 참조). 특히 소음 등의 공해로 인한 법적 쟁송이 제기되거나 그 피해에 대한 보상이 실시되는 등 피해지역임이 구체적으로 드러나고 또한 이러한 사실이 그 지역에 널리 알려진 이후에 이주하여 오는 경우에는 위와 같은 위험에의 접근에 따른 가해자의 면책 여부를 보다 적극적으로 인정할 여지가 있을 것이다. 다만 일반인이 공해 등의 위험지역으로 이주하여 거주하는 경우라고 하더라도 위험에 접근할 당시에 그러한 위험이 존재하는 사실을 정확하게 알 수 없는 경우가 많고, 그 밖에 위험에 접근하게 된 경위와 동기 등의 여러 가지 사정을 종합하여 그와 같은 위험의 존재를 인식하면서도 위험으로 인한 피해를 용인하면서 접근하였다고 볼 수 없는 경우에는 손해배상액의 산정에 있어 형평의 원칙상 과실상계에 준하여 감액사유로 고려하는 것이 상당하다(대판 2005. 1. 27. 2003다49566; 대판 2010. 11. 25. 2007다74560 등 참조)(대판 2012. 6. 14. 2012다13569).

2. 배상책임의 성질

(1) 무과실책임

「국가배상법」 제5조는 영조물의 설치·관리를 담당하는 공무원의 고의·과실의 유무를 불문하므로, 국가의 배상책임은 무과실책임의 성질을 갖는다는 것이 통설이다.

(2) 민법 제758조의 공작물책임과의 비교

「국가배상법」상 영조물의 개념은 대상이 공작물에 한정되지 않는다는 점에서 「민법」상의 공작물의 개념보다 그 범위가 넓으며, 영조물책임은 국가 등이 점유자인 경우에도 면책규정을 두고 있지 않다는 점에서 「민법」상의 공작물책임과 다르다.

국가배상법상 영조물책임과 민법상 공작물책임

「국가배상법」 제5조 소정의 영조물의 설치·관리상의 하자로 인한 책임은 무과실책임이고 나아가 「민법」 제758조 소정의 공작물의 점유자의 책임과는 달리 면책사유도 규정되어 있지 않으므로, 국가 또는 지방자치단체는 영조물의 설치·관리상의 하자로 인하여 타인에게 손해를 가한 경우에 그 손해의 방지에 필요한 주의를 해태하지 아니하였다 하여 면책을 주장할 수 없다(대판 1994. 11. 22. 94다32924).

고속도로의 관리상 하자로 야기된 사고로 인한 손해배상과 관련하여 국가배상법상 영조물책임이 아닌 민법 제758조의 공작물책임이 문제된 사례

[1] 공작물인 도로의 설치·관리상의 하자는 도로의 위치 등 장소적인 조건, 도로의 구조, 교통량, 사고시에 있어서의 교통 사정 등 도로의 이용 상황과 그 본래의 이용 목적 등 여러 사정과 물적 결함의 위치, 형상 등을 종합적으로 고려하여 사회통념에 따라 구체적으로 판단하여야 한다.

[2] 강설에 대처하기 위하여 완벽한 방법으로 도로 자체에 융설 설비를 갖추는 것이 현대의 과학기술 수준이나 재정사정에 비추어 사실상 불가능하다고 하더라도, 최저 속도의 제한이 있는 고속도로의 경우에 있어서는 도로관리자가 도로의 구조, 기상예보 등을 고려하여 사전에 충분한 인적·물적 설비를 갖추어 강설시 신속한 제설작업을 하고 나아가 필요한 경우 제때에 교통통제 조치를 취함으로써 고속도로로서의 기본적인 기능을 유지하거나 신속히 회복할 수 있도록 하는 관리의무가 있다.

[3] 고속도로의 관리상 하자가 인정되는 이상 고속도로의 점유관리자는 그 하자가 불가항력에 의한 것이거나 손해의 방지에 필요한 주의를 해태하지 아니하였다는 점을 주장·입증하여야 비로소 그 책임을 면할 수 있다(대판 2008. 3. 13. 2007다29287, 29294).[21]

3. 배상책임의 내용

원칙적으로 영조물의 설치·관리자인 국가 또는 지방자치단체가 배상책임자이다

① 도지사가 그의 권한에 속하는 사무를 소속 시장 또는 군수에게 위임하여 시장, 군수로 하여금 그 사무를 처리하게 하는 소위 기관위임의 경우에는, 지방자치단체장인 시장, 군수는 도 산하 행정기관의 지위에서 그 사무를 처리하는 것이므로, 시장, 군수 또는 그들을 보조하는 시, 군 소속 공무원이 그 위임받은 사무를 집행함에 있어 고의 또는 과실로 타인에게 손해를 가하였다면 그 사무의 귀속 주체인 도가 손해배상책임을 진다(대판 1994. 1. 11. 92다29528).

② 구 「하천법」 제28조 제1항에 따라 국토해양부장관이 하천공사를 대행하더라도 이는 국토해양부장관이 하천관리에 관한 일부 권한을 일시적으로 행사하는 것으로

21 폭설로 차량 운전자 등이 고속도로에서 장시간 고립된 사안에서, 고속도로의 관리자가 고립구간의 교통정체를 충분히 예견할 수 있었음에도 교통제한 및 운행정지 등 필요한 조치를 충실히 이행하지 아니하였으므로 고속도로의 관리상 하자가 있다고 한 사례.

볼 수 있을 뿐 하천관리청이 국토해양부장관으로 변경되는 것은 아니므로, 국토해양부장관이 하천공사를 대행하던 중 지방하천의 관리상 하자로 인하여 손해가 발생하였다면 하천관리청이 속한 지방자치단체는 국가와 함께 「국가배상법」 제5조 제1항에 따라 지방하천의 관리자로서 손해배상책임을 부담한다(대판 2014. 6. 26. 2011다85413).

국가배상법상 영조물책임과 위자료청구권

「국가배상법」 제5조 제1항의 영조물의 설치. 관리상의 하자로 인한 손해가 발생한 경우 같은 법 제3조 제1항 내지 제5항의 해석상 피해자의 위자료 청구권이 반드시 배제되지 아니한다(대판 1990. 11. 13. 90다카25604).

원인책임자에 대한 구상

원고가 영조물 설치·관리상의 하자로 인하여 손해를 배상한 경우, 손해의 원인에 대하여 책임을 질 자가 따로 있으면 그 자에게 구상할 수 있는바(국가배상법 제5조 제2항), 만약 이 사건 침수사고 발생에 관하여 원고의 과실이 없고 피고 등이 전적으로 책임을 져야 하는 경우라면 원고의 배상액 전액을 피고 등에게 구상할 수 있다(대판 2012. 3. 15. 2011다52727).

국가배상법 제2조와 제5조의 경합

「도로교통법」 제3조 제1항은 특별시장·광역시장 또는 시장·군수(광역시의 군수를 제외)는 도로에서의 위험을 방지하고 교통의 안전과 원활한 소통을 확보하기 위하여 필요하다고 인정하는 때에는 신호기 및 안전표지를 설치하고 이를 관리하여야 하도록 규정하고, 도로교통법 시행령 제71조의2 제1항 제1호는 특별시장·광역시장이 위 법률규정에 의한 신호기 및 안전표지의 설치·관리에 관한 권한을 지방경찰청장에게 위임하는 것으로 규정하고 있는바, 이와 같이 행정권한이 기관위임된 경우 권한을 위임받은 기관은 권한을 위임한 기관이 속하는 지방자치단체의 산하 행정기관의 지위에서 그 사무를 처리하는 것이므로 사무귀속의 주체가 달라진다고 할 수 없고, 따라서 권한을 위임받은 기관 소속의 공무원이 위임사무처리에 있어 고의 또는 과실로 타인에게 손해를 가하였거나 위임사무로 설치·관리하는 영조물의 하자로 타인에게 손해를 발생하게 한 경우에는 권한을 위임한 관청이 소속된 지방자치단체가 국가배상법 제2조 또는

제5조에 의한 배상책임을 부담하고, 권한을 위임받은 관청이 속하는 지방자치단체 또는 국가가 국가배상법 제2조 또는 제5조에 의한 배상책임을 부담하는 것이 아니므로, 지방자치단체장이 교통신호기를 설치하여 그 관리권한이 「도로교통법」 제71조의2 제1항의 규정에 의하여 관할 지방경찰청장에게 위임되어 지방자치단체 소속 공무원과 지방경찰청 소속 공무원이 합동근무하는 교통종합관제센터에서 그 관리업무를 담당하던 중 위 신호기가 고장난 채 방치되어 교통사고가 발생한 경우, 「국가배상법」 제2조 또는 제5조에 의한 배상책임을 부담하는 것은 지방경찰청장이 소속된 국가가 아니라, 그 권한을 위임한 지방자치단체장이 소속된 지방자치단체라고 할 것이나, 한편 「국가배상법」 제6조 제1항은 같은 법 제2조, 제3조 및 제5조의 규정에 의하여 국가 또는 지방자치단체가 손해를 배상할 책임이 있는 경우에 공무원의 선임·감독 또는 영조물의 설치·관리를 맡은 자와 공무원의 봉급·급여 기타의 비용 또는 영조물의 설치·관리의 비용을 부담하는 자가 동일하지 아니한 경우에는 그 비용을 부담하는 자도 손해를 배상하여야 한다고 규정하고 있으므로 교통신호기를 관리하는 지방경찰청장 산하 경찰관들에 대한 봉급을 부담하는 국가도 「국가배상법」 제6조 제1항에 의한 배상책임을 부담한다(대판 1999. 6. 25. 99다11120).

4. 비용부담자의 배상책임

(1) 국가배상법 제6조 제1항

「국가배상법」 제6조 제1항의 비용부담자의 의미에 관하여 견해가 대립한다.

① **실질적 비용부담자설**: 궁극적으로 경제적 손실을 입는 자, 즉 실질적 비용부담자를 「국가배상법」 제6조 제1항의 비용부담자로 파악하는 견해이다. 이 견해에 의하면 기관위임사무의 경우 권한위임의 법리에 따라 위임자가 비용의 실질적 부담자가 되기 때문에, 비용부담자로서의 책임을 위임자가 진다.

② **형식적 비용부담자설**: 대외적으로 사무에 필요한 비용을 지출하는 자, 즉 형식적 비용부담자를 「국가배상법」 제6조 제1항의 비용부담자로 파악하는 견해이다. 비용부담자와 사무의 귀속주체는 일치하는 것이 보통이지만 기관위임사무의 경우에는 사무의 귀속주체와 형식적 비용부담자가 일치하지 않기 때문에, 이하는 비용부담자로서의 책임을 형식적 비용부담자인 수임자가 진다는 견해이다.

③ **병존설**: 실질적 비용부담자와 형식적 비용부담자 모두 「국가배상법」 제6조 제1항의 비용부담자에 해당한다는 견해이다. 비용부담의 문제는 외부의 피해자가 쉽게 알기 어려운

바, 이에 따라 피해자의 권리구제가 영향을 받는 것은 바람직하지 않으므로 피해자보호의 측면에서 이 견해가 타당하다.

국가배상법 제6조 제1항의 비용부담자의 의미

「국가배상법」 제6조 제1항 소정의 공무원의 봉급, 급여 기타의 비용이란 공무원의 인건비만을 가리키는 것이 아니라 당해 사건에 필요한 일체의 경비를 의미한다고 할 것이고, 적어도 대외적으로 그러한 경비를 부담하는 자는 경비의 실질적 궁극적 부담자가 아니더라도 그러한 경비를 부담하는 자에 포함된다. 지방자치단체의 장이 기관위임된 국가행정사무를 처리하는 경우 그에 소요되는 경비의 실질적·궁극적 부담자는 국가라고 하더라도 당해 지방자치단체는 국가로부터 내부적으로 교부된 금원으로 그 사무에 필요한 경비를 대외적으로 지출하는 자이므로, 이러한 경우 지방자치단체는 「국가배상법」 제6조 제1항 소정의 비용부담자로서 공무원의 불법행위로 인한 손해배상책임이 있다(대판 1994. 12. 9. 94다38137).[22]

기관위임사무인 경우

교통신호기를 관리하는 지방경찰청장 산하 경찰관들에 대한 봉급을 부담하는 국가도 「국가배상법」 제6조 제1항에 의한 배상책임을 부담한다(대판 1999. 6. 25. 99다11120).

도로관리사무가 기관위임된 경우

① 여의도광장의 관리청이 본래 서울특별시장이라 하더라도 그 관리사무의 일부가 영등포구청장에게 위임되었다면, 그 위임된 관리사무에 관한 한 여의도광장의 관리청은 영등포구청장이 되고, 같은 법 제56조에 의하면 도로에 관한 비용은 건설부장관이 관리하는 도로 이외의 도로에 관한 것은 관리청이 속하는 지방자치단체의 부담으로 하도록 되어 있어 여의도광장의 관리비용부담자는 그 위임된 관리사무에 관한 한 관리를 위임받은 영등포구청장이 속한 영등포구가 되므로, 영등포구는 여의도광장에서 차량진입으로 일어난 인신사고에 관하여 「국가배상법」 제6조 소정의 비용부담자로서의 손해배상책임이 있다(대판 1995. 2. 24. 94다57671).

② 도로의 유지·관리에 관한 상위 지방자치단체장의 행정권한이 행정권한위임조례에

22 본 판례에 대해 형식적 비용부담자설을 취한다고 평가하는 견해도 있고, 병존설을 취한다고 평가하는 견해도 있다.

의하여 하위 지방자치단체장에게 위임되었다면 사무귀속의 주체는 상위 지방자치단체장이라 하더라도 권한을 위임받은 하위 지방자치단체장이 도로의 관리청이 되고 위임관청은 사무처리의 권한을 잃는 것이므로, 권한을 위임받은 도로의 관리청이 속하는 지방자치단체가 그 도로의 관리·유지를 위하여 하는 점유가 점유보조자의 지위에서 하는 점유라고 할 수 없다(대판 1999. 4. 23. 98다61562).

(2) 국가배상법 제6조 제2항

「국가배상법」 제6조 제2항은 “손해를 배상한 자는 내부관계에서 그 손해를 배상할 책임이 있는 자에게 구상할 수 있다”고만 규정함으로써 사무의 귀속주체인 관리자와 비용부담자 중에서 누가 최종적·궁극적 배상책임자인지에 대해서 밝히지 않고 있는데, 「국가배상법」은 최종적인 배상책임자가 누구인가의 문제를 학설·판례에 맡기고 있다고 볼 수 있다. 이에 대해 관리자설, 비용부담자설, 기여도설 등의 견해대립이 있으며, 관리자설이 다수설이다. 관리자설에 따르면, 원칙적인 책임은 사무의 귀속주체에 있고, 비용부담자는 피해자 보호라는 차원에서 정책적으로 외부적 책임을 지는 것이므로 궁극적 책임자를 사무의 귀속주체인 관리자로 본다. 따라서 비용부담자가 피해자에게 배상을 한 경우라면 비용부담자는 자신이 배상한 금액을 관리자에게 구상할 수 있다고 본다.

공동의 불법행위가 있는 경우에는 손해발생에 기여한 정도에 따라 각자가 분담하여 궁극적 책임을 진다

① 시가 국도의 관리상 비용부담자로서 책임을 지는 것은 국가배상법이 정한 자신의 고유한 배상책임이므로 도로의 하자로 인한 손해에 대하여 시는 부진정연대채무자인 공동불법행위자와의 내부관계에서 배상책임을 분담하는 관계에 있으며 「국가배상법」 제6조 제2항의 규정은 도로의 관리주체인 국가와 그 비용을 부담하는 경제주체인 시 상호간에 내부적으로 구상의 범위를 정하는데 적용될 뿐 이를 들어 구상권자인 공동불법행위자에게 대항할 수 없다(대판 1993. 1. 26. 92다2684).[23]

② 원래 광역시가 점유·관리하던 일반국도 중 일부 구간의 포장공사를 국가가 대행하

23 대법원은 「국가배상법」 제6조 제2항의 ‘내부관계에서 손해를 배상할 책임이 있는 자’에 대해 분명한 입장을 밝히고 있지 않지만, 판시의 내용을 볼 때 국가와 지방자치단체의 궁극적 책임의 범위는 각자의 손해발생에 대한 기여도에 따라 결정된다는 태도를 취하는 것으로 평가된다.

여 광역시에 도로의 관리를 이관하기 전에 교통사고가 발생한 경우, 광역시는 그 도로의 점유자 및 관리자, 「도로법」 제56조, 제55조, 도로법 시행령 제30조에 의한 도로관리비용 등의 부담자로서의 책임이 있고, 국가는 그 도로의 점유자 및 관리자, 관리사무귀속자, 포장공사비용 부담자로서의 책임이 있다고 할 것이며, 이와 같이 광역시와 국가 모두가 도로의 점유자 및 관리자, 비용부담자로서의 책임을 중첩적으로 지는 경우에는, 광역시와 국가 모두가 「국가배상법」 제6조 제2항 소정의 궁극적으로 손해를 배상할 책임이 있는 자라고 할 것이고, 결국 광역시와 국가의 내부적인 부담 부분은, 그 도로의 인계·인수 경위, 사고의 발생 경위, 광역시와 국가의 그 도로에 관한 분담비용 등 제반 사정을 종합하여 결정함이 상당하다(대판 1998. 7. 10. 96다42819).[24]

Ⅳ. 국가배상청구절차

1. 행정절차에 의한 손해배상청구

구 국가배상법 제16조에 대한 헌법재판소의 위헌결정

이 사건 심판대상조항부분은 국가배상에 관한 분쟁을 신속히 종결·이행시키고 배상결정에 안정성을 부여하여 국고의 손실을 가능한 한 경감하려는 입법목적을 달성하기 위하여 동의된 배상결정에 재판상의 화해의 효력과 같은, 강력하고도 최종적인 효력을 부여하여 재심의 소에 의하여 취소 또는 변경되지 않는 한 그 효력을 다툴 수 없도록 하고 있는바, 사법절차에 준한다고 볼 수 있는 각종 중재·조정절차와는 달리 배상결정절차에 있어서는 심의회의 제3자성·독립성이 희박한 점, 심의절차의 공정성·신중성도 결여되어 있는 점, 심의회에서 결정되는 배상액이 법원의 그것보다 하회하는 점 및 부제소합의의 경우와는 달리 신청인의 배상결정에 대한 동의에 재판청구권을 포기할 의사까지 포함되는 것으로 볼 수도 없는 점을 종합하여 볼 때, 이는 신청인의 재판청구권을 과도하게 제한하는 것이어서 「헌법」 제37조 제2항에서 규정하고 있는 기본권 제한입법에 있어서의 과잉입법금지의 원칙에 반할 뿐 아니라, 권력을 입법·행정 및 사법 등으로 분립한 뒤 실질적 의미의 사법작용인 분쟁해결에 관한 종국적인 권한은 원칙

24 기여도설에 입각한 것으로 평가되는 판례. 본 판례는 국가, 지방자치단체가 모두 점유자, 관리자, 비용부담자로서의 책임을 중첩적으로 지는 예외적인 경우로서 일반화하기는 어려울 것이라는 평가도 있다.

적으로 이를 헌법과 법률에 의한 법관으로 구성되는 사법부에 귀속시키고 나아가 국민에게 그러한 법관에 의한 재판을 청구할 수 있는 기본권을 보장하고자 하는 헌법의 정신에도 충실하지 못한 것이다(헌재결 1995. 5. 25. 91헌가7).[25]

2. 사법절차에 의한 손해배상청구

국가에 대한 가집행선고
「소송촉진 등에 관한 특례법」 제6조 제1항 중 단서 부분은 재산권과 신속한 재판을 받을 권리의 보장에 있어서 합리적 이유없이 소송당사자를 차별하여 국가를 우대하고 있는 것이므로 「헌법」 제11조 제1항에 위반된다(헌재결 1989. 1. 25. 88헌가7).[26]

제 2 절 행정상 손실보상

Ⅰ. 서 설

1. 의 의

행정상 손실보상이란 공공필요에 의한 적법한 공권력행사로 인하여 사인에게 가해진 재산상의 특별한 희생에 대하여 재산권의 보장과 공평부담의 견지에서 행정주체가 행하는 조절적인 보상을 말한다.

2. 구별개념

재산권의 내용과 한계와 수용의 구별
① 「도시정비법」 제65조 제2항 전단은 재산권의 법률적 수용이라는 법적 외관을 가지고 있으나 그 실질은 정비기반시설의 설치와 그 비용부담자 등에 관하여 규율하는

25 구 「국가배상법」 제16조 중 "심의회의 배상결정은 신청인이 동의한 때에는 민사소송법의 규정에 의한 재판상의 화해가 성립된 것으로 본다"라는 부분은 위헌결정을 받아 효력을 상실하여, 국가배상법에서 삭제되었다.

26 본 헌법재판소 결정 이후 「소송촉진 등에 관한 특례법」은 1990년에 개정되어 국가에 대하여 가집행선고를 할 수 있게 되었다.

것으로, 그 규율형식의 면에서 정비사업의 시행으로 새로이 설치된 정비기반시설과 그 부지를 '개별적이고 구체적으로' 박탈하려는 데 본질이 있는 것이 아니라, 해당 정비기반시설과 그 부지의 소유관계를 '일반적이고 추상적으로' 규율하고자 한 것이고, 그 규율목적의 면에서도 사업시행자의 정비기반시설에 대한 재산권을 박탈·제한함에 본질이 있는 것이 아니라, 사업지구 안의 정비기반시설의 소유관계를 정함으로써 사업시행자의 지위를 장래를 향하여 획일적으로 확정하고자 하는 것이므로, 재산권의 내용과 한계를 정한 것으로 이해함이 타당하다(헌재결 2012. 7. 16. 2011헌마169 참조). 따라서 「도시정비법」 제65조 제2항 전단에 따른 정비기반시설의 소유권 귀속은 「헌법」 제23조 제3항의 수용에 해당하지 않고, 이 사건 법률조항이 그에 대한 보상의 의미를 가지는 것도 아니므로, 그 위헌 여부에 관하여 정당한 보상의 원칙에 위배되는지는 문제되지 않는다(헌재결 2013. 10. 24. 2011헌바355).

② 심판대상조항(도로법 제3조)은 도로관리청이 「도로법」 또는 구 「도시계획법」 등 근거 법률이 정하는 절차에 따라 개설한 도로의 경우 토지의 소유권 등 사법상 권원을 취득하였는지를 불문하고 소유자의 도로부지 인도청구 등을 불허하여(대판 1999. 11. 26. 99다40807; 대판 1999. 12. 28. 99다39227, 39234 참조) 도로개설행위에 의하여 제한된 재산권의 상태를 유지하는 규정이다. 따라서 심판대상조항은 이미 형성된 구체적인 재산권을 공익을 위하여 개별적·구체적으로 박탈하거나 제한하는 것으로서 보상을 요하는 「헌법」 제23조 제3항의 수용·사용 또는 제한을 규정한 것이라고 할 수는 없고, 「헌법」 제23조 제1항 및 제2항에 따라 도로부지 등에 관한 재산권의 내용과 한계를 규정한 것이라고 보아야 한다(헌재결 2013. 10. 24. 2012헌바376).

3. 손실보상청구권의 법적 성질

(1) 공권설

행정상의 손실보상청구권은 적법한 공권력 행사로 개인이 입은 특별한 희생에 대한 전보를 위해 인정되는 것이므로 공권이라는 견해이다. 이 견해에 의하면 손실보상청구소송은 행정소송인 당사자소송에 의하게 된다. 다수설의 입장이고, 최근 전원합의체 판결의 태도이다.

(2) 사권설

행정상의 손실보상청구권의 법적 성질을 사권으로 보는 견해로서, 손실보상의 원인이 공법적인 것이라 하더라도, 그에 대한 보상은 순수한 재산관계에 불과하다고 본다. 이 견해에 의하면 손실보상청구소송은 민사소송에 의하게 된다. 종래 판례의 태도이다.

(3) 판 례

행정상의 손실보상청구권의 법적 성질을 사권으로 보던 종래 대법원 판례

① 징발보상청구권은 사법상의 권리이므로 바로 민사소송으로써 이를 청구할 수 있고 그 보상은 정당한 보상(객관적인 가치의 완전한 보상)을 하여야 한다(대판 1969. 12. 30. 69다9).

② 「하천법」 부칙 제2조 제1항에 근거한 손실보상청구소송은 민사소송으로서 그 청구에 관하여는 관리청이 속하는 권리주체인 국가나 지방자치단체를 피고로 삼아야 한다(대판 1992. 10. 9. 92다25533).

③ 제외지 안의 토지가 국유로 됨으로써 「하천법」 부칙 제2조 제1항에 의하여 발생하는 손실보상청구권은 그 성질이 사법상의 권리로서 그 손실보상금 청구의 소는 민사소송으로 제기하여야 한다(대판 1996. 1. 26. 94누12050).

④ 면허·허가 또는 신고한 어업에 대한 처분으로 인하여 손실을 입은 자는 처분을 한 행정관청 또는 그 처분을 요청한 행정관청이 속한 권리주체인 지방자치단체 또는 국가를 상대로 민사소송으로 손실보상금지급청구를 할 수 있고, 이러한 법리는 농어촌진흥공사가 농업을 목적으로 하는 매립 또는 간척사업을 시행함으로 인하여 같은 법 제44조의 규정에 의한 어업의 신고를 한 자가 더 이상 신고한 어업에 종사하지 못하게 되어 손실을 입은 경우에도 같이 보아야 한다(대판 2000. 5. 26. 99다37382).

하천법상 손실보상청구를 공법적 권리로 보면서 행정소송법상 당사자소송의 대상이 된다고 판시한 최근 전원합의체 판결

[1] 「하천법」 규정들에 의한 손실보상청구권은 모두 종전의 「하천법」 규정 자체에 의하여 하천구역으로 편입되어 국유로 되었으나 그에 대한 보상규정이 없었거나 보상청구권이 시효로 소멸되어 보상을 받지 못한 토지들에 대하여, 국가가 반성적 고려와 국민의 권리구제 차원에서 그 손실을 보상하기 위하여 규정한 것으로서, 그 법적 성질은 「하천법」 본칙이 원래부터 규정하고 있던 하천구역에의 편입에 의한 손실보상청구권과 하등 다를 바가 없는 것이어서 공법상의 권리임이 분명하므로 그에 관한 쟁송도 행정소송절차에 의하여야 한다.

[2] 「하천법」 규정들에 의한 손실보상청구권은 1984. 12. 31. 전에 토지가 하천구역으로 된 경우에는 당연히 발생되는 것이지, 관리청의 보상금지급결정에 의하여 비로

소 발생하는 것은 아니므로, 위 규정들에 의한 손실보상금의 지급을 구하거나 손실보상청구권의 확인을 구하는 소송은 「행정소송법」 제3조 제2호 소정의 당사자소송에 의하여야 한다(대판 2006. 5. 18. 2004다6207 전원합의체).

구 공익사업을 위한 토지 등의 취득 및 보상에 관한 법률에 따른 사업폐지 등에 대한 보상청구권에 관한 쟁송형태(=행정소송)

구 「공익사업을 위한 토지 등의 취득 및 보상에 관한 법률」 제79조 제2항, 공익사업을 위한 토지 등의 취득 및 보상에 관한 법률 시행규칙 제57조에 따른 사업폐지 등에 대한 보상청구권은 공익사업의 시행 등 적법한 공권력의 행사에 의한 재산상 특별한 희생에 대하여 전체적인 공평부담의 견지에서 공익사업의 주체가 손해를 보상하여 주는 손실보상의 일종으로 공법상 권리임이 분명하므로 그에 관한 쟁송은 민사소송이 아닌 행정소송절차에 의하여야 한다(대판 2012. 10. 11. 2010다23210).

Ⅱ. 손실보상의 근거

1. 이론적 근거

손실보상은 공공사업의 시행과 같이 적법한 공권력의 행사로 가하여진 재산상의 특별한 희생에 대하여 전체적인 공평부담의 견지에서 인정되는 것이므로, 공공사업의 시행으로 손해를 입었다고 주장하는 자가 보상을 받을 권리를 가졌는지의 여부는 해당 공공사업의 시행 당시를 기준으로 판단하여야 한다(대판 2013. 6. 14. 2010다9658).

2. 실정법적 근거

(1) 헌법적 근거

헌법 제23조 제3항의 성격

「헌법」 제23조 제3항은 "공공필요에 의한 재산권의 수용·사용 또는 제한 및 그에 대한 보상은 법률로써 하되, 정당한 보상을 지급하여야 한다"라고 규정하고 있는바, 이 헌법의 규정은 보상청구권의 근거에 관하여서뿐만 아니라 보상의 기준과 방법에 관하여서도 법률의 규정에 유보하고 있는 것으로 보아야 하고, 위 구 토지수용법과 지가공시법의 규정들은 바로 헌법에서 유보하고 있는 그 법률의 규정들로 보아야 할 것이다 (대판 1993. 7. 13. 93누2131).

(2) 법률적 근거

공용침해는 법률상의 근거가 있어야 한다. 행정상 손실보상에 관한 일반법은 없고, 각 개별법에서 이를 규정하고 있다.

3. 보상규정이 흠결된 경우의 효과(헌법 제23조 제3항의 해석)

(1) 방침규정설

「헌법」 제23조 제3항은 규범적 효력이 없고 단지 입법자에 대한 입법방침에 불과하므로, 개별법률에 보상규정이 없다면 국민은 수인할 수밖에 없다는 견해이다. 손실보상에 관한 헌법규정을 입법의 방침을 정한 것에 불과한 프로그램규정으로 보고 있다. 따라서 법률에서 손실보상규정을 두지 않은 경우 「헌법」 제23조 제3항에 근거하여 손실보상청구를 할 수는 없다고 한다. 현재 우리나라에 이 입장을 취하는 학자는 없다.

(2) 위헌무효설

「헌법」 제23조 제3항은 공용침해의 경우 그에 대한 보상규정을 두도록 규정하고 있으므로, 법률에 재산권을 침해하는 규정은 있으나 그에 대한 보상규정을 두지 않은 법률은 「헌법」 제23조 제3항에 반하는 위헌·무효인 법률이고, 그 위헌·무효인 법률에 근거한 공용침해 행위는 위법한 행위가 된다. 따라서 재산권을 침해받은 자는 취소소송과 국가배상을 청구할 수 있다는 견해이다. 위헌무효설은 입법자에 대한 직접효력설이라 부르기도 한다.

(3) 직접효력설

「헌법」 제23조 제3항은 재산권을 침해당한 국민에 대해서 직접적인 규범적 효력을 가지므로 법률에 보상규정이 없더라도, 「헌법」 제23조 제3항을 직접적인 근거로 손실보상의 청구가 가능하다는 견해이다. 직접효력설에 의하면 재산권의 침해를 당한 국민은 헌법규정에 의하여 직접 정당한 보상청구를 할 수 있다. 이 견해는 「헌법」 제23조 제3항이 법률에 유보한 것은 보상의 구체적 내용이나 방법뿐이라고 보고, 손실보상청구권 자체는 「헌법」 제23조 제3항에 의해 직접 발생한다고 보는 것이다.

(4) 유추적용설(간접효력설)

보상규정이 없는 법률에 근거한 공용침해를 수용에 유사한 침해(수용유사적 침해)로 보아「헌법」제23조 제1항(재산권보장 규정) 및 제11조(평등원칙)를 근거로 하여「헌법」제23조 제3항(정당한 보상 규정) 및 기타 관련법규의 보상규정을 유추적용하여 손실보상청구를 할 수 있다고 보는 견해이다. 독일의 수용유사침해이론에 근거를 둔 이론이다.

(5) 결 어

재산권을 침해하는 규정을 두면서 그에 대한 보상규정을 두지 않은 것은 보상규정을 두도록 규정하고 있는「헌법」제23조 제3항에 반하는 것이므로 위헌무효설이 타당하다. 직접효력설은 문리해석에 반하고, 법원이 입법권을 대신 행사하게 되어 권력분립원칙에도 반하는 문제가 있다. 유추적용설은 재산권의 존속보호를 규정하는「헌법」제23조 제1항을 근거로 손실보상청구권을 인정하는바, 이것이 문제로 지적된다. 위법행위라고 하면서 적법행위에 대한 규정을 유추적용하는 것은 논리적으로 타당하지 않기 때문이다.

유추적용설을 따른 대법원 판례

① 「하천법」에 의하면 제외지는 하천구역에 속하는 토지로서 법률의 규정에 의하여 당연히 그 소유권이 국가에 귀속된다고 할 것인데 동법에서는 국유화가 된 제외지의 소유자에 대하여 그 손실을 보상한다는 직접적인 보상규정을 둔 바가 없으나, 동법 제74조의 손실보상요건에 관한 규정은 보상사유를 제한적으로 열거한 것이라기보다는 예시적으로 열거하고 있으므로 국유로 된 제외지의 소유자에 대하여는 위 법조를 유추적용하여 관리청은 그 손실을 보상하여야 한다(대판 1987. 7. 21. 84누126).

② 행정주체의 행정행위를 신뢰하여 그에 따라 재산출연이나 비용지출 등의 행위를 한 자가 그 후에 공공필요에 의하여 수립된 적법한 행정계획으로 인하여 재산권행사가 제한되고 이로 인한 공공사업의 시행 결과 공공사업시행지구 밖에서 발생한 간접손실에 관하여 그 피해자와 사업시행자 사이에 협의가 이루어지지 아니하고, 그 보상에 관한 명문의 근거 법령이 없는 경우라고 하더라도,「헌법」제23조 제3항 및 구「토지수용법」등의 개별 법률의 규정, 구「공공용지의 취득 및 손실보상에 관한 특례법」제3조 제1항 및 같은 법 시행규칙 제23조의2 내지 7 등의 규정 취지에 비추어 보면, 공공사업의 시행으로 인하여 그러한 손실이 발생하리라는 것을 쉽게 예견할 수 있고, 그 손실의 범위도 구체적으로 이를 특정할 수 있는 경우에는

그 손실의 보상에 관하여 구 공공용지의 취득 및 손실보상에 관한 특례법 시행규칙의 관련 규정 등을 유추적용할 수 있다(대판 2004. 9. 23. 2004다25581).

③ 어업허가는 일정한 종류의 어업을 일반적으로 금지하였다가 일정한 경우 이를 해제하여 주는 것으로서 어업면허에 의하여 취득하게 되는 어업권과는 그 성질이 다른 것이기는 하나, 어업허가를 받은 자가 그 허가에 따라 해당 어업을 함으로써 재산적인 이익을 얻는 면에서 보면 어업허가를 받은 자의 해당 어업을 할 수 있는 지위는 재산권으로 보호받을 가치가 있고, 「수산업법」이 1990. 8. 1. 개정되기 이전까지는 어업허가의 취소·제한·정지 등의 경우에 이를 보상하는 규정을 두고 있지 않았지만, 1988. 4. 25. 공공용지의 취득 및 손실보상에 관한 특례법 시행규칙이 개정되면서 그 제25조의2에 허가어업의 폐지·휴업 또는 피해에 대한 손실의 평가규정이 마련되었고, 공공필요에 의한 재산권의 수용·사용 또는 제한 및 그에 관한 보상은 법률로써 하되 정당한 보상을 지급하여야 한다는 「헌법」 제23조 제3항, 면허어업권자 내지는 입어자에 관한 손실보상을 규정한 구 「공유수면매립법」 제16조, 공공사업을 위한 토지 등의 취득 또는 사용으로 인하여 토지 등의 소유자가 입은 손실은 사업시행자가 이를 보상하여야 한다는 「공공용지의 취득 및 손실보상에 관한 특례법」 제3조 제1항의 각 규정 취지를 종합하여 보면, 적법한 어업허가를 받고 허가어업에 종사하던 중 공유수면매립사업의 시행으로 피해를 입게 되는 어민들이 있는 경우 그 공유수면매립사업의 시행자로서는 위 구 공공용지의 취득 및 손실보상에 관한 특례법 시행규칙 제25조의2의 규정을 유추적용하여 위와 같은 어민들에게 손실보상을 하여 줄 의무가 있다(대판 1999. 11. 23. 98다11529).

손실보상의 규정을 두지 아니하였다 하여 헌법에 위배되는 것으로 볼 수 없고, 헌법 제23조 제3항에 근거하여 손실보상을 청구할 수 없다고 본 판례

「도시계획법」 제21조의 규정에 의하여 개발제한구역 안에 있는 토지의 소유자는 재산상의 권리행사에 많은 제한을 받게 되고 그 한도 내에서 일반 토지소유자에 비하여 불이익을 받게 됨은 명백하지만, '도시의 무질서한 확산을 방지하고 도시 주변의 자연환경을 보전하여 도시민의 건전한 생활환경을 확보하기 위하여 또는 국방부장관의 요청이 있어 보안상 도시의 개발을 제한할 필요가 있다고 인정되는 때'(도시계획법 제21조 제1항)에 한하여 가하여지는 위와 같은 제한으로 인한 토지소유자의 불이익은 공공의 복리를 위하여 감수하지 아니하면 안 될 정도의 것이라고 인정되므로, 이에 대하여 손실보상의 규정을 두지 아니하였다 하여 「도시계획법」 제21조의 규정을 「헌법」 제23조 제3항, 제11조 제1항 및 제37조 제2항에 위배되는 것으로 볼 수 없다. 따라서 이 사건 토지가 도시계획법 제21조에 의하여 개발제한구역으로 지정되었다고 하더라도 「헌법」 제23조 제3항에 근거하여 손실보상을 청구할 수는 없는 것이다(대판 1996. 6. 28. 94다54511).

손실보상을 하여야 한다는 규정이 본법에 없어도 법리상 손실보상을 인정한 판례
토지구획정리사업으로 말미암아 본건 토지에 대한 환지를 교부하지 않고 그 소유권을 상실케 한데 대한 본건과 같은 경우에 손실보상을 하여야 한다는 규정이 본법에 없다 할지라도 이는 법리상 그 손실을 보상하여야 할 것이다(대판 1972. 11. 28. 72다1597).

이른바 분리이론을 수용하면서 보상규정을 두지 않은 것을 위헌으로 본 헌법재판소 결정례

① 해방 후 사설철도회사의 전 재산을 수용하면서 그 보상절차를 규정한 군정법령 제75호에 따른 보상절차가 이루어지지 않은 단계에서 조선철도의 통일폐지법률에 의하여 위 군정법령이 폐지됨으로써 대한민국의 법령에 의한 수용은 있었으나 그에 대한 보상을 실시할 수 있는 절차를 규정하는 법률이 없는 상태가 현재까지 계속되고 있으므로, 대한민국은 위 군정법령에 근거한 수용에 대하여 보상에 관한 법률을 제정하여야 하는 입법자의 헌법상 명시된 입법의무가 발생하였으며, 위 폐지법률이 시행된 지 30년이 지나도록 입법자가 전혀 아무런 입법조치를 취하지 않고 있는 것은 입법재량의 한계를 넘는 입법의무불이행으로서 보상청구권이 확정된 자의 헌법상 보장된 재산권을 침해하는 것이므로 위헌이다(헌재결 1994. 12. 29. 89헌마2).

② 구 「도시계획법」 제21조에 의한 재산권의 제한은 종래의 지목과 토지현황에 의한 이용방법에 따른 토지의 사용도 할 수 없거나 실질적으로 사용·수익을 전혀 할 수 없는 예외적인 경우에도 아무런 보상 없이 이를 감수하도록 하고 있는 한, 비례의 원칙에 위반되어 당해 토지소유자의 재산권을 과도하게 침해하는 것으로서 「헌법」에 위반된다. 「도시계획법」 제21조에 규정된 개발제한구역제도 그 자체는 원칙적으로 합헌적인 규정인데, 다만 개발제한구역의 지정으로 말미암아 일부 토지소유자에게 사회적 제약의 범위를 넘는 가혹한 부담이 발생하는 예외적인 경우에 대하여 보상규정을 두지 않은 것에 위헌성이 있는 것이고, 보상의 구체적 기준과 방법은

헌법재판소가 결정할 성질의 것이 아니라 광범위한 입법형성권을 가진 입법자가 입법정책적으로 정할 사항이므로, 입법자가 보상입법을 마련함으로써 위헌적인 상태를 제거할 때까지 위 조항을 형식적으로 존속케 하기 위하여 헌법불합치결정을 하는 것인바, 입법자는 되도록 빠른 시일내에 보상입법을 하여 위헌적 상태를 제거할 의무가 있고, 행정청은 보상입법이 마련되기 전에는 새로 개발제한구역을 지정하여서는 아니되며, 토지소유자는 보상입법을 기다려 그에 따른 권리행사를 할 수 있을 뿐 개발제한구역의 지정이나 그에 따른 토지재산권의 제한 그 자체의 효력을 다투거나 위 조항에 위반하여 행한 자신들의 행위의 정당성을 주장할 수는 없다(헌재결 1998. 12. 24. 89헌마214, 90헌바16, 97헌바78 병합).

Ⅲ. 행정상 손실보상의 요건

1. 적법한 공권력 행사

손실보상의 원인으로서의 개인의 재산권에 대한 침해는 법률의 근거에 의한 적법한 것이어야 한다.

2. 공용침해

손실보상은 공용침해, 즉 공공필요에 의한 재산권의 수용·사용·제한에 대한 보상이다.

공공필요를 인정한 판례

① 워커힐관광, 써비스 제공사업을 한국전쟁에서 전사한 고 워커 장군을 추모하고 외국인을 대상으로 하여 교통부 소관사업으로 행하기로 하는 정부방침 아래 교통부장관이 「토지수용법」 제3조 제1항 제3호 소정의 문화시설에 해당하는 공익사업으로 인정하고 스스로 기업자가 되어 본건토지수용의 재결신청을 하여 중앙토지수용위원회의 재결을 얻어 보상금을 지급한 사실을 인정하였음은 정당하고, 사실관계가 이렇다면 본건 수용재결은 적법유효한 것이라 할 것이다(대판 1971. 10. 22. 71다1716).

② 도시계획시설사업은 도로·철도·항만·공항·주차장 등 교통시설, 수도·전기·가스공급설비 등 공급시설과 같은 도시계획시설을 설치·정비 또는 개량하여 공공복리

를 증진시키고 국민의 삶의 질을 향상시키는 것을 목적으로 하고 있으므로, 도시계획시설사업은 그 자체로 공공필요성의 요건이 충족된다(헌재결 2011. 6. 30. 2008헌바166).

공공필요를 부정한 판례
체신보험사업의 일환으로 시행하는 체신연금 보험가입자들의 노후생활의 집건립 부지로 토지를 양도한 것이 구 「조세감면규제법」 제57조 제1항 제1호 소정의 공공사업에 필요한 토지의 양도에 해당하지 아니한다(대판 1994. 1. 11. 93누17768).

공용수용에 있어서 공익사업을 위한 필요에 대한 증명책임의 소재
공용수용은 공익사업을 위하여 특정의 재산권을 법률에 의하여 강제적으로 취득하는 것을 내용으로 하므로 그 공익사업을 위한 필요가 있어야 하고, 그 필요가 있는지에 대하여는 수용에 따른 상대방의 재산권침해를 정당화할 만한 공익의 존재가 쌍방의 이익의 비교형량의 결과로 입증되어야 하며, 그 입증책임은 사업시행자에게 있다(대판 2005. 11. 10. 2003두7507).

3. 재산권에 대한 침해

재산권 보장과 사회적 기속성
「헌법」은 "모든 국민의 재산권은 보장된다. 그 내용과 한계는 법률로 정한다", "재산권의 행사는 공공복리에 적합하도록 하여야 한다"(제23조 제1항, 제2항)고 규정함으로써 재산권은 법률로써 규제될 수 있고, 그 행사 또한 일정한 제약을 받을 수 있다는 것을 밝히고 있다. 재산권이 법질서 내에서 인정되고 보호받기 위해서는 입법자에 의한 형성을 필요로 한다. 즉, 재산권은 이를 구체적으로 형성하는 법이 없을 경우에는 재산에 대한 사실상의 지배만 있을 뿐이므로 다른 기본권과는 달리 그 내용이 입법자에 의하여 법률로 구체화됨으로써 비로소 권리다운 모습을 갖추게 된다. 입법자는 재산권의 내용을 구체적으로 형성함에 있어서 헌법상의 재산권 보장(헌법 제23조 제1항 제1문)과 재산권의 제한을 요청하는 공익 등 재산권의 사회적 기속성(헌법 제23조 제2항)을 함께 고려하고 조정하여 양 법익이 조화와 균형을 이루도록 하여야 한다(헌재결 2013. 10. 24. 2012헌바376).

손실보상의 대상이 되는 재산권에는 채권도 포함된다

어느 토지가 「하천법」 제74조 소정의 처분이나 하천공사로 말미암아 하천 또는 제방이 되어 국가에 귀속하게 된 경우에 있어서, 그 토지 위에 담보권을 가지고 있던 자가 담보권을 상실하게 되어, 그 때문에 채권의 만족을 얻을 수 없게 되었다면, 이는 「하천법」 제74조 소정의 처분이나 하천공사로 말미암아 손실을 입은 경우에 해당함이 명백하므로 담보권자 또한 그 손실을 보상받기 위하여 스스로 재결을 신청할 수 있다 할 것이다(대판 1989. 6. 13. 88누5495).

자연·문화적인 학술가치는 손실보상의 대상이 될 수 없다

문화적, 학술적 가치는 특별한 사정이 없는 한 그 토지의 부동산으로서의 경제적, 재산적 가치를 높여 주는 것이 아니므로 「토지수용법」 제51조 소정의 손실보상의 대상이 될 수 없으니, 이 사건 토지가 철새 도래지로서 자연·문화적인 학술가치를 지녔다 하더라도 손실보상의 대상이 될 수 없다(대판 1989. 9. 12. 88누11216).

4. 특별한 희생

재산권 침해에 대한 손실보상의 여부는 어느 하나의 견해에 의하지 않고, 형식적 기준설, 실질적 기준설을 종합·절충하여 특별한 희생인지의 여부를 판단하여야 한다는 것이 우리의 통설이다.

목적위배설[27]의 입장을 반영한 것으로 평가되는 헌법재판소 결정례

개발제한구역의 지정으로 종래의 지목과 토지현황에 의한 이용방법에 따른 토지의 사용도 할 수 없거나 실질적으로 사용·수익을 전혀 할 수 없는 경우에도 아무런 보상없이 이를 감수하도록 하는 것은 헌법에 위반된다(헌재결 1998. 12. 24. 89헌마214).

27 목적위배설은 재산권에 대한 침해행위가 재산권 본래의 기능 또는 목적에 위배되는 경우에 특별한 희생에 해당한다고 보는 견해이다.

상황구속성설[28]의 입장을 반영한 것으로 평가되는 헌법재판소 결정례

구 「국토이용관리법」 제21조의3 제1항의 토지거래허가제는 사유재산제도의 부정이 아니라 그 제한의 한 형태이고 토지의 투기적 거래의 억제를 위하여 그 처분을 제한함은 부득이한 것이므로 재산권의 본질적인 침해가 아니며, 「헌법」상의 경제조항에도 위배되지 아니하고 현재의 상황에서 이러한 제한수단의 선택이 「헌법」상의 비례의 원칙이나 과잉금지의 원칙에 위배된다고 할 수도 없다(헌재결 1989. 12. 22. 88헌가13).

상황구속성설의 입장을 반영한 것으로 평가되는 대법원 판례

「도시계획법」 제21조의 규정에 의하여 개발제한구역 안에 있는 토지의 소유자는 재산상의 권리행사에 많은 제한을 받게 되고 그 한도 내에서 일반 토지소유자에 비하여 불이익을 받게 됨은 명백하지만, '도시의 무질서한 확산을 방지하고 도시주변의 자연환경을 보전하여 도시민의 건전한 생활환경을 확보하기 위하여 또는 국방부장관의 요청이 있어 보안상 도시의 개발을 제한할 필요가 있다고 인정되는 때'(도시계획법 제21조 제1항)에 한하여 가하여지는 그와 같은 제한으로 인한 토지소유자의 불이익은 공공의 복리를 위하여 감수하지 아니하면 안 될 정도의 것이라고 인정되므로, 그에 대하여 손실보상의 규정을 두지 아니하였다하여 「도시계획법」 제21조의 규정을 「헌법」 제23조 제3항, 제11조 제1항 및 제37조 제2항에 위배되는 것으로 볼 수 없다(대판 1996. 6. 28. 94다54511).

공공용물에 대한 일반사용이 적법한 개발행위로 제한됨으로 인한 불이익은 손실보상의 대상이 되는 특별한 손실에 해당한다고 할 수 없다

일반 공중의 이용에 제공되는 공공용물에 대하여 특허 또는 허가를 받지 않고 하는 일반사용은 다른 개인의 자유이용과 국가 또는 지방자치단체 등의 공공목적을 위한 개발 또는 관리·보존행위를 방해하지 않는 범위 내에서만 허용된다 할 것이므로, 공공용물에 관하여 적법한 개발행위 등이 이루어짐으로 말미암아 이에 대한 일정범위의 사람들의 일반사용이 종전에 비하여 제한받게 되었다 하더라도 특별한 사정이 없는 한 그로 인한 불이익은 손실보상의 대상이 되는 특별한 손실에 해당한다고 할 수 없다(대판 2002. 2. 26. 99다35300).

28 상황구속성설은 주로 토지의 이용제한과 관련하여 성립된 것으로서, 같은 토지라도 토지가 놓여 있는 위치·상황에 따라서 이용제한을 받는 것은 사회적 제약에 지나지 않는다고 보는 견해이다.

Ⅳ. 행정상 손실보상의 기준

1. 헌법상 보상기준

「헌법」 제23조 제3항의 '정당한 보상'을 통설·판례는 완전보상으로 본다.

헌법 제23조 제3항의 정당한 보상의 의미

① 「헌법」 제23조 제3항이 규정하는 정당한 보상이란 원칙적으로 피수용재산의 객관적인 재산가치를 완전하게 보상하는 것이어야 한다는 완전보상을 의미한다(헌재결 1995. 4. 20. 93헌바20; 대판 2001. 9. 25. 2000두2426).

② 「헌법」 제23조 제3항에 규정된 "정당한 보상"이란 원칙적으로 수용되는 재산의 객관적인 재산가치를 완전하게 보상하여야 한다는 이른바 "완전보상"을 뜻하는데, 토지의 경우에는 그 특성상 인근 유사토지의 거래가격을 기준으로 하여 그 가격형성에 미치는 제 요소를 종합적으로 고려한 합리적 조정을 거쳐서 객관적인 가치를 평가할 수밖에 없다(헌재결 2010. 2. 25. 2008헌바6).

2. 법률상 보상기준

공익사업을 위한 토지수용의 경우 부동산 가격공시 및 감정평가에 관한 법률이 정한 공시지가를 기준으로 보상하도록 하는 구 공익사업을 위한 토지 등의 취득 및 보상에 관한 법률 제70조 제1항(이 사건 토지보상조항)이 정당보상의 원칙에 위배되는지 여부(소극)

「헌법」 제23조 제3항이 규정하는 정당한 보상이란 원칙적으로 피수용 재산의 객관적인 재산 가치를 완전하게 보상하는 완전보상을 의미한다. 이 사건 토지보상조항은 「부동산 가격공시 및 감정평가에 관한 법률」에 의한 공시지가를 기준으로 토지수용으로 인한 손실보상액을 산정하되, 개발이익을 배제하고 공시기준일부터 가격시점까지의 시점보정을 해당 공익사업으로 인한 토지가격의 영향을 받지 않는 지역의 대통령령이 정하는 지가변동률과 생산자물가상승률 등을 고려하여 행하도록 규정하고 있다. 그런데 개발이익은 사업시행자의 사업시행으로 의하여 비로소 발생하는 것이므로 토지소유자에게 당연히 귀속되어야 할 것은 아니고 오히려 사업시행자 또는 궁극적으로 국민에게 귀속되어야 할 성질의 것이고, 그것이 피수용토지가 갖는 객관적 가치에 포함된다고 볼 수도 없으며, 한편, 위 법률의 규정에 의한 공시지가가 공시기준일 당시의 표준지의 객관적 가치를 정당하게 반영하는 것이고, 지가산정 대상 토지와 표준지 사이에 가격의 유사성을 인정할 수 있도록 표준지의 선정이 적정하며, 공시기준일 이후 가격시점까지의 시가변동을 산출하는 시점보정의 방법도 적정한 것으로 보이므로 공시지가를 기준으로 한 보상금액의 산정은 수용 당시의 피수용토지의 객관적 가치를 반영한 것이 된다. 그렇다면 이 사건 토지보상조항은 「헌법」 제23조 제3항이 규정한 정당보상의 원칙에 위배되지 않는다(헌재결 2013. 12. 26. 2011헌바162; 헌재결 1990. 6. 25. 89헌마107; 헌재결 1991. 2. 11. 90헌바17; 헌재결 1995. 4. 20. 93헌바20; 헌재결 1999. 12. 23. 98헌바13; 헌재결 2001. 4. 26. 2000헌바31; 헌재결 2009. 6. 25. 2007헌바104 등).

3. 개발이익의 배제 및 환수

개발이익은 피수용자의 손실에 해당하지 아니하므로 손실보상액 산정에서 배제한다는 개발이익의 배제의 원칙은 대법원 판례에서 인정되고 있다.

공시지가에 당해 수용사업으로 인한 개발이익이 포함되어 있거나 반대로 자연적 지가상승분도 반영되지 아니한 경우의 손실보상액 평가방법

당해 수용사업의 시행으로 인한 개발이익은 수용대상토지의 수용 당시의 객관적 가치에 포함되지 아니하는 것이므로 수용대상토지에 대한 손실보상액을 산정함에 있어서 구 「토지수용법」 제46조 제2항에 의하여 손실보상액 산정의 기준이 되는 「지가공시 및 토지 등의 평가에 관한 법률」에 의한 공시지가에 당해 수용사업의 시행으로 인한 개발이익이 포함되어 있을 경우 그 공시지가에서 그러한 개발이익을 배제한 다음 이를 기준으로 하여 손실보상액을 평가하고, 반대로 그 공시지가가 당해 수용사업의 시행으로 지가가 동결된 관계로 개발이익을 배제한 자연적 지가상승분도 반영하지 못한 경우에는 그 자연적 지가상승률을 산출하여 이를 기타사항으로 참작하여 손실보상액을 평가하는 것이 정당보상의 원리에 합당하다(대판 1993. 7. 27. 92누11084).

개발이익은 피수용자의 손실에 해당하지 아니하므로 손실보상액 산정에서 배제한다는 개발이익의 배제의 원칙은 헌법재판소 결정에서도 인정되고 있다.

보상액산정방법과 개발이익의 배제
보상액을 결정함에 있어서 구 「토지수용법」 제46조 제1항과 제2항이 비록 그 산정방법은 다르지만 모두 개발이익을 배제하여야 한다는 원칙에는 일치하고 있으므로 기준지가고시지역 내의 토지인가 아닌가라는 우연한 사정에 의하여 보상액에 개발이익의 포함 여부를 달리하여 토지소유자들을 합리적 이유없이 차별한다고 볼 수 없다(헌재결 1990. 6. 25. 89헌마107).

토지수용으로 인한 손실보상액을 산정함에 있어서 당해 공공사업과는 관계없는 다른 사업의 시행으로 인한 개발이익을 배제하여 평가할 수 없다
토지수용으로 인한 손실보상액을 산정함에 있어서 당해 공공사업의 시행을 직접목적으로 하는 계획의 승인, 고시로 인한 가격변동은 이를 고려함이 없이 수용재결 당시의 가격을 기준으로 하여 적정가격을 정하여야 하나, 당해 공공사업과는 관계없는 다른 사업의 시행으로 인한 개발이익은 이를 배제하지 아니한 가격으로 평가하여야 한다(대판 1992. 2. 11. 91누7774).

인근유사토지 보상사례의 가격이 개발이익을 포함하고 있어 정상적인 것이 아닌 경우라도 이를 수용대상토지의 보상액 산정에서 참작할 수 있다
수용대상토지의 보상액을 산정하면서 인근유사토지의 보상사례가 있고 그 가격이 정상적인 것으로서 적정한 보상액 평가에 영향을 미칠 수 있는 것임이 입증된 경우에는 이를 참작할 수 있고, 여기서 '정상적인 가격'이란 개발이익이 포함되지 아니하고 투기적인 거래로 형성되지 아니한 가격을 말한다. 그러나 그 보상사례의 가격이 개발이익을 포함하고 있어 정상적인 것이 아닌 경우라도 그 개발이익을 배제하여 정상적인 가격으로 보정할 수 있는 합리적인 방법이 있다면 그러한 방법에 의하여 보정한 보상사례의 가격은 수용대상토지의 보상액을 산정하면서 이를 참작할 수 있다(대판 2010. 4. 29. 2009두17360).

V. 행정상 손실보상의 내용

행정상 손실보상의 대상은 역사적으로 대인적 보상에서 대물적 보상으로, 대물적 보상에서 생활보상으로 발전하여 왔다.

1. 생활보상의 의의

대물적 보상의 문제점을 해결하기 위해 등장한 생활보상의 개념정의는 매우 다양하다. 생활보상은 공용침해로 인하여 생활근거를 상실하는 피수용자 등에 대하여 생활재건에 필요한 정도의 보상이라고 정의하거나, 공용침해가 있기 이전과 동일한 재산상태를 만들어주는 것이 아니라 공용침해가 있기 이전의 생활상태와 동일한 수준의 생활여건을 조성해주기 위해 행하는 보상이라고 정의하거나, 재산권보상으로 메꾸어지지 않는 손실에 대한 보상이라고 정의된다.

2. 생활보상의 내용

공공용지의 취득 및 손실보상에 관한 특례법 소정의 이주대책의 제도적 취지
「공공용지의 취득 및 손실보상에 관한 특례법」상의 이주대책은 공공사업의 시행에 필요한 토지 등을 제공함으로 인하여 생활의 근거를 상실하게 되는 이주자들을 위하여 사업시행자가 기본적인 생활시설이 포함된 택지를 조성하거나 그 지상에 주택을 건설하여 이주자들에게 이를 그 투입비용 원가만의 부담하에 개별 공급하는 것으로서, 그 본래의 취지에 있어 이주자들에 대하여 종전의 생활상태를 원상으로 회복시키면서 동시에 인간다운 생활을 보장하여 주기 위한 이른바 생활보상의 일환으로 국가의 적극적이고 정책적인 배려에 의하여 마련된 제도이다(대판 1994. 5. 24. 92다35783 전원합의체).

생활보상으로서 이주대책의 법적 성격
이주대책은 「헌법」 제23조 제3항에 규정된 정당한 보상에 포함되는 것이라기보다는 이에 부가하여 이주자들에게 종전의 생활상태를 회복시키기 위한 생활보상의 일환으로서 국가의 정책적인 배려에 의하여 마련된 제도라고 볼 것이다. 따라서 이주대책의 실시 여부는 입법자의 입법정책적 재량의 영역에 속하므로 공익사업을 위한 토지 등의 취득 및 보상에 관한 법률 시행령 제40조 제3항 제3호가 이주대책의 대상자에서 세입자를 제외하고 있는 것이 세입자의 재산권을 침해하는 것이라 볼 수 없다(헌재결 2006. 2. 23. 2004헌마19).

생활대책의 법적 성격
생활대책은 정당한 보상에 포함되는 것이라기보다는 정당한 보상에 부가하여 이주자들에게 종전의 생활상태를 회복시키기 위한 생활보상의 일환으로서 국가의 정책적인 배려에 의하여 마련된 제도이다. 그러므로 생활보상의 한 형태로서 청구인들이 주장하는 바와 같은 생활대책을 실시할 것인지 여부는 입법자의 입법정책적 재량의 영역에 속한다고 볼 것이다(헌재결 2013. 7. 25. 2012헌바71).

사업시행자의 이주대책 수립·실시의무를 정하고 있는 구 공익사업을 위한 토지 등의 취득 및 보상에 관한 법률 제78조 제1항과 이주대책의 내용을 정하고 있는 같은 조 제4항 본문은 강행법규이다

이주대책은 공익사업의 시행에 필요한 토지 등을 제공함으로 인하여 생활의 근거를 상실하게 되는 이주대책대상자들에게 종전 생활상태를 원상으로 회복시키면서 동시에 인간다운 생활을 보장하여 주기 위하여 마련된 제도이므로, 사업시행자의 이주대책 수립·실시의무를 정하고 있는 구 「공익사업을 위한 토지 등의 취득 및 보상에 관한 법률」 제78조 제1항은 물론 이주대책의 내용에 관하여 규정하고 있는 같은 조 제4항 본문 역시 당사자의 합의 또는 사업시행자의 재량에 의하여 적용을 배제할 수 없는 강행법규이다(대판 2011. 6. 23. 2007다63089, 63096 전원합의체).

사업시행자 스스로 공익사업의 원활한 시행을 위하여 생활대책을 수립·실시할 수 있도록 하는 내부규정을 두고 이에 따라 생활대책대상자 선정기준을 마련하여 생활대책을 수립·실시하는 경우, 생활대책대상자 선정기준에 해당하는 자가 자신을 생활대책내상자에서 제외하거나 선정을 거부한 사업시행자를 상대로 항고소송을 제기할 수 있다

「공익사업을 위한 토지 등의 취득 및 보상에 관한 법률」은 제78조 제1항에서 “사업시행자는 공익사업의 시행으로 인하여 주거용 건축물을 제공함에 따라 생활의 근거를 상실하게 되는 자(이주대책대상자)를 위하여 대통령령으로 정하는 바에 따라 이주대책을 수립·실시하거나 이주정착금을 지급하여야 한다”고 규정하고 있을 뿐, 생활대책용지의 공급과 같이 공익사업 시행 이전과 같은 경제수준을 유지할 수 있도록 하는 내용의 생활대책에 관한 분명한 근거 규정을 두고 있지는 않으나, 사업시행자 스스로 공익사업의 원활한 시행을 위하여 필요하다고 인정함으로써 생활대책을 수립·실시할 수 있도록 하는 내부규정을 두고 있고 내부규정에 따라 생활대책대상자 선정기준을 마련하여 생활대책을 수립·실시하는 경우에는, 이러한 생활대책 역시 “공공필요에 의한 재산권의 수용·사용 또는 제한 및 그에 대한 보상은 법률로써 하되, 정당한 보상을 지급하여야 한다"고 규정하고 있는 「헌법」 제23조 제3항에 따른 정당한 보상에 포함되는 것으로 보아야 한다. 따라서 이러한 생활대책대상자 선정기준에 해당하는 자는 사업시행자에게 생활대책대상자 선정 여부의 확인·결정을 신청할 수 있는 권리를 가지는 것이어서, 만일 사업시행자가 그러한 자를 생활대책대상자에서 제외하거나 선정을 거부하면, 이러한 생활대책대상자 선정기준에 해당하는 자는 사업시행자를 상대로 항고소송을 제기할 수 있다고 보는 것이 타당하다(대판 2011. 10. 13. 2008두17905).

공익사업의 시행으로 인하여 이주하는 주거용 건축물의 세입자에게 지급되는 주거이전비와 이사비의 법적 성격

「공익사업을 위한 토지 등의 취득 및 보상에 관한 법률」 제78조 제5항 및 같은 법 시행규칙 제54조 제2항, 제55조 제2항의 각 규정에 의하여 공익사업의 시행에 따라 이주하는 주거용 건축물의 세입자에게 지급하는 주거이전비와 이사비는, 당해 공익사업 시행지구 안에 거주하는 세입자들의 조기이주를 장려하여 사업추진을 원활하게 하려는 정책적인 목적과 주거이전으로 인하여 특별한 어려움을 겪게 될 세입자들을 대상으로 하는 사회보장적인 차원에서 지급하는 금원의 성격을 갖는다 할 것이므로, 같은 법 시행규칙 제54조 제2항에 규정된 '공익사업의 시행으로 인하여 이주하게 되는 주거용 건축물의 세입자로서 사업인정고시일 등 당시 또는 공익사업을 위한 관계 법령에 의한 고시 등이 있은 당시 당해 공익사업 시행지구 안에서 3월 이상 거주한 자'에 해당하는 세입자는 이후의 사업시행자의 주거이전비 산정통보일 또는 수용개시일까지 계속 거주할 것을 요함이 없이 위 사업인정고시일 등에 바로 같은 법 시행규칙 제54조 제2항의 주거이전비와 같은 법 시행규칙 제55조 제2항의 이사비 청구권을 취득한다고 볼 것이고, 한편 이사비의 경우 실제 이전할 동산의 유무나 다과를 묻지 않고 같은 법 시행규칙 제55조 제2항 [별표 4]에 규정된 금액을 지급받을 수 있다(대판 2006. 4. 27. 2006두2435).

사업시행자의 세입자에 대한 주거이전비 지급의무를 정하고 있는 공익사업을 위한 토지 등의 취득 및 보상에 관한 법률 시행규칙 제54조 제2항은 강행규정이다

「공익사업을 위한 토지 등의 취득 및 보상에 관한 법률」은 공익사업에 필요한 토지 등을 협의 또는 수용에 의하여 취득하거나 사용함에 따른 손실의 보상에 관한 사항을 규정함으로써 공익사업의 효율적인 수행을 통하여 공공복리의 증진과 재산권의 적정한 보호를 도모함을 목적으로 하고 있고, 위 법에 근거하여 공익사업을 위한 토지 등의 취득 및 보상에 관한 법률 시행규칙에서 정하고 있는 세입자에 대한 주거이전비는 공익사업 시행으로 인하여 생활 근거를 상실하게 되는 세입자를 위하여 사회보장적 차원에서 지급하는 금원으로 보아야 하므로, 사업시행자의 세입자에 대한 주거이전비 지급의무를 정하고 있는 공익사업법 시행규칙 제54조 제2항은 당사자 합의 또는 사업시행자 재량에 의하여 적용을 배제할 수 없는 강행규정이라고 보아야 한다(대판 2011. 7. 14. 2011두3685).

토지수용법에 의한 잔여지수용청구권의 법적 성질

「토지수용법」에 의한 잔여지수용청구권은 그 요건을 구비한 때에는 토지수용위원회의 특별한 조치를 기다릴 것 없이 청구에 의하여 수용의 효과가 발생하는 형성권적 성질을 가지고, 그 행사기간은 제척기간으로서, 토지소유자가 그 행사기간 내에 잔여지수용청구권을 행사하지 아니하면 그 권리가 소멸하므로, 토지소유자는, 잔여지수용청구권의 행사기간에 관하여 제한이 없었던 구 「토지수용법」 제48조 제1항이 적용되던 당시에는 토지수용위원회에 대하여 토지수용의 보상가액을 다투는 방법에 의하여도 잔여지수용청구권을 행사할 수 있었던 것과 달리, 위 법 조항이 개정되어 행사기간에 관한 규정이 신설된 이후에는 그 규정에서 정한 바에 따라 재결신청의 공고일로부터 2주간의 열람기간 내(1999. 2. 8. 법률 제5909호로 개정되기 전의 토지수용법 제48조 제1항) 또는 관할 지방토지수용위원회의 재결이 있기 전까지(개정된 위 조항 시행 후) 이를 행사하여야 하고, 「도시계획법」에 의한 토지수용이라 하여 달리 볼 것은 아니다(대판 2001. 9. 4. 99두11080).

Ⅵ. 행정상 손실보상의 방법 및 절차

1. 행정상 손실보상의 방법

행정상 손실보상은 보통 금전보상을 원칙으로 한다.

2. 행정상 손실보상액의 결정

공익사업을 위한 토지 등의 취득 및 보상에 관한 법률에 의한 보상을 하면서 손실보상금에 관한 당사자 간의 합의가 성립한 경우

「공익사업을 위한 토지 등의 취득 및 보상에 관한 법률(이하 '공익사업법'이라고 한다)」에 의한 보상합의는 공공기관이 사경제주체로서 행하는 사법상 계약의 실질을 가지는 것으로서, 당사자 간의 합의로 같은 법 소정의 손실보상의 기준에 의하지 아니한 손실보상금을 정할 수 있으며, 이와 같이 같은 법이 정하는 기준에 따르지 아니하고 손실보상액에 관한 합의를 하였다고 하더라도 그 합의가 착오 등을 이유로 적법하게 취소되지 않는 한 유효하다. 따라서 「공익사업법」에 의한 보상을 하면서 손실보상금에 관한 당사자 간의 합의가 성립하면 그 합의 내용대로 구속력이 있고, 손실보상금에 관한 합의 내용이 「공익사업법」에서 정하는 손실보상 기준에 맞지 않는다고 하더라도 합의가 적법하게 취소되는 등의 특별한 사정이 없는 한 추가로 「공익사업법」상 기준에 따른 손실보상금 청구를 할 수는 없다(대판 2013. 8. 22. 2012다3517).

3. 손실보상액 결정에 대한 불복

구 「토지수용법」하에서는 원처분이 아니라 재결을 행정소송의 대상으로 한다고 여겼다. 이후 제정된 「공익사업을 위한 토지 등의 취득 및 보상에 관한 법률」 제85조 제1항은 원처분에 대하여 행정소송을 제기할 수 있음을 명시적으로 규정하고 있기 때문에 원처분이 행정소송의 대상이 되는 것이 분명하다.

원처분중심주의의 예외인 재결주의로 보았던 이전 대법원 판례

구 「토지수용법」 제29조 제2항에 의하면 토지수용위원회의 재결사항은 1. 수용 또는 사용할 토지의 구역 및 사용방법, 2. 손실의 보상, 3. 수용 또는 사용의 시기와 기간, 4. 기타 이 법에 규정한 사항으로 되어 있고, 법 제25조, 제73조, 제74조, 제75조의2에 의하면 법 제3조 소정의 공익 사업을 행하는 기업자는 사실인정의 고시가 있은 후 그 토지에 관하여 권리를 취득하거나 소멸시키기 위하여 토지소유자 및 관계인과 협의하여야 하고, 그 협의가 성립되지 아니하거나 협의를 할 수 없는 때에는 관할 토지수용위원회에 재결을 신청할 수 있으며, 중앙 또는 지방토지수용위원회의 재결에 대하여 이의나 불복이 있는 자는 재결서의 정본을 송달받은 날로부터 1월 이내에 중앙토지수용위원회에 이의를 신청할 수 있고, 그 이의신청의 재결에 대하여 불복이 있을 때에는 재결서가 송달된 날로부터 1월 이내에 행정소송을 제기할 수 있다고 규정하고 있으므로 위와 같은 토지수용에 관한 행정소송에 있어서는 그와 같은 절차를 거친 다음 중앙토지수용위원회를 피고로 하여 그 이의신청의 재결에 대하여 위 제소기간 내에 소를 제기하여야 할 것이다(대판 1990. 6. 12. 89누8187).

대법원은 중앙토지수용위원회의 이의신청에 대한 재결이 아닌 중앙토지수용위원회의 수용재결은 행정소송의 대상으로 삼을 수 없다고 판시하였다가 이후 수용재결 자체가 당연 무효라고 하면서 그 무효확인을 구하는 경우에는 이의재결이 아닌 수용재결도 행정소송의 대상이 된다고 판시하였다.

중앙토지수용위원회의 수용재결은 행정소송의 대상으로 삼을 수 없다
「토지수용법」 제73조 내지 제75조의2의 규정을 종합하면 토지수용에 관한 행정소송에 있어서는 중앙토지수용위원회의 이의신청에 대한 재결에 대하여 불복이 있을 때에 제기할 수 있다 할 것이므로, 중앙토지수용위원회의 이의신청에 대한 재결이 아닌 중앙토지수용위원회의 수용재결은 행정소송의 대상으로 삼을 수 없다(대판 1983. 6. 14. 81누254).

토지수용에 관한 토지수용위원회의 수용재결처분이 무효인 경우 수용재결 자체에 대한 무효확인을 소구할 수 있다
토지수용에 관한 중앙 또는 지방토지수용위원회의 수용재결이 그 성질에 있어 구체적으로 일정한 법률효과의 발생을 목적으로 하는 점에서 일반의 행정처분과 전혀 다를 바 없으므로 수용재결처분이 무효인 경우에는 그 재결 자체에 대한 무효확인을 소구할 수 있다(대판 1993. 1. 19. 91누8050 전원합의체).

토지소유자 등이 수용재결에 불복하여 이의신청을 거친 후 취소소송을 제기하는 경우 피고적격(수용재결을 한 토지수용위원회) 및 소송대상(수용재결)
「공익사업을 위한 토지 등의 취득 및 보상에 관한 법률」 제85조 제1항 전문의 문언 내용과 같은 법 제83조, 제85조가 중앙토지수용위원회에 대한 이의신청을 임의적 절차로 규정하고 있는 점, 「행정소송법」 제19조 단서가 행정심판에 대한 재결은 재결 자체에 고유한 위법이 있음을 이유로 하는 경우에 한하여 취소소송의 대상으로 삼을 수 있도록 규정하고 있는 점 등을 종합하여 보면, 수용재결에 불복하여 취소소송을 제기하는 때에는 이의신청을 거친 경우에도 수용재결을 한 중앙토지수용위원회 또는 지방토지수용위원회를 피고로 하여 수용재결의 취소를 구하여야 하고, 다만 이의신청에 대한 재결 자체에 고유한 위법이 있음을 이유로 하는 경우에는 그 이의재결을 한 중앙토지수용위원회를 피고로 하여 이의재결의 취소를 구할 수 있다고 보아야 한다(대판 2010. 1. 28. 2008두1504).

잔여지 수용청구를 받아들이지 않은 토지수용위원회의 재결에 대하여 토지소유자가 불복하여 제기하는 소송의 성질 및 그 상대방과 잔여지 수용청구권 행사기간의 법적 성질(제척기간) 및 잔여지 수용청구 의사표시의 상대방(관할 토지수용위원회)

[1] 구 「공익사업을 위한 토지 등의 취득 및 보상에 관한 법률」 제74조 제1항에 규정되어 있는 잔여지 수용청구권은 손실보상의 일환으로 토지소유자에게 부여되는 권리로서 그 요건을 구비한 때에는 잔여지를 수용하는 토지수용위원회의 재결이 없더라도 그 청구에 의하여 수용의 효과가 발생하는 형성권적 성질을 가지므로, 잔여지 수용청구를 받아들이지 않은 토지수용위원회의 재결에 대하여 토지소유자가 불복하여 제기하는 소송은 위 법 제85조 제2항에 규정되어 있는 '보상금의 증감에 관한 소송'에 해당하여 사업시행자를 피고로 하여야 한다.

[2] 구 「공익사업을 위한 토지 등의 취득 및 보상에 관한 법률」 제74조 제1항에 의하면, 잔여지 수용청구는 사업시행자와 사이에 매수에 관한 협의가 성립되지 아니한 경우 일단의 토지의 일부에 대한 관할 토지수용위원회의 수용재결이 있기 전까지 관할 토지수용위원회에 하여야 하고, 잔여지 수용청구권의 행사기간은 제척기간으로서, 토지소유자가 그 행사기간 내에 잔여지 수용청구권을 행사하지 아니하면 그 권리가 소멸한다. 또한 위 조항의 문언 내용 등에 비추어 볼 때, 잔여지 수용청구의 의사표시는 관할 토지수용위원회에 하여야 하는 것으로서, 관할 토지수용위원회가 사업시행자에게 잔여지 수용청구의 의사표시를 수령할 권한을 부여하였다고 인정할 만한 사정이 없는 한, 사업시행자에게 한 잔여지 매수청구의 의사표시를 관할 토지수용위원회에 한 잔여지 수용청구의 의사표시로 볼 수는 없다(대판 2010. 8. 19. 2008두822).

구 토지수용법 제75조의2 제2항에 의하여 사업시행자가 환매권자를 상대로 하는 환매가격의 증감에 관한 소송의 종류(공법상 당사자소송)

「공공용지의 취득 및 손실보상에 관한 특례법」 제9조 제3항, 같은 법 시행령 제7조 제1항, 제3항 및 「토지수용법」 제73조 내지 제75조의2의 각 규정에 의하면 구 「토지수용법」 제75조의2 제2항에 의하여 사업시행자가 환매권자를 상대로 하는 소송은 공법상의 당사자소송으로 사업시행자로서는 환매가격이 환매대상토지의 취득 당시 지급한 보상금 상당액보다 증액 변경될 것을 전제로 하여 환매권자에게 그 환매가격과 위 보상금 상당액의 차액의 지급을 구할 수 있다(대판 2000. 11. 28. 99두3416).

제 3 절 기타의 손해전보제도

Ⅰ. 수용유사침해

수용유사침해란 위법한 공용침해에 대한 보상, 즉 공공필요에 의하여 재산권을 침해하여 특별한 희생을 가하였으나 보상규정의 결여로 보상할 수 없게 된 위법한 공용침해로 인해 특별한 희생을 입은 자에게 보상이 행하여져야 한다는 것이다. 이는 주로 개발제한구역의 지정에 따른 손실에 대한 전보문제와 관련이 있다.

수용유사침해에 해당하는 경우 손실보상의 문제로 해결한 대법원 판례

「하천법」 제2조 제1항 제2호, 제3조에 의하면 제외지는 하천구역에 속하는 토지로서 법률의 규정에 의하여 당연히 그 소유권이 국가에 귀속된다고 할 것인바, 한편 동법에서는 위 법의 시행으로 인하여 국유화가 된 제외지의 소유자에 대하여 그 손실을 보상한다는 직접적인 보상규정을 둔 바가 없으나 동법 제74조의 손실보상요건에 관한 규정은 보상사유를 제한적으로 열거한 것이라기보다는 예시적으로 열거하고 있으므로 국유로 된 제외지의 소유자에 대하여는 위 법조를 유추적용하여 관리청은 그 손실을 보상하여야 한다(대판 1987. 7. 21. 84누126).

수용유사침해에 해당하는 경우 불법행위 또는 부당이득의 법리로 해결한 대법원 판례

① 군사상의 긴급한 필요에 의하여 국민의 재산권을 사용 또는 사용하게 되었던 것이라 할지라도 그 수용 또는 사용이 법률의 근거 없이 이루어진 경우에는 재산권자에 대한 관계에 있어서는 불법행위가 된다. 우리나라 「헌법」이 재산권의 보장을 명시(제헌당시 제15조, 80. 10. 27. 개정 헌법 제22조)하였는 만큼 제헌 후 아직 「징발에 관한 법률」이 제정되기 전에 6. 25.사변이 발발되었고 그로 인한 사실상의 긴급한 필요에 의하여 국민의 재산권을 수용 또는 사용하게 되었던 것이라 할지라도 그 수용 또는 사용이 법률의 근거없이 이루어진 것인 경우에는 그것을 재산권자에 대한 관계에 있어서는 불법행위라고 않을 수 없다(대판 1966. 10. 18. 66다1715).

② 토지구획정리사업시행자가 구 「토지구획정리사업법」 제53조 제2항 후문에 따라 사도등 사유지에 대하여 환지를 지정하지 아니한 것은 위 법규정상 어쩔 수 없으나

거기에서 더 나아가 청산금도 지급하지 아니한 채 구획정리사업을 마치고 환지처분의 확정공고를 함으로써 그 토지에 대한 소유권을 상실시킨 것은 토지소유자에 대하여 불법행위를 구성하므로 토지구획정리사업시행자는 청산금 상당액의 손해를 배상할 책임이 있다(대판 1991. 2. 22. 90다16474).

사인 소유의 방송사주식을 강압적으로 국가에 증여하게 한 것은 수용유사침해에 해당하지 않는다

수용유사적 침해의 이론은 국가 등 행정주체가 위법하게 공권력을 행사하여 재산권을 침해하였고, 그 효과가 실제에 있어서 수용과 다름없을 때에는 적법한 수용이 있는 것과 마찬가지로 국민이 그로 인한 손실의 보상을 청구할 수 있다는 것인데 1980년 6월 말경의 비상계엄 당시 국군보안사령부 정보처장이 언론통폐합조치의 일환으로 사인 소유의 방송사주식을 강압적으로 국가에 증여하게 한 것은 수용유사침해에 해당하지 않는다(대판 1993. 10. 26. 93다6409).[29]

Ⅱ. 수용적 침해

수용적 침해란 적법한 행정작용의 이형적·비의욕적인 부수적 결과로서 재산권에 침해를 가한 경우 수용에 준하여 보상을 해 주어야 한다는 것을 말한다.

Ⅲ. 희생보상

대법원은 의상자 및 의사자의 유족에 대한 보상제도는 희생보상제도와 격을 달리한다고 판시하였다.

의사상자예우에 관한 법률 소정의 보상금 등을 국가배상법에 의한 손해배상액에서 공제할 수 없다

의상자 및 의사자의 유족에 대하여 보상금 등을 지급 및 실시하는 제도는 의상자 및

29 문화방송주식 강제증여사건에서 고등법원은 수용유사침해의 법리에 의해 보상을 인정하였으나(서울고법 1992. 12. 24. 92나20073), 대법원은 사인 소유의 방송사주식을 강압적으로 국가에 증여하게 한 것은 수용유사침해에 해당하지 않는다고 하여 보상을 인정하지 않았다.

의사자의 유족의 생활안정과 복지향상을 도모한다는 사회보장적 성격을 가질 뿐만 아니라 그들의 국가 및 사회를 위한 공헌이나 희생에 대한 국가적 예우를 시행하는 것으로서 손해를 배상하는 제도와는 그 취지나 목적을 달리하는 등 손실 또는 손해를 전보하기 위하여 시행하는 제도가 아니라 할 것이므로, 「의사상자예우에 관한 법률」에 의해 지급되거나 지급될 보상금, 의료보호, 교육보호 등의 혜택을 「국가배상법」에 의하여 배상하여야 할 손해액에서 공제할 수는 없다(대판 2001. 2. 23. 2000다46894).

제 4 절 행정상 결과제거청구권

행정상 결과제거청구권이란 행정작용의 결과로서 남아 있는 위법한 상태로 인하여 자기의 법률상의 이익을 침해받고 있는 자가 행정주체를 상대로 하여 그 위법한 상태를 제거해 줄 것을 청구하는 권리를 말한다. 행정상 결과제거청구권은 독일에서 행정상 손해전보제도나 행정쟁송제도의 결함을 보완하기 위해 발전하였다. 결과제거청구권은 손해배상청구권과는 성질·목적이 다르므로 별도로 각각의 청구권행사가 가능하다.

대법원은 국가, 지방자치단체가 권원없이 사인의 토지에 공물을 설치한 경우에 토지소유권자의 손해배상청구권은 일반적으로 인정하고 있으나, 원상회복청구권은 제한적으로만 인정하고 있다.

권원없이 사인의 토지를 도로로 사용한 경우 원상회복청구를 부인한 판례
서울특별시가 사전에 토지수용절차 등 토지에 대한 적법한 사용권을 취득함이 없이 대지를 도로부지로 편입하여 도로로 사용하고 있지만 「도로법」 제5조에 의하면, 도로를 구성하는 부지에 대하여서는 사권을 행사할 수 없으므로, 부지의 소유자는 불법행위를 원인으로 하여 손해배상을 청구함은 별론으로 하고 부지에 관하여 소유권을 행사하여 인도를 청구할 수 없다(대판 1968. 10. 22. 68다1317).

권원없이 사인의 토지에 상수도관을 매설한 경우 원상회복청구권을 인정한 판례
대지소유자가 소유권에 기하여 대지의 불법점유자인 서울특별시에 대하여 권원없이 대지의 지하에 매설한 상수도관의 철거를 구하는 경우에 공익사업으로서 공중의 편의를 위하여 매설한 상수도관을 철거할 수 없다거나 이를 이설할 만한 마땅한 다른 장소가 없다는 이유만으로서는 대지소유자의 철거청구가 오로지 타인을 해하기 위한 것으로서 권리남용에 해당한다고 할 수 없다(대판 1987. 7. 7. 85다카1383).

도로예정지로서 도로법 제40조 등의 준용이 있는 경우 특별한 사정이 없는 한 불법점유를 이유로 토지의 인도나 손해배상을 청구할 수 없다

피고는 1966. 8. 21부터 같은 해 11. 10까지 청계천변 보도설치공사를 함에 있어 원고 소유인 본건 토지를 적법한 수용절차도 없이 도로로 편입 사용 중인 사실을 인정하고 피고의 불법점유라는 이유로 그의 인도와 임료 상당의 손해배상 의무 있음을 판단하였다. 그러나 본건 토지가 도로법 소정 노선의 인정과 구역결정이 있는 소위「도로법」소정 도로에 예정지로 인정될 수 있고「도로법」제7조의 적용과 1966. 10. 25 개정 전의 도로법 시행령 제7조의 적용 또는 개정 후의 같은 규정에 의한 공고가 있어「도로법」제40조 등의 준용이 있을 경우에는 특별한 사정이 없는 한 원고는 본건 토지의 인도를 청구할 수 없고 또한 손실보상은 몰라도 불법점유를 이유로 손해배상을 청구할 수 없다(대판 1969. 3. 25. 68다2081).

제 2 장 행정쟁송

제1절 일반론

Ⅰ. 서 설

구 분	행정심판법상 행정심판	행정소송(항고소송)
법적 근거	일반법으로 행정심판법	일반법으로 행정소송법
법적 성질	약식쟁송 행정통제적 성격	정식쟁송 권익구제적 성격
판단기관	행정기관(행정심판위원회)	법원(피고 소재지 행정법원)
판단대상	위법·부당한 처분·부작위	위법한 처분(재결 포함)·부작위
거부처분에 대한 쟁송	• 의무이행심판 • 취소심판	취소소송
부작위에 대한 쟁송	의무이행심판	부작위위법확인소송(의무이행소송 불인정) ※ 의무이행소송이 인정될 수 있다는 견해도 있음
제기기간 - 기 간	90일, 180일(취소심판, 거부처분에 대한 의무이행심판)	90일, 1년(취소소송) ※ 부작위위법확인소송에 제소기간의 규정을 준용

	적용배제	무효등확인심판, 부작위에 대한 의무이행심판	무효등확인소송
심리절차		대심구조·직권주의 구술 또는 서면심리·비공개	대심구조·당사자주의 구두변론주의·공개
적극적 변경 가부		적극적 변경 가능	적극적 변경 불가(소극적 변경만 가능) ※ 단, 가능하다는 견해도 있음
사정재결· 사정판결의 가부		무효등확인심판에서는 불가	무효등확인소송에는 불가 ※ 단, 가능하다는 견해도 있음

제2절 행정심판

Ⅰ. 행정심판의 의의

행정심판이란 행정의 적정한 운영을 기함을 목적으로 행정청의 위법 또는 부당한 처분 그 밖에 공권력의 행사·불행사 등으로 인한 국민의 권리 또는 이익의 침해를 구제하는 절차를 말한다(행정심판법 제1조).

행정심판에 관한 헌법 제107조 제3항의 의미

「헌법」 제107조 제3항은 "재판의 전심절차로서 행정심판을 할 수 있다. 행정심판의 절차는 법률로 정하되, 사법절차가 준용되어야 한다"고 규정하고 있으므로, 입법자가 행정심판을 전심절차가 아니라 종심절차로 규정함으로써 정식재판의 기회를 배제하거나, 어떤 행정심판을 필요적 전심절차로 규정하면서도 그 절차에 사법절차가 준용되지 않는다면 이는 위 헌법조항, 나아가 재판청구권을 보장하고 있는 「헌법」 제27조에도 위반되며, 「헌법」 제107조 제3항은 사법절차가 "준용"될 것만을 요구하고 있으나 판단기관의 독립성과 공정성, 대심적 심리구조, 당사자의 절차적 권리보장 등의 면에서 사법절차의 본질적 요소를 현저히 결여하고 있다면 "준용"의 요청에마저 위반된다(헌재결 2001. 6. 28. 2000헌바30).

행정심판법은 행정심판에 관한 일반법이다

① 토지수용위원회의 수용재결에 대한 이의절차는 실질적으로 행정심판의 성질을 갖는 것이므로 토지수용법에 특별한 규정이 있는 것을 제외하고는 「행정심판법」의 규정이 적용된다고 할 것이다(대판 1992. 6. 9. 92누565).

② 징계 기타 불이익처분을 받은 지방공무원의 불복절차에 관하여 「지방공무원법」에서 규정하지 아니한 사항에 관하여는 「행정심판법」이 정하는 바에 의하여야 하므로 「지방공무원법」이 규정하지 않은 사항을 규정한 「행정심판법」 제42조 제1항, 제18조 제3항, 제6항, 제17조 제1항, 제5항의 각 규정은 징계 기타 불이익처분을 받은 지방공무원의 불복절차에도 적용된다(대판 1989. 9. 12. 89누909).

Ⅱ. 행정심판의 종류

1. 행정심판법상의 행정심판

행정심판은 취소심판, 무효등확인심판, 의무이행심판의 세 가지로 구분한다(행정심판법 제5조).

2. 행정심판법상의 행정심판과 구별되는 유사한 제도

(1) 이의신청

이의신청은 각 개별법에서 인정되는 절차로서 개별법에서 특별히 이의신청을 인정하는 처분에 대하여 권익이 침해당한 자가 청구하는 경우에 처분행정청 자신이 재심사하는 것을 말한다.

이의신청을 제기해야 할 사람이 처분청에 표제를 '행정심판청구서'로 한 서류를 제출한 경우, 서류의 내용에 이의신청 요건에 맞는 불복취지와 사유가 충분히 기재되어 있다면 이를 처분에 대한 이의신청으로 볼 수 있는지 여부(적극)

「지방자치법」 제140조 제3항에서 정한 이의신청은 행정청의 위법·부당한 처분에 대하여 행정기관이 심판하는 행정심판과는 구별되는 별개의 제도이나, 이의신청과 행정심판은 모두 본질에 있어 행정처분으로 인하여 권리나 이익을 침해당한 상대방의 권리구제에 목적이 있고, 행정소송에 앞서 먼저 행정기관의 판단을 받는 데에 목적을 둔 엄격한 형식을 요하지 않는 서면행위이므로, 이의신청을 제기해야 할 사람이 처분청에 표제를 '행정심판청구서'로 한 서류를 제출한 경우라 할지라도 서류의 내용에 이의신청 요건에 맞는 불복취지와 사유가 충분히 기재되어 있다면 표제에도 불구하고 이를 처분에 대한 이의신청으로 볼 수 있다(대판 2012. 3. 29. 2011두26886).

⑵ 특별심판제도

개별법에서 그 대상이 되는 사건의 전문성·기술성을 고려하여 특별행정심판을 규정하고 있는 경우가 있다. 이러한 특별행정심판은 특별법에 의해 심판이 행해지고 「행정심판법」의 적용이 배제 내지 제한된다는 점에서 「행정심판법」상의 행정심판과 구별된다.

산업재해보상보험법상 심사청구에 관한 절차의 성격(근로복지공단 내부의 시정절차)

「산업재해보상보험법」 규정의 내용, 형식 및 취지 등에 비추어 보면, 「산업재해보상보험법」상 심사청구에 관한 절차는 보험급여 등에 관한 처분을 한 근로복지공단으로 하여금 스스로의 심사를 통하여 단해 처분의 적법성과 합목적성을 확보하고자 하는 근로복지공단 내부의 시정절차에 해당한다고 보아야 한다. 따라서 행정청이 스스로 당해 처분의 적법성과 합목적성을 확보하고자 행하는 자신의 내부 시정절차에서는 당초 처분의 근거로 삼은 사유와 기본적 사실관계의 동일성이 인정되지 않은 사유라고 하더라도 이를 처분의 적법성과 합목적성을 뒷받침하는 처분사유로 추가·변경할 수 있다(대판 2012. 9. 13. 2012두3859).

⑶ 진 정

진정이란 권리행사가 아닌 단순히 희망을 진술하는 것으로 어떠한 법적 효과도 발생하지 않는 사실행위에 지나지 않는다.

대법원은 위법·부당한 행정처분으로 인하여 권리나 이익을 침해당한 자로부터 그 처분의 취소나 변경을 구하는 서면이 제출되었을 때에는 진정이라는 표제를 달고 있다 하더라도 그 표제와 제출기관의 여하를 불문하고, 이를 「행정소송법」 제18조 소정의 행정심판청구로 보아야 한다고 판시하였다.

진정과 행정심판

행정소송의 전치요건인 행정심판청구는 엄격한 형식을 요하지 아니하는 서면행위로 해석되므로, 위법·부당한 행정처분으로 인하여 권리나 이익을 침해당한 자로부터 그 처분의 취소나 변경을 구하는 서면이 제출되었을 때에는 그 표제와 제출기관의 여하를 불문하고, 이를 「행정소송법」 제18조 소정의 행정심판청구로 보고, 불비된 사항이 보정 가능한 때에는 보정을 명하고 보정이 불가능하거나 보정명령에 따르지 아니한 때에 비로소 부적법 각하를 하여야 할 것이며, 더욱 심판청구인은 일반적으로 전문적 법률지식을 갖고 있지 못하여 제출된 서면의 취지가 불명확한 경우도 적지 않으나, 이러한 경우에도 행정청으로서는 그 서면을 가능한 한 제출자의 이익이 되도록 해석하고 처리하여야 하는 것이다(대판 1995. 9. 5. 94누16250).

(4) 고충처리절차

고충처리절차는 국민권익위원회(또는 시민고충처리위원회)가 고충민원에 대해 상담·조사·처리하는 제도이다.

고충처리절차와 행정심판

국민고충처리제도는 국무총리 소속하에 설치된 국민고충처리위원회(현, 국민권익위원회)로 하여금 행정과 관련된 국민의 고충민원을 상담·조사하여 행정기관의 처분 등이 위법·부당하다고 인정할 만한 상당한 이유가 있는 경우에 관계 행정기관의 장에게 적절한 시정조치를 권고하도록 함으로써 국민의 불편과 부담을 시정하기 위한 제도로서 「행정심판법」에 의한 행정심판 내지 다른 특별법에 따른 이의신청, 심사청구, 재결의 신청 등의 불복구제절차와는 제도의 취지나 성격을 달리하고 있으므로 국민고충처리위원회(현, 국민권익위원회)에 대한 고충민원의 신청이 행정소송의 전치절차로서 요구되는 행정심판청구에 해당하는 것으로 볼 수는 없다. 다만 국민고충처리위원회(현, 국민권익위원회)에 접수된 신청서가 행정기관의 처분에 대하여 시정을 구하는 취지임이 내용상 분명한 것으로서 국민고충처리위원회(현, 국민권익위원회)가 이를 당해 처분청 또는 그 재결청(현, 피청구인인 행정청 또는 위원회)에 송부한 경우에 한하여 「행정심판법」 제17조 제2항, 제7항의 규정에 의하여 그 신청서가 국민고충처리위원회(현, 국민권익위원회)에 접수된 때에 행정심판청구가 제기된 것으로 볼 수 있다(대판 1995. 9. 29. 95누5332).

Ⅲ. 행정심판기관 – 행정심판위원회

행정심판위원회는 행정심판의 청구의 심리·재결기관으로서 비표시기관이며, 합의제기관이다.

Ⅳ. 행정심판의 당사자와 관계인

1. 당사자

(1) 청구인

청구인은 처분의 상대방 또는 제3자도 가능하다. 청구인은 자연인·법인을 불문한다. 「행정심판법」은 행정심판의 청구인적격을 행정소송과 동일하게 '법률상 이익'이 있는 자에게만 인정하고 있다.

다수의 청구인이 공동으로 심판청구를 하는 때에는 청구인 중 3인 이하의 대표자를 선정할 수 있다(행정심판법 제15조 제1항).

> **선정대표자**
> 행정심판절차에서 청구인들이 당사자가 아닌 자를 선정대표자로 선정하였더라도 「행정심판법」 제11조에 위반되어 그 선정행위는 그 효력이 없다(대판 1991. 1. 25. 90누7791).

(2) 피청구인

행정심판의 피청구인은 심판청구의 대상인 처분을 한 행정청 또는 부작위를 한 부작위청이 된다.

2. 관계인

(1) 참가인

행정심판의 결과에 이해관계가 있는 제3자나 행정청은 해당 심판청구에 대한 위원회나 소위원회의 의결이 있기 전까지 그 사건에 대하여 심판참가를 할 수 있다(행정심판법 제20조 제1항).

보조참가의 요건
소송사건에서 당사자의 일방을 보조하기 위하여 보조참가를 하려면 당해 소송의 결과에 대하여 이해관계가 있어야 할 것인바, 여기에서 말하는 이해관계라 함은 사실상, 경제상 또는 감정상의 이해관계가 아니라 법률상의 이해관계를 가리킨다(대판 1997. 12. 26. 96다51714).

(2) 대리인

행정심판의 청구인과 피청구인은 각각 대리인을 선임하여 행정심판청구와 관련된 행위를 하게 할 수 있다(행정심판법 제18조).

V. 행정심판의 제기

1. 심판청구의 방식(서면주의)

이의신청서란 표제의 서면이 처분청의 행정행위의 취소를 구하는 내용이라면 이는 행정심판에 해당한다
「소원법(현, 행정심판법)」에서 규정하고 있는 소원(현, 행정심판)은 엄격한 형식을 요하지 않는 서면행위라 할 것이어서 위법 또는 부당한 행정처분으로 인하여 권리나 이익을 침해당한 자가 법정기간 내에 그 행정청에 처분의 취소 또는 변경을 구하는 취지의 서면을 제출하였을 때는 그 표제와 표시된 제출기관의 여하를 불문하고 이를 「행정소송법」 제2조 소정의 소원으로 보아야 할 것이므로 상급행정청이 아닌 처분청에 제출된 이의신청서란 표제의 서면이 처분청의 행정행위의 취소를 구하는 내용이라면 이는 「소원법」 제2조 소정의 소원에 해당한다(대판 1985. 7. 9. 83누189).

청구인과 피청구인의 표시, 심판청구취지 및 이유 등을 구분하여 기재하고 있지 아니하고, 작성자의 서명날인이 없이 학사제명취소신청서를 제출한 것은 적법한 행정심판청구이다
한국교원대학교로부터 제명처분을 당한 원고의 어머니가 그 처분이 있음을 알고 원고를 대신하여 작성·제출한 학사제명취소신청서에는 청구인과 피청구인의 표시, 심판청구취지 및 이유 등 「행정심판법」 제19조 제2항 소정의 사항들을 구분하여 기재하고 있지 아니하고, 작성명의자도 '권○○ 어머니'라고 기재되어 있을 뿐 작성자의 서명날인이 되어 있지 아니하여 행정심판청구로서의 형식을 갖추고 있지는 않으나 행정심판청구는 엄격한 형식을 요하지 아니하는 서면행위이어서 어느 것이나 그 보정이 가능한 것이므로, 위 학사제명취소신청서는 적법한 행정심판청구를 한 것으로 보아야 할 것이다(대판 1990. 6. 8. 89누851).

2. 심판청구의 기간

행정심판은 심판청구기간 내에 제기하여야 한다.

(1) 원칙적인 심판청구기간

심판청구는 처분이 있음을 알게 된 날부터 90일 이내, 처분이 있었던 날로부터 180일 이내에 제기하여야 한다(행정심판법 제27조 제1항, 제3항).

처분이 있음을 안 날

① 처분이 있음을 안 날이란 처분이 있었음을 현실적으로 안 날을 의미한다

㉠ 구 「행정심판법」 제18조 제1항(현, 제27조 제1항)이 정하는 심판청구기간 기산점인 '처분이 있음을 안 날'이라 함은 당사자가 통지·공고 기타의 방법에 의하여 당해 처분이 있었다는 사실을 현실적으로 안 날을 의미하고, 추상적으로 알 수 있었던 날을 의미하는 것은 아니다(대판 1998. 2. 24. 97누18226).

㉡ 「행정심판법」 제18조 제1항(현, 제27조 제1항) 소정의 심판청구기간 기산점인 '처분이 있음을 안 날'이라 함은 당사자가 통지·공고 기타의 방법에 의하여 당해 처분이 있었다는 사실을 현실적으로 안 날을 의미하고, 추상적으로 알 수 있었던 날을 의미하는 것은 아니라 할 것이며, 다만 처분을 기재한 서류가 당사자의 주소에 송달되는 등으로 사회통념상 처분이 있음을 당사자가 알 수 있는 상태에 놓여진 때에는 반증이 없는 한 그 처분이 있음을 알았다고 추정할 수는 있다(대판 1995. 11. 24. 95누11535).

② 고시 또는 공고에 의하여 행정처분을 하는 경우

대법원은 고시 또는 공고에 의하여 행정처분을 하는 경우 현실적으로 알았는지 여부에 관계없이 고시 또는 공고의 효력발생일로부터 5일이 경과한 날에 행정처분이 있음을 알았다고 본다.

통상 고시 또는 공고에 의하여 행정처분을 하는 경우에는 그 처분의 상대방이 불특정 다수인이고, 그 처분의 효력이 불특정 다수인에게 일률적으로 적용되는 것이므로, 그에 대한 행정심판 청구기간도 그 행정처분에 이해관계를 갖는 자가 고시 또는 공고가 있었다는 사실을 현실적으로 알았는지 여부에 관계없이 고시가 효력을 발생하는 날인 고시 또는 공고가 있은 후 5일이 경과한 날에 행정처분이 있음을 알았다고 보아야 한다(대판 2000. 9. 8. 99두11257).

처분이 있은 날이라 함은 그 행정처분의 효력이 발생한 날을 의미한다

건축허가처분과 같이 상대방이 있는 행정처분에 있어서는 달리 특별한 규정이 없는 한 그 처분을 하였음을 상대방에게 고지하여야 그 효력이 발생한다고 할 것이어서 위의 행정처분이 있은 날이라 함은 위와 같이 그 행정처분의 효력이 발생한 날을 말한다(대판 1977. 11. 22. 77누195).

아파트 경비원에게 택지초과소유부담금 납부고지서가 송달된 경우, 납부의무자가 부과처분이 있음을 알았다고 볼 수 없다

아파트 경비원이 관례에 따라 부재 중인 납부의무자에게 배달되는 택지초과소유부담금 납부고지서를 수령한 경우 납부의무자가 아파트 경비원에게 단순한 등기우편물 등의 수령권한을 위임한 것으로 볼 수는 있을지언정, 택지초과소유부담금 부과처분의 대상으로 된 사항에 관하여 납부의무자를 대신하여 처리할 권한까지 위임한 것으로 볼 수는 없고, 설사 위 경비원이 위 납부고지서를 수령한 때에 위 부과처분이 있음을 알았다고 하더라도 이로써 납부의무자 자신이 그 부과처분이 있음을 안 것과 동일하게 볼 수는 없다(대판 1995. 11. 24. 95누11535).

재결청의 재조사결정에 따른 심사청구기간이나 심판청구기간 또는 행정소송의 제소기간의 기산점(후속 처분의 통지를 받은 날)

[다수의견] 이의신청 등에 대한 결정의 한 유형으로 실무상 행해지고 있는 재조사결정은 처분청으로 하여금 하나의 과세단위의 전부 또는 일부에 관하여 당해 결정에서 지적된 사항을 재조사하여 그 결과에 따라 과세표준과 세액을 경정하거나 당초 처분을 유지하는 등의 후속 처분을 하도록 하는 형식을 취하고 있다. 이에 따라 재조사결정을 통지받은 이의신청인 등은 그에 따른 후속 처분의 통지를 받은 후에야 비로소 다음 단계의 쟁송절차에서 불복할 대상과 범위를 구체적으로 특정할 수 있게 된다. 이와 같은

재조사결정의 형식과 취지, 그리고 행정심판제도의 자율적 행정통제기능 및 복잡하고 전문적·기술적 성격을 갖는 조세법률관계의 특수성 등을 감안하면, 재조사결정은 당해 결정에서 지적된 사항에 관해서는 처분청의 재조사결과를 기다려 그에 따른 후속 처분의 내용을 이의신청 등에 대한 결정의 일부분으로 삼겠다는 의사가 내포된 변형결정에 해당한다고 볼 수밖에 없다. 그렇다면 재조사결정은 처분청의 후속 처분에 의하여 그 내용이 보완됨으로써 이의신청 등에 대한 결정으로서의 효력이 발생한다고 할 것이므로, 재조사결정에 따른 심사청구기간이나 심판청구기간 또는 행정소송의 제소기간은 이의신청인 등이 후속 처분의 통지를 받은 날부터 기산된다고 봄이 타당하다.

[대법관 김영란, 대법관 양승태, 대법관 안대희의 별개의견] 재조사결정은 단지 효율적인 사건의 심리를 위하여 처분청에 재조사를 지시하는 사실상의 내부적 명령에 불과하다고 보아야 할 것이므로 그로써 이의신청 등에 대한 결정이 있었다고 할 수 없고, 후속 처분에 의하여 그 효력이 발생한다고 의제할 수도 없다. 따라서 이의신청인 등에게 재조사결정이나 후속 처분이 통지되었다고 하더라도 그 후 다시 재결청이 국세기본법에 규정된 유형의 결정을 하여 이의신청인 등에게 이를 통지할 때까지는 심사청구기간 등이 진행하지 않는다고 보아야 한다(대판 2010. 6. 25. 2007두12514 전원합의체).

행정처분이 있음을 안 날부터 90일을 넘겨 행정심판을 청구하였다가 부적법하다는 이유로 각하재결을 받은 후 재결서를 송달받은 날부터 90일 내에 원래의 처분에 대하여 취소소송을 제기한 경우, 취소소송의 제소기간을 준수한 것으로 볼 수 없다

「행정소송법」 제18조 제1항, 제20조 제1항, 구 「행정심판법」 제18조 제1항을 종합해 보면, 행정처분이 있음을 알고 처분에 대하여 곧바로 취소소송을 제기하는 방법을 선택한 때에는 처분이 있음을 안 날부터 90일 이내에 취소소송을 제기하여야 하고, 행정심판을 청구하는 방법을 선택한 때에는 처분이 있음을 안 날부터 90일 이내에 행정심판을 청구하고 행정심판의 재결서를 송달받은 날부터 90일 이내에 취소소송을 제기하여야 한다. 따라서 처분이 있음을 안 날부터 90일 이내에 행정심판을 청구하지도 않고 취소소송을 제기하지도 않은 경우에는 그 후 제기된 취소소송은 제소기간을 경과한 것으로서 부적법하고, 처분이 있음을 안 날부터 90일을 넘겨 청구한 부적법한 행정심판청구에 대한 재결이 있은 후 재결서를 송달받은 날부터 90일 이내에 원래의 처분에 대하여 취소소송을 제기하였다고 하여 취소소송이 다시 제소기간을 준수한 것으로 되는 것은 아니다(대판 2011. 11. 24. 2011두18786).

(2) 복효적 행정행위

복효적 행정행위의 경우에 행정처분의 상대방이 아닌 제3자의 심판청구라도 원칙적으로 처분이 있음을 알게 된 날부터 90일 이내, 처분이 있었던 날로부터 180일 이내에 제기하여야 한다. 그러나 통상적으로 제3자는 처분이 있는 것을 바로 알 수 없는 처지에 있으므로, 처분이 있었던 날로부터 180일 이내가 기준이 될 것이다.

복효적 행정행위의 경우에 행정처분의 상대방이 아닌 제3자가 행정심판을 제기하는 경우와 행정심판제기기간

행정처분의 상대방이 아닌 제3자는 일반적으로 처분이 있는 것을 바로 알 수 있는 처지에 있지 아니하므로 처분이 있은 날로부터 180일이 경과하더라도 특별한 사유가 없는 한 「행정심판법」 제18조 제3항 단서 소정의 '정당한 사유'가 있는 것으로 보아 심판청구가 가능하다고 할 것이나, 그 제3자가 어떤 경위로든 행정처분이 있음을 알았거나 쉽게 알 수 있는 등 「행정심판법」 제18조 제1항 소정의 심판청구기간 내에 심판청구가 가능하였다는 사정이 있는 경우에는 그 때로부터 90일 이내에 행정심판을 청구하여야 한다(대판 1997. 9. 12. 96누14661).

행정처분의 상대방이 아닌 제3자가 심판청구기간을 경과하고서도 행정심판을 청구할 수 있는 "정당한 사유"

구 「행정심판법」 제18조 제3항(현, 제27조 제3항)에 의하면 행정처분의 상대방이 아닌 제3자라도 처분이 있은 날로부터 180일을 경과하면 행정심판청구를 제기하지 못하는 것이 원칙이지만, 다만 정당한 사유가 있는 경우에는 그러하지 아니하도록 규정되어 있는바, 행정처분의 직접 상대방이 아닌 제3자는 일반적으로 처분이 있는 것을 바로 알 수 없는 처지에 있으므로, 위와 같은 심판청구기간 내에 심판청구를 제기하지 아니하였다고 하더라도, 그 기간 내에 처분이 있은 것을 알았거나 쉽게 알 수 있었기 때문에 심판청구를 제기할 수 있었다고 볼 만한 특별한 사정이 없는 한, 위 법조항 본문의 적용을 배제할 "정당한 사유"가 있는 경우에 해당한다고 보아 위와 같은 심판청구기간이 경과한 뒤에도 심판청구를 제기할 수 있다(대판 1992. 7. 28. 91누12844).

⑶ 특별법상 심판청구기간

개별법에서 행정심판청구기간에 관한 특례를 규정하기도 하는데, 이러한 특례규정은 「행정심판법」에 우선하여 적용된다.

행정심판청구기간에 관한 특례규정

이의신청에 대한 세무서장의 결정기간은 30일로서, 그 기일까지(81. 7. 30까지) 결정통지가 없었고 동년 7.31에야 기각결정 통지를 받았다면, 기각간주된 동년 7.30의 익일인 동년 7.31부터 60일 내인 동년 9.28까지 심사청구를 하여야 할 것이므로, 동년 9.29에 한 심사청구는 부적법하고 이에 기한 행정소송 역시 적법한 전심절차를 거치지 아니하고 제기된 부적법한 소라고 할 것이다(대판 1983. 4. 26. 83누55).

3. 가구제

⑴ 집행정지

① 집행부정지의 원칙

행정처분이 내려지면 일단 유효한 것으로 취급되는 것이 원칙이다.

② 집행정지결정의 요건

집행정지를 신청하기 위하여는 ㉠ 먼저 집행정지의 대상이 되는 처분이 존재하여야 하고, ㉡ 그 처분의 위법·부당성을 다투는 본안의 행정심판이 계속 중이어야 하며, ㉢ 집행정지를 하지 않으면 청구인에게 중대한 손해가 생기는 것을 예방할 필요성이 있어야 하고, ㉣ 긴급하다고 인정하는 상황이어야 하며, ㉤ 공공복리에 중대한 영향을 미칠 우려가 없어야 한다. 이는 집행정지결정의 소극적 요건에 해당한다.

2010년 개정 전에는 "회복하기 어려운 손해"라고 규정하고 있었는데, 판례가 이를 '특별한 사정이 없는 한 금전으로 보상할 수 없는 손해'로 보고 있어(대결 2008. 5. 6. 2007무147), 금전상 손해에 대하여는 중대한 손해가 발생하여도 집행정지를 인정하기 어려웠다. 2010년 개정 「행정심판법」에서는 "중대한 손해"로 개정함으로써 "회복하기 어려운 손해"의 요건을 완화하여 임시적 구제를 확대하게 되었고, 이에 따라 청구인의 권리를 더욱 두텁게 보호할 수 있을 것으로 보인다.

집행정지에 관한 결정은 원칙적으로 그 처분의 효력 등을 정지시킬 필요가 있는지 여부만을 판단대상으로 하여야 한다. 다만 판례는 본안청구가 이유 없음이 명백할 때에는 처분의 효력정지 등을 명할 수 없다고 보고 있다.

> 집행정지제도는 신청인이 본안소송에서 승소판결을 받을 때까지 그 지위를 보호함과 동시에 후에 받을 승소판결을 무의미하게 하는 것을 방지하려는 것이어서 본안소송에서의 처분의 취소가능성이 없음에도 처분의 효력이나 집행의 정지를 인정하는 것은 제도의 취지에 반하므로 집행정지사건 자체에 의하여도 신청인의 본안청구가 이유 없음이 명백하지 않아야 한다는 것도 집행정지의 요건에 포함시켜야 할 것이다(대판 1992. 6. 8. 92두14).

(2) 임시처분

임시처분이란 처분 또는 부작위가 위법·부당하다고 상당히 의심되는 경우로서 처분 또는 부작위 때문에 당사자가 받을 우려가 있는 중대한 불이익이나 당사자에게 생길 급박한 위험을 막기 위하여 임시지위를 정하여야 할 필요가 있는 경우에 직권 또는 당사자의 신청에 의하여 행하는 가구제 수단이다(행정심판법 제31조 제1항).

원칙적으로 거부처분이나 부작위에 대하여 집행정지의 대상이 되지 않는다는 것이 판례의 입장이다.

> 허가신청에 대한 거부처분은 그 효력이 정지되더라도 그 처분이 없었던 것과 같은 상태를 만드는 것에 지나지 아니하는 것이고 그 이상으로 행정청에 대하여 어떠한 처분을 명하는 등 적극적인 상태를 만들어 내는 경우를 포함하지 아니하는 것이므로, 교도소장이 접견을 불허한 처분에 대하여 효력정지를 한다 하여도 이로 인하여 위 교도소장에게 접견의 허가를 명하는 것이 되는 것도 아니고 또 당연히 접견이 되는 것도 아니어서 접견허가거부처분에 의하여 생길 회복할 수 없는 손해를 피하는 데 아무런 보탬도 되지 아니하니 접견허가거부처분의 효력을 정지할 필요성이 없다(대판 1991. 5. 2. 91두15).

2010년 개정 「행정심판법」은 집행정지제도를 통해서 구제할 수 없는 권리에 있어서 임시처분제도를 도입함으로써 그동안 거부처분이나 부작위에 대한 임시적 구제제도의 제도적 공백상태를 입법적으로 해소하여 청구인의 권리를 두텁게 보호할 수 있게 되었다.

Ⅵ. 행정심판의 재결

1. 의 의

재결이란 심판청구사건에 대한 위원회의 종국적인 판단으로서 준법률행위적 행정행위 중 확인행위이며 준사법적 행위이다.

2. 재결의 방식

재결은 서면으로 한다(행정심판법 제46조 제1항). 재결은 서면에 의하는 요식행위이다.

3. 재결의 효력

(1) 기속력(구속력)

① 의 의

재결이 피청구인인 행정청과 그 밖의 관계행정청에게 재결의 취지에 따르도록 구속하는 효력을 기속력이라 한다.

② 내 용

㉠ 반복금지효(소극적 의무)

ⓐ 건물을 철거하라는 취지의 계고처분에 대하여 원고가 불복소원을 제기하여 일부 인용재결을 받아 확정된 경우에 위 재결에 구속을 받는 처분청이 동일한 사정 아래서 같은 내용을 되풀이 한 계고처분은 확정된 재결에 위배되는 것이어서 위법하다(대판 1983. 8. 23. 82누302).

ⓑ 당초의 개별공시지가 결정처분을 취소하고 그것을 하향조정하라는 취지의 재결이 있은 후에도 처분청이 다시 당초 처분과 동일한 액수로 개별공시지가를 결정한 처분은 재결청의 재결에 위배되는 것으로서 위법하다(대판 1997. 3. 14. 95누18482).

ⓒ 택지초과소유부담금 부과처분을 취소하는 재결이 있는 경우 당해 처분청은 재결의 취지에 반하지 아니하는 한, 즉 당초 처분과 동일한 사정 아래에서 동일한 내용의 처분을 반복하는 것이 아닌 이상, 그 재결에 적시된 위법사유를 시정·보완하여 정당한 부담금을 산출한 다음 새로이 부담금을 부과할 수 있는 것이고, 이러한 새로운 부과처분은 재결의 기속력에 저촉되지 아니한다(대판 1997. 2. 25. 96누14784, 14791).

ⓓ 재결의 기속력은 재결의 주문 및 그 전제가 된 요건사실의 인정과 판단, 즉 처분 등

의 구체적 위법사유에 관한 판단에만 미친다고 할 것이고, 종전 처분이 재결에 의하여 취소되었다 하더라도 종전 처분시와는 다른 사유를 들어서 처분을 하는 것은 기속력에 저촉되지 않는다고 할 것이며, 여기에서 동일 사유인지 다른 사유인지는 종전 처분에 관하여 위법한 것으로 재결에서 판단된 사유와 기본적 사실관계에 있어 동일성이 인정되는 사유인지 여부에 따라 판단되어야 한다(대판 2005. 12. 9. 2003두7705).

㉡ 재처분의무(적극적 의무)

당사자의 신청을 거부하는 처분을 취소하는 재결이 있는 경우에는 행정청은 그 재결의 취지에 따라 이전의 신청에 대한 처분을 하여야 하는 것이므로 행정청이 그 재결의 취지에 따른 처분을 하지 아니하고 그 처분과는 양립할 수 없는 다른 처분을 하는 것은 위법한 것이라 할 것이고 이 경우 그 재결의 신청인은 위법한 다른 처분의 취소를 소구할 이익이 있다(대판 1988. 12. 13. 88누7880).

③ 범 위

기속력의 주관적 범위

「행정심판법」 제37조에서 정하고 있는 행정심판청구에 대한 재결이 행정청과 그 밖의 관계 행정청을 기속하는 효력은 당해 처분에 관하여 재결주문 및 그 전제가 된 요건사실의 인정과 판단에만 미치고 이와 직접 관계가 없는 다른 처분에 내하여는 미치지 아니한다(대판 1998. 2. 27. 96누13972).

(2) 형성력

재결은 형성력을 갖는다. 형성력이란 취소재결이 확정되면 당해 처분이 소급하여 소멸됨으로써 기존의 법률관계에 변동을 가져오는 효력을 말한다.

형성적 재결의 효력

① 형성적 재결이 있은 경우에는 그 대상이 된 행정처분은 재결 자체에 의하여 당연히 취소되어 소멸된다(대판 1999. 12. 16. 98두18619 전원합의체).

② 「행정심판법」 제32조 제3항에 의하면 재결청은 취소심판의 청구가 이유 있다고 인정되는 때에는 처분을 취소 또는 변경하거나 처분청에게 취소 또는 변경할 것을 명

한다고 규정하고 있으므로, 행정심판에 있어서 재결청의 재결 내용이 처분청의 취소를 명하는 것이 아니라 처분청의 처분을 스스로 취소하는 것일 때에는 그 재결의 형성력이 발생하여 당해 행정처분은 별도의 행정처분을 기다릴 것 없이 당연히 취소되어 소멸되는 것이다(대판 1997. 5. 30. 96누14678).

③ 당해 의약품제조품목허가처분취소재결은 보건복지부장관이 재결청의 지위에서 스스로 제약회사에 대한 위 의약품제조품목허가처분을 취소한 이른바 형성재결임이 명백하므로, 위 회사에 대한 의약품제조품목허가처분은 당해 취소재결에 의하여 당연히 취소·소멸되었고, 그 이후에 다시 위 허가처분을 취소한 당해 처분은 당해 취소재결의 당사자가 아니어서 그 재결이 있었음을 모르고 있는 위 회사에게 위 허가처분이 취소·소멸되었음을 확인하여 알려주는 의미의 사실 또는 관념의 통지에 불과할 뿐 위 허가처분을 취소·소멸시키는 새로운 형성적 행위가 아니므로 항고소송의 대상이 되는 처분이라고 할 수 없다(대판 1998. 4. 24. 97누17131).

Ⅶ. 심판청구의 불복고지

불고지의 효과

고지절차에 관한 규정은 행정처분의 상대방이 그 처분에 대한 행정심판의 절차를 밟는 데 있어 편의를 제공하려는 데 있으며, 처분청이 위 규정에 따른 고지의무를 이행하지 아니하였다고 하더라도 경우에 따라서는 행정심판의 제기기간이 연장될 수 있는 것에 그치고 이로 인하여 심판의 대상이 되는 행정처분에 어떤 하자가 수반된다고 할 수 없다(대판 1987. 11. 24. 87누529).

행정심판청구기간에 관한 행정심판법 제18조 제5항의 규정은 행정소송 제기에도 당연히 적용되는 규정이 아니다

행정청이 법정 심판청구기간보다 긴 기간으로 잘못 알린 경우에 그 잘못 알린 기간 내에 심판청구가 있으면 그 심판청구는 법정 심판청구기간 내에 제기된 것으로 본다는 취지의 「행정심판법」 제18조 제5항의 규정은 행정심판 제기에 관하여 적용되는 규정이지, 행정소송 제기에도 당연히 적용되는 규정이라고 할 수는 없다(대판 2001. 5. 8. 2000두6916).

도로관리청이 도로점용료 상당 부당이득금의 징수고지서를 발부하면서 이의제출기간을 고지하지 않은 경우의 이의제출기간(=처분일로부터 180일)

도로점용료 상당 부당이득금의 징수 및 이의절차를 규정한 「지방자치법」에서 이의제출기간을 「행정심판법」 제18조 제3항 소정기간 보다 짧게 정하였다고 하여도 같은 법 제42조 제1항 소정의 고지의무에 관하여 달리 정하고 있지 아니한 이상 도로관리청인 피고가 이 사건 도로점용료 상당 부당이득금의 징수고지서를 발부함에 있어서 원고들에게 이의제출기간 등을 알려주지 아니하였다면 원고들은 지방자치법상의 이의제출기간에 구애됨이 없이 「행정심판법」 제18조 제6항, 제3항의 규정에 의하여 징수고지처분이 있은 날로부터 180일 이내에 이의를 제출할 수 있다고 보아야 할 것이다(대판 1990. 7. 10. 89누6839).

이미 제소기간이 지나 불가쟁력이 발생한 후에 행정청이 행정심판청구를 할 수 있다고 잘못 알린 경우

「행정소송법」 제20조 제1항은 '취소소송은 처분 등이 있음을 안 날부터 90일 이내에 제기하여야 하나 행정청이 행정심판청구를 할 수 있다고 잘못 알린 경우에 행정심판청구가 있은 때의 기간은 재결서의 정본을 송달받은 날부터 기산한다'고 규정하고 있는데, 위 규정의 취지는 불가쟁력이 발생하지 않아 적법하게 불복청구를 할 수 있었던 처분 상대방에 대하여 행정청이 법령상 행정심판청구가 허용되지 않음에도 행정심판청구를 할 수 있다고 잘못 알린 경우에, 잘못된 안내를 신뢰하여 부적법한 행정심판을 거치느라 본래 제소기간 내에 취소소송을 제기하지 못한 자를 구제하려는 데에 있다. 이와 달리 이미 제소기간이 지남으로써 불가쟁력이 발생하여 불복청구를 할 수 없었던 경우라면 그 이후에 행정청이 행정심판청구를 할 수 있다고 잘못 알렸다고 하더라도 그 때문에 처분 상대방이 적법한 제소기간 내에 취소소송을 제기할 수 있는 기회를 상실하게 된 것은 아니므로 이러한 경우에 잘못된 안내에 따라 청구된 행정심판 재결서 정본을 송달받은 날부터 다시 취소소송의 제소기간이 기산되는 것은 아니다. 불가쟁력이 발생하여 더 이상 불복청구를 할 수 없는 처분에 대하여 행정청의 잘못된 안내가 있었다고 하여 처분 상대방의 불복청구 권리가 새로이 생겨나거나 부활한다고 볼 수는 없기 때문이다(대판 2012. 9. 27. 2011두27247).

제3절 행정소송

Ⅰ. 일반론

1. 행정소송의 의의

행정소송이란 행정법상의 법률관계에 관한 분쟁에 대하여 독립된 기관인 법원의 재판절차에 따라 심리·판단하는 정식쟁송을 말한다.

2. 행정소송의 한계

(1) 사법의 본질에서 오는 한계

'법률상 쟁송'만이 법원의 심판대상이 된다(법원조직법 제2조 제1항).

① 반사적 이익

반사적 이익의 침해는 행정쟁송의 대상이 되지 못한다
「석탄수급조정에 관한 임시조치법」 소정의 석탄가공업에 관한 허가는 사업경영의 권리를 설정하는 형성적 행정행위가 아니라 질서유지와 공공복리를 위한 금지를 해제하는 명령적 행정행위여서 그 허가를 받은 자는 영업자유를 회복하는 데 불과하고 독점적 영업권을 부여받은 것이 아니기 때문에 기존허가를 받은 원고들이 신규허가로 인하여 영업상 이익이 감소된다 하더라도 이는 원고들의 반사적 이익을 침해하는 것에 지나지 아니하므로 원고들은 신규허가 처분에 대하여 행정소송을 제기할 법률상 이익이 없다(대판 1980. 7. 22. 80누33, 34).

② 단순한 사실행위

국가보훈처장 등이 발행한 책자 등에서 독립운동가 등의 활동상을 잘못 기술하였다는 등의 이유로 그 사실관계의 확인을 구하거나, 국가보훈처장의 서훈추천서의 행사, 불행사가 당연무효 또는 위법임의 확인을 구하는 청구는 항고소송의 대상이 되지 않는다
피고 국가보훈처장이 발행·보급한 독립운동사, 피고 문교부장관이 저작하여 보급한 국사교과서 등의 각종 책자와 피고 문화부장관이 관리하고 있는 독립기념관에서의 각종 해설문·전시물의 배치 및 전시 등에 있어서, 일제치하에서의 국내외의 각종 독립운동에 참가한 단체와 독립운동가의 활동상을 잘못 기술하거나, 전시·배치함으로써 그 역사적 의의가 그릇 평가되게 하였다는 이유로 그 사실관계의 확인을 구하고, 또 피고 국가보훈처장은 이들 독립운동가들의 활동상황을 잘못 알고 국가보훈상의 서훈추천권을 행사함으로써 서훈추천권의 행사가 적정하지 아니하였다는 이유로 이러한 서훈추천권의 행사, 불행사가 당연무효임의 확인, 또는 그 불작위가 위법함의 확인을 구하는 청구는 과거의 역사적 사실관계의 존부나 공법상의 구체적인 법률관계가 아닌 사실관계에 관한 것들을 확인의 대상으로 하는 것이거나 행정청의 단순한 부작위를 대상으로 하는 것으로서 항고소송의 대상이 되지 아니하는 것이다(대판 1990. 11. 23. 90누3553).

③ 법령의 효력과 해석

일반적·추상적인 법령이나 규칙은 취소소송의 대상이 될 수 없다
행정청의 위법한 처분 등의 취소 또는 변경을 구하는 취소소송의 대상이 될 수 있는 것은 구체적인 권리의무에 관한 분쟁이어야 하고 일반적·추상적인 법령이나 규칙 등은 그 자체로서 국민의 구체적인 권리의무에 직접적 변동을 초래케 하는 것이 아니므로 그 대상이 될 수 없다(대판 1992. 3. 10. 91누12639).

⑵ 권력분립에서 오는 한계

① 의무이행소송의 가능성

의무이행소송은 개인이 일정한 행정행위를 신청하였는데 행정청이 이를 거부하거나 부작위로 방치하고 있는 경우에, 신청에 따른 행정처분을 할 것을 행정청에 명하는 판결(이행판결)을 구하거나 신청에 따른 행정처분을 법원이 직접 행하는 판결(적극적 형성판결)을 구하는 소송을 말한다. 우리 「행정심판법」은 의무이행심판을 인정하고 있으나 「행정소송법」은 의무이행소송에 관한 명문규정을 두고 있지 않다. 따라서 의무이행소송이 인정될 수 있는지에 대해 소극설과 적극설의 대립이 있다.

대법원은 소극설을 취하여 의무이행소송을 인정하지 않는다.

1984년의 행정소송법 전문개정 이전의 판례
행정청으로 하여금 일정한 행정처분을 하도록 명하는 이행판결을 구하는 취지의 청구는 행정소송에서 허용되지 아니한다(대판 1982. 7. 27. 81누258).

1984년 「행정소송법」 개정에서 부작위법확인소송제도와 거부처분취소판결의 재처분 의무와 간접강제 제도를 채택한 이후에도 대법원은 소극설을 취하여 일관되게 의무이행소송이 허용되지 않는다는 입장을 견지하고 있다.

행정청의 토지등급설정 및 수정처분의 시정을 구하는 소의 적부
토지소유자가 토지에 대한 행정청의 토지등급설정 및 수정처분의 시정을 구하는 것은 동인이 원하는 행정처분을 하도록 명하는 이행판결을 구하는 것이어서 행정소송에서 허용되지 아니한다(대판 1986. 8. 19. 86누223).

행정청에 대하여 행정상의 처분의 이행을 구하는 청구는 행정소송의 대상이 될 수 없다
행정청에 대하여 행정상의 처분의 이행을 구하는 청구는 특별한 규정이 없는 한 행정소송의 대상이 될 수 없고 가옥대장 내지 건축물관리대장에 일정한 사항을 등재하는 행위는 행정사무집행의 편의와 사실증명의 자료로 삼기 위한 것일 뿐 그 등재행위로 인하여 당해 가옥에 관하여 실체상의 권리관계에 어떠한 변동을 가져오는 것은 아니므로 가옥대장의 등재행위는 행정처분이라 할 수 없으니 구청에 비치된 가옥대장에 한 등재의 말소를 구하는 소는 부적법하다(대판 1990. 10. 23. 90누5467).

행정청의 부작위에 대한 작위의무의 이행이나 확인을 구하는 행정소송이 허용되지 않는다
「행정심판법」 제4조 제3호가 의무이행심판청구를 인정하고 있고 항고소송의 제1심 관할법원이 행정청의 소재지를 관할하는 고등법원으로 되어 있다고 하더라도, 「행정소송법」상 행정청의 부작위에 대하여는 부작위위법확인소송만 인정되고 작위의무의 이행이나 확인을 구하는 행정소송은 허용될 수 없다(대판 1992. 11. 10. 92누1629).

행정청을 상대로 상가특별공급 및 영업비보상 등의 이행판결을 구할 수 없다
행정청에 대하여 상가특별공급 및 영업비의 보상을 구하는 청구부분은 그가 원하는 처분을 행정청으로 하여금 행하도록 명하는 이행판결을 구하는 것이 되어 「행정소송법」상 허용되지 아니한 부적법한 소송이라는 판단은 「행정소송법」의 규정에 비추어 정당하다(대판 1994. 12. 22. 93누21026).

검사에게 압수물 환부를 이행하라는 청구는 의무이행소송으로서 현행 행정소송법상 허용되지 아니한다

형사본안사건에서 무죄가 선고되어 확정되었다면 「형사소송법」 제332조 규정에 따라 검사가 압수물을 제출자나 소유자 기타 권리자에게 환부하여야 할 의무가 당연히 발생한 것이고, 권리자의 환부신청에 대한 검사의 환부결정 등 어떤 처분에 의하여 비로소 환부의무가 발생하는 것은 아니므로 압수가 해제된 것으로 간주된 압수물에 대하여 피압수자나 기타 권리자가 민사소송으로 그 반환을 구함은 별론으로 하고 검사가 피압수자의 압수물 환부신청에 대하여 아무런 결정이나 통지도 하지 아니하고 있다고 하더라도 그와 같은 부작위는 현행 「행정소송법」상의 부작위위법확인소송의 대상이 되지 아니한다. 검사에게 압수물 환부를 이행하라는 청구는 행정청의 부작위에 대하여 일정한 처분을 하도록 하는 의무이행소송으로서 현행 「행정소송법」상 허용되지 아니한다(대판 1995. 3. 10. 94누14018).

행정소송법상 이행판결이나 형성판결을 구하는 소송은 허용되지 않는다

현행 「행정소송법」상 행정청으로 하여금 일정한 행정처분을 하도록 명하는 이행판결을 구하는 소송이나 법원으로 하여금 행정청이 일정한 행정처분을 행한 것과 같은 효과가 있는 행정처분을 직접 행하도록 하는 형성판결을 구하는 소송은 허용되지 아니한다(대판 1997. 9. 30. 97누3200).

② 예방적 부작위청구소송(금지소송)의 가능성

예방적 부작위청구소송이란 행정청의 행정작용이 행해지면 회복이 불가능하거나 행정작용이 행해진 후의 권리구제가 무의미한 경우 등에 있어서, 당해 행정작용을 하지 않을 것을 내용으로 하는 판결을 구하는 행정소송을 말한다. 예방적 부작위청구소송은 소극적 형태의 의무이행소송이라 할 수 있다. 우리 「행정소송법」은 예방적 부작위청구소송에 관한 명문규정을 두고 있지 않아서 이러한 예방적 부작위청구소송이 인정될 수 있는지에 대해 학설상 소극·적극의 견해가 대립하고 있다. 국민의 권리구제를 위해서 현행 「행정소송법」상 예방적 부작위청구소송은 가능하다는 적극설이 다수설이다.

대법원은 소극설을 취하여 예방적 부작위청구소송을 부정한다.

행정청의 부작위를 구하는 청구는 부적법하다
㉠ 건축건물의 준공처분을 하여서는 아니된다는 내용의 부작위를 구하는 청구는 행정소송에서 허용되지 아니하는 것이므로 부적법하다(대판 1987. 3. 24. 86누182).
㉡ 「행정소송법」상 행정청이 일정한 처분을 하지 못하도록 그 부작위를 구하는 청구는 허용되지 않는 부적법한 소송이다(대판 2006. 5. 25. 2003두11988).

③ 작위의무확인소송의 가능성

작위의무확인소송이란 행정청에게 일정한 처분을 할 법적 작위의무가 있다는 확인을 구하는 소송을 말한다. 우리 「행정소송법」은 작위의무확인소송에 관한 명문규정을 두고 있지 않기 때문에 작위의무확인소송이 인정될 수 있는지에 대해 학설상 소극·적극의 견해가 대립하고 있다.

대법원은 소극설을 취하여 작위의무확인소송을 부정한다.

작위의무확인소송은 항고소송의 대상이 되지 아니한다
국가보훈처장에게 독립운동가들에 대한 서훈추천권의 행사가 적정하지 아니하였으니 이를 바로잡아 다시 추천하고, 잘못 기술된 독립운동가의 활동상을 고쳐 독립운동사 등의 책자를 다시 편찬·보급하고, 독립기념관 전시관의 해설문, 전시물 중 잘못된 부분을 고쳐 다시 전시 및 배치할 의무가 있음의 확인을 구하는 청구는 작위의무확인소송으로서 항고소송의 대상이 되지 아니한다(대판 1990. 11. 23. 90누3553).

Ⅱ. 항고소송

「행정소송법」상 항고소송에는 취소소송, 무효등확인소송, 부작위위법확인소송의 3유형이 있다. 항고소송이란 행정청의 위법한 공권력의 행사 또는 불행사로 인하여 권익이 침해된 경우에 그 위법상태를 배제하여 권익구제를 받기 위해 제기하는 소송을 말한다.

1. 취소소송

(1) 취소소송의 의의와 성질

① 취소소송의 의의

취소소송은 행정청의 위법한 처분 등의 취소 또는 변경을 구하는 소송을 말한다.

② 취소소송의 성질

이에 대해서 형성소송설, 확인소송설, 준형성소송설이 대립되고 있으나, 형성소송설이 통설과 판례의 태도이다.

> 위법한 행정처분의 취소를 구하는 소는 위법한 처분에 의하여 발생한 위법상태를 배제하여 원상으로 회복시키고 그 처분으로 침해되거나 방해받은 권리와 이익을 보호·구제하고자 하는 소송이므로, 비록 그 위법한 처분을 취소한다고 하더라도 원상회복이 불가능한 경우에는 그 취소를 구할 이익이 없다(대판 2006. 7. 28. 2004두13219; 대판 1996. 2. 9. 95누14978; 대판 1992. 4. 24. 91누11131).

③ 취소소송의 소송물

행정소송의 소송물은 원칙적으로 원고에 의해 특정된다. 취소소송의 소송물이 무엇인가에 대하여 견해대립이 있다. 취소소송의 소송물을 처분의 위법성 일반으로 보는 견해, 처분의 위법사유마다 취소소송의 소송물이 다르다는 견해, 대상이 되는 처분을 통하여 자신의 권리가 침해되었다는 원고의 권리주장을 소송물로 보는 견해, 처분 등의 위법성과 이를 근거로 한 처분 등의 취소를 구하는 원고의 법적 권리주장을 소송물로 보는 견해 등이 그것이다. 처분의 위법성 일반을 취소소송의 소송물로 보는 견해가 다수설이다. 대법원도 처분의 위법성 일반을 취소소송의 소송물로 보고 있다.

> **과세처분취소소송의 소송물**
>
> ㉠ 과세처분취소소송의 소송물은 그 취소원인이 되는 위법성 일반이다(대판 1989. 4. 11. 87누647).
>
> ㉡ 원래 과세처분이란 법률에 규정된 과세요건이 충족됨으로써 객관적, 추상적으로 성립한 조세채권의 내용을 구체적으로 확인하여 확정하는 절차로서, 과세처분취소소송의 소송물은 그 취소원인이 되는 위법성 일반이고 그 심판의 대상은 과세처분에 의하여 확인된 조세채무인 과세표준 및 세액의 객관적 존부이다(대판 1990. 3. 23. 89누5386).

⑵ 취소소송의 제기요건 일반

취소소송은 ① 처분 등의 취소·변경을 구할 법률상 이익이 있는 자가(원고적격), ② 처분 등을 행한 행정청을 피고로 하여(피고적격), ③ 행정청의 위법한 처분 등에 대하여(대상적격), ④ 취소소송을 할 현실적 필요성이 있는 경우에(협의의 소익), ⑤ 소 제기기간 내에(제소기간), ⑥ 소장으로(서면주의), ⑦ 관할법원에(관할) 제기하여야 한다. 다만, 개별법에서 행정심판을 거치도록 규정하고 있는 경우에는 행정심판을 거쳐야 한다(예외적인 행정심판전치).

(3) 취소소송의 대상

「행정소송법」은 취소소송의 대상에 관하여 개괄주의를 채택하고 있다.

① 처 분

「행정소송법」은 항고소송의 대상이 되는 처분을 '행정청이 행하는 구체적 사실에 관한 법집행으로서의 공권력의 행사 또는 그 거부와 그 밖에 이에 준하는 행정작용'으로 규정하고 있다(제2조 제1항 제1호).

대법원은 처분의 개념을 명문화한 1984년 전후 처분개념에 관해 동일한 입장을 유지하고 있다.

처분개념의 성격 및 의미

항고소송의 대상인 처분의 존부는 광의의 소의 이익의 하나인 소송요건으로서 법원의 직권조사사항인데 소의 이익의 존재가 소송을 적법하게 하는 하나의 소송요건이듯이, 다투어지고 있는 행정청의 행위가 항고소송의 대상성을 결여한 경우 국민이 그에 의하여 권리침해 내지 중대한 불이익을 받더라도 소송의 문전에서 배척되게 되고, 항고소송의 구조상 그 원고는 항상 권익을 침해당한 개인이 되는 데다가 소송의 형식 및 대상은 원고가 특정하도록 되어 있다. 따라서 항고소송의 대상을 제대로 특정하지 못할 경우 그로 인한 불이익은 항상 권리구제를 구하는 원고에게 있으므로, 헌법상의 재판청구권의 보장에 비추어 항고소송의 대상을 명확히 해야 할 필요성은 적지 않다(헌재결 2009. 4. 30. 2006헌바66).

항고소송의 대상이 되는 행정처분의 의미

㉠ 항고소송의 대상이 되는 행정처분은 행정청의 공법상의 행위로서 특정사항에 대하여 법규에 의한 권리의 설정 또는 의무의 부담을 명하거나 기타 법률상 효과를 발생하게 하는 등 국민의 권리의무에 직접 관계가 있는 행위를 가리키는 것이고, 상대방 또는 기타 관계자들의 법률상 지위에 직접적인 법률적 변동을 일으키지 아니하는 행위 등은 항고소송의 대상이 되는 행정처분이 아니다(대판 1995. 3. 14. 94누9962).

㉡ 항고소송의 대상이 되는 행정처분에 해당하는지 여부는 그 주체, 내용, 절차, 형식에 있어서 어느 정도 성립 내지 효력요건을 충족하느냐에 따라 개별적으로 결정하여야 한다(대판 2004. 11. 26. 2003두10251, 10268).

행정소송법에서 처분의 개념을 명문화한 1984년 이전의 대법원 판례

항고소송의 대상이 되는 행정처분이라 함은 행정청의 공법상의 행위로서 특정사항에 대하여 법규에 의한 권리의 설정 또는 의무의 부담을 명하며 기타 법률상의 효과를 발생케 하는 등 국민의 구체적인 권리의무에 직접적 변동을 초래하는 행위를 말하는 것이고 행정권 내부에서의 행위나 알선, 권유, 사실상의 통지 등과 같이 상대방 기타 관계자들의 법률상 지위에 직접적인 법률적 변동을 일으키지 아니하는 행위는 항고소송의 대상이 아니다(대판 1980. 10. 14. 78누379).

행정소송에 있어서 행정처분의 존부는 직권조사사항이다

행정소송에서 쟁송의 대상이 되는 행정처분의 존부는 소송요건으로서 직권조사사항이고, 자백의 대상이 될 수 없는 것이므로, 설사 그 존재를 당사자들이 다투지 아니한다 하더라도 그 존부에 관하여 의심이 있는 경우에는 이를 직권으로 밝혀 보아야 할 것이고, 사실심에서 변론종결시까지 당사자가 주장하지 않던 직권조사사항에 해당하는 사항을 상고심에서 비로소 주장하는 경우 그 직권조사사항에 해당하는 사항은 상고심의 심판범위에 해당한다(대판 2004. 12. 24. 2003두15195).

행정청의 행위가 행정처분인지 여부의 판단기준

㉠ 행정청의 어떤 행위를 행정처분으로 볼 것이냐의 문제는 추상적, 일반적으로 결정할 수 없고, 구체적인 경우 행정처분은 행정청이 공권력의 주체로서 행하는 구체적 사실에 관한 법집행으로서 국민의 권리의무에 직접 영향을 미치는 행위라는 점을 고려하고 행정처분이 그 주체, 내용, 절차, 형식에 있어서 어느 정도 성립 내지 효력요건을 충족하느냐에 따라 개별적으로 결정하여야 하며, 행정청의 어떤 행위가 법적 근거도 없이 객관적으로 국민에게 불이익을 주는 행정처분과 같은 외형을 갖추고 있고, 그 행위의 상대방이 이를 행정처분으로 인식할 정도라면 그로 인하여 파생되는 국민의 불이익 내지 불안감을 제거시켜 주기 위한 구제수단이 필요한 점에 비추어 볼 때 행정청의 행위로 인하여 그 상대방이 입는 불이익 내지 불안이 있는지 여부도 그 당

시에 있어서의 법치행정의 정도와 국민의 권리의식 수준 등은 물론 행위에 관련한 당해 행정청의 태도 등도 고려하여 판단하여야 한다(대판 1993. 12. 10. 93누12619).

ⓛ 행정청의 어떤 행위를 행정처분으로 볼 것이냐의 문제는 관련 법령의 내용 및 취지와 그 행위가 주체·내용·형식·절차 등에 있어서 어느 정도로 행정처분으로서의 성립 내지 효력요건을 충족하고 있는지 여부, 그 행위와 상대방 등 이해관계인이 입는 불이익과의 실질적 견련성, 그리고 법치행정의 원리와 당해 행위에 관련한 행정청 및 이해관계인의 태도 등을 참작하여 개별적으로 결정하여야 할 것이다(대판 2007. 10. 11. 2007두1316).

㉠ 행정청의 행위

행정청에는 국가 또는 지방자치단체의 의사를 결정·표시할 수 있는 권한을 가진 행정기관뿐만 아니라 입법기관, 사법기관도 포함되며, 행정권한의 위임·위탁을 받은 보조기관, 지방자치단체의 장, 지방의회 그리고 공사·공단 등의 공법인과 공무수탁사인도 포함된다.

행정소송의 대상이 되는 행정처분의 의의

행정소송의 대상이 되는 행정처분은, 행정청 또는 그 소속기관이나 법령에 의하여 행정권한의 위임 또는 위탁을 받은 공공기관이 국민의 권리의무에 관계되는 사항에 관하여 공권력을 발동하여 행하는 공법상의 행위를 말하며, 그것이 상대방의 권리를 제한하는 행위라 하더라도 행정청 또는 그 소속기관이나 권한을 위임받은 공공기관의 행위가 아닌 한 이를 행정처분이라고 할 수 없다(대결 2010. 11. 26. 2010무137).

항고소송을 제기할 수 있는 상대가 되는 행정청의 의의

항고소송은 행정청의 처분 등이나 부작위에 대하여 처분 등을 행한 행정청을 상대로 이를 제기할 수 있고 행정청에는 처분 등을 할 수 있는 권한이 있는 국가 또는 지방자치단체와 같은 행정기관뿐만 아니라 법령에 의하여 행정권한의 위임 또는 위탁을 받은 행정기관, 공공단체 및 그 기관 또는 사인이 포함되는바 특별한 법률에 근거를 두고 행정주체로서의 국가 또는 지방자치단체로부터 독립하여 특수한 존립목적을 부여받은 특수한 행정주체로서 국가의 특별한 감독하에 그 존립목적인 특정한 공공사무를 행하는 공법인인 특수행정조직 등이 이에 해당한다(대판 1992. 11. 27. 92누3618).

병역법상 신체등위판정을 하는 군의관은 행정청이라고 볼 수 없다

「병역법」상 신체등위판정은 행정청이라고 볼 수 없는 군의관이 하도록 되어 있으며, 그 자체만으로 바로 「병역법」상의 권리의무가 정하여지는 것이 아니라 그에 따라 지방병무청장이 병역처분을 함으로써 비로소 병역의무의 종류가 정하여지는 것이므로 항고소송의 대상이 되는 행정처분이라 보기 어렵다(대판 1993. 8. 27. 93누3356).

한국전력공사가 정부투자기관회계규정에 의하여 행한 입찰참가자격을 제한하는 내용의 부정당업자제재처분을 한 경우 공사가 행정소송법 소정의 행정청 또는 그 소속기관이거나 이로부터 위 제재처분의 권한을 위임받았다고 볼 만한 아무런 법적 근거가 없다

한국전력공사는 「한국전력공사법」의 규정에 의하여 설립된 정부투자법인일 뿐이고 위 공사를 중앙행정기관으로 규정한 법률을 찾아볼 수 없으며, 「예산회계법」 제11조의 규정에 의하여 정부투자기관의 예산과 회계에 관한 사항을 규정한 구 「정부투자기관관리기본법」에 구 「국가를 당사자로 하는 계약에 관한 법률」 제27조 또는 같은 법 시행령 제76조를 준용한다는 규정도 없으므로 위 공사는 위 법령 소정의 '각 중앙관서의 장'에 해당되지 아니함이 명백하고, 위 공사가 입찰참가자격을 제한하는 내용의 부정당업자제재처분의 근거로 삼은 정부투자기관회계규정 제245조가 정부투자기관의 회계처리의 기준과 절차에 관한 사항을 재무부장관이 정하도록 규정한 구 「정부투자기관관리기본법」 제20조에 의하여 제정된 것임은 분명하나 그 점만으로 위 규정이 구 「정부투자기관관리기본법」 제20조와 결합하여 대외적인 구속력이 있는 법규명령으로서의 효력을 가진다고 할 수도 없다 할 것이므로, 따라서 위 공사가 「행정소송법」 소정의 행정청 또는 그 소속기관이거나 이로부터 위 제재처분의 권한을 위임받았다고 볼 만한 아무런 법적 근거가 없다고 할 것이므로 위 공사가 정부투자기관회계규정에 의하여 행한 입찰참가자격을 제한하는 내용의 부정당업자제재처분은 행정소송의 대상이 되는 행정처분이 아니라 단지 상대방을 위 공사가 시행하는 입찰에 참가시키지 않겠다는 뜻의 사법상의 효력을 가지는 통지행위에 불과하다(대결 1999. 11. 26. 99부3).

성업공사가 한 공매처분에 대한 취소소송의 피고적격(성업공사)

성업공사가 체납압류된 재산을 공매하는 것은 세무서장의 공매권한 위임에 의한 것으로 보아야 할 것이므로, 성업공사가 한 그 공매처분에 대한 취소 등의 항고소송을 제기함에 있어서는 수임청으로서 실제로 공매를 행한 성업공사를 피고로 하여야 하고, 위임청인 세무서장은 피고적격이 없다(대판 1997. 2. 28. 96누1757).

도시재개발법에 의한 재개발조합

「도시재개발법」에 의한 재개발조합은 조합원에 대한 법률관계에서 적어도 특수한 존립목적을 부여받은 특수한 행정주체로서 국가의 감독하에 그 존립 목적인 특정한 공공사무를 행하고 있다고 볼 수 있는 범위 내에서는 공법상의 권리의무 관계에 서 있는 것이므로 분양신청 후에 정하여진 관리처분계획의 내용에 관하여 다툼이 있는 경우에는 그 관리처분계획은 토지 등의 소유자에게 구체적이고 결정적인 영향을 미치는 것으로서 조합이 행한 처분에 해당하므로 항고소송의 방법으로 그 무효확인이나 취소를 구할 수 있다(대판 2002. 12. 10. 2001두6333).

지방의회 의원제명의결을 다투는 소송

「지방자치법」 제78조 내지 제81조의 규정에 의거한 지방의회의 의원징계의결은 그로 인해 의원의 권리에 직접 법률효과를 미치는 행정처분의 일종으로서 행정소송의 대상이 되고, 그와 같은 의원징계의결의 당부를 다투는 소송의 관할법원에 관하여는 동법에 특별한 규정이 없으므로 일반법인 「행정소송법」의 규정에 따라 지방의회의 소재지를 관할하는 고등법원이 그 소송의 제1심 관할법원이 된다(대판 1993. 11. 26. 93누7341).

지방의회의 의장선임의결을 다투는 소송

지방의회의 의장은 「지방자치법」 제43조, 제44조의 규정에 의하여 의회를 대표하고 의사를 정리하며, 회의장 내의 질서를 유지하고 의회의 사무를 감독할 뿐만 아니라 위원회에 출석하여 발언할 수 있는 등의 직무권한을 가지는 것이므로, 지방의회의 의사를 결정·공표하여 그 당선자에게 이와 같은 의장으로서의 직무권한을 부여하는 지방의회의 의장선거는 행정처분의 일종으로서 항고소송의 대상이 된다고 할 것이다(대판 1995. 1. 12. 94누2602).

지방의회 의장에 대한 불신임의결을 다투는 소송

지방의회를 대표하고 의사를 정리하며 회의장 내의 질서를 유지하고 의회의 사무를 감독하며 위원회에 출석하여 발언할 수 있는 등의 직무권한을 가지는 지방의회 의장에 대한 불신임의결은 의장으로서의 권한을 박탈하는 행정처분의 일종으로서 항고소송의 대상이 된다(대결 1994. 10. 11. 94두23).

한국마사회의 조교사 및 기수 면허 부여 또는 취소

한국마사회가 조교사 또는 기수의 면허를 부여하거나 취소하는 것은 경마를 독점적으로 개최할 수 있는 지위에서 우수한 능력을 갖추었다고 인정되는 사람에게 경마에서의 일정한 기능과 역할을 수행할 수 있는 자격을 부여하거나 이를 박탈하는 것에 지나지 아니하므로, 이는 국가 기타 행정기관으로부터 위탁받은 행정권한의 행사가 아니라 일반 사법상의 법률관계에서 이루어지는 단체 내부에서의 징계 내지 제재처분이다(대판 2008. 1. 31. 2005두8269).

법무법인의 공정증서작성행위

법무법인의 공정증서작성행위는 항고소송의 대상이 되는 행정처분이 아니다(대판 2012. 6. 14. 2010두19720).

㉡ 구체적 사실에 대한 법집행행위

처분은 구체적 사실에 관한 법집행행위이어야 한다. 예외적으로 법령 또는 조례가 집행행위의 개입없이 그 자체로서 직접 국민의 권익을 침해하는 처분적 성격의 입법인 경우 취소소송의 대상이 된다.

조례가 항고소송의 대상이 되는 행정처분에 해당되는 경우

조례가 집행행위의 개입 없이도 그 자체로서 직접 국민의 구체적인 권리의무나 법적 이익에 영향을 미치는 등의 법률상 효과를 발생하는 경우 그 조례는 항고소송의 대상이 되는 행정처분에 해당하고, 이러한 조례에 대한 무효확인소송을 제기함에 있어서 「행정소송법」 제38조 제1항, 제13조에 의하여 피고적격이 있는 처분 등을 행한 행정청은, 행정주체인 지방자치단체 또는 지방자치단체의 내부적 의결기관으로서 지방자치단체의 의사를 외부에 표시한 권한이 없는 지방의회가 아니라, 구 「지방자치법」 제19조 제2항, 제92조에 의하여 지방자치단체의 집행기관으로서 조례로서의 효력을 발생시키는 공포권이 있는 지방자치단체의 장이다(대판 1996. 9. 20. 95누8003).

ⓒ 국민의 권리·의무에 직접 관계되는 법적 행위

처분은 국민의 구체적인 권리·의무에 직접 변동을 가져오는 외부에 대한 행위이어야 한다. 따라서 아직 국민에게 표시되기 전의 행정청 내부의 행위 또는 행정기관 상호간의 협의나 동의행위는 처분이 아니다. 행정규칙도 행정기관 내부에서의 사무처리기준에 불과한 것이어서 원칙적으로 항고소송의 대상이 되는 처분이 아니다.

항고소송의 대상이 되는 행정처분의 범위

ⓐ 항고소송의 대상이 되는 행정처분은 그 자체로서 국민의 구체적인 권리의무에 직접적인 변동을 초래케 하는 것이 아닌 일반적, 추상적인 법령 또는 내부적 내규 및 내부적 사업계획에 불과한 것 등은 그 대상이 될 수 없다(대판 1994. 9. 10. 94두33).

ⓑ 항고소송의 대상이 되는 행정처분은 행정청의 공법상 행위로서 특정사항에 대하여 법규에 의한 권리의 설정 또는 의무의 부담을 명하거나, 기타 법률상 효과를 발생하게 하는 등 국민의 권리의무에 직접 관계가 있는 행위를 가리키는 것이고, 상대방 또는 기타 관계자들의 법률상 지위에 직접적인 영향을 미치지 않는 행위는 항고소송의 대상이 되는 행정처분이 아니다(대판 2012. 9. 27. 2010두3541; 대판 2002. 5. 17. 2001두10578).

판례도 도로교통법규 위반시의 벌점부과행위, 군의관에 의한 신체등급판정행위, 「국세기본법」 제51조에 의한 국세환급금결정 등에 대해 처분성을 부인하였다.

국세환급금결정이나 국세환급금결정신청에 대한 환급거부결정은 처분이 아니다

「국세기본법」 제51조, 제52조의 국세환급금 및 국세가산금결정에 관한 규정은 이미 납세의무자의 환급청구권이 확정된 국세환급금 및 가산금에 대하여 내부적 사무처리절차로서 과세관청의 환급절차를 규정한 것에 지나지 않고, 그 규정에 의한 국세환급금(가산금 포함)결정에 의하여 비로소 환급청구권이 확정되는 것은 아니므로, 국세환급금결정이나 이 결정을 구하는 신청에 대한 환급거부결정 등은 납세의무자가 갖는 환급청구권의 존부나 범위에 구체적이고 직접적인 영향을 미치는 처분이 아니어서 항고소송의 대상이 되는 처분이라고 볼 수 없다(대판 2009. 11. 26. 2007두4018; 대판 1989. 6. 15. 88누6436 전원합의체).

법인세 과세표준 결정이나 손금불산입 처분은 항고소송의 대상이 되는 행정처분이 아니다
법인세 과세표준 결정이나 손금불산입 처분은 법인세 과세처분에 앞선 결정으로서 그로 인하여 바로 과세처분의 효력이 발생하는 것이 아니고 또 후일에 이에 의한 법인세 과세처분이 있을 때에 그 부과처분을 다툴 수 있는 방법이 없는 것도 아니므로, 법인세 과세표준 결정이나 손금불산입 처분은 항고소송의 대상이 되는 행정처분이라고는 할 수 없다(대판 1996. 9. 24. 95누12842).

운전면허 행정처분처리대장상 벌점의 배점은 처분이 아니다
운전면허 행정처분처리대장상 벌점의 배점은 도로교통법규 위반행위를 단속하는 기관이 도로교통법 시행규칙 별표 16의 정하는 바에 의하여 도로교통법규 위반의 경중, 피해의 정도 등에 따라 배정하는 점수를 말하는 것으로 자동차운전면허의 취소·정지처분의 기초자료로 제공하기 위한 것이고 그 배점 자체만으로는 아직 국민에 대하여 구체적으로 어떤 권리를 제한하거나 의무를 명하는 등 법률적 규제를 하는 효과를 발생하는 요건을 갖춘 것이 아니어서 그 무효확인 또는 취소를 구하는 소송의 대상이 되는 행정처분이라고 할 수 없다(대판 1994. 8. 12. 94누2190).

해양수산부장관의 항만 명칭결정은 국민의 권리의무나 법률상 지위에 직접적인 법률적 변동을 일으키는 행위가 아니므로 항고소송의 대상이 되는 행정처분이 아니다
피고 해양수산부장관은 2005. 12. 19. 그 소속 중앙항만정책심의회의 심의결과 이 사건 항만을 지정항만인 부산항의 하위항만으로 두되 무역항인 '부산항'의 명칭은 그대로 유지하면서, 이 사건 항만의 공식명칭을 '신항(영문명칭: Busan New Port)'으로 정하였다고 공표하였는바, 이러한 피고 해양수산부장관의 이 사건 항만 명칭결정으로 인하여 원고들이 속한 지방자치단체의 관할구역이 변경되는 것이 아닐 뿐만 아니라, 원고들의 권리의무나 법률상 지위에 직접적인 법률적 변동이 생기지도 아니하므로, 피고 해양수산부장관의 이 사건 항만 명칭결정을 항고소송의 대상이 되는 행정처분이라 할 수는 없다(대판 2008. 5. 29. 2007두23873).

행정지침에 불과한 서울특별시 자치구의 '철거민에 대한 국민주택특별공급지침'에 의한 주택공급신청을 거부한 행위는 행정처분이 아니다
서울특별시 자치구의 구청장이 제정하여 시행하던 '철거민에 대한 국민주택특별공급

지침'은 행정청 내부에 있어서의 행정지침에 불과하며 그 지침 소정의 사람에게 공법상의 분양신청권이 부여되는 것은 아니므로, 행정청이 그에 해당하는 자에 의한 국민주택특별공급신청을 받아들이지 않는 의사표시를 하였다고 하더라도 이를 항고소송의 대상이 되는 행정처분으로 볼 수는 없다(대판 1997. 3. 14. 96누19079).

공정거래위원회의 고발조치·의결은 항고소송의 대상이 되는 행정처분이 아니다

이른바 고발은 수사의 단서에 불과할 뿐 그 자체 국민의 권리의무에 어떤 영향을 미치는 것이 아니고, 특히 「독점규제 및 공정거래에 관한 법률」 제71조는 공정거래위원회의 고발을 위 법률위반죄의 소추요건으로 규정하고 있어 공정거래위원회의 고발조치는 사직 당국에 대하여 형벌권 행사를 요구하는 행정기관 상호간의 행위에 불과하여 항고소송의 대상이 되는 행정처분이라 할 수 없으며, 더욱이 공정거래위원회의 고발의결은 행정청 내부의 의사결정에 불과할 뿐 최종적인 처분은 아닌 것이므로 이 역시 항고소송의 대상이 되는 행정처분이 되지 못한다(대판 1995. 5. 12. 94누13794).

구 남녀차별금지 및 구제에 관한 법률상 국가인권위원회의 성희롱결정 및 시정조치권고는 행정소송의 대상이 되는 행정처분에 해당한다

성희롱행위자로 지목된 사람이 자신의 언동이 성희롱에 해당하지 않는다고 판단하고 있음에도 불구하고 피고가 그 사람의 언동을 성희롱에 해당하는 것으로 결정한다면, 그와 같은 결정에 의하여 그 사람의 명예감정은 물론 그에 대한 사회적 평가인 명예가 손상을 입어 그의 인격권이 직접적으로 침해받게 될 가능성이 매우 크다고 할 것이다. 법 제28조에 의하면, 성희롱결정과 이에 따른 시정조치의 권고는 불가분의 일체로 행하여지는 것인데 피고의 이러한 결정과 시정조치의 권고는 성희롱 행위자로 결정된 자의 인격권에 영향을 미침과 동시에 공공기관의 장 또는 사용자에게 일정한 법률상의 의무를 부담시키는 것이므로 피고의 성희롱결정 및 시정조치권고는 행정처분에 해당한다고 보지 않을 수 없다(대판 2005. 7. 8. 2005두487).

전파주관청인 정보통신부장관이 국제공용자원인 위성궤도 및 주파수를 우리나라 자원으로 확보하기 위하여 국제전기통신연합(International Telecommunication Union)의 전파규칙에 따라 국제전기통신연합에 대하여 하는 위성망국제등록신청은 항고소송의 대상이 되는 행정처분이라고 할 수 없다

피고 정보통신부장관이 같은 피고의 보조참가인(이하 '참가인'이라 한다. SK텔레콤 주식회사)의 위성망국제등록신청요청에 대하여 그 요건을 심사하여 이를 수리하는 행위와 이를 전제로 국제전기통신연합(International Telecommunication Union)에 대하여 하는 위성망국제등록신청은 개념상 구별되는 것이고, 이 사건 등록신청은 전파주관청인 위 피고가 국제공용자원인 위성궤도 및 주파수를 우리나라 자원으로 확보하기 위하여 국제전기통신연합의 전파규칙에 따라 국제전기통신연합에 대하여 하는 신청행위일 뿐 국민을 직접 상대방으로 하는 행위가 아니며, 피고 정보통신부장관이 확보된 주파수를 구 「전파법」 제41조 제2항에 따라 이 사건 등록신청의 요청자인 참가인에게 할당하는 경우 원고가 지정받은 주파수의 일부를 이용할 수 없게 되는 등의 불이익을 입는다 할지라도, 이는 위 전파규칙 소정의 위성망국제등록절차를 거쳐 실제로 위성궤도 및 주파수가 확보되는 경우에 비로소 문제될 수 있는 것으로서, 이 사건과 같은 등록신청 단계에 있어서는 국민의 권리의무에 아무런 영향을 미치지 못하므로 이 사건 등록신청은 「행정소송법」상 취소소송의 대상이 되는 행정처분이라고 할 수 없다(대판 2007. 4. 12. 2004두7924).

정부의 수도권 소재 공공기관의 지방이전시책을 추진하는 과정에서 도지사가 도 내 특정시를 공공기관이 이전할 혁신도시 최종입지로 선정한 행위는 항고소송의 대상이 되는 행정처분이 아니다

정부가 「국가균형발전 특별법」 제18조와 법 시행령 제15조에 근거를 두고 수도권에 있는 공공기관의 지방이전시책을 추진하면서 피고를 포함한 11개 시·도지사와 '공공기관 지방이전 기본협약'을 체결하고, '혁신도시 입지선정지침'을 마련하여 협약에 참가한 시·도지사에게 통보한 사실, 피고는 이 사건 지침에 따라 혁신도시입지선정위원회를 구성하여 위원회로 하여금 강원도 내 10개 시·군에 대한 평가를 하게 하였는데, 그 결과 원주시가 최고점수를 받자 건설교통부로부터 협의회신을 받은 후 2006. 1. 16. 원주시 반곡동 일원 105만 평을 혁신도시 최종입지로 선정하였음을 공표한 사실을 인정한 다음, 법과 법 시행령 및 이 사건 지침에는 공공기관의 지방이전을 위한 정부 등의 조치와 공공기관이 이전할 혁신도시 입지선정을 위한 사항 등을 규정하고 있을 뿐 혁신도시입지 후보지에 관련된 지역 주민 등의 권리의무에 직접 영향을 미치는 규정을 두고 있지 않으므로, 피고가 원주시를 혁신도시 최종입지로 선정한 행위는 항고소송의 대상이 되는 행정처분으로 볼 수 없다(대판 2007. 11. 15. 2007두10198).

행정권 내부에서의 행위나 알선, 권유, 사실상의 통지 등은 항고소송의 대상이 될 수 없다

항고소송의 대상이 되는 행정처분이라 함은 행정권 내부에서의 행위나 알선, 권유, 사실상의 통지 등과 같이 상대방 또는 기타 관계자들의 법률상 지위에 직접적인 법률적 변동을 일으키지 아니하는 행위는 항고소송의 대상이 될 수 없다(대판 1998. 7. 10. 96누6202; 대판 1995. 11. 21. 95누9099; 대판 1993. 10. 26. 93누6331 등).

구청장이 사회복지법인에 특별감사 결과 지적사항에 대한 시정지시와 그 결과를 관계서류와 함께 보고하도록 지시한 경우, 그 시정지시는 비권력적 사실행위가 아니라 항고소송의 대상이 되는 행정처분에 해당한다

피고(종로구청장)는 보건복지부 및 서울특별시와 합동으로 원고(S 재단)가 운영하는 사회복지시설에 대한 특별감사를 실시한 후 2006. 11. 2. 원고에 대하여 112건의 특별감사결과 지적사항을 통보하면서 과다하게 집행한 사업비나 목적 외에 사용한 금원 또는 물품을 환수하도록 하는 등 지적사항에 대한 신속한 시정조치를 하고 그 결과를 관련서류를 첨부하여 2006. 11. 13.까지 보고하도록 지시하였음을 알 수 있는바, 피고로서는 사회복지사업을 운영하는 자에 대하여 그 업무에 관하여 보고 또는 관계서류의 제출을 명하거나, 소속공무원으로 하여금 법인의 사무소 또는 시설에 출입하여 검사 또는 질문하게 할 수 있을 뿐 직접 특정한 사항에 관하여 시정을 명할 수 있는 법률상 근거가 없으므로 위 시정지시는 사회복지사업을 운영하는 자에 대한 피고의 일반적인 지도·감독권한에 근거하여 이루어진 것으로 보이기는 한다. 그러나 피고는 원고에 대하여 위 시정지시와 아울러 그 조치 결과를 관련서류를 첨부하여 보고하도록 명령함으로써 위 시정지시의 조치결과가 구 「사회복지사업법」 제51조 제1항에 근거한 보고명령 및 관련서류 제출명령에 포함되어 있으므로, 이와 같은 경우 원고로서는 위 시정지시에 따른 시정조치가 선행되지 않는 이상 피고의 위 보고명령 및 관련서류 제출명령을 이행하기 어렵다고 할 것이다. 그러므로 원고로서는 위 보고명령 및 관련서류 제출명령을 이행하기 위하여 위 시정지시에 따른 시정조치의 이행이 사실상 강제되어 있다고 할 것이고, 만일 피고의 위 명령을 이행하지 않는 경우 시정명령을 받거나 법인설립허가가 취소될 수 있고, 자신이 운영하는 사회복지시설에 대한 개선 또는 사업정지 명령을 받거나 그 시설의 장의 교체 또는 시설의 폐쇄와 같은 불이익을 받을 위험이 있으며, 원심이 유지한 제1심의 인정 사실에 의하더라도 피고는, 원고가 위 시정지시를 이행하지 아니하였음을 이유로 서울특별시장에게 원고에 대한 시정명령 등의 조치를 취해달라고 요청한 바 있으므로, 이와 같은 사정에 비추어 보면, 위 시정지시는 단순한 권고적 효력만을 가지는 비권력적 사실행위에 불과하다고 볼 수는 없고, 원고에 대하여 의무의 부담을 명하거나 기타 법률상 효과를 발생하게 하는 것으로서 항고소송의 대상이 되는 행정처분에 해당한다고 해석함이 상당하다고 할 것이다(대판 2008. 4. 24. 2008두3500).

고시가 항고소송의 대상이 되는 행정처분에 해당하기 위한 요건
어떠한 고시가 일반적·추상적 성격을 가질 때에는 법규명령 또는 행정규칙에 해당할 것이지만, 다른 집행행위의 매개 없이 그 자체로서 직접 국민의 구체적인 권리의무나 법률관계를 규율하는 성격을 가질 때에는 행정처분에 해당한다(대판 2006. 9. 22. 2005두2506).

일반적·추상적인 법령 등은 항고소송의 대상이 되는 행정처분이 될 수 없다
의료법 시행규칙 제31조가 의료기관의 명칭표시판에 진료과목을 함께 표시하는 경우 그 글자의 크기를 의료기관 명칭을 표시하는 글자 크기의 2분의 1 이내로 제한하고 있지만, 위 규정은 그 위반자에 대하여 과태료를 부과하는 등의 별도의 집행행위 매개 없이는 그 자체로서 국민의 구체적인 권리의무나 법률관계에 직접적인 변동을 초래하지 아니하므로 항고소송의 대상이 되는 행정처분이라고 할 수 없다(대판 2007. 4. 12. 2005두15168).

행정규칙에 의한 '불문경고조치'는 행정처분에 해당한다
행정규칙에 의한 '불문경고조치'가 비록 법률상의 징계처분은 아니지만 위 처분을 받지 아니하였다면 차후 다른 징계처분이나 경고를 받게 될 경우 징계감경사유로 사용될 수 있었던 표창공적의 사용가능성을 소멸시키는 효과와 1년 동안 인사기록카드에 등재됨으로써 그동안은 장관표창이나 도지사표창 대상자에서 제외시키는 효과 등이 있다는 이유로 항고소송의 대상이 되는 행정처분에 해당한다(대판 2002. 7. 26. 2001두3532).

대학입시기본계획 내의 내신성적산정지침은 항고소송의 대상인 행정처분으로 볼 수 없다
교육부장관이 내신성적 산정기준의 통일을 기하기 위해 대학입시기본계획의 내용에서 내신성적 산정기준에 관한 시행지침을 마련하여 시·도 교육감에서 통보한 것은 행정조직 내부에서 내신성적 평가에 관한 내부적 심사기준을 시달한 것에 불과하며, 각 고등학교에서 위 지침에 일률적으로 기속되어 내신성적을 산정할 수밖에 없고 또 대학에서도 이를 그대로 내신성적으로 인정하여 입학생을 선발할 수밖에 없는 관계로 장차 일부 수험생들이 위 지침으로 인해 어떤 불이익을 입을 개연성이 없지는 아니하나, 그러한 사정만으로서 위 지침에 의하여 곧바로 개별적이고 구체적인 권리의 침해를 받은 것으로는 도저히 인정할 수 없으므로, 그것만으로는 현실적으로 특정인의 구체적인 권리의무에 직접적으로 변동을 초래케 하는 것은 아니라 할 것이어서 내신성적 산정지침을 항고소송의 대상이 되는 행정처분으로 볼 수 없다(대판 1994. 9. 10. 94두33).

어떠한 처분의 근거가 행정규칙에 규정되어 있는 경우, 그 처분이 항고소송의 대상이 되는 행정처분에 해당하기 위한 요건

어떠한 처분의 근거가 행정규칙에 규정되어 있다고 하더라도, 그 처분이 상대방에게 권리의 설정 또는 의무의 부담을 명하거나 기타 법적인 효과를 발생하게 하는 등으로 그 상대방의 권리의무에 직접 영향을 미치는 행위라면, 이 경우에도 항고소송의 대상이 되는 행정처분에 해당한다(대판 2012. 9. 27. 2010두3541; 대판 2004. 11. 26. 2003두10251, 10268).

행정청이 건축물대장의 용도변경신청을 거부한 행위는 행정처분에 해당한다

구「건축법」 제14조 제4항의 규정은 건축물의 소유자에게 건축물대장의 용도변경신청권을 부여한 것이고, 한편 건축물의 용도는 토지의 지목에 대응하는 것으로서 건물의 이용에 대한 공법상의 규제, 건축법상의 시정명령, 지방세 등의 과세대상 등 공법상 법률관계에 영향을 미치고, 건물소유자는 용도를 토대로 건물의 사용·수익·처분에 일정한 영향을 받게 된다. 이러한 점 등을 고려해 보면, 건축물대장의 용도는 건축물의 소유권을 제대로 행사하기 위한 전제요건으로서 건축물 소유자의 실체적 권리관계에 밀접하게 관련되어 있으므로, 건축물대장 소관청의 용도변경신청 거부행위는 국민의 권리관계에 영향을 미치는 것으로서 항고소송의 대상이 되는 행정처분에 해당한다(대판 2009. 1. 30. 2007두7277).

행정청의 건축신고 반려행위 또는 수리거부행위는 항고소송의 대상이 된다

건축주 등은 신고제하에서도 건축신고가 반려될 경우 당해 건축물의 건축을 개시하면 시정명령, 이행강제금, 벌금의 대상이 되거나 당해 건축물을 사용하여 행할 행위의 허가가 거부될 우려가 있어 불안정한 지위에 놓이게 된다. 따라서 건축신고 반려행위가 이루어진 단계에서 당사자로 하여금 반려행위의 적법성을 다투어 그 법적 불안을 해소한 다음 건축행위에 나아가도록 함으로써 장차 있을지도 모르는 위험에서 미리 벗어날 수 있도록 길을 열어 주고, 위법한 건축물의 양산과 그 철거를 둘러싼 분쟁을 조기에 근본적으로 해결할 수 있게 하는 것이 법치행정의 원리에 부합한다. 그러므로 건축신고 반려행위는 항고소송의 대상이 된다고 보는 것이 옳다(대판 2010. 11. 18. 2008두167 전원합의체).

친일반민족행위자재산조사위원회의 재산조사개시결정은 행정처분으로서 항고소송의 대상이 된다

친일반민족행위자재산조사위원회의 재산조사개시결정이 있는 경우 조사대상자는 위 위원회의 보전처분 신청을 통하여 재산권행사에 실질적인 제한을 받게 되고, 위 위원회의 자료제출요구나 출석요구 등의 조사행위에 응하여야 하는 법적 의무를 부담하게 되는 점, 「친일반민족행위자 재산의 국가귀속에 관한 특별법」에서 인정된 재산조사결정에 대한 이의신청절차만으로는 조사대상자에 대한 권리구제 방법으로 충분치 아니한 점, 조사대상자로 하여금 개개의 과태료 처분에 대하여 불복하거나 조사 종료 후의 국가귀속결정에 대하여만 다툴 수 있도록 하는 것보다는 그에 앞서 재산조사개시결정에 대하여 다툼으로써 분쟁을 조기에 근본적으로 해결할 수 있는 점 등을 종합하면, 친일반민족행위자재산조사위원회의 재산조사개시결정은 조사대상자의 권리·의무에 직접 영향을 미치는 독립한 행정처분으로서 항고소송의 대상이 된다고 봄이 상당하다(대판 2009. 10. 15. 2009두6513).

진실·화해를 위한 과거사정리위원회의 진실규명결정이 항고소송의 대상이 되는 행정처분인지 여부(적극)

「진실·화해를 위한 과거사정리 기본법」과 구 과거사 관련 권고사항 처리에 관한 규정의 목적, 내용 및 취지를 바탕으로, 피해자 등에게 명문으로 진실규명 신청권, 진실규명결정 통지 수령권 및 진실규명결정에 대한 이의신청권 등이 부여된 점, 진실규명결정이 이루어지면 그 결정에서 규명된 진실에 따라 국가가 피해자 등에 대하여 피해 및 명예회복 조치를 취할 법률상 의무를 부담하게 되는 점, 진실·화해를 위한 과거사정리위원회가 위와 같은 법률상 의무를 부담하는 국가에 대하여 피해자 등의 피해 및 명예 회복을 위한 조치로 권고한 사항에 대한 이행의 실효성이 법적·제도적으로 확보되고 있는 점 등 여러 사정을 종합하여 보면, 법이 규정하는 진실규명결정은 국민의 권리의무에 직접적으로 영향을 미치는 행위로서 항고소송의 대상이 되는 행정처분이라고 보는 것이 타당하다(대판 2013. 1. 16. 2010두22856).

공익사업을 위한 토지 등의 취득 및 보상에 관한 법률상의 공익사업시행자가 하는 이주대책대상자 확인·결정의 법적 성질(=행정처분)과 이에 대한 쟁송방법(=항고소송)

「공익사업을 위한 토지 등의 취득 및 보상에 관한 법률」상의 공익사업시행자가 하는 이주대책대상자 확인·결정은 구체적인 이주대책상의 수분양권을 부여하는 요건이 되는 행정작용으로서의 처분이지 이를 단순히 절차상의 필요에 따른 사실행위에 불과한 것으로 평가할 수는 없다. 따라서 수분양권의 취득을 희망하는 이주자가 소정의 절차에 따라 이주대책대상자 선정신청을 한 데 대하여 사업시행자가 이주대책대상자가 아니라고 하여 위 확인·결정 등의 처분을 하지 않고 이를 제외시키거나 거부조치한 경우에는, 이주자로서는 사업시행자를 상대로 항고소송에 의하여 제외처분이나 거부처분의 취소를 구할 수 있다. 나아가 이주대책의 종류가 달라 각 그 보장하는 내용에 차등이 있는 경우 이주자의 희망에도 불구하고 사업시행자가 요건 미달 등을 이유로 그 중 더 이익이 되는 내용의 이주대책대상자로 선정하지 않았다면 이 또한 이주자의 권리의무에 직접적 변동을 초래하는 행위로서 항고소송의 대상이 된다(대판 2014. 2. 27. 2013두10885).

구 민원사무 처리에 관한 법률 제19조 제1항에서 정한 사전심사결과 통보가 항고소송의 대상이 되는 행정처분에 해당하는지 여부(소극)

구 「민원사무 처리에 관한 법률」 제19조 제1항, 제3항, 구 민원사무 처리에 관한 법률 시행령 제31조 제3항의 내용과 체계에다가 사전심사청구제도는 민원인이 대규모의 경제적 비용이 수반되는 민원사항에 대하여 간편한 절차로써 미리 행정청의 공적 견해를 받아볼 수 있도록 하여 민원행정의 예측 가능성을 확보하게 하는 데에 취지가 있다고 보이고, 민원인이 희망하는 특정한 견해의 표명까지 요구할 수 있는 권리를 부여한 것으로 보기는 어려운 점, 행정청은 사전심사결과 가능하다는 통보를 한 때에도 구 「민원사무처리법」 제19조 제3항에 의한 제약이 따르기는 하나 반드시 민원사항을 인용하는 처분을 해야 하는 것은 아닌 점, 행정청은 사전심사결과 불가능하다고 통보하였더라도 사전심사결과에 구애되지 않고 민원사항을 처리할 수 있으므로 불가능하다는 통보가 민원인의 권리의무에 직접적 영향을 미친다고 볼 수 없고, 통보로 인하여 민원인에게 어떠한 법적 불이익이 발생할 가능성도 없는 점 등 여러 사정을 종합해 보면, 구 민원사무처리법이 규정하는 사전심사결과 통보는 항고소송의 대상이 되는 행정처분에 해당하지 아니한다(대판 2014. 4. 24. 2013두7834).

㉣ 공권력의 행사 또는 그 거부

행정청이 우월한 지위에서 행하는 공권력 행사이어야 처분에 해당한다. 따라서 사법행위, 공법상 계약, 공법상 합동행위, 행정지도 등은 처분이 아니다. 권력적 사실행위는 처분성을 인정하는 것이 통설·판례이다. 비권력적 사실행위의 처분성 인정 여부는 개별적으로 검토되어야 할 것이지만, 처분성을 인정하기 어려운 경우가 대부분이다. 판례는 비권력적 사실행위의 처분성을 인정하지 않고 있다.

세무당국이 소외 회사에 대하여 원고와의 주류 거래를 일정기간 중지하여 줄 것을 요청한 행위는 항고소송의 대상이 될 수 없다

항고소송의 대상이 되는 행정처분은 행정청의 공법상의 행위로서 상대방 또는 기타 관계자들의 법률상 지위에 직접적으로 법률적인 변동을 일으키는 행위를 말하는 것이므로 세무당국이 소외 회사에 대하여 원고와의 주류거래를 일정기간 중지하여 줄 것을 요청한 행위는 권고 내지 협조를 요청하는 권고적 성격의 행위로서 소외 회사나 원고의 법률상의 지위에 직접적인 법률상의 변동을 가져오는 행정처분이라고 볼 수 없는 것이므로 항고소송의 대상이 될 수 없다(대판 1980. 10. 27. 80누395).

거부처분도 취소소송의 대상이 된다. 판례는 법규상·조리상의 신청권이 있는 자의 신청에 대한 거부이어야 취소소송의 대상이 되는 거부처분이라고 본다.

거부처분이 항고소송의 대상이 되기 위한 요건

ⓐ 지방자치단체장이 국유 잡종재산을 대부하여 달라는 신청을 거부한 것은 항고소송의 대상이 되는 행정처분이 아니므로 행정소송으로 그 취소를 구할 수 없다(대판 1998. 9. 22. 98두7602).[1]

ⓑ 토지대장에 일정한 사항을 등재하거나 등재된 사항을 변경하는 행위는 행정사무집행의 편의와 사실증명의 자료로 삼기 위한 것이고 그 등재나 변경으로 인하여 당해 토지에 대한 실체상의 권리관계에 어떤 변동을 가져오는 것은 아니어서 소관청이 그 등재사항에 대한 변경신청을 거부한 것을 가리켜 항고소송의 대상이 되는 행정처분이라고 할 수 없다(대판 1995. 12. 5. 94누4295).

ⓒ 지방자치단체가 「도시계획법」 등 관계 법령에 의한 도시계획사업을 시행하면서 소유자의 동의나 적법한 수용절차를 거치지 아니한 채 소유자 토지의 일부를 도로에 편입하여 공사를 마치고 이를 점유·사용함으로써 소유자에게 손해를 입혔음을 이유로 손실보상을 하여 달라는 토지 소유자의 신청에 대하여 이를 거부하는 내용의 회신을 하였다고 할지라도, 이로 인하여 소유자가 가지는 손해배상청구권의 존부나 범위에 구체적이고 직접적인 영향을 미치는 것이 아니므로 그 회신이 항고소송의 대상이 되는 행정처분이라고 볼 수 없다(대판 1997. 5. 9. 96누5933).

ⓓ 적극적 행정행위의 신청에 대하여 행정청이 그 신청에 따른 행정행위를 하지 않겠다고 거부한 행위가 항고소송의 대상이 되는 거부처분에 해당하려면 신청인에게 신청에 따른 행정행위를 하여 달라고 요구할 수 있는 법규상 또는 조리상의 권리가 있어야 한다(대판 1998. 10. 13. 97누13764 등 다수).

ⓔ 행정청이 국민의 신청에 대하여 한 거부행위가 항고소송의 대상이 되는 행정처분에 해당하려면, 행정청의 행위를 요구할 법규상 또는 조리상의 신청권이 그 국민에게 있어야 하고, 이러한 신청권의 근거 없이 한 국민의 신청을 행정청이 받아들이지 아니한 경우에는 그 거부로 인하여 신청인의 권리나 법적 이익에 어떤 영향을 주는 것이 아니므로 이를 항고소송의 대상이 되는 행정처분이라고 할 수 없다(대판 2005. 4. 15. 2004두11626; 대판 2005. 2. 25. 2004두4031).

ⓕ 국민의 법규상 또는 조리상의 신청권에 의한 신청에 대하여 행정청이 이를 거부하는 조치를 취하였다고 할지라도 이로써 신청인의 권리의무나 법률관계에 영향을 미치는 것이 아니라면 행정청이 한 거부의 의사표시는 항고소송의 대상이 되는 거부처분이 될 수 없다(대판 1997. 5. 9. 96누5933).

ⓖ 「도시계획법」상 주민이 도시계획 및 그 변경에 대하여 어떤 신청을 할 수 있음에 관한 규정이 없을 뿐만 아니라, 도시계획과 같이 장기성·종합성이 요구되는 행정계획에 있어서는 그 계획이 일단 확정된 후에 어떤 사정의 변동이 있다고 하여 지

1 잡종재산의 대부신청에 대한 거부는 국가의 사경제적 행위에 대한 거부이므로 처분성이 인정되지 않는다.

역주민에게 일일이 그 계획의 변경을 청구할 권리를 인정해 줄 수도 없는 이치이므로 도시계획시설변경신청을 불허한 행위는 항고소송의 대상이 되는 행정처분이라고 볼 수 없다(대판 1984. 10. 23. 84누227).[2]

ⓗ '신청인의 법률관계에 어떤 변동을 일으키는 것'이라는 의미는 신청인의 실체상의 권리관계에 직접적인 변동을 일으키는 것은 물론, 그렇지 않다 하더라도 신청인이 실체상의 권리자로서 권리를 행사함에 중대한 지장을 초래하는 것도 포함한다(대판 2007. 10. 11. 2007두1316).

거부처분의 처분성을 인정하기 위한 전제요건이 되는 신청권의 의미

거부처분의 처분성을 인정하기 위한 전제요건이 되는 신청권의 존부는 구체적 사건에서 신청인이 누구인가를 고려하지 않고 관계법규의 해석에 의하여 일반 국민에게 그러한 신청권을 인정하고 있는가를 살펴 추상적으로 결정되는 것이고, 신청인이 그 신청에 따른 단순한 응답을 받을 권리를 넘어서 신청의 인용이라는 만족적 결과를 얻을 권리를 의미하는 것은 아니다. 따라서 국민이 어떤 신청을 한 경우에 그 신청의 근거가 된 조항의 해석상 행정발동에 대한 개인의 신청권을 인정하고 있다고 보이면 그 거부행위는 항고소송의 대상이 되는 처분으로 보아야 할 것이고, 구체적으로 그 신청이 인용될 수 있는가 하는 점은 본안에서 판단하여야 할 사항인 것이다(대판 2009. 9. 10. 2007두20638; 대판 1996. 6. 11. 95누12460).

법규상 또는 조리상 신청권을 인정한 판례

ⓐ 기간제로 임용되어 임용기간이 만료된 국·공립대학의 조교수는 교원으로서의 능력과 자질에 관하여 합리적인 기준에 의한 공정한 심사를 받아 위 기준에 부합되면 특별한 사정이 없는 한, 재임용되리라는 기대를 가지고 재임용 여부에 관하여 합리적인 기준에 의한 공정한 심사를 요구할 법규상 또는 조리상 신청권을 가진다고 할 것이니, 임용권자가 임용기간이 만료된 조교수에 대하여 재임용을 거부하는 취지로 한 임용기간만료의 통지는 위와 같은 대학교원의 법률관계에 영향을 주는 것으로서 행정소송의 대상이 되는 처분에 해당한다(대판 2004. 4. 22. 2000두7735 전원합의체).

ⓑ 장래 일정한 기간 내에 관계 법령이 규정하는 시설 등을 갖추어 일정한 행정처분을

2 대법원은 처분개념에 대한 정의규정이 명문화 된 「행정소송법」(1985년 10월 1일 발효) 이전에도 거부행위가 항고소송의 대상이 되기 위한 요건으로 신청권이 필요하다고 판시하였다.

구하는 신청을 할 수 있는 법률상 지위에 있는 자의 국토이용계획변경신청을 거부하는 것이 실질적으로 당해 행정처분 자체를 거부하는 결과가 되는 경우에는 예외적으로 그 신청인에게 국토이용계획변경을 신청할 권리가 인정된다고 봄이 상당하므로, 이러한 신청에 대한 거부행위는 항고소송의 대상이 되는 행정처분에 해당한다(대판 2003. 9. 23. 2001두10936).

ⓒ 주민이 입안권자에게 '1. 도시계획시설의 설치·정비 또는 개량에 관한 사항, 2. 지구단위계획구역의 지정 및 변경과 지구단위계획의 수립 및 변경에 관한 사항'에 관하여 '도시계획도서와 계획설명서를 첨부'하여 도시계획의 입안을 제안할 수 있고, 위 입안제안을 받은 입안권자는 그 처리결과를 제안자에게 통보하도록 규정하고 있는 점 등과 헌법상 개인의 재산권 보장의 취지에 비추어 보면, 도시계획구역 내 토지 등을 소유하고 있는 주민으로서는 입안권자에게 도시계획입안을 요구할 수 있는 법규상 또는 조리상의 신청권이 있다고 할 것이고, 이러한 신청에 대한 거부행위는 항고소송의 대상이 되는 행정처분에 해당한다(대판 2004. 4. 28. 2003두1806).

ⓓ 「평생교육법」은 평생교육시설 설치자의 지위승계를 명문으로 금지하지 아니하고 있고 그 지위승계를 금지하여야 할 합리적인 필요성도 인정된다고 할 수 없으므로, 같은 법이 설치자의 지위승계절차에 관한 명문규정을 두지 않고 있다고 하여 그 지위의 승계를 금지하는 취지라고 해석되지는 아니하고, 또한 같은 법은 제8조, 제20조 제4항, 제29조 등에서 평생교육시설 설치자의 법적 지위에 관하여 규정하고 있을 뿐만 아니라 현실적으로 설치자의 지위승계를 허용하여야 할 필요성도 있다고 할 것이므로 법규에 따른 적법성과 타당성의 요건을 구비하는 한 설치자의 지위승계가 허용된다고 보아야 할 것이고, 따라서 법규상 내지 조리상으로 신청인에게 학력인정 학교형태의 평생교육시설 설치자 명의의 변경을 요구할 권리가 있다고 할 것이며, 이러한 신청에 대한 거부처분은 신청인의 법률관계에 영향을 주는 것으로서 항고소송의 대상이 된다(대판 2003. 4. 11. 2001두9929).

ⓔ 문화재보호구역 내에 있는 토지소유자 등으로서는 위 보호구역의 지정해제를 요구할 수 있는 법규상 또는 조리상의 신청권이 있다고 할 것이고, 이러한 신청에 대한 거부행위는 항고소송의 대상이 되는 행정처분에 해당한다(대판 2004. 4. 27. 2003두8821).

ⓕ 사업시행자가 하는 확인·결정은 곧 구체적인 이주대책상의 수분양권을 취득하기 위한 요건이 되는 행정작용으로서의 처분인 것이지, 결코 이를 단순히 절차상의 필요에 따른 사실행위에 불과한 것으로 평가할 수는 없다. 따라서 수분양권의 취득을

희망하는 이주자가 소정의 절차에 따라 이주대책대상자 선정신청을 한 데 대하여 사업시행자가 이주대책대상자가 아니라고 하여 위 확인·결정 등의 처분을 하지 않고 이를 제외시키거나 또는 거부조치한 경우에는, 이주자로서는 당연히 사업시행자를 상대로 항고소송에 의하여 그 제외처분 또는 거부처분의 취소를 구할 수 있다고 보아야 한다(대판 1994. 5. 24. 92다35783 전원합의체).

ⓖ 이주대책은 공공사업에 협력한 자에게 특별공급의 기회를 요구할 수 있는 법적인 이익을 부여하고 있는 것이라고 보아야 할 것이므로 그들에게는 특별공급신청권이 인정되며 따라서 사업시행자가 위 조항에 해당함을 이유로 특별분양을 요구하는 자에게 이를 거부한 행위는 항고소송의 대상이 되는 거부처분이라 할 것이다(대판 1992. 11. 27. 92누3618).

ⓗ 검사의 임용에 있어서 임용권자가 임용 여부에 관하여 어떠한 내용의 응답을 할 것인지는 임용권자의 자유재량에 속하므로 일단 임용거부라는 응답을 한 이상 설사 그 응답내용이 부당하다고 하여도 사법심사의 대상으로 삼을 수 없는 것이 원칙이나, 적어도 재량권의 한계 일탈이나 남용이 없는 위법하지 않은 응답을 할 의무가 임용권자에게 있고 이에 대응하여 임용신청자로서도 재량권의 한계 일탈이나 남용이 없는 적법한 응답을 요구할 권리가 있다고 할 것이며, 이러한 응답신청권에 기하여 재량권 남용의 위법한 거부처분에 대하여는 항고소송으로서 그 취소를 구할 수 있다고 보아야 하므로 임용신청자가 임용거부처분이 재량권을 남용한 위법한 처분이라고 주장하면서 그 취소를 구하는 경우에는 법원은 재량권남용 여부를 심리하여 본안에 관한 판단으로서 청구의 인용 여부를 가려야 한다(대판 1991. 2. 12. 90누5825).

ⓘ 지방자치단체장이 공장시설을 신축하는 회사에 대하여 사업승인 내지 건축허가 당시 부가하였던 조건을 이행할 때까지 신축공사를 중지하라는 명령을 한 경우, 위 회사에게는 중지명령의 원인사유가 해소되었음을 이유로 당해 공사중지명령의 해제를 요구할 수 있는 권리가 조리상 인정된다(대판 2007. 5. 11. 2007두1811).

ⓙ 금강수계 중 상수원 수질보전을 위하여 필요한 지역의 토지 등의 소유자가 국가에 그 토지 등을 매도하기 위하여 매수신청을 하였으나 유역환경청장 등이 매수거절의 결정을 한 사안에서, 위 매수거절을 항고소송의 대상이 되는 행정처분으로 보지 않는다면 토지 등의 소유자로서는 재산권의 제한에 대하여 달리 다툴 방법이 없게 되는 점 등에 비추어, 그 매수 거부행위가 공권력의 행사 또는 이에 준하는 행정작용

으로서 항고소송의 대상이 되는 행정처분에 해당한다(대판 2009. 9. 10. 2007두20638).

ⓚ 학교법인이 교원에게 계약기간의 만료로 교원의 신분이 상실되었음을 통보한 사안에서, 학교법인과 교원 사이에 계약 내용에 관한 의사의 불일치로 재임용계약의 체결이 무산되었다고 하더라도 교원이 재임용을 원하고 있었던 이상 재임용계약의 무산은 결과적으로 재임용거부행위로 볼 여지가 있는 점 등에 비추어, 위 통보행위가 재임용거부처분에 해당하여 「교원지위향상을 위한 특별법」 제9조 제1항에 정한 소청심사청구의 대상이 된다(대판 2009. 10. 29. 2008두12092).

법규상 또는 조리상 신청권을 부정한 판례

ⓐ 교사에 대한 임용권자가 「교육공무원법」 제12조에 따라 임용지원자를 특별채용할 것인지 여부는 임용권자의 판단에 따른 재량에 속하는 것이고, 임용권자가 임용지원자의 임용 신청에 기속을 받아 그를 특별채용하여야 할 의무는 없으며 임용지원자로서도 자신의 임용을 요구할 법규상 또는 조리상 권리가 있다고 할 수 없다(대판 2005. 4. 15. 2004두11626).

ⓑ 산림법령에는 채석허가처분을 한 처분청이 산림을 복구한 자에 대하여 복구설계서 승인 및 복구준공통보를 한 경우 그 취소신청과 관련하여 아무런 규정을 두고 있지 않고, 원래 행정처분을 한 처분청은 그 처분에 하자가 있는 경우에는 원칙적으로 별도의 법적 근거가 없더라도 스스로 이를 직권으로 취소할 수 있지만, 그와 같이 직권취소를 할 수 있다는 사정만으로 이해관계인에게 처분청에 대하여 그 취소를 요구할 신청권이 부여된 것으로 볼 수는 없으므로, 처분청이 위와 같이 법규상 또는 조리상의 신청권이 없이 한 이해관계인의 복구준공통보 등의 취소신청을 거부하더라도, 그 거부행위는 항고소송의 대상이 되는 처분에 해당하지 않는다(대판 2006. 6. 30. 2004두701).

ⓒ 「국세기본법」 또는 개별 세법에 경정청구권을 인정하는 명문의 규정이 없는 이상, 조리에 의한 경정청구권을 인정할 수는 없는 것이고, 이와 같이 세법에 근거하지 아니한 납세의무자의 경정청구에 대하여 과세관청이 이를 거부하는 회신을 하였다고 하더라도 이를 가리켜 항고소송의 대상이 되는 거부처분으로 볼 수 없다(대판 2010. 2. 25. 2007두18284; 대판 2006. 5. 11. 2004두7993).

ⓓ 과거에 법률에 의하여 당연퇴직된 공무원이 자신을 복직 또는 재임용시켜 줄 것을 요구하는 신청에 대하여 그와 같은 조치가 불가능하다는 행정청의 거부행위는 당

연퇴직의 효과가 계속하여 존재한다는 것을 알려주는 일종의 안내에 불과하므로 원고의 실체상의 권리관계에 직접적인 변동을 일으키는 것으로 볼 수 없고, 당연퇴직의 근거 법률이 헌법재판소의 위헌결정으로 효력을 잃게 되었다고 하더라도 당연퇴직된 이후 헌법소원 등의 청구기간이 도과한 경우에는 당연퇴직의 내용과 상반되는 처분을 요구할 수 있는 조리상의 신청권을 인정할 수도 없다고 할 것이어서, 이와 같은 경우 행정청의 복직 또는 재임용거부행위는 항고소송의 대상이 되는 행정처분에 해당한다고 할 수 없으므로 그 취소를 구하는 소는 부적법하다고 할 것이다(대판 2006. 3. 10. 2005두562; 대판 2006. 1. 26. 2005두1251; 대판 2005. 11. 25. 2004두12421).

ⓔ 산림훼손허가를 얻은 자에게는 법규상 또는 조리상 산림훼손 용도변경신청권이 없고, 따라서 산림훼손 용도변경신청을 반려한 것은 항고소송의 대상이 되는 처분에 해당하지 아니한다(대판 1998. 10. 13. 97누13764).

ⓕ 「도시계획법」상 주민이 행정청에 대하여 도시계획 및 그 변경에 대하여 어떤 신청을 할 수 있다는 규정이 없고, 도시계획과 같이 장기성, 종합성이 요구되는 행정계획에 있어서 그 계획이 일단 확정된 후 어떤 사정의 변동이 있다 하여 지역주민에게 일일이 그 계획의 변경을 청구할 권리를 인정해 줄 수도 없는 것이므로 그 변경거부행위를 항고소송의 대상이 되는 행정처분에 해당한다고 볼 수 없다(대판 1994. 1. 28. 93누22029).

ⓖ 서울특별시의 "철거민에 대한 시영아파트 특별분양개선지침"은 서울특별시 내부에 있어서의 행정지침에 불과하고 지침 소정의 사람에게 공법상의 분양신청권이 부여되는 것이 아니라 할 것이므로 서울특별시의 시영아파트에 대한 분양불허의 의사표시는 항고소송의 대상이 되는 행정처분으로 볼 수 없다(대판 1993. 5. 11. 93누2247).

ⓗ 시외완행버스업체들이 시외버스 공용정류장 운영회사의 정류장 사용 요금체계가 부당할 뿐만 아니라 사용요금 책정 후 사정 변경이 있다는 이유로 구청장에게 「자동차정류장법」 제20조에 따른 사업개선명령신청서를 제출한 것은 구청장으로 하여금 위 회사에게 사업개선명령을 내리도록 감독권의 발동을 촉구한 것에 지나지 아니할 뿐 그 신청에 따른 행위를 요구할 법규상 또는 조리상의 권리에 터잡은 것이 아니어서 구청장이 위 신청을 거부한 것만으로는 항고소송의 대상이 되는 행정처분에 해당하지 아니한다(대판 1991. 2. 26. 90누5597).

ⓘ 원고들의 이 사건 신청은 제소기간 경과로 이미 불가쟁력이 생긴 이 사건 사업계획

승인상의 부관에 대해 그 변경을 요구하는 것으로서, 구 「주택건설촉진법」 등 관련 법령에서 그러한 변경신청권을 인정하는 아무런 규정도 두고 있지 않을 뿐 아니라, 나아가 관계 법령의 해석상으로도 그러한 신청권이 인정된다고 볼 수 없으므로 원고들에게 이를 구할 법규상 또는 조리상의 신청권이 인정된다 할 수 없고, 그러한 이상 피고가 원고들의 이 사건 신청을 거부하였다 하여도 그 거부로 인해 원고들의 권리나 법적 이익에 어떤 영향을 주는 것은 아니라 할 것이므로 그 거부행위인 이 사건 통지는 항고소송의 대상이 되는 행정처분이 될 수 없다(대판 2007. 4. 26. 2005두11104).

㈦ 그 밖에 이에 준하는 행정작용

행정소송법은 미처 예상하지 못한 새로운 유형의 행정작용에 대해서도 항고소송을 통한 국민의 권익구제가 가능하도록 하기 위해 '그 밖에 이에 준하는 행정작용'도 처분에 포함시키고 있다.

준법률행위적 행정행위

ⓐ 각종 공부에의 등재·정정·말소행위

㈠ 지적도의 경계를 현재의 도로경계선에 따라 정정해 달라는 지적정리 요청을 거부하는 내용의 회신은 항고소송의 대상이 되는 행정처분이라고 할 수 없다(대판 2002. 4. 26. 2000두7612).

㈡ 임야도를 정정하는 행위는 행정사무상의 편의와 사실증명의 자료로 삼기 위한 것이고 실체상의 권리관계에 변동을 가져오는 것은 아니므로 이를 행정소송의 대상이 되는 행정처분이라고 할 수 없다(대판 1989. 11. 28. 89누3700).

㈢ 토지대장에 일정한 사항을 등재하거나 등재된 사항을 변경하는 행위는 행정사무집행의 편의와 사실증명의 자료로 삼기 위한 것이고 그 등재나 변경으로 인하여 당해 토지에 대한 실체상의 권리관계에 어떤 변동을 가져오는 것은 아니어서 소관청이 그 등재사항에 대한 변경신청을 거부한 것을 가리켜 항고소송의 대상이 되는 행정처분이라고 할 수 없다(대판 1995. 12. 5. 94누4295).

㈣ 지적공부인 임야대장에 일정한 사항을 등재하거나 등재사항을 변경하는 행위는 행정사무집행상의 편의와 사실증명의 자료로 삼기 위한 것이고 그 등재 또는 변경으로 인하여 권리변동의 효력이 생기는 것이 아니므로 이는 행정소송의 대상

이 되는 행정처분이라고 할 수 없다(대판 1987. 3. 10. 86누672).

㊄ 측량성과도는 토지나 임야에 관한 사실상태의 파악을 목적으로 작성되는 것에 불과하고 그 등재사항의 변경으로 인하여 당해 토지에 대한 실체상의 권리관계에 변동을 가져오는 것은 아니므로 소관청이 그 등재사항에 대한 정정신청을 거부한 것을 가리켜 항고소송의 대상이 되는 행정처분이라고 할 수 없다(대판 1993. 12. 14. 93누555).

㊅ 건축물대장에 일정한 사항을 등재하거나 등재된 사항을 변경하는 행위는 당해 건축물에 대한 실체상의 권리관계에 어떤 변동을 가져오는 것은 아니므로 소관청이 그 등재사항에 대한 정정신청을 거부한 것을 가리켜 항고소송의 대상이 되는 행정처분이라고 할 수 없다(대판 1989. 12. 12. 89누5348).

㊆ 특정토지를 하천대장에 기재한다 하여 그 토지에 관한 권리의 창설이나 설정, 취득, 변경 및 소멸의 효력이 발생한다 할 수 없으므로 하천대장에의 기재는 하천구역의 지정처분이라 할 수 없다(대판 1982. 7. 13. 81누129).

㊇ 소급기여금 납부에 관한 공무원연금카드상의 기록에 대한 정정행위는 「소원법」상의 소원 또는 「공무원연금법」상의 심사청구의 대상이 되는 독립된 행정처분이 아니다(대판 1980. 2. 12. 79누121).

㊈ 자동차운전면허대장상 일정한 사항의 등재행위는 행정소송의 대상이 되는 독립한 행정처분으로 볼 수 없고, 운전경력증명서상의 기재행위 역시 당해 운전면허 취득자에 대한 자동차운전면허대장상의 기재사항을 옮겨 적는 것에 불과할 뿐이므로 운전경력증명서에 한 등재의 말소를 구하는 소는 부적법하다 할 것이다(대판 1991. 9. 24. 91누1400).

㊉ 운전면허 행정처분처리대장상 벌점의 배점은 그 배점 자체만으로는 아직 국민에 대하여 구체적으로 어떤 권리를 제한하거나 의무를 명하는 등 법률적 규제를 하는 효과를 발생하는 요건을 갖춘 것이 아니어서 그 무효확인 또는 취소를 구하는 소송의 대상이 되는 행정처분이라고 할 수 없다(대판 1994. 8. 12. 94누2190).

⊕ 무허가건물을 무허가건물관리대장에 등재하거나 등재된 내용을 변경 또는 삭제하는 행위로 인하여 당해 무허가 건물에 대한 실체상의 권리관계에 변동을 가져오는 것이 아니고, 무허가건물의 건축시기, 용도, 면적 등이 무허가건물관리대장의 기재에 의해서만 증명되는 것도 아니므로, 관할관청이 무허가건물의 무허가건물관리대장 등재 요건에 관한 오류를 바로잡으면서 당해 무허가건물을 무

허가건물관리대장에서 삭제하는 행위는 다른 특별한 사정이 없는 한 항고소송의 대상이 되는 행정처분이 아니다(대판 2009. 3. 12. 2008두11525).

ⓑ 각종 통지

㈠ 과세관청이 납세자가 신고납부하는 취득세와 등록세를 수령한 후 이를 확인하는 통지를 하면서, 납세자가 구 「지방세법」 제110조의3 제3항 제5호, 제128조의2 제3항 제6호에 기하여 한 취득세 및 등록세의 면제신청을 거부하는 취지의 회시를 보냈다고 하더라도 취득세와 등록세가 모두 신고납부방식의 조세인 이상 그 신고납부를 확인하여 통지한 것을 가리켜 항고소송의 대상이 되는 행정처분이라고 할 수 없고, 위 규정들에 따른 취득세및 등록세의 면제에 관하여는 감면신청 및 이에 대한 통지에 관한 절차규정이 없으므로 이와 같은 취득세 및 등록세는 법률상 당연히 면제되는 것이지 과세관청의 조세면제처분에 의하여 비로소 면제되는 것은 아니라 할 것이고, 따라서 면제신청을 거부하는 취지의 회시를 가리켜 항고소송의 대상이 되는 행정처분이라고 할 수 없다(대판 1990. 3. 27. 88누4591).

㈡ 「국가공무원법」 제69조에 의하면 공무원이 제33조 각 호의 1에 해당할 때에는 당연히 퇴직한다고 규정하고 있으므로, 「국가공무원법」상 당연퇴직은 결격사유가 있을 때 법률상 당연히 퇴직하는 것이지 공무원관계를 소멸시키기 위한 별도의 행정처분을 요하는 것이 아니며, 당연퇴직의 인사발령은 법률상 당연히 발생하는 퇴직사유를 공적으로 확인하여 알려주는 이른바 관념의 통지에 불과하고 공무원의 신분을 상실시키는 새로운 형성적 행위가 아니므로 행정소송의 대상이 되는 독립한 행정처분이라고 할 수 없다(대판 1995. 11. 14. 95누2036).

행정행위의 부관

행정행위의 부관은 부담인 경우를 제외하고는 독립하여 행정소송의 대상이 될 수 없는바, 기부채납받은 행정재산에 대한 사용·수익허가에서 공유재산의 관리청이 정한 사용·수익허가의 기간은 그 허가의 효력을 제한하기 위한 행정행위의 부관으로서 이러한 사용·수익허가의 기간에 대해서는 독립하여 행정소송을 제기할 수 없다(대판 2001. 6. 15. 99두509).

고시된 도시계획결정

「도시계획법」 제12조 소정의 고시된 도시계획결정은 특정 개인의 권리 내지 법률상의 이익을 개별적이고 구체적으로 규제하는 효과를 가져오게 하는 행정청의 처분이라 할 것이고, 이는 행정소송의 대상이 된다(대판 1982. 3. 9. 80누105).

강학상 확약

어업권면허에 선행하는 우선순위결정은 행정청이 우선권자로 결정된 자의 신청이 있으면 어업권면허처분을 하겠다는 것을 약속하는 행위로서 강학상 확약에 불과하고 행정처분은 아니므로, 우선순위결정에 공정력이나 불가쟁력과 같은 효력은 인정되지 아니하며, 따라서 우선순위결정이 잘못되었다는 이유로 종전의 어업권면허처분이 취소되면 행정청은 종전의 우선순위결정을 무시하고 다시 우선순위를 결정한 다음 새로운 우선순위결정에 기하여 새로운 어업권면허를 할 수 있다(대판 1995. 1. 20. 94누6529).

부분허가

가행정행위·예비결정·부분인허 등은 모두 처분성이 인정될 수 있다. 대법원도 원자력법상의 원자로부지사전승인의 법적 성격을 사전적 부분허가로 보면서 처분성을 인정하였다.

「원자력법」 제11조 제3항 소정의 부지사전승인제도는 원자로 및 관계 시설을 건설하고자 하는 자가 그 계획중인 건설부지가 원자력법에 의하여 원자로 및 관계 시설의 부지로 적법한지 여부 및 굴착공사 등 일정한 범위의 공사를 할 수 있는지 여부에 대하여 건설허가 전에 미리 승인을 받는 제도로서, 원자로 및 관계 시설의 건설에는 장기간의 준비·공사가 필요하기 때문에 필요한 모든 준비를 갖추어 건설허가신청을 하였다가 부지의 부적법성을 이유로 불허가될 경우 그 불이익이 매우 크고 또한 원자로 및 관계 시설 건설의 이와 같은 특성상 미리 사전공사를 할 필요가 있을 수도 있어 건설허가 전에 미리 그 부지의 적법성 및 사전공사의 허용 여부에 대한 승인을 받을 수 있게 함으로써 그의 경제적·시간적 부담을 덜어 주고 유효·적절한 건설공사를 행할 수 있도록 배려하려는 데 그 취지가 있다고 할 것이므로, 원자로 및 관계 시설의 부지사전승인처분은 그 자체로서 건설부지를 확정하고 사전공사를 허용하는 법률효과를 지닌 독립한 행정처분이기는 하지만, 건설허가 전에 신청자의 편의를 위하여 미리 그 건설허가의 일부 요건을 심사하여 행하는 사전적 부분 건설허가처분의 성격을 갖고 있는 것이어서 나중에 건설허가처분이 있게 되면 그 건설허가처분에 흡수되어 독립된 존재가치를 상실함으로써 그 건설허가처분만이 쟁송의 대상이 되는 것이므로, 부지사전승인처분의 취소를 구하는 소는 소의 이익을 잃게 되고, 따라서 부지사전승인처분의 위법성은 나중에 내려진 건설허가처분의 취소를 구하는 소송에서 이를 다투면 된다(대판 1998. 9. 4. 97누19588).

폐기물관리법령상의 적정통보·부적정통보

「폐기물관리법」 관계법령의 규정에 의하면 폐기물처리업의 허가를 받기 위하여는 먼저 사업계획서를 제출하여 허가권자로부터 사업계획에 대한 적정통보를 받아야 하고, 그 적정통보를 받은 자만이 허가신청을 할 수 있으므로, 결국 부적정통보는 허가신청 자체를 제한하는 등 개인의 권리 내지 법률상의 이익을 개별적이고 구체적으로 규제하고 있어 행정처분에 해당한다(대판 1998. 4. 28. 97누21086).

공 매

과세관청이 체납처분으로서 행하는 공매는 우월한 공권력의 행사로서 행정소송의 대상이 되는 공법상의 행정처분이며 공매에 의하여 재산을 매수한 자는 그 공매처분이 취소된 경우에 그 취소처분의 위법을 주장하여 행정소송을 제기할 법률상 이익이 있다(대판 1984. 9. 25. 84누201).

재공매결정 및 공매통지

한국자산공사가 당해 부동산을 인터넷을 통하여 재공매(입찰)하기로 한 결정 자체는 내부적인 의사결정에 불과하여 항고소송의 대상이 되는 행정처분이라고 볼 수 없고, 또한 한국자산공사가 공매통지는 공매의 요건이 아니라 공매사실 자체를 체납자에게 알려주는 데 불과한 것으로서, 통지의 상대방의 법적 지위나 권리·의무에 직접 영향을 주는 것이 아니라고 할 것이므로 이것 역시 행정처분에 해당한다고 할 수 없다(대판 2007. 7. 27. 2006두8464).

단수처분

단수처분은 항고소송의 대상이 되는 행정처분에 해당한다(대판 1979. 12. 28. 79누218).

행정지도

성희롱행위자로 지목된 사람이 자신의 언동이 성희롱에 해당하지 않는다고 판단하고 있음에도 불구하고 피고가 그 사람의 언동을 성희롱에 해당하는 것으로 결정한다면, 그와 같은 결정에 의하여 그 사람의 명예감정은 물론 그에 대한 사회적 평가인 명예가 손상을 입어 그의 인격권이 직접적으로 침해받게 될 가능성이 매우 크다고 할 것이다. 법 제28조에 의하면, 성희롱결정과 이에 따른 시정조치의 권고는 불가분의 일체로 행하여지는 것인데 피고의 이러한 결정과 시정조치의 권고는 성희롱 행위자로 결정된 자의 인격권에 영향을 미침과 동시에 공공기관의 장 또는 사용자에게 일정한 법률상의 의무를 부담시키는 것이므로 피고의 성희롱결정 및 시정조치권고는 행정처분에 해당한다고 보지 않을 수 없다(대판 2005. 7. 8. 2005두487).

사법행위

산림청장이나 그로부터 권한을 위임받은 행정청이 산림법 등이 정하는 바에 따라 국유임야를 대부하거나 매각하는 행위는 사경제적 주체로서 상대방과 대등한 입장에서 하는 사법상 계약이지 행정청이 공권력의 주체로서 상대방의 의사 여하에 불구하고 일방적으로 행하는 행정처분이라고 볼 수 없으며 이 대부계약에 의한 대부료부과 조치 역시 사법상 채무이행을 구하는 것으로 보아야지 이를 행정처분이라고 할 수 없다(대편 1993. 12. 7. 91누11612).

반복된 행위

대법원은 1차로 철거대집행 계고처분을 한 후, 상대방이 이에 응하지 않아 제2차·제3차 계고서를 발송한 경우에 있어서는 제1차 처분이 항고소송의 대상이 되는 것이고, 제2차·제3차의 처분은 항고소송의 대상이 될 수 없다고 판시하였다.

ⓐ **행정대집행법상 제2차·제3차의 계고처분은 항고소송의 대상이 될 수 없다**

건물의 소유자에게 위법건축물을 일정기간까지 철거할 것을 명함과 아울러 불이행할 때에는 대집행한다는 내용의 철거대집행 계고처분을 고지한 후 이에 불응하자 다시 제2차·제3차 계고서를 발송하여 일정기간까지의 자진철거를 촉구하고 불이행하면 대집행을 한다는 뜻을 고지하였다면 「행정대집행법」상의 건물철거의무는 제1차 철거명령 및 계고처분으로서 발생하였고, 제2차·제3차의 계고처분은 새로운 철거의무를 부과한 것이 아니고, 다만 대집행기한의 연기통지에 불과하므로 행정처분이 아니다(대판 1994. 10. 28. 94누5144).

ⓑ **국세징수법상 제2차 독촉은 항고소송의 대상이 되는 행정처분이라 할 수 없다**

구 「의료보험법」 제45조, 제55조, 제55조의2의 각 규정에 의하면, 보험자 또는 보험자단체가 사기 기타 부정한 방법으로 보험급여비용을 받은 의료기관에게 그 급여비용에 상당하는 금액을 부당이득으로 징수할 수 있고, 그 의료기관이 납부고지에서 지정된 납부기한까지 징수금을 납부하지 아니한 경우 국세체납절차에 의하여 강제징수할 수 있는바, 보험자 또는 보험자단체가 부당이득금 또는 가산금의 납부를 독촉한 후 다시 동일한 내용의 독촉을 하는 경우 최초의 독촉만이 징수처분으로서 항고소송의 대상이 되는 행정처분이 되고 그 후에 한 동일한 내용의 독촉은 체납처분의 전제요건인 징수처분으로서 소멸시효 중단사유가 되는 독촉이 아니라 「민법」상의 단순한 최고에 불과하여 국민의 권리의무나 법률상의 지위에 직접적으로 영향을 미치는 것이 아니므로 항고소송의 대상이 되는 행정처분이라 할 수 없다(대판 1999. 7. 13. 97누119).

ⓒ **거부처분이 수회 있을 때에는 각각의 거부처분이 독립된 처분으로서 항고소송의 대상이 된다**

당사자가 한 신청에 대하여 거부처분이 있은 후 당사자가 다시 신청을 한 경우에 그 신청의 제목 여하에 불구하고 그 내용이 새로운 신청을 하는 취지라면 관할 행정청이 이를 다시 거절한 이상 새로운 거부처분이 있은 것으로 보아야 할 것이다(대판 1992. 10. 17. 92누1643).

경정처분

ⓐ **과세처분에서 처분변경이 있는 경우**

과세처분에서 처분변경이 있는 경우 당초 처분과 경정처분 중 어느 것이 항고소송의 대상이 되는 지에 관하여 병존설, 흡수설, 병존적 흡수설, 역흡수설, 역흡수병존설의 견해가 있다.

㉠ **증액경정처분**

대법원은 증액경정처분의 경우 처음의 과세처분은 뒤의 경정처분의 일부로 흡수되어 독립된 존재가치를 상실하여 소멸하고 오직 증액경정처분만이 쟁송의 대상이 된다고 판시하여 흡수설의 태도이다.

- 당초 신고하거나 결정된 세액을 증액하는 경정처분이 있는 경우 종래 대법원은, 납세의무자는 원칙적으로 그 증액경정처분만을 쟁송의 대상으로 삼아 취소를 청구할 수 있고, 이 경우 당초 신고나 결정이 불복기간의 경과나 전심절차의 종결로 확정되었다 하여도 증액경정처분에 대한 소송절차에서 증액경정처분으로 증액된 세액에 관한 부분만이 아니라 당초 신고하거나 결정된 세액에 대하여도 그 위법 여부를 다툴 수 있다고 판시하여 왔다(대판 1992. 5. 26. 91누9596; 대판 1999. 5. 28. 97누16329; 대판 2001. 12. 27. 2000두10083 등).
- 증액경정처분이 있는 경우 당초 신고나 결정은 증액경정처분에 흡수됨으로써 독립된 존재가치를 잃게 된다고 보아야 할 것이므로, 원칙적으로는 당초 신고나 결정에 대한 불복기간의 경과 여부 등에 관계없이 증액경정처분만이 항고소송의 심판대상이 되고, 납세의무자는 그 항고소송에서 당초 신고나 결정에 대한 위법사유도 함께 주장할 수 있다고 해석함이 타당하다(대판 2009. 5. 14. 2006두17390).
- 증액경정처분은 당초 처분과 증액되는 부분을 포함하여 전체로서 하나의 과세표준과 세액을 다시 결정하는 것이어서 당초 처분은 증액경정처분에 흡수되어 독립된 존재가치를 상실하고 오직 증액경정처분만이 쟁송의 대상이 되어 납세의무자로서는 증액된 부분만이 아니라 당초 처분에서 확정된 과세표준과 세액에 대하여도 그 위법 여부를 다툴 수 있는 것이지만, 증액경정처분이 제척기간 도과 후에 이루어진 경우에는 증액부분만이 무효로 되고 제척기간 도과 전에 있었던 당초 처분은 유효한 것이므로, 납세의무자로서는 그와 같은 증액경정처분이 있었다는 이유만으로 당초 처분에 의하여 이미 확정되었던 부분에 대하여 다시 위법 여부를 다툴 수는 없다(대판 2004. 2. 13. 2002두9971).

㈢ 감액경정처분

대법원은 감액경정처분의 경우에는 감액되고 남은 당초의 처분이 쟁송의 대상이 된다고 판시하여 역흡수설의 태도이다.

- 과세관청이 과세처분을 한 뒤에 과세표준과 세액을 감액하는 경정처분을 한 경우에는 위 감액경정처분은 처음의 과세표준에서 결정된 과세표준과 세액의 일부를 취소하는 데 지나지 아니하는 것이므로 처음의 과세처분이 감액

된 범위 내에서 존속하게 되고 이 처분만이 쟁송의 대상이 되고 이 경우 전심절차의 적법여부는 당초처분을 기준으로 하여 판단하여야 한다(대판 1987. 12. 22. 85누599).

• 과징금 부과처분에서 행정청이 납부의무자에 대하여 부과처분을 한 후 그 부과처분의 하자를 이유로 과징금의 액수를 감액하는 경우에 그 감액처분은 감액된 과징금 부분에 관하여만 법적 효과가 미치는 것으로서 처음의 부과처분과 별개 독립의 과징금 부과처분이 아니라 그 실질은 당초 부과처분의 변경이고, 그에 의하여 과징금의 일부취소라는 납부의무자에게 유리한 결과를 가져오는 처분이므로 처음의 부과처분이 전부 실효되는 것은 아니며, 그 감액처분으로도 아직 취소되지 않고 남아 있는 부분이 위법하다고 하여 다투는 경우 항고소송의 대상은 처음의 부과처분 중 감액처분에 의하여 취소되지 않고 남은 부분이고 감액처분이 항고소송의 대상이 되는 것은 아니다(대판 2008. 2. 15. 2006두3957).

ⓑ **제재적 행정처분에서 처분변경이 있는 경우**

행정청이 영업자에게 행정제재처분을 한 후 당초 처분을 영업자에게 유리하게 변경하는 처분을 한 경우, 취소소송의 대상 및 제소기간 판단 기준이 되는 처분은 당초 처분이다.

행정청이 식품위생법령에 따라 영업자에게 행정제재처분을 한 후 그 처분을 영업자에게 유리하게 변경하는 처분을 한 경우, 변경처분에 의하여 당초 처분은 소멸하는 것이 아니고 당초부터 유리하게 변경된 내용의 처분으로 존재하는 것이므로, 변경처분에 의하여 유리하게 변경된 내용의 행정제재가 위법하다 하여 그 취소를 구하는 경우 그 취소소송의 대상은 변경된 내용의 당초 처분이지 변경처분은 아니고, 제소기간의 준수 여부도 변경처분이 아닌 변경된 내용의 당초 처분을 기준으로 판단하여야 한다(대판 2007. 4. 27. 2004두9302).

행정소송 이외의 다른 특별한 불복절차가 마련된 경우

「행정소송법」 제2조 소정의 행정처분이라고 하더라도 그 처분의 근거 법률에서 행정소송 이외의 다른 절차에 의하여 불복할 것을 예정하고 있는 처분은 항고소송의 대상이 될 수 없다. 「형사소송법」에 의하면 검사가 공소를 제기한 사건은 기본적으로 법원의 심리대상이 되고 피의자 및 피고인은 수사의 적법성 및 공소사실에 대하여 형사소송절차를 통하여 불복할 수 있는 절차와 방법이 따로 마련되어 있으므로 검사의 공소제기가 적법절차에 의하여 정당하게 이루어진 것이냐의 여부에 관계없이 검사의 공소에 대하여는 형사소송절차에 의하여서만 이를 다툴 수 있고 행정소송의 방법으로 공소의 취소를 구할 수는 없다(대판 2000. 3. 28. 99두11264).

그 밖에 처분성이 문제된 사례

ⓐ 처분성이 인정된 사례

㈠ 금융감독원장의 문책경고

금융기관의 임원에 대한 금융감독원장의 문책경고는 그 상대방에 대한 직업선택의 자유를 직접 제한하는 효과를 발생하게 하는 등 상대방의 권리의무에 직접 영향을 미치는 행위로서 항고소송의 대상이 되는 행정처분에 해당한다(대판 2005. 2. 17. 2003두14765).

㈡ 종합유선방송사업 승인거부처분

방송위원회가 중계유선방송사업자에게 한 종합유선방송사업 승인거부처분이 심사의 기준시점을 경원자와 달리하여 평가한 것이 위법이라는 사유로 취소하는 확정판결의 취지에 따라 재처분 무렵을 기준으로 재심사한 결과에 따라 이루어진 재승인거부처분도 「행정소송법」 제30조 제2항에 규정된 재처분에 해당한다(대판 2005. 1. 14. 2003두13045).

㈢ 과세관청의 소득처분에 따른 소득금액변동통지

과세관청의 소득처분과 그에 따른 소득금액변동통지가 있는 경우 소득금액변동통지는 원천징수의무자인 법인의 납세의무에 직접 영향을 미치는 과세관청의 행위로서, 항고소송의 대상이 되는 조세행정처분이라고 봄이 상당하다(대판 2006. 4. 20. 2002두1878 전원합의체).

㈣ 노동조합규약의 변경보완시정명령

노동조합규약의 변경보완시정명령은 조합규약의 내용이 「노동조합법」에 위반된다고 보아 구체적 사실에 관한 법집행으로서 같은 법 제16조 소정의 명령권을 발동하여 조합규약의 해당 조항을 지적된 법률조항에 위반되지 않도록 적절히 변경보완할 것을 명하는 노동행정에 관한 행정관청의 의사를 조합에게 직접 표시한 것이므로 행정소송법 제2조 제1항에서 규정하고 있는 행정처분에 해당된다(대판 1993. 5. 11. 91누10787).

㊄ 이행강제금 납부의 최초 독촉

이행강제금 부과처분을 받은 자가 이행강제금을 기한 내에 납부하지 아니한 때에는 그 납부를 독촉할 수 있으며, 납부독촉에도 불구하고 이행강제금을 납부하지 않으면 체납절차에 의하여 이행강제금을 징수할 수 있고, 이때 이행강제금 납부의 최초 독촉은 징수처분으로서 항고소송의 대상이 되는 행정처분이 될 수 있다(대판 2009. 12. 24. 2009두14507).

㊅ 구 건축법 제29조 제1항에서 정한 건축협의의 취소가 처분에 해당하는지 여부(적극)

구 「건축법」 제29조 제1항, 제2항, 제11조 제1항 등의 규정 내용에 의하면, 건축협의의 실질은 지방자치단체 등에 대한 건축허가와 다르지 않으므로, 지방자치단체 등이 건축물을 건축하려는 경우 등에는 미리 건축물의 소재지를 관할하는 허가권자인 지방자치단체의 장과 건축협의를 하지 않으면, 지방자치단체라 하더라도 건축물을 건축할 수 없다. 그리고 구 「지방자치법」 등 관련 법령을 살펴보아도 지방자치단체의 장이 다른 지방자치단체를 상대로 한 건축협의 취소에 관하여 다툼이 있는 경우에 법적 분쟁을 실효적으로 해결할 구제수단을 찾기도 어렵다. 따라서 건축협의 취소는 상대방이 다른 지방자치단체 등 행정주체라 하더라도 '행정청이 행하는 구체적 사실에 관한 법집행으로서의 공권력 행사'(행정소송법 제2조 제1항 제1호)로서 처분에 해당한다고 볼 수 있고, 지방자치단체인 원고가 이를 다툴 실효적 해결 수단이 없는 이상, 원고는 건축물 소재지 관할 허가권자인 지방자치단체의 장을 상대로 항고소송을 통해 건축협의 취소의 취소를 구할 수 있다(대판 2014. 2. 27. 2012두22980).

ⓑ **처분성이 부정된 사례**

㊀ 금융감독원장이 문책경고장(상당)을 보낸 행위

금융감독원장이 종합금융주식회사의 전 대표이사에게 재직 중 위법·부당행위 사례를 첨부하여 금융 관련 법규를 위반하고 신용질서를 심히 문란하게 한 사실이 있다는 내용으로 '문책경고장(상당)'을 보낸 행위가 항고소송의 대상이 되는 행정처분에 해당하지 아니한다(대판 2005. 2. 17. 2003두10312).

㈡ 금융감독위원회의 부실금융기관에 대한 파산신청

금융감독위원회는 부실금융기관에 대하여 파산을 신청할 수 있는 권한을 보유하고 있는바, 위 파산신청은 그 성격이 법원에 대한 재판상 청구로서 그 자체가 국민의 권리·의무에 어떤 영향을 미치는 것이 아닐 뿐만 아니라, 위 파산신청으로 인하여 당해 부실금융기관이 파산절차 내에서 여러 가지 법률상 불이익을 입는다 할지라도 파산법원이 관할하는 파산절차 내에서 그 신청의 적법 여부 등을 다투어야 할 것이므로, 위와 같은 금융감독위원회의 파산신청은 「행정소송법」상 취소소송의 대상이 되는 행정처분이라 할 수 없다(대판 2006. 7. 28. 2004두13219).

㈢ 공장입지기준확인

공장입지기준확인은 공장을 설립하고자 하는 사람이 공장설립승인신청 등 공장설립에 필요한 각종 절차를 밟기 전에 어느 토지 위에 공장설립이 가능한지 여부를 손쉽게 확인할 수 있도록 편의를 도모하기 위하여 마련된 절차로서 그 확인으로 인하여 신청인 등 이해관계인의 지위에 영향을 주는 법률상의 효과가 발생하지 아니하므로, 공장입지기준확인 그 자체는 항고소송의 대상이 될 수 없다(대판 2003. 2. 11. 2002두10735).

㈣ 혁신도시 최종입지로 선정한 행위

정부의 수도권 소재 공공기관의 지방이전시책을 추진하는 과정에서 도지사가 도 내 특정시를 공공기관이 이전할 혁신도시 최종입지로 선정한 행위는 항고소송의 대상이 되는 행정처분이 아니다(대판 2007. 11. 15. 2007두10198).

㈤ 통치행위

대통령의 계엄선포는 고도의 정치적·군사적 성격을 가진 것으로서 그 당, 부당내지 필요성 여부는 계엄해제요구권을 가진 국회만이 판단할 수 있는 것이고 당연무효가 아닌 한 사법심사의 대상이 되지 못한다(대판 1980. 8. 26. 80도1278).

② 재 결

㉠ 원처분주의, 재결주의

「행정소송법」은 취소소송의 대상을 원칙적으로 원처분으로 하고, 재결은 재결 자체에 고유한 위법이 있음을 이유로 하는 경우에만 예외적으로 취소소송의 대상이 될 수 있도록 하여 원처분주의를 채택하고 있다(제19조).

㉡ **원처분주의 인정의 경우**

사립학교 교원이나 국·공립학교 교원 모두 원처분주의가 적용된다.

교원소청심사위원회의 파면처분 취소결정에 대한 취소소송 계속 중 학교법인이 교원에 대한 징계처분을 파면에서 해임으로 변경한 경우, 종전의 파면처분은 소급하여 실효되고 해임만 효력을 발생하므로, 소급하여 효력을 잃은 파면처분을 취소한다는 내용의 교원소청심사결정의 취소를 구하는 것은 법률상 이익이 없다(대판 2010. 2. 25. 2008두20765).

ⓐ **사립학교 교원**

사립학교 교원은 교원징계재심위원회에 재심청구를 할 수 있는데 재심청구에 대한 재심위원회의 결정은 행정처분에 해당하므로 재심위원회의 결정에 대해서는 행정소송으로 다툴 수 있으며 재심위원회의 결정은 원처분에 해당한다.

사립학교 교원의 구제절차

학교법인에 의하여 징계처분 등을 받은 사립학교 교원은 교원지위법에 따른 재심위원회의 재심절차와 행정소송절차를 밟을 수 있을 뿐만 아니라 종래와 같이 민사소송을 제기하여 권리구제를 받을 수도 있는데, 이 두 구제절차는 임의적·선택적이다(헌재결 2003. 12. 18. 2002헌바14, 32 병합).

사립학교 교원은 재심위원회의 결정이 원처분에 해당한다

사립학교 교원은 학교법인 또는 사립학교 경영자에 의하여 임면되는 것으로서 사립학교 교원과 학교법인의 관계를 공법상의 권력관계라고는 볼 수 없으므로 사립학교 교원에 대한 학교법인의 해임처분을 취소소송의 대상이 되는 행정청의 처분으로 볼 수 없고, 따라서 학교법인을 상대로 한 불복은 행정소송에 의할 수 없고 민사소송절차에 의할 것이다. 사립학교 교원에 대한 해임처분에 대한 구제방법으로 학교법인을 상대로 한 민사소송 이외 「교원지위향상을 위한 특별법」 제7 내지 10조에 따라 교육부 내에 설치된 교원징계재심위원회에 재심청구를 하고 교원징계재심위원회의 결정에 불복하여 행정소송을 제기하는 방법도 있으나, 이 경우에도 행정소송의 대상이 되는 행정처분은 교원징계재심위원회의 결정이지 학교법인의 해임처분이 행정처분으로 의제되는 것이 아니며 또한 교원징계재심위원회의 결정을 이에 대한 행정심판으로서의 재결에 해당되는 것으로 볼 수는 없다(대판 1993. 2. 12. 92누13707).

ⓑ 국·공립학교 교원

국·공립학교 교원에 대한 징계 등 불리한 처분은 행정소송의 대상이 되는 행정처분이고, 국·공립학교 교원 역시 교원징계재심위원회에 불이익처분에 대한 재심을 청구할 수 있다. 행정소송의 대상은 원칙적으로 원래의 불이익처분이고, 재심위원회의 결정은 그에 고유한 위법이 있는 경우에만 소송의 대상이 될 수 있다.

재량권의 남용 또는 그 범위를 일탈한 것으로서 위법하다는 사유는 재심결정 자체에 고유한 위법을 주장하는 것으로 볼 수 없어 재심결정의 취소사유가 될 수 없다
국·공립학교 교원에 대한 징계 등 불리한 처분은 행정처분이므로 국·공립학교 교원이 징계 등 불리한 처분에 대하여 불복이 있으면 교원징계재심위원회에 재심청구를 하고 위 재심위원회의 재심결정에 불복이 있으면 항고소송으로 이를 다투어야 할 것인데, 이 경우 그 소송의 대상이 되는 처분은 원칙적으로 원처분청의 처분이고, 원처분이 정당한 것으로 인정되어 재심청구를 기각한 재결에 대한 항고소송구를 기각의 하자를 이유로 주장할 수는 없고 그 재결 자체에 고유한 주체·절차·형식 또는 내용상의 위법이 있는 경우에 한한다고 할 것이므로, 도교육감의 해임처분의 취소를 구하는 재심정구를 기각한 재심결정에 사실오인의 위법이 있다거나 재량권의 남용 또는 그 범위를 일탈한 것으로서 위법하다는 사유는 재심결정 자체에 고유한 위법을 주장하는 것으로 볼 수 없어 재심결정의 취소사유가 될 수 없다(대판 1994. 2. 8. 93누17874).

㉡ 재결주의 인정의 경우

ⓐ 중앙노동위원회의 재심판정

원처분인 지방노동위원회 등의 명령·결정은 소송의 대상이 될 수 없고, 재결에 해당하는 중앙노동위원회의 재심판정이 소송의 대상이 된다.

지방노동위원회가 노동쟁의에 대하여 한 중재회부결정은, 중재에 회부된 날로부터 15일 간 쟁의행위를 금지시키고(노동쟁의조정법 제31조), 이를 위반하여 쟁의행위를 한 자에 대한 형사처벌을 할 수 있으며(같은 법 제47조), 그 금지기간 중의 쟁의행위를 부당한 쟁의행위로 보는 결과 그로 인하여 발생한 사용자의 손해에 대하여 노동조합 또는 조합원에게 배상책임을 부담시키는(같은 법 제8조 참조) 등의 법률상 효과를 발생하게 하는 행정처분이라 할 것이고, 또한 위 중재회부결정이 중재재정을 위한 선행처분에 해당한다고 보더라도 중재회부결정은 위와 같은 자체의 독립한 법률효과를 가지고 노동조합은 지방노동위원회의 중재회부결정 자체에 대하여도 불복할 수 있다(대판 1995. 9. 15. 95누6724).

ⓑ 감사원의 재심의판정

감사원의 변상판정처분에 대하여서는 행정소송을 제기할 수 없고, 재결에 해당하는 재심의 판정에 대하여서만 감사원을 피고로 하여 행정소송을 제기할 수 있다(대판 1984. 4. 10. 84누91).

ⓒ 중앙토지수용위원회의 이의재결

구 「토지수용법」이 재결주의를 채택하고 있는가에 대해 논란이 있었는데, 대법원은 구 「토지수용법」이 재결주의를 채택한 것으로 해석하여 원처분인 중앙 또는 지방토지수용위원회의 수용재결은 취소소송의 대상이 될 수 없고 행정심판의 재결에 해당하는 이의신청에 대한 중앙토지수용위원회의 이의재결만이 취소소송의 대상이 된다고 보았었다. 그러나 현행 「공익사업을 위한 토지 등의 취득 및 보상에 관한 법률」은 수용재결과 이의재결에 대해 각각 항고소송을 제기할 수 있도록 규정하여 명문규정으로 재결주의를 폐지하였다.

「토지수용법」 제73조 내지 제75조의2의 규정을 종합하면 토지수용에 관한 행정소송에 있어서는 중앙토지수용위원회의 이의신청에 대한 재결에 대하여 불복이 있을 때에 제기할 수 있고 수용재결은 행정소송의 대상으로 삼을 수 없다 할 것이므로 그 행정소송에서는 이의 재결 자체의 고유한 위법 사유뿐 아니라 이의신청사유로 삼지 않은 수용재결의 하자도 주장할 수 있다(대판 1991. 2. 12. 90누288).

㉢ 재결 자체에 고유한 위법이 있는 경우

「행정소송법」은 원처분주의(원처분중심주의)를 취한다. 그러나 재결 자체에 고유한 위법이 있는 경우에는 예외적으로 재결도 소송의 대상이 된다.

재결 자체의 고유한 위법의 의미

재결 자체의 하자에 내용상의 위법은 포함되지 않는다는 견해도 있지만, 다수설과 대법원은 내용상의 위법이 있는 경우에도 재결을 항고소송의 대상으로 할 수 있다고 본다.

ⓐ 항고소송은 원칙적으로 당해 처분을 대상으로 하나, 당해 처분에 대한 재결 자체에 고유한 주체, 절차, 형식 또는 내용상의 위법이 있는 경우에 한하여 그 재결을 대상으로 할 수 있다(대판 1993. 8. 24. 93누5673).

ⓑ 「행정소송법」 제19조에서 말하는 '재결 자체에 고유한 위법'이란 원처분에는 없고 재결에만 있는 재결청의 권한 또는 구성의 위법, 재결의 절차나 형식의 위법, 내용의 위법 등을 뜻하고, 그중 내용의 위법에는 위법·부당하게 인용재결을 한 경우가 해당한다(대판 1997. 9. 12. 96누14661).

각하재결의 경우

「행정소송법」 제19조에 의하면 행정심판에 대한 재결에 대하여도 그 재결 자체에 고유한 위법이 있음을 이유로 하는 경우에는 항고소송을 제기하여 그 취소를 구할 수 있고, 여기에서 말하는 '재결 자체에 고유한 위법'이란 그 재결자체에 주체, 절차, 형식 또는 내용상의 위법이 있는 경우를 의미하는데, 행정심판청구가 부적법하지 않음에도 각하한 재결은 심판청구인의 실체심리를 받을 권리를 박탈한 것으로서 원처분에 없는 고유한 하자가 있는 경우에 해당하고, 따라서 위 재결은 취소소송의 대상이 된다(대판 2001. 7. 27. 99두2970).

인용재결의 경우

ⓐ 이른바 복효적 행정행위, 특히 제3자효를 수반하는 행정행위에 대한 행정심판청구에 있어서 그 청구를 인용하는 내용의 재결로 인하여 비로소 권리이익을 침해받게 되는 자는 그 인용재결에 대하여 다툴 필요가 있고, 그 인용재결은 원처분과 내용을 달리하는 것이므로 그 인용재결의 취소를 구하는 것은 원처분에는 없는 재결에 고유한 하자를 주장하는 셈이어서 당연히 항고소송의 대상이 된다(대판 2001. 5. 29. 99두10292).

ⓑ 원처분의 상대방이 아닌 제3자가 행정심판을 청구하여 재결청이 원처분을 취소하는 형성재결을 한 경우에 그 원처분의 상대방은 그 재결에 대하여 항고소송을 제기할 수밖에 없고, 이 경우 재결은 원처분과 내용을 달리하는 것이어서 재결의 취소

를 구하는 것은 원처분에 없는 재결 고유의 위법을 주장하는 것이 된다(대판 1998. 4. 24. 97누17131).

ⓒ 당해 재결과 같이 그 인용재결청인 문화체육부장관 스스로가 직접 당해 사업계획승인처분을 취소하는 형성적 재결을 한 경우에는 그 재결 외에 그에 따른 행정청의 별도의 처분이 있지 않기 때문에 재결 자체를 쟁송의 대상으로 할 수밖에 없다(대판 1997. 12. 23. 96누10911).

ⓓ 「행정심판법」 제37조 제1항의 규정에 의하면 재결은 행정청을 기속하는 효력을 가지므로 재결청이 취소심판의 청구가 이유 있다고 인정하여 처분청에게 처분의 취소를 명하면 처분청으로서는 그 재결의 취지에 따라 처분을 취소하여야 하지만, 그렇다고 하여 그 재결의 취지에 따른 취소처분이 위법할 경우 그 취소처분의 상대방이 이를 항고소송으로 다툴 수 없는 것은 아니다(대판 1993. 9. 28. 92누15093).

일부 인용재결과 수정재결의 경우

징계혐의자에 대한 감봉 1월의 징계처분을 견책으로 변경한 소청결정 중 그를 견책에 처한 조치는 재량권의 남용 또는 일탈로서 위법하다는 사유는 소청결정 자체에 고유한 위법을 주장하는 것으로 볼 수 없어 소청결정의 취소사유가 될 수 없다(대판 1993. 8. 24. 93누5673).

⑷ 취소소송의 당사자

① 원 고

㉠ 원고적격

ⓐ 원고적격의 의의

구체적인 소송사건에서 원고로서 소송을 수행하고 판결을 받을 수 있는 자격을 원고적격이라고 한다.

국가기관에게 취소를 구하는 소를 제기할 당사자능력, 원고적격 및 법률상 이익을 인정한 사례

갑이 국민권익위원회에 「부패방지 및 국민권익위원회의 설치와 운영에 관한 법률」에 따른 신고와 신분보장조치를 요구하였고, 국민권익위원회가 갑의 소속기관장인 을 시·도선거관리위원회 위원장에게 '갑에 대한 중징계요구를 취소하고 향후 신고로 인한 신분상 불이익처분 및 근무조건상의 차별을 하지 말 것을 요구'하는 내용의 조치요구를 한 사안에서, 국가기관 일방의 조치요구에 불응한 상대방 국가기관에 국민권익위원회법상의 제재규정과 같은 중대한 불이익을 직접적으로 규정한 다른 법령의 사례를 찾아보기 어려운 점, 그럼에도 을이 국민권익위원회의 조치요구를 다툴 별다른 방법이 없는 점 등에 비추어 보면, 처분성이 인정되는 위 조치요구에 불복하고자 하는 을로서는 조치요구의 취소를 구하는 항고소송을 제기하는 것이 유효·적절한 수단이므로 비록 을이 국가기관이더라도 당사자능력 및 원고적격을 가진다고 보는 것이 타당하고, 을이 위 조치요구 후 갑을 파면하였다고 하더라도 조치요구가 곧바로 실효된다고 할 수 없고 을은 여전히 조치요구를 따라야 할 의무를 부담하므로 을에게는 위 조치요구의 취소를 구할 법률상 이익도 있다(대판 2013. 7. 25. 2011두1214).

국가가 국토이용계획과 관련한 기관위임사무의 처리에 관하여 지방자치단체의 장을 상대로 취소소송을 제기할 수 없다

국가가 국토이용계획과 관련한 지방자치단체의 장의 기관위임사무의 처리에 관하여 지방자치단체의 장을 상대로 취소소송을 제기하는 것은 허용되지 않는다. 원고 대한민국의 소는 원고 충북대학교 총장이 피고에 대하여 한 용도지역 변경을 위한 국토이용계획 변경 요구에 대하여 피고가 거부한 행위는 재량권을 일탈·남용한 위법한 처분이므로 취소되어야 한다는 것인바, 앞서 본 국토이용계획 사무의 성질 및 기관위임사무에 대한 국가의 지도·감독에 관한 법리에 비추어 볼 때 이는 피고가 지방자치단체의 장으로서 처리한 기관위임사무에 대하여 위임자인 국가가 제기한 소에 해당하므로 부적법하다고 할 것이다(대판 2007. 9. 20. 2005두6935).

법인의 주주가 당해 법인에 대한 행정처분의 취소를 구할 원고적격이 있는 경우

법인의 주주는 법인에 대한 행정처분에 관하여 사실상이나 간접적인 이해관계를 가질 뿐이어서 스스로 그 처분의 취소를 구할 원고적격이 없는 것이 원칙이라고 할 것이지만, 그 처분으로 인하여 법인이 더 이상 영업 전부를 행할 수 없게 되고, 영업에 대한 인·허가의 취소 등을 거쳐 해산·청산되는 절차 또한 처분 당시 이미 예정되어 있으며, 그 후속절차가 취소되더라도 그 처분의 효력이 유지되는 한 당해 법인이 종전에 행하던 영업을 다시 행할 수 없는 예외적인 경우에는 주주도 그 처분에 관하여 직접적이고 구체적인 법률상 이해관계를 가진다고 보아 그 효력을 다툴 원고적격이 있다(대판 2005. 1. 27. 2002두5313).

ⓑ **법률상 이익이 있는 자**

법률상 이익의 의미에 관하여 권리회복설, 법률상 보호되는 이익설, 보호가치 있는 이익구제설, 적법성보장설의 견해가 대립한다. 「행정소송법」의 문언에 충실한 해석과 국민의 재판청구권의 보장 측면에서 법률상 보호되는 이익설이 타당하다. 다수설과 판례의 태도인 법률상 보호되는 이익설에 따라 법률상 보호이익을 확정하기 위하여는 법률의 해석이 공익만이 아니라 제3자의 사익도 보호하고 있는 것으로 볼 수 있어야 한다.

권리회복설	취소소송의 목적은 침해된 권리의 회복이므로 권리가 침해된 자만이 법률상 이익이 있다는 견해이다. 전통적인 권리만을 공권으로 인정하여 원고적격의 범위를 지나치게 좁게 보는 문제가 있다.
법률상 보호되는 이익설	엄격한 의미의 권리 외에도 관계법령에 의하여 보호되고 있는 이익, 즉 보호이익을 침해받은 자는 법률상 이익이 있다는 견해이다. 다수설·판례의 태도이다.
보호가치 있는 이익구제설	반사적 이익에 불과하여 관계법령에 의하여 보호되고 있는 이익이 아닌 경우이라도 소송법상 보호할 만한 가치가 있는 이익을 침해받은 자는 법률상 이익이 있다는 견해이다. 보호할 가치가 있는 이익인지 여부가 법원에 의해 판단된다는 점에서 법원의 법규창조력을 인정하게 되므로 문제가 있다.
적법성보장설	취소소송의 목적을 행정의 적법성보장으로 보기 때문에 원고적격은 원고의 이익의 성질이 기준이 아니라고 보는 견해이다. 따라서 소송수행에 있어서 가장 적합한 이해관계를 가진 자가 법률상 이익이 있다고 본다. 취소소송을 객관적 소송으로 본다. 현행 행정소송법이 취하고 있는 주관적 소송의 원칙에 반할 뿐만 아니라, 자칫 항고소송을 민중소송화할 우려가 있다는 점에서 문제가 있다.

취소소송의 원고적격이 인정되는 자

행정처분에 관한 취소소송을 제기하기 위해서는 행정처분의 취소를 구할 법률상 이익이 있어야 하는데, 그 법률상 이익은 당해 처분의 근거 법률에 의하여 보호되는 직접적이고 구체적인 이익이 있는 경우를 말하고 간접적이거나 사실적, 경제적 이해관계를 가지는 데 불과한 경우는 여기에 해당되지 아니한다(대판 2008. 7. 10. 2007두10242; 대판 2001. 7. 10. 2000두2136).

행정처분의 직접 상대방이 아닌 제3자가 당해 행정처분의 취소나 무효확인을 구할 수 있는 요건으로서 '법률상 보호되는 이익'의 의미

㊀ 행정처분의 직접 상대방이 아닌 제3자라 하더라도 당해 행정처분으로 인하여 법률상 보호되는 이익을 침해당한 경우에는 그 처분의 취소나 무효확인을 구하는 행정소송을 제기하여 그 당부의 판단을 받을 자격, 즉 원고적격이 있고, 여기에서 말하는 법률상 보호되는 이익은 당해 처분의 근거 법규 및 관련 법규에 의하여 보호되는 개별적·직접적·구체적 이익을 말하며, 원고적격은 소송요건의 하나이므로 사실심 변론종결시는 물론 상고심에서도 존속하여야 하고 이를 흠결하면 부적법한 소가 된다(대판 2007. 4. 12. 2004두7924).

㊁ 공익보호의 결과로 국민 일반이 공통적으로 가지는 일반적·간접적·추상적 이익이 생기는 경우에는 법률상 보호되는 이익이 있다고 할 수 없다(대판 2006. 12. 22. 2006두14001; 대판 1995. 9. 26. 94누14544).

개별적·직접적·구체적 이익이 있는 경우로 보아 원고적격을 긍정한 경우

㊀ 「주택건설촉진법」 제33조 제1항, 구 같은 법 시행규칙 제20조의 각 규정에 의하면 주택건설 사업주체의 변경승인신청은 양수인이 단독으로 할 수 있고 위 변경승인은 실질적으로 양수인에 대하여 종전에 승인된 사업계획과 동일한 사업계획을 새로이 승인해 주는 행위라 할 것이므로, 사업주체의 변경승인신청이 된 이후에 행정청이 양도인에 대하여 그 사업계획변경승인의 전제로 되는 사업계획승인을 취소하는 처분을 하였다면 양수인은 그 처분 이전에 양도인으로부터 토지와 사업승인권을 사실상 양수받아 사업주체의 변경승인신청을 한 자로서 그 취소를 구할 법률상의 이익을 가진다(대판 2000. 9. 26. 99두646).

㊁ 수허가자의 지위를 양수받아 명의변경신고를 할 수 있는 양수인의 지위는 단순한 반사적 이익이나 사실상의 이익이 아니라 산림법령에 의하여 보호되는 직접적이고 구체적인 이익으로서 법률상 이익이라고 할 것이고, 채석허가가 유효하게 존속하고 있다는 것이 양수인의 명의변경신고의 전제가 된다는 의미에서 관할 행정청이 양도인에 대하여 채석허가를 취소하는 처분을 하였다면 이는 양수인의 지위에 대한

직접적 침해가 된다고 할 것이므로 양수인은 채석허가를 취소하는 처분의 취소를 구할 법률상 이익을 가진다(대판 2003. 7. 11. 2001두6289).

㊂ 이른바 예탁금회원제 골프장에 있어서, 체육시설업자 또는 그 사업계획의 승인을 얻은 자가 회원모집계획서를 제출하면서 허위의 사업시설 설치공정확인서를 첨부하거나 사업계획의 승인을 받을 때 정한 예정인원을 초과하여 회원을 모집하는 내용의 회원모집계획서를 제출하여 그에 대한 시·도지사 등의 검토결과 통보를 받는다면 이는 기존회원의 골프장에 대한 법률상의 지위에 영향을 미치게 되므로, 이러한 경우 기존회원은 위와 같은 회원모집계획서에 대한 시·도지사의 검토결과 통보의 취소를 구할 법률상의 이익이 있다고 보아야 한다(대판 2009. 2. 26. 2006두16243).

㊃ 구 「임대주택법」 제21조 제5항, 제9항, 제34조, 제35조 규정의 내용과 입법 경위 및 취지 등에 비추어 보면, 임차인대표회의도 당해 주택에 거주하는 임차인과 마찬가지로 임대주택의 분양전환과 관련하여 그 승인의 근거 법률인 구 「임대주택법」에 의하여 보호되는 구체적이고 직접적인 이익이 있다고 봄이 상당하다. 따라서 임차인대표회의는 행정청의 분양전환승인처분이 승인의 요건을 갖추지 못하였음을 주장하여 그 취소소송을 제기할 원고적격이 있다고 보아야 한다(대판 2010. 5. 13. 2009두19168).

㊄ 재단법인 한국연구재단이 갑 대학교 총장에게 연구개발비의 부당집행을 이유로 '해양생물유래 고부가식품·향장·한약 기초소재 개발 인력양성사업에 대한 2단계 두뇌한국(BK)21 사업' 협약을 해지하고 연구팀장 을에 대한 국가연구개발사업의 3년간 참여제한 등을 명하는 통보를 하자 을이 통보의 취소를 청구한 사안에서, 「학술진흥 및 학자금대출 신용보증 등에 관한 법률」 등의 입법 취지 및 규정 내용 등과 아울러 위 법 등 해석상 국가가 두뇌한국(BK)21 사업의 주관연구기관인 대학에 연구개발비를 출연하는 것은 '연구 중심 대학'의 육성은 물론 그와 별도로 대학에 소속된 연구인력의 역량 강화에도 목적이 있다고 보이는 점, 기본적으로 국가연구개발사업에 대한 연구개발비의 지원은 대학에 소속된 일정한 연구단위별로 신청한 연구개발과제에 대한 것이지, 그 소속 대학을 기준으로 한 것은 아닌 점 등 제반 사정에 비추어 보면, 을은 위 사업에 관한 협약의 해지 통보의 효력을 다툴 법률상 이익이 있다(대판 2014. 12. 11. 2012두28704).

간접적·사실적·경제적 이익이 있는 경우로 보아 원고적격을 부정한 경우

㈠ 귀속재산불하처분 취소처분 후에 그 귀속재산에 관한 권리를 양도받은 자는 그 취소처분에 대하여 사실상이며 간접적, 경제적인 이해관계를 가질 뿐 법률상 직접적이고 구체적인 이익을 가지는 것은 아니므로, 위 취소처분 중 부동산에 대한 부분의 취소를 구할 원고적격이 없다(대판 1996. 2. 27. 95누6212).

㈡ 회사 소유의 택시를 양도받아 이를 직접 운행하여 온 차주로서는 그 처분으로 인하여 자신들이 택시를 운행할 수 있는 권리가 침해되었다 할지라도, 그와 같은 권리는 자동차운송사업면허를 얻은 회사에 대한 관계에서만 주장할 수 있는 것에 지나지 아니하므로, 자동차운송사업면허를 취소하는 처분의 취소를 구할 직접적이고 구체적인 법률상 이익이 있다고 할 수 없다(대판 1992. 9. 1. 92누5805).

㈢ 동업자로서 상호연대 납세의무자의 관계에 있는 자라 하더라도 타 동업자에 대한 납세고지의 효력이 그에게까지 미친다 볼 수 없고 따라서 법률상 직접적이고도 구체적인 이해관계를 갖는다고 볼 수 없어서 타 동업자에 대한 과세처분에 대하여 그 취소를 구할 당사자적격이 없다(대판 1983. 8. 23. 82누506).

㈣ 국세체납처분을 원인으로 한 압류등기 이후에 압류부동산을 매수한 자는 위 압류처분에 대하여 사실상이며 간접적인 이해관계를 가진 데 불과하여 위 압류처분의 취소나 무효확인을 구할 원고적격이 없다(대판 1985. 2. 8. 82누524).

㈤ 사설묘지(가족묘지)설치허가는 단순한 대물적 허가로만 볼 수 없어 그 허가의 효과는 위 임야를 양수한 원고에게 당연히 이전될 수는 없고 따라서 원고는 이 건 취소처분으로 인하여 법률상 직접적이고 구체적인 이익을 침해당하였다고 할 수 없어, 원고에게는 이 건 소를 제기할 이익이 없다(대판 1979. 10. 16. 79누175).

구 주택법상 입주자나 입주예정자가 사용검사처분의 무효확인 또는 취소를 구할 법률상 이익이 있는지 여부(소극)

건물의 사용검사처분은 건축허가를 받아 건축된 건물이 건축허가 사항대로 건축행정 목적에 적합한지 여부를 확인하고 사용검사필증을 교부하여 줌으로써 허가받은 사람으로 하여금 건축한 건물을 사용·수익할 수 있게 하는 법률효과를 발생시키는 것이다. 이러한 사용검사처분은 건축물을 사용·수익할 수 있게 하는 데 그치므로 건축물에 대하여 사용검사처분이 이루어졌다고 하더라도 그 사정만으로는 건축물에 있는 하자나 「건축법」 등 관계 법령에 위배되는 사실이 정당화되지는 아니하며, 또한 건축물에 대한 사용검사처분의 무효확인을 받거나 처분이 취소된다고 하더라도 사용검사 전의 상태로 돌아가 건축물을 사용할 수 없게 되는 것에 그칠 뿐 곧바로 건축물의 하자 상태 등이 제거되거나 보완되는 것도 아니다. 그리고 입주자나 입주예정자들은 사용검사처분의 무효확인을 받거나 처분을 취소하지 않고도 민사소송 등을 통하여 분양계약에 따른 법률관계 및 하자 등을 주장·증명함으로써 사업주체 등으로부터 하자의 제거·보완 등에 관한 권리구제를 받을 수 있으므로, 사용검사처분의 무효확인 또는 취소 여부에 의하여 법률적인 지위가 달라진다고 할 수 없으며, 구 주택공급에 관한 규칙에서 주택공급계약에 관하여 사용검사와 관련된 규정을 두고 있다고 하더라도 달리 볼 것은 아니다. 오히려 주택에 대한 사용검사처분이 있으면, 그에 따라 입주예정자들이 주택에 입주하여 이를 사용할 수 있게 되므로 일반적으로 입주예정자들에게 이익이 되고, 다수의 입주자들이 사용검사권자의 사용검사처분을 신뢰하여 입주를 마치고 제3자에게 주택을 매매 내지 임대하거나 담보로 제공하는 등 사용검사처분을 기초로 다수의 법률관계가 형성되는데, 일부 입주자나 입주예정자가 사업주체와의 개별적 분쟁 등을 이유로 사용검사처분의 무효확인 또는 취소를 구하게 되면, 처분을 신뢰한 다수의 이익에 반하게 되는 상황이 발생할 수 있다.

위와 같은 사정들을 종합하여 볼 때, 구 「주택법」상 입주자나 입주예정자는 사용검사처분의 무효확인 또는 취소를 구할 법률상 이익이 없다(대판 2015. 1. 29. 2013두24976).

ⓒ 법률상 이익의 판단기준

법률상 보호되는 이익의 판단에는 기본적으로 당해 처분의 근거법률을 고려한다. 근거법률 외에 관련법률 그리고 기본권규정도 고려하는 것이 일반적인 견해다. 판례도 관련법률까지 고려하는 것이 일반적이며, 기본권을 법률상 이익으로 인정하거나 고려한 판례도 있다.

법률상 이익의 판단기준

법률상 보호되는 이익은 당해 처분의 근거 법규 및 관련 법규에 의하여 보호되는 개별적·직접적·구체적 이익이 있는 경우를 말하고, 공익보호의 결과로 국민 일반이 공통적으로 가지는 일반적·간접적·추상적 이익과 같이 사실적·경제적 이해관계를 갖는데 불과한 경우는 여기에 포함되지 아니한다. 또 당해 처분의 근거 법규 및 관련 법규에 의하여 보호되는 법률상 이익은 당해 처분의 근거 법규의 명문 규정에 의하여 보호받는 법률상 이익, 당해 처분의 근거 법규에 의하여 보호되지는 아니하나 당해 처분의 행정목적을 달성하기 위한 일련의 단계적인 관련 처분들의 근거 법규에 의하여 명시적으로 보호받는 법률상 이익, 당해 처분의 근거 법규 또는 관련 법규에서 명시적으로 당해 이익을 보호하는 명문의 규정이 없더라도 근거 법규 및 관련 법규의 합리적 해석상 그 법규에서 행정청을 제약하는 이유가 순수한 공익의 보호만이 아닌 개별적·직접적·구체적 이익을 보호하는 취지가 포함되어 있다고 해석되는 경우까지를 말한다(대판 2013. 9. 12. 2011두33044; 대판 2005. 5. 12. 2004두14229; 대판 2004. 8. 16. 2003두2175 등).

구속된 피고인 또는 피의자의 타인과의 접견권의 성격(=헌법상의 기본권)과 형사소송법 제89조 및 제213조의2의 규정

만나고 싶은 사람을 만날 수 있다는 것은 인간이 가지는 가장 기본적인 자유 중 하나로서, 이는 「헌법」 제10조가 보장하고 있는 인간으로서의 존엄과 가치 및 행복추구권 가운데 포함되는 헌법상의 기본권이라고 할 것인바, 구속된 피고인이나 피의자도 이러한 기본권의 주체가 됨은 물론이며 오히려 구속에 의하여 외부와 격리된 피고인이나 피의자의 경우에는 다른 사람과 만남으로써 외부와의 접촉을 유지할 수 있다는 것이 더욱 큰 의미를 가지게 되는 것이고, 또한 무죄추정의 원칙을 규정한 「헌법」 제27조 제4항의 규정도 구속된 피고인이나 피의자가 위와 같은 헌법상의 기본권을 가진다는 것을 뒷받침하는 규정이라 할 수 있으므로 「형사소송법」 제89조 및 제213조의2가 규정하고 있는 구속된 피고인 또는 피의자의 타인과의 접견권은 위와 같은 「헌법」상의 기본권을 확인하는 것일 뿐 「형사소송법」의 규정에 의하여 비로소 피고인 또는 피의자의 접견권이 창설되는 것으로는 볼 수 없다(대판 1992. 5. 8. 91부8).

기본권인 경쟁의 자유가 바로 행정청의 지정행위의 취소를 구할 법률상 이익이 된다

행정처분의 직접 상대방이 아닌 제3자라도 당해 처분의 취소를 구할 법률상 이익이 있는 경우에는 행정소송을 제기할 수 있다. 이 사건에서 보건대, 설사 국세청장의 지정행위의 근거규범인 이 사건 조항들이 단지 공익만을 추구할 뿐 청구인 개인의 이익을 보호하려는 것이 아니라는 이유로 청구인에게 취소소송을 제기할 법률상 이익을 부정한다고 하더라도, 청구인의 기본권인 경쟁의 자유가 바로 행정청의 지정행위의 취소를 구할 법률상 이익이 된다 할 것이다(헌재결 1998. 4. 30. 97헌마141).

ⓓ 제3자의 법률상 이익(원고적격의 확대)

㊀ 인인소송

인인소송이란 인근주민이 제기하는 소송을 말한다.

환경영향평가 대상지역 '밖'에 거주하는 주민에게 헌법상의 환경권 또는 환경정책기본법에 근거하여 공유수면매립면허처분과 농지개량사업 시행인가처분의 무효확인을 구할 원고적격이 없다

「헌법」 제35조 제1항에서 정하고 있는 환경권에 관한 규정만으로는 그 권리의 주체·대상·내용·행사방법 등이 구체적으로 정립되어 있다고 볼 수 없고, 「환경정책기본법」 제6조도 그 규정 내용 등에 비추어 국민에게 구체적인 권리를 부여한 것으로 볼 수 없다는 이유로, 환경영향평가 대상지역 밖에 거주하는 주민에게 「헌법」상의 환경권 또는 「환경정책기본법」에 근거하여 공유수면매립면허처분과 농지개량사업 시행인가처분의 무효확인을 구할 원고적격이 없다(대판 2006. 3. 16. 2006두330 전원합의체).

환경영향평가대상지역 '안'의 주민들이 그 대상사업인 전원개발사업실시계획승인처분과 관련하여 갖는 환경상 이익이 직접적·구체적 이익인지 여부(적극) 및 위 주민들에게 그 침해를 이유로 위 처분의 취소를 구할 원고적격이 있는지 여부(적극)

전원개발사업실시계획승인처분의 근거 법률인 전원개발에 관한 특례법령, 구 환경보전법령, 구 환경정책기본법령 및 환경영향평가법령 등의 규정 취지는 환경영향평가대상사업에 해당하는 발전소건설사업이 환경을 해치지 아니하는 방법으로 시행되도록 함으로써 당해 사업과 관련된 환경공익을 보호하려는 데 그치는 것이 아니라 당해 사업으로 인하여 직접적이고 중대한 환경피해를 입으리라고 예상되는 환경영향평가대상지역 안의 주민들이 전과 비교하여 수인한도를 넘는 환경침해를 받지 아니하고 쾌적한 환경에서 생활할 수 있는 개별적 이익까지도 이를 보호하려는 데에 있으므로, 주민들이 위 승인처분과 관련하여 갖고 있는 위와 같은 환경상 이익은 단순히 환경공익 보호의 결과로서 국민일반이 공통적으로 갖게 되는 추상적·평균적·일반적 이익에 그치지 아니하고 환경영향평가대상지역 안의 주민 개개인에 대하여 개별적으로 보호되는 직접적·구체적 이익이라고 보아야 하고, 따라서 위 사업으로 인하여 직접적이고 중대한 환경침해를 받게 되리라고 예상되는 환경영향평가대상지역 안의 주민에게는 위 승인처분의 취소를 구할 원고적격이 있다(대판 1998. 9. 22. 97누19571).

환경영향평가대상사업에 해당하는 국립공원 집단시설지구개발사업에 있어 그 시설물 기본설계 변경승인처분 등과 관련하여 환경영향평가대상지역 안의 주민들이 갖고 있는 환경상의 이익이 주민 개개인에 대하여 개별적으로 보호되는 직접적·구체적인 이익인지 여부(적극) 및 위 주민들에게 그 이익의 침해를 이유로 그 처분 등의 취소를 구할 원고적격이 있는지 여부(적극)

구「자연공원법」, 같은 법 시행령, 같은 법 시행규칙, 그리고 구「환경영향평가법」, 같은 법 시행령의 각 관련 규정에 의하면, 국립공원 집단시설지구개발사업의 조성면적이 10만㎡ 이상인 경우에는 환경영향평가대상사업에 해당하므로 환경부장관이 집단시설지구 내 시설물기본설계 변경승인처분 등을 함에 있어서는 반드시 자연공원법령 및 환경영향평가법령 소정의 환경영향평가를 거쳐서 그 환경영향평가의 협의내용을 사업계획에 반영시키도록 하여야 하므로 자연공원법령뿐 아니라, 환경영향평가법령도 위 변경승인처분 등에 직접적인 영향을 미치는 근거 법령이 된다고 볼 수밖에 없고, 환경영향평가에 관한 위 자연공원법령 및 환경영향평가법령상의 관련 규정의 취지는 집단시설지구개발사업으로 인하여 직접적이고 중대한 환경피해를 입으리라고 예상되는 환경영향평가대상지역 안의 주민들이 개발 전과 비교하여 수인한도를 넘는 환경침해를 받지 아니하고 쾌적한 환경에서 생활할 수 있는 개별적 이익까지도 이를 보호하려는 데에 있다 할 것이므로, 위 주민들이 위 변경승인처분과 관련하여 갖고 있는 위와 같은 환경상의 이익은 주민 개개인에 대하여 개별적으로 보호되는 직접적·구체적인 이익이라고 보아야 할 것이어서, 국립공원 집단시설지구개발사업으로 인하여 직접적이고 중대한 환경피해를 입으리라고 예상되는 환경영향평가대상지역 안의 주민들이 누리고 있는 환경상의 이익이 위 변경승인처분으로 인하여 침해되거나 침해될 우려가 있는 경우에는 그 주민들에게 위 변경승인처분과 그 변경승인처분의 취소를 구하는 행정심판청구를 각하한 재결의 취소를 구할 원고적격이 있다고 보아야 한다(대판 2001. 7. 27. 99두2970).

폐기물처리시설 설치기관이 주변영향지역으로 지정·고시하지 아니한 경우, 폐기물소각시설의 부지경계선으로부터 300m 밖에 거주하는 주민들이 폐기물소각시설의 입지지역을 결정·고시한 처분의 무효확인을 구할 원고적격을 인정받기 위한 요건

구「폐기물처리시설설치촉진 및 주변지역지원 등에 관한 법률」및 같은 법 시행령의 관계 규정의 취지는 처리능력이 1일 50t인 소각시설을 설치하는 사업으로 인하여 직접적이고 중대한 환경상의 침해를 받으리라고 예상되는 직접영향권 내에 있는 주민들이나 폐기물소각시설의 부지경계선으로부터 300m 이내의 간접영향권 내에 있는 주민들이 사업 시행 전과 비교하여 수인한도를 넘는 환경피해를 받지 아니하고 쾌적한 환경에서 생활할 수 있는 개별적인 이익까지도 이를 보호하려는 데에 있다 할 것이므로, 위 주민들이 소각시설입지지역결정·고시와 관련하여 갖는 위와 같은 환경상의 이익은 주민 개개인에 대하여 개별적으로 보호되는 직접적·구체적 이익으로서 그들에 대하여는 특단의 사정이 없는 한 환경상의 이익에 대한 침해 또는 침해우려가 있는 것으로 사실상 추정되어 폐기물 소각시설의 입지지역을 결정·고시한 처분의 무효확인을 구할 원고적격이 인정된다고 할 것이고, 한편 폐기물소각시설의 부지경계선으로부터 300m 밖에 거주하는 주민들도 위와 같은 소각시설 설치사업으로 인하여 사업 시행 전과 비교하여 수인한도를 넘는 환경피해를 받거나 받을 우려가 있음에도 폐기물처리시설 설치기관이 주변영향지역으로 지정·고시하지 않는 경우 같은 법 제17조 제3항 제2호 단서 규정에 따라 당해 폐기물처리시설의 설치·운영으로 인하여 환경상 이익에 대한 침해 또는 침해우려가 있다는 것을 입증함으로써 그 처분의 무효확인을 구할 원고적격을 인정받을 수 있다(대판 2005. 3. 11. 2003두13489).

주거지역 내의 제한면적을 초과한 연탄공장건축허가 처분으로 불이익을 받고 있는 제3거주자는 당해행정처분의 취소를 소구할 법률상 자격이 있다

주거지역 안에서는 「도시계획법」 제19조 제1항과 개정전 「건축법」 제32조 제1항에 의하여 공익상 부득이 하다고 인정될 경우를 제외하고는 거주의 안녕과 건전한 생활환경의 보호를 해치는 모든 건축이 금지되고 있을 뿐 아니라 주거지역 내에 거주하는 사람이 받는 위와 같은 보호이익은 법률에 의하여 보호되는 이익이라고 할 것이므로 주거지역 내에 위 법조 소정 제한면적을 초과한 연탄공장 건축허가처분으로 불이익을 받고 있는 제3거주자는 비록 당해 행정처분의 상대자가 아니라 하더라도 그 행정처분으로 말미암아 위와 같은 법률에 의하여 보호되는 이익을 침해받고 있다면 당해행정처분의 취소를 소구하여 그 당부의 판단을 받을 법률상의 자격이 있다(대판 1975. 5. 13. 73누96, 97).

원자로 시설부지 인근 주민들에게 원자로시설부지사전승인처분의 취소를 구할 원고적격이 있다

[1] 「원자력법」 제12조 제2호(발전용 원자로 및 관계 시설의 위치·구조 및 설비가 대통령령

이 정하는 기술수준에 적합하여 방사성물질 등에 의한 인체·물체·공공의 재해방지에 지장이 없을 것)의 취지는 원자로 등 건설사업이 방사성물질 및 그에 의하여 오염된 물질에 의한 인체·물체·공공의 재해를 발생시키지 아니하는 방법으로 시행되도록 함으로써 방사성물질 등에 의한 생명·건강상의 위해를 받지 아니할 이익을 일반적 공익으로서 보호하려는 데 그치는 것이 아니라 방사성물질에 의하여 보다 직접적이고 중대한 피해를 입으리라고 예상되는 지역 내의 주민들의 위와 같은 이익을 직접적·구체적 이익으로서도 보호하려는 데에 있다 할 것이므로, 위와 같은 지역 내의 주민들에게는 방사성물질 등에 의한 생명·신체의 안전침해를 이유로 부지사전승인처분의 취소를 구할 원고적격이 있다.

[2] 「원자력법」 제12조 제3호(발전용 원자로 및 관계시설의 건설이 국민의 건강·환경상의 위해방지에 지장이 없을 것)의 취지와 「원자력법」 제11조의 규정에 의한 원자로 및 관계 시설의 건설사업을 환경영향평가대상사업으로 규정하고 있는 구 「환경영향평가법」 제4조, 구 환경영향평가법 시행령 제2조 제2항 [별표 1]의 다의 (4) 규정 및 환경영향평가서의 작성, 주민의 의견 수렴, 평가서 작성에 관한 관계 기관과의 협의, 협의내용을 사업계획에 반영한 여부에 대한 확인·통보 등을 규정하고 있는 위 법 제8조, 제9조 제1항, 제16조 제1항, 제19조 제1항 규정의 내용을 종합하여 보면, 위 「환경영향평가법」 제7조에 정한 환경영향평가대상지역 안의 주민들이 방사성물질 이외의 원인에 의한 환경침해를 받지 아니하고 생활할 수 있는 이익도 직접적·구체적 이익으로서 그 보호대상으로 삼고 있다고 보이므로, 위 환경영향평가대상지역 안의 주민에게는 방사성물질 이외에 원전냉각수 순환시 발생되는 온배수로 인한 환경침해를 이유로 부지사전승인처분의 취소를 구할 원고적격도 있다(대판 1998. 9. 4. 97누19588).

제3자에게 도시계획결정처분의 취소를 구할 법률상 이익이 있다고 한 사례

「도시계획법」 제12조 제3항의 위임에 따라 제정된 도시계획시설기준에 관한 규칙 제125조 제1항이 화장장의 구조 및 설치에 관하여는 「매장 및 묘지 등에 관한 법률」이 정하는 바에 의한다고 규정하고 있어, 도시계획의 내용이 화장장의 설치에 관한 것일 때에는 「도시계획법」 제12조뿐만 아니라 「매장 및 묘지 등에 관한 법률」 및 같은 법 시행령 역시 그 근거 법률이 된다고 보아야 할 것이므로, 같은 법 시행령 제4조 제2호가 공설화장장은 20호 이상의 인가가 밀집한 지역, 학교 또는 공중이 수시 집합하는 시설 또는 장소로부터 1,000m 이상 떨어진 곳에 설치하도록 제한을 가하고, 같은 법 시행령 제9조가 국민보건상 위해를 끼칠 우려가 있는 지역, 「도시계획법」 제17조의 규정에 의한 주거지역, 상업지역, 공업지역 및 녹지지역 안의 풍치지구 등에의 공설화장장 설치를 금지함에 의하여 보호되는 부근 주민들의 이익은 위 도시계획결정처분의 근거 법률에 의하여 보호되는 법률상 이익이다(대판 1995. 9. 26. 94누14544).

개발제한구역 중 일부 취락을 개발제한구역에서 해제하는 내용의 도시관리계획변경결정에 대하여, 개발제한구역 해제대상에서 누락된 토지의 소유자는 위 결정의 취소를 구할 법률상 이익이 없다

이 사건 토지는 이 사건 도시관리계획변경결정 전후를 통하여 개발제한구역으로 지정된 상태에 있으므로 이 사건 도시관리계획변경결정으로 인하여 그 소유자인 원고가 위 토지를 사용·수익·처분하는 데 새로운 공법상의 제한을 받거나 종전과 비교하여 더 불이익한 지위에 있게 되는 것은 아니다. 또한, 원고의 청구취지와 같이 이 사건 도시관리계획변경결정 중 중리취락 부분이 취소된다 하더라도 그 결과 이 사건 도시관리계획변경결정으로 개발제한구역에서 해제된 제3자 소유의 토지들이 종전과 같이 개발제한구역으로 남게 되는 결과가 될 뿐, 원고 소유의 이 사건 토지가 개발제한구역에서 해제되는 것도 아니다. 따라서 원고에게 제3자 소유의 토지에 관한 이 사건 도시관리계획변경결정의 취소를 구할 직접적이고 구체적인 이익이 있다고 할 수 없다(대판 2008. 7. 10. 2007두10242).

제3자에게 상수원보호구역변경처분의 취소를 구할 법률상 이익이 없다고 한 사례

상수원보호구역 설정의 근거가 되는 「수도법」 제5조 제1항 및 동 시행령 제7조 제1항이 보호하고자 하는 것은 상수원의 확보와 수질보전일 뿐이고, 그 상수원에서 급수를 받고 있는 지역주민들이 가지는 상수원의 오염을 막아 양질의 급수를 받을 이익은 직접적이고 구체적으로는 보호하고 있지 않음이 명백하여 위 지역주민들이 가지는 이익은 상수원의 확보와 수질보호라는 공공의 이익이 달성됨에 따라 반사적으로 얻게 되는 이익에 불과하므로 지역주민들에 불과한 원고들에게는 위 상수원보호구역변경처분의 취소를 구할 법률상의 이익이 없다(대판 1995. 9. 26. 94누14544).

도시 및 주거환경정비법상 조합설립추진위원회의 구성에 동의하지 아니한 정비구역 내의 토지 등 소유자는 조합설립추진위원회 설립승인처분의 취소를 구할 원고적격이 인정된다

조합설립추진위원회의 구성에 동의하지 아니한 정비구역 내의 토지 등 소유자도 조합설립추진위원회 설립승인처분에 대하여 같은 법에 의하여 보호되는 직접적이고 구체적인 이익을 향유하므로 그 설립승인처분의 취소소송을 제기할 원고적격이 있다(대판 2007. 1. 25. 2006두12289).

행정처분의 근거 법규 등에 그 처분으로 환경상 침해를 받으리라고 예상되는 영향권의 범위가 구체적으로 규정된 경우, 행정처분의 근거 법규 등에 의하여 환경상 이익에 대한 침해 또는 침해 우려가 있는 것으로 사실상 추정되어 원고적격이 인정되는 사람의 범위

환경상 이익에 대한 침해 또는 침해 우려가 있는 것으로 사실상 추정되어 원고적격이 인정되는 사람에는 환경상 침해를 받으리라고 예상되는 영향권 내의 주민들을 비롯하여 그 영향권 내에서 농작물을 경작하는 등 현실적으로 환경상 이익을 향유하는 사람도 포함된다. 그러나 단지 그 영향권 내의 건물·토지를 소유하거나 환경상 이익을 일시적으로 향유하는 데 그치는 사람은 포함되지 않는다(대판 2009. 9. 24. 2009두2825).

원고적격이 상고심에서도 존속하여야 하는지 여부

원고적격은 소송요건의 하나이므로 사실심 변론종결시는 물론 상고심에서도 존속하여야 하고 이를 흠결하면 부적법한 소가 된다(대판 2007. 4. 12. 2004두7924).

㊂ 경업자소송

경업자소송이란 사업을 함에 있어서 경쟁관계에 있는 자가 제기하는 소송을 말한다.

면허나 인·허가 등의 수익적 행정처분의 근거가 되는 법률이 해당 업자들 사이의 과다경쟁으로 인한 경영의 불합리를 방지하는 목적도 가지고 있는 경우, 기존업자가 경업자에 대한 면허나 인·허가 등의 수익적 행정처분의 취소를 구할 원고적격이 있다

일반적으로 면허나 인·허가 등의 수익적 행정처분의 근거가 되는 법률이 해당 업자들 사이의 과당경쟁으로 인한 경영의 불합리를 방지하는 것도 그 목적으로 하고 있는 경우, 다른 업자에 대한 면허나 인·허가 등의 수익적 행정처분에 대하여 미리 같은 종류의 면허나 인·허가 등의 수익적 행정처분을 받아 영업을 하고 있는 기존의 업자는 경업자에 대하여 이루어진 면허나 인·허가 등 행정처분의 상대방이 아니라 하더라도 당해 행정처분의 취소를 구할 원고적격이 있다(대판 2010. 6. 10. 2009두10512; 대판 2008. 3. 27. 2007두23811; 대판 2006. 7. 28. 2004두6716).

동일한 사업구역 내의 동종의 사업용 화물자동차면허대수를 늘리는 보충인가처분에 대하여 기존업자에게 그 취소를 구할 법률상 이익이 있다

「자동차운수사업법」 제6조 제1항 제1호에서 당해 사업계획이 당해 노선 또는 사업구역의 수송수요와 수송력공급에 적합할 것을 면허의 기준으로 정한 것은 자동차운수사업에 관한 질서를 확립하고 자동차운수사업의 종합적인 발달을 도모하여 공공의 복리를 증진함과 동시에 업자 간의 경쟁으로 인한 경영의 불합리를 미리 방지하자는 데 그 목적이 있다 할 것이므로 개별화물자동차운송사업면허를 받아 이를 영위하고 있는 기존의 업자로서는 동일한 사업구역 내의 동종의 사업용 화물자동차면허대수를 늘리는 보충인가처분에 대하여 그 취소를 구할 법률상 이익이 있다(대판 1992. 7. 10. 91누9107).

기존의 업자가 경업자에 대한 면허나 인·허가 등 수익적 행정처분의 취소를 구할 당사자 적격이 있는 경우

시내버스운송사업과 시외버스운송사업은 다 같이 운행계통을 정하고 여객을 운송하는 노선여객자동차운송사업에 속하므로, 위 두 운송사업이 면허기준, 준수하여야 할 사항, 중간경유지, 기점과 종점, 운행방법, 이용요금 등에서 달리 규율된다는 사정만으로 본질적인 차이가 있다고 할 수는 없으며, 시외버스운송사업계획변경인가처분으로 인하여 기존의 시내버스운송사업자의 노선 및 운행계통과 시외버스운송사업자들의 그것들이 일부 중복되게 되고 기존업자의 수익감소가 예상된다면, 기존의 시내버스운송사업자와 시외버스운송사업자들은 경업관계에 있는 것으로 봄이 상당하다 할 것이어서 기존의 시내버스운송사업자에게 시외버스운송사업계획변경인가처분의 취소를 구할 법률상의 이익이 있다(대판 2002. 10. 25. 2001두4450).

기존 시내버스업자가 시외버스의 시내버스로의 전환을 허용하는 사업계획변경인가처분의 취소를 구할 법률상 이익이 있다

기존 시내버스 업자로서는, 다른 운송사업자가 운행하고 있는 기존 시외버스를 시내버스로 전환을 허용하는 사업계획변경인가처분에 대하여 그 취소를 구할 법률상의 이익이 있다고 할 것이다(대판 1987. 9. 22. 85누985).

담배 일반소매인으로 지정되어 영업을 하고 있는 기존업자의 신규업자에 대한 이익이 '법률상 보호되는 이익'에 해당한다

담배 일반소매인의 지정기준으로서 일반소매인의 영업소 간에 일정한 거리제한을 두고 있는 것은 담배유통구조의 확립을 통하여 국민의 건강과 관련되고 국가 등의 주요 세원이 되는 담배산업 전반의 건전한 발전 도모 및 국민경제에의 이바지라는 공익목적을 달성하고자 함과 동시에 일반소매인 간의 과당경쟁으로 인한 불합리한 경영을 방지함으로써 일반소매인의 경영상 이익을 보호하는 데에도 그 목적이 있다고 보이므로, 일반소매인으로 지정되어 영업을 하고 있는 기존업자의 신규 일반소매인에 대한 이익은 단순한 사실상의 반사적 이익이 아니라 법률상 보호되는 이익이라고 해석함이 상당하다. 기존업자인 원고로서는 새로운 경업자인 참가인에 대하여 이루어진 이 사건 처분의 상대방이 아니라 하더라도 이 사건 처분의 취소를 구할 원고적격이 있다고 보아야 할 것이다(대판 2008. 3. 27. 2007두23811).

시장이 공중목욕장의 적정분포를 규정한 공중목욕장 시행세칙 제4조에 반하여 허가한 공중목욕장 영업허가처분과 기존 공중목욕업자의 권리침해

공중목욕장업 경영 허가는 경찰금지의 해제로 인한 영업자유의 회복이라고 볼 것이므로 이 영업의 자유는 법률이 직접 공중목욕장업 피허가자의 이익을 보호함을 목적으로 한 경우에 해당되는 것이 아니고 법률이 공중위생이라는 공공의 복리를 보호하는 결과로서 영업의 자유가 제한되므로 인하여 간접적으로 관계자인 영업자유의 제한이 해제된 피허가자에게 이익을 부여하게 되는 경우에 해당되는 것이고 거리의 제한과 같은 위의 시행세칙이나 도지사의 지시가 모두 무효인 이상 원고가 이 사건 허가처분에 의하여 목욕장업에 의한 이익이 사실상 감소된다 하여도 이 불이익은 본건 허가처분의 단순한 사실상의 반사적 결과에 불과하고 이로 말미암아 원고의 권리를 침해하는 것이라고는 할 수 없음으로 원고는 피고의 피고 보조참가인에 대한 이 사건 목욕장업허가처분에 대하여 그 취소를 소구할 수 있는 법률상 이익이 없다(대판 1963. 8. 31. 63누101).

석탄가공업에 관한 허가의 성질과 기존업자들의 영업상 이익

「석탄수급조정에 관한 임시조치법」 소정의 석탄가공업에 관한 허가는 사업경영의 권리를 설정하는 형성적 행정행위가 아니라 질서유지와 공공복리를 위한 금지를 해제하는 명령적 행정행위여서 그 허가를 받은 자는 영업자유를 회복하는 데 불과하고 독점적 영업권을 부여받은 것이 아니기 때문에 기존허가를 받은 원고들이 신규허가로 인하여 영업상 이익이 감소된다 하더라도 이는 원고들의 반사적 이익을 침해하는 것에 지나지 아니하므로 원고들은 신규허가 처분에 대하여 행정소송을 제기할 법률상 이익이 없다(대판 1980. 7. 22. 80누33, 34).

숙박업구조변경허가처분을 받은 건물의 인근에서 여관을 경영하는 자들에게 그 처분의 무효확인 또는 취소를 구할 소익이 없다

이 사건 건물의 4, 5층 일부에 객실을 설비할 수 있도록 숙박업구조변경허가를 함으로써 그곳으로부터 50미터 내지 700미터 정도의 거리에서 여관을 경영하는 원고들이 받게 될 불이익은 간접적이거나 사실적, 경제적인 불이익에 지나지 아니하므로 그것만으로는 원고들에게 위 숙박업구조변경허가처분의 무효확인 또는 취소를 구할 소익이 있다고 할 수 없다(대판 1990. 8. 14. 89누7900).

㊂ 경원자소송

경원자소송이란 행정기관에 인·허가 등의 수익적 행정처분을 신청한 수인이 서로 경쟁관계에 있어서 일방에 대한 허가 등의 처분이 타방에 대한 불허가 등으로 귀결될 수밖에 없는 때 허가 등의 처분을 받지 못한 자가 제기하는 소송을 말한다.

경원관계에 있어서 경원자에 대하여 이루어진 허가 등 처분의 상대방이 아닌 자는 그 처분의 취소를 구할 당사자적격이 있다

인·허가 등의 수익적 행정처분을 신청한 수인이 서로 경쟁관계에 있어서 일방에 대한 허가 등의 처분이 타방에 대한 불허가 등으로 귀결될 수밖에 없는 때(이른바 경원관계에 있는 경우로서 동일대상지역에 대한 공유수면매립면허나 도로점용허가 혹은 일정지역에 있어서의 영업허가 등에 관하여 거리제한규정이나 업소개수제한규정 등이 있는 경우를 그 예로 들 수 있다) 허가 등의 처분을 받지 못한 자는 비록 경원자에 대하여 이루어진 허가 등 처분의 상대방이 아니라 하더라도 당해 처분의 취소를 구할 당사자적격이 있다 할 것이고,

다만 구체적인 경우에 있어서 그 처분이 취소된다 하더라도 허가 등의 처분을 받지 못한 불이익이 회복된다고 볼 수 없을 때에는 당해 처분의 취소를 구할 정당한 이익이 없다고 할 것이다(대판 1999. 10. 12. 99두6026; 대판 1992. 5. 8. 91누13274).

제3자에게 경원자에 대한 수익적 행정처분의 취소를 구할 당사자 적격이 없는 경우
명백한 법적 장애로 인하여 원고 자신의 신청이 인용될 가능성이 처음부터 배제되어 있는 경우에는 당해 처분의 취소를 구할 정당한 이익이 없다(대판 2009. 12. 10. 2009두8359).

㉡ 협의의 소의 이익

협의의 소의 이익은 분쟁을 재판에 의해서 해결할 만한 현실적 필요성을 의미한다. 이는 소송요건으로서 직권조사사항이다.

소의 이익이 인정되기 위해서는 ⓐ 처분 등의 효력이 존속하고 있어야 하며, ⓑ 원상회복이 가능하여야 하고, ⓒ 이익침해가 계속되는 상태이어야 한다는 것이 학설·판례의 입장이다.

ⓐ 처분 등의 효력이 소멸한 경우

처분 등의 효력이 소멸한 경우 원칙적으로 소의 이익이 부정된다.

행정처분에 그 효력기간이 정하여져 있는 경우, 그 처분의 효력 또는 집행이 정지된 바 없다면 위 기간의 경과로 그 행정처분의 효력은 상실되므로 그 기간 경과 후에는 그 처분이 외형상 잔존함으로 인하여 어떠한 법률상 이익이 침해되고 있다고 볼 만한 별다른 사정이 없는 한 그 처분의 취소를 구할 법률상의 이익이 없다(대판 2004. 7. 8. 2002두1946).

ⓑ 제재적 처분이 장래의 가중처분의 요건이 되는 경우

대통령령·부령에서 제재적 처분의 전력을 가중요건으로 규정하고 있는 경우 학설의 다수는 당해 규정의 법규성을 인정하고, 또한 소의 이익을 인정한다.

판례는 제재적 처분의 규정이 대통령령에 규정되어 있는 경우 소의 이익을 인정한다. 부령에 가중처분의 요건이 규정된 경우 당해 처분의 법규성을 부인하는 입장에서 소의 이익을 부정하여 왔으나, 최근 전원합의체 판결로 부령형식의 가중적 제재기준을 정한 행정규칙의 법규성을 부정하면서도 협의의 소의 이익을 인정하여 주목받고 있다.

부령형식의 가중적 제재기준

[다수의견] 제재적 행정처분이 그 처분에서 정한 제재기간의 경과로 인하여 그 효과가 소멸되었으나, 부령인 시행규칙 또는 지방자치단체의 규칙의 형식으로 정한 처분기준에서 제재적 행정처분을 받은 것을 가중사유나 전제요건으로 삼아 장래의 제재적 행정처분을 하도록 정하고 있는 경우, 제재적 행정처분의 가중사유나 전제요건에 관한 규정이 법령이 아니라 규칙의 형식으로 되어 있다고 하더라도, 그러한 규칙이 법령에 근거를 두고 있는 이상 그 법적 성질이 대외적·일반적 구속력을 갖는 법규명령인지 여부와는 상관없이, 관할 행정청이나 담당공무원은 이를 준수할 의무가 있으므로 이들이 그 규칙에 정해진 바에 따라 행정작용을 할 것이 당연히 예견되고, 그 결과 행정작용의 상대방인 국민으로서는 그 규칙의 영향을 받을 수밖에 없다. 따라서 그러한 규칙이 정한 바에 따라 선행처분을 받은 상대방이 그 처분의 존재로 인하여 장래에 받을 불이익, 즉 후행처분의 위험은 구체적이고 현실적인 것이므로, 상대방에게는 선행처분의 취소소송을 통하여 그 불이익을 제거할 필요가 있다. 또한, 나중에 후행처분에 대한 취소소송에서 선행처분의 사실관계나 위법 등을 다툴 수 있는 여지가 남아 있다고 하더라도, 이러한 사정은 후행처분이 이루어지기 전에 이를 방지하기 위하여 직접 선행처분의 위법을 다투는 취소소송을 제기할 필요성을 부정할 이유가 되지 못한다. 그러한 쟁송방법을 막는 것은 여러 가지 불합리한 결과를 초래하여 권리구제의 실효성을 저해할 수 있기 때문이다. 오히려 앞서 본 바와 같이 행정청으로서는 선행처분이 적법함을 전제로 후행처분을 할 것이 당연히 예견되므로, 이러한 선행처분으로 인한 불이익을 선행처분 자체에 대한 소송에서 사전에 제거할 수 있도록 해 주는 것이 상대방의 법률상 지위에 대한 불안을 해소하는 데 가장 유효적절한 수단이 된다고 할 것이고, 또한 그 소송을 통하여 선행처분의 사실관계 및 위법 여부가 조속히 확정됨으로써 이와 관련된 장래의 행정작용의 적법성을 보장함과 동시에 국민생활의 안정을 도모할 수 있다. 이상의 여러 사정과 아울러, 국민의 재판청구권을 보장한 「헌법」 제27조 제1항의 취지와 행정처분으로 인한 권익침해를 효과적으로 구제하려는 행정소송법의 목적 등에 비추어 행정처분의 존재로 인하여 국민의 권익이 실제로 침해되고 있는 경우는 물론이고 권익침해의 구체적·현실적 위험이 있는 경우에도 이를 구제하는 소송이 허용되어야 한다는 요청을 고려하면, 규칙이 정한 바에 따라 선행처분을 가중사유 또

는 전제요건으로 하는 후행처분을 받을 우려가 현실적으로 존재하는 경우에는, 선행처분을 받은 상대방은 비록 그 처분에서 정한 제재기간이 경과하였다 하더라도 그 처분의 취소소송을 통하여 그러한 불이익을 제거할 권리보호의 필요성이 충분히 인정된다고 할 것이므로, 선행처분의 취소를 구할 법률상 이익이 있다고 보아야 한다.

[대법관 이강국의 별개의견] 다수의견은, 제재적 행정처분의 기준을 정한 부령인 시행규칙의 법적 성질에 대하여는 구체적인 논급을 하지 않은 채, 시행규칙에서 선행처분을 받은 것을 가중사유나 전제요건으로 하여 장래 후행처분을 하도록 규정하고 있는 경우, 선행처분의 상대방이 그 처분의 존재로 인하여 장래에 받을 불이익은 구체적이고 현실적이라는 이유로, 선행처분에서 정한 제재기간이 경과한 후에도 그 처분의 취소를 구할 법률상 이익이 있다고 보고 있는바, 다수의견이 위와 같은 경우 선행처분의 취소를 구할 법률상 이익을 긍정하는 결론에는 찬성하지만, 그 이유에 있어서는 부령인 제재적 처분기준의 법규성을 인정하는 이론적 기초 위에서 그 법률상 이익을 긍정하는 것이 법리적으로는 더욱 합당하다고 생각한다. 상위법령의 위임에 따라 제재적 처분기준을 정한 부령인 시행규칙은 「헌법」 제95조에서 규정하고 있는 위임명령에 해당하고, 그 내용도 실질적으로 국민의 권리의무에 직접 영향을 미치는 사항에 관한 것이므로, 단순히 행정기관 내부의 사무처리준칙에 지나지 않는 것이 아니라 대외적으로 국민이나 법원을 구속하는 법규명령에 해당한다고 보아야 한다(대판 2006. 6. 22. 2003두1684 전원합의체).

종래 대법원은 부령형식의 가중적 제재기준을 정한 행정규칙의 법규성을 부정하면서 협의의 소의 이익을 부정하였는데, 환경영향평가대행업무 정지처분을 받은 환경영향평가대행업자가 업무정지처분기간 중 환경영향평가대행계약을 신규로 체결하고 그 대행업무를 한 본 전원합의체 판결에서, 다수의견이 환경·교통·재해 등에 관한 영향평가법 시행규칙에서 환경영향평가대행업자가 업무정지처분기간 중 신규계약에 의하여 환경영향평가대행업무를 한 경우 1차 위반시 업무정지 6월을, 2차 위반시 등록취소를 각 명하는 것으로 규정하고 있으므로, 업무정지처분기간 경과 후에도 위 시행규칙의 규정에 따른 후행처분을 받지 않기 위하여 위 업무정지처분의 취소를 구할 법률상 이익이 있다고 판시하였는바, 부령형식의 가중적 제재기준을 정한 행정규칙의 법규성을 부정하면서도 협의의 소의 이익을 인정하여 주목받고 있다. 학설상으로는 본 판결 이전부터 제재적 행정처분의 가중요건을 정하고 있는 행정규칙이 대외적 효력이 없다고 하여 소의 이익을 부정하는 것은 옳지 않으며,

국민의 권리구제기회의 확대를 위해서도 소의 이익을 인정해야 한다고 주장하는 견해가 많았다. 따라서 학설은 대체적으로 변경된 대법원 판결을 지지하면서도 부령형식으로 제재처분의 가중요건을 규정한 행정규칙에 대하여 명확하게 규명하지 않고 협의의 소익을 인정하는 다수의견보다는 행정 규칙의 법규성을 인정하면서 후행 가중적 제재처분을 받을 위험을 「행정소송법」 제12조 후단의 회복될 법률상 이익으로 보아 협의의 소익을 긍정한 별개의견을 보다 타당한 것으로 평가하고 있다.

부령형식의 가중적 제재기준을 정한 행정규칙의 법규성을 부정하면서 협의의 소의 이익을 부정한 종래의 대법원 판결

행정처분에 효력기간이 정하여져 있는 경우, 그 처분의 효력 또는 집행이 정지된 바 없다면 위 기간의 경과로 그 행정처분의 효력은 상실되므로 그 기간 경과 후에는 그 처분이 외형상 잔존함으로 인하여 어떠한 법률상 이익이 침해되고 있다고 볼 만한 별다른 사정이 없는 한 그 처분의 취소를 구할 법률상의 이익이 없고, 행정명령에 불과한 각종 규칙상의 행정처분 기준에 관한 규정에서 위반 횟수에 따라 가중처분하게 되어 있다 하여 법률상의 이익이 있는 것으로 볼 수는 없다(대판 1995. 10. 17. 94누14148 전원합의체).

법률에 가중처분의 요건이 규정된 경우 소의 이익을 인정한 판례

① 「건축사법」 제28조 제1항이 건축사 업무정지처분을 연 2회 이상 받고 그 정지기간이 통산하여 12월 이상이 될 경우에는 가중된 제재처분인 건축사사무소 등록취소처분을 받게 되도록 규정하여 건축사에 대한 제재적인 행정처분인 업무정지명령을 보다 무거운 제재처분인 사무소등록취소처분의 기준요건으로 규정하고 있는 이상, 건축사업무정지처분을 받은 건축사로서는 위 처분에서 정한 기간이 도과되었다 하더라도 위 처분을 그대로 방치하여 둠으로써 장래 건축사사무소 등록취소라는 가중된 제재처분을 받게 될 우려가 있는 것이므로 건축사로서의 업무를 행할 수 있는 법률상 지위에 대한 위험이나 불안을 제거하기 위하여 건축사 업무정지처분의 취소를 구할 이익이 있다(대판 1990. 10. 23. 90누3119).

② 「의료법」 제53조 제1항은 보건복지부장관으로 하여금 일정한 요건에 해당하는 경우 의료인의 면허자격을 정지시킬 수 있도록 하는 근거 규정을 두고 있고, 한편 같은 법 제52조 제1항 제3호는 보건복지부장관은 의료인이 3회 이상 자격정지처

분을 받은 때에는 그 면허를 취소할 수 있다고 규정하고 있는바, 이와 같이 「의료법」에서 의료인에 대한 제재적인 행정처분으로서 면허자격정지처분과 면허취소처분이라는 2단계 조치를 규정하면서 전자의 제재처분을 보다 무거운 후자의 제재처분의 기준요건으로 규정하고 있는 이상 자격정지처분을 받은 의사로서는 면허자격정지처분에서 정한 기간이 도과되었다 하더라도 그 처분을 그대로 방치하여 둠으로써 장래 의사면허취소라는 가중된 제재처분을 받게 될 우려가 있는 것이어서 의사로서의 업무를 행할 수 있는 법률상 지위에 대한 위험이나 불안을 제거하기 위하여 면허자격정지처분의 취소를 구할 이익이 있다(대판 2005. 3. 25. 2004두14106).

법률에 가중처분의 요건이 규정된 경우에도 실제로 가중된 제재처분을 받을 우려가 없게 된 경우, 소의 이익을 부정한 판례

① 「건축사법」 제28조 제1항이 건축사 업무정지처분을 연 2회 이상 받고 그 정지기간이 통산하여 12월 이상이 될 경우에는 가중된 제재처분인 건축사사무소 등록취소처분을 받게 되도록 규정하여 건축사에 대한 제재적인 행정처분인 업무정지명령을 더 무거운 제재처분인 사무소등록취소처분의 기준요건으로 규정하고 있으므로, 건축사 업무정지처분을 받은 건축사로서는 위 처분에서 정한 기간이 경과하였다 하더라도 위 처분을 그대로 방치하여 둠으로써 장래 건축사사무소 등록취소라는 가중된 제재처분을 받을 우려가 있어 건축사로서 업무를 행할 수 있는 법률상 지위에 대한 위험이나 불안을 제거하기 위하여 건축사 업무정지처분의 취소를 구할 이익이 있으나, 업무정지처분을 받은 후 새로운 업무정지처분을 받음이 없이 1년이 경과하여 실제로 가중된 제재처분을 받을 우려가 없어졌다면 위 처분에서 정한 정지기간이 경과한 이상 특별한 사정이 없는 한 그 처분의 취소를 구할 법률상 이익이 없다(대판 2000. 4. 21. 98두10080).

② 「공중위생관리법」 제7조에 의한 면허정지처분을 받은 후 같은 위반행위로 재적발됨이 없이 1년이 경과하여 실제로 가중된 제재처분을 받을 우려가 없어졌다면 위 처분에서 정한 정지기간이 경과한 이상 특별한 사정이 없는 한 그 처분의 취소를 구할 법률상 이익이 없다(대판 2008. 2. 29. 2007두16141).

제재적 처분의 규정이 대통령령에 규정되어 있는 경우 소의 이익을 인정한 판례
건설기술관리법 시행령에서 감리원에 대한 제재적인 업무정지처분을 일반정지처분과 가중정지처분의 2단계 조치로 규정하면서 전자의 제재처분을 좀 더 무거운 후자의 제재처분의 요건으로 규정하고 있는 이상, 감리원 업무정지처분에서 정한 업무정지기간이 도과되었다 하더라도 위 처분을 그대로 방치하여 둠으로써 장래 가중된 감리원 업무정지의 행정처분을 받게 될 우려가 있다는 점에서 감리원으로서 업무를 행할 수 있는 법률상 지위에 대한 위험이나 불안을 제거하기 위하여 위 처분의 취소를 구할 법률상 이익이 있다고 보아야 할 것이다(대판 1999. 2. 5. 98두13997).

ⓒ **원상회복이 불가능한 경우**

소의 이익을 부정한 판례

㈠ 위법한 행정처분의 취소를 구하는 소는 위법한 처분에 의하여 발생한 위법상태를 배제하여 원상으로 회복시키고, 그 처분으로 침해되거나 방해받은 권리와 이익을 보호·구제하고자 하는 소송이므로 비록 그 위법한 처분을 취소한다고 하더라도 원상회복이 불가능한 경우에는 그 취소를 구할 소의 이익이 없다고 할 것이다(대판 1987. 2. 24. 86누676).

㈡ 대집행계고처분의 취소소송의 변론종결 전에 대집행의 실행이 완료된 경우에는 손해배상이나 원상회복 등을 청구하는 것은 별론으로 하고 처분의 취소를 구할 법률상 이익은 없다(대판 1993. 6. 8. 93누6164).

㈢ 건축허가가 「건축법」 소정의 이격거리를 두지 아니하고 건축물을 건축하도록 되어 있어 위법하다 하더라도 그 건축허가에 의하여 건축공사가 완료되었다면 그 건축허가를 받은 대지와 접한 대지의 소유자인 원고가 위 건축허가처분의 취소를 받아 이격거리를 확보할 단계는 지났으므로 원고로서는 위 처분의 취소를 구할 소의 이익이 없다(대판 1992. 4. 24. 91누11131).

㈣ 징계처분으로 감봉처분이 있으면 그로 인하여 공무원은 그가 의당 받게 될 급료가 처분의 한도에서 삭감되어 그만큼 불이익을 직접 받게 되는 것이므로 해당 처분이 그 하자가 중대하고 명백하여 당연무효인 경우를 제외하고는 그가 취소되지 아니하는 한 그로 인한 불이익의 만족스러운 회복은 기대할 수가 없어서 해당 위법처분에 대한 구제의 목적은 충분히 달성할 수 없는 것이라고 할 것이고 또 이런 경우에는 박탈된 이익의 회복을 직접 목적으로 하는 소송에서 감봉처분의 위법 여부를 그

전제로서 다툴 수도 없는 것이라고 할 것이며, 한편 감봉처분은 관계 행정기관에 의해서 자율적으로 취소되지 아니하는 한 소송에 의해서 그 취소를 구하는 외에 타에 합리적인 적절한 방도가 없을 것이니 이건에 있어서 징계처분으로서 감봉처분이 있은 후 그가 취소됨이 없이 자진퇴직하여서 공무원의 신분이 상실되었다 해서 그것만의 이유로서 곧 소송의 이익이 상실되었다고 단정할 수는 없는 것이라 하여야 할 것이다(대판 1977. 7. 12. 74누147).

㊄ 건축허가에 기하여 이미 건축공사를 완료하였다면 그 건축허가처분의 취소를 구할 이익이 없다 할 것이고(대판 1996. 11. 29. 96누9768 참조), 이와 같이 건축허가처분의 취소를 구할 이익이 없게 되는 것은 건축허가처분의 취소를 구하는 소를 제기하기 전에 건축공사가 완료된 경우(대판 1994. 1. 14. 93누20481 참조)뿐 아니라 소를 제기한 후 사실심 변론종결일 전에 건축공사가 완료된 경우(대판 1987. 5. 12. 87누98 참조)에도 마찬가지이다(대판 2007. 4. 26. 2006두18409).

소의 이익을 긍정한 판례

㊀ 파면처분취소소송의 사실심변론종결 전에 동원고가 허위공문서 등 작성죄로 징역 8월에 2년간 집행유예의 형을 선고받아 확정되었다면 원고는「지방공무원법」제61조의 규정에 따라 위 판결이 확정된 날 당연퇴직되어 그 공무원의 신분을 상실하고, 당연퇴직이나 파면이 퇴직급여에 관한 불이익의 점에 있어 동일하다 하더라도 최소한도 이 사건 파면처분이 있은 때부터 위 법규정에 의한 당연퇴직일자까지의 기간에 있어서는 파면처분의 취소를 구하여 그로 인해 박탈당한 이익의 회복을 구할 소의 이익이 있다 할 것이다(대판 1985. 6. 25. 85누39).

㊁ 도시개발사업의 시행에 따른 도시계획변경결정처분과 도시개발구역지정처분 및 도시개발사업실시계획인가처분은 도시개발사업의 시행자에게 단순히 도시개발에 관련된 공사의 시공권한을 부여하는 데 그치지 않고 당해 도시개발사업을 시행할 수 있는 권한을 설정하여 주는 처분으로서 위 각 처분 자체로 그 처분의 목적이 종료되는 것이 아니고 위 각 처분이 유효하게 존재하는 것을 전제로 하여 당해 도시개발사업에 따른 일련의 절차 및 처분이 행해지기 때문에 위 각 처분이 취소된다면 그것이 유효하게 존재하는 것을 전제로 하여 이루어진 토지수용이나 환지 등에 따른 각종의 처분이나 공공시설의 귀속 등에 관한 법적 효력은 영향을 받게 되므로, 도시개발사업의 공사 등이 완료되고 원상회복이 사회통념상 불가능하게 되었더라도 위 각 처분의 취소를 구할 법률상 이익은 소멸한다고 할 수 없다(대판 2005. 9. 9. 2003두5402, 5419).

㊂ 현역입영대상자로서는 현실적으로 입영을 하였다고 하더라도, 입영 이후의 법률관계에 영향을 미치고 있는 현역병입영통지처분 등을 한 관할지방병무청장을 상대로 위법을 주장하여 그 취소를 구할 소송상의 이익이 있다(대판 2003. 12. 26. 2003두1875).

㊃ 부실금융기관에 대한 파산결정이 확정되고 이미 파산절차가 상당부분 진행되고 있다 하더라도 파산종결이 될 때까지는 그 가능성이 매우 적기는 하지만 동의폐지나 강제화의 등의 방법으로 당해 부실금융기관이 영업활동을 재개할 가능성이 여전히 남아 있으므로, 금융감독위원회의 위 부실금융기관에 대한 영업인가의 취소처분에 대한 취소를 구할 소의 이익이 있다(대판 2006. 7. 28. 2004두13219).

㊄ 행정처분의 취소를 구하는 소는 그 처분에 의하여 발생한 위법상태를 배제하여 원상으로 회복시키고 그 처분으로 침해되거나 방해받은 권리와 이익을 보호·구제하고자 하는 소송이므로, 비록 처분을 취소한다 하더라도 원상회복이 불가능한 경우에는 그 처분의 취소를 구할 이익이 없는 것이 원칙이지만(대판 1997. 1. 24. 95누17403; 대판 2007. 1. 11. 2004두8538 등 참조), 원상회복이 불가능하다고 보이는 경우라 하더라도, 동일한 소송 당사자 사이에서 그 행정처분과 동일한 사유로 위법한 처분이 반복될 위험성이 있어 행정처분의 위법성 확인 내지 불분명한 법률문제에 대한 해명이 필요하다고 판단되는 경우 등에는 행정의 적법성 확보와 그에 대한 사법통제, 국민의 권리구제의 확대 등의 측면에서 여전히 그 처분의 취소를 구할 이익이 있다고 보아야 한다(대판 2007. 7. 19. 2006두19297 전원합의체 참조). 원심판결 이유와 기록에 의하여 알 수 있는 다음과 같은 사정, 즉 원고의 긴 팔 티셔츠 2개(앞 단추가 3개 있고 칼라가 달린 것, 이하 '이 사건 영치품')에 대한 사용신청 불허처분 이후 이루어진 원고의 다른 교도소로의 이송이라는 사정에 의하여 원고의 권리와 이익의 침해 등이 해소되지 아니한 점, 원고의 형기가 만료되기까지는 아직 상당한 기간이 남아 있을 뿐만 아니라, 진주교도소가 전국 교정시설의 결핵 및 정신질환 수형자들을 수용·관리하는 의료교도소인 사정을 감안할 때 원고의 진주교도소로의 재이송 가능성이 소멸하였다고 단정하기 어려운 점 등을 종합하면, 원고로서는 이 사건 처분의 취소를 구할 이익이 있다고 봄이 상당하다(대판 2008. 2. 14. 2007두13203).

㊅ 도시계획시설사업의 시행자가 도시계획시설사업의 실시계획에서 정한 사업시행기간 내에 토지에 대한 수용재결 신청을 하였다면, 그 신청을 기각하는 내용의 이의재결의 취소를 구하던 중 그 사업시행기간이 경과하였다 하더라도, 이의재결이 취소되면 도시계획시설사업 시행자의 신청에 따른 수용재결이 이루어질 수 있어 원상회복이 가능하므로 위 사업시행자로서는 이의재결의 취소를 구할 소의 이익이

있다(대판 2007. 1. 11. 2004두8538).

㉦ 지방의회 의원에게 지급되는 비용 중 적어도 월정수당(제3호)은 지방의회 의원의 직무활동에 대한 대가로 지급되는 보수의 일종으로 봄이 상당하다. 따라서 원고가 이 사건 제명의결 취소소송 계속 중 임기가 만료되어 제명의결의 취소로 지방의회 의원으로서의 지위를 회복할 수는 없다 할지라도, 그 취소로 인하여 최소한 제명의결시부터 임기만료일까지의 기간에 대해 월정수당의 지급을 구할 수 있는 등 여전히 그 제명의결의 취소를 구할 법률상 이익은 남아 있다고 보아야 한다(대판 2009. 1. 30. 2007두13487).[3]

ⓓ 처분 후 사정변경에 의하여 이익침해가 해소된 경우

처분 후 사정변경에 의하여 이익침해가 해소된 경우 소의 이익을 부정한 사례(원칙)

㊀ 치과의사국가시험 합격은 치과의사 면허를 부여받을 수 있는 전제요건이 된다고 할 것이나 국가시험에 합격하였다고 하여 위 면허취득의 요건을 갖추게 되는 이외에 그 자체만으로 합격한 자의 법률상 지위가 달라지게 되는 것은 아니므로 불합격처분 이후 새로 실시된 국가시험에 합격한 자들로서는 더 이상 위 불합격처분의 취소를 구할 법률상의 이익이 없다(대판 1993. 11. 9. 93누6867).

㊁ 「사법시험법」 제1조 내지 제12조, 「법원조직법」 제72조의 각 규정을 종합하여 보면, 사법시험에 최종합격한 것은 합격자가 사법연수생으로 임명될 수 있는 전제요건이 되는 것일 뿐이고, 그 자체만으로 합격한 자의 법률상의 지위가 달라지게 되는 것이 아니므로, 사법시험 제2차 시험에 관한 불합격처분 이후에 새로이 실시된 제2차 및 제3차 시험에 합격하였을 경우에는 더 이상 위 불합격처분의 취소를 구할 법률상 이익이 없다고 보아야 할 것이다(대판 2007. 9. 21. 2007두12057).

㊂ 납세자가 감액경정청구 거부처분에 대한 취소소송을 제기한 후 증액경정처분이 이루어져서 그 증액경정처분에 대하여도 취소소송을 제기한 경우에는 특별한 사정이 없는 한 동일한 납세의무의 확정에 관한 심리의 중복과 판단의 저촉을 피하기 위하

3 대법원은 종래 지방의원이 무보수명예직인 경우 임기만료된 지방의원이 지방의회를 상대로 제기한 의원제명처분 취소소송에서 군의원의 지위회복이 불가능하다고 하여 소의 이익을 부인한 바 있으나(대판 1996. 2. 9. 95누14978), 최근 지방의원에게 지급하는 월정수당을 보수의 일종으로 보아 소의 이익을 긍정하는 판시를 하였다. 이는 제명의결이 취소되더라도 지방의회 의원으로서의 지위를 회복할 수는 없지만 그 취소로 인하여 최소한 제명의결시부터 임기만료일까지의 기간에 대한 월정수당의 지급을 구할 수 있는 법률상 이익이 있다고 본 것이다.

여 감액경정청구 거부처분의 취소를 구하는 소는 그 취소를 구할 이익이나 필요가 없어 부적법하다(대판 2005. 10. 14. 2004두8972).

㈣ 행정청이 당초의 분뇨 등 관련영업 허가신청 반려처분의 취소를 구하는 소의 계속 중, 사정변경을 이유로 위 반려처분을 직권취소함과 동시에 위 신청을 재반려하는 내용의 재처분을 한 경우, 당초의 반려처분의 취소를 구하는 소는 더 이상 소의 이익이 없게 되었다(대판 2006. 9. 28. 2004두5317).

처분 후 사정변경에 의하여 이익침해가 해소된 경우 소의 이익을 인정한 사례

㈠ 고등학교졸업이 대학입학자격이나 학력인정으로서의 의미밖에 없다고 할 수 없으므로 고등학교졸업학력검정고시에 합격하였다 하여 고등학교 학생으로서의 신분과 명예가 회복될 수 없는 것이니 퇴학처분을 받은 자로서는 퇴학처분의 위법을 주장하여 그 취소를 구할 소송상의 이익이 있다(대판 1992. 7. 14. 91누4737).

㈡ [1] 제소 당시에는 권리보호의 이익을 갖추었는데 제소 후 취소 대상 행정처분이 기간의 경과 등으로 그 효과가 소멸한 때, 동일한 소송 당사자 사이에서 동일한 사유로 위법한 처분이 반복될 위험성이 있어 행정처분의 위법성 확인 내지 불분명한 법률문제에 대한 해명이 필요하다고 판단되는 경우, 그리고 선행처분과 후행처분이 단계적인 일련의 절차로 연속하여 행하여져 후행처분이 선행처분의 적법함을 전제로 이루어짐에 따라 선행처분의 하자가 후행처분에 승계된다고 볼 수 있어 이미 소를 제기하여 다투고 있는 선행처분의 위법성을 확인하여 줄 필요가 있는 경우 등에는 행정의 적법성 확보와 그에 대한 사법통제, 국민의 권리구제의 확대 등의 측면에서 여전히 그 처분의 취소를 구할 법률상 이익이 있다.

[2] 임시이사 선임처분에 대하여 취소를 구하는 소송의 계속중 임기만료 등의 사유로 새로운 임시이사들로 교체된 경우, 선행 임시이사 선임처분의 효과가 소멸하였다는 이유로 그 취소를 구할 법률상 이익이 없다고 보게 되면, 원래의 정식이사들로서는 계속중인 소를 취하하고 후행 임시이사 선임처분을 별개의 소로 다툴 수밖에 없게 되며, 그 별소 진행 도중 다시 임시이사가 교체되면 또 새로운 별소를 제기하여야 하는 등 무익한 처분과 소송이 반복될 가능성이 있으므로, 이러한 경우 법원이 선행 임시이사 선임처분의 취소를 구할 법률상 이익을 긍정하여 그 위법성 내지 하자의 존재를 판결로 명확히 해명하고 확인하여 준다면 위와 같은 구체적인 침해의 반복 위험을 방지할 수 있을 뿐 아니라, 후행

임시이사 선임처분의 효력을 다투는 소송에서 기판력에 의하여 최초 내지 선행 임시이사 선임처분의 위법성을 다투지 못하게 함으로써 그 선임처분을 전제로 이루어진 후행 임시이사 선임처분의 효력을 쉽게 배제할 수 있어 국민의 권리구제에 도움이 된다.

[3] 그러므로 취임승인이 취소된 학교법인의 정식이사들로서는 그 취임승인취소처분 및 임시이사 선임처분에 대한 각 취소를 구할 법률상 이익이 있고, 나아가 선행 임시이사 선임처분의 취소를 구하는 소송 도중에 선행 임시이사가 후행 임시이사로 교체되었다고 하더라도 여전히 선행 임시이사 선임처분의 취소를 구할 법률상 이익이 있다(대판 2007. 7. 19. 2006두19297 전원합의체).

㊂ [1] 일단 기존 정식이사의 퇴임이 확정되고 구 「사립학교법」상의 절차에 따라 임시이사가 적법하게 선임되었다면 그 선임사유가 무엇이든 통상적인 업무에 관한 이사로서의 권한은 임시이사에게 속하게 되므로, 「민법」 제691조를 유추하여 그 퇴임이사에게 종전의 직무를 계속 수행한다는 차원에서 일반적인 사무를 처리할 권한으로서의 긴급처리권을 인정할 여지가 없고, 나중에 임시이사가 그 임무를 종료한다고 하더라도 그 시점에 이르러 과거에 퇴임하였던 이사에 대하여 그와 같은 긴급처리권이 새로이 부여된다고 할 수도 없으며, 일반적인 사무처리 권한 중 후임이사 선임 권한만을 분리하여 그에 관한 일종의 부분적인 긴급처리권이 인정되거나 새로 부여된다고 할 수도 없다. 따라서 학교법인의 경우 구 「사립학교법」상의 임시이사가 선임되기 전에 적법하게 선임되었다가 퇴임한 최후의 정식이사(이하 '종전이사'라고 한다)에게 「민법」 제691조를 유추한 긴급처리권이 있다거나, 나아가 이를 전제로 하여 구 「사립학교법」상의 임시이사들이 정식이사를 선임하는 내용의 이사회결의의 효력 유무를 다툴 소의 이익이 인정된다고 할 수는 없다.

[2] 그러나 종전이사에게 「민법」 제691조를 유추한 긴급처리권이 인정되지 않는다 할지라도, 위와 같은 이사회결의의 효력 유무를 다툴 소의 이익이 인정되는지 여부는 다른 각도에서 별도로 살펴보아야 할 문제이다. 학교법인에게 인정되는 「헌법」상의 사학의 자유는 순차로 선임되는 관계에 있다는 점에서 연결선상에 있다고 볼 수 있는 이사들에 의하여 실질적으로 구현되는 것이고, 그중 종전이사는 보통 학교법인의 자주성과 정체성을 확보하는 임무와 가장 근접한 위치에 있는 자라 할 수 있으므로, 이처럼 학교법인의 자주성과 정체성을 대변할 지위

에 있다고 할 수 있는 종전이사로서는, 구「사립학교법」제20조의2 제1항에 의한 이사취임승인의 취소 등에 뒤이어 같은 법 제25조에 의하여 교육인적자원부장관이 선임한 임시이사들로만 구성된 임원진이 존재하다가 임시이사 선임사유가 해소된 경우, 자신이 정식이사로서의 지위를 회복하는지 여부 또는 스스로 새로운 정식이사를 선임할 권한이 있는지 여부와 관계없이 학교법인의 설립목적을 구현함에 적절한 정식이사를 선임하는 문제와 관련하여 직접적인 이해관계를 가지는 사람이라 할 것이다.

[3] 결국, 종전이사들은 구 사립학교법상의 임시이사들이 정식이사를 선임하는 내용의 이사회 결의에 대하여 법률상의 이해관계를 가진다고 할 수 있으므로 그 무효 확인을 구할 소의 이익이 있다(대판 2007. 5. 17. 2006다19054 전원합의체).

② 피 고

㉠ 피고적격

취소소송은 다른 법률에 특별한 규정이 없는 한, 원칙적으로 '처분 등을 행한 행정청'을 피고로 한다.

대법원은 외부에 대하여 자신의 이름으로 행위를 한 행정청이 피고적격을 갖는 것이고, 그 행정청에게 실체법상 정당한 권한이 있었는지의 여부는 피고적격을 정함에 있어 고려할 사항이 아니며 본안판단사항일 뿐이라는 태도를 취한다.

항고소송의 피고적격

항고소송은 원칙적으로 소송의 대상인 행정처분 등을 외부적으로 그의 명의로 행한 행정청을 피고로 하여야 하는 것으로서, 그 행정처분을 하게 된 연유가 상급행정청이나 타행정청의 지시나 통보에 의한 것이라 하여 다르지 않고, 권한의 위임이나 위탁을 받아 수임행정청이 자신의 명의로 한 처분에 관하여도 마찬가지이다. 그리고 위와 같은 지시나 통보, 권한의 위임이나 위탁은 행정기관 내부의 문제일 뿐 국민의 권리의무에 직접 영향을 미치는 것이 아니어서 항고소송의 대상이 되는 행정처분에 해당하지 않는다(대판 2013. 2. 28. 2012두22904).

행정소송의 피고는 소송의 대상인 행정처분을 외부적으로 그의 명의로 행한 행정청이다

행정처분의 취소 또는 무효확인을 구하는 행정소송은 다른 법률에 특별한 규정이 없는 한, 소송의 대상인 행정처분 등을 외부적으로 그의 명의로 행한 행정청을 피고로 하여야 하는 것으로서 그 행정처분을 하게 된 연유가 상급행정청이나 타행정청의 지시나 통보에 의한 것이라 하여 다르지 않다고 할 것이며, 권한의 위임이나 위탁을 받아 수임행정청이 정당한 권한에 기하여 그 명의로 한 처분에 대하여는 말할 것도 없고, 내부위임이나 대리권을 수여받은 데 불과하여 원행정청 명의나 대리관계를 밝히지 아니하고는 그의 명의로 처분 등을 할 권한이 없는 행정청이, 권한없이 그의 명의로 한 처분에 대하여도 처분명의자인 행정청이 피고가 되어야 할 것이다(대판 1995. 12. 22. 95누14688).

행정소송에서 처분청의 처분권한 유무가 직권조사사항인지 여부

행정소송에 있어서 처분청의 처분권한 유무는 직권조사사항이 아니다(대판 1997. 6. 19. 95누8669 전원합의체).

검사임용거부처분에 대한 취소소송의 피고적격

「검찰청법」 제34조에 의하면, 검사의 임명 및 보직은 법무부장관의 제청으로 대통령이 행하고, 「국가공무원법」 제16조에 의하면 공무원에 대한 징계, 강임, 휴직, 직위해제, 면직 기타 본인의 의사에 반한 불리한 처분 중 대통령이 행한 처분에 대한 행정소송의 피고는 소속장관으로 하고, 같은 법 제3조 제2항 제2호에 의하면 검사는 그 법의 적용을 받는 특정직 공무원에 해당하며, 「행정심판법」 제3조 제2항에 의하면 대통령의 처분 또는 부작위에 대하여는 다른 법률에 특별한 규정이 있는 경우를 제외하고는 행정심판을 제기할 수 없도록 규정하고 있는바, 위 규정들의 취지를 종합하여 보면, 이 사건에서와 같은 검사임용거부처분에 대한 취소소송의 피고는 법무부장관으로 함이 상당하다(대결 1990. 3. 14. 90두4).

권한의 위임·위탁의 경우에는 권한의 이전이 발생하므로 수임청·수탁청이 피고가 된다

㉠ 피고 공사는 서울특별시장으로부터 서울특별시가 사업시행자가 된 이 사건 택지개발사업지구 내에 거주하다가 사업시행에 필요한 가옥을 제공함으로 인하여 생활의 근거를 상실하게 되는 이주자들에게 「택지개발촉진법」과 구 「공공용지의 취득 및 손실보상에 관한 특례법」 및 주택공급에 관한 규칙 등의 법령에 따라서 위 택지개발사업의 시행으로 조성된 토지를 분양하여 주거나 분양아파트 입주권을 부여하는

내용의 이주대책 수립권한을 포함한 택지개발사업에 따른 권한을 위임 또는 위탁받았다고 할 것이므로, 서울특별시가 사업시행자가 된 이 사건 택지개발사업과 관련하여 이주대책 대상자라고 주장하는 자들이 피고 공사 명의로 이루어진 이주대책에 관한 처분에 대한 취소소송을 제기함에 있어 정당한 피고는 피고 공사가 된다고 할 것이다(대판 2007. 8. 23. 2005두3776).

ⓛ 사업시행자가 하는 확인·결정은 곧 구체적인 이주대책상의 수분양권을 취득하기 위한 요건이 되는 행정작용으로서의 처분인 것이지, 결코 이를 단순히 절차상의 필요에 따른 사실행위에 불과한 것으로 평가할 수는 없다. 따라서 수분양권의 취득을 희망하는 이주자가 소정의 절차에 따라 이주대책대상자 선정신청을 한 데 대하여 사업시행자가 이주대책대상자가 아니라고 하여 위 확인·결정 등의 처분을 하지 않고 이를 제외시키거나 또는 거부조치한 경우에는, 이주자로서는 당연히 사업시행자를 상대로 항고소송에 의하여 그 제외처분 또는 거부처분의 취소를 구할 수 있다고 보아야 한다. 사업시행자가 국가 또는 지방자치단체와 같은 행정기관이 아니고 이와는 독립하여 법률에 의하여 특수한 존립목적을 부여받아 국가의 특별감독하에 그 존립목적인 공공사무를 행하는 공법인이 관계법령에 따라 공공사업을 시행하면서 그에 따른 이주대책을 실시하는 경우에도, 그 이주대책에 관한 처분은 법률상 부여받은 행정작용권한을 행사하는 것으로서 항고소송의 대상이 되는 공법상 처분이 되므로, 그 처분이 위법부당한 것이라면 사업시행자인 당해 공법인을 상대로 그 취소소송을 제기할 수 있다(대판 1994. 5. 24. 92다35783 전원합의체).

ⓒ 대리권을 수여받은 데 불과하여 그 자신의 명의로는 행정처분을 할 권한이 없는 행정청의 경우 대리관계를 밝힘이 없이 그 자신의 명의로 행정처분을 하였다면 그에 대하여는 처분명의자인 당해 행정청이 항고소송의 피고가 되어야 하는 것이 원칙이지만, 비록 대리관계를 명시적으로 밝히지는 아니하였다 하더라도 처분명의자가 피대리 행정청 산하의 행정기관으로서 실제로 피대리 행정청으로부터 대리권한을 수여받아 피대리 행정청을 대리한다는 의사로 행정처분을 하였고 처분명의자는 물론 그 상대방도 그 행정처분이 피대리 행정청을 대리하여 한 것임을 알고서 이를 받아들인 예외적인 경우에는 피대리 행정청이 피고가 되어야 한다(대결 2006. 2. 23. 2005부4).

ⓔ 피고 공사는 국가로부터 유료도로 통행료 징수권이 포함된 유료도로관리권을 출자받아 이 사건 구간의 통행료 징수권을 행사할 권한을 적법하게 가지게 되었고, 이에 따라 피고 공사가 이 사건 처분을 한 것이지 피고 장관이 이 사건 처분을 하였

다고 볼 수 없으므로 이 사건 소 중 피고 장관을 상대로 한 부분은 부적법하고, 한편 이 사건 처분의 통지서 명의자가 피고 공사가 아닌 피고 공사의 중부지역본부장으로 되어 있지만, 피고 공사의 중부지역본부장은 「한국도로공사법」 제11조에 의한 피고 공사의 대리인으로서 이 사건 처분은 피고 공사의 중부지역본부장이 피고 공사를 대리하여 적법하게 행한 것이라고 할 것이다(대판 2005. 6. 24. 2003두6641).

권한의 내부위임·대리의 경우에는 권한이 이전되지 않으므로 원칙적으로 위임청·피대리관청이 피고가 된다

행정관청이 특정한 권한을 법률에 따라 다른 행정관청에 이관한 경우와 달리 내부적인 사무처리의 편의를 도모하기 위하여 그의 보조기관 또는 하급행정관청으로 하여금 그의 권한을 사실상 행하도록 하는 내부위임의 경우에는 수임관청이 그 위임된 바에 따라 위임관청의 이름으로 권한을 행사하였다면 그 처분청은 위임관청이므로 그 처분의 취소나 무효확인을 구하는 소송의 피고는 위임관청으로 삼아야 한다(대판 1991. 10. 8. 91누520).

내부위임시에 수임청 명의로 권한을 행사한 경우에는 처분명의자인 수임청이 피고가 된다

㉠ 행정처분을 행할 적법한 권한 있는 상급행정청으로부터 내부위임을 받은 데 불과한 하급행정청이 권한 없이 행정처분을 한 경우에도 실제로 그 처분을 행한 하급행정청을 피고로 하여야 할 것이지 그 처분을 행할 적법한 권한 있는 상급행정청을 피고로 할 것은 아니다(대판 1994. 8. 12. 94누2763).

㉡ 부산직할시장의 산하기관인 부산직할시 금강공원 관리사업소장이 한 공단사용료 부과처분에 대하여 가사 위 사업소장이 부산직할시로부터 단순히 내부위임만을 받은 경우라 하더라도 이의 취소를 구하는 소송은 위 금강공원 관리사업소장을 피고로 하여야 한다(대판 1991. 2. 22. 90누5641).

㉢ 권한의 위임이나 위탁을 받아 수임행정청이 정당한 권한에 기하여 수임행정청 명의로 한 처분에 대하여는 말할 것도 없고, 내부위임이나 대리권을 수여받은 데 불과하여 원행정청 명의나 대리관계를 밝히지 아니하고는 그의 명의로 처분 등을 할 권한이 없는 행정청이 권한 없이 그의 명의로 한 처분에 대하여도 처분명의자인 행정청이 피고가 되어야 한다(대판 1994. 6. 14. 94누1197).

무효등확인소송에 준용되는 행정소송법 제13조 제1항 소정의 '그 처분 등에 관계되는 권한이 다른 행정청에 승계된 때'의 의미

무효등확인소송에 준용되는 「행정소송법」 제13조 제1항은 "취소소송은 다른 법률에 특별한 규정이 없는 한 그 처분 등을 행한 행정청을 피고로 한다. 다만, 처분 등이 있은 뒤에 그 처분 등에 관계되는 권한이 다른 행정청에 승계된 때에는 이를 승계한 행정청을 피고로 한다"고 규정하고 있고, 여기서 '그 처분 등에 관계되는 권한이 다른 행정청에 승계된 때'라고 함은 처분 등이 있은 뒤에 행정기구의 개혁, 행정주체의 합병·분리 등에 의하여 처분청의 당해 권한이 타 행정청에 승계된 경우뿐만 아니라 처분 등의 상대방인 사인의 지위나 주소의 변경 등에 의하여 변경 전의 처분 등에 관한 행정청의 관할이 이전된 경우 등을 말한다(대판 2000. 11. 14. 99두5481).

저작권 등록처분에 대한 무효확인소송에서 피고적격자(저작권심의조정위원회)

구 「저작권법」 제97조의3 제2호는 '문화관광부장관은 대통령령이 정하는 바에 의하여 법 제53조에 규정한 저작권 등록업무에 관한 권한을 저작권심의조정위원회에 위탁할 수 있다'고 규정하고, 같은 법 시행령 제42조는 '문화관광부장관은 법 제97조의3의 규정에 의하여 저작권 등록업무에 관한 권한을 저작권심의조정위원회에 위탁한다'고 규정하고 있으므로, '저작권심의조정위원회'가 저작권 등록업무의 처분청으로서 그 등록처분에 대한 무효확인소송에서 피고적격을 가진다. '저작권심의조정위원회 위원장'을 피고로 저작권 등록처분의 무효확인을 구하는 소는 피고적격이 없는 자를 상대로 한 부적법한 것이고, 피고적격에 관하여 석명에 응할 기회를 충분히 제공하였음에도 피고경정을 하지 않은 사정에 비추어, 부적법하여 각하되어야 한다(대판 2009. 7. 9. 2007두16608).

처분적 조례의 경우 지방자치단체의 장 또는 교육감을 피고로 한다

조례가 항고소송의 대상이 되는 행정처분에 해당되는 경우에 조례무효확인소송의 피고적격이 있는 행정청은 행정주체인 지방자치단체 또는 지방자치단체의 내부적 의결기관으로서 지방자치단체의 의사를 외부에 표시한 권한이 없는 지방의회가 아니라, 지방자치단체의 집행기관으로서 조례로서의 효력을 발생시키는 공포권이 있는 지방자치단체의 장이다. 단, 교육에 관한 조례의 무효확인소송을 제기함에 있어서는 그 집행기관인 시·도 교육감을 피고로 하여야 한다(대판 1996. 9. 20. 95누8003).

② 피고의 경정

조세소송에서 피고 지정이 잘못된 경우, 법원이 석명권을 행사하여 피고를 경정하게 하지 않고 바로 소를 각하한 것이 위법하다

원고가 피고를 잘못 지정하였다면 법원으로서는 당연히 석명권을 행사하여 원고로 하여금 피고를 경정하게 하여 소송을 진행케 하였어야 할 것임에도 불구하고 이러한 조치를 취하지 아니한 채 피고의 지정이 잘못되었다는 이유로 소를 각하한 것이 위법하다(대판 2004. 7. 8. 2002두7852).

행정소송법 제14조에 의한 피고경정의 종기(사실심 변론종결시)

「행정소송법」 제14조에 의한 피고경정은 사실심 변론종결에 이르기까지 허용되는 것으로 해석하여야 할 것이고, 굳이 제1심 단계에서만 허용되는 것으로 해석할 근거는 없다(대결 2006. 2. 23. 2005부4).

행정소송에서 피고경정신청을 인용한 결정에 대한 종전 피고의 불복방법(특별항고)

행정소송에서 피고경정신청이 이유 있다 하여 인용한 결정에 대하여는 종전 피고는 항고제기의 방법으로 불복신청할 수 없고, 「행정소송법」 제8조 제2항에 의하여 준용되는 「민사소송법」 제449조 소정의 특별항고가 허용될 뿐이다(대결 2006. 2. 23. 2005부4).

피고를 잘못 지정하였다고 한 사례

국무회의에서 건국훈장 독립장이 수여된 망인에 대한 서훈취소를 의결하고 대통령이 결재함으로써 서훈취소가 결정된 후 국가보훈처장이 망인의 유족 갑에게 '독립유공자 서훈취소결정 통보'를 하자 갑이 국가보훈처장을 상대로 서훈취소결정의 무효 확인 등의 소를 제기한 사안에서, 갑이 서훈취소 처분을 행한 행정청(대통령)이 아니라 국가보훈처장을 상대로 제기한 위 소는 피고를 잘못 지정한 경우에 해당하므로, 법원으로서는 석명권을 행사하여 정당한 피고로 경정하게 하여 소송을 진행해야 함에도 국가보훈처장이 서훈취소 처분을 한 것을 전제로 처분의 적법 여부를 판단한 원심판결에 법리오해 등의 잘못이 있다(대판 2014. 9. 26. 2013두2518).

③ 소송참가

법원은 신청(당사자 또는 제3자나 관계행정청의 신청) 또는 직권에 의한 결정으로, 제3자나 관계행정청을 소송에 참가시킬 수 있다.

행정소송법 제16조에 정한 제3자의 소송참가의 요건

「행정소송법」 제16조 소정의 제3자의 소송참가가 허용되기 위하여는 당해 소송의 결과에 따라 제3자의 권리 또는 이익이 침해되어야 하고, 이때의 이익은 법률상 이익을 말하며 단순한 사실상의 이익이나 경제상의 이익은 포함되지 않는데, 원고들이 참가를 구하는 제3자들은 원고들이 속한 관련 지방자치단체들로서 이 사건의 쟁점은 단순히 신설되는 항만을 어떻게 호칭하고 다른 항만과 구별하여 특정할 것인가의 문제에 불과할 뿐이고 그 항만에 부여되는 지리적 명칭에 따라 그 항만의 배후부지가 관련 자치단체의 관할구역에 편입되는 법적 효력이 생긴다거나 관련 자치단체인 참가인들이 그 지리적 명칭으로 인하여 권리관계나 법적 지위에 어떠한 영향을 받는다고 인정되지도 아니하므로 이 사건 소송의 결과에 의하여 위 제3자들의 법률상 이익이 침해된다고 할 수 없고, 따라서 원고들의 이 사건 제3자 소송참가신청은 부적법하다(대판 2008. 5. 29. 2007두23873).

보조참가의 요건

특정 소송사건에서 당사자 일방을 보조하기 위하여 보조참가를 하려면 당해 소송의 결과에 대하여 이해관계가 있어야 하고, 여기서 말하는 이해관계라 함은 사실상, 경제상 또는 감정상의 이해관계가 아니라 법률상의 이해관계를 가리킨다(대판 2000. 9. 8. 99다26924).

행정청이 민사소송법상의 보조참가를 할 수 없다

타인 사이의 항고소송에서 소송의 결과에 관하여 이해관계가 있다고 주장하면서 「민사소송법」 제71조에 의한 보조참가를 할 수 있는 제3자는 「민사소송법」상의 당사자능력 및 소송능력을 갖춘 자이어야 하므로 그러한 당사자능력 및 소송능력이 없는 행정청으로서는 「민사소송법」상의 보조참가를 할 수는 없고 다만 「행정소송법」 제17조 제1항에 의한 소송참가를 할 수 있을 뿐이다(대판 2002. 9. 24. 99두1519).

행정소송상 독립당사자 참가의 가부

「민사소송법」에 의한 특별법인 「행정소송법」에 있어서는 동법 제3조에 처분을 행한 행정청을 상대로 하여 제기하라고 규정되어 있으므로 행정청이나 그 소속기관 이외의 자는 피고로 삼을 수 없다. 그러므로 이 사건에서와 같이 행정청 아닌 원고를 피고로 하여 독립당사자 참가를 하는 것은 허용되지 아니한다고 보아야 된다(대판 1970. 8. 31. 70누70, 71; 대판 1957. 10. 11. 4290행상63).

참가인의 지위

㉠ 행정소송 사건에서 참가인이 한 보조참가가 「행정소송법」 제16조가 규정한 제3자의 소송참가에 해당하지 않는 경우에도, 판결의 효력이 참가인에게까지 미치는 점 등 행정소송의 성질에 비추어 보면 그 참가는 「민사소송법」 제78조에 규정된 공동소송적 보조참가이다(대판 2013. 3. 28. 2011두13729).

㉡ 행정소송 사건에서 참가인이 한 보조참가는 「행정소송법」 제16조가 규정한 제3자의 소송참가에 해당하지 아니하더라도, 「민사소송법」상 보조참가의 요건을 갖춘 경우 허용되고 그 성격은 공동소송적 보조참가라고 할 것이다(대판 2013. 3. 28. 2011두13729 등 참조). 「민사소송법」상 보조참가는 소송결과에 이해관계가 있는 자가 할 수 있는데, 여기서 이해관계란 법률상 이해관계를 말하는 것으로, 당해 소송의 판결의 기판력이나 집행력을 당연히 받는 경우 또는 당해 소송의 판결의 효력이 직접 미치지는 아니한다고 하더라도 적어도 그 판결을 전제로 하여 보조참가를 하려는 자의 법률상 지위가 결정되는 관계에 있는 경우를 의미한다(대판 2007. 2. 8. 2006다69653 등 참조). 공정거래위원회가 명한 시정조치에 대하여 그 취소 등을 구하는 행정소송에서 당해 시정조치가 사업자의 상대방에 대한 특정행위를 중지·금지시키는 것을 내용으로 하는 경우, 당해 소송의 판결 결과에 따라 해당 사업자가 특정행위를 계속하거나 또는 그 행위를 할 수 없게 되고, 따라서 그 행위의 상대방은 그 판결로 법률상 지위가 결정된다고 볼 수 있으므로 그는 위 행정소송에서 공정거래위원회를 보조하기 위하여 보조참가를 할 수 있다(대결 2013. 7. 12. 2012무84).

⑸ 취소소송의 형식 및 제기기간

① 취소소송의 형식

취소소송은 소장, 즉 서면의 형식에 의한다.

② 취소소송의 제기기간

취소소송은 처분 등이 있음을 안 날부터 90일, 처분 등이 있은 날로부터 1년을 경과하면 이를 제기하지 못한다. 다만, 정당한 사유가 있는 때에는 그러하지 아니하다(행정소송법 제20조). 제소기간에서의 90일은 불변기간이나 1년은 불변기간이 아니다.

행정소송법 제20조 제1항에서 말하는 '행정심판'의 의미

「행정소송법」 제20조 제1항에 따르면, 취소소송은 처분 등이 있음을 안 날부터 90일 이내에 제기하여야 하는데, 행정심판청구를 할 수 있는 경우에 행정심판청구가 있은 때의 기간은 재결서의 정본을 송달받은 날부터 기산한다. 이처럼 취소소송의 제소기간을 제한함으로써 처분 등을 둘러싼 법률관계의 안정과 신속한 확정을 도모하려는 입법 취지에 비추어 볼 때, 여기서 말하는 '행정심판'은 「행정심판법」에 따른 일반행정심판과 이에 대한 특례로서 다른 법률에서 사안의 전문성과 특수성을 살리기 위하여 특히 필요하여 일반행정심판을 갈음하는 특별한 행정불복절차를 정한 경우의 특별행정심판(행정심판법 제4조)을 뜻한다(대판 2014. 4. 24. 2013두10809).

행정청이 행정심판청구를 할 수 있다고 잘못 알려 행정심판청구를 한 경우 취소소송의 제소기간 기산점(재결서 정본 송달일)

㉠ 「행정소송법」 제20조 제1항에 의하면 취소소송은 원칙적으로 처분 등이 있음을 안 날부터 90일 이내에 제기하여야 하나, 행정청이 행정심판청구를 할 수 있다고 잘못 알려 행정심판의 청구를 한 경우에는 그 제소기간은 행정심판 재결서의 정본을 송달받은 날부터 기산하여야 한다(대판 2006. 9. 8. 2004두947).

㉡ 「행정소송법」 제20조 제1항은 '취소소송은 처분 등이 있음을 안 날부터 90일 이내에 제기하여야 하나 행정청이 행정심판청구를 할 수 있다고 잘못 알린 경우에 행정심판청구가 있은 때의 기간은 재결서의 정본을 송달받은 날부터 기산한다'고 규정하고 있는데, 위 규정의 취지는 불가쟁력이 발생하지 않아 적법하게 불복청구를 할 수 있었던 처분 상대방에 대하여 행정청이 법령상 행정심판청구가 허용되지 않음에도 행정심판청구를 할 수 있다고 잘못 알린 경우에 있어서, 그 잘못된 안내를 신뢰하여 부적법한 행정심판을 거치느라 본래의 재소기간 내에 취소소송을 제기하지 못한 자를 구제하려는 데에 있다고 할 것이다. 이와 달리 이미 제소기간이 도과함으로써 불가쟁력이 발생하여 불복청구를 할 수 없었던 경우라면 그 이후에 행정청이 행정심판청구를 할 수 있다고 잘못 알렸다 하더라도 그로 인하여 처분 상대방이 적법한 제소기간 내에 취소소송을 제기할 수 있는 기회를 상실하게 된 것은 아니므로 이러한 경우에 있어서 그 잘못된 안내에 따라 청구된 행정심판재결서 정본을 송달받은 날부터 다시 취소소송의 제소기간이 기산되는 것은 아니다. 불가쟁력이 발생하여 더 이상 불복청구를 할 수 없는 처분에 대하여 행정청의 잘못된 안내가 있

었다고 하여 처분 상대방의 불복청구의 권리가 새로이 생겨난다거나 부활한다고 볼 수는 없기 때문이다(대판 2012. 9. 27. 2011두27247).

불비된 사항이 있거나 취지가 불명확한 행정심판청구서의 처리방법

「행정심판법」 제19조, 제23조의 규정 취지와 행정심판제도의 목적에 비추어 보면, 행정심판청구는 엄격한 형식을 요하지 않는 서면행위로 해석되므로, 위법·부당한 행정처분으로 인하여 권리나 이익을 침해당한 자로부터 그 처분의 취소나 변경을 구하는 서면이 제출되었을 때에는 그 표제와 제출기관의 여하를 불문하고 이를 「행정소송법」 제18조 소정의 행정심판청구로 보아야 하며, 심판청구인은 일반적으로 전문적 법률지식을 갖지 못하여 제출된 서면의 취지가 불명확한 경우가 적지 않을 것이나, 이러한 경우 행정청으로서는 그 서면을 가능한 한 제출자에게 이익이 되도록 해석하고 처리하여야 한다(대판 1995. 9. 5. 94누16250; 대판 2000. 6. 9. 98두2621 참조). 원고들이 2003. 5. 21. 피고에게 이 사건 승인처분의 취소를 요구하는 문서를 제출한 바 있으니, 늦어도 이 무렵 원고들은 이 사건 승인처분이 있었음을 알았다고 할 것인데, 위 문서는, 그 제목이 '남동레미콘(주) 공장설립허가에 대한 광주시의 허가취소요청'으로 되어 있고, 피청구인인 처분청과 청구인들의 이름, 주소 및 서명이 되어 있으며, 심판청구의 대상이 되는 행정처분의 내용과 심판청구의 취지 및 이유, 처분이 있은 것을 안 날을 알 수 있을 정도의 내용이 기재되어 있고, 위 문서에 기재되어 있지 않은 재결청, 처분을 한 행정청의 고지 유무 등의 내용과 날인 등의 불비한 점은 추후 보정이 가능한 것이므로 위 문서는 이 사건 승인처분에 대한 행정심판청구로 보아야 하는데, 이에 대한 재결절차가 이루어지지 않은 이상, 이 사건 소의 제소기간은 아직 도과되지 않았다(대판 2007. 6. 1. 2005두11500).[4]

행정소송법 제20조 제1항, 제3항에서 정한 소제기기간의 법적 성질(불변기간)

「행정소송법」 제20조 제1항, 제3항에서 말하는 "취소소송은 처분 등이 있음을 안 날부터 90일 이내에 제기하여야 한다"는 제소기간은 불변기간이고, 다만 당사자가 책임질 수 없는 사유로 인하여 이를 준수할 수 없었던 경우에는 같은 법 제8조에 의하여 준용되는 구 「민사소송법」 제160조 제1항에 의하여 그 사유가 없어진 후 2주일 내에 해태

4 행정심판청구서라는 형식을 갖추지 못하였다 하더라도 처분청에게 행정심판청구의 취지가 적힌 서면을 제출하였을 때에는 적법한 심판청구를 한 것으로 보아 이때 취소소송의 제소기간은 재결서정본송달일로부터 90일 또는 재결이 있은 날로부터 1년이 적용된다는 사례.

된 소송행위(제소행위)를 추완할 수 있다고 할 것이며, 여기서 당사자가 책임질 수 없는 사유란 당사자가 그 소송행위를 하기 위하여 일반적으로 하여야 할 주의를 다하였음에도 불구하고 그 기간을 준수할 수 없었던 사유를 말한다(대판 2005. 1. 13. 2004두9951).

행정소송법 제20조 제2항 소정의 제소기간 기산점인 "처분이 있음을 안 날"의 의미

「행정소송법」 제20조 제2항 소정의 제소기간 기산점인 "처분이 있음을 안 날"이란 통지, 공고 기타의 방법에 의하여 당해 처분이 있었다는 사실을 현실적으로 안 날을 의미하고 구체적으로 그 행정처분의 위법 여부를 판단한 날을 가리키는 것은 아니다(대판 1991. 6. 28. 90누6521).

행정소송법 제20조 제2항 소정의 "정당한 사유"의 의미

「행정소송법」 제20조 제2항 소정의 "정당한 사유"란 불확정 개념으로서 그 존부는 사안에 따라 개별적, 구체적으로 판단하여야 하나 「민사소송법」 제160조의 "당사자가 그 책임을 질 수 없는 사유"나 「행정심판법」 제18조 제2항 소정의 "천재, 지변, 전재, 사변 그 밖에 불가항력적인 사유"보다는 넓은 개념이라고 풀이되므로, 제소기간 도과의 원인 등 여러 사정을 종합하여 지연된 제소를 허용하는 것이 사회통념상 상당하다고 할 수 있는가에 의하여 판단하여야 한다(대판 1991. 6. 28. 90누6521).

처분 당시에는 취소소송의 제기가 법제상 허용되지 않아 소송을 제기할 수 없다가 위헌결정으로 인하여 비로소 취소소송을 제기할 수 있게 된 경우 제소기간의 기산점

「행정소송법」 제20조가 제소기간을 규정하면서 '처분 등이 있은 날' 또는 '처분 등이 있음을 안 날'을 각 제소기간의 기산점으로 삼은 것은 그때 비로소 적법한 취소소송을 제기할 객관적 또는 주관적 여지가 발생하기 때문이므로, 처분 당시에는 취소소송의 제기가 법제상 허용되지 않아 소송을 제기할 수 없다가 위헌결정으로 인하여 비로소 취소소송을 제기할 수 있게 된 경우, 객관적으로는 '위헌결정이 있은 날', 주관적으로는 '위헌결정이 있음을 안 날' 비로소 취소소송을 제기할 수 있게 되어 이때를 제소기간의 기산점으로 삼아야 한다(대판 2008. 2. 1. 2007두20997).

특정인에 대한 행정처분을 주소불명 등의 이유로 송달할 수 없어 관보 등에 공고한 경우, 상대방이 그 처분이 있음을 안 날(현실적으로 안 날)

특정인에 대한 행정처분을 주소불명 등의 이유로 송달할 수 없어 관보·공보·게시판·일간신문 등에 공고한 경우에는, 공고가 효력을 발생하는 날에 상대방이 그 행정처분이 있음을 알았다고 볼 수는 없고, 상대방이 당해 처분이 있었다는 사실을 현실적으로 안 날에 그 처분이 있음을 알았다고 보아야 한다(대판 2006. 4. 28. 2005두14851).

고시 또는 공고에 의하여 행정처분을 하는 경우, 그에 대한 취소소송 제소기간의 기산일(고시 또는 공고의 효력발생일)

통상 고시 또는 공고에 의하여 행정처분을 하는 경우에는 그 처분의 상대방이 불특정 다수인이고 그 처분의 효력이 불특정 다수인에게 일률적으로 적용되는 것이므로, 그 행정처분에 이해관계를 갖는 자가 고시 또는 공고가 있었다는 사실을 현실적으로 알았는지 여부에 관계없이 고시가 효력을 발생하는 날 행정처분이 있음을 알았다고 보아야 한다(대판 2007. 6. 14. 2004두619).

취소소송에 있어서 소의 변경이 있는 경우, 새로운 소에 대한 소 제기기간 준수 여부의 기준시점(소 변경시)

취소소송은 처분 등이 있음을 안 날부터 90일 이내에 제기하여야 하고, 처분 등이 있은 날부터 1년을 경과하면 제기하지 못하며(행정소송법 제20조 제1항, 제2항), 청구취지를 변경하여 구 소가 취하되고 새로운 소가 제기된 것으로 변경되었을 때에 새로운 소에 대한 제소기간의 준수 등은 원칙적으로 소의 변경이 있은 때를 기준으로 하여야 한다(대판 2004. 11. 25. 2004두7023).

행정처분의 당연무효를 선언하는 의미에서 취소를 구하는 행정소송을 제기한 경우

행정처분의 당연무효를 선언하는 의미에서 취소를 구하는 행정소송을 제기한 경우에도 제소기간의 준수 등 취소소송의 제소요건을 갖추어야 한다(대판 1993. 3. 12. 92누11039).

보충역편입처분취소처분의 효력을 다투는 소에 공익근무요원복무중단처분, 현역병입영대상편입처분 및 현역병입영통지처분의 취소를 구하는 청구를 추가적으로 병합한 경우, 소제기 기간의 준수 여부는 각 그 청구취지의 추가·변경신청이 있은 때를 기준

으로 개별적으로 판단한다

공익근무요원복무중단처분, 현역병입영대상편입처분 및 현역병입영통지처분은 보충역편입처분취소처분을 전제로 한 것이기는 하나 각각 단계적으로 별개의 법률효과를 발생시키는 독립된 행정처분으로서 하나의 소송물로 평가할 수 없고, 보충역편입처분취소처분의 효력을 다투는 소에 공익근무요원복무중단처분, 현역병입영대상편입처분 및 현역병입영통지처분을 다투는 소도 포함되어 있다고 볼 수는 없다고 할 것이므로, 공익근무요원복무중단처분, 현역병입영대상편입처분 및 현역병입영통지처분의 취소를 구하는 소의 제소기간의 준수 여부는 각 그 청구취지의 추가·변경신청이 있은 때를 기준으로 개별적으로 살펴야 할 것이지, 최초에 보충역편입처분취소처분의 취소를 구하는 소가 제기된 때를 기준으로 할 것은 아니라고 할 것이다(대판 2004. 12. 10. 2003두12257).

⑹ 취소소송과 행정심판전치주의

① 행정심판전치주의의 의의

현재 우리나라는 행정심판의 임의적 전치주의를 채택하고 있다. 즉, 행정심판을 거치지 않고도 취소소송을 제기할 수 있다.

행정소송에 있어서 행정심판 전치주의를 채택하고 있는 취지

행정소송을 제기함에 있어서 행정심판을 먼저 거치도록 한 것은 행정관청으로 하여금 그 행정처분을 다시 검토케 하여 시정할 수 있는 기회를 줌으로써 행정권의 자주성을 존중하고 아울러 소송사건의 폭주를 피함으로써 법원의 부담을 줄이고자 하는 데 그 취지가 있다(대판 1988. 2. 23. 87누704).

법률에서 '행정심판의 재결을 거치지 아니하고는 취소소송을 제기할 수 없다'는 규정을 두고 있는 것이 아니라, 단순히 행정심판의 제기에 관한 근거규정만을 두고 있을 뿐인 경우에는 행정심판절차는 임의적 절차이다.

법령에서 단지 행정심판의 제기에 관한 근거규정만을 두고 있는 처분의 경우 행정심판절차는 임의적 절차이다

「독점규제 및 공정거래에 관한 법률」은 제53조에서 공정거래위원회의 처분에 대하여 불복이 있는 자는 그 처분의 고지 또는 통지를 받은 날부터 30일 이내에 공정거래위원회에 이의신청을 할 수 있다고 규정하고 있을 뿐, 달리 그에 대한 재결을 거치지 아니하면 취소소송을 제기할 수 없다는 규정을 두고 있지 아니하므로, 「행정소송법」 제18조 제1항 개정 조항이 1998.3.1.자로 시행된 이후에는 공정거래위원회의 처분에 대하여도 이의신청을 제기함이 없이 바로 취소소송을 제기할 수 있다(대판 1999. 12. 20. 99무42).

정부합동민원실에 대한 민원의 접수를 행정소송의 전심절차로서의 소원으로 볼 수는 없다

정부합동민원실에 대한 민원의 접수를 행정소송의 전치절차로서 요구되는 소원으로 볼 수는 없으나 다만 그 민원의 내용이 행정청의 처분에 대한 불만의 표시로서 그 시정을 구하는 취지라면 위 정부합동민원실로부터 당해 행정청으로 그 민원이 이관되었을 때 비로소 소원이 제기된 것으로 볼 것이다(대판 1985. 10. 22. 84누724).

② 행정심판전치주의의 적용범위

「행정소송법」 제18조 제1항에서는 취소소송의 임의적 전치주의를 규정하고, 제38조 제2항에서는 부작위위법확인소송에 준용하고 있다. 그러나 무효등확인소송에는 준용규정이 없기 때문에 개별법에서 행정심판전치주의를 규정하고 있어도 행정심판절차를 거치지 않고 무효등확인소송을 제기할 수 있다.

대법원은 무효인 처분에 대해 무효선언을 구하는 의미에서의 취소소송을 인정하며, 또한 무효확인소송에는 취소를 구하는 취지까지 포함된 것으로 보고, 이러한 경우 행정심판전치주의나 제소기간의 제한이 적용된다고 판시하였다.

무효확인소송

행정심판절차를 거치지 아니한 까닭에 행정처분 취소의 소를 무효확인의 소로 변경한 경우에는 무효확인을 구하는 취지 속에 그 처분이 당연무효가 아니라면 그 취소를 구하는 취지까지 포함된 것으로 볼 여지가 전혀 없다고 할 것이므로, 법원으로서는 그 처분이 당연무효인가 여부만 심리판단하면 족하다고 할 것이다(대판 1987. 4. 28. 86누887).

과세처분의 무효선언을 구하는 의미의 취소소송에 있어서 전심절차의 요부
과세처분의 무효선언을 구하는 의미에서 취소를 구하는 소송이라도 전심절차를 거쳐야 한다(대판 1990. 8. 28. 90누1892).

당사자소송에 예비적으로 병합된 항고소송의 경우 전심절차 등 제소요건의 구비 요부
주위적 청구가 전심절차를 요하지 아니하는 당사자소송이더라도 병합 제기된 예비적 청구가 항고소송이라면 이에 대한 전심절차 등 제소의 적법요건을 갖추어야 한다(대판 1989. 10. 27. 89누39).

(3) 관련문제

행정처분의 상대방이 아닌 제3자의 제소와 행정소송법 제20조 제2항 단서의 적용 여부
「행정소송법」 제20조 제2항은 행정심판을 제기하지 아니하거나 그 재결을 거치지 아니하는 사건에 대한 소는 처분이 있음을 안 날로부터 180일을, 처분이 있은 날로부터 1년을 경과하면 이를 제기하지 못한다. 다만, 정당한 사유가 있는 경우에는 그러하지 아니하다고 규정하고 있는바, 위 조항은 행정심판을 제기하지 아니하거나 그 재결을 거치지 아니하는 사건을 적용대상으로 한 것임이 규정자체에 의하여 명백하다. 그런데 같은 법 제18조 제2항, 제3항의 규정에 보면 행정심판을 제기하지 아니하는 사건(제3항)과 행정심판은 제기하되 그 재결을 거치지 아니하는 사건(제2항)을 구분하여 규정하고 있는바, 이 사건과 같이 행정처분의 상대방이 아닌 제3자가 제기하는 사건은 행정심판을 제기하지 아니하고 제소할 수 있는 사건에 포함되어 있지 않으므로, 행정처분의 상대방이 아닌 제3자가 제기하는 사건에 대하여 위 「행정소송법」 제20조 제2항 단서를 적용하여 정당한 사유가 있는 때로 보고 제소에 관한 제척기간의 규정을 배제할 수는 없다고 할 것이다. 다만 「행정심판법」 제18조 제3항에 보면 심판청구는 처분이 있은 날로부터 180일을 경과하면 제기하지 못한다. 다만, 정당한 사유가 있는 경우에는 그러하지 아니하다고 규정하고 있는바, 행정처분의 직접 상대방이 아닌 제3자는 특별한 사정이 없는 한 그와 같은 행정처분이 있음을 곧 알 수 없는 처지이므로 위 심판청구의 제척기간 내에 처분이 있음을 알았다는 특별한 사정이 없는 한 위 제척기간의 적용을 배제할 정당한 사유가 있는 때에 해당한다고 볼 수 있다(대판 1989. 5. 9. 88누5150).

공동권리자의 1인이 소원을 제기한 경우, 다른 권리자는 소원을 경유함이 없이 행정소송을 제기할 수 있다

소원전치주의는 행정행위의 특수성, 전문성에 비추어 처분행정청으로 하여금 위법한 행정행위에 대하여 그 스스로 재고, 시정의 기회를 부여함에 그 뜻이 있는 제도이므로 동일한 행정처분에 의하여 공동의 법률적 이해관계를 갖는 공동권리자의 1인이 이미 적법한 소원을 제기하여 처분행정청으로 하여금 그 잘못을 재고, 시정할 기회를 부여하였다면 다른 공동권리자는 소원을 경유함이 없이 행정소송을 제기할 수 있다(대판 1986. 10. 14. 83누584).

전심절차에서 주장하지 않은 공격방어방법을 행정소송절차에서 주장할 수 있다

행정소송이 전심절차를 거쳤는지 여부를 판단함에 있어서 전심절차에서의 주장과 행정소송에서의 주장이 전혀 별개의 것이 아닌 한 그 주장이 반드시 일치하여야 하는 것은 아니고, 당사자는 전심절차에서 미처 주장하지 아니한 사유를 공격방어방법으로 제출할 수 있다(대판 1999. 11. 26. 99두9407; 대판 1996. 6. 14. 96누754; 대판 1988. 2. 9. 87누903).

소 계속 중의 전심절차 이행과 전치요건 흠결의 하자 치유 여부

전심절차를 밟지 아니한 채 증여세부과처분취소소송을 제기하였다면 제소 당시로 보면 전치요건을 구비하지 못한 위법이 있다 할 것이지만, 소송계속 중 심사청구 및 심판청구를 하여 각 기각결정을 받았다면 원심변론종결일 당시에는 위와 같은 전치요건 흠결의 하자는 치유되었다고 볼 것이다(대판 1987. 4. 28. 86누29).

제기기간을 도과한 행정심판청구의 부적법을 간과한 채 행정청이 실질적 재결을 한 경우의 행정소송의 전치요건을 충족치 못한 것이 된다

행정처분의 취소를 구하는 항고소송의 전심절차인 행정심판청구가 기간도과로 인하여 부적법한 경우에는 행정소송 역시 전치의 요건을 충족치 못한 것이 되어 부적법 각하를 면치 못하는 것이고, 이 점은 행정청이 행정심판의 제기기간을 도과한 부적법한 심판에 대하여 그 부적법을 간과한 채 실질적 재결을 하였다 하더라도 달라지는 것이 아니다(대판 1991. 6. 25. 90누8091).

(4) 개별법상의 행정심판전치주의

행정심판에 관한 헌법 제107조 제3항의 의미 및 이의신청 및 심사청구를 거치지 아니하고서는 지방세 부과처분에 대하여 행정소송을 제기할 수 없도록 한 지방세법 제78조 제2항이, 행정심판에 사법절차를 준용하도록 한 헌법 제107조 제3항 및 재판청구권을 보장하는 헌법 제27조에 위반되는지 여부

[1] 「헌법」 제107조 제3항은 "재판의 전심절차로서 행정심판을 할 수 있다. 행정심판의 절차는 법률로 정하되, 사법절차가 준용되어야 한다"고 규정하고 있으므로, 입법자가 행정심판을 전심절차가 아니라 종심절차로 규정함으로써 정식재판의 기회를 배제하거나, 어떤 행정심판을 필요적 전심절차로 규정하면서도 그 절차에 사법절차가 준용되지 않는다면 이는 위 헌법조항, 나아가 재판청구권을 보장하고 있는 「헌법」 제27조에도 위반되며, 「헌법」 제107조 제3항은 사법절차가 "준용"될 것만을 요구하고 있으나 판단기관의 독립성과 공정성, 대심적 심리구조, 당사자의 절차적 권리보장 등의 면에서 사법절차의 본질적 요소를 현저히 결여하고 있다면 "준용"의 요청에마저 위반된다.

[2] 지방세 부과처분에 대한 이의신청 및 심사청구의 심의·의결기관인 지방세심의위원회는 그 구성과 운영에 있어서 심의·의결의 독립성과 공정성을 객관적으로 신뢰할 수 있는 토대를 충분히 갖추고 있다고 보기 어려운 점, 이의신청 및 심사청구의 심리절차에 사법절차적 요소가 매우 미흡하고 당사자의 절차적 권리보장의 본질적 요소가 결여되어 있다는 점에서 지방세법상의 이의신청·심사청구제도는 「헌법」 제107조 제3항에서 요구하는 "사법절차 준용"의 요청을 외면하고 있다고 할 것인데, 「지방세법」 제78조 제2항은 이러한 이의신청 및 심사청구라는 2중의 행정심판을 거치지 아니하고서는 행정소송을 제기하지 못하도록 하고 있으므로 위 헌법조항에 위반될 뿐만 아니라, 재판청구권을 보장하고 있는 「헌법」 제27조 제3항에도 위반된다 할 것이며, 나아가 필요적 행정심판전치주의의 예외사유를 규정한 「행정소송법」 제18조 제2항, 제3항에 해당하는 사유가 있어 행정심판제도의 본래의 취지를 살릴 수 없는 경우에까지 그러한 전심절차를 거치도록 강요한다는 점에서도 국민의 재판청구권을 침해한다 할 것이다(헌재결 2001. 6. 28. 2000헌바30).

교원에 대한 징계처분에 관하여 재심청구를 거치지 아니하고서는 행정소송을 제기할 수 없도록 한 국가공무원법 제16조 제2항 중 교원에 대한 부분이 헌법 제107조 제3항에 위반되는지 여부

재심청구는 불복절차로 행정소송을 제기할 수 있으므로 재판의 전심절차로서의 한계를 준수하고 있고, 판단기관인 재심위원회의 구성과 운영에 있어서 심사·결정의 독립성과 공정성을 객관적으로 신뢰할 수 있으며, 교원지위법과 교원징계처분 등의 재심에 관한 규정이 규정하고 있는 재심청구의 절차와 보완적으로 적용되는 「행정심판법」의 심리절차를 고려하여 보면 심리절차에 사법절차를 준용하고 있으므로, 「헌법」 제107조 제3항에 위반된다고 할 수 없다(헌재결 2007. 1. 17. 2005헌바86).

(5) 필요적 행정심판전치주의의 완화

계고처분의 집행으로 생길 중대한 손해를 예방하여야 할 긴급한 필요가 있는 경우 행정심판을 제기하지 않고 바로 취소소송을 제기할 수 있는지 여부

대집행계고처분취소의 행정소송에 있어서도 행정심판전치의 원칙이 적용되며, 행정대집행법 제8조의 규정이 위와 같은 법리에 어떤 영향을 미치는 것은 아니다. 계고처분의 집행으로 생길 중대한 손해를 예방하여야 할 긴급한 필요가 있었더라도 이는 「행정소송법」 제18조 제2항에 따라 재결을 거치지 아니하고 바로 취소소송을 제기할 수 있다는 뜻일 뿐 행정심판 자체를 제기하지 않고도 취소소송을 제기할 수 있다는 취지는 아니다(대판 1990. 10. 26. 90누5528).

행정소송법 제18조 제3항 제1호 소정의 동종사건의 의미

「행정소송법」 제18조 제3항 제1호에서 "동종사건에 관하여 이미 행정심판의 기각재결이 있은 때"에 행정심판을 거치지 아니하고 행정소송을 제기할 수 있도록 한 것은, 행정심판의 재결결과가 명확하여 인용재결이 예상될 수 없는 경우에는 행정심판전치가 무의미하기 때문이며, 여기서 "동종사건"이라 함은 당해 사건은 물론이고 당해 사건과 기본적인 동질성이 있는 사건을 말한다(대판 1994. 11. 8. 94누4653; 대판 1993. 9. 28. 93누9132).

행정소송법 제18조 제3항 제1호에서 행정심판의 제기 없이도 행정소송을 제기할 수 있는 경우로 규정하고 있는 "동종사건"의 의미

「행정소송법」 제18조 제3항 제1호에서 행정심판의 제기 없이도 행정소송을 제기할 수 있는 경우로 규정하고 있는 "동종사건에 관하여 이미 행정심판의 기각재결이 있은 때"에 있어서의 "동종사건"이라 함은 당해 사건은 물론 당해 사건과 기본적인 점에서 동질성이 인정되는 사건을 가리킨다(대판 1992. 11. 24. 92누8972).

처분청 및 재결청이 동일하고 서로 내용상 관련되는 처분은 행정심판을 거칠 필요가 없다

증차처분과 증차거부처분이 처분청 및 재결청이 동일하고 서로 내용상 관련되는 처분이어서 따로 행정심판을 거칠 필요가 없다(대판 1992. 9. 22. 92누1322).

가산금 및 중가산금 징수처분에 대한 행정소송을 제기함에 있어서 별도로 전심절차를 거쳐야 하는지 여부

「국세징수법」 제21조, 제22조 규정에 따른 가산금 및 중가산금 징수처분은 국세의 납세고지처분과 별개의 행정처분이라고 볼 수 있다 하더라도, 위 국세채권의 내용이 구체적으로 확정된 후에 비로소 발생되는 징수권의 행사이므로 국세의 납세고지처분에 대하여 적법한 전심절차를 거친 이상 가산금 및 중가산금 징수처분에 대하여 따로이 전심절차를 거치지 않았다 하더라도 행정소송으로 이를 다툴 수 있다(대판 1986. 7. 22. 85누297).

석유판매업허가취소처분에 대한 행정심판절차를 거친 경우 위험물주유 취급소 설치허가 취소처분의 취소소송에 앞서 별도의 행정심판절차를 거쳐야 하는지 여부

서울특별시장이 한 주유소의 석유판매업허가의 취소처분과 소방서장이 위험물주유취급소설치허가의 취소처분은 그 처분행정청은 물론이고 그 처분에 대한 행정심판의 재결청을 각각 달리하고 있어 서울특별시장이 한 행정처분에 대하여 행정심판절차를 거쳤다 하여 소방서장이 한 행정처분에 대하여 처분행정청으로 하여금 스스로 재고시정의 기회를 부여한 것이라고 할 수 없을 뿐 아니라 두 행정처분 사이에 소방서장이 한 행정처분이 서울특별시장이 한 행정처분의 필연적 결과로 이루어진 것이라는 등 서로 일련의 상관관계가 있다고도 할 수 없으므로 서울특별시장이 한 행정처분에 대한 행정심판절차를 거쳤다 하여 소방서장이 한 위 행정처분에 대한 행정심판절차를 거칠 필요가 없다고 할 수는 없다(대판 1989. 1. 24. 87누322).

처분청이 아닌 재결청 소속의 행정심판 업무 담당 공무원이 행정심판을 거칠 필요가 없다고 잘못 알린 경우, 행정심판 제기 없이 그 취소소송을 제기할 수 있는지 여부
「행정소송법」 제18조 제3항 제4호의 규정이 행정청이 행정심판을 거칠 필요가 없다고 잘못 알린 때에는 행정심판을 제기하지 않고도 취소소송을 제기할 수 있도록 행정심판 전치주의에 대한 예외를 두고 있는 것은 행정에 대한 국민의 신뢰를 보호하려는 것이므로, 처분청이 아닌 재결청이 이와 같은 잘못된 고지를 한 경우에도 「행정소송법」 제18조 제3항 제4호의 규정을 유추·적용하여 행정심판을 제기함이 없이 그 취소소송을 제기할 수 있다고 할 것이고, 이때에 재결청의 잘못된 고지가 있었는지 여부를 판단함에 있어서는 반드시 행정조직상의 형식적인 권한분장에 구애될 것이 아니라 담당자의 조직상의 지위와 임무, 당해 언동을 하게 된 구체적인 경위 및 그에 대한 행정심판청구인의 신뢰가능성에 비추어 실질에 의하여 판단하여야 한다(대판 1996. 8. 23. 96누4671).

(7) 취소소송의 재판관할

① 관할법원

취소소송은 행정법원, 고등법원, 대법원의 3심제를 채택하고 있다.

취소소송의 제1심 관할법원은 피고의 소재지를 관할하는 행정법원으로 한다(행정소송법 제9조 제1항). 다만, ① 중앙행정기관, 중앙행정기관의 부속기관과 합의제행정기관 또는 그 장, ② 국가의 사무를 위임 또는 위탁받은 공공단체 또는 그 장에 대하여 취소소송을 제기하는 경우에는 대법원소재지를 관할하는 행정법원에 제기할 수 있다(행정소송법 제9조 제2항).

이는 종래 중앙행정기관 또는 그 장이 피고인 경우에는 대법원소재지의 행정법원을 관할법원으로 하고 있던 것을, 세종시로 다수의 행정부처가 이동하였음에도 여전히 대법원소재지인 서울에서만 재판을 받도록 하는 것은 합리적이지 못하므로, 중앙행정기관, 중앙행정기관의 부속기관과 합의제행정기관, 공공단체 또는 그 장이 피고인 경우에는 대법원소재지 또는 해당 중앙행정기관 등의 소재지를 관할하는 행정법원에서 재판을 받을 수 있도록 하려는 것이다.

② 관할법원으로의 이송

행정소송을 관할권 없는 법원에 제기한 결과 동 법원에서 관할권 있는 법원에 이송한 경우 소제기의 효력발생 시기

행정소송을 행정소송에 관한 관할권 없는 법원에 제기한 결과 동 법원에서 관할권 있는 법원에 기록이송한 경우 소제기의 효력발생시기는 관할권 있는 법원이 이송받은 때이다(대판 1969. 3. 18. 64누51).

행정사건을 잘못하여 민사소송으로 제기한 경우에도 각하해서는 안 되고 관할법원에 이송하여야 한다

「행정소송법」 제7조는 원고의 고의 또는 중대한 과실 없이 행정소송이 심급을 달리하는 법원에 잘못 제기된 경우에 이를 관할법원에 이송하도록 규정하고 있을 뿐 아니라, 관할위반의 소를 부적법하다고 하여 각하하는 것보다 관할법원에 이송하는 것이 당사자의 권리구제나 소송경제의 측면에서 바람직하므로, 원고가 고의 또는 중대한 과실 없이 행정소송으로 제기하여야 할 사건을 민사소송으로 잘못 제기한 경우, 수소법원으로서는 만약 그 행정소송에 대한 관할도 동시에 가지고 있다면 이를 행정소송으로 심리·판단하여야 하고, 그 행정소송에 대한 관할을 가지고 있지 아니하다면 당해 소송이 이미 행정소송으로서의 전심절차 및 제소기간을 도과하였거나 행정소송의 대상이 되는 처분 등이 존재하지도 아니한 상태에 있는 등 행정소송으로서의 소송요건을 결하고 있음이 명백하여 행정소송으로 제기되었더라도 어차피 부적법하게 되는 경우가 아닌 이상, 이를 부적법한 소라고 하여 각하할 것이 아니라 관할법원에 이송하여야 한다(대판 1997. 5. 30. 95다28960).

고의 또는 중과실 없이 행정소송으로 제기하여야 할 사건을 민사소송으로 잘못 제기하고 수소법원이 그 행정소송에 대한 관할도 동시에 가지고 있는 경우, 수소법원이 취하여야 할 조치

원고가 고의 또는 중대한 과실 없이 행정소송으로 제기하여야 할 사건을 민사소송으로 잘못 제기한 경우 수소법원으로서는 만약 그 행정소송에 대한 관할도 동시에 가지고 있는 경우라면, 행정소송으로서의 전심절차 및 제소기간을 도과하였거나 행정소송의 대상이 되는 처분 등이 존재하지도 아니한 상태에 있는 등 행정소송으로서의 소송요건을 결하고 있음이 명백하여 행정소송으로 제기되었더라도 어차피 부적법하게 되는 경우가 아닌 이상, 원고로 하여금 항고소송으로 소 변경을 하도록 하여 그 1심법원으로 심리·판단하여야 한다(대판 1999. 11. 26. 97다42250).

③ 관련청구소송의 이송과 병합

손해배상청구 등의 민사소송이 행정소송에 관련청구로 병합되기 위한 요건

「행정소송법」 제10조 제1항 제1호는 행정소송에 병합될 수 있는 관련청구에 관하여 '당해 처분 등과 관련되는 손해배상·부당이득반환·원상회복 등의 청구'라고 규정함으로써 그 병합요건으로 본래의 행정소송과의 관련성을 요구하고 있는바, 이는 행정소송에서 계쟁 처분의 효력을 장기간 불확정한 상태에 두는 것은 바람직하지 않다는 관점에서 병합될 수 있는 청구의 범위를 한정함으로써 사건의 심리범위가 확대·복잡화되는 것을 방지하여 그 심판의 신속을 도모하려는 취지라 할 것이므로, 손해배상청구 등의 민사소송이 행정소송에 관련청구로 병합되기 위해서는 그 청구의 내용 또는 발생원인이 행정소송의 대상인 처분 등과 법률상 또는 사실상 공통되거나, 그 처분의 효력이나 존부 유무가 선결문제로 되는 등의 관계에 있어야 함이 원칙이다(대판 2000. 10. 27. 99두561).

행정처분의 취소를 구하는 취소소송에 당해 처분의 취소를 선결문제로 하는 부당이득반환청구가 병합된 경우, 그 청구가 인용되려면 소송절차에서 당해 처분의 취소가 확정되어야 하는 것은 아니다

「행정소송법」 제10조는 처분의 취소를 구하는 취소소송에 당해 처분과 관련되는 부당이득반환소송을 관련 청구로 병합할 수 있다고 규정하고 있는바, 이 조항을 둔 취지에 비추어 보면, 취소소송에 병합할 수 있는 당해 처분과 관련되는 부당이득반환소송에는 당해 처분의 취소를 선결문제로 하는 부당이득반환청구가 포함되고, 이러한 부당이득반환청구가 인용되기 위해서는 그 소송절차에서 판결에 의해 당해 처분이 취소되면 충분하고 그 처분의 취소가 확정되어야 하는 것은 아니라고 보아야 한다(대판 2009. 4. 9. 2008두23153).

취소소송을 제기한 당사자가 국가 또는 공공단체에 대한 당사자소송을 행정소송법 제10조 제2항에 의하여 관련 청구로서 병합하였으나 위 취소소송이 부적법한 경우 법원은 소변경청구로 보아 청구의 기초에 변경이 없는 한 이를 허가하여야 한다

취소소송 등을 제기한 당사자가 당해 처분 등에 관계되는 사무가 귀속되는 국가 또는 공공단체에 대한 당사자소송을 「행정소송법」 제10조 제2항에 의하여 관련 청구로서 병합한 경우 위 취소소송 등이 부적법하다면 당사자는 위 당사자소송의 병합청구로서 같은 법 제21조 제1항에 의한 소변경을 할 의사를 아울러 가지고 있었다고 봄이 상당하고, 이러한 경우 법원은 청구의 기초에 변경이 없는 한 당초의 청구가 부적법하다는 이유로 병합된 청구까지 각하할 것이 아니라 병합청구 당시 유효한 소변경청구가 있었던 것으로 받아들여 이를 허가함이 타당하다(대판 1992. 12. 24. 92누3335).

주위적 청구를 인용한 제1심판결에 대하여 피고가 항소한 경우, 예비적 청구도 이심되고, 항소심이 제1심에서 인용되었던 주위적 청구를 배척할 때에는 다음 순위의 예비적 청구에 관하여 심판을 하여야 한다

청구의 예비적 병합이란 병합된 수개의 청구 중 주위적 청구(제1차 청구)가 인용되지 않을 것에 대비하여 그 인용을 해제조건으로 예비적 청구(제2차 청구)에 관하여 심판을 구하는 병합형태로서, 이와 같은 예비적 병합의 경우에는 원고가 붙인 순위에 따라 심판하여야 하며 주위적 청구를 배척할 때에는 예비적 청구에 대하여 심판하여야 하나 주위적 청구를 인용할 때에는 다음 순위인 예비적 청구에 대하여 심판할 필요가 없는 것이므로, 주위적 청구를 인용하는 판결은 전부판결로서 이러한 판결에 대하여 피고가 항소하면 제1심에서 심판을 받지 않은 다음 순위의 예비적 청구도 모두 이심되고 항소심이 제1심에서 인용되었던 주위적 청구를 배척할 때에는 다음 순위의 예비적 청구에 관하여 심판을 하여야 하는 것이다(대판 2000. 11. 16. 98다22253 전원합의체).

무효확인소송에 예비적으로 병합된 취소소송과 행정심판전치주의

주위적 청구가 행정심판의 재결을 거칠 필요가 없는 무효확인소송이라 하더라도 병합 제기된 예비적 청구가 취소소송이라면 이에 대한 행정심판의 재결을 거치는 등으로 적법한 제소요건을 갖추어야 한다(대판 1994. 4. 29. 93누12626).

행정처분에 대한 무효확인과 취소청구의 선택적 병합 또는 단순 병합은 허용되지 아니한다

행정처분에 대한 무효확인과 취소청구는 서로 양립할 수 없는 청구로서 주위적·예비적 청구로서만 병합이 가능하고 선택적 청구로서의 병합이나 단순 병합은 허용되지 아니한다(대판 1999. 8. 20. 97누6889).

행정소송법 제10조에 의한 관련청구소송의 병합은 본래의 항고소송이 적법함을 요건으로 한다

㉠ 「행정소송법」 제38조, 제10조에 의한 관련청구소송의 병합은 본래의 항고소송이 적법할 것을 요건으로 하는 것이어서 본래의 항고소송이 부적법하여 각하되면 그에 병합된 관련청구도 소송요건을 흠결한 부적합한 것으로 각하되어야 한다(대판 2001. 11. 27. 2000두697).

㉡ 「행정소송법」 제10조에 의한 관련청구소송의 병합은 본래의 취소소송이 적법할 것을 요건으로 하는 것이므로 본래의 취소소송이 부적법하여 각하되면 그에 병합된 청구도 소송요건을 흠결한 부적합한 것으로서 각하되어야 할 것이다. 직권면직처분 부존재·무효확인의 항고소송이 행정처분이 아닌 것을 대상으로 한 부적법한 것이어서 각하되어야 하는 이상, 이 항고소송에 병합된 금원지급청구의 소 역시 각하를 면할 수 없다(대판 1997. 11. 11. 97누1990).

(8) 소의 변경

① 소의 종류의 변경

취소소송을 당사자소송 또는 취소소송 이외의 항고소송으로 변경하는 것을 소의 종류의 변경이라고 한다. 원고는 사실심의 변론종결시까지 청구의 기초에 변경이 없는 한, 법원의 허가를 받아 소의 종류를 변경할 수 있다(행정소송법 제21조).

행정소송에 있어서 예비적인 피고의 변경이 허용되는지 여부

소위 주관적, 예비적 병합은 「행정소송법」 제28조 제3항과 같은 예외적 규정이 있는 경우를 제외하고는 원칙적으로 허용되지 않는 것이고, 또 「행정소송법」상 소의 종류의 변경에 따른 당사자(피고)의 변경은 교환적 변경에 한 한다고 봄이 상당하므로 예비적 청구만이 있는 피고의 추가경정신청은 허용되지 않는다. 「행정소송법」 제10조 제2항의 관련청구의 병합은 그것이 관련청구에 해당하기만 하면 당연히 병합청구를 할 수 있으므로 법원의 피고경정결정을 받을 필요가 없다(대결 1989. 10. 27. 89두1).

취소소송을 제기하였다가 당사자소송으로 소변경을 허용할 경우

[1] 취소소송 등을 제기한 당사자가 당해 처분 등에 관계되는 사무가 귀속되는 국가 또는 공공단체에 대한 당사자소송을 「행정소송법」 제10조 제2항에 의하여 관련

청구로서 병합한 경우 위 취소소송 등이 부적법하다면 당사자는 위 당사자소송의 병합청구로서 같은 법 제21조 제1항에 의한 소변경을 할 의사를 아울러 가지고 있었다고 봄이 상당하고, 이러한 경우 법원은 청구의 기초에 변경이 없는 한 당초의 청구가 부적법하다는 이유로 병합된 청구까지 각하할 것이 아니라 병합청구 당시 유효한 소변경청구가 있었던 것으로 받아들여 이를 허가함이 타당하다.

[2] 취소소송을 제기하였다가 나중에 당사자소송으로 변경하는 경우에는 「행정소송법」 제21조 제4항, 제14조 제4항에 따라 처음부터 당사자소송을 제기한 것으로 보아야 하므로 당초의 취소소송이 적법한 기간 내에 제기된 경우에는 당사자소송의 제소기간을 준수한 것으로 보아야 할 것이다(대판 1992. 12. 24. 92누3335).

② 처분의 변경으로 인한 소의 변경

법원은 행정청이 소송의 대상인 처분을 소가 제기된 후 변경한 때에는 원고의 신청에 의하여 결정으로써 청구의 취지 또는 원인의 변경을 허가할 수 있다(행정소송법 제22조). 처분의 변경으로 인한 소의 변경은 취소소송과 무효등확인소송 및 당사자소송에서만 가능하다. 부작위위법확인소송은 처분의 변경으로 인한 소의 변경은 인정되지 않는다.

행정처분의 무효확인청구를 취소청구로 인용하기 위한 요건

행정처분의 무효확인을 구하는 청구에는 특별한 사정이 없는 한 그 처분의 취소를 구하는 취지까지도 포함되어 있다고 볼 수는 있으나 위와 같은 경우에 취소청구를 인용하려면 먼저 취소를 구하는 항고소송으로서의 제소요건을 구비한 경우에 한한다(대판 1986. 9. 23. 85누838).

행정소송에서 민사소송법상의 청구의 변경이 인정된다

「행정소송법」 제21조와 제22조가 정하는 소의 변경은 그 법조에 의하여 특별히 인정되는 것으로서 「민사소송법」상의 소의 변경을 배척하는 것이 아니므로, 행정소송의 원고는 「행정소송법」 제8조 제2항에 의하여 준용되는 「민사소송법」 제235조에 따라 청구의 기초에 변경이 없는 한도에서 청구의 취지 또는 원인을 변경할 수 있다(대판 1999. 11. 26. 99두9407).

⑼ 취소소송 제기의 효과

취소소송이 제기되면 실체법적으로 법률상의 기간준수효과가 발생한다. 절차법적으로는 소송계속의 효과가 생긴다. 소송계속의 효과에 따라 중복제소가 금지된다.

⑽ 가구제

① 가구제의 의의와 종류

취소소송에 있어 가구제제도로는 침익적 처분에 대한 집행정지제도와 급부 또는 수익적 처분의 신청에 대한 거부처분·부작위에 대한 가처분제도가 논의된다. 「행정소송법」은 집행정지제도만을 인정하고 있고, 가처분에 대하여는 명시적 규정이 없다. 따라서 가처분이 행정소송에서도 인정될 수 있는지는 문제가 되고 있다.

② 집행정지

㉠ 의 의

집행정지제도의 의미

집행정지는 공공복리에 중대한 영향을 미칠 우려가 없어야 허용되고, 이 제도는 신청인이 본안소송에서 승소판결을 받을 때까지 그 지위를 보호함과 동시에 후에 받을 승소판결을 무의미하게 하는 것을 방지하려는 것이다(대결 1992. 6. 8. 92두14).

행정처분에 대한 효력정지신청을 구할 수 있는 요건으로서의 법률상 이익의 의미

행정처분에 대한 효력정지신청을 구함에 있어서도 이를 구할 법률상 이익이 있어야 하는바, 이 경우 법률상 이익이라 함은 그 행정처분으로 인하여 발생하거나 확대되는 손해가 당해 처분의 근거 법률에 의하여 보호되는 직접적이고 구체적인 이익과 관련된 것을 말하는 것이고 단지 간접적이거나 사실적·경제적 이해관계를 가지는 데 불과한 경우는 여기에 포함되지 않는다(대결 2000. 10. 10. 2000무17).

㉡ 요 건

ⓐ 적극적 요건

Ⓐ 적법한 본안소송이 계속 중일 것

행정처분의 효력정지신청의 방법 및 그 정지결정의 요건

행정처분의 효력정지는 소위 행정처분집행부정지의 원칙에 대한 예외로서 인정되는 일시적인 응급처분이므로 그러한 신청은 「행정소송법」 제23조에 의한 효력정지결정을 구하는 방법에 의해야 하고 위의 방법에 의한 행정처분효력정지결정을 하려면 그 효력정지를 구하는 당해 행정처분에 대한 본안소송이 법원에 제기되어 계속중임을 요건으로 한다(대결 1988. 6. 14. 88두6).

행정사건의 본안소송의 취하가 행정처분집행정지결정에 미치는 영향

집행정지결정을 하려면 이에 대한 본안소송이 법원에 제기되어 계속중임을 요건으로 하는 것이므로 집행정지결정을 한 후에라도 본안소송이 취하되어 소송이 계속하지 아니한 것으로 되면 집행정지결정은 당연히 그 효력이 소멸되는 것이고 별도의 취소조치를 필요로 하는 것이 아니다(대판 1975. 11. 11. 75누97).

행정처분의 효력정지나 집행정지를 구하는 신청사건에서 집행정지사건 자체에 의하여도 신청인의 본안청구가 적법한 것이어야 한다는 것을 집행정지의 요건에 포함시켜야 한다

행정처분의 효력정지나 집행정지를 구하는 신청사건에서는 행정처분 자체의 적법 여부는 원칙적으로 판단의 대상이 아니고, 그 행정처분의 효력이나 집행을 정지할 것인가에 관한 「행정소송법」 제23조 제2항에서 정한 요건의 존부만이 판단의 대상이 되는 것이다. 다만, 집행정지는 행정처분의 집행부정지원칙의 예외로서 인정되는 것이고, 또 본안에서 원고가 승소할 수 있는 가능성을 전제로 한 권리보호수단이라는 점에 비추어 보면, 집행정지사건 자체에 의하여도 신청인의 본안청구가 적법한 것이어야 한다는 것을 집행정지의 요건에 포함시키는 것이 옳다(대결 2010. 11. 26. 2010무137).

Ⓑ 집행정지의 대상인 처분 등이 존재할 것

거부처분은 집행정지의 대상이 될 수 없다

신청에 대한 거부처분의 효력을 정지하더라도 거부처분이 없었던 것과 같은 상태, 즉 거부처분이 있기 전의 신청시의 상태로 되돌아가는 데에 불과하고 행정청에게 신청에 따른 처분을 하여야 할 의무가 생기는 것이 아니므로, 거부처분의 효력정지는 그 거부처분으로 인하여 신청인에게 생길 손해를 방지하는 데 아무런 보탬이 되지 아니하여 그 효력정지를 구할 이익이 없다(대판 1995. 6. 21. 95두26).

교도소장의 접견허가신청에 대한 거부처분과 효력정지의 필요성 유무
허가신청에 대한 거부처분은 그 효력이 정지되더라도 그 처분이 없었던 것과 같은 상태를 만드는 것에 지나지 아니하는 것이고 그 이상으로 행정청에 대하여 어떠한 처분을 명하는 등 적극적인 상태를 만들어 내는 경우를 포함하지 아니하는 것이므로, 교도소장이 접견을 불허한 처분에 대하여 효력정지를 한다 하여도 이로 인하여 위 교도소장에게 접견의 허가를 명하는 것이 되는 것도 아니고 또 당연히 접견이 되는 것도 아니어서 접견허가거부처분에 의하여 생길 회복할 수 없는 손해를 피하는 데 아무런 보탬도 되지 아니하니 접견허가거부처분의 효력을 정지할 필요성이 없다(대결 1991. 5. 2. 91두15).

투전기업소허가갱신신청을 거부한 불허처분에 대하여 그 불허처분의 효력정지를 구할 이익이 없다 하여 효력정지신청을 각하한 사례
투전기업소허가갱신신청을 거부한 불허처분의 효력을 정지하더라도 이로 인하여 신청인에게 허가의 효력이 회복되거나 또는 행정청에게 허가를 갱신할 의무가 생기는 것은 아니므로 불허처분의 효력정지로서는 신청인이 입게 될 손해를 피하는 데에 아무런 보탬이 되지 아니하여 그 불허처분의 효력정지를 구할 이익이 없다(대결 1992. 2. 13. 91두47).

ⓒ 회복하기 어려운 손해예방의 필요가 있을 것

행정소송법 제23조 제2항 소정의 요건인 '회복하기 어려운 손해'의 의미
「행정소송법」 제23조 제2항 소정의 행정처분 등의 효력이나 집행을 정지하기 위한 요건으로서의 '회복하기 어려운 손해'라 함은 특별한 사정이 없는 한 금전으로 보상할 수 없는 손해로서 이는 금전보상이 불가능한 경우뿐만 아니라 금전보상으로는 사회관념상 행정처분을 받은 당사자가 참고 견딜 수 없거나 또는 참고 견디기가 현저히 곤란한 경우의 유형, 무형의 손해를 일컫는다(대결 2012. 2. 1. 2012무2; 대결 1995. 11. 23. 95두53; 대결 1992. 8. 7. 92두30; 대결 1986. 3. 21. 86두5).

당사자의 경제적 손실이나 기업 이미지 및 신용의 훼손으로 인한 손해가 '회복하기 어려운 손해'에 해당하기 위한 요건
당사자가 행정처분 등이나 그 집행 또는 절차의 속행으로 인하여 재산상의 손해를 입거나 기업 이미지 및 신용이 훼손당하였다고 주장하는 경우에 그 손해가 금전으로 보상할 수 없어 '회복하기 어려운 손해'에 해당한다고 하기 위해서는, 그 경제적 손실이나 기업 이미지 및 신용의 훼손으로 인하여 사업자의 자금사정이나 경영 전반에 미치는 파급효과가 매우 중대하여 사업 자체를 계속할 수 없거나 중대한 경영상의 위기를 맞게 될 것으로 보이는 등의 사정이 존재하여야 한다(대결 2003. 4. 25. 2003무2).

행정소송법 제23조 제2항 소정의 집행정지의 적극적 요건인 '회복하기 어려운 손해'의 의미 및 그 주장·소명책임의 소재(신청인)

「행정소송법」 제23조 제2항에서 행정청의 처분에 대한 집행정지의 요건으로 들고 있는 '회복하기 어려운 손해'라고 하는 것은 원상회복 또는 금전배상이 불가능한 손해는 물론 종국적으로 금전배상이 가능하다고 하더라도 그 손해의 성질이나 태양 등에 비추어 사회통념상 그러한 금전배상만으로는 전보되지 아니할 것으로 인정되는 현저한 손해를 가리키는 것으로서 이러한 집행정지의 적극적 요건에 관한 주장·소명책임은 원칙적으로 신청인측에 있다(대결 1999. 12. 20. 99무42).

회복하기 어려운 손해로 인정된 사례

㈠ 사업여건의 악화 및 막대한 부채비율로 인하여 외부자금의 신규차입이 사실상 중단된 상황에서 285억원 규모의 과징금을 납부하기 위하여 무리하게 외부자금을 신규차입하게 되면 주거래은행과의 재무구조개선약정을 지키지 못하게 되어 사업자가 중대한 경영상의 위기를 맞게 될 것으로 보이는 경우, 그 과징금납부명령의 처분으로 인한 손해는 효력정지 내지 집행정지의 적극적 요건인 '회복하기 어려운 손해'에 해당한다(대결 2001. 10. 10. 2001무29).

㈡ 신청인은 1995. 6. 27. 실시한 전주시의회 의원선거에서 전주시의회 의원으로 당선된 전주시의회 의원이고, 피신청인은 신청인이 1997. 3. 20. 열린 제133회 전주시의회(임시회)에서 한 4분 자유발언의 내용을 문제삼아 같은 해 4. 14. 제134회 전주시의회(임시회) 제1차 본회의에서 지방자치법 제80조 제1항 제4호, 같은 조 제2항에 의거하여 신청인을 전주시의회 의원직에서 제명하는 의결을 한 다음, 전주시의회회의규칙 제86조에 따라 공개회의에서 의결 결과를 선포하고, 같은 달 15. 신청인에게 이를 통지한 사실 및 이에 대하여 신청인은 1997. 4. 17. 광주고등법원에 97구1326호로 의원제명의결무효확인청구의 소를 제기한 후, 그 본안이 계속중인 같은

법원에 위 의결의 효력정지를 구하는 이 사건 신청을 하였다. 그런데 신청인의 이 사건 본안소송이 이유 없음이 분명하지도 아니하여 만일 본안소송에서 승소한다면 신청인이 그 기간 동안 지방의회 의원으로서의 업무를 수행할 수 없어 신분과 명예상의 불이익을 입게 되고 상당한 정신적 고통을 받게 될 것임은 짐작하기 어렵지 아니하며 이와 같은 손해는 쉽게 금전으로 보상할 수 있는 성질의 것도 아니어서 사회관념상 회복하기 어려운 손해에 해당된다고 보여지고, 또한 이와 같은 손해를 예방하기 위하여 이 사건 처분의 효력을 정지시킬 긴급한 필요 역시 인정된다고 할 것이며, 이 사건 제명의결의 집행을 정지함이 공공복리에 중대한 영향을 미칠 우려가 있다고도 보여지지 아니한다(대결 1997. 9. 9. 97두29).

㈢ 토석채취허가취소처분의 상대방이 본안소송에서 승소할 것인지의 여부는 불분명하지만 그 허가취소처분의 효력이 정지되지 아니한 채 본안소송이 진행된다면, 그 처분의 상대방은 그동안 막대한 장비와 인원 및 자본을 투자하여 준비한 토석채취작업을 못하게 되고, 거래선으로부터의 납품계약해제, 신용실추 등으로 인해 상당한 손해를 입을 것임을 짐작하기 어렵지 아니한 경우라면, 이와 같은 손해는 쉽사리 금전으로 회복할 수 있는 것이 아니어서 사회관념상 회복하기 어려운 손해에 해당한다(대결 1994. 10. 11. 94두35).

㈣ 현역병입영처분취소의 본안소송에서 신청인이 승소판결을 받을 경우에는 신청인이 특례보충역으로 해당 전문분야에서 2개월 남짓만 더 종사하여 5년의 의무종사기간을 마침으로써 구 「병역법」 제46조 제1항에 의하여 방위소집복무를 마친 것으로 볼 것이나, 만일 위 처분의 효력이 정지되지 아니한 채 본안소송이 진행된다면 신청인은 입영하여 다시 현역병으로 복무하지 않을 수 없는 결과 병역의무를 중복하여 이행하는 셈이 되어 불이익을 입게 되고 상당한 정신적 고통을 받게 될 것임은 짐작하기 어렵지 아니하며 이와 같은 손해는 쉽게 금전으로 보상할 수 있는 성질의 것이 아니어서 사회관념상 위 '가'항의 '회복하기 어려운 손해'에 해당된다(대결 1992. 4. 29. 92두7).

회복하기 어려운 손해가 부정된 사례

㈠ 유흥접객영업허가의 취소처분으로 5,000여만원의 시설비를 회수하지 못하게 된다면 생계까지 위협받게 되는 결과가 초래될 수 있다는 등의 사정은 위 처분의 존속으로 당사자에게 금전으로 보상할 수 없는 손해가 생길 우려가 있는 경우라고 볼

수 없다(대판 1991. 3. 2. 91두1).

㈡ 일반택시운송사업면허를 받고 운송사업을 경영하던 택시운송업자가 일부 택시의 주식을 양도하고 양수인들로 하여금 직접 운행하게 함으로써 운송사업면허취소처분을 당한 경우, 면허취소처분의 집행으로 인하여 택시운송업자가 입게 될 손해는 면허취소된 택시의 운행수입의 감소에 따른 것으로서 특별한 사정이 없는 한 금전으로 보상할 수 없는 손해를 말하는 「행정소송법」 제23조 제2항의 규정에 의한 회복할 수 없는 손해에 해당한다고 보기 어렵다(대결 1993. 3. 30. 93두4).

㈢ 이 사건 영업허가취소처분이 「식품위생법」, 같은 법 시행령 및 같은 법 시행규칙 소정의 영업허가취소사유에 관한 규정에 위배되어 위법하다거나 재량권의 범위를 일탈하여 위법하다는 등의 사유는 적법한 재항고사유가 될 수 없음이 명백하고, 재항고인이 이 사건 영업을 위하여 거의 전재산인 금 1억 5천만원을 투자하고 영업을 하여 온 까닭에 그 영업허가취소처분의 효력이 정지되지 않는다면 위 업소경영에 절대적인 타격을 입게 되고 그로 인하여 재항고인은 물론 그 가족 및 종업원들의 생계까지 위협받게 되는 결과가 초래될 수 있다는 등의 사정은 이 사건 처분의 존속으로 재항고인에게 금전으로 보상할 수 없는 손해가 생길 우려가 있는 경우에 해당한다고 볼 수 없다(대결 1995. 11. 23. 95두53).

㈣ '처분 등이나 그 집행 또는 절차의 속행으로 인하여 생길 회복하기 어려운 손해를 예방하기 위하여 긴급한 필요'가 있는지는 처분의 성질과 태양 및 내용, 처분상대방이 입는 손해의 성질·내용 및 정도, 원상회복·금전배상의 방법 및 난이 등은 물론 본안청구의 승소가능성 정도 등을 종합적으로 고려하여 구체적·개별적으로 판단하여야 한다(대결 2011. 4. 21. 2010무111 전원합의체).[5]

Ⓓ 긴급한 필요가 있을 것

과세처분으로 의하여 입은 손해는 긴급한 사유가 있는 경우에 해당하지 아니한다

과세처분에 의하여 입은 손해는 배상청구가 가능하므로 그 처분을 정지함에 회복할 수 없는 손해를 피하기 위하여 긴급한 사유가 있는 경우에 해당하지 아니한다(대결 1971. 1. 28. 70두7).

5 국토해양부 등에서 발표한 '4대강 살리기 마스터플랜'에 따른 '한강 살리기 사업' 구간 인근에 거주하는 주민들이 각 공구별 사업실시계획승인처분에 대한 효력정지를 신청한 사안에서, 토지 소유권 수용 등으로 인한 손해는 행정소송법 제23조 제2항의 효력정지 요건인 금전으로 보상할 수 없거나 사회관념상 금전보상으로는 참고 견디기 어렵거나 현저히 곤란한 경우의 유·무형 손해에 해당하지 않는다고 본 사례.

ⓑ 소극적 요건

Ⓐ 공공복리에 중대한 영향을 미칠 우려가 없을 것

공공복리에 중대한 영향을 미칠 우려가 있다고 본 사례

㊀ 외부감사인이 감사보고서 및 감사조서를 제출할 것을 요구하는 처분에 대하여 '처분 등이나 그 집행 또는 절차의 속행으로 인하여 생길 회복하기 어려운 손해를 예방하기 위하여 긴급한 필요'가 없고, 오히려 효력정지로 인하여 '공공복리에 중대한 영향을 미칠 우려가 있는 때'에 해당한다(대결 2004. 7. 9. 2004무16).

㊁ 「출입국관리법」상의 강제퇴거명령 및 그 집행을 위한 같은 법 제63조 제1항, 같은 법 시행령 제78조 제1항 소정의 보호명령에 대하여 그 취소를 구하는 소송이 제기되고 나아가 강제퇴거명령의 집행이 정지되었다면, 강제퇴거명령의 집행을 위한 보호명령의 보호기간은 결국 본안소송이 확정될 때까지의 장기간으로 연장되는 결과가 되어 그 보호명령이 그대로 집행된다면 본안소송에서 승소하더라도 회복하기 어려운 손해를 입게 된다고 할 것이나, 그 보호명령의 집행을 정지하면 외국인의 출입국 관리에 막대한 지장을 초래하여 공공복리에 중대한 영향을 미칠 우려가 있다는 이유로, 그 보호명령의 집행정지를 허용하지 않은 사례(대결 1997. 1. 20. 96두31).

㊂ 신설 시외버스운송 사업면허내인가처분으로 기존의 버스업자가 손해를 입는다 해도 이는 운행수익의 감소로 인한 것이어서 금전보상이 가능한 것이므로 「행정소송법」 제23조 제1항 소정의 "회복하기 어려운 손해"에 해당하지 아니하고, 위 처분이 증가하는 관광객에게 저렴한 운송수단을 제공함으로써 관광진흥에 도움을 준다는 공공복리의 목적을 지닌 것이어서 기존 버스업자가 다소 손해를 입게 된다 하더라도 그 효력을 정지할 급박한 사정이 있다고 보여지지 아니한다(대결 1991. 5. 6. 91두13).

㊃ 이 사건 대지는 인접하여 개운근린공원이 있어 도시계획법상풍치지구에 속하는 일반주거지역으로 지정되어 있고 근린공원입안지여서 토지의 형질변경행위나 불법건축물의 설치, 자동차관련시설의 건축이 금지되고 있는데 상대방(신청인)은 허가 없이 자동차관련시설인 차고지로 조성하기 위하여 정지작업을 함으로써 토지의 형질을 변경하고, 나아가 조성된 차고지 일부에 차고관련시설로서 건축물인 컨테이너 하우스(그 자체에 이동장치가 없고, 출입구 및 창문을 갖춘 상태이며 필요한 집기나 전호, 전기시설을 하여 이동이 용이하지 않게 이 사건 대지에 설치해 놓고 사무실, 침실, 창고 등으로 사용하고 있어서 건축물이라 할 것이다) 6개를 허가 없이 축조 설치하여 사용함으로써 「도시계획법」 제4조, 「건축법」 제5조를 위반하였는바, 이를 방치하면 주거환

경의 보호 및 도시의 자연풍치유지라는 공익을 해하고 도시기능을 저해하며 나아가 도시의 무질서한 개발을 방치하는 결과가 되어 불법 컨테이너하우스의 철거불이행 및 그로 인한 이 사건 대지의 원상회복을 방치함으로 심히 공익을 해한다고 할 것이므로 이 사건 집행정지가 공공복리에 중대한 영향을 미칠 우려가 있다(대결 1992. 6. 8. 92두14).

공공복리에 중대한 영향을 미칠 우려가 없다고 본 사례

「행정소송법」 제24조 제1항에서 규정하고 있는 집행정지 결정의 취소사유는 특별한 사정이 없는 한 집행정지 결정이 확정된 이후에 발생한 것이어야 하고, 그중 '집행정지가 공공복리에 중대한 영향을 미치는 때'라 함은 일반적·추상적인 공익에 대한 침해의 가능성이 아니라 당해 집행정지 결정과 관련된 구체적·개별적인 공익에 중대한 해를 입힐 개연성을 말하는 것이다. 원심은 '이 사건 토지가 구미시 중심상업지역으로서 구미역에서도 가까운 곳에 위치해 있고, 이 사건 극장 건물에 접해 있는 전면의 소방도로가 구미초등학교 학생들의 주 통학로라고는 볼 수 없을 뿐만 아니라, 이 사건 극장 건물의 위치나 주변상황, 극장의 영업개시시간과 구미초등학교 학생들의 등·하교시간의 시차 등에 비추어 이 사건 극장 건물에서의 극장 영업이 구미초등학교 학생들의 학습과 학교보건위생에 나쁜 영향을 미칠 가능성은 희박하다고 보이는 점 및 극장영업을 위한 해제신청에 대하여 금지처분을 함으로 인한 신청외인의 재산권 침해 등의 불이익이 매우 클 것으로 보이는 점'을 이 사건 집행정지결정의 취소사유로 들고 있으나, 위와 같은 사유는 이 사건 집행정지결정이 확정된 이후에 비로소 발생한 사유가 아님이 분명하므로 특별한 사정이 없는 한 이를 이 사건 집행정지결정의 취소사유로 삼을 수 없다 할 것인데, 기록상 위와 같은 특별한 사정에 대한 소명이 있다고 볼 수 없을 뿐만 아니라, 위와 같은 사유만으로 이 사건 집행정지결정이 공공복리에 중대한 영향을 미치거나 그 정지사유가 없어졌다고 볼 수도 없다(대결 2005. 7. 15. 2005무16).

Ⓑ 본안에서 이유없음이 명백하지 않을 것

행정처분의 효력정지나 집행정지를 구하는 신청사건의 판단 대상

「행정소송법」 제23조 제2항, 제3항은 행정처분 등의 효력이나 그 집행 또는 절차의 속행으로 말미암아 회복하기 어려운 손해를 예방하기 위하여 긴급한 필요가 있는 경우에는 공공복리에 중대한 영향을 미칠 우려가 없는 때에 한하여 법원은 직권 또는 당사자의 신청에 의하여 당해 처분 등의 효력이나 그 집행 또는 절차의 속행의 전부 또는 일부의 정지를 결정할 수 있도록 규정하고 있는바, 행정처분의 효력정지나 집행정지를 구하는 신청사건에 있어서는 위 조항 소정의 요건의 존부만이 판단의 대상이 되는 것이고, 행정처분 자체의 적법 여부는 궁극적으로 본안재판에서 심리를 거쳐 판단할 성질의 것이어서 신청사건에서는 판단의 대상이 되지 아니한다(대결 2008. 8. 26. 2008무51).

행정처분의 효력정지나 집행정지를 구하는 신청사건에 있어서 집행정지사건 자체에 의하여도 본안청구가 적법한 것이어야 한다는 점이 집행정지의 요건인지 여부

행정처분의 효력정지나 집행정지를 구하는 신청사건에 있어서는 행정처분 자체의 적법 여부는 궁극적으로 본안재판에서 심리를 거쳐 판단할 성질의 것이므로 원칙적으로 판단할 것이 아니고, 그 행정처분의 효력이나 집행을 정지할 것인가에 관한 「행정소송법」 제23조 제2항 소정의 요건의 존부만이 판단의 대상이 된다고 할 것이지만, 나아가 집행정지는 행정처분의 집행부정지원칙의 예외로서 인정되는 것이고 또 본안에서 원고가 승소할 수 있는 가능성을 전제로 한 권리보호수단이라는 점에 비추어 보면 집행정지사건 자체에 의하여도 신청인의 본안청구가 적법한 것이어야 한다는 것을 집행정지의 요건에 포함시켜야 한다(대결 1999. 11. 26. 99부3).

행정처분의 효력정지나 집행정지 사건 자체에 의하여 신청인의 본안 청구가 이유 없음이 명백하지 않아야 한다는 것이 효력정지나 집행정지의 요건인지 여부

본안 소송에서 처분의 취소가능성이 없음에도 처분의 효력이나 집행의 정지를 인정한다는 것은 제도의 취지에 반하므로 효력정지나 집행정지사건 자체에 의하여도 신청인의 본안 청구가 이유 없음이 명백하지 않아야 한다는 것도 효력정지나 집행정지의 요건에 포함시켜야 한다(대결 2008. 5. 6. 2007무147; 대결 2007. 7. 13. 2005무85; 대결 2004. 5. 17. 2004무6).

ⓒ 집행정지 요건의 주장·소명책임

행정소송법 제23조 제3항 소정의 집행정지의 소극적 요건인 '공공복리에 중대한 영향을 미칠 우려'의 의미 및 그 주장·소명책임의 소재(행정청)

[1] 「행정소송법」 제23조 제3항에서 집행정지의 요건으로 규정하고 있는 '공공복리에 중대한 영향을 미칠 우려'가 없을 것이라고 할 때의 '공공복리'는 그 처분의 집행

과 관련된 구체적이고도 개별적인 공익을 말하는 것으로서 이러한 집행정지의 소극적 요건에 대한 주장·소명책임은 행정청에게 있다.

[2] 「독점규제 및 공정거래에 관한 법률」상의 과징금 부과의 사유와 그 산정시 참작하여야 할 사항 및 그 납부와 관련된 유예제도의 내용을 종합하여 보면, 같은 법의 과징금 납부명령은 그 발령과 집행에 있어 이미 위반행위의 태양과 같은 객관적 사유뿐만 아니라 해당 사업자의 사업여건이나 자금사정 등과 같은 주관적 사항을 아울러 고려하게 되어 있는 것이어서, 그 집행에 따른 손해도 통상의 경우에는 사후의 금전배상에 의하여 그 전보가 가능한 경제적 손실에 그치는 것으로 볼 수가 있으나, 그렇다고 하여 구체적인 경우에 그 집행에 따른 경제적 손실이 기업 경영 전반에 미치는 파급효과로 말미암아 해당 사업자의 전체 자금사정이나 사업에 중대한 영향을 미칠 가능성을 일률적으로 배제할 수는 없고 그러한 사유가 있는 경우에는 과징금 납부명령의 집행으로 인한 손해의 추상적 성질 또는 태양이 재산상의 손해에 속한다고 하여 언제나 '회복할 수 없는 손해'에 해당하지 아니한다고 단정할 수 없지만, 구체적 사건에서 그러한 사유로 인하여 '회복할 수 없는 손해'가 발생할 것으로 인정하기 위하여는 어디까지나 당해 과징금 납부명령의 집행정지를 구하는 신청인측에서 그에 관한 주장·소명책임을 다하여야만 한다(대결 1999. 12. 20. 99무42).

㉢ 집행정지의 대상

산업기능요원 편입 당시 지정업체의 해당 분야에 종사하지 아니하였음을 이유로 한 산업기능요원편입취소처분에 대한 집행정지의 경우, 그 절차의 속행정지 외에 처분 자체에 대한 효력정지는 허용되지 아니한다

산업기능요원 편입 당시 지정업체의 해당 분야에 종사하지 아니하였음을 이유로 산업기능요원의 편입이 취소된 사람은 편입되기 전의 신분으로 복귀하여 현역병으로 입영하게 하거나 공익근무요원으로 소집하여야 하는 것으로 되어 있는데, 그 취소처분에 의하여 생기는 손해로서 그동안의 근무실적이 산업기능요원으로서 종사한 것으로 인정받지 못하게 된 손해 부분은 본안소송에서 그 처분이 위법하다고 하여 취소하게 되면 그 취소판결의 소급효만으로 그대로 소멸되게 되므로, 그 부분은 그 처분으로 인하여 생기는 회복할 수 없는 손해에 해당한다고 할 수가 없고, 결국 그 취소처분으로 인하여 입게 될 회복할 수 없는 손해는 그 처분에 의하여 산업기능요원 편입이 취소됨으로써 편입 이전의 신분으로 복귀하여 현역병으로 입영하게 되거나 혹은 공익근무요원으로 소집되는 부분이라고 할 것이며, 이러한 손해에 대한 예방은 그 처분의 효력을 정지하지 아니하더라도 그 후속절차로 이루어지는 현역병 입영처분이나 공익근무요원 소집처분 절차의 속행을 정지함으로써 달성할 수가 있으므로, 산업기능요원편입취소처분에 대한 집행정지로서는 그 후속절차의 속행정지만이 가능하고 그 처분 자체에 대한 효력정지는 허용되지 아니한다(대결 2000. 1. 8. 2000무35).

㉣ 집행정지결정의 효력

행정처분 집행정지결정의 효력 시한

「행정소송법」 제23조에 의한 집행정지결정의 효력은 결정주문에서 정한 시기까지 존속하며 그 시기의 도래와 동시에 효력이 당연히 소멸하는 것이므로, 일정기간 동안 영업을 정지할 것을 명한 행정청의 영업정지처분에 대하여 법원이 집행정지결정을 하면서 주문에서 당해 법원에 계속중인 본안소송의 판결선고시까지 처분의 효력을 정지한다고 선언하였을 경우에는 처분에서 정한 영업정지기간의 진행은 그 때까지 저지되는 것이고 본안소송의 판결선고에 의하여 당해 정지결정의 효력은 소멸하고 이와 동시에 당초의 영업정지처분의 효력이 당연히 부활되어 처분에서 정하였던 정지기간(정지결정 당시 이미 일부 진행되었다면 나머지 기간)은 이때부터 다시 진행한다(대판 1999. 2. 23. 98두14471).

㉤ 집행정지결정의 취소

정지결정이 취소되면 그 정지기간은 이때부터 다시 진행한다

행정처분 효력정지결정으로 행정처의 지정기간이 지나갔다 하여도 그 집행정지결정은 잠정적으로 그 처분의 집행 그 자체 내지 그 처분의 효력발생을 정지할 따름이고, 그 정지결정이 취소되면 그 정지기간은 특별한 사정이 없는 한 이때부터 다시 진행한다 할 것이므로 그 집행정지 결정을 취소할 실익이 있다(대결 1970. 11. 20. 70그4).

② 가처분

「행정소송법」에서는 가처분에 관한 규정을 두고 있지 않다. 따라서 「민사소송법」상의 가처분규정을 행정소송에 준용하여 행정소송에서도 가처분을 인정할 수 있는지에 대하여 인정설, 부정설, 제한적 긍정설 등의 견해대립이 있다.

제한적 긍정설은 집행정지제도에 의해 가구제의 목적을 달성할 수 있는 경우에는 가처분을 인정할 여지가 없지만, 집행정지의 대상이 될 수 없는 거부처분의 경우와 같이 집행정지제도로서는 가구제의 목적을 달성할 수 없는 때에는 행정소송에도 가처분을 인정할 수 있다는 견해로, 유력한 견해이다.

판례는 부정설에 따른다.

민사소송법상의 가처분으로써 행정행위의 금지를 구할 수 없다
「민사소송법」상의 보전처분은 민사판결절차에 의하여 보호받을 수 있는 권리에 관한 것이므로, 민사소송법상의 가처분으로써 행정청의 어떠한 행정행위의 금지를 구하는 것은 허용될 수 없다 할 것이다(대결 2011. 4. 18. 2010마1576; 대결 1992. 7. 6. 92마54).

구 도시 및 주거환경정비법에 따른 주택재건축정비사업조합이 수립한 사업시행계획이 인가·고시를 통해 확정된 후의 쟁송 방법(인가된 사업시행계획에 대한 항고소송) 및 이러한 항고소송의 대상이 되는 행정처분의 효력이나 집행 혹은 절차속행 등의 정지를 구하는 방법(행정소송법상 집행정지신청)
재건축정비사업조합이 행정주체의 지위에서 수립한 사업시행계획은 인가·고시를 통해 확정되면 이해관계인에 대한 구속적 행정계획으로서 독립된 행정처분에 해당하고, 이와 같은 사업시행계획안에 대한 조합 총회결의는 그 행정처분에 이르는 절차적 요건 중 하나에 불과한 것으로서, 그 계획이 확정된 후에는 항고소송의 방법으로 계획의 취소 또는 무효확인을 구할 수 있을 뿐, 절차적 요건에 불과한 총회결의 부분만을 대상으로 그 효력 유무를 다투는 확인의 소를 제기하는 것은 허용되지 아니하고, 한편 이러한 항고소송의 대상이 되는 행정처분의 효력이나 집행 혹은 절차속행 등의 정지를 구하는 신청은 「행정소송법」상 집행정지신청의 방법으로서만 가능할 뿐 「민사소송법」상 가처분의 방법으로는 허용될 수 없다(대결 2009. 11. 2. 2009마596).

(11) 취소소송의 심리

① 취소소송의 절차 — 행정소송 심리의 특수절차

「행정소송법」 제26조는 "법원은 필요하다고 인정할 때에는 직권으로 증거조사를 할 수 있고, 당사자가 주장하지 아니한 사실에 대하여도 판단할 수 있다"고 하여 변론주의에 대한 예외를 인정하고 있다.

「행정소송법」 제26조의 규정에 대하여 법원이 아무런 제한없이 당사자가 주장하지 않는 사실을 판단할 수 있다는 것은 아니며, 원고의 청구범위를 유지하면서 그 범위 내에서 공익상 필요에 따라 청구 이외의 사실에 대하여도 판단할 수 있다는 견해(변론주의보충설)와 당사자가 주장하지 않은 사실에 대하여도 직권으로 이를 탐지하여 재판의 자료로 삼을 수 있다는 의미의 규정으로 이해하는 견해(직권탐지주의설)가 있다. 변론주의보충설이 다수설이다.

대법원도 변론주의보충설의 입장이다.

행정소송법 제26조의 의미

「행정소송법」 제26조가 법원은 필요하다고 인정할 때에는 직권으로 증거조사를 할 수 있고, 당사자가 주장하지 아니한 사실에 대하여도 판단할 수 있다"고 규정하고 있지만, 이는 행정소송의 특수성에 연유하는 당사자주의, 변론주의에 대한 일부 예외규정일 뿐 법원이 아무런 제한없이 당사자가 주장하지 아니한 사실을 판단할 수 있는 것은 아니고, 일건 기록에 현출되어 있는 사항에 관하여서만 직권으로 증거조사를 하고 이를 기초로 하여 판단할 수 있을 따름이고, 그것도 법원이 필요하다고 인정할 때에 한하여 청구의 범위 내에서 증거조사를 하고 판단할 수 있을 뿐이다(대판 1994. 4. 26. 92누17402; 대판 1994. 10. 11. 94누4820).

법원의 석명권 행사의 내용 및 그 한계

법원의 석명권 행사는 당사자의 주장에 모순된 점이 있거나 불완전·불명료한 점이 있을 때에 이를 지적하여 정정·보충할 수 있는 기회를 주고, 계쟁 사실에 대한 증거의 제출을 촉구하는 것을 그 내용으로 하는 것으로, 당사자가 주장하지도 아니한 법률효과에 관한 요건사실이나 독립된 공격방어방법을 시사하여 그 제출을 권유함과 같은 행위를 하는 것은 변론주의의 원칙에 위배되는 것으로 석명권 행사의 한계를 일탈하는 것이 된다(대판 2001. 1. 16. 99두8107).

② 취소소송에서의 주장책임과 입증책임

㉠ 주장책임

대법원은 원고가 처분의 구체적인 위법사실을 주장하여야 한다고 본다.

행정소송에서의 주장책임

행정소송에 있어서 특별한 사정이 있는 경우를 제외하면 당해 행정처분의 적법성에 관하여는 행정청이 이를 주장·입증하여야 할 것이나 행정소송에 있어서 직권주의가 가미되어 있다고 하더라도 여전히 변론주의를 기본구조로 하는 이상 행정처분의 위법을 들어 그 취소를 청구함에 있어서는 직권조사사항을 제외하고는 그 취소를 구하는 자가 위법사유에 해당하는 구체적 사실을 먼저 주장하여야 한다(대판 2001. 1. 16. 99두8107; 대판 1994. 11. 25. 94누9047).

원처분의 취소를 구하는 소송에서 재결 자체의 고유한 위법사유를 주장할 수 없다

행정처분에 대한 행정심판의 재결에 이유모순의 위법이 있다는 사유는 재결처분 자체에 고유한 하자로서 재결처분의 취소를 구하는 소송에서는 그 위법사유로서 주장할 수 있으나, 원처분의 취소를 구하는 소송에서는 그 취소를 구할 위법사유로서 주장할 수 없다(대판 1996. 2. 13. 95누8027).

행정처분이나 행정심판 재결이 불복기간의 경과로 확정된 경우, 그 확정력의 의미

일반적으로 행정처분이나 행정심판 재결이 불복기간의 경과로 인하여 확정될 경우 그 확정력은, 그 처분으로 인하여 법률상 이익을 침해받은 자가 당해 처분이나 재결의 효력을 더 이상 다툴 수 없다는 의미일 뿐, 더 나아가 판결에 있어서와 같은 기판력이 인정되는 것은 아니어서 그 처분의 기초가 된 사실관계나 법률적 판단이 확정되고 당사자들이나 법원이 이에 기속되어 모순되는 주장이나 판단을 할 수 없게 되는 것은 아니다(대판 2004. 7. 8. 2002두11288).

㉡ 입증책임

대법원은 기본적으로 법률요건분류설의 관점에서 입증책임을 분배하고 있다. 법률요건분류설에 따르면, 자기에게 유리한 법률효과를 주장하는 당사자는 그 효과를 요건사실에 관하여 입증책임을 진다.

항고소송에 있어서 행정처분의 적법성에 관한 입증책임

「민사소송법」의 규정이 준용되는 행정소송에 있어서 입증책임은 원칙적으로 민사소송의 일반원칙에 따라 당사자간에 분배되고 항고소송의 경우에는 그 특성에 따라 당해 처분의 적법을 주장하는 피고에게 그 적법사유에 대한 입증책임이 있다 할 것인바 피고가 주장하는 당해 처분의 적법성이 합리적으로 수긍할 수 있는 일응의 입증이 있는 경우에는 그 처분은 정당하다 할 것이며 이와 상반되는 주장과 입증은 그 상대방인 원고에게 그 책임이 돌아간다고 할 것이다(대판 1984. 7. 24. 84누124).

국민에게 일정한 이익과 권리를 취득하게 한 행정처분을 취소하는 경우에 있어서의 그 취소 필요성의 입증책임

행정처분에 있어서 하자 또는 취소하여야 할 공공의 필요성에 대한 입증책임은 기존의 이익과 권리를 침해하는 처분을 한 당해 행정청에 있다(대판 1964. 5. 26. 63누142).

불허가처분의 적법성에 대한 주장 입증책임

허가신청에 대하여 허가기준 미달을 이유로 불허가한 처분이 적법하다는 주장과 입증의 책임은 처분청에게 있다(대판 1986. 4. 8. 86누107).

행정처분 무효확인소송에 있어서 하자에 대한 입증책임

행정처분의 당연무효를 구하는 소송에 있어서 그 무효를 구하는 사람에게 그 행정처분에 존재하는 하자가 중대하고 명백하다는 것을 주장 입증할 책임이 있다(대판 1984. 2. 28. 82누154).

행정소송에 있어서 행정처분의 존부가 직권조사 사항인지 여부

행정소송에 있어서 쟁송의 대상이 되는 행정처분의 존부는 소송요건으로서 직권조사사항이라 할 것이고 자백의 대상이 될 수는 없다고 할 것이므로 설사 그 존재를 당사자들이 다투지 아니한다고 하더라도 그 존부에 관하여 의심이 있는 경우에는 이를 직권으로 밝혀 보아야 한다(대판 1986. 7. 8. 84누653).

형사사건에 관련된 민사 및 행정소송에서 형사사건에서 인정한 것과 반대되는 사실의 인정하여서는 아니된다

형사사건의 판결에서 인정된 사실은 그와 관련된 민사나 행정소송에서 유력한 증거자료가 되는 것이므로 특별한 사정이 없는 한 형사사건에서 인정된 것과 반대되는 사실을 인정하여서는 아니된다(대판 1981. 1. 27. 80누13).

검사의 무혐의불기소처분의 민사재판에서의 증명력

행정재판이나 민사재판은 반드시 검사의 무혐의불기소처분사실에 대하여 구속받는 것은 아니고 법원은 증거에 의한 자유심증으로써 그와 반대되는 사실을 인정할 수 있다(대판 1987. 10. 26. 87누493).

과세처분의 적법 여부에 대한 판단의 기준시

과세처분의 위법을 다투는 행정소송에 있어서 그 처분의 적법 여부는 과세액이 정당한 세액을 초과하느냐의 여부에 따라 판단되는 것으로서 당사자는 소송변론종결시까지 객관적인 조세채무액을 뒷받침하는 주장과 증거를 제출할 수 있다(대판 1989. 6. 27. 87누448).

전심절차에서 주장하지 않은 공격방어방법을 행정소송절차에서 주장할 수 있다

행정소송이 전심절차를 거쳤는지 여부를 판단함에 있어서 전심절차에서의 주장과 행정소송에서의 주장이 전혀 별개의 것이 아닌 한 그 주장이 반드시 일치하여야 하는 것은 아니고, 당사자는 전심절차에서 미처 주장하지 아니한 사유를 공격방어방법으로 제출할 수 있다(대판 1999. 11. 26. 99두9407).

③ 처분사유의 사후변경

처분사유의 사후변경(추가·변경)이 가능한지에 대해 긍정설, 부정설, 제한적 긍정설의 견해대립이 있다.

소송경제의 관점과 상대방의 신뢰보호 및 공격·방어권 보장과의 조화를 이룰 필요성이 있다는 측면에서, 일정한 한계 내에서만 제한적으로 처분사유의 추가·변경이 허용되어야 한다는 제한적 긍정설이 다수설의 태도이다.

이에 따르면, 처분사유의 기초가 되는 사실의 동일성을 해치지 않는 범위에서만 처분사유의 추가·변경이 허용된다고 본다. 대법원은 제한적 긍정설과 대체로 동일한 태도를 취하여, 당초에 처분근거로 삼은 사유와 기본적 사실관계의 동일성이 인정되는 한도 내에서만 다른 처분사유의 추가·변경을 인정하고 있다.

기본적 사실관계의 동일성의 판단

행정처분의 취소를 구하는 소송에 있어서는 실질적 법치주의와 행정처분의 상대방인 국민에 대한 신뢰보호라는 견지에서, 처분청은 당초의 처분사유와 기본적 사실관계에 있어서 동일성이 인정되는 한도 내에서만 새로운 처분사유를 추가하거나 변경할 수 있을 뿐, 기본적 사실관계와 동일성이 없는 별개의 사실을 들어 처분사유로서 주장함은 허용되지 아니하고, 법원으로서도 당초 처분사유와 기본적 사실관계의 동일성이 없는 사실은 이를 처분사유로 인정할 수 없다고 할 것이며, 여기서 기본적 사실관계의 동일성 유무는 처분사유를 법률적으로 평가하기 이전의 구체적인 사실에 착안하여 그 기초가 되는 사회적 사실관계가 기본적인 점에서 동일한지 여부에 따라 결정된다(대판 2001. 3. 23. 99두6392).

항고소송에서 행정청이 처분의 근거 사유를 추가하거나 변경하기 위한 요건인 '기본적 사실관계의 동일성' 유무의 판단 방법

행정처분의 취소를 구하는 항고소송에서 처분청은 당초 처분의 근거로 삼은 사유와 기본적 사실관계가 동일성이 있다고 인정되는 한도 내에서만 다른 사유를 추가 또는 변경할 수 있고, 이러한 기본적 사실관계의 동일성 유무는 처분사유를 법률적으로 평가하기 이전의 구체적 사실에 착안하여 그 기초인 사회적 사실관계가 기본적인 점에서 동일한지에 따라 결정되므로, 추가 또는 변경된 사유가 처분 당시에 이미 존재하고 있었다거나 당사자가 그 사실을 알고 있었다고 하여 당초의 처분사유와 동일성이 있다고 할 수 없다. 그리고 이러한 법리는 행정심판 단계에서도 그대로 적용된다(대판 2014. 5. 16. 2013두26118).

취소소송에서 행정청의 처분사유의 추가·변경 시한(사실심 변론종결시)

행정청은 기본적 사실관계의 동일성이 있다고 인정되는 한도 내에서만 다른 처분사유를 추가, 변경할 수 있다고 할 것이나 이는 사실심 변론종결시까지만 허용된다(대판 1999. 8. 20. 98두17043).

과세처분취소소송에서 새로운 자료의 제출 및 처분사유의 교환·변경 시한(사실심 변론종결시)

과세관청은 소송 도중이라도 당해 처분에서 인정한 과세표준 또는 세액의 정당성을 뒷받침할 수 있는 새로운 자료를 제출하거나 처분의 동일성이 유지되는 범위 내에서 그 사유를 교환·변경할 수 있다고 할 것이나 이는 사실심 변론종결시까지만 허용된다(대판 1999. 2. 9. 98두16675).

행정처분의 취소를 구하는 항고소송에 있어서 당초 처분의 근거로 삼은 사유와 기본적 사실관계의 동일성이 없는 별개의 사실을 처분사유로 주장할 수 없다

행정처분의 취소를 구하는 항고소송에 있어서 그 처분의 위법 여부는 처분 당시를 기준으로 판단하여야 하는 것이고, 처분청은 당초 처분의 근거로 삼은 사유와 기본적 사실관계에 있어서 동일성이 있다고 인정되지 않는 별개의 사실을 들어 처분사유로 주장함은 허용되지 아니한다(대판 2005. 4. 15. 2004두10883).

행정처분의 취소를 구하는 항고소송에 있어서 당초의 처분사유와 기본적 사실관계의 동일성이 없는 별개의 사실을 처분사유로 주장하는 것을 허용하지 아니하는 입법취지

행정처분의 취소를 구하는 항고소송에 있어서, 처분청은 당초 처분의 근거로 삼은 사유와 기본적 사실관계가 동일성이 있다고 인정되는 한도 내에서만 다른 사유를 추가하거나 변경할 수 있고, 여기서 기본적 사실관계의 동일성 유무는 처분사유를 법률적으로 평가하기 이전의 구체적인 사실에 착안하여 그 기초인 사회적 사실관계가 기본적인 점에서 동일한지 여부에 따라 결정되며 이와 같이 기본적 사실관계와 동일성이 인정되지 않는 별개의 사실을 들어 처분사유로 주장하는 것이 허용되지 않는다고 해석하는 이유는 행정처분의 상대방의 방어권을 보장함으로써 실질적 법치주의를 구현하고 행정처분의 상대방에 대한 신뢰를 보호하고자 함에 그 취지가 있고, 추가 또는 변경된 사유가 당초의 처분시 그 사유를 명기하지 않았을 뿐 처분시에 이미 존재하고 있었고 당사자도 그 사실을 알고 있었다 하여 당초의 처분사유와 동일성이 있는 것이라 할 수 없다(대판 2003. 12. 11. 2001두8827).

기본적 사실관계의 동일성을 인정한 판례

㉠ 지입제 운영행위에 대하여 자동차운송사업면허를 취소한 행정처분에 있어서, 당초의 취소근거로 삼은 「자동차운수사업법」 제26조를 위반하였다는 사유와 직영으로 운영하도록 한 면허조건을 위반하였다는 사유는 기본적 사실관계에 있어서 동일하다(대판 1992. 10. 9. 92누213).

㉡ 당초에 적시한 구체적 사실을 변경하지 아니한 채, 단순히 근거 법조만을 추가·변경한 것은 처분사유의 추가·변경이라고 할 수 없다(대판 1998. 4. 24. 96누13286).

㉢ 행정처분의 취소를 구하는 항고소송에 있어서는 실질적 법치주의와 행정처분의 상대방인 국민에 대한 신뢰보호라는 견지에서 처분청은 당초 처분의 근거로 삼은 사

유와 기본적 사실관계에 있어서 동일성이 있다고 인정되지 않는 별개의 사실을 들어 처분사유로 주장함은 허용되지 아니하나, 당초 처분의 근거로 삼은 사유와 기본적 사실관계에 있어서 동일성이 있다고 인정되는 한도 내에서는 다른 사유를 추가하거나 변경할 수 있고, 여기서 기본적 사실관계의 동일성 유무는 처분사유를 법률적으로 평가하기 이전의 구체적인 사실에 착안하여 그 기초가 되는 사회적 사실관계가 기본적인 점에서 동일한지 여부에 따라 결정된다. 주택신축을 위한 산림형질변경허가신청에 대하여 행정청이 거부처분을 하면서 당초 거부처분의 근거로 삼은 준농림지역에서의 행위제한이라는 사유와 나중에 거부처분의 근거로 추가한 자연경관 및 생태계의 교란, 국토 및 자연의 유지와 환경보전 등 중대한 공익상의 필요라는 사유는 기본적 사실관계에 있어서 동일성이 인정된다(대판 2004. 11. 26. 2004두4482).

㉣ 토지형질변경 불허가처분의 당초의 처분사유인 국립공원에 인접한 미개발지의 합리적인 이용대책 수립시까지 그 허가를 유보한다는 사유와 그 처분의 취소소송에서 추가하여 주장한 처분사유인 국립공원 주변의 환경·풍치·미관 등을 크게 손상시킬 우려가 있으므로 공공목적상 원형유지의 필요가 있는 곳으로서 형질변경허가 금지 대상이라는 사유는 기본적 사실관계에 있어서 동일성이 인정된다(대판 2001. 9. 28. 2000두8684).

㉤ 성립에 다툼이 없는 을 제3호증의 기재에 의하면 동래구청장은 원고가 제출한 이 사건 허가신청에 대하여 관계법 및 부산시 고시 동래구 허가기준에 의거 검토한 결과 허가기준에 맞지 않아 허가신청을 반려한다고 하였는바 그 취지는 다른 허가기준에는 들어맞으나 소론과 같은 액화석유가스판매업 허가기준 보완시행 안에 정하여진 허가기준에 맞지 아니하여 허가신청을 반려한다는 의미라고 할 수는 없고 위에서 본 모든 허가기준에 의거하여 검토한 결과 그 허가기준(원고에 대하여는 이격거리에 관한 허가기준을 나타내는 것이라 함은 위에서 본 바와 같다)에 맞지 아니하여 반려한다는 것으로 이해되는 바이니 피고가 이 사건에서 이격거리 기준위배를 반려사유로 주장하는 것은 그 처분의 사유를 구체적으로 표시하는 것이지 당초의 처분사유와 기본적 사실관계와 동일성이 없는 별개의 또는 새로운 처분사유를 추가하거나 변경하는 것이라고 할 수는 없다(대판 1989. 7. 25. 88누11926).

㉥ 행정처분의 취소를 구하는 항고소송에 있어 처분청은 당초 처분의 근거로 삼은 사유와 기본적 사실관계가 동일성이 있다고 인정되는 한도 내에서는 다른 사유를 추가하거나 변경할 수도 있으나 기본적 사실관계가 동일하다는 것은 처분사유를 법

률적으로 평가하기 이전의 구체적인 사실에 착안하여 그 기초인 사회적 사실관계가 기본적인 점에서 동일한 것을 말하며, 처분청이 처분 당시에 적시한 구체적 사실을 변경하지 아니하는 범위 내에서 단지 그 처분의 근거법령만을 추가·변경하거나 당초의 처분사유를 구체적으로 표시하는 것에 불과한 경우에는 새로운 처분사유를 추가하거나 변경하는 것이라고 볼 수 없다(대판 2007. 2. 8. 2006두4899; 대판 2008. 2. 28. 2007두13791, 13807).

ⓢ 행정청이 폐기물처리사업계획 부적정 통보처분을 하면서 그 처분사유로 사업예정지에 폐기물처리시설을 설치할 경우 인근 농지의 농업경영과 농어촌 생활유지에 피해를 줄 것이 예상되어 「농지법」에 의한 농지전용이 불가능하다는 사유 등을 내세웠다가, 위 행정처분의 취소소송에서 사업예정지에 폐기물처리시설을 설치할 경우 인근 주민의 생활이나 주변 농업활동에 피해를 줄 것이 예상되어 폐기물처리시설 부지로 적절하지 않다는 사유를 주장한 경우에, 두 처분사유는 모두 인근 주민의 생활이나 주변 농업활동의 피해를 문제삼는 것이어서 기본적 사실관계가 동일하므로, 행정청은 위 행정처분의 취소소송에서 후자의 처분사유를 추가로 주장할 수 있다(대판 2006. 6. 30. 2005두364).

ⓞ 행정처분의 취소를 구하는 항고소송에 있어서, 처분청은 당초 처분의 근거로 삼은 사유와 기본적 사실관계가 동일성이 있다고 인정되는 한도 내에서만 다른 사유를 추가하거나 변경할 수 있고, 여기서 기본적 사실관계의 동일성 유무는 처분사유를 법률적으로 평가하기 이전의 구체적인 사실에 착안하여 그 기초인 사회적 사실관계가 기본적인 점에서 동일한지 여부에 따라 결정되며, 추가 또는 변경된 사유가 당초의 처분시 그 사유를 명기하지 않았을 뿐 처분시에 이미 존재하고 있었고 당사자도 그 사실을 알고 있었다 하여 당초의 처분사유와 동일성이 있는 것이라 할 수 없다. 당초의 정보공개거부처분사유인 검찰보존사무규칙 제20조 소정의 신청권자에 해당하지 아니한다는 사유는 새로이 추가된 거부처분사유인 「공공기관의 정보공개에 관한 법률」 제7조 제1항 제6호의 사유와 그 기본적 사실관계의 동일성이 있다(대판 2003. 12. 11. 2003두8395).

ⓩ 행정처분이 적법한가의 여부는 특별한 사정이 없는 한 처분 당시의 사유를 기준으로 판단하면 되는 것이고 처분청이 처분당시에 적시한 구체적 사실을 변경하지 아니하는 범위 안에서 단지 그 처분의 근거법령만을 추가·변경하는 것은 새로운 처분사유의 추가라고 볼 수 없으므로 이와 같은 경우에는 처분청이 처분 당시에 적시

한 구체적 사실에 대하여 처분 후에 추가·변경한 법령을 적용하여 그 처분의 적법 여부를 판단하여도 무방하다(대판 1988. 1. 19. 87누603).

ⓩ 과세관청이 법인의 익금이 임원 또는 주주들에게 사외유출된 것으로 보아 구 법인세법 시행령 제94조의2 규정에 근거하여 소득금액을 지급한 것으로 의제하는 소득처분을 한 후 그에 대한 과세처분취소소송의 사실심변론종결시까지 위 소득처분과는 별도로, 당해 원천징수소득세 징수처분의 정당성을 뒷받침하기 위하여 같은 소득금액이 대표이사나 출자자에게 현실적 소득으로 귀속되었다는 주장과 함께 합산과세되는 종합소득의 범위 안에서 그 소득의 원천만을 달리 주장하는 것은 처분의 동일성이 유지되는 범위 내의 처분사유 변경에 해당하여 허용된다 할 것이고, 한편 처분의 동일성이 유지되는 범위 내에서 처분사유를 변경하는 것은 새로운 처분이라 할 수 없으므로, 국세부과의 제척기간이나 국세징수권의 소멸시효가 경과되었는지 여부도 당초의 처분시를 기준으로 판단할 것이지 처분사유의 변경시를 기준으로 판단할 것은 아니다(대판 2000. 3. 28. 98두16682).

기본적 사실관계의 동일성을 부정한 판례

㉠ 입찰참가자격을 제한시킨 당초의 처분사유인 정당한 이유 없이 계약을 이행하지 않은 사실과, 항고소송에서 새로 주장한 계약의 이행과 관련하여 관계 공무원에게 뇌물을 준 사실은 기본적 사실관계의 동일성이 없다(대판 1999. 3. 9. 98두18565).

㉡ 토석채취허가신청에 대한 반려처분의 당초의 처분사유인 인근주민들의 동의서를 제출하지 아니하였다는 것과 항고소송에서 새로 주장한 토석채취를 하게 되면 자연경관이 심히 훼손되고 암반의 발파시 생기는 소음, 토석운반차량의 통행시 일어나는 소음, 먼지의 발생, 토석채취장에서 흘러 내리는 토사가 부근의 농경지를 매몰할 우려가 있다는 것은 기본적 사실관계의 동일성이 없다(대판 1992. 8. 18. 91누3659).

㉢ 실체적인 사유는 원고의 신청서를 반려한 이 사건 처분에서 당초 처분사유로 삼았던 구비서류의 미비라는 형식적 사유와는 그 기본적 사실관계에 있어 동일성이 없다(대판 1999. 11. 26. 97누13474).

㉣ 행정처분취소 소송에 있어서 처분청은 당초의 처분사유와 기본적 사실관계에 있어서 동일성이 인정되는 한도 내에서만 새로운 처분사유를 추가하거나 변경할 수 있고, 기본적 사실관계와 동일성이 전혀 없는 별개의 사실을 들어 처분사유로서 주장함은 허용되지 아니하는바, 피고의 이 사건 처분사유인 기존 공동사업장과의 거리

제한규정에 저촉된다는 사실과 피고 주장의 최소 주차용지에 미달한다는 사실은 기본적 사실관계를 달리하는 것임이 명백하여 피고가 이를 새롭게 처분사유로서 주장할 수는 없는 것이다(대판 1995. 11. 21. 95누10952).

ⓜ 행정처분의 취소를 구하는 항고소송에 있어서 처분청은 당초처분의 근거로 삼은 사유와 기본적 사실관계가 동일성이 있다고 인정되는 한도 내에서만 다른 사유를 추가하거나 변경할 수 있을 뿐, 기본적 사실관계와 동일성이 인정되지 않는 별개의 사실을 들어 처분사유로서 주장함은 허용되지 아니한다는 것이 당원의 일관된 견해인바, 피고는 이 사건 주류면허에 붙은 지정조건 제6호에 따라 원고의 무자료 주류 판매 및 위장거래 금액이 부가가치세 과세기간별 총 주류판매액의 100분의 20 이상에 해당한다는 이유로 피고에게 유보된 취소권을 행사하여 위 면허를 취소하였음이 분명한바, 피고가 이 사건 소송에서 위 면허의 취소사유로 새로 내세우고 있는 위 지정조건 제2호 소정의 무면허 판매업자에게 주류를 판매한 때 해당한다는 것은 피고가 당초 위 면허취소처분의 근거로 삼은 사유와 기본적 사실관계가 다른 사유이므로 피고는 이와 같은 사유를 위 면허취소처분의 근거로 주장할 수 없다고 보아야 할 것이다(대판 1996. 9. 6. 96누7427).

ⓑ 의료보험요양기관 지정취소처분의 당초의 처분사유인 구 의료보험법 제33조 제1항이 정하는 본인부담금 수납대장을 비치하지 아니한 사실과 항고소송에서 새로 주장한 처분사유인 같은 법 제33조 제2항이 정하는 보건복지부장관의 관계서류 제출명령에 위반하였다는 사실은 기본적 사실관계의 동일성이 없다(대판 2001. 3. 23. 99두6392).

ⓢ 이 사건 각 광구가 도시계획지구 등에 해당하여 광물을 채굴함이 공익을 해하므로 「광업법」 제29조에 의하여 원고의 이 사건 광업권설정출원을 불허가하였다는 당초의 처분사유와 그 기본적 사실관계가 동일하다고 볼 수 없다(대판 1987. 7. 21. 85누694).

ⓞ 추가 또는 변경된 사유가 당초의 처분시 그 사유를 명기하지 않았을 뿐 처분시에 이미 존재하고 있었고 당사자도 그 사실을 알고 있었다 하여 당초의 처분사유와 동일성이 있는 것이라 할 수 없다. 당초의 정보공개거부처분사유인 「공공기관의 정보공개에 관한 법률」 제7조 제1항 제4호 및 제6호의 사유는 새로이 추가된 같은 항 제5호의 사유와 기본적 사실관계의 동일성이 없다(대판 2003. 12. 11. 2001두8827).

ⓙ 이 사건 토지가 제1종 일반주거지역으로 지정된 것은 이 사건 처분 이후에 새로이

발생한 사정으로 당초 처분사유와 기본적 사실관계의 동일성이 있다고 보기 어려워, 피고가 이를 이 사건 처분의 적법 여부를 판단하는 근거로 주장하는 것은 단지 당초 처분사유를 보완하는 간접사실을 부가하여 주장하는 데 불과하다고 할 수는 없고 새로운 처분사유의 주장에 해당하여 허용될 수 없다(대판 2005. 4. 15. 2004두10883).

ⓩ 이 사건 거부처분 당시의 처분사유인 '개발제한구역의 지정 및 관리에 관한 특별조치법 시행령 제13조의 규정에 의한 배치계획이 수립되어 있지 않다'는 사유와 피고가 새로이 추가한 처분사유인 '당해 개발제한구역 또는 동일권역으로 볼 수 있는 개발제한구역 안에 개발제한구역 지정 당시나 허가 신청일 당시 거주하였다고 볼 수 없다'는 사유는 그 기본적인 사실관계에 동일성이 있다고 보기 어려워 피고의 추가 처분사유는 허용되지 않는다(대판 2007. 10. 11. 2007두9365).

ⓚ 「정보공개법」 제9조 제1항 제1호는 다른 법률 또는 법률이 위임한 명령에 의하여 비밀 또는 비공개사항으로 규정된 정보를, 제7호는 법인·단체 또는 개인의 경영·영업상 비밀에 관한 사항으로서 공개될 경우 법인 등의 정당한 이익을 현저히 해할 우려가 있다고 인정되는 정보를 각 비공개대상정보로 규정하고 있어 그 비공개사유의 요건이 되는 사실을 달리하고 있고, 「정보공개법」 제9조 제1항 제1호의 입법 취지는 비밀 또는 비공개사항으로 다른 법률 등에 규정되어 있는 경우는 이를 존중함으로써 법률 간의 마찰을 피하기 위한 것이고, 제7호의 입법 취지는 사업체인 법인 등의 사업활동에 관한 비밀의 유출을 방지하여 정당한 이익을 보호하고자 함에 있으므로, 「정보공개법」 제9조 제1항 제1호와 제7호를 비공개대상정보로 한 근거와 입법 취지가 다를 뿐 아니라 그 내용과 범위 및 요건이 다른 점 등 여러 사정을 합목적적으로 고려하여 보면, 피고가 처분사유로 추가한 「정보공개법」 제9조 제1항 제1호에서 주장하는 사유는 당초의 처분사유인 제7호에서 주장하는 사유와는 기본적 사실관계가 동일하다고 할 수 없다고 할 것이고, 추가로 주장하는 위 제1호에서 규정하고 있는 사유가 이 사건 처분 후에 새로 발생한 사실을 토대로 한 것이 아니라 당초의 처분 당시에 이미 존재한 사실에 기초한 것이라 하여 달리 볼 것은 아니라 할 것이다. 이 사건의 당초 처분사유인 이 사건 정보가 「정보공개법」 제9조 제1항 제7호의 비공개대상정보에 해당한다는 것과 추가 처분사유인 이 사건 정보가 「정보공개법」 제9조 제1항 제1호의 비공개대상정보에 해당한다는 것은 그 기초가 되는 사회적 사실관계가 기본적인 점에서 동일하다고 할 수 없으므로, 위와 같은 처분사유의 추가는 허용되지 아니한다(대판 2008. 10. 23. 2007두1798).

ⓔ 피고가 이 사건 처분의 근거로 삼은 사유는 원고가 2001. 12. 31. 당시 치의학과에 재학한 이상 그 시점에 수의학을 전공으로 재학 중에 있을 것을 요건으로 하는 이 사건 부칙조항에 해당하지 않는다는 것임에 반해, 원심이 이 사건 처분의 정당성을 인정한 근거로 삼은 사유는 원고가 당초 수의학을 전공한 대학과 그 학사학위를 취득한 대학이 같지 아니하여 개정 전 법 제9조 제2호의 요건에 해당하지 않는다는 것으로 양자의 기본적 사실관계가 동일하다고 보기는 어렵다 할 것이니, 원심판결에는 제재적 행정처분에 있어서 처분사유의 동일성에 관한 법리를 오해한 위법도 있다 할 것이다(대판 2009. 11. 26. 2009두15586).

ⓕ 행정청이 점용허가를 받지 않고 도로를 점용한 사람에 대하여 「도로법」 제94조에 의한 변상금 부과처분을 하였다가, 처분에 대한 취소소송이 제기된 후 해당 도로가 「도로법」 적용을 받는 도로에 해당하지 않을 경우를 대비하여 처분의 근거 법령을 구 「국유재산법」 제51조와 그 시행령 등으로 변경하여 주장한 사안에서, 위와 같이 근거 법령을 변경하는 것은 종전 「도로법」 제94조에 의한 변상금 부과처분과 동일성을 인정할 수 없는 별개의 처분을 하는 것과 다름 없어 허용될 수 없다(대판 2011. 5. 26. 2010두28106).

⑿ 위법판단의 기준시

처분이 행하여진 당시의 법상태 및 사실상태를 기준으로 위법 여부를 판단하여야 한다고 보는 처분시설(통설·판례)과 처분 등의 위법 여부는 사실심의 최종구두변론종결 당시의 법상태 및 사실상태를 기준으로 판단하여야 한다고 보는 판결시설의 견해가 있다. 처분 등의 존재를 전제로 하는 항고소송에는 처분시설이 타당하다. 다만, 부작위위법확인소송에서는 엄격한 의미의 처분이 존재하지 않으므로 처분시를 기준으로 할 수 없고, 판결시를 기준으로 할 수밖에 없다.

위법판단의 기준시

행정처분의 적법 여부는 특별한 사정이 없는 한 그 처분 당시를 기준으로 하여 판단하여야 하고, 처분청이 처분 이후에 추가한 새로운 사유를 보태어 처분 당시의 흠을 치유시킬 수는 없다(대판 1996. 12. 20. 96누9799).

행정처분의 위법 여부를 판단하는 기준 시점이 처분시라는 의미

항고소송에 있어서 행정처분의 적법 여부는 특별한 사정이 없는 한 그 행정처분 당시를 기준으로 하여 판단하여야 할 것이나, 여기서 행정처분의 위법 여부를 판단하는 기준시점에 대하여 판결시가 아니라 처분시라고 하는 의미는 행정처분이 있을 때의 법령과 사실상태를 기준으로 하여 위법 여부를 판단할 것이며 처분 후 법령의 개폐나 사실상태의 변동에 영향을 받지 않는다는 뜻이지 처분 당시 존재하였던 자료나 행정청에 제출되었던 자료만으로 위법 여부를 판단한다는 의미는 아니므로, 처분 당시의 사실상태 등에 대한 입증은 사실심 변론종결 당시까지 할 수 있고, 법원은 행정처분 당시 행정청이 알고 있었던 자료뿐만 아니라 사실심 변론종결 당시까지 제출된 모든 자료를 종합하여 처분 당시 존재하였던 객관적 사실을 확정하고 그 사실에 기초하여 처분의 위법 여부를 판단할 수 있다(대판 2012. 12. 13. 2011두21218; 대판 1995. 11. 10. 95누8461).

행정처분의 위법 여부 판단의 기준시점(처분시)

① 행정소송에서 행정처분의 위법 여부는 행정처분이 행하여졌을 때의 법령과 사실상태를 기준으로 하여 판단하여야 하고, 처분 후 법령의 개폐나 사실상태의 변동에 의하여 영향을 받지는 않는다(대판 2007. 5. 11. 2007두1811).

② 행정소송에서 행정처분의 위법 여부는 행정처분이 행하여졌을 때의 법령과 사실상태를 기준으로 하여 판단하여야 하고, 처분 후 법령의 개폐나 사실상태의 변동에 의하여 영향을 받지는 않으므로, 난민 인정 거부처분의 취소를 구하는 취소소송에서도 그 거부처분을 한 후 국적국의 정치적 상황이 변화하였다고 하여 처분의 적법 여부가 달라지는 것은 아니다(대판 2008. 7. 24. 2007두3930).

③ 행정처분의 위법 여부는 행정처분이 행하여졌을 때의 법령과 사실상태를 기준으로 하여 판단해야 하고, 처분 후 법령의 개폐나 사실상태의 변동에 의하여 영향을 받지 않는 것이므로, 위와 같이 기존의 도시설계가 이후에 변경되었다고 하더라도, 특별한 사정이 없으면 그 도시설계에 기초하여 이루어진 구체적인 처분이 위법한 것으로 되거나 무효로 되는 것은 아니다(대판 2012. 10. 11. 2011두8277).

부작위 위법 여부의 판단 기준시(사실심 구두변론종결시)
부작위 위법 여부의 판단 기준시는 사실심의 구두변론종결시이므로 행정청이 원심판결선고 이후에 위 신고인의 위 신청에 대하여 거부처분을 함으로써 부작위 상태가 해소되었다 하더라도 달리 볼 것은 아니다(대판 1999. 4. 9. 98두12437).

부작위위법확인소송의 변론종결시까지 행정청의 처분으로 부작위 상태가 해소된 경우 소의 이익을 상실한다
부작위위법확인의 소는 행정청이 국민의 법규상 또는 조리상의 권리에 기한 신청에 대하여 상당한 기간 내에 그 신청을 인용하는 적극적 처분 또는 각하하거나 기각하는 등의 소극적 처분을 하여야 할 법률상의 응답의무가 있음에도 불구하고 이를 하지 아니하는 경우, 판결(사실심의 구두변론 종결)시를 기준으로 그 부작위의 위법을 확인함으로써 행정청의 응답을 신속하게 하여 부작위 내지 무응답이라고 하는 소극적인 위법상태를 제거하는 것을 목적으로 하는 것이고, 나아가 당해 판결의 구속력에 의하여 행정청에게 처분 등을 하게 하고 다시 당해 처분 등에 대하여 불복이 있는 때에는 그 처분 등을 다투게 함으로써 최종적으로는 국민의 권리이익을 보호하려는 제도이므로, 소제기의 전후를 통하여 판결시까지 행정청이 그 신청에 대하여 적극 또는 소극의 처분을 함으로써 부작위상태가 해소된 때에는 소의 이익을 상실하게 되어 당해 소는 각하를 면할 수가 없는 것이다(대판 1990. 9. 25. 89누4758).

⒀ 취소소송의 판결

① 판결의 종류

㉠ 인용판결

과세처분의 취소를 명하는 판결주문의 기재방법
판결의 주문은 그 내용이 특정되어야 하고 그 주문자체에 의해 특정할 수 있어야 할 것인바 「피고가 ○○년 ○월 ○일자로 원고에 대하여 ○○사업년도 법인세 금 ○○○원을 부과한 처분중 과세표준금액 금000원에 대응하는 세액을 초과하는 부분을 취소한다」는 식의 주문기재는 피고가 부과처분한 위 세액 중 무슨 세금이 어느 범위에서 취소되는지가 불명할 뿐 아니라 취소되는 부분을 특정할 수도 없고 따라서 청구기각되는 부분도 분간할 수 없어 위 주문은 판결로서 갖추어야 할 명확성을 결한 위법한 것이다(대판 1986. 4. 8. 82누242).

무효선언 의미의 취소판결

허가신청행위가 없음에도 불구하고 피고가 내린 허가처분은 과시논지가 주장하는 것처럼 무효라고 보는 것이 옳을 것이나 원심이 취소를 명한 것은 무효인 행정처분의 무효를 확인하는 취지라 할 것이므로 원심판결에는 영향이 없게 된다. 따라서 행정처분의 무효확인을 구하는 의미에서 그 행정처분의 취소를 구하는 이 사건 청구가 부당한 청구라고 단정하지는 못한다(대판 1974. 8. 30. 74누168).

행정소송법 제4조 제1항의 '변경'의 의미

여기서의 변경이 일부취소를 의미하는 소극적 변경인지, 아니면 적극적 변경을 의미하는지에 대해서 견해의 대립이 있으나 소극적 변경으로 보는 것이 다수설이다. 대법원은 행정소송법 제4조 제1항의 '변경'의 의미를 소극적 변경으로서의 일부취소만을 의미한다고 판시하였다.

법원이 새로운 내용의 행정처분을 직접 할 수는 없으나 조세부과처분의 일부를 취소하는 것은 법원의 정당한 권한행사라 할 것이다(대판 1964. 5. 19. 63누177).

일부취소를 인정한 판례

ⓐ 외형상 하나의 행정처분이라 하더라도 가분성이 있거나 그 처분대상의 일부가 특정될 수 있다면 그 일부만의 취소도 가능하고 그 일부의 취소는 당해 취소부분에 관하여 효력이 생긴다고 할 것인바, 이는 한 사람이 여러 종류의 자동차 운전면허를 취득한 경우 그 각 운전면허를 취소하거나 그 운전면허의 효력을 정지함에 있어서도 마찬가지이다(대판 1995. 11. 16. 95누8850 전원합의체).[6]

ⓑ 법원이 행정청의 정보공개거부처분의 위법 여부를 심리한 결과 공개를 거부한 정보에 비공개대상정보에 해당하는 부분과 공개가 가능한 부분이 혼합되어 있고 공개청구의 취지에 어긋나지 아니하는 범위 안에서 두 부분을 분리할 수 있음을 인정할 수 있을 때에는, 위 정보 중 공개가 가능한 부분을 특정하고 판결의 주문에 행정청의 위 거부처분 중 공개가 가능한 정보에 관한 부분만을 취소한다고 표시하여야 한다(대판 2003. 3. 11. 2001두6425).

6 제1종 보통, 대형 및 특수 면허를 가지고 있는 자가 레이카크레인을 음주운전한 행위는 제1종 특수면허의 취소사유에 해당될 뿐 제1종 보통 및 대형 면허의 취소사유는 아니므로, 3종의 면허를 모두 취소한 처분 중 제1종 보통 및 대형 면허에 대한 부분은 이를 이유로 취소하면 될 것이나, 제1종 특수면허에 대한 부분은 원고가 재량권의 일탈·남용하여 위법하다는 주장을 하고 있음에도, 원심이 그 점에 대하여 심리·판

ⓒ 과세처분취소소송에 있어 처분의 적법 여부는 정당한 세액을 초과하느냐의 여부에 따라 판단되는 것으로서, 당사자는 사실심 변론종결시까지 객관적인 조세채무액을 뒷받침하는 주장과 자료를 제출할 수 있고, 이러한 자료에 의하여 적법하게 부과될 정당한 세액이 산출되는 때에는 그 정당한 세액을 초과하는 부분만 취소하여야 할 것이고 그 전부를 취소할 것이 아니다(대판 2001. 6. 12. 99두8930).

ⓓ 개발부담금부과처분 취소소송에 있어 당사자가 제출한 자료에 의하여 적법하게 부과될 정당한 부과금액이 산출할 수 없을 경우에는 부과처분 전부를 취소할 수밖에 없으나, 그렇지 않은 경우에는 그 정당한 금액을 초과하는 부분만 취소하여야 한다(대판 2004. 7. 22. 2002두11233).

일부취소를 부정한 판례(전부취소를 인정한 판례)

ⓐ 행정청이 영업정지 처분을 함에 있어서 그 정지기간을 어느 정도로 정할 것인지는 행정청의 재량권에 속하는 사항인 것이며 다만 그것이 공익의 원칙이나 평등의 원칙 또는 비례의 원칙 등에 위반하여 재량권의 한계를 벗어난 재량권 남용에 해당하는 경우에만 위법한 처분으로서 사법심사의 대상이 되는 것이다. 그러므로 법원으로서는 영업정지처분이 재량권 남용이라고 판단될 때에는 위법한 처분으로서 그 처분의 취소를 명할 수 있을 따름이고 재량권의 한계 내에서 어느 정도가 적정한 영업정지기간인지를 가리는 일은 사법심사의 범위를 벗어나는 것이며 그 권한 밖의 일이라고 하겠으니, 이 사건 영업정지처분중 적정한 영업정지기간을 초과하는 부분만 취소하지 아니하고 전부를 취소한 것은 이유의 모순이라는 논지도 받아들일 수 없다(대판 1982. 9. 28. 82누2; 대판 1982. 6. 22. 81누375).

ⓑ 피고는 원고 삼성생명의 하나은행을 통한 삼성전자 발행 사모사채 인수행위와 위 외환은행을 통한 삼성전자 발행 사모사채 인수행위에 대하여 하나의 과징금 납부명령을 한 사실을 알 수 있으나, 부당지원행위에 해당하지 아니하는 하나은행을 통한 사모사채 인수행위를 제외한 외환은행을 통한 사모사채 인수행위만을 기초로 한 과징금액을 산정할 수 있는 자료가 없을 뿐만 아니라, 외환은행을 통한 사모사채 인수행위만 놓고 보더라도 피고는 지원객체에게 귀속되지 않는 인수 수수료 등 경비를 정상금리에 포함시켜 지원금액을 산정한 잘못이 있으므로 결국 이 부분 과

단하지 아니한 채 처분 전체를 취소한 조치는 위법하다고 하여 원심판결 중 제1종 특수면허에 대한 부분을 파기환송한 사례.

징금 납부명령은 그 전부를 취소할 수밖에 없다(대판 2007. 10. 26. 2005두3172).

ⓒ 처분을 할 것인지 여부와 처분의 정도에 관하여 재량이 인정되는 과징금 납부명령에 대하여 그 명령이 재량권을 일탈하였을 경우, 법원으로서는 재량권의 일탈 여부만 판단할 수 있을 뿐이지 재량권의 범위 내에서 어느 정도가 적정한 것인지에 관하여는 판단할 수 없어 그 전부를 취소할 수밖에 없고, 법원이 적정하다고 인정하는 부분을 초과한 부분만 취소할 수는 없다(대판 2009. 6. 23. 2007두18062).

ⓛ 기각판결

소송성립 요건과 소송상의 청구요건

소송성립요건이나 소송상의 청구요건(권리보호요건)은 모두 본안 전의 직권조사사항인 점에서 동일하나 소송성립요건에 흠결이 있으면 소송 자체를 각하할 것이요. 소송상의 청구요건(권리보호요건)에 흠결이 있으면 청구를 기각할 것인 점에서 상이하다 할 것이다(대판 1955. 9. 23. 4288행상64).

ⓒ 사정판결

ⓐ 의 의

사정판결이란 원고의 청구가 이유있다고 인정하는 경우 인용판결(처분을 취소)을 하여야 함에도 불구하고 처분 등을 취소하는 것이 현저히 공공복리에 적합하지 아니하다고 인정되는 때에 원고의 청구를 기각(처분을 존속)하는 판결을 말한다.

ⓑ 사정판결의 요건

원고의 청구가 이유 있어야 하며, 청구를 인용하는 것이 현저히 공공복리에 적합하지 아니하여야 한다.

사정판결을 하기 위한 요건인 '현저한 공공복리 부적합'에 대한 판단 기준

위법한 행정처분을 존치시키는 것은 그 자체가 공공복리에 반하는 것이므로 행정처분이 위법함에도 이를 취소하는 것이 현저히 공공복리에 적합하지 아니하다고 인정하여 사정판결을 함에 있어서는 극히 엄격한 요건 아래 제한적으로 하여야 할 것이고, 그 요건인 현저히 공공복리에 적합하지 아니한가의 여부를 판단함에 있어서는 위법·부당한 행정처분을 취소·변경하여야 할 필요성과 그로 인하여 발생할 수 있는 공공복리에 반하는 사태 등을 비교·교량하여 그 적용 여부를 판단하여야 한다(대판 2001. 8. 24. 2000두7704).[7]

처분 등의 취소가 현저히 공공복리에 적합하지 않는다고 판단한 사례

㉠ 환지예정지 지정처분의 기초가 된 가격평가의 내용이 일응 적정한 것으로 보일 뿐만 아니라 환지 계획으로 인한 환지예정지 지정처분을 받은 이해관계인들 중 원고를 제외하고는 아무도 위 처분에 관하여 불복하지 않고 있으므로 원고에 대한 환지예정지 지정처분을 위법하다 하여 이를 취소하고 새로운 환지예정지를 지정하기 위하여 환지계획을 변경할 경우 위 처분에 불복하지 않고 기왕의 처분에 의하여 이미 사실관계를 형성하여 온 다수의 다른 이해관계인들에 대한 환지예정지 지정처분까지도 변경되어 기존의 사실관계가 뒤엎어지고 새로운 사실관계가 형성되어 혼란이 생길 수도 있게 되는 반면 위 처분으로 원고는 이렇다 할 손해를 입었다고 볼만한 사정도 엿보이지 않고 가사 손해를 입었다 할지라도 청산금보상 등으로 전보될 수 있는 점 등에 비추어 보면 위 처분이 토지평가협의회의 심의를 거치지 아니하고 결정된 토지 등의 가격평가에 터잡은 것으로 그 절차에 하자가 있다는 사유만으로 이를 취소하는 것은 현저히 공공복리에 적합하지 아니하다고 보여 사정판결을 할 사유가 있다(대판 1992. 2. 14. 90누9032).

㉡ 재개발조합설립 및 사업시행인가처분이 처분 당시 법정요건인 토지 및건축물 소유자 총수의 각 3분의 2 이상의 동의를 얻지 못하여 위법하나, 그 후 90% 이상의 소유자가 재개발사업의 속행을 바라고 있어 재개발사업의 공익목적에 비추어 그 처분을 취소하는 것은 현저히 공공복리에 적합하지 아니하다(대판 1995. 7. 28. 95누4629).

처분 등의 취소가 현저히 공공복리에 적합하다고 판단한 사례

㉠ 관리처분계획의 수정을 위한 조합원총회의 재결의를 위하여 시간과 비용이 많이 소요된다는 등의 사정만으로는 재결의를 거치지 않음으로써 위법한 관리처분계획을 취소하는 것이 현저히 공공복리에 적합하지 아니하다고 볼 수 없다(대판 2001.

7 이른바 '심재륜 검사 사건'에서 징계면직된 검사의 복직이 검찰조직의 안정과 인화를 저해할 우려가 있다는 등의 사정은 검찰 내부에서 조정·극복하여야 할 문제일 뿐이고 준사법기관인 검사에 대한 위법한 면직처분의 취소필요성을 부정할 만큼 현저히 공공복리에 반하는 사유라고 볼 수 없다는 이유로, 사정판결을 할 경우에 해당하지 않는다고 본 사례.

10. 12. 2000두4279).

㊁ 자동차운수사업에 관한 질서확립, 운수업체 간의 과당경쟁방지, 기존의 노선면허 있는 운수회사의 기득의 이익보호의 필요성, 사업계획변경인가처분의 취소 후에 행정청이 취할 수 있는 대응조치 등을 고려해 볼 때, 위 처분의 취소가 현저히 공공복리에 적합하지 아니하는 때에 해당하지 아니하여 사정판결의 요건을 갖추지 못하였다(대판 1991. 5. 28. 90누1359).

㊂ 「행정소송법」 제12조 소정의 "현저히 공공의 복리에 적합하지 아니하다고 인정하는 때"라 함은 국가통치권에 기한 행정작용상 일반국민의 직접적인 중요한 복리를 저해하고 그 저해가 현저한 경우를 말하는 것으로, 어차피 원고가 세금을 납부할 의무가 있으므로 무용한 과세처분을 되풀이 함으로써 경제적, 시간적, 정신적 낭비만을 초래한다는 사정만으로는 위법한 과세처분을 취소하는 것이 현저히 공공복리에 적합하지 아니하다고 할 수는 없다(대판 1983. 7. 26. 82누420).

ⓒ 직권에 의한 사정판결의 가능성

다수설은 피고인 행정청의 신청이 있어야 법원이 사정판결을 할 수 있다고 보지만, 대법원은 법원이 직권으로도 사정판결을 할 수 있다고 본다.

직권으로 사정판결을 할 수 있다

㊀ 「행정소송법」 제26조, 제28조 제1항 전단의 각 규정에 비추어 보면, 법원이 사정판결을 할 필요가 있다고 인정하는 때에는 당사자의 명백한 주장이 없는 경우에도 일건 기록에 나타난 사실을 기초로 하여 직권으로 사정판결을 할 수 있다(대판 1992. 2. 14. 90누9032).

㊁ 「행정소송법」 제26조, 제28조 제1항 전단의 각 규정에 비추어 보면, 법원은 행정소송에 있어서 행정처분이 위법하여 운전자의 청구가 이유 있다고 인정하는 경우에도 그 처분 등을 취소하는 것이 현저히 공공복리에 적합하지 아니하다고 인정하는 때에는 원고의 청구를 기각하는 사정판결을 할 수 있고, 이러한 사정판결을 할 필요가 있다고 인정하는 때에는 당사자의 명백한 주장이 없는 경우에도 일건 기록에 나타난 사실을 기초로 하여 직권으로 사정판결을 할 수 있다(대판 1995. 7. 28. 95누4629).

ⓓ 판단의 기준시점

사정판결이 필요한가의 판단의 기준시(판결시점)
변론종결 당시의 정황으로 보아 처분을 취소함이 현저히 공공의 복리에 적합하지 아니하다(대판 1970. 3. 24. 69누29).

ⓔ 사정판결이 가능한 소송

사정판결은 취소소송에서만 허용된다. 따라서 무효등확인소송, 부작위위법확인소송에서는 인정되지 않는다.

사정판결의 적용범위
당연무효의 행정처분을 소송목적물로 하는 행정소송에서는 존치시킬 효력이 있는 행정행위가 없기 때문에 「행정소송법」 제28조 소정의 사정판결을 할 수 없다(대판 1996. 3. 22. 95누5509).

② 판결의 효력

㉠ 기판력(실질적 확정력)

ⓐ 의 의

기판력의 의의 및 효과
확정판결의 기판력이라 함은 확정판결의 주문에 포함된 법률적 판단의 내용은 이후 그 소송당사자의 관계를 규율하는 새로운 기준이 되는 것이므로 동일한 사항이 소송상 문제가 되었을 때 당사자는 이에 저촉되는 주장을 할 수 없고 법원도 이에 저촉되는 판단을 할 수 없는 기속력을 의미하는 것이고 이 경우 적극당사자(원고)가 되어 주장하는 경우는 물론이고 소극당사자(피고)로서 항변하는 경우에도 그 기판력에 저촉되는 주장은 할 수 없다(대판 1987. 6. 9. 86다카2756).

확정판결의 기판력을 규정하고 있는 민사소송법 제216조 제1항이 재판청구권을 침해하는지 여부(소극)
이 사건 법률조항은 확정된 종국판결의 주문 내용에 대하여 기판력을 인정하여, 동일한 사항이 후에 다시 문제되는 경우 당사자가 그에 반하여 다투거나 법원이 그에 모순·저촉되는 판단을 하지 못하도록 함으로써 헌법상 법치국가원리의 한 구성요소인 법적 안정성, 즉 사회질서의 유지와 분쟁의 일회적인 해결 및 동일한 분쟁의 반복 금지에 의한 소송경제를 달성하고자 하는 것이므로, 그 입법목적의 정당성이 인정된다. 그리고 이러한 기판력은 전소와 후소의 소송물이 동일한 경우, 전소와 후소의 소송물이 동일하지는 않지만 전소의 소송물이 후소의 선결문제로 되어 있는 경우, 또는 후소 청구가 전소 판결과 모순된 반대관계에 서는 경우에 당사자와 법원을 구속하여 확정판결의 주문 내용에 저촉되는 다툼이나 판단을 금하는 것이므로, 위 입법목적을 달성하기 위하여 적절한 방법이라 할 것이다.

또, 기판력은 후소의 모든 영역에 한정 없이 미치는 것이 아니라 확정판결의 사실심 변론종결시를 표준시로 하여 당사자 및 이와 동일시하여야 할 지위에 있는 제3자에 대하여 원칙적으로 주문에 포함된 것에 한하여 동일한 사항이 다시 소송상 문제가 되었을 때 이에 저촉되는 주장과 판단을 하는 것을 막는 데 그친다. 더욱이 우리나라의 소송법상 재판 당사자는 종국판결에 대하여 미확정의 경우에는 상소를 통하여, 확정된 경우에는 재심을 통하여 이를 바로잡을 수 있다. 즉, 우리의 법제는 심급제도를 두어 하급심의 잘못된 재판을 상소심으로 하여금 바로잡게 함으로써 재판청구권을 실질적으로 보장하기 위한 하나의 수단을 마련하고 있고, 또 재심제도를 두어 확정된 종국판결에 재심사유에 해당하는 중대한 하자가 있는 경우에 그 판결을 취소하고 이미 종결되었던 사건을 재심판하여 구체적 정의를 실현하게 함으로써 재판청구권을 실질적으로 보장하는 또 다른 수단을 마련하고 있다. 뿐만 아니라 판결경정제도를 두어 '판결에 잘못된 계산이나 기재, 그 밖에 이와 비슷한 잘못이 있음이 분명한 때'에는 법원의 직권 또는 당사자의 신청에 의하여 이를 바로잡을 수 있도록 하고 있다. 이러한 점들에다가 기판력 제도가 없을 경우의 법적 불안정, 위험성 등을 보태어 보면 이 사건 법률조항은 피해의 최소성과 법익의 균형성도 갖추고 있다고 할 것이다.

따라서 이 사건 법률조항은 확정판결의 패소 당사자의 재판청구권을 침해한다고 볼 수 없다(헌재결 2012. 2. 23. 2011헌바356).

ⓑ **기판력의 주관적 범위**

기판력은 당사자 및 이와 동일시할 수 있는 자에게만 미치고, 제3자에게는 미치지 않는다(기판력의 상대성). 다만, 취소소송은 피고인 행정청의 처분이 귀속되는 실질적 당사자인 국가 또는 공공단체에도 기판력이 미친다(통설·판례).

기판력의 주관적 범위

㈠ 과세처분 취소소송의 피고는 처분청이므로 행정청을 피고로 하는 취소소송에 있어서의 기판력은 당해 처분이 귀속하는 국가 또는 공공단체에 미친다(대판 1998. 7. 24. 98다10854).

㈡ 행정소송에 있어서 판결의 기판력은 보조참가인에 대한 관계에 있어서도 발생한다(대판 1966. 12. 6. 66다1880).

ⓒ **기판력의 객관적 범위**

기판력은 판결의 주문에 포함된 소송물에 관한 판단에 한정해서 발생한다(민사소송법 제202조 제1항). 따라서 판결이유 중에서 판단된 사실인정, 선결적 법률관계, 항변 등에는 기판력이 미치지 않는다.

기판력의 객관적 범위

㈠ 기판력의 객관적 범위는 그 판결의 주문에 포함된 것, 즉 소송물로 주장된 법률관계의 존부에 과한 판단의 결론 그 자체에만 미치는 것이고 판결이유에 설시된 그 전제가 되는 법률관계의 존부에까지 미치는 것은 아니다(대판 2000. 2. 25. 99다55472; 대판 1987. 6. 9. 86다카2756).

㈡ 행정처분을 취소하는 확정판결의 기판력은 거기에 적시된 위법사유에 한하여 미치는 것이므로, 행정관청이 그 확정판결에 적시된 위법사유를 보완하여 행한 새로운 행정처분은 확정판결에 의하여 취소된 종전의 처분과는 별개의 처분으로서 확정판결의 기판력에 저촉된다고 할 수 없다(대판 1997. 2. 11. 96누13057).

㈢ 과세처분의 취소소송은 과세처분의 실체적, 절차적 위법을 그 취소원인으로 하는 것으로서 그 심리의 대상은 과세관청의 과세처분에 의하여 인정된 조세채무인 과세표준 및 세액의 객관적 존부, 즉 당해 과세처분의 적부가 심리의 대상이 되는 것이며, 과세처분 취소청구를 기각하는 판결이 확정되면 그 처분이 적법하다는 점에 관하여 기판력이 생기고 그 후 원고가 이를 무효라 하여 무효확인을 소구할 수 없는 것이어서 과세처분의 취소소송에서 청구가 기각된 확정판결의 기판력은 그 과세처분의 무효확인을 구하는 소송에도 미친다(대판 1998. 7. 24. 98다10854; 대판 1996. 6. 25. 95누1880).

㈣ 과세처분 취소청구를 기각하는 판결이 확정된 후 그 과세처분이 무효임을 전제로

한 부당이득반환청구는 허용되지 않는다(대판 2001. 6. 12. 99다46805).

㈤ 취소판결의 기판력은 소송물로 된 행정처분의 위법성 존부에 관한 판단 그 자체에만 미치는 것이므로 전소와 후소가 그 소송물을 달리하는 경우에는 전소 확정판결의 기판력이 후소에 미치지 아니한다(대판 1996. 4. 26. 95누5820).

㈥ 기판력이라 함은 기판력 있는 전소판결의 소송물과 동일한 후소를 허용하지 않는 것임은 물론, 후소의 소송물이 전소의 소송물과 동일하지 않다고 하더라도 전소의 소송물에 관한 판단이 후소의 선결문제가 되거나 모순관계에 있을 때에는 후소에서 전소판결의 판단과 다른 주장을 하는 것을 허용하지 않는 작용을 하는 것이다(대판 2001. 1. 16. 2000다41349).

ⓓ 기판력의 시간적 범위

기판력은 사실심변론종결시를 표준으로 발생한다. 판결은 사실심의 변론종결시까지 제출된 자료를 기초로 한 것이기 때문에, 당사자는 사실심변론종결시까지 제출하지 않은 공격·방어방법을 그 뒤 동일한 소송을 제기하여 주장할 수 없다.

기판력의 시간적 범위

확정된 종국판결은 그 기판력으로서 당사자가 사실심의 변론종결시를 기준으로 그때까지 제출하지 않은 공격방어방법은 그 뒤 다시 동일한 소송을 제기하여 이를 주장할 수 없다(대판 1992. 2. 25. 91누6108).

확정판결의 존재가 직권조사 사항인지 여부와 상고심에서의 주장, 입증가부

소송에서 다투어지고 있는 권리 또는 법률관계의 존부가 동일한 당사자 사이의 전소에서 이미 다루어져 이에 관한 확정판결이 있는 경우에 당사자는 이에 저촉되는 주장을 할 수 없고, 법원도 이에 저촉되는 판단을 할 수 없음은 물론, 위와 같은 확정판결의 존부는 당사자의 주장이 없더라도 법원이 이를 직권으로 조사하여 판단하지 않으면 안되고, 더 나아가 당사자가 확정판결의 존재를 사실심변론종결시까지 주장하지 아니하였더라도 상고심에서 새로이 이를 주장, 입증할 수 있는 것이다(대판 1989. 10. 10. 89누1308).

㉡ 기속력(구속력)

확정된 인용판결은 소송당사자인 행정청과 관계행정청에게 판결의 내용에 따라 판결의 취지를 존중하여 행동하여야 할 일정한 의무를 발생시키는 효력을 갖는데 판결의 이러한 효력을 기속력(구속력)이라 한다. 이러한 기속력은 인용판결에서만 인정되고 기각판결에서는 인정되지 않는다.

기속력의 성질에 대해서 기속력이란 기판력이 행정청 쪽에 미치는 것에 지나지 않는 것으로 기판력의 일종으로 보는 기판력설과 기속력은 취소판결의 실효성을 확보하기 위하여 행정소송법이 특별히 부여한 효력으로서 기판력과는 그 본질을 달리한다고 보는 특수효력설의 견해가 대립한다. 특수효력설이 다수의 견해이다.

판례는 명확하지는 않다. 기판력설을 취하는 것으로 평가하는 견해도 있지만 특수효력설의 태도인 듯하다. 다만, 판례는 기속력에 관한 내용을 설시하면서 기판력이라는 용어를 사용하는 예가 많다.

ⓐ 반복금지효(소극적 의무)

거부처분에 대한 취소판결이 확정된 경우 행정청이 사실심변론종결 이전의 사유를 내세워 다시 거부처분을 하는 것은 기속력에 저촉된다

「행정소송법」 제30조 제1항에 의하여 인정되는 취소소송에서 처분 등을 취소하는 확정판결의 기속력은 주로 판결의 실효성 확보를 위하여 인정되는 효력으로서 판결의 주문뿐만 아니라 그 전제가 되는 처분 등의 구체적 위법사유에 관한 이유 중의 판단에 대하여도 인정되고, 같은 조 제2항의 규정상 특히 거부처분에 대한 취소판결이 확정된 경우에는 그 처분을 행한 행정청은 판결의 취지에 따라 다시 처분을 하여야 할 의무를 부담하게 되므로, 취소소송에서 소송의 대상이 된 거부처분을 실체법상의 위법사유에 기하여 취소하는 판결이 확정된 경우에는 당해 거부처분을 한 행정청은 원칙적으로 신청을 인용하는 처분을 하여야 하고, 사실심변론종결 이전의 사유를 내세워 다시 거부처분을 하는 것은 확정판결의 기속력에 저촉되어 허용되지 아니한다(대판 2001. 3. 23. 99두5238).

절차상의 하자를 이유로 과세처분을 취소하는 판결이 확정된 경우, 그 위법사유를 보완하여 새로운 부과처분을 하는 것은 가능하다

과세의 절차 내지 형식에 위법이 있어 과세처분을 취소하는 판결이 확정되었을 때에는 그 확정판결의 기판력은 거기에 적시된 절차 내지 형식의 위법사유에 한하여 미치는 것이므로 과세관청은 그 위법사유를 보완하여 다시 새로운 과세처분을 할 수 있고 그 새로운 과세처분은 확정판결에 의하여 취소된 종전의 과세처분과는 별개의 처분이라 할 것이어서 확정판결의 기판력에 저촉되는 것이 아니다(대판 1987. 2. 10. 86누91).

ⓑ 재처분의무(적극적 의무)

취소소송에서 처분 등을 취소하는 확정판결의 기속력의 범위 및 거부처분에 대한 취소판결이 확정된 경우 행정청이 사실심 변론종결 이전의 사유를 내세워 다시 거부처분을 할 수 있는지 여부

「행정소송법」 제30조 제1항에 의하여 인정되는 취소소송에서 처분 등을 취소하는 확정판결의 기속력은 주로 판결의 실효성 확보를 위하여 인정되는 효력으로서 판결의 주문뿐만 아니라 그 전제가 되는 처분 등의 구체적 위법사유에 관한 이유 중의 판단에 대하여도 인정되고, 같은 조 제2항의 규정상 특히 거부처분에 대한 취소판결이 확정된 경우에는 그 처분을 행한 행정청은 판결의 취지에 따라 다시 처분을 하여야 할 의무를 부담하게 되므로, 취소소송에서 소송의 대상이 된 거부처분을 실체법상의 위법사유에 기하여 취소하는 판결이 확정된 경우에는 당해 거부처분을 한 행정청은 원칙적으로 신청을 인용하는 처분을 하여야 하고, 사실심 변론종결 이전의 사유를 내세워 다시 거부처분을 하는 것은 확정판결의 기속력에 저촉되어 허용되지 아니한다(대판 2001. 3. 23. 99두5238).

처분청이 사실심변론종결 이전의 사유를 내세워 확정판결에 저촉되는 처분을 한 경우에 그 처분은 당연무효이다

어떠한 행정처분에 위법한 하자가 있다는 이유로 그 취소를 소구한 행정소송에서 그 행정처분을 취소하는 판결이 선고되어 확정된 경우에 처분행정청이 그 행정소송의 사실심변론종결 이전의 사유를 내세워 다시 확정판결에 저촉되는 행정처분을 하는 것은 확정판결의 기판력에 저촉되어 허용될 수 없고 이와 같은 행정처분은 그 하자가 명백하고 중대한 경우에 해당되어 당연무효이다(대판 1989. 9. 12. 89누985; 대판 1990. 12. 11. 90누3560).

거부처분 취소의 확정판결을 받은 행정청이 사실심변론종결 이후 발생한 새로운 사유로 다시 거부처분을 하는 것도 가능하다

「행정소송법」 제30조 제2항의 규정에 의하면 행정청의 거부처분을 취소하는 판결이 확정된 경우에는 그 처분을 행한 행정청이 판결의 취지에 따라 이전의 신청에 대하여 재처분할 의무가 있으나, 이때 확정판결의 당사자인 처분행정청은 그 행정소송의 사실심변론종결 이후 발생한 새로운 사유를 내세워 다시 이전의 신청에 대한 거부처분을 할 수 있고 그러한 처분도 위 조항에 규정된 재처분에 해당된다(대판 1997. 2. 4. 96두70).

행정청이 확정판결의 취지에 따라 절차, 방법의 위법사유를 보완하여 다시 종전의 신청에 대한 거부처분을 할 수 있는지 여부 및 그러한 처분도 행정소송법 제30조 제2항에 규정된 재처분에 해당하는지 여부

「행정소송법」 제30조 제2항의 규정에 의하면 행정청의 거부처분을 취소하는 판결이 확정된 경우에는 그 처분을 행한 행정청이 판결의 취지에 따라 이전의 신청에 대하여 재처분할 의무가 있다고 할 것이나, 그 취소사유가 행정처분의 절차, 방법의 위법으로 인한 것이라면 그 처분 행정청은 그 확정판결의 취지에 따라 그 위법사유를 보완하여 다시 종전의 신청에 대한 거부처분을 할 수 있고, 그러한 처분도 위 조항에 규정된 재처분에 해당한다(대판 2005. 1. 14. 2003두13045).

거부처분 취소의 확정판결을 받은 행정청이 거부처분 후에 법령이 개정·시행된 경우, 새로운 사유로 내세워 다시 거부처분을 한 경우도 행정소송법 제30조 제2항 소정의 재처분에 해당한다

건축불허가처분을 취소하는 판결이 확정된 후 국토이용관리법 시행령이 준농림지역 안에서의 행위제한에 관하여 지방자치단체의 조례로써 일정 지역에서 숙박업을 영위하기 위한 시설의 설치를 제한할 수 있도록 개정된 경우, 당해 지방자치 단체장이 위 처분 후에 개정된 신법령에서 정한 사유를 들어 새로운 거부처분을 한 것이 「행정소송법」 제30조 제2항 소정의 확정판결의 취지에 따라 이전의 신청에 대한 처분을 한 경우에 해당한다(대판 1998. 1. 7. 97두22).

확정된 거부처분취소 판결의 취지에 따라 이전 신청에 대하여 재처분을 할 의무가 있는 행정청이 종전 처분 후 발생한 '새로운 사유'를 내세워 다시 거부처분을 할 수 있는

지 여부(적극) 및 '새로운 사유'인지를 판단하는 기준

[1] 「행정소송법」 제30조 제2항에 의하면, 행정청의 거부처분을 취소하는 판결이 확정된 경우에는 처분을 행한 행정청이 판결의 취지에 따라 이전 신청에 대하여 재처분을 할 의무가 있다. 행정처분의 적법 여부는 행정처분이 행하여진 때의 법령과 사실을 기준으로 판단하는 것이므로 확정판결의 당사자인 처분 행정청은 종전 처분 후에 발생한 새로운 사유를 내세워 다시 거부처분을 할 수 있고, 그러한 처분도 위 조항에 규정된 재처분에 해당한다. 여기에서 '새로운 사유'인지는 종전 처분에 관하여 위법한 것으로 판결에서 판단된 사유와 기본적 사실관계의 동일성이 인정되는 사유인지에 따라 판단되어야 하고, 기본적 사실관계의 동일성 유무는 처분사유를 법률적으로 평가하기 이전의 구체적인 사실에 착안하여 그 기초인 사회적 사실관계가 기본적인 점에서 동일한지에 따라 결정되며, 추가 또는 변경된 사유가 처분 당시에 그 사유를 명기하지 않았을 뿐 이미 존재하고 있었고 당사자도 그 사실을 알고 있었다고 하여 당초 처분사유와 동일성이 있는 것이라고 할 수는 없다.

[2] 고양시장이 갑 주식회사의 공동주택 건립을 위한 주택건설사업계획승인 신청에 대하여 미디어밸리 조성을 위한 시가화예정 지역이라는 이유로 거부하자, 갑 회사가 거부처분의 취소를 구하는 소송을 제기하여 승소판결을 받았고 위 판결이 그대로 확정되었는데, 이후 고양시장이 해당 토지 일대가 개발행위허가 제한지역으로 지정되었다는 이유로 다시 거부하는 처분을 한 사안에서, 재거부처분은 종전 거부처분 후 해당 토지 일대가 개발행위허가 제한지역으로 지정되었다는 새로운 사실을 사유로 하는 것으로, 이는 종전 거부처분 사유와 내용상 기초가 되는 구체적인 사실관계가 달라 기본적 사실관계가 동일하다고 볼 수 없다는 이유로, 행정소송법 제30조 제2항에서 정한 재처분에 해당하고 종전 거부처분을 취소한 확정판결의 기속력에 반하는 것은 아니다(대판 2011. 10. 27. 2011두14401).

주택건설사업 승인신청 거부처분의 취소를 명하는 판결이 확정되었음에도 행정청이 그에 따른 재처분을 하지 않은 채 위 취소소송 계속 중에 도시계획법령이 개정되었다는 이유를 들어 다시 거부처분을 한 경우, 새로운 거부처분은 확정된 종전 거부처분 취소판결의 기속력에 저촉되어 당연무효이다

주택건설사업 승인신청 거부처분의 취소를 명하는 판결이 확정되었음에도 행정청이 그에 따른 재처분을 하지 않은 채 위 취소소송 계속 중에 도시계획법령이 개정되었다는 이유를 들어 다시 거부처분을 한 사안에서, 개정된 도시계획법령에 그 시행 당시 이미 개발행위허가를 신청중인 경우에는 종전 규정에 따른다는 경과규정을 두고 있으므로 위 사업승인신청에 대하여는 종전 규정에 따른 재처분을 하여야 함에도 불구하고 개정 법령을 적용하여 새로운 거부처분을 한 것은 확정된 종전 거부처분 취소판결의 기속력에 저촉되어 당연무효이다(대결 2002. 12. 11. 2002무22).

ⓒ 형성력

판결의 형성력이란 판결이 확정되면 판결의 내용에 따라 기존의 법률관계에 변동(발생·변경·소멸)을 가져오는 효력을 말한다. 처분의 취소판결이 확정되면 취소 확정판결의 형성력에 의해 당해 처분은 처분시에 소급하여 소멸한다. 판결의 형성력은 당사자뿐만 아니라 소송에 관여하지 않은 제3자에게도 효력이 미친다. 이것을 판결의 대세적 효력 또는 제3자효라고 한다.

행정처분취소 확정판결의 형성력 발생에 행정처분 취소통지 등을 요하지 않는다

행정처분을 취소한다는 확정판결이 있으면 그 취소판결의 형성력에 의하여 당해 행정처분의 취소나 취소통지 등의 별도의 절차를 요하지 아니하고 당연히 취소의 효과가 발생한다(대판 1991. 10. 11. 90누5443).

영업허가취소처분이 행정쟁송절차에 의하여 취소된 경우와 무허가영업

영업의 금지를 명한 영업허가취소처분 자체가 나중에 행정쟁송절차에 의하여 취소되었다면 그 영업허가취소처분은 그 처분시에 소급하여 효력을 잃게 되며, 그 영업허가취소처분에 복종할 의무가 원래부터 없었음이 확정되었다고 봄이 타당하고, 영업허가취소처분이 장래에 향하여서만 효력을 잃게 된다고 볼 것은 아니므로 그 영업허가취소처분 이후의 영업행위를 무허가영업이라고 볼 수는 없다(대판 1993. 6. 25. 93도277).

취소판결의 제3자효

행정처분을 취소하는 확정판결이 제3자에 대하여도 효력이 있다고 하더라도 일반적으로 판결의 효력은 주문에 포함한 것에 한하여 미치는 것이니 그 취소판결 자체의 효력으로써 그 행정처분을 기초로 하여 새로 형성된 제3자의 권리까지 당연히 그 행정처분 전의 상태로 환원되는 것이라고는 할 수 없고, 단지 취소판결의 존재와 취소판결에 의하여 형성되는 법률관계를 소송당사자가 아니었던 제3자라 할지라도 이를 용인하지 않으면 아니된다는 것을 의미하는 것에 불과하다 할 것이며, 따라서 취소판결의 확정으로 인하여 당해 행정처분을 기초로 새로 형성된 제3자의 권리관계에 변동을 초래하는 경우가 있다 하더라도 이는 취소판결 자체의 형성력에 기한 것이 아니라 취소판결의 위와 같은 의미에서의 제3자에 대한 효력의 반사적 효과로서 그 취소판결이 제3자의 권리관계에 대하여 그 변동을 초래할 수 있는 새로운 법률요건이 되는 까닭이라 할 것이다(대판 1986. 8. 19. 83다카2022).

행정처분의 무효확인판결의 대세적 효력

행정처분의 무효확인판결은 비록 형식상은 확인판결이라 하여도 그 확인판결의 효력은 그 취소판결의 경우와 같이 소송의 당사자는 물론 제3자에게도 미친다(대판 1982. 7. 27. 82다173).

㉣ 집행력(간접강제)

거부처분취소판결의 간접강제신청에 필요한 요건

거부처분에 대한 취소의 확정판결이 있음에도 행정청이 아무런 재처분을 하지 아니하거나, 재처분을 하였다 하더라도 그것이 종전 거부처분에 대한 취소의 확정판결의 기속력에 반하는 등으로 당연무효라면 이는 아무런 재처분을 하지 아니한 때와 마찬가지라 할 것이므로 이러한 경우에는 「행정소송법」 제30조 제2항, 제34조 제1항 등에 의한 간접강제신청에 필요한 요건을 갖춘 것으로 보아야 한다(대판 2002. 12. 11. 2002무22).

거부처분에 대한 무효확인판결에 의해 간접강제는 허용되지 않는다

「행정소송법」 제38조 제1항이 무효확인판결에 관하여 취소판결에 관한 규정을 준용함에 있어서 같은 법 제30조 제2항을 준용한다고 규정하면서도 같은 법 제34조는 이를 준용한다는 규정을 두지 않고 있으므로, 행정처분에 대하여 무효확인판결이 내려진 경우에는 그 행정처분이 거부처분인 경우에도 행정청에 판결의 취지에 따른 재처분의무가 인정될 뿐 그에 대하여 간접강제까지 허용되는 것은 아니라고 할 것이다(대판 1998. 12. 24. 98무37).

행정소송법 제34조 소정의 간접강제결정에 기한 배상금의 성질

① 「행정소송법」 제34조 소정의 간접강제결정에 기한 배상금은 거부처분취소판결이 확정된 경우 그 처분을 행한 행정청으로 하여금 확정판결의 취지에 따른 재처분의 무의 이행을 확실히 담보하기 위한 것으로서, 확정판결의 취지에 따른 재처분의무 내용의 불확정성과 그에 따른 재처분에의 해당 여부에 관한 쟁송으로 인하여 간접강제결정에서 정한 재처분의무의 기한 경과에 따른 배상금이 증가될 가능성이 자칫 행정청으로 하여금 인용처분을 강제하여 행정청의 재량권을 박탈하는 결과를 초래할 위험성이 있는 점 등을 감안하면, 이는 확정판결의 취지에 따른 재처분의 지연에 대한 제재나 손해배상이 아니고 재처분의 이행에 관한 심리적 강제수단에 불과한 것으로 보아야 하므로, 특별한 사정이 없는 한 간접강제결정에서 정한 의무이행기한이 경과한 후에라도 확정판결의 취지에 따른 재처분의 이행이 있으면 배상금을 추심함으로써 심리적 강제를 꾀할 목적이 상실되어 처분상대방이 더 이상 배상금을 추심하는 것은 허용되지 않는다(대판 2004. 1. 15. 2002두2444).

② 「행정소송법」 제34조 소정의 간접강제결정에 기한 배상금은 확정판결의 취지에 따른 재처분의 지연에 대한 제재나 손해배상이 아니고 재처분의 이행에 관한 심리적 강제수단에 불과한 것으로 보아야 하므로, 간접강제결정에서 정한 의무이행기한이 경과한 후에라도 확정판결의 취지에 따른 재처분이 행하여지면 배상금을 추심함으로써 심리적 강제를 꾀한다는 당초의 목적이 소멸하여 처분상대방이 더 이상 배상금을 추심하는 것이 허용되지 않는다(대판 2010. 12. 23. 2009다37725).

2. 무효등확인소송

(1) 의 의

행정청의 처분 등의 효력유무 또는 존재 여부를 확인하는 소송을 무효등확인소송이라고 하는데, 법률관계존부확인소송은 명시적으로 인정되지 않고 있다. 판례도 법률관계존부확인소송의 일종인 작위의무확인소송을 인정하지 않고 있다.

작위의무확인소송은 인정되지 않는다

피고 국가보훈처장 등에게, 독립운동가들에 대한 서훈추천권의 행사가 적정하지 아니하였으니 이를 바로잡아 다시 추천하고, 잘못 기술된 독립운동가의 활동상을 고쳐 독립운동사 등의 책자를 다시 편찬, 보급하고, 독립기념관 전시관의 해설문, 전시물 중 잘못된 부분을 고쳐 다시 전시 및 배치할 의무가 있음의 확인을 구하는 청구는 작위의 무확인소송으로서 항고소송의 대상이 되지 아니한다(대판 1990. 11. 23. 90누3553).

행정처분의 무효확인을 받을 이익이 있다고 인정되는 사례
행정처분의 무효확인소송이 허용되는 이유는 외형상 행정처분이 존재하고 그 처분의 성질상 유효한 효력이 지속하는 것으로 오인될 가능성이 있는 것에 대하여 재판에 의하여 그 효력의 부정을 선언할 필요가 있다고 함에 있는 것이다(대판 1969. 12. 9. 66누71).

(2) 무효등확인소송의 제기요건 일반

무효등확인소송은 ① 위법한 처분 등에 대하여(대상적격), ② 처분 등의 효력유무 또는 존재여부의 확인을 구할 법률상 이익이 있는 자가(원고적격), ③ 재판제도를 이용할 현실적 필요성이 있는 경우에(협의의 소익), ④ 처분 등을 행한 행정청을 피고로 하여(피고적격), ⑤ 소장으로(서면주의), ⑥ 관할법원에(관할) 제기하여야 한다.

(3) 무효등확인소송의 대상

사실관계의 확인을 구하는 것은 행정소송에 있어서 확인의 소의 대상이 아니다
행정소송에 있어서 확인의 소는 권리 또는 법률관계의 존부확정을 목적으로 하는 소송이므로, 현재의 구체적인 권리나 법률관계만이 확인의 소의 대상이 될 뿐인데, 원고 소유의 대지가 타인 소유의 건물의 부지가 아님의 확인을 구하는 소는 사실관계의 확인을 구하는 것이어서 부적법하다(대판 1991. 12. 24. 91누1974).

행정처분의 무효확인을 구하는 소에는 그 취소를 구하는 취지도 포함되어 있는 것으로 보아야 하는지 여부
일반적으로 행정처분의 무효확인을 구하는 소에는 원고가 그 처분의 취소를 구하지 아니한다고 밝히지 아니한 이상 그 처분이 만약 당연무효가 아니라면 그 취소를 구하는 취지도 포함되어 있는 것으로 보아야 한다(대판 1994. 12. 23. 94누477).

행정처분의 무효확인청구와 취소청구의 병합
행정처분의 무효확인청구와 취소청구는 그 소송의 요건을 달리하므로 위 두 가지 청구는 예비적으로 병합할 수 있다(대판 1970. 12. 22. 70누123).

동일한 행정처분에 대하여 무효확인의 소를 제기하였다가 그 후 그 처분의 취소를 구하는 소를 추가적으로 병합한 경우

하자 있는 행정처분을 놓고 이를 무효로 볼 것인지 아니면 단순히 취소할 수 있는 처분으로 볼 것인지는 동일한 사실관계를 토대로 한 법률적 평가의 문제에 불과하고, 행정처분의 무효확인을 구하는 소에는 특단의 사정이 없는 한 그 취소를 구하는 취지도 포함되어 있다고 보아야 하는 점 등에 비추어 볼 때, 동일한 행정처분에 대하여 무효확인의 소를 제기하였다가 그 후 그 처분의 취소를 구하는 소를 추가적으로 병합한 경우, 주된 청구인 무효확인의 소가 적법한 제소기간 내에 제기되었다면 추가로 병합된 취소청구의 소도 적법하게 제기된 것으로 봄이 상당하다(대판 2005. 12. 23. 2005두3554).

(4) 당사자(원고적격 및 확인의 이익)

종래 대법원은 확인소송의 일반적 소송요건인 확인의 이익이 무효확인소송에 요구된다고 보았으나,[8] 다음 전원합의체 판결에 의하여 변경되었다.

행정소송법 제35조에 규정된 '무효확인을 구할 법률상 이익'이 있는지를 판단할 때 행정처분의 무효를 전제로 한 이행소송 등과 같은 직접적인 구제수단이 있는지를 따질 필요 없다

무효확인소송의 보충성을 규정하고 있는 외국의 일부 입법례와는 달리 우리나라 행정소송법에는 명문의 규정이 없어 이로 인한 명시적 제한이 존재하지 않는다. 이와 같은 사정을 비롯하여 행정에 대한 사법통제, 권익구제의 확대와 같은 행정소송의 기능 등을 종합하여 보면, 행정처분의 근거 법률에 의하여 보호되는 직접적이고 구체적인 이익이 있는 경우에는 「행정소송법」 제35조에 규정된 '무효확인을 구할 법률상 이익'이 있다고 보아야 하고, 이와 별도로 무효확인소송의 보충성이 요구되는 것은 아니므로 행정처분의 무효를 전제로 한 이행소송 등과 같은 직접적인 구제수단이 있는지 여부를 따질 필요가 없다고 해석함이 상당하다(대판 2008. 3. 20. 2007두6342 전원합의체).

---

8 행정처분에 대한 무효확인의 소에 있어서 확인의 이익은 그 대상인 법률관계에 관하여 당사자 사이에 분쟁이 있고, 그로 인하여 원고의 권리 또는 법률상의 지위에 불안·위험이 있어 판결로써 그 법률관계의 존부를 확정하는 것이 위 불안·위험을 제거하는 데 필요하고도 적절한 경우에 인정되는 것이므로, 과세처분과 압류 및 공매처분이 무효라 하더라도 직접 민사소송으로 체납처분에 의하여 충당된 세액에 대하여 부당이득으로 반환을 구하거나 공매처분에 의하여 제3자 앞으로 경료된 소유권이전등기에 대하여 말소를 구할 수 있는 경우에는 위 과세처분과 압류 및 공매처분에 대하여 소송으로 무효확인을 구하는 것은 분쟁해결에 직접적이고도 유효·적절한 방법이라 할 수 없어 소의 이익이 없다(대판 1998. 9. 22. 98두4375).

국세청이 국세체납을 이유로 토지를 압류한 후 공매처분한 경우, 그 소유권자는 국가 또는 매수인을 상대로 부당이득반환청구의 소나 소유권이전등기말소청구의 소를 제기하여 직접 위법상태를 제거할 수 있는지 여부에 관계없이 압류처분 및 매각처분에 대한 무효확인을 구할 수 있다

원고로서는 부당이득반환청구의 소나 소유권이전등기말소청구의 소로써 직접 원고가 주장하는 위법상태의 제거를 구할 수 있는지 여부에 관계없이, 이 사건 압류처분 및 매각처분의 근거 법률에 의하여 보호되는 직접적이고 구체적인 이익을 가지고 있어 「행정소송법」 제35조에 규정된 '무효확인을 구할 법률상 이익'을 가지는 자에 해당하고, 따라서 이 사건 압류처분 및 매각처분에 대하여 무효확인을 구할 수 있으며, 나아가 이 사건 매각처분이 위법하지만 당연무효는 아닌 경우에 대비하여 그 취소를 구할 수도 있으므로, 이 사건 소는 모두 적법하다(대판 2008. 6. 12. 2008두3685).

폐기물처리시설 설치기관이 주변영향지역으로 지정·고시하지 아니한 경우, 폐기물소각시설의 부지경계선으로부터 300m 밖에 거주하는 주민들이 폐기물소각시설의 입지지역을 결정·고시한 처분의 무효확인을 구할 원고적격을 인정받기 위한 요건

구 「폐기물처리시설 설치촉진 및 주변지역지원 등에 관한 법률」 및 같은 법 시행령의 관계 규정의 취지는 처리능력이 1일 50t인 소각시설을 설치하는 사업으로 인하여 직접적이고 중대한 환경상의 침해를 받으리라고 예상되는 직접영향권 내에 있는 주민들이나 폐기물소각시설의 부지경계선으로부터 300m 이내의 간접영향권 내에 있는 주민들이 사업 시행 전과 비교하여 수인한도를 넘는 환경피해를 받지 아니하고 쾌적한 환경에서 생활할 수 있는 개별적인 이익까지도 이를 보호하려는 데에 있다 할 것이므로, 위 주민들이 소각시설입지지역결정·고시와 관련하여 갖는 위와 같은 환경상의 이익은 주민 개개인에 대하여 개별적으로 보호되는 직접적·구체적 이익으로서 그들에 대하여는 특단의 사정이 없는 한 환경상의 이익에 대한 침해 또는 침해우려가 있는 것으로 사실상 추정되어 폐기물 소각시설의 입지지역을 결정·고시한 처분의 무효확인을 구할 원고적격이 인정된다고 할 것이고, 한편 폐기물소각시설의 부지경계선으로부터 300m 밖에 거주하는 주민들도 위와 같은 소각시설 설치사업으로 인하여 사업 시행 전과 비교하여 수인한도를 넘는 환경피해를 받거나 받을 우려가 있음에도 폐기물처리시설 설치기관이 주변영향지역으로 지정·고시하지 않는 경우 같은 법 제17조 제3항 제2호 단서 규정에 따라 당해 폐기물처리시설의 설치·운영으로 인하여 환경상 이익에 대한 침해 또는 침해우려가 있다는 것을 입증함으로써 그 처분의 무효확인을 구할 원고적격을 인정받을 수 있다(대판 2005. 3. 11. 2003두13489).

행정소송법 제35조 소정의 '법률상 이익'의 의미

항고소송인 무효등확인소송에 있어서 소의 이익이 인정되기 위하여는 「행정소송법」 제35조 소정의 '법률상의 이익'이 있어야 하는바, 그 법률상의 이익은 당해 처분의 근거 법률에 의하여 보호되는 직접적이고 구체적인 이익이 있는 경우를 말하고 간접적이거나 사실적, 경제적 이해관계를 가지는 데 불과한 경우는 여기에 해당되지 아니한다(대판 2001. 7. 10. 2000두2136).

행정처분의 직접 상대방이 아닌 제3자가 당해 행정처분의 취소나 무효확인을 구할 수 있는 요건으로서 '법률상 보호되는 이익'의 의미

행정처분의 직접 상대방이 아닌 제3자라 하더라도 당해 행정처분으로 인하여 법률상 보호되는 이익을 침해당한 경우에는 그 처분의 취소나 무효확인을 구하는 행정소송을 제기하여 그 당부의 판단을 받을 자격이 있으며, 여기에서 말하는 법률상 보호되는 이익은 당해 처분의 근거 법규 및 관련 법규에 의하여 보호되는 개별적·직접적·구체적 이익을 말한다(대판 2006. 7. 28. 2004두6716).

확인의 소에서의 확인의 이익

확인의 소는 원고의 권리 또는 법률상의 지위에 현존하는 불안, 위험이 있고 확인판결을 받는 것이 그 분쟁을 근본적으로 해결하는 가장 유효, 적절한 수단일 때에 허용된다(대판 2007. 2. 8. 2005두7273; 대판 1999. 9. 17. 97다54024).

무효등확인소송에서 확인을 구할 법률상 이익이 있다고 본 사례

① 사업양도·양수가 당연무효인 경우 이에 따른 허가관청의 지위승계신고의 수리에 대하여 사업의 양도행위가 무효라고 주장하는 양도자는 무효확인을 구할 법률상 이익이 있다

사업양도·양수에 따른 허가관청의 지위승계신고의 수리는 적법한 사업의 양도·양수가 있었음을 전제로 하는 것이므로 그 수리대상인 사업양도·양수가 존재하지 아니하거나 무효인 때에는 수리를 하였다 하더라도 그 수리는 유효한 대상이 없는 것으로서 당연히 무효라 할 것이고, 사업의 양도행위가 무효라고 주장하는 양도자는 민사쟁송으로 양도·양수행위의 무효를 구함이 없이 막바로 허가관청을 상대로 하여 행정소송으로 위 신고수리처분의 무효확인을 구할 법률상 이익이 있다(대판 2005. 12. 23. 2005두3554).

② **해직공무원이 복직은 되었으나 과거의 당연무효인 면직처분으로 인해 계속하여 불이익한 대우를 받고 있다면 면직처분무효확인의 소는 확인의 이익이 있다**

국회해직공무원인 원고가 복직은 되었으나 원·피고 사이에 원고의 면직처분의 무효 여부에 관하여 다툼이 있고 원고가 면직으로 인한 퇴직기간을 재직기간으로 인정받지 못하고 있어 퇴직급여, 승진소요년수의 계산 및 호봉승급 등에 있어서 현재에도 계속하여 불이익한 대우를 받고 있다면 그 법률상의 지위의 불안, 위험을 제거할 필요가 있고 다른 소송수단(국가배상소송이나 민사소송)으로는 위와 같은 원고들의 권리 또는 법률상의 지위의 불안, 위험을 제거하기에 미흡하여 면직처분무효확인의 소가 필요하고도 적절한 것이므로 면직처분무효확인의 소는 확인의 이익이 있다고 할 것이다(대판 1991. 6. 28. 90누9346).

무효등확인소송에서 확인을 구할 법률상 이익이 없다고 본 사례

① **공무원교육훈련법 제13조 소정의 경비반납조치처분을 받은 자가 위 처분에 의하여 부과된 반납금을 이미 납부한 경우**

「공무원교육훈련법」 제13조 소정의 경비반납조치처분을 받은 자가 위 처분에 의하여 부과된 반납금을 이미 납부함으로써 그 처분의 집행이 종료된 것과 같이 되어버렸다면 그 처분이 존재함과 같은 외관상태가 남아 있다 하여 앞으로 위 처분을 받은 자의 권리와 법률상의 지위에 현존하는 불안이나 위험이 있다 할 수 없으므로 그 처분이 무효라는 이유로 납부한 반납금에 대한 부당이득금반환청구를 함은 별론으로 하고 그 처분의 무효확인을 독립된 소송으로 구할 확인의 이익은 없다(대판 1992. 3. 13. 91누5105).

② **공무원면직처분무효확인의 소의 원고들이 상고심 계속중에 이미 국가공무원법 소정의 정년이 지난 경우**

원고들은 상고심 계속중에 이미 「국가공무원법」 소정의 정년이 지났으므로 면직처분이 무효로 확인된다 하더라도 공무원의 신분을 다시 회복할 수 없기 때문에, 비록 면직으로 인한 퇴직기간을 재직기간으로 인정받지 못함으로써 퇴직급여, 승진소요연수의 계산 및 호봉승급에 과거의 불이익이 남아 있긴 하나 이러한 불이익이 현재는 계속되고 있지 아니하고, 면직처분으로 인한 급료청구소송 또는 명예침해 등을 이유로 한 손해배상청구소송에서 위 처분의 무효를 주장하여 과거에 입은 권익의 침해를 구제받을 수 있는 이상, 소로써 면직처분의 무효확인을 받는 것이 원고들의 권리 또는 법률상 지위에 현존하는 불안, 위험을 제거하는 데 필요하고도 적절한 것이라 할 수 없으므로 확인의 이익이 없다(대판 1993. 1. 15. 91누5747).

③ 과세처분에 따라 부과세액을 납부한 경우 그 과세처분의 무효확인을 구할 법률상 이익이 없다

무효임을 주장하는 과세처분에 따라 그 부과세액을 납부하여 이미 그 처분의 집행이 종료된 것과 같이 되어 버렸다면 그 과세처분이 존재하고 있는 것과 같은 외관이 남아 있음으로써 장차 이해관계인에게 다가올 법률상의 불안이나 위험은 전혀 없다 할 것이고, 다만 남아 있는 것은 이미 이루어져 있는 위법상태의 제거, 즉 납부효과가 발생한 세금의 반환을 구하는 문제뿐이라고 할 것인바, 이와 같은 위법상태의 제거방법으로서 그 위법상태를 이룬 원인에 관한 처분의 무효확인을 구하는 방법은 과세관청이 그 무효확인판결의 구속력을 존중하여 납부한 세금의 환급을 하여 줄 것을 기대하는 간접적인 방법이라 할 것이므로, 민사소송에 의한 부당이득반환청구의 소로써 직접 그 위법상태의 제거를 구할 수 있는 길이 열려 있는 이상 위와 같은 과세처분의 무효확인의 소는 분쟁해결에 직접적이고도 유효적절한 해결방법이라 할 수 없어 확인을 구할 법률상 이익이 없다(대판 1991. 9. 10. 91누3840).

④ 국세교부청구의 무효확인소송을 구할 소의 이익이 없다

갑 명의의 근저당권이 설정되어 있는 을 소유의 부동산이 임의경매에 의하여 경락되자 세무관서가 을에 대한 체납국세의 징수를 위하여 국세의 교부청구를 하여 위 경락대금 중에서 배당받아 간 경우 이와 같은 국세교부청구에 의한 경락대금의 교부가 위 국세부과처분이 무효이어서 원인없는 배당이 된다고 한다면 갑은 직접적이고 효과적인 부당이득금반환 청구의 소송을 제기할 수 있으므로 간접적이고 우회적인 무효확인소송을 제기하는 것은 소의 이익이 없다(대판 1988. 10. 11. 87누783).

⑤ 조세납부 후 조세부과처분의 부존재 확인을 구할 이익은 없다

부과된 세액을 이미 납부한 후에는 위 부과처분이 부존재함을 이유로 그 납부세금에 대한 부당이득반환청구를 함은 별문제로 하고, 위 부과처분의 부존재확인을 독립한 소송으로 구할 확인의 이익은 없다(대판 1982. 3. 23. 80누476 전원합의체).

⑥ 직접 민사소송으로 부당이득의 반환 또는 행정처분에 의해 경료된 소유권이전등기의 말소를 구할 수 있는 경우, 행정처분의 무효확인 또는 행정처분에 대한 무효선언을 구하는 의미에서의 처분취소를 구할 소의 이익이 없다

행정처분에 대한 무효확인의 소에 있어서 확인의 이익은 그 대상인 법률관계에 관하여 당사자 사이에 분쟁이 있고, 그로 인하여 원고의 권리 또는 법률상의 지위에 불안·위험이 있어 판결로써 그 법률관계의 존부를 확정하는 것이 위 불안·위험을 제거하는 데 필요하고도 적절한 경우에 인정되는 것이므로, 과세처분과 압류 및 공매처분이 무효라 하더라도 직접 민사소송으로 체납처분에 의하여 충당된 세액에 대하여 부당이득으로 반환을 구하거나 공매처분에 의하여 제3자 앞으로 경료된 소유권이전등기에 대하여 말소를 구할 수 있는 경우에는 위 과세처분과 압류 및 공매처분에 대하여 소송으로 무효확인을 구하는 것은 분쟁해결에 직접적이고 유효·적절한 방법이라 할 수 없어 소의 이익이 없다고 할 것이고, 이러한 법리는 행정처분에 대한 무효선언을 구하는 의미에서 처분취소를 구하는 소에서도 마찬가지라 할 것이다(대판 2006. 5. 12. 2004두14717).

⑦ 채용계약 해지의사표시의 무효확인청구부분은 확인의 이익이 없어 부적법하다

지방자치단체와 채용계약에 의하여 채용된 계약직공무원이 그 계약기간 만료 이전에 채용계약 해지 등의 불이익을 받은 후 그 계약기간이 만료된 때에는 그 채용계약 해지의 의사표시가 무효라고 하더라도, 「지방공무원법」이나 지방계약직공무원 규정 등에서 계약기간이 만료되는 계약직공무원에 대한 재계약의무를 부여하는 근거 규정이 없으므로 계약기간의 만료로 당연히 계약직공무원의 신분을 상실하고 계약직공무원의 신분을 회복할 수 없는 것이므로, 그 해지의사표시의 무효확인청구는 과거의 법률관계의 확인청구에 지나지 않는다 할 것이고, 한편 과거의 법률관계라 할지라도 현재의 권리 또는 법률상 지위에 영향을 미치고 있고 현재의 권리 또는 법률상 지위에 대한 위험이나 불안을 제거하기 위하여 그 법률관계에 관한 확인판결을 받는 것이 유효·적절한 수단이라고 인정될 때에는 그 법률관계의 확인소송은 즉시확정의 이익이 있다고 보아야 할 것이나, 계약직공무원에 대한 채용계약이 해지된 경우에는 공무원 등으로 임용되는 데에 있어서 법령상의 아무런 제약사유가 되지 않을 뿐만 아니라, 계약기간 만료 전에 채용계약이 해지된 전력이 있는 사람이 공무원 등으로 임용되는 데에 있어서 그러한 전력이 없는 사람보다 사실상 불이익한 장애사유로 작용한다고 하더라도 그것만으로는 법률상의 이익이 침해되었다고 볼 수는 없으므로 그 무효확인을 구할 이익이 없다. 또한, 이 사건과 같이 이미 채용기간이 만료되어 소송 결과에 의해 법률상 그 직위가 회복되지 않는 이상 채용계약 해지의 의사표시의 무효확인만으로는 당해 소송에서 추구하는 권리구제의 기능이 있다고 할 수 없고, 침해된 급료지급청구권이나 사실상의 명예를 회복하는 수단은 바로 급료의 지급을 구하거나 명예훼손을 전제로 한 손해배상을 구하는 등의 이행청구소송으로 직접적인 권리구제방법이 있는 이상 무효확인소송은 적절한 권리구제수단이라 할 수 없어 확인소송의 또 다른 소송요건을 구비하지 못하고 있다 할 것이며, 위와 같이 직접적인 권리구제의 방법이 있는 이상 무효확인 소송을 허용하지 않는다고 해서 당사자의 권리구제를 봉쇄하는 것도 아니다(대판 2008. 6. 12. 2006두16328).

⑧ **조합설립인가처분이 있은 후에 조합설립결의의 하자를 이유로 그 결의 부분만을 따로 떼어내어 무효 등 확인의 소를 제기하는 것이 허용되지 않는다**

행정청이 「도시 및 주거환경정비법」 등 관련 법령에 근거하여 행하는 조합설립인가처분은 단순히 사인들의 조합설립행위에 대한 보충행위로서의 성질을 갖는 것에 그치는 것이 아니라 법령상 요건을 갖출 경우 「도시 및 주거환경정비법」상 주택재건축사업을 시행할 수 있는 권한을 갖는 행정주체(공법인)로서의 지위를 부여하는 일종의 설권적 처분의 성격을 갖는다고 보아야 한다. 그리고 그와 같이 보는 이상 조합설립결의는 조합설립인가처분이라는 행정처분을 하는 데 필요한 요건 중 하나에 불과한 것이어서, 조합설립결의에 하자가 있다면 그 하자를 이유로 직접 항고소송의 방법으로 조합설립인가처분의 취소 또는 무효확인을 구하여야 하고, 이와는 별도로 조합설립결의 부분만을 따로 떼어내어 그 효력 유무를 다투는 확인의 소를 제기하는 것은 원고의 권리 또는 법률상의 지위에 현존하는 불안·위험을 제거하는 데 가장 유효·적절한 수단이라 할 수 없어 특별한 사정이 없는 한 확인의 이익은 인정되지 아니한다(대판 2009. 9. 24. 2008다60568).

⑨ 구 「토지구획정리사업법」 제61조에 의한 환지처분은 사업시행자가 환지계획구역의 전부에 대하여 구획정리사업에 관한 공사를 완료한 후 환지계획에 따라 환지교부 등을 하는 처분으로서, 일단 공고되어 효력을 발생하게 된 이후에는 환지 전체의 절차를 처음부터 다시 밟지 않는 한 그 일부만을 따로 떼어 환지처분을 변경할 길이 없으므로, 환지확정처분의 일부에 대하여 취소나 무효확인을 구할 법률상 이익은 없다(대판 2013. 2. 28. 2010두2289).

⑩ 환경부장관이 생태·자연도 1등급으로 지정되었던 지역을 2등급 또는 3등급으로 변

경하는 내용의 생태·자연도 수정·보완을 고시하자, 인근 주민 갑이 생태·자연도 등급변경처분의 무효 확인을 청구한 사안에서, 생태·자연도의 작성 및 등급변경의 근거가 되는 구 「자연환경보전법」 제34조 제1항 및 그 시행령 제27조 제1항, 제2항에 의하면, 생태·자연도는 토지이용 및 개발계획의 수립이나 시행에 활용하여 자연환경을 체계적으로 보전·관리하기 위한 것일 뿐, 1등급 권역의 인근 주민들이 가지는 생활상 이익을 직접적이고 구체적으로 보호하기 위한 것이 아님이 명백하고, 1등급 권역의 인근 주민들이 가지는 이익은 환경보호라는 공공의 이익이 달성됨에 따라 반사적으로 얻게 되는 이익에 불과하므로, 인근 주민에 불과한 갑은 생태·자연도 등급권역을 1등급에서 일부는 2등급으로, 일부는 3등급으로 변경한 결정의 무효 확인을 구할 원고적격이 없다(대판 2014. 2. 21. 2011두29052).

(5) 무효등확인소송의 입증책임

무효등확인소송의 입증책임에 대하여 취소소송의 경우와 마찬가지로 입증책임을 분배해야 한다는 견해(입증책임분배설)와 하자가 중대하고 명백한 경우에는 원고가 부담하여야 한다는 견해(원고책임부담설) 등이 있다. 대법원은 원고책임부담설의 입장이다.

무효확인소송에 있어서 행정처분의 무효사유에 대한 주장·입증책임의 소재(원고)
행정처분의 당연무효를 주장하여 그 무효확인을 구하는 원고에게 그 행정처분이 무효인 사유를 증명할 책임이 있다(대판 2012. 12. 13. 2010두20782; 대판 2000. 3. 23. 99두11851; 대판 1992. 3. 10. 91누6030 등).

(6) 무효등확인소송의 제기기간

무효등확인소송의 경우에는 제소기간의 제한이 없지만, 취소소송의 형식으로 무효확인을 구하는 경우(무효선언을 구하는 의미에서의 취소소송)에는 취소소송에서와 같은 제소기간의 제한이 있다는 것이 대법원의 태도이다.

행정처분의 당연무효를 선언하는 의미에서 취소를 구하는 행정소송을 제기한 경우 취소소송의 제소요건을 갖추어야 하는지 여부
행정처분의 당연무효를 선언하는 의미에서 취소를 구하는 행정소송을 제기한 경우에도 제소기간의 준수 등 취소소송의 제소요건을 갖추어야 한다(대판 1993. 3. 12. 92누11039).

(7) 무효등확인소송의 판결

「행정소송법」은 무효등확인소송에 있어서는 취소소송에 있어서의 사정판결에 관한 규정을 준용하지 않고 있기 때문에 무효등확인소송에서 사정판결을 인정할 수 있는지에 대하여 긍정설과 부정설이 대립하고 있는데, 대법원은 부정설의 입장이다.

행정처분이 무효인 경우 사정판결을 할 수 없다

행정처분이 무효인 경우에는 존치시킬 효력이 있는 행정행위가 없기 때문에 「행정소송법」 제28조의 사정판결을 할 수 없다(대판 1992. 11. 10. 91누8227).

3. 부작위위법확인소송

(1) 의 의

부작위위법확인소송이란 행정청의 부작위가 위법하다는 것을 확인하는 소송을 말한다. 「행정소송법」은 부작위위법확인소송의 실효성 확보를 위한 제도(즉, 재처분의무 및 간접강제제도)를 마련함으로써 의무이행소송이 채택된 것과 거의 다름없는 효과를 거두고 있다.

부작위위법확인의 소의 제도의 취지

「행정소송법」 제4조 제3호에 규정된 부작위위법확인의 소는 행정청이 당사자의 법규상 또는 조리상의 권리에 기한 신청에 대하여 상당한 기간 내에 그 신청을 인용하는 적극적 처분 또는 각하하거나 기각하는 등의 소극적 처분을 하여야 할 법률상의 응답의무가 있음에도 불구하고 이를 하지 아니하는 경우에 그 부작위가 위법하다는 것을 확인함으로써 행정청의 응답을 신속하게 하여 부작위 또는 무응답이라고 하는 소극적인 위법상태를 제거하는 것을 목적으로 하는 제도이다(대판 1992. 6. 9. 91누11278; 대판 1993. 4. 23. 92누17099).

(2) 부작위위법확인소송의 제기요건 일반

부작위위법확인소송은 ① 위법한 부작위에 대하여(대상적격), ② 처분의 신청을 한 자로서 부작위의 위법확인을 구할 법률상 이익이 있는 자가(원고적격), ③ 재판제도를 이용할 현실적 필요성이 있는 경우에(협의의 소익), ④ 부작위를 한 행정청을 피고로 하여(피고적격), ⑤ 개별법에서 행정심판을 거치도록 규정하고 있는 경우에는 행정심판을 거쳐(예외적인 행정심판전치), ⑥ 소 제기기간 내에(제소기간), ⑦ 소장으로(서면주의), ⑧ 관할법원에 제기하여야 한다.

부작위위법확인의 소의 적법요건

부작위위법확인소송은 처분의 신청을 한 자로서 부작위의 위법의 확인을 구할 법률상 이익이 있는 자만이 제기할 수 있다 할 것이며 이를 통하여 구하는 행정청의 응답행위는 「행정소송법」 제2조 제1항 제1호 소정의 처분에 관한 것이라야 하므로 당사자가 행정청에 대하여 어떠한 행정행위를 하여 줄 것을 신청하지 아니하였거나 그러한 신청을 하였더라도 당사자가 행정청에 대하여 그러한 행정행위를 하여 줄 것을 요구할 수 있는 법규상 또는 조리상의 권리를 갖고 있지 아니하든지 또는 행정청이 당사자의 신청에 대하여 거부처분을 한 경우에는 원고 적격이 없거나 항고소송의 대상인 위법한 부작위가 있다고 볼 수 없어 그 부작위위법확인의 소는 부적법하다고 할 것이다(대판 1992. 6. 9. 91누11278; 대판 1993. 4. 23. 92누17099).

(3) 부작위위법확인소송의 대상

부작위위법확인소송의 대상은 행정청의 부작위이다. 「행정소송법」은 부작위를 '행정청이 당사자의 신청에 대하여 상당한 기간 내에 일정한 처분을 하여야 할 법률상 의무가 있음에도 불구하고 이를 하지 아니하는 것'으로 정의한다(제2조 제1항 제2호).

부작위 위법확인소송의 대상

부작위위법확인소송의 대상이 되는 행정청의 부작위라 함은 행정청이 당사자의 신청에 대하여 상당한 기간 내에 일정한 처분을 할 법률상 의무가 있음에도 불구하고 이를 하지 아니하는 것을 말하고, 이 소송은 처분의 신청을 한 자가 제기하는 것이므로 이를 통하여 원고가 구하는 행정청의 응답행위는 「행정소송법」 제2조 제1항 제1호 소정의 처분에 관한 것이라야 한다(대판 1991. 11. 8. 90누9391).

국가보훈처장 등에게, 독립운동가들에 대한 서훈추천을 다시 하고, 독립운동에 관한 책자 등을 고쳐서 편찬, 보급할 의무가 있음의 확인을 구하는 청구가 항고소송의 대상이 되지 아니한다

피고 국가보훈처장 등에게, 독립운동가들에 대한 서훈추천권의 행사가 적정하지 아니하였으니 이를 바로잡아 다시 추천하고, 잘못 기술된 독립운동가의 활동상을 고쳐 독립운동사 등의 책자를 다시 편찬, 보급하고, 독립기념관 전시관의 해설문, 전시물 중 잘못된 부분을 고쳐 다시 전시 및 배치할 의무가 있음의 확인을 구하는 청구는 작위의무확인소송으로서 항고소송의 대상이 되지 아니한다(대판 1990. 11. 23. 90누3553).

검사가 압수 해제된 것으로 간주된 압수물의 환부신청에 대하여 아무런 결정·통지도 하지 아니한 경우, 부작위위법확인소송의 대상이 되지 아니한다

형사본안사건에서 무죄가 선고되어 확정되었다면 「형사소송법」 제332조 규정에 따라 검사가 압수물을 제출자나 소유자 기타 권리자에게 환부하여야 할 의무가 당연히 발생한 것이고, 권리자의 환부신청에 대한 검사의 환부결정 등 어떤 처분에 의하여 비로소 환부의무가 발생하는 것은 아니므로 압수가 해제된 것으로 간주된 압수물에 대하여 피압수자나 기타 권리자가 민사소송으로 그 반환을 구함은 별론으로 하고 검사가 피압수자의 압수물 환부신청에 대하여 아무런 결정이나 통지도 하지 아니하고 있다고 하더라도 그와 같은 부작위는 현행 「행정소송법」상의 부작위위법확인소송의 대상이 되지 아니한다(대판 1995. 3. 10. 94누14018).

행정청의 부작위가 성립하려면, 당사자의 신청이 있어야 한다. 당사자의 신청이 있다고 하기 위해서는 신청권이 있는 자에 의한 신청이어야 하는지에 대하여 적극·소극의 견해 대립이 있다. 대법원은 신청권이 있는 자에 의한 신청이어야 한다는 적극설의 태도이다.

또한, 대법원은 신청권의 유무를 대상적격과 원고적격의 두 문제로 보고 있다. 이에 대하여 신청권을 대상적격의 문제로 보는 견해, 원고적격의 문제로 보는 견해, 본안문제로 보는 견해의 대립이 있다.

행정소송법 제4조 제3호 소정의 '부작위위법확인의 소'의 취지 및 요건

「행정소송법」 제4조 제3호가 정하는 부작위위법확인의 소는 행정청이 당사자의 법규상 또는 조리상의 권리에 기한 신청에 대하여 상당한 기간 내에 신청을 인용하는 적극적 처분 또는 각하하거나 기각하는 등의 소극적 처분을 하여야 할 법률상 응답의무가 있음에도 불구하고 이를 하지 아니하는 경우 그 부작위가 위법하다는 것을 확인함으로써 행정청의 응답을 신속하게 하여 부작위 또는 무응답이라고 하는 소극적 위법상태를 제거하는 것을 목적으로 하는 제도이고, 이러한 소송은 처분의 신청을 한 자로서 부작위가 위법하다는 확인을 구할 법률상의 이익이 있는 자만이 제기할 수 있는 것이므로, 당사자가 행정청에 대하여 어떠한 행정처분을 하여 줄 것을 요청할 수 있는 법규상 또는 조리상의 권리를 갖고 있지 아니하거나 부작위의 위법확인을 구할 법률상의 이익이 없는 경우에는 항고소송의 대상이 되는 위법한 부작위가 있다고 볼 수 없거나 원고적격이 없어 그 부작위위법확인의 소는 부적법하다(대판 2000. 2. 25. 99두11455; 대판 1999. 12. 7. 97누17568).

처분의 부존재가 있어야 한다. 따라서 거부처분이 있거나 외관적 존재가 있는 무효인 처분의 경우는 제외된다.

당사자의 신청에 대한 행정청의 거부처분이 있은 경우에 부작위위법확인소송은 허용되지 않는다

① 행정청이 당사자의 신청에 대하여 거부처분을 한 경우에는 항고소송의 대상인 위법한 부작위가 있다고 볼 수 없어 그 부작위위법확인의 소는 부적법하다(대판 1998. 1. 23. 96누12641).

② 당사자의 신청에 대한 행정청의 거부처분이 있는 경우에는 행정청이 당사자의 신청에 대하여 상당한 기간 내에 일정한 처분을 하여야 할 법률상의 응답의무를 이행하지 아니함으로써 야기된 부작위라는 위법상태를 제거하기 위하여 제기하는 부작위위법확인소송은 허용되지 아니한다(대판 1991. 11. 8. 90누9391).

행정입법부작위 등 법령의 제정여부는 부작위위법확인소송의 대상이 되지 않는다

원고는 안동지역 댐 피해대책위원회 위원장으로서 안동댐 건설로 인하여 급격한 이상기후의 발생 등으로 많은 손실을 입어 왔는바, 「특정 다목적댐법」 제41조에 의하면 다목적댐 건설로 인한 손실보상 의무가 국가에게 있고 같은 법 제42조에 의하면 손실보상절차와 그 방법 등 필요한 사항은 대통령령으로 규정하도록 되어 있음에도 피고 대통령이 이를 제정하지 아니한 것은 행정입법부작위에 해당하는 것이어서 그 부작위위법확인을 구하고 있다. 그러나 행정소송은 구체적 사건에 대한 법률상 분쟁을 법에 의하여 해결함으로써 법적 안정을 기하자는 것이므로 부작위위법확인소송의 대상이 될 수 있는 것은 구체적 권리의무에 관한 분쟁이어야 하고 추상적인 법령에 관하여 제정의 여부 등은 그 자체로서 국민의 구체적인 권리의무에 직접적 변동을 초래하는 것이 아니어서 부작위위법확인소송의 대상이 될 수 없는바, 대통령이 대통령령을 제정하지 아니한 행정입법부작위의 위법확인을 구하는 이 사건 소는 부적법하다(대판 1992. 5. 8. 91누11261).

(4) 당사자(원고적격 및 협의의 소익)

취소소송이나 부작위위법확인소송에 있어서의 원고적격

행정소송법상 취소소송이나 부작위위법확인소송에 있어서는 당해 행정처분 또는 부작위의 직접 상대방이 아닌 제3자라 하더라도 그 처분의 취소 또는 부작위위법확인을 받을 법률상의 이익이 있는 경우에는 원고적격이 인정되나 여기서 말하는 법률상의 이익은 그 처분 또는 부작위의 근거법률에 의하여 보호되는 직접적이고 구체적인 이익을 말하고, 간접적이거나 사실적, 경제적 관계를 가지는 데 불과한 경우는 포함되지 않는다(대판 1989. 5. 23. 88누8135).

행정소송법 제4조 제3호가 정하는 부작위위법확인의 소는 원고에게 법규상 또는 조리상 신청권이 있어야 한다

「행정소송법」 제4조 제3호가 정하는 부작위위법확인의 소는 당사자가 행정청에 대하여 어떠한 행정처분을 하여 줄 것을 요청할 수 있는 법규상 또는 조리상의 권리를 갖고 있지 아니하거나 부작위의 위법확인을 구할 법률상의 이익이 없는 경우에는 항고소송의 대상이 되는 위법한 부작위가 있다고 볼 수 없거나 원고적격이 없어 그 부작위위법확인의 소는 부적법하다(대판 2000. 2. 25. 99두11455; 대판 1999. 12. 7. 97누17568).

법규상 또는 조리상 신청권을 인정한 사례

① 사업시행자가 별다른 이유 없이 환지등기의 촉탁을 장기간 지체하는 경우

구 「토지구획정리사업법」 제62조 제1항에 의하면, 환지처분의 공고가 있는 경우에는 환지계획에서 정하여진 환지는 그 환지처분의 공고일 다음날부터 종전의 토지로 간주되므로, 종전의 토지 위에 존재하던 권리관계는 환지에 그 동일성을 유지하면서 이전하게 되고, 환지의 면적이 종전토지에 감보율을 적용한 권리면적보다 큰 이른바 증평환지의 경우에 있어서도 환지 전체를 종전의 토지로 보는 효과에는 아무런 영향이 없는 것이다. 한편, 법 제65조 제2항에 의하면, 토지구획정리사업 또는 환지처분으로 인하여 시행지구 안의 토지 또는 건축물에 관한 권리의 변동이 있는 때에는 시행자는 환지처분의 공고가 있은 후 지체 없이 대법원규칙이 정하는 바에 의하여 이에 관한 등기를 신청 또는 촉탁하여야 한다고 규정하고 있는바, 이는 종전토지의 소유자나 근저당권자 등의 권리자가 환지의 권리자로 됨에도 불구하고 같은 조 제3항에 의하여 다른 등기를 경료하지 못함으로써 소유권이나 근저당권 등의 권리를 행사함에 있어 제약을 받게 되어 이를 최소화하기 위하여 사업시행자에게 환지처분의 공고가 있은 후 지체 없이 환지등기를 촉탁하도록 의무를 부과하고 있는 것이라고 할 것이므로, 사업시행자가 별다른 이유 없이 환지등기의 촉탁을 장기간 지체하는 경우 위와 같은 환지의 권리자로서는 사업시행자에 대하여 환지등기의 촉탁에 관한 조리상의 신청권이 있다고 할 것이고, 그러한 권리자로부터 그 신청을 받은 행정청으로서는 상당한 기간 내에 그 신청을 인용하는 적극적 처분을 하거나 각하 또는 기각하는 등의 소극적 처분을 하여야 할 법률상의 응답의무가 있다고 할 것이며, 행정청이 위와 같은 권리자의 신청에 대하여 아무런 적극적 또는 소극적 처분을 하지 않고 있다면 그러한 행정청의 부작위는 그 자체로 위법하다고 할 것이고, 구체적으로 그 신청이 인용될 수 있는지 여부는 소극적 처분에 대한 항고소송의 본안에서 판단하여야 할 사항이라고 할 것이다(대판 2005. 4. 29. 2003두3284).

② **행정청이 행한 공사중지명령의 상대방이 그 명령 이후에 그 원인사유가 소멸하였음을 들어 행정청에 대하여 공사중지명령의 철회를 신청하였으나 행정청이 이에 대하여 아무런 응답을 하지 않고 있는 경우**

행정청이 행한 공사중지명령의 상대방은 그 명령 이후에 그 원인사유가 소멸하였음을 들어 행정청에게 공사중지명령의 철회를 요구할 수 있는 조리상의 신청권이 있다 할 것이고, 상대방으로부터 그 신청을 받은 행정청으로서는 상당한 기간 내에 그 신청을 인용하는 적극적 처분을 하거나 각하 또는 기각하는 등의 소극적 처분을 하여야 할 법률상의 응답의무가 있다고 할 것이며, 행정청이 상대방의 신청에 대하여 아무런 적극적 또는 소극적 처분을 하지 않고 있는 이상 행정청의 부작위는 그 자체로 위법하다고 할 것이고, 구체적으로 그 신청이 인용될 수 있는지 여부는 소극적 처분에 대한 항고소송의 본안에서 판단하여야 할 사항이라고 할 것이다(대판 2005. 4. 14. 2003두7590).

③ **4급 공무원이 당해 지방자치단체 인사위원회의 심의를 거쳐 3급 승진대상자로 결정되고 임용권자가 그 사실을 대내외에 공표한 경우**

「지방공무원법」 제8조, 제38조 제1항, 지방공무원임용령 제38조의3의 각 규정을 종합하면, 2급 내지 4급 공무원의 승진임용은 임용권자가 행정실적·능력·경력·전공분야·인품 및 적성 등을 고려하여 하되 인사위원회의 사전심의를 거치도록 하고 있는바, 4급 공무원이 당해 지방자치단체 인사위원회의 심의를 거쳐 3급 승진대상자로 결정되고 임용권자가 그 사실을 대내외에 공표까지 하였다면, 그 공무원은 승진임용에 관한 법률상 이익을 가진 자로서 임용권자에 대하여 3급 승진임용 신청을 할 조리상의 권리가 있다(대판 2008. 4. 10. 2007두18611).

법규상 또는 조리상 신청권을 부정한 사례

① 국회의원이 대통령 및 외교통상부장관의 특임공관장에 대한 인사권 행사 등과 관련하여 그 임면과정이나 지위 변경 등에 관한 요구를 할 수 있는 법규상 또는 조리상 신청권을 갖고 있는지 여부

외무공무원의 정년 등을 규정한 「외무공무원법」상 일반 국민이나 국회의원 등이 외무공무원의 임면권자에 대하여 특임공관장의 임면과정이나 지위 변경 등에 관하여 어떠한 신청을 할 수 있다는 규정이 없을 뿐 아니라, 나아가 국회의원은 「헌법」이 부여한 권한에 따라 국정감사·조사권, 국무위원 등의 국회출석요구권·질문권, 국무위원 등의 해임건의권 등의 다양한 권한행사를 통하여 행정부의 위법·부당한 행위를 통제할 수 있고, 또한 「국회법」상 국회통일외교통상위원회는 외무공무원의 인사에 관한 사항 등 외교통상부 소관에 속하는 의안과 청원의 심사 등의 직무를 행하도록 규정되어 있기는 하지만, 이러한 규정들에 의하여 국회의원이 국무위원인 외교통상부장관에 대하여 정치적인 책임을 물을 수 있음은 별론으로 하고 국회의원 개개인에게 특임공관장의 인사사항에 관한 구체적인 신청권을 부여한 것이라고 할 수 없어서, 국회의원에게는 대통령 및 외교통상부장관의 특임공관장에 대한 인사권 행사 등과 관련하여 대사의 직을 계속 보유하게 하여서는 아니된다는 요구를 할 수 있는 법규상 신청권이 있다고 할 수 없고, 그 밖에 조리상으로도 그와 같은 신청권이 있다고 보여지지 아니한다(대판 2000. 2. 25. 99두11455).

② 국민이 행정청에 대하여 제3자에 대한 건축허가와 준공검사의 취소 및 제3자 소유의 건축물에 대한 철거명령을 요구할 수 있는 법규상 또는 조리상 권리가 있는지 여부

구 「건축법」 및 기타 관계 법령에 국민이 행정청에 대하여 제3자에 대한 건축허가의 취소나 준공검사의 취소 또는 제3자 소유의 건축물에 대한 철거 등의 조치를 요구할 수 있다는 취지의 규정이 없고, 같은 법 제69조 제1항 및 제70조 제1항은 각 조항 소정의 사유가 있는 경우에 시장·군수·구청장에게 건축허가 등을 취소하거나 건축물의 철거 등 필요한 조치를 명할 수 있는 권한 내지 권능을 부여한 것에 불과할 뿐, 시장·군수·구청장에게 그러한 의무가 있음을 규정한 것은 아니므로 위 조항들도 그 근거 규정이 될 수 없으며, 그 밖에 조리상 이러한 권리가 인정된다고 볼 수도 없다(대판 1999. 12. 7. 97누17568).

납·월북작가들의 작품에 대한 문화부장관의 출판 및 판매금지 처분의 부존재 확인을 구하는 소송에서 납·월북작가들 또는 그 상속인들로부터 저작재산권의 양수 또는 저작물이용 허락을 받거나 문화부장관의 승인을 얻지 아니한 자의 원고적격 유무

행정처분의 부존재확인소송은 행정처분의 부존재확인을 구할 법률상 이익이 있는 자만이 제기할 수 있고, 여기에서의 법률상 이익은 원고의 권리 또는 법률상 지위에 현존하는 불안, 위험이 있고 그 불안, 위험을 제거함에는 확인판결을 받는 것이 가장 유효적절한 수단일 때 인정되는 것인데, 타인의 저작물을 복제, 배포, 발행함에 필요한 요건과 저작재산권의 존속기간을 규정한 「저작권법」 제36조 제1항, 제41조, 제42조, 제47조 제1항의 효력은 대한민국 「헌법」 제3조에 의하여 여전히 대한민국의 주권범위 내에 있는 북한지역에도 미치는 것이므로 6.25 사변 전후에 납북되거나 월북한 문인들이 저작한 작품들을 발행하려면, 아직 그 저작재산권의 존속기간이 만료되지 아니하였음이 역수상 명백한 만큼, 동인들이나 그 상속인들로부터 저작재산권의 양수 또는 저작물이용 허락을 받거나 문화부장관의 승인을 얻어야 하고 이를 인정할 자료가 없는 이상 원고는 위 작품들의 출판 및 판매금지처분의 부존재확인을 구할 법률상 지위에 있는 자라고 할 수 없고, 헌법상 국민에게 부여된 출판의 자유로부터도 확인을 구할 법률상의 지위가 부여된다고 볼 수 없다(대판 1990. 9. 28. 89누6396).

부작위위법확인소송의 변론종결시까지 행정청의 처분으로 부작위 상태가 해소된 경우 소의 이익을 상실한다

부작위위법확인의 소는 소제기의 전후를 통하여 판결시까지 행정청이 그 신청에 대하여 적극 또는 소극의 처분을 함으로써 부작위상태가 해소된 때에는 소의 이익을 상실하게 되어 당해 소는 각하를 면할 수가 없는 것이다(대판 1990. 9. 25. 89누4758).

당사자의 신청이 있은 이후 당사자에게 생긴 사정의 변화로 인하여 부작위가 위법하다는 확인을 받는다고 하더라도 종국적으로 침해되거나 방해받은 권리와 이익을 보호·구제받는 것이 불가능하게 된 경우, 그 부작위가 위법하다는 확인을 구할 이익이 없다
당사자의 신청이 있은 이후 당사자에게 생긴 사정의 변화로 인하여 위 부작위가 위법하다는 확인을 받는다고 하더라도 종국적으로 침해되거나 방해받은 권리와 이익을 보호·구제받는 것이 불가능하게 되었다면 그 부작위가 위법하다는 확인을 구할 이익은 없다(대판 2002. 6. 28. 2000두4750).

(5) 부작위위법확인소송의 제기기간

부작위위법확인소송은 취소소송의 제기기간에 관한 규정의 준용규정을 두고 있다(행정소송법 제38조).

부작위위법확인의 소의 제소기간
부작위위법확인의 소는 부작위상태가 계속되는 한 그 위법의 확인을 구할 이익이 있다고 보아야 하므로 원칙적으로 제소기간의 제한을 받지 않는다. 그러나 「행정소송법」 제38조 제2항이 제소기간을 규정한 같은 법 제20조를 부작위위법확인소송에 준용하고 있는 점에 비추어 보면, 행정심판 등 전심절차를 거친 경우에는 「행정소송법」 제20조가 정한 제소기간 내에 부작위위법확인의 소를 제기하여야 한다(대판 2009. 7. 23. 2008두10560).

(6) 소의 변경

당사자가 적법한 제소기간 내에 부작위위법확인의 소를 제기한 후, 동일한 신청에 대하여 소극적 처분이 있다고 보아 처분취소소송으로 소를 교환적으로 변경한 후 부작위위법확인의 소를 추가적으로 병합한 경우, 제소기간을 준수한 것으로 볼 수 있다
당사자가 동일한 신청에 대하여 부작위위법확인의 소를 제기하였으나 그 후 소극적 처분이 있다고 보아 처분취소소송으로 소를 교환적으로 변경한 후 여기에 부작위위법확인의 소를 추가적으로 병합한 경우, 최초의 부작위위법확인의 소가 적법한 제소기간 내에 제기된 이상 그 후 처분취소소송으로의 교환적 변경과 처분취소소송에의 추가적 변경 등의 과정을 거쳤다고 하더라도 여전히 제소기간을 준수한 것으로 봄이 상당하다(대판 2009. 7. 23. 2008두10560).

(7) 부작위위법확인소송의 심리

부작위위법확인소송의 심리권이 신청의 실체적 내용에까지 미칠 수 있는지에 대하여 소극설(절차적 심리설)과 적극설(실체적 심리설)의 대립이 있다. 대법원은 소극설(절차적 심리설)의 입장이다.

부작위위법확인의 소의 제도의 취지
부작위위법확인의 소는 행정청이 국민의 법규상 또는 조리상의 권리에 기한 신청에 대하여 상당한 기간 내에 그 신청을 인용하는 적극적 처분을 하거나 또는 각하 내지 기각하는 등의 소극적 처분을 하여야 할 법률상의 응답의무가 있음에도 불구하고 이를 하지 아니하는 경우 판결시를 기준으로 그 부작위의 위법함을 확인함으로써 행정청의 응답을 신속하게 하여 부작위 내지 무응답이라고 하는 소극적인 위법상태를 제거하는 것을 목적으로 하는 것이고, 나아가 당해 판결의 구속력에 의하여 행정청에게 처분 등을 하게 하고, 다시 당해 처분 등에 대하여 불복이 있는 때에는 그 처분 등을 다투게 함으로써 최종적으로는 국민의 권리이익을 보호하려는 제도이다(대판 1992. 7. 28. 91누7361).

Ⅲ. 당사자소송

1. 의 의

당사자소송이란 행정청의 처분 등을 원인으로 하는 법률관계에 관한 소송, 그 밖에 공법상의 법률관계에 관한 소송으로서 그 법률관계의 한쪽 당사자를 피고로 하는 소송을 말한다(행정소송법 제3조 제2호).

2. 종 류

(1) 실질적 당사자소송

실질적 당사자소송이란 대립되는 당사자 사이의 공법상 법률관계에 관한 소송으로서 그 법률관계의 한쪽 당사자를 피고로 하는 소송을 말한다. 대부분의 당사자소송이 실질적 당사자소송에 해당한다.

① 처분 등을 원인으로 하는 공법상 법률관계에 관한 소송

처분 등의 무효·취소를 전제로 하는 공법상의 부당이득반환청구소송(예 조세과오납반환청구소송 등), 공무원의 직무상 불법행위에 대한 국가배상청구소송 등을 예로 들 수 있는데, 소송실무상으로는 민사소송으로 다루고 있다.

② 기타 공법상 법률관계에 관한 소송

㉠ 공법상 계약에 관한 소송

손해배상청구 중 공법상의 권리에 속해도 국가 또는 공공단체가 보상을 거부할 때에는 그 보상금 청구를 민사소송으로서 청구할 수 있다

피고가 토지구획정리사업에 의한 수용조처로서 원고 소유의 본건 토지를 수용하여 도로를 개설하여 사용한 행위가 공법상의 적법한 행위라고 본다 하더라도 위에서 본 토지구획정리 시행규칙(을 제20호 증) 제6조에 의한 보상을 피고가 거부할 때에는, 원고로서는 그 보상금 청구를 민사소송으로서 청구할 수 있다고 봄이 상당할 것이다(대판 1969. 5. 19. 67다2038; 대판 1969. 3. 25. 68다2471; 대판 1969. 1. 21. 68다2192).

서울특별시립무용단원의 해촉에 대하여 공법상 당사자소송으로 무효확인을 청구할 수 있다

「지방자치법」 제9조 제2항 제5호 (라)목 및 (마)목 등의 규정에 의하면, 서울특별시립무용단원의 공연 등 활동은 지방문화 및 예술을 진흥시키고자 하는 서울특별시의 공공적 업무수행의 일환으로 이루어진다고 해석될 뿐 아니라, 단원으로 위촉되기 위하여는 일정한 능력요건과 자격요건을 요하고, 계속적인 재위촉이 사실상 보장되며, 「공무원연금법」에 따른 연금을 지급받고, 단원의 복무규율이 정해져 있으며, 정년제가 인정되고, 일정한 해촉사유가 있는 경우에만 해촉되는 등 서울특별시립무용단원이 가지는 지위가 공무원과 유사한 것이라면, 서울특별시립무용단 단원의 위촉은 공법상의 계약이라고 할 것이고, 따라서 그 단원의 해촉에 대하여는 공법상의 당사자소송으로 그 무효확인을 청구할 수 있다(대판 1995. 12. 22. 95누4636).

㉡ 공법상의 신분·지위 등의 확인소송

민주화운동관련자불인정처분취소사건

[다수의견] [1] 「민주화운동관련자 명예회복 및 보상 등에 관한 법률」 제2조 제1호, 제2

호 본문, 제4조, 제10조, 제11조, 제13조 규정들의 취지와 내용에 비추어 보면, 같은 법 제2조 제2호 각 목은 민주화운동과 관련한 피해 유형을 추상적으로 규정한 것에 불과하여 제2조 제1호에서 정의하고 있는 민주화운동의 내용을 함께 고려하더라도 그 규정들만으로는 바로 법상의 보상금 등의 지급 대상자가 확정된다고 볼 수 없고, '민주화운동관련자 명예회복 및 보상 심의위원회'에서 심의·결정을 받아야만 비로소 보상금 등의 지급 대상자로 확정될 수 있다. 따라서 그와 같은 심의위원회의 결정은 국민의 권리의무에 직접 영향을 미치는 행정처분에 해당하므로, 관련자 등으로서 보상금 등을 지급받고자 하는 신청에 대하여 심의위원회가 관련자 해당 요건의 전부 또는 일부를 인정하지 아니하여 보상금 등의 지급을 기각하는 결정을 한 경우에는 신청인은 심의위원회를 상대로 그 결정의 취소를 구하는 소송을 제기하여 보상금 등의 지급대상자가 될 수 있다.
[2] 「민주화운동관련자 명예회복 및 보상 등에 관한 법률」 제17조는 보상금 등의 지급에 관한 소송의 형태를 규정하고 있지 않지만, 위 규정 전단에서 말하는 보상금 등의 지급에 관한 소송은 '민주화운동관련자 명예회복 및 보상 심의위원회'의 보상금 등의 지급신청에 관하여 전부 또는 일부를 기각하는 결정에 대한 불복을 구하는 소송이므로 취소소송을 의미한다고 보아야 하며, 후단에서 보상금 등의 지급신청을 한 날부터 90일을 경과한 때에는 그 결정을 거치지 않고 위 소송을 제기할 수 있도록 한 것은 관련자 등에 대한 신속한 권리구제를 위하여 위 기간 내에 보상금 등의 지급 여부 등에 대한 결정을 받지 못한 때에는 지급 거부 결정이 있는 것으로 보아 곧바로 법원에 심의위원회를 상대로 그에 대한 취소소송을 제기할 수 있다고 규정한 취지라고 해석될 뿐, 위 규정이 보상금 등의 지급에 관한 처분의 취소소송을 제한하거나 또는 심의위원회에 의하여 관련자 등으로 결정되지 아니한 신청인에게 국가를 상대로 보상금 등의 지급을 구하는 이행소송을 직접 제기할 수 있도록 허용하는 취지라고 풀이할 수는 없다.
[대법관 김황식, 김지형, 이홍훈의 반대의견] 「민주화운동관련자 명예회복 및 보상 등에 관한 법률」 제17조의 규정은 입법자가 결정전치주의에 관하여 특별한 의미를 부여하고 있는 것으로, 심의위원회의 결정과 같은 사전심사를 거치거나 사전심사를 위한 일정한 기간이 지난 후에는 곧바로 당사자소송의 형태로 권리구제를 받을 수 있도록 하려는 데 그 진정한 뜻이 있는 것이다. 또한, 소송경제나 분쟁의 신속한 해결을 도모한다는 측면에서도 당사자소송에 의하는 것이 국민의 권익침해 해소에 가장 유효하고 적절한 수단이다. 따라서 보상금 등의 지급신청을 한 사람이 심의위원회의 보상금 등의 지급에 관한 결정을 다투고자 하는 경우에는 곧바로 보상금 등의 지급을 구하는 소

송을 제기하여야 하고, 관련자 등이 갖게 되는 보상금 등에 관한 권리는 위 법이 특별히 인정하고 있는 공법상 권리이므로 그 보상금 등의 지급에 관한 소송은 「행정소송법」 제3조 제2호에 정한 국가를 상대로 하는 당사자소송에 의하여야 한다(대판 2008. 4. 17. 2005두16185 전원합의체).

대법원은 92누3335 판결[9]에서 「광주민주화운동관련자 보상 등에 관한 법률」에 의거하여 관련자 및 유족들이 갖게 되는 보상 등에 관한 권리는 공법상의 권리로서 그에 관한 소송은 당사자소송에 의하여야 할 것이라고 판시한 바 있다. 본 전원합의체 판결 다수의견은 92누3335 판결과는 달리 유사한 내용의 규정을 두고 있는 「민주화운동관련자 명예회복 및 보상 등에 관한 법률」상의 민주화운동관련자 명예회복 및 보상 심의위원회의 결정을 처분으로 보고 취소소송을 통하여 보상금 등의 지급대상자가 될 수 있다고 판시하고 있다.

이에 대하여 본 판결 반대의견에서는 유사한 법률체계를 갖고 있는 법률 사이에 동일한 내용의 법조항에 대한 기존의 판례의 해석론은 일관된 입장을 견지해야 한다고 하면서 국가를 상대로 하는 당사자소송에 의하여야 한다고 판시하였다.

ⓒ **공법상 금전지급청구소송**

공무원연금관리공단이 공무원연금법령의 개정에 따라 퇴직연금 중 일부 금액에 대하여 지급거부의 의사표시를 한 경우, 미지급 퇴직연금의 지급을 구하는 소송의 성격(공법상 당사자소송)

공무원연금관리공단의 인정에 의하여 퇴직연금을 지급받아 오던 중 공무원연금법령의 개정 등으로 퇴직연금 중 일부 금액의 지급이 정지된 경우에는 당연히 개정된 법령에 따라 퇴직연금이 확정되는 것이지 구 「공무원연금법」 제26조 제1항에 정해진 공무원연금관리공단의 퇴직연금 결정과 통지에 의하여 비로소 그 금액이 확정되는 것이 아니므로, 공무원연금관리공단이 퇴직연금 중 일부 금액에 대하여 지급거부의 의사표시를 하였다고 하더라도 그 의사표시는 퇴직연금 청구권을 형성·확정하는 행정처분이 아니라 공법상의 법률관계의 한쪽 당사자로서 그 지급의무의 존부 및 범위에 관하여

9 「광주민주화운동관련자 보상 등에 관한 법률」에 의거하여 관련자 및 유족들이 갖게 되는 보상 등에 관한 권리는 「헌법」 제23조 제3항에 따른 재산권침해에 대한 손실보상청구나 국가배상법에 따른 손해배상청구와는 그 성질을 달리하는 것으로서 법률이 특별히 인정하고 있는 공법상의 권리라고 하여야 할 것이므로 그에 관한 소송은 「행정소송법」 제3조 제2호 소정의 당사자소송에 의하여야 할 것이며 보상금 등의 지급에 관한 법률관계의 주체는 대한민국이다(대판 1992. 12. 24. 92누3335).

나름대로의 사실상·법률상 의견을 밝힌 것에 불과하다고 할 것이어서, 이를 행정처분이라고 볼 수는 없고, 그리고 이러한 미지급 퇴직연금에 대한 지급청구권은 공법상 권리로서 그 지급을 구하는 소송은 공법상의 법률관계에 관한 소송인 공법상 당사자소송에 해당한다(대판 2004. 12. 24. 2003두15195).

교육부장관의 권한을 재위임받은 공립교육기관의 장에 의하여 공립유치원의 임용기간을 정한 전임강사로 임용되어 지방자치단체로부터 보수를 지급받으면서 공무원복무규정을 적용받고 사실상 유치원 교사의 업무를 담당하여 온 유치원 교사의 자격이 있는 자에 대한 해임처분의 시정 및 수령지체된 보수의 지급을 구하는 소송은 행정소송의 대상이다

교육부장관(당시 문교부장관)의 권한을 재위임받은 공립교육기관의 장에 의하여 공립유치원의 임용기간을 정한 전임강사로 임용되어 지방자치단체로부터 보수를 지급받으면서 공무원복무규정을 적용받고 사실상 유치원 교사의 업무를 담당하여 온 유치원 교사의 자격이 있는 자는 교육공무원에 준하여 신분보장을 받는 정원 외의 임시직 공무원으로 봄이 상당하므로 그에 대한 해임처분의 시정 및 수령지체된 보수의 지급을 구하는 소송은 행정소송의 대상이지 민사소송의 대상이 아니다(대판 1991. 5. 10. 90다10766).

부가가치세 환급세액 지급청구

부가가치세법령이 환급세액의 정의 규정, 그 지급시기와 산출방법에 관한 구체적인 규정과 함께 부가가치세 납세의무를 부담하는 사업자에 대한 국가의 환급세액 지급의무를 규정한 이유는, 입법자가 과세 및 징수의 편의를 도모하고 중복과세를 방지하는 등의 조세 정책적 목적을 달성하기 위한 입법적 결단을 통하여, 최종 소비자에 이르기 전의 각 거래단계에서 재화 또는 용역을 공급하는 사업자가 그 공급을 받는 사업자로부터 매출세액을 징수하여 국가에 납부하고, 그 세액을 징수당한 사업자는 이를 국가로부터 매입세액으로 공제·환급받는 과정을 통하여 그 세액의 부담을 다음 단계의 사업자에게 차례로 전가하여 궁극적으로 최종 소비자에게 이를 부담시키는 것을 근간으로 하는 전단계세액공제 제도를 채택한 결과, 어느 과세기간에 거래징수된 세액이 거래징수를 한 세액보다 많은 경우에는 그 납세의무자가 창출한 부가가치에 상응하는 세액보다 많은 세액이 거래징수되게 되므로 이를 조정하기 위한 과세기술상, 조세 정책적인 요청에 따라 특별히 인정한 것이라고 할 수 있다. 따라서 이와 같은 부가가치세법령의 내용, 형식 및 입법 취지 등에 비추어 보면, 납세의무자에 대한 국가의 부가가치세 환급세액 지급의무는 그 납세의무자로부터 어느 과세기간에 과다하게 거래징수된 세액 상당을 국가가 실제로 납부받았는지와 관계없이 부가가치세법령의 규정에 의하여 직접 발생하는 것으로서, 그 법적 성질은 정의와 공평의 관념에서 수익자와 손실자 사이의 재산상태 조정을 위해 인정되는 부당이득 반환의무가 아니라 부가가치세 법령에 의하여 그 존부나 범위가 구체적으로 확정되고 조세 정책적 관점에서 특별히 인정되는 공법상 의무라고 봄이 타당하다. 그렇다면 납세의무자에 대한 국가의 부가가치세 환급세액 지급의무에 대응하는 국가에 대한 납세의무자의 부가가치세 환급세액 지급청구는 민사소송이 아니라「행정소송법」제3조 제2호에 규정된 당사자소송의 절차에 따라야 한다(대판 2013. 3. 21. 2011다95564 전원합의체).

보조사업자에 대한 지방자치단체의 보조금반환청구

지방자치단체가 보조금 지급결정을 하면서 일정 기한 내에 보조금을 반환하도록 하는 교부조건을 부가한 사안에서, 보조사업자의 지방자치단체에 대한 보조금 반환의무는 행정처분인 위 보조금 지급결정에 부가된 부관상 의무이고, 이러한 부관상 의무는 보조사업자가 지방자치단체에 부담하는 공법상 의무이므로, 보조사업자에 대한 지방자치단체의 보조금반환청구는 공법상 권리관계의 일방 당사자를 상대로 하여 공법상 의무이행을 구하는 청구로서「행정소송법」제3조 제2호에 규정한 당사자소송의 대상이다(대판 2011. 6. 9. 2011다2951).

지방소방공무원이 소속 지방자치단체를 상대로 초과근무수당의 지급을 구하는 소송

지방자치단체와 그 소속 경력직 공무원인 지방소방공무원 사이의 관계, 즉 지방소방공무원의 근무관계는 사법상의 근로계약관계가 아닌 공법상의 근무관계에 해당하고, 그 근무관계의 주요한 내용 중 하나인 지방소방공무원의 보수에 관한 법률관계는 공법상의 법률관계라고 보아야 한다. 나아가「지방공무원법」제44조 제4항, 제45조 제1항이 지방공무원의 보수에 관하여 이른바 근무조건 법정주의를 채택하고 있고, 지방공무원 수당 등에 관한 규정 제15조 내지 제17조가 초과근무수당의 지급 대상, 시간당 지급액수, 근무시간의 한도, 근무시간의 산정 방식에 관하여 구체적이고 직접적인 규정을 두고 있는 등 관계 법령의 내용, 형식 및 체제 등을 종합하여 보면, 지방소방공무원의 초과근무수당 지급청구권은 법령의 규정에 의하여 직접 그 존부나 범위가 정하여지고 법령에 규정된 수당의 지급요건에 해당하는 경우에는 곧바로 발생한다고 할 것이므로, 지방소방공무원이 자신이 소속된 지방자치단체를 상대로 초과근무수당의 지급을 구하는 청구에 관한 소송은 「행정소송법」 제3조 제2호에 규정된 당사자소송의 절차에 따라야 한다(대판 2013. 3. 28. 2012다102629).

㉣ 공법상의 결과제거청구소송

도시 및 주거환경정비법상의 주택재건축정비사업조합을 상대로 관리처분계획안에 대한 조합 총회결의의 효력을 다투는 소송

도시 및 주거환경정비법상 행정주체인 주택재건축정비사업조합을 상대로 관리처분계획안에 대한 조합 총회결의의 효력 등을 다투는 소송은 행정처분에 이르는 절차적 요건의 존부나 효력 유무에 관한 소송으로서 그 소송결과에 따라 행정처분의 위법 여부에 직접 영향을 미치는 공법상 법률관계에 관한 것이므로, 이는 「행정소송법」상의 당사자소송에 해당한다(대판 2009. 9. 17. 2007다2428 전원합의체; 대판 2009. 10. 15. 2008다93001).

③ 당사자소송으로 본 판례

㉠ 전문직공무원인 공중보건의사의 채용계약 해지의 의사표시에 관한 다툼

전문직공무원인 공중보건의사의 채용계약의 해지가 관할 도지사의 일방적인 의사표시에 의하여 그 신분을 박탈하는 불이익처분이라고 하여 곧바로 그 의사표시가 관할 도지사가 행정청으로서 공권력을 행사하여 행하는 행정처분이라고 단정할 수는 없고, 공무원 및 공중보건의사에 관한 현행 실정법이 공중보건의사의 근무관계에 관하여 구체적으로 어떻게 규정하고 있는가에 따라 그 의사표시가 항고소송의 대상이 되는 처분 등에 해당하는 것인지의 여부를 개별적으로 판단하여야 할 것인바, 「농어촌등 보건의료를 위한 특별조치법」 제2조, 제3조, 제5조, 제9조, 제26조와 같은 법 시행령 제3조, 제17조, 전문직공무원규정 제5조 제1항, 제7조 및 「국가공무원법」 제2조 제3항 제3호, 제4항 등 관계 법령의 규정내용에 미루어 보면 현행 실정법이 전문직공무원인 공중보건의사의 채용계약 해지의 의사표시는 일반공무원에 대한 징계처분과는 달라서 항고소송의 대상이 되는 처분 등의 성격을 가진 것으로 인정되지 아니하고, 일정한 사유가 있을 때에 관할 도지사가 채용계약 관계의 한쪽 당사자로서 대등한 지위에서 행하는 의사표시로 취급하고 있는 것으로 이해되므로, 공중보건의사 채용계약 해지의 의사표

시에 대하여는 대등한 당사자간의 소송형식인 공법상의 당사자소송으로 그 의사표시의 무효확인을 청구할 수 있는 것이지, 이를 항고소송의 대상이 되는 행정처분이라는 전제하에서 그 취소를 구하는 항고소송을 제기할 수는 없다(대판 1996. 5. 31. 95누10617).

ⓛ 광주광역시립합창단원으로서 위촉기간이 만료되는 자들의 재위촉 신청에 대한 거부

「지방자치법」 제9조 제2항 제5호 (라)목 및 (마)목 등의 규정에 의하면, 광주광역시립합창단의 활동은 지방문화 및 예술을 진흥시키고자 하는 광주광역시의 공공적 업무수행의 일환으로 이루어진다고 해석될 뿐 아니라, 그 단원으로 위촉되기 위하여는 공개전형을 거쳐야 하고 「지방공무원법」 제31조의 규정에 해당하는 자는 단원의 직에서 해촉될 수 있는 등 단원은 일정한 능력요건과 자격요건을 갖추어야 하며, 상임단원은 일반공무원에 준하여 매일 상근하고 단원의 복무규율이 정하여져 있으며, 일정한 해촉사유가 있는 경우에만 해촉되고, 단원의 보수에 대하여 지방공무원의 보수에 관한 규정을 준용하는 점 등에서는 단원의 지위가 지방공무원과 유사한 면이 있으나, 한편 단원의 위촉기간이 정하여져 있고 재위촉이 보장되지 아니하며, 단원에 대하여는 지방공무원의 보수에 관한 규정을 준용하는 이외에는 「지방공무원법」 기타 관계 법령상의 지방공무원의 자격, 임용, 복무, 신분보장, 권익의 보장, 징계 기타 불이익처분에 대한 행정심판 등의 불복절차에 관한 규정이 준용되지도 아니하는 점 등을 종합하여 보면, 광주광역시 문화예술회관장의 단원 위촉은 광주광역시 문화예술회관장이 행정청으로서 공권력을 행사하여 행하는 행정처분이 아니라 공법상의 근무관계의 설정을 목적으로 하여 광주광역시와 단원이 되고자 하는 자 사이에 대등한 지위에서 의사가 합치되어 성립하는 공법상 근로계약에 해당한다고 보아야 할 것이므로, 광주광역시립합창단원으로서 위촉기간이 만료되는 자들의 재위촉 신청에 대하여 광주광역시 문화예술회관장이 실기와 근무성적에 대한 평정을 실시하여 재위촉을 하지 아니한 것을 항고소송의 대상이 되는 불합격처분이라고 할 수는 없다(대판 2001. 12. 11. 2001두7794).

ⓒ 지방전문직공무원 채용계약 해지의 의사표시

현행 실정법이 지방전문직공무원 채용계약 해지의 의사표시를 일반공무원에 대한 징계처분과는 달리 항고소송의 대상이 되는 처분 등의 성격을 가진 것으로 인정하지 아니하고, 지방전문직공무원규정 제7조 각호의 1에 해당하는 사유가 있을 때 지방자치단

체가 채용계약관계의 한쪽 당사자로서 대등한 지위에서 행하는 의사표시로 취급하고 있는 것으로 이해되므로, 지방전문직공무원 채용계약 해지의 의사표시에 대하여는 대등한 당사자간의 소송형식인 공법상 당사자소송으로 그 의사표시의 무효확인을 청구할 수 있다(대판 1993. 9. 14. 92누4611).

㉣ '공무원연금법'상 유족부조금청구소송

구 「공무원연금법」상의 유족부조금 청구는 동법 제5조 제1항의 소정 절차에 의한 총무처장관의 결정을 거쳐 그 결정에 이의가 있을 때에는 동법 제55조에 의하여 공무원연금급여심사위원회에 심사청구를 한 다음 그 심사의 결정에 불복이 있을 경우에 행정소송을 제기하여야 할 것이고 이러한 절차를 밟지 아니하고 즉시 민사소송으로 청구할 수 없다 할 것이다(대판 1970. 10. 30. 70다833).

㉤ 구 토지수용법 제75조의2에 의한 손실보상금증감청구소송

「토지수용법」 제75조의2 제2항의 규정은 그 제1항에 의하여 이의재결에 대하여 불복하는 행정소송을 제기하는 경우, 이것이 보상금의 증감에 관한 소송인 때에는 이의재결에서 정한 보상금이 증액 변경될 것을 전제로 하여 기업자를 상대로 보상금의 지급을 구하는 공법상의 당사자소송을 규정한 것으로 볼 것이다(대판 1991. 11. 26. 91누285).

㉥ 환매가격증감청구소송

「공공용지의 취득 및 손실보상에 관한 특례법」 제9조 제3항, 같은 법 시행령 제7조 제1항, 제3항 및 「토지수용법」 제73조 내지 제75조의2의 각 규정에 의하면 「토지수용법」 제75조의2 제2항에 의하여 사업시행자가 환매권자를 상대로 하는 소송은 공법상의 당사자소송으로 사업시행자로서는 환매가격이 환매대상토지의 취득 당시 지급한 보상금 상당액보다 증액 변경될 것을 전제로 하여 환매권자에게 그 환매가격과 위 보상금 상당액의 차액의 지급을 구할 수 있다(대판 2000. 11. 28. 99두3416).

㉦ 태극무공훈장을 수여받은 자임의 확인을 구하는 소송

국가의 훈기부상 화랑무공훈장을 수여받은 것으로 기재되어 있는 원고가 태극무공훈장을 수여받은 자임을 확인하라는 이 소 청구는, 이러한 확인을 구하는 취지가 국가유

공자로서의 보상 등 예우를 받는 데에 필요한 훈격을 확인받기 위한 것이더라도, 항고소송이 아니라 공법상의 법률관계에 관한 당사자소송에 속하는 것이므로 「행정소송법」 제30조의 규정에 의하여 국가를 피고로 하여야 할 것이다(대판 1990. 10. 23. 90누4440).

ⓞ 석탄산업법에 의한 석탄가격안정지원금청구소송

석탄가격안정지원금은 석탄의 수요 감소와 열악한 사업환경 등으로 점차 경영이 어려워지고 있는 석탄광업의 안정 및 육성을 위하여 국가정책적 차원에서 지급하는 지원비의 성격을 갖는 것이고, 석탄광업자가 석탄산업합리화사업단에 대하여 가지는 이와 같은 지원금지급청구권은 석탄사업법령에 의하여 정책적으로 당연히 부여되는 공법상의 권리이므로, 석탄광업자가 석탄산업합리화사업단을 상대로 석탄산업법령 및 석탄가격안정지원금 지급요령에 의하여 지원금의 지급을 구하는 소송은 공법상의 법률관계에 관한 소송인 공법상의 당사자소송에 해당한다(대판 1997. 5. 30. 95다28960).

ⓩ 구 공익사업을 위한 토지 등의 취득 및 보상에 관한 법령에 의하여 주거용 건축물의 세입자에게 인정되는 주거이전비 보상청구권의 법적 성격(공법상의 권리) 및 그 보상에 관한 분쟁의 쟁송절차(행정소송)

구 「공익사업을 위한 토지 등의 취득 및 보상에 관한 법률」 제2조, 제78조에 의하면, 세입자는 사업시행자가 취득 또는 사용할 토지에 관하여 임대차 등에 의한 권리를 가진 관계인으로서, 같은 법 시행규칙 제54조 제2항 본문에 해당하는 경우에는 주거이전에 필요한 비용을 보상받을 권리가 있다. 그런데 이러한 주거이전비는 당해 공익사업 시행지구 안에 거주하는 세입자들의 조기이주를 장려하여 사업추진을 원활하게 하려는 정책적인 목적과 주거이전으로 인하여 특별한 어려움을 겪게 될 세입자들을 대상으로 하는 사회보장적인 차원에서 지급되는 금원의 성격을 가지므로, 적법하게 시행된 공익사업으로 인하여 이주하게 된 주거용 건축물 세입자의 주거이전비 보상청구권은 공법상의 권리이고, 따라서 그 보상을 둘러싼 쟁송은 민사소송이 아니라 공법상의 법률관계를 대상으로 하는 행정소송에 의하여야 한다(대판 2008. 5. 29. 2007다8129).

㉶ 구 공익사업을 위한 토지 등의 취득 및 보상에 관한 법령에 따라 주거용 건축물의 세입자가 주거이전비 보상을 소구하는 경우 그 소송의 형태

구「공익사업을 위한 토지 등의 취득 및 보상에 관한 법률」제78조 제5항, 제7항, 같은 법 시행규칙 제54조 제2항 본문, 제3항의 각 조문을 종합하여 보면, 세입자의 주거이전비 보상청구권은 그 요건을 충족하는 경우에 당연히 발생하는 것이므로, 주거이전비 보상청구소송은「행정소송법」제3조 제2호에 규정된 당사자소송에 의하여야 한다. 다만, 구「도시 및 주거환경정비법」제40조 제1항에 의하여 준용되는 구「공익사업을 위한 토지 등의 취득 및 보상에 관한 법률」제2조, 제50조, 제78조, 제85조 등의 각 조문을 종합하여 보면, 세입자의 주거이전비 보상에 관하여 재결이 이루어진 다음 세입자가 보상금의 증감 부분을 다투는 경우에는 같은 법 제85조 제2항에 규정된 행정소송에 따라, 보상금의 증감 이외의 부분을 다투는 경우에는 같은 조 제1항에 규정된 행정소송에 따라 권리구제를 받을 수 있다(대판 2008. 5. 29. 2007다8129).

㉷ 수신료 부과행위의 법적 성질(공권력 행사) 및 수신료 징수권한 여부를 다투는 소송의 성격(공법상 당사자소송)

텔레비전방송수신료는 공영방송사업이라는 특정한 공익사업의 경비조달에 충당하기 위하여 텔레비전수상기를 소지한 특정 집단에 대하여 부과되는 특별부담금에 해당한다(헌재결 1999. 5. 27. 98헌바70; 헌재결 2008. 2. 28. 2006헌바70 등 참조). 한편, 피고 보조참가인은 자신이 지정하는 자에게 수신료의 징수업무를 위탁할 수 있고(방송법 제67조 제2항), 지정받은 자가 수신료를 징수하는 때에는 지정받은 자의 고유업무와 관련된 고지행위와 결합하여 이를 행할 수 있다(방송법 시행령 제43조 제2항). 원고들은, 피고가 원고들에 대하여 전기요금고지서에 수신료를 통합하여 고지·징수할 권한이 없음의 확인을 민사소송절차를 통하여 구하고 있다. 그러나 수신료의 법적 성격, 피고 보조참가인의 수신료 강제징수권의 내용(구 방송법 제66조 제3항) 등에 비추어 보면 수신료 부과행위는 공권력의 행사에 해당하므로, 피고가 피고 보조참가인으로부터 수신료의 징수업무를 위탁받아 자신의 고유업무와 관련된 고지행위와 결합하여 수신료를 징수할 권한이 있는지 여부를 다투는 이 사건 쟁송은 민사소송이 아니라 공법상의 법률관계를 대상으로 하는 것으로서 행정소송법 제3조 제2호에 규정된 당사자소송에 의하여야 한다고 봄이 상당하다.

그럼에도 원심은, 이 사건 소가 사법상 법률관계에 관한 민사소송에 해당한다는 이유로 본안에 들어가 판단한 제1심판결을 그대로 유지하고 말았으니, 원심의 이와 같은 판단에는 행정처분 또는 공법상 당사자소송에 관한 법리를 오해하여 전속관할에 관한 규정을 위반한 위법이 있다.

한편, 「행정소송법」 제7조는 원고의 고의 또는 중대한 과실 없이 행정소송이 심급을 달리하는 법원에 잘못 제기된 경우에 「민사소송법」 제34조 제1항을 적용하여 이를 관할 법원에 이송하도록 규정하고 있을 뿐 아니라, 관할 위반의 소를 부적법하다고 하여 각하하는 것보다 관할 법원에 이송하는 것이 당사자의 권리구제나 소송경제의 측면에서 바람직하므로, 원고가 고의 또는 중대한 과실 없이 행정소송으로 제기하여야 할 사건을 민사소송으로 잘못 제기한 경우, 수소법원으로서는 그 행정소송에 대한 관할을 가지고 있지 아니하다면 당해 소송이 이미 행정소송으로서의 전심절차 및 제소기간을 도과하였거나 행정소송의 대상이 되는 처분 등이 존재하지도 아니한 상태에 있는 등 행정소송으로서의 소송요건을 결하고 있음이 명백하여 행정소송으로 제기되었더라도 어차피 부적법하게 되는 경우가 아닌 이상 이를 부적법한 소라고 하여 각하할 것이 아니라 관할 법원에 이송하여야 한다(대판 2008. 7. 24. 2007다25261).

(2) 형식적 당사자소송

형식적 당사자소송이란 행정청의 처분이나 재결에 의하여 형성된 법률관계에 관해 다툼이 있는 경우에 그 법률관계의 원인이 되는 처분이나 재결의 효력을 직접 다투는 것이 아니라, 처분이나 재결의 결과로 형성된 법률관계에 대해 처분청을 피고로 하지도 않고, 법률관계의 한쪽 당사자를 피고로 하여 다투는 소송을 말한다.

구 토지수용법 제75조의2에 의한 손실보상금증감청구소송

「토지수용법」 제75조의2 제2항의 규정은 그 제1항에 의하여 이의재결에 대하여 불복하는 행정소송을 제기하는 경우, 이것이 보상금의 증감에 관한 소송인 때에는 이의재결에서 정한 보상금이 증액 변경될 것을 전제로 하여 기업자를 상대로 보상금의 지급을 구하는 공법상의 당사자소송을 규정한 것으로 볼 것이다(대판 1991. 11. 26. 91누285).

구「토지수용법」제75조의2 제2항에 의한 손실보상금증감청구소송이 형식적 당사자소송인지와 관련하여 형식적 당사자소송이라는 견해와 특수한 형태의 항고소송이라는 견해의 대립이 있었다. 그런데「토지수용법」을 대체하여 새로이 2003년 1월 1일부터 시행되는「공익사업을 위한 토지 등의 취득 및 보상에 관한 법률」제85조 제2항에서는 토지수용위원회의 재결에 대하여 불복하는 행정소송이 보상금의 증감에 관한 소송인 때에는 피고에서 재결청을 제외하고, 당해 소송을 제기하는 자가 토지소유자 또는 관계인인 경우에 사업시행자를, 사업시행자인 경우에는 토지소유자 또는 관계인을 각각 피고로 하여 보상금만의 증액 또는 감액을 청구하는 소송, 즉 형식적 당사자소송을 명문으로 규정하여 입법적으로 해결하였다.

3. 당사자

당사자소송의 피고적격인 권리주체
공법상의 권리관계의 확인을 구하는 당사자소송은 그 권리주체인 국가 또는 공공단체 등을 피고로 하여야 하므로 그 권리주체가 아닌 재향군인회장과 국방부장관을 피고로 하여 제기한 소는 부적법하다(대판 1991. 1. 25. 90누3041).

납세의무부존재확인의 소의 성격(당사자소송) 및 피고적격(국가·공공단체 등 권리주체)
납세의무부존재확인의 소는 공법상의 법률관계 그 자체를 다투는 소송으로서 당사자소송이라 할 것이므로「행정소송법」제3조 제2호, 제39조에 의하여 그 법률관계의 한쪽 당사자인 국가·공공단체 그 밖의 권리주체가 피고적격을 가진다(대판 2000. 9. 8. 99두2765).

3. 가집행선고

소송촉진 등에 관한 특례법 제6조 제1항 중 단서의 위헌 여부
「소송촉진 등에 관한 특례법」제6조 제1항 중 단서 부분은 재산권과 신속한 재판을 받을 권리의 보장에 있어서 합리적 이유없이 소송당사자를 차별하여 국가를 우대하고 있는 것이므로「헌법」제11조 제1항에 위반된다(헌재결 1989. 1. 25. 88헌가7).10

공법상 당사자소송에서 재산권의 청구를 인용하는 판결을 하는 경우, 가집행선고를 할 수 있다

「행정소송법」 제8조 제2항에 의하면 행정소송에도 「민사소송법」의 규정이 일반적으로 준용되므로 법원으로서는 공법상 당사자소송에서 재산권의 청구를 인용하는 판결을 하는 경우 가집행선고를 할 수 있다(대판 2000. 11. 28. 99두3416).

4. 취소소송과 당사자소송의 관계

구 공무원연금법에 의한 퇴직수당 등의 급여를 받으려고 하는 사람이, 그에 관한 공무원연금관리공단의 결정을 대상으로 항고소송을 제기하는 등으로 구체적 권리를 인정받지 않은 상태에서, 곧바로 공무원연금관리공단 등을 상대로 한 당사자소송으로 급여의 지급을 소구할 수 없다

구 「공무원연금법」 제26조 제1항, 제3항, 제83조 제1항, 구 공무원연금법 시행령 제19조의3 등의 각 규정을 종합하면, 구 「공무원연금법」에 의한 퇴직수당 등의 급여를 받을 권리는 법령의 규정에 의하여 직접 발생하는 것이 아니라 위와 같은 급여를 받으려고 하는 자가 소속하였던 기관장의 확인을 얻어 신청함에 따라 공무원연금관리공단이 그 지급결정을 함으로써 구체적인 권리가 발생한다. 여기서 공무원연금관리공단이 하는 급여지급결정의 의미는 단순히 급여수급 대상자를 확인·결정하는 것에 그치는 것이 아니라 구체적인 급여수급액을 확인·결정하는 것까지 포함한다. 따라서 구 공무원연금법령상 급여를 받으려고 하는 자는 우선 관계 법령에 따라 공단에 급여지급을 신청하여 공무원연금관리공단이 이를 거부하거나 일부 금액만 인정하는 급여지급결정을 하는 경우 그 결정을 대상으로 항고소송을 제기하는 등으로 구체적 권리를 인정받은 다음 비로소 당사자소송으로 그 급여의 지급을 구하여야 하고, 구체적인 권리가 발생하지 않은 상태에서 곧바로 공무원연금관리공단 등을 상대로 한 당사자소송으로 급여의 지급을 소구하는 것은 허용되지 않는다(대판 2010. 5. 27. 2008두5636).

10 본 결정 이후 「소송촉진 등에 관한 특례법」이 개정되어 동법 제6조는 삭제되었다.

Ⅳ. 객관적 소송

민중소송: 행정청이 한 여론조사의 무효확인을 구하는 소송의 적부

「행정소송법」 제45조는 민중소송 및 기관소송은 법률이 정한 경우에 법률이 정한 자에 한하여 제기할 수 있다고 규정하고 있고, 행정청이 주민의 여론을 조사한 행위에 대하여는 법상 소로서 그 시정을 구할 수 있는 아무런 규정이 없으며, 「행정소송법」 제46조는 법률에서 민중소송을 허용하고 있는 경우에 그 재판절차를 규정한 것에 불과하므로, 원심이 여론조사의 무효확인을 구하는 소송을 각하한 것은 정당하다(대판 1996. 1. 23. 95누12736).

제 5 편
행정조직법

제 1 장 행정기관

제 1 절 행정기관의 개념

행정기관이란 행정주체를 위하여 실제적으로 행정사무를 담당하는 내부조직을 말한다. 행정기관의 개념은 크게 두 가지 관점, 조직법적 관점과 작용법적 관점에서 파악할 수 있다.

Ⅰ. 행정조직법적 행정기관의 개념

행정조직법적 관점에서의 행정기관은 「정부조직법」 제2조 제2항이 규정하고 있는 행정기관(예 부·처·청·국 등)과 같이 행정사무의 분배단위가 되는 행정주체의 기관을 말한다.

Ⅱ. 행정작용법적 행정기관의 개념

행정작용적 관점에서의 행정기관은 대외적으로 행정권한을 행사하는 행정기관을 말한다. 이 관점에서는 행정청이 행정기관 개념의 중심을 이룬다. 행정법에서 사용하는 개념은 대체로 행정작용법적 관점에서의 행정기관과 같은 의미이다.

제2절 행정기관의 법인격성

행정기관은 권한은 가지고 있지만 권리는 가지지 않으며, 법률효과도 해당 행정기관에 귀속하는 것이 아니라 국가 또는 공공단체에 귀속되므로 독자적 법인격을 가지지 않는다.

우체국장은 행정기관에 해당하여 법인격이 부인되므로 납세의무자가 될 수 없다
국제우체국장은 우편사업을 담당하는 국가의 일개 기관에 불과할 뿐으로서 법률상 담세능력이 있다거나 책임재산을 가질 수 있다고 볼 수 없어 「관세법」상의 납세의무자가 될 수 없으므로 위 우체국장에 대한 이 사건 관세부과처분은 관세의 납세의무자가 될 수 없는 자를 그 납세의무자로 한 위법한 처분으로서 그 하자가 중대하고도 명백하여 당연무효라고 할 것이다(대판 1987. 4. 28. 86누93).

제3절 행정기관의 종류

노동위원회는 합의체 행정기관이다
노동위원회는 노동관계에 있어서 판정·조정업무의 신속·공정한 수행을 위하여 설치된 독립성을 가진 합의체 행정기관이므로 같은 위원회가 행하는 절차 및 조치는 행정작용으로서의 성격을 가지므로 사법상의 절차 및 조치와는 구별된다 할 것인바, 중앙노동위원회위원장이 중재재심사건을 심리함에 있어 소송절차에 준하여 관계 당사자들을 소환하지 아니하였다고 하더라도 그 절차에 위법이 있다고 할 수 없다(대판 1997. 6. 27. 95누17380).

제 2 장 행정관청의 권한

제1절 권한의 의의

행정청의 권한이란 행정관청이 법적으로 유효하게 그 의사를 결정하고 표시할 수 있는 범위를 의미한다. 행정관청의 관할이라고도 한다. 실정법상으로는 '직무범위' 등의 용어가 사용된다(정부조직법 제2조 제1항).

제2절 권한의 효과

행정관청이 법령에 위반하여 권한을 행사한 경우 무권한의 행위로서 그 행위는 위법하게 된다. 그 행정처분은 흠의 정도에 따라 무효 또는 취소사유가 되고, 법규명령의 제정으로 이루어진 경우에는 해당 법규명령은 무효가 된다. 행정관청의 무권한의 행위로 권익을 침해당한 국민은 국가를 상대로 행정소송을 제기하거나 손해배상을 청구할 수 있다.

제3절 권한의 대리

Ⅰ. 권한대리의 의의

행정관청의 권한의 대리라 함은 행정관청의 권한의 전부 또는 일부를 다른 행정기관이 피대리청을 위한 것임을 표시하여, 대리기관으로서 대리청 자신의 이름으로 대신 행사하고, 그 행위의 법적 효과는 피대리관청에게 귀속되는 것을 말한다. 「정부조직법」에서는 '직무대행'이라고 표현하고 있다(제7조 제2항, 제22조).

Ⅱ. 권한대리의 종류

수권대리(임의대리)와 법정대리가 있다. 법정대리에는 협의의 법정대리와 지정대리가 있다.

Ⅲ. 권한의 복대리

수권대리에서의 복대리는 허용되지 않음이 원칙이다. 법정대리의 경우에는 복대리가 허용된다.

Ⅳ. 대리권의 행사방식

대리관청은 자신의 이름으로 권한을 행사하지만, 피대리청과의 대리관계를 표시하여 대리권을 행사하여야 한다(현명주의).

항고소송의 피고적격

항고소송은 원칙적으로 소송의 대상인 행정처분 등을 외부적으로 그의 명의로 행한 행정청을 피고로 하여야 하는 것으로서, 그 행정처분을 하게 된 연유가 상급행정청이나 타행정청의 지시나 통보에 의한 것이라 하여 다르지 않으며, 권한의 위임이나 위탁을 받아 수임행정청이 정당한 권한에 기하여 수임행정청 명의로 한 처분에 대하여는 말할 것도 없고, 내부위임이나 대리권을 수여받은 데 불과하여 원행정청 명의나 대리관계를 밝히지 아니하고는 그의 명의로 처분 등을 할 권한이 없는 행정청이 권한 없이 그의 명의로 한 처분에 대하여도 처분명의자인 행정청이 피고가 되어야 한다(대판 1994. 6. 14. 94누1197).

V. 대리권 행사의 효과

대리권 행사의 법적 효과는 피대리행정청에 귀속된다. 따라서 대리행위에 대한 항고소송의 피고는 피대리관청이 된다.

대리기관이 대리관계를 표시한 경우 피대리 행정청이 항고소송의 피고가 된다
대리권을 수여받은 데 불과하여 그 자신의 명의로는 행정처분을 할 권한이 없는 행정청의 경우 대리관계를 밝힘이 없이 그 자신의 명의로 행정처분을 하였다면 그에 대하여는 처분명의자인 당해 행정청이 항고소송의 피고가 되어야 하는 것이 원칙이지만, 비록 대리관계를 명시적으로 밝히지는 아니하였다 하더라도 처분명의자가 피대리 행정청 산하의 행정기관으로서 실제로 피대리 행정청으로부터 대리권한을 수여받아 피대리 행정청을 대리한다는 의사로 행정처분을 하였고 처분명의자는 물론 그 상대방도 그 행정처분이 피대리 행정청을 대리하여 한 것임을 알고서 이를 받아들인 예외적인 경우에는 피대리 행정청이 피고가 되어야 한다(대결 2006. 2. 23. 2005부4).

VI. 대리권 없는 대리자의 행위의 효력

대리권 없는 대리자의 행위는 무권한의 행위로서 원칙적으로 무효이다
국유 불요존림은 농림부장관이 관리처분권을 가지고 있으므로 이를 내각수반 지시각서에 의하여 재무부장관에게 이관하였다 하더라도 관리이관의 효력은 발생하지 않는다(대판 1967. 12. 19. 67다1694).

다만, 상대방이 행위자에게 대리권이 있다고 믿을 만한 상당한 이유가 있을 때에는 표현대리가 성립되어 유효한 행정행위가 된다
교육구청이 국가로부터 양곡을 매수한 후 세입징수관인 국가예하 군수의 지시에 의하여 수납기관이 아닌 군청직원에게 양곡대금을 납입하였으나 그 대금일부가 군청직원에 의하여 횡령된 경우에 군수의 지시 또는 군청직원의 수금행위는 객관적으로 보아 특별한 사정이 없는 한 국가의 직무집행에 관하여 행하여진 행위라고 인정할 수 있다 (대판 1963. 12 .5. 63다519).

제4절 권한의 위임

Ⅰ. 권한의 위임의 의의

1. 개 념

권한의 위임이란 행정관청의 권한의 일부를 다른 행정기관에게 위양(委讓)하여 수임기관의 권한으로 행사하게 하는 것을 말한다. 지휘·감독하에 있는 행정기관에 대한 위임을 협의의 권한의 위임이라고 하고, 지휘·감독하에 있지 않은 행정기관이나 단체에 대한 위임을 권한의 위탁이라고 한다.

2. 구별개념

내부위임과의 구별
행정권한의 위임은 행정관청이 법률에 따라 특정한 권한을 다른 행정관청에 이전하여 수임관청의 권한으로 행사하도록 하는 것이어서 권한의 법적인 귀속을 변경하는 것이므로 법률이 위임을 허용하고 있는 경우에 한하여 인정된다 할 것이고, 이에 반하여 행정권한의 내부위임은 법률이 위임을 허용하고 있지 아니한 경우에도 행정관청의 내부적인 사무처리의 편의를 도모하기 위하여 그의 보조기관 또는 하급행정관청으로 하여금 그의 권한을 사실상 행사하게 하는 것이므로, 권한위임의 경우에는 수임관청이 자기의 이름으로 그 권한행사를 할 수 있지만 내부위임의 경우에는 수임관청은 위임관청의 이름으로만 그 권한을 행사할 수 있을 뿐 자기의 이름으로는 그 권한을 행사할 수 없다(대판 1995. 11. 28. 94누6475).

권한의 내부위임에 있어서 항고소송의 피고적격
행정관청이 특정한 권한을 법률에 따라 다른 행정관청에 이관한 경우와 달리 내부적인 사무처리의 편의를 도모하기 위하여 그의 보조기관 또는 하급행정관청으로 하여금 그의 권한을 사실상 행하도록 하는 내부위임의 경우에는 수임관청이 그 위임된 바에 따라 위임관청의 이름으로 권한을 행사하였다면 그 처분청은 위임관청이므로 그 처분의 취소나 무효확인을 구하는 소송의 피고는 위임관청으로 삼아야 한다(대판 1991. 10. 8. 91누520).

내부위임을 받은 자가 자신의 이름으로 권한을 행사하면 이러한 처분은 무효이다. 이 경우 무효확인소송의 피고는 일반적인 내부위임에서 피고인 본래의 권한을 갖는 행정청이 아니라, 내부위임을 받은 자라는 것이 판례의 입장이다.

권한의 위임이나 위탁을 받아 수임행정청이 정당한 권한에 기하여 그 명의로 한 처분에 대하여는 말할 것도 없고, 내부위임이나 대리권을 수여받은 데 불과하여 원행정청 명의나 대리관계를 밝히지 아니하고는 그의 명의로 처분 등을 할 권한이 없는 행정청이 권한 없이 그의 명의로 한 처분에 대하여도 처분명의자인 행정청이 피고가 되어야 할 것이다(대판 1995. 12. 22. 95누14688).

행정관청 내부의 사무처리규정에 불과한 전결규정에 위반하여 원래의 전결권자 아닌 보조기관 등이 처분권자인 행정관청의 이름으로 행정처분을 한 경우, 그 처분은 무효가 아니다
전결과 같은 행정권한의 내부위임은 법령상 처분권자인 행정관청이 내부적인 사무처리의 편의를 도모하기 위하여 그의 보조기관 또는 하급 행정관청으로 하여금 그의 권한을 사실상 행사하게 하는 것으로서 법률이 위임을 허용하지 않는 경우에도 인정되는 것이므로, 설사 행정관청 내부의 사무처리규정에 불과한 전결규정에 위반하여 원래의 전결권자 아닌 보조기관 등이 처분권자인 행정관청의 이름으로 행정처분을 하였다고 하더라도 그 처분이 권한 없는 자에 의하여 행하여진 무효의 처분이라고는 할 수 없다(대판 1998. 2. 27. 97누1105).

Ⅱ. 위임의 법적 근거

권한의 위임은 법률이 정한 행정관청의 권한분배를 대외적으로 변경하는 것이므로 반드시 법적 근거를 요한다. 「정부조직법」 제6조와 이에 근거한 「행정권한의 위임 및 위탁에 관한 규정」(제3조, 제4조), 「지방자치법」 제104조를 일반적 근거로 들 수 있으며, 그 밖에 개별적인 규정이 있다.

권한의 위임에 관하여 개별적인 근거 규정이 없는 경우에 일반법인 「정부조직법」 제6조에 의하여 권한을 위임할 수 있는지에 대하여 견해의 대립이 있다. 포괄적인 위임은 허용되지 않는다는 부정설과 현실적인 필요성 때문에 어느 정도 포괄적인 위임은 허용된다는 긍정설이 그것이다.

부정설이 다수설의 입장이지만, 판례는 「정부조직법」 제6조 등 일반규정을 권한위임과 재위임의 근거규정으로 보아 위임이 가능하다는 긍정설의 입장을 취하고 있다.

정부조직법 제6조 제1항에 근거한 행정권한의 재위임은 허용된다

① 구 「건설업법」 제57조 제1항, 같은 법 시행령 제53조 제1항 제1호에 의하면 건설부장관의 권한에 속하는 같은 법 제50조 제2항 제3호 소정의 영업정지 등 처분권한은 서울특별시장·직할시장 또는 도지사에게 위임되었을 뿐 시·도지사가 이를 구청장·시장·군수에게 재위임할 수 있는 근거규정은 없으나, 「정부조직법」 제5조 제1항(현 제6조 제1항)과 이에 기한 「행정권한의 위임 및 위탁에 관한 규정」 제4조에 재위임에 관한 일반적인 근거규정이 있으므로 시·도지사는 그 재위임에 관한 일반적인 규정에 따라 위임받은 위 처분권한을 구청장 등에게 재위임할 수 있다(대판 1995. 7. 11. 94누4615 전원합의체).

② 「정부조직법」 제5조 제1항은 법문상 권한의 위임 및 재위임의 근거규정임이 명백하고 같은 법이 국가행정기관의 설치, 조직, 직무범위의 대상을 정하는 데 그 목적이 있다는 이유만으로 권한위임, 재위임에 관한 위 규정마저 권한위임 등에 관한 대강을 정한 것에 불과할 뿐 권한위임의 근거규정이 아니라고 할 수는 없으므로 충

정남도지사가 자기의 수임권한을 위임기관인 동력자원부장관의 승인을 얻은 후 충청남도의 사무를 시, 군위임규칙에 따라 군수에게 재위임하였다면 이는 위 조항 후문 및 「행정권한의 위임 및 위탁에 관한 규정」 제4조에 근거를 둔 것으로서 적법한 권한의 재위임에 해당하는 것이다(대판 1990. 2. 27. 89누5287).

교육감의 학교법인 임원취임의 승인취소권을 조례가 아닌 규칙에 의하여 교육장에게 권한위임할 수 있는지 여부(소극)

「사립학교법」 제4조 제1항, 제20조의2 제1항에 규정된 교육감의 학교법인 임원취임의 승인취소권은 교육감이 지방자치단체의 교육·학예에 관한 사무의 특별집행기관으로서 가지는 권한이고 정부조직법상의 국가행정기관의 일부로서 가지는 권한이라고 할 수 없으므로 국가행정기관의 사무나 지방자치단체의 기관위임사무 등에 관한 권한위임의 근거규정인 「정부조직법」 제5조 제1항, 「행정권한의 위임 및 위탁에 관한 규정」 제4조에 의하여 교육장에게 권한위임을 할 수 없고, 구 「지방교육자치에 관한 법률」 제36조 제1항, 제44조에 의하여 조례에 의하여서만 교육장에게 권한위임이 가능하다 할 것이므로, 「행정권한의 위임 및 위탁에 관한 규정」 제4조에 근거하여 교육감의 학교법인 임원취임의 승인취소권을 교육장에게 위임함을 규정한 대전직할시교육감 소관 행정권한의 위임에 관한 규칙 제6조 제4호는 조례로 정하여야 할 사항을 규칙으로 정한 것이어서 무효이다(대판 1997. 6. 19. 95누8669 전원합의체).

Ⅲ. 위임의 방식

위임의 방식은 대체로 법령 등에서 정하고 있다.

행정권한의 위임 및 위탁에 관한 규정 제4조에 따라 재위임하는 것만이 가능하다

이 사건 영업정지 등 처분에 관한 사무는 국가사무로서 지방자치단체의 장에게 위임된 이른바 기관위임사무에 해당하므로 시·도지사가 지방자치단체의 조례에 의하여 이를 구청장 등에게 재위임할 수는 없고 「행정권한의 위임 및 위탁에 관한 규정」 제4조에 의하여 위임기관의 장의 승인을 얻은 후 지방자치단체의 장이 제정한 규칙이 정하는 바에 따라 재위임하는 것만이 가능하다(대판 1995. 7. 11. 94누4615 전원합의체).

구 자동차운수사업법상 과징금의 부과·징수 권한을 위임받은 서울특별시장이 그 권한을 구청장에게 재위임할 수 있는지 여부(적극)

구「자동차운수사업법」제69조 제1항은 "교통부장관은 이 법에서 규정하는 그 권한의 일부를 대통령령이 정하는 바에 의하여 도지사 또는 소속기관의 장에게 위임할 수 있다"고, 제2항은 "도지사는 제1항의 규정에 의하여 교통부장관으로부터 위임받은 권한의 일부를 교통부장관의 승인을 얻어 시장·군수 또는 구청장에게 재위임할 수 있다"고 각 규정하고 있으므로, 서울특별시장은 교통부장관의 승인을 얻은 후 규칙이 정하는 바에 따라 재위임하는 것이 가능하고, 서울특별시행정권한위임규칙 [별표] 제17호 (나)목에 의하면 같은 법에 의한 과징금의 부과·징수 권한이 서울특별시장으로부터 구청장에게 재위임되어 있으므로 구청장은 과징금을 부과할 적법한 권한이 있는 자다 (대판 2000. 2. 8. 97누3767).

판례는, 법령상 규칙으로 위임하여야 함에도 조례로 위임한 위법한 위임에 따라 행해진 수임기관의 처분을 위법하고 하면서 중대명백설에 따를 때 취소할 수 있는 행위로 본다.

조례제정권의 범위를 벗어나 국가사무를 대상으로 한 무효인 서울특별시행정권한위임조례의 규정에 근거하여 구청장이 건설업영업정지처분을 한 경우, 그 처분은 결과적으로 적법한 위임 없이 권한 없는 자에 의하여 행하여진 것과 마찬가지가 되어 그 하자가 중대하나, 지방자치단체의 사무에 관한 조례와 규칙은 조례가 보다 상위규범이라고 할 수 있고, 또한「헌법」제107조 제2항의 '규칙'에는 지방자치단체의 조례와 규칙이 모두 포함되는 등 이른바 규칙의 개념이 경우에 따라 상이하게 해석되는 점 등에 비추어 보면 위 처분의 위임 과정의 하자가 객관적으로 명백한 것이라고 할 수 없으므로 이로 인한 하자는 결국 당연무효사유는 아니라고 봄이 상당하다(대판 1995. 7. 11. 94누4615).

Ⅳ. 위임의 한계

1. 일부위임

권한의 위임은 행정관청의 권한의 일부에 한하여만 인정된다. 권한의 전부 또는 주요부분의 위임은 인정될 수 없다.

2. 재위임

「정부조직법」 제6조 제1항과 이에 기한 「행정권한의 위임 및 위탁에 관한 규정」 제4조 등에 따라 행정청 기타 권한을 위임받은 기관은 권한의 일부를 보조기관 또는 하급행정기관에 재위임할 수 있다.

V. 위임의 효과

1. 권한의 이전

권한의 위임이 있으면 당해 사무에 관한 권한은 위임청으로부터 수임청에 이전되고, 위임청은 그에 관한 권한을 잃는다(대판 1992. 9. 22. 91누11292).

따라서 수임청은 자기의 이름으로 권한을 행사하고, 그 행위의 법적 효과도 수임청에 귀속되며, 항고소송도 수임청을 피고로 하여 제기하여야 한다.

항고소송의 피고적격 및 상급행정청이나 타행정청의 지시나 통보, 권한의 위임이나 위탁이 항고소송의 대상이 되는 행정처분인지 여부(소극)

항고소송은 원칙적으로 소송의 대상인 행정처분 등을 외부적으로 그의 명의로 행한 행정청을 피고로 하여야 하는 것으로서, 그 행정처분을 하게 된 연유가 상급행정청이나 타행정청의 지시나 통보에 의한 것이라 하여 다르지 않고, 권한의 위임이나 위탁을 받아 수임행정청이 자신의 명의로 한 처분에 관하여도 마찬가지이다. 그리고 위와 같은 지시나 통보, 권한의 위임이나 위탁은 행정기관 내부의 문제일 뿐 국민의 권리의무에 직접 영향을 미치는 것이 아니어서 항고소송의 대상이 되는 행정처분에 해당하지 않는다(대판 2013. 2. 28. 2012두22904).[1]

2. 지휘·감독

위임기관은 수임사무의 처리에 있어서 사전승인을 얻거나 협의를 할 것을 요구할 수

1 근로복지공단이 갑 지방자치단체에 고용보험료 부과처분을 하자, 갑 지방자치단체가 구 「고용보험 및 산업재해보상보험의 보험료징수 등에 관한 법률」 제4조 등에 따라 국민건강보험공단을 상대로 위 처분의 무효확인 및 취소를 구한 사안에서, 위 처분의 무효확인 및 취소 소송의 피고는 국민건강보험공단이 되어야 함에도 이와 달리 위 처분의 주체는 여전히 근로복지공단이라고 본 원심판결에 고용보험료 부과고지권자와 항고소송의 피고적격에 관한 법리를 오해한 위법이 있다고 한 사례.

없다(행정권한의 위임 및 위탁에 관한 규정 제7조). 이론적으로는 권한이 위임되면 권한이 수임청에게 이전되므로 위임기관은 수임기관의 업무처리에 대하여 지휘·감독할 수 없다.

「행정권한의 위임 및 위탁에 관한 규정」 제6조는 "위임기관 및 위탁기관은 수임기관 및 수탁기관의 수임 및 수탁사무처리에 대하여 지휘·감독하고, 그 처리가 위법 또는 부당하다고 인정되는 때에는 이를 취소하거나 정지시킬 수 있다"고 규정하여 위임기관의 지휘·감독하에 있지 않는 기관에 대해서도 지휘·감독할 수 있도록 규정하고 있다.

동일한 지방자치단체 내에서 상급 행정관청이 하급 행정관청에 사무를 위임한 경우, 위임관청으로서의 수임관청에 대한 지휘·감독권의 범위

[1] 「지방자치법」은 행정의 통일적 수행을 기하기 위하여 군수에게 읍·면장에 대한 일반적 지휘·감독권을 부여함으로써 군수와 읍·면장은 상급 행정관청과 하급 행정관청의 관계에 있어 상명하복의 기관계층체를 구성하는 것이고, 「지방자치법」이 상급 지방자치단체의 장에게 하급 지방자치단체의 장의 위임사무 처리에 대한 지휘·감독권을 규정하면서 하급 지방자치단체의 장의 자치사무 이외의 사무처리에 관한 위법하거나 현저히 부당한 명령·처분에 대하여 취소·정지권을 부여하고 있는 점에 비추어 볼 때, 동일한 지방자치단체 내에서 상급 행정관청이 하급 행정관청에 사무를 위임한 경우에도 위임관청으로서의 수임관청에 대한 지휘·감독권의 범위는 그 사무처리에 관한 처분의 합법성뿐만 아니라 합목적성의 확보에까지 미친다.

[2] 하급 행정관청으로서 군수의 일반적 지휘·감독을 받는 읍·면장의 위임사무 처리에 관한 위법한 처분에 대하여만 군수에게 취소·정지권을 부여하고 부당한 처분에 대하여는 이를 배제한 조례안은, 지방자치법에 위배되어 허용되지 않으므로 그 효력이 없다(대판 1996. 12. 23. 96추114).

Ⅵ. 위임의 종료

권한의 위임은 법령 또는 위임관청의 의사표시에 의한 위임의 해제, 종기의 도래 또는 해제조건의 성취, 근거 법령의 소멸, 기간의 경과 등에 의하여 종료된다.

제 3 장 행정관청 상호간의 관계

제 1 절 상하관청 간의 관계: 권한감독관계

Ⅰ. 감시권

감시권이란 상급관청이 하급관청의 권한행사의 상황을 파악하기 위하여 보고를 받고 서류장부를 검사하며 실제로 사무감시를 하는 등의 권한을 말한다.

Ⅱ. 훈령권

1. 의 의

상급행정청이 하급행정청의 권한행사를 지휘하기 위하여 발하는 명령을 훈령이라 하고, 이러한 훈령을 발할 수 있는 권한을 훈령권이라 한다.

2. 직무명령과의 구별

구 분	훈 령	직무명령
의 의	상급기관이 하급기관에 대하여 발하는 명령	상관이 부하공무원에게 발하는 명령
효 력	기관구성자가 변경되어도 효력에 영향이 없다.	기관구성자가 변경되면 효력을 상실한다.
범 위	직무사항에 한한다.	공무원의 복무행동까지 규제가 가능하다.
양자의 관계	훈령은 직무명령의 성질을 갖지만, 직무명령이 반드시 훈령의 성질을 가지는 것은 아니다.	

3. 법적 근거

상급행정청의 훈령권의 행사에는 특별한 법적 근거가 없더라도 감독권의 당연한 결과로서 발할 수 있다.

4. 법적 성질

훈령의 법규성을 부정하는 것이 통설·판례의 입장이다.

훈령인 품질관리업무지침 제17조 [별표 1]의 행정처분기준의 법규성 유무(소극)
훈령인 품질관리업무지침 제17조에 정한 [별표 1]의 행정처분기준은 행정기관 내부의 사무처리준칙을 규정한 것으로서 관계행정기관이나 직원을 기속함에 그치고 법원이나 행정처분의 상대방인 의료품 등의 제조업자를 포함한 국민을 기속하는 효력은 없다고 보아야 할 것이다(대판 1990. 5. 11. 90누1069).

5. 종 류

협의의 훈령	하급기관의 권한행사를 일반적으로 지시하기 위하여 발하는 명령
지 시	하급기관에 대하여 개별적·구체적으로 발하는 명령
예 규	법규문서 이외의 문서로서 반복적 행정사무의 기준을 제시하는 명령
일일명령	당직·출장·특근 및 각종 휴가 등 일일업무에 관한 명령

6. 요 건

형식적 요건	훈령권이 있는 상급관청이 발하여야 하고, 하급기관의 권한 내의 사항에 대하여 발하여야 하며, 하급관청에 관한 것이라도 권한행사의 독립성이 보장되어 있는 사항에 관한 것이 아니어야 한다.
실질적 요건	훈령의 내용이 적법·타당하고 명확하며 실현가능하여야 한다.

7. 훈령에 대한 하급관청의 심사권

하급관청이라 하더라도 훈령의 형식적 요건에 대해서는 심사가 가능하다. 실질적 요건에 대하여는, 통설은 원칙적으로 심사권이 없고 객관적으로 위법함이 명백한지의 여부에 대해서만 심사권을 갖는다고 본다. 절대무효인 훈령에 따른 경우에는 하급관청 스스로 책임을 져야 한다고 보는 것이 통설의 입장이다.

판례도 '명백한 위법 내지 불법한 명령'에 대해서는 복종의무를 인정할 수 없다고 판시하고 있다.

상관의 위법 또는 불법한 명령과 복종의무

공무원이 그 직무를 수행함에 있어 상관은 하관에 대하여 범죄행위 등 위법한 행위를 하도록 명령할 직권이 없는 것이고, 하관은 소속 상관의 적법한 명령에 복종할 의무는 있으나 그 명령이 참고인으로 소환된 사람에게 가혹행위를 가하라는 등과 같이 명백한 위법 내지 불법한 명령인 때에는 이는 벌써 직무상의 지시명령이라 할 수 없으므로 이에 따라야 할 의무는 없다. 설령 대공수사단 직원은 상관의 명령에 절대 복종하여야 한다는 것이 불문율로 되어 있다 할지라도, 국민의 기본권인 신체의 자유를 침해하는 고문행위 등이 금지되어 있는 우리의 국법질서에 비추어 볼 때 그와 같은 불문율이 있다는 것만으로는 고문행위와 같은 중대하고도 명백한 위법명령에 따른 행위가 정당한 행위에 해당하거나 강요된 행위로서 적법행위에 대한 기대가능성이 없는 경우에 해당하게 되는 것이라고는 볼 수 없다(대판 1988. 2. 23. 87도2358).

8. 형 식

훈령은 구두나 문서 등 어느 형식으로도 가능하다.

9. 경 합

내용이 서로 모순되는 둘 이상의 상급관청의 훈령이 경합하는 경우에는 주관 상급관청의 훈령에 따라야 한다. 주관상급관청이 불명확한 때에는 주관쟁의방법에 따라야 한다.

상하관계에 있는 상급관청의 훈령이 경합하는 경우에는 행정조직의 계층적 질서로 인해 직근 상급관청의 훈령에 따라야 한다.

10. 훈령에 위반한 행정행위의 효력

훈령에 위반한 행정행위는 행정조직 내부에서는 직무상 의무위반으로 징계책임의 대상이 된다. 훈령에 위반한 행정행위는 원칙적으로 유효하며 위법하게 되는 것은 아니다.

Ⅲ. 인가권

하급관청이 일정한 권한을 행사하기 전에 미리 상급관청의 인가 또는 승인을 받는 경우가 있는데, 이때 상급관청이 갖는 권한을 인가권이라고 한다. 이는 사전예방적 감독수단이다.

인가는 행정조직법상의 내부행위로서 처분성이 부정되므로 인가 또는 승인이 거부되었다고 하더라도 하급관청은 인가의 거부에 대해 항고소송을 제기할 수 없다.

상급행정기관의 하급행정기관에 대한 승인·동의·지시 등이 행정처분에 해당하는지 여부(소극)

상급행정기관의 하급행정기관에 대한 승인·동의·지시 등은 행정기관 상호간의 내부행위로서 국민의 권리 의무에 직접 영향을 미치는 것이 아니므로 항고소송의 대상이 되는 행정처분에 해당한다고 볼 수 없다.

지방자치단체장이 당해 토지 일대에 쓰레기매립장을 설치하기로 하면서 당해 토지 일대가 도시계획법상의 개발제한구역 내에 위치함에 따라 스스로 개발제한구역 안에서의 폐기물처리시설 설치허가를 하기에 앞서 지방자치단체장이 도시계획법상의 개발제한구역 안에서의 일정한 행위를 허가함에 있어 개발제한구역 지정의 취지에 어긋나지 않도록 지도·감독하기 위하여 제정된 건설부훈령인 "개발제한구역관리규정"에 따라 건설교통부장관에게 폐기물처리시설 설치허가에 대한 사전승인신청을 하였고, 건설교통부장관이 위 신청을 승인한 경우, 건설교통부장관의 위 승인행위는 지방자치단체장이 도시계획법령에 의하여 행할 수 있는 개발제한구역 안에서의 폐기물처리시설 설치 허가와 관련하여 건설교통부장관이 위 "개발제한구역관리규정"에 따라 허가권자인 지방자치단체장에 대한 지도·감독작용으로서 행한 것으로서 행정기관 내부의 행위에 불과하여 국민의 구체적인 권리·의무에 직접적인 변동을 초래하는 것이 아닐 뿐 아니라, 건설교통부장관의 승인행위에 의하여 직접적으로 도시계획이 변경되는 효력이 발생하는 것이 아니므로 결국 건설교통부장관의 위 승인행위는 항고소송의 대상이 되는 행정처분에 해당한다고 볼 수 없다(대판 1997. 9. 26. 97누8540).

Ⅳ. 주관쟁의결정권

주관쟁의결정권이란 소속 하급관청 상호간에 권한에 관하여 다툼이 있는 경우 상급관청이 이를 결정할 수 있는 권한을 말한다.

이러한 행정관청 간의 권한쟁의는 행정조직 내부의 문제로서 법률상 쟁송이 아니므로 법원에 제소할 성질의 것이 아니다.

Ⅴ. 취소·정지권

취소·정지권이란 상급관청이 하급관청의 위법 또는 부당한 행위를 취소 또는 정지시키는 권한을 말한다. 이는 사후교정적 감독수단이다.

제2절 대등관청 간의 관계

Ⅰ. 권한의 상호 존중

대등관청 간에 권한에 대한 다툼이 있는 경우에는 상급관청의 주관쟁의결정권에 의하여 결정된다.

Ⅱ. 상호 협력관계

1. 협 의

둘 이상의 행정관청이 공동주관관청으로서 대등하게 협의하여 공동명의로 권한을 행사하도록 하는 경우 협의 없이 어느 행정관청이 단독으로 권한을 행사한 경우에는 무권한의 행위로서 무효가 된다.

주관관청이 다른 관청과의 협의를 한 다음 자신의 단독명의로 권한을 행사하도록 하는 경우 주관관청이 협의를 거치지 않고 권한을 행사한 경우에는 원칙적으로 무효라는 견해와 아니라는 견해가 대립하지만, 판례는 무효가 아니라는 입장이다.

자동차운송사업계획변경(기점연장)인가처분과 자동차운송사업계획변경(노선 및 운행시간)인가처분을 함에 있어서 그 내용이 2 이상의 시·도에 걸치는 노선업종에 있어서의 노선신설이나 변경 또는 노선과 관련되는 사업계획변경의 인가 등에 관한 사항이므로 미리 관계도지사와 협의하여야 함에도 불구하고 이를 하지 아니한 하자가 있으나, 그와 같은 사정만으로는 자동차운송사업계획변경(기점연장)인가처분과 자동차운송사업계획변경(노선 및 운행시간)인가처분이 모두 당연무효의 처분이라고 할 수 없다(대판 1995. 11. 7. 95누9730).

2. 사무위탁(촉탁)

행정관청이 그 지휘·감독하에 있지 아니하고 대등한 다른 관청에 사무의 일부를 위탁하여 처리시키는 것을 사무위탁이라 한다.

3. 행정응원

행정응원이란 대등한 행정관청 상호간에 협력의 요청과 이에 따른 자발적인 협력의 제공을 말한다.

제 6 편
지방자치법

제 1 장 서 설

제 1 절 지방자치

Ⅰ. 지방자치의 근거

고유권설과 전래권설의 대립이 있다. 전래권설이 종래의 통설적 견해이다.

Ⅱ. 지방자치의 헌법상 보장

「헌법」은 "지방자치단체는 주민의 복리에 관한 사무를 처리하고 재산을 관리하며, 법령의 범위 안에서 자치에 관한 규정을 제정할 수 있다"고 규정하고 있다(제117조 제1항).

헌법 제117조, 제118조가 제도적으로 보장하고 있는 지방자치의 본질적 내용

① 「헌법」 제117조, 제118조가 제도적으로 보장하고 있는 지방자치의 본질적 내용은 '자치단체의 보장, 자치기능의 보장 및 자치사무의 보장'이라고 할 것이나, 지방자치제도의 보장은 지방자치단체에 의한 자치행정을 일반적으로 보장한다는 것뿐이고 특정자치단체의 존속을 보장한다는 것은 아니므로, 마치 국가가 영토고권을 가지는 것과 마찬가지로, 지방자치단체에게 자신의 관할구역 내에 속하는 영토, 영해, 영공을 자유로이 관리하고 관할구역 내의 사람과 물건을 독점적, 배타적으로 지배

할 수 있는 권리가 부여되어 있다고 할 수는 없다(헌재결 2006. 3. 30. 2003헌라2).

② 「헌법」 제117조 및 제118조가 보장하고 있는 본질적인 내용은 자치단체의 보장, 자치기능의 보장 및 자치사무의 보장으로 어디까지나 지방자치단체의 자치권으로 「헌법」은 지역 주민들이 자신들이 선출한 자치단체의 장과 지방의회를 통하여 자치사무를 처리할 수 있는 대의제 또는 대표제 지방자치를 보장하고 있을 뿐이지 주민투표에 대하여는 어떠한 규정도 두고 있지 않다(헌재결 2001. 6. 28. 2000헌마735).

제2절 지방자치단체

Ⅰ. 지방자치단체의 의의

지방자치단체는 공법상 법인이다. 지방자치단체는 구역, 주민, 자치권을 본질적 구성요소로 한다.

Ⅱ. 지방자치단체의 법적 지위

1. 공법상 사단

지방자치단체는 법인으로 한다(지방자치법 제3조 제1항).

지방자치단체는 자신의 기관의 공법상·사법상의 행위에 대한 손해배상책임을 진다(국가배상법 제2조 및 제5조; 민법 제756조 등).

지방자치단체가 위임사무를 처리하는 경우에는 법인의 지위가 인정되지 않는다

국가가 본래 그의 사무의 일부를 지방자치단체의 장에게 위임하여 그 사무를 처리하게 하는 기관위임사무의 경우에는 지방자치단체는 국가기관의 일부로 볼 수 있는 것이지만, 지방자치단체가 그 고유의 자치사무를 처리하는 경우에는 지방자치단체는 국가기관의 일부가 아니라 국가기관과는 별도의 독립한 공법인이므로, 지방자치단체 소속 공무원이 지방자치단체 고유의 자치사무를 수행하던 중 「도로법」 제81조 내지

제85조의 규정에 의한 위반행위를 한 경우에는 지방자치단체는 「도로법」 제86조의 양벌규정에 따라 처벌대상이 되는 법인에 해당한다(대판 2005. 11. 10. 2004도2657).

2. 기본권주체성

공법인인 지방자치단체가 기본권주체성(기본권능력)을 가지는가에 대하여는 부정설이 다수설이다. 헌법재판소도 지방자치단체의 기본권주체성을 인정하지 않고 있다.

국가, 지방자치단체 등은 헌법소원을 청구할 수 없다
기본권 보장 규정인 「헌법」 제2장은 그 제목을 '국민의 권리와 의무'로 하고 있고, 제10조 내지 제39조는 "모든 국민은 … 권리를 가진다"고 규정하고 있으므로 공권력의 행사자인 국가, 지방자치단체나 그 기관 또는 국가조직의 일부나 공법인은 국민의 기본권을 보호 내지 실현해야 할 '책임'과 '의무'를 지는 주체로서 헌법소원을 청구할 수 없다(헌재결 2013. 9. 26. 2012헌마271; 헌재결 2006. 2. 23. 2004헌바50; 헌재결 1995. 9. 28. 92헌마23; 헌재결 1994. 12. 29. 93헌마120).

지방자치단체나 지방의회는 기본권의 주체가 될 수 없다
공법인인 지방자치단체의 의결기관인 청구인 의회는 기본권의 주체가 될 수 없고 따라서 헌법소원을 제기할 수 있는 적격이 없다(헌재결 1998. 3. 26. 96헌마345).

3. 소송당사자

지방자치단체는 소송의 당사자가 될 수 있다
읍·면은 지방자치단체의 하부 행정구역에 불과하여 민사소송에 있어 당사자능력을 인정할 수 없다(대판 2002. 3. 29. 2001다83258).

제 3 절 지방자치단체의 구역

Ⅰ. 의 의

지방자치단체의 구역은 지방자치단체의 자치권이 일반적으로 미치는 지역적 범위를 말한다. 그 구역에 주소를 가지는 자가 주민이 된다.

Ⅱ. 구역의 획정

지방자치단체의 구역은 종전과 같이 한다(지방자치법 제4조 제1항). 구역에는 육지뿐만 아니라 상공·지하·해면도 포함한다.

자치권이 미치는 관할 구역의 범위에는 공유수면도 포함된다
지방자치단체의 구역은 주민·자치권과 함께 자치단체의 구성요소이며, 자치권이 미치는 관할 구역의 범위에는 육지는 물론 바다도 포함되므로, 공유수면에 대한 지방자치단체의 자치권한이 존재한다(헌재결 2004. 9. 23. 2000헌라2).

Ⅲ. 구역의 변경

1. 구역변경의 종류

지방자치단체의 구역변경에는 폐치·분합 및 경계변경이 있다.

2. 구역변경의 형식

지방자치단체의 구역을 바꾸거나 지방자치단체를 폐지하거나 설치하거나 나누거나 합칠 때에는 법률로 정한다(지방자치법 제4조 제1항). 다만, 지방자치단체의 관할 구역 경계변경은 대통령령으로 정한다(지방자치법 제4조 제1항).

3. 구역변경의 절차

지방자치단체를 폐지하거나 설치하거나 나누거나 합칠 때 또는 그 구역을 변경할 때에는 지방의회의 의견을 들어야 한다(지방자치법 제4조 제2항). 지방의회의 의견에 법적 구속력은 없다. 다만, 「주민투표법」 제8조에 따라 주민투표를 한 경우에는 지방의회의 의견을 듣지 않아도 된다(지방자치법 제4조 제2항).

지방자치단체의 폐치·분합시 주민투표를 실시하지 아니하였다 하여 적법절차원칙을 위반하였다고 할 수 없다

「지방자치법」 제4조 제2항은 지방자치단체를 폐치·분합할 때 관계 지방자치단체의 의회의 의견을 들어야 한다고 규정하고 있고 국회는 위 법률을 제정함에 있어서 중원군 의회의 의견을 들었으므로 위 규정에 의한 절차는 준수된 것이고 그 결과는 국회가 입법할 때 판단의 자료로 기능하는 데 불과하며, 주민투표 실시에 관한 「지방자치법」 제13조의2는 규정문언상 임의규정으로 되어 있고 아직 주민투표법이 제정되지도 아니하였으며 주민투표절차는 청문절차의 일환이고 그 결과에 구속적 효력이 없으므로, 이 사건 법률의 제정과정에서 주민투표를 실시하지 아니하였다 하여 적법절차원칙을 위반하였다고 할 수 없다(헌재결 1994. 12. 29. 94헌마201).

4. 구역변경의 효과

지방자치단체의 구역을 변경하거나 지방자치단체를 폐지하거나 설치하거나 나누거나 합칠 때에는 새로 그 지역을 관할하게 된 지방자치단체가 그 사무와 재산을 승계한다(지방자치법 제5조 제1항).

구역변경으로 새로 그 지역을 관할하게 된 지방자치단체가 승계하게 되는 사무와 재산

「지방자치법」 제5조 제1항 소정의 '구역변경으로 새로 그 지역을 관할하게 된 지방자치단체가 승계하게 되는 사무와 재산'은 당해 지방자치단체 고유의 재산이나 사무를 지칭하는 것이라 할 것이고, 하천부속물 관리사무와 같이 「하천법」 등 별개의 법률규정에 의하여 국가로부터 관할 지방자치단체의 장에게 기관위임된 국가사무까지 관할구역의 변경에 따라 당연히 이전된다고 볼 수 없다(대판 1991. 10. 22. 91다5594).

채무는 승계되지 않는다

「지방자치법」 제5조 제1항에 의하면 지방자치단체의 구역변경이나 폐치·분합이 있는 때에는 새로 그 지역을 관할하게 된 지방자치단체가 그 사무와 재산을 승계하도록 규정되어 있는바, 여기서 '재산'이라 함은 현금 이외의 모든 재산적 가치가 있는 물건 및 권리만을 말하는 것으로서 채무는 포함되지 않는다(대판 2008. 2. 1. 2007다8914; 대판 1993. 2. 26. 92다45292).

종전의 두 지방자치단체가 완전히 폐지되고 새로운 지방자치단체가 설치되는 흡수합병 내지 합체의 경우에는 채무도 승계된다

경기도 남양주시 등 33개 도농복합형태의 시 설치 등에 관한 법률에 따라 '거제군'과 '장승포시'가 폐지되고 위 '거제군'과 '장승포시'의 전 관할구역을 그 관할구역으로 하는 '거제시'가 새로이 설치된 경우와 같이, 종전의 두 지방자치단체가 완전히 폐지되고 그 지방자치단체들이 관할하는 전 구역을 그 관할구역으로 하여 새로운 지방자치단체가 설치되는 흡수합병 내지 합체의 경우에는, 그 채무를 부담할 주체인 기존의 지방자치단체는 소멸되었으므로 그 기존의 지방자치단체가 부담하고 있던 채무는 새로운 지방자치단체가 이를 승계한다(대판 1995. 12. 8. 95다36053).

지역에 의하여 지방자치단체의 사무와 재산을 구분하기 곤란하면 시·도에서는 행정자치부장관이, 시·군 및 자치구에서는 특별시장·광역시장·특별자치시장·도지사·특별자치도지사가 그 사무와 재산의 한계 및 승계할 지방자치단체를 지정한다(지방자치법 제5조 제2항).

'지역에 의하여 지방자치단체의 사무 및 재산을 구분하기 곤란한 때에는'의 의미

지방자치단체의 폐치·분합이 있는 때의 그 관할지역 내 재산의 귀속에 관한 원칙으로서 새로 관할하게 된 지방자치단체가 승계하도록 명정한 「지방자치법」 제5조 제1항에 이어 제2항이 '지역에 의하여 지방자치단체의 사무 및 재산을 구분하기 곤란한 때에는'이라고 표현한 것은, 폐치·분합된 지역 내에 있는 재산은 행정재산, 보존재산, 잡종재산 등의 종류를 가리지 않고 특별한 사정이 없는 한 새로운 관할 지방자치단체가 승계하도록 규정한 취지라고 보아야 한다(대판 1999. 5. 14. 98다8486).

5. 경계에 관한 분쟁조정

지방자치단체의 경계에 관해 분쟁이 있는 경우 당해 지방자치단체 간의 협의에 의해 경계구역이 정해지는 것이 원칙이다.

만약 협의가 이루어지지 않는 경우에는, 광역지방자치단체가 분쟁당사자인 경우에는 행정자치부장관이, 기초지방자치단체가 분쟁당사자인 경우에는 시·도지사가, 당사자의 신청에 따라 관계 중앙행정기관의 장과의 협의를 거쳐 지방자치단체중앙분쟁조정위원회나 지방자치단체지방분쟁조정위원회의 의결에 따라 조정하여야 한다(지방자치법 제148조).

지방자치단체의 폐치·분합은 지방자치단체의 자치권의 침해문제와 더불어 그 주민의 헌법상 보장된 기본권의 침해문제도 발생시킬 수 있다(헌재결 1995. 3. 23. 94헌마175).

지방자치단체의 폐치·분합에 관한 사항은 헌법소원의 대상이 될 수 있다
지방자치단체의 폐치·분합에 관한 것은 지방자치단체의 자치행정권 중 지역고권의 보장문제이나, 대상지역 주민들은 그로 인하여 인간다운 생활공간에서 살 권리, 평등권, 정당한 청문권, 거주이전의 자유, 선거권, 공무담임권, 인간다운 생활을 할 권리, 사회보장·사회복지수급권 및 환경권 등을 침해받게 될 수도 있다는 점에서 기본권과도 관련이 있어 헌법소원의 대상이 될 수 있다(헌재결 1994. 12. 29. 94헌마201).

제 4 절 지방자치단체의 주민

Ⅰ. 주민의 의의

주민은 지방자치단체의 인적 구성요소로서, 지방자치단체의 구역 안에 주소를 가진 자는 그 지방자치단체의 주민이 된다(지방자치법 제12조).

Ⅱ. 주민의 권리

1. 공공시설이용권

주민은 소속지방자치단체의 재산과 공공시설을 이용할 수 있는 권리를 가진다(지방자치법 제13조 제1항).

2. 균등한 행정혜택을 받을 권리

주민은 누구나 지방자치단체로부터 균등하게 행정의 혜택을 받을 권리를 가진다(지방자치법 제13조 제1항).

3. 선거권·피선거권

주민은 법령으로 정하는 바에 따라 그 지방자치단체에서 실시하는 지방의회의원과 지방자치단체의 장의 선거에 참여할 권리를 가진다(지방자치법 제13조 제2항).

선거권 연령을 20세 이상으로 제한하고 있는 공선법 제15조 제1항이 평등권이나 보통·평등선거의 원칙에 반하는지 여부(소극)

보통선거제도는 일정한 연령에 이르지 못한 국민에 대하여 선거권을 제한하는 것을 당연한 전제로 삼고 있고, 「헌법」은 제24조에서 모든 국민은 '법률이 정하는바'에 의하여 선거권을 가진다고 규정함으로써 선거권 연령의 구분을 입법자에게 위임하고 있으므로, 보통선거에서 선거권 연령을 몇 세로 정할 것인가의 문제는 입법자가 그 나라의 역사, 전통과 문화, 국민의 의식수준, 교육적 요소, 미성년자의 신체적·정신적 자율성, 정치적 사회적 영향 등 여러 가지 사항을 종합하여 결정하는 것으로서, 이는 입법자가 입법목적 달성을 위한 선택의 문제이고 입법자가 선택한 수단이 현저하게 불합리하고 불공정한 것이 아닌 한 재량에 속하는 것인바, 공선법 제15조 제1항이 선거권 연령을 20세 이상으로 제한하고 있는 것은, 입법자가 미성년자의 정신적 신체적 자율성의 불충분 외에도 교육적인 측면에서 예견되는 부작용과 일상생활 여건상 독자적으로 정치적인 판단을 할 수 있는 능력에 대한 의문 등 여러 가지 사정을 고려하여 규정한 것이어서 이를 입법부에게 주어진 합리적인 재량의 범위를 벗어난 것으로 볼 수 없으므로, 위 법 조항은 18~19세 미성년자들에게 보장된 「헌법」 제11조 제1항의 평등권이나 제41조 제1항의 보통·평등선거의 원칙에 위반하는 것이 아니다(헌재결 2001. 6. 28. 2000헌마111).

주민등록을 요건으로 국내거주 재외국민의 지방선거 선거권을 제한하는 것이 국내거주 재외국민의 평등권과 지방의회의원선거권을 침해하고, 주민등록을 요건으로 국내거주 재외국민의 지방선거 피선거권을 제한하는 것이 국내거주 재외국민의 공무담임

권을 침해한다

[1] 국내거주 재외국민은 주민등록을 할 수 없을 뿐이지 '국민인 주민'이라는 점에서는 '주민등록이 되어 있는 국민인 주민'과 실질적으로 동일하므로 지방선거 선거권 부여에 있어 양자에 대한 차별을 정당화할 어떠한 사유도 존재하지 않으며, 또한 헌법상의 권리인 국내거주 재외국민의 선거권이 법률상의 권리에 불과한 '영주의 체류자격 취득일로부터 3년이 경과한 19세 이상의 외국인'의 지방선거 선거권에 못 미치는 부당한 결과가 초래되고 있다는 점에서, 국내거주 재외국민에 대해 그 체류기간을 불문하고 지방선거 선거권을 전면적·획일적으로 박탈하는 법 제15조 제2항 제1호, 제37조 제1항은 국내거주 재외국민의 평등권과 지방의회 의원선거권을 침해한다.

[2] '외국의 영주권을 취득한 재외국민'과 같이 주민등록을 하는 것이 법령의 규정상 아예 불가능한 자들이라도 지방자치단체의 주민으로서 오랜 기간 생활해 오면서 그 지방자치단체의 사무와 얼마든지 밀접한 이해관계를 형성할 수 있고, 주민등록이 아니더라도 그와 같은 거주 사실을 공적으로 확인할 수 있는 방법은 존재한다는 점, 나아가 법 제16조 제2항이 국회의원 선거에 있어서는 주민등록 여부와 관계없이 25세 이상의 국민이라면 누구든지 피선거권을 가지는 것으로 규정함으로써 국내거주 여부를 불문하고 재외국민도 국회의원 선거의 피선거권을 가진다는 사실에 비추어, 주민등록만을 기준으로 함으로써 주민등록이 불가능한 재외국민인 주민의 지방선거 피선거권을 부인하는 법 제16조 제3항은 헌법 제37조 제2항에 위반하여 국내거주 재외국민의 공무담임권을 침해한다(헌재결 2007. 6. 28. 2004헌마644).

4. 주민투표권

(1) 의 의

지방자치단체의 장은 주민에게 과도한 부담을 주거나 중대한 영향을 미치는 지방자치단체의 주요 결정사항 등에 대하여 주민투표에 부칠 수 있다(지방자치법 제14조 제1항).

주민투표의 취지

「지방자치법」 제13조의2의 규정에 의하면, 지방자치단체의 장은 어떠한 사항이나 모두 주민투표에 부칠 수 있는 것은 아니고, 지방자치단체의 폐치·분합 또는 주민에게 과도한 부담을 주거나 중대한 영향을 미치는 지방자치단체의 주요 결정사항 등에 한하여 주민투표를 부칠 수 있도록 하여 그 대상을 한정하고 있음을 알 수 있는바, 위 규정의 취지는 지방자치단체의 장이 권한을 가지고 결정할 수 있는 사항에 대하여 주민투표에 부쳐 주민의 의사를 물어 행정에 반영하려는 데에 있다(대판 2002. 4. 26. 2002추23).

대법원과 헌법재판소는 주민투표의 대상이 되는 사항이라 하더라도 주민투표의 실시는 지방자치단체의 장의 임의적 재량에 맡겨져 있다고 판시하고 있다.

주민투표 회부의 재량 여부

「지방자치법」은 지방의회와 지방자치단체의 장에게 독자적 권한을 부여하고 상호 견제와 균형을 이루도록 하고 있으므로, 법률에 특별한 규정이 없는 한 조례로써 견제의 범위를 넘어서 고유권한을 침해하는 규정을 둘 수 없다 할 것인바, 위 「지방자치법」 제13조의2 제1항에 의하면, 주민투표의 대상이 되는 사항이라 하더라도 주민투표의 시행 여부는 지방자치단체의 장의 임의적 재량에 맡겨져 있음이 분명하므로, 지방자치단체의 장의 재량으로서 투표실시 여부를 결정할 수 있도록 한 법 규정에 반하여 지방의회가 조례로 정한 특정한 사항에 관하여는 일정한 기간 내에 반드시 투표를 실시하도록 규정한 조례안은 지방자치단체의 장의 고유권한을 침해하는 규정이다(대판 2002. 4. 26. 2002추23).

주민투표법이 제정되기 전 헌법재판소 결정례

주민투표 실시에 관한 「지방자치법」 제13조의2는 규정문언상 임의규정으로 되어 있고 아직 주민투표법이 제정되지도 아니하였으며 주민투표절차는 청문절차의 일환이고 그 결과에 구속적 효력이 없으므로, 이 사건 법률의 제정과정에서 주민투표를 실시하지 아니하였다 하여 적법절차원칙을 위반하였다고 할 수 없다(헌재결 1994. 12. 29. 94헌마201).

(2) **법적 성질**

헌법재판소는 주민투표권은 헌법이 보장하는 기본권 또는 헌법상 제도적으로 보장되는 주관적 공권이 아닌 법률상 권리라고 한다.

주민투표권은 헌법이 보장하는 기본권 또는 헌법상 제도적으로 보장되는 주관적 공권으로 볼 수 없다

우리 「헌법」은 간접적인 참정권으로 선거권(헌법 제24조), 공무담임권(헌법 제25조)을, 직접적인 참정권으로 국민투표권(헌법 제72조, 제130조)을 규정하고 있을 뿐 주민투표권을 기본권으로 규정한 바가 없고 제117조, 제118조에서 제도적으로 보장하고 있는 지방자치단체의 자치의 내용도 자치단체의 설치와 존속 그리고 그 자치기능 및 자치사무로서 지방자치단체의 자치권의 본질적 사항에 관한 것이므로 주민투표권을 헌법상 보장되는 기본권이라고 하거나 「헌법」 제37조 제1항의 '헌법에 열거되지 아니한 권리'의 하나로 보기 어렵다. 「지방자치법」이 주민에게 주민투표권(제13조의2), 조례의 제정 및 개폐청구권(제13조의3), 감사청구권(제13조의4) 등을 부여함으로써 주민이 지방자치사무에 직접 참여할 수 있는 길을 일부 열어 놓고 있지만 이러한 제도는 어디까지나 입법에 의하여 채택된 것일 뿐 헌법에 의하여 보장되고 있는 것은 아니므로 주민투표권은 법률이 보장하는 권리일 뿐 헌법이 보장하는 기본권 또는 헌법상 제도적으로 보장되는 주관적 공권으로 볼 수 없다(헌재결 2005. 12. 22. 2004헌마530).

헌법재판소는 주민투표에 관련된 구체적인 절차와 사항에 대하여 입법하여야 할 헌법상 의무가 국회에게 발생하였다고 할 수는 없다 하여, 주민투표법 입법부작위는 헌법소원의 대상이 되지 않는다고 판시하였다(헌재결 2001. 6. 28. 2000헌마735). 이에 대하여 비판적 입장이 대부분이었는데, 2004년 「주민투표법」이 제정, 시행되고 있다.

⑶ 주민투표권자

19세 이상의 주민 중 투표인명부 작성기준일 현재 ① 그 지방자치단체의 관할 구역에 주민등록이 되어 있는 사람 또는 「재외동포의 출입국과 법적 지위에 관한 법률」 제6조에 따라 국내거소신고가 되어 있는 재외국민, ② 출입국관리 관계 법령에 따라 대한민국에 계속 거주할 수 있는 자격(체류자격변경허가 또는 체류기간연장허가를 통하여 계속 거주할 수 있는 경우를 포함)을 갖춘 외국인으로서 지방자치단체의 조례로 정한 사람에게는 주민투표권이 있다(주민투표법 제5조 제1항). 2009년, 2007년 6월 28일 헌법재판소에서 헌법불합치 결정된 제5조 제1항을 이와 같이 개정하였다.

다만, 「공직선거법」 제18조에 따라 선거권이 없는 사람에게는 주민투표권이 없다(주민투표법 제5조 제1항 단서). 주민투표권자의 연령은 투표일 현재를 기준으로 산정한다(주민투표법 제5조 제2항).

주민투표권 행사를 위한 요건으로 주민등록을 요구함으로써 국내거소신고만 할 수 있고 주민등록을 할 수 없는 국내거주 재외국민에 대하여 주민투표권을 인정하지 않고 있는 주민투표법 중 "그 지방자치단체의 관할 구역에 주민등록이 되어 있는 자"에 관한 부분이 국내거주 재외국민의 평등권을 침해한다

이 사건 법률조항 부분은 주민등록만을 요건으로 주민투표권의 행사 여부가 결정되도록 함으로써 '주민등록을 할 수 없는 국내거주 재외국민'을 '주민등록이 된 국민인 주민'에 비해 차별하고 있고, 나아가 '주민투표권이 인정되는 외국인'과의 관계에서도 차별을 행하고 있는바, 그와 같은 차별에 아무런 합리적 근거도 인정될 수 없으므로 국내거주 재외국민의 헌법상 기본권인 평등권을 침해하는 것으로 위헌이다(헌재결 2007. 6. 28. 2004헌마643).

(4) 주민투표의 대상

주민에게 과도한 부담을 주거나 중대한 영향을 미치는 지방자치단체의 주요결정사항으로서 그 지방자치단체의 조례로 정하는 사항은 주민투표에 부칠 수 있다(주민투표법 제7조 제1항).

미군부대이전은 주민투표의 대상이 될 수 없다

미군부대이전은 지방자치단체의 장의 권한에 의하여 결정할 수 있는 사항이 아님이 명백하므로 「지방자치법」 제13조의2 소정의 주민투표의 대상이 될 수 없다(대판 2002. 4. 26. 2002추23).

(5) 국가정책에 관한 주민투표

중앙행정기관의 장은 미리 행정자치부장관과 협의하여 지방자치단체의 폐치·분합 또는 구역변경, 주요시설의 설치 등 국가정책의 수립에 관하여 주민의 의견을 듣기 위하여 필요하다고 인정하는 때에는 주민투표의 실시구역을 정하여 관계 지방자치단체의 장에게 주민투표의 실시를 요구할 수 있다(주민투표법 제8조 제1항).

국가정책에 참고하기 위해 중앙행정기관장의 요구에 의해 실시되는 주민투표를 요구받지 않은 지방자치단체에게 주민투표실시에 관한 권한침해를 다툴 여지가 없다

「주민투표법」 제8조는 국가정책의 수립에 참고하기 위한 주민투표에 대해 규정하고 있는데 규정의 문언으로 볼 때 중앙행정기관의 장은 실시 여부 및 구체적 실시구역에 관해 상당한 범위의 재량을 가진다고 볼 수 있다. 이를 감안할 때 중앙행정기관의 장으로부터 실시요구를 받은 지방자치단체 내지 지방자치단체장으로서는 주민투표 발의에 관한 결정권한, 의회의 의견표명을 비롯하여 투표시행에 관련되는 권한을 가지게 된다고 하더라도, 나아가 지방자치단체가 중앙행정기관장으로부터 제8조의 주민투표 실시요구를 받지 않은 상태에서 일정한 경우 중앙행정기관에게 실시요구를 해 줄 것을 요구할 수 있는 권한까지 가지고 있다고 보기는 어렵다. 그렇다면 피청구인 행정자치부장관이 청구인들에게 주민투표 실시요구를 하지 않은 상태에서 청구인들에게 실시권한이 발생하였다고 볼 수는 없으므로 그 권한의 발생을 전제로 하는 침해 여지도 없어서 이를 다투는 청구는 부적법하다(헌재결 2005. 12. 22. 2005헌라5).

(6) 주민투표쟁송

① 주민투표소청

주민투표의 효력에 관하여 이의가 있는 주민투표권자는 주민투표권자 총수의 100분의 1 이상의 서명으로 주민투표결과가 공표된 날부터 14일 이내에 관할선거관리위원회 위원장을 피소청인으로 하여 시·군 및 자치구에 있어서는 특별시·광역시·도 선거관리위원회에, 특별시·광역시 및 도에 있어서는 중앙선거관리위원회에 소청할 수 있다(주민투표법 제25조 제1항).

② 주민투표소송

소청에 대한 결정에 관하여 불복이 있는 소청인은 관할선거관리위원회위원장을 피고로 하여 그 결정서를 받은 날(결정서를 받지 못한 때에는 결정기간이 종료된 날)부터 10일 이내에 특별시·광역시 및 도에 있어서는 대법원에, 시·군 및 자치구에 있어서는 관할 고등법원에 소를 제기할 수 있다(주민투표법 제25조 제2항).

③ 국가정책에 관한 주민투표

국가정책에 관한 주민투표에 대한 주민투표소청이나 주민투표소송은 적용되지 아니한다(주민투표법 제8조 제4항). 헌법재판소는 이를 합헌으로 보았다.

주민투표법 제8조 제4항 위헌확인

이 사건 법률조항이 국가정책에 관한 주민투표의 경우에 주민투표소송을 배제함으로써 지방자치단체의 주요결정사항에 관한 주민투표의 경우와 달리 취급하였다 하더라도, 이는 양자 사이의 본질적인 차이를 감안한 것으로서 입법자의 합리적인 입법형성의 영역 내의 것이라 할 것이고, 따라서 자의적인 차별이라고는 보기 어려우므로, 이 사건 법률조항이 청구인들의 평등권을 침해한다고 볼 수 없다(헌재결 2009. 3. 26. 2006헌마99).

5. 조례제정·개폐청구권

(1) 의 의

19세 이상의 주민은 해당 지방자치단체의 장에게 조례를 제정하거나 개정하거나 폐지할 것을 청구할 수 있다(지방자치법 제15조 제1항).

(2) 청구의 주체

① 19세 이상의 주민

조례제정·개폐청구권은 19세 이상의 주민 1인이 청구할 수는 없고, 일정 수 이상의 주민이 공동으로 행사할 수 있는 권리이다(지방자치법 제15조 제1항).

② 외국인

2009년 「지방자치법」 개정으로 일정 자격을 갖춘 19세 이상의 외국인도 조례제정·개폐청구절차에 참여할 수 있게 되었다.

(3) 청구의 상대방

조례제정·개폐청구의 상대방은 지방자치단체를 대표하는 해당 지방자치단체의 장이다.

(4) 청구의 대상

지방의회의 조례제정권에 속하는 모든 사항이 조례의 제정·개폐청구의 대상이 된다.

자치사무와 단체위임사무에 속하는 사항만 포함하고 기관위임사무는 제외된다.

① 법령을 위반하는 사항, ② 지방세·사용료·수수료·부담금의 부과·징수 또는 감면에 관한 사항, ③ 행정기구를 설치하거나 변경하는 것에 관한 사항이나 공공시설의 설치를 반대하는 사항은 청구대상에서 제외한다(지방자치법 제15조 제2항).

법령을 위반하는 사항에 관한 주민의 조례제정청구를 지방자치단체의 장이 각하하도록 한 구 지방자치법 제13조의3 제1항 제1호 및 제6항이 명확성원칙에 위배되는지 여

부(소극) 및 지방자치의 제도적 보장에 반하는지 여부(소극)
이 사건 조항들은 조례제정의 한계를 벗어나는 사항에 대한 주민의 조례제정·개폐청구를 배제하기 위한 것이고, 조례 제정·개폐청구의 대상이 되지 않는 '법령을 위반하는 사항'이란 지방자치법 기타 이미 존재하는 법령의 내용과 모순되거나 저촉되는 사항을 일컫는 것으로 해석되므로 이 사건 조항들은 명확성의 원칙에 반하지 아니한다. 「헌법」 제117조 제1항의 취지에 따라 조례는 법령의 범위 안에서 제정되어야 하며, 이것은 주민이 자치입법에 직접 관여하는 경우에도 마찬가지이고, 이 사건 법률조항들은 이러한 내용을 확인한 것에 불과하다. 한편, 상위법에 위반한 조례안이 일정한 절차를 거쳐 조례로 제정될 수 있도록 하고, 이에 대한 사후적 사법심사를 통해 무효화시키는 것은 지방행정의 낭비 및 회복하기 어려운 법질서의 혼란을 가져올 수 있으므로 이를 방지하기 위하여 이 사건 법률조항들과 같은 사전차단장치를 둔 것이 입법자의 자의적인 법형성권의 행사로서 지방자치제도의 본질적 내용을 침해한다고 볼 수 없다(헌재결 2009. 7. 30. 2007헌바75).

6. 주민감사청구권

(1) 의 의

19세 이상의 주민은 그 지방자치단체와 그 장의 권한에 속하는 사무의 처리가 법령에 위반되거나 공익을 현저히 해친다고 인정되면 감사를 청구할 수 있다(지방자치법 제16조 제1항).

(2) 청구의 주체

지방자치단체의 19세 이상의 주민은 일정한 경우 감사청구를 할 수 있다(지방자치법 제16조 제1항).

(3) 청구의 상대방

주민의 감사청구는 시·도에서는 주무부장관에게, 시·군 및 자치구에서는 시·도지사에게 한다.

(4) 청구의 대상

① 청구대상

감사청구의 대상은 지방자치단체와 그 장의 권한에 속하는 사무의 처리가 법령에 위반되거나 공익을 현저히 해친다고 인정되는 사항이다. 자치사무, 단체위임사무 그 밖에 기관위임사무에 속하는 사항도 포함된다.

② 제외대상

㉠ 수사나 재판에 관여하게 되는 사항, ㉡ 개인의 사생활을 침해할 우려가 있는 사항, ㉢ 다른 기관에서 감사하였거나 감사 중인 사항(다만, 다른 기관에서 감사한 사항이라도 새로운 사항이 발견되거나 중요 사항이 감사에서 누락된 경우와 주민소송의 대상이 되는 경우에는 그러하지 아니하다), ㉣ 동일한 사항에 대하여 제17조 제2항 각 호의 어느 하나에 해당하는 소송이 진행 중이거나 그 판결이 확정된 사항은 감사청구의 대상에서 제외한다(지방자치법 제16조 제1항).

7. 주민소송권

(1) 의 의

주민소송이란 주민이 지방자치단체의 재정사항에 대하여 법원에 제기하는 소송을 말한다.

(2) 주민소송의 법적 성질

주민소송은 직접민주제적 요소에 해당한다. 주민소송은 민중소송이며, 객관소송에 해당한다.

(3) 주민소송의 대상

공금의 지출에 관한 사항, 재산의 취득·관리·처분에 관한 사항, 해당 지방자치단체를 당사자로 하는 매매·임차·도급 계약이나 그 밖의 계약의 체결·이행에 관한 사항 또는 지방세·사용료·수수료·과태료 등 공금의 부과·징수를 게을리한 사항과 관련이 있는 위법한 행위나 업무를 게을리 한 사실에 대하여 주민소송을 제기할 수 있다(지방자치법 제17조 제1항).

주민소송 대상으로 정한 '공금의 지출에 관한 사항'의 의미

주민소송의 대상으로서 '공금의 지출에 관한 사항'이란 지출원인행위, 즉 지방자치단체의 지출원인이 되는 계약 그 밖의 행위로서 당해 행위에 의하여 지방자치단체가 지출의무를 부담하는 예산집행의 최초 행위와 그에 따른 지급명령 및 지출 등에 한정되고, 특별한 사정이 없는 한 이러한 지출원인행위 등에 선행하여 그러한 지출원인행위를 수반하게 하는 당해 지방자치단체의 장 및 직원, 지방의회 의원의 결정 등과 같은 행위는 포함되지 않는다고 보아야 한다(대판 2011. 12. 22. 2009두14309).

(4) 당사자

① 원 고

㉠ 원고적격

감사청구한 주민은 누구나 주민소송을 제기할 수 있다. 감사청구전치주의가 적용된다.

㉡ 별소의 금지

소송이 진행 중이면 다른 주민은 같은 사항에 대하여 별도의 소송을 제기할 수 없다(지방자치법 제17조 제5항).

㉢ 제소사유(지방자치법 제17조 제1항)

ⓐ 주무부장관이나 시·도지사가 감사청구를 수리한 날부터 60일(감사기간이 연장된 경우에는 연장기간이 끝난 날을 말한다)이 지나도 감사를 끝내지 아니한 경우

ⓑ 제16조 제3항 및 제4항에 따른 감사결과 또는 제16조 제6항에 따른 조치요구에 불복하는 경우

ⓒ 제16조 제6항에 따른 주무부장관이나 시·도지사의 조치요구를 지방자치단체의 장이 이행하지 아니한 경우

ⓓ 제16조 제6항에 따른 지방자치단체의 장의 이행 조치에 불복하는 경우

② 피 고

주민소송의 피고는 해당 지방자치단체의 장(해당 사항의 사무처리에 관한 권한을 소속 기관의 장에게 위임한 경우에는 그 소속 기관의 장)이다(지방자치법 제17조 제1항).

(5) 주민소송의 종류(지방자치법 제17조 제2항)

① 부작위(중지)청구소송(1호)

해당 행위를 계속하면 회복하기 곤란한 손해를 발생시킬 우려가 있는 경우에는 그 행위의 전부나 일부를 중지할 것을 요구하는 소송

② 취소소송 또는 무효확인소송(2호)

행정처분인 해당 행위의 취소 또는 변경을 요구하거나 그 행위의 효력 유무 또는 존재 여부의 확인을 요구하는 소송

③ 부작위위법확인소송(3호)

게을리한 사실의 위법 확인을 요구하는 소송

④ 손해배상, 부당이득반환청구소송 또는 변상명령을 요구하는 소송(4호)

해당 지방자치단체의 장 및 직원, 지방의회의원, 해당 행위와 관련이 있는 상대방에게

손해배상청구 또는 부당이득반환청구를 할 것을 요구하는 소송. 다만, 그 지방자치단체의 직원이 「지방재정법」 제94조나 「회계관계직원 등의 책임에 관한 법률」 제4조에 따른 변상책임을 져야 하는 경우에는 변상명령을 할 것을 요구하는 소송을 말한다. 일종의 의무이행소송에 해당한다.

심의위원 선정절차가 규정에 엄격히 부합하지 않는 경우, 심의위원회의 의결이나 이를 기초로 한 조례가 위법한지 여부(한정 소극)

구 「지방자치법」 제33조 제1항, 제2항, 제3항, 구 지방자치법 시행령 제34조 제1항, 제2항의 규정 형식과 내용 및 지방의회의원에게 지급할 의정활동비, 여비, 월정수당의 지급기준을 조례로 정하기에 앞서 결정 범위를 미리 제시하기 위하여 해당 지방자치단체의 의정비심의위원회를 독립성을 갖춘 별도의 심의·의결기구로 마련한 취지 등을 고려하면, 시행령 제34조 제1항에서 심의회의 위원을 선정할 때 학계 등으로부터 추천을 받도록 규정한 취지는 심의회 구성의 다양성과 객관성을 확보하기 위한 데 있다고 할 것이므로, 심의위원 선정절차가 위 규정에 엄격히 부합하지 아니하더라도 심의회의 구성에 관한 위와 같은 입법 취지를 실질적으로 훼손하였다고 평가할 정도에 이르지 아니하는 한 해당 심의회의 의결이 위법하다거나 이를 기초로 한 의정활동비 등에 관한 조례가 위법하다고 판단할 수는 없다(대판 2014. 2. 27. 2011두7489).[1]

8. 주민소환권

(1) 주민소환제의 의의

주민은 그 지방자치단체의 장 및 지방의회의원(비례대표 지방의회의원은 제외)을 소환할 권리를 가진다(지방자치법 제20조 제1항). 이를 주민소환권이라고 한다.

(2) 주민소환제의 목적

주민소환은 주민의 의사에 의하여 공직자를 공직에서 해임시키는 것으로서 직접민주제 원리에 충실한 제도이다

「지방자치법」 제20조 제1항은 "주민은 그 지방자치단체의 장 및 지방의회의원(비례대표 지방의회의원은 제외한다)을 소환할 권리를 가진다"고 하고, 같은 조 제2항은 "주민소

1 원고(성동구 주민)가 성동구청장을 상대로 한 부당이득반환청구소송에서 조례의 위법하다고 주장한 원고의 청구는 이유없다고 본 사례.

환의 투표 청구권자 · 청구요건 · 절차 및 효력 등에 관하여는 따로 법률로 정한다"고 하며, 이에 따른 「주민소환법」 제1조는 "이 법은 「지방자치법」 제20조의 규정에 의한 주민소환의 투표 청구권자 · 청구요건 · 절차 및 효력 등에 관하여 규정함으로써 지방자치에 관한 주민의 직접참여를 확대하고 지방행정의 민주성과 책임성을 제고함을 목적으로 한다"고 하여 주민소환에 관하여 규정하고 있다.

이러한 주민소환은 주민이 지방의원 · 지방자치단체장 기타 지방자치단체의 공무원을 임기 중에 주민의 청원과 투표로써 해임하는 제도이고, 이는 주민에 의한 지방행정 통제의 가장 강력한 수단으로서 주민의 참정기회를 확대하고 주민대표의 정책이나 행정처리가 주민의사에 반하지 않도록 주민대표자기관이나 행정기관을 통제하여 주민에 대한 책임성을 확보하는 데 그 목적이 있다(헌재결 2009. 3. 23. 2007헌마843).

(3) 주민소환의 법적 성질

「주민소환법」에 주민소환의 청구사유를 두지 않은 것은 입법자가 주민소환을 기본적으로 정치적인 절차로 설정한 것으로 볼 수 있고, 우리의 주민소환제는 기본적으로 정치적인 절차로서의 성격이 강한 것으로 평가될 수 있다.

주민소환의 청구사유에 제한을 두지 않은 것은 주민소환제를 기본적으로 정치적인 절차로 설계함으로써 책임정치 혹은 책임행정의 실현을 기하려는 데 그 입법목적이 있다

주민소환제를 규범적인 차원에서 정치적인 절차로 설계할 것인지, 아니면 사법적인 절차로 할 것인지는 현실적인 차원에서 입법자가 여러 가지 사정을 고려하여 정책적으로 결정할 사항이라 할 것이다. 그런데 「주민소환법」에 주민소환의 청구사유를 두지 않은 것은 입법자가 주민소환을 기본적으로 정치적인 절차로 설정한 것으로 볼 수 있고, 외국의 입법례도 청구사유에 제한을 두지 않는 경우가 많다는 점을 고려할 때 우리의 주민소환제는 기본적으로 정치적인 절차로서의 성격이 강한 것으로 평가될 수 있다 할 것이다(헌재결 2009. 3. 23. 2007헌마843).

(4) 주민소환투표권자

주민소환투표인명부 작성기준일 현재 ① 19세 이상의 주민으로서 당해 지방자치단체 관할구역에 주민등록이 되어 있는 자(공직선거법 제18조의 규정에 의하여 선거권이 없는 자 제외), ② 19세 이상의 외국인으로서 「출입국관리법」 제10조의 규정에 따른 영주의 체류자격

취득일 후 3년이 경과한 자 중 당해 지방자치단체 관할구역의 외국인등록대장에 등재된 자는 주민소환투표권을 가진다(주민소환에 관한 법률 제3조 제1항).

⑸ 주민소환투표의 대상

해당 지방자치단체의 장 및 지방의회의원(비례대표선거구시·도의회의원 및 비례대표선거구자치구·시·군의회의원은 제외)이다.

⑹ 주민소환투표의 청구제한기간

주민소환투표의 청구기간을 제한한 것은, 선출직 공직자의 임기 초에는 일정 기간 소신에 따라 정책을 추진할 수 있는 기회를 주어야 하고, 임기 초 단기간 내에는 과오 등을 입증하기 어려울 뿐만 아니라, 임기 종료가 임박한 때에는 소환의 실익이 없는 점을 고려하고, 주민소환투표를 실시하여 부결되었음에도 불구하고 반복적으로 주민소환투표를 청구하는 폐해를 방지하려는 데 그 입법목적이 있고, 그러한 입법목적은 정당한 것으로 판단된다(헌재결 2009. 3. 26. 2007헌마843).

⑺ 권한행사의 정지 및 권한대행

주민소환투표대상자는 관할선거관리위원회가 주민소환투표안을 공고한 때부터 주민소환투표결과를 공표할 때까지 그 권한행사가 정지된다(주민소환에 관한 법률 제21조 제1항). 지방자치단체의 장의 권한이 정지된 경우에는 부지사·부시장·부군수·부구청장 등 부단체장이 그 권한을 대행한다(주민소환에 관한 법률 제21조 제2항).

9. 청원권

주민은 지방의회에 청원권을 행사할 수 있다. 지방의회에 청원을 하려는 자는 지방의회의원의 소개를 받아 청원서를 제출하여야 한다(지방자치법 제73조 제1항). 재판에 간섭하거나 법령에 위배되는 내용의 청원은 수리하지 아니한다(지방자치법 제74조).

청원에 대한 회신

적법한 청원에 대하여 국가기관이 이를 수리, 심사하여 그 결과를 청원인에게 통보하였다면 이로써 당해 국가기관은 헌법 및 청원법상의 의무이행을 다한 것이고, 그 통보 자체에 의하여 청구인의 권리의무나 법률관계가 직접 무슨 영향을 받는 것도 아니므로 비록 그 통보내용이 청원인이 기대하는 바에는 미치지 못한다고 하더라도 그러한 통보조치가 헌법소원의 대상이 되는 구체적인 공권력의 행사 내지 불행사라고 볼 수는 없다(헌재결 2000. 10. 25. 99헌마458).

지방의회 의원의 소개

지방의회에 청원을 할 때에 지방의회 의원의 소개를 얻도록 한 것은 의원이 미리 청원의 내용을 확인하고 이를 소개하도록 함으로써 청원의 남발을 규제하고 심사의 효율을 기하기 위한 것이고, 지방의회 의원 모두가 소개의원이 되기를 거절하였다면 그 청원내용에 찬성하는 의원이 없는 것이므로 지방의회에서 심사하더라도 인용가능성이 전혀 없어 심사의 실익이 없으며, 청원의 소개의원도 1인으로 족한 점을 감안하면 이러한 정도의 제한은 공공복리를 위한 필요·최소한의 것이라고 할 수 있다(헌재결 1999. 11. 25. 97헌마54).

10. 기 타

그 밖에 행정쟁송제기권, 손해배상청구권, 손실보상청구권, 청문권, 지방의회방청권, 지방의회의사록열람권, 정보제공청구권 등이 인정된다.

주민이 지방의회 안건 심의 중 방청인으로서 안건에 관하여 발언하는 것이 허용되지 않는다

「지방자치법」상의 의회대표제하에서 의회의원과 주민은 엄연히 다른 지위를 지니는 것으로서 의원과는 달리 정치적, 법적으로 아무런 책임을 지지 아니하는 주민이 본회의 또는 위원회의 안건 심의중 안건에 관하여 발언한다는 것은 선거제도를 통한 대표제원리에 정면으로 위반되는 것으로서 허용될 수 없고, 다만 간접민주제를 보완하기 위하여 의회대표제의 본질을 해하지 않고 의회의 기능수행을 저해하지 아니하는 범위 내에서 주민이 의회의 기능수행에 참여하는 것—예컨대 공청회에서 발언하거나 본회의, 위원회에서 참고인, 증인, 청원인의 자격으로 발언하는 것—은 허용된다(대판 1993. 2. 26. 92추109).

Ⅲ. 주민의 의무

비용분담의무, 이용강제의무 그 밖에 노역 및 물품제공의무, 과태료납부의무, 임의적 의무 등을 부담한다.

공공시설의 사용료 요율을 조례로 정하도록 위임한 지방자치법 제130조 제1항 및 그에 따라 제정된 서울특별시의 체육시설에 대한 사용료징수조례의 효력(유효)
「지방자치법」 제130조 제1항에서 조례로 정하도록 한 '사용료의 징수에 관한 사항'에는 사용료의 요율에 관한 사항도 포함되어 있으므로 사용료의 요율을 정하고 있는 '서울특별시립체육시설에 대한 사용료징수조례' 제5조를 법률의 위임근거 없이 제정된 무효의 규정이라고 볼 수 없고, 자치단체가 관리하는 공공시설의 사용료의 요율을 법률로 정하지 아니하고 주민들의 대의기관인 지방의회의 자치입법인 조례로 정하도록 위임하였다고 하여 그 위임에 관한 「지방자치법」 제130조 제1항의 규정을 무효라고 볼 수도 없다(대결 1997. 7. 9. 97마1110).

제 2 장 지방자치단체의 조직

지방자치단체의 기관에는 의결기관과 집행기관이 있다. 「지방자치법」은 의결기관인 지방의회와 집행기관인 지방자치단체의 장을 두고 있다. 그리고 교육·학예에 관하여는 특별히 의결기관으로 교육위원회, 집행기관으로 교육감을 두고 있다.

「지방자치법」은 지방자치단체의 의사를 내부적으로 결정하는 최고의결기관으로 지방의회를, 외부에 대하여 지방자치단체의 대표로서 지방자치단체의 의사를 표명하고 그 사무를 통할하는 집행기관으로 단체장을 독립한 기관으로 두고, 의회와 단체장에게 독자적인 권한을 부여하여 상호 견제와 균형을 이루도록 하고 있다(대판 2012. 11. 29. 2011추87).

제 1 절 지방의회

Ⅰ. 지방의회의 법적 지위

지방의회는 「헌법」(제118조)에서 규정하고 있는 헌법기관이고, 주민에 의해 선출된 지방의원으로 구성된 주민대표기관이며, 지방자치단체의 최고의 의사결정기관이다. 그리고 지방의회는 지방자치단체의 집행기관의 권한행사를 감시하고 통제하는 기관이고, 조례의 제정·개폐에 대해 의결하는 자치입법기관이며, 국회와 달리 행정기관이다.

Ⅱ. 지방의회의 구성과 운영

1. 지방의회의 조직

(1) 의장과 부의장

대법원은 지방의회 의장에 대한 불신임의결, 지방의회의 의장선거 등에 대하여 이는 행정처분의 일종으로서 항고소송의 대상이 된다고 판시하고 있다.

지방의회 의장에 대한 불신임의결은 행정처분으로서 항고소송의 대상이 된다
지방의회를 대표하고 의사를 정리하며 회의장 내의 질서를 유지하고 의회의 사무를 감독하며 위원회에 출석하여 발언할 수 있는 등의 직무권한을 가지는 지방의회 의장에 대한 불신임의결은 의장으로서의 권한을 박탈하는 행정처분의 일종으로서 항고소송의 대상이 된다(대판 1994. 10. 11. 94두23).

지방의회의 의장선임의결이 행정처분으로서 항고소송의 대상이 되는지 여부
지방의회의 의장은 「지방자치법」 제43조, 제44조의 규정에 의하여 의회를 대표하고 의사를 정리하며, 회의장 내의 질서를 유지하고 의회의 사무를 감독할 뿐만 아니라 위원회에 출석하여 발언할 수 있는 등의 직무권한을 가지는 것이므로, 지방의회의 의사를 결정·공표하여 그 당선자에게 이와 같은 의장으로서의 직무권한을 부여하는 지방의회의 의장선거는 행정처분의 일종으로서 항고소송의 대상이 된다고 할 것이다(대판 1995. 1. 12. 94누2602).

(2) 위원회

지방의회는 조례가 정하는 바에 의하여 위원회를 둘 수 있다(지방자치법 제56조 제1항). 위원회의 종류는 상임위원회와 특별위원회 두 가지로 한다(지방자치법 제56조 제2항). 의원의 윤리심사 및 징계에 관한 사항을 심사하기 위하여 윤리특별위원회를 둘 수 있다(지방자치법 제57조).

2. 지방의회의 회의

지방의회의 회의에는 정례회와 임시회가 있다.

지방의회의 회의는 원칙적으로 공개하여야 하고, 회기계속의 원칙과 일사부재의의 원칙이 적용된다.

Ⅲ. 지방의회의 권한

1. 의결권

지방의회는 본질적인 권한으로 중요사항에 대하여 의결권을 가진다.

2. 조례제정권

조례제정권은 지방의회의 권한 중 가장 기본적인 권한이다.

3. 집행기관에 대한 통제권

행정사무감사 및 조사권, 출석·답변요구권, 의견제출권, 예산의 심의·확정, 결산승인권 등이 있다.

지방자치법상 지방자치단체의 장과 지방의회 간의 권한배분 등 상호관계 및 지방의회 의원의 권능범위

「지방자치법」은 의결기관으로서의 의회의 권한과 집행기관으로서의 단체장의 권한을 분리하여 배분하는 한편, 의회는 행정사무감사와 조사권 등에 의하여 단체장의 사무집행을 감시 통제할 수 있게 하고 단체장은 의회의 의결에 대한 재의요구권 등으로 의회의 의결권행사에 제동을 가할 수 있게 함으로써 상호 견제와 균형을 유지하도록 하고 있는 것인바, 위와 같은 의회의 의결권과 집행기관에 대한 행정감사 및 조사권은 의결기관인 의회 자체의 권한이고 의회를 구성하는 의원 개개인의 권한이 아닌바, 의원은 의회의 본회의 및 위원회의 의결과 안건의 심사 처리에 있어서 발의권, 질문권, 토론권 및 표결권을 가지며 의회가 행하는 지방자치단체사무에 대한 행정감사 및 조사에서 직접 감사 및 조사를 담당하여 시행하는 권능이 있으나, 이는 의회의 구성원으로서 의회의 권한행사를 담당하는 권능이지 의원 개인의 자격으로 가지는 권능이 아니므로 의원은 의회의 본회의 및 위원회의 활동과 아무런 관련 없이 의원 개인의 자격에서 집행기관의 사무집행에 간섭할 권한이 없으며, 이러한 권한은 법이 규정하는 의회의 권한 밖의 일로서 집행기관과의 권한한계를 침해하는 것이어서 허용될 수 없다(대판 1992. 7. 28. 92추31).

4. 청원의 심사·처리권

지방의회는 주민으로부터 제출된 청원에 대한 심사·처리권을 가진다.

5. 자율권

지방의회는 회의나 내부사항에 관하여 스스로 결정할 수 있는 자율권을 가진다. 그 내용으로는 내부조직권, 개회·휴회·폐회와 회기결정권, 의장·부의장에 대한 불신임결의권, 내부운영의 자율권(의회규칙제정권), 내부경찰권, 지방의회의원의 신분에 관한 심사권 등이 있다. 의원의 신분에 관한 심사권에는 사직허가·자격심사·징계의결권이 있다.

지방의회의 의원징계의결은 행정처분의 일종으로서 행정소송의 대상이 된다
「지방자치법」 제78조 내지 제81조의 규정에 의거한 지방의회의 의원징계의결은 그로 인해 의원의 권리에 직접 법률효과를 미치는 행정처분의 일종으로서 행정소송의 대상이 되고, 그와 같은 의원징계의결의 당부를 다투는 소송의 관할법원에 관하여는 동법에 특별한 규정이 없으므로 일반법인 「행정소송법」의 규정에 따라 지방의회의 소재지를 관할하는 고등법원이 그 소송의 제1심 관할법원이 된다(대판 1993. 11. 26. 93누7341).

Ⅳ. 지방의회의원

1. 의 의

지방의회는 지역주민의 선거에 의하여 선출된 지방의회의원으로 구성한다(지방자치법 제31조). 지방의회의원은 지역주민의 보통·평등·직접·비밀선거에 의해 선출된, 선거일 현재 25세 이상인 자를 말한다.

2. 권 리

지방의회의원은 의사활동과 관련된 직무상 권리, 의원직은 명예직이 아닌 유급직으로서[1] 재산상 권리, 선거권과 피선거권, 각종 요구권 등을 갖는다.

직무상 권리	행정사무처리에 대한 질문권, 의안발의권, 발언 및 표결권 등
재산상 권리	의정활동비, 여비, 월정수당, 보상금청구권 등

1 명예직 규정은 2003년 삭제되었다.

특별위원회가 비회기 중에 회의 등의 활동을 할 경우 그 활동에 참석한 위원에게 참석 일수에 따라 수당을 지급할 수 있도록 한 조례안이 법령에 위반된다

지방의회의원에 대한 회기수당의 지급요건으로서의 '회기'는 정례회 및 임시회의 회기만을 의미하는 것이라고 해석함이 상당하므로, 행정사무조사특별위원회가 「지방자치법」 제53조의 규정에 의하여 폐회 중에도 본회의의 의결이 있거나 의장이 필요하다고 인정할 때, 재적위원 3분의 1 이상의 요구 또는 지방자치단체의 장의 요구가 있는 때에 한하여 개회할 수 있고, 같은 법 제36조의 규정에 의하여 본회의 의결로 활동기간을 부여받는 것이라 하더라도 그러한 사유만으로 '비회기 중의 회의 등 활동'을 정례회 및 임시회의 '회기 중의 활동'에 준하는 것이라거나 '회기 중의 활동'이라고 의제할 수는 없는바, 행정사무조사특별위원회가 비회기 중에 회의 등 활동할 경우 그 활동에 참석한 위원에게 참석 일수에 따라 수당을 지급할 수 있도록 한 조례안은 「헌법」 제117조, 「지방자치법」 제15조, 제32조 제1항 제3호의 규정에 위반되어 위법하고 이와 같은 경우에는 이 조례안에 대한 재의결은 전부 효력이 부인되어야 한다(대판 2004. 7. 22. 2003추51).

지방의회 의원에게 지급하는 월정수당이 지방의회 의원의 직무활동에 대한 대가로 지급되는 보수인지 여부(적극)

구 「지방자치법」 제32조 제1항(현행 지방자치법 제33조 제1항)은 지방의회 의원에게 지급하는 비용으로 의정활동비(제1호)와 여비(제2호) 외에 월정수당(제3호)을 규정하고 있는바, 이 규정의 입법연혁과 함께 특히 월정수당(제3호)은 지방의회 의원의 직무활동에 대하여 매월 지급되는 것으로서, 지방의회 의원이 전문성을 가지고 의정활동에 전념할 수 있도록 하는 기틀을 마련하고자 하는 데에 그 입법 취지가 있다는 점을 고려해 보면, 지방의회 의원에게 지급되는 비용 중 적어도 월정수당(제3호)은 지방의회 의원의 직무활동에 대한 대가로 지급되는 보수의 일종으로 봄이 상당하다(대판 2009. 1. 30. 2007두13487).

지방자치단체의 의정비심의위원회가 관계 법령에서 정한 절차에 의하여 구성되고 자율적으로 '의정활동비 등의 상한액'을 결정하였으나 결정 과정에서 주민들의 정서나 여론조사 결과에 일부 부합하지 아니한 부분이 있는 경우, 그 결정이 위법한지 여부(한정 소극)

구 「지방자치법」 제33조 제1항, 제2항, 구 지방자치법 시행령 제33조 제1항 제1호, 제2호, 제3호는 지방의회의원에게 지급하는 비용으로서 조례로 정하는 의정활동비, 여비, 월정수당의 지급기준의 객관성과 적정성을 확보하기 위하여 의정활동비 등을 해당 지방자치단체의 의정비심의위원회가 결정한 금액(의정활동비 등의 상한액) 이내로 제한하는 한편, 심의회가 '의정활동비 등의 상한액'을 결정할 때 따라야 할 기준과 절차를 제시하면서, 월정수당에 관하여는 의정활동비나 여비와 달리 그 금액이나 산정방법에 대한 구체적이고 실질적인 기준을 정하지 아니한 채 지역주민의 소득수준 등 일정한 고려사항을 예시적으로 열거하고 있을 뿐이다.
따라서 심의회가 관계 법령에서 정한 절차에 의하여 구성되고 자율적으로 '의정활동비 등의 상한액'을 결정한 경우에는 결정 과정에서 주민들의 정서나 여론조사 결과에 일부 부합하지 아니한 부분이 있다고 하더라도 법령에서 심의회의 의결을 반영하는 절차를 둔 입법 취지를 달성할 수 없을 정도로 형식적인 절차를 거친 것에 불과하여 실질적으로 절차를 거치지 아니한 것과 다름없다고 볼 정도에 이르지 아니한다면, 심의회가 행한 '의정활동비 등의 상한액' 결정이 위법하다고 볼 수는 없다(대판 2014. 2. 27. 2011두7489).

3. 의 무

지방의회의원의 의무로는 성실의무(지방자치법 제36조 제1항), 청렴의무와 품위유지의무(지방자치법 제36조 제2항), 지위남용금지의무(지방자치법 제36조 제3항), 겸직금지의무(지방자치법 제35조 제1항), 영리목적의 거래금지의무(지방자치법 제35조 제5항) 등을 들 수 있다.

4. 신분보장

(1) 임 기

지방의회의원의 임기는 4년으로 한다(지방자치법 제32조).

(2) 사 직

지방의회는 의결로 소속의원의 사직을 허가할 수 있다. 다만, 폐회 중에는 의장이 이를 허가할 수 있다(지방자치법 제77조).

(3) 퇴 직

의원은 겸임할 수 없는 직에 취임한 때, 피선거권이 없게 된 때, 징계에 의해 제명된 때에는 의원직에서 퇴직된다(지방자치법 제78조).

(4) 자격심사·자격상실

지방의회의 의원은 다른 의원의 자격에 대하여 이의가 있으면 재적의원 4분의 1 이상의 연서로 의장에게 자격심사를 청구할 수 있다(지방자치법 제79조 제1항). 피심의원에 대한 자격상실의결은 재적의원 3분의 2 이상의 찬성이 있어야 한다(지방자치법 제80조 제1항).

(5) 징 계

지방의회는 의원이 「지방자치법」이나 자치법규에 위배되는 행위를 하면 지방의회는 의결로써 징계할 수 있다(지방자치법 제86조).

징계의 종류로는 ① 공개회의에서의 경고, ② 공개회의에서의 사과, ③ 30일 이내의 출석정지, ④ 제명이 있다(지방자치법 제88조 제1항). 제명에는 재적의원 3분의 2 이상의 찬성이 있어야 한다(지방자치법 제88조 제2항).

(6) 특권의 인정 여부

지방의회의원은 국회의원과는 달리 면책특권이나 불체포특권이 인정되지 않는다.

제2절 집행기관

Ⅰ. 지방자치단체의 장

지방자치단체의 장으로는 특별시에 특별시장, 광역시에 광역시장, 특별자치시에 특별자치시장, 도와 특별자치도에 도지사를 두고, 시에 시장, 군에 군수, 자치구에 구청장을 둔다(지방자치법 제93조).

1. 지방자치단체의 장의 법적 지위

지방자치단체의 장은 ① 지방자치단체를 외부적으로 대표하는 대표기관, ② 지방자치단체사무를 총괄하는 최고의 독임제 행정청, ③ 자치권의 행사기관, ④ 국가위임사무를 처리하는 경우에는 국가행정기관, ⑤ 지방의회의 견제기관으로서의 지위를 갖는다.

도 교육감이 도를 대표하여 도지사가 대표하는 도를 상대로 제기한 소유권 확인의 소가 적법한지 여부(소극)
지방자치단체로서의 도는 1개의 법인이 존재할 뿐이고, 다만 사무의 영역에 따라 도지사와 교육감이 별개의 집행 및 대표기관으로 병존할 뿐이므로 도 교육감이 도를 대표하여 도지사가 대표하는 도를 상대로 제기한 소유권 확인의 소는 자기가 자기를 상대로 제기한 것으로 권리보호의 이익이 없어 부적법하다(대판 2001. 5. 8. 99다69341).

국가행정사무를 위임처리하던 지방자치단체의 장(도지사)의 위법행위에 대한 자치단체의 손해배상책임 유무(소극)
지방자치단체의 장의 직무상 위법행위에 대한 손해배상책임은 다른 사정이 없는 이상 자치단체의 집행기관으로서의 직무에 대하여는 자치단체가 책임을 지나, 국가로부터 자치단체에 시행하는 국가행정사무를 위임받아 행하는, 국가의 보통지방행정기관으로서의 직무에 대하여는 국가가 그 책임을 진다. 따라서, 경기도지사가 행하는 공유수면 매립에 관한 사무는 국가행정기관으로서의 사무라고 할 것이니 경기도는 그 직무상의 위법행위에 대한 책임이 없다(대판 1981. 11. 24. 80다2303).

2. 지방자치단체의 장의 신분

지방자치단체의 장이 금고 이상의 형을 선고받고 그 형이 확정되지 아니한 경우 부단체장이 그 권한을 대행하도록 규정한 지방자치법 규정은 무죄추정의 원칙에 위배된다
「헌법」 제27조 제4항은 "형사피고인은 유죄의 판결이 확정될 때까지는 무죄로 추정된다"고 선언함으로써, 공소가 제기된 피고인이 비록 1심이나 2심에서 유죄판결을 선고받았더라도 그 유죄판결이 확정되기 전까지는 원칙적으로 죄가 없는 자에 준하여 취급해야 함은 물론, 유죄임을 전제로 하여 해당 피고인에 대하여 유형·무형의 일체의 불이익을 가하지 못하도록 하고 있다. 그런데 이 사건 법률조항은 '금고 이상의 형이 선고되었다'는 사실 자체에 주민의 신뢰가 훼손되고 자치단체장으로서 직무의 전념성이 해쳐질 것이라는 부정적 의미를 부여한 후, 그러한 판결이 선고되었다는 사실만을 유일한 요건으로 하여, 형이 확정될 때까지의 불확정한 기간 동안 자치단체장으로서의 직무를 정지시키는 불이익을 가하고 있으며, 그와 같이 불이익을 가함에 있어 필요최소한에 그치도록 엄격한 요건을 설정하지도 않았으므로, 무죄추정의 원칙에 위배된다(헌재결 2010. 9. 2. 2010헌마418).

3. 지방자치단체의 장의 권한

(1) 대표권

지방자치단체의 장은 지방자치단체를 대표한다(지방자치법 제101조).

(2) 사무의 총괄, 관리 및 집행권

지방자치단체의 장은 지방자치단체의 사무를 총괄하고 그 지방자치단체의 사무와 법령에 따라 그 지방자치단체의 장에게 위임된 사무를 관리하고 집행한다(지방자치법 제101조, 제103조).

(3) 직원에 대한 임면권 등

지방자치단체의 장은 소속 직원을 지휘·감독하고 법령과 조례·규칙으로 정하는 바에 따라 그 임면·교육훈련·복무·징계 등에 관한 사항을 처리한다(지방자치법 제105조).

행정불만처리조정위원회 위원 일부의 위촉권을 도의회 의장에게 부여한 조례규정의 위법 여부

지방의회가 집행기관의 인사권에 관하여 소극적 사후적으로 개입하는 것은 그것이 견제의 범위 안에 드는 경우에는 허용되나, 집행기관의 인사권을 독자적으로 행사하거나 동등한 지위에서 합의하여 행사할 수는 없으며, 사전에 적극적으로 개입하는 것도 원칙적으로 허용되지 아니하므로 조례안에 규정된 행정불만처리조정위원회 위원의 위촉, 해촉에 지방의회의 동의를 받도록 한 것은 사후에 소극적으로 개입하는 것으로서 지방의회의 집행기관에 대한 견제권의 범위에 드는 적법한 규정이라고 보아야 될 것이나, 그 일부를 지방의회 의장이 위촉하도록 한 것은 지방의회가 집행기관의 인사권에 사전에 적극적으로 개입하는 것으로서 「지방자치법」이 정한 의결기관과 집행기관 사이의 권한분리 및 배분의 취지에 배치되는 위법한 규정이며, 또 집행기관의 인사권에 의장 개인의 자격으로는 관여할 수 있는 권한이 없고 조례로써 이를 허용할 수도 없으며, 따라서 의장 개인이 위원의 일부를 위촉하도록 한 조례안의 규정은 그 점에서도 위법하다(대판 1994. 4. 26. 93추175).

옴부즈맨 구성원의 임면시 지방의회의 사전 동의를 얻도록 조례로써 정한 것이 집행기관의 인사권을 침해한 것인지 여부(소극)
집행기관의 구성원의 전부 또는 일부를 지방의회가 임면하도록 하는 것은 지방의회가 집행기관의 인사권에 사전에 적극적으로 개입하는 것이어서 원칙적으로 허용되지 않지만, 지방자치단체의 집행기관의 구성원을 집행기관의 장이 임면하되 다만 그 임면에 지방의회의 동의를 얻도록 하는 것은 지방의회가 집행기관의 인사권에 소극적으로 개입하는 것으로서 「지방자치법」이 정하고 있는 지방의회의 집행기관에 대한 견제권의 범위 안에 드는 적법한 것이므로, 지방의회가 조례로써 옴부즈맨의 위촉(임명)·해촉시에 지방의회의 동의를 얻도록 정하였다고 해서 집행기관의 인사권을 침해한 것이라 할 수 없다(대판 1997. 4. 11. 96추138).

⑷ 광역자치단체장의 기초자치단체장 등에 대한 감독권

광역자치단체장의 기초자치단체장 등에 대한 감독권으로 ① 조언·권고·자료제출 요구권, ② 자치사무에 대한 보고수령·감사(법령위반사항에 한), ③ 위임사무에 대한 지휘·감독권, ④ 시정명령취소·정지권, ⑤ 이행명령대집행권 등이 있다.

⑸ 지방의회에 대한 권한

① 재의요구와 제소권

교육·학예에 관한 시·도의회의 의결사항에 대하여 서울특별시교육감이 재의요구를 하였다가 철회한 것이, 교육부장관의 재의요구 요청권한을 침해하는지 여부(소극)
「지방교육자치에 관한 법률」 제28조 제1항 제1문이 규정한 교육·학예에 관한 시·도의회의 의결사항에 대한 교육감의 재의요구 권한과, 같은 항 제2문이 규정한 교육부장관의 재의요구 요청 권한은 중복하여 행사될 수 있는 별개의 독립된 권한이다. 지방의회의 조례안 의결에 대하여 재의요구를 한 교육감은 지방의회가 재의결을 하기 전까지 재의요구를 철회할 수 있다. 그렇다면, 서울특별시교육감의 재의요구 철회가 교육부장관의 재의요구 요청권한을 침해하지 아니한다(헌재결 2013. 9. 26. 2012헌라1).

② 선결처분권

지방자치단체의 장은 지방의회가 성립되지 아니한 때(의원이 구속되는 등의 사유로 의결정족수에 미달하게 될 때)와 지방의회의 의결사항 중 주민의 생명과 재산보호를 위하여 긴급하게 필요한 사항으로서 지방의회를 소집할 시간적 여유가 없거나 지방의회에서 의결이 지체되어 의결되지 아니할 때에는 선결처분을 할 수 있다(지방자치법 제109조 제1항).

③ 기 타

지방자치단체의 장은 그 밖에도 지방의회에 대하여 지방의회임시회의 소집 및 소집요구권, 지방의회에의 출석·진술권, 의안·예산안 발의권, 조례안공포권 등이 있다.

⑹ 규칙제정권

지방자치단체의 장은 법령이나 조례가 위임한 범위에서 그 권한에 속하는 사무에 관하여 규칙을 제정할 수 있다(지방자치법 제23조). 여기서의 사무에는 자치사무, 단체위임사무, 기관위임사무가 모두 포함된다.

기관위임사무의 경우 규칙에 따라 재위임이 가능하다

「도시재개발법」에 의한 사업시행변경인가, 관리처분계획인가 및 각 고시에 관한 사무는 국가사무로서 지방자치단체의 장에게 위임된 이른바 기관위임사무에 해당하므로, 시·도지사가 지방자치단체의 조례에 의하여 이를 구청장 등에게 재위임할 수는 없고, 「정부조직법」 제5조 제1항 및 이에 기한 「행정권한의 위임 및 위탁에 관한 규정」 제4조에 의하여 위임기관의 장의 승인을 얻은 후 지방자치단체의 장이 제정한 규칙이 정하는 바에 따라 재위임하는 것만이 가능하다(대판 1995. 1. 14. 94누13572).

⑺ 주민투표부의권

지방자치단체의 장은 주민에게 과도한 부담을 주거나 중대한 영향을 미치는 지방자치단체의 주요 결정사항 등에 대하여 주민투표에 부칠 수 있다(지방자치법 제14조 제1항).

Ⅱ. 보조기관 등

지방의회의원이 지방자치단체의 장이 조례안으로서 제안한 행정기구를 종류 및 업무가 다른 행정기구로 전환하는 수정안을 발의하여 지방의회가 의결 및 재의결하는 것이 허용되는지 여부(소극)

지방자치법령은 지방자치단체의 장으로 하여금 지방자치단체의 대표자로서 당해 지방자치단체의 사무와 법령에 의하여 위임된 사무를 관리·집행하는 데 필요한 행정기구를 설치할 고유한 권한과 이를 위한 조례안의 제안권을 가지도록 하는 반면 지방의회로 하여금 지방자치단체의 장의 행정기구의 설치권한을 견제하도록 하기 위하여 지방자치단체의 장이 조례안으로서 제안한 행정기구의 축소, 통폐합의 권한을 가지는 것으로 하고 있으므로, 지방의회의원이 지방자치단체의 장이 조례안으로서 제안한 행정기구를 종류 및 업무가 다른 행정기구로 전환하는 수정안을 발의하여 지방의회가 의결 및 재의결하는 것은 지방자치단체의 장의 고유 권한에 속하는 사항의 행사에 관하여 사전에 적극적으로 개입하는 것으로서 허용되지 아니한다(대판 2005. 8. 19. 2005추48).

지방자치법 제107조 소정의 '합의제 행정기관'의 범위

「지방자치법」 제107조와 같은 법 시행령 제41조 및 제42조의 규정에 따르니, 지방자치단체는 그 소관 사무의 범위 내에서 필요한 경우에는 심의 등을 목적으로 자문기관을 조례로 설치할 수 있는 외에, 그 소관 사무의 일부를 독립하여 수행할 필요가 있을 경우에는 합의제 행정기관을 조례가 정하는 바에 의하여 설치할 수 있는바, 그러한 합의제 행정기관에는 그 의사와 판단을 결정하여 외부에 표시하는 권한을 가지는 합의제 행정관청뿐만 아니라 행정주체 내부에서 행정에 관한 의사 또는 판단을 결정할 수 있는 권한만을 가지는 의결기관도 포함된다(대판 2000. 11. 10. 2000추36).

제 3 장 지방자치단체의 사무

제 1 절 지방자치단체의 사무의 구별

지방자치단체의 사무는 자치사무와 위임사무로 구분되고, 위임사무는 다시 단체위임사무와 기관위임사무로 구분된다.

자치사무인지 위임사무인지의 여부는 개별법령의 규정형식과 내용, 당해 사무의 성격과 사무처리 현실 등 제반사정을 종합적으로 고려하여야 한다

법령상 지방자치단체의 장이 처리하도록 규정하고 있는 사무가 기관위임사무에 해당하는지 여부를 판단함에 있어서는 그에 관한 법령의 규정형식과 취지를 우선 고려하여야 할 것이지만 그 외에도 그 사무의 성질이 전국적으로 통일적인 처리가 요구되는 사무인지 여부나 그에 관한 경비부담과 최종적인 책임귀속의 주체 등도 아울러 고려하여 판단하여야 할 것이다(대판 1999. 9 .17. 99추30; 대판 2001. 11. 27. 2001추57; 대판 2003. 4. 22. 2002두10483; 대판 2006. 7. 28. 2004다759; 대판 2013. 5. 23. 2011추56 등 다수).

제2절 자치사무

자치사무란 지방자치단체 자신의 고유한 업무로서 자기책임하에 처리하는 지방자치단체 존립을 위한 사무와 주민의 복리에 관한 사무를 말한다. 고유사무라고도 한다. 자치사무의 중핵은 주민의 복리증진에 관한 사무에 있다.

판례가 자치사무로 본 경우

① **호적사무**

호적사무(현, 가족관계사무[1])는 국가의 사무로서 국가의 기관위임에 의하여 수행되는 사무가 아니고 「지방자치법」 제9조가 정하는 지방자치단체의 사무라 할 것이고, 단지 일반 행정사무와는 달리 사법적 성질이 강하여 법원의 감독을 받게 하는 데 지나지 아니한다(대판 1995. 3. 28. 94다45654).

② **학교급식의 실시에 관한 사무(광역지방자치단체) 및 학교급식시설의 지원에 관한 사무(기초지방자치단체)**

학교급식의 실시에 관한 사항은 고등학교 이하 각급학교의 설립·경영·지휘·감독에 관한 사무로서 지방자치단체 중 특별시·광역시·도의 사무에 해당하나, 학교급식시설의 지원에 관한 사무는 고등학교 이하 각급학교에서 학교급식의 실시에 필요한 경비의 일부를 보조하는 것이어서 그것이 곧 학교급식의 실시에 관한 사무에 해당한다고 보기 어려울 뿐만 아니라, 「지방교육재정교부금법」 제11조 제5항은 시·군·자치구가 관할구역 안에 있는 고등학교 이하 각급학교의 교육에 소요되는 경비의 일부를 보조할 수 있다고 규정하고 있으므로 학교급식시설의 지원에 관한 사무는 시·군·자치구의 자치사무에 해당한다(대판 1996. 11. 29. 96추84).

③ **기업체의 생산실적사실증명에 관한 사무**

국가 또는 상급지방자치단체가 지방자치단체에 대하여 그 사무를 위임하려면 반드시 법률 또는 법률의 위임을 받은 명령의 근거가 있어야 하고, 이러한 법령에 의한 위임사무를 제외하고는 지방자치단체는 널리 지방주민의 공공의 이익을 위한 사무를 그 고유사무로서 행할 수 있는 것인바, 기업체의 생산실적사실증명에 관한 사무는 달리 법령상의 위임근거를 찾아볼 수 없으므로 이는 지방자치단체가 그 주민의

1 가족관계등록에 관한 법률은 가족관계사무를 국가사무로 규정하고 있다(제2조).

복지를 위한 고유사무처리에 수반하여 하는 사실증명업무라 할 것이다(대판 1973. 10. 23. 73다1212).

④ **도지사의 의료기관감독에 관한 사무**

「의료법」 제30조 제3항, 제51조 제1항에 의하면 도지사에게 신고함으로써 개설하는 의료기관에 대한 의료업정지명령 등의 권한은 보건사회부장관이 아닌 도지사에게 있고, 이러한 도지사의 의료기관감독에 관한 사무는 「헌법」 제117조, 「지방자치법」 제9조 제1항, 제2항 등 관련 법규와 그 사무의 성질 등에 비추어 볼 때, 주민의 복지에 관한 사업으로 지방자치단체의 사무에 속하고 국가사무에는 속한다고 할 수 없으므로, 도지사의 의료업정지명령의 권한은 「지방자치법」 제95조 제2항에 의하여 조례로써 관할 지방자치단체나 공공단체 또는 그 기관에 위임 또는 위탁할 수 있다(대판 1994. 9. 13. 94누3599).

⑤ **시·도지사의 지역별 가스공급시설의 공사계획 수립·공고나 도시가스의 공급조건에 관한 공급규정의 승인에 관한 업무**

시·도지사의 지역별 가스공급시설의 공사계획 수립·공고나 도시가스의 공급조건에 관한 공급규정의 승인에 관한 업무는 기관위임사무가 아니라 지방자치단체의 사무이다(대판 2001. 11. 27. 2001추57).

⑥ **지역주민에게 통행료를 지원하는 내용의 사무**

인천광역시의회가 의결한 '인천광역시 공항고속도로 통행료 지원 조례안'이 규정하고 있는 인천국제공항고속도로를 이용하는 지역주민에게 통행료를 지원하는 내용의 사무는, 구 「지방자치법」 제9조 제2항 제2호 (가)목에 정한 주민복지에 관한 사업으로서 지방자치사무이다(대판 2008. 6. 12. 2007추42).

⑦ **공유재산관리**

공유재산의 사용허가에 관한 사용료율을 정하는 것은 지방자치단체의 자치사무인 공유재산의 관리에 속한다(대판 2003. 5. 27. 2002두7135).

⑧ **묘지 등의 허가사무**

재단법인이 운영하는 묘지 등의 허가는 도의 사무에 속한다는 점에서는 일치하지만, 종중 등이 설치하는 묘지 등의 허가사무는 「매장 및 묘지 등에 관한 법률」에 의하면 도의 사무에 속하고, 「지방자치법」 및 같은 법 시행령에 의하면 시·군의 사무에 속하는 것으로 서로 다르게 규정되어 있으나, 지방자치법 시행령 제8조 단서는 "다른 법령에 이와 다른 규정이 있는 경우에는 그러하지 아니하다"고 규정하고 있으므로, 묘지 등의 설치허가에 관하여는 「지방자치법」과는 다르게 「매장 및 묘지 등에 관한 법률」이 특별히 규정한 것으로 볼 수 있고, 「매장 및 묘지 등에 관한 법률」이 지방자치법 시행령보다 상위의 법규라는 점 등에 비추어 볼 때 종중 등이 설치하는 묘지 등의 허가사무도 「매장 및 묘지 등에 관한 법률」 제8조에 의하여 도의 고유사무인 자치사무라고 해석할 것이다(대판 1995. 12. 22. 95추32).

⑨ **지방선거사무**

지방의회의원과 지방자치단체장을 선출하는 지방선거는 지방자치단체의 기관을 구성하고 그 기관의 각종 행위에 정당성을 부여하는 행위라 할 것이므로 지방선거사무는 지방자치단체의 존립을 위한 자치사무에 해당하고, 따라서 법률을 통하여 예외적으로 다른 행정주체에게 위임되지 않는 한, 원칙적으로 지방자치단체가 처리하고 그에 따른 비용도 지방자치단체가 부담하여야 한다(헌재결 2008. 6. 26. 2005헌라7).

⑩ **주민투표 실시사무**

「주민투표법」 제8조의 투표실시사무가 지방자치단체의 자치사무인지 국가가 위임하는 기관위임사무인지에 관해서는 다음과 같은 상반된 측면이 있다. 먼저 지방자치단체의 폐지·분합이라는 국가정책수립에 참고하기 위한 투표이고, 중앙행정기관장의 요구에 의해 비로소 실시계기가 부여되며, 시행 여부와 투표구역에 관해서도 중앙행정기관장에게 재량이 있는 점, 비용을 국가가 부담하는 점은 이 투표사무가 국가사무라는 주장을 뒷받침한다고 할 수 있는 측면이다. 그러나 한편 투표할 사안이 국가정책으로서 국가사무에 대한 것이라 해서 주민의 의견수렴인 투표실시 자체까지 반드시 국가사무라고 볼 필연성은 없다. 「주민투표법」의 목적에 비추어보면 제8조의 주민투표 실시사무도 자치사무의 성격을 가질 수 있다고 판단된다. 또한 같은 조항은 중앙행정기관장의 투표요구가 있더라도 지방자치단체장이 무조건 이를 따르도록 되어 있는 것이 아니라 발의여부에 재량이 있고 지방의회의 의견도 듣게 되어 있는 점도 위와 같은 판단을 뒷받침할 수 있는 측면들이다(헌재결 2005. 12. 22. 2005헌라5).

제 3 절 위임사무

Ⅰ. 의의와 종류

위임사무란 지방자치단체가 법령에 의하여 국가 또는 다른 지방자치단체로부터 위임받아 행하는 사무를 말한다. 위임사무는 지방자치단체 자체에 위임되는 '단체위임사무'와 지방자치단체의 장 기타 집행기관에 위임되는 '기관위임사무'로 구분된다.

Ⅱ. 단체위임사무

단체위임사무는 국가나 다른 지방자치단체가 법령에 따라 그 사무를 해당 '지방자치단체'에 위임하는 사무를 말한다(예 시·군의 도세 징수사무, 직할하천의 점용·사용료 징수사무 등). 일반적으로 위임사무라고 하면 단체위임사무를 뜻한다. 현행법상 그 예가 극히 드물다.

Ⅲ. 기관위임사무

기관위임사무는 국가나 다른 지방자치단체로부터 '지방자치단체의 기관(지방자치단체장)'에 위임하는 사무이다(예 국회의원 선거준비, 국도유지의무, 경찰사무, 각종의 인·허가사무, 주민등록관리사무 등). 지방자치단체가 수행하는 사무의 대부분을 차지하고 있다.

판례가 기관위임사무로 본 경우

① 국도의 유지·수선사무

「도로법」 제22조 제2항에 의하여 지방자치단체의 장인 시장이 국도의 관리청이 되었다 하더라도 이는 시장이 국가로부터 관리업무를 위임받아 국가행정기관의 지위에서 집행하는 것이므로 국가는 도로관리상 하자로 인한 손해배상책임을 면할 수 없다(대판 1993. 1. 26. 92다2684).

② 주택건설촉진법에 의한 사업계획승인

광주직할시서구주택건설사업계획입지심의회 운영조례안이 규정하는 「주택건설촉진법」 제33조의 규정에 의한 사업계획승인은 건설부장관 소관의 국가사무로서 단체장에게 위임된 이른바 기관위임사무이고 지방자치단체에 위임된 단체위임사무가 아님이 명백하다(대판 1992. 7. 28. 92추31).

③ 주택의 공급조건·방법·절차 등에 관한 사항

주택의 공급조건·방법·절차 등에 관한 사항은 건설교통부장관(현, 국토교통부장관)의 고유업무인 국가사무이고 「주택건설촉진법」 제50조, 같은 법 시행령 제45조에 의한 권한위임의 경우라도 이는 기관위임사무라 할 것이다(대판 1995. 5. 12. 94추28).

④ 서울신용보증재단의 사무 중 업무감독과 감독상 필요한 명령에 관한 사무

서울신용보증재단의 사무 중 특히, 업무감독과 감독상 필요한 명령에 관한 사무는 중소기업청장의 위임에 의하여 국가사무가 지방자치단체의 장에게 위임된 기관위임사무에 해당한다(대판 2003. 4. 22. 2002두10483).

⑤ 도지사로부터 시장·군수에게 묘지 등의 허가권을 위임한 것

도지사로부터 시장·군수에게 묘지 등의 허가권[2]을 위임한 것은 단체위임이 아니라 기관위임이라고 보아야 할 것이다(대판 1995. 12. 22. 95추32).

⑥ 부랑인선도시설 또는 정신질환자요양시설의 지도·감독사무

부랑인선도시설 및 정신질환자요양시설의 지도·감독사무에 관한 법규의 규정 형식과 취지가 보건사회부장관 또는 보건복지부장관이 위 각 시설에 대한 지도·감독권한을 시장·군수·구청장에게 위임 또는 재위임하고 있는 것으로 보이는 점, 위 각 시설에 대한 지도·감독사무가 성질상 전국적으로 통일적인 처리가 요구되는 것인 점, 위 각 시설에 대한 대부분의 시설운영비 등의 보조금을 국가가 부담하고 있는 점, 장관이 정기적인 보고를 받는 방법으로 최종적인 책임을 지고 있는 것으로 보이는 점 등을 종합하면, 부랑인선도시설 및 정신질환자요양시설에 대한 지방자치단체장의 지도·감독사무는 보건복지부장관 등으로부터 기관위임된 국가사무이다(대판 2006. 7. 28. 2004다759).

⑦ 담당 교육청 소속 국가공무원인 교사에 대한 교육감의 징계의결요구 사무

교육공무원 징계사무의 성격, 그 권한의 위임에 관한 교육공무원법령의 규정 형식과 내용 등에 비추어 보면, 국가공무원인 교사에 대한 징계는 국가사무이고, 그 일부인 징계의결요구 역시 국가사무에 해당한다고 보는 것이 타당하다. 따라서 교육감이 담당 교육청 소속 국가공무원인 교사에 대하여 하는 징계의결요구 사무는 국가위임사무라고 보아야 한다(대판 2013. 6. 27. 2009추206).

2 묘지 등의 허가사무는 도의 자치사무이다.

⑧ 구 사립학교법 제54조 제3항에서 정한 사립 초등·중·고등학교 교사의 징계에 관한 교육감의 징계요구 사무

사립학교 교원의 복무나 징계 등은 국·공립학교 교원과 같이 전국적으로 통일하여 규율되어야 한다. 이를 고려할 때, 구 「사립학교법」 제54조 제3항이 사립 초등·중·고등학교 교사의 징계에 관하여 규정한 교육감의 징계요구 권한은 위 사립학교 교사의 자질과 복무태도 등을 국·공립학교 교사와 같이 일정 수준 이상 유지하기 위한 것으로서 국·공립학교 교사에 대한 징계와 균형 있게 처리되어야 할 국가사무로서 시·도 교육감에 위임된 사무라고 보아야 한다(대판 2013. 6. 27. 2009추206).

⑨ 각 시·도 교육감에게 위임된 교원능력개발평가

구 교원 등의 연수에 관한 규정 제18조에 따른 교원능력개발평가 사무와 관련된 법령의 규정 내용과 취지, 그 사무의 내용 및 성격 등에 비추어 보면, 교원능력개발평가는 국가사무로서 각 시·도 교육감에게 위임된 기관위임사무라고 보는 것이 타당하다(대판 2013. 5. 23. 2011추56).

기관위임사무의 경우 원칙적으로 국가가 배상책임의 주체가 된다

시·도 경찰국 순경이 경찰국 직원들을 출근시키기 위하여 그 소속 통근버스를 운행한 것도 경찰업무에 포함되고 경찰업무는 국가의 위임사무이므로 이와 같은 경우 국가는 위 자동차의 보유자로서 자기를 위하여 자동차를 운행하는 자이다(대판 1972. 2. 22. 71다2535).

기관위임사무의 경우 지방자치단체도 비용부담자로서 손해배상책임을 부담한다

지방자치단체의 장이 기관위임된 국가행정사무를 처리하는 경우 그에 소요되는 경비의 실질적·궁극적 부담자는 국가라고 하더라도 당해 지방자치단체는 국가로부터 내부적으로 교부된 금원으로 그 사무에 필요한 경비를 대외적으로 지출하는 자이므로, 이러한 경우 지방자치단체는 「국가배상법」 제6조 제1항 소정의 비용부담자로서 공무원의 불법행위로 인한 같은 법에 의한 손해를 배상할 책임이 있다(대판 1994. 12. 9. 94다38137; 대판 2000. 5. 12. 99다70600).

지방자치단체가 기관위임사무에 관하여 조례를 제정할 수 있는지 여부(소극) 및 이른바 위임조례의 제정 한계

「헌법」 제117조 제1항과 「지방자치법」 제15조에 의하면 지방자치단체는 법령의 범위 안에서 그 사무에 관하여 자치조례를 제정할 수 있으나 이 때 사무란 「지방자치법」 제9조 제1항에서 말하는 지방자치단체의 자치사무와 법령에 의하여 지방자치단체에 속하게 된 단체위임사무를 가리키므로 지방자치단체가 자치조례를 제정할 수 있는 것은 원칙적으로 이러한 자치사무와 단체위임사무에 한하므로, 국가사무가 지방자치단체의 장에게 위임된 기관위임사무와 같이 지방자치단체의 장이 국가기관의 지위에서 수행하는 사무일 뿐 지방자치단체 자체의 사무라고 할 수 없는 것은 원칙적으로 자치조례의 제정범위에 속하지 않는다.

기관위임사무에 있어서도 그에 관한 개별 법령에서 일정한 사항을 조례로 정하도록 위임하고 있는 경우에는 지방자치단체의 자치조례 제정권과 무관하게 이른바 위임조례를 정할 수 있다고 하겠으나 이 때에도 그 내용은 개별 법령이 위임하고 있는 사항에 관한 것으로서 개별 법령의 취지에 부합하는 것이라야만 하고, 그 범위를 벗어난 경우에는 위임조례로서의 효력도 인정할 수 없다(대판 1999. 9. 17. 99추30).

교육부장관이 추진계획이 교원 등의 연수에 관한 규정 등에 위반된다는 이유로 한 시정명령에 대한 취소청구 부분은 부적법하다

교육부장관이 '2011년 교원능력개발평가제 시행 기본계획'을 수립한 후 각 시·도에 대하여 교원능력개발평가제 추진계획을 제출하게 하자 전라북도교육감이 '2011년 교원능력개발 평가제 추진계획'을 제출하였으나 교육부장관이 전북추진계획이 교원 등의 연수에 관한 규정 등에 위반된다는 이유로 위 추진계획을 취소하고 시정하여 새로 제출하라는 시정명령과 2011년 전북교육청 교원능력개발평가 추진계획에 대한 직무이행명령을 한 사안에서, 위 시정명령은 기관위임사무에 관하여 행하여진 것이어서, 「지방자치법」 제169조 제2항 소정의 소를 제기할 수 있는 대상에 해당하지 않으므로, 시정명령에 대한 취소청구 부분은 부적법하다(대판 2013. 5. 23. 2011추56).

제 4 장 지방자치단체의 권한

제 1 절 자치권

「헌법」은 지방자치단체에 대하여 포괄적인 자치권을 보장하고 있다. 지방자치단체의 자치권은 지방자치제도의 본질적인 내용을 이루는 것이다. 자치권은 자치입법권, 자치조직권, 자치인사권, 자치행정권, 자치재정권 등으로 나누어볼 수 있다.

제 2 절 자치입법권

Ⅰ. 의의와 종류

지방자치단체는 법령의 범위 내에서 그 자치행정에 관하여 필요한 일반적·추상적 규율을 정립할 수 있는 자치입법권을 가진다. 「헌법」은 제117조 제1항에서 자치입법권을 보장하고 있다.

Ⅱ. 조례제정권

1. 조 례

조례는 지방자치단체가 법령의 범위 안에서 권한에 속하는 사무에 관하여 지방의회의 의결을 거쳐 제정하는 규범이다.

2. 조례제정권의 범위

(1) 자치사무 · 단체위임사무

지방자치단체가 조례를 제정할 수 있는 사항은 지방자치단체의 고유사무인 자치사무와 개별 법령에 의하여 자치단체에 위임된 이른바 단체위임사무에 한한다.

조례제정 사무의 범위

① 지방자치단체가 조례를 제정할 수 있는 사항은 지방자치단체의 고유사무인 자치사무와 개별 법령에 의하여 자치단체에 위임된 이른바 단체위임사무에 한하고, 국가사무로서 지방자치단체의 장에 위임된 이른바 기관위임사무에 관한 사항은 조례제정의 범위 밖이라고 할 것이다(대판 1992. 7. 28. 92추31).

② 「헌법」 제117조 제1항과 「지방자치법」 제15조에 의하면 지방자치단체는 법령의 범위 안에서 그 사무에 관하여 자치조례를 제정할 수 있으나 이 때 사무란 「지방자치법」 제9조 제1항에서 말하는 지방자치단체의 자치사무와 법령에 의하여 지방자치단체에 속하게 된 단체위임사무를 가리키므로 지방자치단체가 자치조례를 제정할 수 있는 것은 원칙적으로 이러한 자치사무와 단체위임사무에 한하므로, 국가사무가 지방자치단체의 장에게 위임된 기관위임사무와 같이 지방자치단체의 장이 국가기관의 지위에서 수행하는 사무일 뿐 지방자치단체 자체의 사무라고 할 수 없는 것은 원칙적으로 자치조례의 제정 범위에 속하지 않는다(대판 2001. 11. 27. 2001추57).

(2) 기관위임사무

국가사무로서 지방자치단체의 장에 위임된 기관위임사무에 관한 사항은 조례제정의 범위에서 제외된다.

기관위임사무에 관한 위임조례
국가사무가 지방자치단체의 장에게 위임된 기관위임사무와 같이 지방자치단체의 장이 국가기관의 지위에서 수행하는 사무일 뿐 지방자치단체 자체의 사무라고 할 수 없는 것은 원칙적으로 자치조례의 제정범위에 속하지 않는다. 다만, 기관위임사무에 있어서도 그에 관한 개별법령에서 일정한 사항을 조례로 정하도록 위임하고 있는 경우에는 위와 같은 지방자치단체의 자치조례 제정권과 무관하게 이른바 위임조례를 정할 수 있다고 하겠으나 이때에도 그 내용은 개별 법령이 위임하고 있는 사항에 관한 것으로서 개별 법령의 취지에 부합하는 것이라야만 하고, 그 범위를 벗어난 경우에는 위임조례로서의 효력도 인정할 수 없다(대판 1999. 9. 17. 99추30).

주택건설 사업승인 대상인 분양을 목적으로 하는 20세대 이상의 공동주택을 대상으로 하여 필요한 사항을 규정한 '전라북도 공동주택입주자 보호를 위한 조례안'은 무효이다
국가사무(기관위임사무)는 자치사무와 달리 「헌법」 제117조 제1항에 의하여 법령의 범위를 벗어나지 아니하는 범위 내에서 조례로 제정할 수 있는 대상이라고 볼 수 없으므로, 법령에 의하여 국가사무가 지방자치단체에게 위임된 바가 없음에도 주택건설 사업승인 대상인 분양을 목적으로 하는 20세대 이상의 공동주택을 대상으로 하여 필요한 사항을 규정한 '전라북도 공동주택입주자 보호를 위한 조례안'은 「지방자치법」 제15조 단서, 「주택건설촉진법」 제1조, 제4조, 제5조, 제32조를 위반한 것으로 그 구체적 조항이 법령에 위반된 여부에 나아가 살펴볼 필요 없이 전체적으로 무효이다(대판 1995. 5. 12. 94추28).

3. 조례제정권의 한계

(1) 법률우위의 원칙

① 의 의

조례는 법령에 위배되어서는 안 된다. 즉, 법률우위의 원칙은 조례에도 적용된다.

지방자치법 제15조에서 정하는 '법령의 범위 안에서'의 의미
「헌법」 제117조 제1항은 "지방자치단체는 주민의 복리에 관한 사무를 처리하고 재산을 관리하며, 법령의 범위 안에서 자치에 관한 규정을 제정할 수 있다"고 규정하고,

「지방자치법」 제15조 본문은 “지방자치단체는 법령의 범위 안에서 그 사무에 관하여 조례를 제정할 수 있다”고 규정하는바, 여기서 말하는 ‘법령의 범위 안에서’란 ‘법령에 위반되지 않는 범위 내에서’를 가리키므로 지방자치단체가 제정한 조례가 법령에 위반되는 경우에는 효력이 없다(대판 2004. 7. 22. 2003추51; 대판 2003. 9. 23. 2003추13).

여기서 말하는 법령은 헌법, 법률, 법규명령 이외에 행정법의 일반원리도 포함한다.

헌법 제117조 제1항에서 규정하고 있는 ‘법령’의 의미

「헌법」 제117조 제1항에서 규정하고 있는 ‘법령’에 법률 이외에 「헌법」 제75조 및 제95조 등에 의거한 ‘대통령령’, ‘총리령’ 및 ‘부령’과 같은 법규명령이 포함되는 것은 물론이지만, 헌법재판소의 “법령의 직접적인 위임에 따라 수임행정기관이 그 법령을 시행하는데 필요한 구체적 사항을 정한 것이면, 그 제정형식은 비록 법규명령이 아닌 고시, 훈령, 예규 등과 같은 행정규칙이더라도, 그것이 상위법령의 위임한계를 벗어나지 아니하는 한, 상위법령과 결합하여 대외적인 구속력을 갖는 법규명령으로서 기능하게 된다고 보아야 한다”고 판시한 바에 따라, 「헌법」 제117조 제1항에서 규정하는 ‘법령’에는 법규명령으로서 기능하는 행정규칙이 포함된다(헌재결 2002. 10. 31. 2001헌라1).

지방자치단체에 의해 제정된 조례가 법령을 위반하는 경우의 효력(무효) 및 그 위반 여부의 판단 기준

구 「지방자치법」 제15조 본문은 “지방자치단체는 법령의 범위 안에서 그 사무에 관하여 조례를 제정할 수 있다”고 규정하고 있으므로, 지방자치단체가 제정한 조례가 법령을 위반하는 경우에는 효력이 없고, 조례가 법령을 위반하는지 여부는 법령과 조례 각각의 규정 취지, 규정의 목적과 내용 및 효과 등을 비교하여 둘 사이에 모순·저촉이 있는지의 여부에 따라서 개별적·구체적으로 결정하여야 한다(대판 2008. 6. 12. 2007추42).

② 법률우위원칙의 위반 여부 판단기준

㉠ **조례로 규정하려는 사항에 관해 법령의 규정이 없는 경우:** 「지방자치법」 제22조 단서의 법률유보원칙에 반하지 않는 한 조례로서 규정할 수 있다.

㉡ **조례로 규정하려는 사항에 관해 법령의 규정이 있는 경우:** 수정법률선점이론(통설, 판례)

수정법률선점이론

조례가 규율하는 특정사항에 관하여 그것을 규율하는 국가의 법령이 이미 존재하는 경우에도 조례가 법령과 별도의 목적에 기하여 규율함을 의도하는 것으로서 그 적용에 의하여 법령의 규정이 의도하는 목적과 효과를 전혀 저해하는 바가 없는 때, 또는 양자가 동일한 목적에서 출발한 것이라고 할지라도 국가의 법령이 반드시 그 규정에 의하여 전국에 걸쳐 일률적으로 동일한 내용을 규율하려는 취지가 아니고 각 지방자치단체가 그 지방의 실정에 맞게 별도로 규율하는 것을 용인하는 취지라고 해석되는 때에는 그 조례가 국가의 법령에 위반되는 것은 아니다(대판 1997. 4. 25. 96추244; 대판 2006. 10. 12. 2006추38; 대판 2007. 12. 13. 2006추52 등).

침익초과조례

차고지확보대상을 자가용자동차 중 승차정원 16인 미만의 승합자동차와 적재정량 2.5t 미만의 화물자동차까지로 정하여 자동차운수사업법령이 정한 기준보다 확대하고, 차고지확보 입증서류의 미제출을 자동차등록 거부사유로 정하여 자동차관리법령이 정한 자동차등록기준보다 더 높은 수준의 기준을 부과하고 있는 차고지확보제도에 관한 조례안은 비록 그 법률적 위임근거는 있지만 그 내용이 차고지 확보기준 및 자동차등록기준에 관한 상위법령의 제한범위를 초과하여 무효이다(대판 1997. 4. 25. 96추251).

수익초과조례

일정한 자활보호대상자에 대한 생계비 지원을 규정한 조례안의 내용은 생활유지의 능력이 없거나 생활이 어려운 자에게 보호를 행하여 이들의 최저생활을 보장하고 자활을 조성함으로써 구민의 사회복지의 향상에 기여함을 목적으로 하는 것으로서 「생활보호법」과 그 목적 및 취지를 같이하는 것이나, 보호대상자 선정의 기준 및 방법, 보호의 내용을 「생활보호법」의 그것과는 다르게 규정함과 동시에 「생활보호법」 소정의 자활보호대상자 중에서 사실상 생계유지가 어려운 자에게 「생활보호법」과는 별도로 생계비를 지원하는 것을 그 내용으로 하는 것이라는 점에서 「생활보호법」과는 다른 점이 있고, 당해 조례안에 의하여 「생활보호법」 소정의 자활보호대상자 중 일부에 대하여 생계비를 지원한다고 하여 「생활보호법」이 의도하는 목적과 효과를 저해할 우려는 없다고 보여지며, 비록 「생활보호법」이 자활보호대상자에게는 생계비를 지원하지 아니하도록 규정하고 있다고 할지라도 그 규정에 의한 자활보호대상자에게는 전국에 걸쳐 일률적으로 동일한 내용의 보호만을 실시하여야 한다는 취지로는 보이지 아니하고, 각 지방자치단체가 그 지방의 실정에 맞게 별도의 생활보호를 실시하는 것을 용인하는 취지라고 보아야 할 것이라는 이유로, 당해 조례안의 내용이 생활보호법의 규정과 모순·저촉되는 것이라고 할 수 없다(대판 1997. 4. 25. 96추244).

지방자치단체가 제정한 조례가 조약에 위반되는 경우, 그 조례의 효력(=무효)

'1994년 관세 및 무역에 관한 일반협정'(General Agreement on Tariffs and Trade 1994, 이하 'GATT'라 한다)은 1994. 12. 16. 국회의 동의를 얻어 같은 달 23. 대통령의 비준을 거쳐 같은 달 30. 공포되고 1995. 1. 1. 시행된 조약인 '세계무역기구(WTO) 설립을 위한 마라케쉬협정'(Agreement Establishing the WTO)(조약 1265호)의 부속 협정(다자간 무역협정)이고, '정부조달에 관한 협정'(Agreement on Government Procurement, 이하 'AGP'라 한다)은 1994. 12. 16. 국회의 동의를 얻어 1997. 1. 3. 공포시행된 조약(조약 1363호, 복수국가간 무역협정)으로서 각 「헌법」 제6조 제1항에 의하여 국내법령과 동일한 효력을 가지므로 지방자치단체가 제정한 조례가 GATT나 AGP에 위반되는 경우에는 그 효력이 없다(대판 2005. 9. 9. 2004추10).[1]

(2) 법률유보의 원칙

① 지방자치법 제22조 단서의 위헌 여부

「지방자치법」 제22조 단서는 "…다만 주민의 권리제한 또는 의무부과에 관한 사항이나 벌칙을 정할 때에는 법률의 위임이 있어야 한다"고 규정하고 있는바, 조례의 한계로서 법률유보를 어느 정도로 적용할 것인가가 문제된다. 여기서 「지방자치법」 제22조 단서의 위헌여부에 관해 위헌론과 합헌론이 대립하지만, 대법원과 헌법재판소는 「지방자치법」 제22조 단서는 「헌법」 제37조 제2항의 취지에 부합하여 합헌이라고 본다.

지방자치법 제15조(현, 제22조) 단서의 위헌 여부(합헌)

㉠ 대법원

「지방자치법」 제15조(현, 제22조)는 원칙적으로 「헌법」 제117조 제1항의 규정과 같

1 학교급식을 위해 국내 우수농산물을 사용하는 자에게 식재료나 구입비의 일부를 지원하는 것 등을 내용으로 하는 지방자치단체의 조례안이 '1994년 관세 및 무역에 관한 일반협정'(General Agreement on Tariffs and Trade 1994)에 위반되어 그 효력이 없다고 한 사례.

이 지방자치단체의 자치입법권을 보장하면서, 그 단서에서 국민의 권리제한·의무부과에 관한 사항을 규정하는 조례의 중대성에 비추어 입법정책적 고려에서 법률의 위임을 요구한다고 규정하고 있는바, 이는 기본권 제한에 대하여 법률유보원칙을 선언한 「헌법」 제37조 제2항의 취지에 부합하므로 조례제정에 있어서 위와 같은 경우에 법률의 위임근거를 요구하는 것이 위헌성이 있다고 할 수 없다(대판 1995. 5. 12. 94추28; 대판 1997. 4. 25. 96추251).

ⓛ **헌법재판소**

조례의 제정권자인 지방의회는 선거를 통해서 그 지역적인 민주적 정당성을 지니고 있는 주민의 대표기관이고, 「헌법」이 지방자치단체에 대해 포괄적인 자치권을 보장하고 있는 취지로 볼 때 조례제정권에 대한 지나친 제약은 바람직하지 않으므로 조례에 대한 법률의 위임은 법규명령에 대한 법률의 위임과 같이 반드시 구체적으로 범위를 정하여 할 필요가 없으며 포괄적인 것으로 족하다고 할 것이다(헌재결 1995. 4. 20. 92헌마264).

주민의 권리를 제한하거나 의무를 부과하는 조례가 아닌 경우 그 제정에 있어서 반드시 법률의 개별적 위임이 따로 필요한 것은 아니다

지방자치단체는 그 내용이 주민의 권리의 제한 또는 의무의 부과에 관한 사항이거나 벌칙에 관한 사항이 아닌 한 법률의 위임이 없더라도 조례를 제정할 수 있다 할 것인데 청주시의회에서 의결한 청주시행정정보공개조례안은 행정에 대한 주민의 알 권리의 실현을 그 근본내용으로 하면서도 이로 인한 개인의 권익침해 가능성을 배제하고 있으므로 이를 들어 주민의 권리를 제한하거나 의무를 부과하는 조례라고는 단정할 수 없고 따라서 그 제정에 있어서 반드시 법률의 개별적 위임이 따로 필요한 것은 아니다. 행정정보공개조례안이 국가위임사무가 아닌 자치사무 등에 관한 정보만을 공개대상으로 하고 있다고 풀이되는 이상 반드시 전국적으로 통일된 기준에 따르게 할 것이 아니라 지방자치단체가 각 지역의 특성을 고려하여 자기고유사무와 관련된 행정정보의 공개사무에 관하여 독자적으로 규율할 수 있다(대판 1992. 6. 23. 92추17).

법률의 위임 없이 주민의 권리제한 또는 의무부과에 관한 사항을 정한 조례의 효력(무효)

「지방자치법」 제22조, 「행정규제기본법」 제4조 제3항에 의하면 지방자치단체가 조례를 제정함에 있어 그 내용이 주민의 권리제한 또는 의무부과에 관한 사항이나 벌칙인 경우에는 법률의 위임이 있어야 하므로, 법률의 위임 없이 주민의 권리제한 또는 의무부과에 관한 사항을 정한 조례는 효력이 없다(대판 2012. 11. 22. 2010두19270 전원합의체).

② 포괄적 위임

조례에 대한 법률의 위임은 포괄적이어도 무방하다

㉠ 헌법재판소

조례의 제정권자인 지방의회는 선거를 통해서 그 지역적인 민주적 정당성을 지니고 있는 주민의 대표기관이고 「헌법」이 지방자치단체에 포괄적인 자치권을 보장하고 있는 취지로 볼 때, 조례에 대한 법률의 위임은 법규명령에 대한 법률의 위임과 같이 반드시 구체적으로 범위를 정하여 할 필요가 없으며 포괄적인 것으로 족하다(헌재결 1995. 4. 20. 92헌마264).

㉡ 대법원

법률이 주민의 권리의무에 관한 사항에 관하여 구체적으로 아무런 범위도 정하지 아니한 채 조례로 정하도록 포괄적으로 위임하였다고 하더라도, 행정관청의 명령과는 달라, 조례도 주민의 대표기관인 지방의회의 의결로 제정되는 지방자치단체의 자주법인 만큼, 지방자치단체가 법령에 위반되지 않는 범위 내에서 주민의 권리의무에 관한 사항을 조례로 제정할 수 있는 것이다(대판 1991. 8. 27. 90누6613).

③ 벌 칙

조례로 벌칙을 정할 때에는 법률의 위임이 있어야 한다(지방자치법 제22조 단서). 지방자치단체는 조례를 위반한 행위에 대하여 조례로써 1천만원 이하의 과태료를 정할 수 있다(지방자치법 제27조). 조례로써 과태료 이외의 벌칙을 제정할 수 없다는 소극설이 다수설이다.

조례 위반에 형벌을 가할 수 있도록 규정한 조례안이 지방자치법 및 헌법에 위반되는지 여부

「지방자치법」 제15조 단서는 지방자치단체가 법령의 범위 안에서 그 사무에 관하여 조례를 제정하는 경우에 벌칙을 정할 때에는 법률의 위임이 있어야 한다고 규정하고 있는데, 불출석 등의 죄, 의회모욕죄, 위증 등의 죄에 관하여 형벌을 규정한 조례안에 관하여 법률에 의한 위임이 없었을 뿐만 아니라, 구「지방자치법」 제20조가 조례에 의하여 3월 이하의 징역 등 형벌을 가할 수 있도록 규정하였으나 개정된「지방자치법」 제20조는 형벌권을 삭제하여 지방자치단체는 조례로써 조례 위반에 대하여 1,000만원 이하의 과태료만을 부과할 수 있도록 규정하고 있으므로, 조례 위반에 형벌을 가할 수 있도록 규정한 조례안 규정들은 현행「지방자치법」 제20조에 위반되고, 적법한 법률의 위임 없이 제정된 것이 되어「지방자치법」 제15조 단서에 위반되고, 나아가 죄형법정주의를 선언한「헌법」 제12조 제1항에도 위반된다(대판 1995. 6. 30. 93추83).

4. 조례의 하자

(1) 위법한 조례의 효력

하자있는 조례의 효력은 법령에 특별한 규정이 없는 한 무효이다(통설·판례).

수업료, 입학금의 지원에 관한 사무는 지방자치단체 고유의 자치사무이며, '화천군 관내 고등학교 학생 교육비 지원 조례안'이 집행기관인 지방자치단체장 고유의 재량권을 침해하였다거나 예산배분의 우선순위 결정에 관한 지방자치단체장의 권한을 본질적으로 침해하여 위법하다고 볼 수 없다

수업료, 입학금 그 자체에 관한 사무는 교육·학예에 관한 사무로서 지방자치단체 중 특별시·광역시·도의 사무에 해당하나, 수업료, 입학금의 지원에 관한 사무는 학생 자녀를 둔 주민의 수업료, 입학금 등에 관한 부담을 경감시킴으로써 청소년에 대한 기본적인 교육여건을 형성함과 동시에 청소년이 평등하게 교육을 받을 수 있도록 하는 것이므로, 이와 같은 사무는 지방자치단체 고유의 자치사무인「지방자치법」 제9조 제2항 제2호에서 정한 주민의 복지증진에 관한 사무 중 주민복지에 관한 사업[(가)목] 및 노인·아동·심신장애인·청소년 및 부녀의 보호와 복지증진[(라)목]에 해당되는 사무이다.

화천군의회가 의결한 '화천군 관내 고등학교 학생 교육비 지원 조례안'에 대하여 화천군수가 도의 자치사무에 관한 것이라는 등의 이유로 재의를 요구하였으나 군의회가 조례안을 재의결하여 확정한 사안에서, 수업료, 입학금의 지원에 관한 사무는 지방자치단체 고유의 자치사무인「지방자치법」 제9조 제2항 제2호에서 정한 주민의 복지증진에 관한 사무에 속하고, 이러한 사무의 성격을 고려하여「농어업인 삶의 질 향상 및 농어촌지역 개발촉진에 관한 특별법」 제23조는 지방자치단체에 수업료 등에 대한 경비 지원에 관한 권한을 부여하고 있고, 위 조례안 제4조는 군수에게 교육비 지원 대상 선정에 일정한 재량권을 부여하고 있는 등 관계 법률과 조례안의 규정 내용 및 위 조례안에 따른 교육비 지원사무에 들 비용이 화천군 예산에서 차지하는 비율 등을 고려할 때, 위 조례안 제6조 제3항이 교육비 지원대상에 해당하는 경우에는 군수로 하여금 교육비를 지급하도록 규정하였다는 이유만으로 집행기관인 지방자치단체장 고유의 재량권을 침해하였다거나 예산배분의 우선순위 결정에 관한 지방자치단체장의 권한을 본질적으로 침해하여 위법하다고 볼 수 없다(대판 2013. 4. 11. 2012추22).

예산낭비 사례 등을 공개하도록 하고 예산성과금의 지급 한도를 제한하는 내용의 조례안이 지방자치단체장의 예산집행 등에 관한 권한 및 예산성과금 지급에 관한 권한을 본질적으로 침해한다고 볼 수 없다

예산낭비 사례 등을 공개하도록 하고 예산성과금의 지급 한도를 제한하는 내용의 '서울특별시 서초구 예산절감 및 낭비사례 공개에 관한 조례안'에 대하여 구청장이 「지방자치법」에 위배된다는 이유 등으로 재의를 요구하였으나 구의회가 원안대로 재의결한 사안에서, 위 조례안 제2조 제3호에서 정한 예산낭비에 관한 정의가 불명확하다거나 예산낭비의 해당성 여부가 전적으로 지방의회의 추상적 가치판단에 따라 정해진다고 보기 어렵고, 예산낭비사례 공개 부분 조례안은 관계 법령에서 부여한 지방자치단체의 예산집행 등에 관한 지방의회의 감시 통제권의 일환으로 예산낭비사례를 공개하라는 것에 불과하여 「지방자치법」 제22조에서 정하고 있는 법령의 범위 내의 규정이므로 지방자치단체장의 예산집행 등에 관한 권한을 본질적으로 침해한다고 할 수 없으며, 지방의회는 지방자체단체 예산의 수입과 집행에 대하여 폭넓은 견제 권한을 가지는 점 등에 비추어 예산성과금 지급 부분 조례안이 비록 지방재정법령에서 정한 공무원에 대한 지출절약에 따른 예산성과금의 상한액을 제한하였다고 하여 지방재정법령에 위배된다거나 지방자치단체장의 예산성과금 지급에 관한 권한을 본질적으로 침해하였다고 볼 수 없다(대판 2014. 2. 13. 2013추67).

교권보호와 교육활동 지원에 필요한 제반 사항을 정한 조례안은 국가사무에 관하여 법령의 위임 없이 조례로 정한 것으로 조례제정권의 한계를 벗어나 위법하다

교권보호와 교육활동 지원에 필요한 제반 사항을 정한 조례안에 대하여 교육부장관의 재의요구지시에 따라 교육감이 재의를 요구하였으나 시의회가 원안대로 재의결한 사안에서, 교원의 지위에 관한 사항은 법률로 정하여 전국적으로 통일적인 규율이 필요한 것이고 국가가 이를 위하여 상당한 경비를 부담하고 있으므로, 이에 관한 사무는 국가사무로 보아야 하는데, 위 조례안 제5조가 교원의 지위에 관한 사항에 속하는 교원의 차별 및 불이익 금지 등에 관하여 규정하고, 제6조, 제9조, 제10조가 교원의 지위 보호를 위하여 교권보호위원회 및 교권보호지원센터의 설치·구성·운영에 관한 사항 등을 규정한 것은 국가사무에 관하여 법령의 위임 없이 조례로 정한 것으로 조례제정권의 한계를 벗어나 위법하다(대판 2014. 2. 27. 2012추145).

⑵ 위법한 조례에 근거한 처분의 효력

위헌·위법의 조례에 근거한 행정행위는 하자는 중대하기는 하나, 하자가 명백하지 않으므로 단순취소의 사유로 보는 것이 판례와 다수설의 태도이다(중대명백설).

위법한 조례에 근거한 행정처분의 효력은 당연무효사유는 아니다

조례제정권의 범위를 벗어나 국가사무를 대상으로 한 무효인 서울특별시행정권한위임조례의 규정에 근거하여 구청장이 건설업영업정지처분을 한 경우, 그 처분은 결과적으로 적법한 위임 없이 권한 없는 자에 의하여 행하여진 것과 마찬가지가 되어 그 하자가 중대하나, 지방자치단체의 사무에 관한 조례와 규칙은 조례가 보다 상위규범이라고 할 수 있고, 또한 「헌법」 제107조 제2항의 "규칙"에는 지방자치단체의 조례와 규칙이 모두 포함되는 등 이른바 규칙의 개념이 경우에 따라 상이하게 해석되는 점 등에 비추어 보면 위 처분의 위임 과정의 하자가 객관적으로 명백한 것이라고 할 수 없으므로 이로 인한 하자는 결국 당연무효사유는 아니라고 봄이 상당하다(대판 1995. 7. 11. 94누4615 전원합의체).

⑶ 일부무효인 조례의 효력

조례에 대한 의결내용의 일부만 무효인 경우 전부의 효력이 부인되는지에 대하여 전부무효설과 일부무효설의 대립이 있다. 다수설과 판례는 전부무효설의 입장이다.

지방의회가 재의결한 내용 전부가 아니라 일부만이 위법한 경우에도 조례안 전부가 무효이다

의결의 일부에 대한 효력배제는 결과적으로 전체적인 의결의 내용을 변경하는 것에 다름 아니어서 의결기관인 지방의회의 고유권한을 침해하는 것이 될 뿐 아니라, 그 일부만의 효력배제는 자칫 전체적인 의결내용을 지방의회의 당초의 의도와는 다른 내용으로 변질시킬 우려가 있으며, 또 재의요구가 있는 때에는 재의요구에서 지적한 이의사항이 의결의 일부에 관한 것이라고 하여도 의결 전체가 실효되고 재의결만이 의결로서 효력을 발생하는 것이어서 의결의 일부에 대한 재의요구나 수정재의 요구가 허용되지 않는 점에 비추어 보아도 재의결의 내용 전부가 아니라 그 일부만이 위법한 경우에도 대법원은 의결 전부의 효력을 부인할 수밖에 없다(대판 1992. 7. 28. 92추31; 대판 1994. 5. 10. 93추144; 대판 2009. 9. 24. 2009추53).

5. 조례에 대한 통제

(1) 지방자치단체의 장에 의한 통제

① 지방자치법 제26조의 재의요구

지방자치단체의 장은 이송받은 조례안에 대하여 이의가 있으면 20일 이내에 이유를 붙여 지방의회로 환부하고, 재의를 요구할 수 있으며, 이 경우 지방자치단체의 장은 조례안의 일부에 대하여 또는 조례안을 수정하여 재의를 요구할 수 없다(지방자치법 제26조 제3항). 「지방자치법」 제26조에 따른 재의요구에는 사유에 제한이 없다는 점이 특징이다.

② 지방자치법 제107조의 재의요구

지방자치단체의 장은 지방의회의 의결이 월권이거나 법령에 위반되거나 공익을 현저히 해친다고 인정되면 그 의결사항을 이송받은 날부터 20일 이내에 이유를 붙여 재의를 요구할 수 있으며, 재의한 결과 재적의원 과반수의 출석과 출석의원 3분의 2 이상의 찬성으로 전과 같은 의결을 하면 그 의결사항은 확정된다(지방자치법 제107조 제1항, 제2항). 지방자치단체의 장은 재의결된 사항이 법령에 위반된다고 인정되면 대법원에 소를 제기할 수 있다(지방자치법 제107조 제3항). 이 경우 지방자치단체의 장은 필요하다고 인정되는 때에는 그 의결의 집행을 정지하게 하는 집행정지결정을 신청할 수 있다(지방자치법 제107조 제3항, 제172조 제3항).

③ 지방자치법 제26조와 제107조의 관계

제26조의 경우에는 소제기에 관한 규정이 없는데, 지방자치단체의 장이 재의결된 조례를 제107조에 근거하여 대법원에 소를 제기할 수 있는지 문제된다. 대법원에 제소가 가능하다는 것이 학설과 판례의 입장이다.

지방자치단체장의 재의요구에도 불구하고 지방의회가 조례안을 재의결하였을 경우, 지방자치단체장이 지방자치법 제98조 제3항(현, 제107조 제3항)에 따라 법령위반을 이유로 제소할 수 있는지 여부(적극)

「지방자치법」 제19조 제3항(현, 제26조 제3항)은 지방의회의 의결사항 중 하나인 조례안에 대하여 지방자치단체의 장에게 재의요구권을 폭넓게 인정한 것으로서 지방자치단체의 장의 재의요구권을 일반적으로 인정한 「지방자치법」 제98조 제1항(현, 제107조 제1항)에 대한 특별규정이라고 할 것이므로, 지방자치단체의 장의 재의요구에도 불구하고 조례안이 원안대로 재의결되었을 때에는 지방자치단체의 장은 「지방자치법」 제98조 제3항(현, 제107조 제3항)에 따라 그 재의결에 법령위반이 있음을 내세워 대법원에 제소할 수 있는 것이다(대판 1999. 4. 27. 99추23).

⑵ 감독청에 의한 통제

보고(지방자치법 제28조), 재의요구지시(지방자치법 제172조 제1항), 제소지시·직접제소(지방자치법 제172조 제4항) 등이 있다.

⑶ 법원에 의한 통제

① 구체적 규범통제

구체적 사건에서 재판의 전제가 되는 조례의 위헌·위법 여부가 다투어지는 경우에 법원은 이를 심사할 수 있다.

② 처분적 조례

조례가 항고소송의 대상이 되는 행정처분에 해당되는 경우

조례가 집행행위의 개입 없이도 그 자체로서 직접 국민의 구체적인 권리의무나 법적 이익에 영향을 미치는 등의 법률상 효과를 발생하는 경우 그 조례는 항고소송의 대상이 되는 행정처분에 해당하고, 이러한 조례에 대한 무효확인소송을 제기함에 있어서 「행정소송법」 제38조 제1항, 제13조에 의하여 피고적격이 있는 처분 등을 행한 행정청은, 행정주체인 지방자치단체 또는 지방자치단체의 내부적 의결기관으로서 지방자치단체의 의사를 외부에 표시한 권한이 없는 지방의회가 아니라, 구 「지방자치법」 제19조 제2항, 제92조에 의하여 지방자치단체의 집행기관으로서 조례로서의 효력을 발생시키는 공포권이 있는 지방자치단체의 장이다. 구 「지방교육자치에 관한 법률」 제14조 제5항, 제25조에 의하면 시·도의 교육·학예에 관한 사무의 집행기관은 시·도 교육감이고 시·도 교육감에게 지방교육에 관한 조례안의 공포권이 있다고 규정되어 있으므로, 교육에 관한 조례의 무효확인소송을 제기함에 있어서는 그 집행기관인 시·도 교육감을 피고로 하여야 한다(대판 1996. 9. 20. 95누8003).

⑷ 헌법재판소에 의한 통제(헌법소원)

주민은 조례에 근거한 처분에 대하여 또는 조례 그 자체로 직접 기본권을 침해하는 경우에는 조례 자체에 대하여 헌법소원을 제기하여 이를 다툴 수 있다.

조례의 헌법소원 대상적격성

「헌법재판소법」 제68조 제1항에서 말하는 "공권력"에는 입법작용이 포함되며, 입법작용에는 형식적 의미의 법률을 제정하는 행위뿐 아니라 법규명령·규칙을 제정하는 행위도 포함된다. 지방자치단체에서 제정하는 조례도 불특정다수인에 대해 구속력을 가지는 법규이므로 조례제정행위도 입법작용의 일종이라고 보아 헌법소원의 대상이 된다고 할 것이다(헌재결 1994. 12. 29. 92헌마216).

⑸ 주민에 의한 통제

조례에 대하여 주민이 직접 통제를 하는 방법은 없지만, 「지방자치법」 제15조에 따른 조례의 제정·개폐청구제도가 간접적인 주민에 의한 통제수단의 성격을 갖는다.

Ⅲ. 규칙제정권

규칙은 지방자치단체의 장이 법령이나 조례가 구체적·개별적으로 위임한 범위 내에서 그 권한에 속하는 사무에 관하여 제정하는 법규이다.

교육규칙은 교육과 학예에 관한 집행기관인 교육감이 법령 또는 조례의 범위 내에서 그 권한에 속하는 교육·과학·기술·체육·기타 학예에 관한 사무에 대하여 정립하는 규칙이다.

제3절 자치조직권

지방자치단체는 지방자치단체 의원 및 지방자치단체의 장을 선거에 의해 선출하고, 필요한 조직을 갖추는 등 자치조직권을 가지고 있다.

제4절 자치인사권

지방자치단체가 소속공무원의 선임·승진·징계 및 해임 등의 인사를 국가로부터 독립적으로 할 수 있는 권한을 자치인사권이라고 한다.

제5절 자치행정권

지방자치단체가 자기의 독자적 사무를 중앙정부의 후견적 감독 없이 자율적으로 처리할 수 있는 권한을 자치행정권이라고 한다.

제6절 자치재정권

자치재정권이란 지방자치단체가 자치사무와 위임사무의 처리를 위해 예산의 범위 내에서 행정의 수행에 필요한 경비를 충당하기 위해 스스로 필요한 세입을 확보하고 지출을 관리하는 권한을 말한다. 지방자치단체의 자주 재정의 확립은 지방자치의 실질적인 구현을 위한 결정적 요인이 된다.

제 5 장 지방자치단체에 대한 국가의 통제

제1절 필요성

지방자치단체의 본질적 내용을 침해하지 않는 한 법률에 의한 국가의 통제는 가능하다
지방자치의 본질상 자치행정에 대한 국가의 관여는 가능한 한 배제하는 것이 바람직하지만, 지방자치도 국가적 법질서의 테두리 안에서만 인정되는 것이고, 지방행정도 중앙행정과 마찬가지로 국가행정의 일부이므로 지방자치단체가 어느 정도 국가적 감독, 통제를 받는 것은 불가피하다. 즉, 지방자치단체의 존재 자체를 부인하거나 각종 권한을 말살하는 것과 같이 그 본질적 내용을 침해하지 않는 한 법률에 의한 통제는 가능하다(헌재결 2001. 11. 29. 2000헌바78).

제2절 입법적 통제

지방자치단체의 조직과 운영에 대하여 법률로 정하게 되어 있으므로(헌법 제118조 제2항), 법률의 제정을 통해 지방자치에 관여할 수 있다. 예산편성, 국정감사나 국정조사를 통한 통제 등도 가능하다. 이러한 입법적 통제는 사전적 통제수단이면서 지방자치단체의 권한보장의 성질도 갖는다.

제 3 절 사법적 통제

사법기관은 자치행정과 관련된 당사자소송, 지방의회의원 및 지방자치단체의 장의 선거에 관련된 선거소송, 지방의회와 지방자치단체의 장 상호간·국가기관과 지방자치단체의 장 상호간의 기관소송을 관할함으로써 지방자치단체를 통제할 수 있다.

제 4 절 행정적 통제

Ⅰ. 의 의

행정기관에 의한 통제는 적극적·능동적 성질을 갖는 것으로서 지방자치단체에 관한 국가의 통제 중 가장 중요하다.

Ⅱ. 통제수단

사전적 수단	• 조언·권고 등 • 보고·감사	• 지원 • 승인
사후적 수단	• 시정명령 • 직무이행명령 및 대집행	• 취소·정지 • 재의요구·제소지시 및 직접 제소

1. 보고·감사

서울특별시와 정부 간의 권한쟁의
중앙행정기관의 지방자치단체의 자치사무에 대한 구 「지방자치법」 제158조 단서 규정의 감사권은 사전적·일반적인 포괄감사권이 아니라 그 대상과 범위가 한정적인 제한된 감사권이라 해석함이 마땅하다.
중앙행정기관이 구 「지방자치법」 제158조 단서 규정상의 감사에 착수하기 위해서는 자치사무에 관하여 특정한 법령위반행위가 확인되었거나 위법행위가 있었으리라는 합리적 의심이 가능한 경우이어야 하고, 또한 그 감사대상을 특정해야 한다. 따라서 전반기 또는 후반기 감사와 같은 포괄적·사전적 일반감사나 위법사항을 특정하지 않고 개시하는 감사 또는 법령위반사항을 적발하기 위한 감사는 모두 허용될 수 없다.
행정안전부(현, 행정자치부)장관 등이 감사실시를 통보한 사무는 서울특별시의 거의 모든 자치사무를 감사대상으로 하고 있어 사실상 피감사대상이 특정되지 아니하였고 행정안전부장관 등은 합동감사 실시계획을 통보하면서 구체적으로 어떠한 자치사무가 어떤 법령에 위반되는지 여부를 밝히지 아니하였는바, 그렇다면 행정안전부장관 등의 합동감사는 구 「지방자치법」 제158조 단서 규정상의 감사개시요건을 전혀 충족하지 못하였다 할 것이므로 「헌법」 및 「지방자치법」에 의하여 부여된 서울특별시의 지방자치권을 침해한 것이다(헌재결 2009. 5. 28. 2006헌라6).

강남구청 등과 감사원 간의 권한쟁의

「감사원법」은 지방자치단체의 위임사무나 자치사무의 구별 없이 합법성 감사뿐만 아니라 합목적성 감사도 허용하고 있는 것으로 보이므로, 감사원의 지방자치단체에 대한 이 사건 감사는 법률상 권한 없이 이루어진 것은 아니다.
「헌법」이 감사원을 독립된 외부감사기관으로 정하고 있는 취지, 중앙정부와 지방자치단체는 서로 행정기능과 행정책임을 분담하면서 중앙행정의 효율성과 지방행정의 자주성을 조화시켜 국민과 주민의 복리증진이라는 공동목표를 추구하는 협력관계에 있다는 점을 고려하면 지방자치단체의 자치사무에 대한 합목적성 감사의 근거가 되는 이 사건 관련규정은 그 목적의 정당성과 합리성을 인정할 수 있다. 또한 「감사원법」에서 지방자치단체의 자치권을 존중할 수 있는 장치를 마련해두고 있는 점, 국가재정지원에 상당부분 의존하고 있는 우리 지방재정의 현실, 독립성이나 전문성이 보장되지 않은 지방자치단체 자체감사의 한계 등으로 인한 외부감사의 필요성까지 감안하면, 이 사건 관련규정이 지방자치단체의 고유한 권한을 유명무실하게 할 정도로 지나친 제한을 함으로써 지방자치권의 본질적 내용을 침해하였다고는 볼 수 없다(헌재결 2008. 5. 29. 2005헌라3).

2. 시정명령

지방자치단체장의 명령·처분의 취소 요건인 '법령위반'에 '재량권의 일탈·남용'이 포함된다

「지방자치법」 제157조 제1항 전문은 "지방자치단체의 사무에 관한 그 장의 명령이나 처분이 법령에 위반되거나 현저히 부당하여 공익을 해한다고 인정될 때에는 시·도에 대하여는 주무부장관이, 시·군 및 자치구에 대하여는 시·도지사가 기간을 정하여 서면으로 시정을 명하고 그 기간 내에 이행하지 아니할 때에는 이를 취소하거나 정지할 수 있다"고 규정하고 있고, 같은 항 후문은 "이 경우 자치사무에 관한 명령이나 처분에 있어서는 법령에 위반하는 것에 한한다"고 규정하고 있는바, 「지방자치법」 제157조 제1항 전문 및 후문에서 규정하고 있는 지방자치단체의 사무에 관한 그 장의 명령이나 처분이 법령에 위반되는 경우라 함은 명령이나 처분이 현저히 부당하여 공익을 해하는 경우, 즉 합목적성을 현저히 결하는 경우와 대비되는 개념으로, 시·군·구의 장의 사무의 집행이 명시적인 법령의 규정을 구체적으로 위반한 경우뿐만 아니라 그러한 사무의 집행이 재량권을 일탈·남용하여 위법하게 되는 경우를 포함한다고 할 것이므로, 시·군·구의 장의 자치사무의 일종인 당해 지방자치단체 소속 공무원에 대한 승진처분이 재량권을 일탈·남용하여 위법하게 된 경우 시·도지사는 「지방자치법」 제157조 제1항 후문에 따라 그에 대한 시정명령이나 취소 또는 정지를 할 수 있다(대판 2007. 3. 22. 2005추62 전원합의체).

주무부장관이 지방자치법 제169조 제1항에 따라 시·도에 대하여 행한 시정명령의 취소를 구하는 소송이 허용되는지 여부(소극)

「지방교육자치에 관한 법률」 제3조에 의하여 준용되는 「지방자치법」 제169조 제2항은 자치사무에 관한 명령이나 처분의 취소 또는 정지에 대하여서만 소를 제기할 수 있다고 규정하고, 주무부장관이 「지방자치법」 제169조 제1항에 따라 시·도에 대하여 행한 시정명령에 대하여도 대법원에 소를 제기할 수 있다는 규정을 두고 있지 않으므로, 시정명령의 취소를 구하는 소송은 허용되지 않는다(대판 2014. 2. 27. 2012추183).

3. 취소·정지권

하급 지방자치단체장이 전국공무원노동조합의 불법 총파업에 참가한 소속 지방공무원들에 대하여 징계의결을 요구하지 않은 채 승진임용하는 처분을 한 것이 위법한 처분인지 여부(적극) 및 상급 지방자치단체장이 위 승진임용처분을 취소한 것이 적법한지 여부(적극)

「지방공무원법」에서 정한 공무원의 집단행위금지의무 등에 위반하여 전국공무원노동조합의 불법 총파업에 참가한 지방자치단체 소속 공무원들의 행위는 임용권자의 징계의결요구 의무가 인정될 정도의 징계사유에 해당함이 명백하므로, 임용권자인 하급 지방자치단체장으로서는 위 공무원들에 대하여 지체 없이 관할 인사위원회에 징계의결의 요구를 하여야 함에도 불구하고 상급 지방자치단체장의 여러 차례에 걸친 징계의결요구 지시를 이행하지 않고 오히려 그들을 승진임용시키기에 이른 경우, 하급 지방자치단체장의 위 승진처분은 법률이 임용권자에게 부여한 승진임용에 관한 재량권의 범위를 현저하게 일탈한 것으로서 위법한 처분이라 할 것이다. 따라서 상급 지방자치단체장이 하급 지방자치단체장에게 기간을 정하여 그 시정을 명하였음에도 이를 이행하지 아니하자 「지방자치법」 제157조 제1항에 따라 위 승진처분을 취소한 것은 적법하고, 그 취소권 행사에 재량권 일탈·남용의 위법이 있다고 할 수 없다(대판 2007. 3. 22. 2005추62 전원합의체).

4. 직무이행명령

교육부장관이 교육감에 대하여 할 수 있는 직무이행명령의 대상사무인 '국가위임사무'의 의미

「지방교육자치에 관한 법률」 제3조, 「지방자치법」 제170조 제1항에 따르면, 교육부장관이 교육감에 대하여 할 수 있는 직무이행명령의 대상사무는 '국가위임사무의 관리와 집행'이다. 그 규정의 문언과 함께 직무이행명령 제도의 취지, 즉 교육감이나 지방자치단체의 장 등, 기관에 위임된 국가사무의 통일적 실현을 강제하고자 하는 점 등을 고려하면, 여기서 국가위임사무란 교육감 등에 위임된 국가사무, 즉 기관위임 국가사무를 뜻한다고 보는 것이 타당하다(대판 2013. 6. 27. 2009추206).

직무이행명령과 이에 대한 이의소송 제도의 취지 및 직무이행명령의 요건 중 '법령의 규정에 따라 지방자치단체의 장에게 특정 국가위임사무를 관리·집행할 의무가 있는지' 여부의 판단 대상과 기준

직무이행명령 및 이에 대한 이의소송 제도의 취지는 국가위임사무의 관리·집행에서 주무부장관과 해당 지방자치단체의 장 사이의 지위와 권한, 상호 관계 등을 고려하여, 지방자치단체의 장이 해당 국가위임사무에 관한 사실관계의 인식이나 법령의 해석·적용에서 주무부장관과 견해를 달리하여 해당 사무의 관리·집행을 하지 아니할 때, 주무부장관에게는 그 사무집행의 실효성을 확보하기 위하여 지방자치단체의 장에 대한 직무이행명령과 그 불이행에 따른 후속 조치를 할 권한을 부여하는 한편, 해당 지방자치단체의 장에게는 직무이행명령에 대한 이의의 소를 제기할 수 있도록 함으로써, 국가위임사무의 관리·집행에 관한 두 기관 사이의 분쟁을 대법원의 재판을 통하여 합리적으로 해결함으로써 그 사무집행의 적법성과 실효성을 보장하려는 데 있다. 따라서 직무이행명령의 요건 중 '법령의 규정에 따라 지방자치단체의 장에게 특정 국가위임사무를 관리·집행할 의무가 있는지' 여부의 판단대상은 문언대로 그 법령상 의무의 존부이지, 지방자치단체의 장이 그 사무의 관리·집행을 하지 아니한 데 합리적 이유가 있는지 여부가 아니다. 그 법령상 의무의 존부는 원칙적으로 직무이행명령 당시의 사실관계에 관련 법령을 해석·적용하여 판단하되, 직무이행명령 이후의 정황도 고려할 수 있다(대판 2013. 6. 27. 2009추206).

교육부장관이 '2011년 교원능력개발평가제 시행 기본계획'을 수립한 후 각 시·도에 교원능력개발평가제 추진계획을 제출하게 하자 전라북도교육감이 '2011년 교원능력개발평가제 추진계획'을 제출하였으나 교육부장관이 추진계획이 교원 등의 연수에 관한 규정 등에 위반된다는 이유로 시정명령과 교원능력개발평가 추진계획에 대한 직무이행명령을 한 사안에서, 시정명령에 대한 취소청구 부분은 부적법하고, 직무이행명령은 적법하다고 한 사례

구 교원 등의 연수에 관한 규정 제18조에 따른 교원능력개발평가 사무와 관련된 법령의 규정 내용과 취지, 그 사무의 내용 및 성격 등에 비추어 보면, 교원능력개발평가는 국가사무로서 각 시·도 교육감에게 위임된 기관위임사무라고 보는 것이 타당하다.

교육부장관이 '2011년 교원능력개발평가제 시행 기본계획'을 수립한 후 각 시·도에 대하여 교원능력개발평가제 추진계획을 제출하게 하자 전라북도교육감이 '2011년 교원능력개발 평가제 추진계획'을 제출하였으나 교육부장관이 전북추진계획이 교원 등의 연수에 관한 규정 등에 위반된다는 이유로 위 추진계획을 취소하고 시정하여 새로 제출하라는 시정명령과 2011년 전북교육청 교원능력개발평가 추진계획에 대한 직무이행명령을 한 사안에서, 위 시정명령은 기관위임사무에 관하여 행하여진 것이어서, 「지방자치법」 제169조 제2항 소정의 소를 제기할 수 있는 대상에 해당하지 않으므로, 시정명령에 대한 취소청구 부분은 부적법하고, 전북추진계획이 여러 항목에서 교원연수규정과 이에 따른 2011년 기본계획에 반하므로, 전라북도교육감으로서는 교원연수규정 및 2011년 기본계획을 준수한 2011년 교원능력개발평가 추진계획을 제출하지 않았다고 볼 수 있고 전라북도교육감이 교육부장관으로부터 교원연수규정 등을 준수한 추진계획을 제출하라는 취지의 시정명령을 받았으나 이를 제대로 이행하지 않았으므로, 전라북도교육감은 기관위임사무인 교원능력개발평가 사무의 관리와 집행을 명백히 게을리하였다고 인정할 수 있어 직무이행명령은 「지방자치법」 제170조 제1항에 정해진 요건을 충족한 것으로서 적법하다(대판 2013. 5. 23. 2011추56).

교육과학기술부(현, 교육부)장관이 교육감에게 담당 교육청 소속 교육공무원들이 교육과학기술부 방침에 반하여 학교폭력 가해학생 학교생활기록부 기재 관련 업무 처리를 부당하게 하고 학교폭력 조치사항의 학교생활기록부 기재 반대 등을 요구하는 호소문을 담당 교육청 홈페이지에 발표한 행위에 대하여 징계의결 요구를 신청하도록 요청하였으나 이에 응하지 않자 징계의결 요구 신청을 내용으로 하는 직무이행명령을 한 사안에서, 징계대상자들에 대한 징계사유가 성립하지 않으므로 교육감에게 징계의결 요구를 신청할 의무가 없고 직무이행명령도 위법하다고 한 사례

구 「초·중등교육법」 등 관계 법령의 해석에 의하면 교육감의 학교생활기록의 작성에 관한 사무에 대한 지도·감독 사무는 기관위임 국가사무에 해당하지만, 「지방자치법」 제169조에 규정된 취소처분에 대한 이의소송의 입법 취지 등을 고려할 때, 교육감이 위와 같은 지도·감독 사무의 성격에 관한 선례나 학설, 판례 등이 확립되지 않은 상황에서 이를 자치사무라고 보아 사무를 집행하였는데, 사후적으로 사법절차에서 그 사무가 기관위임 국가사무임이 밝혀졌다는 이유만으로 곧바로 기존에 행한 사무의 구체적인 집행행위가 위법하다고 보아 징계사유에 해당한다고 볼 수는 없다.

교육과학기술부(현, 교육부)장관이 교육감에게 담당 교육청 소속 교육공무원들이 교육과학기술부 방침에 반하여 학교폭력 가해학생 학교생활기록부 기재 관련 업무 처리를 부당하게 하고 학교폭력 조치사항의 학교생활기록부 기재 반대 등을 요구하는 호소문을 담당 교육청 홈페이지에 발표한 행위에 대하여 징계의결 요구를 신청하도록 요청하였으나 이에 응하지 않자 징계의결 요구를 신청할 것을 내용으로 하는 직무이행명령을 한 사안에서, 징계대상자들이 학교생활기록의 작성에 관한 지도·감독 사무를 집행하면서 사무의 법적 성질을 자치사무라고 보고 직무상 상관인 교육감의 방침에 따라 교육과학기술부(현, 교육부)장관의 '학교생활기록 작성 및 관리지침'의 시행을 보류하는 내용으로 직무를 수행하였으나 그 행위가 결과적으로 법령을 위반한 것이라는 평가를 받게 되더라도, 그러한 사정만으로 징계대상자들의 직무집행 행위가 징계사유를 구성한다고 보기는 어렵고, 호소문 발표행위가 「국가공무원법」 제66조 제1항에서 금지하는 '공무 외의 일을 위한 집단행위'에 해당하거나 국가공무원 복무규정 제3조 제2항 또는 공무원의 성실의무를 규정한 「국가공무원법」 제56조를 위반한 것으로 볼 수 없어, 징계대상자들에 대한 징계사유가 성립되지 않으므로 교육감에게 징계의결요구를 신청할 의무가 없고 직무이행명령도 위법하다(대판 2014. 2. 27. 2012추213).

제 7 편
공무원법

제 1 장 서 설

제 1 절 공무원의 의의

공무원은 국가 또는 지방자치단체와 특별행정법관계를 맺고 공무를 담당하는 기관의 구성자이다(협의의 공무원). 공무원은 국가기관의 구성자로서 주권자인 국민 전체에 대한 봉사자의 지위에 있다.

제 2 절 우리나라 공무원제도의 기본원칙

Ⅰ. 민주적 공무원제도

공무담임권은 원하는 경우에 언제나 공직을 담당할 수 있는 현실적인 권리가 아니라 공무담임의 기회를 보장하는 성격을 갖는 것으로서 선거에 당선되거나 또는 공직채용 시험에 합격하는 등 일정한 공무담임에 필요한 요건을 충족하는 때에만 그 권리가 구체화되고 현실화되기 때문에 입법자는 이러한 공무담임의 전제조건으로서 각종 공직선거의 내용과 절차, 선거권·피선거권 등 공직선거에 참여할 수 있는 권리 또는 자격을 구체적으로 정하는 권한과 책임을 진다(헌재결 2005. 4. 28. 2004헌마219).

Ⅱ. 직업공무원제도

직업공무원제도의 의의

우리나라는 직업공무원제도를 채택하고 있는데, 이는 공무원이 집권세력의 논공행상의 제물이 되는 엽관제도를 지양하고 정권교체에 따른 국가작용의 중단과 혼란을 예방하고 일관성있는 공무수행의 독자성을 유지하기 위하여 헌법과 법률에 의하여 공무원의 신분이 보장되는 공직구조에 관한 제도이다. 여기서 말하는 공무원은 국가 또는 공공단체와 근로관계를 맺고 이른바 공법상 특별권력관계 내지 특별행정법관계 아래 공무를 담당하는 것을 직업으로 하는 협의의 공무원을 말하며 정치적 공무원이라든가 임시적 공무원은 포함되지 않는 것이다. 직업공무원제도하에 있어서는 과학적 직위분류제, 성적주의 등에 따른 인사의 공정성을 유지하는 장치가 중요하지만 특히 공무원의 정치적 중립과 신분보장은 그 중추적 요소라고 할 수 있는 것이다(헌재결 1989. 12. 18. 89헌마32, 33).

공무원의 종류 및 신분보장에 관한 법령의 위헌·무효 여부의 판단 기준

「헌법」 제7조 제2항이 직업공무원제도가 정치적 중립성과 신분보장을 중추적 요소로 하는 민주적이고 법치주의적인 공직제도임을 천명하고 그 구체적 내용을 법률로 정하도록 위임하고 있으므로, 이와 같은 헌법의 위임 및 기속적 방향제시에 따라 「지방공무원법」이 지방공무원의 종류 및 신분보장에 관하여 구체적 내용을 정하거나 변경하는 것은 직업공무원제도의 본질적 내용을 침해하거나 비례의 원칙(과잉금지의 원칙) 또는 신뢰보호의 원칙에 위반되지 아니하는 한 입법재량의 범위 내에 있는 것으로서 이를 위헌·무효의 규정이라고 할 수 없다(대판 1997. 3. 14. 95누17625).

공무원에 대한 정치적 중립성의 필요성

공무원에 대한 정치적 중립성의 필요성에 관하여, “공무원은 국민 전체에 대한 봉사자이므로 중립적 위치에서 공익을 추구하고(국민 전체의 봉사자설), 행정에 대한 정치의 개입을 방지함으로써 행정의 전문성과 민주성을 제고하고 정책적 계속성과 안정성을 유지하며(정치와 행정의 분리설), 정권의 변동에도 불구하고 공무원의 신분적 안정을 기하고 엽관제로 인한 부패·비능률 등의 폐해를 방지하며(공무원의 이익보호설), 자본주의의 발달에 따르는 사회경제적 대립의 중재자·조정자로서의 기능을 적극적으로 담당하기 위하여 요구되는 것(공적 중재자설)"이라고 하면서, 공무원의 정치적 중립성 요청은 결국 위 각 근거를 종합적으로 고려하여 "공무원의 직무의 성질상 그 직무집행의 중립성을 유지하기 위하여 필요한 것"이다(헌재결 1995. 5. 25. 91헌마67; 헌재결 2004. 3. 25. 2001헌마710).

구 지방공무원법 규정 중 동장 부분

직업공무원제도는 「헌법」이 보장하는 제도적 보장 중의 하나임이 분명하므로 입법자는 직업공무원제도에 관하여 '최소한 보장'의 원칙의 한계 안에서 폭넓은 입법형성의 자유를 가진다. 따라서 입법자가 동장의 임용의 방법이나 직무의 특성 등을 고려하여 이 사건 법률조항에서 동장의 공직상의 신분을 「지방공무원법」상 신분보장의 적용을 받지 아니하는 별정직 공무원의 범주에 넣었다 하여 바로 그 법률조항 부분을 위헌이라고 할 수는 없다(헌재결 1997. 4. 24. 95헌바48).

제 2 장 공무원관계의 발생·변경·소멸

제 1 절 공무원관계의 발생

Ⅰ. 임명의 의의

1. 임명의 의의

임명이란 국가 또는 공공단체가 자연인에게 공무원의 신분을 부여하여 공무원관계를 설정하는 공법상의 행위이다.

2. 임명의 법적 성질

(1) 쌍방적 행정행위

임명행위는 그 내용을 행정주체가 일방적으로 결정하는 단독행위이기는 하지만 상대방의 동의를 전제요건으로 하므로 쌍방적 행정행위라고 보는 것이 다수설이다.

(2) 공법상 계약

공법상 계약이라고 보는 소수설도 있는데, 계약직 공무원의 임명이 이에 해당한다. 다만, 「국가공무원법」과 「지방공무원법」에서 계약직 공무원에 관한 규정이 삭제되었다. 그렇다고 하여 공법상 계약을 통한 공무원의 임용이 배제된다고 보기 어렵다.

(3) 임용청구권의 문제

공무원으로 임용해 줄 것을 청구할 수 있는 권리, 즉 개인적 공권으로서 임용청구권은 원칙적으로 인정되지 아니한다.

승진임용청구권을 인정한 사례

「지방공무원법」 제8조, 제38조 제1항, 지방공무원임용령 제38조의3의 각 규정을 종합하면, 2급 내지 4급 공무원의 승진임용은 임용권자가 행정실적·능력·경력·전공분야·인품 및 적성 등을 고려하여 하되, 인사위원회의 사전심의를 거치도록 하고 있는바, 4급 공무원이 당해 지방자치단체 인사위원회의 심의를 거쳐 3급 승진대상자로 결정되고 임용권자가 그 사실을 대내외에 공표까지 하였다면, 그 공무원은 승진임용에 관한 법률상 이익을 가진 자로서 임용권자에 대하여 3급 승진임용을 신청할 조리상의 권리가 있고, 이러한 공무원으로부터 소청심사청구를 통해 승진임용신청을 받은 행정청으로서는 상당한 기간 내에 그 신청을 인용하는 적극적 처분을 하거나 각하 또는 기각하는 등의 소극적 처분을 하여야 할 법률상의 응답의무가 있다. 그럼에도, 행정청이 위와 같은 권리자의 신청에 대해 아무런 적극적 또는 소극적 처분을 하지 않고 있다면 그러한 행정청의 부작위는 그 자체로서 위법하다(대판 2009. 7. 23. 2008두10560).

기간제로 임용되어 임용기간이 만료된 국·공립대학의 교원이 재임용 여부에 관하여 심사를 요구할 신청권을 갖는지 여부(적극)

구 「교육공무원법」에 의하여 기간제로 임용되어 임용기간이 만료된 국·공립대학의 교원도 교원으로서의 능력과 자질에 관하여 합리적인 기준에 의한 공정한 심사를 받아 기준에 부합하면 특별한 사정이 없는 한 재임용되리라는 기대를 가지고 재임용 여부에 관하여 심사를 요구할 법규상 또는 조리상 신청권을 가진다(대판 2011. 1. 27. 2009다30946).

Ⅱ. 임명의 요건

1. 능력요건

공무원은 임용결격사유에 해당하지 않아야 한다(국가공무원법 제33조). 공무원임용결격사유는 공무원으로 임용되기 위한 소극적 요건이다.

2. 성적요건(자격요건)

공무원의 임용은 시험성적·근무성적, 그 밖의 능력의 실증에 따라 행한다(국가공무원법 제26조). 이는 공무원으로 임용되기 위한 적극적 요건이다.

3. 요건결여의 효과

능력요건이 결여된 자에 대한 공무원의 임명은 무효이다. 능력요건을 결한 자가 행한 직무행위도 무효이다. 재직 중에 결격사유에 해당하게 되는 경우에는 당연퇴직하도록 되어 있다(국가공무원법 제69조).

성적요건을 결한 경우에는 임명을 취소할 수 있다.

임용권자의 과실에 의한 임용결격자에 대한 경찰공무원 임용행위의 효력(무효)
「경찰공무원법」에 규정되어 있는 경찰관임용 결격사유는 경찰관으로 임용되기 위한 절대적인 소극적 요건으로서 임용 당시 경찰관임용 결격사유가 있었다면 비록 임용권자의 과실에 의하여 임용결격자임을 밝혀내지 못하였다 하더라도 그 임용행위는 당연무효로 보아야 한다(대판 2005. 7. 28. 2003두469).

「국가공무원법」 제33조 제1항, 제69조 및 「경찰공무원법」 제7조 제2항, 제21조가 일정한 유죄판결을 받은 자 등을 국가공무원(경찰공무원 포함)에 임용될 수 없도록 정함과 동시에 국가공무원(경찰공무원 포함)으로 임용된 후에 임용결격자에 해당하게 된 자가 당연퇴직되도록 정하고 있는 것은 그러한 자로 하여금 국가의 공무를 집행하도록 허용한다면 그 공무는 물론 국가의 공무 일반에 대한 국민의 신뢰가 손상될 우려가 있으므로 그러한 자를 공무의 집행에서 배제함으로써 공무에 대한 국민의 신뢰를 확보하려는 것을 목적으로 하는 것이다(대판 1997. 7. 8. 96누4275).

직위해제 중에 자격정지 이상의 형의 선고유예를 받아 당연퇴직된 경찰공무원에게 임용권자가 복직처분을 한 상태에서 선고유예기간이 경과된 경우, 경찰공무원의 신분이 회복되는지 여부(소극)
경찰공무원이 재직 중 자격정지 이상의 형의 선고유예를 받음으로써 「경찰공무원법」 제7조 제2항 제5호에 정하는 임용결격사유에 해당하게 되면, 같은 법 제21조의 규정에 의하여 임용권자의 별도의 행위(공무원의 신분을 상실시키는 행위)를 기다리지 아니하고 그 선고유예 판결의 확정일에 당연히 경찰공무원의 신분을 상실(당연퇴직)하게 되는 것이고, 나중에 선고유예기간(2년)이 경과하였다고 하더라도 이미 발생한 당연퇴직의 효력이 소멸되어 경찰공무원의 신분이 회복되는 것은 아니며, 한편 직위해제처분은 형사사건으로 기소되는 등 「국가공무원법」 제73조의2 제1항 각 호에 정하는 귀책사유가 있을 때 당해 공무원에게 직위를 부여하지 아니하는 처분이고, 복직처분은 직위해제사유가 소멸되었을 때 직위해제된 공무원에게 「국가공무원법」 제73조의2 제2항의 규정에 의하여 다시 직위를 부여하는 처분일 뿐, 이들 처분들이 공무원의 신분을 박탈하거나 설정하는 처분은 아닌 것이므로, 임용권자가 임용결격사유의 발생 사실을 알지 못하고 직위해제되어 있던 중 임용결격사유가 발생하여 당연퇴직된 자에게 복직처분을 하였다고 하더라도 이 때문에 그 자가 공무원의 신분을 회복하는 것은 아니다(대판 1997. 7. 8. 96누4275).

공무원임용결격자의 임용행위

① 임용행위는 당연무효

㉠ 임용당시 공무원임용결격사유가 있었다면 비록 국가의 과실에 의하여 임용결격자임을 밝혀내지 못하였다 하더라도 그 임용행위는 당연무효로 보아야 한다(대판 1987. 4. 14. 86누459).

㉡ 경찰공무원으로 임용된 후 70일 만에 선고받은 형이 사면 등으로 실효되어 결격사유가 소멸된 후 30년 3개월 동안 사실상 공무원으로 계속 근무를 하였다고 하더라도 그것만으로는 임용권자가 묵시적으로 새로운 임용처분을 한 것으로 볼 수 없고, 임용 당시 결격자였다는 사실이 밝혀졌는데도 서울특별시 경찰국장이 일반사면령 등의 공포로 현재 결격사유에 해당하지 아니한다는 이유로 당연퇴직은 불가하다는 조치를 내려서 그 후 정년퇴직시까지 계속 사실상 근무하도록 한 것이 임용권자가 일반사면령의 시행으로 공무원자격을 구비한 후의 근무행위를 유효한 것으로 추인하였다거나 장래에 향하여 그를 공무원으로 새로 임용하는 효력이 있다고 볼 수 없을 뿐만 아니라, 1982. 당시 경장이었던 그의 임용권자는 당시 시행된 경찰공무원법 및 경찰공무원임용령의 규정상 서울특별시장이지 경찰국장이 아니었음이 분명하여, 무효인 임용행위를 임용권자가 추인하였다거나 장래에 향하여 공무원으로 임용하는 새로운 처분이 있었던 것으로 볼 수 없다(대판 1996. 2. 27. 95누9617).

㉢ 국가가 공무원임용결격사유가 있는 자에 대하여 결격사유가 있는 것을 알지 못하

고 공무원으로 임용하였다가 사후에 결격사유가 있는 자임을 발견하고 공무원 임용행위를 취소하는 것은 당사자에게 원래의 임용행위가 당초부터 당연무효이었음을 통지하여 확인시켜 주는 행위에 지나지 아니하는 것이므로, 그러한 의미에서 당초의 임용처분을 취소함에 있어서는 신의칙 내지 신뢰의 원칙을 적용할 수 없고 또 그러한 의미의 취소권은 시효로 소멸하는 것도 아니다(대판 1987. 4. 14. 86누459).

② **임용결격사유의 판단시점**

㉠ 「국가공무원법」에 규정되어 있는 공무원임용결격사유는 공무원으로 임용되기 위한 절대적인 소극적 요건으로서 공무원관계는 「국가공무원법」 제38조, 공무원임용령 제11조의 규정에 의한 채용후보자 명부에 등록한 때가 아니라 국가의 임용이 있는 때에 설정되는 것이므로 공무원임용결격사유가 있는지의 여부는 채용후보자 명부에 등록한 때가 아닌 임용당시에 시행되던 법률을 기준으로 하여 판단하여야 한다(대판 1987. 4. 14. 86누459).

㉡ 당초 임용 이래 공무원으로 근무하여 온 경력에 바탕을 두고 구 「지방공무원법」 제27조 제2항 제3호 등을 근거로 하여 특별임용 방식으로 임용이 이루어졌다면 이는 당초 임용과는 별도로 그 자체가 하나의 신규임용이라고 할 것이므로, 그 효력도 특별임용이 이루어질 당시를 기준으로 판단하여야 할 것인데, 당초 임용 당시에는 집행유예 기간중에 있었으나 특별임용 당시 이미 집행유예 기간 만료일로부터 2년이 경과하였다면 같은 법 제31조 제4호에서 정하는 공무원 결격사유에 해당할 수 없고, 다만 당초 임용과의 관계에서는 공무원 결격사유에 해당하여 당초 처분 이후 공무원으로 근무하였다고 하더라도 그것이 적법한 공무원 경력으로 되지 아니하는 점에서 특별임용의 효력에 영향을 미친다고 할 수 있으나, 위 특별임용의 하자는 결국 소정의 경력을 갖추지 못한 자에 대하여 특별임용시험의 방식으로 신규임용을 한 하자에 불과하여 취소사유가 된다고 함은 별론으로 하고, 그 하자가 중대·명백하여 특별임용이 당연무효로 된다고 할 수는 없다(대판 1998. 10. 23. 98두12932).

③ **퇴직금 청구불가**

㉠ 「공무원연금법」에 의한 퇴직급여 등은 적법한 공무원으로서의 신분을 취득하여 근무하다가 퇴직하는 경우에 지급되는 것이고, 당연무효인 임용결격자에 대한 임용행위에 의하여 공무원의 신분을 취득할 수는 없으므로, 임용결격자가 공무원으로 임용되어 사실상 근무하여 왔다고 하더라도 적법한 공무원으로서의 신분을 취득하

지 못한 자로서는 「공무원연금법」 소정의 퇴직급여 등을 청구할 수 없으며, 나아가 임용결격사유가 소멸된 후에 계속 근무하여 왔다고 하더라도 그때부터 무효인 임용행위가 유효로 되어 적법한 공무원의 신분을 회복하고 퇴직급여 등을 청구할 수 있다고 볼 수는 없다(대판 1996. 2. 27. 95누9617).

ⓛ 당연무효인 임용행위에 의하여 공무원의 신분을 취득할 수는 없으므로 임용결격자가 공무원으로 임용되어 사실상 근무하여 왔다고 하더라도 적법한 공무원으로서의 신분을 취득하지 못한 자로서는 「공무원연금법」 소정의 퇴직급여 등을 청구할 수 없고, 또 당연퇴직사유에 해당되어 공무원으로서의 신분을 상실한 자가 그 이후 사실상 공무원으로 계속 근무하여 왔다고 하더라도 당연퇴직 후의 사실상의 근무기간은 「공무원연금법」상의 재직기간에 합산될 수 없다(대판 2003. 5. 16. 2001다61012).

제 2 절 공무원관계의 변경

공무원관계의 변경이란 공무원이 그 신분을 유지하면서 공무원관계의 내용이 변경되는 것을 말한다.

Ⅰ. 전 직

전출명령에 당해 공무원의 동의가 필요한지 여부(적극) **및 같은 규정이 위헌·무효인지 여부**(소극)

「지방공무원법」 제29조의3은 지방자치단체의 장은 다른 지방자치단체의 장의 동의를 얻어 그 소속공무원을 전입할 수 있다고 규정하고 있는바, 위 규정에 의하여 동의를 한 지방자치단체의 장이 소속 공무원을 전출하는 것은 임명권자를 달리하는 지방자치단체로의 이동인 점에 비추어 반드시 당해 공무원 본인의 동의를 전제로 하는 것이고, 위 법규정도 본인의 동의를 배제하는 취지의 규정은 아니어서 위헌·무효의 규정은 아니다(대판 2001. 12. 11. 99두1823).

지방공무원법상의 인사교류에 의한 전출도 당해 공무원의 동의를 요한다
「지방공무원법」 제30조의2 제2항에 정한 인사교류에 따라 지방자치단체의 장이 소속 공무원을 전출하는 것은 임명권자를 달리하는 지방자치단체로의 이동인 점에 비추어 반드시 당해 공무원 본인의 동의를 전제로 하는 것이고, 따라서 위 법 규정의 위임에 따른 지방공무원 임용령 제27조의5 제1항도 본인의 동의를 배제하는 취지의 규정은 아니라고 해석하여야 한다(대판 2008. 9. 25. 2008두5759).

지방공무원의 전입에 관한 지방공무원법 제29조의3의 위헌 여부(소극)
「지방공무원법」 제29조의3은 "지방자치단체의 장은 다른 지방자치단체의 장의 동의를 얻어 그 소속 공무원을 전입할 수 있다"라고만 규정하고 있어, 이러한 전입에 있어 지방공무원 본인의 동의가 필요한지에 관하여 다툼의 여지없이 명백한 것은 아니나, 위 법률조항을, 해당 지방공무원의 동의없이도 지방자치단체의 장 사이의 동의만으로 지방공무원에 대한 전출 및 전입명령이 가능하다고 풀이하는 것은 헌법적으로 용인되지 아니하며, 「헌법」 제7조에 규정된 공무원의 신분보장 및 「헌법」 제15조에서 보장하는 직업선택의 자유의 의미와 효력에 비추어 볼 때 위 법률조항은 해당 지방공무원의 동의가 있을 것을 당연한 전제로 하여 그 공무원이 소속된 지방자치단체의 장의 동의를 얻어서만 그 공무원을 전입할 수 있음을 규정하고 있는 것으로 해석하는 것이 타당하고, 이렇게 본다면 인사교류를 통한 행정의 능률성이라는 입법목적도 적절히 달성할 수 있을 뿐만 아니라 지방공무원의 신분보장이라는 헌법적 요청도 충족할 수 있게 된다. 따라서 위 법률조항은 헌법에 위반되지 아니한다(헌재결 2002. 11. 28. 98헌바101, 99헌바8).

Ⅱ. 직위해제

1. 의 의

직위해제란 공무원 본인에게 직위를 계속 유지시킬 수 없는 사유가 있는 경우 직위를 부여하지 않는 것을 말한다.

직위해제처분의 법적 성질
직위해제는 일반적으로 공무원이 직무수행능력이 부족하거나 근무성적이 극히 불량한 경우, 공무원에 대한 징계절차가 진행중인 경우, 공무원이 형사사건으로 기소된 경우 등에 있어서 당해 공무원이 장래에 있어서 계속 직무를 담당하게 될 경우 예상되는 업무상의 장애 등을 예방하기 위하여 일시적으로 당해 공무원에게 직위를 부여하지 아니함으로써 직무에 종사하지 못하도록 하는 잠정적인 조치로서의 보직의 해제를 의미하므로 과거의 공무원의 비위행위에 대하여 기업질서 유지를 목적으로 행하여지는 징벌적 제재로서의 징계와는 그 성질이 다르다(대판 2003. 10. 10. 2003두5945).

직위해제는 잠정적인 조치로서의 보직의 해제를 의미하며, 징벌적 제재로서의 징계와는 그 성질이 다르다. 따라서 직위해제는 일사부재리의 원칙이나 이중처벌금지의 원칙이 적용되지 않는다.

동일사유로 직위해제처분하고 다시 감봉처분을 한 경우와 일사부재리원칙
직위해제처분이 공무원에 대한 불이익한 처분이긴 하나 징계처분과 같은 성질의 처분이라 할 수 없으므로 동일한 사유로 직위해제 처분을 하고 다시 감봉처분을 하였다 하여 일사부재리원칙에 위배된다 할 수 없다(대판 1983. 10. 25. 83누184).

동일한 사유에 대한 직위해제처분이 있은 후 해임처분이 가능하다
해임처분과 직위해제사유 변경처분은 각 별개의 처분으로서 해임처분이 직위해제사유 변경처분의 유효 여부에 따라서 영향을 받는 것이 아니라 할 것이다. 직위해제처분은 공무원에 대하여 불이익한 처분이긴 하나 징계처분과 같은 성질의 처분이라고는 볼 수 없으므로 동일한 사유에 대한 직위해제처분이 있은 후 다시 해임처분이 있었다 하여 일사부재리의 법리에 어긋난다고 할 수 없다(대판 1984. 2. 28. 83누489).

2. 효 과

직위해제된 공무원은 직무에 종사하지 못하고, 출근의무도 없다. 직위를 부여하지 아니한 경우에 그 사유가 소멸되면 임용권자는 지체 없이 직위를 부여하여야 한다(국가공무원법 제73조의3 제2항).

다수설과 판례는 직위해제의 하자가 직권면직에 승계되지 않는다는 입장이다.

하자의 승계부정

직위해제처분이 있은 후 면직처분이 된 경우 전자에 대하여 소청심사청구 등 불복을 함이 없고 그 처분이 당연무효인 경우도 아닌 이상 그 후의 면직처분에 대한 불복의 행사소송에서 전자의 취소사유를 들어 위법을 주장할 수 없다(대판 1970. 1. 27. 68누10).

3. 협의의 소익문제

직위해제처분은 가행정행위로서 항고소송의 대상적격인 처분성이 인정된다.

직위해제기간 만료 등으로 직위해제처분의 효력이 소멸한 경우에도 협의의 소익이 인정되는지 문제된다. 여기에는 긍정설과 부정설의 대립이 있다. 직위해제처분의 소급적 취소로 인하여 봉급의 청구, 승진소요연수의 산입 등 부수적 이익이 있을 수 있으므로 당해 직위해제처분의 취소를 구할 소의 이익이 있는 것으로 보는 것이 헌법재판소의 입장이고, 대법원은 소의 이익을 부정하고 있다.

헌법재판소: 협의의 소익 긍정

제청신청인들은 개정법률 부칙 제2호에 의하여 1995. 1. 3. 복직발령을 받았으나, 직위해제처분은 여전히 유효하기 때문에, 승진소요최저연수의 계산에 있어서 직위해제기간은 산입되지 않으며(공무원임용령 제31조 제2항) 직위해제기간 중 봉급의 감액을 감수할 수밖에 없는(공무원보수규정 제29조) 등 제청신청인들에게 법적으로 불리한 효과가 그대로 남아 있다. 그러므로 제청신청인들에게는 승급이나 보수지급 등에 있어서의 불리함을 제거하기 위하여 직위해제처분의 취소를 구할 소의 이익이 인정된다(헌재결 1998. 5. 28. 96헌가12).

대법원: 협의의 소익 부정

① 직위해제 처분은 그 근로자로서의 지위를 그대로 존속시키면서 다만 그 직위만을 부여하지 아니하는 처분이므로 만일 어떤 사유에 기하여 근로자를 직위해제한 후 그 직위해제 사유와 동일한 사유를 이유로 징계처분을 하였다면 뒤에 이루어진 징계처분에 의하여 그 전에 있었던 직위해제 처분은 그 효력을 상실한다고 할 것이고, 이와 같이 직위해제 처분이 효력을 상실한 경우에는, 인사규정 등에 의하여 승진·승급에 제한이 가하여지는 등의 특별한 사정이 없는 한, 그 무효확인을 구할

이익은 없다고 할 것이다(대판 2007. 12. 28. 2006다33999).

② 행정청이 공무원에 대하여 새로운 직위해제사유에 기한 직위해제처분을 한 경우 그 이전에 한 직위해제처분은 이를 묵시적으로 철회하였다고 봄이 상당하므로, 그 이전 처분의 취소를 구하는 부분은 존재하지 않는 행정처분을 대상으로 한 것으로서 그 소의 이익이 없어 부적법하다(대판 2003. 10. 10. 2003두5945).

4. 행정절차법 적용 여부

국가공무원법상 직위해제처분에 처분의 사전통지 및 의견청취 등에 관한 행정절차법 규정이 적용되는지 여부(소극)

「국가공무원법」상 직위해제처분은 구 「행정절차법」 제3조 제2항 제9호, 구 행정절차법 시행령 제2조 제3호에 의하여 당해 행정작용의 성질상 행정절차를 거치기 곤란하거나 불필요하다고 인정되는 사항 또는 행정절차에 준하는 절차를 거친 사항에 해당하므로, 처분의 사전통지 및 의견청취 등에 관한 「행정절차법」의 규정이 별도로 적용되지 않는다(대판 2014. 5. 16. 2012두26180).

제3절 공무원관계의 소멸

Ⅰ. 당연퇴직

1. 의 의

당연퇴직이란 임용권자의 의사표시에 의해서가 아니고 일정한 법정사유의 발생으로 법률에 의해 당연히 공무원관계가 소멸하는 경우를 말한다.

실무상으로는 당연퇴직의 경우에 당연퇴직의 인사발령을 행하는데, 그것은 법률상 당연히 발생하는 퇴직사유를 공적으로 확인하여 알려주는 이른바 관념의 통지에 불과하다(헌재결 2003. 10. 30. 2002헌가24; 대판 1997. 11. 11. 97누1990; 대판 1994. 12. 27. 91누9244; 대판 1992. 1. 21. 91누2687).

당연퇴직의 경우에는 법률상 당연퇴직되는 것이지 공무원관계를 소멸시키기 위한 별도의 행정처분을 요하지 아니한다(대판 1992. 1. 21. 91누2687).

2. 사 유

금고 이상의 형의 선고유예를 받은 경우에는 공무원직에서 당연히 퇴직하는 것으로 규정한 지방공무원법은 공무담임권을 침해하고 있다

공무원이 금고 이상의 형의 선고유예를 받은 경우에는 공무원직에서 당연히 퇴직하는 것으로 규정하고 있는 이 사건 법률조항은 금고 이상의 선고유예의 판결을 받은 모든 범죄를 포괄하여 규정하고 있을 뿐 아니라, 심지어 오늘날 누구에게나 위험이 상존하는 교통사고 관련 범죄 등 과실범의 경우마저 당연퇴직의 사유에서 제외하지 않고 있으므로 최소침해성의 원칙에 반한다(헌재결 2002. 8. 29. 2001헌마788).

공무원정년제도

「국가공무원법」상의 공무원정년제도는 공무원에게 정년까지 계속 근무를 보장함으로써 그 신분을 보장하는 한편 공무원에 대한 계획적인 교체를 통하여 조직의 능률을 유지·향상시킴으로써 직업공무원제를 보완하는 기능을 수행하고 있는 것이므로 이 사건 심판대상조항은 공무원의 신분보장과 직업공무원제도를 규정한 「헌법」 제7조에 위반되지 아니한다(헌재결 1997. 3. 27. 96헌바86).

정년제이던 동장의 신분보장에 관하여 근무상한기간제를 추가한 서울특별시 자치구의 동장임용 등에 관한 규칙이 위헌·무효의 규정인지 여부(소극)

서울특별시 자치구의 동장임용 등에 관한 규칙 제11조 제2항과 부칙 제2항이 기존 동장들에 대하여는 그 근무상한기간을 규칙시행일로부터 기산하도록 하고 근무상한기간을 2년 연장할 수 있도록 하고 있어 근무상한기간제의 도입이 위 목적달성을 위한 유효·적절한 방법임과 동시에 기존 동장들의 기대와 신뢰를 가능한 한 최소로 침해하는 방법이며, 근무상한기간제의 도입으로 인하여 보호하려는 공익이 기존 동장들이 가지고 있는 사익보다 크다고 보여지므로, 동장임용 등에 관한 규칙 제11조가 종전의 정년제에다가 근무상한기간제를 추가로 규정함으로써 종전의 규칙에 따라 임용되어 근무 중인 기존 동장들이 정년까지 근무할 수 있으리라고 예상하고 있던 기대와 신뢰를 침해받게 되었다고 하더라도, 그것은 입법재량의 범위 내에 있는 것으로서 직업공무원제도의 본질적 내용을 침해하거나 비례의 원칙(과잉금지의 원칙) 또는 신뢰보호의 원칙에 위반되거나 「헌법」 제10조(인간으로서의 존엄과 가치 및 행복추구권), 제11조 제1항(평등과 차별금지), 제15조(직업선택의 자유), 제23조(재산권의 보장), 제32조(근로의 권리), 제34조(인간다운 생활을 할 권리)의 규정들에 위배된다고 할 수 없다(대판 1997. 3. 14. 95누17625).

3. 권리구제

당연퇴직의 통보는 퇴직사실을 알리는 이른바 관념의 통지에 불과하여 행정소송의 대상이 되지 아니한다.

당연퇴직의 인사발령은 행정소송의 대상이 되는 행정처분이 아니다
당연퇴직의 경우에는 결격사유가 있어 법률상 당연퇴직되는 것이지 공무원관계를 소멸시키기 위한 별도의 행정처분을 요하지 아니한다 할 것이며 위와 같은 사유의 발생으로 당연퇴직의 인사발령이 있었다 하여도 이는 퇴직사실을 알리는 이른바 관념의 통지에 불과하여 행정소송의 대상이 되지 아니한다(대판 1992. 1. 21. 91누2687).

당연퇴직된 공무원의 복직 또는 재임용신청에 대한 행정청의 거부행위가 항고소송의 대상이 되는 행정처분에 해당하지 않는다
과거에 법률에 의하여 당연퇴직된 공무원이 자신을 복직 또는 재임용시켜 줄 것을 요구하는 신청에 대하여 그와 같은 조치가 불가능하다는 행정청의 거부행위는 당연퇴직의 효과가 계속하여 존재한다는 것을 알려주는 일종의 안내에 불과하므로 당연퇴직된 공무원의 실체상의 권리관계에 직접적인 변동을 일으키는 것으로 볼 수 없고, 당연퇴직의 근거 법률이 헌법재판소의 위헌결정으로 효력을 잃게 되었다고 하더라도 당연퇴직된 이후 헌법소원 등의 청구기간이 도과한 경우에는 당연퇴직의 내용과 상반되는 처분을 요구할 수 있는 조리상의 신청권을 인정할 수도 없다고 할 것이어서, 이와 같은 경우 행정청의 복직 또는 재임용거부행위는 항고소송의 대상이 되는 행정처분에 해당한다고 할 수 없다(대판 2005. 11. 25. 2004두12421).

따라서 당연퇴직 조치가 행정처분임을 전제로 그 취소나 무효의 확인을 구하는 항고소송을 제기할 수는 없고, 공무원으로서의 지위확인을 구하는 공법상 당사자소송(공무원지위

확인의 소)을 제기하여야 한다.

원고의 이 사건 소는 교육청 교육장의 당연퇴직 조치가 행정처분임을 전제로 그 취소나 무효의 확인을 구하는 항고소송이 아니라 원고의 지방공무원으로서의 지위를 다투는 피고에 대하여 그 지위확인을 구하는 공법상의 당사자소송에 해당함이 분명하다(대판 1998. 10. 23. 98두12932).

Ⅱ. 면 직

면직이란 공무원관계의 소멸이 공무원 본인이나 임용권자의 의사에 의해서 일어나는 경우로서, 이에는 의원면직과 강제면직이 있다.

1. 의원면직

사직의 의사표시
사직의 의사표시는 자유로운 상태에서 정상의 의사에 기하여 행해져야 하며, 그렇지 않은 경우는 의원면직처분은 위법·하자가 있는 것으로서 무효 또는 취소의 원인이 된다(대판 1975. 6. 24. 75누46).

진의 아닌 사직의 의사표시
공무원이 사직의 의사표시를 하여 의원면직처분을 하는 경우 그 사직의 의사표시는 그 법률관계의 특수성에 비추어 외부적·객관적으로 표시된 바를 존중하여야 할 것이므로, 비록 사직원제출자의 내심의 의사가 사직할 뜻이 아니었다고 하더라도 진의 아닌 의사표시에 관한 「민법」 제107조는 그 성질상 사직의 의사표시와 같은 사인의 공법행위에는 준용되지 아니하므로 그 의사가 외부에 표시된 이상 그 의사는 표시된 대로 효력을 발한다(대판 1997. 12. 12. 97누13962).

일괄사표 제출에 기한 의원면직처분(유효)
이른바 1980년의 공직자숙정계획의 일환으로 일괄사표의 제출과 선별수리의 형식으로 공무원에 대한 의원면직처분이 이루어진 경우, 사직원 제출행위가 강압에 의하여 의사결정의 자유를 박탈당한 상태에서 이루어진 것이라고 할 수 없고 「민법」상 비진의 의사표시의 무효에 관한 규정은 사인의 공법행위에 적용되지 않으므로 그 의원면직처분을 당연무효라고 할 수 없다(대판 2001. 8. 24. 99두9971).

공무원이 강박에 의하여 사직서를 제출한 경우 당해 사직서에 터잡은 면직처분의 효력

사직서의 제출이 감사기관이나 상급관청 등의 강박에 의한 경우에는 그 정도가 의사결정의 자유를 박탈할 정도에 이른 것이라면 그 의사표시가 무효로 될 것이고 그렇지 않고 의사결정의 자유를 제한하는 정도에 그친 경우라면 그 성질에 반하지 아니하는 한 의사표시에 관한 「민법」 제110조의 규정을 준용하여 그 효력을 따져보아야 할 것이다(대판 1997. 12. 12. 97누13962).

의사표시의 철회

① 공무원에 의해 제출된 사직원은 그에 터잡은 의원면직처분이 있을 때까지는 철회될 수 있고, 일단 면직처분이 있고 난 후에는 철회나 취소할 여지가 없다(대판 2001. 8. 24. 99두9971).

② 다만, 의원면직처분이 있기 전이라도 사직의 의사표시를 철회하는 것이 신의칙에 반한다고 인정되는 특별한 사정이 있는 경우에는 그 철회는 허용되지 아니한다(대판 1993. 7. 27. 92누16942).

공무원이 사직원을 제출하였다 하더라도 그것이 수리되기 전에 직장을 무단이탈하면 징계 및 형사책임의 원인이 된다

경찰서 수사과 형사계 반장인 원고의 부하직원에 대한 뇌물수수사건의 검찰 수사과정에서 뇌물을 받은 사람이 원고라는 제공자의 진술에 따라 원고에게까지 수사가 확대되자, 원고가 수사를 피하기 위하여 사직원을 제출하였으나 수리도 되지 아니한 상태에서 소속상관의 허가없이 3개월여 동안 직장을 이탈하고 출근하지 아니하여 뇌물수수 등의 죄로 지명수배된 경우, 원고의 위와 같은 행위는 「국가공무원법」상의 직장이탈이어서 같은 법 제78조 제1항 제1호에 해당한다는 이유로 원고에 대하여 한 파면처분에 재량권을 남용 또는 일탈한 위법이 없다(대판 1991. 11. 12. 91누3666).

2. 강제면직

공무원을 직권면직할 수 있도록 한 규정은 직업공무원제도를 위반하는 것이 아니다

행정조직의 개폐에 관한 문제에 있어 입법자가 광범위한 입법형성권을 가진다 하더라도 행정조직의 개폐로 인해 행해지는 직권면직은 보다 직접적으로 해당 공무원들의 신분에 중대한 위협을 주게 되므로 직제 폐지 후 실시되는 면직절차에 있어서는 보다 엄격한 요건이 필요한데, 이와 관련하여 「지방공무원법」 제62조는 직제의 폐지로 인해 직권면직이 이루어지는 경우 임용권자는 인사위원회의 의견을 듣도록 하고 있고, 면직기준으로 임용형태 · 업무실적 · 직무수행능력 · 징계처분사실 등을 고려하도록 하고 있으며, 면직기준을 정하거나 면직대상을 결정함에 있어서 반드시 인사위원회의 의결을 거치도록 하고 있는바, 이는 합리적인 면직기준을 구체적으로 정함과 동시에 그 공정성을 담보할 수 있는 절차를 마련하고 있는 것이라 볼 수 있다. 그렇다면 이 사건 규정이 직제가 폐지된 경우 직권면직을 할 수 있도록 규정하고 있다고 하더라도 이것이 직업공무원제도를 위반하고 있다고는 볼 수 없다(헌재결 2004. 11. 25. 2002헌바8).

임용형태 · 업무실적 · 직무수행능력 · 징계처분사실을 고려하지 않고 다른 기준을 정하여 한 면직처분은 위법하다

위 법조항에 정해진 기준인 '임용형태 · 업무실적 · 직무수행능력 · 징계처분사실'을 고려하지 아니한 채 이와는 다른 기준을 정하여 한 면직처분은 이를 정당화할 만한 특별한 사정이 없는 한 위법하다고 보아야 한다. 국립대학교총장이 기능직 공무원을 단지 '휴직자와 정년이 가까운 자'를 면직 우선 대상자로 한다는 기준만을 정하여 면직처분을 한 경우, 이는 「국가공무원법」 제70조 제3항의 규정에 반하는 위법한 처분이다(대판 2002. 9. 27. 2002두3775).

3. 면직에 의한 신분상실

면직발령장 또는 면직통지서에 기재된 일자에 면직의 효과가 발생하여 그날 영시(00:00)부터 공무원의 신분을 상실한다(대판 1985. 12. 24. 85누531).

제4절 불이익처분에 대한 권리구제

Ⅰ. 처분사유설명서

1. 의 의

공무원에 대하여 징계처분 등을 할 때나 강임·휴직·직위해제 또는 면직처분을 할 때에는 그 처분권자 또는 처분제청권자는 처분사유를 적은 설명서를 교부하여야 한다. 다만, 본인의 원에 따른 강임·휴직 또는 면직처분은 그러하지 아니하다(국가공무원법 제75조).

따라서 의원면직의 경우 처분사유 설명서를 교부하지 않아도 된다(대판 1986. 7. 22. 86누43).

2. 취 지

상대방에게 사유설명서를 교부토록한 것은 상대방에게 그 처분을 받게 된 경위를 알도록 함으로써 그에 대한 불복의 기회를 보장함과 아울러 임용권자의 자의를 배제하여 처분의 적법성을 보장하기 위한 데 있는 것이다(대판 1986. 7. 22. 86누43).

3. 교 부

처분사유설명서는 상대방이 그 내용을 알 수 있는 상태에 놓여지는 것으로 충분하다.

① 공무원에 대한 징계처분의 사유설명서의 교부는 소송서류의 송달이 아니므로 민사소송법의 송달방법에 의할 것이 아니고 이를 받을 자가 볼 수 있는 상태에 놓여질 때에 교부한 것이 된다 할 것이다(대판 1969. 7. 29. 68누148).

② 또한, 처분사유설명서의 교부를 처분의 효력발생요건이라 할 수 없고 그 처분의 통지가 피처분자의 볼 수 있는 상태에 놓여질 때에는 처분설명서의 교부가 없다 하더라도 그 행정처분은 유효하다(대판 1970. 1. 27. 68누10).

Ⅱ. 고충심사청구

법적 성질

고충심사결정 자체에 의하여는 어떠한 법률관계의 변동이나 이익의 침해가 직접적으로 생기는 것은 아니므로 고충심사의 결정은 행정상 쟁송의 대상이 되는 행정처분이라고 할 수 없다(대판 1987. 12. 8. 87누657·658).

Ⅲ. 소 청

1. 의 의

징계처분 그 밖에 본인의 의사에 반하는 불이익처분을 받은 자가 관할 소청심사위원회에 심사를 청구하는 제도를 소청이라 하며, 이는 행정심판의 하나이다.

대법원도 「국가공무원법」이나 「지방공무원법」상의 소청에 관한 규정에서 「행정심판법」의 적용을 배제하거나 「행정심판법」과 저촉되는 규정이 없는 한, 소청에 있어서도 「행정심판법」이 적용된다고 판시하고 있다(대판 1992. 6. 23. 92누1834).

2. 불이익변경금지의 원칙

소청심사위원회가 징계처분 또는 징계부가금 부과처분을 받은 자의 청구에 따라 소청을 심사할 경우에는 원징계처분보다 무거운 징계 또는 원징계부가금 부과처분보다 무거운 징계부가금을 부과하는 결정을 하지 못한다(국가공무원법 제14조 제7항).

징계절차는 소청심사위원회의 의원면직처분 취소결정과는 별개의 절차로서, 불이익변경금지의 원칙이 적용될 여지는 없다

「국가공무원법」 제14조 제6항은 소청심사결정에서 당초의 원처분청의 징계처분보다 청구인에게 불리한 결정을 할 수 없다는 의미인데, 의원면직처분에 대하여 소청심사청구를 한 결과 소청심사위원회가 의원면직처분의 전제가 된 사의표시에 절차상 하자가 있다는 이유로 의원면직처분을 취소하는 결정을 하였다고 하더라도, 그 효력은 의원면직처분을 취소하여 당해 공무원으로 하여금 공무원으로서의 신분을 유지하게 하는 것에 그치고, 이때 당해 공무원이 「국가공무원법」 제78조 제1항 각 호에 정한 징계사유에 해당하는 이상 같은 항에 따라 징계권자로서는 반드시 징계절차를 열어 징계처분을 하여야 하므로, 이러한 징계절차는 소청심사위원회의 의원면직처분취소 결정과는 별개의 절차로서 여기에 「국가공무원법」 제14조 제6항에 정한 불이익변경금지의 원칙이 적용될 여지는 없다(대판 2008. 10. 9. 2008두11853).

Ⅳ. 행정소송

행정소송은 소청심사위원회의 심사·결정을 거치지 아니하면 제기할 수 없다(국가공무원법 제16조 제1항). 소청심사위원회의 심사·결정은 행정소송제기의 필요적 전심절차이다.

행정소송은 불이익처분인 원징계처분과 소청결정 중 어느 것을 대상으로 하여야 하는지 문제된다.

재량권의 남용 또는 일탈로서 위법하다는 사유는 소청결정 자체에 고유한 위법을 주장하는 것으로 볼 수 없다

항고소송은 원칙적으로 당해 처분을 대상으로 하나, 당해 처분에 대한 재결 자체에 고유한 주체, 절차, 형식 또는 내용상의 위법이 있는 경우에 한하여 그 재결을 대상으로 할 수 있다고 해석되므로, 징계혐의자에 대한 감봉 1월의 징계처분을 견책으로 변경한 소청결정 중 그를 견책에 처한 조치는 재량권의 남용 또는 일탈로서 위법하다는 사유는 소청결정 자체에 고유한 위법을 주장하는 것으로 볼 수 없어 소청결정의 취소사유가 될 수 없다(대판 1993. 8. 24. 93누5673).

제 3 장 공무원의 권리·의무·책임

제 1 절 공무원의 권리

Ⅰ. 신분상 권리

신분보유권, 직위보유권, 직무집행권, 직명사용권·제복착용권, 고충심사청구권, 소청심사청구권·소송제기권 등이 있다.

Ⅱ. 재산상 권리

1. 보수청구권

보수청구권에 성질에 대하여 공권설이 통설이다. 이에 따르면, 보수청구권은 공법상의 권리로서 그에 대한 분쟁은 공법상 당사자소송으로 해결되어야 한다.

지방소방공무원의 보수에 관한 법률관계는 공법상 법률관계이므로 지방소방공무원이 소속 지방자치단체를 상대로 초과근무수당의 지급을 구하는 소송을 제기하는 경우, 행정소송법상 당사자소송의 절차에 따라야 한다
지방자치단체와 그 소속 경력직 공무원인 지방소방공무원 사이의 관계, 즉 지방소방공무원의 근무관계는 사법상의 근로계약관계가 아닌 공법상의 근무관계에 해당하고, 그 근무관계의 주요한 내용 중 하나인 지방소방공무원의 보수에 관한 법률관계는 공법상의 법률관계라고 보아야 한다. 나아가 「지방공무원법」 제44조 제4항, 제45조 제1항이 지방공무원의 보수에 관하여 이른바 근무조건 법정주의를 채택하고 있고, 지방공무원 수당 등에 관한 규정 제15조 내지 제17조가 초과근무수당의 지급 대상, 시간당 지급액수, 근무시간의 한도, 근무시간의 산정 방식에 관하여 구체적이고 직접적인 규정을 두고 있는 등 관계 법령의 내용, 형식 및 체제 등을 종합하여 보면, 지방소방공무원의 초과근무수당 지급청구권은 법령의 규정에 의하여 직접 그 존부나 범위가 정하여지고 법령에 규정된 수당의 지급요건에 해당하는 경우에는 곧바로 발생한다고 할 것이므로, 지방소방공무원이 자신이 소속된 지방자치단체를 상대로 초과근무수당의 지급을 구하는 청구에 관한 소송은 「행정소송법」 제3조 제2호에 규정된 당사자소송의 절차에 따라야 한다(대판 2013. 3. 28. 2012다102629).

통설은 보수청구권을 공법상의 권리라고 보고 있으므로 소멸시효도 5년이라고 하지만, 판례는 「민법」 제163조 제1호에 의거하여 단기소멸시효인 3년이라고 판시하고 있다(대판 1966. 9. 20. 65다2506).

공익법무관에게 법관 및 검사의 예에 준하는 보수의 청구권이 있는지 여부(소극) 및 군법무관의 보수에 관한 행정입법 부작위로 인하여 공익법무관의 보수청구권이 침해당하였다고 볼 수 있는지 여부(소극)

군법무관의 보수를 법관 및 검사의 예에 준하여 대통령령으로 정한다고 규정하고 있는 「군법무관법」 제6조는 군법무관의 보수의 내용을 규율하는 것이지 공익법무관의 보수를 규율하기 위한 것은 아니므로, 이 규정에 의하여 대통령령이 제정되어 군법무관이 법관 및 검사에 준하는 보수를 현실적으로 지급받게 되는 경우 공익법무관법 시행령 제13조에 의하여 공익법무관도 그와 동등한 보수를 지급받을 권리를 가지게 됨은 별론으로 하고, 공익법무관이 직접 법관 및 검사에 준하는 보수를 지급받을 권리를 가진다거나, 피고 소속 공무원이 「군법무관법」 제6조에 따르는 군법무관의 보수에 관한 대통령령의 입법의무를 게을리한 것이 공익법무관의 보수청구권을 침해하는 행위에 해당한다고 할 수는 없다.

또한, 설령 군법무관에 대하여 법관 및 검사의 예에 준하여 보수를 지급하도록 하는 대통령령을 입법하지 않은 것이 군법무관들의 보수청구권을 침해하는 불법행위에 해당한다는 이유로 군법무관들이 국가를 상대로 손해의 배상을 청구하여 일정한 금원을 지급받을 수 있다고 하더라도, 그것은 군법무관에 대한 위와 같은 대통령령 입법 부작위라는 불법행위로 인한 손해의 배상일 뿐 보수 그 자체의 지급은 아니므로, 그 손해배상금을 가지고 공익법무관의 보수를 정하는 기준이 되는 군법무관의 보수라고 할 수 없고, 따라서 공익법무관에 대하여 동액 상당의 보수청구권이 침해되었다고 할 수도 없는 것이다(대판 2009. 4. 9. 2006다45206).

지방계약직 공무원에 대하여 지방공무원법 등에 정한 징계절차에 의하지 않고 보수를 삭감할 수 있는지 여부(원칙적 소극)

「근로기준법」 등의 입법 취지, 「지방공무원법」과 지방공무원징계 및 소청규정의 여러 규정에 비추어 볼 때, 채용계약상 특별한 약정이 없는 한, 지방계약직 공무원에 대하여 지방공무원법, 지방공무원징계 및 소청규정에 정한 징계절차에 의하지 않고서는 보수를 삭감할 수 없다고 봄이 상당하다(대판 2008. 6. 12. 2006두16328).

2. 연금청구권

(1) 연금의 법적 성질

연금의 성질에 대하여는 봉급연불적 성격과 사회보장적 성격을 갖는다고 보는 것이 일반적 견해이다.

헌법재판소도 “공무원연금법상의 각종 급여는 기본적으로 모두 사회보장적 급여로서의 성격을 가짐과 동시에 공로보상 내지 후불임금으로서의 성격도 함께 가진다”고 판시한 바 있다(헌재결 2013. 9. 26. 2011헌바272; 헌재결 2005. 6. 30. 2004헌바42 등 다수).

연금제도는 사회보장제도의 성질을 가지는 점에서 공무원의 불법행위로 인한 손해배상제도와 성질을 달리하며, 따라서 양자는 양립할 수 있다(대판 1991. 11. 8. 91나28955).

공무원연금제도

공무원연금제도는 공무원을 대상으로 퇴직 또는 사망과 공무로 인한 부상·질병·폐질에 대하여 적절한 급여를 실시함으로써, 공무원 및 그 유족의 생활안정과 복리향상에 기여하는 데에 그 목적이 있는 것으로서(법 제1조), 위의 사유와 같은 사회적 위험이 발생한 때에 국가의 책임 아래 보험기술을 통하여 공무원의 구제를 도모하는 사회보험제도의 일종이다.
또한 공무원연금제도는 연금제도 본래의 기능인 퇴직연금 외에도 기업의 퇴직금에 해당하는 일시금 및 퇴직수당, 민간의 산재보험에 해당하는 공무상 재해보상급여 기타 일반재해에 대한 각종 부조급여를 실시하는 등의 폭넓은 보장기능이 있으며, 아울러 전·현직 공무원을 위한 다양한 후생복지 프로그램도 마련하고 있다. 즉, 공무원연금제도는 공무원이라는 특수직역을 대상으로 한 노후소득보장, 근로보상, 재해보상, 부조 및 후생복지 등을 포괄적으로 실시하는 종합적인 사회보장제도이다(헌재결 2002. 7. 18. 2000헌바57).

공무원연금의 보호내용의 성격에 따른 구분
이러한 「공무원연금법」상의 급여를 그 보호내용의 성격에 따라 구분해 보면, ① 퇴직이나 사망 등에 의한 소득상실시 그 소득을 보장해주는 소득보장적 성격의 퇴직급여와 유족급여, ② 민간의 법정퇴직금에 해당하는 근로보상적 성격의 퇴직수당, ③ 근로재해에 대해 보상을 해주는 재해보상적 성격의 공무상 요양급여(공무상 요양비·공무상 요양일시금), 장해급여 및 유족보상금, ④ 일반재해에 대해 위로하는 차원에서 지급하는 부조적 성격의 재해부조금과 사망조위금 등으로 나누어진다(헌재결 2002. 7. 18. 2000헌바57).

(2) 연금청구권의 법적 성질

연금청구권은 공법상의 권리인 공권이다.

(3) 행정소송

공무원연금관리공단의 급여결정에 불복하는 자는 공무원연금급여재심위원회의 심사결정을 거쳐 공무원연금관리공단의 급여결정을 대상으로 행정소송(공법상 당사자소송)을 제기하여야 한다(대판 1996. 12. 6. 96누6417; 대판 2004. 12. 24. 2003두15195).

공무원연금법상 유족보상금 지급의 요건이 되는 공무상 질병의 의미
「공무원연금법」상의 유족보상금 지급의 요건이 되는 공무상 질병이라 함은 공무원이 공무집행중 이로 인하여 발생한 질병으로 공무와 질병 사이에 인과관계가 있어야 할 것이나, 이 경우 질병의 주된 발생 원인이 공무와 직접 연관이 없다고 하더라도 직무상의 과로 등이 질병의 주된 발생원인과 겹쳐서 질병을 유발시켰다면 그 인과관계가 있다고 보아야 할 것이고, 또한 과로로 인한 질병에는 평소에 정상적인 근무가 가능한 기초질병이나 기존질병이 직무의 과중으로 인하여 자연적인 진행속도 이상으로 급격히 악화된 경우까지 포함된다고 보아야 할 것이며, 공무상 질병에 해당되는지의 여부를 판단함에 있어 공무와 사망 사이의 상당인과관계의 유무는 보통 평균인이 아니라 당해 공무원의 건강과 신체조건을 기준으로 하여 판단하여야 한다(대판 2006. 9. 8. 2005두15373; 대판 1996. 9. 6. 96누6103; 대판 1994. 2. 25. 93누19030 등).

공무원연금법상의 공무상 재해에 해당하는 공무원의 출·퇴근 중 발생한 재해와 관련하여 '퇴근'의 의미

경찰공무원이 근무를 마치고 승용차를 운전하여 자신의 주거지인 단독주택 마당으로 들어와 마당에 승용차를 주차시킨 후 승용차에서 내려 자택의 건물 쪽으로 걸어가다가 넘어지면서 땅바닥에 있던 깨진 병조각에 눈을 찔려 다치는 사고를 당한 사안에서, 위 경찰공무원이 승용차를 운전하여 단독주택의 마당에 들어선 순간 개인적으로 지배·관리하는 사적 영역인 주거지 영역 내에 들어선 것이고 그로써 퇴근행위는 종료된 것으로 보아야 하므로, 그 후 발생한 사고는 퇴근 후의 사고로서 공무상 재해에 해당하지 않는다(대판 2010. 6. 24. 2010두3398).

공무상 질병을 치료하는 과정에 의료과오가 개입하거나 당해 공무원에게 의사의 요양에 관한 지시를 어긴 과실이 있는 경우 사망과 공무 사이의 인과관계

공무상 질병을 치료하는 과정에서 의료과오가 개입하거나 투여한 약제의 부작용으로 인하여 그 질병이 더욱 악화되었다고 하더라도 그 질병으로 인한 사망과 공무 사이에는 여전히 인과관계가 있다고 할 것이며, 또한 당해 공무원에게 의사의 요양에 관한 지시를 어긴 과실이 있다고 하여, 그것이 중대한 과실에 의하거나 정당한 사유 없이 행한 것으로서 「공무원연금법」 제62조 제3항 제1호 및 같은 법 시행령 제53조에 의하여 급여액의 감액사유가 되는 것은 별론으로 하되, 그 때문에 사망과 공무 사이에 인과관계가 부정되지는 아니한다(대판 1999. 3. 9. 98두18206).

퇴직급여결정은 행정처분

① 퇴직연금 등의 급여는 급여를 받을 권리를 가진 자가 당해 공무원이 소속하였던 기관장의 확인을 얻어 신청하는 바에 따라 공무원연금관리공단이 그 지급결정을 함으로써 그 구체적인 권리가 발생하는 것이므로, 공무원연금관리공단의 급여에 관한 결정은 국민의 권리에 직접 영향을 미치는 것이어서 행정처분에 해당한다(대판 2004. 7. 8. 2004두244).

② 공무원연금급여재심위원회의 심사결정에 불복하려는 자는 공무원연금관리공단을 상대로 행정소송을 제기하여야 하지, 바로 국가를 상대로 민사소송으로 급여의 지급을 구할 수 없다(대판 1987. 12. 8. 87다카2000).

공무원연금관리공단이 퇴직연금 수급자가 퇴직연금 중 일부 금액의 지급정지대상자가 되었다는 사실을 통보한 경우, 위 통보가 항고소송의 대상이 되는 행정처분인지 여부(소극)

공무원연금관리공단이 법령의 개정사실과 퇴직연금 수급자가 퇴직연금 중 일부 금액의 지급정지대상자가 되었다는 사실을 통보한 것은 단지 위와 같이 법령에서 정한 사유의 발생으로 퇴직연금 중 일부 금액의 지급이 정지된다는 점을 알려주는 관념의 통지에 불과하고, 그로 인하여 비로소 지급이 정지되는 것은 아니므로 항고소송의 대상이 되는 행정처분으로 볼 수 없다(대판 2004. 7. 8. 2004두244).

3. 실비변상청구권·보상지급청구권

공무원은 보수 외에 국회규칙, 대법원규칙, 헌법재판소규칙, 중앙선거관리위원회규칙 또는 대통령령으로 정하는 바에 따라 직무 수행에 필요한 실비변상을 받을 수 있다(국가공무원법 제48조 제1항). 이는 포기가 가능하다.

그리고 공무원이 소속 기관장의 허가를 받아 본래의 업무 수행에 지장이 없는 범위에서 담당 직무 외의 특수한 연구과제를 위탁받아 처리하면 그 보상을 지급받을 수 있다(국가공무원법 제48조 제2항).

Ⅲ. 노동조합 설립·운영권

노동조합 전임자인 공무원에게 성실의무, 복종의무, 직장이탈금지의무가 면제되지 않는다
공무원은 누구나 「국가공무원법」 제56조의 성실의무, 제57조의 복종의무, 제58조의 직장이탈금지의무가 있으므로, 노동조합 전임자가 되어 근로제공의무가 면제된다고 하여 위 의무까지 면제된다고 할 수 없으므로, 노동조합의 전임자가 목적과 절차상 정당성이 인정되지 않는 파업을 주동하고, 파업에 참가하며, 다른 조합원의 파업 참가를 선동한 행위는 정당한 노동조합의 활동을 벗어난 것이어서 「국가공무원법」 제56조의 성실의무, 제58조 제1항의 직장이탈 금지의무에 위반되고, 직장 복귀명령에도 불구하고 복귀시한까지 노조사무실 등 지정된 장소에 복귀하지 아니한 것은 「국가공무원법」 제57조 소정의 복종의무를 위반한 것이다(대판 2008. 10. 9. 2006두13626).

제2절 공무원의 의무

<table>
<tr><td>일반적 의무</td><td colspan="2">① 선서의무 ② 성실의무
③ 품위유지의무 ④ 청렴의무</td></tr>
<tr><td>직무상 의무</td><td colspan="2">① 법령준수의무 ② 복종의무 ③ 직무전념의무(직장이탈금지, 영리업무 및 겸직금지의무, 영예제한, 정치운동금지의무, 집단행위금지의무)
④ 친절공정의무 ⑤ 종교중립의무 ⑥ 비밀엄수의무</td></tr>
<tr><td rowspan="3">기타 법률상 의무</td><td>공직자윤리법</td><td>① 재산등록 및 공개의무 ② 선물신고의무
③ 퇴직공직자의 취업제한 및 행위제한</td></tr>
<tr><td colspan="2">공직자 등의 병역사항 신고 및 공개에 관한 법률상 병역사항 신고의무</td></tr>
<tr><td colspan="2">부패방지 및 국민권익위원회의 설치와 운영에 관한 법률상 의무</td></tr>
</table>

Ⅰ. 일반적 의무

1. 성실의무

모든 공무원은 성실히 직무를 수행하여야 한다(국가공무원법 제56조).

성실의무는 공무원에게 부과된 가장 기본적인 중요한 의무로서 최대한으로 공공의 이익을 도모하고 그 불이익을 방지하기 위하여 전인격과 양심을 바쳐서 성실히 직무를 수행하여야 하는 것을 그 내용으로 한다(대판 1989. 5. 23. 88누3161).

성실의무는 윤리성을 본질로 하지만, 무한정의 충성의무가 아니고 법적 의무로서, 위반의 경우 징계사유가 된다.

공무원의 성실의무는 경우에 따라 근무시간 외에 근무지 밖에까지도 미치는 경우가 있다
「국가공무원법」상 공무원의 성실의무는 경우에 따라 근무시간 외에 근무지 밖에까지도 미치는 경우가 있다고 할 것인바, 전국기관차협의회(전기협)가 개최한 집회는 단체교섭권이 없고 쟁의행위의 주체가 될 수 없는 전기협이 요구사항을 관철시키기 위하여 투쟁분위기를 고조시키고 파업결의를 다지기 위한 것이어서 정당한 단체행동의 범위내에 있는 것으로 보기 어렵고, 가사 위 각 집회가 관계법령에 따라 적법한 절차를 거쳐 개최되었고 근무시간 외에 사업장 밖에서 개최되었다고 하더라도, 철도의 정상적인 운행을 수행하여야 할 철도기관사로서의 성실의무는 철도의 정상운행에 지장을 초래할 가능성이 높은 집회에 참석하지 아니할 의무에까지도 미친다고 보아야 할 것이므로, 전기협이 주최하는 위 각 집회에 참석하지 못하도록 한 피고의 명령은 정당한 직무상 명령이라 할 것이다(대판 1997. 2. 11. 96누2125).

2. 품위유지의무

공무원은 직무의 내외를 불문하고 그 품위가 손상되는 행위를 하여서는 아니 된다(국가공무원법 제63조).

여기에서 '품위'라 함은 주권자인 국민의 수임자로서의 직책을 맡아 수행해 나가기에 손색이 없는 인품을 말한다(대판 1998. 2. 27. 97누18172; 대판 2013. 9. 12. 2011두20079).

3. 청렴의무

청렴의무는 공무원의 순결성·직무행위불가매수성을 보호하고 공무원의 직무집행의 적정을 보장하려는 데에 있다(대판 1995. 11. 24. 95누1606; 대판 2004. 11. 12. 2002두11813).

따라서 공무원이 법에 따라 정당하게 업무를 처리하였다 하더라도 그 사례로서 금품을 수수한 것은 청렴의무위반으로서 징계사유가 된다.

Ⅱ. 직무상 의무

1. 법령준수의무

모든 공무원은 법령을 준수하여야 한다(국가공무원법 제56조).

법령준수의무는 직무수행에 있어 가장 기본적인 의무이며, 명령복종의무보다 이 의무가 우선한다(대판 1967. 2. 7. 67누168).

공무원의 법령위반은 위법행위 또는 불법행위로서, 취소·무효, 손해배상, 처벌, 징계 등의 원인이 된다. 여기서 법령이란 행정법의 법원이 되는 모든 법을 말하는 것으로서 법규명령 외에 행정규칙도 포함한다.

행정규칙에 위반된 행위도 징계대상이다
「검찰청법」 제11조의 위임에 기한 검찰근무규칙 제13조 제1항은, 검찰청의 장이 출장 등의 사유로 근무지를 떠날 때에는 미리 바로 윗 검찰청의 장 및 검찰총장의 승인을 얻어야 한다고 규정하고 있는바, 이는 검찰조직 내부에서 검찰청의 장의 근무수칙을 정한 이른바 행정규칙으로서 검찰청의 장에 대하여 일반적인 구속력을 가지므로, 그 위반행위는 직무상의 의무위반으로 「검사징계법」 제2조 제2호의 징계사유에 해당한다(대판 2001. 8. 24. 2000두7704).

2. 복종의무

(1) 의 의

공무원은 직무를 수행할 때 소속 상관의 직무상 명령에 복종하여야 한다(국가공무원법 제57조).

(2) 직무상 명령

검찰총장이 검사에 대한 비리혐의를 내사하는 과정에서 해당 검사에게 참고인과 대질신문을 받도록 담당부서에 출석할 것을 지시한 경우, 복종의무를 발생시키는 직무상의 명령에 해당하는지 여부(소극)
상급자가 하급자에게 발하는 직무상의 명령이 유효하게 성립하기 위하여는 상급자가 하급자의 직무범위 내에 속하는 사항에 대하여 발하는 명령이어야 하는 것인바, 검찰총장이 검사에 대한 비리혐의를 내사하는 과정에서 해당 검사에게 참고인과 대질신문을 받도록 담당부서에 출석할 것을 지시한 경우, 검찰총장의 위 출석명령은 "검찰총장은 대검찰청의 사무를 맡아 처리하고 검찰사무를 통할하며 검찰청의 공무원을 지휘·감독한다"고 규정한 「검찰청법」 제12조 제2항을 근거로 하고 있으나, 위 규정은 검찰총장이 직무상의 명령을 발할 수 있는 일반적인 근거규정에 불과하고, 구체적으로 그러한 직무상의 명령이 유효하게 성립하기 위해서는 하급자인 그 검사의 직무범위 내에 속하는 사항을 대상으로 하여야 할 것인데, 그 검사가 대질신문을 받기 위하여 대검찰청에 출석하는 행위는 「검찰청법」 제4조 제1항에서 규정하고 있는 검사의 고유한 직무인 검찰사무에 속하지 아니할 뿐만 아니라, 또한 그 검사가 소속 검찰청의 구성원으로서 맡아 처리하는 이른바 검찰행정사무에 속한다고 볼 수도 없는 것이고, 따라서 위 출석명령은 그 검사의 직무범위 내에 속하지 아니하는 사항을 대상으로 한 것이므로 그 검사에게 복종의무를 발생시키는 직무상의 명령이라고 볼 수는 없다(대판 2001. 8. 24. 2000두7704).

공무원이 노동조합 전임자 지위에 있다고 하여 복종의무가 면제되는지 여부(소극) 및 노동조합 전임자에 대한 직무상 명령이 노동조합의 정당한 활동 범위 내에 속하는 사항을 대상으로 하는 경우, 그 명령이 복종의무를 발생시키는 유효한 직무상 명령에 해당하기 위한 요건

「국가공무원법」 제57조 및 「지방공무원법」 제49조에 의하면 공무원은 직무를 수행할 때 소속 상급공무원의 직무상 명령에 복종하여야 하고, 한편 「공무원이 공무원의 노동조합 설립 및 운영 등에 관한 법률」 제7조에서 정한 노동조합 전임자가 되어 근로제공의무가 면제된다고 하더라도 이는 노동조합 전임자로서 정당한 노동조합 활동에 전념하는 것을 보장하기 위한 것에 그 의미가 있으므로, 노동조합 전임자의 지위에 있다고 하여 위와 같은 복종의무가 전적으로 면제된다고 할 수는 없다. 그러나 「공무원의 노동조합 설립 및 운영 등에 관한 법률」에 의하여 공무원노동조합의 정당한 활동은 보장되므로, 노동조합 전임자에 대한 직무상 명령이 노동조합의 정당한 활동 범위 내에 속하는 사항을 대상으로 하는 경우에는, 그 소속 기관의 원활한 공무 수행이나 근무기강의 확립, 직무집행의 공정성 또는 정치적 중립성 확보 등을 위하여 그 직무상 명령을 발령할 필요가 있다는 등의 특별한 사정이 있을 때에 한하여 그 명령은 복종의무를 발생시키는 유효한 직무상 명령에 해당한다(대판 2013. 9. 12. 2011두20079).

(3) 복종의무의 한계

일반적으로 직무명령의 하자가 범죄를 구성할 때, 중대·명백하여 무효인 경우, 위법성이 명백한 경우에는 심사할 수 있으며, 그 직무명령에 대하여는 복종의무가 없을 뿐만 아니라 복종을 거부할 의무가 있다. 그러나 직무명령이 단순히 부당한 경우에는 상관에 대한 의견을 진술함에 그치고 복종을 거부할 수 없다.

상관의 위법 내지 불법한 명령과 하관의 복종의무

① 공무원이 그 직무를 수행함에 있어 상관은 하관에 대하여 범죄행위 등 위법한 행위를 하도록 명령할 직권이 없는 것이고, 하관은 소속상관의 적법한 명령에 복종할 의무는 있으나 그 명령이 참고인으로 소환된 사람에게 가혹행위를 가하라는 등과 같이 명백한 위법 내지 불법한 명령인 때에는 이는 벌써 직무상의 지시명령이라 할 수 없으므로 이에 따라야 할 의무는 없다. 설령 대공수사단 직원은 상관의 명령에 절대 복종하여야 한다는 것이 불문율로 되어 있다 할지라도 국민의 기본권인 신체의 자유를 침해하는 고문행위 등이 금지되어 있는 우리의 국법질서에 비추어 볼 때 그와 같은 불문율이 있다는 것만으로는 고문치사와 같이 중대하고도 명백한 위법명령에 따른 행위가 정당한 행위에 해당하거나 강요된 행위로서 적법행위에 대한 기대가능성이 없는 경우에 해당하게 되는 것이라고는 볼 수 없다(대판 1988. 2. 23. 87도2358).

② 공무원이 그 직무를 수행함에 즈음하여 상관은 하관에 대하여 범죄행위 등 위법한 행위를 하도록 명령할 직권이 없는 것이며, 또한 하관은 소속상관의 적법한 명령에 복종할 의무는 있으나 그 명령이 대통령 선거를 앞두고 특정 후보에 대하여 반대하는 여론을 조성할 목적으로 확인되지도 않은 허위의 사실을 담은 책자를 발간·배포하거나 기사를 게재하도록 하라는 것과 같이 명백히 위법 내지 불법한 명령인 때에는 이는 벌써 직무상의 지시명령이라 할 수 없으므로 이에 따라야 할 의무가 없다(대판 1999. 4. 23. 99도636).

3. 직무전념의무

(1) 직장이탈금지의 의무

공무원은 소속 상관의 허가 또는 정당한 사유가 없으면 직장을 이탈하지 못한다(국가공무원법 제58조 제1항).

공무원이 연가를 신청하거나 사직원을 제출한 경우에도 소속기관장의 연가허가나 사직원이 적법하게 수리되어 면직되기 전에 근무지를 이탈하면 직장이탈금지의무 위반으로서 징계사유가 된다(대판 1971. 3. 13. 71누14; 대판 1996. 6. 14. 96누2521 등).

무단직장이탈행위

① 경찰서 수사과 형사계 반장인 원고의 부하직원에 대한 뇌물수수사건의 검찰 수사과정에서 뇌물을 받은 사람이 원고라는 제공자의 진술에 따라 원고에게까지 수사가 확대되자, 원고가 수사를 피하기 위하여 사직원을 제출하였으나 수리도 되지 아니한 상태에서 소속상관의 허가없이 3개월여 동안 직장을 이탈하고 출근하지 아니하여 뇌물수수 등의 죄로 지명수배된 경우, 원고의 위와 같은 행위는 「국가공무원법」상의 직장이탈이어서 같은 법 제78조 제1항 제1호에 해당한다는 이유로 원고에 대하여 한 파면처분에 재량권을 남용 또는 일탈한 위법이 없다(대판 1991. 11. 12. 91누3666).

② 공무원이 전국공무원노동조합의 결의에 따라 총파업에 참가하기 위하여 소속 학교장의 허가 없이 무단결근을 한 행위가 「지방공무원법」 제50조 제1항에서 금지하는 '무단직장이탈행위'에 해당한다(대판 2007. 5. 11. 2006두19211).

노동조합 전임자인 공무원이 정당한 노동조합활동의 범위를 벗어난 행위를 한 경우에도 국가공무원법에 정한 성실의무, 복종의무, 직장이탈금지의무가 면제되는지 여부(소극)
공무원은 누구나 「국가공무원법」 제56조의 성실의무, 제57조의 복종의무, 제58조의 직장이탈금지의무가 있고, 공무원이 노동조합 전임자가 되어 근로제공의무가 면제된다고 하더라도 이는 노동조합 전임자로서 정당한 노동조합의 활동에 전념하는 것을 보장하기 위한 것에 그 의미가 있으므로, 노동조합 전임자인 공무원이라 하여도 정당한 노동조합활동의 범위를 벗어난 경우까지 「국가공무원법」에 정한 위 의무들이 전적으로 면제된다고 할 수는 없다(대판 2008. 10. 9. 2006두13626).

(2) 영리업무 및 겸직금지의무

공무원은 공무 외에 영리를 목적으로 하는 업무에 종사하지 못하며 소속 기관장의 허가 없이 다른 직무를 겸할 수 없다(국가공무원법 제64조 제1항).

공무원이 여관을 매수하여 임대한 행위가 공무원으로서 겸직이 금지되는 영리업무에 해당하는지 여부(소극)
공무원으로서 겸직이 금지되는 영리업무는 영리적인 업무를 공무원이 스스로 경영하여 영리를 추구함이 현저한 업무를 의미하고 공무원이 여관을 매수하여 임대하는 행위는 영리업무에 종사하는 경우라고 할 수 없다(대판 1982. 9. 14. 82누46).

(3) 집단행동의 금지

공무원은 노동운동이나 그 밖에 공무 외의 일을 위한 집단 행위를 하여서는 아니 된다. 다만, 사실상 노무에 종사하는 공무원은 예외로 한다(국가공무원법 제66조 제1항).

'공무 이외의 일을 위한 집단적 행위'라 함은 공무 이외의 일을 위한 모든 집단적 행위를 의미하는 것이 아니라, 공익에 반하는 목적을 위하여 직무전념의무를 해태하는 등의 영향을 가져오는 집단적 행위라고 축소해석하여야 한다(대판 2008. 2. 14. 2007도11045; 대판 2005. 4. 15. 2003도2960).

판례는 '집단적 행위'를 단체의 결성단계에 이르지 아니한 상태의 행위로 이해한다(대판 1992. 3. 27. 91누9145).

공무원인 교원이 집단으로 행한 의사표현행위가 국가공무원법 제66조 제1항이 금지하는 '공무 외의 일을 위한 집단행위'에 해당하는 경우 및 사립학교 교원이 국가공무원법 제66조 제1항이 금지하는 '공무 외의 일을 위한 집단행위'에 참여한 경우, 징계사유에 해당하는지 여부(적극)
공무원인 교원이 집단으로 행한 의사표현행위가 국가공무원법이나 공직선거법 등 개별 법률에서 공무원에 대하여 금지하는 특정의 정치적 활동에 해당하는 경우나, 특정 정당이나 정치세력에 대한 지지 또는 반대의사를 직접적으로 표현하는 등 정치적 편향성 또는 당파성을 명백히 드러내는 행위 등과 같이 공무원인 교원의 정치적 중립성을 침해할 만한 직접적인 위험을 가져올 정도에 이르렀다고 볼 수 있는 경우에, 그 행위는 공무원인 교원으로서의 본분을 벗어나 공익에 반하는 행위로서 공무원으로서의 직무에 관한 기강을 저해하거나 공무의 본질을 해치는 것이어서 직무전념의무를 해태한 것이라 할 것이므로, 「국가공무원법」 제66조 제1항이 금지하는 '공무 외의 일을 위한 집단행위'에 해당한다고 보는 것이 타당하다. 그리고 사립학교 교원의 복무에 관하여 국·공립학교의 교원에 관한 규정이 준용되고(구 사립학교법 제55조), 사립학교 교원이 직무상의 의무에 위반한 경우 등은 징계사유에 해당하므로(구 사립학교법 제61조 제1항), 사립학교 교원이 「국가공무원법」 제66조 제1항이 금지하는 '공무 외의 일을 위한 집단행위'에 참여한 때에는 징계사유에 해당한다(대판 2013. 6. 27. 2009추206).

국가공무원법 제66조 제1항은 합헌이다

① **대법원**

공무원의 집단행위를 금지한 「국가공무원법」 제66조 제1항이 「헌법」 제11조의 평등권조항, 제21조의 언론, 출판, 집회, 결사의 자유조항, 제31조 제4항의 교육의 자주성 등의 보장조항, 제33조의 근로자의 단결권 등 조항이나 제37조 제2항의 국민의 자유와 권리의 제한조항에 위배된 위헌규정이라고 할 수 없다(대판 1990. 12. 26. 90다8916).

② **헌법재판소**

「국가공무원법」 제66조 제1항이 근로3권이 보장되는 공무원의 범위를 사실상 노무에 종사하는 공무원에 한정하고 있는 것은 근로3권의 향유주체가 될 수 있는 공무원의 범위를 정하도록 하기 위하여 「헌법」 제33조 제2항이 입법권자에게 부여하고 있는 형성적 재량권의 범위를 벗어난 것이라고는 볼 수 없다.

위 법률조항이 규정하고 있는 "노동운동"의 개념은 그 근거가 되는 「헌법」 제33조 제2항의 취지에 비추어 근로자의 근로조건의 향상을 위한 단결권·단체교섭권·단체행동권 등 이른바 노동3권을 기초로 하여 이에 직접 관련된 행위를 의미하는 것으로 좁게 해석하는 것이 상당하고, 한편 위 법률조항이 그 제정 이래 오랫동안 집행되어 오면서 법원도 위 법률조항을 해석·적용함에 있어서 위와 동일한 뜻으로 명백히 한정해석하고 있으므로, 법률에 대한 일반적인 명확성의 원칙은 물론 적법절차나 죄형법정주의의 원칙에서 요구되는 보다 엄격한 의미의 명확성의 원칙에 의한 판단기준에도 위배된다고 할 수 없다.

위 법률조항이 사실상 노무에 종사하는 공무원에 대하여서만 근로3권을 보장하고 그 이외의 공무원들에 대하여는 근로3권의 행사를 제한함으로써 일반근로자 또는 사실상 노무에 종사하는 공무원의 경우와 달리 취급하는 것은 「헌법」 제33조 제2항에 그 근거를 두고 있을 뿐 아니라 합리적인 이유가 있다 할 것이므로 헌법상 평등의 원칙에 위반되는 것이 아니다(헌재결 1991. 4. 28. 90헌바27).

4. 비밀엄수의무

직무상 비밀은 실질적으로 비밀로서 보호할 가치가 있는지 객관적으로 검토되어야 한다

「국가공무원법」상 직무상의 비밀이라 함은 국가 공무의 민주적·능률적 운영을 확보한다는 이념에 비추어 볼 때 당해 사실이 일반에 알려질 경우 그러한 행정의 목적을 해할 우려가 있는지 여부를 기준으로 판단하여야 하며, 구체적으로 행정기관이 형식적으로 비밀이라고 지정한 것에 따를 것이 아니라 실질적으로 비밀로서 보호할 가치가 있는지, 또한 정부나 국민의 이익 또는 행정목적 달성을 위하여 비밀로서 보호할 필요성이 있는지 등이 객관적으로 검토되어야 한다(대판 1996. 10. 11. 94누7171).

이문옥 감사관 사건

이문옥 감사관이 재벌기업의 비업무용 부동산보유현황 등에 관해 조사한 은행감독원의 자료와 감사원의 감사자료를 신문기자에게 건네주어 보도케 한 것이 직무상 비밀엄수의무위반인지가 문제된 사건에서 대법원은 은행감독원의 자료는 이미 국회에 제출되어 공개된 것이고, 재벌의 비업무용 부동산보유실태는 오늘날의 고도의 정보사회에 있어서 일반인에게 알려지지 않은 비밀인지도 의심스러울 뿐만 아니라 위 감사자료는 추후의 감사를 전제로 하여 비밀로서 보호할 필요도 인정되지 않는다는 등의 이유로 「국가공무원법」 제60조상의 직무상의 비밀에 속하지 않는다고 판시하였다.
그런데 위의 문건에 기재된 내용이 직무상 비밀에 속하지 않는다고 할지라도, 위 문건의 내용이 그대로 신문에 게재되게 한 행위는 감사자료의 취급에 관한 내부수칙을 위반한 것이고 이로 인하여 관계기업이나 관계기관의 신용에 적지 않은 피해를 입힌 것으로서 공무원의 성실의무 등 직무상 의무를 위반한 것으로서 징계사유에 해당한다고 하면서 다만, 징계의 양정에 있어서 징계 중 가장 무거운 파면을 선택한 것은 징계에 관한 재량권의 남용이라고 판시하였다(대판 1996. 10. 11. 94누7171).

제3절 공무원의 책임

Ⅰ. 행정상 책임

1. 징계책임

(1) 의 의

공무원이 공무원관계에서 지는 의무를 위반한 경우에 공무원관계의 질서유지를 위하여 가하는 제재로서의 벌을 징계벌이라 하고, 그 제재를 받을 지위를 징계책임이라 한다.

(2) 형벌과의 관계

징계책임은 형사책임과는 별개의 책임이므로 이를 병과하여도 일사부재리의 원칙에 반하지 않는다.

징계벌과 형벌의 병과

공무원에게 징계사유가 인정되는 이상 관련된 형사사건이 아직 유죄로 확정되지 아니하였다고 하더라도 징계처분을 할 수 있다(대판 2001. 11. 9. 2001두4184).

동일사유로 직위해제처분하고 다시 감봉처분을 한 경우와 일사부재리원칙

직위해제처분이 공무원에 대한 불이익한 처분이긴 하나 징계처분과 같은 성질의 처분이라 할 수 없으므로 동일한 사유로 직위해제 처분을 하고 다시 감봉처분을 하였다 하여 일사부재리원칙에 위배된다 할 수 없다(대판 1983. 10. 25. 83누184).

(3) 징계사유

수 개의 징계사유 중 일부가 인정되지 않으나 인정되는 다른 일부 징계사유만으로도 당해 징계처분의 타당성을 인정하기에 충분한 경우, 그 징계처분을 유지할 수 있다

수 개의 징계사유 중 일부가 인정되지 않더라도 인정되는 다른 징계사유만으로도 당해 징계처분의 타당성을 인정하기에 충분한 경우에는 그 징계처분을 유지하여도 위법하지 아니하다. 경찰공무원이 담당사건의 고소인으로부터 금품을 수수하고 향응과 양주를 제공받았으며 이를 은폐하기 위하여 고소인을 무고하는 범죄행위를 하였다는 사유로 해임처분을 받은 경우, 위 징계사유 중 금품수수사실이 인정되지 않더라도 나머지 징계사유만으로도 해임처분의 타당성이 인정되어 재량권의 범위를 일탈·남용한 것이 아니다(대판 2002. 9. 24. 2002두6620).

임명 전의 행위는 원칙적으로 징계사유가 될 수 없다.

임용 전의 행위로 인하여 임용 후의 공무원의 체면 또는 위신을 손상시키는 경우에는 예외적으로 징계사유가 될 수 있다(대판 1996. 3. 8. 95누18536).

공립학교 교사로 임용되기 전의 뇌물공여행위가 교사로서의 위신 또는 체면을 손상시켰다는 것을 사유로 한 징계처분이 적법하다

국가공무원으로 임용되기 전의 행위는 「국가공무원법」 제78조 제2항, 제3항의 경우 외에는 원칙적으로 재직 중의 징계사유로 삼을 수 없다 할 것이나, 비록 임용 전의 행위라 하더라도 이로 인하여 임용 후의 공무원의 체면 또는 위신을 손상하게 된 경우에는 위 제1항 제3호의 징계사유로 삼을 수 있다고 보아야 할 것인바, 원고가 장학사 또는 공립학교 교사로 임용해 달라는 등의 인사청탁과 함께 금 1,000만원을 제3자를 통하여 서울시 교육감에게 전달함으로써 뇌물을 공여하였고, 그 후 공립학교 교사로 임용되어 재직 중 검찰에 의하여 위 뇌물공여죄로 수사를 받다가 기소되기에 이르렀으며 그와 같은 사실이 언론기관을 통하여 널리 알려졌다면, 비록 위와 같은 뇌물을 공여한 행위는 공립학교 교사로 임용되기 전이었더라도 그 때문에 임용 후의 공립학교 교사로서의 체면과 위신이 크게 손상되었다고 하지 않을 수 없으므로 이를 징계사유로 삼은 것은 정당하다(대판 1990. 5. 22. 89누7368).

공무원임용 전의 행위가 징계사유가 된 경우 징계시효의 기산점은 그 행위를 한 때가 아니라 공무원으로 임용된 때로부터 기산된다.

원고가 공무원 임용과 관련하여 부정한 청탁과 함께 뇌물을 공여하고 공무원으로 임용되었다면 공무원의 신분을 취득하기까지의 일련의 행위가 「국가공무원법」상의 징계사유에 해당한다고 할 것이므로 「국가공무원법」 제83조의2 제1항에 정하는 징계시효의 기산점은 원고가 뇌물을 공여한 때가 아니라 공무원으로 임용된 때로부터 기산하여야 할 것이다(대판 1990. 5. 22. 89누7368).

징계사유의 시효를 정한 지방공무원법의 규정 취지

징계사유의 시효를 정한 「지방공무원법」 제73조의2 제1항의 규정은 공무원에게 징계사유에 해당하는 비위가 있더라도 그에 따른 징계절차를 진행하지 않았거나 못한 경우 그 사실상태가 일정 기간 계속되면 그 적법·타당성 등을 묻지 아니하고 그 상태를 존중함으로써 공직의 안정성을 보장하려는 취지이지, 임용권자가 징계시효기간 내에만 징계의결요구를 하면 된다는 취지로는 해석되지 아니하고, 오히려 지방공무원 징계 및 소청규정 제2조 제1항, 제6항에서 임용권자는 징계사유에 대한 충분한 조사를 한 후 소속공무원에게 징계사유가 있다고 인정될 때에는 "지체 없이" 관할 인사위원회에 징계의결을 요구하여야 한다고 규정한 취지에 비추어 볼 때, 임용권자는 징계사유가 발생하면 이에 대한 충분한 조사를 한 다음, 특별한 사정이 없는 한 지체 없이 징계의결요구를 할 직무상 의무가 있다(대판 2007. 7. 12. 2006도1390).

(4) 징계의 종류

① 징계종류의 선택

징계사유가 발생한 경우 징계권자에게는 징계를 할 것인가 아니할 것인가의 결정재량은 없지만, 어떠한 종류의 징계를 할 것인가의 선택재량은 인정된다. 다만, 조리상 제한을 받는다(대판 1991. 7. 23. 90누8954).

공무원에 대한 징계권자가 가지는 재량권의 한계 및 재량권남용 여부의 판단 기준

공무원인 피징계자에게 징계사유가 있어서 징계처분을 하는 경우 어떠한 처분을 할 것인가는 징계권자의 재량에 맡겨진 것이고, 다만 징계권자가 재량권의 행사로서 한 징계처분이 사회통념상 현저하게 타당성을 잃어 징계권자에게 맡겨진 재량권을 남용한 것이라고 인정되는 경우에 한하여 그 처분을 위법하다고 할 수 있으며, 공무원에 대한 징계처분이 사회통념상 현저하게 타당성을 잃었다고 하려면 구체적인 사례에 따라 징계의 원인이 된 비위사실의 내용과 성질, 징계에 의하여 달성하려고 하는 행정목적, 징계 양정의 기준 등 여러 요소를 종합하여 판단할 때 그 징계 내용이 객관적으로 명백히 부당하다고 인정할 수 있는 경우라야 하고, 징계권의 행사가 임용권자의 재량에 맡겨진 것이라고 하여도 공익적 목적을 위하여 징계권을 행사하여야 할 공익의 원칙에 반하거나 일반적으로 징계사유로 삼은 비행의 정도에 비하여 균형을 잃은 과중한 징계처분을 선택함으로써 비례의 원칙에 위반하거나 또는 합리적인 사유 없이 같은 정도의 비행에 대하여 일반적으로 적용하여 온 기준과 어긋나게 공평을 잃은 징계처분을 선택함으로써 평등의 원칙에 위반한 경우에 이러한 징계처분은 재량권의 한계를 벗어난 처분으로서 위법하다 할 것이다(대판 2007. 5. 11. 2006두19211; 대판 2006. 5. 11. 2004두5546; 대판 1999. 11. 26. 98두6951 등).

② 징계의 유형

징계는 파면 · 해임 · 강등 · 정직 · 감봉 · 견책으로 구분한다(국가공무원법 제79조, 지방공무원법 제70조). 파면 · 해임은 배제징계에 속하고, 강등 · 정직 · 감봉 · 견책은 교정징계에 해당한다.

소속장관의 서면에 의한 경고는 징계처분에 해당하지 않는다

공무원이 소속 장관으로부터 받은 '직상급자와 다투고 폭언하는 행위 등에 대하여 엄중 경고하니 차후 이러한 사례가 없도록 각별히 유념하기 바람'이라는 내용의 서면에 의한 경고가 공무원의 신분에 영향을 미치는 「국가공무원법」상의 징계의 종류에 해당하지 아니하고, 근무충실에 관한 권고행위 내지 지도행위로서 그 때문에 공무원으로서의 신분에 불이익을 초래하는 법률상의 효과가 발생하는 것도 아니므로, 경고가 「국가공무원법」상의 징계처분이나 행정소송의 대상이 되는 행정처분이라고 할 수 없어 그 취소를 구할 법률상의 이익이 없다(대판 1991. 11. 12. 91누2700).

행정규칙에 의한 불문경고조치는 법률상 징계처분은 아니지만 항고소송의 대상이 되는 처분에는 해당한다

행정규칙에 의한 '불문경고조치'가 비록 법률상의 징계처분은 아니지만 위 처분을 받지 아니하였다면 차후 다른 징계처분이나 경고를 받게 될 경우 징계감경사유로 사용될 수 있었던 표창공적의 사용가능성을 소멸시키는 효과와 1년 동안 인사기록카드에 등재됨으로써 그동안은 장관표창이나 도지사표창 대상자에서 제외시키는 효과 등이 있다는 이유로 항고소송의 대상이 되는 행정처분에 해당한다(대판 2002. 7. 26. 2001두3532).

(5) 징계절차

임용권자는 징계사유가 발생하면 지체 없이 징계의결요구를 할 직무상 의무가 있다(대판 2007. 7. 12. 2006도1390). 징계의결의 요구는 기속적이다.

지방자치단체장이 지방공무원법위반 등으로 처벌된 바 있는 산하 공무원에 대하여 징계의결요구를 하지 않고 오히려 승진임용한 경우

기초자치단체장의 산하 내무과장에 대한 승진임용 당시 위 내무과장은 지방공무원법위반 등으로 구속기소된 바 있는데, 그 사안의 내용에 비추어 보면, 이는 「지방공무원법」 제69조 제1항 소정의 징계사유에 해당된다고 볼 수 있고, 따라서 위 자치단체장으로서는 위 내무과장에 대하여 지체 없이 징계의결의 요구를 할 의무가 있다고 할 것이며, 나아가 직위해제를 할 필요성도 매우 높은 경우라고 보아야 할 것이다. 그럼에도 불구하고 위 자치단체장은 위 내무과장에 대하여 징계의결요구나 직위해제처분을 하지 않았을 뿐만 아니라, 오히려 지방서기관으로 그를 승진임용시켰는바, 이는 법률이 임용권자에게 부여한 승진임용에 관한 재량권의 범위를 일탈한 것으로서 현저히 부당하여 공익을 해하는 위법한 처분이다(대판 1998. 7. 10. 97추67).

비위사실이 계속적으로 행하여진 일련의 행위인 경우의 징계시효의 기산점

원고의 비위가 모두 소송사건에 관련하여 계속적으로 행하여진 일련의 행위라면 설사 그 중에 본건 징계의결시 2년이 경과한 것이 있다 할지라도 그 징계시효의 기산점은 위 일련의 행위 중 최종의 것을 기준하여야 한다(대판 1986. 1. 21. 85누841).

적법한 출석통지 없이 한 징계심의절차의 적부

「교육공무원법」의 위임에 의하여 제정된 교육공무원징계령 제8조 소정의 징계혐의자에 대한 출석통지는 징계혐의자로 하여금 징계심의 개최일을 알게 하고 동시에 자기에게 이익되는 사실을 진술하거나 증거자료를 제출할 기회를 부여하기 위한 조치에서 나온 강행규정이므로 적법한 출석통지 없이 한 징계심의 절차는 위법하다(대판 1987. 7. 21. 86누623).

징계위원회의 심의과정에 반드시 제출되어야 하는 공적(공적) 사항이 제시되지 않은 상태에서 결정한 징계처분이 위법한지 여부(적극)

공무원징계령 제7조 제6항 제3호에 의하면, 공무원에 대한 징계의결을 요구할 때는 징계사유의 증명에 필요한 관계 자료뿐 아니라 '감경대상 공적 유무' 등이 기재된 확인서를 징계위원회에 함께 제출하여야 하고, 경찰 공무원 징계양정 등에 관한 규칙 제9조 제1항 제2호 및 [별표 10]에 의하면 경찰청장의 표창을 받은 공적은 징계양정에서 감경할 수 있는 사유의 하나로 규정되어 있다. 위와 같은 관계 법령의 규정 및 기록에 비추어 보면, 징계위원회의 심의과정에 반드시 제출되어야 하는 공적(공적) 사항이 제시되지 않은 상태에서 결정한 징계처분은 징계양정이 결과적으로 적정한지 그렇지 않은지와 상관없이 법령이 정한 징계절차를 지키지 않은 것으로서 위법하다(대판 2012. 6. 28. 2011두20505).

(6) 징계에 대한 권리구제

징계처분에 불복이 있는 때에는 소청심사위원회의 심사를 거쳐 행정소송의 제기가 가능하다.

2. 변상책임

공무원이 의무를 위반함으로써 국가 또는 공공단체에 대하여 재산상의 손해를 발생케 한 경우에는 국가 또는 공공단체에 대하여 이를 변상해야 하는 책임을 말한다.

이에는 국가배상법상의 변상책임과 회계관계직원의 변상책임이 있다.

회계관계직원이 변상책임을 진 경우라도 고의 또는 중대한 과실로 법령에 위반하여 소속 단체의 재산에 손해를 입힌 경우 「민법」상 배상책임이 면제되지 않는다(대판 2006. 11. 26. 2002다74152).

감사원법상 소속장관 등의 변상명령은 행정소송의 대상이 된다

감사원의 변상판정의 위법과는 별개로 소속장관 등의 변상명령 자체에 위법사유가 있을 수 있어 변상명령을 별도로 행정소송 대상으로 인정할 필요성도 있고, 또한 「감사원법」 제31조 제2항, 제3항, 제5항, 제36조 제1항, 변상판정집행절차에 관한 규칙 제4조 제1항, 제9조 제1항 등의 규정을 종합하여 보면, 회계관계직원 등의 변상책임에 관하여 감사원은 추상적인 변상의무의 유무 및 범위 등을 확정할 뿐이고 그 변상판정의 내용에 따른 구체적인 변상금 납부의무는 소속장관 등이 감사원의 변상판정서를 첨부한 변상명령처분을 함으로써 비로소 발생한다 할 것이어서, 변상명령은 감사원의 변상판정에 의해 성립한 기존의 의무 이상으로 새로운 의무를 부담시키는 것은 아닐지라도 변상책임자의 권리의무에 아무런 영향을 미치지 않는 단순한 변상판정의 한 단계로서의 표시행위에 불과한 것으로 볼 수는 없을 것이고 그 자체 독립한 행정행위의 하나로 보아야 할 것이다(대판 1994. 12. 2. 93누623).

Ⅱ. 민사상 책임

공무원이 고의 또는 과실에 기한 위법행위로 타인에게 손해를 가하였을 때에는 공무원 자신이 배상할 책임이 있는지가 문제된다. 이에 대하여 대위책임설, 자기책임설, 절충설 등의 학설이 대립하고 있다.

판례는 선택적 청구권에 대하여 공무원의 고의·중과실에 기인하여 손해가 발생한 경우에는 선택적 청구권을 인정하고, 경과실에 기인한 경우에는 이를 부정한다(대판 1996. 2. 15. 95다38677). 판례에 따르면, 선택적 청구권이 인정되는 범위에서 공무원의 직접 책임이 인정된다.

제 8 편

경찰행정법

제 1 장 경찰권의 근거

제 1 절 법률유보의 원칙

법률유보원칙의 적용범위 안에 있는 한 경찰의 직무·책무에 관한 규정은 경찰작용에 관한 근거규범이 될 수 없다. 경찰법상 권한발동을 위해서는 권한규범에 의한 수권을 요구하며, 직무규범만을 근거로 경찰권을 발동할 수는 없다.

경찰작용의 수권방식에는 특별경찰법상 조항에 의한 특별수권의 방식, 일반경찰법상 특별조항에 의한 특별수권의 방식, 일반경찰법상 일반조항에 의한 일반수권의 방식이 있으며, 이는 단계적으로 존재한다.

제 2 절 특별경찰법상 특별수권

특별경찰법상 조항에 의한 특별수권은 교통안전·건축안전·영업안전·환경보호·재난보호 등과 관련하여 나타난다. 특별경찰법이 적용되는 범위에 있어서는 일반경찰법의 적용은 제한된다.

제3절 일반경찰법상 특별수권(경찰상 표준처분)

I. 의 의

현행법상 일반경찰법으로는 「경찰관직무집행법」이 있다. 「경찰관직무집행법」 제3조 이하에서는 공공의 안녕과 질서의 유지를 위하여 개인의 자유영역에 대하여 빈번히 침해를 가져오는 특별구성요건을 가지고 있는데, 이를 표준처분(Standardmaßnahmen)이라고 부른다.

「경찰관직무집행법」상 표준처분은 불심검문, 보호조치, 위험발생의 방지, 범죄의 예방과 제지, 위험방지를 위한 출입, 확인을 위한 출석요구, 경찰장비의 사용 등이 있다.

II. 불심검문

1. 의 의

불심검문이란 경찰관이 거동이 수상한 자를 정지시켜 조사하는 행위를 말한다.

> 경찰관은 「경찰관직무집행법」 제3조 제1항에 규정된 대상자에게 질문을 하기 위하여 범행의 경중, 범행과의 관련성, 상황의 긴박성, 혐의의 정도, 질문의 필요성 등에 비추어 목적 달성에 필요한 최소한의 범위 내에서 사회통념상 용인될 수 있는 상당한 방법으로 대상자를 정지시킬 수 있고 질문에 수반하여 흉기의 소지 여부도 조사할 수 있다(대판 2012. 9. 13. 2010도6203).

2. 방 법

불심검문의 방법에는 질문, 동행요구, 흉기의 소지여부조사가 있다.

(1) 질 문

질문은 비권력적 사실행위에 해당한다.[1] 불심검문의 상대방은 그 의사에 반하여 답변을 강요당하지 않기 때문이다.

상대방이 경찰관의 질문을 위한 정지요구에 응하지 않거나 질문 도중 현장을 떠나려고

---

1 권력적 사실행위로 보는 견해도 있다.

하는 경우 경찰관은 물리력을 행사하여 이를 저지할 수 있는가 하는 것이 문제되는데, 상대방의 의사를 제압하지 않는 정도의 물리력의 행사는 허용된다고 보는 것이 일반적인 견해이다.

(2) 동행요구(임의동행)

① 임의동행은 위험방지목적을 위한 제도로서, 형사소송법상 제도인 수사목적의 임의동행과 다르다(대판 2006. 7. 6. 2005도6810).

② 임의성의 판단은 동행의 시간과 장소, 동행의 방법과 동행거부의사의 유무, 동행 이후의 조사방법과 퇴거의사의 유무 등 여러 사정을 종합하여 객관적인 상황을 기준으로 하여야 한다(대판 1993. 11. 23. 93다35155).

③ 당해인이 동행요구를 거절하였음에도 강제로 연행하려고 하는 경우 이 강제연행은 위법하므로 이에 저항하여도 공무집행방해죄가 성립하지 않는다.

경찰관이 임의동행요구에 응하지 않는다 하여 강제연행하려고 대상자의 양팔을 잡아 끈 행위에 대하여 그 대상자가 이로부터 벗어나기 위하여 저항한 행위에 과실이 있다고 할 수 없다(대판 1992. 5. 26. 91다38334).

④ 경찰관은 임의동행한 사람을 6시간을 초과하여 경찰관서에 머물게 할 수 없다(경찰관직무집행법 제3조 제6항).

다만, 이 조항이 임의동행한 자를 6시간 동안 경찰관서에 구금하는 것을 허용하는 것은 아니다(대판 1997. 8. 22. 97도1240).

(3) 흉기의 소지여부조사

경찰관은 질문을 할 때에 흉기의 소지 여부를 조사할 수 있다. 이는 권력적 행정조사에 해당한다.

Ⅲ. 보호조치 등

경찰관직무집행법 제4조 제1항에서 정한 '술에 취한 상태'의 의미

「경찰관직무집행법」 제4조 제1항 제1호에서 규정하는 술에 취한 상태로 인하여 자기 또는 타인의 생명·신체와 재산에 위해를 미칠 우려가 있는 피구호자에 대한 보호조치는 경찰 행정상 즉시강제에 해당하므로, 그 조치가 불가피한 최소한도 내에서만 행사되도록 발동·행사 요건을 신중하고 엄격하게 해석하여야 한다. 따라서 이 사건 조항의 '술에 취한 상태'란 피구호자가 술에 만취하여 정상적인 판단능력이나 의사능력을 상실할 정도에 이른 것을 말하고, 이 사건 조항에 따른 보호조치를 필요로 하는 피구호자에 해당하는지는 구체적인 상황을 고려하여 경찰관 평균인을 기준으로 판단하되, 그 판단은 보호조치의 취지와 목적에 비추어 현저하게 불합리하여서는 아니 되며, 피구호자의 가족 등에게 피구호자를 인계할 수 있다면 특별한 사정이 없는 한 경찰관서에서 피구호자를 보호하는 것은 허용되지 않는다(대판 2012. 12. 13. 2012도11162).

경찰관직무집행법 제4조 제1항에 따른 보호조치 요건이 갖추어지지 않았음에도 경찰관이 범죄수사를 목적으로 피의자에 해당하는 사람을 위 조항의 피구호자로 삼아 의사에 반하여 경찰관서에 데려간 경우, 위법한 체포에 해당하는지 여부

「경찰관직무집행법」 제4조 제1항 제1호의 보호조치 요건이 갖추어지지 않았음에도, 경찰관이 실제로는 범죄수사를 목적으로 피의자에 해당하는 사람을 이 사건 조항의 피구호자로 삼아 그의 의사에 반하여 경찰관서에 데려간 행위는, 달리 현행범체포나 임의동행 등의 적법 요건을 갖추었다고 볼 사정이 없다면, 위법한 체포에 해당한다고 보아야 한다(대판 2012. 12. 13. 2012도11162).

Ⅳ. 위험발생의 방지

경찰관의 경찰관직무집행법 제5조에 규정된 권한의 불행사가 직무상의 의무를 위반한 것이 되어 위법한 것으로 되기 위한 요건

「경찰관직무집행법」 제5조는 경찰관은 인명 또는 신체에 위해를 미치거나 재산에 중대한 손해를 끼칠 우려가 있는 위험한 사태가 있을 때에는 그 각 호의 조치를 취할 수 있다고 규정하여 형식상 경찰관에게 재량에 의한 직무수행권한을 부여한 것처럼 되어 있으나, 경찰관에게 그러한 권한을 부여한 취지와 목적에 비추어 볼 때 구체적인 사정에 따라 경찰관이 그 권한을 행사하여 필요한 조치를 취하지 아니하는 것이 현저하게 불합리하다고 인정되는 경우에는 그러한 권한의 불행사는 직무상의 의무를 위반한 것이 되어 위법하게 된다(대판 1998. 8. 25. 98다16890).

Ⅴ. 범죄의 예방과 제지

「경찰관직무집행법」 제6조 중 경찰관의 제지에 관한 부분은 범죄의 예방을 위한 경찰 행정상 즉시강제에 관한 근거 조항이다.

따라서 제지 조치가 불가피한 최소한도 내에서만 행사되도록 그 발동·행사 요건을 신중하고 엄격하게 해석하여야 한다. 그러한 해석·적용의 범위 내에서만 우리 헌법상 신체의 자유 등 기본권 보장 조항과 그 정신 및 해석 원칙에 합치될 수 있다(대판 2008. 11. 13. 2007도9794).

경찰관직무집행법 제6조 제1항에 따른 경찰관의 제지 조치가 적법한 직무집행으로 평가될 수 있기 위한 요건 및 그 제지 조치가 적법한지 판단하는 기준

「경찰관직무집행법」 제6조 제1항에 따른 경찰관의 제지 조치가 적법한 직무집행으로 평가될 수 있기 위해서는, 형사처벌의 대상이 되는 행위가 눈앞에서 막 이루어지려고 하는 것이 객관적으로 인정될 수 있는 상황이고, 그 행위를 당장 제지하지 않으면 곧 인명·신체에 위해를 미치거나 재산에 중대한 손해를 끼칠 우려가 있는 상황이어서, 직접 제지하는 방법 외에는 위와 같은 결과를 막을 수 없는 절박한 사태이어야 한다. 다만, 경찰관의 제지 조치가 적법한지 여부는 제지 조치 당시의 구체적 상황을 기초로 판단하여야 하고 사후적으로 순수한 객관적 기준에서 판단할 것은 아니다(대판 2013. 6. 13. 2012도9937).

특정 지역에서의 불법집회에 참가하려는 것을 막기 위하여 시간적·장소적으로 근접하지 않은 다른 지역에서 집회예정장소로 이동하는 것을 제지하는 행위가 경찰관직무집행법 제6조 제1항에 따른 공무원의 적법한 직무집행인지 여부(소극)

구 「집회 및 시위에 관한 법률」에 의하여 금지되어 그 주최 또는 참가행위가 형사처벌의 대상이 되는 위법한 집회·시위가 장차 특정지역에서 개최될 것이 예상된다고 하더라도, 이와 시간적·장소적으로 근접하지 않은 다른 지역에서 그 집회·시위에 참가하기 위하여 출발 또는 이동하는 행위를 함부로 제지하는 것은 「경찰관직무집행법」 제6조 제1항의 행정상 즉시강제인 경찰관의 제지의 범위를 명백히 넘어 허용될 수 없다. 따라서 이러한 제지 행위는 공무집행방해죄의 보호대상이 되는 공무원의 적법한 직무집행이 아니다(대판 2008. 11. 13. 2007도9794).

Ⅵ. 경찰장비의 사용 등

경찰관은 직무수행 중 경찰장비를 사용할 수 있다. 경찰장비의 사용은 경찰장구의 사용, 분사기 등의 사용, 무기의 사용 등을 내용으로 한다. 경찰장비의 사용은 경찰상 즉시강제에 해당한다.

경찰관의 무기사용이 경찰관직무집행법 제10조의4에 정한 요건을 충족하는지 여부의 판단 기준

경찰관은 범인의 체포, 도주의 방지, 자기 또는 타인의 생명·신체에 대한 방호, 공무집행에 대한 항거의 억제를 위하여 무기를 사용할 수 있으나, 이 경우에도 무기는 목적 달성에 필요하다고 인정되는 상당한 이유가 있을 때 그 사태를 합리적으로 판단하여 필요한 한도 내에서 사용하여야 하는바(경찰관직무집행법 제10조의4), 경찰관의 무기사용이 이러한 요건을 충족하는지 여부는 범죄의 종류, 죄질, 피해법익의 경중, 위해의 급박성, 저항의 강약, 범인과 경찰관의 수, 무기의 종류, 무기 사용의 태양, 주변의 상황 등을 고려하여 사회통념상 상당하다고 평가되는지 여부에 따라 판단하여야 하고, 특히 사람에게 위해를 가할 위험성이 큰 권총의 사용에 있어서는 그 요건을 더욱 엄격하게 판단하여야 한다(대판 2008. 2. 1. 2006다6713).

경찰관직무집행법 제11조에서 정하는 '무기사용'의 요건과 한계

「경찰관직무집행법」 제11조의 규정에 비추어 보면 경찰관은 범인의 체포, 도주의 방지, 자기 또는 타인의 생명, 신체에 대한 방호, 공무집행에 대한 항거의 억제를 위하여 상당한 이유가 있을 때에는 필요한 한도 내에서 무기를 사용할 수 있으나, 「형법」이 정하는 정당방위와 긴급피난에 해당할 때 또는 체포, 도주의 방지나 항거의 억제를 위하여 다른 수단이 없다고 인정되는 상당한 이유가 있는 때에 한하여 필요한 한도 내에서만 무기를 사용하여 사람에게 위해를 가할 수 있음이 명백하다(대판 1999. 6. 22. 98다61470).[2]

2 경찰관이 신호위반을 이유로 한 정지명령에 불응하고 도주하던 차량에 탑승한 동승자를 추격하던 중 수차례에 걸쳐 경고하고 공포탄을 발사했음에도 불구하고 계속 도주하자 실탄을 발사하여 사망케 한 경우, 위 총기 사용 행위는 허용범위를 벗어난 위법행위라고 본 사례.

병원에서의 난동을 제압키 위해 출동한 경찰관이 칼을 들고 항거하던 피해자를 총격 사망하게 한 것이 그 직무집행상의 총기사용 한계를 벗어난 것이다

야간에 술이 취한 상태에서 병원에 있던 과도로 대형 유리창문을 쳐 깨뜨리고 자신의 복부에 칼을 대고 할복 자살하겠다고 난동을 부린 피해자가 출동한 2명의 경찰관들에게 칼을 들고 항거하였다고 하여도 위 경찰관 등이 공포를 발사하거나 소지한 가스총과 경찰봉을 사용하여 위 망인의 항거를 억제할 시간적 여유와 보충적 수단이 있었다고 보여지고, 또 부득이 총을 발사할 수밖에 없었다고 하더라도 하체부위를 향하여 발사함으로써 그 위해를 최소한도로 줄일 여지가 있었다고 보여지므로, 칼빈소총을 1회 발사하여 피해자의 왼쪽 가슴 아래 부위를 관통하여 사망케 한 경찰관의 총기사용행위는 「경찰관직무집행법」 제11조 소정의 총기사용 한계를 벗어난 것이다(대판 1991. 9. 10. 91다19913).

경찰관직무집행법 소정의 '무기사용의 필요가 있다고 인정되는 상당한 이유가 있는 때'에 해당되지 아니한다고 인정되는 사례

경찰관이 술에 만취하여 노상에서 행패를 부리는 두 사람을 제지하면서 임의동행을 요구하자 그중의 한 사람이 도망하여 이를 추격 끝에 붙잡고 다시 임의동행을 요구하였으나 이를 거부하므로 소지중인 카빈총의 개머리판으로 그의 가슴을 강타하자 그 사이 카빈총을 뺏으려 하여 서로 시비하던 순간 안전장치가 되어 있지 않았던 카빈총이 발사되어 그가 사망하게 되었다면 위 경찰관의 위와 같은 무기사용은 구 「경찰관직무집행법」 제7조 소정의 경우에 해당한다 할 수 없다(대판 1969. 9. 23. 69다888).

제4절 일반경찰법상 일반수권(일반조항)

Ⅰ. 의 의

일반조항이란 경찰권 발동의 근거를 규정한 조항으로서 그 내용이 일반적인 위해방지를 위한 추상적인 내용으로 규정되어 있는 것을 말한다. 개괄적 수권조항 또는 개괄조항이라고도 한다.

Ⅱ. 일반조항(개괄적 수권조항)의 인정가능성

일반조항의 필요성은 인정되지만, 개별법상 규정이 없음에도 경찰법상의 일반조항에 근거한 경찰처분을 인정할 수 있는지 문제된다.

「경찰관직무집행법」 제2조 제7호는 '그 밖에 공공의 안녕과 질서유지'를 경찰관의 직무의 하나로 규정하고 있는데, 이를 경찰상의 일반조항으로 볼 수 있는지에 대하여 긍정설, 부정설, 입법필요설 등의 견해대립이 있다.

경찰작용에 대한 법률의 근거는 원칙적으로 개별적 수권법규이어야 하며 포괄적·일반적인 수권법규는 허용되지 아니한다는 부정설이 타당하다. 그러나 입법적으로 이를 해결할 때까지 일반조항은 개별적 수권조항이 없는 경우 이를 보완할 수 있고, 불문법원칙에 의한 한계로 경찰권이 남용될 소지가 적다는 점에서, 일반조항을 인정할 현실적 필요성이 있다. 다만, 일반조항은 어디까지나 개별적 수권조항이 없는 경우에 한하여 예외적·보충적으로 적용되어야 할 것이다.

대법원은 개별적인 법적 근거가 없는 청원경찰의 직무집행을 방해한 피고인에게 공무집행방해죄의 성립을 인정함으로써 「경찰관직무집행법」 제2조 제7호를 일반조항으로 보는 듯한 판시를 한 바 있다.

청원경찰의 경찰권발동은 개별법적 근거 없이도 가능하다

「청원경찰법」 제3조는 청원경찰은 청원주와 배치된 기관, 시설 또는 사업장 등의 구역을 관할하는 경찰서장의 감독을 받아 그 경비구역 내에 한하여 「경찰관직무집행법」에 의한 직무를 행한다고 정하고 있고, 한편 「경찰관직무집행법」 제2조에 의하면 경찰관은 범죄의 예방·진압 및 수사, 경비·요인경호 및 대간첩작전수행, 치안정보의 수집·작성 및 배포, 교통의 단속과 위해의 방지, 기타 공공의 안녕과 질서유지 등을 그 직무로 하고 있는 터이므로 경상남도 양산군 도시과 단속계 요원으로 근무하고 있는 청원경찰관인 공소 외 A 및 B가 원심판시와 같이 1984. 12. 29. 경상남도 양산군 장안면에 있는 피고인의 집에서 피고인의 형 공소 외 C가 허가 없이 창고를 주택으로 개축하는 것을 단속한 것은 그들의 정당한 공무집행에 속한다고 할 것이므로 이를 폭력으로 방해한 판시 소위를 공무집행방해죄로 다스린 원심조치는 정당하고 이에 소론과 같이 위법이 있다고 할 수 없다(대판 1986. 1. 28. 85도2448).

제 2 장 경찰권의 한계

제 1 절 법규상 한계

경찰권의 발동은 법치행정의 원칙에 따라 반드시 법규의 근거가 있을 때에만 발동될 수 있는 동시에, 법규에 의하여 허용된 한도 안에서만 발동되어야 한다. 따라서 법규상 한계는 경찰권의 발동에 대한 제1단계 제약이 된다.

제 2 절 조리상 한계

조리상 한계는 경찰권의 발동에 대한 제2단계 제약이 된다.

경찰권에 대한 조리상 한계로는 일반적으로 경찰소극의 원칙, 경찰공공의 원칙, 경찰비례의 원칙, 경찰평등의 원칙 및 경찰책임의 원칙 등이 있다.

Ⅰ. 경찰공공의 원칙

구체적으로는 사생활불가침의 원칙, 사주소불가침의 원칙, 민사관계불간섭의 원칙이 있다.

경찰상 공개된 장소인지 여부

① **대학교의 강의실**

일반적으로 대학교의 강의실은 그 대학 당국에 의하여 관리되면서 그 관리업무나 강의와 관련되는 사람에 한하여 출입이 허용되는 건조물이지 널리 일반인에게 개방되어 누구나 자유롭게 출입할 수 있는 곳은 아니다(대판 1992. 9. 25. 92도1520).

② **아파트 단지 내의 통행로**

아파트 단지가 상당히 넓은 구역이고, 여러 곳에 경비실이 설치되어 있어 경비원들이 아파트 주민 이외의 차량에 스티커를 발부해 왔으나 외부차량 출입통제용이 아닌 주민들의 주차공간확보 차원에서 이루어진 것일 뿐이며, 현실적으로 불특정 다수의 사람이나 차량의 통행이 허용된다는 이유로 아파트 단지 내의 통행로가 공개된 장소로서 교통질서유지 등을 목적으로 하는 일반교통경찰권이 미치는 공공성이 있는 곳으로 구「도로교통법」 제2조 제1호 소정의 '도로'에 해당한다(대판 2001. 7. 13. 2000두6909).

Ⅱ. 경찰비례의 원칙

경찰비례의 원칙은 원래 조리상 한계로 발전되었으나, 오늘날은 헌법상의 원칙으로 인식되고 있다(헌법 제37조 제2항). 비례의 원칙은 본래「경찰법」을 중심으로 발전되어 오늘날 거의 모든 분야에서 인정되고 있다.

비례의 원칙은 적합성의 원칙, 필요성의 원칙(최소침해의 원칙), 상당성의 원칙(협의의 비례원칙)을 그 내용으로 한다. 이들 내용은 비례원칙에 있어 단계구조를 이룬다. 즉 많은 여러 적합한 수단 중에서도 필요한 수단만이, 또 필요한 수단 중에서도 상당성 있는 수단만이 선택되어야 한다는 것을 의미한다.

Ⅲ. 경찰책임의 원칙

경찰책임의 원칙이란 경찰권발동의 대상과 관계되는 원칙으로써, 경찰권은 경찰위반상태에 대한 책임이 있는 자, 즉 위해발생에 직접적인 책임이 있는 경찰책임자에 대해서만 행사되어야 한다는 원칙을 말한다.

경찰책임은 행위책임, 상태책임 그리고 복합책임의 세 가지로 분류할 수 있다.

제3절 경찰권의 적극적 한계

Ⅰ. 경찰재량권의 영으로의 수축(경찰개입의무)

국민의 생명·자유·재산에 대한 위험이 중대하며 절박한 위해가 초래될 우려가 있는 경우에는 경찰권의 발동 여부에 관한 재량권이 영으로 수축되어, 경찰권이 반드시 발동되는 것만이 유일하게 적법한 재량권의 행사로 평가되어 경찰권이 발동되지 않으면 위법하게 평가되는 경우가 있다. 이를 재량권의 0으로의 수축이론이라고 한다.

Ⅱ. 경찰개입청구권

경찰개입청구권이란 자기의 이익을 위하여 타인에게 경찰권을 발동할 것을 청구할 수 있는 권리를 말한다.

대법원은 무장공비와 격투 중에 있는 청년의 가족의 요청을 받고도 경찰이 출동하지 않음으로 인해 그 청년이 공비에 의해 사살된 사건(대판 1971. 4. 6. 71다124)과 지방자치단체가 소유한 임야 내의 주택가에 돌출한 암벽을 제거하지 않은 부작위로 인하여 발생한 붕괴사고로 입은 주민들의 손해사건(대판 1980. 2. 26. 79다2341)에서 피해자가족이나 주민들에게 국가에 대한 배상청구권을 인정한 바 있다.

제 9 편
공물법

제 1 장 • 서 설
제 2 장 • 공물의 성립과 소멸
제 3 장 • 공물의 법률적 특색
제 4 장 • 공물의 관리와 공물경찰
제 5 장 • 공물의 사용관계

제 1 장 서 설

제 1 절 공물의 의의

공물은 사물에 대립되는 개념으로서 학문상 정립된 개념이다. 전통적인 견해에서 공물이란 행정주체가 그 사용가치에 따라 그 자체가 직접 행정목적을 위하여 제공되는 개개의 유체물을 말한다. 새로운 견해에서는 행정주체에 의하여 직접 행정목적에 제공되는 유체물과 관리할 수 있는 무체물 및 집합물과 공공시설을 공물로 정의한다(다수설).

자연공물과 재정재산의 구별

공유수면은 공공용에 공하는 소위 자연 공물로서 그 자체가 직접 공공의용에 공하게 되는 것이므로 재산적, 경제적 가치에 의하여 간접적으로 행정목적에 공하는 행정주체의 재산권의 대상인 재정재산(잡종재산)과는 그 성질이 다르다 할 것인 즉, 그 공공용에 공하는 용도를 폐지하여 국유 잡종재산으로 편입을 하지 아니하는 이상, 이를 처분할 수 없다 할 것이며, 공유수면을 아무 권한없이 이를 간척하여 농경지로 사용하였다 하여도 다른 특별한 사정이 없는 한 위와 같은 사실상의 경작사실만으로서는 자연적 공물의 형체적 요소를 상실하였다고는 할 수 없을 것이다(대판 1967. 4. 25. 67다131).

제2절 공물의 종류

예정공물: 도로구역이 결정·고시되어 공사가 진행중인 경우에 위 구역 내에 있지만 아직 공사가 진행되지 아니한 국유토지가 시효취득의 대상이 되지 않는다

이 사건 토지에 관하여 도로구역의 결정, 고시 등의 공물지정행위는 있었지만 아직 도로의 형태를 갖추지 못하여 완전한 공공용물이 성립되었다고는 할 수 없으므로 일종의 예정공물이라고 볼 수 있는데, 「국유재산법」 제4조 제2항 및 같은 법 시행령 제2조 제1항, 제2항에 의하여 국가가 1년 이내에 사용하기로 결정한 재산도 행정재산으로 간주하고 있는 점, 「도시계획법」 제82조가 도시계획구역 안의 국유지로서 도로의 시설에 필요한 토지에 대하여는 도시계획으로 정하여진 목적 이외의 목적으로 매각 또는 양도할 수 없도록 규제하고 있는 점, 위 토지를 포함한 일단의 토지에 관하여 도로확장공사를 실시할 계획이 수립되어 아직 위 토지에까지 공사가 진행되지는 아니하였지만 도로확장공사가 진행중인 점 등에 비추어 보면 이와 같은 경우에는 예정공물인 토지도 일종의 행정재산인 공공용물에 준하여 취급하는 것이 타당하다고 할 것이므로 구 「국유재산법」 제5조 제2항이 준용되어 시효취득의 대상이 될 수 없다(대판 1994. 5. 10. 93다23442).

제 2 장 공물의 성립과 소멸

제1절 공물의 성립

Ⅰ. 의 의

어떤 물건이 공물로서의 성질 또는 자격을 취득하는 것을 공물의 성립이라고 한다.

공물성립의 의사적 요소를 공용지정 또는 공용개시라고도 한다. 공용지정이란 권한 있는 행정기관이 어떤 물건이 특별한 공적 목적에 제공됨으로 인하여 일정한 공법상의 이용규율이 적용된다는 것을 선언하는 법적 행위를 말한다.

Ⅱ. 공공용물의 성립

1. 자연공물

(1) 형체적 요소

자연공물의 성립은 형체적 요소로 충분하다.

대법원도 “국유 하천부지는 이른바 자연공물로서 별도의 공용개시행위가 없더라도 행정재산이 되고 당연히 잡종재산으로 된다고는 할 수 없다”고 판시하였다.

국유재산법상 행정재산의 범위

국유 하천부지는 자연의 상태 그대로 공공용에 제공될 수 있는 실체를 갖추고 있는 이른바 자연공물로서 별도의 공용개시행위가 없더라도 행정재산이 되고 그 후 본래의 용도에 공여되지 않는 상태에 놓여 있더라도 국유재산법령에 의한 용도폐지를 하지 않은 이상 당연히 잡종재산으로 된다고는 할 수 없으며, 농로나 구거와 같은 이른바 인공적 공공용 재산은 법령에 의하여 지정되거나 행정처분으로 공공용으로 사용하기로 결정한 경우, 또는 행정재산으로 실제 사용하는 경우의 어느 하나에 해당하면 행정재산이 된다(대판 2007. 6. 1. 2005도7523).

(2) 의사적 요소

법률에 의한 공용지정으로는 특히, 하천법상의 요건충족으로 인한 하천구역의 성립을 들 수 있다. 종전의 「하천법」은 하천구역의 결정을 자연상태에 맡기고 하천구역을 법정하였는데, 2007년 전면개정된 「하천법」에서는 하천관리청이 하천구역을 결정하도록 하고 있다.

하천의 제방부지는 관리청의 지정처분이 없어도 당연히 하천구역이 된다

「하천법」 제2조 제1항 제1호 소정의 하천의 제방부지로서 같은 법 제11조 단서 소정의 관리청이 그 지상에 제방을 축조하였다면, 같은 법 제2조 제1항 제2호 (나)목, (다)목, 제3호의 해석상 그 제방의 부지는 하천부속물로서 관리청에 의한 지정처분이 없어도 법률의 규정에 의하여 당연히 하천구역이 된다(대판 1994. 11 .4. 92다40051).

하천의 경우 하천법의 규정에 의하여 당연히 하천구역으로 편입되어 공물이 된다

구 「하천법」에 의하면 하천이나 준용하천의 하천구역은 동법 제12조에 의하여 관리청이 이를 결정·고시함으로써 비로소 정하여지는 것이고 사실상 토지가 하상화되었다고 하더라도 이러한 특별한 절차가 없이 당연히 하천구역으로 될 수는 없지만, 현행 「하천법」에 의하면 하천구역은 이를 관리청이 특별히 결정·고시하는 것이 아니라 「하천법」이 스스로 그 제2조 제1항 제2호에서 하천구간 내의 토지 중에서 일정한 구역을 하천구역으로 인정하고 있으므로 위 법조에 해당하는 구역은 당연히 하천구역이 된다(대판 1988. 12. 20. 87다카3029).

하천이 행정재산이 되기 위한 요건으로 행정행위나 법규에 의한 공용지정의 의사표시가 필요하다

하천이 통상 자연적 상태에 의하여 공물로서의 성질을 가진다고 하더라도, 그 종적 구간과 횡적 구역에 관하여 행정행위나 법규에 의한 공용지정이 이루어져야 비로소 국가가 공공성의 목적과 기능을 수행하기 위하여 필요한 행정재산이 된다고 할 것이고, 이것은 준용하천의 경우에도 마찬가지라고 할 것이다(대판 1999. 5. 25. 98다62046).

토지가 공부상 하천으로 등재되어 있다는 사정만으로 그 토지를 하천구역이라고 단정할 수 없다

1961. 12. 30. 법률 제892호로 제정되어 1962. 1. 1.부터 시행된 제정 「하천법」에 의하면 준용하천의 하천구역은 그 명칭과 구간이 지정, 공고되더라도 이로써 하천의 종적인 구역인 하천의 구간만이 결정될 뿐이고, 하천의 횡적인 구역인 하천구역은 별도로 제정 「하천법」 제12조에 따라 관리청이 이를 결정·고시함으로써 비로소 정하여지고, 1971. 1. 19. 법률 제2292호로 전문 개정되어 1971. 7. 19.부터 시행된 구 「하천법」 및 1999. 2. 8. 법률 제5893호로 전문 개정되어 1999. 8. 9.부터 시행된 구 「하천법」(이하 위 2개의 법률을 통틀어 '구 하천법'이라 한다)은 하천구간 내의 토지 중에서 일정한 구역을 하천구역으로 규정하고 있어 이에 해당하는 구역은 당연히 하천구역이 되며, 2007. 4. 6. 법률 제8338호로 전문 개정되어 2008. 4. 7.부터 시행된 현행 「하천법」에 의하면 국가하천 및 지방하천의 명칭과 구간이 지정, 고시된 때에 별도로 관리청이 「하천법」 제10조에 따라 하천구역을 결정·고시함으로써 하천구역이 정하여진다. 따라서 토지가 그 공부상 하천이라는 지목으로 등재되어 있다는 사정만으로는 그 토지를 하천구역이라고 단정할 수 없다. 한편 구 「하천법」은 스스로 각 제2조 제1항 제2호 (가)목 내지 (다)목에서 유수지, 하천부속물의 부지인 토지, 제외지 등을 하천구역으로 규정하고, 같은 항 제3호에서 구 하천법에 의하여 설치된 제방 기타의 시설 또는 공작물을 하천부속물이라고 규정하면서 다만 관리청 이외의 자가 설치한 시설 등에 관하여는 관리청이 당해 시설 등을 하천부속물로 관리하기 위하여 당해 시설 등의 설치자의 동의를 얻은 것에 한한다고 규정하고 있으므로, 관리청이 제방 설치자의 동의를 얻지 않았을 때에는 위 (나)목 소정의 하천구역에 해당한다고 볼 수 없으며, 그 제방이 자연적으로 형성된 것인 경우에는 하천관리청이 그 제방을 하천부속물로서 관리하는 것임을 요한다고 할 것이다(대판 2010. 3. 25. 2009다97062).

2. 인공공물

(1) 형체적 요소

도로 등과 같은 인공공물의 경우에는 물건이 인공에 의하여 일반 공중의 사용에 제공할 수 있는 형체적 요소를 갖추어야 한다. 따라서 형체적 요소를 갖추지 못한 물건을 공물로 지정하여도 이는 예정공물에 지나지 아니한다.

(2) 의사적 요소

인공공물의 경우에는 형체적 요소 이외에 행정주체가 그것을 일반 공중의 사용에 제공하는 의사적 요소가 필요하다(통설·판례). 이를 공용지정 또는 공용개시라고 한다(예 공원지정의 공고, 도로구역의 결정·고시 등).

도로가 행정재산이 되기 위한 요건 및 토지의 지목이 도로이고 국유재산대장에 등재되어 있다는 사정만으로 그 토지가 도로로서 행정재산에 해당하는지 여부(소극)

「국유재산법」상의 행정재산이란 국가가 소유하는 재산으로서 직접 공용, 공공용, 또는 기업용으로 사용하거나 사용하기로 결정한 재산을 말하는 것이고, 그중 도로와 같은 인공적 공공용 재산은 법령에 의하여 지정되거나 행정처분으로써 공공용으로 사용하기로 결정한 경우, 또는 행정재산으로 실제로 사용하는 경우의 어느 하나에 해당하여야 비로소 행정재산이 되는 것인데, 특히 도로는 도로로서의 형태를 갖추고, 「도로법」에 따른 노선의 지정 또는 인정의 공고 및 도로구역 결정·고시를 한 때 또는 「도시계획법」 또는 「도시재개발법」 소정의 절차를 거쳐 도로를 설치하였을 때에 공공용물로서 공용개시행위가 있다고 할 것이므로, 토지의 지목이 도로이고 국유재산대장에 등재되어 있다는 사정만으로 바로 그 토지가 도로로서 행정재산에 해당한다고 할 수는 없다(대판 2000. 2. 25. 99다54332).

잡종재산인 국유토지가 도시계획법상의 공원으로 결정·고시된 것만으로 행정재산이 되는지 여부(소극)

「도시계획법」상 공원으로 결정·고시된 국유토지라도 적어도 「도시공원법」 제4조에 의하여 조성계획이 결정되어 그 위치, 범위 등이 확정되어야만 「국유재산법」 제4조 제2항 제2호, 같은 법 시행령 제2조 제1항에서 규정하고 있는 '공공용으로 사용하기로 결정한 재산'으로서 행정재산이 된다(대판 1997. 11. 14. 96다10782).

도로가 행정재산이 되기 위한 요건 및 토지에 대하여 도로로서의 도시계획시설결정 및 지적승인이 있다는 사정만으로 그 토지가 행정재산이 되는지 여부(소극)
도로와 같은 인공적 공공용 재산은 법령에 의하여 지정되거나 행정처분으로 공공용으로 사용하기로 결정한 경우 또는 행정재산으로 실제 사용하는 경우의 어느 하나에 해당하여야 행정재산이 되는 것이며, 도로는 도로로서의 형태를 갖추어야 하고, 도로법에 따른 노선의 지정 또는 인정의 공고 및 도로구역의 결정·고시가 있는 때부터 또는 도시계획법 소정의 절차를 거쳐 도로를 설치하였을 때부터 공공용물로서 공용개시행위가 있는 것이며, 토지에 대하여 도로로서의 도시계획시설결정 및 지적승인만 있었을 뿐 그 도시계획사업이 실시되었거나 그 토지가 자연공로로 이용된 적이 없는 경우에는 도시계획결정 및 지적승인의 고시만으로는 아직 공용개시행위가 있었다고 할 수 없어 그 토지가 행정재산이 되었다고 할 수 없다(대판 2000. 4. 25. 2000다348).

학교시설이 행정재산이 되는 경우
학교시설이 인공공물인 행정재산이 되기 위하여는 법령에 의하여 학교용지로 지정된 경우이거나, 행정처분으로 학교용지로 1년 이내에 사용하기로 결정한 경우, 또는 학교용지로 실제로 사용하는 경우의 어느 하나에 해당하여야 한다. 국가가 토지에 대한 관리청을 문교부로 지정한 때부터 원심 변론종결시까지 무려 17년이나, 그 지목을 학교용지로 변경한 후 13년이나 지나도록 아직 그 토지를 학교용지로 사용하고 있지도 아니하고 이를 학교용지로 사용할 구체적 계획도 없다면, 그 토지에 대한 관리청을 문교부로 지정하고 토지대장상 지목을 대지에서 학교용지로 변경한 것만으로는 '다'항의 "행정처분으로 학교용지로 1년 이내에 사용하기로 결정한 경우"에 해당한다고 볼 수 없으므로, 그 토지는 행정재산이라고 할 수 없다(대판 1995. 9. 5. 93다44395).

아무런 권원 없이 행한 공용지정 또는 공용개시는 하자있는 행위가 된다.

권원 없이 행한 공용지정으로 인하여 권리를 침해당한 자는 관계 행정주체에 대해 손해배상, 부당이득반환이나 원상회복을 청구할 수 있다(통설).

판례는 도로의 경우 손해배상이나 부당이득반환청구는 인정하면서도 원상회복은 인정하지 않고 있다.

손해배상

국가 또는 지방자치단체가 도로부지에 대하여 소유권을 취득하는 등 적법한 권원 없이 도로로 사용하고 있다고 하더라도, 이로 인하여 불법 점유로 인한 임료 상당의 손해배상의무가 성립하는 것은 별론으로 하고, 「도로법」 제5조의 적용을 배제할 것은 아니다(대판 1999. 11. 26. 99다40807).

부당이득반환청구

도로를 구성하는 부지에 관하여는 「도로법」 제5조에 의하여 사권의 행사가 제한된다고 하더라도 이는 「도로법」상의 도로에 관하여 도로로서의 관리, 이용에 저촉되는 사권을 행사할 수 없다는 취지이지 부당이득반환 청구권의 행사를 배제하는 것은 아니다(대판 1989. 1. 24. 88다카6006).

원상회복

도로를 구성하는 부지에 대하여는 사권을 행사할 수 없으므로 그 부지의 소유자는 불법행위를 원인으로 하여 손해배상을 청구함은 별론으로 하고 그 부지에 관하여 그 소유권을 행사하여 인도를 청구할 수 없다(대판 1968. 10. 22. 68다1317).

그러나 판례는 상수도관의 매설을 위한 권원없는 사유토지의 점용에 대하여서는 인도청구(철거 · 원상회복)을 인정한 바 있다.

대지소유자가 그 소유권에 기하여 그 대지의 불법점유자인 시에 대하여 권원 없이 그 대지의 지하에 매설한 상수도관의 철거를 구하는 경우에 공익사업으로서 공중의 편의를 위하여 매설한 상수도관을 철거할 수 없다거나 이를 이설할 만한 마땅한 다른 장소가 없다는 이유만으로써는 대지소유자의 위 철거청구가 오로지 타인을 해하기 위한 것으로서 권리남용에 해당한다고 할 수는 없다(대판 1987. 7. 7. 85다카1383).

Ⅲ. 공용물의 성립

공용물은 행정주체가 직접 자기의 공용에 제공하는 물건이기 때문에 일정한 물건이 공용에 제공할 수 있는 형체를 갖추고 사실상 공용목적을 위하여 사용을 개시함으로써 성립하고 공공용물의 성립의 경우와는 달리 의사표시는 불필요하다(통설).

Ⅳ. 공적 보존물의 성립

공적 보존물(보존공물)이 성립하기 위하여는 특정한 물건이 그 보존을 목적으로 할 만한 형체적 요소를 갖추고 의사적 요소로서의 공용개시행위가 있어야 한다.

Ⅴ. 예정공물

현재 공용개시는 되고 있지 않으나, 장래에 공물로 할 것이 예정된 물건을 예정공물이라 한다.

공용지정은 있었으나 현실적으로 완전한 공용제공이 이루어지지 아니한 물건도 예정공물에 해당하고, 예정공물은 공물에 준하여 취급하는 것이 타당하다.

예정공물인 토지도 일종의 행정재산인 공공용물에 준하여 취급한다

이 사건 토지에 관하여 도로구역의 결정, 고시 등의 공물지정행위는 있었지만 아직 도로의 형태를 갖추지 못하여 완전한 공공용물이 성립되었다고는 할 수 없으므로 일종의 예정공물이라고 볼 수 있는데, 「국유재산법」 제4조 제2항 및 같은 법 시행령 제2조 제1항, 제2항에 의하여 국가가 1년 이내에 사용하기로 결정한 재산도 행정재산으로 간주하고 있는 점, 「도시계획법」 제82조가 도시계획구역 안의 국유지로서 도로의 시설에 필요한 토지에 대하여는 도시계획으로 정하여진 목적 이외의 목적으로 매각 또는 양도할 수 없도록 규제하고 있는 점, 위 토지를 포함한 일단의 토지에 관하여 도로확장공사를 실시할 계획이 수립되어 아직 위 토지에까지 공사가 진행되지는 아니하였지만 도로확장공사가 진행 중인 점 등에 비추어 보면 이와 같은 경우에는 예정공물인 토지도 일종의 행정재산인 공공용물에 준하여 취급하는 것이 타당하다고 할 것이므로 구 「국유재산법」 제5조 제2항이 준용되어 시효취득의 대상이 될 수 없다(대판 1994. 5. 10. 93다23442).

제2절 공물의 소멸

Ⅰ. 공물소멸의 의의

공물이 공물로서의 성질을 상실하는 것을 공물의 소멸이라고 한다.

Ⅱ. 공공용물의 소멸

1. 자연공물

(1) 형체적 요소

자연공물은 형체적 요소가 상실되면, 행정주체의 공용폐지의사가 필요 없이 공물로서의 성질을 상실한다(다수설).

(2) 의사적 요소

판례는 자연공물이라 하더라도 형체적 요소의 소멸 이외에 의사적 요소로서 묵시적이나마 공용폐지가 있어야 공물로서의 성질이 소멸된다고 판시하고 있다.

자연공물인 바다의 일부가 매립에 의해 토지로 변경된 경우 공용폐지가 가능한지 여부(적극) 및 그 의사표시를 묵시적으로 할 수 있는지 여부(적극)

공유수면으로서 자연공물인 바다의 일부가 매립에 의하여 토지로 변경된 경우에 다른 공물과 마찬가지로 공용폐지가 가능하다고 할 것이며, 이 경우 공용폐지의 의사표시는 명시적 의사표시뿐만 아니라 묵시적 의사표시도 무방하다. 공물의 공용폐지에 관하여 국가의 묵시적인 의사표시가 있다고 인정되려면 공물이 사실상 본래의 용도에 사용되고 있지 않다거나 행정주체가 점유를 상실하였다는 정도의 사정만으로는 부족하고, 주위의 사정을 종합하여 객관적으로 공용폐지 의사의 존재가 추단될 수 있어야 한다(대판 2009. 12. 10. 2006다87538).

공유수면에 매립공사를 시행하여 주변이 매립지로 바뀌었지만 그중 일부가 원래의 수면형태로 남아 있는 경우 공유수면성을 상실하지 않는다

공유수면에 매립공사를 시행하였으나 그중 일부가 원래의 수면형태로 남아 있다면 그 부분은 주변이 매립지로 바뀌었다고 하여도 공유수면성을 상실하지 않는다고 할 것이다. 보트장, 낚시터, 저수지 등 유원지 부분이 공유수면매립공사시 설치한 방조제로 인하여 해수의 유입이 차단되고 인수, 배수시설로써 인위적인 인수, 배수가 가능하게끔 시설되어 있어도 그 수면적, 저수상태, 생성과정 등에 비추어 공유수면으로서의 성질을 상실한 것으로 볼 수 없다(대판 1992. 4. 28. 91누4300).

공유수면

공유수면은 소위 자연공물로서 그 자체가 직접 공공의 사용에 제공되는 것이므로 공유수면의 일부가 사실상 매립되어 대지화되었다 하더라도 국가가 공유수면으로서의 공용폐지를 하지 아니하는 이상 법률상으로는 여전히 공유수면으로서의 성질을 보유하고 있다(대판 1996. 5. 28. 95다52383).

하천

국유 하천부지는 공공용재산이므로 그 일부가 사실상 대지화되어 그 본래의 용도에 공여되지 않는 상태에 놓여 있더라도 국유재산법령에 의한 용도폐지를 하지 않은 이상 당연히 잡종재산으로 된다고는 할 수 없다(대판 1997. 8. 22. 96다10737).

갯벌

공유수면인 갯벌은 자연의 상태 그대로 공공용에 제공될 수 있는 실체를 갖추고 있는 이른바 자연공물로서 간척에 의하여 사실상 갯벌로서의 성질을 상실하였더라도 당시 시행되던 국유재산법령에 의한 용도폐지를 하지 않은 이상 당연히 잡종재산으로 된다고는 할 수 없다. 공용폐지의 의사표시는 명시적이든 묵시적이든 상관없으나 적법한 의사표시가 있어야 하고, 행정재산이 사실상 본래의 용도에 사용되고 있지 않다는 사실만으로 공용폐지의 의사표시가 있었다고 볼 수는 없으며, 원래의 행정재산이 공용폐지되어 취득시효의 대상이 된다는 입증책임은 시효취득을 주장하는 자에게 있다(대판 1995. 11. 14. 94다42877).

2. 인공공물

(1) 형체적 요소

인공공물의 형체적 요소가 상실되어 사회통념상 그 회복이 불가능한 경우에 공용폐지행위 없이도 공물로서의 성질이 소멸하는지에 관해 견해가 대립한다.

공물의 형체가 소멸되고 사회통념상 회복이 불가능한 경우에는 그 사실로써 공물은 당연히 소멸한다는 긍정설이 다수의 견해이다.

판례는 부정설의 입장이다. 대법원은 형태적 요소가 상실되면 묵시적 공용폐지가 인정될 수 있는 경우에 공물로서의 성질을 상실한다고 판시하고 있다.

관재당국이 착오로 행정재산을 다른 재산과 교환하였다는 사정만으로 적법한 공용폐지의 의사표시가 있다고 볼 수 있는지 여부(소극)
공용폐지의 의사표시는 묵시적인 방법으로도 가능하나 행정재산이 본래의 용도에 제공되지 않는 상태에 있다는 사정만으로는 묵시적인 공용폐지의 의사표시가 있다고 볼 수 없으며, 또한 공용폐지의 의사표시는 적법한 것이어야 하는바, 행정재산은 공용폐지가 되지 아니한 상태에서는 사법상 거래의 대상이 될 수 없으므로 관재당국이 착오로 행정재산을 다른 재산과 교환하였다 하여 그러한 사정만으로 적법한 공용폐지의 의사표시가 있다고 볼 수도 없다(대판 1998. 11. 10. 98다42974).

(2) 의사적 요소

인공공물은 행정주체의 적법한 공용폐지행위가 있어야 소멸한다. 공용폐지란 공공용물을 일반 공중의 이용에 제공하는 것을 폐지하는 권한 있는 행정기관의 의사적 행위를 말한다.

공공용물의 형체적 요소가 멸실된 경우에 공용폐지의 행위는 명시적 의사표시에 의하는 것이 원칙이지만, 주위의 사정으로 보아 객관적으로 공용폐지의 의사의 존재를 추측할 수 있는 때에는 묵시적 의사표시에 의한 공용폐지도 인정된다.

판례도 행정재산의 묵시적 의사표시에 의한 공용폐지를 인정하고 있다. 다만, 공용폐지의 의사표시는 명시적이든 묵시적이든 상관없으나, 단순히 사실상 공물로서의 용도에 사용되지 않는다는 사실만으로는 공용폐지의 의사표시가 있었다고 볼 수는 없다고 판시하고 있다(대판 1997. 3. 14. 96다43508).

행정재산이 사실상 본래의 용도에 사용되지 않고 있다는 사실은 공용폐지로 볼 수 없다
공용폐지의 의사표시는 명시적이든 묵시적이든 상관없으나 적법한 의사표시가 있어야 하고, 행정재산이 사실상 본래의 용도에 사용되지 않고 있다는 사실만으로 용도폐지의 의사표시가 있었다고 볼 수는 없다. 따라서 오랫동안 도로로서 사용되지 않는 토지가 일부에 건물이 세워져 있으며 그 주위에 담이 둘러져 있어 사실상 대지화되어 있다고 하더라도 관리청의 적법한 의사표시에 의한 것이 아니라 그 인접토지의 소유자들이 임의로 토지를 봉쇄하고 독점적으로 사용해 왔기 때문이라면, 관리청이 묵시적으로 토지의 도로로서의 용도를 폐지하였다고 볼 수는 없다(대판 1994. 9. 13. 94다12579).

무효인 매매계약은 공용폐지가 아니다

행정재산은 공용폐지가 되지 아니하는 한 사법상 거래의 대상이 될 수 없으므로 시효취득의 대상이 되지 아니하고, 관재당국이 이를 모르고 행정재산을 매각하였다 하더라도 그 매매는 당연무효이다. 그리고 공용폐지의 의사표시는 명시적 의사표시뿐 아니라 묵시적 의사표시이어도 무방하나 적법한 의사표시이어야 하고, 행정재산이 본래의 용도에 제공되지 않는 상태에 놓여 있다는 사실만으로 관리청의 이에 대한 공용폐지의 의사표시가 있었다고 볼 수 없으며, 행정재산에 관하여 체결된 것이기 때문에 무효인 매매계약을 가지고 적법한 공용폐지의 의사표시가 있었다고 볼 수도 없다(대판 1996. 5. 28. 95다52383).

Ⅲ. 공용물의 소멸

공용물은 사실상 그 사용을 폐지함으로써 공물의 성질을 상실한다(예 관용차의 폐차처분). 공용물은 그 성립과 마찬가지로 소멸에 있어서도 별도의 공용폐지의 의사표시를 필요로 하지 않는다는 것이 다수설이다. 이에 대해 공용물의 경우에도 공용폐지가 필요하다는 반대견해가 유력하게 주장되고 있다.

판례도 묵시적이나마 공용폐지가 필요하다는 입장이다.

공용물이 본래의 용도에 제공되지 않는 상태에 놓여 있다는 사실만으로 용도폐지의 의사표시가 있었다고 볼 수 없다

행정재산에 대한 공용폐지의 의사표시는 명시적이든 묵시적이든 상관이 없으나 적법한 의사표시가 있어야 하고, 행정재산이 사실상 본래의 용도에 사용되지 않고 있다는 사실만으로 용도폐지의 의사표시가 있었다고 볼 수는 없으므로 행정청이 행정재산에 속하는 1필지 토지 중 일부를 그 필지에 속하는 토지인줄 모르고 본래의 용도에 사용하지 않는다는 사실만으로 묵시적으로나마 그 부분에 대한 용도폐지의 의사표시가 있었다고 할 수 없다(대판 1997. 3. 14. 96다43508).

행정재산에 대한 묵시적 공용폐지를 인정하여 당해 부동산이 시효취득의 대상이 되었다고 본 사례
학교 교장이 학교 밖에 위치한 관사를 용도폐지한 후 재무부로 귀속시키라는 국가의 지시를 어기고 사친회 이사회의 의결을 거쳐 개인에게 매각한 경우, 이와 같이 교장이 국가의 지시대로 위 부동산을 용도폐지한 다음 비록 재무부에 귀속시키지 않고 바로 매각하였다고 하더라도 위 용도폐지 자체는 국가의 지시에 의한 것으로 유효하다고 아니할 수 없고, 그 후 오랫동안 국가가 위 매각절차상의 문제를 제기하지도 않고, 위 부동산이 관사 등 공공의 용도에 전혀 사용된 바가 없다면, 이로써 위 부동산은 적어도 묵시적으로 공용폐지 되어 시효취득의 대상이 되었다고 봄이 상당하다(대판 1999. 7. 23. 99다15924).

종전에 지방국도사무소 소장관사로 사용되던 국유의 부동산이 지방국도사무소가 폐지됨으로써 공용으로 사용되지 않게 된 경우
1949. 6. 4. 대구국도사무소가 폐지되고, 그 소장관사로 사용되던 부동산이 그이래 달리 공용으로 사용된 바 없다면, 그 부동산은 이로 인하여 묵시적으로 공용이 폐지되어 시효취득의 대상이 되었다 할 것이다(대판 1990. 11. 27. 90다5948).

Ⅳ. 공적 보존물의 소멸

공적 보존물은 그 지정해제의 의사표시로 소멸한다(예 국보지정해제).

제 3 장

공물의 법률적 특색

제 1 절 공물의 실정법상 특색

Ⅰ. 공물의 불융통성(융통성의 제한)

1. 의 의

공물은 공적 목적에 제공되는 한도에서 원칙적으로 매매, 교환, 증여, 저당권설정 등 융통성(거래)이 제한된다.

바다와 같은 자연공물이 사법상 거래의 대상이 되는지 여부(소극)
바다와 같은 자연공물의 경우에는 자연적 상태에 의한 물건의 성상 그 자체로 당연히 공공의 사용에 제공되는 것이므로 불융통물로서 사법상 거래의 대상이 되지 아니한다(대판 1995. 11. 14. 94다50922; 대판 2009. 8. 20. 2007다64303).

세무서장이 용도폐지도 되지 않은 국유재산을 잡종재산으로 오인하여 매각한 경우 그 매도행위의 효력 유무(소극)
세무서장이 공공용 행정재산으로서 용도폐지도 되지 않은 국유재산을 잡종재산으로 오인하여 매각하였다면 그 매도행위는 무효라고 할 것이고, 이를 국세청이 관리청을 국세청으로 등기한 후 매수인에게 소유권이전등기를 경료해 주었다고 하여 무효인 매도행위를 추인한 것으로 볼 수 없다(대판 1992. 7. 14. 92다12971).

2. 절대적 제한

사소유권이 부정되는 하천의 경우는 융통성이 절대적으로 제한된 경우이다.

판례는 「공유수면매립법」 제2조와 관련한 사안에서 행정재산은 사법상 거래의 대상이 되지 아니하는 불융통물이므로 비록 관재 당국이 이를 모르고 매각하였다 하더라도 그 매매는 당연무효라 아니할 수 없으며, 매매계약 역시 불융통물에 대한 매매로서 무효임을 면할 수 없다 할 것이라고 판시한 바 있다(대판 1995. 11. 14. 94다50922).

3. 상대적 제한

사소유권의 성립을 인정하면서도 공물의 목적달성을 위하여 일정범위의 사권의 설정·행사를 제한하는 것이 상대적 제한에 해당한다(예 국·공유의 행정재산, 관공서의 청사건물, 도로).

도로의 공용개시행위로 인하여 그 소유자가 손실을 받은 경우 손실보상청구를 할 수 없다

도로의 공용개시행위로 인하여 공물로 성립한 사인 소유의 도로부지 등에 대하여 「도로법」 제5조에 따라 사권의 행사가 제한됨으로써 그 소유자가 손실을 받았다고 하더라도 이와 같은 사권의 제한은 건설교통부장관 또는 기타의 행정청이 행한 것이 아니라 「도로법」이 도로의 공물로서의 특성을 유지하기 위하여 필요한 범위 내에서 제한을 가하는 것이므로, 이러한 경우 도로부지 등의 소유자는 국가나 지방자치단체를 상대로 하여 부당이득반환청구나 손해배상청구를 할 수 있음은 별론으로 하고 「도로법」 제79조에 의한 손실보상청구를 할 수는 없다(대판 2006. 9. 28. 2004두13639).

4. 융통신고주의

사권의 설정이나 이전을 허용하지만 신고의무를 부과하는 경우이다(예 문화재).

Ⅱ. 강제집행의 제한

공물이 「민사집행법」에 의한 강제집행의 대상이 될 수 있는지 문제된다.

1. 국유공물

강제집행의 대상이 될 수 없다.

2. 공유공물

융통성이 제한되므로 강제집행이 제한된다고 보는 부정설이 다수설이다.

3. 사유공물

융통성이 인정되므로 당연히 강제집행의 대상이 될 수 있다.

Ⅲ. 취득시효의 적용제한

1. 견해의 대립

사물은 부동산 또는 동산을 일정한 기간(부동산은 20년, 동산은 10년) 소유의 의사로 평온·공연하게 점유한 자로 소유권을 취득하는 것이 원칙이다(민법 제245조, 제246조). 이러한 민법의 규정이 공물의 경우에도 적용되는지에 대하여는 부정설, 제한적 긍정설, 완전시효취득설로 견해가 대립되고 있다.

판례는 대부분 부정설의 입장인데, 사인에 의해 사적 용도로 장기간 사용되어 온 경우에는 묵시적인 공용폐지를 인정하여 시효취득을 인정한 판례가 있다.

> 대구국도사무소가 폐지되고, 그 소장관사로 사용되던 부동산이 그이래 달리 공용으로 사용된 바 없다면, 그 부동산은 이로 인하여 묵시적으로 공용이 폐지되어 시효취득의 대상이 되었다 할 것이다(대판 1990. 11. 27. 90다5948).

2. 행정재산

행정재산은 「민법」 제245조에도 불구하고 시효취득의 대상이 되지 아니한다.

행정재산에 대해서는 시효취득이 불가하다

행정목적을 위하여 공용되는 행정재산은 공용폐지가 되지 않는 한 사법상 거래대상이 될 수 없으므로 시효취득 대상도 될 수 없다. 공물의 용도폐지의사표시는 명시적이든 묵시적이든 불문하나 적법한 의사표시이어야 하고, 단지 사실상 공물로서의 용도에 사용되지 아니하고 있다는 사실이나 무효인 매도행위를 가지고 용도폐지의사표시가 있었다고 볼 수 없다(대판 1983. 6. 14. 83다카181; 대판 1994. 9. 13. 94다12579; 대판 1995. 12. 22. 95다19478).

행정재산에 대한 묵시적 공용폐지가 인정되면 당해 부동산은 시효취득의 대상이 된다

학교 교장이 학교 밖에 위치한 관사를 용도폐지한 후 재무부로 귀속시키라는 국가의 지시를 어기고 사친회 이사회의 의결을 거쳐 개인에게 매각한 경우 이와 같이 교장이 국가의 지시대로 위 부동산을 용도폐지한 다음 비록 재무부에 귀속시키지 않고 바로 매각하였다고 하더라도 위 용도폐지 자체는 국가의 지시에 의한 것으로 유효하다고 아니할 수 없고, 그 후 오랫동안 국가가 위 매각절차상의 문제를 제기하지도 않고, 위 부동산이 관사 등 공공의 용도에 전혀 사용된 바가 없다면 이로써 위 부동산은 적어도 묵시적으로 공용폐지되어 시효취득의 대상이 되었다고 봄이 상당하다(대판 1999. 7. 23. 99다15924).

3. 일반재산

일반재산의 경우는 시효취득이 가능하다.

헌법재판소는 국유재산이나 공유재산 중 잡종재산(현, 일반재산)에 대하여도 시효취득을 배제하고 있던 구 「국유재산법」과 「지방재정법」의 조항에 대해 위헌결정을 하였다(헌재결 1991. 5. 31. 89헌가97; 헌재결 1992. 10. 1. 92헌가6).

공유재산에 대한 취득시효가 완성되기 위하여는 그 공유재산이 취득시효기간 동안 계속하여 시효취득의 대상이 될 수 있는 잡종재산이어야 한다

구 「지방재정법」 제74조 제2항은 "공유재산은 「민법」 제245조의 규정에 불구하고 시효취득의 대상이 되지 아니한다. 다만, 잡종재산의 경우에는 그러하지 아니하다"라고 규정하고 있으므로, 구 「지방재정법」상 공유재산에 대한 취득시효가 완성되기 위하여는 그 공유재산이 취득시효기간 동안 계속하여 시효취득의 대상이 될 수 있는 잡종재산이어야 하고, 이러한 점에 대한 증명책임은 시효취득을 주장하는 자에게 있다(대판 2009. 12. 10. 2006다19177).

보존재산은 시효취득의 대상이 되지 아니한다

문화재보호구역 내의 국유토지는 "법령의 규정에 의하여 국가가 보존하는 재산", 즉 「국유재산법」 제4조 제3항 소정의 "보존재산"에 해당하므로 구 「국유재산법」 제5조 제2항에 의하여 시효취득의 대상이 되지 아니한다(대판 1994. 5. 10. 93다23442).

국립공원으로 지정·고시된 국유토지에 대해서는 시효취득이 불가하다

국립공원으로 지정·고시된 국유토지는 설사 이를 사인이 점유·사용 중이라고 하더라도 「국유재산법」 제4조 제2항 제2호의 '국가가 직접 공공용으로 사용하거나 사용하기로 결정한 재산'으로서 행정재산인 공공용재산으로 된다고 보아야 하고, 공원사업에 직접 필요한 공원구역 내의 물건에 한하여 행정재산에 해당한다고 할 수 없으므로, 국유토지가 국립공원으로 지정·고시된 이후에는 시효취득의 대상이 되지 아니한다(대판 1996. 7. 30. 95다21280).

잡종재산(현, 일반재산)에 대한 취득시효가 완성된 후 그 잡종재산이 행정재산으로 된 경우

원래 잡종재산이던 것이 행정재산으로 된 경우 잡종재산일 당시에 취득시효가 완성되었다고 하더라도 행정재산으로 된 이상 이를 원인으로 하는 소유권이전등기를 청구할 수 없다(대판 1997. 11. 14. 96다10782).

Ⅳ. 공용수용의 제한

공물은 공용폐지가 없는 한 다른 행정목적을 위하여 수용될 수 없다.

공물은 공공목적에 제공되어 있는 것이므로 공물 그 자체를 공용수용의 목적으로 할 수는 없다는 부정설이 통설의 태도이다.

판례는 공적 보존물(보존공물)인 지방문화재로 지정된 토지가 수용의 대상이 될 수 있다고 판시하여 제한적 긍정설을 취한다.

공적 보존물도 토지수용의 대상이 될 수 있다

「토지수용법」은 제5조의 규정에 의한 제한 이외에는 수용의 대상이 되는 토지에 관하여 아무런 제한을 하지 아니하고 있을 뿐만 아니라, 「토지수용법」 제5조, 「문화재보호법」 제20조 제4호, 제58조 제1항, 부칙 제3조 제2항 등의 규정을 종합하면 구 「문화재보호법」 제54조의2 제1항에 의하여 지방문화재로 지정된 토지가 수용의 대상이 될 수 없다고 볼 수는 없다(대판 1996. 4. 26. 95누13241).

제 4 장

공물의 관리와 공물경찰

제 1 절 공물의 관리

공물주체가 공물을 관리할 수 있는 권한을 공물관리권이라고 한다.

공물관리권의 법적 성질에 대하여는, 공물관리권은 공물주체의 공소유권으로부터 나온다고 하는 소유권설, 공물관리권을 법률에 의하여 부여된 특수한 포괄적 권능으로 이해하는 포괄적 관리권능설 등이 있지만, 공물관리권은 독립한 공법상의 물권적 지배권으로 보는 공법상 물권적 지배권설이 일반적인 견해이다.

판례도 또한 같다.

도로의 관리청이 도로부지에 대한 소유권을 취득하였는지 여부와는 관계없이 도로를 무단점용하는 자에 대하여 변상금을 부과할 수 있다

「도로법」의 제반 규정에 비추어 보면, 같은 법 제80조의2의 규정에 의한 변상금 부과권한은 적정한 도로관리를 위하여 도로의 관리청에게 부여된 권한이라 할 것이지 도로부지의 소유권에 기한 권한이라고 할 수 없으므로, 도로의 관리청은 도로부지에 대한 소유권을 취득하였는지 여부와는 관계없이 도로를 무단점용하는 자에 대하여 변상금을 부과할 수 있다(대판 2005. 11. 25. 2003두7194).

제2절 공물경찰

Ⅰ. 의 의

공물경찰이란 공물의 안전을 유지하고 공물과 관련해서 공공의 안녕질서에 대한 위해를 예방·제거하기 위한 일반경찰권의 작용을 말한다.

Ⅱ. 공물관리과 공물경찰

현실적으로 동일한 공물에 대하여 공물관리권의 행사와 공물경찰권의 행사가 서로 내용에 있어서 경합되어 나타나는 경우가 많다. 양자는 각각의 목적을 위하여 의미를 갖는 것이므로 서로 독립된 효력을 가진다.

제 5 장 공물의 사용관계

제 1 절 공물의 일반사용

Ⅰ. 의 의

공물의 일반사용이란 공물주체의 특별한 행위, 즉 허가나 특허 없이 일반 공중이 공공용물을 본래목적에 따라 자유롭게 사용하는 것을 말한다. 이를 공물의 보통사용, 자유사용이라고도 한다.

Ⅱ. 법적 성질

1. 반사적 이익설(종래의 통설)

공물의 일반사용은 반사적 이익에 지나지 않는다고 보는 견해이다. 따라서 이 견해에 의하면, 일반사용이 침해된 경우에도 권리구제를 받을 수 없다.

2. 공권설(현재의 통설)

공물의 일반사용을 공권으로 보는 견해이다. 따라서 이 견해에 의하면, 일반사용을 침해당한 경우 방해배제청구권 또는 손해배상청구권 등을 통해 구제받을 수 있다.

3. 보호이익설

공물의 일반사용은 공권에 속하는 것은 아니지만, 단순히 반사적 이익에 그치는 것도 아닌, 공권과 반사적 이익의 중간영역에 해당한다는 견해이다. 실질적으로 공권설과 차이가 없다는 지적이 있다.

도로용도폐지처분의 취소를 구할 법률상 이익이 있는 자
일반적으로 도로는 국가나 지방자치단체가 직접 공중의 통행에 제공하는 것으로서 일반국민은 이를 자유로이 이용할 수 있는 것이기는 하나, 그렇다고 하여 그 이용관계로부터 당연히 그 도로에 관하여 특정한 권리나 법령에 의하여 보호되는 이익이 개인에게 부여되는 것이라고까지는 말할 수 없으므로, 일반적인 시민생활에 있어 도로를 이용만 하는 사람은 그 용도폐지를 다툴 법률상의 이익이 있다고 말할 수 없지만, 공공용재산이라고 하여도 당해 공공용재산의 성질상 특정 개인의 생활에 개별성이 강한 직접적이고 구체적인 이익을 부여하고 있어서 그에게 그로 인한 이익을 가지게 하는 것이 법률적인 관점으로도 이유가 있다고 인정되는 특별한 사정이 있는 경우에는 그와 같은 이익은 법률상 보호되어야 할 것이고, 따라서 도로의 용도폐지처분에 관하여 이러한 직접적인 이해관계를 가지는 사람이 그와 같은 이익을 현실적으로 침해당한 경우에는 그 취소를 구할 법률상의 이익이 있다(대판 1992. 9. 22. 91누13212).

Ⅲ. 내 용

1. 일반사용의 범위

일반사용의 범위는 일반적으로는 법령에 특별한 규정이 없는 한 사회통념과 지방적 관습에 의해 결정된다.

2. 공공용물의 일반사용

공공용물의 일반사용은 본질적으로 그 침해를 배제하는 데 그치므로, 주로 자신의 공물이용에 있어서 행정기관이나 제3자가 이를 수인할 것과 위법하게 방해하는 경우에 이를 배제할 수 있는 소극적·방어적 권리로 이해된다.

3. 공용물의 일반사용

공용물은 행정주체의 공용에 제공된 공물이므로, 원칙적으로 일반사용이 문제되지 않는다.

Ⅳ. 한 계

공물의 일반사용은 개발사업 등으로 제한받을 수 있다.

공공용물에 대한 일반사용이 적법한 개발행위로 제한됨으로 인한 불이익이 손실보상의 대상이 되는 특별한 손실인지 여부(소극)
일반 공중의 이용에 제공되는 공공용물에 대하여 특허 또는 허가를 받지 않고 하는 일반사용은 다른 개인의 자유이용과 국가 또는 지방자치단체 등의 공공목적을 위한 개발 또는 관리·보존행위를 방해하지 않는 범위 내에서만 허용된다 할 것이므로, 공공용물에 관하여 적법한 개발행위 등이 이루어짐으로 말미암아 이에 대한 일정범위의 사람들의 일반사용이 종전에 비하여 제한받게 되었다 하더라도 특별한 사정이 없는 한 그로 인한 불이익은 손실보상의 대상이 되는 특별한 손실에 해당한다고 할 수 없다(대판 2002. 2. 26. 99다35300).

Ⅴ. 인접주민의 고양된 일반사용

1. 의 의

인접주민(도로나 하천 등에 인접하여 거주하거나 토지 등을 소유하고 있는 사인)은 공물과의 지리적 밀접성으로 인해 통상의 이용관계를 넘는 공물의 사용권이 인정되는데, 이를 인접주민의 고양된 일반사용 또는 인접주민권이라고 한다.

2. 법적 성질

인접주민의 고양된 일반사용의 법적 성질에 관하여는, 다른 사람의 일반사용권과는 질적으로 구분되는 완전한 의미의 공권으로 보는 견해도 있지만, 타인에 비해 사실상의 경제적 이익을 누릴 뿐, 질적으로 일반사용권과 다른 권리는 아니므로 일반사용권의 한 유형에 불과하다는 견해가 통설이다.

3. 내 용

인접주민의 고양된 일반사용권은 공권으로서 제3자에 대한 방해배제청구권, 공물의 변경이나 폐지의 경우의 취소청구권(공물존속보장청구권)이나 손실보상청구권 등이 인정될 수 있다. 또한, 도로로부터 발생하는 소음 등과 공사를 수인해야 하는 의무가 있다.

공물의 인접주민이 공물에 대한 고양된 일반사용권을 가지는지 여부의 판단 방법
공물의 인접주민은 다른 일반인보다 인접공물의 일반사용에 있어 특별한 이해관계를 가지는 경우가 있고, 그러한 의미에서 다른 사람에게 인정되지 아니하는 이른바 고양된 일반사용권이 보장될 수 있으며, 이러한 고양된 일반사용권이 침해된 경우 다른 개인과의 관계에서 민법상으로도 보호될 수 있으나, 그 권리도 공물의 일반사용의 범위 안에서 인정되는 것이므로, 특정인에게 어느 범위에서 이른바 고양된 일반사용권으로서의 권리가 인정될 수 있는지의 여부는 당해 공물의 목적과 효용, 일반사용관계, 고양된 일반사용권을 주장하는 사람의 법률상의 지위와 당해 공물의 사용관계의 인접성, 특수성 등을 종합적으로 고려하여 판단하여야 한다. 따라서 구체적으로 공물을 사용하지 않고 있는 이상 그 공물의 인접주민이라는 사정만으로는 공물에 대한 고양된 일반사용권이 인정될 수 없다(대판 2006. 12. 22. 2004다68311, 68328).[1]

제2절 공물의 특별사용

Ⅰ. 공물의 허가사용

공물의 일반사용이 다른 공중의 사용을 방해하거나 공공의 질서를 문란케 할 우려가 있는 경우에는 당해 공물의 사용을 일반적으로 공물관리나 공물경찰의 목적에 의해 금지하고, 특정한 경우에 이를 해제하는 행정기관의 개별적인 허가에 의해 공물사용을 허용하는 것을 공물의 허가사용이라고 한다.

1 재래시장 내 점포의 소유자가 점포 앞의 도로에 대하여 일반사용을 넘어 특별한 이해관계를 인정할 만한 사용을 하고 있었다는 사정을 인정할 수 없다는 이유로 위 소유자는 도로에 좌판을 설치·이용할 수 있는 권리가 없다고 본 사례.

Ⅱ. 공물의 특허사용

1. 의 의

공물주체가 공물관리권에 의하여 특정인에게 일반공중에게는 허용되지 않는 특별한 공물사용권을 설정하여 줌으로써 특정인이 당해 공물을 독점적으로 이용할 수 있게 하는 것을 특허라고 하고, 특허에 의한 공물사용을 공물의 특허사용이라고 한다.

하천 또는 공유수면의 점용은 특별사용을 의미한다
「하천법」 및 「공유수면관리법」에 규정된 하천 또는 공유수면의 점용이라 함은 하천 또는 공유수면에 대하여 일반사용과는 별도로 하천 또는 공유수면의 특정부분을 유형적·고정적으로 특정한 목적을 위하여 사용하는 이른바 특별사용을 의미하는 것이므로, 이러한 특별사용에 있어서의 점용료 부과처분은 공법상의 의무를 부과하는 공권적인 처분으로서 항고소송의 대상이 되는 행정처분에 해당한다(대판 2004. 10. 15. 2002다68485).

비관리청의 항만시설 무상사용권
「항만법」 제17조 제1항은, 비관리청의 항만공사로 조성 또는 설치된 토지 및 항만시설은 준공과 동시에 국가 또는 지방자치단체에 귀속된다고 규정하고, 같은 조 제3항은, 비관리청은 그 귀속된 항만시설을 총사업비의 범위 안에서 대통령령이 정하는 바에 따라 무상사용할 수 있다고 규정하고 있는바, 비관리청이 행한 항만시설은 비관리청의 의사와 아무런 상관없이 항만법의 규정에 의하여 당연히 국가 또는 지방자치단체에 귀속하는 대신, 비관리청은 항만법에 의하여 총사업비의 범위 안에서 당해 항만시설에 대하여 무상사용권을 취득할 수 있으므로, 이에 따라 비관리청이 당해 항만시설을 무상사용하는 것은 일반인에게 허용되지 아니하는 특별한 사용으로서, 이른바 공물의 특허사용에 해당한다(대판 2001. 8. 24. 2001두2485).

도로법 제40조에 규정된 도로점용의 의미(특별사용) 및 도로점용허가의 법적 성질(재량행위)
「도로법」 제40조 제1항에 의한 도로점용은 일반공중의 교통에 사용되는 도로에 대하여 이러한 일반사용과는 별도로 도로의 특정부분을 유형적 · 고정적으로 특정한 목적을 위하여 사용하는 이른바 특별사용을 뜻하는 것이고, 이러한 도로점용의 허가는 특정인에게 일정한 내용의 공물사용권을 설정하는 설권행위로서, 공물관리자가 신청인의 적격성, 사용목적 및 공익상의 영향 등을 참작하여 허가를 할 것인지의 여부를 결정하는 재량행위이다(대판 2002. 10. 25. 2002두5795).

서울 낙원상가아파트

지하 1층, 지상 17층의 상가아파트 건물이 도로 상하의 공간에 설치되어 있고, 지상 1층 공간에는 일정 간격으로 지주가 배열되어 있으며, 그 사이로 형성된 터널형 공간부분의 중앙으로 차도가 설치되어 있고, 양쪽에 주차장 및 옥외출입계단이 설치되어 있는 경우, 위 도로는 주로 위 건물의 사용을 위한 사람과 차량의 통행 및 주차 등을 위하여 사용되고 있고 지방자치단체장은 단지 건물소유자의 독점적, 배타적 지배를 방해하지 않는 범위 내에서 일반의 차량통행, 보행 및 주차 등을 위하여 이를 사용하고 있음에 불과하다는 이유로, 건물소유자가 도로를 특별사용하고 있다(대판 1998. 9. 22. 96누7342).

건물 앞 인도 부분에 개설한 차량 진출입통로

차도와 인도 사이의 경계턱을 없애고 인도 부분을 차도에서부터 완만한 오르막 경사를 이루도록 시공하는 방법으로 건물 앞 인도 부분에 차량 진출입통로를 개설하여 건물에 드나드는 차량들의 편익에 제공함으로써, 일반의 보행자들이 인도 부분을 불편을 감수하면서 통행하고 있는 경우, 인도 부분이 일반공중의 통행에 공용되고 있다고 하여도 도로의 특별사용에 해당한다(대판 1999. 5. 14. 98두17906).

2. 내 용

(1) 공물사용권의 성질

도로점용허가

① 도로점용허가가 상대방의 신청에 의하여 행하여지는 쌍방적 행정행위인 점, 그리고 건물소유자가 도로점용허가를 받아 건물과 지하도를 연결하는 지하연결통로를 설치하여 이를 관리청에 기부채납하기로 하였다면 특별한 사정이 없는 한 건물소유자로서는 지하연결통로를 완공할 때까지 점용할 의사로 도로점용허가를 신청한 것으로 봄이 상당한 점 등에 비추어 보면, 지하연결통로를 설치하여 이를 기부채납하기 위하여 도로점용허가를 받은 경우 허가 자체에 점용기간이 명백히 정해져 있다

는 등의 사정이 없는 한 그 점용기간은 지하연결통로 완공시까지로 봄이 상당하다(대판 1995. 2. 3. 94누3766).

② 「도로법」 제40조 제1항에 의한 도로점용은 일반공중의 교통에 사용되는 도로에 대하여 이러한 일반사용과는 별도로 도로의 특정부분을 유형적·고정적으로 특정한 목적을 위하여 사용하는 이른바 특별사용을 뜻하는 것이고, 이러한 도로점용의 허가는 특정인에게 일정한 내용의 공물사용권을 설정하는 설권행위로서, 공물관리자가 신청인의 적격성, 사용목적 및 공익상의 영향 등을 참작하여 허가를 할 것인지의 여부를 결정하는 재량행위이다(대판 2002. 10. 25. 2002두5795).

하천의 점용허가권은 특허사용으로서 물권이 아니라 채권적 성질을 가진다

하천의 점용허가권은 특허에 의한 공물사용권의 일종으로서 하천의 관리주체에 대하여 일정한 특별사용을 청구할 수 있는 채권에 지나지 아니하고 대세적 효력이 있는 물권이라 할 수 없다(대판 1990. 2. 13. 89다카23022).

공유수면매립면허

공유수면매립면허는 설권행위인 특허의 성질을 갖는 것이므로 원칙적으로 행정청의 자유재량에 속하며, 일단 실효된 공유수면매립면허의 효력을 회복시키는 행위도 특단의 사정이 없는 한 새로운 면허부여와 같이 면허관청의 자유재량에 속한다고 할 것이므로 「공유수면매립법」 부칙 제4항의 규정에 의하여 위 법 시행 전에 같은 법 제25조 제1항의 규정에 의하여 효력이 상실된 매립면허의 효력을 회복시키는 처분도 특단의 사정이 없는 한 면허관청의 자유재량에 속하는 행위라고 봄이 타당하다(대판 1989. 9. 12. 88누9206).

하천부지점용허가

하천부지 점용허가 여부는 관리청의 재량에 속하고 재량행위에 있어서는 법령상의 근거가 없어도 부관을 붙일 것인가의 여부는 당해 행정청의 재량에 속하며, 또한 구 「하천법」 제33조 단서가 하천의 점용허가에는 하천의 오염으로 인한 공해 기타 보건위생상 위해를 방지함에 필요한 부관을 붙이도록 규정하고 있으므로, 하천부지 점용허가의 성질의 면으로 보나 법 규정으로 보나 부관을 붙일 수 있음은 명백하다(대판 2008. 7. 24. 2007두25930, 25947, 25954).

(2) 공물의 특허사용과 일반사용의 병존

공물의 특허사용은 반드시 독점적·배타적인 것이 아니라 그 사용목적에 따라서는 일반사용과 병존이 가능한 경우도 있다(대판 1998. 9. 22. 96누7342 등 다수).

도로의 점용을 특별사용으로 볼 것인지 여부의 판단기준

「도로법」 제40조, 제43조, 제80조의2에 규정된 도로의 점용이라 함은, 일반공중의 교통에 공용되는 도로에 대하여 이러한 일반사용과는 별도로 도로의 특정부분을 유형적, 고정적으로 사용하는 이른바 특별사용을 뜻하는 것이고, 그와 같은 도로의 특별사용은 반드시 독점적, 배타적인 것이 아니라 그 사용목적에 따라서는 도로의 일반사용과 병존이 가능한 경우도 있고, 이러한 경우에는 도로점용부분이 동시에 일반공중의 교통에 공용되고 있다고 하여 도로점용이 아니라고 말할 수 없는 것이며, 한편 당해 도로의 점용을 위와 같은 특별사용으로 볼 것인지 아니면 일반사용으로 볼 것인지는 그 도로 점용의 주된 용도와 기능이 무엇인지에 따라 가려져야 한다(대판 1995. 2. 14. 94누5830).

Ⅲ. 관습법상 특별사용

관개용수권

농지소유자들이 수백년 전부터 공유(公有)하천에 보를 설치하여 그 연안의 논에 관개를 하여 왔고 원고도 그 논 중 일부를 경작하면서 위 보로부터 인수(引水)를 하여 왔다면, 공유하천으로부터 용수를 함에 있어서 「하천법」에 의하여 하천관리청으로부터 허가를 얻어야 한다고 하더라도 그 허가를 필요로 하는 법규시행 이전부터 원고가 위 보에 의하여 용수할 수 있는 권리를 관습에 의하여 취득하였음이 뚜렷하므로 원고는 「하천법」에 관한 법규에 불구하고 그 기득권이 있는 것이다(대판 1972. 3. 31. 72다78).

관행어업권

① 구 「수산업법」 제40조 소정의 '입어의 관행에 따른 권리'(관행어업권)란, 일정한 공유수면에 대한 공동어업권 설정 이전부터 어업의 면허 없이 그 공유수면에서 오랫동안 계속 수산동식물을 포획 또는 채취하여 옴으로써 그것이 대다수 사람들에게 일반적으로 시인될 정도에 이른 것을 말하고, 이는 공동어업권자에 대하여 주장하

고 행사할 수 있을 뿐만 아니라 이를 다투는 제3자에 대하여도 그 배제를 청구하거나 그에 따른 손해배상을 청구할 수 있는 권리이며, 당해 공유수면에 공동어업권이 설정되어 있는지 여부를 불문하고 인정될 수 있는 것이지, 공동어업권이 설정된 후에 비로소 그 공동어업권에 대한 제한물권적 권리로서만 발생하는 권리라고는 할 수 없다(대판 2001. 3. 13. 99다57942).

② 관행어업권은 일정한 공유수면에 대한 공동어업권 설정 이전부터 어업의 면허 없이 그 공유수면에서 오랫동안 계속 수산동식물을 포획 또는 채취하여 옴으로써 그것이 대다수 사람들에게 일반적으로 시인될 정도에 이른 경우에 인정되는 권리로서 이는 어디까지나 수산동식물이 서식하는 공유수면에 대하여 성립하고, 허가어업에 필요한 어선의 정박 또는 어구의 수리·보관을 위한 육상의 장소에는 성립할 여지가 없으므로, 어선어업자들의 백사장 등에 대한 사용은 공공용물의 일반사용에 의한 것일 뿐 관행어업권에 기한 것으로 볼 수 없다(대판 2002. 2. 26. 99다35300).

Ⅳ. 행정재산의 목적 외 사용

행정재산의 목적 외 사용은 법률관계의 발생 또는 소멸이 행정처분에 의하여 이루어지므로 사용·수익관계는 공법관계이다(공법관계설, 통설).

판례는 공법관계설의 입장이다. 따라서 행정재산의 사용·수익허가에 대한 사용료부과는 항고소송의 대상이 되는 행정처분이라고 판시하고 있다(대판 2000. 11. 24. 2000다28568).

행정재산의 사용·수익에 대한 허가의 성질은 특허에 해당한다

국립의료원 부설 주차장에 관한 위탁관리용역운영계약의 실질은 행정재산에 대한 「국유재산법」 제24조 제1항의 사용·수익 허가이므로 순전히 사경제주체로서 행하는 사법상의 행위가 아니라 관리청이 공권력을 가진 우월적 지위에서 행하는 행정처분으로서 특정인에게 행정재산을 사용할 수 있는 권리를 설정하여 주는 강학상 특허에 해당한다(대판 2006. 3. 9. 2004다31074; 대판 1998. 2. 27. 97누1105).

행정재산의 사용·수익에 대한 허가 신청을 거부한 행위는 행정처분에 해당한다

행정재산의 사용·수익허가처분의 성질에 비추어 국민에게는 행정재산의 사용·수익허가를 신청할 법규상 또는 조리상의 권리가 있다고 할 것이므로 공유재산의 관리청이 행정재산의 사용·수익에 대한 허가 신청을 거부한 행위 역시 행정처분에 해당한다(대판 1998. 2. 27. 97누1105).

행정재산을 사용·수익하는 자에 대한 사용료부과는 행정처분에 해당한다
국유재산의 관리청이 행정재산의 사용·수익을 허가한 다음 그 사용·수익하는 자에 대하여 하는 사용료부과는 순전히 사경제주체로서 행하는 사법상의 이행청구라 할 수 없고, 이는 관리청이 공권력을 가진 우월적 지위에서 행한 것으로서 항고소송의 대상이 되는 행정처분이라 할 것이다(대판 1996. 2. 13. 95누11023).

「국유재산법」은 국유재산의 사용·수익이 취소·철회된 경우에는 원상회복하여 반환할 의무를 규정하고 있다(제38조). 이 경우 원상회복하여 반환하지 않는 경우 대집행을 할 수 있는지 문제된다. 허가가 취소·철회되었음에도 사인이 퇴거하지 않는 경우에는 대집행이 불가능하다는 것이 통설·판례(대판 1998. 10. 23. 97누157)이다.

국유재산의 관리청이 무단점유자에 대하여 하는 변상금부과처분은 행정처분이다(대판 1988. 2. 23. 87누1046, 1047).

국유재산의 무단점유 등에 대한 변상금의 징수는 기속행위이다(대판 2000. 1. 28. 97누4098).

제10편 공용부담법

제1장 • 인적 공용부담

제2장 • 물적 공용부담

제 1 장 인적 공용부담

제1절 의 의

인적 공용부담이란 특정한 공익사업 기타 복리행정의 수행이나 물건의 보존을 위하여 법률에 근거하여 그 사업의 경영주체에 대하여 일정한 작위·부작위·급부의 공법상 의무를 말한다.

인적 공용부담은 특정인을 대상으로 하는 공용부담이라는 점에서 특정한 재산권을 대상으로 하는 물적 공용부담과 구별된다.

가장 중요한 분류로서, 부담금, 부역·현품, 노역·물품, 시설부담, 부작위부담 등이 있다.

<인적 공용부담과 물적 공용부담>

구 분	인적 공용부담	물적 공용부담
의 의	공용을 위해 특정인이 작위·부작위 또는 급부의 의무를 부담하는 것	공용을 위해 특정한 재산권에 대해 일정한 제한이나 침해를 가하는 부담
대 상	특정인의 행위(작위·부작위·급부)	특정한 재산권(토지·물건 자체가 아님)
성 질	채권성(대인성)	물권성(대물성)
범 위	극히 제한적으로 인정	비교적 널리 인정
의무의 이전성	의무가 타인에게 이전되지 않음	의무가 타인에게 이전됨
손실보상	원칙적 부정(노역·물품에 대해서만 예외적 인정)	원칙적 인정
종 류	부담금, 부역·현품, 노역·물품, 시설부담, 부작위부담	공용수용, 공용제한(공물제한, 사용제한, 부담제한), 공용환지·공용환권

제2절 내 용

Ⅰ. 부담금

1. 의 의

부담금이란 중앙행정기관의 장, 지방자치단체의 장, 행정권한을 위탁받은 공공단체 또는 법인의 장 등 법률에 따라 금전적 부담의 부과권한을 부여받은 자(부과권자)가 분담금, 부과금, 기여금, 그 밖의 명칭에도 불구하고 재화 또는 용역의 제공과 관계없이 특정 공익사업과 관련하여 법률에서 정하는 바에 따라 부과하는 조세 외의 금전지급의무(특정한 의무이행을 담보하기 위한 예치금 또는 보증금의 성격을 가진 것은 제외)를 말한다(부담금관리기본법 제2조).

일반적으로 "부담금"은 인적 공용부담의 일종으로서 국가 또는 공공단체가 특정한 공익사업과 특별한 관계에 있는 자에 대하여 그 사업에 필요한 경비를 부담시키기 위하여 과하는 금전지급의무를 말하고, 공익사업과의 관계가 어떤 것인지에 따라 수익자부담금·원인자부담금 및 손상자부담금으로 나누어지고, 이러한 전통적인 공용부담제도는 일면에서는 공익상의 수요충족의 관점에서, 또 다른 면에서 공익과 사익의 조화를 통한 부담의 합리적 조정이라는 관점에서 인정되는 것인바, 이 사건 법률조항은 그 규정형식("…한 자는 …으로 인하여 필요하게 된 비용을 부담하여야 한다")에 비추어 명시적으로 부담금이라는 표현을 사용하지는 않았지만, 인적 공용부담의 일종인 원인자부담금을 규정한 것으로 해석된다(헌재결 2002. 9. 19. 2001헌바56).

2. 구별개념

(1) 조세와의 구별

① 부담금은 국가 등이 제공하는 특정한 급부에 대한 반대급부로서 부과되는 것이 아니다. 물론 부담금과 관련된 공적 과제의 수행으로부터 납부의무자 중 일부 또는 전부가 이익을 얻을 수도 있지만, 부담금의 산정에는 그러한 이익과의 엄밀한 등가관계가 관철되고 있지 않으며, 이러한 의미에서 여전히 반대급부적 성격은 부인된다. 그리고 이처럼 반대급부적 성격이 없이 공법상 강제로 부과·징수되는 점에서는 부담금과 조세는 매우 유사하다. 다만, 조세는 국가 등의 일반적 과제의 수행을 위한 것으로서 담세능력이 있는 일반국민에 대해 부과되지만, 부담금은 특별한 과제의 수행을 위한 것으로서 당해 공익사업과 일정한 관련성이 있는 특정 부류의 사람들에 대해서만 부과되는 점에서 양자는 차이가 있다(헌재결 2004. 7. 15. 2002헌바42).

② 어떤 공과금이 조세인지 아니면 부담금인지는 단순히 법률에서 그것을 무엇으로 성격규정하고 있느냐를 기준으로 할 것이 아니라, 그 실질적인 내용을 결정적인 기준으로 삼아야 한다. 이 사건 부과금은 문화체육관광부 산하에 있는 법인인 영화진흥위원회가(이 사건 법률 제4조, 제5조) 영화예술의 질적 향상과 한국영화 및 영화·비디오물산업의 진흥·발전이라는 특정 공적 과제의 수행을 위하여(제23조 제1항) 영화상영관을 이용하는 관람객이라는 특정 부류의 사람들에게만 그 시설 이용의 대가가 아닌 금전을 강제적·일률적으로 부과하며, 이렇게 재원이 마련된 영화발전기금은(제24조 제3호) 영화 및 비디오 산업의 진흥이라는 제한된 용도로만 지출되고(제25조) 영화진흥위원회가 독립된 회계로 관리 운용한다는 점에서(제23조 제2항) 그 이념과 기능이 조세와는 구별되므로 부담금에 해당한다(헌재결 2008. 11. 27. 2007헌마860).

⑵ 사용료·수수료와의 구별

사용료·수수료는 이용자나 사용자에 대하여 이용행위에 대한 반대급부 또는 보수로서 부과되지만, 부담금은 사업 자체의 경비를 사업 자체와 특별한 이해관계를 가지는 자에게 부과하는 것이다. 양자는 서로 다르므로 원칙적으로 병과가 가능하다.

3. 종 류

⑴ 수익자부담금

특정의 공익사업의 시행으로 인하여 특별한 이익을 받는 자가 그 수익의 범위 안에서 사업경비의 일부를 부담하게 되는 부담금이다.

⑵ 원인자부담금

당해 사업이 필요하게 된 원인을 조성한 자가 그 공사비용의 전부 또는 일부를 부담하게 되는 부담금이다.

타행위자인 사업시행자가 타행위로 인한 공공하수도 공사비용을 부담한 경우, 이와 별도로 원인자부담금을 부과할 수 있는지 여부(소극)

「하수도법」 제32조 제2항 및 하수도사용조례에서 타행위자로 하여금 타행위로 인하여 필요하게 된 공공하수도에 관한 공사에 요하는 비용의 전부를 타행위자가 부담하도록 한 것은 타행위에 해당하는 사업으로 인하여 발생할 것이 예상되는 하수를 처리하는 데 필요한 공공하수도 설치에 소요되는 비용에 대하여는 그 원인을 조성한 타행위자인 사업시행자로 하여금 부담하게 하려는 데 그 취지가 있으므로, 이러한 사업시행자가 그 사업으로 인하여 발생할 것으로 예상되어 그 처리에 필요한 공공하수도 공사비용을 부담하는 부분에 대하여는 이와 별도로 같은 법 제32조 제4항 및 하수도사용조례에 기한 원인자부담금을 부과할 수 없다(대판 2004. 9. 24. 2003두6849).

⑶ 손상자부담금

특정의 공익시설을 손상하게 하는 사업이나 행위를 한 자가 그 시설의 유지·수선비 등의 전부 또는 일부를 부담하게 되는 부담금이다.

(4) 특별부담금

① 의 의

조세나 부담금과 같은 전통적인 공과금체계만으로는 현대국가의 새로운 행정수요에 원활하게 대처할 수 없기 때문에 특별부담금이라는 새로운 유형의 공과금제도가 인정되고 있다. 특별부담금은, 특별한 과제를 위한 재정에 충당하기 위하여 특정집단에게 과업과의 관계 등을 기준으로 부과되고 공적기관에 의한 반대급부가 보장되지 않는 금전급부의무를 말하는 것인데 이 부담금은 특정과제의 수행을 위하여 별도로 지출·관리된다. 따라서 특별부담금은 일반적인 국가재정수요의 충당을 위하여 일반 국민으로부터 그 담세능력에 따라 징수되는 조세와 구별된다(헌재결 1999. 10. 21. 97헌바84; 헌재결 2003. 12. 18. 2002헌가2).

카지노사업자의 납부금의 법적 성격

구 「관광진흥법」 제10조의4 제1항은 카지노사업자는 총매출액의 100분의 10의 범위 안에서 일정비율에 상당하는 금액을 관광진흥개발기금법에 의한 관광진흥개발기금에 납부하도록 하고 있는데, 위 납부금은 관광사업의 효율적 발전 및 관광외화수입의 증대라는 과제를 위한 재정충당을 위하여 카지노사업자라는 특정집단으로부터 징수되는 공과금으로서 특별부담금에 해당한다(헌재결 1999. 10. 21. 97헌바84).

특별부담금으로서의 문예진흥기금의 납입금

문예진흥기금은 「부담금관리기본법」 및 「기금관리기본법」의 적용을 받고 문화예술진흥을 위한 사업이나 활동을 지원하기 위하여 설치되어 독립된 회계로 관리되는바, 그 기금조성을 위한 납입금은 구법 제19조 및 제19조의2 등에 의해 강제적으로 징수되고 문화예술진흥이라는 특정한 공익적 과제의 필요에 충당하기 위하여 공연장 등을 이용하는 일부의 사람들에게만 부과되는 공과금이므로 이는 특별부담금에 해당한다(헌재결 2003. 12. 18. 2002헌가2).

영화상영관 입장권에 대한 부과금

이 사건 부과금은 문화체육관광부 산하에 있는 법인인 영화진흥위원회가(이 사건 법률 제4조, 제5조) 영화예술의 질적 향상과 한국영화 및 영화·비디오물산업의 진흥·발전이라는 특정 공적 과제의 수행을 위하여(제23조 제1항) 영화상영관을 이용하는 관람객이라는 특정 부류의 사람들에게만 그 시설 이용의 대가가 아닌 금전을 강제적·일률적으로 부과하며, 이렇게 재원이 마련된 영화발전기금은(제24조 제3호) 영화 및 비디오 산업의 진흥이라는 제한된 용도로만 지출되고(제25조) 영화진흥위원회가 독립된 회계로 관리 운용한다는 점에서(제23조 제2항) 그 이념과 기능이 조세와는 구별되므로 부담금에 해당한다.

이 사건 부과금은 그 부과의 목적이 한국영화산업의 진흥 발전을 위한 각종 사업의 용도로 쓰일 영화발전기금의 재원을 마련하는 것으로서, 그 부과 자체로써 부과금의 부담 주체인 영화상영관 관람객의 행위를 특정한 방향으로 유도하거나 관람객 이외의 다른 사람들과의 형평성 문제를 조정하고자 하는 등의 목적은 없으며, 또한 추구하는 공적 과제가 부과금으로 재원이 마련된 영화발전기금의 집행 단계에서 실현되므로 순수한 재정조달목적 부담금에 해당한다(헌재결 2008. 11. 27. 2007헌마860).

광역교통시설부담금의 법적 성격

광역교통시설부담금을 부과하는 취지는 대도시권의 도시개발사업 등으로 급증하는 교통수요에 대비하여 원인제공자 내지 수익자에게 교통시설 설치비의 일부를 부담시킴으로써 대도시권의 교통난을 완화하기 위한 광역교통시설의 건설 및 개량에 소요되는 재원을 확보하고자 함에 있다.

광역교통시설부담금은 「부담금관리기본법」의 적용을 받고(부담금관리기본법 제3조, 별표 제55호), 교통시설의 건설 및 개량 사업을 위한 특별회계로 귀속되어 관리되며(특별법 제11조의6, 제11조의7), 광역교통시설의 개선이라는 특정한 공익적 과제의 필요에 충당하기 위하여 교통에 부담을 유발하는 사업을 하는 일부 사람들에게만 강제적으로 부과·징수되므로(특별법 제11조) 성질상으로도 부담금에 해당한다. 특히 부과대상과 사용용도 사이의 관계를 기준으로 보면 원인자부담금에 해당하며, 기능적 측면에서는 교통시설의 개선에 필요한 재원 확보를 목적으로 하는 재정조달목적 부담금에 해당한다(헌재결 2013. 10. 24. 2012헌바368).

② 종 류

부담금은 그 부과목적과 기능에 따라 ㉠ 순수하게 재정조달의 목적만 가지는 재정조달목적 부담금과 ㉡ 재정조달 목적뿐만 아니라 부담금의 부과 자체로써 국민의 행위를 특정한 방향으로 유도하거나 특정한 공법적 의무의 이행 또는 공공출연으로부터의 특별한 이익과 관련된 집단 간의 형평성 문제를 조정하여 특정한 사회·경제정책을 실현하기 위한 정책실현목적 부담금으로 구분될 수 있다. 전자의 경우에는 공적 과제가 부담금 수입의 지출 단계에서 비로소 실현되나, 후자의 경우에는 공적 과제의 전부 혹은 일부가 부담금의 부과 단계에서 이미 실현된다(헌재결 2004. 7. 15. 2002헌바42; 헌재결 2005. 3. 31. 2003헌가20; 헌재결 2008. 11. 27. 2007헌마860).

Ⅱ. 부역·현품

부역과 현품은 특정한 공익사업을 위하여 노역 또는 물품과 그에 상응하는 금전을 선택하여 지급할 의무를 내용으로 하는 인적 공용부담이다. 이는 공법상 선택적 채무에 해당한다. 노역과 금전 중 선택적 지급의무가 부역이고, 물품과 금전 중 선택적 지급의무가 현품이다.

부역·현품은 반드시 대체성이 있어야 한다. 부역의 내용은 특별한 지식·기술을 요하는 것이 아닌 단순노무이어야 하고, 현품은 특수한 주관적 가치나 미술적 가치가 아닌 대체적인 것이어야 한다.

Ⅲ. 노역·물품

노역과 물품은 특정한 공익사업을 위하여 필요한 노역 또는 물품 자체를 급부할 의무를 부담시키는 인적 공용부담이다. 예외적으로 인정되는 특별부담에 해당한다.

Ⅳ. 시설부담

특정한 공익사업을 위하여 공사·시설 등 일정한 일을 완성할 의무를 부담시키는 인적 공용부담이다.

Ⅴ. 부작위부담

특정한 공익사업을 위하여 일정한 부작위의무를 과하는 인적 공용부담이다.

제 2 장 물적 공용부담

물적 공용부담은 그 내용에 따라 다시 공용수용, 공용제한, 공용환지·공용환권 등으로 나뉜다.

제 1 절 공용제한

공용제한이란 특정한 공익사업 기타 복리행정상의 목적을 위하여 또는 일정한 물건의 효용을 보존하기 위하여 재산권에 가하여지는 공법상의 제한을 말한다.

공용제한으로 인한 손실이 특별한 희생의 경우에는 법률이 정하는 바에 따라 정당한 보상을 하여야 한다(헌법 제23조 제3항). 대체적으로 공용제한을 규정하고 있는 법률들은 동시에 손실보상에 관한 규정을 두고 있다.

헌법재판소는 개발제한구역, 도시계획시설의 지정 후 토지를 종래의 목적으로 사용할 수 없거나 또는 토지를 전혀 이용할 수 있는 방법이 없는 예외적인 경우와 같이 사회적 제약의 범위를 넘는 가혹한 부담이 발생하였음에도 보상규정을 두지 않은 것은 재산권을 침해하고, 평등권을 침해하여 「헌법」 제23조와 제11조에 위반된다고 헌법불합치결정을 한 바 있다(헌재결 1999. 10. 21. 97헌바26; 헌재결 1998. 12. 24. 89헌마214).

제2절 공용수용

Ⅰ. 의 의

공용수용이란 특정한 공익사업을 위하여 법률에 의거하여 타인의 토지 등 특정 재산권을 강제적으로 취득하고 피수용자에게는 손실보상이 주어지는 것을 말한다. 공용징수라고도 한다.

Ⅱ. 공용수용의 당사자

1. 공용수용의 주체

공용수용할 수 있는 공익사업의 주체를 수용권자라 한다. 「공익사업을 위한 토지 등의 취득 및 보상에 관한 법률」(이하 토지보상법)은 공익사업을 수행하는 자를 사업시행자라 규정하고 있다(제2조 제3호).

공용수용의 주체가 누구인가에 대해서는 국가수용권설, 사업시행자수용권설 등이 대립하고 있다. 다수설인 사업시행자수용권설이 합리적이며 타당하다. 판례도 마찬가지이다.

「토지수용법」 제75조의2 제2항에 규정된 '기업자'라 함은 재결에 의하여 토지의 소유권 등의 권리를 취득하고 그로 인하여 토지소유자 또는 관계인이 입은 손실을 보상하여야 할 의무를 지는 권리의무의 주체인 국가 또는 지방공공단체 등을 의미한다(대판 1993. 5. 25. 92누15772).

민간개발자에 의한 수용의 위헌 여부

「헌법」 제23조 제3항은 정당한 보상을 전제로 하여 재산권의 수용 등에 관한 가능성을 규정하고 있지만, 재산권 수용의 주체를 한정하지 않고 있다. 이는 재산의 수용과 관련하여 그 수용의 주체가 국가 등에 한정되어야 하는지, 아니면 민간개발자에게도 허용될 수 있는지 여부에 대하여 헌법이라는 규범적 층위에서는 구체적으로 결정된 내용이 없다는 점을 의미한다. 위 헌법조항의 핵심은 당해 수용이 공공필요에 부합하는가, 정당한 보상이 이루어지고 있는가 여부 등에 있는 것이지, 그 수용의 주체가 국가인지 민간개발자인지에 달려 있다고 볼 수 없다. 공공필요가 있는 사업으로 인정되어 국가가 토지를 수용하는 것이 문제되지 않는 경우라면, 같은 사업에서 민간개발자가 수용권을 갖는다 하여 그 사업의 공공필요에 대한 판단이 본질적으로 달라진다고 할 수 없기 때문이다(헌재결 2013. 2. 28. 2011헌바250 등).

2. 공용수용의 상대방

공용수용의 상대방인 피수용자는 수용의 목적물인 재산권의 주체이다. 「토지보상법」은 피수용자를 '토지소유자 및 관계인'으로 규정하고 있다(제2조 제4호, 제5호).

Ⅲ. 공용수용의 목적물

1. 목적물의 종류

공용수용의 목적물로는 ① 토지 및 이에 관한 소유권 외의 권리, ② 토지와 함께 공익사업을 위하여 필요한 입목, 건물 그 밖에 토지에 정착된 물건 및 이에 관한 소유권 외의 권리, ③ 광업권·어업권 또는 물의 사용에 관한 권리, ④ 토지에 속한 흙·돌·모래 또는 자갈에 관한 권리 등이 있다(토지보상법 제3조).

2. 목적물의 제한

물건 자체의 성질상 수용이 불가능하거나 제한되는 것이 있다.

국가의 행정재산은 융통성이 없기 때문에 공용수용의 대상이 될 수 없다. 공익사업에 수용되거나 사용되고 있는 토지 등은 특별히 필요한 경우가 아니면 다른 공익사업을 위하여 수용하거나 사용할 수 없다(토지보상법 제19조 제2항).

지방문화재로 지정된 토지의 경우에도 수용이 가능하다

구 「토지수용법」은 제5조의 규정에 의한 제한 이외에는 수용의 대상이 되는 토지에 관하여 아무런 제한을 하지 아니하고 있을 뿐만 아니라, 「토지수용법」 제5조, 「문화재보호법」 제20조 제4호, 제58조 제1항, 부칙 제3조 제2항 등의 규정을 종합하면 구 「문화재보호법」 제54조의2 제1항에 의하여 지방문화재로 지정된 토지가 수용의 대상이 될 수 없다고 볼 수는 없다(대판 1996. 4. 26. 95누13241).

토지보상법 제19조 제2항의 의미

「공익사업을 위한 토지 등의 취득 및 보상에 관한 법률」 제19조 제2항은 이른바 공익 또는 수용권의 충돌문제를 해결하기 위한 것으로서, 수용적격사업이 경합하여 충돌하는 공익의 조정을 목적으로 한 규정이다. 즉, 현재 공익사업에 이용되고 있는 토지는 가능하면 그 용도를 유지하도록 하기 위하여 수용의 목적물이 될 수 없도록 하는 것이 그 공익사업의 목적을 달성하기 위하여 합리적이라는 이유로, 보다 더 중요한 공익사업을 위하여 특별한 필요가 있는 경우에 한하여 예외적으로 수용의 목적물이 될 수 있다고 규정한 것이고, 토지 등을 수용할 수 있는 요건 또는 그 한계를 정한 것이 아니다(헌재결 2000. 10. 25. 2000헌바32).

3. 목적물의 범위

공용수용의 경우에도 비례의 원칙(과잉금지의 원칙)은 적용된다.

즉, 공용수용은 공익사업을 위하여 타인의 특정한 재산권을 법률의 힘에 의하여 강제적으로 취득하는 것이므로, 공용수용의 대상이 되는 목적물의 범위는 원칙적으로 공익사업을 위하여 필요한 최소한도에 그쳐야 한다(대판 2005. 11. 10. 2003두7507; 대판 1987. 9. 8. 87누395).

4. 목적물의 확장

(1) 의 의

공용수용의 목적물은 원칙적으로 사업을 위하여 필요한 최소한도에 국한하여야 하지만, 예외적으로 필요한 한도를 넘어서 수용이 허용되는 경우가 있는데, 이를 확장수용이라고 한다.

(2) 유 형

① 완전수용

사업인정고시가 된 후 ㉠ 토지를 사용하는 기간이 3년 이상인 경우, ㉡ 토지의 사용으로 인하여 토지의 형질이 변경되는 경우, ㉢ 사용하려는 토지에 그 토지소유자의 건축물이 있는 경우에 해당할 때에는 해당 토지소유자는 사업시행자에게 해당 토지의 매수를 청구하거나 관할 토지수용위원회에 그 토지의 수용을 청구할 수 있다. 이 경우 관계인은 사업시행자나 관할 토지수용위원회에 그 권리의 존속을 청구할 수 있다(토지보상법 제72조).

② 잔지수용(전부수용)

동일한 소유자에게 속하는 일단의 토지의 일부가 협의에 의하여 매수되거나 수용됨으로 인하여 잔여지를 종래의 목적에 사용하는 것이 현저히 곤란할 때에는 해당 토지소유자는 사업시행자에게 잔여지를 매수하여 줄 것을 청구할 수 있으며, 사업인정 이후에는 관할 토지수용위원회에 수용을 청구할 수 있다. 이 경우 수용의 청구는 매수에 관한 협의가 성립되지 아니한 경우에만 할 수 있으며, 그 사업의 공사완료일까지 하여야 한다(토지보상법 제74조 제1항).

여기서 '잔여지를 종래의 목적에 사용하는 것이 현저히 곤란한 때'에는 잔여지가 이용은 가능하지만 그 이용에 많은 비용이 소요되는 경우도 포함되므로 이 경우에도 잔여지수용을 청구할 수 있다.

잔여지수용청구권은 그 요건을 구비한 때에는 토지수용위원회의 특별한 조치를 기다릴 것 없이 청구에 의하여 수용의 효과가 발생하는 형성권적 성질을 가지고, 그 행사기간은 제척기간으로서, 토지소유자가 그 행사기간 내에 잔여지수용청구권을 행사하지 아니하면 그 권리가 소멸한다(대판 2001. 9. 4. 99두11080; 대판 2010. 8. 19. 2008두822).

③ 이전수용

수용·사용할 토지 위에 있는 건축물·입목·공작물 기타 토지에 정착한 물건에 대하여는 이전에 필요한 비용을 보상하고 이전시키는 것이 원칙이다(토지보상법 제75조 제1항).

Ⅳ. 공용수용의 절차

토지보상법상의 보통절차
사업인정 ⇨ 토지조서·물건조서의 작성 ⇨ 협의 ⇨ 토지수용위원회의 재결·화해

1. 사업인정

(1) 의 의

사업시행자는 토지 등을 수용하거나 사용하려면 대통령령으로 정하는 바에 따라 국토교통부장관의 사업인정을 받아야 한다(토지보상법 제20조 제1항). 여기서 사업인정이란 공익사업을 토지 등을 수용하거나 사용할 사업으로 결정하는 것을 말한다(토지보상법 제2조 제7호).

(2) 법적 성질

① 처 분

사업인정이 있게 되면 구체적인 권리의무관계가 형성되므로 처분의 성격을 가지게 되고, 항고소송의 대상이 된다.

② 형성행위

사업인정의 법적 성질에 대하여는 확인행위설과 설권적 형성행위설의 대립이 있으나, 설권적 형성행위설이 통설, 판례의 입장이다.

사업인정은 형성행위이다

사업인정이란 공익사업을 토지 등을 수용 또는 사용할 사업으로 결정하는 것으로서 공익사업의 시행자에게 그 후 일정한 절차를 거칠 것을 조건으로 일정한 내용의 수용권을 설정하여 주는 형성행위이므로, 해당 사업이 외형상 토지 등을 수용 또는 사용할 수 있는 사업에 해당한다고 하더라도 사업인정기관으로서는 그 사업이 공용수용을 할 만한 공익성이 있는지의 여부와 공익성이 있는 경우에도 그 사업의 내용과 방법에 관하여 사업인정에 관련된 자들의 이익을 공익과 사익 사이에서는 물론, 공익 상호간 및 사익 상호간에도 정당하게 비교·교량하여야 하고, 그 비교·교량은 비례의 원칙에 적합하도록 하여야 한다(대판 2011. 1. 27. 2009두1051).

③ 재량행위

사업인정은 재량행위로 보는 것이 통설이다.

사업인정은 재량행위이다

「공익사업을 위한 토지 등의 취득 및 보상에 관한 법률」의 규정에 의한 사업인정처분이라 함은 공익사업을 토지 등을 수용 또는 사용할 사업으로 결정하는 것으로서(같은 법 제2조 제7호) 단순한 확인행위가 아니라 형성행위이므로, 당해 사업이 외형상 토지 등을 수용 또는 사용할 수 있는 사업에 해당된다 하더라도 행정주체로서는 그 사업이 공용수용을 할 만한 공익성이 있는지의 여부와 공익성이 있는 경우에도 그 사업의 내용과 방법에 대하여 사업인정처분에 관련된 자들의 이익을 공익과 사익 간에서는 물론, 공익 상호 간 및 사익 상호간에도 정당하게 비교·교량하여야 하고, 그 비교·교량은 비례의 원칙에 적합하도록 하여야 한다(대판 2005. 4. 29. 2004두14670).

(3) 요 건

사업인정이 행하여지려면, 공익사업에 해당하여야 한다(토지보상법 제4조).

해당 공익사업을 수행하여 공익을 실현할 의사나 능력이 없는 자에게 타인의 재산권을 공권력적·강제적으로 박탈할 수 있는 수용권을 설정하여 줄 수는 없으므로, 사업시행자에게 해당 공익사업을 수행할 의사와 능력이 있어야 한다는 것도 사업인정의 한 요건이라고 보아야 한다(대판 2011. 1. 27. 2009두1051).

(4) 실 효

재결 및 재결신청이 실효되면 사업인정도 역시 효력을 상실한다
재결의 효력이 상실되면 재결신청 역시 그 효력을 상실하게 되는 것이므로 그로 인하여 「토지수용법」 제17조 소정의 사업인정의 고시가 있은 날로부터 1년 이내에 재결신청을 하지 않는 것으로 되었다면 사업인정도 역시 효력을 상실하여 결국 그 수용절차 일체가 백지상태로 환원된다(대판 1987. 3. 10. 84누158).

(5) 구속력

사업인정에 대한 판단은 토지수용위원회를 구속한다.

토지수용위원회는 사업인정의 내용에 반하는 재결을 할 수 없다
토지수용위원회는 행정쟁송에 의하여 사업인정이 취소되지 않는 한 그 기능상 사업인정 자체를 무의미하게 하는, 즉 사업의 시행이 불가능하게 되는 것과 같은 재결을 행할 수는 없다 할 것이다(대판 1994. 11. 11. 93누19375; 대판 2007. 1. 11. 2004두8538 등).

(6) 하자의 승계

사업인정의 하자가 후행행위인 수용재결에 승계되는지 여부에 대해 긍정설과 부정설이 대립하는데, 다수설과 판례에 의하면 하자의 승계가 부정된다.

사업인정의 과정에서 통지의 누락, 토지세목의 고시를 누락하는 등의 절차적 하자가 있는 경우 이는 절차상의 위법으로서 수용재결단계 전의 사업인정 단계에서 다툴 수 있는 취소사유에 해당하기는 하나, 더 나아가 그 사업인정 자체를 무효로 할 중대하고 명백한 하자라고 보기는 어렵다(대판 2000. 10. 13. 2000두5142; 대판 1993. 8. 13. 93누2148).

사업인정과 수용재결은 별개의 법적 효과를 가져오는 서로 독립된 행정행위이므로 사업인정의 절차상 하자는 수용재결에 승계되지 않는다
사업인정 단계에서의 하자를 다투지 아니하여 이미 쟁송기간이 도과한 수용재결 단계에 있어서는 위 사업인정처분에 중대하고 명백한 하자가 있어 당연무효라고 볼 만한 특단의 사정이 없다면 그 처분의 불가쟁력에 의하여 사업인정처분의 위법·부당함을 이유로 수용재결처분의 취소를 구할 수 없다(대판 1987. 9. 8. 87누395; 대판 1996. 4. 26. 95누13241).

2. 토지조서·물건조서의 작성

토지조서작성의 취지 및 그의 하자는 수용재결이나 이의재결에 승계되지 않는다
토지수용을 함에 있어 토지소유자 등에게 입회를 요구하지 아니하고 작성한 토지조서는 절차상의 하자를 지니게 되는 것으로서 토지조서로서의 효력이 부인되어 조서의 기재에 대한 증명력에 관하여 추정력이 인정되지 아니하는 것일 뿐, 토지조서의 작성에 하자가 있다 하여 그것이 곧 수용재결이나 그에 대한 이의재결의 효력에 영향을 미치는 것은 아니라 할 것이므로 토지조서에 실제 현황에 관한 기재가 되어 있지 아니하다거나 실측평면도가 첨부되어 있지 아니하다거나 토지소유자의 입회나 서명날인이 없었다든지 하는 사유만으로는 이의재결이 위법하다 하여 그 취소를 구할 사유로 삼을 수 없다(대판 1993. 9. 10. 93누5543).

3. 협 의

(1) 의 의

사업시행자는 토지 등에 대한 보상에 관하여 토지소유자 및 관계인과 성실하게 협의하여야 한다(토지보상법 제16조). 사업인정을 받은 사업시행자는 토지조서 및 물건조서의 작성, 보상계획의 공고·통지 및 열람, 보상액의 산정과 토지소유자 및 관계인과의 협의절차를 거쳐야 한다(토지보상법 제26조 제1항).

(2) 법적 성질

협의의 법적 성질에 관하여, 통설은 공법상 계약설이지만, 판례는 사법상 계약설의 입장이다(대판 1999. 11. 26. 98다47245; 대판 2004. 7. 22. 2002다51586 등).

협의취득은 사법상 매매계약이다

「공공용지의 취득 및 손실보상에 관한 특례법」에 의하여 공공용지를 협의취득한 사업시행자가 그 양도인과 사이에 체결한 매매계약은 공공기관이 사경제주체로서 행한 사법상 매매이다(대판 1999. 11. 26. 98다47245).

협의취득은 사경제주체로서 행하는 사법상의 취득으로서 승계취득에 해당한다

공공사업의 시행자가 토지수용법에 의하여 그 사업에 필요한 토지를 취득하는 경우 그것이 협의에 의한 취득이고 「토지수용」법 제25조의2의 규정에 의한 협의성립의 확인이 없는 이상, 그 취득행위는 어디까지나 사경제 주체로서 행하는 사법상의 취득으로서 승계취득한 것으로 보아야 할 것이고, 재결에 의한 취득과 같이 원시취득한 것으로 볼 수는 없다(대판 1996. 2. 13. 95다3510).

(3) 협의성립의 확인

협의가 성립되어 기업자 앞으로 소유권이전등기를 경료하였으나 그 협의에 대하여 토지수용위원회의 확인을 거치지 않은 경우 그 사업시행자의 소유권취득은 승계취득에 해당한다

구 「토지수용법」 제25조 제1항에 의한 협의단계에서 기업자와 토지소유자 사이에 협의가 성립되어 그를 원인으로 기업자 앞으로 소유권이전등기가 경료되었다 하더라도 그 협의에 대하여 같은 법 제25조의2 제1항에 의한 토지수용위원회의 확인을 받지 아니한 이상 재결에 의한 수용의 경우와는 달리 그 토지를 원시취득한 것으로 볼 수 없고, 원래의 소유자로부터 승계취득한 것이라고 볼 수밖에 없다 할 것인바, 수용재결처분은 그 후의 토지승계인들에 대하여도 효력이 미치는 것이므로 수용재결처분이 있은 뒤 다른 개발사업을 위하여 토지수용위원회의 확인절차를 거치지 않은 수용협의와 그에 기한 소유권이전등기로 소유권을 승계취득한 자가 있다 하더라도 수용재결처분은 하등 영향을 받지 아니한다(대판 1994. 6. 28. 94누2732).

협의성립의 확인을 받지 않은 경우 이전등기를 마쳐야 소유권을 승계취득하게 된다
기업자와 토지소유자 사이에 「토지수용법」 제25조가 정하는 협의가 성립하였으나 기업자가 같은 법 제25조의2가 정하는 바에 따라 협의성립에 관하여 관할 토지수용위원회의 확인을 받지 아니한 경우에 기업자가 토지소유권을 취득하기 위하여는 법률행위로 인한 부동산물권변동의 일반원칙에 따라 소유권이전등기를 마쳐야 하고, 소유권이전등기를 마치지 아니하고도 토지소유권을 원시취득하는 것은 아니다(대판 1997. 7. 8. 96다53826).

등기부상 주소가 실제와 달라 보상협의절차를 거치지 못하고 한 수용재결이 당연무효가 아니다
기업자가 과실 없이 토지소유자의 등기부상 주소와 실제 주소가 다른 사실을 알지 못하거나 과실로 이를 알지 못하여 등기부상 주소로 보상협의에 관한 통지를 한 결과 보상협의절차를 거치지 못하였다 하더라도 그러한 사유만으로는 수용재결이 당연무효이거나 부존재하는 것으로 볼 수 없다(대판 1994. 4. 15. 93누18594).

기업자가 과실 없이 등기부상 소유명의자를 피수용자로 하여 협의 등 수용절차를 마쳤다면 기업자는 그 권리를 원시취득한다
「토지수용법」 등에 의한 토지수용의 경우 기업자가 과실 없이 진정한 토지소유자를 알지 못하여 등기부상 소유명의자를 토지소유자로 보고 그를 피수용자로 하여 수용절차를 마쳤다면 그 수용의 효과를 부인할 수 없으며, 수용목적물의 소유자가 누구임을 막론하고 이미 가지고 있던 소유권은 소멸함과 동시에 기업자가 그 권리를 원시취득한다(대판 1991. 5. 10. 91다8654).

(4) 협의의 효과

협의가 성립되면 공용수용의 절차는 종결되고, 수용의 효과가 발생한다.

4. 재 결

(1) 의 의

재결이란 협의의 불성립 또는 협의불능시에 행하는 공용수용의 종국적 절차로서, 사업시행자로 하여금 토지의 소유권을 취득하게 하고 사업시행자가 지급하여야 하는 손실보상액을 정하는 결정을 말한다.

(2) 법적 성질

재결은 형성적 행정행위로서 공법상 대리행위이다. 또한 재결은 준사법적 절차에 의해 행해지는 준사법적 행위로서 불가변력이 인정된다.

(3) 재결의 신청

재결의 신청은 사업시행자만이 할 수 있으며 토지소유자 및 관계인은 할 수 없다.

(4) 재결신청의 청구

사업인정고시가 된 후 협의가 성립되지 아니하였을 때에는 토지소유자와 관계인은 서면으로 사업시행자에게 재결을 신청할 것을 청구할 수 있다(토지보상법 제30조 제1항).

이는 수용을 둘러싼 법률관계의 조속한 확정을 바라는 토지소유자 및 관계인의 이익을 보호하고 수용당사자 간의 공평을 기하기 위한 것이라 할 것이다(대판 2000. 10. 27. 98두18381).

사업시행자가 토지소유자의 재결신청의 청구를 거부한다는 이유로 민사소송으로 그 절차이행을 구할 수 없다

구 「토지수용법」이 토지소유자 등에게 재결신청의 청구권을 부여한 이유는 협의가 성립되지 아니하는 경우 기업자는 사업인정의 고시가 있은 날로부터 1년 이내(전원개발사업은 그 사업의 시행기간 내)에는 언제든지 재결신청을 할 수 있는 반면에, 토지소유자는 재결신청권이 없으므로, 수용을 둘러싼 법률관계의 조속한 확정을 바라는 토지소유자 등의 이익을 보호함과 동시에 수용 당사자 사이의 공평을 기하기 위한 것이라고 해석되는 점, 위 청구권의 실효를 확보하기 위하여 가산금제도를 두어 간접적으로 이를 강제하고 있는 점(토지수용법 제25조의3 제3항), 기업자가 위 신청기간 내에 재결신청을 하지 아니한 때에는 사업인정은 그 기간만료일의 익일부터 당연히 효력을 상실하고, 그로 인하여 토지소유자 등이 입은 손실을 보상하여야 하는 점(같은 법 제17조, 제55조 제1항) 등을 종합해 보면, 기업자가 토지소유자 등의 재결신청의 청구를 거부한다고 하여 이를 이유로 민사소송의 방법으로 그 절차이행을 구할 수는 없다(대판 1997. 11. 14. 97다13016).

토지수용위원회는 그 사업인정이 취소되지 아니한 사업의 시행을 불가능하게 하는 내용의 재결을 행할 수 없다

구 「토지수용법」은 수용·사용의 일차 단계인 사업인정에 속하는 부분은 사업의 공익성 판단으로 사업인정기관에 일임하고 그 이후의 구체적인 수용·사용의 결정은 토지수용위원회에 맡기고 있는바, 이와 같은 토지수용절차의 2분화 및 사업인정의 성격과 토지수용위원회의 재결사항을 열거하고 있는 같은 법 제29조 제2항의 규정 내용에 비추어 볼 때, 토지수용위원회는 행정쟁송에 의하여 사업인정이 취소되지 않는 한 그 기능상 사업인정 자체를 무의미하게 하는, 즉 사업의 시행이 불가능하게 되는 것과 같은 재결을 행할 수는 없다(대판 2007. 1. 11. 2004두8538).

협의가 성립하지 아니한 때의 의미

「토지보상법」 제30조 제1항에서의 '협의가 성립되지 아니한 때'라 함은 사업시행자가 토지소유자 등과 사이에 「토지보상법」 제26조 소정의 협의절차는 거쳤으나 그 보상액 등에 관하여 협의가 성립하지 아니한 경우는 물론 토지소유자 등이 손실보상대상에 해당한다고 주장하며 보상을 요구함에도 불구하고 사업시행자가 손실보상대상에 해당하지 아니한다고 보아 보상대상에서 이를 제외하고 협의를 거치지 않아 결국 협의가 성립하지 않은 경우도 포함한다고 보아야 한다(대판 2011. 7. 14. 2011두2309).

지연가산금에 대한 불복방법(보상금증감소송)

구 「토지수용법」 제25조의3 제3항이 정한 지연가산금은 수용보상금에 대한 법정 지연손해금의 성격을 갖는 것이므로 이에 대한 불복은 수용보상금에 대한 불복절차에 의함이 상당할 뿐 아니라, 토지수용법 시행령 제16조의3은 "법 제25조의3 제3항의 규정에 의하여 가산하여 지급할 금액은 관할 토지수용위원회가 재결서에 기재하여야 하며, 기업자는 수용 시기까지 보상금과 함께 이를 지급하여야 한다"라고 하여 지연가산금은 수용보상금과 함께 수용재결로 정하도록 규정하고 있으므로, 지연가산금에 대한 불복은 수용보상금의 증액에 관한 소에 의하여야 한다(대판 1997. 10. 24. 97다31175).

(5) 재결기관

재결기관은 토지수용위원회이다. 토지수용위원회는 재결이라는 행정처분을 행하는 합의제 행정관청이며, 영·미의 행정위원회의 성격을 가지고 있다.

(6) 재결의 내용

중앙토지수용위원회가 기업자의 협의제시 가액을 초과하여 손실보상액을 정한 경우 당사자주의나 불고불리원칙에 위배되지 않는다

중앙토지수용위원회가 이의재결에서 기업자의 협의제시 가액을 초과한 금원을 토지에 대한 손실보상액으로 정하였다 하더라도 이의재결에 당사자주의나 불고불리의 원칙에 위배된 위법이 있다고 할 수 없다(대판 1993. 10. 8. 93누8610).

(7) 재결의 효과

① 권리취득

사업시행자가 재결서에 기재된 수용의 개시일까지 보상금을 지급 또는 공탁하면 그 수용의 개시일에 토지에 관한 권리를 원시취득한다. 피수용자가 의무를 이행하지 않는 경우에는 대집행 신청권이 발생한다.

수용재결의 효과로서의 소유권취득은 원시취득이므로 토지인도의무에 하자담보책임이 포함되지 않는다

수용재결의 효과로서 수용에 의한 사업시행자의 토지소유권취득은 원시취득이므로 토지소유자의 토지인도의무에는 수용목적물에 숨은 하자가 있는 경우에도 하자담보책임이 포함되지 아니하여 토지소유자는 수용의 개시일까지 수용대상토지를 현존 상태 그대로 사업시행자에게 인도할 의무가 있을 뿐이다(대판 2001. 1. 16. 98다58511).

② 손실보상청구권

토지보상법상 명문의 규정은 없지만 재결이 있으면 피수용자인 토지소유자 및 관계인은 손실보상청구권을 가진다.

(8) 재결에 대한 불복

① 이의신청

재결에 대한 이의신청은 실질적으로 행정심판의 일종이다(대판 1992. 6. 9. 92누565).

이의신청은 행정심판의 성질을 가지므로 원칙적으로 행정심판법이 적용된다

토지수용위원회의 수용재결에 대한 이의절차는 실질적으로 행정심판의 성질을 갖는 것이므로 구 「토지수용법」에 특별한 규정이 있는 것을 제외하고는 「행정심판법」의 규정이 적용된다고 할 것이다(대판 1992. 6. 9. 92누565).

이의재결에서 증액된 보상금을 지급 또는 공탁하지 아니한 경우 그 이의재결이 실효되지 않는다

「공익사업을 위한 토지 등의 취득 및 보상에 관한 법률」상의 이의재결절차는 수용재결에 대한 불복절차이면서 수용재결과는 확정의 효력 등을 달리하는 별개의 절차이므로 사업시행자가 이의재결에서 증액된 보상금을 일정한 기한 내에 지급 또는 공탁하지 아니하였다 하더라도 그 때문에 이의재결 자체가 당연히 실효된다고는 할 수 없다(대판 1992. 3. 10. 91누8081).

수용재결이 있은 후에 수용 대상 토지에 숨은 하자가 발견되었으나 기업자가 불복절차를 취하지 않음으로써 그 재결에 대하여 더 이상 다툴 수 없게 된 경우, 기업자가 민사소송절차로 토지소유자에게 부당이득의 반환을 구할 수 없다

수용재결이 있은 후에 수용 대상 토지에 숨은 하자가 발견되는 때에는 불복기간이 경과되지 아니한 경우라면 공평의 견지에서 기업자는 그 하자를 이유로 재결에 대한 이의를 거쳐 손실보상금의 감액을 내세워 행정소송을 제기할 수 있다고 보는 것이 상당하나, 이러한 불복절차를 취하지 않음으로써 그 재결에 대하여 더 이상 다툴 수 없게 된 경우에는 기업자는 그 재결이 당연무효이거나 취소되지 않는 한 재결에서 정한 손실보상금의 산정에 있어서 위 하자가 반영되지 않았다는 이유로 민사소송절차로 토지소유자에게 부당이득의 반환을 구할 수는 없다(대판 2001. 1. 16. 98다58511).

② 행정소송

㉠ 이의신청 임의주의

종전에는 반드시 이의신청을 거쳐야만 행정소송을 제기할 수 있었으나, 현행 「토지보상법」에서는 이의신청 없이 곧바로 행정소송을 제기할 수 있게 하였다(임의적 전치).

㉡ 소의 대상

종래 판례는 구 「토지수용법」상의 이의재결을 소의 대상으로 보아 재결주의를 취하고 있었지만, 현행 「토지보상법」은 이의신청절차를 임의적 절차로 규정하고 있기 때문에 원처분주의(행정소송법 제19조)에 따라 원처분인 수용재결이 소의 대상이 된다(다수설).

수용재결에 불복하여 취소소송을 제기하는 때에는 이의신청을 거친 경우에도 수용재결의 취소를 구하여야 한다

수용재결에 불복하여 취소소송을 제기하는 때에는 이의신청을 거친 경우에도 수용재결을 한 중앙토지수용위원회 또는 지방토지수용위원회를 피고로 하여 수용재결의 취소를 구하여야 하고, 다만 이의신청에 대한 재결 자체에 고유한 위법이 있음을 이유로 하는 경우에는 그 이의재결을 한 중앙토지수용위원회를 피고로 하여 이의재결의 취소를 구할 수 있다고 보아야 한다(대판 2010. 1. 28. 2008두1504).

㉢ 보상금증감청구소송

종래에는 재결청과 사업시행자 또는 재결청과 토지소유자(관계인)를 보상금증감청구소송의 공동피고로 하고 있었으나, 현재는 재결기관을 피고에서 제외하였다. 보상금증감청구소송은 형식적 당사자소송에 해당한다.

이의재결에 대하여 불복하는 행정소송을 제기하는 경우, 이것이 보상금의 증감에 관한 소송인 때에는 이의재결에서 정한 보상금이 증액변경될 것을 전제로 하여 사업시행자를 상대로 보상금의 지급을 구하는 공법상의 당사자소송을 규정한 것으로 볼 것이다(대판 1991. 11. 26. 91누285).

보상금증감청구소송의 형태: 형식적 당사자소송

「공익사업을 위한 토지 등의 취득 및 보상에 관한 법률」 제85조 제2항의 규정은 그 제1항에 의하여 이의재결에 대하여 불복하는 행정소송을 제기하는 경우, 이것이 보상금의 증감에 관한 소송인 때에는 이의재결에서 정한 보상금이 증액변경될 것을 전제로 하여 사업시행자를 상대로 보상금의 지급을 구하는 공법상의 당사자소송을 규정한 것으로 볼 것이다(대판 1991. 11. 26. 91누285).

(9) 화해의 권고

토지수용위원회의 기업자, 토지소유자 또는 관계인에 대한 화해의 권고는 반드시 거쳐야 하는 필요적인 절차가 아니라 토지수용위원회의 재량에 따른 임의적인 절차이다(대판 1986. 6. 24. 84누554).

V. 공용수용의 효과

1. 수용자의 권리취득

사업시행자가 과실 없이 진정한 토지소유자를 알지 못하여 형식상의 권리자인 등기부상 소유명의자를 그 피수용자로 확정하는 것은 적법하다

사업시행자가 과실 없이 진정한 토지소유자를 알지 못하여 형식상의 권리자인 등기부상 소유명의자를 그 피수용자로 확정하더라도 적법하고, 그 수용의 효과로서 수용목적물의 소유자가 누구임을 막론하고 이미 가졌던 소유권이 소멸함과 동시에 사업시행업자는 완전하고 확실하게 그 권리를 원시취득한다(대판 1995. 12. 22. 94다40765; 대판 1993. 11. 12. 93다34756 등).

수용재결에 의한 토지소유권취득은 법률에 의한 원시취득이므로 토지소유자는 하자담보책임을 지지 않는다

구「토지수용법」에 의한 수용재결의 효과로서 수용에 의한 기업자의 토지소유권취득은 토지소유자와 수용자와의 법률행위에 의하여 승계취득하는 것이 아니라, 법률의 규정에 의하여 원시취득하는 것이므로, 토지소유자가 구「토지수용법」 제63조의 규정에 의하여 부담하는 토지의 인도의무에는 수용목적물에 숨은 하자가 있는 경우에도 하자담보책임이 포함되지 아니하여 토지소유자는 수용시기까지 수용 대상 토지를 현존 상태 그대로 기업자에게 인도할 의무가 있을 뿐이다(대판 2001. 1. 16. 98다58511).

협의취득시 토지수용위원회의 협의확인을 받지 않은 경우에는 소유권이전등기를 마쳐야 권리취득이 가능하다

기업자와 토지 소유자 사이에 구「토지수용법」 제25조가 정하는 협의가 성립하였으나 기업자가 같은 법 제25조의2(현, 토지보상법 제29조)가 정하는 바에 따라 협의성립에 관하여 관할 토지수용위원회의 확인을 받지 아니한 경우에 기업자가 토지소유권을 취득하기 위하여는 법률행위로 인한 부동산물권변동의 일반원칙에 따라 소유권이전등기를 마쳐야 하고, 소유권이전등기를 마치지 아니하고도 토지소유권을 원시취득하는 것은 아니다(대판 1997. 7. 8. 96다53826).

2. 위험부담의 이전

토지수용위원회의 재결이 있은 후 수용하거나 사용할 토지나 물건이 토지소유자 또는 관계인의 고의나 과실 없이 멸실되거나 훼손된 경우 그로 인한 손실은 사업시행자가 부담한다(토지보상법 제46조).

3. 수용목적물의 인도·이전의무

토지소유자 및 관계인과 그 밖에 토지소유자나 관계인에 포함되지 아니하는 자로서 수용하거나 사용할 토지나 그 토지에 있는 물건에 관한 권리를 가진 자는 수용 또는 사용의 개시일까지 그 토지나 물건을 사업시행자에게 인도하거나 이전하여야 한다(토지보상법 제43조).

4. 사업시행자의 대집행청구권

「토지보상법」 또는 이 법에 따른 처분으로 인한 의무를 이행하여야 할 자가 그 정하여진 기간 이내에 의무를 이행하지 아니하거나 완료하기 어려운 경우 또는 그로 하여금 그 의무를 이행하게 하는 것이 현저히 공익을 해친다고 인정되는 사유가 있는 경우에는 사업시행자는 시·도지사나 시장·군수 또는 구청장에게 「행정대집행법」에서 정하는 바에 따라 대집행을 신청할 수 있다. 이 경우 신청을 받은 시·도지사나 시장·군수 또는 구청장은 정당한 사유가 없으면 이에 따라야 한다(토지보상법 제89조 제1항). 사업시행자가 국가나 지방자치단체인 경우에는「행정대집행법」에서 정하는 바에 따라 직접 대집행을 할 수 있다(토지보상법 제89조 제2항).

구 토지수용법상 피수용자 등이 기업자에 대하여 부담하는 수용대상 토지의 인도의무가 대집행의 대상이 될 수 있는지 여부(소극) 및 구 토지수용법상 피수용자 등이 기업자에 대하여 부담하는 수용대상 토지의 인도 또는 그 지장물의 명도의무를 피보전권리로 하는 명도단행가처분의 허용 여부(적극)

[1] 피수용자 등이 기업자에 대하여 부담하는 수용대상 토지의 인도의무에 관한 구 토지수용법 규정에서의 '인도'에는 명도도 포함되는 것으로 보아야 하고, 이러한 명도의무는 그것을 강제적으로 실현하면서 직접적인 실력행사가 필요한 것이지 대체적 작위의무라고 볼 수 없으므로 특별한 사정이 없는 한 「행정대집행법」에 의한 대집행의 대상이 될 수 있는 것이 아니다.

[2] 구「토지수용법」 제63조의 규정에 따라 피수용자 등이 기업자에 대하여 부담하는 수용대상 토지의 인도 또는 그 지장물의 명도의무 등이 비록 공법상의 법률관계라고 하더라도, 그 권리를 피보전권리로 하는 명도단행가처분은 그 권리에 끼칠 현저한 손해를 피하거나 급박한 위험을 방지하기 위하여 또는 그 밖의 필요한 이유가 있을 경우에는 허용될 수 있다(대판 2005. 8. 19. 2004다2809).

5. 손실보상

(1) 사업시행자의 손실보상의무(보상금지급의무)

판례는 보상금을 수용개시일까지 지급 또는 공탁하지 않은 이상 수용재결과 그 전제인 재결신청도 아울러 효력을 상실한다고 판시하고 있다(대판 1987. 3. 10. 84누158).

(2) 피수용자의 손실보상청구권

「헌법」은 정당한 보상을 할 것을 규정하고 있다. 토지소유자 및 관계인은 공용수용에 의하여 특별한 희생을 받게 되므로 손실에 대하여 정당한 보상을 받을 권리를 가진다.

헌법재판소는 "손실보상은 원칙적으로 피수용자의 객관적인 재산가치를 완전하게 보상하는 것이어야 한다는 완전보상을 뜻하는 것으로서 보상금액 뿐만 아니라 보상의 시기나 방법 등에 있어서도 어떠한 제한을 두어서는 아니된다는 것을 의미한다"고 결정한 바 있다(헌재결 1990. 6. 25. 89헌마107).

Ⅵ. 환매권

1. 의 의

환매권이란 공용수용의 목적물이 당해 공익사업의 폐지·변경 등의 사유로 인해 불필요하게 되었거나 현실적으로 사용되지 아니한 경우에 원래의 피수용자가 일정한 요건하에 목적물을 다시 매수하여 소유권을 회복할 수 있는 권리를 말한다.

2. 근 거

(1) 이론적 근거

환매권의 이론적 근거를 피수용자의 감정의 존중이라는 공평의 견지에서 인정되는 것으로 보는 것이 다수설이다.

대법원은 다수설과 같이 환매권을 원소유자의 감정의 충족과 공평의 원칙에 근거한 제도로 보고 있다(대판 2001. 5. 29. 2001다11567).

헌법재판소는 환매권은 「헌법」 제23조 제1항의 재산권보장으로부터 도출되는 것으로 헌법이 보장하는 재산권의 내용에 포함되는 권리라고 이해하고 있다(헌재결 1995. 10. 26. 95헌바22).

환매권은 원소유자의 감정충족과 공평의 원칙에 근거하여 인정되는 것이다

「공공용지의 취득 및 손실보상에 관한 특례법」(현, 공익사업을 위한 토지 등의 취득 및 보상에 관한 법률)이 환매권을 인정하고 있는 입법취지는 토지 등의 원소유자가 사업시행자로부터 토지 등의 대가로 정당한 손실보상을 받았다고 하더라도 원래 자신의 자발적인 의사에 따라서 그 토지 등의 소유권을 상실하는 것이 아니어서 그 토지 등을 더 이상 당해 공공사업에 이용할 필요가 없게 된 때에는 원소유자의 의사에 따라 그 토지 등의 소유권을 회복시켜 주는 것이 원소유자의 감정을 충족시키고 동시에 공평의 원칙에 부합한다는 데에 있는 것이며, 이러한 입법취지에 비추어 볼 때 특례법상의 환매권은 제3자에게 양도할 수 없다(대판 2001. 5. 29. 2001다11567).

환매권은 헌법상의 재산권보장으로부터 도출되는 권리이다

공용수용된 토지 등에 대한 환매권은 「헌법」상의 재산권보장으로부터 도출되는 것으로서 「헌법」이 보장하는 재산권의 내용에 포함되는 권리인데, 징발매매는 피징발자가 국방부장관의 매수통지에 응하지 않더라도 결국 국방부장관의 매수결정에 의하여 일방적으로 성립되는 것이어서 그 매매라는 법형식과는 관계없이 실질적으로 「헌법」 제23조 제3항에 의한 공용수용에 해당하는 것이므로 「징발재산정리에 관한 특별조치법」 제20조 제1항에 의한 환매권도 「헌법」 제23조 제1항이 보장하는 재산권의 내용에 포함되는 권리라고 보아야 할 것이다(헌재결 1995. 10. 26. 95헌바22).

(2) 법적 근거

환매권은 반드시 개별법령상의 근거가 있어야만 인정되는지 아니면 개별규정 없이도 「헌법」상 재산권보장규정에 근거하여 인정될 수 있는지 논의가 있다.

다수설과 판례는 환매권을 법률의 규정에 의하여서만 인정되는 권리로 보아 전자의 입장을 취하고 있다(대판 1998. 4. 10. 96다52359).

한편, 헌법재판소는 환매권은 「헌법」상의 재산권보장으로부터 도출되는 것으로서 「헌법」이 보장하는 재산권의 내용에 포함되는 권리로 보고 있다(헌재결 1994. 2. 24. 92헌가15).

피수용자가 환매권을 행사하기 위해서는 법적인 근거가 필요하다
입법자가 법령을 제정하지 않고 있거나 이미 제정된 법령이 소멸하였다고 하여 피수용자가 곧바로 「헌법」상 재산권 보장규정을 근거로 하여 국가나 기업자를 상대로 수용목적이 소멸한 토지의 소유권 이전을 청구할 수 있는 것은 아니라고 보아야 할 것이며, 피수용자의 토지가 위헌인 법률에 의하여 수용되었다고 하여 달리 볼 것도 아니다(대판 1998. 4. 10. 96다52359).

환매권은 「헌법」상 재산권의 내용에 포함되는 권리이다
「토지수용법」 제71조 소정의 환매권은 「헌법」상의 재산권 보장규정으로부터 도출되는 것으로서 「헌법」이 보장하는 재산권의 내용에 포함되는 권리이며, 피수용자가 손실보상을 받고 소유권의 박탈을 수인할 의무는 그 재산권의 목적물이 공공사업에 이용되는 것을 전제로 하기 때문에 위 「헌법」상 권리는 피수용자가 수용 당시 이미 정당한 손실보상을 받았다는 사실로 말미암아 부정되지 않는다(헌재결 1994. 2. 24. 92헌가15).

3. 법적 성질

(1) 공 권

환매권의 법적 성질에 대하여 공권인지, 사권인지의 견해대립이 있다. 공법상의 권리라고 보는 것이 다수설의 태도이다. 다수설에 따르면, 환매권에 관한 소송은 공법상 당사자소송을 제기하여야 한다.

대법원은 환매권을 사법상 권리라고 파악하고 있다(대판 1992. 4. 24. 92다4673).

헌법재판소도 환매권의 법적 성질에 대하여 사권설을 취하고 있다(헌재결 1994. 2. 24. 92헌마283).

대법원: 환매권은 사법상 권리로서 환매권자와 국가 간의 사법상 매매에 해당한다
「징발재산정리에 관한 특별조치법」 제20조 소정의 환매권은 일종의 형성권으로서 그 존속기간은 제척기간으로 보아야 할 것이며, 위 환매권은 재판상이든 재판 외이든 그

기간 내에 행사하면 이로써 매매의 효력이 생기고, 위 매매는 같은 조 제1항에 적힌 환매권자와 국가 간의 사법상의 매매라 할 것이다(대판 1992. 4. 24. 92다4673).

대법원: 다만 사업시행자가 환매권자를 상대로 하는 환매가격의 증감에 관한 소송은 공법상의 당사자소송으로 보고 있다

「공익사업을 위한 토지 등의 취득 및 보상에 관한 법률」 제91조 제4항에 의하여 사업시행자가 환매권자를 상대로 하는 소송은 공법상의 당사자소송으로 사업시행자로서는 환매가격이 환매 대상 토지의 취득 당시 지급한 보상금 상당액보다 증액 변경될 것을 전제로 하여 환매권자에게 그 환매가격과 위 보상금 상당액의 차액의 지급을 구할 수 있다(대판 2000. 11. 28. 99두3416).

헌법재판소: 환매권의 부인은 공권력의 행사라고 볼 수 없다

피청구인이 설사 청구인들의 환매권 행사를 부인하는 어떤 의사표시를 하였더라도, 이는 환매권의 발생 여부 또는 그 행사의 가부에 관한 사법관계의 다툼을 둘러싸고 사전에 피청구인의 의견을 밝히고, 그 다툼의 연장인 민사소송절차에서 상대방의 주장을 부인한 것에 불과하므로, 그것을 가리켜 헌법소원심판의 대상이 되는 공권력의 행사라고 볼 수는 없다(헌재결 1994. 2. 24. 92헌마283).

(2) 형성권

환매는 형성권의 일종이다. 환매의 의사표시가 상대방에게 도달한 때 환매권 행사의 효력이 발생한다.

환매권은 환매권자의 일방적 의사표시로 성립하는 형성권의 일종이다

① 「공공용지의 취득 및 손실보상에 관한 특례법」 제9조(현, 공익사업을 위한 토지 등의 취득 및 보상에 관한 법률 제91조)에 의한 환매는 환매기간 내에 환매의 요건이 발생하면 환매권자가 수령한 보상금의 상당금액을 사업시행자에게 미리 지급하고 일방적으로 의사표시를 함으로써 사업시행자의 의사와 관계없이 환매가 성립되는 것이다(대판 1993. 8. 24. 93다22241; 헌재결 1994. 2. 24. 92헌마283).

② 「공공용지의 취득 및 손실보상에 관한 특례법」 제9조 제1항에 의하면 환매기간 내에 환매의 요건이 발생하는 경우, 환매대상토지의 가격이 취득 당시에 비하여 현저

히 하락하거나 상승하였다고 하더라도, 환매권자는 수령한 보상금 상당액만을 사업시행자에게 미리 지급하고 일방적으로 매수의 의사표시를 함으로써 사업시행자의 의사와 관계없이 환매가 성립된다(대판 2000. 11. 28. 99두3416).

③ 사업시행자가 「공익사업을 위한 토지 등의 취득 및 보상에 관한 법률」 소정의 절차에 따라 취득한 토지 등이 일정한 기간 내에 그 취득목적사업인 공공사업의 폐지·변경 등의 사유로 그 공공사업에 이용될 필요가 없어졌다고 볼 만한 객관적인 사정이 발생하면 사업시행자의 주관적인 의사와는 관계없이 환매권자가 토지 등을 환매할 수 있다고 보아야 할 것이다(대판 1995. 2. 10. 94다31310; 대판 1993. 12. 28. 93다34701).

④ 「공익사업을 위한 토지 등의 취득 및 보상에 관한 법률」 제91조에 의한 환매는 환매기간 내에 환매의 요건이 발생하면 환매권자가 지급받은 보상금에 상당한 금액을 사업시행자에게 미리 지급하고 일방적으로 의사표시를 함으로써 사업시행자의 의사와 관계없이 환매가 성립한다(대판 2006. 12. 21. 2006다49277).

환매의 의사표시가 상대방에게 도달한 때 환매권 행사의 효력이 발생한다

「공익사업을 위한 토지 등의 취득 및 보상에 관한 법률」에 의한 절차에 따라 국가 등에 의하여 협의취득된 토지의 전부 또는 일부가 취득일로부터 10년 이내에 당해 공공사업의 폐지·변경 기타의 사유로 인하여 필요 없게 되었을 때 취득 당시의 소유자 등에게 인정되는 같은 법 제91조 소정의 환매권은 당해 토지의 취득일로부터 10년 이내에 행사되어야 하고, 위 행사기간은 제척기간으로 보아야 할 것이며, 위 환매권은 재판상이든 재판 외이든 그 기간 내에 행사하면 되는 것이나, 환매권은 상대방에 대한 의사표시를 요하는 형성권의 일종으로서 환매의 의사표시가 상대방에게 도달한 때에 비로소 환매권 행사의 효력이 발생함이 원칙이다(대판 1999. 4. 9. 98다46945).

4. 환매권자

환매권자는 토지의 취득일(협의취득일 또는 수용의 개시일) 당시의 토지소유자 또는 그 포괄승계인이다(토지보상법 제91조 제1항). 따라서 소유권자가 아닌 지상권자 등 다른 권리자는 환매권자가 될 수 없고, 포괄승계인(자연인의 상속인 또는 합병 후의 새로운 법인)이 아닌 특정승계인(매수인 등)은 환매권이 없다.

또한 환매권은 성질상 타인에게 양도될 수 없다(다수설). 판례도 환매권은 원칙적으로 양도될 수 없고 환매권 양도계약을 체결하였더라도 직접 환매권을 행사할 수는 없으며, 다만 환매권자가 환매한 토지를 양도받을 수 있을 뿐이라고 판시하고 있다.

환매권은 원칙적으로 양도가 허용되지 않는다

① 「공익사업을 위한 토지 등의 취득 및 보상에 관한 법률」이 환매권을 인정하고 있는 입법취지에 비추어 볼 때 특례법상의 환매권은 제3자에게 양도할 수 없고, 따라서 환매권의 양수인은 사업시행자로부터 직접 환매의 목적물을 환매할 수 없으며, 다만 환매권자가 사업시행자로부터 환매한 토지를 양도받을 수 있을 뿐이라고 할 것이다(대판 2001. 5. 29. 2001다11567).

② 환매권자가 부동산에 관한 환매권을 제3자에게 양도하고 그 소유권이전등기에 필요한 서류를 교부한 경우, 이는 국가가 위 부동산을 원소유자(환매권양도인)에게 다시 환매할 경우 위 환매권양수인이 양도인 명의로 환매계약을 체결하여 그 환매대금을 납부하고 소유권이전등기를 마치면 양도인이 양수인 앞으로 소유권이전등기를 경료해 주기로 한 것으로 풀이될 수 있다(대판 1984. 4. 10. 81다239).

5. 환매의 목적물

토지 이외의 물건이나 토지소유권 이외의 권리는 환매의 대상이 아니다

「공익사업을 위한 토지 등의 취득 및 보상에 관한 법률」 제91조 제1항 중 '토지' 부분으로 인한 기본권 제한의 정도와 피해는 미비하고 이 사건 조항이 공익에 비하여 사익을 과도하게 침해하는 것은 아니다. 입법자가 건물에 대한 환매권을 부인한 것은 헌법적 한계 내에 있는 입법재량권의 행사이므로 재산권을 침해하는 것이라 볼 수 없다(헌재결 2005. 5. 26. 2004헌가10).

6. 환매권의 성립시기

환매권의 성립시기에 관하여는 수용시설과 요건성립시설이 대립하고 있다. 수용시 또는 임의매수시 환매권이 성립한다는 수용시설이 다수설이다. 이 견해에 따르면, 「토지보상법」 제91조상의 환매의 요건은 성립요건이 아니라 행사요건이다.

7. 환매권의 행사요건과 행사기간

(1) 환매권의 행사요건

취득일(협의취득일 또는 수용의 개시일)로부터 10년 이내에 해당 사업의 폐지·변경 또는 그 밖의 사유로 취득한 토지의 전부 또는 일부가 필요 없게 된 경우

① 환매권에 관하여 규정한 「공익사업을 위한 토지 등의 취득 및 보상에 관한 법률」 제91조 제1항에서 말하는 '당해 사업'이란 토지의 협의취득 또는 수용의 목적이 된 구체적인 특정의 공익사업으로서 같은 법 제20조 제1항에 의한 사업인정을 받을 때 구체적으로 특정된 공익사업을 말하고, 「국토의 계획 및 이용에 관한 법률」 제88조·제96조 제2항에 의해 도시계획시설사업에 관한 실시계획의 인가를 「공익사업을 위한 토지 등의 취득 및 보상에 관한 법률」 제20조 제1항의 사업인정으로 보게 되는 경우에는 그 실시계획의 인가를 받을 때 구체적으로 특정된 공익사업이 바로 같은 법 제91조 제1항에 정한 협의취득 또는 수용의 목적이 된 당해 사업에 해당한다. 또 위 규정에 정한 당해 사업의 '폐지·변경'이란 당해 사업을 아예 그만두거나 다른 사업으로 바꾸는 것을 말하고, 취득한 토지의 전부 또는 일부가 '필요 없게 된 때'란 사업시행자가 취득한 토지의 전부 또는 일부가 그 취득 목적 사업을 위하여 사용할 필요 자체가 없어진 경우를 말하며, 협의취득 또는 수용된 토지가 필요 없게 되었는지 여부는 사업시행자의 주관적인 의사를 표준으로 할 것이 아니라 당해 사업의 목적과 내용, 협의취득의 경위와 범위, 당해 토지와 사업의 관계, 용도 등 제반 사정에 비추어 객관적·합리적으로 판단하여야 한다(대판 2010. 9. 30. 2010다30782).

② "사업(또는 당해 공공사업)의 폐지 변경 기타의 사유로 인하여 수용한(또는 취득한) 토지의 전부 또는 일부가 필요 없게 된(또는 되었을) 때"라 함은 수용 또는 협의취득의 목적이 된 구체적인 특정의 공익사업이 폐지되거나 변경되는 등의 사유로 인하여 당해 토지가 더 이상 그 공익사업에 직접 이용될 필요가 없어졌다고 볼 만한 객관적인 사정이 발생한 경우를 말하는 것이므로, 당해 토지의 취득목적사업인 공익사업의 내용이 변경됨에 따라 새로이 필요하게 된 다른 토지 등을 취득하기 위하여 당해 토지를 활용하는 것이, 당초 당해 토지를 수용하거나 협의취득한 목적을 궁극적으로 달성하는 데 필요하다고 하더라도, 이와 같은 사정만으로는 당해 토지에 대한 환매권의 발생에 아무런 영향도 미칠 수 없다(대판 1994. 1. 25. 93다11760·11777·11784).

③ 토지의 취득목적인 도로개설 및 녹지조성의 도시계획사업이 일부 시행된 상태에서 그 토지를 포함한 일대의 토지들에 대한 택지개발사업실시계획이 승인되어 그 계획에 맞추어 토지이용계획이 정해지고 택지조성 및 아파트건축공사가 시행되고 있는 경우, 토지의 원소유자가 「공공용지의 취득 및 손실보상에 관한 특례법」에 따라 그 토지를 환매할 수 있다(대판 1995. 2. 10. 94다31310).

취득일(협의취득일 또는 수용의 개시일)로부터 5년 이내에 취득한 토지의 전부를 해당 사업에 이용하지 아니하였을 경우

① 사업시행자가 공익사업에 필요하여 취득한 토지가 그 공익사업의 폐지·변경 등의 사유로 공익사업에 이용할 필요가 없게 된 것은 아니라고 하더라도, 사실상 그 전부를 공익사업에 이용하지도 아니할 토지를 미리 취득하여 두도록 허용하는 것은 공익사업법에 의하여 토지를 취득할 것을 인정한 원래의 취지에 어긋날 뿐 아니라 토지가 이용되지 아니한 채 방치되는 결과가 되어 사회경제적으로도 바람직한 일이 아니기 때문에, 취득한 토지가 공익사업에 이용할 필요가 없게 되었을 때와 마찬가지로 보아 환매권의 행사를 허용하려는 것이 「공익사업법」 제91조 제2항의 입법취지라고 할 수 있다. 「공익사업법」 제91조 제2항에서 정한 '이용'이라 함은 당해 공익사업의 시행을 위하여 토지 자체를 현실적으로 사용하는 경우를 의미하는 것으로 봄이 상당하고, 이에 이르지 않고 단순히 공익사업의 시행을 위하여 공사시행업체와 양해각서를 체결한다거나 같은 사업지구 내 토지매입을 위하여 예산을 책정하고 토지 주인과 접촉하는 등의 사정만으로는 위 조항에서 정한 '이용'에 해당한다고 보기 어렵다는 이유로, 위 조항의 환매권을 행사하여 이 사건 각 부동산에 관한 소유권이전등기절차의 이행을 구하는 원고의 청구를 인용한 원심판결을 수긍한 사례(대판 2010. 1. 14. 2009다76270).

② 「공공용지의 취득 및 손실보상에 관한 특례법」 제9조 제2항은 제1항과는 달리 '취득한 토지 전부'가 공공사업에 이용되지 아니한 경우에 한하여 환매권을 행사할 수 있고 그중 일부라도 공공사업에 이용되고 있으면 나머지 부분에 대하여도 장차 공공사업이 시행될 가능성이 있는 것으로 보아 환매권의 행사를 허용하지 않는다는 취지이므로, 이용하지 아니하였는지 여부도 그 취득한 토지 전부를 기준으로 판단할 것이고, 필지별로 판단할 것은 아니라 할 것이다(대판 1995. 2. 10. 94다31310).

(2) 환매권의 행사기간

환매권의 행사기간은 제척기간이다.

공익사업을 위한 토지 등의 취득 및 보상에 관한 법률 제91조 제1항의 의미

「공익사업을 위한 토지 등의 취득 및 보상에 관한 법률」 제91조 제1항에서 환매권의 행사요건으로 정한 "당해 토지의 전부 또는 일부가 필요 없게 된 때로부터 1년 또는 그 취득일로부터 10년 이내에 그 토지를 환매할 수 있다"라는 규정의 의미는 취득일로부터 10년 이내에 그 토지가 필요 없게 된 경우에는 그때로부터 1년 이내에 환매권을 행사할 수 있으며, 또 필요 없게 된 때로부터 1년이 지났더라도 취득일로부터 10년이 지나지 않았다면 환매권자는 적법하게 환매권을 행사할 수 있다는 의미로 해석함이 옳다(대판 2010. 9. 30. 2010다30782).

공익사업을 위한 토지 등의 취득 및 보상에 관한 법률 제91조 제1항·제2항 규정은 서로 요건을 달리하고 있으므로 각각 제척기간의 도과 여부를 판단하여야 한다

「공공용지의 취득 및 손실보상에 관한 특례법」 제9조 제1항(현, 공익사업을 위한 토지 등의 취득 및 보상에 관한 법률 제91조 제1항·제2항)은 공공사업에 필요한 토지 등의 취득일부터 10년 이내에 당해 공공사업의 폐지·변경 기타의 사유로 인하여 취득한 토지 등의 전부 또는 일부가 필요 없게 되었을 때를 환매권 행사의 요건으로 하고 있음에 반하여, 제2항은 그 취득일부터 5년을 경과하여도 취득한 토지 등의 전부를 공공사업에 이용하지 아니하였을 때를 환매권 행사의 요건으로 하고 있는 등 그 요건을 서로 달리하고 있으므로, 어느 한 쪽의 요건에 해당되면 다른 쪽의 요건을 주장할 수 없게 된다고 할 수는 없고, 양쪽의 요건에 모두 해당된다고 하여 더 짧은 제척기간을 정한 제2항에 의하여 제1항의 환매권의 행사가 제한된다고 할 수도 없을 것이므로, 제2항의 규정에 의한 제척기간이 도과되었다 하여 제1항의 규정에 의한 환매권 행사를 할 수 없는 것도 아니라 할 것이다(대판 1995. 2. 10. 94다31310).

환매권의 행사기간을 수용일로부터 10년 이내로 제한한 구 토지수용법 제71조 제1항 중 환매권자는 "수용일로부터 10년" 이내 부분이 환매권자의 재산권을 침해하지 않는다

사업시행자의 소유권 취득 당시로부터 일정 기간 내에 법률관계를 안정시킬 필요성과 수용일로부터 10년 이내라는 기간 설정의 적정성은 인정되며, 환매권의 발생기간과 행사기간을 동일하게 수용일로부터 10년 이내로 정함에 따라 그 기한에 임박한 시점에 환매권이 발생한 경우에도 또 다른 환매권의 행사기간인 "그 필요 없게 된 때로부터 1년"이 지나지 아니하였다면 환매권을 행사할 수 있다고 볼 수 있는바, 이러한 환매권 행사기간의 설정이 그 형성에 관한 입법재량을 일탈했다고 보기는 힘들다. 또한 환매권이 이미 발생하였다 하더라도 환매권자가 이를 알 때까지 언제까지나 계속 존속하고 있다면 여전히 법률관계의 안정이 어렵게 되고, 환매권자는 수용 당시에 이미 정당한 보상을 받았을 뿐만 아니라, 사업시행자가 통지 또는 공고의무를 위반한 경우에는 불법행위가 인정되어 환매권자의 손해가 전보됨에 비추어볼 때, 환매권자가 환매권의 발생사실을 알지 못한 경우를 별도로 고려하지 않고 일률적으로 수용일 또는 취득일을 기산점으로 하여 환매권의 행사기간을 정하였다 하더라도 환매권의 내용 형성에 관한 합리적인 입법재량의 범위를 일탈했다고 보기는 어렵다. 따라서, 이 사건 심판대상조항은 환매권자의 재산권을 침해하지 아니한다(헌재결 2011. 3. 31. 2008헌바26).

8. 환매가격

환매가격은 원칙적으로 토지에 대하여 받은 보상금에 상당하는 금액이다(토지보상법 제91조 제1항).

보상금에 상당한 금액이란 협의취득 당시 토지 등의 소유자가 사업시행자로부터 지급받은 보상금을 의미하며 여기에 환매권행사 당시까지의 법정이자를 가산한 금액을 말하는 것은 아니다(대판 1994. 5. 24. 93누17225).

보상금 상당액의 지급은 환매의 요건이다

① 「공공용지의 취득 및 손실보상에 관한 특례법」 제9조(현, 공익사업을 위한 토지 등의 취득 및 보상에 관한 법률 제91조)에 의한 환매는 환매기간 내에 환매의 요건이 발생하면 환매권자가 수령한 보상금 상당의 금액을 미리 지급하고 일방적으로 환매의 의사표시를 함으로써 사업시행자의 의사 여하에 관계없이 환매가 성립한다(대판 1992. 6. 23. 92다7832).

② 「공익사업을 위한 토지 등의 취득 및 보상에 관한 법률」 제91조 제1항에 의하면 환매기간 내에 환매의 요건이 발생하는 경우, 환매 대상 토지의 가격이 취득 당시에 비하여 현저히 하락하거나 상승하였다고 하더라도, 환매권자는 수령한 보상금 상

당액만을 사업시행자에게 미리 지급하고 일방적으로 매수의 의사표시를 함으로써 사업시행자의 의사와 관계없이 환매가 성립된다(대판 2000. 11. 28. 99두3416).

환매권행사에 있어서 보상금 상당금액의 지급은 선이행의무이다

환매권의 경우 환매대금의 선이행을 명문으로 규정하고 있으므로 환매대금 상당을 지급하거나 공탁하지 아니한 경우는 환매로 인한 소유권이전등기청구는 물론 환매대금의 지급과 상환으로 소유권이전등기를 구할 수 없다(대판 1993. 9. 14. 92다56810, 56827, 56834).

환매대금의 선이행의무는 평등원칙에 반한다고 할 수 없다

「공익사업을 위한 토지 등의 취득 및 보상에 관한 법률」 제91조 제1항에서 환매대금의 선이행의무를 규정하고 있는 것은 재산권의 적정한 보호와 공익사업의 효율적인 수행을 위하여 필요하고도 적절한 조치라고 할 것이다. 나아가 이 사건 법률조항에 의하여 실현하고자 하는 공익은 공익사업의 효율적인 수행을 통한 공공복리의 증진인 반면, 이 사건 법률조항으로 인하여 환매권자가 입을 수 있는 피해는 환매대금의 선이행으로 인한 재산권의 일시적인 제한으로서 그 제한의 정도와 피해가 크지 않다고 할 것이므로 사익을 과도하게 제한한 것이라 볼 수 없으므로, 이 사건 법률조항은 비례의 원칙에 어긋나게 환매권자의 재산권을 침해하는 위헌의 법률이라 할 수 없다. 「공토법」 상의 환매제도는 공익적 필요에 의해 협의취득 또는 수용된 토지의 원소유자에게 재산권을 보장하고 공익사업의 수행을 원활하게 하기 위하여 마련된 것으로서, 환매권의 행사는 당사자 사이의 협의를 전제로 하는 것이 아니므로 환매권자의 환매권행사만으로 사업시행자의 의사와 관계없이 환매가 성립되어 협의취득 또는 수용의 효력을 상실시키기 때문에, 사업시행자에게 환매대금의 지급을 확실하게 보장할 필요가 있는 것이다. 따라서 환매대금의 선이행의무를 규정한 이 사건 법률조항이 사업시행자와 환매권자를 합리적 이유 없이 자의적으로 차별하는 것으로 볼 수 없으므로 평등원칙에 반한다고 할 수 없다(헌재결 2006. 11. 30. 2005헌가20).

환매권의 행사방법 및 그 환매권행사로 인한 소유권이전등기청구소송에서 사업시행자가 환매대금 증액청구권을 내세워 선이행 또는 동시이행의 항변으로 주장할 수 없다

「공익사업을 위한 토지 등의 취득 및 보상에 관한 법률」 제91조에 의한 환매는 환매기간 내에 환매의 요건이 발생하면 환매권자가 지급받은 보상금에 상당한 금액을 사업시행자에게 미리 지급하고 일방적으로 의사표시를 함으로써 사업시행자의 의사와 관계없이 환매가 성립하고, 토지 등의 가격이 취득 당시에 비하여 현저히 변경되었더라도 같은 법 제91조 제4항에 의하여 당사자 간에 금액에 관하여 협의가 성립하거나 사업시행자 또는 환매권자가 그 금액의 증감을 법원에 청구하여 법원에서 그 금액이 확정되지 않는 한, 그 가격이 현저히 등귀한 경우이거나 하락한 경우이거나를 묻지 않고 환매권을 행사하기 위하여는 지급받은 보상금 상당액을 미리 지급하여야 하고 또한 이로써 족한 것이며, 사업시행자는 소로써 법원에 환매대금의 증액을 청구할 수 있을 뿐 환매권행사로 인한 소유권이전등기청구소송에서 환매대금 증액청구권을 내세워 증액된 환매대금과 보상금 상당액의 차액을 지급할 것을 선이행 또는 동시이행의 항변으로 주장할 수 없다(대판 2006. 12. 21. 2006다49277).

9. 환매권의 대항력

환매권은 「부동산등기법」이 정하는 바에 따라 공익사업에 필요한 토지의 협의취득 또는 수용의 등기가 되었을 때에는 제3자에게 대항할 수 있다(토지보상법 제91조 제5항).

10. 환매의 절차

(1) 통지·공고

환매권의 통지·공고의무는 법적 의무이다.

따라서 환매의 통지나 공고를 하지 아니함으로써 환매권을 상실시키는 것은 불법행위에 해당한다(대판 1993. 5. 27. 92다34667; 대판 2000. 11. 14. 99다45864; 대판 2006. 11. 23. 2006다35124).

통지·공고의무에 관한 규정은 단순한 선언적인 것이 아니라 사업시행자의 법적인 의무를 정한 것이다

① 「공익사업을 위한 토지 등의 취득 및 보상에 관한 법률」 제92조 제1항의 통지·공고의무에 관한 규정은 단순한 선언적인 것이 아니라 사업시행자의 법적인 의무를 정한 것이라고 보아야 할 것인바, 사업시행자가 위 통지나 공고를 하여야 할 의무가 있는데도 불구하고 이러한 의무에 위배한 채 원소유자 등에게 통지나 공고를 하

지 아니하여, 원소유자 등으로 하여금 환매권행사기간이 도과되도록 하여 이로 인하여 법률에 의하여 인정되는 환매권행사가 불가능하게 되어 환매권 그 자체를 상실하게 하는 손해를 가한 때에는 원소유자 등에 대하여 불법행위를 구성한다(대판 2000. 11. 14. 99다45864).

② 마찬가지로 사업시행자가 원소유자의 환매가능성이 존속하고 있는데도 통지·공고의무에 위배한 채 환매의 목적이 될 토지를 제3자에게 처분한 경우 처분행위 자체는 유효하다 하더라도 적어도 원소유자에 대한 관계에서는 법률에 의하여 인정되는 환매권 자체를 행사함이 불가능하도록 함으로써 환매권 자체를 상실시킨 것으로 되어 불법행위를 구성한다(대판 1993. 5. 27. 92다34667).

환매권의 통지나 공고를 하지 아니하여 환매권을 상실시키는 것은 불법행위를 구성한다

① 「공공용지의 취득 및 손실보상에 관한 특례법」(현, 공익사업을 위한 토지 등의 취득 및 보상에 관한 법률)상의 사업시행자가 위 각 규정에 의한 통지나 공고를 하여야 할 의무가 있는 데도 불구하고 이러한 의무에 위배한 채 원소유자 등에게 통지나 공고를 하지 아니하여, 원소유자 등으로 하여금 환매권 행사기간이 도과되도록 하여 이로 인하여 법률에 의하여 인정되는 환매권 행사가 불가능하게 되어 환매권 그 자체를 상실하게 하는 손해를 가한 때에는 원소유자 등에 대하여 불법행위를 구성한다고 할 것이다(대판 2000. 11. 14. 99다45864).

② 국방부장관이 「징발재산 정리에 관한 특별조치법」 부칙 제2조에 정한 환매의 통지나 공고를 하지 않거나 부적법하게 함으로써 환매권자로 하여금 환매권 행사기간을 넘기게 하여 환매권을 상실하는 손해를 입게 한 경우 불법행위가 성립한다(대판 2006. 11. 23. 2006다35124).

(2) 환매권의 소멸

환매권 행사가 이루어진 이상 환매권 행사기간이 경과해도 환매가격 결정을 위한 절차는 진행될 수 있다

구 「공공용지의 취득 및 손실보상에 관한 특례법」(현, 공익사업을 위한 토지 등의 취득 및 보상에 관한 법률 제91조)과 같은 법 시행령 및 그에 의하여 준용되는 「토지수용법」의 규정을 살펴보아도 환매대상토지의 가격이 취득 당시에 비하여 현저히 변경된 경우 환매가격을 결정하기 위하여 사업시행자 또는 환매권자가 협의 및 재결신청을 할 수 있는 기간을 특별히 제한하지 않고 있는바, 환매권의 행사와 환매가격 결정을 위한 절차는 그 성질을 달리하는 것이므로 「공공용지의 취득 및 손실보상에 관한 특례법」 제9조 제5항에 의하여 준용되는 「토지수용법」 제72조 제2항에 의하여 환매권의 행사기간이 통지를 받은 날로부터 6개월로 정하여져 있다고 하여 환매가격 결정을 위한 협의 및 재결신청도 그 기간 내에 하여야 한다고 볼 것은 아니고, 또 환매대상토지가 수용되었다고 하더라도 환매대상토지 또는 환매권이 소멸하는 것이 아니라 단지 소유권이전등기의무만이 이행불능으로 되는 것이고 환매권자로서는 환매가 성립되었음을 전제로 사업시행자에 대하여 대상청구를 할 수 있으므로 여전히 환매가격결정을 위한 협의 및 재결절차에 나아갈 수 있다(대판 2000. 11. 28. 99두3416).

11. 환매의 효과

환매권은 청구권이 아니라 형성권이므로 환매권자의 일방적 의사표시에 의하여 사업시행자의 의사와 관계없이 법률효과가 발생한다.

판례는 환매권 행사의 결과 사법상 매매계약의 효력이 발생한다고 본다(대판 1992. 4. 24. 92다4673).

다만 환매권의 행사만으로 직접 소유권의 변동이 일어나는 것은 아니고, 소유권이전등기청구권만이 발생하며, 이에 의하여 소유권이전등기가 있어야 소유권변동이 일어난다.

환매권행사의 효과 및 환매권행사로 발생한 소유권이전등기청구권의 소멸시효

「징발재산정리에 관한 특별조치법」 제20조 소정의 환매권은 일종의 형성권으로서 그 존속기간은 제척기간으로 보아야 할 것이며, 위 환매권은 재판상이든 재판 외이든 그 기간 내에 행사하면 이로써 매매의 효력이 생기고, 위 매매는 같은 조 제1항에 적힌 환매권자와 국가 간의 사법상의 매매라 할 것이다. 위의 환매권의 행사로 발생한 소유권이전등기청구권은 위 제척기간과는 별도로 환매권을 행사한 때로부터 일반채권과 같이 「민법」 제162조 소정의 10년의 소멸시효의 기간이 진행된다(대판 1992. 4. 24. 92다4673).

12. 환매권에 관한 쟁송

사업시행자가 환매권자를 상대로 하는 환매가격의 증감에 관한 소송은 공법상 당사자 소송에 해당한다

「토지수용법」 제75조의2 제2항(현, 공익사업을 위한 토지 등의 취득 및 보상에 관한 법률 제91조 제4항)에 의하여 사업시행자가 환매권자를 상대로 하는 소송은 공법상의 당사자 소송으로 사업시행자로서는 환매가격이 환매대상토지의 취득 당시 지급한 보상금 상당액보다 증액 변경될 것을 전제로 하여 환매권자에게 그 환매가격과 위 보상금 상당액의 차액의 지급을 구할 수 있다(대판 2000. 11. 28. 99두3416).

환매권의 존부에 관한 확인을 구하는 소송 및 환매금액의 증감을 구하는 소송은 민사소송에 해당한다

구 「공익사업을 위한 토지 등의 취득 및 보상에 관한 법률」 제91조에 규정된 환매권은 상대방에 대한 의사표시를 요하는 형성권의 일종으로서 재판상이든 재판 외이든 위 규정에 따른 기간 내에 행사하면 매매의 효력이 생기는바(대판 2008. 6. 26. 2007다24893 참조), 이러한 환매권의 존부에 관한 확인을 구하는 소송 및 구 「공익사업법」 제91조 제4항에 따라 환매금액의 증감을 구하는 소송 역시 민사소송에 해당한다(대판 2013. 2. 28. 2010두22368).

13. 공익사업의 변환

(1) 의 의

공익사업의 변환이란 공익사업을 위해 토지를 협의취득 또는 수용한 후 토지를 협의취득 또는 수용한 당해 공익사업이 다른 공익사업으로 변경된 경우 별도의 협의취득 또는 수용 없이 당해 협의취득 또는 수용된 토지를 변경된 다른 공익사업에 이용하도록 하는 제도를 말한다.

「토지보상법」 제91조 제6항에서는 환매대상 토지가 다른 공익사업으로 변경된 경우에 공익사업의 변환을 인정하고 있다.

공익사업을 위한 토지 등의 취득 및 보상에 관한 법률 제91조 제6항의 취지

사업인정을 받은 당해 공익사업의 폐지·변경으로 인하여 협의취득하거나 수용한 토지가 필요 없게 된 때라도 공익사업의 변환이 허용되는 다른 공익사업으로 변경되는 경우에는 당해 토지의 원소유자 또는 그 포괄승계인에게 환매권이 발생하지 않는다는 취지의 규정인바, 공익사업 변환으로 환매권이 제한되는 경우 그 환매권 행사기간은 관보에 당해 공익사업의 변경을 고시한 날로부터 기산하게 되어 새로 변경된 공익사업을 기준으로 다시 환매권 행사의 요건을 갖추지 못하는 한 피수용자는 환매권을 행사할 수 없게 된다(대판 2010. 9. 30. 2010다30782 참조).

이는 수용된 토지가 애초의 사업목적이 폐지·변경되었다는 사유만으로 다른 공익사업을 위한 필요가 있음에도 예외 없이 원소유자에게 당해 토지를 반환하고 나서 다시 수용절차를 거칠 경우 발생할 수 있는 행정력 낭비를 막고 소유권 취득 지연에 따른 공익사업 시행에 차질이 없도록 하여 공익사업을 원활하고 효율적으로 시행하려는 데 그 목적이 있다. 이러한 입법목적은 정당하며, 공익사업 변환을 인정하는 것은 이러한 입법목적 달성을 위하여 적절한 수단이라고 할 것이다(헌재결 2012. 11. 29. 2011헌바49).

(2) 요 건

공익사업의 변환은 사업주체가 동일한 경우에만 인정되는 것은 아니다

이른바 "공익사업의 변환"이 국가·지방자치단체 또는 정부투자기관이 사업인정을 받아 토지를 협의취득 또는 수용한 경우에 한하여, 그것도 사업인정을 받은 공익사업이 공익성의 정도가 높은 「토지수용법」 제3조 제1호 내지 제4호에 규정된 다른 공익사업으로 변경된 경우에만 허용되도록 규정하고 있는 「토지수용법」 제71조 제7항 등 관계법령의 규정내용이나 그 입법이유 등으로 미루어 볼 때, 같은 법 제71조 제7항 소정의 "공익사업의 변환"이 국가·지방자치단체 또는 정부투자기관 등 기업자(또는 사업시행자)가 동일한 경우에만 허용되는 것으로 해석되지는 않는다(대판 1994. 1. 25. 93다11760·11777·11784).

규정된 공익사업으로 변경된 경우가 아니면, 환매권행사가 가능하다

계쟁토지의 취득목적사업인 공원조성사업이 시행되어 그 토지를 포함한 그 일대의 토지들 위에 공원조성공사가 완료되고 공중의 공동사용에 제공되었다가, 그 후 위 토지를 포함한 그 일대의 토지들이 택지개발예정지구로 지정되고 이에 대한 택지개발계획이 승인되자, 위 토지 위의 공원시설을 철거하고 그 지상에 아파트건축공사를 착수하여 현재에 이르기까지 그 공사를 시행하고 있다면, 위 토지는 당초의 취득목적사업인 위 공원조성사업에는 더 이상 필요 없게 된 것임이 객관적으로 명백하다고 하지 않을 수 없고, 당초의 목적사업인 공원조성사업은 「토지수용법」 제3조 제3호에 해당하는 공익사업인 반면, 그 후 시행한 택지개발사업은 같은 법 제3조 제5호에 해당하는 공익사업임이 법문상 명백하므로, 「토지수용법」 제71조 제7항과 「공공용지의 취득 및 손실보상에 관한 특례법」 제1조·제2조·제9조 등 관계법령의 규정취지로 미루어 볼 때, 위 토지 위에 택지개발사업이 새로 시행되고 있다는 이유만으로는 공원조성사업에 필요 없게 된 위 토지의 원소유자가 위 특례법 제9조 제1항에 따라 위 토지를 환매할 수 없는 것이 아니다(대판 1992. 4. 28. 91다29927).

(3) 효 과

공익사업을 위한 토지 등의 취득 및 보상에 관한 법률 제91조 제6항의 해석

공익사업의 원활한 시행을 위한 무익한 절차의 반복 방지라는 '공익사업의 변환'을 인정한 입법취지에 비추어 볼 때, 만약 사업시행자가 협의취득하거나 수용한 당해 토지를 제3자에게 처분해 버린 경우에는 어차피 변경된 사업시행자는 그 사업의 시행을 위하여 제3자로부터 토지를 재취득해야 하는 절차를 새로 거쳐야 하는 관계로 위와 같은 공익사업의 변환을 인정할 필요성도 없게 되므로, 공익사업의 변환을 인정하기 위해서는 적어도 변경된 사업의 사업시행자가 당해 토지를 소유하고 있어야 한다. 나아가 공익사업을 위해 협의취득하거나 수용한 토지가 제3자에게 처분된 경우에는 특별한 사정이 없는 한 그 토지는 당해 공익사업에는 필요 없게 된 것이라고 보아야 하고, 변경된 공익사업에 관해서도 마찬가지이므로, 그 토지가 변경된 사업의 사업시행자 아닌 제3자에게 처분된 경우에는 공익사업의 변환을 인정할 여지도 없다.

지방자치단체가 도시관리계획상 초등학교 건립사업을 위하여 학교용지를 협의취득하였으나 위 학교용지 인근에서 아파트 건설사업을 하던 주택건설 사업시행자와 그 아파트 단지 내에 들어설 새 초등학교 부지와 위 학교용지를 교환하고 위 학교용지에 중학교를 건립하는 것으로 도시관리계획을 변경한 경우, 위 학교용지에 대한 협의취득의 목적이 된 당해 사업인 '초등학교 건립사업'의 폐지·변경으로 위 토지는 당해 사업에 필요 없게 되었고, 나아가 '중학교 건립사업'에 관하여 사업인정을 받지 않았을 뿐만 아니라 위 학교용지가 중학교 건립사업의 시행자 아닌 제3자에게 처분되었다면 공익사업의 변환도 인정할 수 없으므로 위 학교용지에 관하여 환매권을 행사할 수 있다(대판 2010. 9. 30. 2010다30782).

(4) 위헌성

헌법재판소는 변환제도로 인한 환매권 행사 제한이 합헌이라고 결정한 바 있다.

공익사업의 변환으로 인하여 환매권의 행사가 제한되더라도 헌법에 위반되지 않는다
공익사업의 변환제도는 공익사업의 원활한 시행을 확보하기 위한 목적에서 신설된 것으로 우선 그 입법목적에 있어서 정당하고 나아가 변경사용이 허용되는 사업시행자의 범위를 국가·지방자치단체 또는 정부투자기관으로 한정하고 사업목적 또한 상대적으로 공익성이 높은 「토지수용법」 제3조 제1호 내지 제4호의 공익사업으로 한정하여 규정하고 있어서 그 입법목적달성을 위한 수단으로서의 적정성이 인정될 뿐 아니라 피해최소성의 원칙 및 법익균형의 원칙에도 부합된다 할 것이므로 위 법률조항은 「헌법」 제37조 제2항이 규정하는 기본권 제한에 관한 과잉금지의 원칙에 위배되지 아니한다(헌재결 1997. 6. 26. 96헌바94).

제 3 절 공용환지·공용환권

Ⅰ. 공용환지

1. 의 의

공용환지란 토지의 평면적 효용가치를 증진시키기 위해 일정한 지역 안에서 토지의 구획 또는 형질을 변경하여 토지소유권 및 기타 권리(지역권·지상권·임차권)를 권리자의 의사에 관계없이 강제적으로 교환·분합하는 것을 말한다.

공용환지는 토지의 평면적 효용가치의 증진을 위해 직접 토지에 관한 권리의 변동을 가한다는 점에서 물적 공용부담에 해당한다.

2. 도시개발사업

(1) 의 의

환지방식은 도시개발사업 시행방식의 하나이다.

도시개발사업이란 도시개발구역에서 주거, 상업, 산업, 유통, 정보통신, 생태, 문화, 보건 및 복지 등의 기능이 있는 단지 또는 시가지를 조성하기 위하여 시행하는 사업을 말한다(도시개발법 제2조 제1항 제2호).

(2) 도시개발구역의 지정

계획적인 도시개발이 필요하다고 인정되는 때에는 도시개발구역을 지정할 수 있다(도시개발법 제3조 제1항).

(3) 환지계획

환지계획이란 도시개발사업이 완료된 경우에 행하는 환지처분계획을 말한다.

학설은 환지계획의 처분성을 긍정하지만, 판례는 환지계획은 항고소송의 대상이 되는 처분은 아니라는 입장이다.

환지 예정지 지정처분과 환지처분은 처분이지만, 환지계획은 항고소송의 대상이 되는 처분이 아니다

구「토지구획정리사업법(현, 도시개발법)」제57조, 제62조 등의 규정상 환지 예정지 지정이나 환지처분은 그에 의하여 직접 토지소유자 등의 권리의무가 변동되므로 이를 항고소송의 대상이 되는 처분이라고 볼 수 있으나, 환지계획은 위와 같은 환지 예정지 지정이나 환지처분의 근거가 될 뿐 그 자체가 직접 토지소유자 등의 법률상의 지위를 변동시키거나 또는 환지 예정지 지정이나 환지처분과는 다른 고유한 법률효과를 수반하는 것이 아니어서 이를 항고소송의 대상이 되는 처분에 해당한다고 할 수가 없다(대판 1999. 8. 20. 97누6889).

(4) 환지 예정지의 지정

① 의 의

시행자는 도시개발사업의 시행을 위하여 필요하면 도시개발구역의 토지에 대하여 환지 예정지를 지정할 수 있다(도시개발법 제35조 제1항).

환지 예정지 지정행위는 토지에 대한 사용·수익권에 변동이 일어나므로 항고소송의 대상이 되는 행정처분이라는 것이 판례이다(대판 1965. 6. 22. 64누106; 대판 1962. 5. 17. 62누10).

② 지정의 효과

환지 예정지 지정처분은 상대방 있는 행정처분이므로 관계 토지소유자에게 이를 통지함으로써 그 효력이 생긴다(대판 1962. 5. 17. 62누10).

환지 예정지의 지정이 있어도 소유권에는 변동이 없으므로 종전의 토지소유자는 종전의 토지를 처분할 수 있으나, 지정받은 환지 예정지는 처분할 수 없으며, 지정된 환지 예정지에 대하여 사용·수익권을 취득할 뿐이다.

토지구획정리 지구 내에 있는 어떤 토지가 다른 토지의 환지 예정지로 지정되었다 하더라도 종전 토지의 소유자는 종전 토지를 처분할 수 있다(대판 1963. 5. 15. 63누21).

③ 환지 예정지 지정처분에 대한 불복

환지 예정지의 지정은 행정처분의 성질을 가지므로 이에 대한 행정소송이 인정된다.

환지처분이 공고된 후에는 환지 예정지 지정처분에 대하여 그 취소를 구할 법률상 이익은 없다.

환지처분 이후의 환지 예정지 지정의 효력

「토지구획정리사업법」에 의한 토지구획정리는 환지처분을 기본적 요소로 하는 것으로서 환지예정지지정처분은 사업시행자가 사업시행지구 내의 종전 토지소유자로 하여금 환지예정지 지정처분의 효력발생일로부터 환지처분의 공고가 있는 날까지 당해 환지예정지를 사용·수익할 수 있게 하는 한편 종전의 토지에 대하여는 사용·수익을 할 수 없게 하는 처분에 불과하고, 환지처분이 일단 공고되어 효력을 발생하게 되면 환지 예정지 지정처분은 그 효력이 소멸되는 것이므로, 환지처분이 공고된 후에는 환지 예정지 지정처분에 대하여 그 취소를 구할 법률상 이익은 없다(대판 1999. 10. 8. 99두6873).

환지처분 공고 후에 환지 예정지 지정처분의 취소를 구할 법률상 이익 및 새로운 환지처분이 적법하게 이루어진 후 당초의 환지처분이 무효라는 확인을 구할 법률상 이익은 없다

환지처분이 공고되어 효력을 가지게 되면 환지 예정지 지정처분의 효력은 소멸되므로 그 때부터는 환지 예정지 지정처분이 무효라는 확인을 구할 법률상 이익이 없어지고, 당초의 환지처분이 환지계획의 내용에 따르지 아니하여 무효이면 시행자는 환지계획변경 등의 절차를 거쳐 다시 환지처분을 할 수 있고, 이러한 새로운 환지처분이 적법하게 이루어지면 당초의 환지처분이 무효라는 확인을 구할 법률상의 이익도 없어진다(대판 2002. 4. 23. 2000두2495).

(5) 환지처분

환지처분은 환지방식에 의해 도시개발사업에 관한 공사가 완료된 후 토지소유권을 가진 자에게 종전의 토지에 갈음하여 환지계획에서 정해진 토지를 교환하는 처분을 말한다.

환지처분은 환지계획에 따라 직접 소유권 등을 변동시키는 형성적 행정행위의 성질을 갖는다.

환지처분은 그에 의하여 직접 토지소유자 등의 권리의무가 변동되므로 이를 항고소송의 대상이 되는 처분이다(대판 1999. 8. 20. 97누6889).

환지계획에 의하지 아니하거나 환지계획에 어긋나는 사항을 내용으로 하는 환지처분은 당연무효이다(대판 2000. 2. 25. 97누5534).

환지계획에 의하지 아니하고 환지계획에도 없는 사항을 내용으로 하는 환지처분은 당연무효이다

환지처분의 내용은 모두 환지계획에 의하여 미리 결정되는 것이며 환지처분은, 다만 환지계획구역에 대한 공사가 완료되기를 기다려서 환지계획에 정하여져 있는 바를 토지소유자에게 통지하고 그 뜻을 공고함으로써 효력이 발생되는 것이고, 따라서 환지계획과는 별도의 내용을 가진 환지처분은 있을 수 없는 것이므로 환지계획에 의하지 아니하고 환지계획에도 없는 사항을 내용으로 하는 환지처분은 효력을 발생할 수 없다(대판 1993. 5. 27. 92다14878).

환지처분이 확정된 후 별도로 행하여진 환지청산금 교부처분은 사법적 심사의 대상인 행정처분이 아니다

「토지구획정리사업법」에 있어서의 환지청산금교부처분도 환지계획에 따른 환지처분에 포함되는 것이므로 환지처분이 확정된 후에는 별도로 환지청산금교부처분을 할 수 없다 할 것이고 따라서 이때의 환지청산금교부처분은 청산금의 지급결정도 없이 환지가 확정됨으로써 토지소유자가 입은 청산금 상당의 손해배상액을 결정한 것에 불과한 것이어서 이를 가지고 사법적 심사의 대상이 되는 행정처분이라고는 할 수 없다(대판 1987. 3. 24. 85누926).

환지확정처분의 일부에 대한 취소를 구할 법률상 이익은 부정된다
「토지구획정리사업법」에 의한 환지처분이 일단 공고되어 그 효력을 발생한 이상 환지 전체의 절차를 처음부터 다시 밟지 않는 한 그 일부만을 따로 떼어 환지처분을 변경할 길이 없으므로 그 환지처분 중 일부 토지에 관하여 환지도 지정하지 아니하고 또 청산금도 지급하지 아니한 위법이 있다 하여도 이를 이유로 「민법」상의 불법행위로 인한 손해배상을 구할 수 있으므로 그 환지확정처분의 일부에 대하여 취소를 구할 법률상 이익은 없다(대판 1985. 4. 23. 84누446).

환지처분이 확정된 이상 환지변경처분은 무효이다
환지처분이 일단 확정되어 효력을 발생한 후에는 이를 소급하여 시정하는 뜻의 환지변경처분은 이를 할 수 없고, 그러한 환지변경의 절차가 필요할 때에는 그를 위하여 환지 전체의 절차를 처음부터 다시 밟아야 하며 그 일부만을 따로 떼어 환지처분을 변경할 수 없음은 물론, 그러한 절차를 밟지 아니하고 한 환지변경처분은 무효이다(대판 1998. 2. 13. 97다49459).

Ⅱ. 공용환권

1. 의 의

공용환권이란 토지와 건축물 등 도시공간의 평면적·입체적 효용을 증대시키기 위한 사업을 실시하기 위하여 토지 및 건축물의 소유권 및 기타의 권리를 권리자의 의사와 관계없이 강제적으로 교환·분합하는 것을 말한다.

「도시 및 주거환경정비법」은 정비사업의 일환으로 공용환권제도를 도입하고 있다.

<공용환지와 공용환권의 구별>

구 분	공용환지	공용환권
관련사업	도시개발사업	정비사업
법적 근거	도시개발법	도시 및 주거환경정비법
구역지정권자	시·도지사 또는 관계 시·도지사의 협의	시·도지사
시행자	• 원칙: 국가, 지방자치단체 • 예외: 전부환지 → 토지소유자, 조합	• 원칙: 조합 • 예외: 시장·군수·한국토지주택공사
절 차	환지계획 → 가환지 → 환지처분 → 청산	기본계획 → 구역지정 → 조합설립 → 사업시행인가 → 관리처분계획 → 분양 → 준공 → 청산

2. 공용환권의 시행

「도시 및 주거환경정비법」상 공용환권은 분양신청과 관리처분계획에 따른 환권처분에 의해 행해진다. 도시 및 주거환경정비법은 환권처분을 이전고시(구 분양처분)로, 환권계획을 관리처분계획으로 표현하고 있다.

(1) 분양신청

대지 또는 건축물에 대한 분양을 받고자 하는 토지 등 소유자는 분양신청기간 이내에 대통령령이 정하는 방법 및 절차에 의하여 사업시행자에게 대지 또는 건축물에 대한 분양신청을 하여야 한다(도시 및 주거환경정비법 제46조 제2항).

(2) 관리처분계획(환권계획)

① 의 의

관리처분계획(환권계획)이란 정비사업의 공사가 완료된 후 조성될 대지 및 건축시설의 분양처분 및 청산 등에 관한 계획을 말한다.

② 법적 성질

관리처분계획은 구속적 행정계획에 해당한다.

관리처분계획(환권계획)은 토지 등의 소유자에게 구체적이고 결정적인 영향을 미치는 것으로서 조합이 행한 처분에 해당한다(대판 2002. 12. 10. 2001두6333). 따라서 조합을 피고로 하여 항고소송의 방법으로 그 무효확인이나 취소를 구할 수 있다(대판 2002. 12. 10. 2001두6333).

대지 또는 건축시설에 대한 수분양권의 취득을 희망하는 토지 등의 소유자가 한 분양신청에 대하여 조합이 분양대상자가 아니라고 하여 관리처분계획에 의하여 이를 제외시키거나 원하는 내용의 분양대상자로 결정하지 아니한 경우 토지 등의 소유자에게 원하는 내용의 구체적인 수분양권이 직접 발생한 것이라고는 볼 수 없어서 곧바로 조합을 상대로 하여 민사소송이나 공법상 당사자소송으로 수분양권의 확인을 구하는 것은 허용될 수 없다

설령 조합원의 자격이 인정된다 하더라도 분양신청을 하지 아니하거나 분양을 희망하지 아니할 때에는 금전으로 청산하게 되므로, 대지 또는 건축시설에 대한 수분양권의 취득을 희망하는 토지 등의 소유자가 한 분양신청에 대하여 조합이 분양대상자가 아니라고 하여 관리처분계획에 의하여 이를 제외시키거나 원하는 내용의 분양대상자로 결정하지 아니한 경우, 토지 등의 소유자에게 원하는 내용의 구체적인 수분양권이 직접 발생한 것이라고는 볼 수 없어서 곧바로 조합을 상대로 하여 민사소송이나 공법상 당사자소송으로 수분양권의 확인을 구하는 것은 허용될 수 없다(대판 1996. 2. 15. 94다31235 전원합의체).

⑶ 환권처분

① 의 의

환권처분이란 환권계획에 따라 권리의 변환을 행하는 것을 말한다. 「도시 및 주거환경정비법」상 환권처분은 이전고시(구 분양처분) 및 청산에 의해 행해진다.

② 법적 성질

환권처분은 형성적 행정행위이다.

도시재개발법상 분양처분은 행정처분이다

「도시재개발법」에 의한 재개발사업에 있어서의 분양처분은 재개발구역 안의 종전의 토지 또는 건축물에 대하여 재개발사업에 의하여 조성되거나 축조되는 대지 또는 건축 시설의 위치 및 범위 등을 정하고 그 가격의 차액에 상당하는 금액을 청산하거나, 대지 또는 건축시설을 정하지 않고 금전으로 청산하는 공법상 처분으로서, 그 처분으로 종전의 토지 또는 건축물에 관한 소유권 등의 권리를 강제적으로 변환시키는 이른바 공용환권에 해당한다(대판 1995. 6. 30. 95다10570).

③ 이전고시

이전고시는 구 도시재개발법상 분양처분에 해당한다. 이전고시는 항고소송의 대상이 되는 처분에 해당한다.

> 구 「도시재개발법」상의 분양처분은 대인적 처분이 아닌 대물적 처분이므로 재개발사업 시행자가 소유자를 오인하여 종전의 토지 또는 건축물의 소유자가 아닌 다른 사람에게 분양처분을 한 경우라도 그 다른 사람이 권리를 취득하게 되는 것은 아니며, 종전의 토지 또는 건축물의 진정한 소유자가 분양된 대지 또는 건축시설의 소유권을 취득하고 이를 행사할 수 있다(대판 1995. 6. 30. 95다10570).

따라서 소유권 귀속의 다툼은 분양처분을 다툴 수는 없고, 오인된 소유자 개인을 상대로 등기말소나 이전등기를 구하는 민사소송을 제기하여야 한다.

④ 청 산

청산금을 확정하는 처분은 항고소송의 대상이 되는 행정처분에 해당한다.

> **조합설립인가처분의 취소·무효확인 판결이 확정되기 전에 이전고시의 효력이 발생한 경우 조합설립인가처분의 취소·무효확인을 구할 법률상 이익이 있는지 여부**(원칙적 소극)
> 「도시 및 주거환경정비법」 제54조 제1항, 제2항, 제55조 제1항과 같이 대지 또는 건축물의 소유권 이전에 관한 고시의 효력이 발생하면 조합원 등이 관리처분계획에 따라 분양받을 대지 또는 건축물에 관한 권리의 귀속이 확정되고 조합원 등은 이를 토대로 다시 새로운 법률관계를 형성하게 되는데, 이전고시의 효력 발생으로 대다수 조합원 등에 대하여 권리귀속 관계가 획일적·일률적으로 처리되는 이상 그 후 일부 내용만을 분리하여 변경할 수 없고, 그렇다고 하여 전체 이전고시를 모두 무효화시켜 처음부터 다시 관리처분계획을 수립하여 이전고시 절차를 거치도록 하는 것도 정비사업의 공익적·단체법적 성격에 배치되어 허용될 수 없다.
> 위와 같은 정비사업의 공익적·단체법적 성격과 이전고시에 따라 이미 형성된 법률관계를 유지하여 법적 안정성을 보호할 필요성이 현저한 점 등을 고려할 때, 조합설립인가처분의 취소나 무효확인 판결이 확정되기 전에 이전고시의 효력이 발생하였다면 더 이상 정비사업 결과를 원상으로 되돌리는 것은 허용될 수 없으므로 이전고시의 효력

이 발생한 후에는 원칙적으로 조합설립인가처분의 취소 또는 무효확인을 구할 법률상 이익이 없다고 해석함이 타당하다. 한편 청산금 부과처분은 확정된 관리처분계획의 일부 내용에 대한 집행이라는 성격을 가지는 것이므로, 이전고시의 효력이 발생한 후 정비사업조합이 청산금 부과처분을 할 수 있다고 하여 달리 해석하기 어렵다(대판 2014. 9. 25. 2011두20680).

제 11 편
토지행정법

제1장 서 설

제1절 토지행정법의 의의

토지행정법은 토지행정을 규제하는 법이다.

> 토지는 원칙적으로 생산이나 대체가 불가능하여 공급이 제한되어 있고, 우리나라의 가용토지면적은 인구에 비하여 절대적으로 부족한 반면에, 모든 국민이 생산 및 생활의 기반으로서 토지의 합리적인 이용에 의존하고 있으므로, 그 사회적 기능에 있어서나 국민경제의 측면에서 다른 재산권과 같게 다룰 수 있는 성질의 것이 아니므로 공동체의 이익이 보다 강하게 관철되어야 한다(헌재결 1998. 12. 24. 97헌바78).

제2절 토지행정법의 법원

Ⅰ. 헌법적 근거

토지행정법의 일반적인 헌법적 근거로는 「헌법」 제23조 제2항의 재산권행사의 공공복리적합의무규정을 들 수 있다. 이를 구체화한 개별적인 근거로 「헌법」 제120조 제2항과 제

121조, 제122조 등이 있다.

Ⅱ. 법률적 근거

「국토기본법」은 국토계획에 관한 일반법이다. 그리고 「국토기본법」에 기초하여 국토의 이용·개발 및 보전을 위한 계획의 수립·집행 등 필요한 사항을 세부적으로 규정하고 있는 「국토의 계획 및 이용에 관한 법률」이 있다.

제 2 장

국토의 계획

제 1 절 국토기본법상의 국토계획

국토계획이란 국토를 이용·개발 및 보전할 때 미래의 경제적·사회적 변동에 대응하여 국토가 지향해야 할 발전방향을 설정하고 이를 달성하기 위한 계획을 말한다(제6조 제1항).

국토계획은 국토종합계획, 도종합계획, 시·군종합계획, 지역계획 및 부문별 계획 5가지로 구분한다(제6조 제2항).

국토계획은 국민과의 관계에서는 직접적인 구속력이 없다. 구속력은 행정기관 사이에서만 인정된다.

제 2 절 국토의 계획 및 이용에 관한 법률상의 도시·군계획

Ⅰ. 도시·군계획

도시·군계획은 특별시·광역시·특별자치시·특별자치도·시 또는 군(광역시의 관할 구역에 있는 군은 제외)의 관할 구역에 대하여 수립하는 공간구조와 발전방향에 대한 계획으로서 도시·군기본계획과 도시·군관리계획으로 구분한다(제2조 제2호).

도시·군계획은 특별시·광역시·특별자치시·특별자치도·시 또는 군의 관할 구역에서 수립되는 다른 법률에 따른 토지의 이용·개발 및 보전에 관한 계획의 기본이 된다(제4조 제1항).

도시·군계획은 국가계획에 부합되어야 하며, 도시·군계획의 내용이 국가계획의 내용과 다를 때에는 국가계획의 내용이 우선한다. 이 경우 국가계획을 수립하려는 중앙행정기관의 장은 미리 지방자치단체의 장의 의견을 듣고 충분히 협의하여야 한다(제4조 제2항).

Ⅱ. 광역도시계획

광역도시계획은 도시·군계획의 하나로서 광역계획권의 장기발전방향을 제시하는 계획을 말한다(제2조 제1호).

광역도시계획은 국가계획에 부합되어야 하며, 광역도시계획의 내용이 국가계획의 내용과 다를 때에는 국가계획의 내용이 우선한다. 이 경우 국가계획을 수립하려는 중앙행정기관의 장은 미리 지방자치단체의 장의 의견을 듣고 충분히 협의하여야 한다(제4조 제2항).

광역도시계획은 일반국민에 대하여 직접적인 구속력이 없다. 따라서 처분성이 인정되지 않고, 항고소송의 대상이 되지 아니한다.

Ⅲ. 도시·군기본계획

도시·군기본계획이란 특별시·광역시·특별자치시·특별자치도·시 또는 군의 관할 구역에 대하여 기본적인 공간구조와 장기발전방향을 제시하는 종합계획으로서 도시·군관리계획 수립의 지침이 되는 계획을 말한다(제2조 제3호).

도시·군기본계획에는 토지이용계획, 환경계획, 공원녹지계획 등 장래의 도시개발의 일반적인 방향이 제시된다(대판 2002. 10. 11. 2000두8226).

광역도시계획이 수립되어 있는 지역에 대하여 수립하는 도시·군기본계획은 그 광역도시계획에 부합되어야 하며, 도시·군기본계획의 내용이 광역도시계획의 내용과 다를 때에는 광역도시계획의 내용이 우선한다(제4조 제3항).

도시·군기본계획은 도시·군계획입안의 지침이 되는 것에 불과하여 일반 국민에 대한 직접적인 구속력이 없으며, 행정청에 대한 직접적인 구속력도 없다.

도시기본계획이 일반 국민에 대한 직접적 구속력이 있는지 여부(소극)
도시기본계획은 도시의 기본적인 공간구조와 장기발전방향을 제시하는 종합계획으로서 그 계획에는 토지이용계획, 환경계획, 공원녹지계획 등 장래의 도시개발의 일반적인 방향이 제시되지만, 그 계획은 도시계획입안의 지침이 되는 것에 불과하여 일반 국민에 대한 직접적인 구속력은 없는 것이므로, 도시기본계획을 입안함에 있어 토지이용계획에는 세부적인 내용을 기재하지 아니하고 다소 포괄적으로 기재하였다 하더라도 기본구상도상에 분명하게 그 내용을 표시한 이상 도시기본계획으로서 입안된 것이라고 봄이 상당하고, 또 공청회 등 절차에서 다른 자료에 의하여 그 내용이 제시된 다음 관계 법령이 정하는 절차에 따라 건설교통부장관의 승인을 받아 공람공고까지 되었다면 도시기본계획으로서 적법한 효력이 있는 것이다(대판 2002. 10. 11. 2000두8226).

도시기본계획이 행정청에 대한 직접적 구속력을 가지는지 여부(소극)
도시기본계획은 도시의 장기적 개발방향과 미래상을 제시하는 도시계획 입안의 지침이 되는 장기적·종합적인 개발계획으로서 행정청에 대한 직접적인 구속력은 없다(대판 2007. 4. 12. 2005두1893).

Ⅳ. 도시·군관리계획

1. 의 의

도시·군관리계획이란 특별시·광역시·특별자치시·특별자치도·시 또는 군의 개발·정비 및 보전을 위하여 수립하는 토지 이용, 교통, 환경, 경관, 안전, 산업, 정보통신, 보건, 복지, 안보, 문화 등에 관한 ① 용도지역·용도지구의 지정 또는 변경에 관한 계획, ② 개발제한구역, 도시자연공원구역, 시가화조정구역, 수산자원보호구역의 지정 또는 변경에 관한 계획, ③ 기반시설의 설치·정비 또는 개량에 관한 계획, ④ 도시개발사업이나 정비사업에 관한 계획, ⑤ 지구단위계획구역의 지정 또는 변경에 관한 계획과 지구단위계획을 말한다(제2조 제4호).

2. 법적 성질

도시·군관리계획은 행정계획의 일종으로 재량행위에 해당한다.

도시·군관리계획은 국민의 권리·의무에 영향을 미치는 구속적 계획이다.

도시관리계획결정이 행정소송이 대상이 되는가(적극)
도시(관리)계획결정은 특정 개인의 권리 내지 법률상의 이익을 개별적이고 구체적으로 규제하는 효과를 가져오게 하는 행정청의 처분이라 할 것이고, 이는 행정소송의 대상이 된다(대판 1982. 3. 9. 80누105).

3. 주민의 입안제안

도시계획구역 내 토지 소유자의 도시계획입안 신청에 대한 도시계획 입안권자의 거부행위는 항고소송의 대상이 되는 행정처분에 해당한다
구 「도시계획법」은 도시계획의 수립 및 집행에 관하여 필요한 사항을 규정함으로써 공공의 안녕질서를 보장하고 공공복리를 증진하며 주민의 삶의 질을 향상하게 함을 목적으로 하면서도 도시계획시설결정으로 인한 개인의 재산권행사의 제한을 줄이기 위하여, 도시계획시설부지의 매수청구권, 도시계획시설결정의 실효에 관한 규정과 아울러 도시계획 입안권자인 특별시장·광역시장·시장 또는 군수로 하여금 5년마다 관할 도시계획구역 안의 도시계획에 대하여 그 타당성 여부를 전반적으로 재검토하여 정비하여야 할 의무를 지우고, 도시계획입안제안과 관련하여서는 주민이 입안권자에게 '1. 도시계획시설의 설치·정비 또는 개량에 관한 사항, 2. 지구단위계획구역의 지정 및 변경과 지구단위계획의 수립 및 변경에 관한 사항'에 관하여 '도시계획도서와 계획설명서를 첨부'하여 도시계획의 입안을 제안할 수 있고, 위 입안제안을 받은 입안권자는 그 처리결과를 제안자에게 통보하도록 규정하고 있는 점 등과 「헌법」상 개인의 재산권 보장의 취지에 비추어 보면, 도시계획구역 내 토지 등을 소유하고 있는 주민으로서는 입안권자에게 도시계획입안을 요구할 수 있는 법규상 또는 조리상의 신청권이 있다고 할 것이고, 이러한 신청에 대한 거부행위는 항고소송의 대상이 되는 행정처분에 해당한다(대판 2004. 4. 28. 2003두1806).

V. 지구단위계획

지구단위계획이란 도시·군계획 수립 대상지역의 일부에 대하여 토지이용을 합리화하고 그 기능을 증진시키며 미관을 개선하고 양호한 환경을 확보하며, 그 지역을 체계적·계획적으로 관리하기 위하여 수립하는 도시·군관리계획을 말한다(제2조 제5호).

지구단위계획구역 및 지구단위계획은 도시·군관리계획으로 결정한다(제50조).

Ⅵ. 용도지역·용도지구·용도구역

1. 용도지역

"용도지역"이란 토지의 이용 및 건축물의 용도, 건폐율(건축법 제55조의 건폐율), 용적률(건축법 제56조의 용적률), 높이 등을 제한함으로써 토지를 경제적·효율적으로 이용하고 공공복리의 증진을 도모하기 위하여 서로 중복되지 아니하게 도시·군관리계획으로 결정하는 지역을 말한다(제2조 제15호).

용도지역지정행위나 용도지역변경행위는 전문적·기술적 판단에 기초하여 행하여지는 일종의 행정계획으로서 재량행위이다(대판 2005. 3. 10. 2002두5474).

2. 용도지구

"용도지구"란 토지의 이용 및 건축물의 용도·건폐율·용적률·높이 등에 대한 용도지역의 제한을 강화하거나 완화하여 적용함으로써 용도지역의 기능을 증진시키고 미관·경관·안전 등을 도모하기 위하여 도시·군관리계획으로 결정하는 지역을 말한다(제2조 제16호).

3. 용도구역

"용도구역"이란 토지의 이용 및 건축물의 용도·건폐율·용적률·높이 등에 대한 용도지역 및 용도지구의 제한을 강화하거나 완화하여 따로 정함으로써 시가지의 무질서한 확산방지, 계획적이고 단계적인 토지이용의 도모, 토지이용의 종합적 조정·관리 등을 위하여 도시·군관리계획으로 결정하는 지역을 말한다(제2조 제17호).

제 3 장 토지에 대한 규제

제 1 절 개발행위허가제

개발행위허가제는 건축물의 건축, 토지의 형질변경 등 일정한 개발행위에 대해서 관계 행정청의 사전허가를 받도록 하는 제도이다. 종전에는 「도시계획법」에 의해 도시지역에만 한정해서 실시되었지만, 「국토의 계획 및 이용에 관한 법률」에서는 국토의 난개발을 방지하기 위하여 실시지역을 전국으로 확대 도입하였다.

판례는 개발행위허가의 경우 예외적 승인의 성질을 가지는 것으로서 그 허가 여부에 대해 재량권을 인정하고 있다.

국토의 계획 및 이용에 관한 법률에 의하여 지정된 도시지역 안에서 토지의 형질변경 행위를 수반하는 건축허가의 법적 성질(재량행위)

「국토의 계획 및 이용에 관한 법률」에서 정한 도시지역 안에서 토지의 형질변경행위를 수반하는 건축허가는 「건축법」 제8조 제1항의 규정에 의한 건축허가와 「국토의 계획 및 이용에 관한 법률」 제56조 제1항 제2호의 규정에 의한 토지의 형질변경허가의 성질을 아울러 갖는 것으로 보아야 할 것이고, 같은 법 제58조 제1항 제4호, 제3항, 같은 법 시행령 제56조 제1항 [별표 1] 제1호 (가)목 (3), (라)목 (1), (마)목 (1)의 각 규정을 종합하면, 같은 법 제56조 제1항 제2호의 규정에 의한 토지의 형질변경허가는 그 금지요건이 불확정개념으로 규정되어 있어 그 금지요건에 해당하는지 여부를 판단함에 있어서 행정청에게 재량권이 부여되어 있다고 할 것이므로, 같은 법에 의하여 지정된 도시지역 안에서 토지의 형질변경행위를 수반하는 건축허가는 결국 재량행위에 속한다 할 것이다(대판 2005. 7. 14. 2004두6181).

개발제한구역 내의 건축물에 대한 용도변경허가는 예외적 허가에 해당하는 것이므로 행정청의 재량행위에 해당한다

개발제한구역 내에서는 구역 지정의 목적상 건축물의 건축이나 그 용도변경은 원칙적으로 금지되고, 다만 구체적인 경우에 위와 같은 구역 지정의 목적에 위배되지 아니할 경우 예외적으로 허가에 의하여 그러한 행위를 할 수 있게 되어 있음이 위와 같은 관련 규정의 체재와 문언상 분명한 한편, 이러한 건축물의 용도변경에 대한 예외적인 허가는 그 상대방에게 수익적인 것에 틀림이 없으므로, 이는 그 법률적 성질이 재량행위 내지 자유재량행위에 속하는 것이라고 할 것이다(대판 2001. 2. 9. 98두17593).

토지형질변경 허가와 허가기준의 설정은 재량행위이다

「도시계획법」 제4조 제1항 제1호, 같은 법 시행령 제5조의2, 토지의 형질변경 등 행위허가기준 등에 관한 규칙 제5조 규정의 형식이나 문언 등에 비추어 볼 때, 형질변경의 허가가 신청된 당해 토지의 합리적인 이용이나 도시계획사업에 지장이 될 우려가 있는지 여부와 공익상 또는 이해관계인의 보호를 위하여 부관을 붙일 필요의 유무나 그 내용 등을 판단함에 있어서 행정청에 재량의 여지가 있으므로 그에 관한 판단 기준을 정하는 것 역시 행정청의 재량에 속하고, 그 설정된 기준이 객관적으로 합리적이 아니라거나 타당하지 않다고 볼 만한 특별한 사정이 없는 이상 행정청의 의사는 가능한 한 존중되어야 할 것이다(대판 1999. 2. 23. 98두17845).

제2절 개발제한구역

Ⅰ. 의 의

개발제한구역이란 도시의 무질서한 확산을 방지하고 도시 주변의 자연환경을 보전하여 도시민의 건전한 생활환경을 확보하기 위하여 도시주변에 지정되는 개발이 제한되는 지역을 말한다(개발제한구역의 지정 및 관리에 관한 특별조치법 제3조).

Ⅱ. 법적 성질

개발제한구역은 도시·군관리계획으로 결정하는바(개발제한구역의 지정 및 관리에 관한 특별조치법 제3조 제1항), 이는 구속적 행정계획으로서 처분성이 인정된다.

Ⅲ. 권리구제

1. 개발제한구역과 매수청구권

구 도시계획법 제21조의 개발제한구역에 관하여 대법원은 사회적 제약에 해당하므로 합헌이라고 판시하였으나(대판 1996. 6. 28. 94다54511), 헌법재판소는 헌법불합치 결정을 내린 바 있으며(헌재결 1998. 12. 24. 89헌마214, 90헌바16, 97헌바78), 매수청구권 등의 입법개선조치가 법률에 반영되었다.

2. 주민지원사업

시·도지사 및 시장·군수·구청장은 관리계획에 따라 개발제한구역 주민의 생활편익과 복지의 증진 및 생활비용의 보조 등을 위한 지원사업, 개발제한구역 보전과 관리 등을 위한 훼손지 복구사업을 시행할 수 있다(개발제한구역의 지정 및 관리에 관한 특별조치법 제16조 제1항).

3. 손실보상의 청구

개발제한구역의 지정으로 인해 특별희생을 받은 자는 손실보상을 청구할 수 있다. 그러나 헌법재판소는 분리이론에 입각하여 매수보상을 인정한 바 있다.

4. 항고소송

개발제한구역의 지정행위는 항고소송의 대상이 되는 처분에 해당한다. 개발제한구역 내에 있는 토지소유자 등은 개발제한구역의 지정으로 인하여 재산권 행사에 제한을 받으므로 개발제한구역의 지정, 지정해제 또는 지정해제거부를 다툴 원고적격이 있다.

제3절 토지거래계약허가제

Ⅰ. 의 의

토지거래계약허가제는 토지의 투기적인 거래가 성행하거나 지가가 급격히 상승하는 것을 억제하기 위하여 국토교통부장관이 지정한 허가구역 안에서의 토지거래계약에 대하여 시장·군수 또는 구청장의 허가를 받도록 하는 제도이다. 구체적으로는, 허가구역에 있는 토지에 관한 소유권·지상권(소유권·지상권의 취득을 목적으로 하는 권리를 포함)을 이전하거나 설정(대가를 받고 이전하거나 설정하는 경우만 해당)하는 계약(예약을 포함)을 체결하려는 당사자는 공동으로 시장·군수 또는 구청장의 허가를 받아야 한다(국토의 계획 및 이용에 관한 법률 제118조 제1항).

토지거래계약허가제도의 취지

토지거래계약허가제도는 토지의 투기적인 거래가 성행하거나 지가가 급격히 상승하는 지역 및 그러한 우려가 있는 지역에서 투기적인 거래를 방지하기 위한 것으로서, 관할 관청은 토지거래계약을 체결하려는 자의 토지이용목적이 위와 같은 입법 취지를 고려한 「국토의 계획 및 이용에 관한 법률」에서 정한 허가기준에 적합한 경우에 토지거래계약을 할 수 있도록 허가를 하는 것일 뿐 허가시 토지개발행위를 위한 허가 등 다른 법령에 정해진 허가를 당연히 전제로 하는 것은 아니므로, 토지거래계약허가를 받은 자가 그 토지에 관하여 토지의 형질변경 등 개발행위를 하면서 필요한 허가를 받는 것은 토지거래계약허가와 별개의 문제이다(대판 2011. 6. 30. 2011두1665).

Ⅱ. 법적 성질

1. 인가인지 여부

토지거래계약허가제에서 허가의 법적 성질에 관하여는 토지거래계약허가는 유효요건이며 강학상 '인가'의 성격을 갖는 것으로 보는 것이 다수설의 태도이다(인가설). 그러나 무허가거래계약에는 형사처벌이 따른다는 점에서 허가의 성질도 가지고 있다고 보여지므로, 토지거래계약허가제의 허가는 학문상 허가와 인가의 성질을 모두 가진다고 볼 것이다

(허가 · 인가양면설).

판례는 다수설의 태도와 같이 토지거래허가는 허가 전의 유동적 무효상태에 있는 법률행위의 효력을 완성시켜 주는 인가에 해당한다고 판시하고 있다(대판 1991. 12. 24. 90다12243).

2. 기속행위

토지거래계약허가는 자유가 원칙이고 토지거래계약허가의 거부는 토지거래의 자유라는 중대한 기본권을 제한하는 것으로 토지거래계약허가는 기속행위로 보아야 할 것이다(대판 1997. 6. 27. 96누9362).

Ⅲ. 위헌성 여부

1. 토지거래허가제 자체에 대한 위헌성 여부

토지거래허가제 자체에 대한 위헌성 여부가 문제되는데, 이에 관하여 학설은 위헌설과 합헌설의 다툼이 있으나, 합헌설이 다수설이며, 헌법재판소도 이 제도를 합헌으로 결정하였다.

구 국토이용관리법상의 토지거래허가제는 합헌이다

구 「국토이용관리법」 제21조의3 제1항의 토지거래허가제는 사유재산제도의 부정이 아니라 그 제한의 한 형태이고 토지의 투기적 거래의 억제를 위하여 그 처분을 제한함은 부득이한 것이므로 재산권의 본질적인 침해가 아니며, 「헌법」상의 경제조항에도 위배되지 아니하고 현재의 상황에서 이러한 제한수단의 선택이 「헌법」상의 비례의 원칙이나 과잉금지의 원칙에 위배된다고 할 수도 없다(헌재결 1989. 12. 22. 88헌가13).

2. 벌칙규정의 위헌성 여부

또한, 벌칙규정의 위헌성 여부가 문제되었는데, 헌법재판소 재판관 중 4명이 합헌의견을, 5명이 위헌의견을 제시함으로써 위헌결정정족수(6명) 미달로 위헌결정을 내리지 못하고, "헌법에 위반된다고 선언할 수 없다"는 위헌불선언결정을 내린 바 있다.

허가 없이 토지거래를 한 자에 대하여 징역형까지 과할 수 있도록 규정한 것은 헌법에 위반된다고 선언할 수 없다

구 「국토이용관리법」 제31조의2가 벌금형과 선택적으로 징역형을 정함은 부득이 한 것으로서 입법재량의 문제이고 과잉금지의 원칙에 반하지 않으며, 그 구성요건은 건전한 법관의 양식이나 조리에 따른 보충적인 해석으로 법문의 의미가 구체화될 수 있으므로 죄형법정주의의 명확성의 원칙에도 위배되지 아니한다(헌재결 1989. 12. 22. 88헌가13).

Ⅳ. 허가구역의 지정

토지거래허가구역의 지정은 처분에 해당한다

「국토의 계획 및 이용에 관한 법률」의 규정에 의하면, 같은 법에 따라 토지거래계약에 관한 허가구역으로 지정되는 경우, 허가구역 안에 있는 토지에 대하여 소유권이전 등을 목적으로 하는 거래계약을 체결하고자 하는 당사자는 공동으로 행정관청으로부터 허가를 받아야 하는 등 일정한 제한을 받게 되고, 허가를 받지 아니하고 체결한 토지거래계약은 그 효력이 발생하지 아니하며, 토지거래계약허가를 받은 자는 5년의 범위 이내에서 대통령령이 정하는 기간 동안 그 토지를 허가받은 목적대로 이용하여야 하는 의무도 부담하며, 같은 법에 따른 토지이용의무를 이행하지 아니하는 경우 이행강제금을 부과당하게 되는 등 토지거래계약에 관한 허가구역의 지정은 개인의 권리 내지 법률상의 이익을 구체적으로 규제하는 효과를 가져오게 하는 행정청의 처분에 해당하고, 따라서 이에 대하여는 원칙적으로 항고소송을 제기할 수 있다(대판 2006. 12. 22. 2006두12883).

Ⅴ. 토지거래계약에 관한 허가

1. 허가의 신청

허가를 받으려는 자는 그 허가신청서에 계약내용과 그 토지의 이용계획, 취득자금 조달계획 등을 적어 시장·군수 또는 구청장에게 제출하여야 한다(국토의 계획 및 이용에 관한 법률 제118조 제3항).

2. 허가의 대상

어느 토지가 거래신고대상토지인지 거래허가대상토지인지의 여부는 매매계약체결일을 기준으로 하여야 한다(대판 1994. 5. 24. 93다53450).

토지거래허가는 경매절차에는 적용하지 아니한다(대결 1990. 11. 6. 90마769).

3. 허가의 효과

토지거래계약의 허가를 받으면 당사자는 적법하게 토지거래를 할 수 있다.

4. 허가를 받지 아니한 거래계약의 효력과 제재

판례는 허가를 받을 것을 전제로 한 거래계약은 허가를 받을 때까지는 거래의 효력이 발생하지 않지만 일단 허가를 받으면 그 계약은 소급하여 유효한 계약이 된다고 본다(유동적 무효)(대판 1991. 12. 24. 90다12243 전원합의체; 대판 1997. 12. 26. 97다41318·41325 등).

다만, 허가를 배제하거나 잠탈하는 내용으로 거래계약이 체결되었거나(대판 2010. 6. 10. 2009다96328; 대판 1991. 12. 24. 90다12243 등), 관할관청의 불허가처분이 있거나(대판 2007. 11. 30. 2007다30393 등), 당사자 쌍방이 허가신청을 하지 아니하기로 의사표시를 명백히 한 경우(대판 2010. 8. 19. 2010다31860·31877; 대판 1993. 7. 27. 91다3376 등), 당사자 일방이 허가신청 협력의무의 이행거절의사를 명백히 표시한 경우(대판 1993. 6. 22. 91다21435)에는 확정적으로 무효가 된다.

국토이용관리법상의 규제구역 내의 토지에 대하여 허가받을 것을 전제로 체결한 거래계약의 효력(유동적 무효)

「국토이용관리법」상의 규제구역 내의 '토지 등의 거래계약'허가에 관한 관계규정의 내용과 그 입법취지에 비추어 볼 때 토지의 소유권 등 권리를 이전 또는 설정하는 내용의 거래계약은 관할 관청의 허가를 받아야만 그 효력이 발생하고 허가를 받기 전에는 물권적 효력은 물론 채권적 효력도 발생하지 아니하여 무효라고 보아야 할 것인바, 다만 허가를 받기 전의 거래계약이 처음부터 허가를 배제하거나 잠탈하는 내용의 계약일 경우에는 확정적으로 무효로서 유효화될 여지가 없으나 이와 달리 허가받을 것을 전제로 한 거래계약(허가를 배제하거나 잠탈하는 내용의 계약이 아닌 계약은 여기에 해당하는 것으로 본다)일 경우에는 허가를 받을 때까지는 법률상 미완성의 법률행위로서 소유권 등 권리의 이전 또는 설정에 관한 거래의 효력이 전혀 발생하지 않음은 위의 확정적 무효의 경우와 다를 바 없지만, 일단 허가를 받으면 그 계약은 소급하여 유효한 계약이 되고 이와 달리 불허가가 된 때에는 무효로 확정되므로 허가를 받기까지는 유동적 무효의 상태에 있다고 보는 것이 타당하므로 허가받을 것을 전제로 한 거래계약은 허가받기 전의 상태에서는 거래계약의 채권적 효력도 전혀 발생하지 않으므로 권리의 이전 또는 설정에 관한 어떠한 내용의 이행청구도 할 수 없으나 일단 허가를 받으면 그 계약은 소급해서 유효화되므로 허가 후에 새로이 거래계약을 체결할 필요는 없다(대판 1991. 12. 24. 90다12243 전원합의체).

토지거래허가구역 내의 토지에 관한 매매계약이 토지거래허가를 배제 또는 잠탈할 목적으로 이루어져 무효인 경우에도 양도소득세의 과세대상이 될 수 있다

토지거래허가구역 내 토지를 매도하고 대금을 수수하였으면서도 토지거래허가를 배제하거나 잠탈할 목적으로 매매가 아닌 증여가 이루어진 것처럼 가장하여 매수인 앞으로 증여를 원인으로 한 이전등기까지 마친 경우 또는 토지거래허가구역 내 토지를 매수하였으나 그에 따른 토지거래허가를 받지 않고 이전등기를 마치지도 않은 채 토지를 제3자에게 전매하여 매매대금을 수수하고서도 최초 매도인이 제3자에게 직접 매도한 것처럼 매매계약서를 작성하고 그에 따른 토지거래허가를 받아 이전등기까지 마친 경우, 이전등기가 말소되지 않은 채 남아 있고 매도인 또는 중간 매도인이 수수한 매매대금도 매수인 또는 제3자에게 반환하지 않은 채 그대로 보유하고 있는 때에는 예외적으로 매도인 등에게 자산의 양도로 인한 소득이 있다고 보아 양도소득세 과세대상이 된다고 보는 것이 타당하다(대판 2011. 7. 21. 2010두23644 전원합의체).

인근 주민들의 혐오시설설치 반대가 토지거래계약 불허가 사유가 되는지 여부(소극)

토지거래계약 허가권자는 그 허가신청이 「국토이용관리법」 제21조의4 제1항 각 호 소정의 불허가 사유에 해당하지 아니하는 한 허가를 하여야 하는 것인데, 인근 주민들이 당해 폐기물 처리장 설치를 반대한다는 사유는 「국토이용관리법」 제21조의4 규정에 의한 불허가 사유로 규정되어 있지 아니하므로 그와 같은 사유만으로는 토지거래허가를 거부할 사유가 될 수 없다(대판 1997. 6. 27. 96누9362).

또한 판례는 「국토의 계획 및 이용에 관한 법률」상의 벌칙적용대상인 "허가를 받지 아니하고 토지거래계약을 체결하는 행위"는 처음부터 허가를 배제하거나 잠탈하는 내용의 계약을 체결하는 행위를 가리키고, 허가받을 것을 전제로 한 거래계약을 체결하는 것은 여기에 해당하지 않는다고 판시하고 있다(대판 1992. 1. 21. 91도2912).

Ⅵ. 불허가처분에 대한 권리구제

토지거래허가신청에 대한 이의가 있는 자는 그 처분을 받은 날로부터 1월 이내에 시장·군수 또는 구청장에게 이의를 신청할 수 있고(국토의 계획 및 이용에 관한 법률 제120조 제1항, 제2항), 이의신청을 거치지 아니하고, 행정심판이나 행정소송을 제기할 수도 있다.

토지거래허가신청에 대하여 불허가처분을 받은 자는 그 통지를 받은 날부터 1개월 이내에 시장·군수 또는 구청장에게 해당 토지에 관한 권리의 매수를 청구할 수 있다(국토의 계획 및 이용에 관한 법률 제123조 제1항).

제4절 부동산 가격공시제도

Ⅰ. 의 의

부동산 가격공시제도란 「부동산 가격공시 및 감정평가에 관한 법률」에 따라 토지와 주택의 적정가격을 평가하여 공시하는 제도이다. 이 제도에 의하여 공시된 지가를 공시지가라고 한다. 가격공시제도는 종전에는 「지가공시 및 토지 등의 평가에 관한 법률」에서 토지에 대해서만 규정하고 있었는데, 현재는 「부동산 가격공시 및 감정평가에 관한 법률」에서 토지와 주택의 공시지가에 대하여 규율하고 있다.

Ⅱ. 지가의 공시

1. 표준지공시지가

(1) 의 의

표준지공시지가란 「부동산 가격공시 및 감정평가에 관한 법률」에 따라 국토교통부장관이 표준지의 적정가격을 조사·평가하여 공시한 표준지의 단위면적당 적정가격을 말한다(제2조 제5호). 일반적으로 공시지가라 하면 표준지 공시지가를 말한다.

⑵ 법적 성질

입법행위설(행정규칙설), 행정계획설, 사실행위설, 행정행위설, 개별적 검토설 등이 대립하고 있다.

판례는 표준공시지가가 항고소송의 대상이 된다는 입장으로 행정행위설을 취하고 있다.

표준지공시지가는 처분에 해당하므로, 그 결정에 대하여 불복하기 위해서는 행정소송을 제기하여야 한다

구「지가공시 및 토지 등의 평가에 관한 법률」제4조 제1항의 규정에 의하여 표준지로 선정되어 공시지가가 공시된 토지의 공시지가에 대하여 불복을 하기 위하여는 같은 법 제8조 제1항의 소정의 이의절차를 거쳐 처분청인 국토해양부장관(현, 국토교통부장관)을 피고로 하여 위 공시지가결정의 취소를 구하는 행정소송을 제기하여야 한다(대판 1994. 3. 8. 93누10828; 대판 1997. 2. 28. 96누10225; 대판 1998. 3. 24. 96누6851).

⑶ 권리구제

① 이의신청

판례는 이의신청을 국토교통부장관의 공시지가결정에 대한 행정심판절차로서의 성격을 가진다고 보고 있다(대판 1998. 3. 24. 96누6851 등).

② 행정소송

이의신청에 대한 국토교통부장관의 결정에 불복하는 자는 행정소송을 제기할 수 있다.

이 경우 원처분중심주의에 따라 표준지공시지가를 대상으로 하고 국토교통부장관을 피고로 하여 항고소송을 제기하여야 한다. 판례도 같은 입장이다.

판례는 이의신청절차를 행정소송의 제기에 앞서는 필요적 전치절차로 보고 있다. 현행「부동산 가격공시 및 감정평가에 관한 법률」에서는 임의적 절차로 규정하고 있다.

③ 하자의 승계

판례는 표준공시지가결정과 개별토지가격(개별공시지가)결정, 표준지공시지가결정과 조세부과처분 사이에는 하자의 승계를 부정한다. 다만, 최근 표준지공시지가와 수용재결 사이에는 별개의 목적·효과를 목적으로 하지만 하자의 승계를 인정한다고 판시한 바 있다.

표준지공시지가결정과 개별공시지가결정 사이에는 하자의 승계가 인정되지 않는다
표준지로 선정된 토지의 공시지가에 불복하기 위하여는 구 「지가공시 및 토지평가에 관한 법률」 제8조 제1항 소정의 이의절차를 거쳐 처분청을 상대로 그 공시지가결정의 취소를 구하는 행정소송을 제기하여야 하는 것이고, 그러한 절차를 밟지 아니한 채 개별토지가격결정의 효력을 다투는 소송에서 그 개별토지가격산정의 기초가 된 표준지 공시지가의 위법성을 다툴 수 없다(대판 1998. 3. 24. 96누6851).

표준지공시지가결정과 조세부과처분 사이에는 하자의 승계가 인정되지 않는다
표준지로 선정된 토지의 공시지가에 불복하기 위하여는 구 「지가공시 및 토지 등의 평가에 관한 법률」 제8조 제1항 소정의 이의절차를 거쳐 처분청인 국토해양부장관(현, 국토교통부장관)을 상대로 그 공시지가 결정의 취소를 구하는 행정소송을 제기하여야 하는 것이지 그러한 절차를 밟지 아니한 채 그 표준지에 대한 조세부과처분의 취소를 구하는 소송에서 그 공시지가의 위법성을 다툴 수는 없다(대판 1997. 2. 28. 96누10225).

표준지공시지가결정과 이를 기초로 한 수용재결 사이에는 하자의 승계를 인정한다
표준지공시지가결정은 이를 기초로 한 수용재결 등과는 별개의 독립된 처분으로서 서로 독립하여 별개의 법률효과를 목적으로 하지만, 표준지공시지가는 이를 인근 토지의 소유자나 기타 이해관계인에게 개별적으로 고지하도록 되어 있는 것이 아니어서 인근 토지의 소유자 등이 표준지공시지가결정 내용을 알고 있었다고 전제하기가 곤란할 뿐만 아니라, 결정된 표준지공시지가가 공시될 당시 보상금 산정의 기준이 되는 표준지의 인근 토지를 함께 공시하는 것이 아니어서 인근 토지 소유자는 보상금 산정의 기준이 되는 표준지가 어느 토지인지를 알 수 없으므로, 인근 토지 소유자가 표준지의 공시지가가 확정되기 전에 이를 다투는 것은 불가능하다. 더욱이 장차 어떠한 수용재결 등 구체적인 불이익이 현실적으로 나타나게 되었을 경우에 비로소 권리구제의 길을 찾는 것이 우리 국민의 권리의식임을 감안하여 볼 때, 인근 토지소유자 등으로 하여금 결정된 표준지공시지가를 기초로 하여 장차 토지보상 등이 이루어질 것에 대비하여 항상 토지의 가격을 주시하고 표준지공시지가결정이 잘못된 경우 정해진 시정절차를 통하여 이를 시정하도록 요구하는 것은 부당하게 높은 주의의무를 지우는 것이고, 위법한 표준지공시지가결정에 대하여 그 정해진 시정절차를 통하여 시정하도록 요구하지 않았다는 이유로 위법한 표준지공시지가를 기초로 한 수용재결 등 후행 행정처분에서 표준지공시지가결정의 위법을 주장할 수 없도록 하는 것은 수인한도를 넘는 불이익을 강요하는 것으로서 국민의 재산권과 재판받을 권리를 보장한 헌법의 이념에도 부합하는 것이 아니다. 따라서 표준지공시지가결정이 위법한 경우에는 그 자체를 행정소송의 대상이 되는 행정처분으로 보아 그 위법 여부를 다툴 수 있음은 물론, 수용보상금의 증액을 구하는 소송에서도 선행처분으로서 그 수용대상 토지 가격 산정의 기초가 된 비교표준지공시지가결정의 위법을 독립한 사유로 주장할 수 있다(대판 2008. 8. 21. 2007두13845).

2. 개별공시지가

(1) 의 의

개별공시지가는 시장·군수 또는 구청장이 개발부담금 부과 및 그 밖의 특정 목적을 위한 지가산정에 사용하기 위하여 결정·고시한 개별토지의 단위면적당 가격을 말한다(부동산 가격공시 및 감정평가에 관한 법률 제11조 제1항 참조). 개별공시지가는 토지에 대한 과세처분의 직접 기준이 된다.

(2) 법적 성질

입법행위설(행정규칙설), 행정계획설, 사실행위설, 행정행위설(다수설) 등이 대립하고 있다. 행정행위설에 의하면, 개별공시지가는 물적 행정행위로서 일반처분에 해당한다.

판례도 개별공시지가결정을 행정소송의 대상이 되는 행정처분으로 보아 행정행위설의 입장을 취하고 있다.

개별토지가격결정은 항고소송의 대상이 되는 행정처분에 해당한다
시장·군수 또는 구청장의 개별토지가격결정은 관계법령에 의한 토지초과이득세, 택지초과소유부담금 또는 개발부담금 산정의 기준이 되어 국민의 권리나 의무 또는 법률상 이익에 직접적으로 관계되는 것으로서 「행정소송법」 제2조 제1항 제1호 소정의 행정청이 행하는 구체적 사실에 관한 법집행으로서의 공권력행사이므로 항고소송의 대상이 되는 행정처분에 해당한다(대판 1994. 2. 8. 93누111).

⑶ 권리구제

① 이의신청

개별공시지가에 대하여 이의가 있는 자는 이의신청을 할 수 있다(부동산 가격공시 및 감정평가에 관한 법률 제12조 제1항).

② 행정소송

이의신청의 재결에 대하여 불복하는 자는 행정소송을 제기할 수 있다. 「부동산 가격공시 및 감정평가에 관한 법률」에서는 이의신청절차를 임의적 절차로 규정하고 있다.

개별공시지가의 경우에도 원처분중심주의가 적용된다(행정소송법 제19조). 따라서 소송의 대상이 되는 처분은 시장·군수·구청장의 원처분이 된다.

판례는 이의신청과 행정심판은 절차 및 담당기관에 차이가 있다는 이유로 개별공시지가에 대하여 이의가 있는 자는 곧바로 행정소송을 제기하거나 「가격공시법」에 따른 이의신청과 「행정심판법」에 따른 행정심판청구 중 어느 하나만을 거쳐 행정소송을 제기할 수 있을 뿐 아니라, 이의신청을 하여 그 결과 통지를 받은 후 다시 행정심판을 거쳐 행정소송을 제기할 수도 있다고 판시하고 있다.

개별공시지가에 대하여 이의가 있는 자의 권리구제

관련 법령의 규정 내용 및 취지와 아울러 「가격공시법」에 행정심판의 제기를 배제하는 명시적인 규정이 없고 「가격공시법」에 따른 이의신청과 행정심판은 그 절차 및 담당 기관에 차이가 있는 점을 종합하면, 「가격공시법」이 이의신청에 관하여 규정하고 있다고 하여 이를 「행정심판법」 제3조 제1항에서 행정심판의 제기를 배제하는 '다른 법률에 특별한 규정이 있는 경우'에 해당한다고 볼 수 없으므로, 개별공시지가에 대하여 이의가 있는 자는 곧바로 행정소송을 제기하거나 「가격공시법」에 따른 이의신청과 「행정심판법」에 따른 행정심판청구 중 어느 하나만을 거쳐 행정소송을 제기할 수 있을 뿐 아니라, 이의신청을 하여 그 결과 통지를 받은 후 다시 행정심판을 거쳐 행정소송을 제기할 수도 있다고 보아야 하고, 이 경우 행정소송의 제소기간은 그 행정심판 재결서 정본을 송달받은 날부터 기산한다(대판 2010. 1. 28. 2008두19987).

표준지의 공시지가와 개별토지가격에 대한 불복방법을 달리하는 것으로 해석하는 것은 헌법상 평등원칙, 재판권 보장의 원칙에 위반되지 않는다

개별토지가격에 대한 불복방법과는 달리 표준지의 공시지가에 대한 불복방법을 「지가

공시 및 토지의 평가 등에 관한 법률」 제8조 제1항 소정의 절차를 거쳐 처분청을 상대로 다툴 수 있을 뿐 그러한 절차를 밟지 아니한 채 조세소송에서 그 공시지가결정의 위법성을 다툴 수 없도록 제한하고 있는 것은 표준지의 공시지가와 개별토지가격은 그 목적·대상·결정기관·결정절차·금액 등 여러 가지 면에서 서로 다른 성질의 것이라는 점을 고려한 것이므로, 이러한 차이점에 근거하여 표준지의 공시지가에 대한 불복방법을 개별토지가격에 대한 불복방법과 달리 인정한다고 하여 그것이 「헌법」상 평등의 원칙, 재판권 보장의 원칙에 위반된다고 볼 수는 없다(대판 1997. 9. 26. 96누7649).[1]

③ 하자의 승계

판례는 표준지 공시지가의 하자는 개별공시지가에 승계되지 않는다는 입장을 취하고 있다(대판 1998. 3. 24. 96누6851).

다만, 재판청구권과 수인성의 원칙을 근거로 개별공시지가의 결정상 위법은 이를 기초로 한 과세처분에 대한 소송에서 다툴 수 있다고 판시한 것이 있다.

선행행위와 후행행위가 별개의 법률효과를 목적으로 하는 경우에도 수인한도를 넘거나 예측가능성이 없는 경우에는 하자의 승계가 인정된다

개별공시지가결정은 이를 기초로 한 과세처분 등과는 별개의 독립된 처분으로서 서로 독립하여 별개의 법률효과를 목적으로 하는 것이나, 개별공시지가는 이를 토지소유자나 이해관계인에게 개별적으로 고지하도록 되어 있는 것이 아니어서 토지소유자 등이 개별공시지가결정 내용을 알고 있었다고 전제하기도 곤란할 뿐만 아니라 결정된 개별공시지가가 자신에게 유리하게 작용될 것인지 또는 불이익하게 작용될 것인지 여부를 쉽사리 예견할 수 있는 것도 아니며, 더욱이 장차 어떠한 과세처분 등 구체적인 불이익이 현실적으로 나타나게 되었을 경우에 비로소 권리구제의 길을 찾는 것이 우리 국민의 권리의식임을 감안하여 볼 때 토지소유자 등으로 하여금 결정된 개별공시지가를 기초로 하여 장차 과세처분 등이 이루어질 것에 대비하여 항상 토지의 가격을 주시하고 개별공시지가결정이 잘못된 경우 정해진 시정절차를 통하여 이를 시정하도록 요구하는 것은 부당하게 높은 주의의무를 지우는 것이라고 아니할 수 없고, 위법한 개별공시지가결정에 대하여 그 정해진 시정절차를 통하여 시정하도록 요구하지 아니하였다

1 즉, 표준지공시지가결정에 대한 불복시에는 반드시 이의신청절차를 거쳐야 하지만, 개별토지가격에 대한 불복시에는 반드시 이의신청절차를 거칠 필요는 없다.

는 이유로 위법한 개별공시지가를 기초로 한 과세처분 등 후행 행정처분에서 개별공시지가결정의 위법을 주장할 수 없도록 하는 것은 수인한도를 넘는 불이익을 강요하는 것으로서 국민의 재산권과 재판받을 권리를 보장한 「헌법」의 이념에도 부합하는 것이 아니라고 할 것이므로, 개별공시지가결정에 위법이 있는 경우에는 그 자체를 행정소송의 대상이 되는 행정처분으로 보아 그 위법 여부를 다툴 수 있음은 물론 이를 기초로 한 과세처분 등 행정처분의 취소를 구하는 행정소송에서도 선행처분인 개별공시지가결정의 위법을 독립된 위법사유로 주장할 수 있다고 해석함이 타당하다(대판 1994. 1. 25. 93누8542; 대판 1996. 6. 25. 93누17935).

<표준지공시지가와 개별공시지가의 구별>

구 분	표준공시지가	개별공시지가
주 체	국토교통부장관	시장·군수 또는 구청장
내 용	표준지의 단위면적당 가격	개별필지의 가격
기 능	일반적 토지거래의 지표	개발부담금 부과기준
가감조정	가능	불가능
법적 성질	• 비구속적 행정계획설(다수설) • 행정행위설(판례)	행정행위설(통설, 판례)

제12편
조세행정법

제1장 조 세

제1절 조세법의 기본원칙

Ⅰ. 조세법률주의

1. 의 의

조세법률주의란 조세의 부과·징수는 의회가 제정한 법률에 근거하여 행하여져야 한다는 원칙을 말한다. 「헌법」 제59조에서는 "조세의 종목과 세율은 법률로 정한다"고 규정하여 조세법률주의를 명시하고 있다.

> 조세법률주의는 국민의 기본의무인 납세의무의 중요한 사항 내지 본질적 내용에 대하여는 가능한 한 법률로써 명확하게 규정하여 납세의무자로서의 국민에게 예측가능성을 부여하고 그럼으로써 국민에게 경제생활에서의 법적 안정성을 확보하여 주기 위한 것이다(헌재결 1995. 11. 30. 91헌바1).

2. 내 용

조세법률주의의 내용으로는 과세요건법정주의, 과세요건명확주의, 소급과세금지의 원칙, 유추해석금지의 원칙 등이 있다.

조세법률주의의 내용

조세법률주의는, 조세는 국민의 재산권을 제한하는 것이므로 납세의무를 성립시키는 납세의무자, 과세물건, 과세표준, 과세기간, 세율 등의 과세요건과 조세의 부과·징수 절차는 모두 국민의 대표기관인 국회가 제정한 법률로써 이를 규정하여야 한다는 과세요건법정주의와 과세요건을 법률로 규정하였다 하더라도 그 규정 내용이 지나치게 추상적이고 불명확하면 과세관청의 자의적인 해석과 집행을 초래할 염려가 있으므로 그 규정 내용이 명확하고 일의적이어야 한다는 과세요건명확주의를 그 핵심적 내용으로 삼고 있다(헌재결 2013. 6. 27. 2012헌마386).

조세법률주의는 조세의 종목과 세율뿐만 아니라 과세요건인 납세의무자, 과세물건, 과세표준, 세율, 조세부과·징수절차까지 모두 법률로 규정하는 것을 의미한다

「헌법」 제38조 및 제59조의 조세법률주의도 국민의 기본의무인 납세의무의 중요한 사항 내지 본질적 내용에 대하여는 가능한 한 법률로써 명확하게 규정하여 납세의무자로서의 국민에게 예측가능성을 부여하고 그럼으로써 국민에게 경제생활에서의 법적 안정성을 확보하여 주기 위한 것이다. 그러기에 「헌법」 제59조의 '조세의 종목과 세율'을 넓게 보아 납세의무의 중요한 사항 내지 본질적 내용이라고 여겨지는 '과세요건인 납세의무자, 과세물건, 과세표준 및 세율뿐 아니라 조세의 부과·징수절차까지' 모두 법률로써 가능한 한 명확하게 규정할 것을 요청하는 것으로 해석되고 있는 것이다(헌재결 1995. 11. 30. 91헌바1).

법률의 위임 없이 행정입법으로 과세요건 등을 규정하거나 법률에 규정된 내용을 유추·확장하는 해석규정을 마련하는 것은 조세법률주의에 위반된다

「헌법」 제38조는 "모든 국민은 법률이 정하는 바에 의하여 납세의 의무를 진다"고 규정하고, 제59조는 "조세의 종목과 세율은 법률로 정한다"고 규정함으로써 조세법률주의를 채택하고 있는바, 이러한 조세법률주의 원칙은 과세요건 등은 국민의 대표기관인 국회가 제정한 법률로써 규정하여야 하고, 그 법률의 집행에 있어서도 이를 엄격하게 해석·적용하여야 하며, 행정편의적인 확장해석이나 유추적용은 허용되지 않음을 의미하므로, 법률의 위임이 없이 명령 또는 규칙 등의 행정입법으로 과세요건 등에 관한 사항을 규정하거나 법률에 규정된 내용을 함부로 유추, 확장하는 내용의 해석규정을 마련하는 것은 조세법률주의 원칙에 위배된다(대판 2000. 3. 16. 98두11731 전원합의체; 대판 1982. 11. 23. 82누221 전원합의체).

조세에 관한 법률규정이 명확성을 결여하여 위헌인지 여부의 판단 방법

조세나 부담금의 부과요건과 징수절차를 법률로 규정하였다고 하더라도 그 규정 내용이 지나치게 추상적이고 불명확하면 부과관청의 자의적인 해석과 집행을 초래할 염려가 있으므로 법률 또는 그 위임에 따른 명령·규칙의 규정은 일의적이고 명확해야 할 것이나, 법률규정은 일반성, 추상성을 가지는 것이어서 법관의 법보충작용으로서의 해석을 통하여 그 의미가 구체화·명확화될 수 있으므로, 조세나 부담금에 관한 규정이 관련 법령의 입법취지와 전체적 체계 및 내용 등에 비추어 그 의미가 분명해질 수 있다면 이러한 경우에도 명확성을 결여하였다고 하여 위헌이라고 할 수는 없다(대판 2007. 10. 26. 2007두9884).

소급과세금지의 원칙(과세불소급의 원칙)

소급과세금지의 원칙은 조세법규는 소급하여 적용될 수 없고, 이미 조세를 납부할 의무가 성립한 소득, 수익, 재산, 행위나 거래에 대해 신법을 적용할 수 없다는 원칙이다. 소급과세금지의 원칙은 법적 안정성과 예측가능성의 확보를 위한 것이다(대판 1983. 12. 13. 83누149).

소급과세금지의 원칙은 이전부터 계속되어 오던 사실이나 그 이후에 발생한 과세요건 사실에 대하여 새로운 법령 등을 적용하는 것을 제한하는 것은 아니다

소급과세금지의 원칙은 조세법령의 제정 또는 개정이나 과세관청의 법령에 대한 해석 또는 처리지침 등의 변경이 있은 경우, 그 효력발생 전에 종결한 과세요건사실에 대하여 당해 법령 등을 적용할 수 없다는 것이지, 이전부터 계속되어 오던 사실이나 그 이후에 발생한 과세요건사실에 대하여 새로운 법령 등을 적용하는 것을 제한하는 것은 아니다(대판 2004. 3. 26. 2001두10790; 대판 1997. 9. 5. 97누7493).

유추해석금지의 원칙과 조세공평의 원칙

조세법률주의의 원칙상 과세요건이거나 비과세요건 또는 조세감면요건을 막론하고 조세법규의 해석은 특별한 사정이 없는 한 법문대로 해석할 것이고 합리적 이유 없이 확장해석하거나 유추해석하는 것은 허용되지 아니하며, 특히 감면요건규정 가운데에 명백히 특혜규정이라고 볼 수 있는 것은 엄격하게 해석하는 것이 조세공평의 원칙에도 부합한다(대판 2011. 1. 27. 2010도1191; 대판 2004. 5. 28. 2003두7392).

조세법률주의는 조세의 감면에 관한 사항에 대해서도 적용된다

조세의 감면에 관한 규정은 조세의 부과·징수의 요건이나 절차와 직접 관련되는 것은 아니지만, 조세란 공공경비를 국민에게 강제적으로 배분하는 것으로서 납세의무자 상호 간에는 조세의 전가관계가 있으므로 특정인이나 특정계층에 대하여 정당한 이유 없이 조세감면의 우대조치를 하는 것은 특정한 납세자군이 조세의 부담을 다른 납세자군의 부담으로 떠맡기는 것에 다름 아니므로 조세감면의 근거 역시 법률로 정하여야만 하는 것이 국민주권주의나 법치주의의 원리에 부응하는 것이다(헌재결 1996. 6. 26. 93헌바2).

Ⅱ. 조세평등의 원칙(공평부담의 원칙)

조세법률주의와 조세평등주의

「헌법」은 제38조에서 국민의 납세의 의무를 규정하는 한편, 국민의 재산권 보장과 경제활동에 있어서의 법적 안정성을 위하여 그 제59조에서 조세법률주의를 선언하고 있는바, 오늘날의 법치주의는 실질적 법치주의를 의미하므로 헌법상의 조세법률주의도 과세요건이 형식적 의미의 법률로 명확히 정해질 것을 요구할 뿐 아니라, 조세법의 목적이나 내용이 기본권 보장의 헌법이념과 이를 뒷받침하는 헌법상의 제 원칙에 합치되어야 하고, 나아가 조세법률은 조세평등주의에 입각하여 「헌법」 제11조 제1항에 따른 평등의 원칙에도 어긋남이 없어야 한다(헌재결 1997. 6. 26. 93헌바49, 94헌바38·41, 95헌바64 병합).

Ⅲ. 실질과세의 원칙

실질과세의 원칙상 과세의 대상이 되는 소득, 수익, 재산, 행위 또는 거래의 귀속이 명의일 뿐이고 사실상 귀속되는 자가 따로 있을 때에는 사실상 귀속되는 자를 납세의무자로 보아야 한다(대판 1987. 5. 12. 86누602).

제2절 조세의 부과·징수·소멸

Ⅰ. 조세의 의의

조세의 의의

「헌법」이나 「국세기본법」에 조세의 개념정의는 없으나 조세는 국가 또는 지방자치단체가 재정수요를 충족시키거나 경제적·사회적 특수정책의 실현을 위하여 국민 또는 주민에 대하여 아무런 특별한 반대급부 없이 강제적으로 부과·징수하는 과징금을 의미하는 것이다(헌재결 1990. 9. 3. 89헌가95).

Ⅱ. 조세의 부과·징수·소멸

1. 조세의 부과

조세의 부과처분은 과세물건에 대하여 과세표준과 세율을 적용하여 조세금액을 결정하고 납세의무자에게 일정기일까지 납부할 것을 명하는 과세관청의 행정행위이다. 이는 재정상 급부하명에 해당한다.

2. 조세의 징수

조세의 보통징수는 과세권자가 납세고지를 하고, 납세의무자가 세액을 납부함으로써 징수절차가 종료되는 통상의 조세징수절차를 말한다. 특별징수란 보통징수 이외의 절차이다.

3. 납세의무의 소멸

국세·가산금 또는 체납처분비를 납부할 의무는 ① 납부·충당되거나 부과가 취소된 때, ② 국세를 부과할 수 있는 기간에 국세가 부과되지 아니하고 그 기간이 끝난 때, ③ 국세징수권의 소멸시효가 완성된 때에 소멸한다(국세기본법 제26조).

제 2 장 조세행정상의 권리구제

제 1 절 과세전적부심사

세무조사 결과에 대한 서면통지, 그 밖에 대통령령으로 정하는 과세예고 통지를 받은 자는 통지를 받은 날부터 30일 이내에 통지를 한 세무서장이나 지방국세청장에게 통지 내용의 적법성에 관한 심사를 청구할 수 있는데, 이를 과세전적부심사라고 한다(국세기본법 제81조의15 제1항). 이는 과세처분에 대한 사전적 구제제도에 해당한다.

제 2 절 행정쟁송

Ⅰ. 행정심판

조세부과·징수에 관한 행정심판에 관해서는 「행정심판법」의 규정을 적용하지 아니하고(국세기본법 제56조 제1항), 「국세기본법」, 「관세법」, 「지방세기본법」이 적용된다.

국세에 대한 행정심판은 이의신청, 심사청구, 심판청구로 구성된다. 동일한 처분에 대하여는 심사청구와 심판청구를 중복하여 제기할 수 없다(국세기본법 제55조 제9항).

Ⅱ. 행정소송

1. 행정심판전치주의

위법한 국세부과처분에 대한 행정소송은 심사청구 또는 심판청구와 그에 대한 결정을 거치지 아니하면 이를 제기할 수 없다(국세기본법 제56조 제2항).

지방세의 경우 필요적 행정심판전치주의를 규정하고 있었으나 위헌결정으로 인해 삭제되어, 이의신청과 심사청구를 거치지 아니하고 직접 행정소송을 제기할 수 있다.

필요적 행정심판전치주의를 규정하고 있는 지방세법 규정은 국민의 재판청구권을 침해한다

지방세 부과처분에 대한 이의신청 및 심사청구의 심의·의결기관인 지방세 심의위원회는 그 구성과 운영에 있어서 심의·의결의 독립성과 공정성을 객관적으로 신뢰할 수 있는 토대를 충분히 갖추고 있다고 보기 어려운 점, 이의신청 및 심사청구의 심리절차에 사법절차적 요소가 매우 미흡하고 당사자의 절차적 권리보장의 본질적 요소가 결여되어 있다는 점에서 「지방세법」상의 이의신청·심사청구제도는 「헌법」 제107조 제3항에서 요구하는 '사법절차준용'의 요청을 외면하고 있다고 할 것인데, 「지방세법」 제78조 제2항은 이러한 이의신청 및 심사청구라는 2중의 행정심판을 거치지 아니하고서는 행정소송을 제기하지 못하도록 하고 있으므로 위 헌법조항에 위반될 뿐만 아니라, 재판청구권을 보장하고 있는 「헌법」 제27조 제3항에도 위반된다 할 것이며, 나아가 필요적 행정심판전치주의의 예외사유를 규정한 「행정소송법」 제18조 제2항·제3항에 해당하는 사유가 있어 행정심판제도의 본래의 취지를 살릴 수 없는 경우에까지 그러한 전심절차를 거치도록 강요한다는 점에서도 국민의 재판청구권을 침해한다(헌재결 2001. 6. 28. 2000헌바30).

지방세부과처분에 대하여 이의신청 및 심사청구를 거치지 아니하고도 바로 취소소송을 제기할 수 있다

헌법재판소가 2001. 6. 28, 2000헌바30 결정으로 행정심판의 필요적 전치주의에 관하여 규정한 구 「지방세법」 제78조 제2항이 「헌법」에 위반된다고 선언함에 따라 동 규정은 효력을 상실하게 되었고, 위 규정을 제외한 같은 법 제72조 제1항, 제73조, 제74조 규정들에 의하면, 「지방세법」에 의한 처분에 대하여는 이의신청 및 심사청구를 할 수 있되 다만 심사청구를 하고자 할 때에는 이의신청을 거쳐 그에 대한 결정의 통지를 받은 날부터 소정의 기간 내에 심사청구를 하여야 한다고 되어 있을 뿐이어서, 「행정소송법」 제18조 제1항 본문에 따라 「지방세법」상의 이의신청 및 심사청구를 거치지 아니하고도 바로 「지방세법」에 의한 처분에 대한 취소소송을 제기할 수 있게 되었다(대판 2003. 8. 22. 2001두3525).

2. 경정처분과 소의 대상

① **증액경정처분**

증액경정처분이 있는 경우 당초 과세처분은 경정처분에 흡수되어 독립적인 존재가치를 상실하는 것으로 본다(대판 2000. 9. 22. 98두18510).

② **감액경정처분**

감액경정처분이 있는 경우 행정소송의 대상은 감액된 당초처분이며, 전심절차나 제소기간준수여부도 당초처분을 기준으로 판단하게 된다(대판 1993. 11. 9. 93누9989).

Ⅲ. 과오납금반환청구

1. 과오납금반환청구권의 법적 성질

과오납금반환청구권은 공법상 부당이득반환청구권의 일종이다. 과오납금반환청구권은 공법상의 원인에 의해 발생된 것으로, 사법상의 부당이득과는 다른 특질을 가지고 있기 때문에 공권으로 보아야 하며, 그에 관한 구제절차도 공법상 당사자소송에 의해야 한다는 견해가 다수설이다. 다만, 판례는 과오납금반환청구권이 공법상의 원인에 의하여 발생되었다고 하더라도 부당이득의 문제는 아무런 법률상 원인이 없는 경우에 성립하기 때문에 그 성질은 사권으로 보아야 하고, 그에 관한 구제절차는 민사소송에 의해야 한다고 판시하고 있다.

과오납조세반환청구소송은 민사소송절차에 해당한다

① 국세환급금에 관한 「국세기본법」 제51조 제1항, 부가가치세 환급에 관한 「부가가치세법」 제24조, 같은 법 시행령 제72조의 각 규정은 정부가 이미 부당이득으로서

그 존재와 범위가 확정되어 있는 과오납부액이나 환급세액이 있는 때에는 납세자의 환급신청을 기다릴 것 없이 이를 즉시 반환하는 것이 정의와 공평에 합당하다는 법리를 선언하고 있는 것이므로, 이미 그 존재와 범위가 확정되어 있는 과오납부액이나 환급세액은 납세자가 부당이득의 반환을 구하는 민사소송으로 그 환급을 청구할 수 있다(대판 1997. 10. 10. 97다26432).

② 개발부담금 부과처분이 취소된 이상 그 후의 부당이득으로서의 과오납금 반환에 관한 법률관계는 단순한 민사관계에 불과한 것이고, 행정소송절차에 따라야 하는 관계로 볼 수 없다(대판 1995. 12. 22. 94다51253).

2. 과오납금반환청구권의 인정 여부

조세의 과오납이 부당이득이 되는 경우

조세의 과오납이 부당이득이 되기 위하여는 납세 또는 조세의 징수가 실체법적으로나 절차법적으로 전혀 법률상의 근거가 없거나 과세처분의 하자가 중대하고 명백하여 당연무효이어야 하고, 과세처분의 하자가 단지 취소할 수 있는 정도에 불과할 때에는 과세관청이 이를 스스로 취소하거나 항고소송절차에 의하여 취소되지 않는 한 그로 인한 조세의 납부가 부당이득이 된다고 할 수 없다(대판 1994. 11. 11. 94다28000).

3. 환급금결정이나 환급거부결정의 처분성 여부

판례는 환급금결정이나 환급거부결정은 항고소송의 대상이 되는 처분이 아니라고 본다.

국세환급금 및 국세가산금 결정이나 환급거부결정은 항고소송의 대상이 아니다

[다수의견] 「국세기본법」 제51조 및 제52조 국세환급금 및 국세가산금결정에 관한 규정은 이미 납세의무자의 환급청구권이 확정된 국세환급금 및 가산금에 대하여 내부적 사무처리절차로서 과세관청의 환급절차를 규정한 것에 지나지 않고 그 규정에 의한 국세환급금(가산금 포함)결정에 의하여 비로소 환급청구권이 확정되는 것은 아니므로, 국세환급금결정이나 이 결정을 구하는 신청에 대한 환급거부결정 등은 납세의무자가 갖는 환급청구권의 존부나 범위에 구체적이고 직접적인 영향을 미치는 처분이 아니어

서 항고소송의 대상이 되는 처분이라고 볼 수 없다.
[소수의견[1]] 납세자의 신청에 대한 세무서장의 환급거부결정이 직접 환급청구권을 발생하게 하는 형성적 효과가 있는 것이 아니고 확인적 의미밖에 없다고 하더라도 「국세기본법」 제51조의 규정을 위반하여 납세자에게 환급할 돈을 환급하지 아니하므로 손해를 끼치고 있는 것이라면 납세자가 행정소송으로 그 결정이 부당하다는 것을 다툴 수 있다(대판 1989. 6. 15. 88누6436 전원합의체).

---

1 판례의 소수의견과 같이 국민의 권리구제를 위하여 환급거부결정에 대한 항고소송을 인정해야 한다는 견해가 있다.

제13편
환경행정법

제1장 서 설

제1절 환경행정법의 의의

환경행정법이란 모든 국민이 건강하고 쾌적한 삶을 누릴 수 있도록 환경오염과 환경훼손을 예방하고 환경을 적정하고 지속가능하게 관리·보전하기 위한 규제를 그 내용으로 하는 법을 말한다.

제2절 환경행정법의 법적 근거

Ⅰ. 헌법적 근거

「헌법」 제35조상의 환경권은 자유권적 성질뿐만 아니라 생존권적 성질도 아울러 가지는 종합적 기본권의 성격을 가진다.

헌법상 환경권 규정만으로 국민에게 구체적인 사법상의 권리가 부여되는 것은 아니다

「헌법」 제35조 제1항은 환경권을 기본권의 하나로 승인하고 있으므로, 사법의 해석과 적용에 있어서도 이러한 기본권이 충분히 보장되도록 배려하여야 하나, 「헌법」상의 기본권으로서의 환경권에 관한 위 규정만으로서는 그 보호대상인 환경의 내용과 범위, 권리의 주체가 되는 권리자의 범위 등이 명확하지 못하여 이 규정이 개개의 국민에게 직접으로 구체적인 사법상의 권리를 부여한 것이라고 보기는 어렵다(대결 1995. 5. 23. 94마2218).

사법상의 권리로서의 환경권을 인정하는 명문의 규정이 없는 경우, 환경권에 기하여 직접 방해배제청구권을 인정할 수 없다

환경권은 명문의 법률규정이나 관계 법령의 규정 취지 및 조리에 비추어 권리의 주체, 대상, 내용, 행사 방법 등이 구체적으로 정립될 수 있어야만 인정되는 것이므로, 사법상의 권리로서의 환경권을 인정하는 명문의 규정이 없는데도 환경권에 기하여 직접 방해배제청구권을 인정할 수는 없다(대판 1999. 7. 27. 98다47528).

Ⅱ. 법률적 근거

환경행정법 분야의 기본법으로 「환경정책기본법」이 있다.

제3절 환경행정법의 기본원칙

환경행정법의 기본원칙은 명시적으로 법률에 규정되지 않는 한, 환경행정이나 환경정책상의 행위기준에 그치게 된다.

사전배려의 원칙, 존속보장의 원칙, 원인자책임의 원칙, 수익자·이용자부담의 원칙, 협력의 원칙, 정보공개 및 참여의 원칙 등이 있다.

제 2 장 환경영향평가의 하자

제 1 절 환경영향평가의 절차상 하자

환경영향평가의 절차상 하자라 함은 「환경영향평가법」상 거쳐야 할 의견수렴절차가 행해지지 않은 것, 의견수렴이 부실한 것, 의견수렴절차상의 하자, 환경부장관과의 협의절차를 거치지 않은 것, 환경부장관과의 협의상 하자 등을 말한다.

절차를 거친 이상 환경부장관의 협의내용에 반하는 처분을 하였다는 것만으로는 위법하다고 볼 수는 없다.

환경부장관의 환경영향평가에 대한 의견에 반하는 처분을 하였다고 하여 그 처분이 위법하다고 할 수는 없다

국립공원 관리청이 국립공원 집단시설지구개발사업과 관련하여 그 시설물 기본설계 변경승인처분을 함에 있어서 환경부장관과의 협의를 거친 이상, 환경영향평가서의 내용이 환경영향평가제도를 둔 입법취지를 달성할 수 없을 정도로 심히 부실하다는 등의 특별한 사정이 없는 한, 공원관리청이 환경부장관의 환경영향평가에 대한 의견에 반하는 처분을 하였다고 하여 그 처분이 위법하다고 할 수는 없다(대판 2001. 7. 27. 99두 2970).

제 2 절 환경영향평가의 실체상 하자

환경영향평가의 실체상 하자라 함은 환경영향평가서가 부실하게 작성되어 제출되고 그 부실이 환경부장관의 협의과정에서 보완되지 않은 것을 말한다.

판례는 그 하자의 정도가 환경영향평가제도를 둔 입법취지를 달성할 수 없을 정도로 큰 경우와 환경영향평가를 하지 아니한 것과 다를 바 없는 정도의 경우 이외에는 다소 부실한 정도의 하자가 있다고 하여 곧바로 위법하지는 않다고 보고 있어 엄격하게 해석하는 입장이다.

환경영향평가 절차를 거쳤으나 그 환경영향평가의 내용이 부실한 경우, 그 부실로 인하여 환경영향평가 대상사업에 대한 승인 등 처분이 위법하게 되는지 여부

환경영향평가법령에서 정한 환경영향평가를 거쳐야 할 대상사업에 대하여 그러한 환경영향평가를 거치지 아니하였음에도 승인 등 처분을 하였다면 그 처분은 위법하다 할 것이나, 그러한 절차를 거쳤다면, 비록 그 환경영향평가의 내용이 다소 부실하다 하더라도, 그 부실의 정도가 환경영향평가제도를 둔 입법취지를 달성할 수 없을 정도이어서 환경영향평가를 하지 아니한 것과 다를 바 없는 정도의 것이 아닌 이상, 그 부실은 당해 승인 등 처분에 재량권 일탈·남용의 위법이 있는지 여부를 판단하는 하나의 요소로 됨에 그칠 뿐, 그 부실로 인하여 당연히 당해 승인 등 처분이 위법하게 되는 것이 아니다(대판 2006. 3. 16. 2006두330 전원합의체).

제 3 절 환경영향평가 자체를 결여한 경우

환경영향평가의 대상사업임에도 불구하고 환경영향평가 그 자체를 결여하고 이루어진 대상사업에 대한 승인의 효력은 무효라는 것이 판례의 입장이다.

환경영향평가의 대상사업임에도 불구하고 환경영향평가를 결여한 경우 이에 대한 승인처분은 무효이다

환경영향평가를 거쳐야 할 대상사업에 대하여 환경영향평가를 거치지 아니하였음에도 불구하고 승인 등 처분이 이루어진다면, 사전에 환경영향평가를 함에 있어 평가대상지역 주민들의 의견을 수렴하고 그 결과를 토대로 하여 환경부장관과의 협의내용을 사업계획에 미리 반영시키는 것 자체가 원천적으로 봉쇄되는바, 이렇게 되면 환경파괴를 미연에 방지하고 쾌적한 환경을 유지·조성하기 위하여 환경영향평가제도를 둔 입법취지를 달성할 수 없게 되는 결과를 초래할 뿐만 아니라 환경영향평가 대상지역안의 주민들의 직접적이고 개별적인 이익을 근본적으로 침해하게 되므로, 이러한 행정처분의 하자는 법규의 중요한 부분을 위반한 중대한 것이고 객관적으로도 명백한 것이라고 하지 않을 수 없어, 이와 같은 행정처분은 당연무효이다(대판 2006. 6. 30. 2005두14363).

사전환경성검토협의를 거쳐야 할 대상사업에 대하여 사전환경성검토협의를 거치지 아니하였음에도 승인 등 처분이 이루어진다면 법규의 중요한 부분을 위반한 중대한 것이라고 하지 않을 수 없다

「환경정책기본법」의 규정 취지는 대상사업이 환경을 해치지 아니하는 방법으로 시행되도록 함으로써 당해 사업과 관련된 환경공익을 보호하려는 데 그치는 것이 아니라, 당해 사업으로 인하여 직접적이고 중대한 환경피해를 입으리라고 예상되는 사전환경성검토협의 대상지역 내의 주민들이 전과 비교하여 수인한도를 넘는 환경침해를 받지 아니하고 쾌적한 환경에서 생활할 수 있는 개별적 이익까지도 보호하려는 데에 있다 할 것인데, 사전환경성검토협의를 거쳐야 할 대상사업에 대하여 사전환경성검토협의를 거치지 아니하였음에도 승인 등 처분이 이루어진다면 환경파괴를 미연에 방지하고 쾌적한 환경을 유지·조성하기 위하여 사전환경성검토협의 제도를 둔 입법 목적을 달성할 수 없게 되는 결과를 초래할 뿐만 아니라 사전환경성검토협의 대상지역 안의 주민들의 직접적이고 개별적인 이익을 근본적으로 침해하게 되므로, 이러한 행정처분의 하자는 법규의 중요한 부분을 위반한 중대한 것이라고 하지 않을 수 없다(대판 2009. 9. 24. 2009두2825).

제 3 장

환경분쟁에 대한 권리구제

제 1 절 환경분쟁조정제도

「환경분쟁조정법」상 분쟁조정의 수단으로 알선, 조정, 재정이 있다.

<환경분쟁조정제도>

구 분	알 선	조 정	재 정
절차의 개시	관계자의 신청	• 원칙: 당사자의 신청 • 예외: 중앙위원회의 직권 (단, 중대한 피해 예상)	당사자의 신청
절차의 심리	3인 이내의 위원	조정위원회(3인의 위원)	재정위원회(5인의 위원)
효 과	알선 중 조정·재정신청이 있는 경우: 알선은 중단된 것으로 본다.	• 권고안 수락 : 합의 간주 • 조정의 부적당, 부당목적 신청: 조정을 아니할 수 있다. • 합의의 성립가능성 결여: 종결	• 재정 중 소송진행: 소송절차의 임의적 중지 • 소송중지 없는 경우: 필요적 재정 중지

제2절 행정쟁송

환경행정으로 인한 개인의 권익의 침해가 발생하는 경우에는 취소심판, 의무이행심판, 취소소송, 부작위위법확인소송 등 행정심판과 행정소송에 의해 권리구제가 가능하다.

환경행정과 관련하여 제기되는 가장 전형적인 분쟁형태는 폐기물질이나 오염물질의 배출시설 등의 설치허가나 승인과 관련하여 그 인근 주민 등이 그 위법을 이유로 행정쟁송을 제기하는 경우이다. 이와 같은 경우에는 허가관청, 허가의 상대방, 이웃주민의 3각관계를 이루게 된다.

이웃주민의 원고적격에 관한 판례

① 공유수면매립과 농지개량사업시행으로 인하여 직접적이고 중대한 환경피해를 입으리라고 예상되는 환경영향평가 대상지역 안의 주민들이 전과 비교하여 수인한도를 넘는 환경침해를 받지 아니하고 쾌적한 환경에서 생활할 수 있는 개별적 이익까지도 이를 보호하려는 데에 있다고 할 것이므로, 위 주민들이 공유수면매립면허처분 등과 관련하여 갖고 있는 위와 같은 환경상의 이익은 주민 개개인에 대하여 개별적으로 보호되는 직접적·구체적 이익으로서 그들에 대하여는 특단의 사정이 없는 한 환경상의 이익에 대한 침해 또는 침해우려가 있는 것으로 사실상 추정되어 공유수면매립면허처분 등의 무효확인을 구할 원고적격이 인정된다(대판 2006. 3. 16. 2006두330 전원합의체).

② 한편, 환경영향평가 대상지역 밖의 주민이라 할지라도 공유수면매립면허처분 등으로 인하여 그 처분 전과 비교하여 수인한도를 넘는 환경피해를 받거나 받을 우려가 있는 경우에는, 공유수면매립면허처분 등으로 인하여 환경상 이익에 대한 침해 또는 침해우려가 있다는 것을 입증함으로써 그 처분 등의 무효확인을 구할 원고적격을 인정받을 수 있다(대판 2006. 3. 16. 2006두330 전원합의체).

③ 「헌법」 제35조 제1항에서 정하고 있는 환경권에 관한 규정만으로는 그 권리의 주체·대상·내용·행사방법 등이 구체적으로 정립되어 있다고 볼 수 없고, 「환경정책기본법」 제6조도 그 규정 내용 등에 비추어 국민에게 구체적인 권리를 부여한 것으로 볼 수 없다는 이유로, 환경영향평가 대상지역 밖에 거주하는 주민에게 「헌법」상의 환경권 또는 「환경정책기본법」에 근거하여 공유수면매립면허처분과 농지개량사업 시행인가처분의 무효확인을 구할 원고적격이 없다(대판 2006. 3. 16. 2006두330 전원합의체).

제3절 행정상 손해전보

Ⅰ. 국가배상책임

공무원이 환경행정을 수행하는 과정에서 직무상 불법행위로 또는 영조물의 설치·관리상의 하자로 인해 개인에게 손해를 발생하게 한 경우에는 국가 또는 지방자치단체가 배상책임을 져야 한다.

Ⅱ. 손실보상

공무원이 환경행정을 적법하게 수행하는 과정에서 개인의 재산권에 특별한 희생을 가한 경우에는 손실을 보상하여야 한다.

제4절 기 타

Ⅰ. 행정개입청구권의 문제

환경행정에서의 행정개입청구권의 문제는 환경부장관 기타 행정청이 필요한 조치를 취하지 아니하는 경우에 그로 인하여 피해를 받는 인근주민 등이 개선명령의 발동을 청구할 수 있을 것인지의 문제이다.

개선명령 등 필요한 규제조치의 발령이 기속행위인 경우 주민은 환경규제조치발령청구권을 갖게 된다. 재량행위라면, 재량이 0으로 수축되는 경우 기속행위와 같이 주민은 환경규제조치발령청구권을 갖게 된다.

Ⅱ. 민사소송

환경오염으로 인하여 피해를 입은 자는 가해자를 상대로 민사소송을 제기할 수 있다.

Ⅲ. 시민소송·단체소송

1. 시민소송제도

우리나라에서는 법제화되지는 않았지만 장래 환경문제에 대처하는 소송형태로 실효성 있는 제도라고 평가된다.

2. 단체소송제도

단체소송은 일정한 공익단체, 즉 환경보호단체에게 원고적격을 인정하는 독일의 제도이다. 우리나라에서는 아직 도입되지 않고 있다.

사항색인

판례색인

◄ 대법원 판결 ►

◄ **대법원 결정** ►

◀ 하급심 ▶

[저자 약력]

조 만 형 (趙晩衡)

전남대학교 법과대학 수석졸업
조선대학교 대학원 법학박사(학술상 수상)
한국공법학회·입법이론실무학회·한국부동산법학회·유럽헌법학회·한국국가법학회 부회장
한국토지공법학회·한국환경법학회·한국행정법학회·한국법학회 이사
국가직 5급·7급 공무원·각종 자격증시험위원
전라남도 지방공무원소청심사위원회 위원장
광주광역시·전라남도 행정심판위원회 위원
전국시·도의회의장협의회 정책자문교수
국민권익위원회 소속 중앙행정심판위원회 위원
법무부 인권강사
국회입법지원위원
동신대학교 경찰행정학과 교수(행정법, 경찰행정법, 교정학)

주요 저서
행정법의 이해, 피앤씨미디어, 2015
경찰사회(공저), 박영사, 2014
판례행정법, 동방문화사, 2013
법학개론(개정판), 박문각, 2013
교정학(제2판), 동방문화사, 2013
사회복지법제론(제4판), 청목출판사, 2012
경찰행정법, 경찰공제회, 2011
법과 생활(공저), 오래, 2010
행정법 I (제2판), 박문각, 2009

행정법의 이론과 판례

초판인쇄 2015년 8월 25일
초판발행 2015년 8월 31일

지은이 조만형
펴낸이 박노일

총괄기획 김중용
편 집 심성보·김인숙

펴낸곳 pnc publishing and culture 피앤씨미디어
경기도 고양시 일산동구 강송로 153 310-1501
등록 제396-2012-000203호

전 화 070)7550-3758 팩 스 02)718-8554
홈페이지 www.pncmedia.co.kr 이메일 pnc@pncmedia.co.kr
ISBN 979-11-5730-105-8 93360

정 가 30,000원